KB049327

2024 년판

독일민법전

총칙 · 채권 · 물권

梁 彰 洙 譯

박영사

2024년판 머리말

이제 『독일민법전 ─ 총칙·채권·물권』의 새로운 번역으로 2024년판을 출간한다. 이번 판은 바로 전의 2021년판보다 약 100면이 늘어났다.

2021년판은 동년 2월 25일 현재로 효력 있는 규정들로 마련하였었다. 그 후로 오늘날까지 행하여진 개정은 우리로서는 쉽사리 예상할 수 없을 만큼 광범위하면서도 상세한 것이었다. 이러한 개정은 물론 그렇지 않은 경우도 없지 않으나 대체로 유럽연합의 입법지침을 독일 국내법으로 수용하기 위하여 이루어졌다.

우선 넓은 의미에서 단체에 관한 규율내용은 근본적으로 달라졌다. 먼저 제80조 이하의 재단에 관한 규정(이 중에서 2026년 1월에 시행되는 것들은 이번에 반영되지 않았다), 그리고 제705조 이하의 조합에 관한 규정은 종전의 것을 아예 들어내고 새로운 내용과 형식을 보여주고 있다.

나아가 또 하나의 전형계약으로 '디지털제품에 관한 계약'이 민법전에 자리잡아 제327조 이하 수십 조에 이르고 있다. 그리고 이와 관련하여 예를 들면 매매계약·임대차계약 등에도 특히 담보책임 등에 관한 조항이 새로 마련되었다.

그 외에도 주거임대차계약이나 여행계약 등은 꾸준히 개정되고 있다.

이 책을 만드는 데 애써 준 박영사의 김선민 이사님 기타 여러분께 깊이 감사드린다

2024년 1월 3일

梁　彰　洙

2002년판 서문

이제 『독일민법전』의 새로운 번역판을 출간한다. 이 「2002년판」은 2002년 9월 1일 현재의 규정을 번역한 것으로, 내용의 대폭적 변경은 차치하고 면수만으로 보아도 종전보다 90면 이상이 늘어났다.

「신판」을 낸 것이 1년 반 남짓 전의 2001년 1월이었는데, 그것은 이제 무엇보다도 2001년 11월 26일의 「채권법의 현대화에 관한 법률(Gesetz zur Modernisierung des Schuldrechts)」(BGBl Ⅰ, S. 3138. 이하 채권법쇄신법)에 의한 대폭적 개정(시행은 2002년 1월부터), 특히 채권법 규정의 전면적 쇄신으로 인하여 현행의 독일민법전과는 너무 거리가 있는 것이 되어서, 이 새로운 번역작업이 불가피하였다. 그 개정은, 채권총칙의 채무불이행 그리고 매매계약 및 도급계약에서의 담보책임 등 채권법의 근간적 제도를 근본적으로 변혁하였고, 또 민법총칙의 소멸시효법도 완전히 바뀌었다. 나아가 전부터 있던 소비자보호 관련 규정도 훨씬 충실하게 되었을 뿐만 아니라, 종전의 「약관규제법(AGBG)」, 「방문판매법(HaustürWG)」, 「소비자신용법(VerbrKrG)」, 「일시거주권법(TzWrG)」, 「통신판매법(FernAbsG)」 등 주로 소비자보호를 목적으로 하는 개별법률의 주요한 내용이 채권편에 통합되었다(소비자관련규정은 금년 7월에도 적지않이 개정되었다). 이러한 대개정으로 인하여 필요하게 된 신구조항의 대조표를 卷末에 새로 붙였다.

그 외에도 그 사이에 우리에게도 적지 않은 의미가 있는 중요한 개정이 다수 행하여졌다. 작년에는 위의 채권법 대개정 전에 이미 임대차 규정이 전면적으로 바뀌었고(이로써 종전 규정의 산만함이 정리되고 또 「차임액의 규율에 관한 법률」이 민법전에 통합되었다), 또 「생활동반자관계

(Lebenspartnerschaft)」의 법정에 따른 개정, 그리고 법률행위의 방식과 여행계약에 관한 각 규정의 개정 등이 있었다. 또 금년에 들어와서도 손해배상에 관한 규정을 개정하여 예를 들어 위자료의 인정범위를 훨씬 넓혔고(8월 1일부터 시행), 또 재단법인의 규정도 대폭 달라졌다(9월 1일부터 시행).

법조항을 번역하는 일의 그 어려움을 다시 겪는 것에 대한 두려움, 그리고 오랫만에 얻은 외국체류의 시간을 달리 활용하고 싶다는 생각으로, 이 작업에 착수할 것인지 주저가 적지 않았다. 그래도 초판의 서문에서 쓴 대로 우리 민법학계의「큰 공백」을 생각하면, 또 이 책의 출간 후에 역자를 격려하여 주신 많은 분들을 생각하면, 이 일을 그냥 둘 수는 없었다.

이번의 작업에서는 諸哲雄, 李準珩 교수님이 일부 규정의 초벌 번역을 도와 주었다. 이 자리를 빌어 감사드린다. 그리고 독일에서 자료를 찾아 보내 준 金炯錫 군에게도 고맙다는 말을 전하고 싶다.

2002년 9월 5일

梁　　彰　　洙

初版 序文

이 책은 독일민법전에서 총칙·채권·물권의 三編을 번역한 것이다. 나머지 친족·상속의 두 편을 함께 하는 것이 바람직하고 특히 불필요하게 재산법과 가족법을 가르는 우리 처지에서 이것이 그 「가름」의 또 하나의 표징이 될 우려도 있지만, 아직 거기까지에는 능력이 미치지 못하고 또 앞의 세 편만으로도 의미가 없지 않다고 생각되어 우선 이대로 출간하기로 하였다.

여기 번역된 것은 1998년 7월 1일 현재의 독일민법전이다. 경우에 따라서는 폐기·변경되기 전의 조문이나 그것을 대체하는 새로운 법률 등도 유용할 수 있으나, 지나치게 번거로워서 위 기준일 당시에 효력을 가지는 독일민법전의 조문만을 번역하기로 방침을 세웠다.

민법을 공부하는 데 필요한 기본문헌이 매우 부족하다는 것은 뜻있는 사람들이 공감하는 바일 것이다. 그러나 수요에 대응하는 한 방법으로 譯者는 전에 라렌츠의 『正當한 法의 原理』, 츠바이게르트/쾨츠의 『比較私法制度論』, 로슨의 『大陸法入門』을 번역·출간하였다. 한편 우리 민법은 다른 나라 민법의 영향 아래서 만들어졌고 외국의 법문헌을 읽는 것은 그 공부에 거의 필수적인데도, 쉽게 손에 넣을 수 있는 외국 민법전의 번역이 없다는 것은 큰 공백으로 여겨졌다. 힘은 힘대로 들고 별로 내세울 것도 없는 지루한 大法典의 번역일을 수행하는 데는 그 공백을 메워야 한다는 생각이 있었다.

法典은 많은 전문가들이 긴 시간을 들여 정교하게 다듬은 문장으로 되어 있다. 그것을 우리말로 옮기는 데는 무엇보다도 고도의 精神集中이 요구되었다. 하나의 단어도 소홀히 할 수 없었고, 같은 말이 저 앞과 저 뒤에서 같은 의미인지 아닌지를 일일이 새겨 보아야 했다.

번역은 단순히 문자를 옮기는 것이 아니라, 번역하는 사람이 현재 그 텍스트를 어느 만큼 이해하고 있는가를 그대로 드러내는 것이기도 하다. 그런 생각을 하면 이 일이 두려워진다. 어떤 의미에서는 법전의 번역이야 말로 식견 있는 다른 이들과의 의견교환이 필요한 일이 아닌가 여겨진다. 틀린 것, 모자란 것, 부적절한 것을 지적하여 주시면 앞으로 고쳐나가기로 하겠다.

이 책을 만드는 데 애쓰신 박영사의 여러분께 감사드린다.

1998년 12월 2일

梁　　彰　　洙

目　次

제 1 편　總　　則

Buch 1　Allgemeiner Teil　　§§ 1–240

제 3 편　物 權 法

Buch 3　Sachenrecht　　§§ 854–1296

일 러 두 기

1. 여기 번역된 것은 2024년 1월 1일 현재로 효력 있는 독일의 「민법전 (Bürgerliches Gesetzbuch)」이다(다만 제493조, 제504조, 제707조의d 및 제715조의a의 개정은 책 마지막의 별지 참조).

2. 번역문 중 원래라면 마침표(.)를 찍어야 할 곳에 쉼표(,)나 반점표(;) 또는 쌍점표(:)를 찍은 곳이 있다. 이는 원문의 문장형태를 그대로 살려서 법규정의 구조를 보일 필요가 있기 때문이다. 예를 들면, 우리 법률에서라면 두 개의 문장이 본문/단서의 형태로 결합되었을 것을, 원문에서 es sei denn 등으로 연결되어 한 문장이 된 경우에는 번역에서도 두 문장 사이에 마침표가 아니라 쉼표를 써서 그 점을 보이려고 하였다. 이 번역에서 반점표는 주로 원문에서의 Halbsatz를 표시하는 것이다.

3. 원문의 정관사 또는 부정관사는 많은 경우 우리말로 옮기지 않았다. 문맥에 좇아서 그 의미를 알 수 있다고 생각하였기 때문이다.

4. 원문에는 공포 당시의 사정에 따라 독일국을 「帝國(Reich)」으로 부르는 경우가 아직도 있다(제979조, 제981조 이하, 제1082조 등). 이들은 「연방」으로 바꾸어 번역하였다.

5. 번역에 있어서는 직역을 기본으로 하였다. 우리 민법이 채택하고 있는 용어는 이를 가급적 고려하였다. 그러나 언제나 그렇게 한 것은 아니고, 민법 일반의 이해를 위하여 보다 타당하다고 생각되면 다른 譯語를 취하기도 하였다. 드물게는 꺾음괄호 안에 설명적 보완을 가한 경우도 있다.

6. 종전에 각 조의 표제는 법전의 편집자가 임의로 붙인 것이었으나, 2002년 이래 그것은 정식으로 독일민법전의 일부가 되었다. 그와 같이 표제를 붙인 것은 「채권법쇄신법」의 제 1 조 제 2 항에 따른 것이다.

Buch 1   Allgemeiner Teil

Abschnitt 1   Personen

Titel 1   Natürliche Personen, Verbraucher, Unternehmer

§ 1   Beginn der Rechtsfähigkeit
Die Rechtsfähigkeit des Menschen beginnt mit der Vollendung der Geburt.

§ 2   Eintritt der Volljährigkeit
Die Volljährigkeit tritt mit der Vollendung des 18. Lebensjahres ein.

§§ 3 bis 6 (weggefallen)

§ 7   Wohnsitz; Begründung und Aufhebung
(1) Wer sich an einem Orte ständig niederlässt, begründet an diesem Orte seinen Wohnsitz.
(2) Der Wohnsitz kann gleichzeitig an mehreren Orten bestehen.
(3) Der Wohnsitz wird aufgehoben, wenn die Niederlassung mit dem Willen aufgehoben wird, sie aufzugeben.

§ 8   Wohnsitz nicht voll Geschäftsfähiger
Wer geschäftsunfähig oder in der Geschäftsfähigkeit beschränkt ist, kann ohne den Willen seines gesetzlichen Vertreters einen Wohnsitz weder begründen noch aufheben.

§ 9   Wohnsitz eines Soldaten
(1) Ein Soldat hat seinen Wohnsitz am Standort. Als Wohnsitz eines Soldaten, der im Inland keinen Standort hat, gilt der letzte inländische Standort.
(2) Diese Vorschriften finden keine Anwendung auf Soldaten, die nur auf Grund der Wehrpflicht Wehrdienst leisten oder die nicht selbständig einen Wohnsitz begründen können.

§ 10 (weggefallen)

제1편 總 則

제1장 人

제1절 自然人·消費者·事業者

제1조 [權利能力의 開始]

사람의 권리능력은 출생이 완료된 때로부터 시작한다.

제2조 [成年]

18세가 됨으로써 성년이 된다.

제3조 내지 제6조 [삭제]

제7조 [住所; 成立과 消滅]

① 어느 곳에 항상 거주하는 사람은 그 곳에 주소를 가진다.

② 주소는 동시에 여러 곳에 있을 수 있다.

③ 거주를 종결할 의사로 거주가 종결되는 때에는, 주소는 소멸한다.

제8조 [行爲能力이 완전하지 아니한 사람의 住所]

행위무능력이거나 행위능력이 제한된 사람은 법정대리인의 의사에 의하지 아니하고는 주소를 설정하거나 소멸시킬 수 없다.

제9조 [軍人의 住所]

① 군인은 주둔지에 주소를 가진다. 군인이 국내에 주둔지가 없는 경우에는 최후의 국내 주둔지를 그의 주소로 본다.

② 제1항은 병역의무에 기하여 복무하거나 독자적으로 주소를 설정할 수 없는 군인에 대하여는 적용되지 아니한다.

제10조 [삭제]

§ 11 Wohnsitz eines Kindes

Ein minderjähriges Kind teilt den Wohnsitz der Eltern; es teilt nicht den Wohnsitz eines Elternteils, dem das Recht fehlt, für die Person des Kindes zu sorgen. Steht keinem Elternteil das Recht zu, für die Person des Kindes zu sorgen, so teilt das Kind den Wohnsitz desjenigen, dem dieses Recht zusteht. Das Kind behält den Wohnsitz, bis es ihn rechtsgültig aufhebt.

§ 12 Namensrecht

Wird das Recht zum Gebrauch eines Namens dem Berechtigten von einem anderen bestritten oder wird das Interesse des Berechtigten dadurch verletzt, dass ein anderer unbefugt den gleichen Namen gebraucht, so kann der Berechtigte von dem anderen Beseitigung der Beeinträchtigung verlangen. Sind weitere Beeinträchtigungen zu besorgen, so kann er auf Unterlassung klagen.

§ 13 Verbraucher

Verbraucher ist jede natürliche Person, die ein Rechtsgeschäft zu Zwecken abschließt, die überwiegend weder ihrer gewerblichen noch ihrer selbständigen beruflichen Tätigkeit zugerechnet werden können.

§ 14 Unternehmer

(1) Unternehmer ist eine natürliche oder juristische Person oder eine rechtsfähige Personengesellschaft, die bei Abschluss eines Rechtsgeschäfts in Ausübung ihrer gewerblichen oder selbständigen beruflichen Tätigkeit handelt.

(2) Eine rechtsfähige Personengesellschaft ist eine Personengesellschaft, die mit der Fähigkeit ausgestattet ist, Rechte zu erwerben und Verbindlichkeiten einzugehen.

§§ 15 bis 20 (weggefallen)

Titel 2   Juristische Personen

Untertitel 1   Vereine

Kapitel 1   Allgemeine Vorschriften

§ 21 Nicht wirtschaftlicher Verein

Ein Verein, dessen Zweck nicht auf einen wirtschaftlichen Geschäftsbetrieb

제11조 [子의 住所]

미성년의 자는 부모와 주소를 같이한다; 자에 대한 신상감호권이 없는 부나 모의 주소는 자의 주소가 되지 아니한다. 부모 모두 자에 대한 신상 감호권이 없는 때에는 그 권리를 가지는 사람의 주소를 자의 주소로 한다. 자는 그가 그 주소를 유효하게 소멸시키는 때까지 이를 보유한다.

제12조 [姓名權]

타인이 이름을 사용할 권리를 가지는 사람에 대하여 그 권리를 다투는 때 또는 타인이 권한 없이 동일한 이름을 사용함으로써 권리자의 이익이 침해되는 때에는, 권리자는 그 타인에 대하여 방해의 배제를 청구할 수 있다. 앞으로도 방해할 우려가 있는 때에는 그는 부작위를 소구할 수 있다.

제13조 [消費者]

소비자라 함은 주로 자신의 영업활동이나 독립적 직업활동에 속하지 아니하는 목적으로 법률행위를 하는 모든 자연인을 말한다.

제14조 [事業者]

① 사업자라 함은 법률행위를 함에 있어서 자신의 영업활동 또는 독립적 직업활동의 일환으로 행위하는 자연인 또는 법인 또는 권리능력 있는 인적 회사를 말한다.

② 권리능력 있는 인적 회사라 함은 권리를 취득하고 의무를 부담하는 능력을 갖춘 인적 회사를 말한다.

제15조 내지 제20조 [삭제]

제 2 절 法 人

제 1 관 社 團

제 1 항 總 則

제21조 [非營利社團]

영리사업을 목적으로 하지 아니하는 사단은 관할 구법원區法院의 사단등

gerichtet ist, erlangt Rechtsfähigkeit durch Eintragung in das Vereinsregister des zuständigen Amtsgerichts.

§ 22 Wirtschaftlicher Verein

Ein Verein, dessen Zweck auf einen wirtschaftlichen Geschäftsbetrieb gerichtet ist, erlangt in Ermangelung besonderer bundesgesetzlicher Vorschriften Rechtsfähigkeit durch staatliche Verleihung. Die Verleihung steht dem Land zu, in dessen Gebiet der Verein seinen Sitz hat.

§ 23 (weggefallen)

§ 24 Sitz

Als Sitz eines Vereins gilt, wenn nicht ein anderes bestimmt ist, der Ort, an welchem die Verwaltung geführt wird.

§ 25 Verfassung

Die Verfassung eines rechtsfähigen Vereins wird, soweit sie nicht auf den nachfolgenden Vorschriften beruht, durch die Vereinssatzung bestimmt.

§ 26 Vorstand und Vertretung

(1) Der Verein muss einen Vorstand haben. Der Vorstand vertritt den Verein gerichtlich und außergerichtlich; er hat die Stellung eines gesetzlichen Vertreters. Der Umfang der Vertretungsmacht kann durch die Satzung mit Wirkung gegen Dritte beschränkt werden.

(2) Besteht der Vorstand aus mehreren Personen, so wird der Verein durch die Mehrheit der Vorstandsmitglieder vertreten. Ist eine Willenserklärung gegenüber einem Verein abzugeben, so genügt die Abgabe gegenüber einem Mitglied des Vorstands.

§ 27 Bestellung und Geschäftsführung des Vorstands

(1) Die Bestellung des Vorstands erfolgt durch Beschluss der Mitgliederversammlung.

(2) Die Bestellung ist jederzeit widerruflich, unbeschadet des Anspruchs auf die vertragsmäßige Vergütung. Die Widerruflichkeit kann durch die Satzung auf den Fall beschränkt werden, dass ein wichtiger Grund für den Widerruf vorliegt; ein solcher Grund ist insbesondere grobe Pflichtverletzung oder Unfähigkeit zur ordnungsmäßigen Geschäftsführung.

(3) Auf die Geschäftsführung des Vorstands finden die für den Auftrag geltenden Vorschriften der §§ 664 bis 670 entsprechende Anwendung.

§ 28 Beschlussfassung des Vorstands

기부에 등기함으로써 권리능력을 취득한다.

제22조 [營利社團]

영리사업을 목적으로 하는 사단은 연방법률에 특별한 규정이 없는 경우에는 공적인 허가를 얻음으로써 권리능력을 취득한다. 허가는 사단이 주소를 가지는 주의 권한에 속한다.

제23조 [삭제]

제24조 [住所]

사단은 다른 정함이 없는 한 업무가 집행되는 곳을 주소로 한다.

제25조 [基本規約]

권리능력 있는 사단의 기본규약은 이하의 규정에 의하지 아니하는 한 사단정관에 의하여 정하여진다.

제26조 [理事會와 代表]

① 사단에는 이사회를 두어야 한다. 이사회는 재판상 및 재판외에서 사단을 대표한다; 이사회는 법정대리인의 지위를 가진다. 정관에 의하여 대표권의 범위는 제 3 자에 대하여 효력이 있는 제한을 받을 수 있다.

② 이사회가 수인으로 구성된 경우에 사단은 이사회 구성원의 다수에 의하여 대표된다. 사단을 상대방으로 하는 의사표시는 이사회의 구성원 1인에 대하여 행하여짐으로써 족하다.

제27조 [理事會의 選任과 業務執行]

① 이사회의 선임은 사원총회의 결의에 의한다.

② 선임은 언제든지 철회할 수 있으되, 계약상 보수의 청구권에는 영향이 없다. 철회는 철회할 중대한 사유가 있는 경우에 한하여 할 수 있음을 정관으로 정할 수 있다; 특히 현저한 의무위반과 정상적인 업무집행능력의 결여가 그러한 중대한 사유에 해당한다.

③ 이사회의 업무집행에 대하여는 위임에 관한 제664조 내지 제670조가 준용된다.

제28조 [理事會의 決議]

Bei einem Vorstand, der aus mehreren Personen besteht, erfolgt die Beschlussfassung nach den für die Beschlüsse der Mitglieder des Vereins geltenden
Vorschriften der §§ 32 und 34.

§ 29 Notbestellung durch Amtsgericht

Soweit die erforderlichen Mitglieder des Vorstands fehlen, sind sie in drin-
genden Fällen für die Zeit bis zur Behebung des Mangels auf Antrag eines
Beteiligten von dem Amtsgericht zu bestellen, das für den Bezirk, in dem der
Verein seinen Sitz hat, das Vereinsregister führt.

§ 30 Besondere Vertreter

Durch die Satzung kann bestimmt werden, dass neben dem Vorstand für gewisse Geschäfte besondere Vertreter zu bestellen sind. Die Vertretungsmacht
eines solchen Vertreters erstreckt sich im Zweifel auf alle Rechtsgeschäfte, die
der ihm zugewiesene Geschäftskreis gewöhnlich mit sich bringt.

§ 31 Haftung des Vereins für Organe

Der Verein ist für den Schaden verantwortlich, den der Vorstand, ein Mitglied des Vorstands oder ein anderer verfassungsmäßig berufener Vertreter
durch eine in Ausführung der ihm zustehenden Verrichtungen begangene, zum
Schadensersatz verpflichtende Handlung einem Dritten zufügt.

§ 31a Haftung von Organmitgliedern und besonderen Vertretern

(1) Sind Organmitglieder oder besondere Vertreter unentgeltlich tätig oder
erhalten sie für ihre Tätigkeit eine Vergütung, die 840 Euro jährlich nicht übersteigt, haften sie dem Verein für einen bei der Wahrnehmung ihrer Pflichten
verursachten Schaden nur bei Vorliegen von Vorsatz oder grober Fahrlässigkeit. Satz 1 gilt auch für die Haftung gegenüber den Mitgliedern des Vereins. Ist
streitig, ob ein Organmitglied oder ein besonderer Vertreter einen Schaden
vorsätzlich oder grob fahrlässig verursacht hat, trägt der Verein oder das Ver-
einsmitglied die Beweislast.

(2) Sind Organmitglieder oder besondere Vertreter nach Absatz 1 Satz 1
einem anderen zum Ersatz eines Schadens verpflichtet, den sie bei der Wahrnehmung ihrer Pflichten verursacht haben, so können sie von dem Verein die
Befreiung von der Verbindlichkeit verlangen. Satz 1 gilt nicht, wenn der
Schaden vorsätzlich oder grob fahrlässig verursacht wurde.

§ 31b Haftung von Vereinsmitgliedern

(1) Sind Vereinsmitglieder unentgeltlich für den Verein tätig oder erhalten sie

수인으로 구성된 이사회에서 결의는 사단 사원총회의 결의에 관하여 적
용되는 제32조, 제34조에 따라 행하여진다.

제29조 [區法院에 의한 緊急選任]

이사회의 필요구성원에 결원이 발생하는 때에는, 긴급한 경우에는, 사단
의 주소가 있는 행정구역에 대하여 사단등기부를 관장하는 구법원이 이
해관계인의 신청에 의하여 그 흠이 제거될 때까지의 기간에 대하여 이사
회의 구성원을 선임한다.

제30조 [特別代理人]

이사회와는 별도로 일정한 업무에 관하여 특별대리인이 선임될 수 있음
을 정관으로 정할 수 있다. 그러한 대리인의 대표권은 의심스러운 때에
는 지정된 업무영역에 통상 수반되는 모든 법률행위에 미친다.

제31조 [機關의 行爲에 대한 法人의 責任]

사단은, 이사회, 이사회 구성원 또는 기타 기본규약에 좇아 선임된 대리
인이 그 직무의 집행에 관하여 행한 손해배상의무를 발생시키는 행위로
인하여 제 3 자에게 가한 손해에 대하여 책임을 진다.

제31조의a [機關構成員과 特別代理人의 責任]

① 기관 구성원 또는 특별대리인이 무상으로 직무를 수행하거나 그 직
무상 보수로 1년에 840유로 이하만을 수령하는 경우에 그는 그의 직무
수행에 있어서 야기된 손해에 관하여 고의 또는 중대한 과실이 있는 때
에만 사단에 대하여 책임을 진다. 제 1 문은 사원에 대한 책임에도 적용
된다. 기관 구성원 또는 특별대리인이 손해를 고의 또는 중대한 과실로
야기하였는지가 다투어지는 경우에는 사단 또는 사원이 증명책임을 진다.
② 기관 구성원 또는 특별대리인이 그 직무 수행에 있어서 타인에게 가
한 손해를 제 1 항 제 1 문에 좇아 배상할 의무가 있는 경우에는 그는 사
단에 대하여 그로부터의 면책을 청구할 수 있다. 그 손해가 고의 또는 중
대한 과실로 야기된 경우에는 제 1 문은 적용되지 아니한다.

제31조의b [社員의 責任]

① 사원이 무상으로 사단을 위하여 직무를 수행하거나 그 직무상 보수

für ihre Tätigkeit eine Vergütung, die 840 Euro jährlich nicht übersteigt, haften sie dem Verein für einen Schaden, den sie bei der Wahrnehmung der ihnen übertragenen satzungsgemäßen Vereinsaufgaben verursachen, nur bei Vorliegen von Vorsatz oder grober Fahrlässigkeit. § 31a Absatz 1 Satz 3 ist entsprechend anzuwenden.

(2) Sind Vereinsmitglieder nach Absatz 1 Satz 1 einem anderen zum Ersatz eines Schadens verpflichtet, den sie bei der Wahrnehmung der ihnen übertragenen satzungsgemäßen Vereinsaufgaben verursacht haben, so können sie von dem Verein die Befreiung von der Verbindlichkeit verlangen. Satz 1 gilt nicht, wenn die Vereinsmitglieder den Schaden vorsätzlich oder grob fahrlässig verursacht haben.

§ 32 Mitgliederversammlung; Beschlussfassung

(1) Die Angelegenheiten des Vereins werden, soweit sie nicht von dem Vorstand oder einem anderen Vereinsorgan zu besorgen sind, durch Beschlussfassung in einer Versammlung der Mitglieder geordnet. Zur Gültigkeit des Beschlusses ist erforderlich, dass der Gegenstand bei der Berufung bezeichnet wird. Bei der Beschlussfassung entscheidet die Mehrheit der abgegebenen Stimmen.

(2) Bei der Berufung der Versammlung kann vorgesehen werden, dass Mitglieder auch ohne Anwesenheit am Versammlungsort im Wege der elektronischen Kommunikation an der Versammlung teilnehmen und andere Mitgliederrechte ausüben können (hybride Versammlung). Die Mitglieder können beschließen, dass künftige Versammlungen auch als virtuelle Versammlungen einberufen werden können, an der Mitglieder ohne Anwesenheit am Versammlungsort im Wege der elektronischen Kommunikation teilnehmen und ihre anderen Mitgliederrechte ausüben müssen. Wird eine hybride oder virtuelle Versammlung einberufen, so muss bei der Berufung auch angegeben werden, wie die Mitglieder ihre Rechte im Wege der elektronischen Kommunikation ausüben können.

(3) Auch ohne Versammlung der Mitglieder ist ein Beschluss gültig, wenn alle Mitglieder ihre Zustimmung zu dem Beschluss schriftlich erklären.

§ 33 Satzungsänderung

(1) Zu einem Beschluss, der eine Änderung der Satzung enthält, ist eine Mehrheit von drei Vierteln der abgegebenen Stimmen erforderlich. Zur Änderung des Zweckes des Vereins ist die Zustimmung aller Mitglieder erforderlich; die Zustimmung der nicht erschienenen Mitglieder muss schriftlich erfolgen.

(2) Beruht die Rechtsfähigkeit des Vereins auf Verleihung, so ist zu jeder Änderung der Satzung die Genehmigung der zuständigen Behörde erforderlich.

로 1년에 840유로 이하만을 수령하는 경우에 그는 그에게 맡겨진 정관에 따른 사단직무를 수행함에 있어서 야기된 손해에 대하여 고의 또는 중대한 과실이 있는 때에만 사단에 대하여 책임을 진다. 제31조의a 제1항 제3문은 이에 준용된다.

② 사원이 그에게 맡겨진 정관에 따른 사단직무를 수행함에 있어서 타인에게 가한 손해를 제1항 제1문에 좇아 배상할 의무가 있는 경우에는 그는 사단에 대하여 그로부터의 면책을 청구할 수 있다. 그 손해가 고의 또는 중대한 과실로 야기된 경우에는 제1문은 적용되지 아니한다.

제32조 [社員總會; 決議]

① 사단의 사무는, 이사회 또는 기타의 사단기관에 의하여 처리되어야 할 것이 아닌 한, 사원총회의 결의에 의하여 정하여진다. 결의가 유효하기 위하여는, 소집에 있어서 결의의 목적사항이 지적되어야 한다. 결의는 투표수의 과반수에 의한다.

② 그 결의를 소집함에 있어서는, 사원이 총회 장소에 임석하지 아니하고도 전자적 의사소통에 의하여 총회에 참석하고 또 다른 사원권을 행사할 수 있음이 미리 정하여질 수 있다("혼성총회"). 사원들은 앞으로의 총회가 사원들이 총회 장소에 임석하지 아니하고 전자적 의사소통에 의하여 참석하고 또 다른 사원권을 행사하여야 하는 인터넷총회로서 소집될 수 있음을 결의할 수 있다. 혼성총회 또는 인터넷총회가 소집되는 경우에는, 사원이 그 권리를 전자적 의사소통에 의하여 행사할 수 있는 방법도 그 소집에 있어서 아울러 지적되어야 한다.

③ 사원 전원이 결의에 동의함을 서면으로 표시한 때에는 사원총회가 개최되지 아니하여도 그 결의는 유효하다.

제33조 [定款變更]

① 정관의 변경을 포함하는 결의에는 투표수 4분의 3 이상의 찬성을 요한다. 사단의 목적의 변경에는 사원 전원의 동의를 요한다; 출석하지 아니한 사원은 동의를 서면으로 행하여야 한다.

② 사단의 권리능력이 허가에 의하여 취득되는 경우에는 모든 정관 변경에 대하여 관할 관청의 승인이 요구된다.

§ 34 Ausschluss vom Stimmrecht

Ein Mitglied ist nicht stimmberechtigt, wenn die Beschlussfassung die Vornahme eines Rechtsgeschäfts mit ihm oder die Einleitung oder Erledigung eines Rechtsstreits zwischen ihm und dem Verein betrifft.

§ 35 Sonderrechte

Sonderrechte eines Mitglieds können nicht ohne dessen Zustimmung durch Beschluss der Mitgliederversammlung beeinträchtigt werden.

§ 36 Berufung der Mitgliederversammlung

Die Mitgliederversammlung ist in den durch die Satzung bestimmten Fällen sowie dann zu berufen, wenn das Interesse des Vereins es erfordert.

§ 37 Berufung auf Verlangen einer Minderheit

(1) Die Mitgliederversammlung ist zu berufen, wenn der durch die Satzung bestimmte Teil oder in Ermangelung einer Bestimmung der zehnte Teil der Mitglieder die Berufung schriftlich unter Angabe des Zweckes und der Gründe verlangt.

(2) Wird dem Verlangen nicht entsprochen, so kann das Amts gericht die Mitglieder, die das Verlangen gestellt haben, zur Berufung der Versammlung ermächtigen; es kann Anordnungen über die Führung des Vorsitzes in der Versammlung treffen. Zuständig ist das Amtsgericht, das für den Bezirk, in dem der Verein seinen Sitz hat, das Vereinsregister führt. Auf die Ermächtigung muss bei der Berufung der Versammlung Bezug genommen werden.

§ 38 Mitgliedschaft

Die Mitgliedschaft ist nicht übertragbar und nicht vererblich. Die Ausübung der Mitgliedschaftsrechte kann nicht einem anderen überlassen werden.

§ 39 Austritt aus dem Verein

(1) Die Mitglieder sind zum Austritt aus dem Verein berechtigt.

(2) Durch die Satzung kann bestimmt werden, dass der Austritt nur am Schluss eines Geschäftsjahrs oder erst nach dem Ablauf einer Kündigungsfrist zulässig ist; die Kündigungsfrist kann höchstens zwei Jahre betragen.

§ 40 Nachgiebige Vorschriften

Die Vorschriften des § 26 Absatz 2 Satz 1, des § 27 Absatz 1 und 3, der §§ 28, 31a Abs. 1 Satz 2 sowie der §§ 32, 33 und 38 finden insoweit keine Anwendung als die Satzung ein anderes bestimmt. Von § 34 kann auch für die

제34조 [議決權의 排除]

결의가 사원과의 법률행위에 관한 것이거나 사원과 사단 간의 쟁송의 개시 또는 종결에 관한 것인 때에는 그 사원은 의결권을 가지지 못한다.

제35조 [固有權]

사원의 고유권은 그의 동의가 없으면 사원총회의 결의에 의하여 침해될 수 없다.

제36조 [社員總會의 召集]

사원총회는 정관에 정하여진 경우 및 사단의 이익이 이를 요구하는 경우에 소집된다.

제37조 [少數社員의 請求에 의한 召集]

① 사원총회는, 정관에 정하여진 수의 사원이, 그 정함이 없으면 사원의 10분의 1이 목적과 이유를 제시하여 서면으로 그 소집을 청구하는 경우에는, 소집된다.

② 소집청구가 실현되지 아니하는 때에는, 구법원이 소집청구를 한 사원에 대하여 총회를 소집할 권한을 수여할 수 있다; 구법원은 총회에서의 사회진행에 관한 지시를 할 수 있다. 이에 대한 관할은 사단의 주소가 있는 행정구역에 대하여 사단등기부를 관장하는 구법원에 속한다. 권한수여는 총회의 소집에 있어서 인용되어야 한다.

제38조 [社員權]

사원의 지위는 양도할 수 없고, 상속될 수 없다. 사원권의 행사는 타인에게 위탁될 수 없다.

제39조 [社團으로부터의 脫退]

① 사원은 사단으로부터 탈퇴할 권리가 있다.

② 탈퇴가 각 업무연도의 말에 또는 해지기간의 경과 후에 비로소 허용됨을 정관으로 정할 수 있다; 해지기간은 최장 2년으로 한다.

제40조 [任意規定]

제26조 제 2 항 제 1 문, 제27조 제 1 항, 제 3 항, 제28조, 제31조의a 제 1 항 제 2 문 및 제32조, 제33조, 제38조는 정관에 다른 정함이 있는 때에는 그

Beschlussfassung des Vorstands durch die Satzung nicht abgewichen werden.

§ 41 Auflösung des Vereins

Der Verein kann durch Beschluss der Mitgliederversammlung aufgelöst werden. Zu dem Beschluss ist eine Mehrheit von drei Vierteln der abgegebenen Stimmen erforderlich, wenn nicht die Satzung ein anderes bestimmt.

§ 42 Insolvenz

(1) Der Verein wird durch die Eröffnung des Insolvenzverfahrens und mit Rechtskraft des Beschlusses, durch den die Eröffnung des Insolvenzverfahrens mangels Masse abgewiesen worden ist, aufgelöst. Wird das Verfahren auf Antrag des Schuldners eingestellt oder nach der Bestätigung eines Insolvenzplans, der den Fortbestand des Vereins vorsieht, aufgehoben, so kann die Mitgliederversammlung die Fortsetzung des Vereins beschließen. Durch die Satzung kann bestimmt werden, dass der Verein im Falle der Eröffnung des Insolvenzverfahrens als nicht rechtsfähiger Verein fortbesteht; auch in diesem Falle kann unter den Voraussetzungen des Satzes 2 die Fortsetzung als rechtsfähiger Verein beschlossen werden.

(2) Der Vorstand hat im Falle der Zahlungsunfähigkeit oder der Überschuldung die Eröffnung des Insolvenzverfahrens zu beantragen. Wird die Stellung des Antrags verzögert, so sind die Vorstandsmitglieder, denen ein Verschulden zur Last fällt, den Gläubigern für den daraus entstehenden Schaden verantwortlich; sie haften als Gesamtgläubiger.

§ 43 Entziehung der Rechtsfähigkeit

Einem Verein, dessen Rechtsfähigkeit auf Verleihung beruht, kann die Rechtsfähigkeit entzogen werden, wenn er einen anderen als den in der Satzung bestimmten Zweck verfolgt.

§ 44 Zuständigkeit und Verfahren

Die Zuständigkeit und das Verfahren für die Entziehung der Rechtsfähigkeit nach § 43 bestimmen sich nach dem Recht des Landes, in dem der Verein seinen Sitz hat.

§ 45 Anfall des Vereinsvermögens

(1) Mit der Auflösung des Vereins oder der Entziehung der Rechtsfähigkeit fällt das Vermögen an die in der Satzung bestimmten Personen.

(2) Durch die Satzung kann vorgeschrieben werden, dass die Anfallberechtigten durch Beschluss der Mitgliederversammlung oder eines anderen Vereins-

한도에서 적용되지 아니한다. 제34조에 대하여는 이사회의 결의와 관련
하여 정관으로 이와 달리 정할 수 없다.

제41조 [社團의 解散]

사단은 사원총회의 결의에 의하여 해산할 수 있다. 그 결의에는 정관에
다른 정함이 없는 한 투표수 4분의 3 이상의 찬성을 요한다.

제42조 [倒産]

① 사단은 도산절차의 개시에 의하여 또는 도산절차의 개시를 재산의
부족을 이유로 기각하는 결정의 기판력에 기하여 해산된다. 그 절차가
채무자의 신청으로 폐지된 경우 또는 사단의 존속을 포함하는 도산처리
계획이 인가된 후에 그 절차가 취소된 경우에는, 사원총회는 사단의 계
속을 결의할 수 있다. 정관으로, 도산절차가 개시되는 경우에 사단이 비
법인사단으로 존속함을 정할 수 있다; 이 경우에도 제 2 문이 정하는 요
건이 충족되면 법인격 있는 사단으로 계속함을 결의할 수 있다.

② 이사회는 지급불능 또는 채무초과의 경우에는 도산절차의 개시를 신
청하여야 한다. 신청이 지연되는 때에는 과책 있는 이사회 구성원이 채
권자에 대하여 그로 인하여 발생하는 손해에 관하여 책임을 진다; 그들
은 연대채무자로서 책임진다.

제43조 [權利能力의 剝奪]

권리능력이 허가에 의하여 취득되는 사단이 정관에 정하여진 목적 이외
의 목적을 추구하는 경우에는 권리능력이 박탈될 수 있다.

제44조 [管轄과 節次]

제43조에 의한 권리능력의 박탈에 관한 관할과 절차는 사단이 주소를 둔
주의 법에 따라 정하여진다.

제45조 [社團財産의 歸屬]

① 사단의 해산 또는 권리능력의 박탈에 의하여 재산은 정관에 정하여
진 사람에게 귀속된다.

② 귀속권리자가 사원총회 또는 기타 사단기관의 결의로 정하여짐을 정

organs bestimmt werden. Ist der Zweck des Vereins nicht auf einen wirtschaftlichen Geschäftsbetrieb gerichtet, so kann die Mitgliederversammlung auch ohne
eine solche Vorschrift das Vermögen einer öffentlichen Stiftung oder Anstalt
zuweisen.

(3) Fehlt es an einer Bestimmung der Anfallberechtigten, so fällt das Vermö-
gen, wenn der Verein nach der Satzung ausschließlich den Interessen seiner
Mitglieder diente, an die zur Zeit der Auflösung oder der Entziehung der
Rechtsfähigkeit vorhandenen Mitglieder zu gleichen Teilen, anderenfalls an den
Fiskus des Landes, in dessen Gebiet der Verein seinen Sitz hatte.

§ 46   Anfall an den Fiskus

Fällt das Vereinsvermögen an den Fiskus, so finden die Vorschriften über
eine dem Fiskus als gesetzlichem Erben anfallende Erbschaft entsprechende
Anwendung. Der Fiskus hat das Vermögen tunlichst in einer den Zwecken des
Vereins entsprechenden Weise zu verwenden.

§ 47   Liquidation

Fällt das Vereinsvermögen nicht an den Fiskus, so muss eine Liquidation stattfinden, sofern nicht über das Vermögen des Vereins das Insolvens-
verfahren eröffnet ist.

§ 48   Liquidatoren

(1) Die Liquidation erfolgt durch den Vorstand. Zu Liquidatoren können auch
andere Personen bestellt werden; für die Bestellung sind die für die Bestellung des Vorstands geltenden Vorschriften maßgebend.

(2) Die Liquidatoren haben die rechtliche Stellung des Vorstands, so weit sich
nicht aus dem Zwecke der Liquidation ein anderes ergibt.

(3) Sind mehrere Liquidatoren vorhanden, so sind sie nur gemeinschaftlich
zur Vertretung befugt und können Beschlüsse nur einstimmig fassen, sofern
nicht ein anderes bestimmt ist.

§ 49   Aufgaben der Liquidatoren

(1) Die Liquidatoren haben die laufenden Geschäfte zu beendigen, die Forderungen einzuziehen, das übrige Vermögen in Geld umzusetzen, die Gläubiger zu befriedigen und den Überschuss den Anfallberechtigten auszuantworten.
Zur Beendigung schwebender Geschäfte können die Liquidatoren auch neue
Geschäfte eingehen. Die Einziehung der Forderungen sowie die Umsetzung
des übrigen Vermögens in Geld darf unterbleiben, soweit diese Maßregeln
nicht zur Befriedigung der Gläubiger oder zur Verteilung des Überschusses

관으로 정할 수 있다. 사단의 목적이 영리사업이 아닌 경우에는, 사원총
회는 그러한 정함이 없어도 재산을 공적 재단이나 공적 영조물에 귀속시
킬 수 있다.

③ 귀속권리자에 대하여 정함이 없는 때에는, 재산은, 사단이 정관상 그
사원의 이익만을 위한 것인 경우에는 해산 또는 권리능력 박탈 당시의
사원에게 균등한 비율로 귀속되고, 기타의 경우에는 사단이 주소를 둔
주의 국고國庫에 귀속된다.

제46조 [國庫에의 歸屬]

사단재산이 국고에 귀속되는 때에는 국고가 법정상속인으로서 취득하는
상속재산에 관한 규정이 준용된다. 국고는 재산을 가능한 한 사단의 목
적에 상응하는 용도에 사용하여야 한다.

제47조 [淸算]

사단재산이 국고에 귀속되지 아니하는 때에는, 사단재단에 대하여 도산
절차가 개시되지 아니한 한, 청산이 행하여져야 한다.

제48조 [淸算人]

① 청산은 이사회가 행한다. 그 외의 사람도 청산인으로 선임될 수 있다;
그 선임에 대하여는 이사회의 선임에 관한 규정이 준용된다.

② 청산의 목적에 비추어 달리 해석되지 아니하는 한, 청산인은 이사회
의 법적 지위를 가진다.

③ 청산인이 다수인 경우에는 다른 정함이 없는 한 그들은 공동으로만
사단을 대표할 권한을 가지고 전원일치로만 결의를 할 수 있다.

제49조 [淸算人의 任務]

① 청산인은 현재의 업무를 종결하고, 채권을 추심하고, 기타의 재산을
금전으로 환가하고, 채권자를 만족시키고, 잉여를 귀속권리자에게 인도
하여야 한다. 청산인은 진행 중인 업무를 종결하기 위하여 새로운 행위
를 할 수 있다. 채권의 추심과 기타 재산의 금전전환은, 그것이 채권자의
만족 또는 잉여의 귀속권리자에의 인도에 필요한 것이 아닌 한, 하여서

unter die Anfallberechtigten erforderlich sind.

(2) Der Verein gilt bis zur Beendigung der Liquidation als fortbestehend, soweit der Zweck der Liquidation es erfordert.

§ 50   Bekanntmachung des Vereins in Liquidation

(1) Die Auflösung des Vereins oder die Entziehung der Rechtsfähigkeit ist durch die Liquidatoren öffentlich bekannt zu machen. In der Bekanntmachung sind die Gläubiger zur Anmeldung ihrer Ansprüche aufzufordern. Die Bekanntmachung erfolgt durch das in der Satzung für Veröffentlichungen bestimmte Blatt. Die Bekanntmachung gilt mit dem Ablauf des zweiten Tages nach der Einrückung oder der ersten Einrückung als bewirkt.

(2) Bekannte Gläubiger sind durch besondere Mitteilung zur Anmeldung aufzufordern.

§ 50a   Bekanntmachungsblatt

Hat ein Verein in der Satzung kein Blatt für Bekanntmachung bestimmt oder hat das Bekanntmachungsblatt sein Erscheinen eingestellt, sind Bekanntmachungen des Vereins in dem Blatt zu veröffentlichen, welches für Bekanntmachungen des Amtsgerichts bestimmt ist, zu dessen Bezirk der Verein seinen Sitz hat.

§ 51   Sperrjahr

Das Vermögen darf den Anfallberechtigten nicht vor dem Ablauf eines Jahres nach der Bekanntmachung der Auflösung des Vereins oder der Entziehung der Rechtsfähigkeit ausgeantwortet werden.

§ 52   Sicherung für Gläubiger

(1) Meldet sich ein bekannter Gläubiger nicht, so ist der geschuldete Betrag, wenn die Berechtigung zur Hinterlegung vorhanden ist, für den Gläubiger zu hinterlegen.

(2) Ist die Berichtigung einer Verbindlichkeit zur Zeit nicht ausführbar oder ist eine Verbindlichkeit streitig, so darf das Vermögen den Anfallberechtigten nur ausgeantwortet werden, wenn dem Gläubiger Sicherheit geleistet ist.

§ 53   Schadensersatzpflicht der Liquidatoren

Liquidatoren, welche die ihnen nach dem § 42 Abs. 2 und den §§ 50, 51 und 52 obliegenden Verpflichtungen verletzen oder vor der Befriedigung der Gläubiger Vermögen den Anfallberechtigten ausantworten, sind, wenn ihnen ein Verschulden zur Last fällt, den Gläubigern für den daraus entstehenden Scha-

는 아니된다.

② 사단은 청산의 목적에 필요한 한 청산의 종결시까지 존속하는 것으로 본다.

제50조 [淸算 중인 社團의 公告]

① 청산인은 사단의 해산 또는 권리능력의 박탈을 공고하여야 한다. 공고에 있어서는 채권자에 대하여 그 청구권을 신고할 것을 최고하여야 한다. 공고는 정관에서 공시를 위하여 지정한 신문에 하여야 한다. 공고는 그 게재 또는 제1회의 게재로부터 2일이 경과함으로써 실행된 것으로 본다.

② 알고 있는 채권자에 대하여는 별도의 통지로써 신고를 최고하여야 한다.

제50조의a [公告刊行物]

사단이 정관에서 공고를 위하여 지정한 간행물이 없거나 그 공고간행물이 발행정지된 경우에는 사단의 공고는 사단이 주소를 둔 행정구역의 구법원이 공고를 위하여 지정한 간행물에 행하여진다.

제51조 [禁止期間]

사단의 해산 또는 권리능력 박탈의 공고로부터 1년이 경과하지 아니하면 재산은 귀속권리자에게 인도될 수 없다.

제52조 [債權者를 위한 擔保]

① 알고 있는 채권자가 신고하지 아니하는 경우에는 공탁할 권리가 있으면 채무액을 채권자를 위하여 공탁하여야 한다.

② 채무의 결제가 일시적으로 실행될 수 없거나 채무에 관하여 다툼이 있는 경우에는 채권자에게 담보가 제공된 때에 한하여 재산이 귀속권리자에게 인도될 수 있다.

제53조 [淸算人의 損害賠償義務]

제42조 제2항, 제50조, 제51조 및 제52조에 정하여진 의무를 위반하거나 채권자를 만족시키기 전에 재산을 귀속권리자에게 인도한 청산인은 과책 있는 때에는 채권자에 대하여 그로 인하여 발생하는 손해에 대하여

den verantwortlich; sie haften als Gesamtschuldner.

§ 54   Vereine ohne Rechtspersönlichkeit

(1) Für Vereine, deren Zweck nicht auf einen wirtschaftlichen Geschäftsbetrieb gerichtet ist und die nicht durch Eintragung in das Vereinsregister Rechtspersönlichkeit erlangt haben, sind die Vorschriften der §§ 24 bis 53 entsprechend anzuwenden. Für Vereine, deren Zweck auf einen wirtschaftlichen Geschäftsbetrieb gerichtet ist und die nicht durch staatliche Verleihung Rechtspersönlichkeit erlangt haben, sind die Vorschriften über die Gesellschaft entsprechend anzuwenden.

(2) Aus einem Rechtsgeschäft, das im Namen eines Vereins ohne Rechtspersönlichkeit einem Dritten gegenüber vorgenommen wird, haftet der Handelnde persönlich; handeln mehrere, haften sie als Gesamtschuldner.

Kapitel 2   Eingetragene Vereine

§ 55   Zuständigkeit für die Registereintragung

Die Eintragung eines Vereins der in § 21 bezeichneten Art in das Vereinsregister hat bei dem Amtsgericht zu geschehen, in dessen Bezirk der Verein seinen Sitz hat.

§ 55a   Elektronisches Vereinsregister

(1) Die Landesregierungen können durch Rechtsverordnung bestimmen, dass und in welchem Umfang das Vereinsregister in maschineller Form als automatisierte Datei geführt wird. Hierbei muss gewährleistet sein, dass

1. die Grundsätze einer ordnungsgemäßen Datenverarbeitung eingehalten, insbesondere Vorkehrungen gegen einen Datenverlust getroffen sowie die erforderlichen Kopien der Datenbestände mindestens tagesaktuell gehalten und die originären Datenbestände sowie deren Kopien sicher aufbewahrt werden,

2. die vorzunehmenden Eintragungen alsbald in einen Datenspeicher aufgenommen und auf Dauer inhaltlich unverändert in lesbarer Form wiedergegeben werden können und

3. die nach den Artikeln 24, 25 und 32 der Verordnung (EU) 2016/679 erforderlichen Anforderungen erfüllt sind.

Die Landesregierungen können durch Rechtsverordnung die Ermächtigung nach Satz 1 auf die Landesjustizverwaltungen übertragen.

(2) Das maschinell geführte Vereinsregister tritt für eine Seite des Registers

책임을 진다; 그들은 연대채무자로서 책임진다.

제54조 [權利能力 없는 社團]

① 영리사업을 목적으로 하지 아니하는 사단으로서 사단등기부에의 등기에 의하여 권리능력을 취득하지 아니한 것에 대하여는 제24조 내지 제53조가 준용된다. 영리사업을 목적으로 하는 사단으로서 국가의 부여에 의하여 권리능력을 취득하지 아니한 것에 대하여는 조합에 관한 규정이 준용된다.

② 사단의 이름으로 제3자에 대하여 행하여진 법률행위에 대하여 행위자는 개인적으로 책임진다; 다수가 행위한 때에는 이들은 연대채무자로서 책임진다.

제 2 항   登記社團

제55조 [登記管轄]

사단이 제21조에 따라 사단등기부에 하는 등기는 사단이 주소를 둔 행정구역의 구법원에서 행하여져야 한다.

제55조의a [電算社團登記簿]

① 주정부는 법규명령에 의하여, 사단등기부를 자동화된 정보자료로서 기계적 방식으로 운용할 수 있다는 것 및 그 범위를 정할 수 있다. 이에 있어서는 다음 각 호의 사항이 보장되어야 한다,

1. 정상적인 자료처리의 원칙이 준수되는 것, 특히 자료손실에 대한 예방조치를 행하고, 자료의 내용을 필요한 만큼 적어도 하루 단위로 복제하며, 자료원본 및 그 복제를 안전하게 보관하는 것,

2. 행하여지는 등기를 즉시 자료기억장치에 입력할 수 있고 또한 이를 내용의 변화 없이 읽을 수 있는 형태로 영속적으로 재생시킬 수 있는 것, 및

3. 유럽연합 제2016/679호 규칙의 제24조, 제25조 및 제32조에서 정하여진 요구사항이 충족되는 것.

주정부는 제1문에 정하여진 권한을 법규명령에 의하여 주의 사법행정기관에 위임할 수 있다.

② 종전 등기부의 한 면의 등기가 사단등기를 위한 자료기억장치에 입

an die Stelle des bisherigen Registers, sobald die Eintragungen dieser Seite in den für die Vereinsregistereintragungen bestimmten Datenspeicher aufgenommen und als Vereinsregister freigegeben worden sind. Die entsprechenden Seiten des bisherigen Vereinsregisters sind mit einem Schließungsvermerk zu versehen.

(3) Eine Eintragung wird wirksam, sobald sie in den für die Registereintragungen bestimmten Datenspeicher aufgenommen ist und auf Dauer inhaltlich unverändert in lesbarer Form wiedergegeben werden kann. Durch eine Bestätigungsanzeige oder in anderer geeigneter Weise ist zu überprüfen, ob diese Voraussetzungen eingetreten sind. Jede Eintragung soll den Tag angeben, an dem sie wirksam geworden ist.

§ 56 Mindestmitgliederzahl des Vereins

Die Eintragung soll nur erfolgen, wenn die Zahl der Mitglieder mindestens sieben beträgt.

§ 57 Mindesterfordernisse an die Vereinssatzung

(1) Die Satzung muss den Zweck, den Namen und den Sitz des Vereins enthalten und ergeben, dass der Verein eingetragen werden soll.

(2) Der Name soll sich von den Namen der an demselben Orte oder in derselben Gemeinde bestehenden eingetragenen Vereine deutlich unterscheiden.

§ 58 Sollinhalt der Vereinssatzung

Die Satzung soll Bestimmungen enthalten:
1. über den Eintritt und Austritt der Mitglieder,
2. darüber, ob und welche Beiträge von den Mitgliedern zu leisten sind,
3. über die Bildung des Vorstands,
4. über die Voraussetzungen, unter denen die Mitgliederversammlung zu berufen ist, über die Form der Berufung und über die Beurkundung der Beschlüsse.

§ 59 Anmeldung zur Eintragung

(1) Der Vorstand hat den Verein zur Eintragung anzumelden.

(2) Der Anmeldung sind Abschriften der Satzung und der Urkunden über die Bestellung des Vorstands beizufügen.

(3) Die Satzung soll von mindestens sieben Mitgliedern unterzeichnet sein und die Angabe des Tages der Errichtung enthalten.

력되고 또한 사단등기부로서 공람에 제공되면, 기계적으로 운용되는 사
단등기부가 바로 그 면에 관하여 종전의 등기부에 갈음한다. 종전의 사
단등기부의 상응하는 면에 대하여는 폐쇄의 표시를 하여야 한다.

③ 등기가 사단등기를 위한 자료기억장치에 입력되고 또한 이를 읽을
수 있는 형태로 내용의 변화 없이 영속적으로 재생시킬 수 있으면, 이는
바로 효력을 가지게 된다. 확인공시 또는 기타 적당한 방법으로 이러한
요건이 갖추어졌는지가 검증되어야 한다. 모든 등기에는 그것이 효력을
가지게 된 날짜를 적시하여야 한다.

제56조 [最少社員數]

등기는, 사원의 수가 7인 이상인 경우에만 행하여진다.

제57조 [定款의 最小要件]

① 정관은 목적, 명칭 및 사단의 주소를 포함하여야 하고, 사단이 등기될
것을 명시하여야 한다.

② 명칭은 같은 곳 또는 같은 기초지방자치체에 존재하는 등기된 사단
의 명칭과 명확하게 구별되어야 한다.

제58조 [定款의 必要的 記載事項]

정관은 다음 각 호의 사항을 포함하여야 한다:

  1. 사원의 가입과 탈퇴,
  2. 사원의 출자의 요부 및 종류,
  3. 이사회의 구성,
  4. 사원총회 소집의 요건과 방식 및 결의록의 작성.

제59조 [登記申請]

① 이사회는 법인의 등기를 신청하여야 한다.

② 신청에는 정관 및 이사회의 선임에 관한 서류의 각 등본을 첨부하여
야 한다.

③ 정관에는 적어도 7인의 사원이 서명하여야 하며, 작성일자를 포함하
여야 한다.

§ 60　Zurückweisung der Anmeldung

Die Anmeldung ist, wenn den Erfordernissen der §§ 56 bis 59 nicht genügt ist, von dem Amtsgericht unter Angabe der Gründe zurückzuweisen.

§§ 61 bis 63 (weggefallen)

§ 64　Inhalt der Vereinsregistereintragung

Bei der Eintragung sind der Name und der Sitz des Vereins, der Tag der Errichtung der Satzung, die Mitglieder des Vorstands und ihre Vertretungsmacht anzugeben.

§ 65　Namenszusatz

Mit der Eintragung erhält der Name des Vereins den Zusatz „eingetragener Verein“.

§ 66　Aufbewahrung von Dokumenten

Die mit der Anmeldung eingereichten Dokumente werden vom Amtsgericht aufbewahrt.

§ 67　Änderung des Vorstands

(1) Jede Änderung des Vorstands ist von dem Vorstand zur Eintragung anzumelden. Der Anmeldung ist eine Abschrift der Urkunde über die Änderung beizufügen.

(2) Die Eintragung gerichtlich bestellter Vorstandsmitglieder erfolgt von Amts wegen.

§ 68　Vertrauensschutz durch Vereinsregister

Wird zwischen den bisherigen Mitgliedern des Vorstands und einem Dritten ein Rechtsgeschäft vorgenommen, so kann die Änderung des Vorstands dem Dritten nur entgegengesetzt werden, wenn sie zur Zeit der Vornahme des Rechtsgeschäfts im Vereinsregister eingetragen oder dem Dritten bekannt ist. Ist die Änderung eingetragen, so braucht der Dritte sie nicht gegen sich gelten zu lassen, wenn er sie nichtkennt, seine Unkenntnis auch nicht auf Fahrlässigkeit beruht.

§ 69　Nachweis des Vereinsvorstands

Der Nachweis, dass der Vorstand aus den im Register eingetragenen Personen besteht, wird Behörden gegenüber durch ein Zeugnis des Amtsgerichts über die Eintragung geführt.

§ 70　Vertrauensschutz bei Eintragungen zur Vertretungsmacht

Die Vorschriften des § 68 gelten auch für Bestimmungen, die den Umfang der Vertretungsmacht des Vorstands beschränken oder die Vertretungsmacht des Vorstands abweichend von der Vorschrift des § 26 Absatz 2 Satz 1 regeln.

제60조 [申請의 棄却]

신청이 제56조 내지 제59조의 요건을 충족하지 아니하는 때에는 구법원은 이유를 붙여 이를 기각하여야 한다.

제61조 내지 제63조 [삭제]

제64조 [社團登記의 內容]

등기에 있어서는 사단의 명칭과 주소, 정관작성일자, 이사회의 구성원 및 그들의 대표권이 기재되어야 한다.

제65조 [名稱의 附加]

등기를 함으로써 사단의 명칭에는 「등기사단」이 부가된다.

제66조 [記錄保存]

신청에 첨부된 서류들은 구법원이 보관한다.

제67조 [理事會의 變更]

① 이사회의 변경이 있을 때마다 이사회는 그 등기를 신청하여야 한다. 신청에는 변경에 관한 서류의 등본을 첨부하여야 한다.

② 법원이 선임한 이사회 구성원의 등기는 직권으로 행하여진다.

제68조 [社團登記簿에 대한 信賴保護]

종전의 이사회 구성원과 제3자 사이에 법률행위가 행하여진 경우에, 이사회의 변경이 법률행위 당시 사단등기부에 등기되어 있거나 제3자가 이를 알고 있는 때에만, 이사회의 변경을 제3자에게 대항할 수 있다. 변경이 등기된 경우에, 그가 이를 알지 못하고 또 그 부지가 과실로 인한 것이 아닌 때에는, 제3자는 이를 자신에 대하여 효력 있는 것으로 할 필요가 없다.

제69조 [社團理事會의 證明]

이사회가 등기부에 등기된 사람에 의하여 구성되어 있음을 관청에 대하여 증명하는 것은 구법원의 등기증명서에 의한다.

제70조 [代表權 登記에서의 信賴保護]

제68조는 이사회의 대표권을 제한하는 정함이나 이사회의 대표권을 제26조 제2항 제1문과 달리 규율하는 정함에 대하여도 적용된다.

§ 71 Änderungen der Satzung

(1) Änderungen der Satzung bedürfen zu ihrer Wirksamkeit der Eintragung in das Vereinsregister. Die Arung ist von dem Vorstand zur Eintragung anzumelden. Der Anmeldung sind eine Abschrift des die Änderung enthaltenden Beschlusses und der Wortlaut der Satzung beizufügen. In dem Wortlaut der Satzung müssen die geänderten Bestimmungen mit dem Beschluss über die Satzungsänderung, die unveränderten Bestimmungen mit dem zuletzt eingereichten vollständigen Wortlaut der Satzung und, wenn die Satzung geändert worden ist, ohne dass ein vollständiger Wortlaut der Satzung eingereicht wurde, auch mit den zuvor eingetragenen Änderungen übereinstimmen.

(2) Die Vorschriften der §§ 60, 64 und des § 66 finden entsprechende Anwendung.

§ 72 Bescheinigung der Mitgliederzahl

Der Vorstand hat dem Amtsgericht auf dessen Verlangen jederzeit eine schriftliche Bescheinigung über die Zahl der Vereinsmitglieder einzureichen.

§ 73 Unterschreiten der Mindestmitgliederzahl

Sinkt die Zahl der Vereinsmitglieder unter drei herab, so hat das Amtsgericht auf Antrag des Vorstands und, wenn der Antrag nicht binnen drei Monaten gestellt wird, von Amts wegen nach Anhörung des Vorstands dem Verein die Rechtsfähigkeit zu entziehen.

§ 74 Auflösung

(1) Die Auflösung des Vereins sowie die Entziehung der Rechtsfähigkeit ist in das Vereinsregister einzutragen.

(2) Wird der Verein durch Beschluss der Mitgliederversammlung oder durch den Ablauf der für die Dauer des Vereins bestimmten Zeit aufgelöst, so hat der Vorstand die Auflösung zur Eintragung anzumelden. Der Anmeldung ist im ersteren Falle eine Abschrift des Auflösungsbeschlusses beizufügen.

(3) (weggefallen)

§ 75 Eintragungen bei Insolvenz

(1) Die Eröffnung des Insolvenzverfahrens und der Beschluss, durch den die Eröffnung des Insolvenzverfahrens mangels Masse rechtskräftig abgewiesen worden ist, sowie die Auflösung des Vereins nach § 42 Absatz 2 Satz 1 sind von Amts wegen einzutragen. Von Amts wegen sind auch einzutragen

1. die Aufhebung des Eröffnungsbeschlusses,

2. die Bestellung eines vorläufigen Insolvenzverwalters, wenn zusätzlich dem Schuldner ein allgemeines Verfügungsverbot auferlegt oder angeordnet wird,

제71조 [定款變更]

① 정관의 변경이 유효하게 행하여지려면 사단등기부에의 등기를 요한다. 이사회는 변경의 등기를 신청하여야 한다. 신청에는 정관 변경을 포함하는 결의의 등본과 정관 텍스트를 첨부하여야 한다. 정관 텍스트에 있어서는 변경 후의 조항이 정관 변경의 결의 내용과, 그리고 변경 전의 조항이 마지막으로 제출된 완전한 정관 텍스트와, 만일 정관이 완전한 정관 텍스트의 제출 없이 변경되었던 경우에는 그 전에 등기된 변경 내용과 일치하여야 한다.

② 제60조, 제64조 및 제66조는 이에 준용된다.

제72조 [社員數의 證明]

이사회는 구법원의 청구에 의하여 언제든지 사원의 수에 관한 서면에 의한 증명을 구법원에 제출하여야 한다.

제73조 [最少社員數 未達]

사원의 수가 3인 미만이 된 경우에는 구법원은 이사회의 청구에 의하여, 청구가 3개월 이내에 행하여지지 아니하는 때에는 직권으로, 이사회를 청문한 후 사단으로부터 권리능력을 박탈하여야 한다.

제74조 [解散]

① 사단의 해산과 권리능력의 박탈은 사단등기부에 등기하여야 한다.

② 사단이 사원총회의 결의 또는 사단의 존속기간으로 정하여진 기간의 경과에 의하여 해산하는 때에는 이사회는 해산의 등기를 신청하여야 한다. 전자前者의 경우에 신청에는 해산결의의 등본을 첨부하여야 한다.

③ [삭제]

제75조 [倒産節次에서의 登記]

① 도산절차의 개시, 재산의 부족을 이유로 도산절차 개시의 신청을 기판력 있게 기각하는 결정 및 제42조 제2항 제1문에 의한 사단의 해산은 직권으로 등기되어야 한다. 다음의 사항도 직권으로 등기되어야 한다,

1. 개시결정의 취소,

2. 임시도산관재인이 임명되고, 나아가 채무자에 대하여 일반적 처분금

dass Verfügungen des Schuldners nur mit Zustimmung des vorläufigen Insolvenzverwalters wirksam wird sind, und die Aufhebung einer derartigen Sicherungsmaßnahme,

3. die Anordnung der Eigenverwaltung durch den Schuldner und deren Aufhebung sowie die Anordnung der Zustimmungsbedürfigkeit bestimmter Rechtsgeschäfte des Schuldners,

4. die Einstellung und die Aufhebung des Verfahrens und

5. die Überwachung der Erfüllung eines Insolvenzplans und die Aufhebung der Überwachung.

(2) Wird der Verein durch Beschluss der Mitgliederversammlung nach § 42 Absatz 1 Satz 2 fortgesetzt, so hat der Vorstand die Fortsetzung zur Eintragung anzumelden. Der Anmeldung ist eine Abschrift des Beschlusses beizufügen.

§ 76 Eintragungen bei Liquidation

(1) Bei der Liquidation des Vereins sind die Liquidatoren und ihre Vertretungsmacht in das Vereinsregister einzutragen. Das Gleiche gilt für die Beendigung des Vereins nach der Liquidation.

(2) Die Anmeldung der Liquidatoren hat durch den Vorstand zu erfolgen. Bei der Anmeldung ist der Umfang der Vertretungsmacht der Liquidatoren anzugeben. Änderungen der Liquidatoren oder ihrer Vertretungsmacht sowie die Beendigung des Vereins sind von den Liquidatoren anzumelden. Der Anmeldung der durch Beschluss der Mitgliederversammlung bestellten Liquidatoren ist eine Abschrift des Bestellungsbeschlusses, der Anmeldung der Vertretungsmacht, die abweichend von § 48 Absatz 3 bestimmt wurde, ist eine Abschrift der diese Bestimmung enthaltenden Urkunde beizufügen.

(3) Die Eintragung gerichtlich bestellter Liquidatoren geschieht von Amts wegen.

§ 77 Anmeldepflichtige und Form der Anmeldungen

(1) Die Anmeldungen zum Vereinsregister sind von Mitgliedern des Vorstands sowie von den Liquidatoren, die insoweit zur Vertretung des Vereins berechtigt sind, mittels öffentlich beglaubigter Erklärung abzugeben. Die Erklärung kann in Urschrift oder in öffentlich beglaubigter Abschrift beim Gericht eingereicht werden.

(2) Die öffentliche Beglaubigung mittels Videokommunikation gemäß § 40a des Beurkundungsgesetzes ist zulässig.

§ 78 Festsetzung von Zwangsgeld

지명령이 내려지거나 채무자의 처분이 임시도산관재인의 동의를 얻어야만 유효하다고 명하여진 경우에는, 임시도산관재인의 임명, 그리고 그러한 보전처분의 취소,

3. 채무자에 대한 자기관리의 명령과 그 취소 및 채무자가 하는 일정한 법률행위에 대하여 승인을 얻어야 한다는 명령,

4. 절차의 폐지와 취소 및

5. 도산처리계획의 수행의 감독 및 감독의 취소.

② 사단이 제42조 제 1 항 제 2 문에 의한 사원총회 결의로 계속되는 경우에는, 이사회는 그 계속의 등기를 신청하여야 한다. 신청에는 결의의 등본을 첨부하여야 한다.

제76조 [淸算에서의 登記]

① 사단의 청산에 있어서는 청산인과 그의 대표권이 사단등기부에 등기되어야 한다. 이는 청산 종료 후 사단의 소멸에 대하여도 같다.

② 청산인 등기의 신청은 이사회가 행한다. 신청을 함에는 청산인의 대표권의 범위가 기재되어야 한다. 청산인 또는 그 대표권의 변경 및 법인의 소멸은 청산인이 신청하여야 한다. 사원총회에서 선임된 청산인 등기의 신청에는 그 선임 결의의 등본이 첨부되어야 하고, 제48조 제 3 항의 정함과 다르게 정하여진 대표권 등기의 신청에는 그 정함을 포함하는 증서가 첨부되어야 한다.

③ 법원이 선임한 청산인의 등기는 직권으로 행하여진다.

제77조 [登記申請義務者와 申請方式]

① 사단등기부에의 등기 신청은 이사회 구성원이, 또는 청산인이 사단을 대표할 권한을 가지는 경우에는 청산인이 공적으로 인증된 의사표시에 의하여 행하여야 한다. 그 의사표시는 원본으로 또는 공적으로 인증된 등본으로 법원에 제출될 수 있다.

② 공증법 제40조의a에 따라 비디오장치상의 의사교환으로 하는 공적 인증은 허용된다.

제78조 [强制金의 決定]

(1) Das Amtsgericht kann die Mitglieder des Vorstands zur Befolgung der Vorschriften des § 67 Abs. 1, des § 71 Abs. 1, des § 72, des § 74 Abs. 2, des § 75 Absatz 2 und des § 76 durch Festsetzung von Zwangsgeld anhalten.

(2) In gleicher Weise können die Liquidatoren zur Befolgung der Vorschriften des § 76 angehalten werden.

§ 79 Einsicht in das Vereinsregister

(1) Die Einsicht des Vereinsregisters sowie der von dem Verein bei dem Amtsgericht eingereichten Dokumente ist jedem gestattet. Von den Eintragungen kann eine Abschrift verlangt werden; die Abschrift ist auf Verlangen zu beglaubigen. Wird das Vereinsregister maschinell geführt, tritt an die Stelle der Abschrift ein Ausdruck, an die der beglaubigten Abschrift ein amtlicher Ausdruck.

(2) Die Einrichtung eines automatisierten Verfahrens, das die Übermittlung der Daten aus dem maschinell geführten Vereinsregister durch Abruf ermöglicht, ist zulässig, sofern sichergestellt ist, dass

1. der Abruf von Daten die zulässige Einsicht nach Absatz 1 nicht überschreitet und

2. die Zulässigkeit der Abrufe auf der Grundlage einer Protokollierung kontrolliert werden kann.

Die Länder können für das Verfahren ein länderübergreifendes elektronisches Informations- und Kommunikationssystem bestimmen.

(3) Der Nutzer ist darauf hinzuweisen, dass er die übermittelten Daten nur zu Informationszwecken verwenden darf. Die zuständige Stelle hat (z. B. durch Stichproben) zu prüfen, ob sich Anhaltspnkte dafür ergeben, dass die nach Satz 1 zulässige Einsicht überschritten oder übermittelte Daten missbraucht werden.

(4) Die zuständige Stelle kann einen Nutzer, der die Funktionsfähigkeit der Abrufeinrichtung gefährdet, die nach Absatz 3 Satz 1 zulässige Einsicht überschreitet oder übermittelte Daten missbraucht, von der Teilnahme am automatisierten Abrufverfahren ausschließen; dasselbe gilt bei drohender Überschreitung oder drohendem Missbrauch.

(5) Zuständige Stelle ist die Landesjustizverwaltung. Örtlich zuständig ist die Landesjustizverwaltung, in deren Zuständigkeitsbereich das betreffende Amtsgericht liegt. Die Zuständigkeit kann durch Rechtsverordnung der Landesregierung abweichend geregelt werden. Sie kann diese Ermächtigung durch Rechtsverordnung auf die Landesjustizverwaltung übertragen. Die Länder kön-

① 구법원은 이사회 구성원이 제67조 제 1 항, 제71조 제 1 항, 제72조, 제74조 제 2 항, 제75조 제 2 항 및 제76조를 준수하도록 하기 위하여 강제금을 결정할 수 있다.

② 청산인이 제76조를 준수하도록 하기 위하여서도 마찬가지이다.

제79조 [社團登記簿의 閱覽]

① 누구라도 사단등기부 및 사단이 구법원에 제출한 서류를 열람할 수 있다. 등기에 대하여는 등본을 요청할 수 있다; 등본은 청구가 있으면 인증되어야 한다. 사단등기부가 기계적으로 운용된 경우에는 그로부터 출력된 것이 등본에 갈음하고, 공적으로 출력된 것이 인증된 등본에 갈음한다.

② 기계적으로 운용되는 사단등기부로부터 자료를 검색을 통하여 전달하는 자동절차의 작동은 다음 각 호가 보장되는 한에서 허용된다,

  1. 자료의 검색이 제 1 항에 의하여 허용된 열람의 범위를 넘지 아니하는 것, 그리고
  2. 검색의 허용이 기록 작성에 기하여 통제될 수 있는 것.

주는 그 절차를 위하여 여러 주에 걸치는 전자적 정보·통신체계를 지정할 수 있다.

③ 전달된 자료가 정보의 목적으로만 사용되어야 한다는 것이 이용자에 대하여 지적되어야 한다. 관할청은 열람이 제 1 문에 정하여진 범위를 넘는다는 사실 또는 전달된 자료가 오용된다는 사실을 추단시키는 사정이 있는지를 예를 들면 무작위표본조사에 의하여 검사하여야 한다.

④ 관할청은 검색설비의 기능을 위태롭게 하거나 제 3 항에 의하여 허용되는 열람의 범위를 넘거나 또는 전달된 자료를 오용하는 사용자에 대하여 자동화된 검색절차에 참가하는 것을 금지할 수 있다; 이는 그 범위초과나 오용이 우려되는 경우에도 적용된다.

⑤ 관할청은 주 사법행정기관이다. 사단등기를 행하는 구법원이 그의 관할 구역 안에 소재하는 주 사법행정기관이 토지관할권을 가진다. 관할권은 주 정부의 법규명령에 의하여 달리 정하여질 수 있다. 주 정부는 이

nen auch die Übertragung der Zuständigkeit auf die zuständige Stelle eines anderen Landes vereinbaren.

§ 79a Anwendung der Verordnung (EU) 2016/679 im Registerverfahren

(1) Die Rechte nach Artikel 15 der Verordnung (EU) 2016/679 des Europäischen Parlaments und des Rates vom 27. April 2016 zum Schutz natürlicher Personen bei der Verarbeitung personenbezogener Daten, zum freien Datenverkehr und zur Aufhebung der Richtlinie 95/46/EG (Datenschutz-Grundverordnung) (ABl. L 119 vom 4.5.2016, S. 1; L 314 vom 22.11.2016, S. 72; L 127 vom 23.5.2018, S. 2) werden nach § 79 und den dazu erlassenen Vorschriften der Vereinsregisterverordnung durch Einsicht in das Register oder den Abruf von Registerdaten über das länderübergreifende Informations- und Kommunikationssystem gewährt. Das Registergericht ist nicht verpflichtet, Personen, deren personenbezogene Daten im Vereinsregister oder in den Registerakten gespeichert sind, über die Offenlegung dieser Daten an Dritte Auskunft zu erteilen.

(2) Das Recht auf Berichtigung nach Artikel 16 der Verordnung (EU) 2016/679 kann für personenbezogene Daten, die im Vereinsregister oder in den Registerakten gespeichert sind, nur unter den Voraussetzungen und in dem Verfahren ausgeübt werden, die im Gesetz über das Verfahren in Familiensachen und in den Angelegenheiten der freiwilligen Gerichtsbarkeit sowie der Vereinsregisterverordnung für eine Löschung oder Berichtigung von Eintragungen geregelt sind.

(3) Das Widerspruchsrecht nach Artikel 21 der Verordnung (EU) 2016/679 ist auf personenbezogene Daten, die im Vereinsregister und in den Registerakten gespeichert sind, nicht anzuwenden.

Untertitel 2   Rechtsfähige Stiftungen

§ 80 Ausgestaltung und Entstehung der Stiftung

(1) Die Stiftung ist eine mit einem Vermögen zur dauernden und nachhaltigen Erfüllung eines vom Stifter vorgegebenen Zwecks ausgestattete, mitgliederlose juristische Person. Die Stiftung wird in der Regel auf unbestimmte Zeit errichtet, sie kann aber auch auf bestimmte Zeit errichtet werden, innerhalb derer ihr gesamtes Vermögen zur Erfüllung ihres Zwecks zu verbrauchen ist (Verbrauchsstiftung).

권한을 법규명령에 의하여 그 주의 사법행정기관에 위임할 수 있다. 주
들 간에 관할권을 다른 주의 관할청에 이전하는 약정도 할 수 있다.

제79조의a [登記節次에서 유럽연합 제2016/679호 規則의 適用]

① 유럽의회 및 유럽평의회의 2016년 4월 27일자「개인 관련 정보의 처
리에 있어서의 자연인의 보호, 자유로운 정보유통 및 유럽연합 제95/46
호 지침(정보보호기본규칙)(2016년 5월 4일의 유럽연방관보 법령편 제
119호, 1면; 2016년 11월 22일의 동 법령편 제314호, 72면; 2018년 5월 23일
의 동 법령편 제127호, 2면)의 폐기에 관한 유럽연합 제2016/679호 규칙」
의 제15조에 기한 권리들은 제79조 및 그에 기하여 제정된 사단등기부에
관한 법규명령에 따라서 그 등기부를 열람함으로써 또는 여러 주를 통괄
하는 정보체계 및 의사소통체계를 통하여 등록자료를 불러옴으로써 보
장된다. 등기부법원은 자신의 인적 정보가 사단등기부 또는 등기부파일
에 저장된 사람에게 이들 자료의 제3자에 대한 개시開示에 관한 정보를
제공할 의무를 지지 아니한다.

② 유럽연합 제2016/679호 규칙의 제16조에 따른 정정의 권리는 사단등
기부 또는 등기부파일에 수록된 인적 정보에 대하여는「가정사건 및 비
송사건의 절차에 관한 법률」에서 그리고 사단등기부규칙에서 등기의 말
소와 정정에 관하여 정하여진 요건과 절차에 좇아서만 행사될 수 있다.

③ 유럽연합 제2016/679호 규칙의 제21조에 따른 이의제기권은 사단등기
부 또는 등기부파일에 수록된 인적 정보에 대하여는 적용되지 아니한다.

제 2 관　權利能力 있는 財團

제80조 [財團의 形成과 成立]

① 재단이라 함은 설립자가 정하는 목적을 계속적이고 지구적持久的으로
실현하기 위하여 일정한 재산을 구비한, 구성원이 없는 법인을 말한다.
재단은 통상적으로 기한의 정함이 없이 설립되지만, 그의 재산이 그 목
적의 달성을 위하여 소모되어야 하는 일정한 기간을 정하여 설립될 수도
있다("재산소모재단").

(2) Zur Entstehung der Stiftung sind das Stiftungsgeschäft und die Anerkennung der Stiftung durch die zuständige Behörde des Landes erforderlich, in dem die Stiftung ihren Sitz haben soll. Wird die Stiftung erst nach dem Tode des Stifters anerkannt, so gilt sie für Zuwendungen des Stifters als schon vor dessen Tod entstanden.

§ 81　Stiftungsgeschäft

(1) Im Stiftungsgeschäft muss der Stifter

1. der Stiftung eine Satzung geben, die mindestens Bestimmungen enthalten muss über
   a) den Zweck der Stiftung,
   b) den Namen der Stiftung,
   c) den Sitz der Stiftung und
   d) die Bildung des Vorstands der Stiftung sowie
2. zur Erfüllung des von ihm vorgegebenen Stiftungszwecks ein Vermögen widmen (gewidmetes Vermögen), das der Stiftung zu deren eigener Verfügung zu überlassen ist.

(2) Die Satzung einer Verbrauchsstiftung muss zusätzlich enthalten:

1. die Festlegung der Zeit, für die die Stiftung errichtet wird, und
2. Bestimmungen zur Verwendung des Stiftungsvermögens, die die nachhaltige Erfüllung des Stiftungszwecks und den vollständigen Verbrauch des Stiftungsvermögens innerhalb der Zeit, für welche die Stiftung errichtet wird, gesichert erscheinen lassen.

(3) Das Stiftungsgeschäft bedarf der schriftlichen Form, wenn nicht in anderen Vorschriften ausdrücklich eine strengere Form als die schriftliche Form vorgeschrieben ist, oder es muss in einer Verfügung von Todes wegen enthalten sein.

(4) Wenn der Stifter verstorben ist und er im Stiftungsgeschäft zwar den Zweck der Stiftung festgelegt und ein Vermögen gewidmet hat, das Stiftungsgeschäft im Übrigen jedoch nicht den gesetzlichen Anforderungen des Absatzes 1 oder des Absatzes 2 genügt, hat die nach Landesrecht zuständige Behörde das Stiftungsgeschäft um die Satzung oder um fehlende Satzungsbestimmungen zu ergänzen. Bei der Ergänzung des Stiftungsgeschäfts soll die Behörde den wirklichen, hilfsweise den mutmaßlichen Willen des Stifters beachten. Wurde im Stiftungsgeschäft kein Sitz der Stiftung bestimmt, ist im Zweifel anzunehmen, dass der Sitz am letzten Wohnsitz des Stifters im Inland sein soll.

② 재단의 성립에는 설립행위, 그리고 재단이 주소를 두는 주의 관할 관청의 승인을 요한다. 재단이 설립자의 사망 후에 비로소 승인된 경우에는 그것은 설립자의 출연에 관하여는 이미 그의 사망 전에 성립된 것으로 간주된다.

제81조 [設立行爲]

① 설립자는 설립행위로써 다음을 하여야 한다,

1. 적어도 다음의 사항에 관한 정함을 포함하는 정관을 마련하여야 한다,

   a) 재단의 목적,

   b) 재단의 이름,

   c) 재단의 주소, 그리고

   d) 재단 이사회의 구성, 나아가

2. 그가 정하는 재단목적의 실현을 위하여 일정한 재산을 출연하고("출연재산") 이를 재단의 독자적인 처분에 맡겨야 한다.

② 재산소모재단의 정관에는 나아가 다음이 포함되어야 한다:

1. 재단이 존속하는 확정된 기간, 그리고

2. 재단이 존속하는 동안 재단 목적이 지구적으로 달성되게 하고 재단재산의 완전한 소비가 확실하다고 여겨지게 하는 재단재산의 사용에 관한 정함.

③ 설립행위는 다른 규정에서 서면방식보다 엄격한 형식이 명시적으로 정하여지지 아니한 한 서면방식을 요하고, 또는 사인처분에 포함되어 있어야 한다.

④ 설립자가 사망한 경우에 그가 설립행위에서 재단의 목적을 정하고 일정한 재산을 출연하기는 하였지만 그 외에는 제 1 항 또는 제 2 항에 따른 법률상 요건을 갖추기에 충분하지 아니한 때에는 주법에 의하여 관할권을 가지는 관청이 정관 또는 그 부족한 정관규정만큼 설립행위를 보충하여야 한다. 설립행위의 보충에 있어서 그 관청은 설립자의 실제의 의사를, 나아가 필요하다면 추정적 의사를 존중하여야 한다. 설립행위에서 재단의 주소가 정하여지지 아니하였으면 의심스러운 경우에는 설립자의 최종적 국내 주소를 그 주소로 한다.

§ 81a Widerruf des Stiftungsgeschäfts

Bis zur Anerkennung der Stiftung ist der Stifter zum Widerruf des Stiftungsgeschäfts berechtigt. Ist die Anerkennung bei der zuständigen Behörde des
Landes beantragt, so ist der Widerruf dieser gegenüber zu erklären. Der Erbe
des Stifters ist zum Widerruf des Stiftungsgeschäfts nicht berechtigt, wenn der
Stifter den Antrag auf Anerkennung der Stiftung bei der zuständigen Behörde
des Landes gestellt oder im Falle der notariellen Beurkundung des Stiftungsgeschäfts den Notar mit der Antragstellung betraut hat.

§ 82 Anerkennung der Stiftung

Die Stiftung ist anzuerkennen, wenn das Stiftungsgeschäft den Anforderungen
des § 81 Absatz 1 bis 3 genügt und die dauernde und nachhaltige Erfüllung des
Stiftungszwecks gesichert erscheint, es sei denn, die Stiftung würde das Gemeinwohl gefährden. Bei einer Verbrauchsstiftung erscheint die dauernde Erfüllung
des Stiftungszwecks gesichert, wenn die in der Satzung für die Stiftung bestimmte
Zeit mindestens zehn Jahre umfasst.

§ 82a Übertragung und Übergang des gewidmeten Vermögens

Ist die Stiftung anerkannt, so ist der Stifter verpflichtet, das gewidmete Vermögen
auf die Stiftung zu übertragen. Rechte, zu deren Übertragung eine Abtretung
genügt, gehen mit der Anerkennung auf die Stiftung über, sofern sich nicht aus
dem Stiftungsgeschäft ein anderer Wille des Stifters ergibt.

§ 83 Stiftungsverfassung und Stifterwille

(1) Die Verfassung der Stiftung wird, soweit sie nicht auf Bundes- oder Lan-
desgesetz beruht, durch das Stiftungsgeschäft und insbesondere die Satzung
bestimmt.

(2) Die Stiftungsorgane haben bei ihrer Tätigkeit für die Stiftung und die
zuständigen Behörden haben bei der Aufsicht über die Stiftung den bei der
Errichtung der Stiftung zum Ausdruck gekommenen Willen, hilfsweise den
mutmaßlichen Willen des Stifters zu beachten.

§ 83a Verwaltungssitz der Stiftung

Die Verwaltung der Stiftung ist im Inland zu führen.

§ 83b Stiftungsvermögen

(1) Bei einer Stiftung, die auf unbestimmte Zeit errichtet wurde, besteht das
Stiftungsvermögen aus dem Grundstockvermögen und ihrem sonstigen Vermögen. Bei einer Verbrauchsstiftung besteht das Stiftungsvermögen aufgrund der

제81조의a [設立行爲의 撤回]

재단에 대한 승인이 있기까지 설립자는 설립행위를 철회할 권리를 가진다. 승인이 주의 관할권 있는 관청에 신청된 때에는 철회는 그에 대하여 표시되어야 한다. 설립자의 상속인은 설립자가 주의 관할권 있는 관청이 승인을 신청한 때 또는 설립행위가 공증인에 의하여 작성되는 경우에는 공증인에게 그 신청이 위임된 때에는 설립행위를 철회할 권한을 가지지 못한다.

제82조 [財團의 承認]

설립행위가 제81조 제 1 항 내지 제 3 항의 요건을 갖추고 재단 목적의 계속적이고 지구적인 실현이 확보되었다고 여겨지는 경우에는 재단은 승인되어야 한다, 그러나 재단기 공공의 복리를 위태롭게 할 것인 경우에는 그러하지 아니하다. 재산소모재단에서는 정관에서 재단의 존속기간이 10년 이상으로 정하여진 때에는 재단 목적의 계속적인 실현은 확보되었다고 여겨진다.

제82조의a [出捐財産의 讓渡와 移轉]

재단이 승인된 경우에는 설립자는 출연재산을 재단에 양도할 의무를 진다. 양도에 양도계약만이 요구되는 권리는 설립행위로부터 설립자의 다른 의사가 인정되지 아니하는 한 승인과 동시에 재단에 이전된다.

제83조 [財團의 基本規約과 設立者意思]

① 재단의 기본규약은 재단이 연방법 또는 주법에 기한 것이 아닌 한 설립행위 그리고 특히 정관에 의하여 정하여진다.

② 재단의 기관은 재단을 위하여 행위함에 있어서, 관할 관청은 재단을 감독함에 있어서 재단의 설립과정에서 나타난 설립자의 의사, 필요한 경우에는 그의 추정적 의사를 존중하여야 한다.

제83조의a [財團의 管理住所]

재단의 관리는 국내에서 행하여져야 한다.

제83조의b [財團財産]

① 기한의 정함이 없이 설립된 재단에서 재단재산은 기본재산과 기타재산으로 구성된다. 재산소모재단에서는 재단재산은 정관에 기초하여

Satzung nur aus sonstigem Vermögen.

(2) Zum Grundstockvermögen gehören

1. das gewidmete Vermögen,
2. das der Stiftung zugewendete Vermögen, das vom Zuwendenden dazu bestimmt wurde, Teil des Grundstockvermögens zu werden (Zustiftung), und
3. das Vermögen, das von der Stiftung zu Grundstockvermögen bestimmt wurde.

(3) Der Stifter kann auch bei einer Stiftung, die auf unbestimmte Zeit errichtet wird, im Stiftungsgeschäft abweichend von Absatz 2 Nummer 1 einen Teil des gewidmeten Vermögens zu sonstigem Vermögen bestimmen.

(4) Das Stiftungsvermögen ist getrennt von fremdem Vermögen zu verwalten. Mit dem Stiftungsvermögen darf nur der Stiftungszweck erfüllt werden.

§ 83c Verwaltung des Grundstockvermögens

(1) Das Grundstockvermögen ist ungeschmälert zu erhalten. Der Stiftungszweck ist mit den Nutzungen des Grundstockvermögens zu erfüllen. Zuwächse aus der Umschichtung des Grundstockvermögens können für die Erfüllung des Stiftungszwecks verwendet werden, soweit dies durch die Satzung nicht ausgeschlossen wurde und die Erhaltung des Grundstockvermögens gewährleistet ist.

(2) Durch die Satzung kann bestimmt werden, dass die Stiftung einen Teil des Grundstockvermögens verbrauchen darf. In einer solchen Satzungsbestimmung muss die Stiftung verpflichtet werden, das Grundstockvermögen in absehbarer Zeit wieder um den verbrauchten Teil aufzustocken.

(3) Durch Landesrecht kann vorgesehen werden, dass die nach Landesrecht zuständigen Behörden auf Antrag einer Stiftung für einen bestimmten Teil des Grundstockvermögens eine zeitlich begrenzte Ausnahme von Absatz 1 Satz 1 zulassen können, wenn dadurch die dauernde und nachhaltige Erfüllung des Stiftungszwecks nicht beeinträchtigt wird.

§ 84 Stiftungsorgane

(1) Die Stiftung muss einen Vorstand haben. Der Vorstand führt die Geschäfte der Stiftung.

(2) Der Vorstand vertritt die Stiftung gerichtlich und außergerichtlich; er hat die Stellung eines gesetzlichen Vertreters. Besteht der Vorstand aus mehreren Personen, so wird die Stiftung durch die Mehrheit der Vorstandsmitglieder vertreten. Ist eine Willenserklärung gegenüber der Stiftung abzugeben, so genügt die Abgabe gegenüber einem Mitglied des Vorstands.

단지 기타 재산으로만 구성된다.

② 다음은 기본재산에 해당한다,

　1. 애초의 출연 재산,

　2. 재단에 출연된 재산으로서 출연자가 기본재산에 속하도록 정한 것 ("기부재산"), 그리고

　3. 재단이 기본재산에 속한다고 정한 재산.

③ 기한의 정함이 없이 설립된 재단에서도 설립자는 설립행위에서 제 2 항 제 1 호와는 달리 애초의 출연 재산 중 일부를 기타 재산에 속하는 것으로 정할 수 있다.

④ 재단재산은 다른 재산과 분리되어 관리되어야 한다. 재단재산으로는 재단목적을 실현하는 데만 쓰여야 한다.

제83조의c [基本財産의 管理]

① 기본재산은 감축되지 아니하고 유지되어야 한다. 재단목적은 기본재산의 수익으로 실현되어야 한다. 기본재산의 변경으로 인한 증가분은 그것이 정관에서 배제되지 아니하고 기본재산의 유지가 보장되는 한 재단목적의 실현을 위하여 사용될 수 있다.

② 정관으로 재단이 기본재산의 일부를 소비할 수 있음을 정할 수 있다. 그와 같은 정관의 규정이 있는 경우에 재단은 기본재산을 소비된 부분만큼 가까운 시일 내에 다시 보전할 의무를 져야 한다.

③ 그것이 재단목적의 계속적이고 지구적인 실현을 방해하지 아니하는 경우에는 주법상 관할권 있는 관청이 재단의 신청으로 기본재산의 일부에 대하여 제 1 항 제 1 문에 대한 예외를 허용할 수 있음을 주법으로 정할 수 있다.

제84조 [財團의 機關]

① 재단은 이사회를 두어야 한다. 이사회는 재단의 업무를 집행한다.

② 이사회는 재단을 재판상으로 그리고 재판외에서 대리한다; 그것은 법정대리인의 지위를 가진다. 이사회가 여러 사람으로 구성된 경우에는 재단은 이사회구성원의 다수에 의하여 대리된다. 재단에 대하여 행하여지는 의사표시는 이사회의 일인에 대하여 함으로써 충분하다.

(3) Durch die Satzung kann von Absatz 1 Satz 2 und Absatz 2 Satz 2 abgewichen und der Umfang der Vertretungsmacht des Vorstands mit Wirkung gegen Dritte beschränkt werden.

(4) In der Satzung können neben dem Vorstand weitere Organe vorgesehen werden. In der Satzung sollen für ein weiteres Organ auch die Bestimmungen über die Bildung, die Aufgaben und die Befugnisse enthalten sein.

(5) Die §§ 30, 31 und 42 Absatz 2 sind entsprechend anzuwenden.

§ 84a　Rechte und Pflichten der Organmitglieder

(1) Auf die Tätigkeit eines Organmitglieds für die Stiftung sind die §§ 664 bis 670 entsprechend anzuwenden. Organmitglieder sind unentgeltlich tätig. Durch die Satzung kann von den Sätzen 1 und 2 abgewichen werden, insbesondere auch die Haftung für Pflichtverletzungen von Organmitgliedern beschränkt werden.

(2) Das Mitglied eines Organs hat bei der Führung der Geschäfte der Stiftung die Sorgfalt eines ordentlichen Geschäftsführers anzuwenden. Eine Pflichtverletzung liegt nicht vor, wenn das Mitglied des Organs bei der Geschäftsführung unter Beachtung der gesetzlichen und satzungsgemäßen Vorgaben vernünftigerweise annehmen durfte, auf der Grundlage angemessener Informationen zum Wohle der Stiftung zu handeln.

(3) § 31a ist entsprechend anzuwenden. Durch die Satzung kann die Anwendbarkeit des § 31a beschränkt oder ausgeschlossen werden.

§ 84b　Beschlussfassung der Organe

Besteht ein Organ aus mehreren Mitgliedern, erfolgt die Beschlussfassung entsprechend § 32, wenn in der Satzung nichts Abweichendes geregelt ist. Ein Organmitglied ist nicht stimmberechtigt, wenn die Beschlussfassung die Vornahme eines Rechtsgeschäfts mit ihm oder die Einleitung oder Erledigung eines Rechtsstreits zwischen ihm und der Stiftung betrifft.

§ 84c　Notmaßnahmen bei fehlenden Organmitgliedern

(1) Wenn der Vorstand oder ein anderes Organ der Stiftung seine Aufgaben nicht wahrnehmen kann, weil Mitglieder des Organs fehlen, hat die nach Landesrecht zuständige Behörde in dringenden Fällen auf Antrag eines Beteiligten oder von Amts wegen notwendige Maßnahmen zu treffen, um die Handlungsfähigkeit des Organs zu gewährleisten. Die Behörde ist insbesondere befugt, Organmitglieder befristet zu bestellen oder von der satzungsmäßig vorgesehenen Zahl von Organmitgliedern befristet abzuweichen, insbesondere indem die

③ 정관으로 제 1 항 제 2 문 및 제 2 항 제 2 문과 다른 정함을 할 수 있고 이사회의 대리권의 범위를 제3자에 대한 효력을 가지고 제한될 수 있다.

④ 정관으로 이사회 외에 다른 기관이 정하여질 수 있다. 정관에는 다른 기관에 관하여 그 구성, 업무 및 권한에 관한 규정도 포함될 수 있다.

⑤ 제30조, 제31조 및 제42조 제 2 항은 이에 준용된다.

제84조의a [機關構成員의 權利와 義務]

① 기관구성원이 재단을 위하여 수행하는 업무에 대하여는 제664조 내지 제670조가 준용된다. 기관구성원은 무상으로 업무를 수행한다. 정관으로 제 1 문 및 제 2 문과 다른 내용이 정할 수 있고, 특히 기관구성원의 의무 위반으로 인한 책임에 관하여서 그러하다.

② 기관의 구성원은 재단 업무의 수행에 있어서 통상적인 업무수행자의 주의를 기울여야 한다. 기관의 구성원이 업무수행에 있어서 법률이나 정관이 정하는 사항을 준수하여 적절한 정보의 바탕 위에서 재단의 이익으로 행위하였음이 인정될 수 있는 경우에는 의무 위반은 성립하지 아니한다.

③ 제31조의a는 이에 준용된다. 정관으로 제31조의a의 적용가능성이 제한되거나 배제될 수 있다.

제84조의b [機關의 決議]

어떤 기관이 여러 구성원으로 되어 있는 경우에 그 결의는 정관에 다른 정함이 없는 때에는 제32조를 준용하여 행하여진다. 기관구성원은 결의가 그와 법률행위를 하는 것 또는 그와 재단 사이의 법적 쟁송을 개시하거나 종료시킴에 관한 것인 경우에는 표결을 할 권한이 없다.

제84조의c [機關構成員이 없는 경우의 應急措置]

① 이사회 또는 재단의 다른 기관이 그 구성원이 없음으로 인하여 그 업무를 처리할 수 없는 경우에 긴급한 상황에서는 주법상 관할권 있는 관청이 관계인의 신청으로 또는 직권으로 기관의 행위가능성을 확보하기 위하여 필요한 조치를 취할 수 있다. 그 관청은 특히 기관구성원을 기간을 제한하여 선임하거나, 특히 정관의 원래 규정상으로는 다른 기관구성원과 공동으로만 귀속되는 권한을 개별적인 기관구성원에 부여하는 방

Behörde einzelne Organmitglieder mit Befugnissen ausstattet, die ihnen nach der Satzung nur gemeinsam mit anderen Organmitgliedern zustehen.

(2) Die Behörde kann einem von ihr bestellten Organmitglied bei oder nach der Bestellung eine angemessene Vergütung auf Kosten der Stiftung bewilligen, wenn das Vermögen der Stiftung sowie der Umfang und die Bedeutung der zu erledigenden Aufgabe dies rechtfertigen. Die Behörde kann die Bewilligung der Vergütung mit Wirkung für die Zukunft ändern oder aufheben.

§ 85 Voraussetzungen für Satzungsänderungen

(1) Durch Satzungsänderung kann der Stiftung ein anderer Zweck gegeben oder der Zweck der Stiftung kann erheblich beschränkt werden, wenn

1. der Stiftungszweck nicht mehr dauernd und nachhaltig erfüllt werden kann oder
2. der Stiftungszweck das Gemeinwohl gefährdet.

Die Voraussetzungen des Satzes 1 Nummer 1 liegen insbesondere vor, wenn eine Stiftung keine ausreichenden Mittel für die nachhaltige Erfüllung des Stiftungszwecks hat und solche Mittel in absehbarer Zeit auch nicht erwerben kann. Der Stiftungszweck kann nach Satz 1 nur geändert werden, wenn gesichert erscheint, dass die Stiftung den beabsichtigten neuen oder beschränkten Stiftungszweck dauernd und nachhaltig erfüllen kann. Liegen die Voraussetzungen nach Satz 1 Nummer 1 und Satz 3 vor, kann eine auf unbestimmte Zeit errichtete Stiftung auch abweichend von § 83c durch Satzungsänderung in eine Verbrauchsstiftung umgestaltet werden, indem die Satzung um Bestimmungen nach § 81 Absatz 2 ergänzt wird.

(2) Durch Satzungsänderung kann der Stiftungszweck in anderer Weise als nach Absatz 1 Satz 1 oder es können andere prägende Bestimmungen der Stiftungsverfassung geändert werden, wenn sich die Verhältnisse nach Errichtung der Stiftung wesentlich verändert haben und eine solche Änderung erforderlich ist, um die Stiftung an die veränderten Verhältnisse anzupassen. Als prägend für eine Stiftung sind regelmäßig die Bestimmungen über den Namen, den Sitz, die Art und Weise der Zweckerfüllung und über die Verwaltung des Grundstockvermögens anzusehen.

(3) Durch Satzungsänderung können Bestimmungen der Satzung, die nicht unter Absatz 1 oder Absatz 2 Satz 1 fallen, geändert werden, wenn dies der Erfüllung des Stiftungszwecks dient.

(4) Im Stiftungsgeschäft kann der Stifter Satzungsänderungen nach den Absätzen 1 bis 3 ausschließen oder beschränken. Satzungsänderungen durch

법으로 정관에 정하여진 기관구성원 정족수를 기간을 제한하여 완화할 수 있다.

② 관할 관청은 재단의 재산 및 처리되어야 할 과제의 범위와 의미가 이를 정당화하는 경우에는 그가 선임한 기관구성원에게 그 선임시 또는 그 후에 재단의 부담으로 적절한 보상을 승인하여야 한다. 관할 관청은 보상의 승인을 장래에 대한 효력으로써 변경하거나 소멸시킬 수 있다.

제85조 [定款變更의 要件]

① 정관 변경을 통하여 재단은 다음의 경우에는 다른 목적을 가지거나 원래의 목적이 현저하게 제한될 수 있다,

1. 재단목적이 이제 더 이상 계속적이고 지구적으로 실현될 수 없게 된 때, 또는

2. 재단목적이 공공의 복리를 위태롭게 하는 때.

특히 재단이 재단목적의 지구적 실현에 충분한 재원을 가지지 못하고 있고 또한 그러한 재원을 가까운 시일 내에 마련할 전망이 없는 경우에는 제 1 문 제 1 호의 요건이 충족된다. 제 1 문에 좇아 재단목적이 변경될 수 있는 것은 재단이 의도하는 새로운 또는 제한된 재단목적이 계속적이고 지구적으로 실현될 수 있는 경우에 한정된다. 제 1 문 제 1 호 및 제 3 문의 요건이 갖추어진 때에는 기한의 정함이 없이 설립된 재단은 제83조의 c에서 정하는 바와는 다르다고 하더라도 제81조 제 2 항 소정의 규정을 포함하게 되는 정관 변경을 통하여 재산소모재단으로 변경될 수 있다.

② 재단의 설립 후에 제반 사정이 본질적으로 변화한 경우에 그러한 변경이 재단을 변화된 제반 사정에 적응시키기 위하여 필요한 때에는 재단목적은 정관의 변경에 의하여 제 1 항 제 1 문과는 다른 내용으로 변경되거나 또는 재단기본규약의 다른 현저한 규정이 변경될 수 있다. 일반적으로 명칭, 주소, 목적 실현의 방법과 수단에 관한 규정과 기본재산의 관리에 관한 규정은 일반적으로 현저한 것으로 여겨진다.

③ 제 1 항 및 제 2 항 제 1 문에 해당하지 아니하는 정관의 규정도 그것이 재단목적의 달성에 기여한다면 정관 변경에 의하여 개정될 수 있다.

④ 설립행위에서 설립자는 제 1 항 내지 제 3 항에 정하여진 정관 변경

Organe der Stiftung kann der Stifter im Stiftungsgeschäft auch abweichend von den Absätzen 1 bis 3 zulassen. Satzungsbestimmungen nach Satz 2 sind nur wirksam, wenn der Stifter Inhalt und Ausmaß der Änderungsermächtigung hinreichend bestimmt festlegt.

§ 85a　Verfahren bei Satzungsänderungen

(1) Die Satzung kann durch den Vorstand oder ein anderes durch die Satzung dazu bestimmtes Stiftungsorgan geändert werden. Die Satzungsänderung bedarf der Genehmigung der nach Landesrecht zuständigen Behörde.

(2) Die Behörde kann die Satzung nach § 85 ändern, wenn die Satzungsänderung notwendig ist und das zuständige Stiftungsorgan sie nicht rechtzeitig beschließt.

(3) Wenn durch die Satzungsänderung der Sitz der Stiftung in den Zuständigkeitsbereich einer anderen Behörde verlegt werden soll, bedarf die nach Absatz 1 Satz 2 erforderliche Genehmigung der Satzungsänderung der Zustimmung der Behörde, in deren Zuständigkeitsbereich der neue Sitz begründet werden soll.

§ 86　Voraussetzungen für die Zulegung

Durch Übertragung ihres Stiftungsvermögens als Ganzes kann die übertragende Stiftung einer übernehmenden Stiftung zugelegt werden, wenn
1. sich die Verhältnisse nach Errichtung der übertragenden Stiftung wesentlich verändert haben und eine Satzungsänderung nach § 85 Absatz 2 bis 4 nicht ausreicht, um die übertragende Stiftung an die veränderten Verhältnisse anzupassen, oder wenn schon seit Errichtung der Stiftung die Voraussetzungen für eine Auflösung nach § 87 Absatz 1 Satz 1 vorlagen,
2. der Zweck der übertragenden Stiftung im Wesentlichen mit einem Zweck der übernehmenden Stiftung übereinstimmt,
3. gesichert erscheint, dass die übernehmende Stiftung ihren Zweck auch nach der Zulegung im Wesentlichen in gleicher Weise dauernd und nachhaltig erfüllen kann, und
4. die Rechte von Personen gewahrt werden, für die in der Satzung der übertragenden Stiftung Ansprüche auf Stiftungsleistungen begründet sind.

§ 86a　Voraussetzungen für die Zusammenlegung

Mindestens zwei übertragende Stiftungen können durch Errichtung einer neuen Stiftung und Übertragung ihres jeweiligen Stiftungsvermögens als Ganzes auf die neue übernehmende Stiftung zusammengelegt werden, wenn

을 배제하거나 제한할 수 있다. 설립자는 재단 기관에 의한 정관 변경을 제 1 항 내지 제 3 항과는 달리 설립행위에서 허용할 수 있다. 제 2 문 소정의 정관 규정은 설립자가 변경권한 부여의 내용과 정도를 충분히 특정하여 정한 경우에만 효력이 있다.

제85조의a [定款變更의 節次]

① 정관은 이사회 또는 정관에서 그러한 권한을 가지는 것으로 정하여진 재단기관에 의하여 변경될 수 있다. 정관 변경은 주법상 관할권을 가지는 관청의 승인을 요한다.

② 관할 관청은 정관 변경이 필요함에도 그 권한 있는 재단기관이 적시에 이를 행하지 아니한 경우에는 제85조에 좇아 정관을 변경할 수 있다.

③ 정관 변경에 의하여 재단의 주소가 다른 관청의 관할구역으로 이전하는 경우에 제 1 항 제 2 문에서 요구되는 정관 변경의 승인은 새로운 주소를 관할하는 관청이 이를 행한다.

제86조 [吸收合倂의 要件]

다음의 경우에는 재단재산을 일체로 양도함으로써 양도재단은 인수재단에 합병될 수 있다,

1. 양도재단의 설립 후에 제반 사정이 본질적으로 변경되었으며 제85조 제 2 항 내지 제 4 항에 따른 정관 변경은 양도재단을 변경된 사정에 적응시키기에 충분하지 아니하고, 또는 재단 설립 이래로 제87조 제 1 항 제 1 문에서 정하는 해산의 요건이 갖추어져 있었고,
2. 양도재단의 목적이 인수재단의 목적과 본질적으로 일치하고,
3. 인수재단이 합병 이후에도 그 목적을 본질적으로 동일하게 계속적이고 지구적으로 실현할 수 있고, 또한

4. 양도재단의 정관상으로 재단급부에 대한 청구권이 성립하여 이를 가지게 되는 사람의 권리가 유지되는 때.

제86조의a [新設合倂의 要件]

다음의 경우에는 적어도 두 개의 양도재단이 새로운 재단을 설립하고 각자의 재단재산을 전체로서 그 새로운 인수재단에 양도함으로써 합병될 수 있다,

1. sich die Verhältnisse nach Errichtung der übertragenden Stiftungen wesentlich verändert haben und eine Satzungsänderung nach § 85 Absatz 2 bis 4 nicht ausreicht, um die übertragenden Stiftungen an die veränderten Verhältnisse anzupassen, oder wenn schon seit Errichtung der Stiftung die Voraussetzungen für eine Auflösung nach § 87 Absatz 1 Satz 1 vorlagen,

2. gesichert erscheint, dass die neue übernehmende Stiftung die Zwecke der übertragenden Stiftungen im Wesentlichen in gleicher Weise dauernd und nachhaltig erfüllen kann, und

3. die Rechte von Personen gewahrt werden, für die in den Satzungen der übertragenden Stiftungen Ansprüche auf Stiftungsleistungen begründet sind.

§ 86b Verfahren der Zulegung und der Zusammenlegung

(1) Stiftungen können durch Vertrag zugelegt oder zusammengelegt werden. Der Zulegungsvertrag oder der Zusammenlegungsvertrag bedarf der Genehmigung durch die für die übernehmende Stiftung nach Landesrecht zuständige Behörde.

(2) Die Behörde nach Absatz 1 Satz 2 kann Stiftungen zulegen oder zusammenlegen, wenn die Stiftungen die Zulegung oder Zusammenlegung nicht vereinbaren können. Die übernehmende Stiftung muss einer Zulegung durch die Behörde zustimmen.

(3) Ist nach Landesrecht für eine übertragende Stiftung eine andere Behörde zuständig als die Behörde nach Absatz 1 Satz 2, bedürfen die Genehmigung eines Zulegungsvertrags oder eines Zusammenlegungsvertrags und die behördliche Zulegung oder Zusammenlegung der Zustimmung der für die übertragenden Stiftungen nach dem jeweiligen Landesrecht zuständigen Behörden.

§ 86c Zulegungsvertrag und Zusammenlegungsvertrag

(1) Ein Zulegungsvertrag muss mindestens enthalten:

1. die Angabe des jeweiligen Namens und des jeweiligen Sitzes der beteiligten Stiftungen und

2. die Vereinbarung, dass das Stiftungsvermögen der übertragenden Stiftung als Ganzes auf die übernehmende Stiftung übertragen werden soll und mit der Vermögensübertragung das Grundstockvermögen der übertragenden Stiftung Teil des Grundstockvermögens der übernehmenden Stiftung wird.

Wenn durch die Satzung der übertragenden Stiftung für Personen Ansprüche auf Stiftungsleistungen begründet sind, muss der Zulegungsvertrag Angaben zu den Auswirkungen der Zulegung auf diese Ansprüche und zu den Maßnahmen enthalten, die vorgesehen sind, um die Rechte dieser Personen zu wahren.

1. 양도재단의 설립 후에 제반 사정이 본질적으로 변경되고 제85조 제 2 항 내지 제 4 항에 따른 정관 변경은 양도재단을 변경된 사정 에 적응시키기에 충분하지 아니하고, 또는 재단 설립 이래로 제87조 제 1 항 제 1 문에서 정하는 해산의 요건이 갖추어져 있었고,
2. 새로운 인수재단이 합병 이후에도 그 목적을 본질적으로 동일하게 계속적이고 지구적으로 실현할 수 있고, 또한
3. 양도재단의 정관상으로 재단급부에 대한 청구권이 성립하여 이를 가지게 되는 사람의 권리가 유지되는 때.

제86조의b [吸收合倂과 新設合倂의 節次]

① 재단은 계약에 의하여 흡수합병되거나 신설합병될 수 있다. 흡수합 병계약이나 신설합병계약은 인수재단에 대하여 주법상 관할권 있는 관 청의 승인을 요한다.

② 제 1 항 제 2 문에서 정하는 관청은 재단들이 흡수합병 또는 신설합병 을 합의할 수 없는 경우에는 재단들을 흡수합병하거나 신설합병할 수 있 다. 인수재단은 관청에 의한 흡수합병에 동의하여야 한다.

③ 주법상 양도재단에 대하여 제 1 항 제 2 문 소정의 관청과는 다른 관 청이 관할권을 가지는 경우에는 흡수합병계약이나 신설합병계약에 대한 승인이나 관청에 의한 흡수합병 또는 신설합병에는 양도재단에 관하여 각각의 주법상 관할권을 가지는 관청의 승인을 요한다.

제86조의c [吸收合倂契約 및 新設合倂契約]

① 흡수합병계약은 최소한 다음을 포함하여야 한다:

1. 당사자인 재단의 각 명칭 및 각 주소 및
2. 양도재단의 재단재산이 전체로서 인수재단에 양도되고 재산양도와 함께 양도재단의 기본재산이 인수재단의 기본재산의 일부가 된다는 합의.

양도재단의 정관에 의하여 재단급부에 대한 청구권이 성립하는 경우에 는 흡수합병계약은 흡수합병이 이들 청구권에 미치는 영향 및 그 청구권 자의 권리가 유지되기 위하여 정하여진 조치에 대한 언명을 포함하여야 한다.

(2) Ein Zusammenlegungsvertrag muss mindestens die Angaben nach Absatz 1 enthalten sowie das Stiftungsgeschäft zur Errichtung der neuen übernehmenden Stiftung.

(3) Der Zulegungsvertrag oder der Zusammenlegungsvertrag ist Personen nach Absatz 1 Satz 2 spätestens einen Monat vor der Beantragung der Genehmigung nach § 86b Absatz 1 Satz 2 von derjenigen Stiftung zuzuleiten, in deren Satzung die Ansprüche begründet sind.

§ 86d Form des Zulegungsvertrags und des Zusammenlegungsvertrags

Zulegungsverträge und Zusammenlegungsverträge bedürfen nur der schriftlichen Form, insbesondere § 311b Absatz 1 bis 3 ist nicht anzuwenden.

§ 86e Behördliche Zulegungsentscheidung und Zusammenlegungsentscheidung

(1) Auf den Inhalt der Entscheidungen über die Zulegung oder Zusammenlegung von Stiftungen durch die nach Landesrecht zuständige Behörde ist § 86c Absatz 1 und 2 entsprechend anzuwenden.

(2) Die Behörde hat Personen nach § 86c Absatz 1 Satz 2 mindestens einen Monat vor der Entscheidung über die Zulegung oder Zusammenlegung anzuhören und auf die möglichen Folgen der Zulegung oder Zusammenlegung für deren Ansprüche gegen eine übertragende Stiftung hinzuweisen.

§ 86f Wirkungen der Zulegung und der Zusammenlegung

(1) Mit der Unanfechtbarkeit der Genehmigung des Zulegungsvertrags oder der Unanfechtbarkeit der Entscheidung über die Zulegung durch die nach Landesrecht zuständige Behörde geht das Stiftungsvermögen der übertragenden Stiftung auf die übernehmende Stiftung über und erlischt die übertragende Stiftung.

(2) Mit der Unanfechtbarkeit der Genehmigung des Zusammenlegungsvertrags oder der Unanfechtbarkeit der Entscheidung über die Zusammenlegung durch die Behörde entsteht die neue Stiftung, geht das Stiftungsvermögen der übertragenden Stiftungen auf die neue übernehmende Stiftung über und erlöschen die übertragenden Stiftungen.

(3) Mängel des Zulegungsvertrags oder des Zusammenlegungsvertrags lassen die Wirkungen der behördlichen Genehmigung unberührt.

§ 86g Bekanntmachung der Zulegung und der Zusammenlegung

Die übernehmende Stiftung hat die Zulegung oder die Zusammenlegung

② 신설합병계약에는 최소한 제1항 소정의 언명 그리고 새로운 인수재단의 설립을 위한 설립행위가 포함되어야 한다.

③ 흡수합병계약 또는 신설합병계약은 늦어도 제86조 제1항 제2문에 따른 승인의 신청이 있기 1개월 전에 제1항 제2문 소정의 사람들에게 그 청구권의 성립을 정하는 정관의 재단으로부터 전달되어야 한다.

제86조의d [吸收合併契約 및 新設合併契約의 方式]

흡수합병계약 및 신설합병계약은 단지 서면방식만을 요하며, 특히 제311조의b 제1항 내지 제3항은 적용되지 아니한다.

제86조의e [官廳에 의한 吸收合併 및 新設合併의 裁定]

① 주법상 관할권 있는 관청에 의하여 행하여지는 흡수합병 또는 신설합병의 재정의 내용에 대하여는 제86조의c 제1항 및 제2항이 적용된다.

② 관할 관청은 제86조의c 제1항 제2문에서 정하는 사람들을 흡수합병 또는 신설합병의 재정을 하기 적어도 1개월 전에 청문하여야 하고, 흡수합병 또는 신설합병이 그들의 양도재단에 대한 청구권에 미칠 수 있는 결과를 지적하여야 한다.

제86조의f [吸收合併 및 新設合併의 效果]

① 흡수합병계약의 승인이 취소될 수 없게 됨으로써 또는 주법상 관할권 있는 관청이 흡수합병에 관한 결정을 취소할 수 없게 됨으로써 양도재단의 재단재산은 인수재단에 이전하고 또한 양도재단은 소멸한다.

② 신설합병계약의 승인이 취소될 수 없게 됨으로써 또는 주법상 관할권 있는 관청이 신설합병에 관한 결정을 취소할 수 없게 됨으로써 새로운 재단이 성립하고, 양도재단의 재단재산은 새로운 인수재단에 이전하며 또한 양도재단은 소멸한다.

③ 흡수합병계약 또는 신설합병계약의 하자는 관할 관청의 승인의 효력에 영향을 미치지 아니한다.

제86조의g [吸收合併 및 新設合併의 公示]

인수재단은 흡수합병 또는 신설합병을 그것의 효력이 제86조의f 제1항

innerhalb eines Monats nach dem Zeitpunkt, zu dem die Wirkungen der Zulegung oder Zusammenlegung nach § 86f Absatz 1 oder Absatz 2 eingetreten sind,
durch Veröffentlichung im Bundesanzeiger bekannt zu machen. In der Bekanntmachung sind die Gläubiger der an der Zulegung oder Zusammenlegung
beteiligten Stiftungen auf ihr Recht nach § 86h hinzuweisen. Die Bekanntmachung gilt mit dem Ablauf des zweiten Tages nach der Veröffentlichung im
Bundesanzeiger als bewirkt.

§ 86h Gläubigerschutz

Die übernehmende Stiftung hat einem Gläubiger nach § 86g Satz 2 für einen
Anspruch, der vor dem Zeitpunkt entstanden ist, zu dem die Wirkungen der
Zulegung oder Zusammenlegung nach § 86f Absatz 1 oder Absatz 2 eingetreten
sind, und dessen Erfüllung noch nicht verlangt werden kann, Sicherheit zu
leisten, wenn der Gläubiger

1. den Anspruch nach Grund und Höhe binnen sechs Monaten nach dem Tag,
   an dem die Zulegung oder Zusammenlegung bekanntgemacht wurde, bei der
   Stiftung schriftlich anmeldet und

2. mit der Anmeldung glaubhaft macht, dass die Erfüllung des Anspruchs
   aufgrund der Zulegung oder Zusammenlegung gefährdet ist.

§ 87 Auflösung der Stiftung durch die Stiftungsorgane

(1) Der Vorstand soll die Stiftung auflösen, wenn die Stiftung ihren Zweck
endgültig nicht mehr dauernd und nachhaltig erfüllen kann. Die Voraussetzungen des Satzes 1 liegen nicht endgültig vor, wenn die Stiftung durch eine
Satzungsänderung so umgestaltet werden kann, dass sie ihren Zweck wieder
dauernd und nachhaltig erfüllen kann. In der Satzung kann geregelt werden,
dass ein anderes Organ über die Auflösung entscheidet.

(2) Eine Verbrauchsstiftung ist aufzulösen, wenn die Zeit, für die sie errichtet
wurde, abgelaufen ist.

(3) Die Auflösung einer Stiftung bedarf der Genehmigung der nach Landesrecht zuständigen Behörde.

§ 87a Aufhebung der Stiftung

(1) Die nach Landesrecht zuständige Behörde soll eine Stiftung aufheben,
wenn die Voraussetzungen des § 87 Absatz 1 Satz 1 vorliegen und ein Tätigwerden der Behörde erforderlich ist, weil das zuständige Organ über die Auflösung
nicht rechtzeitig entscheidet.

(2) Die nach Landesrecht zuständige Behörde hat die Stiftung aufzuheben,
wenn

또는 제 2 항에 의하여 발생하는 때로부터 1개월 내에 연방관보에 공표함으로써 알려야 한다. 그 공시에는 흡수합병 또는 신설합병에 참여하는 재단의 채권자들에 대하여 제86조의h에 따른 그들의 권리가 지적되어야 한다. 공시는 연방관보에의 공표 후 제2일이 경과함으로써 실행된 것으로 간주된다.

제86조의h [債權者 保護]

인수재단은 제86조의g 제 2 문 소정의 채권자에 대하여 다음의 경우에는 흡수합병 또는 신설합병이 제86조의f 제 1 항 또는 제 2 항에 따라 효력을 가지기 전의 시점에 성립하였으나 그 이행을 아직 요구할 수 없었던 청구권을 위하여 담보를 제공할 것을 청구할 권리를 가진다,

1. 흡수합병 또는 신설합병이 공시된 날로부터 6개월 내에 청구권을 그 근거와 금액과 함께 재단에 서면으로 신고하고, 또한
2. 그 청구권의 이행이 흡수합병 또는 신설합병으로 말미암아 위태롭게 되었음을 그 신고와 함께 소명한 때.

제87조 [財團機關에 의한 財團의 解散]

① 재단이 종국적으로 그 목적을 계속적이고 지구적으로 실현할 수 없게 된 때에는 이사회는 재단을 해산하여야 한다. 재단이 정관 변경에 의하여 변화되어서 그 목적을 다시 계속적이고 지구적으로 실현할 수 있게 되는 때에는 제 1 문에서 정하여진 요건이 종국적으로 존재하는 것이 아니다. 정관으로 다른 기관이 해산에 대하여 결정한다는 것이 정하여질 수 있다.

② 재산소모재단은 그 정하여진 시기가 경과하면 해산되어야 한다.

③ 재단의 해산은 주법상 관할권 있는 관청에 의한 승인을 요한다.

제87조의a [財團의 廢止]

① 주법상 관할권 있는 관청은 제87조 제 1 항 제 1 문의 요건이 갖추어진 경우에 해산의 권한을 가지는 기관이 적시에 결정을 하지 아니하여 관청의 관여가 필요한 때에는 재단을 폐지할 수 있다.

② 주법상 관할권 있는 관청은 다음의 경우에는 폐지를 하여야 한다,

1. die Voraussetzungen des § 87 Absatz 2 vorliegen und ein Tätigwerden der Behörde erforderlich ist, weil das zuständige Organ über die Auflösung nicht unverzüglich entscheidet,
2. die Stiftung das Gemeinwohl gefährdet und die Gefährdung des Gemeinwohls nicht auf andere Weise beseitigt werden kann oder
3. der Verwaltungssitz der Stiftung im Ausland begründet wurde und die Behörde die Verlegung des Verwaltungssitzes ins Inland nicht innerhalb angemessener Zeit erreichen kann.

§ 87b　Auflösung der Stiftung bei Insolvenz

Die Stiftung wird durch die Eröffnung des Insolvenzverfahrens und mit der Rechtskraft des Beschlusses, durch den die Eröffnung des Insolvenzverfahrens mangels Masse abgewiesen worden ist, aufgelöst.

§ 87c　Vermögensanfall und Liquidation

(1) Mit der Auflösung oder Aufhebung der Stiftung fällt das Stiftungsvermögen an die in der Satzung bestimmten Anfallberechtigten. Durch die Satzung kann vorgesehen werden, dass die Anfallberechtigten durch ein Stiftungsorgan bestimmt werden. Fehlt es an der Bestimmung der Anfallberechtigten durch oder aufgrund der Satzung, fällt das Stiftungsvermögen an den Fiskus des Landes, in dem die Stiftung ihren Sitz hatte. Durch landesrechtliche Vorschriften kann als Anfallberechtigte an Stelle des Fiskus eine andere juristische Person des öffentlichen Rechts bestimmt werden.

(2) Auf den Anfall des Stiftungsvermögens beim Fiskus des Landes oder des Bundes oder bei einer anderen juristischen Person des öffentlichen Rechts nach Absatz 1 Satz 4 ist § 46 entsprechend anzuwenden. Fällt das Stiftungsvermögen bei anderen Anfallberechtigten an, sind die §§ 47 bis 53 entsprechend anzuwenden.

§ 88　Kirchliche Stiftungen

Die Vorschriften der Landesgesetze über die kirchlichen Stiftungen bleiben unberührt, insbesondere die Vorschriften zur Beteiligung, Zuständigkeit und Anfallberechtigung der Kirchen. Dasselbe gilt entsprechend für Stiftungen, die nach den Landesgesetzen kirchlichen Stiftungen gleichgestellt sind.

1. 제87조 제 2 항에서 정하여진 요건이 갖추어졌으나 해산의 권한을 가지는 기관이 적시에 결정을 하지 아니하여 관청의 관여가 필요하고,
2. 재단이 공공의 복리를 위태롭게 하는데 그러한 위태로움이 다른 방법으로는 제거될 수 없고 또는
3. 재단의 업무상 주소가 외국에 마련되고 또한 관할 관청이 그 주소를 국내로 이전할 것을 적절한 기간 내에 달성할 수 없는 때.

제87조의b [無資力으로 인한 財團의 解散]

재단은 도산절차의 개시로써 또는 도산절차의 개시가 도산재산의 부족으로 기각됨으로써 해산된다.

제87조의c [財産의 歸屬과 淸算]

① 재단의 해산 또는 폐지로 재단재산은 정관에서 정하여진 귀속권리자에게 귀속한다. 정관으로 귀속권리자가 재단기관에 의하여 정하여질 수 있음을 규정할 수 있다. 정관에 의하여 또는 정관에 근거하여 귀속권리자가 결정될 수 없는 경우에는 재단재산은 재단이 주소를 가지는 주의 국고에 귀속한다. 주법의 규정에 의하여 귀속권리자가 국고가 아니라 다른 공법상의 법인이 정하여질 수 있다.

② 재단재산이 주나 연방의 국고 또는 제 1 항 제 4 문 소정의 공법상 법인에 귀속하는 경우에 대하여는 제46조가 준용된다. 재단재산이 다른 귀속권리자에게 귀속하는 경우에 대하여는 제47조 내지 제63조가 준용된다.

제88조 [敎會財團]

교회재단에 관한 주법의 규정들, 특히 교회의 지분, 관할 및 귀속권한에 대한 규정들은 영향을 받지 아니한다. 주법에 의하여 교회재단과 동치되는 재단에는 같은 규정들이 준용된다.

Untertitel 3   Juristische Personen des öffentlichen Rechts

§ 89   Haftung für Organe; Insolvenz

(1) Die Vorschrift des § 31 findet auf den Fiskus sowie auf die Körperschaften, Stiftungen und Anstalten des öffentlichen Rechts entsprechende Anwendung.

(2) Das Gleiche gilt, soweit bei Körperschaften, Stiftungen und Anstalten des öffentlichen Rechts das Insolvenzverfahren zulässig ist, von der Vorschrift des § 42 Abs. 2.

Abschnitt 2   Sachen und Tiere

§ 90   Begriff der Sache

Sachen im Sinne des Gesetzes sind nur körperliche Gegenstände.

§ 90a   Tiere

Tiere sind keine Sachen. Sie werden durch besondere Gesetze geschützt. Auf sie sind die für Sachen geltenden Vorschriften entsprechend anzuwenden, soweit nicht etwas anderes bestimmt ist.

§ 91   Vertretbare Sachen

Vertretbare Sachen im Sinne des Gesetzes sind bewegliche Sachen, die im Verkehr nach Zahl, Maß oder Gewicht bestimmt zu werden pflegen.

§ 92   Verbrauchbare Sachen

(1) Verbrauchbare Sachen im Sinne des Gesetzes sind bewegliche Sachen, deren bestimmungsmäßiger Gebrauch in dem Verbrauch oder in der Veräußerung besteht.

(2) Als verbrauchbar gelten auch bewegliche Sachen, die zu einem Warenlager oder zu einem sonstigen Sachinbegriff gehören, dessen bestimmungsmäßiger Gebrauch in der Veräußerung der einzelnen Sachen besteht.

§ 93   Wesentliche Bestandteile einer Sache

Bestandteile einer Sache, die voneinander nicht getrennt werden können, ohne dass der eine oder der andere zerstört oder in seinem Wesen verändert wird (wesentliche Bestandteile), können nicht Gegenstand besonderer Rechte sein.

제 3 관 公 法 人

제89조 [機關의 行爲에 대한 責任; 倒産]

① 제31조는 국고와 공법상의 사단, 재단 및 영조물에 준용된다.

② 공법상의 사단, 재단 및 영조물에 대하여 도산절차가 허용되는 한에서 제42조 제 2 항도 또한 같다.

제 2 장 物件과 動物

제90조 [物件의 槪念]

이 법률에서 물건이라 함은 유체물만을 말한다.

제90조의a [動物]

동물은 물건이 아니다. 동물은 별도의 법률에 의하여 보호된다. 그에 대하여는 다른 정함이 없는 한 물건에 관한 규정이 준용된다.

제91조 [代替物]

이 법률에서 대체물이라 함은 거래상 통상 수, 양 또는 무게에 의하여 정하여지는 동산을 말한다.

제92조 [消費物]

① 이 법률에서 소비물이라 함은 그 용법에 좇은 사용이 소비 또는 양도인 동산을 말한다.

② 물품재고 또는 기타의 집합물에 속하면서 그 용법에 좇은 사용이 개개 물건의 양도인 동산도 소비물로 본다.

제93조 [物件의 本質的 構成部分]

물건의 다수의 구성부분이 그 중 하나를 훼멸시키거나 그 중 하나의 본질을 변경하지 아니하면 서로 분리될 수 없는 경우에는("본질적 구성부분"), 이들은 별도의 권리의 목적이 될 수 없다.

§ 94 Wesentliche Bestandteile eines Grundstücks oder Gebäudes

(1) Zu den wesentlichen Bestandteilen eines Grundstücks gehören die mit dem Grund und Boden fest verbundenen Sachen, insbesondere Gebäude, sowie die Erzeugnisse des Grundstücks, solange sie mit dem Boden zusammenhängen. Samen wird mit dem Aussäen, eine Pflanze wird mit dem Einpflanzen wesentlicher Bestandteil des Grundstücks.

(2) Zu den wesentlichen Bestandteilen eines Gebäudes gehören die zur Herstellung des Gebäudes eingefügten Sachen.

§ 95 Nur vorübergehender Zweck

(1) Zu den Bestandteilen eines Grundstücks gehören solche Sachen nicht, die nur zu einem vorübergehenden Zweck mit dem Grund und Boden verbunden sind. Das Gleiche gilt von einem Gebäude oder anderen Werk, das in Ausübung eines Rechts an einem fremden Grundstück von dem Berechtigten mit dem Grundstück verbunden worden ist.

(2) Sachen, die nur zu einem vorübergehenden Zwecke in ein Gebäude eingefügt sind, gehören nicht zu den Bestandteilen des Gebäudes.

§ 96 Rechte als Bestandteile eines Grundstücks

Rechte, die mit dem Eigentum an einem Grundstück verbunden sind, gelten als Bestandteile des Grundstücks.

§ 97 Zubehör

(1) Zubehör sind bewegliche Sachen, die, ohne Bestandteile der Hauptsache zu sein, dem wirtschaftlichen Zwecke der Hauptsache zu dienen bestimmt sind und zu ihr in einem dieser Bestimmung entsprechenden räumlichen Verhältnis stehen. Eine Sache ist nicht Zubehör, wenn sie im Verkehr nicht als Zubehör angesehen wird.

(2) Die vorübergehende Benutzung einer Sache für den wirtschaftlichen Zweck einer anderen begründet nicht die Zubehöreigenschaft. Die vorübergehende Trennung eines Zubehörstücks von der Haupt sache hebt die Zubehöreigenschaft nicht auf.

§ 98 Gewerbliches und landwirtschaftliches Inventar

Dem wirtschaftlichen Zwecke der Hauptsache sind zu dienen be stimmt:
1. bei einem Gebäude, das für einen gewerblichen Betrieb dauernd eingerichtet ist, insbesondere bei einer Mühle, einer Schmiede, einem Brauhaus, einer Fabrik, die zu dem Betrieb bestimmten Maschinen und sonstigen Gerätschaften,
2. bei einem Landgut das zum Wirtschaftsbetrieb bestimmte Gerät und Vieh,

제2장 物件과 動物 57

제94조 [土地 또는 建物의 本質的 構成部分]

① 토지의 정착물 특히 건물과, 토지에 부착되어 있는 토지의 산출물은 토지의 본질적 구성부분에 속한다. 종자는 파종에 의하여, 식물은 식재에 의하여 토지의 본질적 구성부분이 된다.

② 건물의 건축을 위하여 부가된 물건은 건물의 본질적 구성부분에 속한다.

제95조 [一時的 目的]

① 일시적 목적만을 위하여 토지에 부착되어 있는 물건은 토지의 구성부분에 속하지 아니한다. 타인의 토지에 대한 권리의 행사로 그 권리자가 토지에 부착시킨 건물 기타의 공작물도 또한 같다.

② 일시적 목적만을 위하여 건물에 부가된 물건은 건물의 구성부분에 속하지 아니한다.

제96조 [土地의 構成部分으로서의 權利]

토지의 소유권과 결합되어 있는 권리는 토지의 구성부분으로 본다.

제97조 [從物]

① 주물의 구성부분이 되지 아니하면서 주물의 경제적 목적에 봉사하는 용도를 가지며 또 주물에 대하여 그 용도에 상응하는 공간적 관계에 있는 동산을 종물이라고 한다. 어떠한 물건이 거래상 종물로 여겨지지 아니하는 때에는 이 물건은 종물이 아니다.

② 어떠한 물건이 일시적으로 다른 물건의 경제적 목적을 위하여 이용된다고 하여서 종물이 되지 아니한다. 종물이 주물과 일시적으로 분리된다고 하여도 그 종물성을 잃지 아니한다.

제98조 [營業的 屬具 또는 農業的 屬具]

다음의 물건은 주물의 경제적 목적에 봉사하는 용도를 가진다:

　1. 영구적으로 영업을 위하여 설비를 갖춘 건물, 특히 도정소搗精所, 대장간, 양조장 및 제조공장의 경우에는, 영업용의 기계 및 기타의 기구器具,

　2. 농지의 경우에는, 농업용 기구, 가축, 동일한 또는 유사한 산출물의

die landwirtschaftlichen Erzeugnisse, soweit sie zur Fortführung der Wirtschaft bis zu der Zeit erforderlich sind, zu welcher gleiche oder ähnliche Erzeugnisse voraussichtlich gewonnen werden, sowie der vorhandene, auf dem Gute gewonnene Dünger.

§ 99 Früchte

(1) Früchte einer Sache sind die Erzeugnisse der Sache und die sonstige Ausbeute, welche aus der Sache ihrer Bestimmung gemäß gewonnen wird.

(2) Früchte eines Rechts sind die Erträge, welche das Recht seiner Bestimmung gemäß gewährt, insbesondere bei einem Recht auf Gewinnung von Bodenbestandteilen die gewonnenen Bestandteile.

(3) Früchte sind auch die Erträge, welche eine Sache oder ein Recht vermöge eines Rechtsverhältnisses gewährt.

§ 100 Nutzungen

Nutzungen sind die Früchte einer Sache oder eines Rechts sowie die Vorteile, welche der Gebrauch der Sache oder des Rechts gewährt.

§ 101 Verteilung der Früchte

Ist jemand berechtigt, die Früchte einer Sache oder eines Rechts bis zu einer bestimmten Zeit oder von einer bestimmten Zeit an zu beziehen, so gebühren ihm, sofern nicht ein anderes bestimmt ist:

1. die im § 99 Abs. 1 bezeichneten Erzeugnisse und Bestandteile, auch wenn er sie als Früchte eines Rechts zu beziehen hat, insoweit, als sie während der Dauer der Berechtigung von der Sache getrennt werden,

2. andere Früchte insoweit, als sie während der Dauer der Berechtigung fällig werden; bestehen jedoch die Früchte in der Vergütung für die Überlassung des Gebrauchs oder des Fruchtgenusses, in Zinsen, Gewinnanteilen oder anderen regelmäßig wiederkehrenden Erträgen, so gebührt dem Berechtigten ein der Dauer seiner Berechtigung entsprechender Teil.

§ 102 Ersatz der Gewinnungskosten

Wer zur Herausgabe von Früchten verpflichtet ist, kann Ersatz der auf die Gewinnung der Früchte verwendeten Kosten insoweit verlangen, als sie einer ordnungsmäßigen Wirtschaft entsprechen und den Wert der Früchte nicht übersteigen.

§ 103 Verteilung der Lasten

수확이 예상되는 시기까지 농업을 계속하기 위하여 필요한 한에서의 농업산출물 및 농지에서 획득된 현존의 비료.

제99조 [果實]

① 물건의 과실이란 물건의 산출물 및 물건의 용법에 좇아 취득된 기타의 수확물을 말한다.

② 권리의 과실이란 권리로부터 그 용법에 좇아 생겨나는 수득收得을 말하며, 특히 토지 구성부분의 취득을 내용으로 하는 권리에 있어서는 그 취득된 구성부분을 말한다.

③ 물건 또는 권리로부터 어떠한 법률관계에 기하여 생겨나는 수득도 그 과실이다.

제100조 [收益]

수익이란 물건 또는 권리의 과실 및 물건 또는 권리의 사용이 부여하는 이익을 말한다.

제101조 [果實의 歸屬]

물건 또는 권리의 과실을 일정한 시기까지 또는 일정한 시기 동안 수취할 권리가 있는 사람은 다른 정함이 없는 한 다음 각 호와 같이 취득한다:

  1. 제99조 제 1 항에 정하여진 산출물 및 구성부분은, 그것이 권리의 과실로서 수취할 것인 경우에도, 그것이 그 권리가 존속하는 동안에 물건으로부터 분리된 때에 이를 취득한다,

  2. 그 외의 과실은 그것이 그 권리가 존속하는 동안에 이행기가 도래한 때에 이를 취득한다; 그러나 과실이 사용허락이나 과실수취의 대가, 이자, 이익배당 또는 기타의 정기적으로 회귀回歸하는 수득인 때에는, 수취권자는 수취권이 존속하는 기간에 상응하는 부분을 취득한다.

제102조 [果實取得費用의 償還]

과실을 반환할 의무를 지는 사람은 과실의 취득에 지출된 비용에 관하여 그것이 정상적 경영에 상응하고 또한 과실의 가액을 넘지 아니하는 한도에서 그 상환을 청구할 수 있다.

제103조 [負擔의 分配]

Wer verpflichtet ist, die Lasten einer Sache oder eines Rechts bis zu einer bestimmten Zeit oder von einer bestimmten Zeit an zu tragen, hat, sofern nicht ein anderes bestimmt ist, die regelmäßig wiederkehrenden Lasten nach dem Verhältnis der Dauer seiner Verpflichtung, andere Lasten insoweit zu tragen, als sie während der Dauer seiner Verpflichtung zu entrichten sind.

Abschnitt 3 Rechtsgeschäfte

Titel 1 Geschäftsfähigkeit

§ 104 Geschäftsunfähigkeit

Geschäftsunfähig ist:

1. wer nicht das siebente Lebensjahr vollendet hat,
2. wer sich in einem die freie Willensbestimmung ausschließenden Zustand krankhafter Störung der Geistestätigkeit befindet, sofern nicht der Zustand seiner Natur nach ein vorübergehender ist.

§ 105 Nichtigkeit der Willenserklärung

(1) Die Willenserklärung eines Geschäftsunfähigen ist nichtig.

(2) Nichtig ist auch eine Willenserklärung, die im Zustand der Bewusstlosigkeit oder vorübergehender Störung der Geistestätigkeit abgegeben wird.

§ 105a Geschäfte des täglichen Lebens

Tätigt ein volljähriger Geschäftsunfähiger ein Geschäft des täglichen Lebens, das mit geringwertigen Mitteln bewirkt werden kann, so gilt der von ihm geschlossene Vertrag in Ansehung der Leistung und, soweit vereinbart, Gegenleistung als wirksam, sobald Leistung und Gegenleistung bewirkt sind. Satz 1 gilt nicht bei einer erheblichen Gefahr für die Person oder das Vermögen des Geschäftsunfähigen.

§ 106 Beschränkte Geschäftsfähigkeit Minderjähriger

Ein Minderjähriger, der das siebente Lebensjahr vollendet hat, ist nach Maßgabe der §§ 107 bis 113 in der Geschäftsfähigkeit beschränkt.

일정한 시기까지 또는 일정한 시기로부터 물건 또는 권리의 부담을 질
의무가 있는 사람은, 다른 정함이 없는 한, 정기적으로 회귀하는 부담에
대하여는 그 의무의 존속기간에 비례하여, 다른 부담에 대하여는 그 의
무의 존속기간 중에 지급하여야 하는 한도에서, 이를 진다.

제 3 장　法律行爲

제 1 절　行爲能力

제104조 [行爲無能力]

다음 각 호의 사람은 행위무능력자이다:

1. 7세에 이르지 아니한 사람,
2. 정신활동의 병적 장애로 인하여 자유로운 의사결정을 할 수 없는 사
   람으로서 성질상 그 상태가 일시적이 아닌 사람.

제105조 [意思表示의 無效]

① 행위무능력자의 의사표시는 무효이다.

② 의식상실의 상태 또는 정신활동의 일시적 장애상태에서 행한 의사표
시도 무효이다.

제105조의a [日常生活上의 行爲]

성년의 행위무능력자가 소액의 자금으로 실행할 수 있는 일상생활상의
행위를 한 경우에, 급부가 그리고 반대급부의 약정이 있으면 또한 반대
급부가 실행된 때에는, 그 사람에 의하여 체결된 계약은 그 급부 및 반대
급부에 관하여는 효력 있는 것으로 본다. 제 1 문은 행위무능력자의 신상
또는 재산에 중대한 위험이 있는 경우에는 적용되지 아니한다.

제106조 [未成年者의 制限的 行爲能力]

7세 이상의 미성년자는 제107조 내지 제113조의 정함에 따라 행위능력이
제한된다.

§ 107 Einwilligung des gesetzlichen Vertreters

Der Minderjährige bedarf zu einer Willenserklärung, durch die ernicht lediglich einen rechtlichen Vorteil erlangt, der Einwilligung seines gesetzlichen Vertreters.

§ 108 Vertragsschluss ohne Einwilligung

(1) Schließt der Minderjährige einen Vertrag ohne die erforderliche Einwilligung des gesetzlichen Vertreters, so hängt die Wirksamkeitdes Vertrags von der Genehmigung des Vertreters ab.

(2) Fordert der andere Teil den Vertreter zur Erklärung über die Genehmigung auf, so kann die Erklärung nur ihm gegenüber erfolgen; eine vor der Aufforderung dem Minderjährigen gegenüber erklärte Genehmigung oder Verweigerung der Genehmigung wird unwirksam. Die Genehmigung kann nur bis zum Ablauf von zwei Wochen nachdem Empfang der Aufforderung erklärt werden; wird sie nicht erklärt, so gilt sie als verweigert.

(3) Ist der Minderjährige unbeschränkt geschäftsfähig geworden, so tritt seine Genehmigung an die Stelle der Genehmigung des Vertreters.

§ 109 Widerrufsrecht des anderen Teils

(1) Bis zur Genehmigung des Vertrags ist der andere Teil zum Widerruf berechtigt. Der Widerruf kann auch dem Minderjährigen gegenüber erklärt werden.

(2) Hat der andere Teil die Minderjährigkeit gekannt, so kann ernur widerrufen, wenn der Minderjährige der Wahrheit zuwider die Einwilligung des Vertreters behauptet hat; er kann auch in diesem Falle nicht widerrufen, wenn ihm das Fehlen der Einwilligung bei dem Abschluss des Vertrags bekannt war.

§ 110 Bewirken der Leistung mit eigenen Mitteln

Ein von dem Minderjährigen ohne Zustimmung des gesetzlichen Vertreters geschlossener Vertrag gilt als von Anfang an wirksam, wenn der Minderjährige die vertragsmäßige Leistung mit Mitteln bewirkt, die ihm zu diesem Zweck oder zu freier Verfügung von dem Vertreter oder mit dessen Zustimmung von einem Dritten überlassen worden sind.

§ 111 Einseitige Rechtsgeschäfte

Ein einseitiges Rechtsgeschäft, das der Minderjährige ohne die erforderliche Einwilligung des gesetzlichen Vertreters vornimmt, ist un wirksam. Nimmt der Minderjährige mit dieser Einwilligung ein solches Rechtsgeschäft einem an-

제107조 [法定代理人의 同意]

미성년자가 단지 법적 이익만을 얻는 것이 아닌 의사표시를 함에는 법정대리인의 동의를 요한다.

제108조 [同意 없는 契約締結]

① 미성년자가 필요한 법정대리인의 동의 없이 계약을 체결한 경우에는, 그 계약의 효력 유무는 대리인의 추인에 달려 있다.

② 상대방이 대리인에게 추인 여부의 의사표시를 최고한 경우에, 그 의사표시는 상대방에 대하여만 이를 할 수 있다; 최고 전에 미성년자에 대하여 한 추인이나 추인 거절의 의사표시는 효력이 없게 된다. 추인은 최고를 수령한 때로부터 2주일 이내에만 할 수 있다; 그 기간 내에 추인의 의사표시가 없으면, 추인은 거절된 것으로 본다.

③ 미성년자가 완전한 행위능력자가 된 경우에는, 그의 추인은 대리인의 추인에 갈음한다.

제109조 [相對方의 撤回權]

① 계약의 추인이 있을 때까지 상대방은 철회할 권리가 있다. 철회의 의사표시는 미성년자에 대하여도 할 수 있다.

② 상대방이 미성년자임을 안 경우에는, 미성년자가 진실에 반하여 대리인이 동의하였다고 주장하였던 때에만 철회할 수 있다; 이 때에도 상대방이 계약체결시에 대리인의 동의가 없음을 알았다면 철회할 수 없다.

제110조 [自己財源에 의한 給付實現]

미성년자가 법정대리인의 동의를 얻지 않고 체결한 계약이라도, 그가 계약에 좇은 급부를, 대리인이 또는 대리인의 동의를 얻어 제3자가 그 목적에 쓰이도록 또는 임의로 처분하도록 미성년자에게 허용한 재원財源에 의하여 실행한 때에는, 그 계약은 처음부터 효력 있는 것으로 본다.

제111조 [單獨行爲]

미성년자가 필요한 법정대리인의 동의 없이 행한 단독행위는 효력이 없다. 미성년자가 동의를 얻어 상대방에 대하여 그러한 법률행위를 하는 경우에도, 미성년자가 서면 방식의 동의를 제시하지 아니하고 또한 상대

deren gegenüber vor, so ist das Rechtsgeschäft unwirksam, wenn der Minderjährige die Einwilligung nicht in schriftlicher Form vorlegt und der andere das Rechtsgeschäft aus diesem Grunde unverzüglich zurückweist. Die Zurückweisung ist ausgeschlossen, wenn der Vertreter den anderen von der Einwilligung in Kenntnis gesetzt hatte.

§ 112 Selbständiger Betrieb eines Erwerbsgeschäfts

(1) Ermächtigt der gesetzliche Vertreter mit Genehmigung des Vormundschaftsgerichts den Minderjährigen zum selbständigen Betrieb eines Erwerbsgeschäfts, so ist der Minderjährige für solche Rechts geschäfte unbeschränkt geschäftsfähig, welche der Geschäftsbetrieb mit sich bringt. Ausgenommen sind Rechtsgeschäfte, zu denen der Vertreter der Genehmigung des Vormundschaftsgerichts bedarf.

(2) Die Ermächtigung kann von dem Vertreter nur mit Genehmigung des Vormundschaftsgerichts zurückgenommen werden.

§ 113 Dienst- oder Arbeitsverhältnis

(1) Ermächtigt der gesetzliche Vertreter den Minderjährigen, in Dienst oder in Arbeit zu treten, so ist der Minderjährige für solche Rechtsgeschäfte unbeschränkt geschäftsfähig, welche die Eingehung oder Aufhebung eines Dienst- oder Arbeitsverhältnisses der gestatteten Art oder die Erfüllung der sich aus einem solchen Verhältnis ergebenden Verpflichtungen betreffen. Ausgenommen sind Verträge, zu denen der Vertreter der Genehmigung des Vormundschaftsgerichts bedarf.

(2) Die Ermächtigung kann von dem Vertreter zurückgenommen oder eingeschränkt werden.

(3) Ist der gesetzliche Vertreter ein Vormund, so kann die Ermächtigung, wenn sie von ihm verweigert wird, auf Antrag des Minderjährigen durch das Vormundschaftsgericht ersetzt werden. Das Vormundschaftsgericht hat die Ermächtigung zu ersetzen, wenn sie im Interesse des Mündels liegt.

(4) Die für einen einzelnen Fall erteilte Ermächtigung gilt im Zweifel als allgemeine Ermächtigung zur Eingehung von Verhältnissen derselben Art.

§§ 114, 115 (weggefallen)

방이 이를 이유로 지체없이 법률행위에 이의한 때에는, 법률행위는 효력이 없다. 대리인이 상대방에 대하여 동의를 알렸던 경우에는 이의를 할 수 없다.

제112조 [獨立營業]

① 법정대리인이 후견법원의 허가를 얻어 미성년자에게 독립하여 어떠한 영업을 할 수 있는 권한을 부여한 경우에는, 미성년자는 그 영업에 수반되는 법률행위에 대하여 완전한 행위능력을 가진다. 대리인이 후견법원의 허가를 얻어야 하는 법률행위는 제외된다.

② 대리인이 제 1 항의 수권을 철회하는 것은 후견법원의 허가를 얻는 경우에만 할 수 있다.

제113조 [雇傭關係 또는 勤勞關係]

① 법정대리인이 미성년자에 대하여 고용되거나 근로에 종사할 권한을 부여한 때에는, 미성년자는 허락된 종류의 고용관계 또는 근로관계의 설정이나 해소 또는 그러한 관계에서 발생하는 의무의 이행에 관한 법률행위에 대하여 완전한 행위능력을 가진다. 대리인이 후견법원의 허가를 얻어야 하는 계약은 제외된다.

② 제 1 항의 수권은 대리인이 철회하거나 제한할 수 있다.

③ 법정대리인이 후견인인 경우에 그가 수권을 거절하는 때에는 미성년자의 신청에 의하여 후견법원이 수권을 대신하여 할 수 있다. 후견법원은 피후견인의 이익이 되는 때에는 수권을 대신하여 하여야 한다.

④ 개별적인 경우에 대한 수권은 의심스러운 때에는 같은 종류의 관계 설정에 대한 일반적인 수권으로 본다.

제114조, 제115조 [삭제]

Titel 2　Willenserklärung

§ 116　Geheimer Vorbehalt

Eine Willenserklärung ist nicht deshalb nichtig, weil sich der Erklärende insgeheim vorbehält, das Erklärte nicht zu wollen. Die Erklärung ist nichtig, wenn sie einem anderen gegenüber abzugeben ist und dieser den Vorbehalt kennt.

§ 117　Scheingeschäft

(1) Wird eine Willenserklärung, die einem anderen gegenüber abzugeben ist, mit dessen Einverständnis nur zum Schein abgegeben, soist sie nichtig.

(2) Wird durch ein Scheingeschäft ein anderes Rechtsgeschäft verdeckt, so finden die für das verdeckte Rechtsgeschäft geltenden Vorschriften Anwendung.

§ 118　Mangel der Ernstlichkeit

Eine nicht ernstlich gemeinte Willenserklärung, die in der Erwartung abgegeben wird, der Mangel der Ernstlichkeit werde nicht ver kannt werden, ist nichtig.

§ 119　Anfechtbarkeit wegen Irrtums

(1) Wer bei der Abgabe einer Willenserklärung über deren Inhalt im Irrtum war oder eine Erklärung dieses Inhalts überhaupt nicht abgeben wollte, kann die Erklärung anfechten, wenn anzunehmen ist, dass er sie bei Kenntnis der Sachlage und bei verständiger Würdigung des Falles nicht abgegeben haben würde.

(2) Als Irrtum über den Inhalt der Erklärung gilt auch der Irrtum über solche Eigenschaften der Person oder der Sache, die im Verkehr als wesentlich angesehen werden.

§ 120　Anfechtbarkeit wegen falscher Übermittlung

Eine Willenserklärung, welche durch die zur Übermittlung verwendete Person oder Einrichtung unrichtig übermittelt worden ist, kann unter der gleichen Voraussetzung angefochten werden wie nach § 119 eine irrtümlich abgegebene Willenserklärung.

§ 121　Anfechtungsfrist

(1) Die Anfechtung muss in den Fällen §§ 119, 120 ohne schuldhaftes

제 2 절   意思表示

제116조 [心裡留保]

의사표시는 표의자가 표시된 바를 의욕하지 아니함을 내심에 유보하였다는 이유로 무효가 되지 아니한다. 타인에 대하여 행하여지는 의사표시[즉 상대방 있는 의사표시]의 경우에 상대방이 그 유보를 알고 있는 때에는 의사표시는 무효이다.

제117조 [假裝行爲]

① 타인에 대하여 행하여지는 의사표시가 상대방과의 요해了解 아래 단지 가장으로 행하여진 때에는 의사표시는 무효이다.

② 가장행위에 의하여 다른 법률행위가 은닉되어 있는 때에는, 은닉된 법률행위에 관한 규정이 적용된다.

제118조 [眞摯性의 缺如]

진지하지 아니한 의사표시는, 그것이 진지성의 결여가 오인되지 아니하리라는 기대 아래 행하여진 때에는, 무효이다.

제119조 [錯誤로 인한 取消]

① 의사표시를 함에 있어서 내용에 관하여 착오가 있었거나 그러한 내용의 의사표시 자체를 할 의사가 없었던 사람은, 그가 그 사실을 알고 또 사정을 합리적으로 판단하였다면 의사표시를 하지 아니하였으리라고 인정되는 때에는, 의사표시를 취소할 수 있다.

② 사람이나 물건의 성상性狀에 관한 착오도, 그 성상이 거래상 본질적이라고 여겨지는 경우에는, 의사표시의 내용에 대한 착오로 본다.

제120조 [不正確한 傳達로 인한 取消]

의사표시가 그 전달에 사용된 사람이나 설비에 의하여 부정확하게 전달된 때에는, 착오로 행한 의사표시를 제119조에 의하여 취소할 수 있는 것과 동일한 요건 아래 취소할 수 있다.

제121조 [取消期間]

① 제119조, 제120조에 의한 취소는 취소권자가 취소원인을 안 뒤에 유

Zögern (unverzüglich) erfolgen, nachdem der Anfechtungsberechtigte von dem Anfechtungsgrund Kenntnis erlangt hat. Die einem Abwesenden gegenüber erfolgte Anfechtung gilt als rechtzeitig erfolgt, wenn die Anfechtungserklärung unverzüglich abgesendet worden ist.

(2) Die Anfechtung ist ausgeschlossen, wenn seit der Abgabe der Willenserklärung zehn Jahre verstrichen sind.

§ 122   Schadensersatzpflicht des Anfechtenden

(1) Ist eine Willenserklärung nach § 118 nichtig oder auf Grund der §§ 119, 120 angefochten, so hat der Erklärende, wenn die Erklärung einem anderen gegenüber abzugeben war, diesem, andernfalls jedem Dritten den Schaden zu ersetzen, den der andere oder der Dritte dadurch erleidet, dass er auf die Gültigkeit der Erklärung vertraut, jedoch nicht über den Betrag des Interesses hinaus, welches der andere oder der Dritte an der Gültigkeit der Erklärung hat.

(2) Die Schadensersatzpflicht tritt nicht ein, wenn der Beschädigte den Grund der Nichtigkeit oder der Anfechtbarkeit kannte oder infolge von Fahrlässigkeit nicht kannte (kennen musste).

§ 123   Anfechtbarkeit wegen Täuschung oder Drohung

(1) Wer zur Abgabe einer Willenserklärung durch arglistige Täuschung oder widerrechtlich durch Drohung bestimmt worden ist, kann die Erklärung anfechten.

(2) Hat ein Dritter die Täuschung verübt, so ist eine Erklärung, die einem anderen gegenüber abzugeben war, nur dann anfechtbar, wenn dieser die Täuschung kannte oder kennen musste. Soweit ein anderer als derjenige, welchem gegenüber die Erklärung abzugeben war, aus der Erklärung unmittelbar ein Recht erworben hat, ist die Erklärung ihm gegenüber anfechtbar, wenn er die Täuschung kannte oder kennen musste.

§ 124   Anfechtungsfrist

(1) Die Anfechtung einer nach § 123 anfechtbaren Willenserklärung kann nur binnen Jahresfrist erfolgen.

(2) Die Frist beginnt im Falle der arglistigen Täuschung mit dem Zeitpunkt, in welchem der Anfechtungsberechtigte die Täuschung entdeckt, im Falle der Drohung mit dem Zeitpunkt, in welchem die Zwangslage aufhört. Auf den Lauf der Frist finden die für die Verjährung geltenden Vorschriften des §§ 206, 210 und 211 entsprechende Anwendung.

(3) Die Anfechtung ist ausgeschlossen, wenn seit der Abgabe der Willenserklärung zehn Jahre verstrichen sind.

책한 지연 없이("지체없이") 행하여져야 한다. 격지자에 대하여 행한 취소는 취소의 의사표시가 지체없이 발송된 때에는 적시에 행하여진 것으로 본다.

② 의사표시를 한 때로부터 10년이 경과하면 이를 취소할 수 없다.

제122조 [取消者의 損害賠償義務]

① 의사표시가 제118조에 의하여 무효이거나 제119조, 제120조에 의하여 취소된 때에는, 표의자는 상대방 있는 의사표시의 경우에는 상대방에 대하여, 기타의 경우에는 제3자에 대하여, 상대방이나 제3자가 의사표시의 유효를 믿음으로 인하여 입은 손해를 배상하여야 한다, 그러나 배상액은 상대방이나 제3자가 의사표시의 유효에 대하여 가지는 이익의 액을 넘지 못한다.

② 피해자가 무효나 취소의 원인을 알았거나 또는 과실로 인하여 알지 못한("알아야 하였던") 경우에는 손해배상의무가 발생하지 아니한다.

제123조 [詐欺 또는 强迫으로 인한 取消]

① 악의적 기망에 의하여 또는 위법하게 강박에 의하여 의사표시를 결의하게 된 사람은 의사표시를 취소할 수 있다.

② 제3자가 사기를 행한 경우에, 타인에 대하여 행하여지는 의사표시는 상대방이 사기를 알았거나 알아야 했던 때에만 취소할 수 있다. 의사표시의 상대방이 아닌 사람이 의사표시에 기하여 직접 권리를 취득한 경우에 취득자가 사기를 알았거나 알아야 했던 때에는 의사표시는 그에 대하여 취소될 수 있다.

제124조 [取消期間]

① 제123조에 의하여 취소할 수 있는 의사표시는 1년 내에만 취소될 수 있다.

② 제1항의 기간은 사기의 경우에는 취소권자가 사기를 발견한 때로부터, 강박의 경우에는 강박상태가 끝나는 때로부터 진행한다. 기간의 경과에 대하여는 소멸시효에 관한 제206조, 제210조 및 제211조가 준용된다.

③ 의사표시를 한 때로부터 10년이 경과하면 이를 취소할 수 없다.

§ 125 Nichtigkeit wegen Formmangels

Ein Rechtsgeschäft, welches der durch Gesetz vorgeschriebenen Form ermangelt, ist nichtig. Der Mangel der durch Rechtsgeschäft bestimmten Form hat im Zweifel gleichfalls Nichtigkeit zur Folge.

§ 126 Schriftform

(1) Ist durch Gesetz schriftliche Form vorgeschrieben, so muss die Urkunde von dem Aussteller eigenhändig durch Namensunterschrift oder mittels notariell beglaubigten Handzeichens unterzeichnet werden.

(2) Bei einem Vertrag muss die Unterzeichnung der Parteien auf derselben Urkunde erfolgen. Werden über den Vertrag mehrere gleichlautende Urkunden aufgenommen, so genügt es, wenn jede Partei die für die andere Partei bestimmte Urkunde unterzeichnet.

(3) Die schriftliche Form kann durch die elektronische Form ersetzt werden, wenn sich nicht aus dem Gesetz ein anderes ergibt.

(4) Die schriftliche Form wird durch die notarielle Beurkundung ersetzt.

§ 126a Elektronische Form

(1) Soll die gesetzlich vorgeschriebene schriftliche Form durch die elektronische Form ersetzt werden, so muss der Aussteller der Erklärung dieser seinen Namen hinzufügen und das elektronische Dokument mit seiner qualifizierten elektronischen Signatur versehen.

(2) Bei einem Vertrag müssen die Parteien jeweils ein gleichlautendes Dokumentinder in Absatz 1 bezeichneten Weise elektronisch signieren.

§ 126b Textform

Ist durch Gesetz Textform vorgeschrieben, so muss eine lesbare Erklärung, in der die Person des Erklärenden genannt ist, auf einem dauerhaften Datenträger abgegeben werden. Ein dauerhafter Datenträger ist jedes Medium, das
1. es dem Empfänger ermöglicht, eine auf dem Datenträger befindliche, an ihn persönlich gerichtete Erklärung so aufzubewahren oder zu speichern, dass sie ihm während eines für ihren Zweck angemessenen Zeitraums zugänglich ist, und
2. geeignet ist, die Erklärung unverändert wiederzugeben.

제125조 [方式欠缺로 인한 無效]

법률에 정하여진 방식을 갖추지 아니한 법률행위는 무효이다. 법률행위
에 의하여 정하여진 방식의 흠결도 의심스러운 때에는 법률행위를 무효
로 한다.

제126조 [書面方式]

① 법률에 서면방식을 정하고 있는 때에는 서면의 발행자가 서면에 자
필로 성명의 기재에 의하여 또는 공증인에 의하여 인증된 수기기호手記
記號로써 서명하여야 한다.

② 계약에서 각 당사자의 서명은 동일한 서면에 하여야 한다. 계약에 관
하여 동일한 내용의 서면이 다수 작성되는 때에는 각 당사자는 상대방을
위한 서면에 서명함으로써 족하다.

③ 서면방식은 법률에 다른 정함이 없으면 전자적 방식으로써 갈음할
수 있다.

④ 서면방식은 공정증서의 작성으로 갈음할 수 있다.

제126조의a [電子方式]

① 법률상 정하여진 서면방식이 전자방식으로써 갈음되는 경우에는, 의
사표시를 하는 사람은 그 표시에 자신의 이름을 부기하고 또한 전자문서
에 자신의 적식適式의 전자서명을 하여야 한다.

② 계약의 경우에는 각 당사자가 동일한 내용의 문서에 제 1 항에서 정
하는 방법으로 전자적으로 서명하여야 한다.

제126조의b [文面方式]

법률에 의하여 문면방식이 정하여진 경우에는, 표의자의 신원이 표시된
읽을 수 있는 의사표시가 지속적 자료저장장치에서 행하여져야 한다. 지
속적 자료저장장치라고 함은

1. 수령자가 그를 상대로 개별적으로 행하여진 자료저장장치에 존재하
는 의사표시를 그 목적에 적절한 기간 동안 그 의사표시에 접근할
수 있도록 보관하거나 입력할 수 있고, 또한

2. 그 의사표시를 변경을 가함이 없이 재생하는 데 적합한 모든 매체를
말한다.

§ 127 Vereinbarte Form

(1) Die Vorschriften des § 126, des § 126a oder des § 126b gelten im Zweifel auch für die durch Rechtsgeschäft bestimmte Form.

(2) Zur Wahrung der durch Rechtsgeschäft bestimmten schriftlichen Form genügt, soweit nicht ein anderer Wille anzunehmen ist, die telekommunikative Übermittlung und bei einem Vertrag der Briefwechsel. Wird eine solche Form gewählt, so kann nachträglich eine dem § 126 entsprechende Beurkundung verlangt werden.

(3) Zur Wahrung der durch Rechtsgeschäft bestimmten elektronischen Form genügt, soweit nicht ein anderer Wille anzunehmen ist, auch eine andere als die in § 126a bestimmte elektronische Signatur und bei einem Vertrag der Austausch von Angebots- und Annahmeerklärung, die jeweils mit einer elektronischen Signatur versehen sind. Wird eine solche Form gewählt, so kann nachträglich eine dem § 126a entsprechende elektronische Signierung oder, wenn diese einer der Parteien nicht möglich ist, eine dem § 126 entsprechende Beurkundung verlangt werden.

§ 127a Gerichtlicher Vergleich

Die notarielle Beurkundung wird bei einem gerichtlichen Vergleich durch die Aufnahme der Erklärungen in ein nach den Vorschriften der Zivilprozessordnung errichtetes Protokoll ersetzt.

§ 128 Notarielle Beurkundung

Ist durch Gesetz notarielle Beurkundung eines Vertrags vorgeschrieben, so genügt es, wenn zunächst der Antrag und sodann die Annahme des Antrags von einem Notar beurkundet wird.

§ 129 Öffentliche Beglaubigung

(1) Ist für eine Erklärung durch Gesetz öffentliche Beglaubigung vorgeschrieben, so muss die Erklärung

1. in schriftlicher Form abgefasst und die Unterschrift des Erklärenden von einem Notar beglaubigt werden oder
2. in elektronischer Form abgefasst und die qualifizierte elektronische Signatur des Erklärenden von einem Notar beglaubigt werden.

In dem Gesetz kann vorgesehen werden, dass eine Erklärung nur nach Satz 1 Nummer 1 oder nach Satz 1 Nummer 2 öffentlich beglaubigt werden kann.

제127조 [任意方式]

① 제126조, 제126조의a, 제126조의b는 의심스러운 때에는 법률행위에 의하여 정하여진 방식에도 적용된다.

② 법률행위에 의하여 정하여진 서면방식의 준수를 위하여는, 다른 의사가 인정되지 아니하는 한, 원격통신에 의한 전달로써, 또한 계약에서는 서신의 교환으로써 족하다. 이러한 방식이 선택된 경우에는, 사후에 제126조에 따른 서면의 작성을 청구할 수 있다.

③ 법률행위에 의하여 정하여진 전자방식의 준수를 위하여는, 다른 의사가 인정되지 아니하는 한, 제126조의a에 정하여진 것과는 다른 전자서명으로써, 또한 계약에서는 각각 전자서명을 갖춘 청약 및 승낙의 의사표시의 교환으로써 족하다. 이러한 방식이 선택된 경우에는, 사후에 제126조의a에 따른 전자서명 또는 그것이 당사자의 일방에게 불가능한 때에는 제126조에 따른 서면의 작성을 청구할 수 있다.

제127조의a [裁判上 和解]

공정증서의 작성은 재판상 화해에 있어서는 민사소송법의 규정에 따라 작성된 조서에 의사표시가 기재됨으로써 갈음된다.

제128조 [公正證書의 作成]

법률이 계약에 대하여 공정증서의 작성을 정하는 때에는, 먼저 청약이, 다음에 청약의 승낙이 공증인에 의하여 서면으로 작성됨으로써 족하다.

제129조 [公的 認證]

① 법률이 어떠한 의사표시에 대하여 공적 인증을 정하는 때에는, 그 의사표시는

 1. 서면으로 작성되고 또한 표의자의 서명이 공증인에 의하여 인증되거나, 또는

 2. 전자방식으로 작성되고 또한 표의자의 적식의 전자서명이 공증인에 의하여 인증되어야 한다.

어떠한 의사표시가 제1문 제1호에 좇아서만 또는 제1문 제2호에 좇아서만 공적으로 인증될 수 있음을 법률로써 정할 수 있다.

(2) Wurde eine Erklärung in schriftlicher Form von dem Erklärenden mittels notariell beglaubigten Handzeichens unterzeichnet, so erfüllt die Erklärung auch die Anforderungen nach Absatz 1 Satz 1 Nummer 1.

(3) Die öffentliche Beglaubigung wird durch die notarielle Beurkundung ersetzt.

§ 130　Wirksamwerden der Willenserklärung gegenüber Abwesenden

(1) Eine Willenserklärung, die einem anderen gegenüber abzugeben ist, wird, wenn sie in dessen Abwesenheit abgegeben wird, in dem Zeitpunkt wirksam, in welchem sie ihm zugeht. Sie wird nicht wirksam, wenn dem anderen vorher oder gleichzeitig ein Widerruf zugeht.

(2) Auf die Wirksamkeit der Willenserklärung ist es ohne Einfluss, wenn der Erklärende nach der Abgabe stirbt oder geschäftsunfähig wird.

(3) Diese Vorschriften finden auch dann Anwendung, wenn die Willenserklärung einer Behörde gegenüber abzugeben ist.

§ 131　Wirksamwerden gegenüber nicht voll Geschäftsfähigen

(1) Wird die Willenserklärung einem Geschäftsunfähigen gegenüber abgegeben, so wird sie nicht wirksam, bevor sie dem gesetzlichen Vertreter zugeht.

(2) Das Gleiche gilt, wenn die Willenserklärung einer in der Geschäftsfähigkeit beschränkten Person gegenüber abgegeben wird. Bringt die Erklärung jedoch der in der Geschäftsfähigkeit beschränkten Person lediglich einen rechtlichen Vorteil oder hat der gesetzliche Vertreter Einwilligung erteilt, so wird die Erklärung in dem Zeitpunkt wirksam, in welchem sie ihr zugeht.

§ 132　Ersatz des Zugehens durch Zustellung

(1) Eine Willenserklärung gilt auch dann als zugegangen, wenn sie durch Vermittelung eines Gerichtsvollziehers zugestellt worden ist. Die Zustellung erfolgt nach den Vorschriften der Zivilprozessordnung.

(2) Befindet sich der Erklärende über die Person desjenigen, welchem gegenüber die Erklärung abzugeben ist, in einer nicht auf Fahrlässigkeit beruhenden Unkenntnis oder ist der Aufenthalt dieser Person unbekannt, so kann die Zustellung nach den für die öffentliche Zustellung geltenden Vorschriften der Zivilprozessordnung erfolgen. Zuständig für die Bewilligung ist im ersteren Falle das Amtsgericht, in dessen Bezirke der Erklärende seinen Wohnsitz oder in Ermangelung eines inländischen Wohnsitzes seinen Aufenthalt hat, im letzteren Falle das Amtsgericht, in dessen Bezirk die Person, welcher zuzustellen ist,

② 서면방식으로 행하여진 어떠한 의사표시가 공증인에 의하여 인증된 수기기호로 서명된 경우에는 그 의사표시는 제1항 제1문 제1호의 요건을 아울러 충족한다.

③ 공적 인증은 의사표시에 대한 공정증서의 작성에 의하여 갈음될 수 있다.

제130조 [隔地者에 대한 意思表示의 效力發生]

① 타인에 대하여 행하여지는 의사표시를 격지자에게 하는 때에는 그것이 상대방에게 도달하는 때에 효력이 발생한다. 의사표시가 상대방에게 도달하기 전이나 그 도달과 동시에 철회가 상대방에게 도달하는 때에는 의사표시는 효력이 발생하지 아니한다.

② 표의자가 의사표시를 발송한 후에 사망하거나 행위무능력이 되는 것은 의사표시의 효력에 대하여 영향을 미치지 아니한다.

③ 제1항, 제2항은 관청에 대하여 하는 의사표시에 대하여도 적용된다.

제131조 [完全行爲能力者 아닌 사람에 대한 意思表示의 效力發生]

① 행위무능력자에 대하여 의사표시를 하는 때에는 의사표시가 법정대리인에게 도달하기 전에는 효력이 발생하지 아니한다.

② 제한행위능력자에게 의사표시를 하는 때에도 또한 같다. 그러나 의사표시가 제한행위능력자에게 단지 법적 이익만을 주는 경우 또는 법정대리인이 동의한 경우에는, 의사표시가 제한행위능력자에게 도달하는 때에 효력이 발생한다.

제132조 [送達에 의한 到達의 代替]

① 의사표시는 그것이 집행관에 의하여 송달된 때에도 도달한 것으로 본다. 송달은 민사소송법의 규정에 따라 행하여진다.

② 표의자가 의사표시를 행할 상대방을 과실 없이 알지 못하는 경우 또는 상대방의 현재지現在地가 불명한 경우에는, 송달은 공시송달에 관한 민사소송법의 규정에 따라 행하여질 수 있다. 송달의 허가는, 전자의 경우에는 표의자의 주소, 국내에 주소가 없는 경우에는 현재지가 있는 행정구역의 구법원이, 후자의 경우에는 피송달자의 최후 주소, 국내

den letzten Wohnsitz oder in Ermangelung eines inländischen Wohnsitzes den letzten Aufenthalt hatte.

§ 133　Auslegung einer Willenserklärung

Bei der Auslegung einer Willenserklärung ist der wirkliche Wille zu erforschen und nicht an dem buchstäblichen Sinne des Ausdrucks zu haften.

§ 134　Gesetzliches Verbot

Ein Rechtsgeschäft, das gegen ein gesetzliches Verbot verstößt, ist nichtig, wenn sich nicht aus dem Gesetz ein anderes ergibt.

§ 135　Gesetzliches Veräußerungsverbot

(1) Verstößt die Verfügung über einen Gegenstand gegen ein gesetzliches Veräußerungsverbot, das nur den Schutz bestimmter Personen bezweckt, so ist sie nur diesen Personen gegenüber unwirksam. Der rechtsgeschäftlichen Verfügung steht eine Verfügung gleich, die im Wege der Zwangsvollstreckung oder der Arrestvollziehung erfolgt.

(2) Die Vorschriften zugunsten derjenigen, welche Rechte von einem Nichtberechtigten herleiten, finden entsprechende Anwendung.

§ 136　Behördliches Veräußerungsverbot

Ein Veräußerungsverbot, das von einem Gericht oder von einer anderen Behörde innerhalb ihrer Zuständigkeit erlassen wird, steht einem gesetzlichen Veräußerungsverbot der im § 135 bezeichneten Art gleich.

§ 137　Rechtsgeschäftliches Verfügungsverbot

Die Befugnis zur Verfügung über ein veräußerliches Recht kann nicht durch Rechtsgeschäft ausgeschlossen oder beschränkt werden. Die Wirksamkeit einer Verpflichtung, über ein solches Recht nicht zu verfügen, wird durch diese Vorschrift nicht berührt.

§ 138　Sittenwidriges Rechtsgeschäft; Wucher

(1) Ein Rechtsgeschäft, das gegen die guten Sitten verstößt, ist nichtig.

(2) Nichtig ist insbesondere ein Rechtsgeschäft, durch das jemand unter Ausbeutung der Zwangslage, der Unerfahrenheit, des Mangels an Urteilsvermögen oder der erheblichen Willensschwäche eines anderen sich oder einem Dritten für eine Leistung Vermögensvorteile versprechen oder gewähren lässt, die in einem auffälligen Missverhältnis zu der Leistung stehen.

에 주소가 없었던 경우에는 최후의 현재지가 있는 행정구역의 구법원
이 관할한다.

제133조 [意思表示의 解釋]

의사표시의 해석에 있어서는 실제의 의사가 탐구되어야 하며 표현의 문
자적 의미에 구애되어서는 아니된다.

제134조 [法律上 禁止]

법률의 금지에 위반하는 법률행위는, 그 법률로부터 달리 해석되지 아니
하는 한, 무효이다.

제135조 [法律上의 讓渡禁止]

① 어떠한 목적물에 대한 처분이 특정한 사람의 보호만을 목적으로 하
는 법률상의 양도금지에 반하는 경우에, 그 처분은 그 사람에 대하여서
만 효력이 없다. 강제집행 또는 가압류에 의하여 행하여지는 처분은 법
률행위에 의한 처분과 동시된다.

② 권리를 무권리자로부터 취득하는 사람을 위한 규정은 이 경우에 준
용된다.

제136조 [官廳에 의한 讓渡禁止]

법원 또는 기타의 관청이 그 권한 내에서 행한 양도금지는 제135조에 정
하여진 법률상의 양도금지와 동시된다.

제137조 [法律行爲에 의한 處分禁止]

양도할 수 있는 권리를 처분하는 권한은 법률행위에 의하여 이를 배제하
거나 제한할 수 없다. 그러한 권리를 처분하지 아니하기로 하는 의무는
이 규정에 의하여 그 효력에 영향을 받지 아니한다.

제138조 [良俗違反의 法律行爲; 暴利]

① 선량한 풍속에 반하는 법률행위는 무효이다.

② 특히 타인의 궁박, 무경험, 판단능력의 결여 또는 현저한 의지박약을
이용하여 어떠한 급부의 대가로 자신에게 또는 제3자에게 그 급부와 현
저히 불균형한 재산적 이익을 약속하게 하거나 공여하게 하는 법률행위
는 무효이다.

§ 139 Teilnichtigkeit

Ist ein Teil eines Rechtsgeschäfts nichtig, so ist das ganze Rechtsgeschäft nichtig, wenn nicht anzunehmen ist, dass es auch ohne den nichtigen Teil vorgenommen sein würde.

§ 140 Umdeutung

Entspricht ein nichtiges Rechtsgeschäft den Erfordernissen eines anderen Rechtsgeschäfts, so gilt das letztere, wenn anzunehmen ist, dass dessen Geltung bei Kenntnis der Nichtigkeit gewollt sein würde.

§ 141 Bestätigung des nichtigen Rechtsgeschäfts

(1) Wird ein nichtiges Rechtsgeschäft von demjenigen, welcher es vorgenommen hat, bestätigt, so ist die Bestätigung als erneute Vornahme zu beurteilen.

(2) Wird ein nichtiger Vertrag von den Parteien bestätigt, so sind diese im Zweifel verpflichtet, einander zu gewähren, was sie haben würden, wenn der Vertrag von Anfang an gültig gewesen wäre.

§ 142 Wirkung der Anfechtung

(1) Wird ein anfechtbares Rechtsgeschäft angefochten, so ist es als von Anfang an nichtig anzusehen.

(2) Wer die Anfechtbarkeit kannte oder kennen musste, wird, wenn die Anfechtung erfolgt, so behandelt, wie wenn er die Nichtigkeit des Rechtsgeschäfts gekannt hätte oder hätte kennen müssen.

§ 143 Anfechtungserklärung

(1) Die Anfechtung erfolgt durch Erklärung gegenüber dem Anfechtungsgegner.

(2) Anfechtungsgegner ist bei einem Vertrag der andere Teil, im Falle des § 123 Abs. 2 Satz 2 derjenige, welcher aus dem Vertrag unmittelbar ein Recht erworben hat.

(3) Bei einem einseitigen Rechtsgeschäft, das einem anderen gegenüber vorzunehmen war, ist der andere der Anfechtungsgegner. Das Gleiche gilt bei einem Rechtsgeschäft, das einem anderen oder einer Behörde gegenüber vorzunehmen war, auch dann, wenn das Rechtsgeschäft der Behörde gegenüber vorgenommen worden ist.

(4) Bei einem einseitigen Rechtsgeschäft anderer Art ist Anfechtungsgegner jeder, der auf Grund des Rechtsgeschäfts unmittelbar einen rechtlichen Vorteil erlangt hat. Die Anfechtung kann jedoch, wenn die Willenserklärung einer

제139조 [一部無效]

법률행위의 일부가 무효인 경우에, 무효의 부분이 없어도 그 행위가 행하여졌으리라고 인정되지 아니하는 때에는, 법률행위 전부가 무효이다.

제140조 [無效行爲의 轉換]

무효인 법률행위가 다른 법률행위의 요건을 충족하는 경우에, 당사자가 무효를 알았다면 다른 법률행위의 효력발생을 원하였으리라고 인정되는 때에는, 그 행위의 효력이 발생한다.

제141조 [無效行爲의 追認]

① 무효인 법률행위가 이를 행한 사람에 의하여 추인되는 때에는, 그 추인은 다시 법률행위를 행한 것으로 본다.

② 무효인 계약이 당사자들에 의하여 추인되는 경우에 의심스러운 때에는 당사자들은 계약이 처음부터 유효하였다면 각자가 가지게 되었을 것을 서로에게 공여할 의무를 진다.

제142조 [取消의 效果]

① 취소할 수 있는 법률행위가 취소되면 그 행위는 처음부터 무효인 것으로 본다.

② 취소할 수 있음을 알았거나 알아야 했던 사람은, 취소가 행하여지면, 법률행위의 무효를 알았거나 알아야 했던 것과 동시된다.

제143조 [取消의 意思表示]

① 취소는 취소상대방에 대한 의사표시로써 한다.

② 계약에서는 상대방이 취소상대방이며, 제123조 제 2 항 제 2 문의 경우에는 계약에 의하여 직접 권리를 취득한 사람이 취소상대방이다.

③ 타인에 대하여 행하여지는 단독행위에서는 그 타인이 취소상대방이다. 타인 또는 관청에 대하여 행하여지는 법률행위에 있어서 그 법률행위가 관청에 대하여 행하여진 때에도 또한 같다.

④ 기타의 단독행위에서는 그 법률행위에 의하여 직접으로 법적 이익을 얻은 사람이 취소상대방이다. 그러나 의사표시를 관청에 대하여 하여야 하는 때에는 취소는 관청에 대한 의사표시로써 할 수 있다; 관청은 법률

Behörde gegenüber abzugeben war, durch Erklärung gegenüber der Behörde erfolgen; die Behörde soll die Anfechtung demjenigen mitteilen, welcher durch das Rechtsgeschäft unmittelbar betroffen worden ist.

§ 144 Bestätigung des anfechtbaren Rechtsgeschäfts

(1) Die Anfechtung ist ausgeschlossen, wenn das anfechtbare Rechtsgeschäft von dem Anfechtungsberechtigten bestätigt wird.

(2) Die Bestätigung bedarf nicht der für das Rechtsgeschäft bestimmten Form.

Titel 3　Vertrag

§ 145 Bindung an den Antrag

Wer einem anderen die Schließung eines Vertrags anträgt, ist an den Antrag gebunden, es sei denn, dass er die Gebundenheit ausgeschlossen hat.

§ 146 Erlöschen des Antrags

Der Antrag erlischt, wenn er dem Antragenden gegenüber abgelehnt oder wenn er nicht diesem gegenüber nach den §§ 147 bis 149 rechtzeitig angenommen wird.

§ 147 Annahmefrist

(1) Der einem Anwesenden gemachte Antrag kann nur sofort angenommen werden. Dies gilt auch von einem mittels Fernsprechers oder einer sonstigen technischen Einrichtung von Person zu Person gemachten Antrag.

(2) Der einem Abwesenden gemachte Antrag kann nur bis zu dem Zeitpunkt angenommen werden, in welchem der Antragende den Eingang der Antwort unter regelmäßigen Umständen erwarten darf.

§ 148 Bestimmung einer Annahmefrist

Hat der Antragende für die Annahme des Antrags eine Frist bestimmt, so kann die Annahme nur innerhalb der Frist erfolgen.

§ 149 Verspätet zugegangene Annahmeerklärung

Ist eine dem Antragenden verspätet zugegangene Annahmeerklärung dergestalt abgesendet worden, dass sie bei regelmäßiger Beförderung ihm rechtzeitig zugegangen sein würde, und musste der Antragende dies erkennen, so hat er

행위에 대하여 직접으로 이해관계를 가지는 사람에게 취소를 통지하여
야 한다.

제144조 [取消할 수 있는 法律行爲의 追認]

① 취소할 수 있는 법률행위가 취소권자에 의하여 추인되는 때에는 취
소를 할 수 없다.

② 제 1 항의 추인에는 법률행위에 대하여 정하여진 방식을 요하지 아니
한다.

제 3 절　契　　約

제145조 [請約의 拘束力]

타인에 대하여 계약의 체결을 청약한 사람은 그 청약에 구속된다, 그러
나 그가 구속을 배제한 경우에는 그러하지 아니하다.

제146조 [請約의 消滅]

청약이 청약자에 대하여 거절된 경우 또는 청약이 그에 대하여 제147조 내
지 제149조에 의하여 적시에 승낙되지 아니한 경우에는, 청약은 소멸한다.

제147조 [承諾期間]

① 대화자에게 행하여진 청약에 대한 승낙은 즉시 행하여져야 한다. 전
화 또는 다른 기술적 설비를 통하여 직접으로 행하여진 청약에 대하여도
또한 같다.

② 격지자에게 행하여진 청약에 대한 승낙은 청약자가 정상의 사정 아
래서 회답의 도래를 기대할 수 있는 시점까지 행하여져야 한다.

제148조 [承諾期間의 指定]

청약자가 청약의 승낙에 대하여 기간을 정한 경우에는 승낙은 이 기간
내에만 할 수 있다.

제149조 [延着된 承諾]

승낙의 의사표시가 청약자에게 연착된 경우에, 그것이 정상적으로 운송
되었다면 적시에 도달하였을 것이고 또한 청약자가 이를 인식하여야 했

die Verspätung dem Annehmenden unverzüglich nach dem Empfang der Erklärung anzuzeigen, sofern es nicht schon vorher geschehen ist. Verzögert er die Absendung der Anzeige, so gilt die Annahme als nicht verspätet.

§ 150 Verspätete und abändernde Annahme
(1) Die verspätete Annahme eines Antrags gilt als neuer Antrag.

(2) Eine Annahme unter Erweiterungen, Einschränkungen oder sonstigen Änderungen gilt als Ablehnung verbunden mit einem neuen Antrag.

§ 151 Annahme ohne Erklärung gegenüber dem Antragenden
Der Vertrag kommt durch die Annahme des Antrags zustande, ohne dass die Annahme dem Antragenden gegenüber erklärt zu werden braucht, wenn eine solche Erklärung nach der Verkehrssitte nicht zu erwarten ist oder der Antragende auf sie verzichtet hat. Der Zeitpunkt, in welchem der Antrag erlischt, bestimmt sich nach dem aus dem Antrag oder den Umständen zu entnehmenden Willen des Antragenden.

§ 152 Annahme bei notarieller Beurkundung
Wird ein Vertrag notariell beurkundet, ohne dass beide Teile gleichzeitig anwesend sind, so kommt der Vertrag mit der nach § 128 erfolgten Beurkundung der Annahme zustande, wenn nicht ein anderes bestimmt ist. Die Vorschrift des § 151 Satz 2 findet Anwendung.

§ 153 Tod oder Geschäftsunfähigkeit des Antragenden
Das Zustandekommen des Vertrags wird nicht dadurch gehindert, dass der Antragende vor der Annahme stirbt oder geschäftsunfähig wird, es sei denn, dass ein anderer Wille des Antragenden anzunehmen ist.

§ 154 Offener Einigungsmangel; fehlende Beurkundung
(1) Solange nicht die Parteien sich über alle Punkte eines Vertrags geeinigt haben, über die nach der Erklärung auch nur einer Partei eine Vereinbarung getroffen werden soll, ist im Zweifel der Vertrag nicht geschlossen. Die Verständigung über einzelne Punkte ist auch dann nicht bindend, wenn eine Aufzeichnung stattgefunden hat.

(2) Ist eine Beurkundung des beabsichtigten Vertrags verabredet worden, so ist im Zweifel der Vertrag nicht geschlossen, bis die Beurkundung erfolgt ist.

던 때에는, 청약자는, 사전에 그 통지가 행하여지지 아니한 한, 의사표시의 수령 후 지체없이 승낙자에 대하여 그 연착을 통지하여야 한다. 그가 통지의 발송을 지연하면, 승낙은 연착하지 아니한 것으로 본다.

제150조 [遲延承諾 및 變更承諾]

① 청약에 대한 지연된 승낙은 새로운 청약으로 본다.

② 확장, 제한 또는 기타의 변경을 한 승낙은, 청약을 거절하면서 새로운 청약을 한 것으로 본다.

제151조 [請約者에의 表示가 없는 承諾]

승낙이 청약자에 대하여 표시되지 아니한 때에도, 청약자에 대하여 표시되는 승낙의 의사표시가 거래관행에 비추어 기대될 수 없는 경우 또는 청약자가 이를 포기한 경우에는, 계약은 그 청약의 승낙에 의하여 성립한다. 청약의 효력이 소멸하는 시점은 청약 또는 제반 사정에 의하여 인정되는 청약자의 의사에 따라 정하여진다.

제152조 [公正證書 作成에서의 承諾]

당사자 쌍방이 동시에 임석하지 아니하고 계약에 관한 공정증서가 작성된 경우에는, 다른 정함이 없으면, 계약은 제128조에 따라 행하여진 승낙에 관한 증서작성과 함께 성립한다. 제151조 제 2 문은 이에 적용된다.

제153조 [請約者의 死亡 또는 行爲無能力]

계약의 성립은 청약자가 승낙 전에 사망하거나 행위무능력이 되는 것에 의하여 방해를 받지 아니한다, 그러나 청약자의 다른 의사가 인정되는 경우에는 그러하지 아니하다.

제154조 [公然한 不合意; 證書不作成]

① 어느 한 당사자라도 합의가 이루어져야 한다고 표시한 사항의 전부에 대하여 당사자들이 합의하지 아니한 경우에는 의심스러운 때에는 계약은 성립하지 아니한다. 개별사항에 대한 합의는 그에 관하여 기록이 남겨진 경우에도 구속력이 없다.

② 의도된 계약에 관하여 증서작성이 약정된 경우에는 의심스러운 때에는 증서가 작성되기까지는 계약은 성립하지 아니한다.

§ 155 Versteckter Einigungsmangel

Haben sich die Parteien bei einem Vertrag, den sie als geschlossen ansehen, über einen Punkt, über den eine Vereinbarung getroffen werden sollte, in Wirklichkeit nicht geeinigt, so gilt das Vereinbarte, sofern anzunehmen ist, dass der Vertrag auch ohne eine Bestimmung über diesen Punkt geschlossen sein würde.

§ 156 Vertragsschluss bei Versteigerung

Bei einer Versteigerung kommt der Vertrag erst durch den Zuschlag zustande. Ein Gebot erlischt, wenn ein Übergebot abgegeben oder die Versteigerung ohne Erteilung des Zuschlags geschlossen wird.

§ 157 Auslegung von Verträgen

Verträge sind so auszulegen, wie Treu und Glauben mit Rücksicht auf die Verkehrssitte es erfordern.

Titel 4 Bedingung und Zeitbestimmung

§ 158 Aufschiebende und auflösende Bedingung

(1) Wird ein Rechtsgeschäft unter einer aufschiebenden Bedingung vorgenommen, so tritt die von der Bedingung abhängig gemachte Wirkung mit dem Eintritt der Bedingung ein.

(2) Wird ein Rechtsgeschäft unter einer auflösenden Bedingung vorgenommen, so endigt mit dem Eintritt der Bedingung die Wirkung des Rechtsgeschäfts; mit diesem Zeitpunkte tritt der frühere Rechtszustand wieder ein.

§ 159 Rückbeziehung

Sollen nach dem Inhalt des Rechtsgeschäfts die an den Eintritt der Bedingung geknüpften Folgen auf einen früheren Zeitpunkt zurückbezogen werden, so sind im Falle des Eintritts der Bedingung die Beteiligten verpflichtet, einander zu gewähren, was sie haben würden, wenn die Folgen in dem früheren Zeitpunkt eingetreten wären.

§ 160 Haftung während der Schwebezeit

(1) Wer unter einer aufschiebenden Bedingung berechtigt ist, kann im Falle des Eintritts der Bedingung Schadensersatz von dem anderen Teil verlangen, wenn dieser während der Schwebezeit das von der Bedingung abhängige Recht

제155조 [숨겨진 不合意]

당사자들이 계약이 체결되었다고 생각하고 있으나 합의가 있어야 할 어느 하나의 사항에 대하여 실제로는 합의되지 아니한 경우에는, 계약이 그 사항에 관한 정함 없이도 체결되었으리라고 인정되는 때에 한하여, 그 합의된 바의 효력이 발생한다.

제156조 [競賣에서의 契約締結]

경매의 경우에는 경락에 의하여 비로소 계약이 성립한다. 보다 고가의 경매競買신청이 있거나 경매가 경락 없이 종결되면, 경매신청은 소멸한다.

제157조 [契約의 解釋]

계약은 신의성실이 거래관행을 고려하여 요구하는 대로 해석되어야 한다.

제 4 절   條件과 期限

제158조 [停止條件 및 解除條件]

① 법률행위가 정지조건부로 행하여진 때에는, 조건에 걸려 있는 효력은 조건의 성취와 함께 발생한다.

② 법률행위가 해제조건부로 행하여진 때에는 조건의 성취와 함께 법률행위의 효력은 소멸한다; 이 시점으로부터 종전의 법상태가 다시 발생한다.

제159조 [條件成就의 遡及效]

법률행위의 내용상 조건 성취의 결과가 그 전의 시점으로 소급하는 것인 경우에, 조건이 성취된 때에는, 당사자들은 그 결과가 그 전의 시점에 발생하였다면 각자가 가지게 되었을 것을 서로에게 공여할 의무를 진다.

제160조 [條件成就 전의 責任]

① 정지조건부로 권리를 가지는 사람은 상대방이 조건에 걸려 있는 권리를 조건미성취의 기간 동안 그의 과책에 의하여 소멸시키거나 침해한 경우에는 조건이 성취되면 상대방에 대하여 손해배상을 청구할 수

durch sein Verschulden vereitelt oder beeinträchtigt.

(2) Den gleichen Anspruch hat unter denselben Voraussetzungen bei einem unter einer auflösenden Bedingung vorgenommenen Rechtsgeschäft derjenige, zu dessen Gunsten der frühere Rechtszustand wieder eintritt.

§ 161 Unwirksamkeit von Verfügungen während der Schwebezeit

(1) Hat jemand unter einer aufschiebenden Bedingung über einen Gegenstand verfügt, so ist jede weitere Verfügung, die er während der Schwebezeit über den Gegenstand trifft, im Falle des Eintritts der Bedingung insoweit unwirksam, als sie die von der Bedingung abhängige Wirkung vereiteln oder beeinträchtigen würde. Einer solchen Verfügung steht eine Verfügung gleich, die während der Schwebezeit im Wege der Zwangsvollstreckung oder der Arrestvollziehung oder durch den Insolvenzverwalter erfolgt.

(2) Dasselbe gilt bei einer auflösenden Bedingung von den Verfügungen desjenigen, dessen Recht mit dem Eintritt der Bedingung endigt.

(3) Die Vorschriften zugunsten derjenigen, welche Rechte von einem Nichtberechtigten herleiten, finden entsprechende Anwendung.

§ 162 Verhinderung oder Herbeiführung des Bedingungseintritts

(1) Wird der Eintritt der Bedingung von der Partei, zu deren Nachteil er gereichen würde, wider Treu und Glauben verhindert, so gilt die Bedingung als eingetreten.

(2) Wird der Eintritt der Bedingung von der Partei, zu deren Vorteil er gereicht, wider Treu und Glauben herbeigeführt, so gilt der Eintritt als nicht erfolgt.

§ 163 Zeitbestimmung

Ist für die Wirkung eines Rechtsgeschäfts bei dessen Vornahme ein Anfangs- oder ein Endtermin bestimmt worden, so finden im ersteren Falle die für die aufschiebende, im letzteren Falle die für die auflösende Bedingung geltenden Vorschriften der §§ 158, 160, 161 entsprechende Anwendung.

있다.

② 해제조건부로 행하여진 법률행위에 있어서, 종전 법상태의 재발생에 의하여 유리하게 되는 사람도, 제 1 항에 정하여진 요건 아래서 같은 청구권을 가진다.

제161조 [中間處分의 效力不發生]

① 어떤 사람이 정지조건부로 목적물을 처분한 경우에 조건이 성취되면, 그가 조건 성취 전에 목적물에 대하여 한 모든 다른 처분은 그것이 조건 성취로 발생할 효력을 좌절시키거나 침해하는 한도에서 효력이 없다. 조건 성취 전에 강제집행 또는 가압류에 의하여 행하여지거나 도산관재인이 행한 처분은 그러한 처분과 동시된다.

② 해제조건의 경우에 조건의 성취로 권리가 소멸하는 사람의 처분에 대하여도 또한 같다.

③ 권리를 무권리자로부터 취득하는 사람을 위한 규정은 이들 경우에 준용된다.

제162조 [條件成就의 妨害 또는 惹起]

① 조건의 성취로 인하여 불이익을 입는 당사자가 조건의 성취를 신의성실에 반하여 방해한 경우에는 조건은 성취된 것으로 본다.

② 조건의 성취로 인하여 이익을 받는 당사자가 조건의 성취를 신의성실에 반하여 일으킨 경우에는 조건은 성취되지 아니한 것으로 본다.

제163조 [期限]

법률행위를 함에 있어서 법률행위의 효력발생에 대하여 시기始期 또는 종기終期를 정한 때에는, 전자의 경우에는 제158조, 제160조, 제161조 중 정지조건에 관한 규정이, 후자의 경우에는 그 중 해제조건에 관한 규정이 각각 준용된다.

Titel 5   Vertretung und Vollmacht

§ 164   Wirkung der Erklärung des Vertreters

(1) Eine Willenserklärung, die jemand innerhalb der ihm zustehenden Vertretungsmacht im Namen des Vertretenen abgibt, wirkt unmittelbar für und gegen den Vertretenen. Es macht keinen Unterschied, ob die Erklärung ausdrücklich im Namen des Vertretenen erfolgt oder ob die Umstände ergeben, dass sie in dessen Namen erfolgen soll.

(2) Tritt der Wille, in fremdem Namen zu handeln, nicht erkennbar hervor, so kommt der Mangel des Willens, im eigenen Namen zu handeln, nicht in Betracht.

(3) Die Vorschriften des Absatzes 1 finden entsprechende Anwendung, wenn eine gegenüber einem anderen abzugebende Willenserklärung dessen Vertreter gegenüber erfolgt.

§ 165   Beschränkt geschäftsfähiger Vertreter

Die Wirksamkeit einer von oder gegenüber einem Vertreter abgegebenen Willenserklärung wird nicht dadurch beeinträchtigt, dass der Vertreter in der Geschäftsfähigkeit beschränkt ist.

§ 166   Willensmängel; Wissenszurechnung

(1) Soweit die rechtlichen Folgen einer Willenserklärung durch Willensmängel oder durch die Kenntnis oder das Kennenmüssen gewisser Umstände beeinflusst werden, kommt nicht die Person des Vertretenen, sondern die des Vertreters in Betracht.

(2) Hat im Falle einer durch Rechtsgeschäft erteilten Vertretungs macht (Vollmacht) der Vertreter nach bestimmten Weisungen des Vollmachtgebers gehandelt, so kann sich dieser in Ansehung solcher Umstände, die er selbst kannte, nicht auf die Unkenntnis des Vertreters berufen. Dasselbe gilt von Umständen, die der Vollmachtgeber kennen musste, sofern das Kennenmüssen der Kenntnis gleichsteht.

§ 167   Erteilung der Vollmacht

(1) Die Erteilung der Vollmacht erfolgt durch Erklärung gegenüber dem zu Bevollmächtigenden oder dem Dritten, dem gegenüber die Vertretung stattfinden soll.

(2) Die Erklärung bedarf nicht der Form, welche für das Rechtsgeschäft bestimmt ist, auf das sich die Vollmacht bezieht.

제 5 절　代理와 任意代理權

제164조 [代理人의 意思表示의 效力]

① 대리인이 그 대리권의 범위 내에서 본인의 이름으로 한 의사표시는 직접 본인에 대하여 효력을 가진다. 의사표시가 명시적으로 본인의 이름으로 행하여지는지 아니면 제반 사정에 비추어 그의 이름으로 행하여졌다고 할 것인지는 차이가 없다.

② 타인의 이름으로 행위할 의사가 인식가능하게 표출되지 아니한 경우에는, 자신의 이름으로 행위할 의사가 없음은 고려되지 아니한다.

③ 제 1 항은 상대방 있는 의사표시가 상대방의 대리인에 대하여 행하여진 경우에 준용된다.

제165조 [制限行爲能力의 代理人]

대리인이 또는 대리인에 대하여 행한 의사표시의 효력은 대리인이 제한행위능력자라는 것에 의하여 방해를 받지 아니한다.

제166조 [意思欠缺; 認識歸屬]

① 의사표시의 법적 효과가 의사흠결 또는 일정한 사정을 알았거나 알아야 했음에 의하여 영향을 받는 경우에는, 본인이 아니라 대리인을 기준으로 이를 정한다.

② 법률행위에 의하여 대리권이 수여된 경우에("임의대리권") 대리인이 대리권 수여자의 특정한 지시에 좇아 행위한 때에는 본인은 자신이 스스로 알았던 사정에 대하여 대리인의 부지를 원용하지 못한다. 알아야 했던 것이 알았던 것과 동시되는 한에서, 대리권 수여자가 알아야 했던 사정에 대하여도 또한 같다.

제167조 [代理權의 授與]

① 대리권은 임의대리인 또는 대리행위의 상대방이 되는 제 3 자에 대한 의사표시로써 수여된다.

② 제 1 항의 의사표시는 대리권의 내용을 이루는 법률행위에 대하여 정하여진 방식을 요하지 아니한다.

§ 168 Erlöschen der Vollmacht

Das Erlöschen der Vollmacht bestimmt sich nach dem ihrer Erteilung zugrunde liegenden Rechtsverhältnis. Die Vollmacht ist auch bei dem Fortbestehen des Rechtsverhältnisses widerruflich, sofern sich nicht aus diesem ein anderes ergibt. Auf die Erklärung des Widerrufs findet die Vorschrift des § 167 Abs. 1 entsprechende Anwendung.

§ 169 Vollmacht des Beauftragten und des geschäftsführenden Gesellschafters

Soweit nach den §§ 674, 729 die erloschene Vollmacht eines Beauftragten oder eines geschäftsführenden Gesellschafters als fortbestehend gilt, wirkt sie nicht zugunsten eines Dritten, der bei der Vornahme eines Rechtsgeschäfts das Erlöschen kennt oder kennen muss.

§ 170 Wirkungsdauer der Vollmacht

Wird die Vollmacht durch Erklärung gegenüber einem Dritten erteilt, so bleibt sie diesem gegenüber in Kraft, bis ihm das Erlöschen von dem Vollmachtgeber angezeigt wird.

§ 171 Wirkungsdauer bei Kundgebung

(1) Hat jemand durch besondere Mitteilung an einen Dritten oder durch öffentliche Bekanntmachung kundgegeben, dass er einen anderen bevollmächtigt habe, so ist dieser auf Grund der Kundgebung im ersteren Falle dem Dritten gegenüber, im letzteren Falle jedem Dritten gegenüber zur Vertretung befugt.

(2) Die Vertretungsmacht bleibt bestehen, bis die Kundgebung in derselben Weise, wie sie erfolgt ist, widerrufen wird.

§ 172 Vollmachtsurkunde

(1) Der besonderen Mitteilung einer Bevollmächtigung durch den Vollmachtgeber steht es gleich, wenn dieser dem Vertreter eine Vollmachtsurkunde ausgehändigt hat und der Vertreter sie dem Dritten vorlegt.

(2) Die Vertretungsmacht bleibt bestehen, bis die Vollmachtsurkunde dem Vollmachtgeber zurückgegeben oder für kraftlos erklärt wird.

§ 173 Wirkungsdauer bei Kenntnis und fahrlässiger Unkenntnis

Die Vorschriften des § 170, des § 171 Abs. 2 und des § 172 Abs. 2 finden keine Anwendung, wenn der Dritte das Erlöschen der Vertretungsmacht bei

제168조 [代理權의 消滅]

임의대리권의 소멸은 그 수여의 기초를 이루는 법률관계에 따라 정하여
진다. 대리권은 그 법률관계가 존속 중인 경우에도 그 관계로부터 달리
해석되지 아니하는 한 철회될 수 있다. 철회의 의사표시에 대하여는 제
167조 제 1 항이 준용된다.

제169조 [受任人 또는 業務執行組合員의 代理權]

제674조 및 제729조에 의하여 수임인 또는 업무집행조합원의 소멸한 임
의대리권이 존속하는 것으로 간주되는 경우에도, 그 대리권은 법률행위
를 함에 있어서 그 소멸을 알거나 알아야 했던 제 3 자의 이익으로는 효
력을 가지지 아니한다.

제170조 [代理權의 效力維持]

임의대리권이 제 3 자에 대한 의사표시로써 부여된 경우에는, 그 제 3 자
에 대하여 대리권 수여자가 소멸을 통지하기까지 대리권은 그에 대하여
효력을 유지한다.

제171조 [告知의 경우의 效力維持]

① 본인이 제 3 자에 대한 특별통지에 의하여 또는 공고에 의하여 타인
에게 대리권을 수여하였음을 고지한 때에는, 그 타인은 전자의 경우에는
그 제 3 자에 대하여, 후자의 경우에는 모든 제 3 자에 대하여 대리를 할
권한이 있다.

② 대리권은 그 고지가 같은 방법으로 철회될 때까지 존속한다.

제172조 [代理權證書]

① 대리권 수여자가 대리인에게 대리권증서를 교부하고 또 대리인이 이
를 제 3 자에게 제시한 경우에, 이는 대리권 수여의 특별통지와 동시된다.

② 대리권증서가 대리권 수여자에게 반환되거나 실효된 것으로 선언되
기까지 대리권은 존속한다.

제173조 [惡意 및 過失 있는 善意에서의 效力維持]

제170조, 제171조 제 2 항 및 제172조 제 2 항은 제 3 자가 법률행위를 함
에 있어서 대리권의 소멸을 알거나 알아야 했던 때에는 적용되지 아니

der Vornahme des Rechtsgeschäfts kennt oder kennen muss.

§ 174 Einseitiges Rechtsgeschäft eines Bevollmächtigten

Ein einseitiges Rechtsgeschäft, das ein Bevollmächtigter einem anderen gegenüber vornimmt, ist unwirksam, wenn der Bevollmächtigte eine Vollmachtsurkunde nicht vorlegt und der andere das Rechtsgeschäft aus diesem Grunde unverzüglich zurückweist. Die Zurückweisung ist ausgeschlossen, wenn der Vollmachtgeber den anderen von der Bevollmächtigung in Kenntnis gesetzt hatte.

§ 175 Rückgabe der Vollmachtsurkunde

Nach dem Erlöschen der Vollmacht hat der Bevollmächtigte die Vollmachtsurkunde dem Vollmachtgeber zurückzugeben; ein Zurückbehaltungsrecht steht ihm nicht zu.

§ 176 Kraftloserklärung der Vollmachtsurkunde

(1) Der Vollmachtgeber kann die Vollmachtsurkunde durch eine öffentliche Bekanntmachung für kraftlos erklären; die Kraftloserklärung muss nach den für die öffentliche Zustellung einer Ladung gel tenden Vorschriften der Zivilprozessordnung veröffentlicht werden. Mit dem Ablauf eines Monats nach der letzten Einrückung in die öffentlichen Blätter wird die Kraftloserklärung wirksam.

(2) Zuständig für die Bewilligung der Veröffentlichung ist sowohl das Amtsgericht, in dessen Bezirk der Vollmachtgeber seinen allgemeinen Gerichtsstand hat, als das Amtsgericht, welches für die Klage auf Rückgabe der Urkunde, abgesehen von dem Wert des Streitgegenstands, zuständig sein würde.

(3) Die Kraftloserklärung ist unwirksam, wenn der Vollmachtgeber die Vollmacht nicht widerrufen kann.

§ 177 Vertragsschluss durch Vertreter ohne Vertretungsmacht

(1) Schließt jemand ohne Vertretungsmacht im Namen eines anderen einen Vertrag, so hängt die Wirksamkeit des Vertrags für und gegen den Vertretenen von dessen Genehmigung ab.

(2) Fordert der andere Teil den Vertretenen zur Erklärung über die Genehmigung auf, so kann die Erklärung nur ihm gegenüber erfolgen; eine vor der Aufforderung dem Vertreter gegenüber erklärte Genehmigung oder Verweigerung der Genehmigung wird unwirksam. Die Genehmigung kann nur bis zum Ablauf von zwei Wochen nach dem Empfang der Aufforderung erklärt werden; wird sie nicht erklärt, so gilt sie als verweigert.

§ 178 Widerrufsrecht des anderen Teils

한다.

제174조 [任意代理人의 單獨行爲]

임의대리인이 타인에 대하여 하는 단독행위는 그가 대리권증서를 제시하지 아니하고 또한 상대방이 이를 이유로 지체없이 법률행위에 이의한 때에는 효력이 없다. 대리권 수여자가 상대방에 대하여 대리권 수여를 알렸던 경우에는 이의를 할 수 없다.

제175조 [代理權證書의 返還]

임의대리권이 소멸된 후에는 대리인은 대리권 수여자에게 대리권증서를 반환하여야 한다; 그는 유치권을 가지지 아니한다.

제176조 [代理權證書의 失效宣言]

① 대리권 수여자는 공고에 의하여 대리권증서를 실효된 것으로 선언할 수 있다; 실효선언은 소환장의 공시송달에 관한 민사소송법의 규정에 따라 공고되어야 한다. 공보公報에 최후로 게재된 후 1개월이 경과함과 동시에 실효선언은 효력을 가지게 된다.

② 공고의 허가에 대하여는 대리권 수여자가 보통재판적을 두는 행정구역의 구법원 및 증서의 반환소송에 대하여 소송가액을 별론으로 하면 관할권을 가질 구법원이 관할한다.

③ 대리권 수여자가 대리권을 철회할 수 없는 경우에는 실효선언은 효력이 없다.

제177조 [無權代理人에 의한 契約締結]

① 어떤 사람이 대리권 없이 타인의 이름으로 계약을 체결한 때에는 본인에 대한 계약의 효력 유무는 그의 추인에 달려 있다.

② 상대방이 본인에게 추인 여부의 의사표시를 최고한 경우에, 그 의사표시는 상대방에 대하여만 이를 할 수 있다; 최고 전에 본인에 대하여 한 추인이나 추인 거절의 의사표시는 효력이 없게 된다. 추인은 최고를 수령한 때로부터 2주일 이내에만 할 수 있다; 그 기간 내에 추인의 의사표시가 없으면, 추인은 거절된 것으로 본다.

제178조 [相對方의 撤回權]

Bis zur Genehmigung des Vertrags ist der andere Teil zum Widerruf berechtigt, es sei denn, dass er den Mangel der Vertretungsmacht bei dem Abschluss des Vertrags gekannt hat. Der Widerruf kann auch dem Vertreter gegenüber erklärt werden.

§ 179   Haftung des Vertreters ohne Vertretungsmacht

(1) Wer als Vertreter einen Vertrag geschlosssen hat, ist, sofern er nicht seine Vertretungsmacht nachweist, dem anderen Teile nach dessen Wahl zur Erfüllung oder zum Schadensersatz verpflichtet, wenn der Vertretene die Genehmigung des Vertrags verweigert.

(2) Hat der Vertreter den Mangel der Vertretungsmacht nicht gekannt, so ist er nur zum Ersatz desjenigen Schadens verpflichtet, welchen der andere Teil dadurch erleidet, dass er auf die Vertretungsmacht vertraut, jedoch nicht über den Betrag des Interesses hinaus, welches der andere Teil an der Wirksamkeit des Vertrags hat.

(3) Der Vertreter haftet nicht, wenn der andere Teil den Mangel der Vertretungsmacht kannte oder kennen musste. Der Vertreter haftet auch dann nicht, wenn er in der Geschäftsfähigkeit beschränkt war, es sei denn, dass er mit Zustimmung seines gesetzlichen Vertreters gehandelt hat.

§ 180   Einseitiges Rechtsgeschäft

Bei einem einseitigen Rechtsgeschäft ist Vertretung ohne Vertretungsmacht unzulässig. Hat jedoch derjenige, welchem gegenüber ein solches Rechtsgeschäft vorzunehmen war, die von dem Vertreter behauptete Vertretungsmacht bei der Vornahme des Rechtsgeschäfts nicht beanstandet oder ist er damit einverstanden gewesen, dass der Vertreter ohne Vertretungsmacht handele, so finden die Vorschriften über Verträge entsprechende Anwendung. Das Gleiche gilt, wenn ein einseitiges Rechtsgeschäft gegenüber einem Vertreter ohne Vertretungsmacht mit dessen Einverständnis vorgenommen wird.

§ 181   Insichgeschäft

Ein Vertreter kann, soweit nicht ein anderes ihm gestattet ist, im Namen des Vertretenen mit sich im eigenen Namen oder als Vertreter eines Dritten ein Rechtsgeschäft nicht vornehmen, es sei denn, dass das Rechtsgeschäft ausschließlich in der Erfüllung einer Verbindlichkeit besteht.

상대방은 계약의 추인이 있을 때까지 철회할 권리가 있다, 그러나 그가
계약체결시에 대리권의 흠결을 안 경우에는 그러하지 아니하다. 철회의
의사표시는 대리인에 대하여도 할 수 있다.

제179조 [無權代理人의 責任]

① 대리인으로 계약을 체결한 사람은, 대리권을 증명하지 아니하는 한,
본인이 계약의 추인을 거절하는 때에는, 상대방에 대하여 그의 선택에
따라 이행 또는 손해배상의 의무를 진다.

② 대리인이 대리권의 흠결을 알지 못한 경우에는, 그는 상대방에 대하
여 상대방이 대리권을 믿음으로 인하여 입은 손해를 배상할 의무를 진
다, 그러나 배상액은 상대방이 계약의 유효에 대하여 가지는 이익의 액
을 넘지 못한다.

③ 상대방이 대리권의 흠결을 알았거나 알아야 했던 경우에는 대리인은
책임을 지지 아니한다. 대리인의 행위능력이 제한된 경우에도 그는 책임
을 지지 아니한다, 그러나 그가 법정대리인의 동의를 얻어 행위한 경우
에는 그러하지 아니하다.

제180조 [單獨行爲]

단독행위에서 무권대리는 허용되지 아니한다. 그러나 타인에 대하여
행하여지는 단독행위에서 상대방이 법률행위가 행하여지는 때에 대
리인이 주장한 대리권을 다투지 아니하거나 대리인이 대리권 없이 행
위하는 것에 동의한 경우에는, 계약에 관한 규정이 준용된다. 단독행
위가 무권대리인에 대하여 그의 동의를 얻어 행하여진 경우에도 또한
같다.

제181조 [自己代理]

대리인은 달리 허용되지 아니한 한 본인을 대리하여 자신과 법률행위를
하거나 제3자의 대리인으로서 법률행위를 하지 못한다, 그러나 법률행
위가 단지 채무의 이행일 뿐인 경우에는 그러하지 아니하다.

Titel 6   Einwilligung und Genehmigung

§ 182   Zustimmung

(1) Hängt die Wirksamkeit eines Vertrags oder eines einseitigen Rechtsgeschäfts, das einem anderen gegenüber vorzunehmen ist, von der Zustimmung eines Dritten ab, so kann die Erteilung sowie die Verweigerung der Zustimmung sowohl dem einen als dem anderen Teil gegenüber erklärt werden.

(2) Die Zustimmung bedarf nicht der für das Rechtsgeschäft bestimmten Form.

(3) Wird ein einseitiges Rechtsgeschäft, dessen Wirksamkeit von der Zustimmung eines Dritten abhängt, mit Einwilligung des Dritten vorgenommen, so finden die Vorschriften des § 111 Satz 2, 3 entsprechende Anwendung.

§ 183   Widerruflichkeit der Einwilligung

Die vorherige Zustimmung (Einwilligung) ist bis zur Vornahme des Rechtsgeschäfts widerruflich, soweit nicht aus dem ihrer Erteilung zugrunde liegenden Rechtsverhältnis sich ein anderes ergibt. Der Widerruf kann sowohl dem einen als dem anderen Teil gegenüber erklärt werden.

§ 184   Rückwirkung der Genehmigung

(1) Die nachträgliche Zustimmung (Genehmigung) wirkt auf den Zeitpunkt der Vornahme des Rechtsgeschäfts zurück, soweit nicht ein anderes bestimmt ist.

(2) Durch die Rückwirkung werden Verfügungen nicht unwirksam, die vor der Genehmigung über den Gegenstand des Rechtsgeschäfts von dem Genehmigenden getroffen worden oder im Wege der Zwangsvollstreckung oder der Arrestvollziehung oder durch den Insolvenzverwalter erfolgt sind.

§ 185   Verfügung eines Nichtberechtigten

(1) Eine Verfügung, die ein Nichtberechtigter über einen Gegenstand trifft, ist wirksam, wenn sie mit Einwilligung des Berechtigten erfolgt.

(2) Die Verfügung wird wirksam, wenn der Berechtigte sie genehmigt oder wenn der Verfügende den Gegenstand erwirbt oder wenn er von dem Berechtigten beerbt wird und dieser für die Nachlassverbindlichkeiten unbeschränkt haftet. In den beiden letzteren Fällen wird, wenn über den Gegenstand mehrere miteinander nicht in Einklang stehende Verfügungen getroffen worden sind, nur die frühere Verfügung wirksam.

제 6 절   同意와 追認

제182조 [同意]

① 계약 또는 타인에 대하여 행하여지는 단독행위의 효력 유무가 제 3 자의 동의에 달려 있는 경우에는, 동의 또는 동의 거절의 의사표시는 당사자의 어느 일방에 대하여도 할 수 있다.

② 동의는 법률행위에 대하여 정하여진 방식을 요하지 아니한다.

③ 효력 유무가 제 3 자의 동의에 달려 있는 단독행위가 제 3 자의 사전 동의 아래 행하여지는 경우에 대하여는 제111조 제 2 문, 제 3 문이 준용된다.

제183조 [同意의 撤回]

사전의 승인("동의")은, 그 기초되는 법률관계로부터 달리 해석되지 아니하는 한, 법률행위가 행하여질 때까지 철회될 수 있다. 철회의 의사표시는 당사자의 어느 일방에 대하여도 할 수 있다.

제184조 [追認의 遡及效]

① 사후의 동의("추인")는 다른 정함이 없는 한 법률행위시로 소급하여 효력을 가진다.

② 추인 전에 추인자가 법률행위의 목적물에 대하여 한 처분 또는 강제집행 또는 가집행에 의하여 행하여지거나 도산관재인이 행한 처분은 제 1 항의 소급효에 의하여 효력 없게 되지 아니한다.

제185조 [無權利者의 處分]

① 무권리자가 어떤 목적물에 대하여 한 처분이 권리자의 동의 아래 행하여진 경우에는 그 처분은 효력이 있다.

② 권리자가 이를 추인한 경우, 처분자가 목적물을 취득한 경우 또는 권리자가 처분자를 상속하고 또 권리자가 상속채무에 대하여 무한의 책임을 지는 경우에는 그 처분은 효력 있게 된다. 후 2 자의 경우에 목적물에 대하여 한 다수의 처분이 서로 저촉되는 때에는 최초의 처분만이 효력 있다.

Abschnitt 4　Fristen, Termine

§ 186　Geltungsbereich

Für die in Gesetzen, gerichtlichen Verfügungen und Rechtsgeschäften enthaltenen Frist- und Terminsbestimmungen gelten die Auslegungsvorschriften der §§ 187 bis 193.

§ 187　Fristbeginn

(1) Ist für den Anfang einer Frist ein Ereignis oder ein in den Lauf eines Tages fallender Zeitpunkt maßgebend, so wird bei der Berechnung der Frist der Tag nicht mitgerechnet, in welchen das Ereignis oder der Zeitpunkt fällt.

(2) Ist der Beginn eines Tages der für den Anfang einer Frist maßgebende Zeitpunkt, so wird dieser Tag bei der Berechnung der Frist mitgerechnet. Das Gleiche gilt von dem Tag der Geburt bei der Berechnung des Lebensalters.

§ 188　Fristende

(1) Eine nach Tagen bestimmte Frist endigt mit dem Ablauf des letzten Tages der Frist.

(2) Eine Frist, die nach Wochen, nach Monaten oder nach einem mehrere Monate umfassenden Zeitraume -Jahr, halbes Jahr, Vierteljahr- bestimmt ist, endigt im Falle des § 187 Abs. 1 mit dem Ablauf des jenigen Tages der letzten Woche oder des letzten Monats, welcher durch seine Benennung oder seine Zahl dem Tage entspricht, in den das Ereignis oder der Zeitpunkt fällt, im Falle des § 187 Abs. 2 mit dem Ablauf desjenigen Tages der letzten Woche oder des letzten Monats, welcher dem Tage vorhergeht, der durch seine Benennung oder seine Zahl dem Anfangstag der Frist entspricht.

(3) Fehlt bei einer nach Monaten bestimmten Frist in dem letzten Monat der für ihren Ablauf maßgebende Tag, so endigt die Frist mit dem Ablauf des letzten Tages dieses Monats.

§ 189　Berechnung einzelner Fristen

(1) Unter einem halben Jahr wird eine Frist von sechs Monaten, unter einem Vierteljahr eine Frist von drei Monaten, unter einem halben Monat eine Frist von 15 Tagen verstanden.

(2) Ist eine Frist auf einen oder mehrere ganze Monate und einen halben Monat gestellt, so sind die 15 Tage zuletzt zu zählen.

제 4 장 期間 · 期日

제186조 [適用範圍]

법률, 법원의 처분 및 법률행위에서 행하여진 기간 또는 기일에 관한 정함에 대하여는 제187조 내지 제193조의 해석규정이 적용된다.

제187조 [期間의 開始]

① 기간이 어떠한 사건의 발생으로 또는 하루의 어느 시점에 개시하는 것으로 정하여진 경우에는, 기간의 계산에 있어서 그 사건 또는 그 시점의 당일은 산입하지 아니한다.

② 어느 날의 처음으로부터 기간이 개시되는 경우에는, 기간의 계산에 있어서 그 날은 산입된다. 연령의 계산에 있어서 출생일에 대하여도 또한 같다.

제188조 [期間의 終了]

① 日로 정하여진 기간은 기간의 최종일의 경과로써 종료한다.

② 주, 월 및 수개의 월을 합친 시간, 즉 연年, 반년半年, 사반년四半年으로 정하여진 기간은, 제187조 제 1 항의 경우에는 최종의 주 또는 최종의 월에서 그 명칭 또는 수에 의하여 그 사건 또는 그 시점의 당일에 상응하는 날의 경과로써 종료하고, 제187조 제 2 항의 경우에는 최종의 주 또는 최종의 월에서 그 명칭 또는 수에 의하여 그 사건 또는 그 시점의 당일에 상응하는 날의 전날의 경과로써 종료한다.

③ 기간이 월로 정하여진 경우에, 최종의 월에 제 2 항에 정하여진 경과기준이 되는 날이 없는 때에는, 기간은 그 달의 최종일의 경과로써 종료한다.

제189조 [各種 期間의 計算]

① 반년이라 함은 6 개월의 기간을, 사반년이라 함은 3 개월의 기간을, 반월이라 함은 15일의 기간을 말한다.

② 하나의 또는 수개의 월과 하나의 반월을 기간으로 정한 경우에는 제 1 항에 정하여진 15일은 이를 최후에 계산한다.

§ 190 Fristverlängerung

Im Falle der Verlängerung einer Frist wird die neue Frist von dem Ablauf der vorigen Frist an berechnet.

§ 191 Berechnung von Zeiträumen

Ist ein Zeitraum nach Monaten oder nach Jahren in dem Sinne bestimmt, dass er nicht zusammenhängend zu verlaufen braucht, so wird der Monat zu 30, das Jahr zu 365 Tagen gerechnet.

§ 192 Anfang, Mitte, Ende des Monats

Unter Anfang des Monats wird der erste, unter Mitte des Monats der 15., unter Ende des Monats der letzte Tag des Monats verstanden.

§ 193 Sonn- und Feiertag; Sonnabend

Ist an einem bestimmten Tag oder innerhalb einer Frist eine Willenserklärung abzugeben oder eine Leistung zu bewirken und fällt der bestimmte Tag oder der letzte Tag der Frist auf einen Sonntag, einen am Erklärungs- oder Leistungsort staatlich anerkannten allgemeinen Feiertag oder einen Sonnabend, so tritt an die Stelle eines solchen Tages der nächste Werktag.

Abschnitt 5   Verjährung

Titel 1   Gegenstand und Dauer der Verjährung

§ 194 Gegenstand der Verjährung

(1) Das Recht, von einem anderen ein Tun oder Unterlassen zu verlangen (Anspruch), unterliegt der Verjährung.

(2) Der Verjährung unterliegen nicht

1. Ansprüche, die aus einem nicht verjährbaren Verbrechen erwachsen sind,
2. Ansprüche aus einem familienrechtlichen Verhältnis, soweit sie auf die Herstellung des dem Verhältnis entsprechenden Zustands für die Zukunft oder auf die Einwilligung in die genetische Untersuchung zur Klärung der leiblichen Abstammung gerichtet sind.

제190조 [期間의 延長]

기간이 연장된 경우에는 새로운 기간은 종전 기간의 종료시로부터 산정한다.

제191조 [期間의 算定]

월月 또는 연年으로 정하여진 기간이 연속하여 경과할 것을 요하지 아니하는 것인 경우에는 월은 30일로, 연은 365일로 계산한다.

제192조 [月初, 月中間, 月末]

월초라고 함은 월의 초일을, 월중간이라고 함은 그 15일을, 월말이라고 함은 그 최종일을 말한다.

제193조 [日曜日 및 公休日; 土曜日]

특정일에 또는 일정한 기간 내에 의사표시가 행하여지거나 급부가 실행되어야 하는 경우에, 그 특정일 또는 그 기간의 최종일이 일요일이거나 의사표시지 또는 급부지에서 국가적으로 승인된 일반공휴일이거나 또는 토요일인 때에는, 그 후 최초의 노동일이 그 날에 갈음한다.

제 5 장　消滅時效

제 1 절　消滅時效의 對象과 期間

제194조 [消滅時效의 對象]

① 타인에 대하여 작위 또는 부작위를 청구할 수 있는 권리("청구권")는 소멸시효에 걸린다.

② 다음의 청구권은 소멸시효에 걸리지 아니한다,

1. 시효에 걸리지 아니하는 범죄로부터 발생한 청구권,
2. 친족법상의 관계에 기한 청구권은 그것이 그 관계에 상응하는 상태를 장래를 향하여 창출하는 것 또는 생물학적 혈연관계의 존부를 확인하기 위한 유전자검사에 동의하는 것을 내용으로 하는 경우.

§ 195 Regelmäßige Verjährungsfrist

Die regelmäßige Verjährungsfrist beträgt drei Jahre.

§ 196 Verjährungsfrist bei Rechten an einem Grundstück

Ansprüche auf Übertragung des Eigentums an einem Grundstück sowie auf Begründung, Übertragung oder Aufhebung eines Rechts an einem Grundstück oder auf Änderung des Inhalts eines solchen Rechts sowie die Ansprüche auf die Gegenleistung verjähren in zehn Jahren.

§ 197 Dreißigjährige Verjährungsfrist

(1) In 30 Jahren verjähren, soweit nicht ein anderes bestimmt ist,

1. Schadensersatzansprüche, die auf der vorsätzlichen Verletzung des Lebens, des Körpers, der Gesundheit, der Freiheit oder der sexuellen Selbstbestimmung beruhen,

2. Herausgabeansprüche aus Eigentum, anderen dinglichen Rechten, den §§ 2018, 2130 und 2362 sowie die Ansprüche, die der Geltendmachung der Herausgabeansprüche dienen,

3. rechtskräftig festgestellte Ansprüche,

4. Ansprüche aus vollstreckbaren Vergleichen oder vollstreckbaren Urkunden,

5. Ansprüche, die durch die im Insolvenzverfahren erfolgte Feststellung vollstreckbar geworden sind und

6. Ansprüche auf Erstattung des Kosten der Zwangsvollstreckung.

(2) Soweit Ansprüche nach Absatz 1 Nr. 3 bis 5 künftig fällig werdende regelmäßig wiederkehrende Leistungen zum Inhalt haben, tritt an die Stelle der Verjährungsfrist von 30 Jahren die regelmäßige Verjährungsfrist.

§ 198 Verjährung bei Rechtsnachfolge

Gelangt eine Sache, hinsichtlich derer ein dinglicher Anspruch besteht, durch Rechtsnachfolge in den Besitz eines Dritten, so kommt die während des Besitzes des Rechtsvorgängers verstrichene Verjährungszeit dem Rechtsnachfolger zugute.

§ 199 Beginn der regelmäßigen Verjährungsfrist und Verjährungshöchstfristen

(1) Die regelmäßige Verjährungsfrist beginnt, soweit nicht ein anderer Verjährungsbeginn bestimmt ist, mit dem Schluss des Jahres, in dem

제195조 [一般消滅時效期間]

일반소멸시효기간은 3년으로 한다.

제196조 [土地에 대한 權利의 消滅時效期間]

토지소유권의 양도청구권, 토지에 대한 권리의 설정, 양도나 소멸 또는
내용변경의 청구권 및 그 반대급부에 대한 청구권은 10년의 소멸시효에
걸린다.

제197조 [30년의 消滅時效期間]

① 다음의 권리는 다른 정함이 없는 한 30년의 소멸시효에 걸린다,

　1. 생명, 신체, 건강, 자유 또는 성적 자기결정권의 고의적 침해로 인한
　　청구권,

　2. 소유권이나 기타의 물권에 기한 반환청구권, 제2018조, 제2130조 및
　　제2362조에서 정하는 반환청구권 및 그 반환청구권의 행사에 기여하
　　는 청구권,

　3. 기판력 있게 확정된 청구권,

　4. 집행할 수 있는 화해 또는 집행할 수 있는 증서에 기한 청구권,

　5. 도산절차에서 행하여진 확정에 의하여 집행할 수 있게 된 청구권, 그
　　리고

　6. 강제집행비용의 상환청구권.

② 제 1 항 제 3 호 내지 제 5 호의 청구권이 정기적으로 회귀하는 급부로
서 장래에 이행기가 도래하는 것을 목적으로 하는 경우에는 일반소멸시
효기간이 30년의 시효기간에 갈음한다.

제198조 [權利承繼에서의 消滅時效]

물권적 청구권의 목적이 된 물건을 권리승계에 의하여 제 3 자가 점유하
게 된 경우에는 전주前主의 점유기간 중에 경과한 소멸시효기간은 승계
인에게 이익이 된다.

제199조 [一般消滅時效期間의 起算 및 最長消滅時效期間]

① 일반소멸시효기간은 소멸시효의 개시가 달리 정하여지지 아니한 한
다음의 연도年度가 끝나는 때로부터 진행한다,

1. der Anspruch entstanden ist und

2. der Gläubiger von den den Anspruch begründenden Umständen und der Person des Schuldners Kenntnis erlangt oder ohne grobe Fahrlässigkeit erlangen müsste.

(2) Schadensersatzansprüche, die auf der Verletzung des Lebens, des Körpers, der Gesundheit oder der Freiheit beruhen, verjähren ohne Rücksicht auf ihre Entstehung und die Kenntnis oder grob fahrlässige Unkenntnis in 30 Jahren von der Begehung der Handlung, der Pflicht verletzung oder dem sonstigen, den Schaden auslösenden Ereignis an.

(3) Sonstige Schadensersatzansprüche verjähren

1. ohne Rücksicht auf die Kenntnis oder grob fahrlässige Unkenntnis in zehn Jahren von ihrer Entstehung an und

2. ohne Rücksicht auf ihre Entstehung und die Kenntnis oder grob fahrlässige Unkenntnis in 30 Jahren von der Begehung der Handlung, der Pflichtverletzung oder dem sonstigen, den Schaden auslösenden Ereignis an.

Maßgeblich ist die früher endende Frist.

(3a) Ansprüche, die auf einem Erbfall beruhen oder deren Geltendmachung die Kenntnis einer Verfügung von Todes wegen voraussetzt, verjähren ohne Rücksicht auf die Kenntnis oder grob fahrlässige Unkenntnis in 30 Jahren von der Entstehung des Anspruchs an.

(4) Andere Ansprüche als die nach den Absätzen 2 bis 3a verjähren ohne Rücksicht auf die Kenntnis oder grob fahrlässige Unkenntnis in zehn Jahren von ihrer Entstehung an.

(5) Geht der Anspruch auf ein Unterlassen, so tritt an die Stelle der Entstehung die Zuwiderhandlung.

§ 200 Beginn anderer Verjährungsfristen

Die Verjährungsfrist von Ansprüchen, die nicht der regelmäßigen Verjährungsfrist unterliegen, beginnt mit der Entstehung des Anspruchs, soweit nicht ein anderer Verjährungsbeginn bestimmt ist. § 199 Abs. 5 findet entsprechende Anwendung.

§ 201 Beginn der Verjährungsfrist von festgestellten Ansprüchen

Die Verjährung von Ansprüchen der in § 197 Abs. 1 Nr. 3 bis 6 bezeichneten Art beginnt mit der Rechtskraft der Entscheidung, der Errichtung des vollstreckbaren Titels oder der Feststellung im Insolvenzverfahren, nicht jedoch

1. 청구권이 성립하고, 또한
2. 채권자가 청구권을 발생시키는 사정 및 채무자의 신원을 알았거나 중대한 과실 없이 알았어야 하였던 연도.

② 생명, 신체, 건강 또는 자유의 침해를 이유로 하는 손해배상청구권은 그 성립 여부에 관계없이 또한 인식 또는 중대한 과실로 인한 불인식에 관계없이 행위시, 의무위반시 또는 손해를 발생시키는 기타 사건의 발생시로부터 30년의 소멸시효에 걸린다.

③ 기타의 손해배상청구권은

1. 인식 또는 중대한 과실로 인한 불인식에 관계없이 그 성립시로부터 10년의 소멸시효에 걸리고, 또한
2. 그 청구권의 성립 여부에 관계없이 또한 인식 또는 중대한 과실로 인한 불인식에 관계없이 행위시, 의무위반시 또는 손해를 발생시키는 기타 사건의 발생시부터 30년의 소멸시효에 걸린다.

이 중 먼저 완료하는 기간이 기준이 된다.

③의a　상속의 개시에 기한 청구권 또는 그 행사가 사인처분의 인식을 전제로 하는 청구권은 그 인식 또는 중대한 과실로 인한 불인식에 관계없이 청구권의 성립시부터 30년의 소멸시효에 걸린다.

④ 제 2 항 내지 제 3 항의a에 정하여진 것 이외의 청구권은 인식 또는 중대한 과실로 인한 불인식에 관계없이 그 성립시로부터 10년의 소멸시효에 걸린다.

⑤ 청구권이 부작위를 목적으로 하는 경우에 소멸시효는 청구권의 성립시가 아니라 위반행위시로부터 진행한다.

제200조 [다른 消滅時效期間의 起算]

일반소멸시효기간에 의하지 아니하는 청구권의 소멸시효기간은 다른 기산점이 정하여지지 아니한 한 그 청구권의 성립시로부터 진행한다. 제199조 제 5 항은 이에 준용된다.

제201조 [確定된 請求權의 消滅時效期間의 起算]

제197조 제 1 항 제 3 호 내지 제 6 호에서 정한 청구권의 소멸시효기간은 재판의 확정, 집행할 수 있는 권원증서의 작성 또는 도산절차에서의 확

vor der Entstehung des Anspruchs. § 199 Abs. 5 findet entsprechende Anwendung.

§ 202 Unzulässigkeit von Vereinbarungen über die Verjährung

(1) Die Verjährung kann bei Haftung wegen Vorsatzes nicht im Voraus durch Rechtsgeschäft erleichtert werden.

(2) Die Verjährung kann durch Rechtsgeschäft nicht über eine Verjährungsfrist von 30 Jahren ab dem gesetzlichen Verjährungsbeginn hinaus erschwert werden.

Titel 2　Hemmung, Ablaufhemmung und Neubeginn der Verjährung

§ 203 Hemmung der Verjährung bei Verhandlungen

Schweben zwischen dem Schuldner und dem Gläubiger Verhandlungen über den Anspruch oder die den Anspruch begründenden Umstände, so ist die Verjährung gehemmt, bis der eine oder der andere Teil die Fortsetzung der Verhandlungen verweigert. Die Verjährung tritt frühestens drei Monate nach dem Ende der Hemmung ein.

§ 204 Hemmung der Verjährung durch Rechtsverfolgung

(1) Die Verjährung wird gehemmt durch

1. die Erhebung der Klage auf Leistung oder auf Feststellung des Anspruchs, auf Erteilung der Vollstreckungsklausel oder auf Erlass des Vollstreckungsurteils,

1a. (weggefalleu)

2. die Zustellung des Antrags im vereinfachten Verfahren über den Unterhalt Minderjähriger,

3. die Zustellung des Mahnbescheids im Mahnverfahren oder des Europäischen Zahlungsbefehls im Europäischen Mahnverfahren nach der Verordnung (EG) Nr. 1896/2006 des Europäischen Parlaments und des Rates vom 12. Dezember 2006 zur Einführung eines Europäischen Mahnverfahrens (ABl. EU Nr. L 399 S. 1),

4. die Veranlassung der Bekanntgabe eines Antrags, mit dem der Anspruch geltend gemacht wird, bei einer

   a) staatlichen oder staatlich anerkannten Streitbeilegungsstelle oder

   b) anderen Streitbeilegungsstelle, wenn das Verfahren im Einvernehmen mit

정시로부터 진행되나, 그 청구권의 성립보다 앞서부터 진행되지는 아니한다. 제199조 제 5 항은 이에 준용된다.

제202조 [消滅時效에 관한 約定의 禁止]

① 고의로 인한 책임에 대하여 소멸시효는 사전에 법률행위에 의하여 경감될 수 없다.

② 소멸시효는 법률에 정하여진 기산점으로부터 30년의 소멸시효기간을 초과하여 법률행위에 의하여 가중될 수 없다.

제 2 절　消滅時效의 停止·完成猶豫 및 更新

제203조 [交涉으로 인한 時效停止]

채무자와 채권자 사이에 청구권 또는 청구권을 발생시키는 사정에 대한 교섭이 진행 중인 때에는, 소멸시효는 일방 또는 타방이 교섭의 계속을 거절할 때까지 징지한다. 소멸시효는 정지의 종료 후 적어도 3월이 경과하여야 완성된다.

제204조 [權利追及으로 인한 時效停止]

① 소멸시효는 다음의 사유로 인하여 정지된다,

1. 이행, 청구권의 확인, 집행문의 부여 또는 집행판결을 구하는 소의 제기,

1의a. [삭제]

2. 미성년자의 부양에 관한 간이절차에서 신청의 송달,

3. 독촉절차에서 지급명령의 송달, 또는 유럽의회 및 유럽평의회의 2006년 12월 12일자 「유럽독촉절차의 시행에 관한 유럽공동체 제1896/2006호 규칙」(유럽연합관보 법령편 제399호, 1면)에 기한 유럽독촉절차에서의 유럽지급명령의 송달,

4. a) 국가 또는 주에 의하여 승인된 분쟁해결기관 또는

b) 절차가 청구상대방의 참여 아래 진행되는 다른 분쟁해결기관에서, 청구권이 그로써 행사되는 일정한 절차의 신청이 [상대방에게] 고지되도록 하는 것;

dem Antragsgegner betrieben wird;
die Verjährung wird schon durch den Eingang des Antrags bei der Streitbeilegungsstelle gehemmt, wenn der Antrag demnächst bekannt gegeben wird,

5. die Geltendmachung der Aufrechnung des Anspruchs im Prozess,
6. die Zustellung der Streitverkündung,
6a. die Zustellung der Anmeldung zu einem Musterverfahren für darin bezeichnete Ansprüche, soweit diesen der gleiche Lebenssachverhalt zugrunde liegt
wie den Feststellungszielen des Musterverfahrens und wenn innerhalb von
drei Monaten nach dem rechtskräftigen Ende des Musterverfahrens die Klage auf Leistung oder Feststellung der in der Anmeldung bezeichneten
Ansprüche erhoben wird,
7. die Zustellung des Antrags auf Durchführung eines selbständigen Beweis-
verfahrens,
8. den Beginn eines vereinbarten Begutachtungsverfahrens,
9. die Zustellung des Antrags auf Erlass eines Arrests, einer einstweiligen Verfügung oder einer einstweiligen Anordnung, oder, wenn der Antrag nicht
zugestellt wird, dessen Einreichung, wenn der Arrestbefehl, die einstweilige
Verfügung oder die einstweilig Anordnung innerhalb eine Monats seit Verkündung oder Zustellung an den Gläubiger dem Schuldner zugestellt wird,
10. die Anmeldung des Anspruchs im Insolvenzverfahren oder im Schiff-
fahrtsrechtlichen Verteilungsverfahren,
10a. die Anordnung einer Vollstreckungssperre nach dem Unternehmensstabili-
sierungs- und -restrukturierungsgesetz, durch die der Gläubiger an der
Einleitung der Zwangsvollstreckung wegen des Anspruchs gehindert ist,
11. den Beginn des schiedsrichterlichen Verfahrens,
12. die Einreichung des Antrags bei einer Behörde, wenn die Zulässigkeit der
Klage von der Vorentscheidung dieser Behörde abhängt und innerhalb von
drei Monaten nach Erledigung des Gesuchs die Klage erhoben wird; dies
gilt entsprechend für bei einem Gericht oder bei einer in Nummer 4 bezeichneten Streitbeilgungsstelle zu stellende Anträge, deren Zulässigkeit von
der Vorentscheidung einer Behörde abhängt,
13. die Einreichung des Antrags bei dem höheren Gericht, wenn dieses das
zuständige Gericht zu bestimmen hat und innerhalb von drei Monaten
nach Erledigung des Gesuchs die Klage erhoben oder der Antrag, für den
die Gerichtsstandsbestimmung zu erfolgen hat, gestellt wird, und

그 신청이 즉각 고지되는 경우에는 소멸시효는 분쟁해결기관에 신청이 접수되는 때에 이미 정지한다,

5. 청구권의 상계를 소송상 주장하는 것,

6. 소송고지의 송달,

6의a. [단체소송의 한 형태라고 할 수 있는] 시범소송절차의 확인대상과 동일한 생활관계를 기초로 하고 있는 청구권을 표시하여 그 소송절차에 참가신청을 하고 그 소송절차가 기판력 있게 종결된 후 3개월 내에 그 이행 또는 확인에 관한 소를 제기한 경우에, 그 신청에 표시된 청구권을 위하여 시범소송절차에의 참가신청의 송달,

7. 독자적 증거절차[즉 증거보전절차]의 개시신청의 송달,

8. 합의에 기한 감정절차의 개시,

9. 가압류, 가처분 또는 임시적 명령의 신청의 송달, 또는 그 신청이 송달되지 아니하는 경우에 가압류, 가처분 또는 임시적 명령이 채권자에의 고지 또는 송달 후 1개월 내에 채무자에게 송달되는 때에는 그 신청의 제출,

10. 도산절차 또는 해상법상의 배당절차에서의 청구권의 신고,

10의a. 채권자로 하여금 그 청구권에 기한 강제집행을 실시하지 못하게 하는 「기업의 안정 및 갱생에 관한 법률」에 기한 강제집행 금지의 명령,

11. 중재절차의 개시,

12. 소訴의 허용 여부가 관청의 사전결정에 달려 있는 경우에 그 결정신청의 처리 후 3개월 내에 소가 제기된 때에는 관청에 대한 그 신청, 이는 청구의 허용 여부가 관청의 사전결정에 달려 있는 경우에 법원 또는 제4호에서 정한 분쟁해결기관에 그 청구가 행하여진 때에 준용된다,

13. 상급법원이 관할법원을 정하여야 하는 경우에 그 지정신청의 처리후 3개월 내에 소가 제기되거나 관할법원 지정신청의 목적인 청구가 행하여진 때에는 상급법원에 대한 그 신청,

14. die Veranlassung der Bekanntgabe des erstmaligen Antrags auf Gewährung von Prozesskostenhilfe; wird die Bekanntgabe demnächst nach der Einreichung des Antrags veranlasst, so tritt die Hemmung der Verjährung bereits mit der Einreichung ein.

(2) Die Hemmung nach Absatz 1 endet sechs Monate nach der rechtskräftigen Entscheidung oder anderweitigen Beendigung des eingeleiteten Verfahrens. Gerät das Verfahren dadurch in Stillstand, dass die Parteien es nicht betreiben, so tritt an die Stelle der Beendigung des Verfahrens die letzte Verfahrenshandlung der Parteien, des Gerichts oder der sonst mit dem Verfahren befassten Stelle. Die Hemmung beginnt erneut, wenn eine der Parteien das Verfahren weiter betreibt.

(3) Auf die Frist nach Absatz 1 Nr. 9, 12 und 13 finden die §§ 206, 210 und 211 entsprechende Anwendung.

§ 204a Hemmung der Verjährung von Ansprüchen von Verbrauchern durch Klagen von qualifizierten Verbraucherverbänden oder qualifizierten Einrichtungen

(1) Die Verjährung von Ansprüchen von Verbrauchern gegen Unternehmer wird auch gehemmt durch:

1. die Zustellung des Antrags auf Erlass einer einstweiligen Verfügung in Bezug auf einen Unterlassungsanspruch gegen den Unternehmer nach den §§ 1, 2 oder 2a des Unterlassungsklagengesetzes oder nach § 8 Absatz 1 des Gesetzes gegen den unlauteren Wettbewerb an den Antragsgegner, wenn
   a) der Antrag durch eine Stelle nach § 3 Absatz 1 Satz 1 des Unterlassungs- klagengesetzes gestellt wurde und
   b) die Ansprüche der Verbraucher gegen den Unternehmer aufgrund der Zuwiderhandlung entstanden sind, gegen die sich der Unterlassungsanspruch richtet,

2. die Erhebung einer Klage zur Durchsetzung von Unterlassungs- ansprüchen nach Nummer 1 gegen den Unternehmer, wenn
   a) die Klage durch eine Stelle nach § 3 Absatz 1 Satz 1 des Unterlassungskla-gengesetzes erhoben wurde und
   b) die Ansprüche der Verbraucher gegen den Unternehmer aufgrund der Zuwiderhandlung entstanden sind, gegen die sich der Unterlassungsanspruch richtet,

3. die Erhebung einer Musterfeststellungsklage nach dem Verbraucherrechte-durchsetzungsgesetz für die Ansprüche von Verbrauchern, denen derselbe

14. 소송비용 구제의 제 1 차 신청의 고지위탁. 그 고지가 그 신청의 제출 후에 위탁된 경우에는 소멸시효는 그 신청으로써 정지한다.

② 제 1 항에 의한 시효정지는 개시된 절차가 기판력 있는 재판에 의하여 또는 다른 방식으로 종결된 때로부터 6개월로 종료한다. 그 절차가 당사자가 이를 추행하지 아니함으로써 휴지休止하는 때에는, 절차의 종결시가 아니라 당사자, 법원 또는 다른 절차수행기관의 최후의 절차행위시가 기준이 된다. 당사자 일방이 절차를 다시 추행하는 때에는 시효중지가 다시 개시된다.

③ 제 1 항 제 9 호, 제12호 및 제13호에 정하여진 기간에 대하여는 제206조, 제210조 및 제211조가 준용된다.

제204조의a [適格의 消費者團體 또는 機構가 訴를 提起함으로 因한, 消費者가 가지는 請求權의 消滅時效 停止]

① 소비자가 사업자에 대하여 가지는 청구권의 소멸시효는 다음의 사유에 의하여서도 중지된다:

1. 「부작위청구에 관한 법률」제 1 조, 제 2 조나 제 2 조의a 또는 부정경쟁방지법 제 8 조 제 1 항에 따라 사업자에 대한 부작위청구권에 관하여 잠정처분의 발령 청구가 그 청구의 상대방에게 송달된 경우에 다음의 사유가 있는 때,
   a) 그 청구가 「부작위청구에 관한 법률」제 3 조 제 1 항 제 1 문 소정의 단체에 의하여 행하여지고, 또한
   b) 소비자의 사업자에 대한 청구권이 부작위청구권의 목적이 된 위반행위에 기하여 성립한 때,
2. 제 1 문에 따라 발생하는 사업자에 대한 부작위청구권을 실현하기 위한 소가 제기되는 경우에 다음의 사유가 있는 때,
   a) 그 소가 「부작위청구에 관한 법률」제 3 조 제 1 항 제 1 문 소정의 기관에 의하여 제기되고, 또한
   b) 소비자의 사업자에 대한 청구권이 부작위청구권의 목적이 된 위반행위에 기하여 성립한 때,
3. 「소비자 권리의 실현에 관한 법률」에 따른 대표확인단체소송이 그

Lebenssachverhalt zugrunde liegt wie den Feststellungszielen der Musterfeststellungsklage, wenn die Verbraucher ihren Anspruch zum Verbandsklageregister anmelden,

4. die Erhebung einer Abhilfeklage nach dem Verbraucherrechtedurchsetzungs-
   gesetz für Ansprüche, die Gegenstand der Abhilfeklage sind, wenn die
   Verbraucher ihren Anspruch zum Verbandsklageregister anmelden.

Wurde dem Antragsgegner der Antrag auf Erlass einer einstweiligen Verfügung
nicht zugestellt, so tritt in Satz 1 Nummer 1 an die Stelle der Zustellung des
Antrags die Einreichung des Antrags beim Gericht, sofern dem Antragsgegner
die einstweilige Verfügung innerhalb eines Monats nach ihrer Verkündung oder
nach ihrer Zustellung an den Antragsteller zugestellt wurde.

(2) Die Verjährung von Ansprüchen von Verbrauchern gegen Unternehmer
wird auch gehemmt durch eine anhängige Verbandsklage im Sinne der Richtlinie (EU) 2020/1828 des Europäischen Parlaments und des Rates vom 25.
November 2020 über Verbandsklagen zum Schutz der Kollektivinteressen der
Verbraucher und zur Aufhebung der Richtlinie 2009/22/EG (ABl. L 409 vom
4.12.2020, S. 1) bei einem Gericht oder einer Behörde in einem anderen
Mitgliedstaat der Europäischen Union, die

1. auf eine Unterlassungsentscheidung gerichtet ist, wenn

   a) die Klage von einer qualifizierten Einrichtung eingereicht wurde,

   b) Gegenstand der Klage eine Zuwiderhandlung des Unternehmers gegen
      solche Verbraucherschutzgesetze ist, die in den Anwendungsbereich der
      Richtlinie (EU) 2020/1828 fallen, und

   c) die Ansprüche der Verbraucher aufgrund derjenigen Zuwiderhandlung
      des Unternehmers entstanden sind, gegen die sich die Klage richtet,

2. auf eine Abhilfeentscheidung gerichtet ist, wenn

   a) die Klage von einer qualifizierten Einrichtung eingereicht wurde,

   b) die Ansprüche der Verbraucher Gegenstand der Klage sind und diese An-
      sprüche aufgrund einer Zuwiderhandlung des Unternehmers gegen solche
      Verbraucherschutzgesetze entstanden sind, die in den Anwendungsbereich
      der Richtlinie (EU) 2020/1828 fallen, und

   c) die Verbraucher an der Klage teilnehmen.

(3) § 204 Absatz 2 Satz 1 ist entsprechend anzuwenden. Die Hemmung der

단체소송의 확인 내용와 같은 생활관계를 기초로 하는 소비자의 청
구권을 위하여 제기되었는데 소비자가 단체소송명부에 자신의 청구
권을 등록한 경우,

4. 「소비자 권리의 실현을 위한 법률」에 따른 구제소송이 그 구제소송
의 대상인 청구권을 위하여 제기되었는데 소비자가 단체소송명부에
자신의 청구권을 등록한 경우.

잠정처분의 발령 청구가 청구 상대방에게 송달되지 아니한 경우에 잠정
처분이 그 고지 또는 청구인에의 송달로부터 1개월 내에 청구 상대방에
게 송달된 때에는 법원에의 그 청구 제출이 제 1 문 제 1 호에서의 청구의
송달에 갈음한다.

② 유럽의회 및 유럽평의회의 2020년 11월 25일자 「소비자의 단체적 이
익의 보호 및 유럽공동체 2009/22/EG호 지침의 폐지를 위한 유럽연합
2020/1828호 지침」(2020년 12월 4일의 유럽연합관보 법령편 제409호, 1면)
의 의미에서의 단체소송이 유럽연합의 다른 구성국의 법원 또는 관청에
계속된 경우에 그 소송이 다음과 같은 것인 때에도 사업자에 대한 소비
자의 청구권의 소멸시효는 역시 정지된다,

1. 다음과 같은 소송으로서 부작위판결을 얻으려는 것,
   a) 그 소가 적격의 기구에 의하여 제기되고,
   b) 그 소송물이 사업자가 유럽연합 2020/1828호 지침의 적용범위에
      속하는 소비자 보호 법률에 반하는 행위이며, 그리고
   c) 그 소의 상대방인 사업자의 그러한 위반행위에 기하여 소비자의
      청구권이 성립한 때,

2. 구제판결을 목적으로 하되 다음의 요건을 충족하는 것,
   a) 그 소가 적격의 기구에 의하여 제기되고,
   b) 소비자의 청구권이 그 소송물이고 또한 이 청구권이 사업자가 유
      럽연합 2020/1828호 지침의 적용범위에 속하는 소비자 보호 법률
      에 반하는 행위를 함으로써 성립하며, 그리고
   c) 소비자가 그 소에 참가하는 때.

③ 제204조 제 2 항 제 1 문은 이에 준용된다. 제 1 항 제 1 문 제 3 호 및

Verjährung eines Anspruchs eines Verbrauchers nach Absatz 1 Satz 1 Nummer 3 und 4 sowie nach Absatz 2 Nummer 2 endet auch sechs Monate nach dem Zeitpunkt, zu dem der Verbraucher nicht mehr an der Klage teilnimmt, insbesondere durch die Rücknahme der Anmeldung zum Verbandsklageregister.

(4) Absatz 1 Satz 1 Nummer 3 und 4 sowie Absatz 3 sind auch auf solche Unternehmer anzuwenden, die nach § 1 Absatz 2 des Verbraucherrechtedurchsetzungsgesetzes Verbrauchern gleichgestellt werden.

§ 205 Hemmung der Verjährung bei Leistungsverweigerungsrecht

Die Verjährung ist gehemmt, solange der Schuldner auf Grund einer Vereinbarung mit dem Gläubiger vorübergehend zur Verweigerung der Leistung berechtigt ist.

§ 206 Hemmung der Verjährung bei höherer Gewalt

Die Verjährung ist gehemmt, solange der Gläubiger innerhalb der letzten sechs Monate der Verjährungsfrist durch höhere Gewalt an der Rechtsverfolgung gehindert ist.

§ 207 Hemmung der Verjährung aus familiären und ähnlichen Gründen

(1) Die Verjährung von Ansprüchen zwischen Ehegatten ist gehemmt, solange die Ehe besteht. Das Gleiche gilt für Ansprüche zwischen

1. Lebenspartnern, solange die Lebenspartnerschaft besteht,
2. dem Kind und
   a) seinen Eltern oder
   b) dem Ehegatten oder Lebenspartner eines Elternteils
bis zur Vollendung des 21. Lebensjahres des Kindes,
3. dem Vormund und dem Mündel während der Dauer des Vormundschaftsverhältnisses,
4. dem Betreuten und dem Betreuer während der Dauer des Betreuungsverhältnisses und
5. dem Pflegling und dem Pfleger während der Dauer der Pflegschaft.
Die Verjährung von Ansprüchen des Kindes gegen den Beistand ist während der Dauer der Beistandschaft gehemmt.

(2) § 208 bleibt unberührt.

§ 208 Hemmung der Verjährung bei Ansprüchen wegen Verletzung der sexuellen Selbstbestimmung

Die Verjährung von Ansprüchen wegen Verletzung der sexuellen Selbstbestimmung ist bis zur Vollendung des 21. Lebensjahrs des Gläubigers gehemmt.

제 4 호, 그리고 제 2 항 제 2 문에 따른 소비자의 청구권의 소멸시효 정지는 소비자가 더 이상 소에 참여하지 아니하는 시점, 특히 단체소송명부에의 등록을 철회하는 것에 의하여 그리하는 시점으로부터 6개월이 경과함으로써도 소멸한다.

④ 제 1 항 제 1 문 제 3 호 및 제 4 호, 그리고 제 3 항은 「소비자 권리의 실현에 관한 법률」 제 1 조 제 2 항에 따라 소비자와 동시되는 사업자에게도 적용된다.

제205조 [給付拒絕權으로 인한 時效停止]

채무자가 채권자와의 약정에 기하여 급부를 일시적으로 거절할 권리를 가지는 동안에는 소멸시효는 정지한다.

제206조 [不可抗力으로 인한 時效停止]

채권자가 소멸시효기간의 최종 6개월 안에 불가항력으로 인하여 권리추급에 장애를 받은 경우에는 소멸시효는 정지한다.

제207조 [近親關係로 인한 時效停止]

① 혼인관계가 존속하는 동안에는 배우자 사이의 청구권의 소멸시효는 정지한다. 이는 다음의 청구권에 대하여도 또한 같다,

 1. 생활동반자관계가 존속하는 동안 생활동반자 사이의 청구권,

 2. 자子가 21세가 되기 전까지

  a) 자와 부모 사이

  b) 자와 부 또는 모의 배우자이거나 생활동반자 사이의 청구권,

 3. 미성년후견관계가 존속하는 동안 후견인과 피후견인 사이의 청구권,

 4. 성년후견관계가 존속하는 동안 피후견인과 후견인 사이의 청구권,

 5. 보좌관계가 존속하는 동안 피보좌인과 보좌인 사이의 청구권.

자녀의 보조인에 대한 청구권의 소멸시효는 보조관계가 존속하는 동안에는 정지한다.

② 제208조는 영향을 받지 아니한다.

제208조 [性的 自己決定權의 侵害로 인한 請求權의 時效停止]

성적 자기결정권의 침해로 인한 청구권의 소멸시효는 채권자가 21세가

Lebt der Gläubiger von Ansprüchen wegen Verletzung der sexuellen Selbst-
bestimmung bei Beginn der Verjährung mit dem Schuldner in häuslicher
Gemeinschaft, so ist die Verjährung auch bis zur Beendigung der häuslichen
Gemeinschaft gehemmt.

§ 209 Wirkung der Hemmung

Der Zeitraum, während dessen die Verjährung gehemmt ist, wird in die Verjährungsfrist nicht eingerechnet.

§ 210 Ablaufhemmung bei nicht voll Geschäftsfähigen

(1) Ist eine geschäftsunfähige oder in der Geschäftsfähigkeit beschränkte
Person ohne gesetzlichen Vertreter, so tritt eine für oder gegen sie laufende
Verjährung nicht vor dem Ablauf von sechs Monaten nach dem Zeitpunkt ein,
in dem die Person unbeschränkt geschäftsfähig oder der Mangel der Vertretung behoben wird. Ist die Verjährungsfrist kürzer als sechs Monate, so tritt
der für die Verjährung bestimmte Zeitraum an die Stelle der sechs Monate.

(2) Absatz 1 findet keine Anwendung, soweit eine in der Geschäftsfähigkeit
beschränkte Person prozessfähig ist.

§ 211 Ablaufhemmung in Nachlassfällen

Die Verjährung eines Anspruchs, der zu einem Nachlass gehört oder sich
gegen einen Nachlass richtet, tritt nicht vor dem Ablauf von sechs Monaten
nach dem Zeitpunkt ein, in dem die Erbschaft von dem Erben angenommen
oder das Insolvenzverfahren über den Nachlass eröffnet wird oder von dem an
der Anspruch von einem oder gegen einen Vertreter geltend gemacht werden
kann. Ist die Verjährungsfrist kürzer als sechs Monate, so tritt der für die Verjährung bestimmte Zeitraum an die Stelle der sechs Monate.

§ 212 Neubeginn der Verjährung

(1) Die Verjährung beginnt erneut, wenn
1. der Schuldner dem Gläubiger gegenüber den Anspruch durch Abschlagszahlung, Zinszahlung, Sicherheitsleistung oder in anderer Weise anerkennt
   oder
2. eine gerichtliche oder behördliche Vollstreckungshandlung vorgenommen
   oder beantragt wird.

(2) Der erneute Beginn der Verjährung infolge einer Vollstreckungshandlung
gilt als nicht eingetreten, wenn die Vollstreckungshandlung auf Antrag des Gläubigers oder wegen Mangels der gesetzlichen Voraussetzungen aufgehoben wird.

될 때까지 정지한다. 성적 자기결정권의 침해로 인한 청구권의 채권자가
시효의 기산시에 채무자와 가정적 공동생활을 하는 경우에는 그 소멸시
효는 그 공동생활의 종료시까지 정지한다.

제209조 [時效停止의 效力]

소멸시효가 정지하는 동안의 기간은 소멸시효기간에 산입하지 아니
한다.

제210조 [完全行爲能力者 아닌 사람과 完成猶豫]

① 행위무능력자 또는 제한행위능력자에게 법정대리인이 없는 경우에
는 그가 무제한의 행위능력자가 되거나 대리의 흠결이 제거된 때로부터
6개월 내에는 그에 대한 또는 그를 위한 소멸시효는 완성되지 아니한다.
소멸시효기간이 6개월보다 단기인 경우에는 6개월이 아니라 그 소멸시
효기간이 기준이 된다.

② 제 1 항은 제한행위능력자가 소송능력이 있는 경우에는 적용하지 아
니한다.

제211조 [相續財産과 完成猶豫]

상속재산에 속하는 청구권 또는 상속재산에 대한 청구권의 소멸시효는
상속인이 상속을 승인하거나 상속재산에 대하여 도산절차가 개시되거나
대리인이 또는 대리인에 대하여 청구권을 실행할 수 있는 때로부터 6개
월 내에는 완성되지 아니한다. 소멸시효기간이 6개월보다 단기인 경우에
는 6개월이 아니라 그 소멸시효기간이 기준이 된다.

제212조 [時效의 更新]

① 소멸시효는 다음의 경우에는 새로이 개시된다,

　1. 채무자가 분할변제, 이자지급, 담보제공 또는 기타의 방법으로 권리
　　자에 대하여 청구권을 승인한 때, 또는
　2. 법원 또는 관청의 집행행위가 실행되거나 신청된 때.

② 집행행위로 인한 시효의 갱신은 집행행위가 채권자의 신청 또는 법
정요건의 흠결로 실효된 때에는 일어나지 아니한 것으로 본다.

(3) Der erneute Beginn der Verjährung durch den Antrag auf Vornahme einer Vollstreckungshandlung gilt als nicht eingetreten, wenn dem Antrag nicht stattgegeben oder der Antrag vor der Vollstreckungshandlung zurückgenommen oder die erwirkte Vollstreckungshandlung nach Absatz 2 aufgehoben wird.

§ 213 Hemmung, Ablaufhemmung und erneuter Beginn der Verjährung bei anderen Ansprüchen

Die Hemmung, die Ablaufhemmung und der erneute Beginn der Verjährung gelten auch für Ansprüche, die aus demselben Grunde wahlweise neben dem Anspruch oder an seiner Stelle gegeben sind.

Titel 3   Rechtsfolgen der Verjährung

§ 214 Wirkung der Verjährung

(1) Nach Eintritt der Verjährung ist der Schuldner berechtigt, die Leistung zu verweigern.

(2) Das zur Befriedigung eines verjährten Anspruchs Geleistete kann nicht zurückgefordert werden, auch wenn in Unkenntnis der Verjährung geleistet worden ist. Das Gleiche gilt von einem vertragsmäßigen Anerkenntnis sowie einer Sicherheitsleistung des Schuldners.

§ 215 Aufrechnung und Zurückbehaltungsrecht nach Eintritt der Verjährung

Die Verjährung schließt die Aufrechnung und die Geltendmachung eines Zurückbehaltungsrechts nicht aus, wenn der Anspruch in dem Zeitpunkt noch nicht verjährt war, in dem erstmals aufgerechnet oder die Leistung verweigert werden konnte.

§ 216 Wirkung der Verjährung bei gesicherten Ansprüchen

(1) Die Verjährung eines Anspruchs, für den eine Hypothek, eine Schiffshypothek oder ein Pfandrecht besteht, hindert den Gläubiger nicht, seine Befriedigung aus dem belasteten Gegenstand zu suchen.

(2) Ist zur Sicherung eines Anspruchs ein Recht verschafft worden, so kann die Rückübertragung nicht auf Grund der Verjährung des Anspruchs gefordert werden. Ist das Eigentum vorbehalten, so kann der Rücktritt vom Vertrag auch erfolgen, wenn der gesicherte Anspruch verjährt ist.

③ 집행행위의 실행의 신청으로 인한 시효의 갱신은 신청이 인용되지
아니한 경우, 신청이 집행행위 전에 취하된 경우 또는 행하여진 집행행
위가 제 2 항에 따라 실효된 경우에는 일어나지 아니한 것으로 본다.

제213조 [다른 請求權의 時效停止, 完成猶豫 및 時效更新]

시효의 정지, 완성유예 및 갱신은 동일한 원인에 기하여 선택적으로 그
청구권과 병존하여 또는 그에 갈음하여 성립하는 청구권에 대하여도 적
용된다.

제 3 절 消滅時效의 法律效果

제214조 [時效完成의 效力]

① 소멸시효가 완성된 후에는 채무자는 급부를 거절할 권리를 가진다.

② 소멸시효가 완성된 청구권의 만족을 위하여 급부된 것은 급부가
시효완성을 알지 못하고 행하여진 경우에도 반환을 청구할 수 없다.
채무자가 계약에 좇아 행한 채무승인 및 담보제공에 대하여도 또한
같다.

제215조 [時效完成 후의 相計 및 留置權]

다른 채권과 상계할 수 있었거나 급부를 거절할 수 있었던 최초의 시기
에 청구권에 대하여 아직 소멸시효가 완성되지 아니하였던 경우에는, 그
후의 시효완성은 상계 또는 유치권의 행사를 배제하지 아니한다.

제216조 [擔保 있는 權利에서의 時效完成의 效力]

① 저당권, 선박저당권 또는 질권이 존재하는 청구권에 대하여 소멸시
효가 완성되어도, 이는 채권자가 그 부담의 목적물로부터 만족을 구하는
것을 방해하지 아니한다.

② 청구권의 담보를 위하여 권리가 부여된 경우에는 청구권의 시효완성
을 이유로 그 권리의 재양도가 청구될 수 없다. 소유권이 유보된 경우에
는 담보된 청구권에 대하여 소멸시효가 완성된 때에도 계약을 해제할 수
있다.

(3) Die Absätze 1 und 2 finden keine Anwendung auf die Verjährung von Ansprüchen auf Zinsen und andere wiederkehrende Leistungen.

§ 217　Verjährung von Nebenleistungen

Mit dem Hauptanspruch verjährt der Anspruch auf die von ihm abhängenden Nebenleistungen, auch wenn die für diesen Anspruch geltende besondere Verjährung noch nicht eingetreten ist.

§ 218　Unwirksamkeit des Rücktritts

(1) Der Rücktritt wegen nicht oder nicht vertragsgemäß erbrachter Leistung ist unwirksam, wenn der Anspruch auf die Leistung oder der Nacherfüllungsanspruch verjährt ist und der Schuldner sich hierauf beruft. Dies gilt auch, wenn der Schuldner nach § 275 Absatz 1 bis 3, § 439 Absatz 3 oder § 635 Absatz 3 nicht zu leisten braucht und der Anspruch auf die Leistung oder der Nacherfüllungsanspruch verjährt wäre. § 216 Abs. 2 Satz 2 bleibt unberührt.

(2) § 214 Abs. 2 findet entsprechende Anwendung.

§§ 219 bis 225　(weggefallen)

Abschnitt 6　Ausübung der Rechte, Selbstverteidigung, Selbsthilfe

§ 226　Schikaneverbot

Die Ausübung eines Rechts ist unzulässig, wenn sie nur den Zweck haben kann, einem anderen Schaden zuzufügen.

§ 227　Notwehr

(1) Eine durch Notwehr gebotene Handlung ist nicht widerrechtlich.

(2) Notwehr ist diejenige Verteidigung, welche erforderlich ist, um einen gegenwärtigen rechtswidrigen Angriff von sich oder einem anderen abzuwenden.

§ 228　Notstand

③ 제 1 항 및 제 2 항은 이자 또는 다른 회귀적 급부에 대한 청구권의 시효완성에 대하여는 적용되지 아니한다.

제217조 [從된 給付의 消滅時效]

주된 청구권에 종속하는 부수적 급부의 청구권에 대하여는 이에 적용되는 별도의 소멸시효가 아직 완성되지 아니하였더라도 주된 청구권과 함께 소멸시효가 완성된다.

제218조 [解除의 效力不發生]

① 급부가 행하여지지 아니하였거나 계약에 좇아 행하여지지 아니하였음을 이유로 하는 해제는 급부청구권 또는 추완청구권의 소멸시효가 완성되고 채무자가 이를 원용하는 경우에는 효력이 없다. 이는 채무자가 제275조 제 1 항 내지 제 3 항, 제439조 제 3 항 또는 제635조 제 3 항에 의하여 급부를 할 필요가 없고 또한 급부청구권 또는 추완청구권의 소멸시효가 완성되었을 경우에 대하여도 적용된다. 제216조 제 2 항 제 2 문은 영향을 받지 아니한다.

② 제214조 제 2 항은 이에 준용된다.

제219조 내지 제225조 [삭제]

제 6 장　權利行使 · 自衛 · 自力救濟

제226조 [權利를 이용한 橫暴의 禁止]

권리의 행사가 타인에게 손해를 가하는 것만을 목적으로 하는 경우에는 이는 허용되지 아니한다.

제227조 [正當防衛]

① 정당방위로 인한 행위는 위법하지 아니하다.

② 정당방위라 함은 자신 또는 타인에 대한 현재의 위법한 공격을 회피하기 위하여 필요한 방어를 말한다.

제228조 [緊急避難]

Wer eine fremde Sache beschädigt oder zerstört, um eine durch sie drohende Gefahr von sich oder einem anderen abzuwenden, handelt nicht widerrechtlich, wenn die Beschädigung oder die Zerstörung zur Abwendung der Gefahr erforderlich ist und der Schaden nicht außer Verhältnis zu der Gefahr steht. Hat der Handelnde die Gefahr verschuldet, so ist er zum Schadensersatz verpflichtet.

§ 229 Selbsthilfe

Wer zum Zwecke der Selbsthilfe eine Sache wegnimmt, zerstört oder beschädigt oder wer zum Zwecke der Selbsthilfe einen Verpflichteten, welcher der Flucht verdächtig ist, festnimmt oder den Widerstand des Verpflichteten gegen eine Handlung, die dieser zu dulden verpflichtet ist, beseitigt, handelt nicht widerrechtlich, wenn obrigkeitliche Hilfe nicht rechtzeitig zu erlangen ist und ohne sofortiges Eingreifen die Gefahr besteht, dass die Verwirklichung des Anspruchs vereitelt oder wesentlich erschwert werde.

§ 230 Grenzen der Selbsthilfe

(1) Die Selbsthilfe darf nicht weiter gehen, als zur Abwendung der Gefahr erforderlich ist.

(2) Im Falle der Wegnahme von Sachen ist, sofern nicht Zwangsvollstreckung erwirkt wird, der dingliche Arrest zu beantragen.

(3) Im Falle der Festnahme des Verpflichteten ist, sofern er nicht wieder in Freiheit gesetzt wird, der persönliche Sicherheitsarrest bei dem Amtsgericht zu beantragen, in dessen Bezirke die Festnahme erfolgt ist; der Verpflichtete ist unverzüglich dem Gericht vorzuführen.

(4) Wird der Arrestantrag verzögert oder abgelehnt, so hat die Rückgabe der weggenommenen Sachen und die Freilassung des Festgenommenen unverzüglich zu erfolgen.

§ 231 Irrtümliche Selbsthilfe

Wer eine der im § 229 bezeichneten Handlungen in der irrigen Annahme vornimmt, dass die für den Ausschluss der Widerrechtlichkeit erforderlichen Voraussetzungen vorhanden seien, ist dem anderen Teil zum Schadensersatz verpflichtet, auch wenn der Irrtum nicht auf Fahrlässigkeit beruht.

타인의 물건에 의한 자신 또는 타인의 임박한 위험을 회피하기 위하여 그 물건을 훼손하거나 파괴한 사람은, 훼손 또는 파괴가 위험의 회피에 필요하고 또 그 손해가 위험에 비하여 상당한 정도를 넘어서지 아니한 경우에는, 위법하게 행위하지 아니한 것이다. 행위자가 위험에 대하여 과책 있는 경우에는 그는 손해배상의무를 진다.

제229조 [自力救濟]

자력구제의 목적으로 물건을 수거, 파괴 또는 훼손한 사람, 도주의 우려가 있는 의무자를 자력구제의 목적으로 체포한 사람 또는 인용忍容할 의무가 있는 행위에 대한 의무자의 저항을 배제한 사람은, 관헌에 의한 구제를 적시에 얻을 수 없고 또 즉각적으로 개입하지 아니하면 청구권의 실현이 좌절되거나 현저히 곤란하게 될 우려가 있는 경우에는, 위법하게 행위하지 아니한 것이다.

제230조 [自力救濟의 限界]

① 자력구제는 위험을 회피함에 필요한 범위를 넘어설 수 없다.

② 물건을 수거한 경우에는, 강제집행을 하지 아니한 한, 물적 가압류를 신청하여야 한다.

③ 의무자를 체포한 경우에는 그를 다시 석방하지 아니한 한 체포한 곳의 구법원에 담보를 위한 인적 가압류를 신청하여야 한다; 의무자는 지체없이 법원에 인치引致되어야 한다.

④ 가압류의 신청이 지연되거나 받아들여지지 아니한 경우에는, 지체없이 수거한 물건을 반환하고 체포한 사람을 석방하여야 한다.

제231조 [誤想自力救濟]

위법성을 조각함에 필요한 요건이 충족되는 것으로 오인하고 제229조에 정하여진 행위를 한 사람은 그 착오가 과실에 기한 것이 아니라도 상대방에 대하여 손해배상의 의무를 진다.

Abschnitt 7　Sicherheitsleistung

§ 232　Arten

(1) Wer Sicherheit zu leisten hat, kann dies bewirken

durch Hinterlegung von Geld oder Wertpapieren,

durch Verpfändung von Forderungen, die in das Bundesschuldbuch oder Landesschuldbuch eines Landes eingetragen sind,

durch Verpfändung beweglicher Sachen,

durch Bestellung von Schiffshypotheken an Schiffen oder Schiffsbauwerken, die in einem deutschen Schiffsregister oder Schiffsbauregister eingetragen sind,

durch Bestellung von Hypotheken an inländischen Grundstücken,

durch Verpfändung von Forderungen, für die eine Hypothek an einem inländischen Grundstück besteht, oder durch Verpfändung von Grundschulden oder Rentenschulden an inländischen Grundstücken.

(2) Kann die Sicherheit nicht in dieser Weise geleistet werden, so ist die Stellung eines tauglichen Bürgen zulässig.

§ 233　Wirkung der Hinterlegung

Mit der Hinterlegung erwirbt der Berechtigte ein Pfandrecht an dem hinterlegten Geld oder an den hinterlegten Wertpapieren und, wenn das Geld oder die Wertpapiere in das Eigentum des Fiskus oder der als Hinterlegungsstelle bestimmten Anstalt übergehen, ein Pfandrecht an der Forderung auf Rückerstattung.

§ 234　Geeignete Wertpapiere

(1) Zur Sicherheitsleistung geeignete Wertpapiere sind Inhaberpapiere und Orderpapiere, die mit Blankoindossament versehen sind, wenn sie einen Kurswert haben und zu einer in der Rechtsverordnung nach § 240a aufgeführten Gattung gehören.

(2) Mit den Wertpapieren sind die Zins-, Renten-, Gewinnanteil- und Erneuerungsscheine zu hinterlegen.

(3) Mit Wertpapieren kann Sicherheit nur in Höhe von drei Vierteilen des Kurswerts geleistet werden.

§ 235　Umtauschrecht

Wer durch Hinterlegung von Geld oder von Wertpapieren Sicherheit geleistet hat, ist berechtigt, das hinterlegte Geld gegen geeignete Wertpapiere, die hin-

제 7 장 擔保提供

제232조 [種類]

① 담보를 제공하여야 하는 사람은, 이를

금전 또는 유가증권의 공탁,

연방공채원부 또는 주州의 공채원부에 등록된 채권債權의 입질,

동산의 입질, 독일의 선박등기부 또는 건조중선박등기부에 등기된 선박
또는 건조 중의 선박에 대한 선박저당권의 설정,

내국 토지에 대한 저당권의 설정,

내국 토지에 대한 저당권으로 담보된 채권의 입질 또는 내국 토지에 대
한 토지채무 또는 정기토지채무의 입질

의 방법으로 할 수 있다.

② 제 1 항에 정하여진 방법으로 담보를 제공할 수 없을 경우에는, 자격
이 있는 보증인을 세우는 것이 허용된다.

제233조 [供託의 效果]

권리자는 공탁된 금전 또는 유가증권에 대하여 공탁과 동시에 질권을 취
득하며, 금전 또는 유가증권이 국고 또는 공탁소로 지정된 시설의 소유
로 이전된 경우에는 그 반환청구권에 대하여 질권을 취득한다.

제234조 [擔保提供에 適合한 有價證券]

① 무기명증권 그리고 백지식 배서 있는 지시증권은, 그것이 환금시세
가 있으며 제240조의a 소정의 법규명령에서 지적된 종류에 속하는 것인
경우에는, 담보제공에 적합하다.

② 이자증권, 정기금증권, 이익배당증권 및 경개증권도 유가증권과 함께
공탁되어야 한다.

③ 유가증권은 환금시세의 4분의 3으로만 이를 담보로 제공할 수 있다.

제235조 [交換權]

금전 또는 유가증권의 공탁으로 담보를 제공한 사람은, 공탁한 금전을

terlegten Wertpapiere gegen andere geeignete Wertpapiere oder gegen Geld umzutauschen.

§ 236 Buchforderungen

Mit einer Schuldbuchforderung gegen den Bund oder ein Land kann Sicherheit nur in Höhe von drei Vierteilen des Kurswerts der Wertpapiere geleistet werden, deren Aushändigung der Gläubiger gegen Löschung seiner Forderung verlangen kann.

§ 237 Bewegliche Sachen

Mit einer beweglichen Sache kann Sicherheit nur in Höhe von zwei Dritteilen des Schätzungswerts geleistet werden. Sachen, deren Verderb zu besorgen oder deren Aufbewahrung mit besonderen Schwierigkeiten verbunden ist, können zurückgewiesen werden.

§ 238 Hypotheken, Grund- und Rentenschulden

(1) Eine Hypothekenforderung, eine Grundschuld oder eine Rentenschuld ist zur Sicherheitsleistung nur geeignet, wenn sie den in der Rechtsverordnung nach § 240a festgelegten Voraussetzungen entspricht.

(2) Eine Forderung, für die eine Sicherungshypothek besteht, ist zur Sicherheitsleistung nicht geeignet.

§ 239 Bürge

(1) Ein Bürge ist tauglich, wenn er ein der Höhe der zu leistenden Sicherheit angemessenes Vermögen besitzt und seinen allgemeinen Gerichtsstand im Inland hat.

(2) Die Bürgschaftserklärung muss den Verzicht auf die Einrede der Vorausklage enthalten.

§ 240 Ergänzungspflicht

Wird die geleistete Sicherheit ohne Verschulden des Berechtigten unzureichend, so ist sie zu ergänzen oder anderweitige Sicherheit zu leisten.

§ 240a Verordnungsermächtigung

(1) Das Bundesministerium der Justiz wird ermächtigt, durch Rechtsverordnung, die nicht der Zustimmung des Bundesrates bedarf, Folgendes festzulegen:
1. Gattungen von Inhaberpapieren und Orderpapieren nach § 234 Absatz 1, die zur Sicherheitsleistung geeignet sind und die Voraussetzungen, unter denen Hypothekenforderungen, Grundschulden und Rentenschulden zur Sicherheitsleistung geeignet sind, sowie

담보제공에 적합한 유가증권과, 공탁한 유가증권을 담보제공에 적합한 다른 유가증권 또는 금전과 교환할 수 있다.

제236조 [登錄債權]

연방 또는 주의 공채원부채권은 채권자가 그 채권을 장부말소하는 대가로 교부를 청구할 수 있는 유가증권의 환금시세의 4 분의 3으로만 이를 담보로 제공할 수 있다.

제237조 [動産]

동산은 평가액의 3 분의 2 로만 이를 담보로 제공할 수 있다. 변질될 우려가 있는 물건 또는 보관이 특별히 곤란한 물건은 이를 거절할 수 있다.

제238조 [抵當權·土地債務 및 定期土地債務]

① 저당권부 채권, 토지채무 또는 정기토지채무는 그것이 제240조의a 소정의 법규명령에서 정하여진 요건을 충족하는 경우에 한하여 담보제공에 적합하다.

② 보전저당권부 채권은 담보제공에 적합하지 아니하다.

제239조 [保證人]

① 보증인은 제공할 담보의 가액에 상당한 재산을 소유하고 국내에 보통재판적이 있는 때에 그 자격이 있다.

② 보증의 의사표시는 선소先訴의 항변권의 포기를 포함하여야 한다.

제240조 [補充義務]

제공된 담보가 권리자의 과책 없이 불충분하게 되는 경우에는 이를 보충하거나 다른 담보를 제공하여야 한다.

제240조의a [規則制定權限 委任]

① 연방법무부는 연방 상원의 동의를 얻을 필요 없이 법규명령으로 다음 사항을 정할 권한을 가진다:

　1. 담보 제공에 적절한, 제234조 제 1 항 소정의 무기명증권과 지시증권의 종류, 그리고 저당권부 채권, 토지채무 및 정기토지채무가 담보제공에 적절하게 되는 요건들, 그리고

2. die Voraussetzungen für Anlagen nach den §§ 1079, 1288 Absatz 1 und § 2119.

(2) Die Festlegungen nach Absatz 1 Nummer 1 müssen gewährleisten, dass der Gläubiger bei Unvermögen des Schuldners oder wenn der Schuldner aus anderen Gründen nicht zur Leistung bereit ist, die Schuld durch Verwertung der hinterlegten Wertpapiere, der Hypothekenforderung oder der Grund- und Rentenschulden begleichen kann.

2. 제1079조, 제1288조 제 1 항 및 제2119조에서 좋은 투자의 요건들.

② 제 1 항 제 1 호에서 정한 규정은, 채권자가 채무자의 무자력 상황에서 또는 채무자가 다른 이유로 급부를 하기 어려운 경우에 공탁된 유가증권, 저당권부 채권 또는 토지채무나 정기토지채무를 환가함으로써 채무를 만족시킬 수 있는 것을 보장하여야 한다.

Buch 2　Recht der Schuldverhältnisse

Abschnitt 1　Inhalt der Schuldverhältnisse

Titel 1　Verpflichtung zur Leistung

§ 241　Pflichten aus dem Schuldverhältnis

(1) Kraft des Schuldverhältnisses ist der Gläubiger berechtigt, von dem Schuldner eine Leistung zu fordern. Die Leistung kann auch in einem Unterlassen bestehen.

(2) Das Schuldverhältnis kann nach seinem Inhalt jeden Teil zur Rücksicht auf die Rechte, Rechtsgüter und Interessen des anderen Teils verpflichten.

§ 241a　Unbestellte Leistungen

(1) Durch die Lieferung beweglicher Sachen, die nicht auf Grund von Zwangsvollstreckungsmaßnahmen oder anderen gerichtlichen Maßnahmen verkauft werden (Waren), oder durch die Erbringung sonstiger Leistungen durch einen Unternehmer an den Verbraucher wird ein Anspruch gegen den Verbraucher nicht begründet, wenn der Verbraucher die Waren oder sonstigen Leistungen nicht bestellt hat.

(2) Gesetzliche Ansprüche sind nicht ausgeschlossen, wenn die Leistung nicht für den Empfänger bestimmt war oder in der irrigen Vorstellung einer Bestellung erfolgte und der Empfänger dies erkannt hat oder bei Anwendung der im Verkehr erforderlichen Sorgfalt hätte erkennen können.

(3) Von den Regelungen dieser Vorschrift darf nicht zum Nachteil des Verbrauchers abgewichen werden. Die Regelungen finden auch Anwendung, wenn sie durch anderweitige Gestaltungen umgangen werden.

§ 242　Leistung nach Treu und Glauben

Der Schuldner ist verpflichtet, die Leistung so zu bewirken, wie Treu und Glauben mit Rücksicht auf die Verkehrssitte es erfordern.

§ 243　Gattungsschuld

(1) Wer eine nur der Gattung nach bestimmte Sache schuldet, hat eine Sache

제2편 債權關係의 法

제1장 債權關係의 內容

제1절 給付義務

제241조 [債權關係에 기한 義務]

① 채권관계에 의하여 채권자는 채무자에 대하여 급부를 청구할 수 있다. 급부는 부작위일 수도 있다.

② 채권관계는 그 내용에 좇아 각 당사자에 대하여 상대방의 권리, 법익 및 이익에 배려할 의무를 지울 수 있다.

제241조의a [注文하지 아니한 給付]

① 강제집행 또는 법원의 다른 처분에 의하지 아니하고 매도되는 동산("물품")을 교부하는 것 또는 사업자가 소비자에게 하는 기타 급부를 공여하는 것에 의하여서는 소비자가 그 물품 또는 기타 급부를 주문하지 아니하였다면 소비자에 대한 청구권이 발생하지 아니한다.

② 급부가 수령자에 대하여 행하여진 것이 아니었거나 주문이 있다고 잘못 알고 행하여진 경우에 수령자가 이를 알았거나 거래상 요구되는 주의를 하였다면 알 수 있었던 때에는 법정의 청구권은 배제되지 아니한다.

③ 이 법조항에 의한 규정과 다른 약정은 소비자의 불이익으로 행하여질 수 없다. 그 규정은 이를 다른 방법으로 회피한 경우에도 적용된다.

제242조 [信義誠實에 좇은 給付]

채무자는 신의성실이 거래관행을 고려하여 요구하는 대로 급부를 실행할 의무를 부담한다.

제243조 [種類債務]

① 종류만으로 정하여진 물건에 대하여 채무를 지는 사람은 중등中等의

von mittlerer Art und Güte zu leisten.

(2) Hat der Schuldner das zur Leistung einer solchen Sache seinerseits Erforderliche getan, so beschränkt sich das Schuldverhältnis auf diese Sache.

§ 244　Fremdwährungsschuld

(1) Ist eine in einer anderen Währung als Euro ausgedrückte Geldschuld im Inland zu zahlen, so kann die Zahlung in Euro erfolgen, es sei denn, dass Zahlung in der anderen Währung ausdrücklich vereinbart ist.

(2) Die Umrechnung erfolgt nach dem Kurswert, der zur Zeit der Zahlung für den Zahlungsort maßgebend ist.

§ 245　Geldsortenschuld

Ist eine Geldschuld in einer bestimmten Münzsorte zu zahlen, die sich zur Zeit der Zahlung nicht mehr im Umlauf befindet, so ist die Zahlung so zu leisten, wie wenn die Münzsorte nicht bestimmt wäre.

§ 246　Gesetzlicher Zinssatz

Ist eine Schuld nach Gesetz oder Rechtsgeschäft zu verzinsen, so sind vier vom Hundert für das Jahr zu entrichten, sofern nicht ein anderes bestimmt ist.

§ 247　Basiszinssatz

(1) Der Basiszinssatz beträgt 3,62 Prozent. Er verändert sich zum 1. Januar und 1. Juli eines jeden Jahres um die Prozentpunkte, um welche die Bezugsgröße seit der letzten Veränderung des Basiszinssatzes gestiegen oder gefallen ist. Bezugsgröße ist der Zinssatz für die jüngste Hauptrefinanzierungsoperation der Europäischen Zentralbank vor dem ersten Kalendertag des betreffenden Halbjahrs.

(2) Die Deutsche Bundesbank gibt den geltenden Basiszinssatz unverzüglich nach den in Absatz 1 Satz 2 genannten Zeitpunkten im Bundesanzeiger bekannt.

§ 248　Zinseszinsen

(1) Eine im voraus getroffene Vereinbarung, dass fällige Zinsen wieder Zinsen tragen sollen, ist nichtig.

(2) Sparkassen, Kreditanstalten und Inhaber von Bankgeschäften können im voraus vereinbaren, dass nicht erhobene Zinsen von Einlagen als neue verzinsliche Einlagen gelten sollen. Kreditanstalten, die berechtigt sind, für den Betrag der von ihnen gewährten Darlehen verzinsliche Schuldverschreibungen auf den

종류 및 품질을 가지는 물건을 급부하여야 한다.

② 채무자가 그러한 물건의 급부를 위하여 채무자측에서 필요한 바를 행한 때에는, 채권관계는 그 물건에 한정된다.

제244조 [外貨債務]

① 유로가 아닌 통화로 표시된 금전채무를 국내에서 이행하는 경우에는 그 지급은 유로로써 행하여질 수 있다. 그러나 그 다른 통화로 지급할 것이 명시적으로 약정된 경우에는 그러하지 아니하다.

② 환산은 지급시의 지급장소에서의 환금시세에 의하여 한다.

제245조 [金種債務]

특정한 종류의 통화로 금전채무를 이행하여야 하는 경우에 그 통화가 지급시에 유통되지 아니하는 때에는 통화의 종류가 지정되지 아니한 것으로 하여 지급하여야 한다.

제246조 [法定利率]

법률 또는 법률행위에 의하여 채무에 이자를 지급하여야 하는 경우에 그 이율은 다른 정함이 없으면 연 4%로 한다.

제247조 [基本利率]

① 기본이율은 3.62%로 한다. 이는 매년 1월 1일과 7월 1일에, 기본이율의 최종 변경 후에 기준이율이 상승 또는 하락한 %포인트만큼 변경된다. 기준이율은 당해 반년의 최초 역일曆日 전에 유럽중앙은행이 최근접의 기본재할인거래에 대하여 정한 이율로 한다.

② 독일연방은행은 현재 효력을 가지는 기본이율을 제 1 항 제 2 문에서 정한 시기가 도래한 후 지체없이 연방관보에 고시한다.

제248조 [複利]

① 이행기가 도래한 이자에 대하여 다시 이자를 지급하기로 하는 사전의 약정은 무효이다.

② 저축은행, 금융기관 및 은행영업주는 예입금에 대한 미지급의 이자를 다시 예입금으로 하여 이자를 지급하기로 하는 사전의 약정을 할 수 있다. 자신의 대여액에 대하여 이자부 소지인출급식채권증서를 발행할

Inhaber auszugeben, können sich bei solchen Darlehen die Verzinsung rück-
ständiger Zinsen im voraus versprechen lassen.

§ 249　Art und Umfang des Schadensersatzes

(1) Wer zum Schadensersatz verpflichtet ist, hat den Zustand herzustellen, der
bestehen würde, wenn der zum Ersatz verpflichtende Umstand nicht eingetreten wäre.

(2) Ist wegen Verletzung einer Person oder wegen Beschädigung einer
Sache Schadensersatz zu leisten, so kann der Gläubiger statt der Herstellung den
dazu erforderlichen Geldbetrag verlangen. Bei der Beschädigung einer Sache
schließt der nach Satz 1 erforderliche Geldbetrag die Umsatzsteuer nur mit ein,
wenn und insoweit sie tatsächlich angefallen ist.

§ 250　Schadensersatz in Geld nach Fristsetzung

Der Gläubiger kann dem Ersatzpflichtigen zur Herstellung eine angemessene
Frist mit der Erklärung bestimmen, dass er die Herstellung nach dem Ablauf der
Frist ablehne. Nach dem Ablauf der Frist kann der Gläubiger den Ersatz in Geld
verlangen, wenn nicht die Herstellung rechtzeitig erfolgt; der Anspruch auf die
Herstellung ist ausgeschlossen.

§ 251　Schadensersatz in Geld ohne Fristsetzung

(1) Soweit die Herstellung nicht möglich oder zur Entschädigung des Gläubigers nicht genügend ist, hat der Ersatzpflichtige den Gläubiger in Geld zu
entschädigen.

(2) Der Ersatzpflichtige kann den Gläubiger in Geld entschädigen, wenn die
Herstellung nur mit unverhältnismäßigen Aufwendungen möglich ist. Die aus
der Heilbehandlung eines verletzten Tieres entstandenen Aufwendungen sind
nicht bereits dann unverhältnismäßig, wenn sie dessen Wert erheblich übersteigen.

§ 252　Entgangener Gewinn

Der zu ersetzende Schaden umfasst auch den entgangenen Gewinn. Als
entgangen gilt der Gewinn, welcher nach dem gewöhnlichen Lauf der Dinge
oder nach den besonderen Umständen, insbesondere nach den getroffenen
Anstalten und Vorkehrungen mit Wahrscheinlichkeit erwartet werden konnte.

§ 253　Immaterieller Schaden

(1) Wegen eines Schadens, der nicht Vermögensschaden ist, kann Entschädigung in Geld nur in den durch das Gesetz bestimmten Fällen gefordert werden.

권리를 가지는 금융기관은, 소비대차를 행함에 있어서, 연체된 이자에 대하여 이자를 지급할 것을 미리 약정할 수 있다.

제249조 [損害賠償의 種類와 範圍]

① 손해배상의 의무를 부담하는 사람은, 배상의무를 발생시키는 사정이 없었다면 있었을 상태를 회복하여야 한다.

② 사람의 침해 또는 물건의 훼손을 이유로 손해배상이 행하여지는 경우에는 채권자는 원상회복에 갈음하여 그에 필요한 금전을 청구할 수 있다. 물건이 훼손된 경우에 있어서 제1문에 의하여 정하여지는 금전에 거래세가 포함되는 것은 그것이 실제로 발생한 경우에 또한 그 금액범위로 제한된다.

제250조 [期間設定 後의 金錢賠償]

채권자는 배상의무자에 대하여 원상회복을 위한 상당한 기간을 지정하고 그 기간 경과 후에는 원상회복을 거절할 것임을 표시할 수 있다. 원상회복이 적시에 행하여지지 아니하면, 채권자는 그 기간의 경과 후 금전배상을 청구할 수 있다; 원상회복의 청구권은 배제된다.

제251조 [卽時의 金錢賠償]

① 원상회복이 불가능하거나 채권자의 전보에 충분하지 아니한 경우에는 그 한도에서 배상의무자는 금전으로 배상하여야 한다.

② 원상회복이 과도한 비용지출에 의하여만 가능한 경우에는 배상의무자는 금전으로 배상할 수 있다. 피해입은 동물을 치료하는 비용이 동물의 가액을 현저히 상회한다는 것만으로 그 비용지출이 과도한 것이 되지는 아니한다.

제252조 [逸失利益]

배상되어야 할 손해에는 일실이익도 포함된다. 사물의 통상적 경과에 비추어 또는 특별한 사정, 특히 행하여진 시설이나 준비조치에 비추어 개연적으로 기대될 수 있었던 이익은 일실된 것으로 본다.

제253조 [非財産損害]

① 재산손해가 아닌 손해는 법률로 정하여진 경우에만 금전에 의한 배

(2) Ist wegen einer Verletzung des Körpers, der Gesundheit, der Freiheit oder der sexuellen Selbstbestimmung Schadensersatz zu leisten, kann auch wegen des Schadens, der nicht Vermögensschaden ist, eine billige Entschädigung in Geld gefordert werden.

§ 254 Mitverschulden

(1) Hat bei der Entstehung des Schadens ein Verschulden des Beschädigten mitgewirkt, so hängt die Verpflichtung zum Ersatz sowie der Umfang des zu leistenden Ersatzes von den Umständen, insbesondere davon ab, inwieweit der Schaden vorwiegend von dem einen oder dem anderen Teil verursacht worden ist.

(2) Dies gilt auch dann, wenn sich das Verschulden des Beschädigten darauf beschränkt, dass er unterlassen hat, den Schuldner auf die Gefahr eines ungewöhnlich hohen Schadens aufmerksam zu machen, die der Schuldner weder kannte noch kennen musste, oder dass er unterlassen hat, den Schaden abzuwenden oder zu mindern. Die Vorschrift des § 278 findet entsprechende Anwendung.

§ 255 Abtretung der Ersatzansprüche

Wer für den Verlust einer Sache oder eines Rechts Schadensersatz zu leisten hat, ist zum Ersatz nur gegen Abtretung der Ansprüche verpflichtet, die dem Ersatzberechtigten auf Grund des Eigentums an der Sache oder auf Grund des Rechts gegen Dritte zustehen.

§ 256 Verzinsung von Aufwendungen

Wer zum Ersatz von Aufwendungen verpflichtet ist, hat den aufgewendeten Betrag oder, wenn andere Gegenstände als Geld aufgewendet worden sind, den als Ersatz ihres Wertes zu zahlenden Betrag von der Zeit der Aufwendung an zu verzinsen. Sind Aufwendungen auf einen Gegenstand gemacht worden, der dem Ersatzpflichtigen herauszugeben ist, so sind Zinsen für die Zeit, für welche dem Ersatzberechtigten die Nutzungen oder die Früchte des Gegenstands ohne Vergütung verbleiben, nicht zu entrichten.

§ 257 Befreiungsanspruch

Wer berechtigt ist, Ersatz für Aufwendungen zu verlangen, die er für einen bestimmten Zweck macht, kann, wenn er für diesen Zweck eine Verbindlichkeit eingeht, Befreiung von der Verbindlichkeit verlangen. Ist die Verbindlichkeit noch nicht fällig, so kann ihm der Ersatzpflichtige, statt ihn zu befreien, Sicher-

상을 청구할 수 있다.

② 신체, 건강, 자유 또는 성적 자기결정의 침해를 이유로 손해배상이 행하여지는 경우에는 재산손해가 아닌 손해에 대하여도 상당한 금전배상을 청구할 수 있다.

제254조 [共同過責]

① 손해의 발생에 피해자의 과책이 공동으로 작용한 경우에는 배상의무 및 배상범위는 제반 사정에 따라, 특히 어느 당사자가 어떠한 범위에서 주로 손해를 야기하였는가에 따라 정하여진다.

② 피해자의 과책이 채무자로 하여금 채무자가 알지 못하고 또한 알아야 했던 것이 아닌 비상하게 높은 손해위험에 대하여 주의하도록 하지 아니한 것 또는 피해자가 손해를 회피하거나 경감하지 아니한 것에 한정되는 경우에도 또한 같다. 제278조는 이에 준용된다.

제255조 [賠償請求權의 讓渡]

물건이나 권리의 상실에 대하여 손해배상을 하여야 하는 사람은 배상청구권자가 물건소유권 또는 그 상실된 권리에 기하여 제 3 자에 대하여 가지는 청구권을 양도하는 것과 상환相換하는 것으로만 배상의무를 부담한다.

제256조 [費用의 利子]

비용상환의 의무를 부담하는 사람은, 지출한 액에 대하여, 또는 금전 이외의 목적물이 지출된 경우에는 그 가액의 상환償還으로 지급되어야 할 가액에 대하여, 지출시부터 이자를 지급하여야 한다. 상환의무자에게 인도되어야 할 목적물에 비용이 지출된 경우에는, 상환권리자가 그 목적물의 수익收益 또는 과실을 대가 없이 취득하는 기간에 대하여는 이자를 지급하지 아니한다.

제257조 [免責請求權]

일정한 목적을 위하여 지출된 비용의 상환을 청구할 권리를 가지는 사람은 그 목적을 위하여 채무를 부담한 경우에는 그 채무로부터의 면책을 청구할 수 있다. 채무가 이행기에 달하지 아니한 때에는 상환의무자는

heit leisten.

§ 258 Wegnahmerecht

Wer berechtigt ist, von einer Sache, die er einem anderen herauszugeben hat, eine Einrichtung wegzunehmen, hat im Falle der Wegnahme die Sache auf seine Kosten in den vorigen Stand zu versetzen. Erlangt der andere den Besitz der Sache, so ist er verpflichtet, die Wegnahme der Einrichtung zu gestatten; er kann die Gestattung verweigern, bis ihm für den mit der Wegnahme verbundenen Schaden Sicherheit geleistet wird.

§ 259 Umfang der Rechenschaftspflicht

(1) Wer verpflichtet ist, über eine mit Einnahmen oder Ausgaben verbundene Verwaltung Rechenschaft abzulegen, hat dem Berechtigten eine die geordnete Zusammenstellung der Einnahmen oder der Ausgaben enthaltende Rechnung mitzuteilen und, soweit Belege erteilt zu werden pflegen, Belege vorzulegen.

(2) Besteht Grund zu der Annahme, dass die in der Rechnung enthaltenen Angaben über die Einnahmen nicht mit der erforderlichen Sorgfalt gemacht worden sind, so hat der Verpflichtete auf Verlangen zu Protokoll an Eides statt zu versichern, dass er nach bestem Wissen die Einnahmen so vollständig angegeben habe, als er dazu imstande sei.

(3) In Angelegenheiten von geringer Bedeutung besteht eine Verpflichtung zur Abgabe der eidesstattlichen Versicherung nicht.

§ 260 Pflichten bei Herausgabe oder Auskunft über Inbegriff von Gegenständen

(1) Wer verpflichtet ist, einen Inbegriff von Gegenständen herauszugeben oder über den Bestand eines solchen Inbegriffs Auskunft zu erteilen, hat dem Berechtigten ein Verzeichnis des Bestands vorzulegen.

(2) Besteht Grund zu der Annahme, dass das Verzeichnis nicht mit der erforderlichen Sorgfalt aufgestellt worden ist, so hat der Verpflichtete auf Verlangen zu Protokoll an Eides statt zu versichern, dass er nach bestem Wissen den Bestand so vollständig angegeben habe, als er dazu imstande sei.

(3) Die Vorschrift des § 259 Abs. 3 findet Anwendung.

§ 261 Änderung der eidesstattlichen Versicherung; Kosten

(1) Das Gericht kann eine den Umständen entsprechende Änderung der eides-

면책에 갈음하여 담보를 제공할 수 있다.

제258조 [收去權]

자신이 제 3 자에게 인도하여야 할 물건으로부터 설비를 수거할 권리를 가지는 사람은 수거를 함에 있어서 자신의 비용으로 원래의 상태를 회복하여야 한다. 제 3 자가 물건의 점유를 취득한 때에는 그 제 3 자는 설비의 수거를 허락하여야 한다; 그러나 그는 수거에 수반하는 손해에 대하여 담보가 제공될 때까지 허락을 거절할 수 있다.

제259조 [報告義務의 範圍]

① 수입 또는 지출에 수반하는 관리에 대하여 경과를 보고할 의무를 부담하는 사람은 권리자에 대하여 수입 또는 지출을 정리하여 종합한 계산을 보고하고, 또한 관련 증서가 교부되는 것이 통상인 때에는 관련 증서를 제시하여야 한다.

② 계산 중에 수입에 관한 진술이 필요한 주의를 다하지 아니하고 행하여진 것이라고 인정될 만한 이유가 있는 경우에는, 의무자는 청구가 있으면 조서상調書上으로, 자신이 양심적으로 수입을 가능한 한에서 완벽하게 진술하였음에 대하여 선서에 갈음하는 보증을 하여야 한다.

③ 중요하지 아니한 사항에 대하여는 선서에 갈음하는 보증을 할 의무가 없다.

제260조 [集合物의 引渡 또는 集合物에 관한 情報提供에 있어서의 義務]

① 집합적 목적물을 인도하거나 그 현상現狀에 대한 정보를 제공할 의무를 부담하는 사람은 권리자에게 그 현상의 목록을 제출하여야 한다.

② 목록이 필요한 주의를 다하지 아니하고 작성된 것이라고 인정될 만한 이유가 있는 경우에는, 의무자는 청구가 있으면 조서상으로, 자신이 양심적으로 그 현상을 가능한 한에서 완벽하게 양심에 진술하였음에 대하여 선서에 갈음하는 보증을 하여야 한다.

③ 제259조 제 3 항은 이에 적용된다.

제261조 [宣誓에 갈음하는 保證의 變更; 費用]

① 법원은 선서에 갈음하는 보증에 대하여 제반 사정에 상응하는 변경

stattlichen Versicherung beschließen.

(2) Die Kosten der Abnahme der eidesstattlichen Versicherung hat derjenige zu tragen, welcher die Abgabe der Versicherung verlangt.

§ 262 Wahlschuld; Wahlrecht

Werden mehrere Leistungen in der Weise geschuldet, dass nur die eine oder die andere zu bewirken ist, so steht das Wahlrecht im Zweifel dem Schuldner zu.

§ 263 Ausübung des Wahlrechts; Wirkung

(1) Die Wahl erfolgt durch Erklärung gegenüber dem anderen Teil.

(2) Die gewählte Leistung gilt als die von Anfang an allein geschuldete.

§ 264 Verzug des Wahlberechtigten

(1) Nimmt der wahlberechtigte Schuldner die Wahl nicht vor dem Beginn der Zwangsvollstreckung vor, so kann der Gläubiger die Zwangsvollstreckung nach seiner Wahl auf die eine oder auf die andere Leistung richten; der Schuldner kann sich jedoch, solange nicht der Gläubiger die gewählte Leistung ganz oder zum Teil empfangen hat, durch eine der übrigen Leistungen von seiner Verbindlichkeit befreien.

(2) Ist der wahlberechtigte Gläubiger im Verzug, so kann der Schuldner ihn unter Bestimmung einer angemessenen Frist zur Vornahme der Wahl auffordern. Mit dem Ablauf der Frist geht das Wahlrecht auf den Schuldner über, wenn nicht der Gläubiger rechtzeitig die Wahl vornimmt.

§ 265 Unmöglichkeit bei Wahlschuld

Ist eine der Leistungen von Anfang an unmöglich oder wird sie später unmöglich, so beschränkt sich das Schuldverhältnis auf die übrigen Leistungen. Die Beschränkung tritt nicht ein, wenn die Leistung infolge eines Umstands unmöglich wird, den der nicht wahlberechtigte Teil zu vertreten hat.

§ 266 Teilleistungen

Der Schuldner ist zu Teilleistungen nicht berechtigt.

§ 267 Leistung durch Dritte

(1) Hat der Schuldner nicht in Person zu leisten, so kann auch ein Dritter die Leistung bewirken. Die Einwilligung des Schuldners ist nicht erforderlich.

을 명할 수 있다.

② 선서에 갈음하는 보증의 비용은 보증을 청구하는 사람이 부담하여야
한다.

제262조 [選擇債務; 選擇權]

다수의 급부가 그 중 하나만이 실행되어야 하는 내용으로 채무의 목적이
된 경우에 의심스러운 때에는, 채무자가 그 선택권을 가진다.

제263조 [選擇權의 行使; 效力]

① 선택은 상대방에 대한 의사표시로써 한다.

② 선택된 급부는 처음부터 그것만이 채무의 내용인 것으로 본다.

제264조 [選擇權者의 遲滯]

① 선택권을 가지는 채무자가 강제집행의 개시 전에 선택을 하지 아니
한 경우에는 채권자는 자신의 선택에 좇아 급부들 중 하나에 대하여 강
제집행을 할 수 있다; 그러나 채무자는 채권자가 선택된 급부의 전부나
일부를 수령하지 아니한 동안에는 나머지 급부 중 하나를 실행함으로써
자신의 채무를 면할 수 있다.

② 선택권을 가지는 채권자가 지체 중인 경우에는 채무자는 채권자에
대하여 선택할 것을 상당한 기간을 정하여 최고할 수 있다. 채권자가 적
시에 선택을 하지 아니하면, 그 기간의 경과와 함께 선택권은 채무자에
게 이전된다.

제265조 [選擇債務에서의 不能]

급부 중의 하나가 처음부터 불능이거나 후에 불능이 된 경우에는, 채권
관계는 다른 급부들로 한정된다. 급부가 선택권이 없는 당사자의 책임
있는 사유로 불능하게 된 때에는, 한정은 일어나지 아니한다.

제266조 [一部給付]

채무자는 일부급부를 할 권리가 없다.

제267조 [第三者에 의한 給付]

① 채무자가 스스로 급부하여야 할 것이 아닌 경우에는, 제 3 자도 급부
를 실행할 수 있다. 채무자의 동의는 요구되지 아니한다.

(2) Der Gläubiger kann die Leistung ablehnen, wenn der Schuldner widerspricht.

§ 268 Ablösungsrecht des Dritten

(1) Betreibt der Gläubiger die Zwangsvollstreckung in einen dem Schuldner gehörenden Gegenstand, so ist jeder, der Gefahr läuft, durch die Zwangsvollstreckung ein Recht an dem Gegenstand zu verlieren, berechtigt, den Gläubiger zu befriedigen. Das gleiche Recht steht dem Besitzer einer Sache zu, wenn er Gefahr läuft, durch die Zwangsvollstreckung den Besitz zu verlieren.

(2) Die Befriedigung kann auch durch Hinterlegung oder durch Aufrechnung erfolgen.

(3) Soweit der Dritte den Gläubiger befriedigt, geht die Forderung auf ihn über. Der Übergang kann nicht zum Nachteil des Gläubigers geltend gemacht werden.

§ 269 Leistungsort

(1) Ist ein Ort für die Leistung weder bestimmt noch aus den Umständen, insbesondere aus der Natur des Schuldverhältnisses, zu entnehmen, so hat die Leistung an dem Orte zu erfolgen, an welchem der Schuldner zur Zeit der Entstehung des Schuldverhältnisses seinen Wohnsitz hatte.

(2) Ist die Verbindlichkeit im Gewerbebetrieb des Schuldners entstanden, so tritt, wenn der Schuldner seine gewerbliche Niederlassung an einem anderen Orte hatte, der Ort der Niederlassung an die Stelle des Wohnsitzes.

(3) Aus dem Umstand allein, dass der Schuldner die Kosten der Versendung übernommen hat, ist nicht zu entnehmen, dass der Ort, nach welchem die Versendung zu erfolgen hat, der Leistungsort sein soll.

§ 270 Zahlungsort

(1) Geld hat der Schuldner im Zweifel auf seine Gefahr und seine Kosten dem Gläubiger an dessen Wohnsitz zu übermitteln.

(2) Ist die Forderung im Gewerbebetrieb des Gläubigers entstanden, so tritt, wenn der Gläubiger seine gewerbliche Niederlassung an einem anderen Orte hat, der Ort der Niederlassung an die Stelle des Wohnsitzes.

(3) Erhöhen sich infolge einer nach der Entstehung des Schuldverhältnisses eintretenden Änderung des Wohnsitzes oder der gewerblichen Niederlassung des Gläubigers die Kosten oder die Gefahr der Übermittlung, so hat der Gläubiger im ersteren Falle die Mehrkosten, im letzteren Falle die Gefahr zu tragen.

(4) Die Vorschriften über den Leistungsort bleiben unberührt.

② 채무자가 이의異議하면, 채권자는 급부를 거절할 수 있다.

제268조 [第三者의 辨濟權]

① 채권자가 채무자에 속하는 목적물에 대하여 강제집행을 실시하는 경우에 강제집행에 의하여 목적물에 대한 권리를 상실할 위험이 있는 사람은 채권자를 만족시킬 권리가 있다. 강제집행에 의하여 점유를 상실할 위험이 있는 사람도 같은 권리를 가진다.

② 만족은 공탁이나 상계로써도 할 수 있다.

③ 채권은 제 3 자가 채권자를 만족시키는 한도에서 제 3 자에게 이전한다. 이 이전은 채권자에게 불이익하게 주장될 수 없다.

제269조 [給付地]

① 급부지가 정하여지지 아니하고 제반 사정, 특히 채권관계의 성질로부터도 이를 추단할 수 없는 경우에는, 급부는 채무자가 채권관계 성립 시에 주소를 가지던 곳에서 행하여져야 한다.

② 채무가 채무자의 영업으로 발생한 경우에, 채무자의 영업소가 다른 곳에 있는 때에는, 영업소의 소재지가 주소에 갈음한다.

③ 채무자가 송부의 비용을 인수하였다는 사정만으로부터 그 송부의 목적지가 급부지라고 추단하여서는 아니된다.

제270조 [支給地]

① 채무자는 의심스러운 때에는 자신의 위험과 비용으로 금전을 채권자의 주소에서 그에게 전달하여야 한다.

② 채권이 채권자의 영업으로 발생한 경우에 채권자의 영업소가 다른 곳에 있는 때에는, 영업소의 소재지가 주소에 갈음한다.

③ 채권관계의 발생 후에 일어난 채권자의 주소나 영업소의 변경으로 인하여 전달의 비용 또는 위험이 증가한 때에는 채권자는 전자의 경우에는 추가비용을, 후자의 경우에는 위험을 부담한다.

④ 급부지에 관한 규정은 영향을 받지 아니한다.

§ 270a Vereinbarungen über Entgelte für die Nutzung bargeldloser Zahlungsmittel

Eine Vereinbarung, durch die der Schuldner verpflichtet wird, ein Entgelt für die Nutzung einer SEPA-Basislastschrift, einer SEPA-Firmenlastschrift, einer SEPA-Überweisung oder einer Zahlungskarte zu entrichten, ist unwirksam. Satz 1 gilt für die Nutzung von Zahlungskarten nur bei Zahlungsvorgängen mit Verbrauchern, wenn auf diese Kapitel II der Verordnung (EU) 2015/751 des Europäischen Parlaments und des Rates vom 29. April 2015 über Interbankenentgelte für kartengebundene Zahlungsvorgänge (ABl. L 123 vom 19.5.2015, S. 1) anwendbar ist.

§ 271 Leistungszeit

(1) Ist eine Zeit für die Leistung weder bestimmt noch aus den Umständen zu entnehmen, so kann der Gläubiger die Leistung sofort verlangen, der Schuldner sie sofort bewirken.

(2) Ist eine Zeit bestimmt, so ist im Zweifel anzunehmen, dass der Gläubiger die Leistung nicht vor dieser Zeit verlangen, der Schuldner aber sie vorher bewirken kann.

§ 271a Vereinbarungen über Zahlungs-, Überprüfungs- oder Abnahmefristen

(1) Eine Vereinbarung, nach der der Gläubiger die Erfüllung einer Entgeltforderung erst nach mehr als 60 Tagen nach Empfang der Gegenleistung verlangen kann, ist nur wirksam, wenn sie ausdrücklich getroffen und im Hinblick auf die Belange des Gläubigers nicht grob unbillig ist. Geht dem Schuldner nach Empfang der Gegenleistung eine Rechnung oder gleichwertige Zahlungsaufstellung zu, tritt der Zeitpunkt des Zugangs dieser Rechnung oder Zahlungsaufstellung an die Stelle des in Satz 1 genannten Zeitpunkts des Empfangs der Gegenleistung. Es wird bis zum Beweis eines anderen Zeitpunkts vermutet, dass der Zeitpunkt des Zugangs der Rechnung oder Zahlungsaufstellung auf den Zeitpunkt des Empfangs der Gegenleistung fällt; hat der Gläubiger einen späteren Zeitpunkt benannt, so tritt dieser an die Stelle des Zeitpunkts des Empfangs der Gegenleistung.

(2) Ist der Schuldner ein öffentlicher Auftraggeber im Sinne von § 99 Nummer 1 bis 3 des Gesetzes gegen Wettbewerbsbeschränkungen, so ist abweichend von Absatz 1
1. eine Vereinbarung, nach der der Gläubiger die Erfüllung einer Entgeltfor-

제270조의a [無現金支給手段의 利用에 대한 報酬에 관한 約定]

채무자가 유럽단일통화기본차변기입, 유럽단일통화기업차변기입, 유럽단일통화계좌이체 또는 지급카드의 이용에 대하여 보수를 지급할 의무를 지는 약정은 효력이 없다. 이에 대하여 유럽의회 및 유럽평의회의 2015년 4월 29일자 「카드와 결합된 지급절차에 대한 은행간 보수에 관한 유럽연합 제2015/751호 규칙」(2015년 5월 19일의 유럽연합관보 법령편 제123호, 1면)의 제 2 절이 적용되는 경우에는 제 1 문은 지급카드의 사용에 관하여는 소비자와 사이의 지급절차에 대하여만 적용된다.

제271조 [給付時期]

① 급부의 시기가 정하여지지 아니하고 제반 사정으로부터도 이를 추단할 수 없는 경우에는, 채권자는 즉시 급부를 청구할 수 있고, 채무자는 즉시 이를 실행할 수 있다.

② 급부의 시기가 정하여진 경우에, 의심스러운 때에는, 채권자는 그 시기 전에 급부를 청구할 수 없으나 채무자는 이를 미리 실행할 수 있다.

제271조의a [支給·檢査 또는 受取의 期日에 관한 約定]

① 대가채권의 채권자가 그의 반대급부가 수령된 후 60일이 넘어야만 그 채권의 이행을 청구할 수 있다는 내용의 약정은 그것이 명시적으로 행하여지고 채권자의 이해관계에 비추어 현저히 불공정한 것이 아닌 경우에만 효력이 있다. 반대급부의 수령 후 채무자에게 청구서 또는 그에 대등한 지급요청서가 도달한 경우에는 청구서 또는 지급요청서의 도달시점이 제 1 문에서 정하는 반대급부의 수령시점에 갈음한다. 다른 시점이 증명되기까지는 청구서 또는 지급요청서가 도달한 시점이 반대급부의 수령시점이라고 추정된다; 채권자가 그 후의 시점을 제시한 경우에는 그 시점이 반대급부의 수령시점에 갈음한다.

② 채무자가 「공정경쟁에 관한 법률」 제99조 제 1 호 내지 제 3 호에 정하여진 공공발주자인 경우에는, 제 1 항과는 달리

1. 대가채권의 채권자가 그의 반대급부가 수령된 후 30일이 넘어야만

derung erst nach mehr als 30 Tagen nach Empfang der Gegenleistung verlangen kann, nur wirksam, wenn die Vereinbarung ausdrücklich getroffen
und aufgrund der besonderen Natur oder der Merkmale des Schuldverhältnisses sachlich gerechtfertigt ist;
2. eine Vereinbarung, nach der der Gläubiger die Erfüllung einer Entgeltforderung erst nach mehr als 60 Tagen nach Empfang der Gegenleistung
   verlangen kann, unwirksam.
Absatz 1 Satz 2 und 3 ist entsprechend anzuwenden.

(3) Ist eine Entgeltforderung erst nach Überprüfung oder Abnahme der
Gegenleistung zu erfüllen, so ist eine Vereinbarung, nach der die Zeit für die
Überprüfung oder Abnahme der Gegenleistung mehr als 30 Tage nach Empfang
der Gegenleistung beträgt, nur wirksam, wenn sie ausdrücklich getroffen und im
Hinblick auf die Belange des Gläubigers nicht grob unbillig ist.

(4) Ist eine Vereinbarung nach den Absätzen 1 bis 3 unwirksam, bleibt der
Vertrag im Übrigen wirksam.

(5) Die Absätze 1 bis 3 sind nicht anzuwenden auf
1. die Vereinbarung von Abschlagszahlungen und sonstigen Ratenzahlungen
   sowie
2. ein Schuldverhältnis, aus dem ein Verbraucher die Erfüllung der Entgeltforderung schuldet.

(6) Die Absätze 1 bis 3 lassen sonstige Vorschriften, aus denen sich Beschränkungen für Vereinbarungen über Zahlungs-, Überprüfungs- oder Abnahme-
fristen ergeben, unberührt.

§ 272 Zwischenzinsen
Bezahlt der Schuldner eine unverzinsliche Schuld vor der Fälligkeit, so ist er
zu einem Abzug wegen der Zwischenzinsen nicht berechtigt.

§ 273 Zurückbehaltungsrecht
(1) Hat der Schuldner aus demselben rechtlichen Verhältnis, auf dem seine
Verpflichtung beruht, einen fälligen Anspruch gegen den Gläubiger, so kann er,
sofern nicht aus dem Schuldverhältnis sich ein anderes ergibt, die geschuldete Leistung verweigern, bis die ihm gebührende Leistung bewirkt wird (Zurückbehaltungsrecht).

(2) Wer zur Herausgabe eines Gegenstands verpflichtet ist, hat das gleiche
Recht, wenn ihm ein fälliger Anspruch wegen Verwendungen auf den Gegenstand oder wegen eines ihm durch diesen verursachten Schadens zusteht, es sei

그 채권의 이행을 청구할 수 있다는 내용의 약정은 그것이 명시적으로 행하여지고 채무관계의 특수한 성질 또는 징표들에 비추어 실질적으로 정당한 것인 경우에만 효력이 있다;

2. 대가채권의 채권자가 그의 반대급부가 수령된 후 60일이 넘어야만 그 채권의 이행을 청구할 수 있다는 내용의 약정은 효력이 없다.

제1항 제2문 및 제3문은 이에 준용된다.

③ 대가채권의 이행이 그 반대급부가 검사 또는 수취된 후에 비로소 청구될 수 있는 것인 경우에 반대급부의 검사 또는 수취를 위한 기일을 반대급부의 수령 후 30일이 넘는 것으로 하는 약정은 그것이 명시적으로 행하여지고 채권자의 이해관계에 비추어 현저히 불공정한 것이 아닌 경우에만 효력이 있다.

④ 계약조항이 제1항 내지 제3항에 따라 효력이 없는 경우에도 그 외의 계약은 효력이 있다.

⑤ 제1항 내지 제3항은 다음에는 적용되지 아니한다,

1. 선금의 지급이나 그 밖의 할부금 지급에 관한 약정 및

2. 소비자가 대가채권을 이행할 의무를 부담하는 채무관계.

⑥ 지급, 검사 또는 수취를 위한 기일에 관한 약정을 제한하는 다른 법규정은 제1항 내지 제3항으로 인하여 영향을 받지 아니한다.

제272조 [中間利子]

채무자는 무이자의 채무를 이행기 전에 지급하는 경우에 중간이자를 공제할 권리가 없다.

제273조 [留置權]

① 채무자가 자신의 채무가 발생한 것과 동일한 법적 관계에 기하여 채권자에 대하여 이행기가 도래한 청구권을 가지는 경우에는, 채권관계로부터 달리 해석되지 아니하는 한, 그는 의무를 부담하는 급부를 청구할 수 있는 급부가 실행될 때까지 거절할 수 있다("유치권").

② 목적물을 인도할 의무를 부담하는 사람이 그 목적물에 대한 비용지출 또는 그에 의하여 발생한 손해로 인하여 이행기가 도래한 청구권을

denn, dass er den Gegenstand durch eine vorsätzlich begangene unerlaubte Handlung erlangt hat.

(3) Der Gläubiger kann die Ausübung des Zurückbehaltungsrechts durch Sicherheitsleistung abwenden. Die Sicherheitsleistung durch Bürgen ist ausgeschlossen.

§ 274 Wirkungen des Zurückbehaltungsrechts

(1) Gegenüber der Klage des Gläubigers hat die Geltendmachung des Zurückbehaltungsrechts nur die Wirkung, dass der Schuldner zur Leistung gegen Empfang der ihm gebührenden Leistung (Erfüllung Zug um Zug) zu verurteilen ist.

(2) Auf Grund einer solchen Verurteilung kann der Gläubiger seinen Anspruch ohne Bewirkung der ihm obliegenden Leistung im Wege der Zwangsvollstreckung verfolgen, wenn der Schuldner im Verzug der Annahme ist.

§ 275 Ausschluss der Leistungspflicht

(1) Der Anspruch auf Leistung ist ausgeschlossen, soweit diese für den Schuldner oder für jedermann unmöglich ist.

(2) Der Schuldner kann die Leistung verweigern, soweit diese einen Aufwand erfordert, der unter Beachtung des Inhalts des Schuldverhältnisses und der Gebote von Treu und Glauben in einem groben Missverhältnis zu dem Leistungsinteresse des Gläubigers steht. Bei der Bestimmung der dem Schuldner zuzumutenden Anstrengungen ist auch zu berücksichtigen, ob der Schuldner das Leistungshindernis zu vertreten hat.

(3) Der Schuldner kann die Leistung ferner verweigern, wenn er die Leistung persönlich zu erbringen hat und sie ihm unter Abwägung des seiner Leistung entgegenstehenden Hindernisses mit dem Leistungsinteresse des Gläubigers nicht zugemutet werden kann.

(4) Die Rechte des Gläubigers bestimmen sich nach den §§ 280, 283 bis 285, 311a und 326.

§ 276 Verantwortlichkeit des Schuldners

(1) Der Schuldner hat Vorsatz und Fahrlässigkeit zu vertreten, wenn eine strengere oder mildere Haftung weder bestimmt noch aus dem sonstigen Inhalt des Schuldverhältnisses, insbesondere aus der Übernahme einer Garantie oder eines Beschaffungsrisikos zu entnehmen ist. Die Vorschriften der §§ 827 und

가지는 경우에도 같은 권리를 가진다, 그러나 그가 목적물을 고의의 불법행위에 의하여 취득한 때에는 그러하지 아니하다.

③ 채권자는 유치권의 행사를 담보제공에 의하여 회피할 수 있다. 담보제공은 보증인으로써는 할 수 없다.

제274조 [留置權의 效果]

① 채권자의 소에 대하여 유치권의 행사는 단지 채무자가 그가 청구할 수 있는 급부의 수령과 상환으로 급부를 하여야 한다는("동시이행") 판결을 받는 효과만이 있다.

② 채무자가 수령지체 중인 때에는, 채권자는 그러한 판결에 기하여 자신이 의무를 부담하는 급부를 실행함이 없이 강제집행의 방법으로 자신의 청구권을 추행할 수 있다.

제275조 [給付義務의 排除]

① 급부가 채무자 또는 모든 사람에게 불능인 경우에는 그 급부에 대한 청구권은 배제된다.

② 급부가 채권관계의 내용과 신의성실의 요청에 비추어 채권자의 급부이익에 대하여 현저한 불균형을 이루는 비용지출을 요구하는 경우에는 채무자는 급부를 거절할 수 있다. 채무자에게 기대될 수 있는 노력을 정함에 있어서는 채무자가 그 급부장애에 대하여 책임 있는지 여부도 고려되어야 한다.

③ 채무자가 급부를 스스로 실행하여야 하는 경우에, 그의 급부를 어렵게 하는 장애사유를 채권자의 급부이익에 대하여 형량하면 채무자에게 그 급부를 기대할 수 없는 때에도 그는 급부를 거절할 수 있다.

④ 채권자의 권리는 제280조, 제283조 내지 제285조, 제311조의a 및 제326조에 의하여 정하여진다.

제276조 [債務者의 有責性]

① 보다 엄격한 또는 보다 완화된 책임에 대하여 정함이 없고, 또한 그러한 책임이 채권관계의 다른 내용, 특히 보장이나 조달위험의 인수로부터 인정되지도 아니하는 경우에는, 채무자는 고의와 과실에 대하여 책임

828 finden entsprechende Anwendung.

(2) Fahrlässig handelt, wer die im Verkehr erforderliche Sorgfalt außer Acht lässt.

(3) Die Haftung wegen Vorsatzes kann dem Schuldner nicht im Voraus erlassen werden.

§ 277 Sorgfalt in eigenen Angelegenheiten

Wer nur für diejenige Sorgfalt einzustehen hat, welche er in eigenen Angelegenheiten anzuwenden pflegt, ist von der Haftung wegen grober Fahrlässigkeit nicht befreit.

§ 278 Verantwortlichkeit des Schuldners für Dritte

Der Schuldner hat ein Verschulden seines gesetzlichen Vertreters und der Personen, deren er sich zur Erfüllung seiner Verbindlichkeit bedient, in gleichem Umfang zu vertreten wie eigenes Verschulden. Die Vorschrift des § 276 Abs. 3 findet keine Anwendung.

§ 279 (weggefallen)

§ 280 Schadensersatz wegen Pflichtverletzung

(1) Verletzt der Schuldner eine Pflicht aus dem Schuldverhältnis, so kann der Gläubiger Ersatz des hierdurch entstehenden Schadens verlangen. Dies gilt nicht, wenn der Schuldner die Pflichtverletzung nicht zu vertreten hat.

(2) Schadensersatz wegen Verzögerung der Leistung kann der Gläubiger nur unter der zusätzlichen Voraussetzung des § 286 verlangen.

(3) Schadensersatz statt der Leistung kann der Gläubiger nur unter den zusätzlichen Voraussetzungen des § 281, des § 282 oder des § 283 verlangen.

§ 281 Schadensersatz statt der Leistung wegen nicht oder nicht wie geschuldet erbrachter Leistung

(1) Soweit der Schuldner die fällige Leistung nicht oder nicht wie geschuldet erbringt, kann der Gläubiger unter den Voraussetzungen des § 280 Abs. 1 Schadensersatz statt der Leistung verlangen, wenn er dem Schuldner erfolglos eine angemessene Frist zur Leistung oder Nacherfüllung bestimmt hat. Hat der Schuldner eine Teilleistung bewirkt, so kann der Gläubiger Schadensersatz statt der ganzen Leistung nur verlangen, wenn er an der Teilleistung kein Interesse hat. Hat der Schuldner die Leistung nicht wie geschuldet bewirkt, so kann der Gläubiger Schadensersatz statt der ganzen Leistung nicht verlangen, wenn die

있다. 제827조 및 제828조는 이에 준용된다.

② 사회생활상 요구되는 주의를 게을리한 사람은 과실로 행위하는 것이다.

③ 채무자의 고의로 인한 책임은 미리 면제될 수 없다.

제277조 [自己事務에 관한 注意]

자기의 사무에 대하여 통상 행하여지는 주의에 대하여만 책임을 지는 사람이라도, 중과실로 인한 책임은 면할 수 없다.

제278조 [第三者로 인한 債務者의 有責性]

채무자는 법정대리인 및 채무의 이행을 위하여 사용하는 사람의 과책에 대하여 자신의 과책에 대하여와 마찬가지로 책임이 있다. 제276조 제 3 항은 이에 적용되지 아니한다.

제279조 [삭제]

제280조 [義務違反으로 인한 損害賠償]

① 채무자가 채권관계상의 의무를 위반하는 경우에는 채권자는 그로 인하여 발생한 손해의 배상을 청구할 수 있다. 채무자가 그 의무위반에 대하여 책임 없는 경우에는 그러하지 아니하다.

② 채권자는 제286조에서 정하는 추가적 요건을 충족하는 경우에만 급부의 지연으로 인한 손해배상을 청구할 수 있다.

③ 채권자는 제281조, 제282조 또는 제283조에서 정하는 추가적 요건을 충족하는 경우에만 급부에 갈음하는 손해배상을 청구할 수 있다.

제281조 [給付의 不履行 또는 債務에 좇지 아니한 履行으로 인한 塡補賠償]

① 채무자가 이행기가 도래한 급부를 실행하지 아니하거나 채무에 좇아 실행하지 아니한 경우에, 채권자가 채무자에 대하여 급부 또는 추완을 위하여 상당한 기간을 정하였으나 그 기간이 도과된 때에는, 그는 제280조 제 1 항에서 정하는 요건 아래서 급부에 갈음하는 손해배상을 청구할 수 있다. 채무자가 일부급부를 실현한 경우에는, 채권자는 일부급부에 대하여 이익이 없는 때에만 급부 전부에 갈음하는 손해배상을 청구할 수 있다. 채무자가 채무에 좇지 아니한 급부를 실현한 경우에, 그 의무위

Pflichtverletzung unerheblich ist.

(2) Die Fristsetzung ist entbehrlich, wenn der Schuldner die Leistung ernsthaft und endgültig verweigert oder wenn besondere Umstände vorliegen, die unter Abwägung der beiderseitigen Interessen die sofortige Geltendmachung des Schadensersatzanspruchs rechtfertigen.

(3) Kommt nach der Art der Pflichtverletzung eine Fristsetzung nicht in Betracht, so tritt an deren Stelle eine Abmahnung.

(4) Der Anspruch auf die Leistung ist ausgeschlossen, sobald der Gläubiger statt der Leistung Schadensersatz verlangt hat.

(5) Verlangt der Gläubiger Schadensersatz statt der ganzen Leistung, so ist der Schuldner zur Rückforderung des Geleisteten nach den §§ 346 bis 348 berechtigt.

§ 282　Schadensersatz statt der Leistung wegen Verletzung einer Pflicht nach § 241 Abs. 2

Verletzt der Schuldner eine Pflicht nach § 241 Abs. 2, kann der Gläubiger unter den Voraussetzungen des § 280 Abs. 1 Schadensersatz statt der Leistung verlangen, wenn ihm die Leistung durch den Schuldner nicht mehr zuzumuten ist.

§ 283　Schadensersatz statt der Leistung bei Ausschluss der Leistungspflicht

Braucht der Schuldner nach § 275 Abs. 1 bis 3 nicht zu leisten, kann der Gläubiger unter den Voraussetzungen des § 280 Abs. 1 Schadensersatz statt der Leistung verlangen. § 281 Abs. 1 Satz 2 und 3 und Abs. 5 findet entsprechende Anwendung.

§ 284　Ersatz vergeblicher Aufwendungen

Anstelle des Schadensersatzes statt der Leistung kann der Gläubiger Ersatz der Aufwendungen verlangen, die er im Vertrauen auf den Erhalt der Leistung gemacht hat und billigerweise machen durfte, es sei denn, deren Zweck wäre auch ohne die Pflichtverletzung des Schuldners nicht erreicht worden.

§ 285　Herausgabe des Ersatzes

(1) Erlangt der Schuldner infolge des Umstands, auf Grund dessen er die Leistung nach § 275 Abs. 1 bis 3 nicht zu erbringen braucht, für den geschul-

반이 경미한 때에는, 채권자는 급부 전부에 갈음하는 손해배상을 청구할 수 없다.

② 채무자가 급부를 진지하게 종국적으로 거절한 때 또는 쌍방의 이익을 형량하면 손해배상청구권의 즉시의 행사를 정당화하는 특별한 사정이 있는 때에는 기간설정은 요구되지 아니한다.

③ 의무위반의 성질에 비추어 기간설정이 상정될 수 없는 경우에는, 기간설정 대신에 계고戒告로써 족하다.

④ 채권자가 급부에 갈음하여 손해배상을 청구하면 바로 급부청구권은 배제된다.

⑤ 채권자가 급부 전부에 갈음하는 손해배상을 청구한 경우에 채무자는 급부한 것을 제346조 내지 제348조에 따라 반환청구할 권리를 가진다.

제282조 [제241조 제 2 항의 義務의 違反으로 인한 塡補賠償]

채무자가 제241조 제 2 항에서 정한 의무에 위반한 경우에 채권자가 채무자에 의한 급부를 더 이상 기대할 수 없는 때에는 제280조 제 1 항에서 정하는 요건 아래서 급부에 갈음하는 손해배상을 청구할 수 있다.

제283조 [給付義務의 排除와 塡補賠償]

채무자가 제275조 제 1 항 내지 제 3 항에 의하여 급부를 실행할 필요가 없는 경우에는 채권자는 제280조 제 1 항에서 정하는 요건 아래서 급부에 갈음하는 손해배상을 청구할 수 있다. 제281조 제 1 항 제 2 문, 제 3 문 및 제 5 항은 이에 준용된다.

제284조 [無益하게 支出된 費用의 賠償]

채권자가 급부의 획득을 신뢰하여 비용을 지출하고 또 그 지출이 상당한 것인 경우에는 그는 급부에 갈음하는 손해배상 대신에 그 비용의 배상을 청구할 수 있다, 그러나 채무자의 의무위반이 없더라도 비용지출의 목적이 달성될 수 없었을 때에는 그러하지 아니하다.

제285조 [代償의 引渡]

① 제275조 제 1 항 내지 제 3 항에 의하여 채무자로 하여금 급부를 실행할 필요가 없게 하는 사유에 기하여 채무자가 채무의 목적물에 관하여

deten Gegenstand einen Ersatz oder einen Ersatzanspruch, so kann der Gläubiger Herausgabe des als Ersatz Empfangenen oder Abtretung des Ersatzanspruchs verlangen.

(2) Kann der Gläubiger statt der Leistung Schadensersatz verlangen, so mindert sich dieser, wenn er von dem in Absatz 1 bestimmten Recht Gebrauch macht, um den Wert des erlangten Ersatzes oder Ersatzanspruchs.

§ 286 Verzug des Schuldners

(1) Leistet der Schuldner auf eine Mahnung des Gläubigers nicht, die nach dem Eintritt der Fälligkeit erfolgt, so kommt er durch die Mahnung in Verzug. Der Mahnung stehen die Erhebung der Klage auf die Leistung sowie die Zustellung eines Mahnbescheids im Mahnverfahren gleich.

(2) Der Mahnung bedarf es nicht, wenn

1. für die Leistung eine Zeit nach dem Kalender bestimmt ist,

2. der Leistung ein Ereignis vorauszugehen hat und eine angemessene Zeit für die Leistung in der Weise bestimmt ist, dass sie sich von dem Ereignis an nach dem Kalender berechnen lässt,

3. der Schuldner die Leistung ernsthaft und endgültig verweigert,

4. aus besonderen Gründen unter Abwägung der beiderseitigen Interessen der sofortige Eintritt des Verzugs gerechtfertigt ist.

(3) Der Schuldner einer Entgeltforderung kommt spätestens in Verzug, wenn er nicht innerhalb von 30 Tagen nach Fälligkeit und Zugang einer Rechnung oder gleichwertigen Zahlungsaufstellung leistet; dies gilt gegenüber einem Schuldner, der Verbraucher ist, nur, wenn auf diese Folgen in der Rechnung oder Zahlungsaufstellung besonders hingewiesen worden ist. Wenn der Zeitpunkt des Zugangs der Rechnung oder Zahlungsaufstellung unsicher ist, kommt der Schuldner, der nicht Verbraucher ist, spätestens 30 Tage nach Fälligkeit und Empfang der Gegenleistung in Verzug.

(4) Der Schuldner kommt nicht in Verzug, solange die Leistung infolge eines Umstands unterbleibt, den er nicht zu vertreten hat.

(5) Für eine von den Absätzen 1 bis 3 abweichende Vereinbarung über den Eintritt des Verzugs gilt § 271a Absatz 1 bis 5 entsprechend.

대상代償이나 대상청구권을 취득한 경우에, 채권자는 대상으로 수령한
것의 인도 또는 대상청구권의 양도를 청구할 수 있다.

② 채권자가 급부에 갈음하는 손해배상을 청구할 수 있는 경우에 그가
제1항에서 정하여진 권리를 행사한 때에는 그 손해배상은 취득한 대상
또는 대상청구권의 가액만큼 감소한다.

제286조 [債務者遲滯]

① 채권자가 이행기 도래 후 최고를 하였음에도 채무자가 급부하지 아
니한 경우에는 채무자는 최고로 인하여 지체에 빠진다. 이행소송의 제기
또는 독촉절차에서의 지급명령의 송달은 최고와 동시된다.

② 다음의 경우에는 최고를 요하지 아니한다,

1. 급부의 시기가 역曆에 의하여 정하여진 때,
2. 어떠한 사실이 있은 후에 급부가 행하여져야 하는 경우에, 그 급부가
   행하여질 상당한 시기가 그 사실의 발생시로부터 역에 의하여 산정
   되는 것으로 정하여진 때,
3. 채무자가 급부를 진지하게 종국적으로 거절한 때,
4. 특별한 이유로 인하여, 당사자 쌍방의 이익을 형량하면 즉시 지체를
   인정하는 것이 정당화되는 때.

③ 대가채권의 채무자는 늦어도, 이행기가 도래하고 또 계산서 또는 이
와 동등한 의미가 있는 지급금명세서가 도달한 시점으로부터 30일 안에
급부하지 아니한 때에는 지체에 빠진다; 이는 채무자가 소비자인 경우
에는 그 계산서 또는 지급금명세서에서 그 효과가 특별히 지적된 때에만
적용된다. 그 계산서 또는 지급금명세서가 도달한 시점이 불명확한 경우
에는, 소비자가 아닌 채무자는 늦어도, 이행기가 도래하고 또 반대급부
를 수령한 시점으로부터 30일이 경과함으로써 지체에 빠진다.

④ 급부가 채무자에게 책임 없는 사유로 행하여지지 아니한 경우에는,
채무자는 지체에 빠지지 아니한다.

⑤ 지체의 개시에 관하여 제1항 내지 제3항에서 정한 바와 다른 약정
에는 제271조의a 제1항 내지 제5항이 적용된다.

§ 287 Verantwortlichkeit während des Verzugs

Der Schuldner hat während des Verzugs jede Fahrlässigkeit zu vertreten. Er haftet wegen der Leistung auch für Zufall, es sei denn, dass der Schaden auch bei rechtzeitiger Leistung eingetreten sein würde.

§ 288 Verzugszinsen und sonstiger Verzugsschaden

(1) Eine Geldschuld ist während des Verzugs zu verzinsen. Der Verzugszinssatz beträgt für das Jahr fünf Prozentpunkte über dem Basiszinssatz.

(2) Bei Rechtsgeschäften, an denen ein Verbraucher nicht beteiligt ist, beträgt der Zinssatz für Entgeltforderungen neun Prozentpunkte über dem Basiszinssatz.

(3) Der Gläubiger kann aus einem anderen Rechtsgrund höhere Zinsen verlangen.

(4) Die Geltendmachung eines weiteren Schadens ist nicht ausgeschlossen.

(5) Der Gläubiger einer Entgeltforderung hat bei Verzug des Schuldners, wenn dieser kein Verbraucher ist, außerdem einen Anspruch auf Zahlung einer Pauschale in Höhe von 40 Euro. Dies gilt auch, wenn es sich bei der Entgeltforderung um eine Abschlagszahlung oder sonstige Ratenzahlung handelt. Die Pauschale nach Satz 1 ist auf einen geschuldeten Schadensersatz anzurechnen, soweit der Schaden in Kosten der Rechtsverfolgung begründet ist.

(6) Eine im Voraus getroffene Vereinbarung, die den Anspruch des Gläubigers einer Entgeltforderung auf Verzugszinsen ausschließt, ist unwirksam. Gleiches gilt für eine Vereinbarung, die diesen Anspruch beschränkt oder den Anspruch des Gläubigers einer Entgeltforderung auf die Pauschale nach Absatz 5 oder auf Ersatz des Schadens, der in Kosten der Rechtsverfolgung begründet ist, ausschließt oder beschränkt, wenn sie im Hinblick auf die Belange des Gläubigers grob unbillig ist. Eine Vereinbarung über den Ausschluss der Pauschale nach Absatz 5 oder des Ersatzes des Schadens, der in Kosten der Rechtsverfolgung begründet ist, ist im Zweifel als grob unbillig anzusehen. Die Sätze 1 bis 3 sind nicht anzuwenden, wenn sich der Anspruch gegen einen Verbraucher richtet.

§ 289 Zinseszinsverbot

Von Zinsen sind Verzugszinsen nicht zu entrichten. Das Recht des Gläubigers auf Ersatz des durch den Verzug entstehenden Schadens bleibt unberührt.

제287조 [遲滯 중의 有責性]

채무자는 지체 중에는 모든 과실에 대하여 책임 있다. 그는 우연에 대하여도 급부에 관하여 책임을 진다, 그러나 급부가 적시에 행하여졌어도 손해가 발생하였을 것인 경우에는 그러하지 아니하다.

제288조 [遲延利子 및 其他의 遲延損害]

① 금전채무에 대하여는 지체 중에 이자를 지급하여야 한다. 지연이자의 이율은 1년에 대하여 기본이율에 5%포인트를 가한 것으로 한다.

② 소비자가 당사자가 아닌 법률행위의 경우에는 대가채권에 대한 이율은 기본이율에 9%포인트를 가한 것으로 한다.

③ 채권자는 다른 법률상 원인에 기하여 보다 높은 이자를 청구할 수 있다.

④ 그 외의 손해를 주장하는 것은 배제되지 아니한다.

⑤ 채무자가 지체에 빠진 경우에 그가 소비자가 아닌 때에는 대가채권의 채권자는 그 외에도 일괄금 40유로의 지급을 청구할 권리를 가진다. 이는 대가채권이 선불금 또는 그 밖의 분할금 지급을 내용으로 하는 경우에도 그러하다. 제 1 문의 일괄금은 손해가 권리추급비용으로 인하여 성립하는 경우에는 발생한 손해배상의무에 충당된다.

⑥ 대가채권의 채권자의 청구권에서 지연이자를 배제하는 사전의 약정은 효력이 없다. 이는 그 청구권을 제한하거나 제 5 항의 일괄금청구권 또는 권리추급비용으로 인하여 성립하는 손해의 배상에 대한 청구권을 배제하거나 제한하는 약정에 있어서도 그것이 채권자의 이해관계에 비추어 현저히 부당한 경우에는 마찬가지이다. 제 5 항의 일괄금청구권 또는 권리추급비용으로 인하여 성립하는 손해의 배상에 대한 청구권을 배제하는 약정은 의심스러운 경우에는 현저히 부당한 것으로 본다. 제 1 문 내지 제 3 문은 그 청구권의 상대방이 소비자인 경우에는 적용되지 아니한다.

제289조 [複利의 禁止]

이자에 대하여는 지연이자가 지급되지 아니한다. 지체로 인하여 생긴 손해의 배상에 대한 채권자의 권리는 영향을 받지 아니한다.

§ 290　Verzinsung des Wertersatzes

Ist der Schuldner zum Ersatz des Wertes eines Gegenstands verpflichtet, der während des Verzugs untergegangen ist oder aus einem während des Verzugs eingetretenen Grund nicht herausgegeben werden kann, so kann der Gläubiger Zinsen des zu ersetzenden Betrags von dem Zeitpunkt an verlangen, welcher der Bestimmung des Wertes zugrunde gelegt wird. Das Gleiche gilt, wenn der Schuldner zum Ersatz der Minderung des Wertes eines während des Verzugs verschlechterten Gegenstands verpflichtet ist.

§ 291　Prozesszinsen

Eine Geldschuld hat der Schuldner von dem Eintritt der Rechtshängigkeit an zu verzinsen, auch wenn er nicht im Verzug ist; wird die Schuld erst später fällig, so ist sie von der Fälligkeit an zu verzinsen. Die Vorschriften des § 288 Abs. 1 Satz 2, Abs. 2, Abs. 3 und des § 289 Satz 1 finden entsprechende Anwendung.

§ 292　Haftung bei Herausgabepflicht

(1) Hat der Schuldner einen bestimmten Gegenstand herauszugeben, so bestimmt sich von dem Eintritt der Rechtshängigkeit an der Anspruch des Gläubigers auf Schadensersatz wegen Verschlechterung, Untergangs oder einer aus einem anderen Grunde eintretenden Unmöglichkeit der Herausgabe nach den Vorschriften, welche für das Verhältnis zwischen dem Eigentümer und dem Besitzer von dem Eintritt der Rechtshängigkeit des Eigentumsanspruchs an gelten, soweit nicht aus dem Schuldverhältnis oder dem Verzug des Schuldners sich zugunsten des Gläubigers ein anderes ergibt.

(2) Das Gleiche gilt von dem Anspruch des Gläubigers auf Herausgabe oder Vergütung von Nutzungen und von dem Anspruch des Schuldners auf Ersatz von Verwendungen.

Titel 2　Verzug des Gläubigers

§ 293　Annahmeverzug

Der Gläubiger kommt in Verzug, wenn er die ihm angebotene Leistung nicht annimmt.

§ 294　Tatsächliches Angebot

Die Leistung muss dem Gläubiger so, wie sie zu bewirken ist, tatsächlich angeboten werden.

제290조 [價額賠償의 利子]

지체 중에 멸실하거나 지체 중에 생긴 사유로 인하여 인도할 수 없게 된 목적물에 대하여 채무자가 가액배상의 의무를 지는 경우에, 채권자는 배상액에 대하여 가액결정의 기초가 된 시점으로부터 이자를 청구할 수 있다. 채무자가 지체 중에 훼손된 목적물의 가액감소에 대하여 배상의무를 지는 경우에도 또한 같다.

제291조 [訴訟利子]

금전채무에 대하여 채무자는 지체 중에 있지 아니하더라도 소송이 계속된 때로부터 이자를 지급하여야 한다; 채무의 이행기가 그 후에 비로소 도래하는 경우에는 이행기로부터 이자를 지급하여야 한다. 제288조 제 1 항 제 2 문, 제 2 항, 제 3 항 및 제289조 제 1 항은 이에 준용된다.

제292조 [返還義務에서의 責任]

① 채무자가 특정한 목적물을 반환하여야 하는 경우에, 훼손, 멸실 또는 기타의 사유에 기한 반환불능으로 인한 채권자의 손해배상청구권은, 소송이 계속된 때부터는, 채권관계 또는 채무자의 지체로부터 채권자에게 이익되게 달리 해석되지 아니하는 한, 소유권에 기한 청구권의 소송계속 이후 소유자와 점유자 간의 관계에 적용되는 규정에 따라 정하여진다.

② 수익收益의 반환이나 상환을 내용으로 하는 채권자의 청구권 및 채무자의 비용상환청구권에 대하여도 또한 같다.

제 2 절 債權者遲滯

제293조 [受領遲滯]

채권자는 그에게 제공된 급부를 수령하지 아니하면 지체에 빠진다.

제294조 [現實提供]

급부는 그 의무의 내용대로 채권자에게 현실적으로 제공되어야 한다.

§ 295　Wörtliches Angebot

Ein wörtliches Angebot des Schuldners genügt, wenn der Gläubiger ihm erklärt hat, dass er die Leistung nicht annehmen werde, oder wenn zur Bewirkung der Leistung eine Handlung des Gläubigers erforderlich ist, insbesondere wenn der Gläubiger die geschuldete Sache abzuholen hat. Dem Angebot der Leistung steht die Aufforderung an den Gläubiger gleich, die erforderliche Handlung vorzunehmen.

§ 296　Entbehrlichkeit des Angebots

Ist für die von dem Gläubiger vorzunehmende Handlung eine Zeit nach dem Kalender bestimmt, so bedarf es des Angebots nur, wenn der Gläubiger die Handlung rechtzeitig vornimmt. Das Gleiche gilt, wenn der Handlung ein Ereignis vorauszugehen hat und eine angemessene Zeit für die Handlung in der Weise bestimmt ist, dass sie sich von dem Ereignis an nach dem Kalender berechnen lässt.

§ 297　Unvermögen des Schuldners

Der Gläubiger kommt nicht in Verzug, wenn der Schuldner zur Zeit des Angebots oder im Falle des § 296 zu der für die Handlung des Gläubigers bestimmten Zeit außerstande ist, die Leistung zu bewirken.

§ 298　Zug-um-Zug-Leistungen

Ist der Schuldner nur gegen eine Leistung des Gläubigers zu leisten verpflichtet, so kommt der Gläubiger in Verzug, wenn er zwar die angebotene Leistung anzunehmen bereit ist, die verlangte Gegenleistung aber nicht anbietet.

§ 299　Vorübergehende Annahmeverhinderung

Ist die Leistungszeit nicht bestimmt oder ist der Schuldner berechtigt, vor der bestimmten Zeit zu leisten, so kommt der Gläubiger nicht dadurch in Verzug, dass er vorübergehend an der Annahme der angebotenen Leistung verhindert ist, es sei denn, dass der Schuldner ihm die Leistung eine angemessene Zeit vorher angekündigt hat.

§ 300　Wirkungen des Gläubigerverzugs

(1) Der Schuldner hat während des Verzugs des Gläubigers nur Vorsatz und grobe Fahrlässigkeit zu vertreten.

(2) Wird eine nur der Gattung nach bestimmte Sache geschuldet, so geht die Gefahr mit dem Zeitpunkt auf den Gläubiger über, in welchem er dadurch in Verzug kommt, dass er die angebotene Sache nicht annimmt.

제295조 [口頭提供]

채권자가 급부를 수령하지 아니할 뜻을 채무자에게 표시한 경우 또는 급부의 실행에 채권자의 행위가 필요한 경우, 특히 채권자가 채무의 목적물을 추심하여야 하는 경우에는, 채무자의 구두제공으로 족하다. 채권자에 대하여 그 필요한 행위를 할 것을 요구하는 것은 급부제공과 동시된다.

제296조 [提供의 不要]

채권자가 하여야 할 행위에 대하여 그 시기가 역曆에 의하여 정하여진 경우에는, 채권자가 그 행위를 적시에 행한 때에만 제공이 요구된다. 어떠한 사실이 있은 후에 그 행위가 행하여져야 하는 경우에 그 행위를 할 상당한 시기가 그 사실의 발생시로부터 역에 의하여 산정되는 것으로 정하여진 때에도 또한 같다.

제297조 [債務者의 主觀的 不能]

채무자가 제공시에 또는 제296조의 경우에는 채권자가 행위하여야 할 시기에 급부를 실행할 수 없는 때에는 채권자는 지체에 빠지지 아니한다.

제298조 [同時履行給付]

채무자가 채권자의 급부와 상환으로만 급부할 의무를 지는 경우에 채권자가 제공된 급부를 수령할 자세를 갖추었더라도 청구받은 반대급부를 제공하지 아니한 때에는 그는 지체에 빠진다.

제299조 [一時的 受領障碍]

급부시기가 정하여지지 아니하거나 채무자가 정하여진 시기 전에 급부할 권리가 있는 경우에는 채권자에게 제공된 급부를 수령하지 못할 일시적 장애가 있다고 하여도 그는 지체에 빠지지 아니한다, 그러나 채무자가 그에게 상당한 시기 이전에 급부를 통지한 때에는 그러하지 아니하다.

제300조 [債權者遲滯의 效力]

① 채무자는 채권자지체 중에는 고의와 중과실에 대하여만 책임이 있다.
② 종류만으로 정하여진 물건이 채무의 목적인 경우에는, 채권자가 제공된 물건을 수령하지 아니함으로써 지체에 빠지는 시점에서 위험은 채권자에게 이전한다.

§ 301 Wegfall der Verzinsung

Von einer verzinslichen Geldschuld hat der Schuldner während des Verzugs des Gläubigers Zinsen nicht zu entrichten.

§ 302 Nutzungen

Hat der Schuldner die Nutzungen eines Gegenstands herauszugeben oder zu ersetzen, so beschränkt sich seine Verpflichtung während des Verzugs des Gläubigers auf die Nutzungen, welche er zieht.

§ 303 Recht zur Besitzaufgabe

Ist der Schuldner zur Herausgabe eines Grundstücks oder eines eingetragenen Schiffs oder Schiffsbauwerks verpflichtet, so kann er nach dem Eintritt des Verzugs des Gläubigers den Besitz aufgeben. Das Aufgeben muss dem Gläubiger vorher angedroht werden, es sei denn, dass die Androhung untunlich ist.

§ 304 Ersatz von Mehraufwendungen

Der Schuldner kann im Falle des Verzugs des Gläubigers Ersatz der Mehraufwendungen verlangen, die er für das erfolglose Angebot sowie für die Aufbewahrung und Erhaltung des geschuldeten Gegenstands machen musste.

Abschnitt 2   Gestaltung rechtsgeschäftlicher Schuldverhältnisse durch Allgemeine Geschäftsbedingungen

§ 305 Einbeziehung Allgemeiner Geschäftsbedingungen in den Vertrag

(1) Allgemeine Geschäftsbedingungen sind alle für eine Vielzahl von Verträgen vorformulierten Vertragsbedingungen, die eine Vertragspartei (Verwender) der anderen Vertragspartei bei Abschluss eines Vertrags stellt. Gleichgültig ist, ob die Bestimmungen einen äußerlich gesonderten Bestandteil des Vertrags bilden oder in die Vertragsurkunde selbst aufgenommen werden, welchen Umfang sie haben, in welcher Schriftart sie verfasst sind und welche Form der Vertrag hat. Allgemeine Geschäftsbedingungen liegen nicht vor, soweit die

제301조 [利子發生의 中斷]

이자부 금전채무에 대하여 채무자는 채권자지체 중에는 이자를 지급하지 아니한다.

제302조 [收益]

채무자가 목적물의 수익을 반환하거나 상환할 의무를 지는 경우에, 그의 의무는 채권자지체 중에는 그가 수취한 수익에 한정된다.

제303조 [占有抛棄의 權利]

채무자가 토지 또는 등기된 선박 또는 건조중의 선박을 인도할 의무를 지는 경우에, 그는 채권자가 지체에 빠진 후에는 점유를 포기할 수 있다. 포기는 미리 채권자에게 예고되어야 한다, 그러나 예고할 수 없는 경우에는 그러하지 아니하다.

제304조 [增加費用의 償還]

채권자지체의 경우에 채무자는 제공이 무위로 돌아감으로써 또한 채무의 목적물을 보관하고 유지함으로써 지출하여야 했던 증가비용의 상환을 청구할 수 있다.

제 2 장 約款에 의한 法律行爲上의 債權關係의 形成

제305조 [約款의 契約編入]

① 약관이라 함은 계약의 일방당사자("약관사용자")가 다수의 계약을 위하여 미리 작성한 것으로서 계약체결시에 상대방 당사자에게 제시하는 모든 계약조항을 말한다. 그 조항이 외형상 별개의 계약구성부분으로 되어 있는지 아니면 계약서 자체에 포함되어 있는지, 그 범위가 어떠한지, 그것이 어떠한 기재방법으로 작성되어 있는지, 계약이 어떠한 방식으로 행하여지는지는 문제가 되지 아니한다. 계약당사자들이 계약조항

Vertragsbedingungen zwischen den Vertragsparteien im Einzelnen ausgehandelt sind.

(2) Allgemeine Geschäftsbedingungen werden nur dann Bestandteil eines Vertrags, wenn der Verwender bei Vertragsschluss

1. die andere Vertragspartei ausdrücklich oder, wenn ein ausdrücklicher Hinweis wegen der Art des Vertragsschlusses nur unter unverhältnismäßigen Schwierigkeiten möglich ist, durch deutlich sichtbaren Aushang am Orte des Vertragsschlusses auf sie hinweist und

2. der anderen Vertragspartei die Möglichkeit verschafft, in zumutbarer Weise, die auch eine für den Verwender erkennbare körperliche Behinderung der anderen Vertragspartei angemessen berücksichtigt, von ihrem Inhalt Kenntnis zu nehmen,

und wenn die andere Vertragspartei mit ihrer Geltung einverstanden ist.

(3) Die Vertragsparteien können für eine bestimmte Art von Rechtsgeschäften die Geltung bestimmter Allgemeiner Geschäftsbedingungen unter Beachtung der in Absatz 2 bezeichneten Erfordernisse im Voraus vereinbaren.

§ 305a   Einbeziehung in besonderen Fällen

Auch ohne Einhaltung der in § 305 Abs. 2 Nr. 1 und 2 bezeichneten Erfordernisse werden einbezogen, wenn die andere Vertragspartei mit ihrer Geltung einverstanden ist,

1. die mit Genehmigung der zuständigen Verkehrsbehörde oder auf Grund von internationalen Übereinkommen erlassenen Tarife und Ausführungsbestimmungen der Eisenbahnen und die nach Maßgabe des Personenbeförderungsgesetzes genehmigten Beförderungsbedingungen der Straßenbahnen, Obusse und Kraftfahrzeuge im Linienverkehr in den Beförderungsvertrag,

2. die im Amtsblatt der Bundesnetzagentur für Elektrizität, Gas, Telekommunikation, Post und Eisenbahnen veröffentlichten und in den Geschäftsstellen des Verwenders bereitgehaltenen Allgemeinen Geschäftsbedingungen

a) in Beförderungsverträge, die außerhalb von Geschäftsräumen durch den Einwurf von Postsendungen in Briefkästen abgeschlossen werden,

b) in Verträge über Telekommunikations-, Informations- und andere Dienstleistungen, die unmittelbar durch Einsatz von Fernkommunikationsmitteln und während der Erbringung einer Telekommunikationsdienstleistung in einem Mal erbracht werden, wenn die Allgemeinen Geschäftsbedingungen der anderen Vertragspartei nur unter unverhältnismäßigen Schwierigkeiten vor dem Vertragsschluss zugänglich gemacht werden

을 개별적으로 교섭하여 정한 경우에는 약관이 아니다.

② 약관은 약관사용자가 계약체결시에 다음의 요건을 갖추고 상대방 당사자가 그것이 효력을 가짐에 동의한 경우에만 계약의 구성부분이 된다,

1. 상대방 당사자에게 약관을 명확하게 지적하거나, 그 명확한 지적이 가능하여도 계약체결의 성질로 인하여 현격하게 어려운 때에는 계약체결의 장소에 분명히 보일 수 있게 게시함으로써 약관을 지적하고, 또한

2. 약관사용자가 알 수 있는 상대방 당사자의 신체적 장애도 상당하게 고려하는 바의 기대가능한 방법으로 약관의 내용을 인식할 수 있는 가능성을 상대방 당사자에게 부여하는 것.

③ 계약당사자는 일정한 유형의 법률행위에 대하여는 일정한 약관이 효력을 가짐을 제 2 항에서 정하여진 요건을 준수하여 미리 약정할 수 있다.

제305조의a [特別한 境遇의 編入]

다음 각 호의 약관은 제305조 제 2 항 제 1 호와 제 2 호에서 정하여진 요건에 좇지 아니하더라도 상대방 당사자가 약관이 효력을 가짐에 동의한 때에는 다음 각 호의 계약에 편입된다,

1. 관할 교통관청의 인가를 얻어서 또는 국제조약에 기하여 공표된 철도의 요금표 및 운송약관, 그리고 여객운송법에 따라 인가된 시가전차市街電車, 무궤도전차 및 정기노선 운행차량의 운송약관은 운송계약에 편입된다,

2. 「전기·가스·전자통신·우편 및 철도에 대한 연방관리청」의 관보에 게재되고 약관사용자의 영업소에 비치된 약관은,

   a) 영업소의 외부에서 우편함에 우편물을 투입함으로써 체결된 우편물배달계약에 편입되고,

   b) 상대방 당사자가 계약체결 전에 약관을 입수하는 것이 가능하여도 현격하게 어려운 때에는, 직접적으로 원격통신수단을 개재시킴으로써 또 전자통신서비스를 제공하는 동안, 일회적으로 실행되는 전자통신서비스, 정보서비스 및 기타 서비스의 제공에 관한

können.

§ 305b Vorrang der Individualabrede

Individuelle Vertragsabreden haben Vorrang vor Allgemeinen Geschäftsbedingungen.

§ 305c Überraschende und mehrdeutige Klauseln

(1) Bestimmungen in Allgemeinen Geschäftsbedingungen, die nach den Umständen, insbesondere nach dem äußeren Erscheinungsbild des Vertrags, so ungewöhnlich sind, dass der Vertragspartner des Verwenders mit ihnen nicht zu rechnen braucht, werden nicht Vertragsbestandteil.

(2) Zweifel bei der Auslegung Allgemeiner Geschäftsbedingungen gehen zu Lasten des Verwenders.

§ 306 Rechtsfolgen bei Nichteinbeziehung und Unwirksamkeit

(1) Sind Allgemeine Geschäftsbedingungen ganz oder teilweise nicht Vertragsbestandteil geworden oder unwirksam, so bleibt der Vertrag im Übrigen wirksam.

(2) Soweit die Bestimmungen nicht Vertragsbestandteil geworden oder unwirksam sind, richtet sich der Inhalt des Vertrags nach den gesetzlichen Vorschriften.

(3) Der Vertrag ist unwirksam, wenn das Festhalten an ihm auch unter Berücksichtigung der nach Absatz 2 vorgesehenen Änderung eine unzumutbare Härte für eine Vertragspartei darstellen würde.

§ 306a Umgehungsverbot

Die Vorschriften dieses Abschnitts finden auch Anwendung, wenn sie durch anderweitige Gestaltungen umgangen werden.

§ 307 Inhaltskontrolle

(1) Bestimmungen in Allgemeinen Geschäftsbedingungen sind unwirksam, wenn sie den Vertragspartner des Verwenders entgegen den Geboten von Treu und Glauben unangemessen benachteiligen. Eine unangemessene Benachteiligung kann sich auch daraus ergeben, dass die Bestimmung nicht klar und verständlich ist.

(2) Eine unangemessene Benachteiligung ist im Zweifel anzunehmen, wenn eine Bestimmung

1. mit wesentlichen Grundgedanken der gesetzlichen Regelung, von der abgewichen wird, nicht zu vereinbaren ist oder

2. wesentliche Rechte oder Pflichten, die sich aus der Natur des Vertrags er-

계약에 편입된다.

제305조의b [個別約定의 優先]

계약의 개별적 약정은 약관에 우선한다.

제305조의c [意外條項 및 多義條項]

① 제반 사정, 특히 계약의 외적 현상형태에 비추어 이례적이어서 약관
사용자의 계약상대방이 고려할 필요가 없는 약관조항은 계약의 구성부
분이 되지 아니한다.

② 약관의 해석에서 의심스러운 경우는 약관사용자에게 불리하게 해석
된다.

제306조 [不編入時 및 效力不發生時의 法律效果]

① 약관의 전부 또는 일부가 계약의 구성부분이 되지 아니하거나 효력
이 없는 때에도, 계약은 나머지 부분에 있어서 여전히 유효하다.

② 약관조항이 계약의 구성부분이 되지 아니하거나 효력이 없는 때에
는, 계약의 내용은 법률규정에 따라 정하여진다.

③ 계약을 유지하는 것이 제 2 항에서 정하여진 변경을 고려하더라도 일
방 당사자에게 기대할 수 없을 만큼 가혹한 때에는 계약은 효력이 없다.

제306조의a [脫法禁止]

이 장의 규정은 이를 다른 방법으로 회피한 경우에도 적용된다.

제307조 [內容統制]

① 약관조항이 신의성실의 요청에 반하여 약관사용자의 계약상대방을
부당하게 불리하게 하는 경우에는, 이는 효력이 없다. 부당한 불리함은
그 조항이 명확하지 아니하고 이해될 수 없는 것이라는 사정에 기하여서
도 인정될 수 있다.

② 어느 조항이 다음 각 호에 해당되는 경우에는 의심스러운 때에는 부
당한 불리함이 인정된다,

　1. 그 조항이 법률상 규정과 달리 정하는 것인 경우에 그 규정의 본질
　　적인 기본정신과 합치하지 아니하는 때, 또는

　2. 계약의 성질상 인정되는 본질적인 권리 또는 의무를 제한하여 계약

geben, so einschränkt, dass die Erreichung des Vertragszwecks gefährdet ist.

(3) Die Absätze 1 und 2 sowie die §§ 308 und 309 gelten nur für Bestimmungen in Allgemeinen Geschäftsbedingungen, durch die von Rechtsvorschriften abweichende oder diese ergänzende Regelungen vereinbart werden. Andere Bestimmungen können nach Absatz 1 Satz 2 in Verbindung mit Absatz 1 Satz 1 unwirksam sein.

§ 308　Klauselverbote mit Wertungsmöglichkeit

In Allgemeinen Geschäftsbedingungen ist insbesondere unwirksam

1. (Annahme- und Leistungsfrist)

    eine Bestimmung, durch die sich der Verwender unangemessen lange oder nicht hinreichend bestimmte Fristen für die Annahme oder Ablehnung eines Angebots oder die Erbringung einer Leistung vorbehält; ausgenommen hiervon ist der Vorbehalt, erst nach Ablauf der Widerrufsfrist nach § 355 Absatz 1 und 2 zu leisten;

1a. (Zahlungsfrist)

    eine Bestimmung, durch die sich der Verwender eine unangemessen lange Zeit für die Erfüllung einer Entgeltforderung des Vertragspartners vorbehält; ist der Verwender kein Verbraucher, ist im Zweifel anzunehmen, dass eine Zeit von mehr als 30 Tagen nach Empfang der Gegenleistung oder, wenn dem Schuldner nach Empfang der Gegenleistung eine Rechnung oder gleichwertige Zahlungsaufstellung zugeht, von mehr als 30 Tagen nach Zugang dieser Rechnung oder Zahlungsaufstellung unangemessen lang ist;

1b. (Überprüfungs- und Abnahmefrist)

    eine Bestimmung, durch die sich der Verwender vorbehält, eine Entgeltforderung des Vertragspartners erst nach unangemessen langer Zeit für die Überprüfung oder Abnahme der Gegenleistung zu erfüllen; ist der Verwender kein Verbraucher, ist im Zweifel anzunehmen, dass eine Zeit von mehr als 15 Tagen nach Empfang der Gegenleistung unangemessen lang ist;

2. (Nachfrist)

    eine Bestimmung, durch die sich der Verwender für die von ihm zu bewirkende Leistung abweichend von Rechtsvorschriften eine unangemessen lange oder nicht hinreichend bestimmte Nachfrist vorbehält;

3. (Rücktrittsvorbehalt)

    die Vereinbarung eines Rechts des Verwenders, sich ohne sachlich gerecht-

목적의 달성이 위태로운 때.

③ 제 1 항, 제 2 항 및 제308조, 제309조는 법률규정과 다르거나 그것을
보충하는 내용을 정하는 약관조항에 대하여만 적용된다. 그 외의 조항은
제 1 항 제 1 문과 결합한 동항 제 2 문에 의하여 효력이 없을 수 있다.

제308조 [評價를 留保한 禁止條項]

특히 다음 각 호의 약관조항은 효력이 없다,

1. (승낙기일과 급부기일)

   약관사용자가 청약의 승낙이나 거절 또는 급부의 실행에 관하여 부
   당하게 길거나 충분히 명확하지 아니한 기간을 유보한 조항; 제355
   조 제 1 항 및 제 2 항에 의한 철회기간 또는 반환기간의 경과 후에
   비로소 급부할 것을 유보한 것은 그러하지 아니하다;

1의a. (지급기일)

   약관사용자가 계약상대방이 가지는 대가채권의 이행에 관하여 부적
   절하게 긴 기일을 유보하는 조항; 약관사용자가 소비자가 아닌 경우
   에, 그 기일이 반대급부의 수령으로부터 30일 이상으로, 또는 채무
   자에게 반대급부의 수령 후에 청구서 또는 이에 대등한 지급요청서
   가 송부된 경우에는 그 도달로부터 30일 이상으로 정하여진 때에는,
   의심스러우면 부적절하게 긴 것으로 본다;

1의b. (검사 및 수취를 위한 기일)

   약관사용자가 계약상대방이 가지는 대가채권을 반대급부의 검사 또
   는 수취를 위하여 부적절하게 긴 기일이 경과한 후에 비로소 이행할
   수 있는 권한을 유보하는 조항; 약관사용자가 소비자가 아닌 경우에
   그 기일이 반대급부의 수령으로부터 15일 이상으로 정하여진 때에
   는 의심스러우면 부적절하게 긴 것으로 본다;

2. (유예기간)

   약관사용자가 실행하여야 할 급부에 관하여 법률규정과 달리 부적
   절하게 길거나 충분히 명확하지 아니한 유예기간을 유보한 조항;

3. (해제권 유보)

   약관사용자가 계약에서 제시된 실질적으로 정당한 이유가 없이도

fertigten und im Vertrag angegebenen Grund von seiner Leistungspflicht zu lösen; dies gilt nicht für Dauerschuldverhältnisse;

4. (Änderungsvorbehalt)

die Vereinbarung eines Rechts des Verwenders, die versprochene Leistung zu ändern oder von ihr abzuweichen, wenn nicht die Vereinbarung der Änderung oder Abweichung unter Berücksichtigung der Interessen des Verwenders für den anderen Vertragsteil zumutbar ist;

5. (Fingierte Erklärungen)

eine Bestimmung, wonach eine Erklärung des Vertragspartners des Verwenders bei Vornahme oder Unterlassung einer bestimmten Handlung als von ihm abgegeben oder nicht abgegeben gilt, es sei denn, dass

a) dem Vertragspartner eine angemessene Frist zur Abgabe einer ausdrücklichen Erklärung eingeräumt ist und

b) der Verwender sich verpflichtet, den Vertragspartner bei Beginn der Frist auf die vorgesehene Bedeutung seines Verhaltens besonders hinzuweisen;

6. (Fiktion des Zugangs)

eine Bestimmung, die vorsieht, dass eine Erklärung des Verwenders von besonderer Bedeutung dem anderen Vertragsteil als zugegangen gilt;

7. (Abwicklung von Verträgen)

eine Bestimmung, nach der der Verwender für den Fall, dass eine Vertragspartei vom Vertrag zurücktritt oder den Vertrag kündigt,

a) eine unangemessen hohe Vergütung für die Nutzung oder den Gebrauch einer Sache oder eines Rechts oder für erbrachte Leistungen oder

b) einen unangemessen hohen Ersatz von Aufwendungen verlangen kann;

8. (Nichtverfügbarkeit der Leistung)

die nach Nummer 3 zulässige Vereinbarung eines Vorbehalts des Verwenders, sich von der Verpflichtung zur Erfüllung des Vertrags bei Nichtverfügbarkeit der Leistung zu lösen, wenn sich der Verwender nicht verpflichtet,

a) den Vertragspartner unverzüglich über die Nichtverfügbarkeit zu informieren und

b) Gegenleistungen des Vertragspartners unverzüglich zu erstatten;

급부의무를 면할 수 있는 권리의 약정; 계속적 채권관계에 대하여는
그러하지 아니하다;

4. (변경권 유보)

약관사용자의 이익을 고려할 때 그러한 약정이 상대방 당사자에 대
하여는 기대될 수 없는 경우에, 약속한 급부를 변경하거나 그와 다
른 급부를 할 수 있는 약관사용자의 권리의 약정;

5. (의제된 의사표시)

일정한 작위 또는 부작위가 있을 때 약관사용자의 계약상대방의 의
사표시가 행하여졌거나 행하여지지 아니한 것으로 간주하는 조항,
그러나 다음의 경우에는 그러하지 아니하다,

a) 명시적인 의사표시를 하기 위한 상당한 기간이 계약상대방에게
주어지고, 또한

b) 약관사용자가 그 조항에서 정하여진 그의 행태의 효과를 그 기간
의 개시시에 계약상대방에게 특별히 지적할 의무를 지는 때;

6. (도달의 의제)

특별히 중요한 약관사용자의 의사표시가 상대방 당사자에게 도달된
것으로 간주하는 조항;

7. (계약의 청산)

일방 당사자가 계약을 해제하거나 해지한 경우에, 약관사용자가 다
음을 청구할 수 있다고 정한 조항,

a) 물건 또는 권리의 수익 또는 사용에 대한 또는 실행된 급부에 대
한 부당하게 고액의 대가, 또는

b) 지출한 비용에 대한 부당하게 고액의 비용상환;

8. (급부의 조달불가능)

약관사용자가 급부를 조달할 수 없으면 계약이행의무를 면할 수 있
음을 유보한 약정이 제3호에 의하여는 허용되더라도 그가 다음을
부담하지 아니하는 경우,

a) 계약상대방에게 조달불가능에 관하여 지체없이 알릴 의무 및

b) 계약상대방의 반대급부를 지체없이 상환할 의무;

9. (Abtretungsausschluss)

eine Bestimmung, durch die die Abtretbarkeit ausgeschlossen wird

a) für einen auf Geld gerichteten Anspruch des Vertragspartners gegen den Verwender oder

b) für ein anderes Recht, das der Vertragspartner gegen den Verwender hat, wenn

aa) beim Verwender ein schützenswertes Interesse an dem Abtretungsausschluss nicht besteht oder

bb) berechtigte Belange des Vertragspartners an der Abtretbarkeit des Rechts das schützenswerte Interesse des Verwenders an dem Abtretungsausschluss überwiegen;

Buchstabe a gilt nicht für Ansprüche aus Zahlungsdiensterahmenverträgen und die Buchstaben a und b gelten nicht für Ansprüche auf Versorgungsleistungen im Sinne des Betriebsrentengesetzes.

§ 309 Klauselverbote ohne Wertungsmöglichkeit

Auch soweit eine Abweichung von den gesetzlichen Vorschriften zulässig ist, ist in Allgemeinen Geschäftsbedingungen unwirksam

1. (Kurzfristige Preiserhöhungen)

eine Bestimmung, welche die Erhöhung des Entgelts für Waren oder Leistungen vorsieht, die innerhalb von vier Monaten nach Vertragsschluss geliefert oder erbracht werden sollen; dies gilt nicht bei Waren oder Leistungen, die im Rahmen von Dauerschuldverhältnissen geliefert oder erbracht werden;

2. (Leistungsverweigerungsrechte)

eine Bestimmung, durch die

a) das Leistungsverweigerungsrecht, das dem Vertragspartner des Verwenders nach § 320 zusteht, ausgeschlossen oder eingeschränkt wird oder

b) ein dem Vertragspartner des Verwenders zustehendes Zurückbehaltungsrecht, soweit es auf demselben Vertragsverhältnis beruht, ausgeschlossen oder eingeschränkt, insbesondere von der Anerkennung von Mängeln durch den Verwender abhängig gemacht wird;

3. (Aufrechnungsverbot)

eine Bestimmung, durch die dem Vertragspartner des Verwenders die Befugnis genommen wird, mit einer unbestrittenen oder rechtskräftig festgestellten Forderung aufzurechnen;

4. (Mahnung, Fristsetzung)

9. (양도금지)

다음 권리의 양도가능성을 배제하는 조항,

a) 계약상대방의 약관사용자에 대한 금전채권 또는

b) 계약상대방이 약관사용자에 대하여 가지는 다른 권리로서

   aa) 약관사용자에게 양도금지에 관하여 보호할 가치 있는 이익이 없는 때, 또는

   bb) 그 권리의 양도가능성에 관한 계약상대방의 정당한 이익이 약관사용자가 양도금지에 관하여 가지는 보호할 가치 있는 이익보다 큰 때;

a목은 지급사무처리포괄계약상의 청구권에, a목 및 b목은 근로자퇴직연금법의 의미에서의 급여청구권에 각 적용되지 아니한다.

제309조 [評價留保 없는 禁止條項]

법률규정과 달리 약정하는 것이 허용되는 경우에도, 다음 각 호의 약관조항은 효력이 없다,

1. (단기의 가격인상)

계약체결 후 4개월 내에 인도되거나 실행되어야 할 물품 또는 급부에 대하여 대가의 인상을 정한 조항; 계속적 채권관계에 기초하여 인도되거나 실행되는 물품이나 급부에 대하여는 그러하지 아니하다;

2. (급부거절권)

a) 약관사용자의 계약상대방이 제320조에 따라 가지는 급부거절권을 배제하거나 제한하는 조항, 또는

b) 약관사용자의 계약상대방이 가지는 유치권을 동일한 계약관계에 기하는 것에 대하여 배제하거나 제한하고, 특히 약관사용자가 하자를 인정하는 것에 달리도록 하는 조항;

3. (상계금지)

다툼 없는 채권 또는 기판력 있게 확정된 채권으로써 상계할 수 있는 권능을 약관사용자의 계약상대방으로부터 배제하는 조항;

4. (최고; 기간설정)

eine Bestimmung, durch die der Verwender von der gesetzlichen Obliegenheit freigestellt wird, den anderen Vertragsteil zu mahnen oder ihm eine Frist für die Leistung oder Nacherfüllung zu setzen;

5. (Pauschalierung von Schadensersatzansprüchen)

die Vereinbarung eines pauschalierten Anspruchs des Verwenders auf Schadensersatz oder Ersatz einer Wertminderung, wenn

a) die Pauschale den in den geregelten Fällen nach dem gewöhnlichen Lauf der Dinge zu erwartenden Schaden oder die gewöhnlich eintretende Wertminderung übersteigt oder

b) dem anderen Vertragsteil nicht ausdrücklich der Nachweis gestattet wird, ein Schaden oder eine Wertminderung sei überhaupt nicht entstanden oder wesentlich niedriger als die Pauschale;

6. (Vertragsstrafe)

eine Bestimmung, durch die dem Verwender für den Fall der Nichtabnahme oder verspäteten Abnahme der Leistung, des Zahlungsverzugs oder für den Fall, dass der andere Vertragsteil sich vom Vertrag löst, Zahlung einer Vertragsstrafe versprochen wird;

7. (Haftungsausschluss bei Verletzung von Leben, Körper, Gesundheit und bei grobem Verschulden)

a) (Verletzung von Leben, Körper, Gesundheit)

ein Ausschluss oder eine Begrenzung der Haftung für Schäden aus der Verletzung des Lebens, des Körpers oder der Gesundheit, die auf einer fahrlässigen Pflichtverletzung des Verwenders oder einer vorsätzlichen oder fahrlässigen Pflichtverletzung eines gesetzlichen Vertreters oder Erfüllungsgehilfen des Verwenders beruhen;

b) (Grobes Verschulden)

ein Ausschluss oder eine Begrenzung der Haftung für sonstige Schäden, die auf einer grob fahrlässigen Pflichtverletzung des Verwenders oder auf einer vorsätzlichen oder grob fahrlässigen Pflichtverletzung eines gesetzlichen Vertreters oder Erfüllungsgehilfen des Verwenders beruhen;

die Buchstaben a und b gelten nicht für Haftungsbeschränkungen in den nach Maßgabe des Personenbeförderungsgesetzes genehmigten Beförderungsbedingungen und Tarifvorschriften der Straßenbahnen, Obusse und Kraftfahrzeuge im Linienverkehr, soweit sie nicht zum Nachteil des Fahrgastes von der Verordnung über die Allgemeinen Beförderungsbedingungen für den Straßenbahnund Obusverkehr sowie den Linienverkehr mit Kraft-

약관사용자에 대하여, 상대방 당사자에게 최고하거나 그에게 급부
또는 추완을 위하여 기간을 설정할 법률상 책무를 면하게 하는 조항;

5. (일괄손해배상약정)

약관사용자의 손해배상 또는 가치감소전보의 청구권에 관한 일괄정
액약정에 있어서,

a) 약정의 대상이 된 경우에 사물의 통상적 경과에 비추어 예견할
수 있는 손해 또는 통상 발생하는 가치감소를 일괄약정액이 초과
하는 때, 또는

b) 상대방 당사자가 손해 또는 가치감소가 발생하지 아니하였다거
나 일괄약정액보다 현저하게 낮음을 증명하는 것을 명시적으로
허용하지 아니하는 때;

6. (위약금)

급부를 수취하지 아니하거나 그 수취가 지체된 경우, 지급이 지체된
경우 또는 상대방 당사자가 계약을 해소하는 경우에는 약관사용자
에게 위약금을 지급할 것을 약속하는 조항;

7. (생명, 신체, 건강의 침해 및 중과실에 대한 책임배제)

a) (생명, 신체, 건강의 침해)

약관사용자의 과실에 의한 의무위반 또는 약관사용자의 법정대
리인 또는 이행보조자의 고의 또는 과실에 의한 의무위반에 기한
생명, 신체 또는 건강의 침해로 인한 손해에 대한 책임의 배제 또
는 제한;

b) (중과실)

약관사용자의 중과실에 의한 의무위반 또는 그의 법정대리인 또
는 이행보조자의 고의 또는 중과실에 의한 의무위반에 기한 그
밖의 손해에 대한 책임의 배제 또는 제한;

여객운송법에 따라 인가된 시가전차, 무궤도전차 및 정기노선 운행
차량의 운송약관과 요금규정에 정하여진 책임제한에 대하여는, 그
것이 1970년 2월 27일자 「시가전차, 무궤도전차 및 정기노선 운행
차량에 대한 일반운송약관에 관한 명령」과 다른 내용으로 승객에게

fahrzeugen vom 27. Februar 1970 abweichen; Buchstabe b gilt nicht für Haftungsbeschränkungen für staatlich genehmigte Lotterie- oder Ausspielverträge;

8. (Sonstige Haftungsausschlüsse bei Pflichtverletzung)

a) (Ausschluss des Rechts, sich vom Vertrag zu lösen)

eine Bestimmung, die bei einer vom Verwender zu vertretenden, nicht in einem Mangel der Kaufsache oder des Werkes bestehenden Pflichtverletzung das Recht des anderen Vertragsteils, sich vom Vertrag zu lösen, ausschließt oder einschränkt; dies gilt nicht für die in der Nummer 7 bezeichneten Beförderungsbedingungen und Tarifvorschriften unter den dort genannten Voraussetzungen;

b) (Mängel)

eine Bestimmung, durch die bei Verträgen über Lieferungen neu hergestellter Sachen und über Werkleistungen

aa) (Ausschluss und Verweisung auf Dritte)

die Ansprüche gegen den Verwender wegen eines Mangels insgesamt oder bezüglich einzelner Teile ausgeschlossen, auf die Einräumung von Ansprüchen gegen Dritte beschränkt oder von der vorherigen gerichtlichen Inanspruchnahme Dritter abhängig gemacht werden;

bb) (Beschränkung auf Nacherfüllung)

die Ansprüche gegen den Verwender insgesamt oder bezüglich einzelner Teile auf ein Recht auf Nacherfüllung beschränkt werden, sofern dem anderen Vertragsteil nicht ausdrücklich das Recht vorbehalten wird, bei Fehlschlagen der Nacherfüllung zu mindern oder, wenn nicht eine Bauleistung Gegenstand der Mängelhaftung ist, nach seiner Wahl vom Vertrag zurückzutreten;

cc) (Aufwendungen bei Nacherfüllung)

die Verpflichtung des Verwenders ausgeschlossen oder beschränkt wird, die zum Zweck der Nacherfüllung erforderlichen Aufwendungen nach § 439 Absatz 2 und 3 oder § 635 Absatz 2 zu tragen oder zu ersetzen;

dd) (Vorenthalten der Nacherfüllung)

der Verwender die Nacherfüllung von der vorherigen Zahlung des

불리하게 약정된 것이 아닌 한, a 목과 b 목이 적용되지 아니한다; 국
가가 인가한 복권계약 또는 당첨계약에서의 책임제한에 대하여는
b 목이 적용되지 아니한다;

8. (의무위반에서의 기타의 책임배제)

　a) (계약을 해소할 권리의 배제)

　　상대방 당사자가 매매목적물 또는 일의 하자가 아닌 것으로서 약
　　관사용자에게 책임 있는 의무위반을 이유로 계약을 해소할 권리
　　를 배제하거나 제한하는 조항; 이는 제 7 호에서 정하여진 운송약
　　관과 요금규정으로서 거기에서 정한 요건을 충족한 것에 대하여
　　는 적용되지 아니한다;

　b) (하자)

　　신규제조품의 인도 및 일의 완성에 관한 계약에서,

　　aa) (청구권의 배제 및 제 3 자에의 전가)

　　　하자를 이유로 하는 약관사용자에 대한 청구권을, 전체적으
　　　로 또는 개별부분에 관하여 배제하거나, 제 3 자에 대한 청구
　　　권을 인정하는 것으로 한정하거나, 제 3 자에 대한 사전의 재
　　　판상 권리행사에 달리도록 한 조항;

　　bb) (추완이행에의 한정)

　　　약관사용자에 대한 청구권을 전체적으로 또는 개별부분에 관
　　　하여 추완이행에 한정하는 조항으로서, 추완이행이 실현되지
　　　아니하면 감액할 권리, 또는 건축급부가 하자담보책임의 목
　　　적이 아닌 경우에 상대방 당사자의 선택으로 계약을 해제할
　　　권리가, 상대방 당사자에게 명시적으로 유보되지 아니한 때;

　　cc) (추완이행에서의 비용지출)

　　　제439조 제 2 항 및 제 3 항 또는 제635조 제 2 항에 따른 추완
　　　이행을 위하여 필요한 비용을 부담하거나 배상할 약관사용
　　　자의 의무를 배제하거나 제한하는 조항;

　　dd) (추완이행의 제한)

　　　약관사용자가 추완이행을 대가 전부의 또는 하자를 고려하

vollständigen Entgelts oder eines unter Berücksichtigung des Mangels unverhältnismäßig hohen Teils des Entgelts abhängig macht;

ee) (Ausschlussfrist für Mängelanzeige)
der Verwender dem anderen Vertragsteil für die Anzeige nicht offen-
sichtlicher Mängel eine Ausschlussfrist setzt, die kürzer ist als die
nach dem Doppelbuchstaben ff zulässige Frist;

ff) (Erleichterung der Verjährung)
die Verjährung von Ansprüchen gegen den Verwender wegen eines
Mangels in den Fällen des § 438 Abs. 1 Nr. 2 und des § 634a Abs. 1
Nr. 2 erleichtert oder in den sonstigen Fällen eine weniger als ein Jahr
betragende Verjährungsfrist ab dem gesetzlichen Verjährungsbeginn
erreicht wird;

9. bei einem Vertragsverhältnis, das die regelmäßige Lieferung von Waren oder
die regelmäßige Erbringung von Dienst- oder Werkleistungen durch den
Verwender zum Gegenstand hat,

a) eine den anderen Vertragsteil länger als zwei Jahre bindende Laufzeit des
Vertrags,

b) eine den anderen Vertragsteil bindende stillschweigende Verlängerung des
Vertragsverhältnisses es sei denn das Vertragsverhältnis wird nur auf unbestimmte Zeit verlängert und dem anderen Vertragsteil wird das Recht
eingeräumt, das verlängerte Vertragsverhältnis jederzeit mit einer Frist
von höchstens einem Monat zu kündigen, oder

c) zu Lasten des anderen Vertragsteils eine längere Kündigungsfrist als einen
Monate vor Ablauf der zunächst vorgesehenen Vertragsdauer;

dies gilt nicht für Verträge über die Lieferung als zusammengehörig verkaufter Sachen sowie für Versicherungsverträge;

10. (Wechsel des Vertragspartners)
eine Bestimmung, wonach bei Kauf-, Darlehens-, Dienst- oder Werkverträgen
ein Dritter anstelle des Verwenders in die sich aus dem Vertrag ergebenden
Rechte und Pflichten eintritt oder eintreten kann, es sei denn, in der Bestimmung wird

a) der Dritte namentlich bezeichnet oder

b) dem anderen Vertragsteil das Recht eingeräumt, sich vom Vertrag zu
lösen;

면 과다하게 고액인 대가의 사전 지급에 달리도록 한 조항;

ee) (하자통지의 제척기간)

약관사용자가 명백하지 아니한 하자의 통지에 관하여 상대
방 당사자에 대하여 ff소목에서 허용된 기간보다 단기의 제
척기간을 정하는 조항;

ff) (소멸시효의 경감)

제438조 제 1 항 제 2 호와 제634조의a 제 1 항 제 2 호의 경우
에 하자를 이유로 하는 약관사용자에 대한 청구권의 소멸시
효를 경감하는 조항, 또는 기타의 경우에 법정의 소멸시효기
산시로부터 1년 미만으로 소멸시효가 완성되도록 하는 조항;

9. (계속적 계약관계의 존속기간)

약관사용자가 물품을 정기적으로 인도하는 것 또는 노무의 제공이
나 일의 완성을 정기적으로 실행하는 것을 내용으로 하는 계약관계
에서 다음을 정하는 조항,

a) 상대방 당사자를 2년을 넘는 기간 동안 구속하는 계약존속기간,

b) 상대방 당사자를 구속하는 계약관계의 묵시적 연장, 다만 그 계
약관계가 불확정의 기간 동안으로 연장되고 또한 상대방 당사자
가 연장된 계약관계를 최장 1개월의 기간을 두고 언제라도 해지
할 수 있는 권리를 가지는 경우에는 그러하지 아니하다, 또는

c) 당초 정하여진 계약존속기간이 경과하기 전의 1개월보다 길게,
상대방 당사자에 불리하게 정한 해지기간;

이는 일체로 매도된 물건의 인도에 관한 계약 그리고 보험계약에 대
하여는 적용되지 아니한다;

10. (계약상대방의 교체)

매매, 소비대차, 고용 또는 도급의 계약에서 약관사용자에 갈음하여
제 3 자가 계약상의 권리와 의무를 일괄승계하는 또는 일괄승계할
수 있도록 하는 조항, 그러나 다음의 경우에는 그러하지 아니하다,

a) 그 조항에 제 3 자가 기명으로 표시되어 있는 때, 또는

b) 상대방 당사자에게 계약을 해소할 권리가 주어진 때;

11. (Haftung des Abschlussvertreters)
    eine Bestimmung, durch die der Verwender einem Vertreter, der den Ver-
    trag für den anderen Vertragsteil abschließt,
    a) ohne hierauf gerichtete ausdrückliche und gesonderte Erklärung eine
       eigene Haftung oder Einstandspflicht oder
    b) im Falle vollmachtsloser Vertretung eine über § 179 hinausgehende
       Haftung
    auferlegt;

12. (Beweislast)
    eine Bestimmung, durch die der Verwender die Beweislast zum Nachteil
    des anderen Vertragsteils ändert, insbesondere indem er
    a) diesem die Beweislast für Umstände auferlegt, die im Verantwortungs-
       bereich des Verwenders liegen, oder
    b) den anderen Vertragsteil bestimmte Tatsachen bestätigen lässt;
    Buchstabe b gilt nicht für Empfangsbekenntnisse, die gesondert unter-
    schrieben oder mit einer gesonderten qualifizierten elektronischen Signatur
    versehen sind;

13. (Form von Anzeigen und Erklärungen)
    eine Bestimmung, durch die Anzeigen oder Erklärungen, die dem Ver-
    wender oder einem Dritten gegenüber abzugeben sind, gebunden wer-
    den;
    a) an eine strengere Form als die Schriftform in einem Vertrag, für den
       durch Gesetz notarielle Beurkundung vorgeschrieben ist oder
    b) an eine strengere Form als die Textform in anderen als den in Buchstabe
       a genannten Verträge oder
    c) an besondere Zugangserfordernisse;

14. (Klageverzicht)
    eine Bestimmung, wonach der andere Vertragsteil seine Ansprüche gegen
    den Verwender gerichtlich nur geltend machen darf, nachdem er eine
    gütliche Einigung in einem Verfahren zur außergerichtlichen Streitbeilegung
    versucht hat;

15. (Abschlagszahlungen und Sicherheitsleistung)
    eine Bestimmung, nach der der Verwender bei einem Werkvertrag
    a) für Teilleistungen Abschlagszahlungen vom anderen Vertragsteil ver-
       langen kann, die wesentlich höher sind als die nach § 632a Absatz 1 und

11. (계약체결대리인의 책임)

    약관사용자가, 상대방 당사자를 위하여 계약을 체결한 대리인에게,

    a) 그 책임 또는 의무를 명시적이고 특별하게 설명함이 없이 그 대리인 자신의 책임 또는 보장의무를 부과하는 조항, 또는

    b) 무권대리의 경우에는 제179조에서 정하여진 바를 넘는 책임을 부과하는 조항;

12. (증명책임)

    약관사용자가 입증책임을 상대방 당사자에게 불리하게 변경한 조항, 특히 약관사용자가

    a) 상대방 당사자에게 자신의 책임영역 내에 있는 제반사정의 입증책임을 부과하는 것, 또는

    b) 상대방 당사자에게 특정한 사실이 진실임을 인정하도록 하는 것;

    b 목은 개별적으로 서명 또는 적격의 전자서명을 한 수령확인에 대하여는 적용되지 아니한다;

13. (통지와 의사표시의 방식)

    약관사용자 또는 제 3 자에 대하여 행하여지는 통지 또는 의사표시에 다음을 결부시킨 조항,

    a) 법률상 공정증서의 작성이 규정되어 있는 계약에서 서면방식보다 엄격한 방식,

    b) a목에서 정한 계약과 다른 계약에서 문면방식보다 엄격한 방식, 또는

    c) 특별한 도달요건;

14. (소권 포기)

    상대방 당사자가 재판 외의 분쟁해결절차에서 상호 합의에 의한 해결을 시도한 다음이 아니면 약관사용자에 대한 청구권을 재판상 행사할 수 없다고 정하는 조항;

15. (할부지급 및 담보제공)

    도급계약에서 다음을 정하는 조항,

    a) 약관사용자가 부분지급에 대하여 제632조의a 제 1 항 및 제650조의m 제 1 항에 따라 행하여져야 할 것보다 현저히 많은 부분지급

§ 650m Absatz 1 zu leistenden Abschlagszahlungen, oder

b) die Sicherheitsleistung nach § 650m Absatz 2 nicht oder nur in geringerer Höhe leisten muss.

§ 310 Anwendungsbereich

(1) § 305 Absatz 2 und 3, § 308 Nummer 1, 2 bis 9 und § 309 finden keine Anwendung auf Allgemeine Geschäftsbedingungen, die gegenüber einem Unternehmer, einer juristischen Person des öffentlichen Rechts oder einem öffentlich-rechtlichen Sondervermögen verwendet werden. § 307 Abs. 1 und 2 findet in den Fällen des Satzes 1 auch insoweit Anwendung, als dies zur Unwirksamkeit von in § 308 Nummer 1, 2 bis 9 und § 309 genannten Vertragsbestimmungen führt; auf die im Handelsverkehr geltenden Gewohnheiten und Gebräuche ist angemessen Rücksicht zu nehmen. In den Fällen des Satzes 1 finden § 307 Absatz 1 und 2 sowie § 308 Nummer 1a und 1b auf Verträge, in die die Vergabe- und Vertragsordnung für Bauleistungen Teil B (VOB/B) in der jeweils zum Zeitpunkt des Vertragsschlusses geltenden Fassung ohne inhaltliche Abweichungen insgesamt einbezogen ist, in Bezug auf eine Inhaltskontrolle einzelner Bestimmungen keine Anwendung.

(1a) Die §§ 307 und 308 Nummer 1a und 1b sind nicht anzuwenden auf Verträge über Geschäfte nach Satz 2, wenn ein Unternehmer das Geschäft, das Gegenstand des Vertrages ist, rechtmäßig gewerbsmäßig tätigt und den Vertrag geschlossen hat mit

1. einem Unternehmer, der solche Geschäfte am Ort seines Sitzes oder einer Niederlassung auch als Erbringer der vertragstypischen Leistung rechtmäßig gewerbsmäßig tätigen kann,

2. einem großen Unternehmer im Sinne des Satzes 3, der Geschäfte nach Satz 2 am Ort seines Sitzes oder einer Niederlassung auch als Erbringer der vertragstypischen Leistung rechtmäßig gewerbsmäßig tätigen kann.

Geschäfte nach Satz 1 sind

1. Bankgeschäfte im Sinne des § 1 Absatz 1 Satz 2 des Kreditwesengesetzes,

2. Finanzdienstleistungen im Sinne des § 1 Absatz 1a Satz 2 des Kreditwesengesetzes,

3. Wertpapierdienstleistungen im Sinne des § 2 Absatz 2 des Wertpapierinstitutsgesetzes und Wertpapiernebendienstleistungen im Sinne des § 2 Absatz 3 des Wertpapierinstitutsgesetzes,

4. Zahlungsdienste im Sinne des § 1 Absatz 1 Satz 2 des Zahlungsdiensteaufsichtsgesetzes,

5. Geschäfte von Kapitalverwaltungsgesellschaften nach § 20 Absatz 2 und 3 des Kapitalanlagegesetzbuchs und

액을 청구할 수 있는 것, 또는

b) 약관사용자가 제650조의m 제 2 항에 따른 담보제공을 행하지 아
니하거나 그보다 적은 담보제공을 행하는 것.

제310조 [適用範圍]

① 제305조 제 2 항, 제 3 항, 제308조 제 1 호, 제 2 호 내지 제 9 호 및 제
309조는 사업자, 공법상의 법인 또는 공법상의 특별재산을 상대로 하여
사용된 약관에 대하여는 적용되지 아니한다. 제 1 문에 해당하는 경우
에도, 제307조 제 1 항 및 제 2 항은 그것이 제308조 제 1 호, 제 2 호 내지
제 9 호 및 제309조에서 정하여진 계약조항의 효력불발생을 초래하는 한
도에서 이를 적용한다; 상거래에서 통용되는 관습과 관행은 이를 적절
하게 고려하여야 한다. 제 1 문의 경우에 계약 체결 당시 각 효력을 가지
는 건설공사계약표준약관 B편이 내용상의 변경 없이 편입된 계약에는
제307조 제 1 항, 제 2 항 및 제308조 제 1 호의a, 제 1 호의b는 그 개별 조
항의 내용통제에 관하여 적용되지 아니한다.

①의a　제 2 문에서 정하는 거래행위에 관한 계약인 경우에 제307조, 제
308조 제 1 항의a 및 제 1 항 의b는 사업자가 그 계약의 대상인 거래행위를
적법하게 영업적으로 행하고 또한 그 계약을 다음 각 호의 당사자와 사
이에 체결하는 때에는 적용하지 아니한다,

1. 그러한 거래를 그 주소 또는 영업소가 있는 장소에서 그 계약에 전형
적인 급부의 실행자로서도 적법하게 영업적으로 행할 수 있는 사업자,
2. 제 2 문에서 정하는 거래를 그 주소 또는 영업소가 있는 장소에서 그
계약에 전형적인 급부의 실행자로서도 적법하게 영업적으로 행할
수 있는, 제3문에서 정하는 대규모사업자.

제 1 문에서의 거래행위란 다음을 말한다,

1. 금융기관법 제 1 조 제 1 항의a에서 정하는 은행거래행위,
2. 금융기관법 제 1 조 제 1 항의a에서 정하는 금융서비스,
3. 유가증권기관법 제 2 조 제 2 항에서 정하는 유가증권서비스 및 동법
제2조 제3항에서 정하는 유가증권부가서비스,
4. 지급서비스감독법 제 1 조 제 1 항 제 2 문에서 정하는 지급서비스,
5. 자본투자법 제20조 제 2 항 및 제 3 항에 따른 자본관리회사의 거래행위 및

6. Geschäfte von Börsen und ihren Trägern nach § 2 Absatz 1 des Börsengesetzes.

Ein Unternehmer ist als großer Unternehmer nach Satz 1 Nummer 2 anzusehen, wenn er in jedem der beiden Kalenderjahre vor dem Vertragsschluss zwei der drei folgenden Merkmale erfüllt hat:

1. er hat im Jahresdurchschnitt nach § 267 Absatz 5 des Handelsgesetzbuchs jeweils mindestens 250 Arbeitnehmer beschäftigt,
2. er hat jeweils Umsatzerlöse von mehr als 50 Millionen Euro erzielt oder
3. seine Bilanzsumme nach § 267 Absatz 4a des Handelsgesetzbuchs hat sich jeweils auf mehr als 43 Millionen Euro belaufen.

Satz 1 ist auch anzuwenden, wenn die folgenden Stellen eine der beiden Vertragsparteien sind:

1. die Deutsche Bundesbank,
2. die Kreditanstalt für Wiederaufbau,
3. eine Stelle der öffentlichen Schuldenverwaltung nach § 2 Absatz 1 Nummer 3a des Kreditwesengesetzes,
4. eine auf der Grundlage der §§ 8a und 8b des Stabilisierungsfondsgesetzes errichtete Abwicklungsanstalt,
5. die Weltbank, der Internationale Währungsfonds, die Europäische Zentralbank, die nationalen Zentralbanken der Mitgliedstaaten des Europäischen Wirtschaftsraums und des Vereinigten Königreichs Großbritannien und Nordirland, die Europäische Investitionsbank oder eine vergleichbare internationale Finanzorganisation.

(2) Die §§ 308 und 309 finden keine Anwendung auf Verträge der Elektrizitäts-, Gas-, Fernwärme- und Wasserversorgungsunternehmen über die Versorgung von Sonderabnehmern mit elektrischer Energie, Gas, Fernwärme und Wasser aus dem Versorgungsnetz, soweit die Versorgungsbedingungen nicht zum Nachteil der Abnehmer von Verordnungen über Allgemeine Bedingungen für die Versorgung von Tarifkunden mit elektrischer Energie, Gas, Fernwärme und Wasser abweichen. Satz 1 gilt entsprechend für Verträge über die Entsorgung von Abwasser.

(3) Bei Verträgen zwischen einem Unternehmer und einem Verbraucher (Verbraucherverträge) finden die Vorschriften dieses Abschnitts mit folgenden Maßgaben Anwendung:

1. Allgemeine Geschäftsbedingungen gelten als vom Unternehmer gestellt, es sei denn, dass sie durch den Verbraucher in den Vertrag eingeführt wurden;
2. § 305c Abs. 2 und die §§ 306 und 307 bis 309 dieses Gesetzes sowie Artikel 46b des Einführungsgesetzes zum Bürgerlichen Gesetzbuche finden

6. 거래소법 제2조 제항에 따른 거래소 및 그 거래담당자[?]의 거래행위.
사업자가 계약 체결에 앞선 두 역년曆年의 각각에서 다음의 세 가지 징표
중 둘을 충족하는 경우에는 그는 제1문 제2호에서 정하는 대규모사업
자로 간주된다:

1. 상법 제267조 제5항 소정의 연 평균에 있어서 매년 적어도 250인의
   근로자를 고용하는 것,
2. 매상고가 매년 5천만 유로 이상을 달성하는 것, 또는
3. 상법 제267조 제4항의a 소정의 재무상태표 총액이 매년 4,300만 유
   로 이상인 것.

제1문은 다음의 기관이 쌍방 당사자 중 일방인 경우에도 적용된다:

1. 독일연방은행,
2. 도시재개발은행,
3. 금융기관법 제2조 제1항 제3호의a 소정의 공적 채무관리를 위한 기관,
4. 기업안정화자금법 제8조의a 및 제8조의b에 기하여 설립된 채권처리
   기관,
5. 세계은행, 국제통화기금, 유럽중앙은행, 유럽경제공동체 가입국 및
   영국의 국가중앙은행, 유럽투자은행 또는 이에 비견할 만한 국제금
   융기관.

② 전기, 가스, 지역난방 및 수도의 공급사업자가 특별수용자特別需用者
에 대하여 전기, 가스, 지역난방 및 수도를 그 공급망을 통하여 공급하는
계약에 대하여는, 그 공급약관이 「전기, 가스, 지역난방 및 수도를 표준
요금고객에 공급하는 계약의 약관에 관한 명령」과 다른 내용으로 수용
자에게 불리한 것이 아닌 한, 제308조와 제309조가 적용되지 아니한다.
제1문은 하수처리에 관한 계약에 준용된다.

③ 사업자와 소비자 간의 계약("소비자계약")에는 다음의 정함에 따라
이 장의 규정이 적용된다:

1. 약관은 사업자가 제시한 것으로 간주한다, 그러나 소비자에 의하여
   계약에 편입된 경우에는 그러하지 아니하다;
2. 이 법 제305조의c 제2항, 제306조, 제307조 내지 제309조 및 민법시

auf vorformulierte Vertragsbedingungen auch dann Anwendung, wenn diese nur zur einmaligen Verwendung bestimmt sind und soweit der Verbraucher auf Grund der Vorformulierung auf ihren Inhalt keinen Einfluss nehmen konnte;

3. bei der Beurteilung der unangemessenen Benachteiligung nach § 307 Abs. 1 und 2 sind auch die den Vertragsschluss begleitenden Umstände zu berücksichtigen.

(4) Dieser Abschnitt findet keine Anwendung bei Verträgen auf dem Gebiet des Erb-, Familien- und Gesellschaftsrechts sowie auf Tarifverträge, Betriebs- und Dienstvereinbarungen. Bei der Anwendung auf Arbeitsverträge sind die im Arbeitsrecht geltenden Besonderheiten angemessen zu berücksichtigen; § 305 Abs. 2 und 3 ist nicht anzuwenden. Tarifverträge, Betriebs- und Dienstverein- barungen stehen Rechtsvorschriften im Sinne von § 307 Abs. 3 gleich.

Abschnitt 3　Schuldverhältnisse aus Verträgen

Titel 1　Begründung, Inhalt und Beendigung

Untertitel 1　Begründung

§ 311 Rechtsgeschäftliche und rechtsgeschäftsähnliche Schuldverhältnisse

(1) Zur Begründung eines Schuldverhältnisses durch Rechtsgeschäft sowie zur Änderung des Inhalts eines Schuldverhältnisses ist ein Vertrag zwischen den Beteiligten erforderlich, soweit nicht das Gesetz ein anderes vorschreibt.

(2) Ein Schuldverhältnis mit Pflichten nach § 241 Abs. 2 entsteht auch durch

1. die Aufnahme von Vertragsverhandlungen,

2. die Anbahnung eines Vertrags, bei welcher der eine Teil im Hinblick auf eine etwaige rechtsgeschäftliche Beziehung dem anderen Teil die Möglich- keit zur Einwirkung auf seine Rechte, Rechtsgüter und Interessen gewährt oder ihm diese anvertraut, oder

행법 제46조의b는, 미리 작성된 계약조항이 단지 1 회의 사용을 위한 것인 경우에도, 사전의 작성으로 말미암아 소비자가 그 내용에 영향을 미칠 수 없었던 한도에서 그에 적용된다;

3. 제307조 제 1 항과 제 2 항에서 정하는 부당한 불이익의 판단에 있어서는 계약체결에 수반하는 제반 사정도 고려되어야 한다.

④ 이 장은 상속법, 친족법 및 회사법의 영역에서의 계약, 그리고 단체협약, 취업규칙 및 복무규정에는 적용되지 아니한다. 근로계약에 적용함에 있어서는 노동법에서 인정되는 특수성을 적절하게 고려하여야 한다; 제305조 제 2 항과 제 3 항은 이에 적용되지 아니한다. 단체협약, 취업규칙 및 복무규정은 제307조 제 3 항의 의미에서의 법률규정과 동시된다.

제 3 장 契約上의 債權關係

제 1 절 成立·內容 및 終了

제 1 관 成 立

제311조 [法律行爲에 기한 債權關係 또는 그에 준하는 債權關係]

① 법률행위에 의하여 채권관계를 발생시키기 위하여는 또 채권관계의 내용을 변경하기 위하여는 법률에 다른 정함이 없는 한 당사자 사이의 계약이 요구된다.

② 제241조 제 2 항에서 정하는 의무를 내용으로 하는 채권관계는 다음에 의하여서도 성립한다,

1. 계약교섭을 개시하는 것,

2. 계약체결을 위한 접촉을 하면서, 그에 있어서 일방 당사자가 상대방 당사자에게 장차 성립할지도 모르는 법률행위적 관계와 관련하여 자신의 권리, 법익 및 이익에 영향을 미칠 가능성을 부여하거나 또는 이를 위탁하는 것, 또는

3. ähnliche geschäftliche Kontakte.

(3) Ein Schuldverhältnis mit Pflichten nach § 241 Abs. 2 kann auch zu Personen entstehen, die nicht selbst Vertragspartei werden sollen. Ein solches Schuldverhältnis entsteht insbesondere, wenn der Dritte in besonderem Maße Vertrauen für sich in Anspruch nimmt und dadurch die Vertragsverhandlungen oder den Vertragsschluss erheblich beeinflusst.

§ 311a Leistungshindernis bei Vertragsschluss

(1) Der Wirksamkeit eines Vertrags steht es nicht entgegen, dass der Schuldner nach § 275 Abs. 1 bis 3 nicht zu leisten braucht und das Leistungshindernis schon bei Vertragsschluss vorliegt.

(2) Der Gläubiger kann nach seiner Wahl Schadensersatz statt der Leistung oder Ersatz seiner Aufwendungen in dem in § 284 bestimmten Umfang verlangen. Dies gilt nicht, wenn der Schuldner das Leistungshindernis bei Vertragsschluss nicht kannte und seine Unkenntnis auch nicht zu vertreten hat. § 281 Abs. 1 Satz 2 und 3 und Abs. 5 findet entsprechende Anwendung.

§ 311b Verträge über Grundstücke, das Vermögen und den Nachlass

(1) Ein Vertrag, durch den sich der eine Teil verpflichtet, das Eigentum an einem Grundstück zu übertragen oder zu erwerben, bedarf der notariellen Beurkundung. Ein ohne Beachtung dieser Form geschlossener Vertrag wird seinem ganzen Inhalt nach gültig, wenn die Auflassung und die Eintragung in das Grundbuch erfolgen.

(2) Ein Vertrag, durch den sich der eine Teil verpflichtet, sein künftiges Vermögen oder einen Bruchteil seines künftigen Vermögens zu übertragen oder mit einem Nießbrauch zu belasten, ist nichtig.

(3) Ein Vertrag, durch den sich der eine Teil verpflichtet, sein gegenwärtiges Vermögen oder einen Bruchteil seines gegenwärtigen Vermögens zu übertragen oder mit einem Nießbrauch zu belasten, bedarf der notariellen Beurkundung.

(4) Ein Vertrag über den Nachlass eines noch lebenden Dritten ist nichtig. Das Gleiche gilt von einem Vertrag über den Pflichtteil oder ein Vermächtnis aus dem Nachlass eines noch lebenden Dritten.

(5) Absatz 4 gilt nicht für einen Vertrag, der unter künftigen gesetzlichen

  3. 이들과 유사한 거래상 접촉을 하는 것.

 ③ 제241조 제 2 항에서 정하는 의무를 내용으로 하는 채권관계는 계약
당사자가 될 것이 아닌 사람에 대하여도 성립할 수 있다. 그러한 채권관
계는 특히, 그 제 3 자가 특별한 정도로 자신에 대한 신뢰를 불러일으키
고 또 이를 통하여 계약교섭이나 계약의 체결에 현저하게 영향을 미친
경우에 성립한다.

제311조의a [契約締結時의 給付障碍]

 ① 채무자가 제275조 제 1 항 내지 제 3 항에 따라 급부할 필요가 없고 또
그 급부장애가 계약체결시 이미 존재하고 있었다는 사정은 계약의 유효
에 영향을 미치지 아니한다.

 ② 채권자는 그의 선택에 좇아 급부에 갈음하는 손해배상 또는 제284조
에서 정하여진 범위에서 그가 지출한 비용의 상환을 청구할 수 있다. 이
는 채무자가 계약체결시에 급부장애를 알지 못하였고 또 그 부지에 대
하여 책임 없는 경우에는 적용되지 아니한다. 제281조 제 1 항 제 2 문,
제 3 문 및 동조 제 5 항은 이에 준용된다.

제311조의b [土地, 財産 및 相續財産에 관한 契約]

 ① 일방 당사자가 토지소유권을 양도하거나 취득할 의무를 지는 계약은
공정증서의 작성을 요한다. 이 방식을 준수하지 아니하고 체결된 계약은
부동산소유권양도합의와 등기부에의 등기가 행하여지는 때에는 그 내용
전부가 유효하게 된다.

 ② 일방 당사자가 그의 장래의 재산 또는 그 지분을 양도할 의무 또는
그에 용익권을 설정할 의무를 지는 계약은 무효이다.

 ③ 일방 당사자가 그의 현재의 재산 또는 그 지분을 양도할 의무 또는
그에 용익권을 설정할 의무를 지는 계약은 공정증서의 작성을 요한다.

 ④ 생존하고 있는 제 3 자의 상속재산에 관한 계약은 무효이다. 생존하고
있는 제 3 자의 상속재산으로부터의 의무분 또는 유증물에 관한 계약도
또한 같다.

 ⑤ 제 4 항은 장래의 법정상속인 간에 그 중 1인의 법정상속분 또는 의무

Erben über den gesetzlichen Erbteil oder den Pflichtteil eines von ihnen geschlossen wird. Ein solcher Vertrag bedarf der notariellen Beurkundung.

§ 311c Erstreckung auf Zubehör

Verpflichtet sich jemand zur Veräußerung oder Belastung einer Sache, so erstreckt sich diese Verpflichtung im Zweifel auch auf das Zubehör der Sache.

Untertitel 2　Grundsätze bei Verbraucherverträgen und besondere Vertriebsformen

Kapitel 1　Anwendungsbereich und Grundsätze bei Verbraucherverträgen

§ 312 Anwendungsbereich

(1) Die Vorschriften der Kapitel 1 und 2 dieses Untertitels sind nur auf Verbraucherverträge im Sinne des § 310 Absatz 3 anzuwenden, die eine entgeltliche Leistung des Unternehmers zum Gegenstand haben.

(1a) Die Vorschriften der Kapitel 1 und 2 dieses Untertitels sind auch auf Verbraucherverträge anzuwenden, bei denen der Verbraucher dem Unternehmer personenbezogene Daten bereitstellt oder sich hierzu verpflichtet. Dies gilt nicht, wenn der Unternehmer die vom Verbraucher bereitgestellten personenbezogenen Daten ausschließlich verarbeitet, um seine Leistungspflicht oder an ihn gestellte rechtliche Anforderungen zu erfüllen, und sie zu keinem anderen Zweck verarbeitet.

(2) Von den Vorschriften der Kapitel 1 und 2 dieses Untertitels ist nur § 312a Absatz 1, 3, 4 und 6 auf folgende Verträge anzuwenden:

1. notariell beurkundete Verträge
   a) über Finanzdienstleistungen, die außerhalb von Geschäftsräumen geschlossen werden,
   b) die keine Verträge über Finanzdienstleistungen sind; für Verträge, für die das Gesetz die notarielle Beurkundung des Vertrags oder einer Vertragserklärung nicht vorschreibt, gilt dies nur, wenn der Notar darüber belehrt, dass die Informationspflichten nach § 312d Absatz 1 und das Widerrufsrecht nach § 312g Absatz 1 entfallen,
2. Verträge über die Begründung, den Erwerb oder die Übertragung von Eigentum oder anderen Rechten an Grundstücken,

분에 관하여 체결된 계약에는 적용되지 아니한다. 그러한 계약은 공정증
서의 작성을 요한다.

제311조의c [從物에의 擴張]

물건의 양도나 부담설정의 의무를 지는 경우에, 그 의무는 의심스러운
때에는 그 물건의 종물에도 미친다.

제2관 消費者契約에서의 原則과 特殊한 去來形態

제1항 適用範圍와 消費者契約의 原則

제312조 [適用範圍]

① 이 관의 제1항과 제2항의 규정들은 제310조 제3항의 의미에서의 소
비자계약으로서 사업자의 유상 급부를 목적으로 하는 것에만 적용된다.

①의a 이 관 제1항과 제2항의 규정은 소비자가 사업자에게 인적 데이
터를 제공하는 소비자계약 또는 그 제공의 의무를 지는 소비자계약에도
적용된다. 사업자가 오로지 자신의 급부의무 또는 자신에게 부과된 법적
요구사항을 이행하기 위하여 소비자가 제공한 인적 데이터를 처리하고
다른 목적으로는 처리하지 아니하는 경우에는 그러하지 아니하다.

② 이 관의 제1항과 제2항의 규정들 중 제312조의a 제1항, 제3항,
제4항 및 제6항은 다음의 계약에만 적용된다:

1. 공정증서로 작성된 계약으로서,
   a) 영업장소 밖에서 체결되는 금융서비스에 관한 것,
   b) 금융서비스에 관한 것이 아닌 것; 이는 법률이 계약이나 계약상
      의 의사표시를 공정증서로 작성할 것을 규정하지 아니하는 계약
      에 있어서는 공증인이 제312조의d 제1항에서 정하는 정보제공
      의무 및 제312조의g 제1항에서 정하는 철회권이 발생하지 아니
      함을 알려 준 경우에만 적용된다,

2. 부동산에 대한 소유권이나 기타 권리의 설정, 취득 또는 양도에 관한
   계약,

3. Verbraucherbauverträge nach § 650i Absatz 1,

4. (weggefallen)

5. (weggefallen)

6. Verträge über Teilzeit-Wohnrechte, langfristige Urlaubsprodukte, Vermittlungen und Tauschsysteme nach den §§ 481 bis 481b,

7. Behandlungsverträge nach § 630a,

8. Verträge über die Lieferung von Lebensmitteln, Getränken oder sonstigen Haushaltsgegenständen des täglichen Bedarfs, die am Wohnsitz, am Aufenthaltsort oder am Arbeitsplatz eines Verbrauchers von einem Unternehmer im Rahmen häufiger und regelmäßiger Fahrten geliefert werden,

9. Verträge, die unter Verwendung von Warenautomaten und automatisierten Geschäftsräumen geschlossen werden,

10. Verträge, die mit Betreibern von Telekommunikationsmitteln mit Hilfe öffentlicher Münz- und Kartentelefone zu deren Nutzung geschlossen werden,

11. Verträge zur Nutzung einer einzelnen von einem Verbraucher hergestellten Telefon-, Internet- oder Telefaxverbindung,

12. außerhalb von Geschäftsräumen geschlossene Verträge, bei denen die Leistung bei Abschluss der Verhandlungen sofort erbracht und bezahlt wird und das vom Verbraucher zu zahlende Entgelt 40 Euro nicht überschreitet, und

13. Verträge über den Verkauf beweglicher Sachen auf Grund von Zwangsvollstreckungsmaßnahmen oder anderen gerichtlichen Maßnahmen.

(3) Auf Verträge über soziale Dienstleistungen, wie Kinderbetreuung oder Unterstützung von dauerhaft oder vorübergehend hilfsbedürftigen Familien oder Personen, einschließlich Langzeitpflege, sind von den Vorschriften der Kapitel 1 und 2 dieses Untertitels nur folgende anzuwenden:

1. die Definitionen der außerhalb von Geschäftsräumen geschlossenen Verträge und der Fernabsatzverträge nach den §§ 312b und 312c,

2. § 312a Absatz 1 über die Pflicht zur Offenlegung bei Telefonanrufen,

3. § 312a Absatz 3 über die Wirksamkeit der Vereinbarung, die auf eine über das vereinbarte Entgelt für die Hauptleistung hinausgehende Zahlung gerichtet ist,

4. § 312a Absatz 4 über die Wirksamkeit der Vereinbarung eines Entgelts für die Nutzung von Zahlungsmitteln,

3. 제650조의i 제 1 항에서 정하는 소비자건축계약,

4. [삭제]

5. [삭제]

6. 제481조 내지 제481조의b에서 정하는 일시거주권, 장기의 휴가우대
상품, 중개 및 교환시스템에 관한 계약,

7. 제630조의a에서 정하는 진료계약,

8. 사업자에 의하여 소비자의 주소·거주지 또는 직장에서 빈번한 정규
운송의 방법으로 공급되는 식품·음료 또는 기타 일상의 필요에 제
공되는 가사용품의 공급에 관한 계약,

9. 물품자동판매기 또는 자동화된 영업공간을 사용하여 체결되는 계약,

10. 전자통신사업자와의 사이에 공중의 동전전화기 또는 카드전화기로
체결되는 그 통신수단의 이용에 관한 계약,

11. 소비자가 구축한 개별적인 전화시스템, 인터넷시스템 또는 팩스시
스템의 이용에 관한 계약,

12. 영업장소 밖에서 체결된 것으로서 계약교섭의 종료 후 즉시 급부가
공여되고 대가가 지급되며 소비자가 지급하여야 할 반대급부가 40
유로를 넘지 아니하는 계약 및

13. 강제집행 또는 기타의 법원 처분에 기하여 동산을 매도하는 것에
관한 계약.

③ 아동 부조 또는 지속적이거나 일시적으로 보조를 요하는 가족이나
사람의 지원과 같이 장기의 개호를 포함하여 사회적 급부에 관한 계약에
는 이 관 제 1 항 및 제 2 항의 규정들 중 다음의 것만이 적용된다:

1. 제312조의b와 제312조의c에 정하여진 영업장소 밖에서 체결된 계약
및 통신판매계약의 각 정의,

2. 전화 통화에서의 개시의무開示義務에 관한 제312조의a 제 1 항,

3. 주급부에 대하여 합의된 대가를 초과하는 금전의 지급을 내용으로
하는 약정의 유효성에 관한 제312조의a 제 3 항,

4. 지급수단의 사용에 대한 대가 합의의 유효성에 관한 제312조의a
제 4 항,

5. § 312a Absatz 6,

6. § 312d Absatz 1 in Verbindung mit Artikel 246a § 1 Absatz 2 und 3 des
Einführungsgesetzes zum Bürgerlichen Gesetzbuche über die Pflicht zur
Information über das Widerrufsrecht und

7. § 312g über das Widerrufsrecht.

(4) Auf Verträge über die Vermietung von Wohnraum sind von den Vorschriften der Kapitel 1 und 2 dieses Untertitels nur die in Absatz 3 Nummer 1
bis 7 genannten Bestimmungen anzuwenden. Die in Absatz 3 Nummer 1, 6 und
7 genannten Bestimmungen sind jedoch nicht auf die Begründung eines
Mietverhältnisses über Wohnraum anzuwenden, wenn der Mieter die Wohnung
zuvor besichtigt hat.

(5) Bei Vertragsverhältnissen über Bankdienstleistungen sowie Dienstleistungen im Zusammenhang mit einer Kreditgewährung, Versicherung, Alters-
versorgung von Einzelpersonen, Geldanlage oder Zahlung (Finanzdienstleistungen), die eine erstmalige Vereinbarung mit daran anschließenden aufein-
anderfolgenden Vorgängen oder eine daran anschließende Reihe getrennter, in
einem zeitlichen Zusammenhang stehender Vorgänge gleicher Art umfassen,
sind die Vorschriften der Kapitel 1 und 2 dieses Untertitels nur auf die erste
Vereinbarung anzuwenden. § 312a Absatz 1, 3, 4 und 6 ist daneben auf jeden
Vorgang anzuwenden. Wenn die in Satz 1 genannten Vorgänge ohne eine solche Vereinbarung aufeinanderfolgen, gelten die Vorschriften über Informationspflichten des Unternehmers nur für den ersten Vorgang. Findet jedoch
länger als ein Jahr kein Vorgang der gleichen Art mehr statt, so gilt der
nächste Vorgang als der erste Vorgang einer neuen Reihe im Sinne von Satz 3.

(6) Von den Vorschriften der Kapitel 1 und 2 dieses Untertitels ist auf Verträge über Versicherungen sowie auf Verträge über deren Vermittlung nur
§ 312a Absatz 3, 4 und 6 anzuwenden.

(7) Auf Pauschalreiseverträge nach den §§ 651a und 651c sind von den Vorschriften dieses Untertitels nur § 312a Absatz 3 bis 6, die §§ 312i, 312j Absatz 2
bis 5 und § 312m anzuwenden; diese Vorschriften finden auch Anwendung,
wenn der Reisende kein Verbraucher ist. Ist der Reisende ein Verbraucher, ist
auf Pauschalreiseverträge nach § 651a, die außerhalb von Geschäftsräumen
geschlossen worden sind, auch § 312g Absatz 1 anzuwenden, es sei denn, die
mündlichen Verhandlungen, auf denen der Vertragsschluss beruht, sind auf
vorhergehende Bestellung des Verbrauchers geführt worden.

5. 제312조의a 제 6 항,

6. 철회권에 대한 정보를 제공할 의무에 관한 제312조의d 제 1 항 및 그
와 연결되는 민법시행법 제246조의a § 1 제 2 항 및 제 3 항, 및

7. 철회권에 관한 제312조의g.

④ 주거공간의 임대에 관한 계약에는 이 관 제 1 항 및 제 2 항의 규정들
중 제 3 항 제 1 호 내지 제 7 호에서 열거된 것만이 적용된다. 그러나 임
차인이 주거를 미리 둘러본 경우에는 제 3 항 제 1 호, 제 6 호 및 제 7 호
에서 열거된 규정은 주거공간에 관한 임대차관계의 설정에 대하여는 적
용되지 아니한다.

⑤ 은행서비스 및 금융제공, 보험, 개인에 대한 노령보험, 자금투자 또는
지급에 관련된 서비스("금융서비스")에 관한 계약관계에 있어서 그것이
애초의 약정과 그에 이어지는 연속 발생의 거래들을 포함하거나 그에 이
어지는 분리되기는 하였으나 시간적으로 연관되는 일련의 동종 거래들
을 포함하는 경우에는 이 관 제 1 항 및 제 2 항의 규정들은 애초의 약정
에 대하여만 적용된다. 그와 함께 제312조의a 제 1 항, 제 3 항, 제 4 항 및
제 6 항은 그 모든 거래에 적용된다. 제 1 문에서 정하여진 거래들이 그러
한 약정 없이 연속하여 발생한 경우에는 사업자의 정보제공의무에 관한
규정은 최초의 거래에 대하여만 적용된다. 그러나 1 년을 넘는 기간 동안
그러한 동종 거래가 발생하지 아니한 경우에는 그 후 처음으로 발생한
거래가 제 3 문의 의미에서의 동종의 최초 거래로 간주된다.

⑥ 보험계약 및 그 중개에 관한 계약에는 이 관의 제 1 항과 제 2 항의 규
정들 중에서 제312조의a 제 3 항, 제 4 항 및 제 6 항만이 적용된다.

⑦ 제651조의a 및 제651조의c 소정의 포괄여행계약에 대하여는 이 관
의 규정 중에서 제312조의a 제 3 항 내지 제 6 항, 제312조의i, 제312조의j
제 2 항 내지 제 5 항 및 제312의m만이 적용된다; 이들 규정은 여행자가 소
비자가 아닌 경우에도 적용된다. 여행자가 소비자인 경우에는, 영업장소
밖에서 체결된 제651조의a 소정의 포괄여행계약에 대하여는 제312조의g
제 1 항도 적용된다, 다만 그 계약 체결의 바탕이 되는 구두상의 교섭이 소
비자가 미리 행한 주문에 기하여 행하여진 경우에는 그러하지 아니하다.

(8) Auf Verträge über die Beförderung von Personen ist von den Vorschriften der Kapitel 1 und 2 dieses Untertitels nur § 312a Absatz 1 und 3 bis 6 anzuwenden.

§ 312a Allgemeine Pflichten und Grundsätze bei Verbraucherverträgen; Grenzen der Vereinbarung von Entgelten

(1) Ruft der Unternehmer oder eine Person, die in seinem Namen oder Auftrag handelt, den Verbraucher an, um mit diesem einen Vertrag zu schließen, hat der Anrufer zu Beginn des Gesprächs seine Identität und gegebenenfalls die Identität der Person, für die er anruft, sowie den geschäftlichen Zweck des Anrufs offenzulegen.

(2) Der Unternehmer ist verpflichtet, den Verbraucher nach Maßgabe des Artikels 246 des Einführungsgesetzes zum Bürgerlichen Gesetzbuche zu informieren. Der Unternehmer kann von dem Verbraucher Fracht-, Liefer- oder Versandkosten und sonstige Kosten nur verlangen, soweit er den Verbraucher über diese Kosten entsprechend den Anforderungen aus Artikel 246 Absatz 1 Nummer 3 des Einführungsgesetzes zum Bürgerlichen Gesetzbuche informiert hat. Die Sätze 1 und 2 sind weder auf außerhalb von Geschäftsräumen geschlossene Verträge noch auf Fernabsatzverträge noch auf Verträge über Finanzdienstleistungen anzuwenden.

(3) Eine Vereinbarung, die auf eine über das vereinbarte Entgelt für die Hauptleistung hinausgehende Zahlung des Verbrauchers gerichtet ist, kann ein Unternehmer mit einem Verbraucher nur ausdrücklich treffen. Schließen der Unternehmer und der Verbraucher einen Vertrag im elektronischen Geschäftsverkehr, wird eine solche Vereinbarung nur Vertragsbestandteil, wenn der Unternehmer die Vereinbarung nicht durch eine Voreinstellung herbeiführt.

(4) Eine Vereinbarung, durch die ein Verbraucher verpflichtet wird, ein Entgelt dafür zu zahlen, dass er für die Erfüllung seiner vertraglichen Pflichten ein bestimmtes Zahlungsmittel nutzt, ist unwirksam, wenn

1. für den Verbraucher keine gängige und zumutbare unentgeltliche Zahlungsmöglichkeit besteht oder

2. das vereinbarte Entgelt über die Kosten hinausgeht, die dem Unternehmer durch die Nutzung des Zahlungsmittels entstehen.

(5) Eine Vereinbarung, durch die ein Verbraucher verpflichtet wird, ein Entgelt dafür zu zahlen, dass der Verbraucher den Unternehmer wegen Fragen oder Erklärungen zu einem zwischen ihnen geschlossenen Vertrag über eine Rufnummer anruft, die der Unternehmer für solche Zwecke bereithält, ist unwirksam, wenn das vereinbarte Entgelt das Entgelt für die bloße Nutzung des

⑧ 사람의 운송에 관한 계약에 대하여는 이 관 제 1 항 및 제 2 항의 규정 중에서 제312조의a 제 1 항 및 제 3 항 내지 제 6 항만이 적용된다.

제312조의a [消費者契約에서의 一般的 義務 및 原則; 對價約定의 限界]

① 사업자 또는 그의 이름으로 또는 그의 위탁을 받아 행위하는 사람이 소비자와 계약을 체결하기 위하여 소비자에게 전화를 하는 경우에 그는 통화를 시작하면서 자신이 누구라는 것, 타인을 위하여 전화하는 때에는 그 타인이 누구라는 것 및 통화의 영업적 목적을 밝혀야 한다.

② 사업자는 민법시행법 제246조가 정하는 바에 따라 소비자에게 정보를 제공하여야 한다. 사업자는 화물운임, 배달요금 또는 발송비 및 기타의 비용에 관하여 민법시행법 제246조 제 1 항 제 3 호의 요건에 맞게 소비자에게 정보를 제공한 한도에서 소비자로부터 이들 비용을 청구할 수 있다. 제 1 문 및 제 2 문은 영업장소 밖에서 체결된 계약, 통신판매계약 또는 금융서비스에 관한 계약에는 적용되지 아니한다.

③ 사업자는 소비자가 주급부에 관하여 약정된 대가를 넘는 금액을 지급하는 것을 내용으로 하는 소비자와의 약정을 명시적으로만 행할 수 있다. 사업자와 소비자가 전자거래로 계약을 체결한 경우에는 이러한 약정은 사업자가 그 약정을 미리 기본값[즉 디폴트내용]으로 설정함으로써 행하여진 것이 아닌 때에만 계약의 구성부분이 된다.

④ 소비자가 계약상 의무의 이행에 일정한 지급수단을 사용하는 것에 대하여 대가를 지급할 의무를 지는 약정은 다음의 경우에는 효력이 없다,

1. 소비자에게 통상 행하여지는 기대될 수 있는 지급수단을 이용할 가능성이 없는 경우 또는

2. 그 약정된 대가가 사업자가 그 지급수단의 사용으로 부담하게 되는 비용을 넘는 경우.

⑤ 소비자가 사업자와 체결한 계약에 관하여 문의하거나 설명을 얻기 위하여 사업자가 그러한 목적으로 마련한 전화번호로 전화한 것에 대하여 대가를 지급할 의무를 지는 약정은 그 약정된 대가가 전자통신서비스의 단순한 이용에 대한 대가를 넘는 경우에는 효력이 없다. 그 약정이

Telekommunikationsdienstes übersteigt. Ist eine Vereinbarung nach Satz 1 unwirksam, ist der Verbraucher auch gegenüber dem Anbieter des Telekommunikationsdienstes nicht verpflichtet, ein Entgelt für den Anruf zu zahlen. Der
Anbieter des Telekommunikationsdienstes ist berechtigt, das Entgelt für die
bloße Nutzung des Telekommunikationsdienstes von dem Unternehmer zu verlangen, der die unwirksame Vereinbarung mit dem Verbraucher geschlossen hat.

(6) Ist eine Vereinbarung nach den Absätzen 3 bis 5 nicht Vertragsbestandteil geworden oder ist sie unwirksam, bleibt der Vertrag im Übrigen wirksam.

Kapitel 2　Außerhalb von Geschäftsräumen geschlossene Verträge und Fernabsatzverträge

§ 312b　Außerhalb von Geschäftsräumen geschlossene Verträge

(1) Außerhalb von Geschäftsräumen geschlossene Verträge sind Verträge,

1. die bei gleichzeitiger körperlicher Anwesenheit des Verbrauchers und des
   Unternehmers an einem Ort geschlossen werden, der kein Geschäftsraum des
   Unternehmers ist,
2. für die der Verbraucher unter den in Nummer 1 genannten Umständen ein
   Angebot abgegeben hat,
3. die in den Geschäftsräumen des Unternehmers oder durch Fernkommunikationsmittel geschlossen werden, bei denen der Verbraucher jedoch unmittelbar zuvor außerhalb der Geschäftsräume des Unternehmers bei gleichzeitiger
   körperlicher Anwesenheit des Verbrauchers und des Unternehmers persönlich
   und individuell angesprochen wurde, oder
4. die auf einem Ausflug geschlossen werden, der von dem Unternehmer oder
   mit seiner Hilfe organisiert wurde, um beim Verbraucher für den Verkauf
   von Waren oder die Erbringung von Dienstleistungen zu werben und mit ihm
   entsprechende Verträge abzuschließen.

Dem Unternehmer stehen Personen gleich, die in seinem Namen oder Auftrag
handeln.

(2) Geschäftsräume im Sinne des Absatzes 1 sind unbewegliche Gewerberäume, in denen der Unternehmer seine Tätigkeit dauerhaft ausübt, und bewegliche Gewerberäume, in denen der Unternehmer seine Tätigkeit für gewöhnlich ausübt. Gewerberäume, in denen die Person, die im Namen oder Auftrag
des Unternehmers handelt, ihre Tätigkeit dauerhaft oder für gewöhnlich ausübt, stehen Räumen des Unternehmers gleich.

§ 312c　Fernabsatzverträge

제 1 문에 의하여 효력이 없는 경우에는 전자통신서비스의 제공자에게도 그 통화에 대한 대가를 지급할 의무를 지지 아니한다. 전자통신서비스의 제공자는 소비자와 효력이 없는 약정을 맺은 사업자에 대하여 전자통신서비스의 단순한 이용에 대한 대가를 청구할 권리가 있다.

⑥ 약정이 제 3 항 내지 제 5 항에 따라 계약의 구성부분이 되지 아니하거나 효력이 없는 경우에도 그 나머지의 계약은 효력이 있다.

제 2 항 營業場所 밖에서 締結된 契約 및 通信販賣契約

제312조의b [營業場所 밖에서 締結된 契約]

① 영업장소 밖에서 체결된 계약이라 함은 다음을 말한다,

1. 사업자의 영업장소가 아닌 곳에서 소비자와 사업자 양측이 직접 대면하면서 체결된 계약,

2. 소비자가 제 1 호에서 정하여진 상황 아래서 청약을 한 계약,

3. 사업자의 영업장소 안에서 또는 원격통신수단을 통하여 체결되었으나, 직전에 사업자의 영업장소 밖에서 소비자와 사업자 양측이 직접 대면하면서 소비자가 개인적·개별적으로 접근되었던 계약, 또는

4. 소비자로 하여금 물품의 매도 또는 서비스의 이행을 구하도록 하여 그에 상응하는 계약을 체결할 목적으로 사업자에 의하여 또는 그의 지원으로 행하여진 야외행사에서 체결된 계약.

사업자의 이름으로 또는 그의 위탁을 받아 행위하는 사람은 사업자와 동시된다.

② 제 1 항에서의 영업장소란 사업자가 그 안에서 자신의 활동을 지속적으로 행하는 부동산인 업무공간 또는 사업자가 자신의 활동을 통상적으로 행하는 동산인 업무공간을 말한다. 사업자의 이름으로 또는 그의 위탁을 받아 행위하는 사람이 그의 활동을 지속적으로 또는 통상적으로 행하는 업무공간은 사업자의 공간과 동시된다.

제312조의c [通信販賣契約]

(1) Fernabsatzverträge sind Verträge, bei denen der Unternehmer oder eine in seinem Namen oder Auftrag handelnde Person und der Verbraucher für die Vertragsverhandlungen und den Vertragsschluss ausschließlich Fernkommunikationsmittel verwenden, es sei denn, dass der Vertragsschluss nicht im Rahmen eines für den Fernabsatz organisierten Vertriebs- oder Dienstleistungssystems erfolgt.

(2) Fernkommunikationsmittel im Sinne dieses Gesetzes sind alle Kommunikationsmittel, die zur Anbahnung oder zum Abschluss eines Vertrags eingesetzt werden können, ohne dass die Vertragsparteien gleichzeitig körperlich anwesend sind, wie Briefe, Kataloge, Telefonanrufe, Telekopien, E-Mails, über den Mobilfunkdienst versendete Nachrichten (SMS) sowie Rundfunk und Telemedien.

§ 312d Informationspflichten

(1) Bei außerhalb von Geschäftsräumen geschlossenen Verträgen und bei Fernabsatzverträgen ist der Unternehmer verpflichtet, den Verbraucher nach Maßgabe des Artikels 246a des Einführungsgesetzes zum Bürgerlichen Gesetzbuche zu informieren. Die in Erfüllung dieser Pflicht gemachten Angaben des Unternehmers werden Inhalt des Vertrags, es sei denn, die Vertragsparteien haben ausdrücklich etwas anderes vereinbart.

(2) Bei außerhalb von Geschäftsräumen geschlossenen Verträgen und bei Fernabsatzverträgen über Finanzdienstleistungen ist der Unternehmer abweichend von Absatz 1 verpflichtet, den Verbraucher nach Maßgabe des Artikels 246b des Einführungsgesetzes zum Bürgerlichen Gesetzbuche zu informieren.

§ 312e Verletzung von Informationspflichten über Kosten

Der Unternehmer kann von dem Verbraucher Fracht-, Liefer- oder Versandkosten und sonstige Kosten nur verlangen, soweit er den Verbraucher über diese Kosten entsprechend den Anforderungen aus § 312d Absatz 1 in Verbindung mit Artikel 246a § 1 Absatz 1 Satz 1 Nummer 7 des Einführungsgesetzes zum Bürgerlichen Gesetzbuche informiert hat.

§ 312f Abschriften und Bestätigungen

(1) Bei außerhalb von Geschäftsräumen geschlossenen Verträgen ist der Unternehmer verpflichtet, dem Verbraucher alsbald auf Papier zur Verfügung zu stellen

1. eine Abschrift eines Vertragsdokuments, das von den Vertragsschließenden so unterzeichnet wurde, dass ihre Identität erkennbar ist, oder

2. eine Bestätigung des Vertrags, in der der Vertragsinhalt wiedergegeben ist.

Wenn der Verbraucher zustimmt, kann für die Abschrift oder die Bestätigung

① 통신판매계약이라 함은 사업자 또는 그의 이름으로 또는 그 위탁을
받아 행위하는 사람과 소비자가 계약의 교섭 및 체결에 원격통신수단만
을 사용하여 행하여진 계약을 말한다, 그러나 계약 체결이 통신판매를
위하여 수립된 판매시스템 또는 용역제공시스템의 범위 내에서 행하여
진 것이 아닌 경우에는 그러하지 아니하다.

② 이 법률에서 원격통신수단이라 함은 계약당사자들이 직접 대면함이
없이 계약을 유치하거나 계약을 체결하기 위하여 사용되는 모든 의사소
통수단, 특히 편지·카탈로그·전화·모사전송·이메일·단문메시지서비
스(SMS) 및 전파방송과 원격매체를 말한다.

제312조의d [情報提供義務]

① 영업장소 밖에서 체결된 계약 및 통신판매계약에서 사업자는 민법시
행법 제246조의a에 좇아 소비자에게 정보를 제공할 의무를 진다. 그 의
무의 이행으로 행하여진 사업자의 진술은 계약의 내용이 된다, 그러나
계약당사자들이 명의적으로 달리 약정한 경우에는 그러하지 아니하다.

② 금융서비스에 관하여 영업장소 밖에서 체결된 계약 및 통신판매계약
에서 사업자는 제 1 항과는 달리 민법시행법 제246조의b에 좇아 소비자
에게 정보를 제공할 의무를 진다.

제312조의e [費用에 관한 情報提供義務 違反]

사업자는 화물운임, 배달요금 또는 발송비 및 기타의 비용에 관하여 제
312조의d 제 1 항 및 민법시행법 제246조의a §1 제 1 항 제 1 문 제 7 호의
요건에 맞게 소비자에게 정보를 제공한 한도에서 소비자로부터 이들 비
용을 청구할 수 있다.

제312조의f [謄本과 確認書]

① 영업장소 밖에서 체결된 계약에서 사업자는 즉시 소비자에게 종이로
된 다음의 서면을 교부할 의무를 진다,

  1. 계약 체결의 당사자가 그가 누구인지를 알 수 있게 서명한 계약문서
     의 등본, 또는
  2. 계약의 내용이 나타나 있는 계약확인서.

소비자가 동의한 경우에는 계약의 등본이나 확인서에 갈음하여 다른 지

des Vertrags auch ein anderer dauerhafter Datenträger verwendet werden. Die Bestätigung nach Satz 1 muss die in Artikel 246a des Einführungsgesetzes zum Bürgerlichen Gesetzbuche genannten Angaben nur enthalten, wenn der Unternehmer dem Verbraucher diese Informationen nicht bereits vor Vertragsschluss in Erfüllung seiner Informationspflichten nach § 312d Absatz 1 auf einem dauerhaften Datenträger zur Verfügung gestellt hat.

(2) Bei Fernabsatzverträgen ist der Unternehmer verpflichtet, dem Verbraucher eine Bestätigung des Vertrags, in der der Vertragsinhalt wiedergegeben ist, innerhalb einer angemessenen Frist nach Vertragsschluss, spätestens jedoch bei der Lieferung der Ware oder bevor mit der Ausführung der Dienstleistung begonnen wird, auf einem dauerhaften Datenträger zur Verfügung zu stellen. Die Bestätigung nach Satz 1 muss die in Artikel 246a des Einführungsgesetzes zum Bürgerlichen Gesetzbuche genannten Angaben enthalten, es sei denn, der Unternehmer hat dem Verbraucher diese Informationen bereits vor Vertragsschluss in Erfüllung seiner Informationspflichten nach § 312d Absatz 1 auf einem dauerhaften Datenträger zur Verfügung gestellt.

(3) Bei Verträgen über digitale Inhalte (§ 327 Absatz 2 Satz 1), die nicht auf einem körperlichen Datenträger bereitgestellt werden, ist auf der Abschrift oder in der Bestätigung des Vertrags nach den Absätzen 1 und 2 gegebenenfalls auch festzuhalten, dass der Verbraucher vor Ausführung des Vertrags
1. ausdrücklich zugestimmt hat, dass der Unternehmer mit der Ausführung des Vertrags vor Ablauf der Widerrufsfrist beginnt, und
2. seine Kenntnis davon bestätigt hat, dass er durch seine Zustimmung mit Beginn der Ausführung des Vertrags sein Widerrufsrecht verliert.

(4) Diese Vorschrift ist nicht anwendbar auf Verträge über Finanzdienstleistungen.

§ 312g   Widerrufsrecht

(1) Dem Verbraucher steht bei außerhalb von Geschäftsräumen geschlossenen Verträgen und bei Fernabsatzverträgen ein Widerrufsrecht gemäß § 355 zu.

(2) Das Widerrufsrecht besteht, soweit die Parteien nichts anderes vereinbart haben, nicht bei folgenden Verträgen:
1. Verträge zur Lieferung von Waren, die nicht vorgefertigt sind und für deren Herstellung eine individuelle Auswahl oder Bestimmung durch den Verbraucher maßgeblich ist oder die eindeutig auf die persönlichen Bedürfnisse des Verbrauchers zugeschnitten sind,

속적 자료저장장치가 사용될 수 있다. 사업자가 이미 계약 체결 전에 제
312조의d 제 1 항에 의한 정보제공의무를 지속적 자료저장장치로 이행하
여 이들 정보를 소비자에게 제공하지 아니한 경우에는 제 1 문의 확인서
에 민법시행법 제246조의a에 정하여진 사항이 포함되어 있어야 한다.

② 통신판매계약에서 사업자는 계약 내용이 나타나 있는 계약확인서를
계약 체결 후 상당한 기간 내에, 그러나 늦어도 물품이 인도되는 때까지
또는 용역의 이행이 개시되기 전에 지속적 자료저장장치로 계약확인서
를 소비자에게 제공할 의무를 진다. 제 1 문의 확인서에는 민법시행법 제
246조의a에 정하여진 사항이 포함되어 있어야 한다, 그러나 사업자가 이
미 계약 체결 전에 제312조의d 제 1 항에 의한 정보제공의무를 지속적 자
료저장장치로 이행하여 이들 정보를 소비자에게 제공한 때에는 그러하
지 아니하다.

③ 디지털자료(제327조 제 2 항 제 1 문)로서 유체적 자료저장장치에
있지 아니한 것에 관한 계약에 있어서는 필요한 경우에는 제 1 항 및
제 2 항에 의한 계약의 등본 또는 확인서에 소비자가

  1. 사업자가 철회기간의 경과 전에 계약의 이행을 개시하는 것에 대하
     여 계약의 이행 전에 명시적으로 동의하였다는 것, 그리고

  2. 계약 이행의 개시에 동의함으로써 철회권을 상실하는 것을 그가 계
     약 이행 전에 인식하고 있었음을 확인하였다는 것을

명기하여야 한다.

④ 이 규정은 금융서비스에 관한 계약에는 적용되지 아니한다.

제312조의g [撤回權]

① 영업장소 밖에서 체결된 계약 및 통신판매계약에서 소비자는 제355
조에 의한 철회권을 가진다.

② 당사자가 달리 약정하지 아니한 한 다음의 계약에서는 철회권이 발
생하지 아니한다:

  1. 미리 완성되지 아니한 것으로서 그 제조에 소비자의 개별적인 선택
     또는 결정이 요청되거나 명백히 소비자의 개인적인 필요 충족을 위
     한 물품의 인도에 관한 계약,

2. Verträge zur Lieferung von Waren, die schnell verderben können oder deren
   Verfallsdatum schnell überschritten würde,

3. Verträge zur Lieferung versiegelter Waren, die aus Gründen des Gesundheits-
   schutzes oder der Hygiene nicht zur Rückgabe geeignet sind, wenn ihre
   Versiegelung nach der Lieferung entfernt wurde,

4. Verträge zur Lieferung von Waren, wenn diese nach der Lieferung auf Grund
   ihrer Beschaffenheit untrennbar mit anderen Gütern vermischt wurden,

5. Verträge zur Lieferung alkoholischer Getränke, deren Preis bei Vertragsschluss vereinbart wurde, die aber frühestens 30 Tage nach Vertragsschluss
   geliefert werden können und deren aktueller Wert von Schwankungen auf
   dem Markt abhängt, auf die der Unternehmer keinen Einfluss hat,

6. Verträge zur Lieferung von Ton- oder Videoaufnahmen oder Computer-
   software in einer versiegelten Packung, wenn die Versiegelung nach der
   Lieferung entfernt wurde,

7. Verträge zur Lieferung von Zeitungen, Zeitschriften oder Illustrierten mit
   Ausnahme von Abonnement-Verträgen,

8. Verträge zur Lieferung von Waren oder zur Erbringung von Dienstleistungen, einschließlich Finanzdienstleistungen, deren Preis von Schwankungen
   auf dem Finanzmarkt abhängt, auf die der Unternehmer keinen Einfluss hat
   und die innerhalb der Widerrufsfrist auftreten können, insbesondere Dienstleistungen im Zusammenhang mit Aktien, mit Anteilen an offenen Invest-
   mentvermögen im Sinne von § 1 Absatz 4 des Kapitalanlagegesetzbuchs und
   mit anderen handelbaren Wertpapieren, Devisen, Derivaten oder Geld-
   marktinstrumenten,

9. Verträge zur Erbringung von Dienstleistungen in den Bereichen Beherbergung
   zu anderen Zwecken als zu Wohnzwecken, Beförderung von Waren, Kraft-
   fahrzeugvermietung, Lieferung von Speisen und Getränken sowie zur Erbringung weiterer Dienstleistungen im Zusammenhang mit Freizeitbetätigun-
   gen, wenn der Vertrag für die Erbringung einen spezifischen Termin oder
   Zeitraum vorsieht,

10. Verträge, die im Rahmen einer Vermarktungsform geschlossen werden, bei
    der der Unternehmer Verbrauchern, die persönlich anwesend sind oder
    denen diese Möglichkeit gewährt wird, Waren oder Dienstleistungen
    anbietet, und zwar in einem vom Versteigerer durchgeführten, auf kon-
    kurrierenden Geboten basierenden transparenten Verfahren, bei dem der
    Bieter, der den Zuschlag erhalten hat, zum Erwerb der Waren oder Dienst-
    leistungen verpflichtet ist (öffentlich zugängliche Versteigerung),

2. 조기에 변질될 수 있거나 보존기간이 조기에 경과하는 물품의 인도에 관한 계약,

3. 밀봉된 것으로서 건강보호상 또는 위생상 이유로 반환이 적합하지 아니한 물품의 인도에 관한 계약으로서 밀봉이 인도 후에 풀린 경우,

4. 그 성상으로 말미암아 인도 후 다른 물품과 혼합된 물품의 인도에 관한 계약,

5. 계약 체결시에 가격이 합의되었으나 빨라도 계약 체결 후 30일이 경과하여야 인도될 수 있고 그 실제의 가치가 사업자가 영향을 미칠 수 없는 시장의 변동에 달려 있는 알콜음료의 인도에 관한 계약,

6. 밀봉된 상태의 음향카세트, 비디오카세트 또는 컴퓨터소프트웨어의 인도에 관한 계약으로서 밀봉이 인도 후에 풀린 경우,

7. 신문, 잡지 또는 화보잡지의 인도에 관한 계약으로서 예약구독계약을 제외한 것,

8. 가격이 사업자가 영향을 미칠 수 없는 금융시장의 변동에 달려 있는 것으로서 철회기간 안에 실행될 수 있는 물품의 인도 또는 금융서비스를 포함하여 용역, 특히 주식, 자본투자법 제1조 제4항에서 정하는 공개투자자산에의 지분 또는 기타의 유통가능한 유가증권, 외국환, 금융파생상품이나 금융시장증권과 관련한 용역의 제공에 관한 계약,

9. 주거 이외의 목적으로 하는 숙박의 분야에서의 용역 제공, 물품의 운송, 자동차 임대, 식품·음료의 공급 및 여가활동과 관련한 다른 용역의 제공에 관한 계약으로서 계약상 그 제공에 특정한 기일이나 기간이 정하여진 것,

10. 현장에 있었거나 현장에 있을 가능성이 보장되는 소비자들에게 사업자가 물품이나 용역을 제시하는 현가화 방식으로서 경매인競賣人에 의하여 경쟁하는 신청에 기하여 진행되고 또한 경락받은 신청인이 물품이나 용역을 취득할 의무를 부담하는 투명한 절차("공개경매")에서 체결된 계약,

11. Verträge, bei denen der Verbraucher den Unternehmer ausdrücklich aufgefordert hat, ihn aufzusuchen, um dringende Reparatur- oder Instandhaltungsarbeiten vorzunehmen; dies gilt nicht hinsichtlich weiterer bei dem Besuch erbrachter Dienstleistungen, die der Verbraucher nicht ausdrücklich verlangt hat, oder hinsichtlich solcher bei dem Besuch gelieferter Waren, die bei der Instandhaltung oder Reparatur nicht unbedingt als Ersatzteile benötigt werden,

12. Verträge zur Erbringung von Wett- und Lotteriedienstleistungen, es sei denn, dass der Verbraucher seine Vertragserklärung telefonisch abgegeben hat oder der Vertrag außerhalb von Geschäftsräumen geschlossen wurde, und

13. notariell beurkundete Verträge; dies gilt für Fernabsatzverträge über Finanzdienstleistungen nur, wenn der Notar bestätigt, dass die Rechte des Verbrauchers aus § 312d Absatz 2 gewahrt sind.

(3) Das Widerrufsrecht besteht ferner nicht bei Verträgen, bei denen dem Verbraucher bereits auf Grund der §§ 495, 506 bis 513 ein Widerrufsrecht nach § 355 zusteht, und nicht bei außerhalb von Geschäftsräumen geschlossenen Verträgen, bei denen dem Verbraucher bereits nach § 305 Absatz 1 bis 6 des Kapitalanlagegesetzbuchs ein Widerrufsrecht zusteht.

§ 312h **Kündigung und Vollmacht zur Kündigung**

Wird zwischen einem Unternehmer und einem Verbraucher nach diesem Untertitel ein Dauerschuldverhältnis begründet, das ein zwischen dem Verbraucher und einem anderen Unternehmer bestehendes Dauerschuldverhältnis ersetzen soll, und wird anlässlich der Begründung des Dauerschuldverhältnisses von dem Verbraucher

1. die Kündigung des bestehenden Dauerschuldverhältnisses erklärt und der Unternehmer oder ein von ihm beauftragter Dritter zur Übermittlung der Kündigung an den bisherigen Vertragspartner des Verbrauchers beauftragt oder

2. der Unternehmer oder ein von ihm beauftragter Dritter zur Erklärung der Kündigung gegenüber dem bisherigen Vertragspartner des Verbrauchers bevollmächtigt,

bedarf die Kündigung des Verbrauchers oder die Vollmacht zur Kündigung der Textform.

11. 소비자가 명시적으로 사업자에게 긴급한 수리작업 또는 유지보수
    작업을 행하기 위하여 자신을 찾아오도록 요청함으로 인한 계약;
    이는 그 방문에서 행하여진 다른 용역이 소비자가 명시적으로 요구
    한 것이 아닌 경우 또는 그 방문에서 공여된 물품이 그 수리 또는
    유지보수에서 교체부품으로 필수적으로 요청되는 것이 아닌 경우
    에는 그러하지 아니하다,

12. 도박서비스 또는 복권서비스의 제공에 관한 계약, 그러나 소비자가
    그 계약상 의사표시를 전화로 하거나 계약이 영업장소 밖에서 체결
    된 경우에는 그러하지 아니하다, 그리고

13. 공정증서로 작성된 계약; 금융서비스에 관한 통신판매계약에 대하
    여 이는 공증인이 제312조의d 제 2 항에 정하여진 소비자의 권리가
    확보되는 것을 확인한 경우에만 적용된다.

③ 철회권은 소비자가 이미 제495조, 제506조 내지 제513조에 기하여 제
355조 소정의 철회권을 가지는 계약 및 영업장소 밖에서 체결된 것으로
서 소비자가 이미 자금투자법 제305조 제 1 항 내지 제 6 항 소정의 철회
권을 가지는 계약에서도 성립하지 아니한다.

제312조의h [解止 및 解止代理權]

사업자와 소비자 사이에 소비자와 다른 사업자 사이에 존재하는 계속적
채무관계를 대체하는 계속적 채무관계가 이 관에 따라 성립하고 그 계속
적 채무관계의 성립에 즈음하여

1. 소비자가 기존의 계속적 채무관계를 해지하는 의사표시를 하고 또
   한 사업자 또는 그로부터 위탁을 받은 제 3 자가 그 해지를 소비자의
   종전 계약상대방에 대하여 전달할 것을 위탁받는 경우 또는

2. 사업자 또는 그로부터 위탁을 받은 제 3 자가 소비자의 종전 계약상
   대방에 대하여 해지의 의사표시를 할 대리권을 소비자로부터 수여
   받는 경우에는,

소비자의 해지 또는 해지대리권 수여는 문면방식을 요한다.

Kapitel 3   Verträge im elektronischen Geschäftsverkehr; Online-Marktplätze

§ 312i Allgemeine Pflichten im elektronischen Geschäftsverkehr

(1) Bedient sich ein Unternehmer zum Zwecke des Abschlusses eines Vertrags über die Lieferung von Waren oder über die Erbringung von Dienstleistungen der Telemedien (Vertrag im elektronischen Geschäftsverkehr), hat er dem Kunden

1. angemessene, wirksame und zugängliche technische Mittel zur Verfügung zu stellen, mit deren Hilfe der Kunde Eingabefehler vor Abgabe seiner Bestellung erkennen und berichtigen kann,

2. die in Artikel 246c des Einführungsgesetzes zum Bürgerlichen Gesetzbuche bestimmten Informationen rechtzeitig vor Abgabe von dessen Bestellung klar und verständlich mitzuteilen,

3. den Zugang von dessen Bestellung unverzüglich auf elektronischem Wege zu bestätigen und

4. die Möglichkeit zu verschaffen, die Vertragsbestimmungen einschließlich der Allgemeinen Geschäftsbedingungen bei Vertragsschluss abzurufen und in wiedergabefähiger Form zu speichern.

Bestellung und Empfangsbestätigung im Sinne von Satz 1 Nummer 3 gelten als zugegangen, wenn die Parteien, für die sie bestimmt sind, sie unter gewöhnlichen Umständen abrufen können.

(2) Absatz 1 Satz 1 Nummer 1 bis 3 ist nicht anzuwenden, wenn der Vertrag ausschließlich durch individuelle Kommunikation geschlossen wird. Absatz 1 Satz 1 Nummer 1 bis 3 und Satz 2 ist nicht anzuwenden, wenn zwischen Vertragsparteien, die nicht Verbraucher sind, etwas anderes vereinbart wird.

(3) Weitergehende Informationspflichten auf Grund anderer Vorschriften bleiben unberührt.

§ 312j Besondere Pflichten im elektronischen Geschäftsverkehr gegenüber Verbrauchern

(1) Auf Webseiten für den elektronischen Geschäftsverkehr mit Verbrauchern hat der Unternehmer zusätzlich zu den Angaben nach § 312i Absatz 1 spätestens bei Beginn des Bestellvorgangs klar und deutlich anzugeben, ob Lieferbeschränkungen bestehen und welche Zahlungsmittel akzeptiert werden.

(2) Bei einem Verbrauchervertrag im elektronischen Geschäftsverkehr, der den Verbraucher zur Zahlung verpflichtet, muss der Unternehmer dem Verbraucher

제 3 항　電子去來上의 契約; 온라인쇼핑몰

제312조의i [電子去來에서의 一般的 義務]

① 사업자가 물품의 공급이나 용역의 제공에 관한 계약의 체결을 위하여 원격매체를 사용하는 경우에는("전자거래상의 계약"), 그는 고객에게

1. 고객이 그 주문 전에 입력의 오류를 인식하고 정정할 수 있는 적절하고 효능이 있으며 접근가능한 기술적 수단을 제공하여야 하고,

2. 고객의 주문 전 적시에 민법시행법 제246조의c에서 정하여진 정보를 명료하고 이해될 수 있도록 전달하여야 하고,

3. 고객의 주문이 도달하였음을 지체없이 전자적 방법으로 확인하여야 하고, 또한

4. 계약 체결시에 일반거래약관을 포함하여 계약내용을 불러내고 재현가능한 방식으로 기억장치에 저장할 가능성을 제공하여야 한다.

제 1 항 제 3 호의 의미에서의 주문 및 도달 확인은 그 상대방이 된 당사자가 이를 통상적인 사정 아래서 불러낼 수 있는 경우에는 도달한 것으로 본다.

② 제 1 항 제 1 문 제 1 호 내지 제 3 호는 계약이 오직 개별적인 의사소통에 기하여서 체결된 경우에는 적용되지 아니한다. 제 1 항 제 1 문 제 1 호 내지 제 3 호 및 제 2 문은 소비자가 아닌 계약당사자들 사이에 다른 약정이 있는 경우에는 적용되지 아니한다.

③ 다른 규정에 기한 그 이상의 정보제공의무는 영향을 받지 아니한다.

제312조의j [消費者에 대한 電子去來에서의 特別한 義務]

① 소비자와의 전자거래를 위한 웹사이트에는 제312조의i 제 1 항에 의한 사항 외에도 추가적으로 늦어도 주문과정의 개시 전에 공급이 제한되고 있는지 여부 및 받아들여지는 지급수단을 명료하고 분명하게 지적하여야 한다.

② 소비자에게 지급의무를 지게 하는 전자거래상의 소비자계약에서 사업자는 소비자에게 민법시행법 제246조의a §1 제 1 항 제 1 문 제 1 호,

die Informationen gemäß Artikel 246a § 1 Absatz 1 Satz 1 Nummer 1, 5 bis 7, 8, 14 und 15 des Einführungsgesetzes zum Bürgerlichen Gesetzbuche, unmittelbar bevor der Verbraucher seine Bestellung abgibt, klar und verständlich in hervorgehobener Weise zur Verfügung stellen.

(3) Der Unternehmer hat die Bestellsituation bei einem Vertrag nach Absatz 2 so zu gestalten, dass der Verbraucher mit seiner Bestellung ausdrücklich bestätigt, dass er sich zu einer Zahlung verpflichtet. Erfolgt die Bestellung über eine Schaltfläche, ist die Pflicht des Unternehmers aus Satz 1 nur erfüllt, wenn diese Schaltfläche gut lesbar mit nichts anderem als den Wörtern „zahlungspflichtig bestellen" oder mit einer entsprechenden eindeutigen Formulierung beschriftet ist.

(4) Ein Vertrag nach Absatz 2 kommt nur zustande, wenn der Unternehmer seine Pflicht aus Absatz 3 erfüllt.

(5) Die Absätze 2 bis 4 sind nicht anzuwenden, wenn der Vertrag ausschließlich durch individuelle Kommunikation geschlossen wird. Die Pflichten aus den Absätzen 1 und 2 gelten weder für Webseiten, die Finanzdienstleistungen betreffen, noch für Verträge über Finanzdienstleistungen.

§ 312k Kündigung von Verbraucherverträgen im elektronischen Geschäftsverkehr

(1) Wird Verbrauchern über eine Webseite ermöglicht, einen Vertrag im elektronischen Geschäftsverkehr zu schließen, der auf die Begründung eines Dauerschuldverhältnisses gerichtet ist, das einen Unternehmer zu einer entgeltlichen Leistung verpflichtet, so treffen den Unternehmer die Pflichten nach dieser Vorschrift. Dies gilt nicht
1. für Verträge, für deren Kündigung gesetzlich ausschließlich eine strengere Form als die Textform vorgesehen ist, und
2. in Bezug auf Webseiten, die Finanzdienstleistungen betreffen, oder für Verträge über Finanzdienstleistungen.

(2) Der Unternehmer hat sicherzustellen, dass der Verbraucher auf der Webseite eine Erklärung zur ordentlichen oder außerordentlichen Kündigung eines auf der Webseite abschließbaren Vertrags nach Absatz 1 Satz 1 über eine Kündigungsschaltfläche abgeben kann. Die Kündigungsschaltfläche muss gut lesbar mit nichts anderem als den Wörtern „Verträge hier kündigen" oder mit einer entsprechenden eindeutigen Formulierung beschriftet sein. Sie muss den

제 5 호 내지 제 7 호, 제 8 호, 제14호 및 제15호에 따른 정보를 소비자가
그 주문을 행하기 바로 전에 명료하고 분명하게 그리고 강조된 형태로
제공하여야 한다.

③ 제 2 항에서 정하는 계약에서 사업자는 소비자가 그 주문에 의하여
대가를 지급할 의무를 진다는 것을 명확하게 확인할 수 있도록 주문환경
을 조성하여야 한다. 주문이 입력창을 누름으로써 행하여지는 경우에는
그 입력창이 "주문으로 지급의무를 부담한다"는 말만으로 또는 그에
대응하는 명확한 표현으로 용이하게 읽을 수 있도록 마련되어 있는 때에
만 제 1 문에서 정하는 사업자의 의무가 이행된다.

④ 제 2 항에서 정하는 계약은 사업자가 제 3 항상의 의무를 이행하는 경
우에만 성립한다.

⑤ 제 2 항 내지 제 4 항은 계약이 오직 개별적인 의사소통에 기하여서 체
결된 경우에는 적용되지 아니한다. 제 1 항 및 제 2 항에 의하여 발생하는
의무는 금융서비스에 관한 웹사이트에 대하여는 또는 금융서비스에 관
한 계약에는 적용되지 아니한다.

제312조의k [電子去來에서의 消費者契約의 解止]

① 소비자가 사업자가 유상有償의 급부의무를 지는 계속적 채권관계의
설정을 내용으로 하는 계약을 웹사이트를 통하여 전자거래로써 체결할
수 있는 경우에는 사업자는 이 규정에서 정하는 의무를 진다. 다음에서
는 그러하지 아니하다,

  1. 그 계약의 해지에 대하여 문면방식보다 엄격한 방식으로 행하여질
     것이 법률상 규정되어 있는 계약에서, 그리고

  2. 금융서비스에 관한 웹사이트와 관련하여 또는 금융서비스에 관한
     계약에서.

② 사업자는 소비자가 웹사이트상으로 체결될 수 있는 제 1 항 제 1 문에
서 정하는 계약의 통상해지 또는 특별해지의 의사표시를 해지클릭창으
로써 할 수 있음을 보장하여야 한다. 해지클릭창은 "계약을 여기서 해지
한다"라는 문언만을 보이거나 또는 그에 상응하는 명확한 표현으로써 용
이하게 해독할 수 있어야 한다. 그 클릭은 소비자를 다음과 같은 확인클

Verbraucher unmittelbar zu einer Bestätigungsseite führen, die

1. den Verbraucher auffordert und ihm ermöglicht Angaben zu machen

   a) zur Art der Kündigung sowie im Falle der außerordentlichen Kündigung zum Kündigungsgrund,

   b) zu seiner eindeutigen Identifizierbarkeit,

   c) zur eindeutigen Bezeichnung des Vertrags,

   d) zum Zeitpunkt, zu dem die Kündigung das Vertragsverhältnis beenden soll,

   e) zur schnellen elektronischen Übermittlung der Kündigungsbestätigung an ihn und

2. eine Bestätigungsschaltfläche enthält, über deren Betätigung der Verbraucher die Kündigungserklärung abgeben kann und die gut lesbar mit nichts anderem als den Wörtern „jetzt kündigen" oder mit einer entsprechenden eindeutigen Formulierung beschriftet ist.

Die Schaltflächen und die Bestätigungsseite müssen ständig verfügbar sowie unmittelbar und leicht zugänglich sein.

(3) Der Verbraucher muss seine durch das Betätigen der Bestätigungsschaltfläche abgegebene Kündigungserklärung mit dem Datum und der Uhrzeit der Abgabe auf einem dauerhaften Datenträger so speichern können, dass erkennbar ist, dass die Kündigungserklärung durch das Betätigen der Bestätigungsschaltfläche abgegeben wurde.

(4) Der Unternehmer hat dem Verbraucher den Inhalt sowie Datum und Uhrzeit des Zugangs der Kündigungserklärung sowie den Zeitpunkt, zu dem das Vertragsverhältnis durch die Kündigung beendet werden soll, sofort auf elektronischem Wege in Textform zu bestätigen. Es wird vermutet, dass eine durch das Betätigen der Bestätigungsschaltfläche abgegebene Kündigungserklärung dem Unternehmer unmittelbar nach ihrer Abgabe zugegangen ist.

(5) Wenn der Verbraucher bei der Abgabe der Kündigungserklärung keinen Zeitpunkt angibt, zu dem die Kündigung das Vertragsverhältnis beenden soll, wirkt die Kündigung im Zweifel zum frühestmöglichen Zeitpunkt.

(6) Werden die Schaltflächen und die Bestätigungsseite nicht entsprechend den Absätzen 1 und 2 zur Verfügung gestellt, kann ein Verbraucher einen Vertrag, für dessen Kündigung die Schaltflächen und die Bestätigungsseite zur Verfügung zu stellen sind, jederzeit und ohne Einhaltung einer Kündigungsfrist kündigen. Die Möglichkeit des Verbrauchers zur außerordentlichen Kündigung bleibt hiervon unberührt.

릭창으로 바로 인도하여야 한다,
1. 소비자에게 다음을 요청하여 그가 그에 대하여 언명할 수 있게 하는
   것,
   a) 해지의 종류 및 특별해지의 경우에는 해지사유,
   b) 그의 신원을 명확하게 밝히는 것,
   c) 계약의 명확한 표시,
   d) 해지가 계약을 종료하게 하는 시점,
   e) 해지의 의사표시를 신속하게 전자적으로 전달하는 것, 그리고
2. 소비자가 이를 실행하여 해지의 의사표시를 할 수 있고 또한 "이제
   해지한다"라는 문언만을 보이거나 또는 그에 상응하는 명확한 표현
   이 적혀 있는 확인화면을 포함하는 것.

그 클릭창들과 확인화면은 상시 실행될 수 있어야 하고, 직접적으로 또
용이하게 접근할 수 있어야 한다.

③ 소비자는 확인클릭창을 실행함으로써 행하여진 자신의 해지 의사표
시를 그 표시의 날짜와 시간과 함께 지구적 자료저장장치에 보관함으로
써 그 해지의 의사표시가 확인클릭창의 실행으로 행하여질 수 있었음을
인식할 수 있게 하여야 한다.

④ 사업자는 해지 의사표시의 내용 및 그 날짜와 시간, 그리고 계약관계
가 해지에 의하여 종료되는 시점을 즉시 전자적 방법에 의하여 문면방식
으로 소비자에게 확인하여 주어야 한다. 확인클릭창을 통하여 행하여진
해지 의사표시는 사업자에게 그 실행 후 즉시 도달한 것으로 추정된다.

⑤ 소비자가 해지의 의사표시를 함에 있어서 그 해지가 계약관계를 종
료하게 하는 시점을 지적하지 아니한 경우에는 그 해지는 의심스러운 경
우에는 가능한 가장 먼저인 시점에 효력을 가지는 것으로 추정한다.

⑥ 클릭창들과 확인사이트가 제 1 항 및 제 2 항에서 정하여진 바에 상응
하지 아니하게 제공된 경우에는 소비자는 그것의 해지를 위하여 그 클릭
창들과 확인사이트가 제공된 계약을 언제라도 그리고 해지기간을 둠이
없이 해지할 수 있다. 소비자가 특별해지를 할 수 있는 가능성은 이로써
영향을 받지 아니한다.

§ 312l Allgemeine Informationspflichten für Betreiber von Online-Marktplätzen

(1) Der Betreiber eines Online-Marktplatzes ist verpflichtet, den Verbraucher nach Maßgabe des Artikels 246d des Einführungsgesetzes zum Bürgerlichen Gesetzbuche zu informieren.

(2) Absatz 1 gilt nicht, soweit auf dem Online-Marktplatz Verträge über Finanzdienstleistungen angeboten werden.

(3) Online-Marktplatz ist ein Dienst, der es Verbrauchern ermöglicht, durch die Verwendung von Software, die vom Unternehmer oder im Namen des Unternehmers betrieben wird, einschließlich einer Webseite, eines Teils einer Webseite oder einer Anwendung, Fernabsatzverträge mit anderen Unternehmern oder Verbrauchern abzuschließen.

(4) Betreiber eines Online-Marktplatzes ist der Unternehmer, der einen Online-Marktplatz für Verbraucher zur Verfügung stellt.

Kapitel 4   Abweichende Vereinbarungen und Beweislast

§ 312m Abweichende Vereinbarungen und Beweislast

(1) Von den Vorschriften dieses Untertitels darf, soweit nichts anderes bestimmt ist, nicht zum Nachteil des Verbrauchers oder Kunden abgewichen werden. Die Vorschriften dieses Untertitels finden, soweit nichts anderes bestimmt ist, auch Anwendung, wenn sie durch anderweitige Gestaltungen umgangen werden.

(2) Der Unternehmer trägt gegenüber dem Verbraucher die Beweislast für die Erfüllung der in diesem Untertitel geregelten Informationspflichten.

Untertitel 3   Anpassung und Beendigung von Verträgen

§ 313 Störung der Geschäftsgrundlage

(1) Haben sich Umstände, die zur Grundlage des Vertrags geworden sind, nach Vertragsschluss schwerwiegend verändert und hätten die Parteien den Vertrag nicht oder mit anderem Inhalt geschlossen, wenn sie diese Veränderung vorausgesehen hätten, so kann Anpassung des Vertrags verlangt werden, soweit einem Teil unter Berücksichtigung aller Umstände des Einzelfalls, insbesondere der vertraglichen oder gesetzlichen Risikoverteilung, das Festhalten am un-

제312조의l [온라인쇼핑몰 運營者의 一般的 情報提供義務]

① 온라인쇼핑몰의 운영자는 소비자에 대하여 민법시행법 제246조의d에 좇아 정보를 제공할 의무를 진다.

② 제1항은 온라인쇼핑몰에서 금융서비스에 관한 계약이 제공되는 한에는 적용되지 아니한다.

③ 온라인쇼핑몰이라고 함은 소비자가 사업자에 의하여 또는 사업자의 이름으로 운영되는 소프트웨어(웹사이트, 웹사이트의 일부 또는 그 적용을 포함한다)를 사용하여 다른 사업자 또는 소비자와의 사이에 통신판매계약을 체결할 수 있도록 하는 서비스를 말한다.

④ 온라인쇼핑몰 운영자이라고 함은 온라인쇼핑몰을 이용할 수 있도록 소비자를 위하여 제공하는 사업자를 말한다.

제 4 항   다른 約定 및 證明責任

제312조의m [다른 約定 및 證明責任]

① 달리 정하여지지 아니한 한, 소비자 또는 고객에게 불리하게 이 관의 규정과 다른 약정을 할 수 없다. 이 관의 규정은 달리 정하여지지 아니한 한 이를 다른 방법으로 회피한 경우에도 적용된다.

② 사업자는 소비자에 대하여 이 관에서 규정된 정보제공의무의 이행에 관하여 증명책임을 진다.

제 3 관   契約의 變應과 終了

제313조 [行爲基礎의 攪亂]

① 계약의 기초가 된 사정이 계약체결 후에 현저히 변경되고, 그 변경이 만일 당사자들이 이를 예견할 수 있었다면 계약을 체결하지 아니하였거나 다른 내용으로 계약을 체결하였을 것인 경우에, 개별적인 사안의 모든 사정, 특히 계약상 또는 법률상의 위험분배를 고려하면 당사자 일방에게 원래의 계약에 구속되는 것을 기대할 수 없는 때에는, 계약의 변응

veränderten Vertrag nicht zugemutet werden kann.

(2) Einer Veränderung der Umstände steht es gleich, wenn wesentliche Vorstellungen, die zur Grundlage des Vertrags geworden sind, sich als falsch herausstellen.

(3) Ist eine Anpassung des Vertrags nicht möglich oder einem Teil nicht zumutbar, so kann der benachteiligte Teil vom Vertrag zurücktreten. An die Stelle des Rücktrittsrechts tritt für Dauerschuldverhältnisse das Recht zur Kündigung.

§ 314 **Kündigung von Dauerschuldverhältnissen aus wichtigem Grund**

(1) Dauerschuldverhältnisse kann jeder Vertragsteil aus wichtigem Grund ohne Einhaltung einer Kündigungsfrist kündigen. Ein wichtiger Grund liegt vor, wenn dem kündigenden Teil unter Berücksichtigung aller Umstände des Einzelfalls und unter Abwägung der beiderseitigen Interessen die Fortsetzung des Vertragsverhältnisses bis zur vereinbarten Beendigung oder bis zum Ablauf einer Kündigungsfrist nicht zugemutet werden kann.

(2) Besteht der wichtige Grund in der Verletzung einer Pflicht aus dem Vertrag, ist die Kündigung erst nach erfolglosem Ablauf einer zur Abhilfe bestimmten Frist oder nach erfolgloser Abmahnung zulässig. § 323 Abs. 2 findet entsprechende Anwendung. Die Bestimmung einer Frist zur Abhilfe und eine Abmahnung sind auch entbehrlich, wenn besondere Umstände vorliegen, die unter Abwägung der beiderseitigen Interessen die sofortige Kündigung rechtfertigen.

(3) Der Berechtigte kann nur innerhalb einer angemessenen Frist kündigen, nachdem er vom Kündigungsgrund Kenntnis erlangt hat.

(4) Die Berechtigung, Schadensersatz zu verlangen, wird durch die Kündigung nicht ausgeschlossen.

Untertitel 4   Einseitige Leistungsbestimmungsrechte

§ 315 **Bestimmung der Leistung durch eine Partei**

(1) Soll die Leistung durch einen der Vertragschließenden bestimmt werden, so ist im Zweifel anzunehmen, dass die Bestimmung nach billigem Ermessen zu treffen ist.

(2) Die Bestimmung erfolgt durch Erklärung gegenüber dem anderen Teil.

(3) Soll die Bestimmung nach billigem Ermessen erfolgen, so ist die getrof-

을 청구할 수 있다.

② 계약의 기초가 된 본질적인 관념이 잘못된 것으로 밝혀진 경우도 사정의 변경과 동시된다.

③ 계약의 변응이 불가능하거나 당사자 일방에게 기대될 수 없는 경우에는, 불이익을 입은 당사자는 계약을 해제할 수 있다. 계속적 계약관계에서는 해제가 아니라 해지를 할 수 있다.

제314조 [重大한 事由에 기한 繼續的 契約關係의 解止]

① 계속적 계약관계의 각 당사자는 중대한 사유가 있는 경우에는 해지기간을 두지 아니하고 그 계약관계를 해지할 수 있다. 개별적인 경우의 모든 사정을 고려하고 양 당사자의 이익을 형량하면 해지 당사자에게 약정된 종료시기까지 또는 해지기간이 경과할 때까지 계약관계의 존속을 기대할 수 없는 때에는 중대한 사유가 있는 것이다.

② 그 중대한 사유가 계약상 의무의 위반인 경우에는, 그 시정을 위하여 정하여진 기간이 도과하거나 계고가 효과가 없었던 때에 비로소 해지를 할 수 있다. 제323조 제 2 항은 이에 준용된다. 쌍방 당사자의 이해를 형량하면 즉시의 해지를 정당화하는 특별한 사정이 있는 경우에도 시정기간의 설정이나 계고는 요구되지 아니한다.

③ 해지권자는 해지의 사유를 안 후부터 상당한 기간 내에만 해지를 할 수 있다.

④ 손해배상을 청구할 권리는 해지에 의하여 배제되지 아니한다.

제 4 관 一方的 給付指定權

제315조 [當事者 一方에 의한 給付指定]

① 급부가 계약당사자의 일방에 의하여 정하여져야 하는 경우에, 지정은 의심스러운 때에는 공평한 재량에 좇아 행하여져야 한다.

② 지정은 상대방에 대한 의사표시로써 한다.

③ 지정이 공평한 재량에 좇아 행하여져야 하는 경우에, 행하여진 지정은 그것이 공평에 맞는 때에만 상대방에 대하여 구속력이 있다. 그것이

fene Bestimmung für den anderen Teil nur verbindlich, wenn sie der Billigkeit entspricht. Entspricht sie nicht der Billigkeit, so wird die Bestimmung durch Urteil getroffen; das Gleiche gilt, wenn die Bestimmung verzögert wird.

§ 316　Bestimmung der Gegenleistung

Ist der Umfang der für eine Leistung versprochenen Gegenleistung nicht bestimmt, so steht die Bestimmung im Zweifel demjenigen Teil zu, welcher die Gegenleistung zu fordern hat.

§ 317　Bestimmung der Leistung durch einen Dritten

(1) Ist die Bestimmung der Leistung einem Dritten überlassen, so ist im Zweifel anzunehmen, dass sie nach billigem Ermessen zu treffen ist.

(2) Soll die Bestimmung durch mehrere Dritte erfolgen, so ist im Zweifel Übereinstimmung aller erforderlich; soll eine Summe bestimmt werden, so ist, wenn verschiedene Summen bestimmt werden, im Zweifel die Durchschnittssumme maßgebend.

§ 318　Anfechtung der Bestimmung

(1) Die einem Dritten überlassene Bestimmung der Leistung erfolgt durch Erklärung gegenüber einem der Vertragschließenden.

(2) Die Anfechtung der getroffenen Bestimmung wegen Irrtums, Drohung oder arglistiger Täuschung steht nur den Vertragschließenden zu; Anfechtungsgegner ist der andere Teil. Die Anfechtung muss unverzüglich erfolgen, nachdem der Anfechtungsberechtigte von dem Anfechtungsgrund Kenntnis erlangt hat. Sie ist ausgeschlossen, wenn 30 Jahre verstrichen sind, nachdem die Bestimmung getroffen worden ist.

§ 319　Unwirksamkeit der Bestimmung; Ersetzung

(1) Soll der Dritte die Leistung nach billigem Ermessen bestimmen, so ist die getroffene Bestimmung für die Vertragschließenden nicht verbindlich, wenn sie offenbar unbillig ist. Die Bestimmung erfolgt in diesem Falle durch Urteil; das Gleiche gilt, wenn der Dritte die Bestimmung nicht treffen kann oder will oder wenn er sie verzögert.

(2) Soll der Dritte die Bestimmung nach freiem Belieben treffen, so ist der Vertrag unwirksam, wenn der Dritte die Bestimmung nicht treffen kann oder will oder wenn er sie verzögert.

공평에 맞지 아니한 때에는, 지정은 판결에 의하여 행하여진다; 지정이 지연되는 때에도 또한 같다.

제316조 [反對給付의 指定]

급부에 대하여 약정된 반대급부의 범위가 정하여지지 아니한 경우에, 의심스러운 때에는, 반대급부를 청구할 수 있는 당사자가 그 지정권을 가진다.

제317조 [第三者에 의한 給付指定]

① 급부의 지정이 제3자에게 위탁된 경우에, 의심스러운 때에는 지정은 공평한 재량에 좇아 행하여져야 하는 것으로 해석된다.

② 다수의 제3자가 지정을 하여야 하는 경우에, 의심스러운 때에는 전원의 일치를 요한다; 수액이 정하여져야 하는 경우에 지정된 액수가 일치하지 아니하면, 의심스러운 때에는 평균액에 의한다.

제318조 [指定의 取消]

① 제3자에게 위탁된 급부의 지정은 계약당사자의 일방에 대한 의사표시로써 한다.

② 행하여진 지정을 착오, 강박 또는 사기를 이유로 취소하는 권리는 계약당사자만이 이를 가진다; 취소는 계약상대방에 대하여 한다. 취소는 취소권자가 취소원인을 안 후 지체없이 행하여져야 한다. 지정 후 30년이 경과한 때에는 취소를 할 수 없다.

제319조 [指定의 效力不發生; 代充]

① 제3자가 급부를 공평한 재량에 좇아 지정하여야 하는 경우에 행하여진 지정이 명백히 공평하지 아니한 때에는 이는 계약당사자에 대하여 구속력이 없다. 이 경우 지정은 판결에 의하여 행하여진다; 제3자가 지정을 할 수 없거나 지정할 의사가 없는 때 또는 지정을 지연하는 때에도 또한 같다.

② 제3자가 자유로운 의사에 좇아 지정을 할 수 있는 경우에, 제3자가 지정을 할 수 없거나 할 의사가 없는 때 또는 그것을 지연하는 때에는 계약은 효력이 없다.

Titel 2　Gegenseitiger Vertrag

§ 320　Einrede des nicht erfüllten Vertrags

(1) Wer aus einem gegenseitigen Vertrag verpflichtet ist, kann die ihm obliegende Leistung bis zur Bewirkung der Gegenleistung verweigern, es sei denn, dass er vorzuleisten verpflichtet ist. Hat die Leistung an mehrere zu erfolgen, so kann dem einzelnen der ihm gebührende Teil bis zur Bewirkung der ganzen Gegenleistung verweigert werden. Die Vorschrift des § 273 Abs. 3 findet keine Anwendung.

(2) Ist von der einen Seite teilweise geleistet worden, so kann die Gegenleistung insoweit nicht verweigert werden, als die Verweigerung nach den Umständen, insbesondere wegen verhältnismäßiger Geringfügigkeit des rückständigen Teils, gegen Treu und Glauben verstoßen würde.

§ 321　Unsicherheitseinrede

(1) Wer aus einem gegenseitigen Vertrag vorzuleisten verpflichtet ist, kann die ihm obliegende Leistung verweigern, wenn nach Abschluss des Vertrags erkennbar wird, dass sein Anspruch auf die Gegenleistung durch mangelnde Leistungsfähigkeit des anderen Teils gefährdet wird. Das Leistungsverweigerungsrecht entfällt, wenn die Gegenleistung bewirkt oder Sicherheit für sie geleistet wird.

(2) Der Vorleistungspflichtige kann eine angemessene Frist bestimmen, in welcher der andere Teil Zug um Zug gegen die Leistung nach seiner Wahl die Gegenleistung zu bewirken oder Sicherheit zu leisten hat. Nach erfolglosem Ablauf der Frist kann der Vorleistungspflichtige vom Vertrag zurücktreten. § 323 findet entsprechende Anwendung.

§ 322　Verurteilung zur Leistung Zug-um-Zug

(1) Erhebt aus einem gegenseitigen Vertrag der eine Teil Klage auf die ihm geschuldete Leistung, so hat die Geltendmachung des dem anderen Teil zustehenden Rechts, die Leistung bis zur Bewirkung der Gegenleistung zu verweigern, nur die Wirkung, dass der andere Teil zur Erfüllung Zug um Zug zu verurteilen ist.

(2) Hat der klagende Teil vorzuleisten, so kann er, wenn der andere Teil im Verzug der Annahme ist, auf Leistung nach Empfang der Gegenleistung klagen.

(3) Auf die Zwangsvollstreckung findet die Vorschrift des § 274 Abs. 2 Anwendung.

제 2 절 雙務契約

제320조 [同時履行의 抗辯權]

① 쌍무계약에 기하여 의무를 지는 사람은 반대급부가 실행되기까지 그에 의무 있는 급부를 거절할 수 있다, 그러나 그가 선이행할 의무를 지는 때에는 그러하지 아니하다. 급부가 다수의 사람에게 행하여져야 하는 때에는, 반대급부 전부가 실행되기까지 각자에 대하여 그가 청구할 수 있는 부분을 거절할 수 있다. 제273조 제 3 항은 이에 적용되지 아니한다.

② 일방이 부분적으로 급부를 한 경우에, 반대급부를 거절하는 것이 제반 사정, 특히 이행되지 아니한 부분의 경미함에 비추어 신의성실에 반하는 때에는, 반대급부를 거절할 수 없다.

제321조 [不安의 抗辯權]

① 쌍무계약에 기하여 선이행의무를 부담하는 사람은, 자신의 반대급부청구권이 상대방의 급부능력 흠결로 인하여 위태로움을 계약체결 후에 알 수 있게 되는 때에는, 그에 의무 있는 급부를 거절할 수 있다. 반대급부가 실현되거나 그를 위한 담보가 제공되면, 급부거절권은 소멸한다.

② 선이행의무자는 상당한 기간을 정하여 그 기간 안에 상대방이 급부와 상환으로 그의 선택에 좇아 반대급부를 실현하거나 담보를 제공하도록 할 수 있다. 그 기간이 도과된 경우에는 선이행의무자는 계약을 해제할 수 있다. 제323조는 이에 준용된다.

제322조 [同時履行判決]

① 쌍무계약에 기하여 당사자 일방이 상대방에 의무 있는 급부를 소구한 경우에, 상대방이 반대급부가 실행되기까지 급부를 거절할 수 있는 권리를 행사하는 것은 단지 상대방이 동시이행으로 급부를 하여야 한다는 판결을 받는 효과만이 있다.

② 소를 제기한 당사자가 선이행을 하여야 하는 경우에 상대방이 수령지체 중인 때에는, 반대급부의 수령 후에 급부할 것을 소구할 수 있다.

③ 강제집행에 대하여는 제274조 제 2 항이 적용된다.

§ 323　Rücktritt wegen nicht oder nicht vertragsgemäß erbrachter Leistung

(1) Erbringt bei einem gegenseitigen Vertrag der Schuldner eine fällige Leistung nicht oder nicht vertragsgemäß, so kann der Gläubiger, wenn er dem Schuldner erfolglos eine angemessene Frist zur Leistung oder Nacherfüllung bestimmt hat, vom Vertrag zurücktreten.

(2) Die Fristsetzung ist entbehrlich, wenn

1. der Schuldner die Leistung ernsthaft und endgültig verweigert,

2. der Schuldner die Leistung bis zu einem im Vertrag bestimmten Termin oder innerhalb einer im Vertrag bestimmten Frist nicht bewirkt, obwohl die termin- oder fristgerechte Leistung nach einer Mitteilung des Gläubigers an den Schuldner vor Vertragsschluss oder auf Grund anderer den Vertragsabschluss begleitenden Umstände für den Gläubiger wesentlich ist, oder

3. im Falle einer nicht vertragsgemäß erbrachten Leistung besondere Umstände vorliegen, die unter Abwägung der beiderseitigen Interessen den sofortigen Rücktritt rechtfertigen.

(3) Kommt nach der Art der Pflichtverletzung eine Fristsetzung nicht in Betracht, so tritt an deren Stelle eine Abmahnung.

(4) Der Gläubiger kann bereits vor dem Eintritt der Fälligkeit der Leistung zurücktreten, wenn offensichtlich ist, dass die Voraussetzungen des Rücktritts eintreten werden.

(5) Hat der Schuldner eine Teilleistung bewirkt, so kann der Gläubiger vom ganzen Vertrag nur zurücktreten, wenn er an der Teilleistung kein Interesse hat. Hat der Schuldner die Leistung nicht vertragsgemäß bewirkt, so kann der Gläubiger vom Vertrag nicht zurücktreten, wenn die Pflichtverletzung unerheblich ist.

(6) Der Rücktritt ist ausgeschlossen, wenn der Gläubiger für den Umstand, der ihn zum Rücktritt berechtigen würde, allein oder weit überwiegend verantwortlich ist oder wenn der vom Schuldner nicht zu vertretende Umstand zu einer Zeit eintritt, zu welcher der Gläubiger im Verzug der Annahme ist.

§ 324　Rücktritt wegen Verletzung einer Pflicht nach § 241 Abs. 2

Verletzt der Schuldner bei einem gegenseitigen Vertrag eine Pflicht nach § 241 Abs. 2, so kann der Gläubiger zurücktreten, wenn ihm ein Festhalten am Vertrag nicht mehr zuzumuten ist.

제323조 [給付의 不履行 또는 契約에 좇지 아니한 履行으로 인한 解除]

① 쌍무계약에서 채무자가 이행기가 도래한 급부를 실행하지 아니하거나 계약에 좇아 실행하지 아니한 경우에, 채권자는 채무자에 대하여 급부 또는 추완을 위하여 상당한 기간을 정하였으나 그 기간이 도과된 때에는 계약을 해제할 수 있다.

② 다음의 경우에는 기간설정이 요구되지 아니한다,

　1. 채무자가 급부를 진지하게 종국적으로 거절한 때,

　2. 채무자가 급부를 계약에서 정하여진 기일에 또는 계약에서 정하여진 기간 안에 실현하는 것이 채권자가 계약 전에 채무자에게 통지한 바에 비추어 또는 계약 체결에 수반하는 제반 사정에 비추어 채권자에게 필수적임에도 채무자가 이를 하지 아니한 때, 또는

　3. 계약에 좇지 아니한 급부가 행하여진 경우에는 당사자 쌍방의 이해를 형량할 때 즉시의 해제를 정당화하는 특별한 사정이 있는 때.

③ 계약위반의 성질에 비추어 기간설정이 상정될 수 없는 경우에는, 기간설정 대신에 계고戒告로써 족하다.

④ 해제의 요건이 충족됨이 명백한 경우에는 채권자는 급부의 이행기가 도래하기 전이라도 계약을 해제할 수 있다.

⑤ 채무자가 일부급부를 실현한 경우에, 채권자는 일부급부에 대하여 이익이 없는 때에만 계약 전부를 해제할 수 있다. 채무자가 계약에 좇지 아니한 급부를 실현한 경우에 그 의무위반이 경미한 때에는 채권자는 계약을 해제할 수 없다.

⑥ 채권자에게 해제권을 발생시켰을 사유에 대하여 그만이 또는 주로 그가 유책한 경우 또는 그 사유가 채권자가 수령지체에 빠져 있는 동안 채무자에게 책임 없이 발생한 경우에는 해제는 배제된다.

제324조 [제241조 제 2 항의 義務의 違反으로 인한 解除]

쌍무계약에서 채무자가 제241조 제 2 항에서 정한 의무에 위반한 경우에 채권자에게 계약에의 구속을 더 이상 기대할 수 없는 때에는 채권자는 계약을 해제할 수 있다.

§ 325　Schadensersatz und Rücktritt

Das Recht, bei einem gegenseitigen Vertrag Schadensersatz zu verlangen, wird durch den Rücktritt nicht ausgeschlossen.

§ 326　Befreiung von der Gegenleistung und Rücktritt beim Ausschluss der Leistungspflicht

(1) Braucht der Schuldner nach § 275 Abs. 1 bis 3 nicht zu leisten, entfällt der Anspruch auf die Gegenleistung; bei einer Teilleistung findet § 441 Abs. 3 entsprechende Anwendung. Satz 1 gilt nicht, wenn der Schuldner im Falle der nicht vertragsgemäßen Leistung die Nacherfüllung nach § 275 Abs. 1 bis 3 nicht zu erbringen braucht.

(2) Ist der Gläubiger für den Umstand, auf Grund dessen der Schuldner nach § 275 Abs. 1 bis 3 nicht zu leisten braucht, allein oder weit überwiegend verantwortlich oder tritt dieser vom Schuldner nicht zu vertretende Umstand zu einer Zeit ein, zu welcher der Gläubiger im Verzug der Annahme ist, so behält der Schuldner den Anspruch auf die Gegenleistung. Er muss sich jedoch dasjenige anrechnen lassen, was er infolge der Befreiung von der Leistung erspart oder durch anderweitige Verwendung seiner Arbeitskraft erwirbt oder zu erwerben böswillig unterlässt.

(3) Verlangt der Gläubiger nach § 285 Herausgabe des für den geschuldeten Gegenstand erlangten Ersatzes oder Abtretung des Ersatzanspruchs, so bleibt er zur Gegenleistung verpflichtet. Diese mindert sich jedoch nach Maßgabe des § 441 Abs. 3 insoweit, als der Wert des Ersatzes oder des Ersatzanspruchs hinter dem Wert der geschuldeten Leistung zurückbleibt.

(4) Soweit die nach dieser Vorschrift nicht geschuldete Gegenleistung bewirkt ist, kann das Geleistete nach den §§ 346 bis 348 zurückgefordert werden.

(5) Braucht der Schuldner nach § 275 Abs. 1 bis 3 nicht zu leisten, kann der Gläubiger zurücktreten; auf den Rücktritt findet § 323 mit der Maßgabe entsprechende Anwendung, dass die Fristsetzung entbehrlich ist.

제325조 [損害賠償과 解除]

쌍무계약에서 손해배상을 청구할 권리는 계약의 해제에 의하여 배제되지 아니한다.

제326조 [給付義務가 排除되는 경우 反對給付로부터의 解放 및 解除]

① 채무자가 제275조 제 1 항 내지 제 3 항에 의하여 급부를 실행할 필요가 없는 경우에는 반대급부청구권은 소멸한다; 일부급부의 경우에 대하여는 제441조 제 3 항이 준용된다. 제 1 문은 계약에 좇지 아니한 급부의 경우에 채무자가 제275조 제 1 항 내지 제 3 항에 의하여 급부를 실행할 필요가 없는 때에는 적용되지 아니한다.

② 채무자가 제275조 제 1 항 내지 제 3 항에 의하여 급부를 실행할 필요 없게 하는 사유에 대하여 채권자만이 또는 주로 그가 유책한 경우, 또는 그 사유가 채권자가 수령지체에 빠져 있는 동안 채무자에게 책임 없이 발생한 경우에는, 채무자는 반대급부청구권을 계속 보유한다. 그러나 그가 급부를 면함으로 인하여 절약한 것 또는 자신의 노동력을 달리 사용함으로써 취득하거나 고의로 취득하지 아니한 것은 공제되도록 하여야 한다.

③ 채권자가 제285조에 의하여 채무의 목적물에 관하여 취득한 대상代償의 인도 또는 대상청구권의 양도를 청구한 경우에는, 그는 여전히 반대급부의무를 부담한다. 그러나 대상이나 대상청구권의 가액이 채무의 목적인 급부의 가액에 미치지 못하는 범위에서, 반대급부는 제441조의 정함에 따라 감소된다.

④ 이 규정에 따라 의무가 없음에도 반대급부가 행하여진 경우에는, 그 급부된 것은 제346조 내지 제348조에 따라 반환청구될 수 있다.

⑤ 채무자가 제275조 제 1 항 내지 제 3 항에 의하여 급부를 실행할 필요가 없는 경우에는 채권자는 계약을 해제할 수 있다; 그 해제에 대하여는 제323조가 기간설정이 요구되지 아니하는 것으로 하여 준용된다.

Titel 2a　Verträge über digitale Produkte

Untertitel 1　Verbraucherverträge über digitale Produkte

§ 327　Anwendungsbereich

(1) Die Vorschriften dieses Untertitels sind auf Verbraucherverträge anzuwenden, welche die Bereitstellung digitaler Inhalte oder digitaler Dienstleistungen (digitale Produkte) durch den Unternehmer gegen Zahlung eines Preises zum Gegenstand haben. Preis im Sinne dieses Untertitels ist auch eine digitale Darstellung eines Werts.

(2) Digitale Inhalte sind Daten, die in digitaler Form erstellt und bereitgestellt werden. Digitale Dienstleistungen sind Dienstleistungen, die dem Verbraucher

1. die Erstellung, die Verarbeitung oder die Speicherung von Daten in digitaler Form oder den Zugang zu solchen Daten ermöglichen, oder

2. die gemeinsame Nutzung der vom Verbraucher oder von anderen Nutzern der entsprechenden Dienstleistung in digitaler Form hochgeladenen oder erstellten Daten oder sonstige Interaktionen mit diesen Daten ermöglichen.

(3) Die Vorschriften dieses Untertitels sind auch auf Verbraucherverträge über die Bereitstellung digitaler Produkte anzuwenden, bei denen der Verbraucher dem Unternehmer personenbezogene Daten bereitstellt oder sich zu deren Bereitstellung verpflichtet, es sei denn, die Voraussetzungen des § 312 Absatz 1a Satz 2 liegen vor.

(4) Die Vorschriften dieses Untertitels sind auch auf Verbraucherverträge anzuwenden, die digitale Produkte zum Gegenstand haben, welche nach den Spezifikationen des Verbrauchers entwickelt werden.

(5) Die Vorschriften dieses Untertitels sind mit Ausnahme der §§ 327b und 327c auch auf Verbraucherverträge anzuwenden, welche die Bereitstellung von körperlichen Datenträgern, die ausschließlich als Träger digitaler Inhalte dienen, zum Gegenstand haben.

(6) Die Vorschriften dieses Untertitels sind nicht anzuwenden auf:

1. Verträge über andere Dienstleistungen als digitale Dienstleistungen, unabhängig davon, ob der Unternehmer digitale Formen oder Mittel einsetzt, um das Ergebnis der Dienstleistung zu generieren oder es dem Verbraucher zu liefern oder zu übermitteln,

2. Verträge über Telekommunikationsdienste im Sinne des § 3 Nummer 61 des

제 2 절의 a   디지털제품에 관한 契約

제 1 관   디지털제품에 관한 消費者契約

제327조 [適用範圍]

① 이 목의 규정은 사업자가 대금의 지급과 상환으로 디지털자료 또는 디지털서비스("디지털제품")를 제공하는 것을 목적으로 하는 소비자계약에 적용된다. 어떠한 가치를 디지털적으로 표상한 것 역시 이 관의 의미에서의 대금에 해당한다.

② 디지털자료라 함은 디지털 형태로 생성되고 제공되는 데이터를 말한다. 디지털서비스라 함은 다음의 서비스를 말한다,

 1. 소비자로 하여금 디지털 형태의 데이터를 생성·처리 또는 저장할 수 있도록 하거나 그러한 데이터에 접근할 수 있도록 하는 것, 또는

 2. 소비자로 하여금 소비자에 의하여 또는 상응하는 서비스의 다른 이용자에 의하여 디지털 형태로 업로드되거나 생성된 데이터를 공동으로 이용할 수 있도록 하거나 그러한 데이터와 다른 방식으로 상호작용할 수 있도록 하는 것.

③ 이 관의 규정은 소비자가 사업자에게 인적 데이터를 제공하는 소비자계약 또는 그 제공의 의무를 지는 소비자계약에도 적용된다, 그러나 제312조 제 1 항의a 제 2 문의 요건이 충족된 경우에는 그러하지 아니하다.

④ 이 관의 규정은 소비자의 지시에 따라 개발되는 디지털제품을 목적으로 하는 소비자계약에도 적용된다.

⑤ 이 관의 규정은 제327조의b 및 제327조의c를 제외하고 디지털자료의 저장수단으로서만 기능하는 유체적 자료저장장치를 목적으로 하는 소비자계약에도 적용된다.

⑥ 이 관의 규정은 다음에는 적용되지 아니한다:

 1. 사업자가 서비스의 결과를 발생시키거나 그것을 소비자에게 공급 또는 전달하기 위하여 디지털 형태 또는 디지털 수단을 사용하는지 여부와는 관계없이 디지털서비스 이외의 서비스에 관한 계약,

 2. 2021년 6월 23일의 전자통신법(연방법령관보 제1부, 1858면) 제 3 조

Telekommunikationsgesetzes vom 23. Juni 2021 (BGBl. I S. 1858) mit Ausnahme von nummernunabhängigen interpersonellen Telekommunikationsdiensten im Sinne des § 3 Nummer 40 des Telekommunikationsgesetzes,

3. Behandlungsverträge nach § 630a,

4. Verträge über Glücksspieldienstleistungen, die einen geldwerten Einsatz erfordern und unter Zuhilfenahme elektronischer oder anderer Kommunikationstechnologien auf individuellen Abruf eines Empfängers erbracht werden,

5. Verträge über Finanzdienstleistungen,

6. Verträge über die Bereitstellung von Software, für die der Verbraucher keinen Preis zahlt und die der Unternehmer im Rahmen einer freien und quelloffenen Lizenz anbietet, sofern die vom Verbraucher bereitgestellten personenbezogenen Daten durch den Unternehmer ausschließlich zur Verbesserung der Sicherheit, der Kompatibilität oder der Interoperabilität der vom Unternehmer angebotenen Software verarbeitet werden,

7. Verträge über die Bereitstellung digitaler Inhalte, wenn die digitalen Inhalte der Öffentlichkeit auf eine andere Weise als durch Signalübermittlung als Teil einer Darbietung oder Veranstaltung zugänglich gemacht werden,

8. Verträge über die Bereitstellung von Informationen im Sinne des Informationsweiterverwendungsgesetzes vom 13. Dezember 2006 (BGBl. I S. 2913), das durch Artikel 1 des Gesetzes vom 8. Juli 2015 (BGBl. I S. 1162) geändert worden ist.

§ 327a Anwendung auf Paketverträge und Verträge über Sachen mit digitalen Elementen

(1) Die Vorschriften dieses Untertitels sind auch auf Verbraucherverträge anzuwenden, die in einem Vertrag zwischen denselben Vertragsparteien neben der Bereitstellung digitaler Produkte die Bereitstellung anderer Sachen oder die Bereitstellung anderer Dienstleistungen zum Gegenstand haben (Paketvertrag). Soweit nachfolgend nicht anders bestimmt, sind die Vorschriften dieses Untertitels jedoch nur auf diejenigen Bestandteile des Paketvertrags anzuwenden, welche die digitalen Produkte betreffen.

(2) Die Vorschriften dieses Untertitels sind auch auf Verbraucherverträge über Sachen anzuwenden, die digitale Produkte enthalten oder mit ihnen verbunden sind. Soweit nachfolgend nicht anders bestimmt, sind die Vorschriften dieses Untertitels jedoch nur auf diejenigen Bestandteile des Vertrags anzuwenden, welche die digitalen Produkte betreffen.

(3) Absatz 2 gilt nicht für Kaufverträge über Waren, die in einer Weise digitale

제61호의 의미에서의 전자통신서비스에 관한 계약, 다만 전자통신법 제3조 제4호의 의미에서의, 숫자와는 무관한 대인 전자통신서비스를 제외한다,

3. 제630조의a 소정의 진료계약,

4. 금전적 가치 있는 베팅이 필요하고 수령자의 개별적 요청에 따라 전자적인 또는 기타의 통신기술의 도움을 받아 제공되는 도박서비스에 관한 계약,

5. 금융서비스에 관한 계약,

6. 사업자가 소비자가 제공한 인적 데이터를 사업자가 제공하는 소프트웨어의 보안, 호환성 또는 상호운용성을 향상하기 위하여서만 처리하는 한에서, 소비자가 대금을 지급하지 아니하고 또 사업자가 무상이고 오픈소스인 라이선스의 범위 내에서 제공하는 소프트웨어 공급계약,

7. 신호 전송 이외의 방식으로 전시 또는 행사의 일부로 대중에게 제공되는 디지털자료의 공급계약,

8. 2015년 7월 8일 법률(연방법령관보 제1부, 1162면)의 제1조에 의하여 개정된 2006년 12월 13일의 정보이용촉진법(연방법령관보 제1부, 2913면)의 의미에서의 정보의 공급에 관한 계약.

제327조의a [패키지契約 및 디지털요소 있는 物件의 契約에 대한 適用]

① 이 관의 규정은 동일한 계약당사자 사이의 계약에서 디지털제품의 공급과 아울러 다른 물건 또는 다른 서비스의 제공을 내용으로 하는 소비자계약("패키지계약")에도 적용된다. 그러나 아래에서 달리 정하여지지 아니한 한, 이 목의 규정은 패키지계약 중 디지털제품에 관한 부분에만 적용된다.

② 이 관의 규정은 디지털제품을 포함하거나 그것과 결합된 물건에 관한 소비자계약에도 적용된다. 그러나 아래에서 달리 정하여지지 아니한 한, 이 목의 규정은 패키지계약 중 디지털제품에 관한 부분에만 적용된다.

③ 제2항은 디지털제품이 없이는 그 기능을 수행할 수 없는 방식으로

Produkte enthalten oder mit ihnen verbunden sind, dass die Waren ihre Funktionen ohne diese digitalen Produkte nicht erfüllen können (Waren mit digitalen Elementen). Beim Kauf einer Ware mit digitalen Elementen ist im Zweifel anzunehmen, dass die Verpflichtung des Verkäufers die Bereitstellung der digitalen Inhalte oder digitalen Dienstleistungen umfasst.

§ 327b Bereitstellung digitaler Produkte

(1) Ist der Unternehmer durch einen Verbrauchervertrag gemäß § 327 oder § 327a dazu verpflichtet, dem Verbraucher ein digitales Produkt bereitzustellen, so gelten für die Bestimmung der Leistungszeit sowie für die Art und Weise der Bereitstellung durch den Unternehmer die nachfolgenden Vorschriften.

(2) Sofern die Vertragsparteien keine Zeit für die Bereitstellung des digitalen Produkts nach Absatz 1 vereinbart haben, kann der Verbraucher die Bereitstellung unverzüglich nach Vertragsschluss verlangen, der Unternehmer sie sofort bewirken.

(3) Ein digitaler Inhalt ist bereitgestellt, sobald der digitale Inhalt oder die geeigneten Mittel für den Zugang zu diesem oder das Herunterladen des digitalen Inhalts dem Verbraucher unmittelbar oder mittels einer von ihm hierzu bestimmten Einrichtung zur Verfügung gestellt oder zugänglich gemacht worden ist.

(4) Eine digitale Dienstleistung ist bereitgestellt, sobald die digitale Dienstleistung dem Verbraucher unmittelbar oder mittels einer von ihm hierzu bestimmten Einrichtung zugänglich gemacht worden ist.

(5) Wenn der Unternehmer durch den Vertrag zu einer Reihe einzelner Bereitstellungen verpflichtet ist, gelten die Absätze 2 bis 4 für jede einzelne Bereitstellung innerhalb der Reihe.

(6) Die Beweislast für die nach den Absätzen 1 bis 4 erfolgte Bereitstellung trifft abweichend von § 363 den Unternehmer.

§ 327c Rechte bei unterbliebener Bereitstellung

(1) Kommt der Unternehmer seiner fälligen Verpflichtung zur Bereitstellung des digitalen Produkts auf Aufforderung des Verbrauchers nicht unverzüglich nach, so kann der Verbraucher den Vertrag beenden. Nach einer Aufforderung gemäß Satz 1 kann eine andere Zeit für die Bereitstellung nur ausdrücklich vereinbart werden.

(2) Liegen die Voraussetzungen für eine Beendigung des Vertrags nach Absatz 1 Satz 1 vor, so kann der Verbraucher nach den §§ 280 und 281 Absatz 1 Satz 1 Schadensersatz oder nach § 284 Ersatz vergeblicher Aufwendungen verlangen,

디지털제품을 포함하거나 그것과 결합된 물품("디지털요소가 있는 물품")에 관한 매매계약에는 적용되지 아니한다. 디지털요소가 있는 물품의 매매에 있어서는 의심스러운 때에는 매도인의 의무에는 디지털자료 또는 디지털서비스의 제공이 포함되는 것으로 해석된다.

제327조의b [디지털제품의 供給]

① 사업자가 제327조 또는 제327조의a에 좇은 소비자계약에 의하여 소비자에게 디지털제품을 공급할 의무를 지는 경우에는 사업자에 의한 이행시기의 지정 및 공급의 방식에 대하여 다음의 규정들이 적용된다.

② 계약당사자들이 제 1 항 소정의 디지털제품의 공급을 위한 시기를 합의하지 아니한 때에는 소비자는 계약 체결 후 지체 없이 그 공급을 요구할 수 있고, 사업자는 이를 바로 실행할 수 있다.

③ 디지털자료는 당해 디지털자료가 또는 그것에의 접근 또는 그 다운로드에 적합한 수단이 소비자에게 직접 또는 이를 위하여 소비자가 지정한 장치에 제공되거나 접근할 수 있도록 함으로써 즉시 공급된 것이다.

④ 디지털서비스는 그것이 소비자에게 직접 또는 이를 위하여 소비자가 지정한 장치에 접근할 수 있도록 함으로써 즉시 공급된 것이다.

⑤ 사업자가 계약에 기하여 일련의 개별적 공급을 할 의무를 지는 경우에는 제 2 항 내지 제 4 항은 그 전체 내에서의 개별적 공급에 적용된다.

⑥ 제 1 항 내지 제 4 항에 좇아 행하여진 공급에 대한 증명책임은 제363조와는 달리 사업자가 부담한다.

제327조의c [供給이 행하여지지 아니한 경우의 權利]

① 사업자가 이행기가 도래한 디지털제품의 공급의무를 소비자의 최고에도 불구하고 지체 없이 이행하지 아니한 경우에 소비자는 계약을 종료시킬 수 있다. 제 1 문에서 정하는 최고 후에는 공급을 위한 별개의 시기를 합의하는 것은 명시적으로만 행하여질 수 있다.

② 제 1 항 제 1 문 소정의 계약 종료의 요건이 충족되는 경우에 소비자는 제280조 및 제281조 제 1 항 제 1 문에 따른 손해배상이나 제284조에 따른 무익하게 지출된 비용 상환의 각 요건이 갖추어진 때에는 이를 청

wenn die Voraussetzungen dieser Vorschriften vorliegen. § 281 Absatz 1 Satz 1 ist mit der Maßgabe anzuwenden, dass an die Stelle der Bestimmung einer angemessenen Frist die Aufforderung nach Absatz 1 Satz 1 tritt. Ansprüche des Verbrauchers auf Schadensersatz nach den §§ 283 und 311a Absatz 2 bleiben unberührt.

(3) Die Aufforderung nach Absatz 1 Satz 1 und Absatz 2 Satz 2 ist entbehrlich, wenn

1. der Unternehmer die Bereitstellung verweigert,

2. es nach den Umständen eindeutig zu erkennen ist, dass der Unternehmer das digitale Produkt nicht bereitstellen wird, oder

3. der Unternehmer die Bereitstellung bis zu einem bestimmten Termin oder innerhalb einer bestimmten Frist nicht bewirkt, obwohl vereinbart war oder es sich für den Unternehmer aus eindeutig erkennbaren, den Vertragsabschluss begleitenden Umständen ergeben konnte, dass die termin- oder fristgerechte Bereitstellung für den Verbraucher wesentlich ist.

In den Fällen des Satzes 1 ist die Mahnung gemäß § 286 stets entbehrlich.

(4) Für die Beendigung des Vertrags nach Absatz 1 Satz 1 und deren Rechtsfolgen sind die §§ 327o und 327p entsprechend anzuwenden. Das Gleiche gilt für den Fall, dass der Verbraucher in den Fällen des Absatzes 2 Schadensersatz statt der ganzen Leistung verlangt. § 325 gilt entsprechend.

(5) § 218 ist auf die Vertragsbeendigung nach Absatz 1 Satz 1 entsprechend anzuwenden.

(6) Sofern der Verbraucher den Vertrag nach Absatz 1 Satz 1 beenden kann, kann er sich im Hinblick auf alle Bestandteile des Paketvertrags vom Vertrag lösen, wenn er an dem anderen Teil des Paketvertrags ohne das nicht bereitgestellte digitale Produkt kein Interesse hat. Satz 1 ist nicht auf Paketverträge anzuwenden, bei denen der andere Bestandteil ein Telekommunikationsdienst im Sinne des § 3 Nummer 61 des Telekommunikationsgesetzes ist.

(7) Sofern der Verbraucher den Vertrag nach Absatz 1 Satz 1 beenden kann, kann er sich im Hinblick auf alle Bestandteile eines Vertrags nach § 327a Absatz 2 vom Vertrag lösen, wenn aufgrund des nicht bereitgestellten digitalen Produkts sich die Sache nicht zur gewöhnlichen Verwendung eignet.

§ 327d Vertragsmäßigkeit digitaler Produkte

구할 수 있다. 제281조 제 1 항 제 1 문은 상당한 기간을 정함에 갈음하여 제 1 항 제 1 문의 최고를 하는 것으로 하여 적용된다. 제283조 및 제311조의a 제 2 항에 따른 소비자의 손해배상청구권은 영향을 받지 아니한다.

③ 제 1 항 제 1 문 및 제 2 항 제 2 문에서 정하는 최고는 다음의 경우에는 불필요하다,

1. 사업자가 공급을 거절한 때,
2. 사업자가 디지털제품을 공급하지 아니할 것이 제반 사정에 비추어 명확하게 인식될 수 있을 때, 또는
3. 일정한 기한에 또는 일정한 기간 내에 공급하여야 한다는 것이 소비자에게 현저하게 중요하다는 것이 약정되거나 사업자에 있어서 계약 체결 당시 존재하던 명확하게 인식될 수 있는 제반 사정으로부터 도출될 수 있었음에도 불구하고 사업자가 그 기한에 또는 기간 내에 공급을 실행하지 아니한 때.

제 1 문의 경우들에서는 제286조에 좇은 최고가 항상 불필요하다.

④ 제 1 항 제 1 문에 따른 계약의 종료 및 그 법률효과에 대하여는 제327조의o 및 제327조의q가 준용된다. 소비자가 제 2 항의 경우에 급부 전부에 갈음하는 손해배상을 청구하는 때에도 마찬가지이다. 제325조는 이에 준용된다.

⑤ 제218조는 제 1 항 제 1 문에 따른 계약 종료에 준용된다.

⑥ 소비자가 제 1 항 제 1 문에 따라 계약을 종료시킬 수 있는 경우에 공급되지 아니한 디지털제품 없이는 패키지계약의 다른 부분이 그에게 이익이 없는 때에는 그는 패키지계약의 모든 구성부분에 대하여서 계약을 해소할 수 있다. 제 1 문은 다른 구성부분이 전자통신법 제 3 조 제61호의 의미에서의 전자통신서비스인 때에는 적용되지 아니한다.

⑦ 소비자가 제 1 항 제 1 문에 따라 계약을 종료시킬 수 있는 경우에 공급되지 아니한 디지털제품으로 말미암아 물건이 통상의 용도에 적합하지 아니한 때에는 그는 패키지계약의 모든 구성부분에 대하여서 계약을 해소할 수 있다.

제327조의d [디지털제품의 契約適合性]

Ist der Unternehmer durch einen Verbrauchervertrag gemäß § 327 oder § 327a zur Bereitstellung eines digitalen Produkts verpflichtet, so hat er das digitale Produkt frei von Produkt- und Rechtsmängeln im Sinne der §§ 327e bis 327g bereitzustellen.

§ 327e Produktmangel

(1) Das digitale Produkt ist frei von Produktmängeln, wenn es zur maßgeblichen Zeit nach den Vorschriften dieses Untertitels den subjektiven Anforderungen, den objektiven Anforderungen und den Anforderungen an die Integration entspricht. Soweit nachfolgend nicht anders bestimmt, ist die maßgebliche Zeit der Zeitpunkt der Bereitstellung nach § 327b. Wenn der Unternehmer durch den Vertrag zu einer fortlaufenden Bereitstellung über einen Zeitraum (dauerhafte Bereitstellung) verpflichtet ist, ist der maßgebliche Zeitraum der gesamte vereinbarte Zeitraum der Bereitstellung (Bereitstellungszeitraum).

(2) Das digitale Produkt entspricht den subjektiven Anforderungen, wenn
1. das digitale Produkt
   a) die vereinbarte Beschaffenheit hat, einschließlich der Anforderungen an seine Menge, seine Funktionalität, seine Kompatibilität und seine Interoperabilität,
   b) sich für die nach dem Vertrag vorausgesetzte Verwendung eignet,
2. es wie im Vertrag vereinbart mit Zubehör, Anleitungen und Kundendienst bereitgestellt wird und
3. die im Vertrag vereinbarten Aktualisierungen während des nach dem Vertrag maßgeblichen Zeitraums bereitgestellt werden.
Funktionalität ist die Fähigkeit eines digitalen Produkts, seine Funktionen seinem Zweck entsprechend zu erfüllen. Kompatibilität ist die Fähigkeit eines digitalen Produkts, mit Hardware oder Software zu funktionieren, mit der digitale Produkte derselben Art in der Regel genutzt werden, ohne dass sie konvertiert werden müssen. Interoperabilität ist die Fähigkeit eines digitalen Produkts, mit anderer Hardware oder Software als derjenigen, mit der digitale Produkte derselben Art in der Regel genutzt werden, zu funktionieren.

(3) Das digitale Produkt entspricht den objektiven Anforderungen, wenn
1. es sich für die gewöhnliche Verwendung eignet,
2. es eine Beschaffenheit, einschließlich der Menge, der Funktionalität, der Kompatibilität, der Zugänglichkeit, der Kontinuität und der Sicherheit aufweist, die bei digitalen Produkten derselben Art üblich ist und die der Verbraucher unter Berücksichtigung der Art des digitalen Produkts erwarten

사업자가 제327조 또는 제327조의a에 따라 디지털제품을 공급할 의무가
있는 경우, 그는 제327조의e 내지 제327조의g의 의미에서의 제품하자 및
권리하자가 없는 디지털제품을 공급하여야 한다.

제327조의e [製品瑕疵]

① 디지털제품은 기준이 되는 시기에 이 목의 규정에 따라 주관적 요구
사항, 객관적 요구사항 및 결합에 대한 요구사항을 충족하는 경우에는
제품하자가 없다. 아래에서 달리 정하여지지 아니한 한, 제327조의b 소
정의 공급시기가 기준시기가 된다. 사업자가 계약상으로 일정한 기간 동
안 지속적으로 공급("계속적 공급")하여야 하는 의무를 부담하는 경우에
는, 합의된 전체의 공급기간("공급기간")이 기준시기이다.

② 디지털제품은 다음의 경우에 주관적 요구사항을 충족한다,
  1. 디지털제품이
     a) 수량, 기능성, 호환성 및 상호운용성에 관한 요구사항을 비롯하여
     합의된 성상을 갖추고,
     b) 계약상 전제된 용도에 적합하며,
  2. 계약상 합의된 부속물, 설명서 및 고객서비스가 공급되고, 또한
  3. 계약에서 합의된 업데이트가 계약상 정하여진 기간 동안 공급되는
     것.

기능성이라 함은 그 목적에 부합하여 그 기능을 수행할 수 있는 디지털
제품의 능력을 말한다. 호환성이라 함은 동일한 종류의 디지털제품과 같
이 일반적으로 변환할 필요 없이 사용되는 하드웨어 또는 소프트웨어와
함께 기능할 수 있는 디지털제품의 능력을 말한다. 상호운용성이라 함은
동일한 종류의 디지털제품과 일반적으로 같이 사용되는 것과는 다른 하
드웨어 또는 소프트웨어와 함께 기능할 수 있는 디지털제품의 능력을 말
한다.

③ 디지털제품은 다음의 경우에 객관적 요구사항을 충족한다,
  1. 통상의 용도에 적합하고,
  2. 동일한 종류의 디지털제품에서 통상적이면서 디지털제품의 종류를
     고려할 때 소비자가 기대할 수 있는 수량, 기능성, 호환성, 상호운용

kann,

3. es der Beschaffenheit einer Testversion oder Voranzeige entspricht, die der Unternehmer dem Verbraucher vor Vertragsschluss zur Verfügung gestellt hat,

4. es mit dem Zubehör und den Anleitungen bereitgestellt wird, deren Erhalt der Verbraucher erwarten kann,

5. dem Verbraucher gemäß § 327f Aktualisierungen bereitgestellt werden und der Verbraucher über diese Aktualisierungen informiert wird und

6. sofern die Parteien nichts anderes vereinbart haben, es in der zum Zeitpunkt des Vertragsschlusses neuesten verfügbaren Version bereitgestellt wird.

Zu der üblichen Beschaffenheit nach Satz 1 Nummer 2 gehören auch Anforderungen, die der Verbraucher nach vom Unternehmer oder einer anderen Person in vorhergehenden Gliedern der Vertriebskette selbst oder in deren Auftrag vorgenommenen öffentlichen Äußerungen, die insbesondere in der Werbung oder auf dem Etikett abgegeben wurden, erwarten kann. Das gilt nicht, wenn der Unternehmer die Äußerung nicht kannte und auch nicht kennen konnte, wenn die Äußerung im Zeitpunkt des Vertragsschlusses in derselben oder in gleichwertiger Weise berichtigt war oder wenn die Äußerung die Entscheidung, das digitale Produkt zu erwerben, nicht beeinflussen konnte.

(4) Soweit eine Integration durchzuführen ist, entspricht das digitale Produkt den Anforderungen an die Integration, wenn die Integration

1. sachgemäß durchgeführt worden ist oder

2. zwar unsachgemäß durchgeführt worden ist, dies jedoch weder auf einer unsachgemäßen Integration durch den Unternehmer noch auf einem Mangel in der vom Unternehmer bereitgestellten Anleitung beruht.

Integration ist die Verbindung und die Einbindung eines digitalen Produkts mit den oder in die Komponenten der digitalen Umgebung des Verbrauchers, damit das digitale Produkt gemäß den Anforderungen nach den Vorschriften dieses Untertitels genutzt werden kann. Digitale Umgebung sind Hardware, Software oder Netzverbindungen aller Art, die vom Verbraucher für den Zugang zu einem digitalen Produkt oder die Nutzung eines digitalen Produkts verwendet werden.

(5) Einem Produktmangel steht es gleich, wenn der Unternehmer ein anderes digitales Produkt als das vertraglich geschuldete digitale Produkt bereitstellt.

성, 접근성, 연속성 및 안전성을 포함하는 성상을 갖추고 있고,

3. 사업자가 계약 체결 전에 소비자에게 공급하였던 시용품 또는 예시
   품의 성상에 부합하고,

4. 소비자가 그 입수를 기대할 수 있는 부속물 및 사용설명서와 함께
   공급되고,

5. 소비자에게 제327조의f에 따라 업데이트가 공급되고 또한 소비자는
   이 업데이트에 대하여 정보를 공급받고, 또한

6. 당사자들이 달리 합의하지 아니하는 한 계약 체결시에 입수가능한
   최신의 버전으로 공급된 때.

제1문 제2호에 따른 일반적인 성상에는, 사업자 또는 거래망의 이전
단계의 구성원에 해당하는 다른 사람 자신에 의하여 또는 그의 위탁으로
행하여진 공개적인 언명, 특히 광고나 라벨에서 행하여진 언명에 따라
서 소비자가 기대할 수 있는 요구사항이 포함된다. 이는 사업자가 계약
체결시에 그 언명을 알지 못하였고 알 수도 없었던 경우, 그 언명이 계약
체결시에 그 언명과 동일하거나 유사한 방식으로 정정된 경우, 또는 그
언명이 디지털제품을 취득하기로 하는 결정에 영향을 미칠 수 없었던 경
우에는 적용되지 아니한다.

④ 결합이 이루어져야 하는 때에는, 디지털제품은 다음의 경우에 결합
의 요구사항을 충족한다,

1. 결합이 적절하게 행하여졌던 때 또는

2. 결합이 부적절하게 행하여졌으나, 그것이 사업자에 의한 부적절한 결
   합 또는 사업자가 공급한 사용설명서의 결함으로 인한 것이 아닌 때.

결합이라 함은 이 목의 조문에 따른 요구사항에 좇아 디지털제품을 사용
할 수 있도록 하기 위하여 디지털제품을 소비자의 디지털환경과 연결시
키고 또 그에 접합하는 것을 말한다. 디지털환경이라 함은 소비자가 디
지털제품에 접속하거나 디지털제품을 이용하기 위하여 사용하는 모든
종류의 하드웨어, 소프트웨어 또는 네트워크를 말한다.

⑤ 사업자가 계약상 의무가 있는 디지털제품과 다른 디지털제품을 공급
한 경우, 이는 제품의 하자와 동일시된다.

§ 327f Aktualisierungen

(1) Der Unternehmer hat sicherzustellen, dass dem Verbraucher während des maßgeblichen Zeitraums Aktualisierungen, die für den Erhalt der Vertragsmäßigkeit des digitalen Produkts erforderlich sind, bereitgestellt werden und der Verbraucher über diese Aktualisierungen informiert wird. Zu den erforderlichen Aktualisierungen gehören auch Sicherheitsaktualisierungen. Der maßgebliche Zeitraum nach Satz 1 ist

1. bei einem Vertrag über die dauerhafte Bereitstellung eines digitalen Produkts der Bereitstellungszeitraum,

2. in allen anderen Fällen der Zeitraum, den der Verbraucher aufgrund der Art und des Zwecks des digitalen Produkts und unter Berücksichtigung der Umstände und der Art des Vertrags erwarten kann.

(2) Unterlässt es der Verbraucher, eine Aktualisierung, die ihm gemäß Absatz 1 bereitgestellt worden ist, innerhalb einer angemessenen Frist zu installieren, so haftet der Unternehmer nicht für einen Produktmangel, der allein auf das Fehlen dieser Aktualisierung zurückzuführen ist, sofern

1. der Unternehmer den Verbraucher über die Verfügbarkeit der Aktualisierung und die Folgen einer unterlassenen Installation informiert hat und

2. die Tatsache, dass der Verbraucher die Aktualisierung nicht oder unsachgemäß installiert hat, nicht auf eine dem Verbraucher bereitgestellte mangelhafte Installationsanleitung zurückzuführen ist.

§ 327g Rechtsmangel

Das digitale Produkt ist frei von Rechtsmängeln, wenn der Verbraucher es gemäß den subjektiven oder objektiven Anforderungen nach § 327e Absatz 2 und 3 nutzen kann, ohne Rechte Dritter zu verletzen.

§ 327h Abweichende Vereinbarungen über Produktmerkmale

Von den objektiven Anforderungen nach § 327e Absatz 3 Satz 1 Nummer 1 bis 5 und Satz 2, § 327f Absatz 1 und § 327g kann nur abgewichen werden, wenn der Verbraucher vor Abgabe seiner Vertragserklärung eigens davon in Kenntnis gesetzt wurde, dass ein bestimmtes Merkmal des digitalen Produkts von diesen objektiven Anforderungen abweicht, und diese Abweichung im Vertrag ausdrücklich und gesondert vereinbart wurde.

§ 327i Rechte des Verbrauchers bei Mängeln

Ist das digitale Produkt mangelhaft, kann der Verbraucher, wenn die Voraussetzungen der folgenden Vorschriften vorliegen,

제327조의f [업데이트]

① 사업자는 기준기간 동안 디지털제품의 계약적합성을 유지하는 데 필요한 업데이트를 소비자에게 공급하고 또한 소비자는 이러한 업데이트에 관하여 정보를 공급받는 것을 보장하여야 한다. 필요한 업데이트에는 보안업데이트도 포함된다. 제1문에 따른 기준기간은 다음과 같다,

1. 디지털제품의 계속적 공급에 관한 계약의 경우에는 그 공급의 기간,
2. 다른 모든 경우에는 디지털제품의 성질과 목적에 바탕하여 그리고 계약의 제반 사정과 성질을 고려하여 소비자가 기대할 수 있는 기간.

② 소비자가 제1항에 따라 공급된 업데이트를 상당한 기간 내에 설치하지 아니한 때에는 사업자는 다음의 경우에는 이 업데이트의 결여만을 원인으로 하는 제품하자에 대하여 책임을 지지 아니한다,

1. 사업자가 소비자에게 실제로 업데이트할 수 있다는 것 및 그 미설치로 인한 결과를 알렸고, 또한
2. 소비자가 업데이트를 설치하지 아니하였거나 부적절하게 설치한 것이 소비자에게 공급된 설치 안내의 잘못에 원인이 있는 것이 아닌 때.

제327조의g [權利瑕疵]

소비자가 디지털제품을 제327조의e 제2항 및 제3항에 정하여진 주관적 및 객관적 요구사항에 좇아서 제3자의 권리를 해함이 없이 이용할 수 있는 경우에는 권리하자가 없는 것이다.

제327조의h [제품의 特性에 관한 다른 約定]

제327조의e 제3항 제1문 제1호 내지 제5호, 제2문, 제327조의f 제1항 및 제327조의g에 따른 객관적 요구사항과 다른 약정을 할 수 있는 것은 소비자가 계약 체결의 의사표시를 하기 전에 디지털제품의 일정한 특성이 그 객관적 요구사항과 다름을 구체적으로 지적 받고, 이러한 차이점이 계약상 명시적으로 개별적으로 합의된 경우에 한정된다.

제327조의i [瑕疵의 경우 消費者의 權利]

디지털제품에 하자가 있는 경우 소비자는 다음에 드는 규정상의 요건이 충족되는 때에는 다음을 할 수 있다,

1. nach § 327l Nacherfüllung verlangen,
2. nach § 327m Absatz 1, 2, 4 und 5 den Vertrag beenden oder nach § 327n den Preis mindern und
3. nach § 280 Absatz 1 oder § 327m Absatz 3 Schadensersatz oder nach § 284 Ersatz vergeblicher Aufwendungen verlangen.

§ 327j　Verjährung

(1) Die in § 327i Nummer 1 und 3 bezeichneten Ansprüche verjähren in zwei Jahren. Die Verjährung beginnt mit der Bereitstellung.

(2) Im Fall der dauerhaften Bereitstellung verjähren die Ansprüche nicht vor Ablauf von zwölf Monaten nach dem Ende des Bereitstellungszeitraums.

(3) Ansprüche wegen einer Verletzung der Aktualisierungspflicht verjähren nicht vor Ablauf von zwölf Monaten nach dem Ende des für die Aktualisierungspflicht maßgeblichen Zeitraums.

(4) Hat sich ein Mangel innerhalb der Verjährungsfrist gezeigt, so tritt die Verjährung nicht vor dem Ablauf von vier Monaten nach dem Zeitpunkt ein, in dem sich der Mangel erstmals gezeigt hat.

(5) Für die in § 327i Nummer 2 bezeichneten Rechte gilt § 218 entsprechend.

§ 327k　Beweislastumkehr

(1) Zeigt sich bei einem digitalen Produkt innerhalb eines Jahres seit seiner Bereitstellung ein von den Anforderungen nach § 327e oder § 327g abweichender Zustand, so wird vermutet, dass das digitale Produkt bereits bei Bereitstellung mangelhaft war.

(2) Zeigt sich bei einem dauerhaft bereitgestellten digitalen Produkt während der Dauer der Bereitstellung ein von den Anforderungen nach § 327e oder § 327g abweichender Zustand, so wird vermutet, dass das digitale Produkt während der bisherigen Dauer der Bereitstellung mangelhaft war.

(3) Die Vermutungen nach den Absätzen 1 und 2 gelten vorbehaltlich des Absatzes 4 nicht, wenn

1. die digitale Umgebung des Verbrauchers mit den technischen Anforderungen des digitalen Produkts zur maßgeblichen Zeit nicht kompatibel war oder
2. der Unternehmer nicht feststellen kann, ob die Voraussetzungen der Nummer 1 vorlagen, weil der Verbraucher eine hierfür notwendige und ihm mögliche Mitwirkungshandlung nicht vornimmt und der Unternehmer zur Feststellung ein technisches Mittel einsetzen wollte, das für den Verbraucher den geringsten

1. 제327조의l에 따라 추완이행을 청구하는 것,
2. 제327조의m 제 1 항, 제 2 항, 제 4 항 및 제 5 항에 따라 계약을 종료시
   키거나 제327조의n에 따라 대금을 감액하는 것 및
3. 제280조 제 1 항 또는 제327조의m 제 3 항에 따라 손해배상을 청구하
   거나 제284조에 따라 무익하게 지출된 비용의 배상을 청구하는 것.

제327조의j [消滅時效]

① 제327조의i 제 1 문 및 제 3 문에서 정하여진 청구권은 2년의 소멸시효
에 걸린다. 소멸시효는 공급시로부터 진행한다.

② 계속적 공급의 경우에는 공급기간의 종료로부터 12개월이 경과하기
전에는 소멸시효가 완성되지 아니한다.

③ 업데이트의무의 불이행으로 인한 청구권은 그 의무에 관한 기준시기
의 종료로부터 12개이 경과하기 전에는 소멸시효가 완성되지 아니한다.

④ 하자가 소멸시효기간 중에 드러난 경우에 소멸시효는 하자가 처음
드러난 시점으로부터 4개월이 경과하기 전에는 완성되지 아니한다.

⑤ 제327조의i 제 2 호에서 정하여진 권리에 대하여는 제218조가 준용된다.

제327조의k [證明責任의 轉換]

① 디지털제품이 그 공급 후 1년 안에 제327조의e 또는 제327조의g에서
정하여진 요구사항과 다른 상태임이 드러난 경우에는, 그것은 이미 공급
시에 하자 있었음이 추정된다.

② 계속적으로 공급되는 디지털제품이 그 공급이 공급되는 동안에 제
327조의e 또는 제327조의g에서 정하여진 요구사항과 다른 상태임이 드
러난 경우에는, 그것은 그때까지 공급되어 있는 동안에 하자 있었음이
추정된다.

③ 제 1 항 및 제 2 항에 따른 추정은 제 4 항의 경우를 유보하고 다음의
경우에는 적용되지 아니한다,

1. 소비자의 디지털환경이 기준이 되는 시기에 디지털제품의 기술적
   요구사항과 호환적이지 아니하였던 때, 또는
2. 사업자가 그 확인을 위하여 소비자에게 가장 침해가 적은 기술적 수
   단을 투입하려고 하였음에도 소비자가 이에 필요하고 또한 자신에

Eingriff darstellt.

(4) Absatz 3 ist nur anzuwenden, wenn der Unternehmer den Verbraucher vor Vertragsschluss klar und verständlich informiert hat über

1. die technischen Anforderungen des digitalen Produkts an die digitale Umgebung im Fall des Absatzes 3 Nummer 1 oder

2. die Obliegenheit des Verbrauchers nach Absatz 3 Nummer 2.

§ 327l Nacherfüllung

(1) Verlangt der Verbraucher vom Unternehmer Nacherfüllung, so hat dieser den vertragsgemäßen Zustand herzustellen und die zum Zwecke der Nacherfüllung erforderlichen Aufwendungen zu tragen. Der Unternehmer hat die Nacherfüllung innerhalb einer angemessenen Frist ab dem Zeitpunkt, zu dem der Verbraucher ihn über den Mangel informiert hat, und ohne erhebliche Unannehmlichkeiten für den Verbraucher durchzuführen.

(2) Der Anspruch nach Absatz 1 ist ausgeschlossen, wenn die Nacherfüllung unmöglich oder für den Unternehmer nur mit unverhältnismäßigen Kosten möglich ist. Dabei sind insbesondere der Wert des digitalen Produkts in mangelfreiem Zustand sowie die Bedeutung des Mangels zu berücksichtigen. § 275 Absatz 2 und 3 findet keine Anwendung.

§ 327m Vertragsbeendigung und Schadensersatz

(1) Ist das digitale Produkt mangelhaft, so kann der Verbraucher den Vertrag gemäß § 327o beenden, wenn

1. der Nacherfüllungsanspruch gemäß § 327l Absatz 2 ausgeschlossen ist,

2. der Nacherfüllungsanspruch des Verbrauchers nicht gemäß § 327l Absatz 1 erfüllt wurde,

3. sich trotz der vom Unternehmer versuchten Nacherfüllung ein Mangel zeigt,

4. der Mangel derart schwerwiegend ist, dass die sofortige Vertragsbeendigung gerechtfertigt ist,

5. der Unternehmer die gemäß § 327l Absatz 1 Satz 2 ordnungsgemäße Nacherfüllung verweigert hat, oder

6. es nach den Umständen offensichtlich ist, dass der Unternehmer nicht gemäß § 327l Absatz 1 Satz 2 ordnungsgemäß nacherfüllen wird.

(2) Eine Beendigung des Vertrags nach Absatz 1 ist ausgeschlossen, wenn der Mangel unerheblich ist. Dies gilt nicht für Verbraucherverträge im Sinne des § 327 Absatz 3.

게 가능한 협력행위를 하지 아니하였기 때문에 사업자가 제 1 호의
요건이 갖추어졌음을 확정할 수 없는 때.

④ 제 3 항은 사업자가 계약 체결 전에 다음의 사항에 관하여 소비자에
게 명확하고 이해할 수 있도록 알린 경우에만 적용된다,

1. 제 3 항 제 1 문의 경우 그 디지털환경에서 디지털제품의 기술적 요구
사항, 또는

2. 제 3 항 제 2 문에 정하여진 소비자의 책무.

제327조의l [追完履行]

① 소비자가 사업자에 대하여 추완이행을 요구한 경우에 사업자는 계약
에 적합한 상태를 실현하고 추완이행을 위하여 필요한 비용을 지출하여
야 한다. 사업자는 소비자가 그 하자에 대하여 알린 때로부터 상당한 기
간 내에 소비자에게 현저한 불편을 야기하지 아니함이 없이 추완이행을
실행하여야 한다.

② 추완이행이 불능이거나 사업자에게 과도한 비용으로써만 가능한 경
우에는 제 1 항 소정의 청구권은 배제된다.

제327조의m [契約의 終了와 損害賠償]

① 디지털제품에 하자가 있는 경우에는 소비자는 다음의 경우에는 계약
을 제327조의o에 좇아 종료시킬 수 있다,

1. 제327조의l 제 2 항에 좇은 추완이행이 배제되는 때,

2. 소비자의 추완이행청구권이 제327조의l 제 2 항에 좇아 이행되지 아
니한 때,

3. 사업자가 추완이행을 시도하였으나 하자가 나타나는 때,

4. 하자가 즉시의 계약 종료를 정당화할 만큼 중대한 때,

5. 사업자가 제327조의l 제 1 항 제 2 문에 좇은 정상적인 추완이행을 거
절한 때, 또는

6. 사업자가 제327조의l 제 1 항 제 2 문에 좇아 정상적으로 추완이행을
하지 아니할 것이 제반 사정에 비추어 명백한 때.

② 하자가 경미한 때에는 제 1 항에 따른 계약의 종료는 배제된다. 제327
조 제 3 항의 의미에서의 소비자계약인 경우에는 그러하지 아니하다.

(3) In den Fällen des Absatzes 1 Nummer 1 bis 6 kann der Verbraucher unter den Voraussetzungen des § 280 Absatz 1 Schadensersatz statt der Leistung verlangen. § 281 Absatz 1 Satz 3 und Absatz 4 sind entsprechend anzuwenden. Verlangt der Verbraucher Schadensersatz statt der ganzen Leistung, so ist der Unternehmer zur Rückforderung des Geleisteten nach den §§ 327o und 327p berechtigt. § 325 gilt entsprechend.

(4) Sofern der Verbraucher den Vertrag nach Absatz 1 beenden kann, kann er sich im Hinblick auf alle Bestandteile des Paketvertrags vom Vertrag lösen, wenn er an dem anderen Teil des Paketvertrags ohne das mangelhafte digitale Produkt kein Interesse hat. Satz 1 ist nicht auf Paketverträge anzuwenden, bei denen der andere Bestandteil ein Telekommunikationsdienst im Sinne des § 3 Nummer 61 des Telekommunikationsgesetzes ist.

(5) Sofern der Verbraucher den Vertrag nach Absatz 1 beenden kann, kann er sich im Hinblick auf alle Bestandteile eines Vertrags nach § 327a Absatz 2 vom Vertrag lösen, wenn aufgrund des Mangels des digitalen Produkts sich die Sache nicht zur gewöhnlichen Verwendung eignet.

§ 327n Minderung

(1) Statt den Vertrag nach § 327m Absatz 1 zu beenden, kann der Verbraucher den Preis durch Erklärung gegenüber dem Unternehmer mindern. Der Ausschlussgrund des § 327m Absatz 2 Satz 1 findet keine Anwendung. § 327o Absatz 1 ist entsprechend anzuwenden.

(2) Bei der Minderung ist der Preis in dem Verhältnis herabzusetzen, in welchem zum Zeitpunkt der Bereitstellung der Wert des digitalen Produkts in mangelfreiem Zustand zu dem wirklichen Wert gestanden haben würde. Bei Verträgen über die dauerhafte Bereitstellung eines digitalen Produkts ist der Preis unter entsprechender Anwendung des Satzes 1 nur anteilig für die Dauer der Mangelhaftigkeit herabzusetzen.

(3) Die Minderung ist, soweit erforderlich, durch Schätzung zu ermitteln.

(4) Hat der Verbraucher mehr als den geminderten Preis gezahlt, so hat der Unternehmer den Mehrbetrag zu erstatten. Der Mehrbetrag ist unverzüglich, auf jeden Fall aber innerhalb von 14 Tagen zu erstatten. Die Frist beginnt mit dem Zugang der Minderungserklärung beim Unternehmer. Für die Erstattung muss der Unternehmer dasselbe Zahlungsmittel verwenden, das der Verbraucher bei der Zahlung verwendet hat, es sei denn, es wurde ausdrücklich etwas anderes vereinbart und dem Verbraucher entstehen durch die Verwendung eines anderen Zahlungsmittels keine Kosten. Der Unternehmer kann vom Verbrau-

③ 제 1 항 제 1 호 내지 제 6 호의 경우에 소비자는 제280조 제 1 항의 요건 아래서 급부에 갈음한 손해배상을 요구할 수 있다. 제281조 제 1 항제 2 문 및 제 4 항은 이에 준용된다. 소비자가 급부 전부에 갈음하여 손해배상을 요구하는 경우에 사업자는 제327조의o 및 제327조의p에 따라급부한 것의 반환을 구할 권리를 가진다. 제325조가 이에 준용된다.

④ 소비자가 제 1 항에 따라 계약을 종료시킬 수 있는 경우에 하자 있는디지털제품 없이는 패키지계약의 다른 부분이 그에게 이익이 없는 때에는 그는 패키지계약의 모든 구성부분에 대하여서 계약을 해소할 수 있다. 제 1 문은 다른 구성부분이 전자통신법 제 3 조 제61호의 의미에서의전자통신서비스인 때에는 적용되지 아니한다.

⑤ 소비자가 제 1 항에 따라 계약을 종료시킬 수 있는 경우에 디지털제품의 하자로 말미암아 물건이 통상의 용도에 적합하지 아니한 때에는 그는 제327조의a 제 2 항에 따라 패키지계약의 모든 구성부분에 대하여서계약을 해소할 수 있다.

제327조의n [代金減額]

① 제327조의m 제 1 항에 따라 계약을 종료시키는 대신에 소비자는 사업자에 대한 의사표시로써 대금을 감액할 수 있다. 제327조의m 제 2 항제 1 문의 배제사유는 적용되지 아니한다. 제327조의o 제 1 항은 이에 준용된다.

② 대금감액에 있어서는 공급시에 디지털제품이 하자 없는 상태에서 가지는 가치의 실제 가치에 대하여 가졌을 비율로 대금이 감액된다. 디지털제품의 계속적 공급의 계약에서는 대금은 제 1 문을 준용하여 하자 있는 기간 동안에 비례하여서만 감액된다.

③ 대금감액은 필요한 경우에는 가액사정절차에 의하여 조사되어야 한다.

④ 소비자가 감액된 대금보다 더 많이 지급한 경우에는 사업자는 그 초과액을 반환하여야 한다. 초과액은 지체 없이, 그러나 길어도 14일 이내에는 반환되어야 한다. 그 기간은 사업자에게 대금감액의 의사표시가 도달한 때로부 터 진행한다. 반환을 위하여 사업자는 소비자가 지급에서사용하였던 것과 같은 지급수단을 사용하여야 한다, 그러나 명시적으로달리 약정되고 또 다른 지급수단의 사용으로 소비자에게 아무런 비용도

cher keinen Ersatz für die Kosten verlangen, die ihm für die Erstattung des Mehrbetrags entstehen.

§ 327o Erklärung und Rechtsfolgen der Vertragsbeendigung

(1) Die Beendigung des Vertrags erfolgt durch Erklärung gegenüber dem Unternehmer, in welcher der Entschluss des Verbrauchers zur Beendigung zum Ausdruck kommt. § 351 ist entsprechend anzuwenden.

(2) Im Fall der Vertragsbeendigung hat der Unternehmer dem Verbraucher die Zahlungen zu erstatten, die der Verbraucher zur Erfüllung des Vertrags geleistet hat. Für Leistungen, die der Unternehmer aufgrund der Vertragsbeendigung nicht mehr zu erbringen hat, erlischt sein Anspruch auf Zahlung des vereinbarten Preises.

(3) Abweichend von Absatz 2 Satz 2 erlischt bei Verträgen über die dauerhafte Bereitstellung eines digitalen Produkts der Anspruch des Unternehmers auch für bereits erbrachte Leistungen, jedoch nur für denjenigen Teil des Bereitstellungszeitraums, in dem das digitale Produkt mangelhaft war. Der gezahlte Preis für den Zeitraum, für den der Anspruch nach Satz 1 entfallen ist, ist dem Verbraucher zu erstatten.

(4) Für die Erstattungen nach den Absätzen 2 und 3 ist § 327n Absatz 4 Satz 2 bis 5 entsprechend anzuwenden.

(5) Der Verbraucher ist verpflichtet, einen vom Unternehmer bereitgestellten körperlichen Datenträger an diesen unverzüglich zurückzusenden, wenn der Unternehmer dies spätestens 14 Tage nach Vertragsbeendigung verlangt. Der Unternehmer trägt die Kosten der Rücksendung. § 348 ist entsprechend anzuwenden.

§ 327p Weitere Nutzung nach Vertragsbeendigung

(1) Der Verbraucher darf das digitale Produkt nach Vertragsbeendigung weder weiter nutzen noch Dritten zur Verfügung stellen. Der Unternehmer ist berechtigt, die weitere Nutzung durch den Verbraucher zu unterbinden. Absatz 3 bleibt hiervon unberührt.

(2) Der Unternehmer darf die Inhalte, die nicht personenbezogene Daten sind und die der Verbraucher bei der Nutzung des vom Unternehmer bereitgestellten digitalen Produkts bereitgestellt oder erstellt hat, nach der Vertragsbeendigung nicht weiter nutzen. Dies gilt nicht, wenn die Inhalte
1. außerhalb des Kontextes des vom Unternehmer bereitgestellten digitalen Produkts keinen Nutzen haben,

발생하지 아니하는 경우에는 그러하지 아니하다. 사업자는 초과액의 반환으로 발생하는 비용에 대하여 배상을 청구할 수 없다.

제327조의o [契約終了의 意思表示와 法律效果]

① 계약의 종료는 계약 종료의 의사가 표현된, 소비자의 사업자에 대한 의사표시에 의하여 행하여진다. 제351조는 이에 준용된다.

② 계약이 종료되면 사업자는 소비자에게 소비자가 계약을 이행하기 위하여 지급한 것을 반환하여야 한다. 사업자가 계약 종료로 인하여 더 이상 공급할 필요가 없게 된 급부에 대하여는 합의된 대금의 지급청구권은 소멸한다.

③ 제2항 제2문과 달리 디지털제품의 계속적 공급에 관한 계약에서 사업자의 청구권은 이미 공급한 급부에 대하여도 소멸한다, 그러나 디지털제품에 하자가 있었던 공급기간 동안의 부분에 대하여서만 그러하다. 제1문에 따라 청구권이 소멸한 기간에 관하여 지급된 대금은 소비자에게 반환되어야 한다.

④ 제2항 및 제3항에 따른 반환에 대하여는 제327조의n 제4항 제2문 내지 제5문이 준용된다.

⑤ 사업자가 계약의 종료 후 늦어도 14일 이내에 요구하는 경우에 소비자는 사업자가 공급한 유체적 자료저장장치를 지체 없이 그에게 반환하여야 한다. 사업자는 반송비용을 부담한다. 민법 제348조가 이에 준용된다.

제327조의p [契約終了 後의 繼續使用]

① 소비자는 계약 종료 후에 디지털제품을 계속해서 사용하거나 제3자에게 이를 공급할 수 없다. 사업자는 소비자의 사용 계속을 저지할 권리를 가진다. 제3항은 이에 의하여 영향을 받지 아니한다.

② 계약 종료 후 사업자는 인적 정보와 관련이 없는 데이터, 그리고 소비자가 사업자가 공급한 디지털제품을 사용하는 때에 공급하였거나 생성한 콘텐츠를 더 이상 사용할 수 없다. 이는 그 콘텐츠에 다음과 같은 사정이 있는 경우에는 그러하지 아니하다,

　1. 사업자가 공급한 디지털제품의 맥락 밖에서는 효용이 없는 때,

2. ausschließlich mit der Nutzung des vom Unternehmer bereitgestellten digitalen Produkts durch den Verbraucher zusammenhängen,

3. vom Unternehmer mit anderen Daten aggregiert wurden und nicht oder nur mit unverhältnismäßigem Aufwand disaggregiert werden können oder

4. vom Verbraucher gemeinsam mit anderen erzeugt wurden, sofern andere Verbraucher die Inhalte weiterhin nutzen können.

(3) Der Unternehmer hat dem Verbraucher auf dessen Verlangen die Inhalte gemäß Absatz 2 Satz 1 bereitzustellen. Dies gilt nicht für Inhalte nach Absatz 2 Satz 2 Nummer 1 bis 3. Die Inhalte müssen dem Verbraucher unentgeltlich, ohne Behinderung durch den Unternehmer, innerhalb einer angemessenen Frist und in einem gängigen und maschinenlesbaren Format bereitgestellt werden.

§ 327q Vertragsrechtliche Folgen datenschutzrechtlicher Erklärungen des Verbrauchers

(1) Die Ausübung von datenschutzrechtlichen Betroffenenrechten und die Abgabe datenschutzrechtlicher Erklärungen des Verbrauchers nach Vertragsschluss lassen die Wirksamkeit des Vertrags unberührt.

(2) Widerruft der Verbraucher eine von ihm erteilte datenschutzrechtliche Einwilligung oder widerspricht er einer weiteren Verarbeitung seiner personenbezogenen Daten, so kann der Unternehmer einen Vertrag, der ihn zu einer Reihe einzelner Bereitstellungen digitaler Produkte oder zur dauerhaften Bereitstellung eines digitalen Produkts verpflichtet, ohne Einhaltung einer Kündigungsfrist kündigen, wenn ihm unter Berücksichtigung des weiterhin zulässigen Umfangs der Datenverarbeitung und unter Abwägung der beiderseitigen Interessen die Fortsetzung des Vertragsverhältnisses bis zum vereinbarten Vertragsende oder bis zum Ablauf einer gesetzlichen oder vertraglichen Kündigungsfrist nicht zugemutet werden kann.

(3) Ersatzansprüche des Unternehmers gegen den Verbraucher wegen einer durch die Ausübung von Datenschutzrechten oder die Abgabe datenschutzrechtlicher Erklärungen bewirkten Einschränkung der zulässigen Datenverarbeitung sind ausgeschlossen.

§ 327r Änderungen an digitalen Produkten

(1) Bei einer dauerhaften Bereitstellung darf der Unternehmer Änderungen des digitalen Produkts, die über das zur Aufrechterhaltung der Vertragsmäßigkeit nach § 327e Absatz 2 und 3 und § 327f erforderliche Maß hinausgehen, nur vornehmen, wenn

2. 오로지 소비자가 사업자가 공급한 디지털제품을 이용하는 것과 관련되는 때,

3. 사업자에 의하여 다른 데이터와 응집되어서 분리할 수 없거나 과도한 비용으로써만 분리할 수 있는 때, 또는

4. 소비자가 다른 사람들과 함께 생성한 것으로서 다른 소비자가 그것을 계속 사용할 수 있는 때.

③ 사업자는 소비자가 요구하는 때에는 그에게 제 2 항 제 1 문에 좇은 콘텐츠를 공급하여야 한다. 이는 제 2 항 제 2 문 제 1 호 내지 제 3 호에서 정하여진 콘텐츠에는 적용되지 아니한다. 소비자에게 콘텐츠는 무상으로, 사업자에 의한 방해 없이, 적절한 기간 내에 그리고 기계로 읽을 수 있는 일반적으로 사용되는 포맷으로 공급되어야 한다.

제327조의q [消費者의 데이터보호법상 意思表示의 契約法的 效果]

① 계약 체결 후에 소비자가 데이터보호법에 정하여진 관련 권리를 행사하는 것 및 동법상의 의사표시를 하는 것은 계약의 유효성에 영향을 미치지 아니한다.

② 소비자가 데이터보호법에 따른 그의 동의를 철회하거나 그의 인적 데이터를 더 이상 처리하는 것에 이의를 제기하는 경우에, 사업자는 그에게 디지털제품의 일련의 개별적 공급 또는 디지털제품의 계속적 공급의 의무를 지게 하는 계약을, 데이터 처리가 여전히 허용되는 범위를 고려하고 양 당사자의 이익을 형량하여 합의된 계약 종기까지 또는 법률상이나 계약상의 해지기간이 경료되는 때까지 계약관계를 지속하는 것이 사업자에게 기대될 수 없는 때에는, 해지기간의 준수 없이 해지할 수 있다.

③ 허용되는 데이터처리가 데이터보호권의 행사 또는 데이터보호법에 따른 의사표시로 인하여 제한되는 경우에도 소비자에 대한 사업자의 배상청구권은 배제된다.

제327조의r [디지털제품의 變更]

① 계속적 공급에서 사업자는 다음의 경우에 한하여 제327조의e 제 2 항과 제 3 항 및 제327조의f에 정하여진 계약적합성을 유지하는 데 필요한 정도를 넘어서 디지털제품을 변경할 수 있다,

1. der Vertrag diese Möglichkeit vorsieht und einen triftigen Grund dafür enthält,
2. dem Verbraucher durch die Änderung keine zusätzlichen Kosten entstehen und
3. der Verbraucher klar und verständlich über die Änderung informiert wird.

(2) Eine Änderung des digitalen Produkts, welche die Zugriffsmöglichkeit des Verbrauchers auf das digitale Produkt oder welche die Nutzbarkeit des digitalen Produkts für den Verbraucher beeinträchtigt, darf der Unternehmer nur vornehmen, wenn er den Verbraucher darüber hinaus innerhalb einer angemessenen Frist vor dem Zeitpunkt der Änderung mittels eines dauerhaften Datenträgers informiert. Die Information muss Angaben enthalten über:
1. Merkmale und Zeitpunkt der Änderung sowie
2. die Rechte des Verbrauchers nach den Absätzen 3 und 4.
Satz 1 gilt nicht, wenn die Beeinträchtigung der Zugriffsmöglichkeit oder der Nutzbarkeit nur unerheblich ist.

(3) Beeinträchtigt eine Änderung des digitalen Produkts die Zugriffsmöglichkeit oder die Nutzbarkeit im Sinne des Absatzes 2 Satz 1, so kann der Verbraucher den Vertrag innerhalb von 30 Tagen unentgeltlich beenden. Die Frist beginnt mit dem Zugang der Information nach Absatz 2 zu laufen. Erfolgt die Änderung nach dem Zugang der Information, so tritt an die Stelle des Zeitpunkts des Zugangs der Information der Zeitpunkt der Änderung.

(4) Die Beendigung des Vertrags nach Absatz 3 Satz 1 ist ausgeschlossen, wenn
1. die Beeinträchtigung der Zugriffsmöglichkeit oder der Nutzbarkeit nur unerheblich ist oder
2. dem Verbraucher die Zugriffsmöglichkeit auf das unveränderte digitale Produkt und die Nutzbarkeit des unveränderten digitalen Produkts ohne zusätzliche Kosten erhalten bleiben.

(5) Für die Beendigung des Vertrags nach Absatz 3 Satz 1 und deren Rechtsfolgen sind die §§ 327o und 327p entsprechend anzuwenden.

(6) Die Absätze 1 bis 5 sind auf Paketverträge, bei denen der andere Bestandteil des Paketvertrags die Bereitstellung eines Internetzugangsdienstes oder eines öffentlich zugänglichen nummerngebundenen interpersonellen Telekommunikationsdienstes im Rahmen eines Paketvertrags im Sinne des § 66 Absatz 1 des Telekommunikationsgesetzes zum Gegenstand hat, nicht anzuwenden.

1. 계약이 이러한 가능성을 예견하고 또한 그에 설득력 있는 근거를 포함하고,
2. 변경으로 인하여 소비자에게 추가적인 비용이 발생하지 아니하며, 또한
3. 그 변경에 관하여 소비자에게 명확하고 이해할 수 있도록 정보가 공급되는 때.

② 디지털제품에 대한 소비자의 접근가능성이나 소비자에 대한 디지털제품의 유용성을 해치는 디지털제품의 변경은 사업자가 소비자에게 그 변경 전에 적절한 기간 내에 지속적인 자료저장장치로 그 정보를 공급한 경우에만 이를 할 수 있다. 그에는 다음에 대한 진술이 포함되어야 한다.

1. 변경의 특징과 시기 및
2. 제 3 항 및 제 4 항에 따른 소비자의 권리.

제 1 문은 접근가능성 및 유용성의 저해가 단지 경미한 때에는 적용되지 아니한다.

③ 디지털제품의 변경이 제 2 항 제 1 문의 의미에서의 접근가능성 또는 유용성을 해치는 경우에, 소비자는 대가를 지급함이 없이 30일 내에 계약을 종료시킬 수 있다. 이 기간은 제 2 항에 따른 정보의 도달시로부터 진행한다. 정보가 그 도달 후에 변경되는 경우에는 그 변경시점이 정보의 도달시에 갈음한다.

④ 제 3 항 제 1 문에 따른 계약의 종료는 다음의 경우에는 배제된다.

1. 접근가능성 또는 유용성의 저해가 단지 경미한 때, 또는
2. 소비자가 변경되지 아니한 디지털제품에의 접근가능성 및 변경되지 아니한 디지털제품의 유용성을 추가적인 비용 지출 없이 유지할 수 있는 때.

⑤ 소비자가 제 3 항 제 1 문에 따른 계약의 종료 및 그 법률효과에 대하여는 제327조의o 및 제327조의p가 준용된다.

⑥ 제 1 항 내지 제 5 항은 그 계약의 다른 구성부분이 인터넷 접속 서비스를 공급하거나 또는 전자통신법 제66조 제 1 항의 의미에서의 패키지계약의 범위 내에서 공적으로 접근가능한 숫자 기반의 대인 전자통신서비스를 공급하는 것을 내용으로 하는 패키지계약에는 적용되지 아니한다.

§ 327s Abweichende Vereinbarungen

(1) Auf eine Vereinbarung mit dem Verbraucher, die zum Nachteil des Verbrauchers von den Vorschriften dieses Untertitels abweicht, kann der Unternehmer sich nicht berufen, es sei denn, die Vereinbarung wurde erst nach der Mitteilung des Verbrauchers gegenüber dem Unternehmer über die unterbliebene Bereitstellung oder über den Mangel des digitalen Produkts getroffen.

(2) Auf eine Vereinbarung mit dem Verbraucher über eine Änderung des digitalen Produkts, die zum Nachteil des Verbrauchers von den Vorschriften dieses Untertitels abweicht, kann der Unternehmer sich nicht berufen, es sei denn, sie wurde nach der Information des Verbrauchers über die Änderung des digitalen Produkts gemäß § 327r getroffen.

(3) Die Vorschriften dieses Untertitels sind auch anzuwenden, wenn sie durch anderweitige Gestaltungen umgangen werden.

(4) Die Absätze 1 und 2 gelten nicht für den Ausschluss oder die Beschränkung des Anspruchs auf Schadensersatz.

(5) § 327h bleibt unberührt.

Untertitel 2　Besondere Bestimmungen für Verträge über digitale Produkte zwischen Unternehmern

§ 327t Anwendungsbereich

Auf Verträge zwischen Unternehmern, die der Bereitstellung digitaler Produkte gemäß der nach den §§ 327 und 327a vom Anwendungsbereich des Untertitels 1 erfassten Verbraucherverträge dienen, sind ergänzend die Vorschriften dieses Untertitels anzuwenden.

§ 327u Rückgriff des Unternehmers

(1) Der Unternehmer kann von dem Unternehmer, der sich ihm gegenüber zur Bereitstellung eines digitalen Produkts verpflichtet hat (Vertriebspartner), Ersatz der Aufwendungen verlangen, die ihm im Verhältnis zu einem Verbraucher wegen einer durch den Vertriebspartner verursachten unterbliebenen Bereitstellung des vom Vertriebspartner bereitzustellenden digitalen Produkts aufgrund der Ausübung des Rechts des Verbrauchers nach § 327c Absatz 1 Satz 1 entstanden sind. Das Gleiche gilt für die nach § 327l Absatz 1 vom Unternehmer zu tragenden Aufwendungen, wenn der vom Verbraucher gegenüber dem Unternehmer geltend gemachte Mangel bereits bei der Bereitstellung durch den Vertriebspartner vorhanden war oder in einer durch den Vertriebspartner

제327조의s [다른 約定]

① 사업자는 이 목의 규정들과 다르게 소비자에게 불이익하게 정하는 소비자와의 약정을 주장할 수 없다, 그러나 그 약정이 소비자가 사업자에 대하여 공급이 행하여지지 아니하였다는 것 또는 디지털제품의 하자를 통지한 후에 행하여진 경우에는 그러하지 아니하다.

② 사업자는 이 목의 규정들과 다르게 소비자에게 불이익하게 정하는 니시털제품의 변경에 관한 소비자와의 약성을 주장할 수 없다, 그러나 그 약정이 제327조의r에 좇은 디지털제품의 변경에 관하여 소비자가 통지를 받은 후에 행하여진 경우에는 그러하지 아니하다.

③ 이 목의 규정은 다른 방법으로 회피되는 경우에도 적용된다.

④ 제 1 항 및 제 2 항은 손해배상청구권의 배제 또는 제한에 대하여는 적용되지 아니한다

⑤ 제327조의h는 영향을 받지 아니한다.

제 2 관 디지털제품에 관한 事業者 사이의 契約에 대한 特別規定

제327조의t [適用範圍]

사업자 사이의 계약이 제327조 및 제327조의a에 따라 제 1 목의 적용범위에 속하는 소비자계약에 좇은 디지털제품의 공급에 기여하는 경우에는 그 계약에 대하여 보충적으로 이 목의 규정도 적용된다.

제327조의u [事業者의 遡求]

① 사업자는 자신에게 디지털제품을 공급할 의무를 부담하는 사업자("구매상대방")에 대하여, 구매상대방이 공급하여야 할 디지털제품을 공급하지 아니한 것에 바탕하여 자신이 소비자에 대한 관계에서 소비자가 제327조의c 제 1 항 제 1 문에 따른 권리를 행사한 결과로 지출한 비용의 배상을 청구할 수 있다. 이는, 소비자가 사업자에 대하여 주장한 하자가 이미 구매상대방이 이를 공급한 때에 존재하였거나 또는 구매상대방으로 인하여 제327조의f 제 1 항에 정하여진 사업자의 업데이트의무의 위반

verursachten Verletzung der Aktualisierungspflicht des Unternehmers nach § 327f Absatz 1 besteht.

(2) Die Aufwendungsersatzansprüche nach Absatz 1 verjähren in sechs Monaten. Die Verjährung beginnt

1. im Fall des Absatzes 1 Satz 1 mit dem Zeitpunkt, zu dem der Verbraucher sein Recht ausgeübt hat,

2. im Fall des Absatzes 1 Satz 2 mit dem Zeitpunkt, zu dem der Unternehmer die Ansprüche des Verbrauchers nach § 327l Absatz 1 erfüllt hat.

(3) § 327k Absatz 1 und 2 ist mit der Maßgabe entsprechend anzuwenden, dass die Frist mit der Bereitstellung an den Verbraucher beginnt.

(4) Der Vertriebspartner kann sich nicht auf eine Vereinbarung berufen, die er vor Geltendmachung der in Absatz 1 bezeichneten Aufwendungsersatzansprüche mit dem Unternehmer getroffen hat und die zum Nachteil des Unternehmers von den Absätzen 1 bis 3 abweicht. Satz 1 ist auch anzuwenden, wenn die Absätze 1 bis 3 durch anderweitige Gestaltungen umgangen werden.

(5) § 377 des Handelsgesetzbuchs bleibt unberührt.

(6) Die vorstehenden Absätze sind auf die Ansprüche des Vertriebspartners und der übrigen Vertragspartner in der Vertriebskette gegen die jeweiligen zur Bereitstellung verpflichteten Vertragspartner entsprechend anzuwenden, wenn die Schuldner Unternehmer sind.

Titel 3   Versprechen der Leistung an einen Dritten

§ 328 Vertrag zugunsten Dritter

(1) Durch Vertrag kann eine Leistung an einen Dritten mit der Wirkung bedungen werden, dass der Dritte unmittelbar das Recht erwirbt, die Leistung zu fordern.

(2) In Ermangelung einer besonderen Bestimmung ist aus den Umständen, insbesondere aus dem Zwecke des Vertrags, zu entnehmen, ob der Dritte das Recht erwerben, ob das Recht des Dritten sofort oder nur unter gewissen Voraussetzungen entstehen und ob den Vertragschließenden die Befugnis vorbehalten sein soll, das Recht des Dritten ohne dessen Zustimmung aufzuheben oder zu ändern.

§ 329 Auslegungsregel bei Erfüllungsübernahme

Verpflichtet sich in einem Vertrag der eine Teil zur Befriedigung eines Gläubigers des anderen Teils, ohne die Schuld zu übernehmen, so ist im Zweifel

이 야기된 경우에도 마찬가지이다.

② 제 2 항의 비용상환청구권은 6개월의 소멸시효에 걸린다. 그 기간은 다음과 같이 진행한다,

  1. 제 1 항 제 1 문의 경우에는 소비자가 그의 권리를 행사한 때로부터,

  2. 제 1 항 제 2 문의 경우에는 사업자가 제327조의l 제 1 항에 정하여진 소비자의 청구권을 이행한 때로부터.

③ 제327조의k 제 1 항 및 제 2 항은 그 기간이 소비자에의 공급으로 개시되는 것으로 하여 이에 준용된다.

④ 구매상대방은 제 1 항에 정하여진 비용상환청구권이 행사되기 전에 사업자와 사이에 행하여진 것으로서 제 1 항 내지 제 3 항과는 다르게 사업자에게 불이익하게 정하는 약정을 주장할 수 없다. 제 1 문은 제 1 항 내지 제 3 항이 다른 방법으로 회피되는 경우에도 적용된다.

⑤ 상법 제377조는 영향을 받지 아니한다.

⑥ 앞의 항들은 구매상대방 및 구매거래망을 이루는 다른 계약당사자가 그에게 공급의무을 지는 사업자인 계약상대방에 대하여 가지는 각 청구권에 대하여 준용된다.

제 3 절   第三者에 대한 給付의 約束

제328조 [第三者를 위한 契約]

① 제 3 자에게 급부할 것을 정하는 계약은 그 제 3 자가 직접 급부를 청구할 권리를 취득하는 것을 내용으로 체결될 수 있다.

② 제 3 자가 그 권리를 취득하는지, 제 3 자의 권리가 즉시 또는 일정한 요건 아래서만 성립하는지, 나아가 당사자들에게 제 3 자의 권리를 그의 동의 없이 소멸시키거나 변경할 권한이 유보되는지는, 특별한 정함이 없으면 제반 사정 특히 계약의 목적으로부터 추단될 수 있다.

제329조 [履行引受에서의 解釋原則]

계약에서 당사자 일방이 채무를 인수함이 없이 상대방의 채권자를 만족시킬 의무를 지는 경우에, 의심스러운 때에는, 그 채권자는 직접 그로부

nicht anzunehmen, dass der Gläubiger unmittelbar das Recht erwerben soll, die Befriedigung von ihm zu fordern.

§ 330 **Auslegungsregel bei Leibrentenvertrag**

Wird in einem Leibrentenvertrag die Zahlung der Leibrente an einen Dritten bedungen, so ist im Zweifel anzunehmen, dass der Dritte unmittelbar das Recht erwerben soll, die Leistung zu fordern. Das Gleiche gilt, wenn bei einer unentgeltlichen Zuwendung dem Bedachten eine Leistung an einen Dritten auferlegt oder bei einer Vermögens- oder Gutsübernahme von dem Übernehmer eine Leistung an einen Dritten zum Zwecke der Abfindung versprochen wird.

§ 331 **Leistung nach Todesfall**

(1) Soll die Leistung an den Dritten nach dem Tode desjenigen erfolgen, welchem sie versprochen wird, so erwirbt der Dritte das Recht auf die Leistung im Zweifel mit dem Tode des Versprechensempfängers.

(2) Stirbt der Versprechensempfänger vor der Geburt des Dritten, so kann das Versprechen, an den Dritten zu leisten, nur dann noch aufgehoben oder geändert werden, wenn die Befugnis dazu vorbehalten worden ist.

§ 332 **Änderung durch Verfügung von Todes wegen bei Vorbehalt**

Hat sich der Versprechensempfänger die Befugnis vorbehalten, ohne Zustimmung des Versprechenden an die Stelle des in dem Vertrag bezeichneten Dritten einen anderen zu setzen, so kann dies im Zweifel auch in einer Verfügung von Todes wegen geschehen.

§ 333 **Zurückweisung des Rechts durch den Dritten**

Weist der Dritte das aus dem Vertrag erworbene Recht dem Versprechenden gegenüber zurück, so gilt das Recht als nicht erworben.

§ 334 **Einwendungen des Schuldners gegenüber dem Dritten**

Einwendungen aus dem Vertrag stehen dem Versprechenden auch gegenüber dem Dritten zu.

§ 335 **Forderungsrecht des Versprechensempfängers**

Der Versprechensempfänger kann, sofern nicht ein anderer Wille der Vertragschließenden anzunehmen ist, die Leistung an den Dritten auch dann fordern, wenn diesem das Recht auf die Leistung zusteht.

터 만족을 청구할 권리를 취득하는 것으로 해석되지 아니한다.

제330조 [終身定期金契約에서의 解釋原則]

종신정기금계약에서 보험금이나 종신정기금이 제 3 자에게 지급되는 것
으로 약정된 경우에, 의심스러운 때에는, 제 3 자가 직접 급부를 청구할
권리를 취득한다. 무상의 출연에 있어서 수증자가 제 3 자에게 어떠한 급
부를 할 부담을 진 경우 또는 재산인수나 농장인수에 있어서 보상의 목
적으로 제 3 자에의 급부가 약속된 경우에도 또한 같다.

제331조 [死亡 후의 給付]

① 약속을 받은 사람의 사망 후에 제 3 자에게 급부할 것이 약속된 경우
에, 의심스러운 때에는, 제 3 자는 그 요약자의 사망과 동시에 급부에 대
한 권리를 취득한다.

② 요약자가 제 3 자의 출생 전에 사망한 경우에, 제 3 자에게 급부하기로
하는 약속을 실효시키거나 변경하는 것은 그러한 권한이 유보된 때에만
할 수 있다.

제332조 [留保時 死因處分에 의한 變更]

요약자가 낙약자의 동의 없이 계약에서 정하여진 제 3 자를 다른 사람으
로 교체할 수 있는 권한을 유보한 경우에는, 의심스러운 때에는, 이를 사
인처분으로도 행할 수 있다.

제333조 [第三者에 의한 權利의 拒絕]

제 3 자가 계약에 기하여 취득하는 권리를 낙약자에 대하여 거절한 경우
에는, 그 권리는 취득되지 아니한 것으로 본다.

제334조 [債務者의 第三者에 대한 對抗事由]

낙약자는 제 3 자에 대하여도 계약에 기하여 가지는 대항사유를 가진다.

제335조 [要約者의 請求權]

계약당사자의 다른 의사가 인정되지 아니하는 한, 요약자는 제 3 자가 급
부에 대한 권리를 가지는 경우에도 제 3 자에의 급부를 청구할 수 있다.

Titel 4　Draufgabe, Vertragsstrafe

§ 336　Auslegung der Draufgabe

(1) Wird bei der Eingehung eines Vertrags etwas als Draufgabe gegeben, so gilt dies als Zeichen des Abschlusses des Vertrags.

(2) Die Draufgabe gilt im Zweifel nicht als Reugeld.

§ 337　Anrechnung oder Rückgabe der Draufgabe

(1) Die Draufgabe ist im Zweifel auf die von dem Geber geschuldete Leistung anzurechnen oder, wenn dies nicht geschehen kann, bei der Erfüllung des Vertrags zurückzugeben.

(2) Wird der Vertrag wieder aufgehoben, so ist die Draufgabe zurückzugeben.

§ 338　Draufgabe bei zu vertretender Unmöglichkeit der Leistung

Wird die von dem Geber geschuldete Leistung infolge eines Umstands, den er zu vertreten hat, unmöglich oder verschuldet der Geber die Wiederaufhebung des Vertrags, so ist der Empfänger berechtigt, die Draufgabe zu behalten. Verlangt der Empfänger Schadensersatz wegen Nichterfüllung, so ist die Draufgabe im Zweifel anzurechnen oder, wenn dies nicht geschehen kann, bei der Leistung des Schadensersatzes zurückzugeben.

§ 339　Verwirkung der Vertragsstrafe

Verspricht der Schuldner dem Gläubiger für den Fall, dass er seine Verbindlichkeit nicht oder nicht in gehöriger Weise erfüllt, die Zahlung einer Geldsumme als Strafe, so ist die Strafe verwirkt, wenn er in Verzug kommt. Besteht die geschuldete Leistung in einem Unterlassen, so tritt die Verwirkung mit der Zuwiderhandlung ein.

§ 340　Strafversprechen für Nichterfüllung

(1) Hat der Schuldner die Strafe für den Fall versprochen, dass er seine Verbindlichkeit nicht erfüllt, so kann der Gläubiger die verwirkte Strafe statt der Erfüllung verlangen. Erklärt der Gläubiger dem Schuldner, dass er die Strafe verlange, so ist der Anspruch auf Erfüllung ausgeschlossen.

(2) Steht dem Gläubiger ein Anspruch auf Schadensersatz wegen Nichterfüllung zu, so kann er die verwirkte Strafe als Mindestbetrag des Schadens ver-

제 4 절 契約金 · 違約金

제336조 [契約金의 解釋]

① 계약 체결에 있어서 계약금으로 교부된 것은 계약 체결의 징표로 해석된다.

② 계약금은 의심스러운 때에는 해약금으로 해석되지 아니한다.

제337조 [契約金의 充當 또는 返還]

① 계약금은 의심스러운 때에는 교부자의 채무의 목적인 급부에 충당되어야 하며, 충당될 수 없는 경우에는 계약의 이행에 있어서 반환되어야 한다.

② 계약이 실효되는 경우에는 계약금은 반환되어야 한다.

제338조 [責任 있는 給付不能에서의 契約金]

교부자의 채무의 목적인 급부가 그에 책임 있는 사유로 불능이 되거나 교부자가 계약의 실효에 대하여 과책 있는 경우에는 수령자는 계약금을 보유할 권리가 있다. 수령자가 불이행으로 인한 손해배상을 청구하는 경우에, 의심스러운 때에는, 계약금은 그에 충당되어야 하며, 충당될 수 없는 경우에는 손해배상의 이행에 있어서 반환되어야 한다.

제339조 [違約金의 發動]

채무자가 채권자에 대하여, 그가 채무를 이행하지 아니하거나 적절하게 이행하지 아니한 때에는 일정 금액을 위약금으로서 지급할 것을 약속한 경우에는, 채무자가 지체에 빠짐으로써 위약금은 발동한다. 채무의 목적인 급부가 부작위인 경우에는, 위반행위와 동시에 위약금이 발동한다.

제340조 [不履行에 대한 違約金約定]

① 채무자가 채무를 이행하지 아니한 경우에 대하여 위약금을 약속한 때에는, 채권자는 약정된 위약금을 손해배상에 갈음하여 청구할 수 있다. 채권자가 채무자에 대하여 위약금을 청구할 뜻을 표시한 경우에는, 이행청구권은 배제된다.

② 채권자가 불이행으로 인한 손해배상의 청구권을 가지는 경우에는 그

langen. Die Geltendmachung eines weiteren Schadens ist nicht ausgeschlossen.

§ 341　**Strafversprechen für nicht gehörige Erfüllung**

(1) Hat der Schuldner die Strafe für den Fall versprochen, dass er seine Verbindlichkeit nicht in gehöriger Weise, insbesondere nicht zu der bestimmten Zeit, erfüllt, so kann der Gläubiger die verwirkte Strafe neben der Erfüllung verlangen.

(2) Steht dem Gläubiger ein Anspruch auf Schadensersatz wegen der nicht gehörigen Erfüllung zu, so finden die Vorschriften des § 340 Abs. 2 Anwendung.

(3) Nimmt der Gläubiger die Erfüllung an, so kann er die Strafe nur verlangen, wenn er sich das Recht dazu bei der Annahme vorbehält.

§ 342　**Andere als Geldstrafe**

Wird als Strafe eine andere Leistung als die Zahlung einer Geldsumme versprochen, so finden die Vorschriften der §§ 339 bis 341 Anwendung; der Anspruch auf Schadensersatz ist ausgeschlossen, wenn der Gläubiger die Strafe verlangt.

§ 343　**Herabsetzung der Strafe**

(1) Ist eine verwirkte Strafe unverhältnismäßig hoch, so kann sie auf Antrag des Schuldners durch Urteil auf den angemessenen Betrag herabgesetzt werden. Bei der Beurteilung der Angemessenheit ist jedes berechtigte Interesse des Gläubigers, nicht bloß das Vermögensinteresse, in Betracht zu ziehen. Nach der Entrichtung der Strafe ist die Herabsetzung ausgeschlossen.

(2) Das Gleiche gilt auch außer den Fällen der §§ 339, 342, wenn jemand eine Strafe für den Fall verspricht, dass er eine Handlung vornimmt oder unterlässt.

§ 344　**Unwirksames Strafversprechen**

Erklärt das Gesetz das Versprechen einer Leistung für unwirksam, so ist auch die für den Fall der Nichterfüllung des Versprechens getroffene Vereinbarung einer Strafe unwirksam, selbst wenn die Parteien die Unwirksamkeit des Versprechens gekannt haben.

§ 345　**Beweislast**

Bestreitet der Schuldner die Verwirkung der Strafe, weil er seine Verbindlichkeit erfüllt habe, so hat er die Erfüllung zu beweisen, sofern nicht die geschuldete Leistung in einem Unterlassen besteht.

는 최소한의 손해액으로 약정된 위약금을 청구할 수 있다. 그 외의 손해
의 주장은 배제되지 아니한다.

제341조 [不適切한 履行에 대한 違約金約定]

① 채무자가 자신이 채무를 적절하게 이행하지 아니한 경우, 특히 정하
여진 시기에 이행하지 아니한 경우에 대하여 위약금을 약속한 때에는,
채권자는 약정된 위약금을 손해배상과 아울러 청구할 수 있다.

② 채권자가 적절하지 아니한 이행으로 인하여 손해배상의 청구권을 가
지는 경우에는, 제340조 제 2 항이 적용된다.

③ 채권자가 이행을 수령한 때에는, 수령에 있어서 그 권리를 유보한 경
우에 한하여 위약금을 청구할 수 있다.

제342조 [金錢 이외의 違約給付]

위약금으로 금전의 지급 아닌 급부가 약속된 경우에는 제339조 내지 제
341조의 규정이 적용된다; 채권자가 그 위약금을 청구하는 때에는 손해
배상청구권은 배제된다.

제343조 [違約金의 減額]

① 약정된 위약금이 과도하게 많은 경우에는, 채무자의 청구가 있으면
이는 판결에 의하여 적정한 액으로 감축될 수 있다. 적정성의 판단에 있
어서는 단지 채권자의 재산적 이익뿐만 아니라 그의 모든 정당한 이익이
고려되어야 한다. 위약금이 지급된 후에는 감액을 할 수 없다.

② 제339조, 제342조의 경우 외에도, 어떠한 행위를 하거나 하지 않는 경
우에 대하여 제재금이 약속된 경우에도 또한 같다.

제344조 [效力 없는 違約金約定]

법률이 급부의 약속이 효력 없다고 선언하는 경우에는, 당사자들이 그
약속이 효력 없음을 알았던 때에도, 그 약속이 불이행된 경우에 관하여
행하여진 위약금의 약정 역시 효력이 없다.

제345조 [證明責任]

채무자가 채무를 이행하였다는 이유로 위약금의 발동을 다투는 경우에는,
채무의 목적인 급부가 부작위가 아닌 한, 그가 이행을 증명하여야 한다.

Titel 5　Rücktritt; Widerrufsrecht bei Verbraucherverträgen

Untertitel 1　Rücktritt

§ 346　Wirkungen des Rücktritts

(1) Hat sich eine Vertragspartei vertraglich den Rücktritt vorbehalten oder steht ihr ein gesetzliches Rücktrittsrecht zu, so sind im Falle des Rücktritts die empfangenen Leistungen zurückzugewähren und die gezogenen Nutzungen herauszugeben.

(2) Statt der Rückgewähr oder Herausgabe hat der Schuldner Wertersatz zu leisten, soweit

1. die Rückgewähr oder die Herausgabe nach der Natur des Erlangten ausgeschlossen ist,

2. er den empfangenen Gegenstand verbraucht, veräußert, belastet, verarbeitet oder umgestaltet hat,

3. der empfangene Gegenstand sich verschlechtert hat oder untergegangen ist; jedoch bleibt die durch die bestimmungsgemäße Ingebrauchnahme entstandene Verschlechterung außer Betracht.

Ist im Vertrag eine Gegenleistung bestimmt, ist sie bei der Berechnung des Wertersatzes zugrunde zu legen; ist Wertersatz für den Gebrauchsvorteil eines Darlehens zu leisten, kann nachgewiesen werden, dass der Wert des Gebrauchsvorteils niedriger war.

(3) Die Pflicht zum Wertersatz entfällt,

1. wenn sich der zum Rücktritt berechtigende Mangel erst während der Verarbeitung oder Umgestaltung des Gegenstandes gezeigt hat,

2. soweit der Gläubiger die Verschlechterung oder den Untergang zu vertreten hat oder der Schaden bei ihm gleichfalls eingetreten wäre,

3. wenn im Falle eines gesetzlichen Rücktrittsrechts die Verschlechterung oder der Untergang beim Berechtigten eingetreten ist, obwohl dieser diejenige Sorgfalt beobachtet hat, die er in eigenen Angelegenheiten anzuwenden pflegt.

Eine verbleibende Bereicherung ist herauszugeben.

(4) Der Gläubiger kann wegen Verletzung einer Pflicht aus Absatz 1 nach

제 5 절　解除; 消費者契約에서의 撤回權

제 1 관　解　　除

제346조 [解除의 效果]

① 계약당사자 일방이 계약으로 해제권을 유보하거나 법정해제권을 가지는 경우에 해제가 행하여지면 각기 수령한 급부를 반환하고 수취한 수익을 인도하여야 한다.

② 채무자는 다음의 경우에는 반환 또는 인도에 갈음하여 가액을 상환하여야 한다,

　1. 취득된 것의 성질상 그 반환 또는 인도가 배제되는 때,

　2. 채무자가 수령한 목적물을 소비하거나 양도하거나 그에 부담을 설정하거나 그를 가공하거나 개조한 때,

　3. 수령한 목적물이 훼손 또는 멸실된 때; 그러나 용도에 좇은 사용에 의하여 훼손이 발생한 경우에는 그러하지 아니하다.

계약에서 반대급부가 정하여진 경우에는 가액상환은 이를 기초로 하여 산정된다; 대차금의 사용이익에 대하여 가액상환을 하여야 할 때에는 사용이익의 가액이 그 반대급부보다 적음을 입증할 수 있다.

③ 가액상환의무는 다음의 경우에는 소멸한다,

　1. 해제권을 발생시킨 하자가 목적물을 가공 또는 개조에 즈음하여 비로소 드러난 때,

　2. 채권자가 훼손 또는 멸실에 대하여 책임 있거나 목적물이 그에게 있었어도 손해가 마찬가지로 발생하였을 것인 때,

　3. 법정해제권의 경우에 반환채권자가 그에게 있었던 목적물에 자기의 사무에 대하여 통상 행하여지는 주의를 하였음에도 훼손 또는 멸실이 발생하였을 때.

잔존하는 이익은 반환되어야 한다.

④ 채권자는 제 1 항에서 정하는 의무의 위반을 이유로 하여 제280조 내

Maßgabe der §§ 280 bis 283 Schadensersatz verlangen.

§ 347　Nutzungen und Verwendungen nach Rücktritt

(1) Zieht der Schuldner Nutzungen entgegen den Regeln einer ordnungsmäßigen Wirtschaft nicht, obwohl ihm das möglich gewesen wäre, so ist er dem Gläubiger zum Wertersatz verpflichtet. Im Falle eines gesetzlichen Rücktrittsrechts hat der Berechtigte hinsichtlich der Nutzungen nur für diejenige Sorgfalt einzustehen, die er in eigenen Angelegenheiten anzuwenden pflegt.

(2) Gibt der Schuldner den Gegenstand zurück, leistet er Wertersatz oder ist seine Wertersatzpflicht gemäß § 346 Abs. 3 Nr. 1 oder 2 ausgeschlossen, so sind ihm notwendige Verwendungen zu ersetzen. Andere Aufwendungen sind zu ersetzen, soweit der Gläubiger durch diese bereichert wird.

§ 348　Erfüllung Zug-um-Zug

Die sich aus dem Rücktritt ergebenden Verpflichtungen der Parteien sind Zug um Zug zu erfüllen. Die Vorschriften der §§ 320, 322 finden entsprechende Anwendung.

§ 349　Erklärung des Rücktritts

Der Rücktritt erfolgt durch Erklärung gegenüber dem anderen Teil.

§ 350　Erlöschen des Rücktrittsrechts nach Fristsetzung

Ist für die Ausübung des vertraglichen Rücktrittsrechts eine Frist nicht vereinbart, so kann dem Berechtigten von dem anderen Teil für die Ausübung eine angemessene Frist bestimmt werden. Das Rücktrittsrecht erlischt, wenn nicht der Rücktritt vor dem Ablauf der Frist erklärt wird.

§ 351　Unteilbarkeit des Rücktrittsrechts

Sind bei einem Vertrag auf der einen oder der anderen Seite mehrere beteiligt, so kann das Rücktrittsrecht nur von allen und gegen alle ausgeübt werden. Erlischt das Rücktrittsrecht für einen der Berechtigten, so erlischt es auch für die übrigen.

§ 352　Aufrechnung nach Nichterfüllung

Der Rücktritt wegen Nichterfüllung einer Verbindlichkeit wird unwirksam, wenn der Schuldner sich von der Verbindlichkeit durch Aufrechnung befreien konnte und unverzüglich nach dem Rücktritt die Aufrechnung erklärt.

지 제283조의 정함에 따라 손해배상을 청구할 수 있다.

제347조 [解除 후의 收益 및 費用支出]

① 채무자가 수익을 수취할 수 있었음에도 정상적인 경영의 규칙에 반하여 이를 하지 아니한 경우에는, 그는 채권자에게 가액상환의 의무를 진다. 법정해제권의 경우에 채권자는 수익에 관하여 자기의 사무에 대하여 통상 행하여지는 주의에 대하여만 책임진다.

② 채무자가 복적물을 반환하거나 가액을 상환하거나 그 가액상환의무가 제346조 제 3 항 제 1 호 또는 제 2 호에 의하여 배제된 경우에는, 그에게 필요비가 상환되어야 한다. 기타의 비용지출은 채권자가 그에 의하여 이익을 얻은 한도에서 상환되어야 한다.

제348조 [同時履行]

해제로 인한 당사자들의 의무는 상환으로 이행되어야 한다. 제320조, 제322조는 이에 준용된다.

제349조 [解除의 意思表示]

해제는 상대방에 대한 의사표시로써 한다.

제350조 [期間指定 후의 解除權의 消滅]

약정해제권의 행사에 대하여 기간의 약정이 없는 때에는, 상대방은 해제권자에 대하여 그 행사를 위한 상당한 기간을 정할 수 있다. 그 기간 경과 전에 해제의 의사표시가 행하여지지 아니하면, 해제권은 소멸한다.

제351조 [解除權의 不可分性]

계약당사자의 일방 또는 타방이 수인數人인 경우에는 해제권은 전원에 의하여 그리고 전원에 대하여 행사되어야 한다. 해제권자 중 한 사람에 대하여 해제권이 소멸하면, 이는 다른 해제권자에 대하여도 소멸한다.

제352조 [不履行 후의 相計]

채무의 불이행으로 인한 해제는, 채무자가 해제 전에 상계에 의하여 그 채무를 면할 수 있었는데 그가 해제 후 지체없이 상계의 의사표시를 한 경우에는, 효력이 없게 된다.

§ 353 Rücktritt gegen Reugeld

Ist der Rücktritt gegen Zahlung eines Reugelds vorbehalten, so ist der Rücktritt unwirksam, wenn das Reugeld nicht vor oder bei der Erklärung entrichtet wird und der andere Teil aus diesem Grunde die Erklärung unverzüglich zurückweist. Die Erklärung ist jedoch wirksam, wenn das Reugeld unverzüglich nach der Zurückweisung entrichtet wird.

§ 354 Verwirkungsklausel

Ist ein Vertrag mit dem Vorbehalt geschlossen, dass der Schuldner seiner Rechte aus dem Vertrag verlustig sein soll, wenn er seine Verbindlichkeit nicht erfüllt, so ist der Gläubiger bei dem Eintritt dieses Falles zum Rücktritt von dem Vertrag berechtigt.

Untertitel 2　Widerrufsrecht bei Verbraucherverträgen

§ 355 Widerrufsrecht bei Verbraucherverträgen

(1) Wird einem Verbraucher durch Gesetz ein Widerrufsrecht nach dieser Vorschrift eingeräumt, so sind der Verbraucher und der Unternehmer an ihre auf den Abschluss des Vertrags gerichteten Willenserklärungen nicht mehr gebunden, wenn der Verbraucher seine Willenserklärung fristgerecht widerrufen hat. Der Widerruf erfolgt durch Erklärung gegenüber dem Unternehmer. Aus der Erklärung muss der Entschluss des Verbrauchers zum Widerruf des Vertrags eindeutig hervorgehen. Der Widerruf muss keine Begründung enthalten. Zur Fristwahrung genügt die rechtzeitige Absendung des Widerrufs.

(2) Die Widerrufsfrist beträgt 14 Tage. Sie beginnt mit Vertragsschluss, soweit nichts anderes bestimmt ist.

(3) Im Falle des Widerrufs sind die empfangenen Leistungen unverzüglich zurückzugewähren. Bestimmt das Gesetz eine Höchstfrist für die Rückgewähr, so beginnt diese für den Unternehmer mit dem Zugang und für den Verbraucher mit der Abgabe der Widerrufserklärung. Ein Verbraucher wahrt diese Frist durch die rechtzeitige Absendung der Waren. Der Unternehmer trägt bei Widerruf die Gefahr der Rücksendung der Waren.

§ 356 Widerrufsrecht bei außerhalb von Geschäftsräumen geschlossenen Verträgen und Fernabsatzverträgen

제353조 [解約金에 의한 解除]

해약금의 지급으로 해제할 수 있다고 약정된 경우에, 해제의 의사표시 전이나 그 표시시에 해약금이 지급되지 아니하고 상대방이 이를 이유로 해제에 대하여 지체없이 이의한 때에는, 해제는 효력이 없다. 그러나 이의 후 지체없이 해약금이 지급된 경우에는 그 의사표시는 유효하다.

제354조 [失權條項]

채무자가 채무를 이행하지 아니하면 그의 계약상 권리를 상실한다는 유보 아래 계약이 체결된 경우에, 채무자가 채무를 이행하지 아니한 때에는, 채권자는 계약을 해제할 수 있다.

제 2 관   消費者契約에서의 撤回權

제355조 [消費者契約에서의 撤回權]

① 법률에 의하여 소비자에게 본조 소정의 철회권이 부여되는 경우에 그가 계약 체결을 내용으로 하는 자신의 의사표시를 적기에 철회한 때에는 그와 사업자는 그 의사표시에 더 이상 구속되지 아니한다. 철회는 사업자에 대한 표시로써 행하여진다. 그 표시로부터 소비자의 계약 철회에의 결단이 명백하게 드러나야 한다. 철회에는 이유를 붙일 것이 요구되지 아니한다. 기간을 준수함에는 적시의 발송으로 족하다.

② 철회기간은 14일이다. 그 기간은 달리 정하여지지 아니한 한 계약 체결시로부터 개시한다.

③ 철회의 경우에는 수령된 급부가 지체없이 반환되어야 한다. 법률에서 반환에 대하여 최장기간이 정하여진 경우에는 그 기간은 사업자에게는 철회의 의사표시가 도달한 때로부터, 소비자에게는 그 의사표시가 행하여진 때로부터 개시한다. 소비자가 물품을 적시에 발송함으로써 이 기간이 준수된다. 철회에 있어서 사업자는 물품 반송의 위험을 부담한다.

제356조 [營業場所 밖에서 締結된 契約 및 通信販賣契約에서의 撤回權]

(1) Der Unternehmer kann dem Verbraucher die Möglichkeit einräumen, das Muster-Widerrufsformular nach Anlage 2 zu Artikel 246a § 1 Absatz 2 Satz 1 Nummer 1 des Einführungsgesetzes zum Bürgerlichen Gesetzbuche oder eine andere eindeutige Widerrufserklärung auf der Webseite des Unternehmers auszufüllen und zu übermitteln. Macht der Verbraucher von dieser Möglichkeit Gebrauch, muss der Unternehmer dem Verbraucher den Zugang des Widerrufs unverzüglich auf einem dauerhaften Datenträger bestätigen.

(2) Die Widerrufsfrist beginnt

1. bei einem Verbrauchsgüterkauf,

   a) der nicht unter die Buchstaben b bis d fällt, sobald der Verbraucher oder ein von ihm benannter Dritter, der nicht Frachtführer ist, die Waren erhalten hat,

   b) bei dem der Verbraucher mehrere Waren im Rahmen einer einheitlichen Bestellung bestellt hat und die Waren getrennt geliefert werden, sobald der Verbraucher oder ein von ihm benannter Dritter, der nicht Frachtführer ist, die letzte Ware erhalten hat,

   c) bei dem die Ware in mehreren Teilsendungen oder Stücken geliefert wird, sobald der Verbraucher oder ein vom Verbraucher benannter Dritter, der nicht Frachtführer ist, die letzte Teilsendung oder das letzte Stück erhalten hat,

   d) der auf die regelmäßige Lieferung von Waren über einen festgelegten Zeitraum gerichtet ist, sobald der Verbraucher oder ein von ihm benannter Dritter, der nicht Frachtführer ist, die erste Ware erhalten hat,

2. bei einem Vertrag, der die nicht in einem begrenzten Volumen oder in einer bestimmten Menge angebotene Lieferung von Wasser, Gas oder Strom, die Lieferung von Fernwärme oder die Lieferung von nicht auf einem körperlichen Datenträger befindlichen digitalen Inhalten zum Gegenstand hat, mit Vertragsschluss.

(3) Die Widerrufsfrist beginnt nicht, bevor der Unternehmer den Verbraucher entsprechend den Anforderungen des Artikels 246a § 1 Absatz 2 Satz 1 Nummer 1 oder des Artikels 246b § 2 Absatz 1 des Einführungsgesetzes zum Bürgerlichen Gesetzbuche unterrichtet hat. Das Widerrufsrecht erlischt spätestens zwölf Monate und 14 Tage nach dem in Absatz 2 oder § 355 Absatz 2 Satz 2 genannten Zeitpunkt. Satz 2 ist auf Verträge über Finanzdienstleistungen nicht anwendbar.

(4) Das Widerrufsrecht erlischt bei Verträgen über die Erbringung von Dienst-

① 사업자는 소비자에게 민법시행법 제246조의a §1 제 2 항 제 1 문
제 1 호 별표 2에 정하여진 철회문형견본 또는 기타의 명백한 철회의사표
시를 사업자의 웹사이트에 입력하고 이를 전송할 수 있는 가능성을 부여
할 수 있다. 소비자가 이 방도를 채용한 경우에는 사업자는 소비자에게
지속적 자료저장장치로 지체없이 철회의 도달을 확인하여 주어야 한다.
② 철회기간은 다음의 시기로부터 개시한다,
1. 소비재매매에서는,
   a) 아래 b목 내지 d목에 해당하지 아니하는 경우에는 소비자 또는 그
     에 의하여 지정된 제 3 자로서 화물운송인이 아닌 사람이 물품을
     수취한 때,
   b) 소비자가 하나의 주문에서 여러 물품을 주문하였는데 물품이
     분할되어 인도되는 경우에는 소비자 또는 그에 의하여 지정된
     제 3 자로서 화물운송인이 아닌 사람이 최종의 물품을 수취한 때,
   c) 물품이 여러 번의 부분발송으로 또는 여러 개로 나뉘어 인도되는
     경우에는 소비자 또는 그에 의하여 지정된 제 3 자로서 화물운송인
     이 아닌 사람이 최종의 부분발송품 또는 최종 물품을 수취한 때,
   d) 확정된 기간 동안 물품을 정기적으로 인도하는 경우에는 소비자
     또는 그에 의하여 지정된 제 3 자로서 화물운송인이 아닌 사람이
     최초의 물품을 수취한 때,
 2. 물, 가스 또는 전기를 그 한정된 양 또는 일정한 수량에 제한되지 아
   니하고 공급하는 것, 원격난방을 공급하는 것 또는 유체적 자료저장
   장치에 있는 것이 아닌 디지탈자료를 공급하는 것을 내용으로 하는
   계약에서는 계약 체결시에.
③ 철회기간은 사업자가 민법시행법 제246조의a §1 제 2 항 제 1 문
제 1 호 또는 제246조의b §2 제 1 항이 요구하는 바에 따라 소비자에게 정
보를 제공하기 전에는 개시하지 아니한다. 철회권은 늦어도 제 2 항 또는
제355조 제 2 항 제 2 문에서 정하여진 시기로부터 12개월 14일 후에는 소
멸한다. 제 2 문은 금융서비스에 관한 계약에는 적용되지 아니한다.
④ 용역의 제공에 관한 계약에서 철회권은 다음과 같은 요건 아래서도

leistungen auch unter folgenden Voraussetzungen:

1. bei einem Vertrag, der den Verbraucher nicht zur Zahlung eines Preises verpflichtet, wenn der Unternehmer die Dienstleistung vollständig erbracht hat,

2. bei einem Vertrag, der den Verbraucher zur Zahlung eines Preises verpflichtet, mit der vollständigen Erbringung der Dienstleistung, wenn der Verbraucher vor Beginn der Erbringung

   a) ausdrücklich zugestimmt hat, dass der Unternehmer mit der Erbringung der Dienstleistung vor Ablauf der Widerrufsfrist beginnt,

   b) bei einem außerhalb von Geschäftsräumen geschlossenen Vertrag die Zustimmung nach Buchstabe a auf einem dauerhaften Datenträger übermittelt hat und

   c) seine Kenntnis davon bestätigt hat, dass sein Widerrufsrecht mit vollständiger Vertragserfüllung durch den Unternehmer erlischt,

3. bei einem Vertrag, bei dem der Verbraucher den Unternehmer ausdrücklich aufgefordert hat, ihn aufzusuchen, um Reparaturarbeiten auszuführen, mit der vollständigen Erbringung der Dienstleistung, wenn der Verbraucher die in Nummer 2 Buchstabe a und b genannten Voraussetzungen erfüllt hat,

4. bei einem Vertrag über die Erbringung von Finanzdienstleistungen, wenn der Vertrag von beiden Seiten auf ausdrücklichen Wunsch des Verbrauchers vollständig erfüllt ist, bevor der Verbraucher sein Widerrufsrecht ausübt.

(5) Das Widerrufsrecht erlischt bei Verträgen über die Bereitstellung von nicht auf einem körperlichen Datenträger befindlichen digitalen Inhalten auch unter folgenden Voraussetzungen:

1. bei einem Vertrag, der den Verbraucher nicht zur Zahlung eines Preises verpflichtet, wenn der Unternehmer mit der Vertragserfüllung begonnen hat,

2. bei einem Vertrag, der den Verbraucher zur Zahlung eines Preises verpflichtet, wenn

   a) der Unternehmer mit der Vertragserfüllung begonnen hat,

   b) der Verbraucher ausdrücklich zugestimmt hat, dass der Unternehmer mit der Vertragserfüllung vor Ablauf der Widerrufsfrist beginnt,

   c) der Verbraucher seine Kenntnis davon bestätigt hat, dass durch seine Zustimmung nach Buchstabe a mit Beginn der Vertragserfüllung sein Widerrufsrecht erlischt, und

   d) der Unternehmer dem Verbraucher eine Bestätigung gemäß § 312f zur Verfügung gestellt hat.

소멸한다:

1. 소비자에게 대가의 지급의무를 지게 하지 아니하는 계약에서는 사업자가 용역을 완전하게 제공한 때,

2. 소비자가 대가의 지급의무를 지는 계약에서는 소비자가 용역 제공의 개시 전에 다음을 한 경우에는 용역이 완전하게 제공된 때,

   a) 사업자가 철회기간의 경과 전에 용역의 제공을 개시하는 것에 명시적으로 동의하고,

   b) 영업장소 밖에서 체결된 계약에서 그 동의가 지구적 자료저장장치상으로 전달되었으며, 또한

   c) 그의 철회권이 사업자의 완전한 계약이행으로 소멸한다는 것을 인식하고 있음을 확인한 경우,

3. 소비자가 사업자에 대하여 수선작업을 수행할 사람을 수배하도록 요구하는 것을 포함하는 계약에서 소비자가 제2호 a목 및 b목에서 정하여진 요건을 충족한 경우에는 용역이 완전하게 제공된 때,

4. 금융서비스의 제공에 관한 계약에서는 소비자가 철회권을 행사하기 전에 그 계약이 소비자의 명시적인 희망에 좇아 쌍방에 의하여 완전하게 이행된 때.

⑤ 유체적 자료저장장치에 있는 것이 아닌 디지털자료를 제공하는 것에 관한 계약에서 철회권은 다음의 요건 아래서도 소멸한다:

1. 소비자에게 대가의 지급의무를 지게 하지 아니하는 계약에서는 사업자가 계약 이행을 개시한 때,

2. 소비자가 대가의 지급의무를 지는 계약에서는

   a) 사업자가 계약 이행을 개시하고,

   b) 소비자가 철회기간의 경과 전에 계약 이행을 개시하는 것에 명시적으로 동의하고,

   c) 소비자가 b목 소정의 동의에 의하여 계약 이행의 개시로써 자신의 철회권이 소멸한다는 것을 인식하고 있음을 확인하였으며, 또한

   d) 사업자가 소비자에게 제312조의f에 좇아 확인서를 제공한 때.

§ 356a Widerrufsrecht bei Teilzeit-Wohnrechteverträgen, Verträgen über ein langfristiges Urlaubsprodukt, bei Vermittlungsverträgen und Tauschsystemverträgen

(1) Der Widerruf ist in Textform zu erklären.

(2) Die Widerrufsfrist beginnt mit dem Zeitpunkt des Vertragsschlusses oder des Abschlusses eines Vorvertrags. Erhält der Verbraucher die Vertragsurkunde oder die Abschrift des Vertrags erst nach Vertragsschluss, beginnt die Widerrufsfrist mit dem Zeitpunkt des Erhalts.

(3) Sind dem Verbraucher die in § 482 Absatz 1 bezeichneten vorvertraglichen Informationen oder das in Artikel 242 § 1 Absatz 2 des Einführungsgesetzes zum Bürgerlichen Gesetzbuche bezeichnete Formblatt vor Vertragsschluss nicht, nicht vollständig oder nicht in der in § 483 Absatz 1 vorgeschriebenen Sprache überlassen worden, so beginnt die Widerrufsfrist abweichend von Absatz 2 erst mit dem vollständigen Erhalt der vorvertraglichen Informationen und des Formblatts in der vorgeschriebenen Sprache. Das Widerrufsrecht erlischt spätestens drei Monate und 14 Tage nach dem in Absatz 2 genannten Zeitpunkt.

(4) Ist dem Verbraucher die in § 482a bezeichnete Widerrufsbelehrung vor Vertragsschluss nicht, nicht vollständig oder nicht in der in § 483 Absatz 1 vorgeschriebenen Sprache überlassen worden, so beginnt die Widerrufsfrist abweichend von Absatz 2 erst mit dem vollständigen Erhalt der Widerrufsbelehrung in der vorgeschriebenen Sprache. Das Widerrufsrecht erlischt gegebenenfalls abweichend von Absatz 3 Satz 2 spätestens zwölf Monate und 14 Tage nach dem in Absatz 2 genannten Zeitpunkt.

(5) Hat der Verbraucher einen Teilzeit-Wohnrechtevertrag und einen Tauschsystemvertrag abgeschlossen und sind ihm diese Verträge zum gleichen Zeitpunkt angeboten worden, so beginnt die Widerrufsfrist für beide Verträge mit dem nach Absatz 2 für den Teilzeit-Wohnrechtevertrag geltenden Zeitpunkt. Die Absätze 3 und 4 gelten entsprechend.

§ 356b Widerrufsrecht bei Verbraucherdarlehensverträgen

(1) Die Widerrufsfrist beginnt auch nicht, bevor der Darlehensgeber dem Darlehensnehmer eine für diesen bestimmte Vertragsurkunde, den schriftlichen Antrag des Darlehensnehmers oder eine Abschrift der Vertragsurkunde oder seines Antrags zur Verfügung gestellt hat.

(2) Enthält bei einem Allgemein-Verbraucherdarlehensvertrag die dem Dar-

제356조의a [一時居住權契約, 長期의 休暇優待商品에 관한 契約, 仲介契約 및 交換시스템契約에서의 撤回權]

① 철회의 의사는 문면방식으로 표시되어야 한다.

② 철회기간은 계약 체결 또는 예약 체결시부터 개시한다. 소비자가 계약증서를 또는 계약서 등본을 계약 체결 후에 비로소 취득한 경우에는 철회기간은 그 취득시부터 개시한다.

③ 소비자가 제482조 제1항에서 정하여진 계약 전 정보 또는 민법시행법 제242조 §1 제2항에서 정하여진 서식을 계약 체결 전에 전달받지 못하거나 완전하게 또는 제483조 제1항에서 정하여진 언어로 전달받지 못한 경우에는 철회기간은 제2항과는 달리 계약 전 정보 및 법이 정한 언어로 된 서식을 완전하게 취득한 때에 비로소 개시한다. 철회권은 늦어도 제2항에서 정하여진 시기로부터 3개월 14일 후에는 소멸한다.

④ 소비자가 제482조의a에서 정하여진 철회권에 관하여 계약 체결 전에 고지받지 못하거나 완전하게 또는 제483조 제1항에서 정하여진 언어로 고지받지 못한 경우에는 철회기간은 제2항과는 달리 법이 정한 언어로 철회권에 관한 고지를 완전하게 받은 때에 비로소 개시한다. 사정에 따라서는 제3항 제2문과는 달리 철회권은 늦어도 제2항에서 정하여진 시기로부터 12개월 14일 후에야 소멸한다.

⑤ 소비자가 일시거주권계약 및 교환시스템계약을 체결하였는데 그에게 이들 계약이 동시에 청약되었던 경우에는 이들 두 계약에 관한 철회기간은 일시거주권계약에 대하여 제2항에 따라 정하여지는 시기로부터 개시된다. 제3항 및 제4항은 이에 준용된다.

제356조의b [消費者消費貸借契約에서의 撤回權]

① 철회기간은 대주가 차주에게 차주를 위하여 정하여진 계약증서, 차주의 서면청약 또는 계약증서나 그의 청약서의 등본을 제공하기 전에는 개시하지 아니한다.

② 일반소비자소비대차계약에서 제1항에 따라 차주에게 제공된 서면이 제492조 제2항 소정의 의무사항을 포함하지 아니하는 경우에는 그

lehensnehmer nach Absatz 1 zur Verfügung gestellte Urkunde die Pflichtangaben nach § 492 Absatz 2 nicht, beginnt die Frist erst mit Nachholung
dieser Angaben gemäß § 492 Absatz 6. Enthält bei einem Immobiliar-
Verbraucherdarlehensvertrag die dem Darlehensnehmer nach Absatz 1 zur
Verfügung gestellte Urkunde die Pflichtangaben zum Widerrufsrecht nach § 492
Absatz 2 in Verbindung mit Artikel 247 § 6 Absatz 2 des Einführungsgesetzes
zum Bürgerlichen Gesetzbuche nicht, beginnt die Frist erst mit Nachholung
dieser Angaben gemäß § 492 Absatz 6. In den Fällen der Sätze 1 und 2 beträgt
die Widerrufsfrist einen Monat. Das Widerrufsrecht bei einem Immobiliar-
Verbraucherdarlehensvertrag erlischt spätestens zwölf Monate und 14 Tage nach
dem Vertragsschluss oder nach dem in Absatz 1 genannten Zeitpunkt, wenn
dieser nach dem Vertragsschluss liegt.

(3) Die Widerrufsfrist beginnt im Falle des § 494 Absatz 7 bei einem Allgemein-Verbraucherdarlehensvertrag erst, wenn der Darlehensnehmer die dort
bezeichnete Abschrift des Vertrags erhalten hat.

§ 356c Widerrufsrecht bei Ratenlieferungsverträgen

(1) Bei einem Ratenlieferungsvertrag, der weder im Fernabsatz noch außerhalb von Geschäftsräumen geschlossenen wird, beginnt die Widerrufsfrist
nicht, bevor der Unternehmer den Verbraucher gemäß Artikel 246 Absatz 3 des
Einführungsgesetzes zum Bürgerlichen Gesetzbuche über sein Widerrufsrecht unterrichtet hat.

(2) § 356 Absatz 1 gilt entsprechend. Das Widerrufsrecht erlischt spätestens
zwölf Monate und 14 Tage nach dem in § 355 Absatz 2 Satz 2 genannten Zeitpunkt.

§ 356d Widerrufsrecht des Verbrauchers bei unentgeltlichen
Darlehensverträgen und unentgeltlichen Finanzierungshilfen

Bei einem Vertrag, durch den ein Unternehmer einem Verbraucher ein
unentgeltliches Darlehen oder eine unentgeltliche Finanzierungshilfe gewährt,
beginnt die Widerrufsfrist abweichend von § 355 Absatz 2 Satz 2 nicht, bevor
der Unternehmer den Verbraucher entsprechend den Anforderungen des § 514
Absatz 2 Satz 3 über dessen Widerrufsrecht unterrichtet hat. Das Widerrufsrecht
erlischt spätestens zwölf Monate und 14 Tage nach dem Vertragsschluss oder
nach dem in Satz 1 genannten Zeitpunkt, wenn dieser nach dem Vertragsschluss
liegt.

기간은 그 사항이 제492조 제 6 항에 따라 추완됨으로써 비로소 진행한
다. 부동산소비자소비대차계약에서 제 1 항에 따라 차주에게 제공된 서
면이 제492조 제 2 항이 민법시행법 제247조 §6 제 2 항과 결합하여 요
구하는 철회권에 관한 의무사항을 포함하지 아니하는 경우에는 그 기
간은 그 사항이 제492조 제 6 항에 따라 추완됨으로써 비로소 진행한다.
제 1 문 및 제 2 문의 경우에 철회기간은 1개월이다. 부동산소비자소비대
차계약에서 철회권은 늦어도 계약 체결시로부터 또는 제 1 항 소정의 시
기가 계약 체결 후에 도래하는 경우에는 그 시기로부터 12개월 14일이
경과함으로써 소멸한다.

③ 일반소비자소비대차계약에서 제494조 제 7 항의 경우에는 철회기간
은 차주가 그 규정 소정의 계약서 사본을 교부받음으로써 비로소 진행한
다.

제356조의c [分割供給契約에서의 撤回權]

① 통신판매도 아니고 영업장소 밖에서 체결된 것도 아닌 분할공급계약
에서 철회기간은 사업자가 소비자에게 민법시행법 제246조 제 3 항에 좇
아 그의 철회권에 관하여 고지받기 전에는 개시하지 아니한다.

② 제356조 제 1 항은 이에 준용된다. 철회권은 늦어도 제355조 제 2 항
제 2 문에 정하여진 시기로부터 12개월 14일 후에는 소멸한다.

제356조의d [無利子消費貸借契約 및 無償의 資金融通援助에서의 消費者의 撤回權]

사업자가 소비자에게 무이자의 소비대차 또는 무상의 자금융통원조를
제공하는 계약에서 철회기간은 제355조 제 2 항 제 2 문과는 달리 사업자
가 소비자에게 제514조 제 2 항 제 3 문에서 정하는 요건에 좇아 그의 철
회권에 관하여 고지할 때까지는 개시되지 아니한다. 철회권은 늦어도 계
약 체결시로부터 또는 제 1 항 소정의 시기가 계약 체결 후에 도래하는
경우에는 그 시기로부터 12개월 14일이 경과함으로써 소멸한다.

§ 356e Widerrufsrecht bei Verbraucherbauverträgen

Bei einem Verbraucherbauvertrag (§ 650i Absatz 1) beginnt die Widerrufsfrist nicht, bevor der Unternehmer den Verbraucher gemäß Artikel 249 § 3 des Einführungsgesetzes zum Bürgerlichen Gesetzbuche über sein Widerrufsrecht belehrt hat. Das Widerrufsrecht erlischt spätestens zwölf Monate und 14 Tage nach dem in § 355 Absatz 2 Satz 2 genannten Zeitpunkt.

§ 357 Rechtsfolgen des Widerrufs von außerhalb von Geschäftsräumen geschlossenen Verträgen und Fernabsatzverträgen mit Ausnahme von Verträgen über Finanzdienstleistungen

(1) Die empfangenen Leistungen sind spätestens nach 14 Tagen zurückzugewähren.

(2) Der Unternehmer muss auch etwaige Zahlungen des Verbrauchers für die Lieferung zurückgewähren. Dies gilt nicht, soweit dem Verbraucher zusätzliche Kosten entstanden sind, weil er sich für eine andere Art der Lieferung als die vom Unternehmer angebotene günstigste Standardlieferung entschieden hat.

(3) Für die Rückzahlung muss der Unternehmer dasselbe Zahlungsmittel verwenden, das der Verbraucher bei der Zahlung verwendet hat. Satz 1 gilt nicht, wenn ausdrücklich etwas anderes vereinbart worden ist und dem Verbraucher dadurch keine Kosten entstehen.

(4) Bei einem Verbrauchsgüterkauf kann der Unternehmer die Rückzahlung verweigern, bis er die Waren zurückerhalten hat oder der Verbraucher den Nachweis erbracht hat, dass er die Waren abgesandt hat. Dies gilt nicht, wenn der Unternehmer angeboten hat, die Waren abzuholen.

(5) Der Verbraucher trägt die unmittelbaren Kosten der Rücksendung der Waren, wenn der Unternehmer den Verbraucher nach Artikel 246a § 1 Absatz 2 Satz 1 Nummer 2 des Einführungsgesetzes zum Bürgerlichen Gesetzbuche von dieser Pflicht unterrichtet hat. Satz 1 gilt nicht, wenn der Unternehmer sich bereit erklärt hat, diese Kosten zu tragen.

(6) Der Verbraucher ist nicht verpflichtet, die empfangenen Waren zurückzusenden, wenn der Unternehmer angeboten hat, die Waren abzuholen.

(7) Bei außerhalb von Geschäftsräumen geschlossenen Verträgen, bei denen die Waren zum Zeitpunkt des Vertragsschlusses zur Wohnung des Verbrauchers geliefert worden sind, ist der Unternehmer verpflichtet, die Waren auf eigene Kosten abzuholen, wenn die Waren so beschaffen sind, dass sie nicht per Post zurückgesandt werden können.

제356조의e [消費者建築契約에서의 撤回權]

제650조의i 제 1 항 소정의 소비자건축계약에서 철회기간은 사업자가 소비자에 대하여 민법시행법 제249조 제 3 항에 따라 그의 철회권에 관하여 알리지 아니하는 동안에는 개시되지 아니한다. 철회권은 늦어도 제355조 제 2 항 제 2 문에서 정하여진 시점 후 12개월 및 14일이 경과함으로써 소멸한다.

제357조 [金融서비스에 관한 契約을 제외하고 營業場所 밖에서 締結된 契約 및 通信販賣契約에서 撤回의 法律效果]

① 받은 급부는 늦어도 14일 후에는 반환되어야 한다.

② 사업자는 소비자가 지급하였을 수 있는 공급비용도 반환하여야 한다. 소비자가 사업자가 제의한 보다 유리한 표준적 공급방식과는 다른 방식을 선택하였음으로 인하여 소비자에게 추가적인 비용이 든 경우에는 그러하지 아니하다.

③ 반환지급에 있어서 사업자는 소비사가 지급을 위하여 사용한 것과 같은 지급수단을 사용하여야 한다. 제 1 문은 명시적으로 다른 약정이 있고 또한 소비자에게 이로 인하여 비용이 들지 아니하는 경우에는 적용되지 아니한다.

④ 소비자매매에서 사업자는 그가 물품을 반환받는 때 또는 소비자가 자신이 물품을 송부하였음을 증명하는 때까지 반환지급을 거절할 수 있다. 사업자가 물품을 가지러 갈 것을 제안한 경우에는 그러하지 아니한다.

⑤ 소비자는 사업자가 민법시행법 제246조의a §1 제 2 항 제 1 문 제 1 호에 따라 소비자에게 그 의무에 관하여 고지한 경우에는 물품 반송의 직접 비용을 부담한다. 제 1 문은 사업자가 그 비용을 부담함을 이미 표시한 때에는 적용되지 아니한다.

⑥ 소비자는 사업자가 물품을 가지러 올 것을 제안한 경우에는 수령한 물품을 반송할 의무를 지지 아니한다.

⑦ 영업장소 밖에서 체결된 계약에서 물품이 계약 체결시에 소비자의 주거로 공급되었던 경우에 물품이 우편으로 반송될 수 있는 성질의 것이 아닌 때에는 사업자는 물품을 자신의 비용으로 회수하여야 할 의무를 진다.

(8) Für die Rechtsfolgen des Widerrufs von Verträgen über die Bereitstellung digitaler Produkte gilt ferner § 327p entsprechend.

§ 357a Wertersatz als Rechtsfolge des Widerrufs von außerhalb von Geschäftsräumen geschlossenen Verträgen und Fernabsatzverträgen mit Ausnahme von Verträgen über Finanzdienstleistungen

(1) Der Verbraucher hat Wertersatz für einen Wertverlust der Ware zu leisten, wenn

1. der Wertverlust auf einen Umgang mit den Waren zurückzuführen ist, der zur Prüfung der Beschaffenheit, der Eigenschaften und der Funktionsweise der Waren nicht notwendig war, und

2. der Unternehmer den Verbraucher nach Artikel 246a § 1 Absatz 2 Satz 1 Nummer 1 des Einführungsgesetzes zum Bürgerlichen Gesetzbuche über dessen Widerrufsrecht unterrichtet hat.

(2) Der Verbraucher hat Wertersatz für die bis zum Widerruf erbrachten Dienstleistungen, für die der Vertrag die Zahlung eines Preises vorsieht, oder die bis zum Widerruf erfolgte Lieferung von Wasser, Gas oder Strom in nicht bestimmten Mengen oder nicht begrenztem Volumen oder von Fernwärme zu leisten, wenn

1. der Verbraucher von dem Unternehmer ausdrücklich verlangt hat, dass mit der Leistung vor Ablauf der Widerrufsfrist begonnen werden soll,

2. bei einem außerhalb von Geschäftsräumen geschlossenen Vertrag der Verbraucher das Verlangen nach Nummer 1 auf einem dauerhaften Datenträger übermittelt hat und

3. der Unternehmer den Verbraucher nach Artikel 246a § 1 Absatz 2 Satz 1 Nummer 1 und 3 des Einführungsgesetzes zum Bürgerlichen Gesetzbuche ordnungsgemäß informiert hat.

Bei der Berechnung des Wertersatzes ist der vereinbarte Gesamtpreis zu Grunde zu legen. Ist der vereinbarte Gesamtpreis unverhältnismäßig hoch, so ist der Wertersatz auf der Grundlage des Marktwerts der erbrachten Leistung zu berechnen.

(3) Widerruft der Verbraucher einen Vertrag über die Bereitstellung von nicht auf einem körperlichen Datenträger befindlichen digitalen Inhalten, so hat er keinen Wertersatz zu leisten.

§ 357b Rechtsfolgen des Widerrufs von Verträgen über Finanzdienstleistungen

⑧ 디지털제품 제공에 관한 계약이 철회된 경우의 법률효과에 대하여는 또한 제327조의p가 준용된다.

제357조의a [金融서비스에 관한 契約을 제외한 營業場所 밖에서 締結된 契約 및 通信販賣契約에서 撤回의 法律效果로서의 價額賠償]

① 다음의 경우에 소비자는 물품의 가액 감손에 대하여 가액배상을 하여야 한다,

  1. 가액 감손이 물품의 성상, 성질 또는 작동방법을 검사하기 위하여 필요하지 아니하였던 물품의 취급에 그 원인을 찾을 수 있고, 또한

  2. 사업자가 민법시행법 제246조의a §1 제 2 항 제 1 문 제 1 호에 따라 소비자에게 그의 철회권에 관하여 지적한 때.

② 소비자는 다음의 경우에는 계약상 대가의 지급이 정하여진 서비스가 그 철회시까지 행하여진 만큼에 대하여 또는 물·가스나 전기를 그 일정한 양 또는 한정된 수량에 제한되지 아니하고 공급되거나 원격난방이 공급된 것으로서 그 철회시까지 행하여진 만큼에 대하여 가액배상을 하여야 한다,

  1. 소비자가 사업자에게 철회기간의 경과 전에 급부를 개시할 것을 명시적으로 요구하고,

  2. 영업장소 밖에서 체결된 계약에 있어서 소비자가 제 1 호 소정의 요구를 지구적 자료저장장치상으로 전달하고, 또한

  3. 사업자가 민법시행법 제246조의a §1 제 2 항 제 1 문 제 1 호에 따라 소비자에게 그의 철회권에 관하여 지적한 때.

가액배상의 산정에 있어서는 합의된 전체대금이 기초가 되어야 한다. 합의된 전체대금이 과도하게 높은 경우에는 가액배상은 행하여진 급부의 시장가격을 기초로 산정되어야 한다.

③ 소비자가 유체적 자료보관장치가 아닌 것에 있는 디지탈자료에 관한 계약을 철회한 경우에는 그는 가액배상을 하지 아니한다.

제357조의b [金融서비스에 관한 契約에서 撤回의 法律效果]

(1) Die empfangenen Leistungen sind spätestens nach 30 Tagen zurückzugewähren.

(2) Im Falle des Widerrufs von außerhalb von Geschäftsräumen geschlossenen
Verträgen oder Fernabsatzverträgen über Finanzdienstleistungen ist der
Verbraucher zur Zahlung von Wertersatz für die vom Unternehmer bis zum
Widerruf erbrachte Dienstleistung verpflichtet, wenn er

1. vor Abgabe seiner Vertragserklärung auf diese Rechtsfolge hingewiesen
worden ist und

2. ausdrücklich zugestimmt hat, dass der Unternehmer vor Ende der Widerrufsfrist mit der Ausführung der Dienstleistung beginnt.
Im Falle des Widerrufs von Verträgen über eine entgeltliche Finanzierungshilfe,
die von der Ausnahme des § 506 Absatz 4 erfasst sind, gelten auch § 357 Absatz
5 bis 7 und § 357a Absatz 1 und 2 entsprechend. Ist Gegenstand des Vertrags
über die entgeltliche Finanzierungshilfe die Lieferung von nicht auf einem
körperlichen Datenträger befindlichen digitalen Inhalten, hat der Verbraucher
Wertersatz für die bis zum Widerruf gelieferten digitalen Inhalte zu leisten,
wenn er

1. vor Abgabe seiner Vertragserklärung auf diese Rechtsfolge hingewiesen
worden ist und

2. ausdrücklich zugestimmt hat, dass der Unternehmer vor Ende der Widerrufsfrist mit der Lieferung der digitalen Inhalte beginnt.
Ist im Vertrag eine Gegenleistung bestimmt, ist sie bei der Berechnung des
Wertersatzes zu Grunde zu legen. Ist der vereinbarte Gesamtpreis unverhältnismäßig hoch, ist der Wertersatz auf der Grundlage des Marktwerts der erbrachten Leistung zu berechnen.

(3) Im Falle des Widerrufs von Verbraucherdarlehensverträgen hat der Darlehensnehmer für den Zeitraum zwischen der Auszahlung und der Rückzahlung des Darlehens den vereinbarten Sollzins zu entrichten. Bei einem
Immobiliar-Verbraucher darleher kann nachgewiesen werden, dass der Wert des
Gebrauchsvorteils niedriger war als der vereinbarte Sollzins. In diesem Fall ist
nur der niedrigere Betrag geschuldet. Im Falle des Widerrufs von Verträgen über
eine entgeltliche Finanzierungshilfe, die nicht von der Ausnahme des § 506
Absatz 4 erfasst sind, gilt auch Absatz 2 entsprechend mit der Maßgabe, dass
an die Stelle der Unterrichtung über das Widerrufsrecht die Pflichtangaben nach
Artikel 247 § 12 Absatz 1 in Verbindung mit § 6 Absatz 2 des Einführungs-

① 받은 급부는 늦어도 30일 후에는 반환되어야 한다.

② 금융서비스에 관하여 영업장소 밖에서 체결된 계약 또는 그에 관한 통신판매계약이 철회되는 경우에 소비자는 다음의 요건이 갖추어지면 철회시까지 사업자에 의하여 행하여진 서비스에 대하여 가액배상을 할 의무를 진다,

1. 그가 계약상 의사표시를 하기 전에 이러한 법률효과에 대하여 고지를 받았고, 또한

2. 사업자가 철회기간의 경과 전에 서비스의 실행을 개시하는 것에 대하여 그가 명시적으로 동의하였던 때.

제506조 제 4 항에서 정하여진 예외에 해당하는 유상의 자금융통원조에 관한 계약이 철회되는 경우에는 제357조 제 5 항 내지 제 7 항 그리고 제357조의a 제 1 항 및 제 2 항도 준용된다. 유상의 자금융통원조에 관한 계약이 유체적 자료저장장치에 있는 것이 아닌 디지탈자료의 공급을 내용으로 하는 경우에는 소비자는 다음의 요건이 갖추어지면 철회시까지 공급된 디지탈자료에 대하여 가액배상을 하여야 한다,

1. 그가 계약상 의사표시를 하기 전에 이러한 법률효과에 대하여 고지를 받았고, 또한

2. 사업자가 철회기간의 경과 전에 서비스의 실행을 개시하는 것에 대하여 그가 명시적으로 동의하였던 것.

계약에서 반대급부가 정하여진 경우에는 그것이 가액배상의 산정에 있어서 기초가 되어야 한다. 합의된 전체대금이 과도하게 높은 경우에는 가액배상은 행하여진 급부의 시장가격을 기초로 하여 산정되어야 한다.

③ 소비자소비대차계약이 철회된 경우에는 차주는 대차금을 지급받은 때와 반환한 때 사이의 기간에 대하여 약정된 이자를 지급하여야 한다. 부동산소비자소비대차에 있어서는 사용이익이 약정된 이자보다 적음을 주장·입증할 수 있다. 이때에는 더 낮은 액만의 채무를 부담한다. 제506조 제 4 항에서 정하여진 예외에 해당하지 아니하는 유상의 자금융통원조에 관한 계약이 철회되는 경우에는 민법시행법 제247조 §6 제 2 항과 결합한 동조 §12 제 1 항에 따른 철회권에 관한 의무적 정보제공이 철

gesetzes zum Bürgerlichen Gesetzbuche, die das Widerrufsrecht betreffen, treten. Darüber hinaus hat der Darlehensnehmer dem Darlehensgeber nur die Aufwendungen zu ersetzen, die der Darlehensgeber gegenüber öffentlichen Stellen erbracht hat und nicht zurückverlangen kann.

§ 357c　Rechtsfolgen des Widerrufs von Teilzeit-Wohnrechteverträgen, Verträgen über ein langfristiges Urlaubsprodukt, Vermittlungsverträgen und Tauschsystemverträgen

(1) Der Verbraucher hat im Falle des Widerrufs keine Kosten zu tragen. Die Kosten des Vertrags, seiner Durchführung und seiner Rückabwicklung hat der Unternehmer dem Verbraucher zu erstatten. Eine Vergütung für geleistete Dienste sowie für die Ulassung von Wohngebäuden zur Nutzung ist ausgeschlossen.

(2) Der Verbraucher hat für einen Wertverlust der Unterkunft im Sinne des § 481 nur Wertersatz zu leisten, soweit der Wertverlust auf einer nicht bestimmungsgemäßen Nutzung der Unterkunft beruht.

§ 357d　Rechtsfolgen des Widerrufs von weder im Fernabsatz noch außerhalb von Geschäftsräumen geschlossenen Ratenlieferungsverträgen

Für die Rückgewähr der empfangenen Leistungen gilt § 357 Absatz 1 bis 4 und 6 entsprechend. Der Verbraucher trägt die unmittelbaren Kosten der Rücksendung der empfangenen Sachen, es sei denn, der Unternehmer hat sich bereit erklärt, diese Kosten zu tragen. § 357a Absatz 1 ist mit der Maßgabe entsprechend anzuwenden, dass an die Stelle der Unterrichtung nach Artikel 246a § 1 Absatz 2 Satz 1 Nummer 1 des Einführungsgesetzes zum Bürgerlichen Gesetzbuche die Unterrichtung nach Artikel 246 Absatz 3 des Einführungsgesetzes zum Bürgerlichen Gesetzbuche tritt.

§ 357e　Rechtsfolgen des Widerrufs bei Verbraucherbauverträgen

Ist die Rückgewähr der bis zum Widerruf erbrachten Leistung ihrer Natur nach ausgeschlossen, schuldet der Verbraucher dem Unternehmer Wertersatz. Bei der Berechnung des Wertersatzes ist die vereinbarte Vergütung zugrunde zu legen. Ist die vereinbarte Vergütung unverhältnismäßig hoch, ist der Wertersatz auf der Grundlage des Marktwertes der erbrachten Leistung zu berechnen.

§ 358　Mit dem widerrufenen Vertrag verbundener Vertrag

(1) Hat der Verbraucher seine auf den Abschluss eines Vertrags über die

회권에 관한 고지에 갈음하는 것으로 하여 본조 제 2 항도 준용된다. 나아가 차주는 대주가 공적 기관에 대하여 지출하였으나 상환요구를 할 수 없는 비용지출만을 대주에게 상환하여야 한다.

제357조의c [一時居住權契約, 長期의 休暇優待商品에 관한 契約, 仲介契約 및 交換시스템契約에서 撤回의 法律效果]

① 소비자는 철회의 경우에 아무런 비용을 부담하지 아니한다. 사업자는 소비자에게 계약의 체결, 이행 및 원상회복의 비용을 상환하여야 한다. 행하여진 서비스와 주거공간을 이용을 위하여 인도한 것에 대한 보상은 배제된다.

② 소비자는 제481조의 의미에서의 숙박설비의 가치 감손에 대하여 그 가치 감손이 용도에 좇지 아니한 숙박설비 사용에 원인이 있는 한에서만 가액배상을 하여야 한다.

제357조의d [通信販賣도 아니고 營業場所 밖에서 締結된 것도 아닌 分割供給契約에서 撤回의 法律效果]

받은 급부의 반환에 대하여는 제357조 제 1 항 내지 제 4 항 및 제 6 항이 준용된다. 소비자는 받은 물건의 반송의 직접 비용을 부담한다, 그러나 사업자가 그 비용을 부담할 것을 미리 표시한 경우에는 그러하지 아니하다. 제357조의a 제 1 항은 민법시행법 제246조 제 3 항에 따른 고지가 동법 제246조의a §1 제 2 항 제 1 문 제 1 호에 따른 고지에 갈음하는 것으로 하여 이에 준용된다.

제357조의e [消費者建築契約에서 撤回의 法律效果]

철회시까지 행하여진 급부가 그 성질상 원상대로 반환될 수 없는 것인 경우에는 소비자는 사업자에 대하여 가액상환의 의무를 부담한다. 가액상환액의 산정에 있어서는 약정된 보수가 기초가 되어야 한다. 약정된 보수가 과도하게 높은 경우에는 가액상환은 행하여진 급부의 시장가격을 기초로 하여 산정되어야 한다.

제358조 [撤回된 契約과 結合된 契約]

① 사업자가 물품의 인도 또는 기타의 급부를 실행하기로 하는 계약의

Lieferung einer Ware oder die Erbringung einer anderen Leistung durch einen Unternehmer gerichtete Willenserklärung wirksam widerrufen, so ist er auch an seine auf den Abschluss eines mit diesem Vertrag verbundenen Darlehensvertrags gerichtete Willenserklärung nicht mehr gebunden.

(2) Hat der Verbraucher seine auf den Abschluss eines Darlehensvertrags gerichtete Willenserklärung auf Grund des § 495 Absatz 1 oder des § 514 Absatz 2 Satz 1 wirksam widerrufen, so ist er auch nicht mehr an diejenige Willenserklärung gebunden, die auf den Abschluss eines mit diesem Darlehensvertrag verbundenen Vertrags über die Lieferung einer Ware oder die Erbringung einer anderen Leistung gerichtet ist.

(3) Ein Vertrag über die Lieferung einer Ware oder über die Erbringung einer anderen Leistung und ein Darlehensvertrag nach den Absätzen 1 oder 2 sind verbunden, wenn das Darlehen ganz oder teilweise der Finanzierung des anderen Vertrags dient und beide Verträge eine wirtschaftliche Einheit bilden. Eine wirtschaftliche Einheit ist insbesondere anzunehmen, wenn der Unternehmer selbst die Gegenleistung des Verbrauchers finanziert, oder im Falle der Finanzierung durch einen Dritten, wenn sich der Darlehensgeber bei der Vorbereitung oder dem Abschluss des Darlehensvertrags der Mitwirkung des Unternehmers bedient. Bei einem finanzierten Erwerb eines Grundstücks oder eines grundstücksgleichen Rechts ist eine wirtschaftliche Einheit nur anzunehmen, wenn der Darlehensgeber selbst dem Verbraucher das Grundstück oder das grundstücksgleiche Recht verschafft oder wenn er über die Zurverfügungstellung von Darlehen hinaus den Erwerb des Grundstücks oder grundstücksgleichen Rechts durch Zusammenwirken mit dem Unternehmer fördert, indem er sich dessen Veräußerungsinteressen ganz oder teilweise zu Eigen macht, bei der Planung, Werbung oder Durchführung des Projekts Funktionen des Veräußerers übernimmt oder den Veräußerer einseitig begünstigt.

(4) Auf die Rückabwicklung des verbundenen Vertrags sind unabhängig von der Vertriebsform § 355 Absatz 3 und, je nach Art des verbundenen Vertrags, die §§ 357 bis 357c entsprechend anzuwenden. Ist der verbundene Vertrag ein Vertrag über die Lieferung von nicht auf einem körperlichen Datenträger befindlichen digitalen Inhalten, hat der Verbraucher abweichend von § 357a Absatz 3 unter den Voraussetzungen des § 356 Absatz 5 Nummer 2 Wertersatz für die bis zum Widerruf gelieferten digitalen Inhalte zu leisten. Ist der verbundene Vertrag ein im Fernabsatz oder außerhalb von Geschäftsräumen geschlossener Ratenlieferungsvertrag, ist neben § 355 Absatz 3 auch §§ 357 und § 357a entsprechend anzuwenden;

체결을 내용으로 하는 의사표시를 소비자가 유효하게 철회한 경우에 그
는 그 계약과 결합된 소비대차계약의 체결을 내용으로 하는 의사표시에
도 더 이상 구속되지 아니한다.

② 소비자가 소비대차계약의 체결을 내용으로 하는 의사표시를 제495조
제 1 항 또는 제514조 제 2 항 제 1 문에 기하여 유효하게 철회한 경우에
는, 그는 소비대차계약과 결합된 물품의 인도 또는 다른 급부의 실행을
내용으로 하는 의사표시에도 더 이상 구속되지 아니한다.

③ 제 1 항 및 제 2 항에서 정하는 물품의 공급 또는 기타 급부의 실현에
관한 계약과 소비대차계약은 그 대차금이 전부 또는 일부 전자前者의 계
약의 자금 조달에 기여하고 또 두 계약이 경제적으로 일체를 이루는 경
우에는 결합된 것이다. 특히 사업자 자신이 소비자의 반대급부의 자금을
공여하는 때 또는 제 3 자에 의한 자금 공여의 경우에는 그 대주가 소비
대차계약의 준비 또는 체결에 있어서 사업자의 협력을 이용한 때에는 경
제적 일체성이 인정된다. 부동산 또는 그와 동시되는 권리를 금융을 얻
어 취득하는 경우에는 대주 자신이 부동산 또는 그와 동시되는 권리를
소비자에게 공여하는 때 또는 그가 사업자의 양도이익을 전부 또는 일부
자신의 것으로 하거나 프로젝트의 수립, 선전 또는 실행에 있어서 양도
인의 역할을 인수하거나 양도인을 일방적으로 우대함으로써 대주가 대
여금의 제공을 넘어서 사업자와의 협동을 통하여 부동산 또는 그와 동시
되는 권리의 취득을 지원한 때에만 경제적 일체성이 인정된다.

④ 결합계약의 원상회복에 대하여는, 거래의 형식과 관계없이 제355조
제 3 항 및 결합된 계약의 종류에 따라서 제357조 내지 제357조의c가 준
용된다. 결합계약이 유체적 자료저장장치에 있는 것이 아닌 디지탈자료
의 공급에 관한 것인 경우에는 소비자는 제357조의a 제 3 항과는 달리 제
356조 제 5 항 제 2 호의 요건 아래서 철회시까지 공급된 디지탈자료에 대
하여 가액배상을 하여야 한다. 결합계약이 통신판매로 또는 영업장소 밖
에서 체결된 분할급부계약인 경우에는 제355조 제 3 항과 아울러 제357조
및 제357조의a도 준용된다; 결합된 분할급부계약에 대하여는 그 외에 제
355조 제 3 항 및 제357조의d가 준용된다. 그러나 본조 제 1 항의 경우에

im Übrigen gelten für verbundene Ratenlieferungsverträge § 355 Absatz 3 und § 357d entsprechend. Im Falle des Absatzes 1 sind jedoch Ansprüche auf Zahlung von Zinsen und Kosten aus der Rückabwicklung des Darlehensvertrags gegen den Verbraucher ausgeschlossen. Der Darlehensgeber tritt im Verhältnis zum Verbraucher hinsichtlich der Rechtsfolgen des Widerrufs in die Rechte und Pflichten des Unternehmers aus dem verbundenen Vertrag ein, wenn das Darlehen dem Unternehmer bei Wirksamwerden des Widerrufs bereits zugeflossen ist.

(5) Die Absätze 2 und 4 sind nicht anzuwenden auf Darlehensverträge, die der Finanzierung des Erwerbs von Finanzinstrumenten dienen.

§ 359　Einwendungen bei verbundenen Verträgen

(1) Der Verbraucher kann die Rückzahlung des Darlehens verweigern, soweit Einwendungen aus dem verbundenen Vertrag ihn gegenüber dem Unternehmer, mit dem er den verbundenen Vertrag geschlossen hat, zur Verweigerung seiner Leistung berechtigen würden. Dies gilt nicht bei Einwendungen, die auf einer Vertragsänderung beruhen, welche zwischen diesem Unternehmer und dem Verbraucher nach Abschluss des Darlehensvertrags vereinbart wurde. Kann der Verbraucher Nacherfüllung verlangen, so kann er die Rückzahlung des Darlehens erst verweigern, wenn die Nacherfüllung fehlgeschlagen ist.

(2) Absatz 1 ist nicht anzuwenden auf Darlehensverträge, die der Finanzierung des Erwerbs von Finanzinstrumenten dienen, oder wenn das finanzierte Entgelt weniger als 200 Euro beträgt.

§ 360　Zusammenhängende Verträge

(1) Hat der Verbraucher seine auf den Abschluss eines Vertrags gerichtete Willenserklärung wirksam widerrufen und liegen die Voraussetzungen für einen verbundenen Vertrag nicht vor, so ist er auch an seine auf den Abschluss eines damit zusammenhängenden Vertrags gerichtete Willenserklärung nicht mehr gebunden. Auf die Rückabwicklung des zusammenhängenden Vertrags ist § 358 Absatz 4 Satz 1 bis 3 entsprechend anzuwenden. Widerruft der Verbraucher einen Teilzeit-Wohnrechtevertrag oder einen Vertrag über ein langfristiges Urlaubsprodukt, hat er auch für den zusammenhängenden Vertrag keine Kosten zu tragen; § 357c Absatz 1 Satz 2 und 3 gilt entsprechend.

(2) Ein zusammenhängender Vertrag liegt vor, wenn er einen Bezug zu dem widerrufenen Vertrag aufweist und eine Leistung betrifft, die von dem Unternehmer des widerrufenen Vertrags oder einem Dritten auf der Grundlage einer Vereinbarung zwischen dem Dritten und dem Unternehmer des wider-

는 소비대차계약의 원상회복을 이유로 소비자에 대하여 이자 및 비용의 지급을 청구하는 권리는 배제된다. 대여금이 철회가 효력을 가지는 때에 이미 사업자에게 유입된 경우에는 대주는 소비자에 대한 관계에서는 철회의 법률효과와 관련하여 결합계약으로부터 발생하는 권리 및 의무에 관하여 사업자에 갈음한다.

⑤ 제2항 및 제4항은 [유가증권, 파생상품 등과 같은] 자금조달수단을 취득하기 위한 자금을 공여할 목적으로 체결된 소비대차계약에는 적용되지 아니한다.

제359조 [結合契約에서의 對抗事由]

① 소비자가 결합계약의 상대방인 사업자에 대하여 결합계약에서 발생하는 대항사유에 기하여 자신의 급부 이행을 거절할 권리를 가지는 경우에는 대차금의 반환을 거절할 수 있다. 이는 그 사업자와 소비자 사이에 소비대차계약의 체결 후에 합의된 계약 변경을 근거로 하는 대항사유의 경우에는 적용되지 아니한다. 소비자가 추완을 청구할 수 있는 경우에는 그 추완이 달성되지 아니한 때에 비로소 대차금의 반환을 거절할 수 있다.

② 제1항은 자금조달수단을 취득하기 위한 자금을 공여할 목적으로 체결된 소비대차계약에는 적용되지 아니하고, 융자받은 액이 200유로를 넘지 아니하는 때에도 마찬가지이다.

제360조 [關聯契約]

① 소비자가 계약의 체결을 내용으로 하는 그의 의사표시를 유효하게 철회하였는데 결합계약의 요건이 갖추어지지 아니한 경우에는 그는 그와 관련되는 계약의 체결을 내용으로 하는 의사표시에도 더 이상 구속되지 아니한다. 관련계약의 원상회복에 대하여는 제358조 제4항 제1문 내지 제3문이 준용된다. 소비자가 일시거주권계약 또는 장기의 휴가우대상품에 관한 계약을 철회한 경우에는 그는 관련계약에 대하여도 아무런 비용을 부담하지 아니한다; 제357조의c 제1항 제2문 및 제3문은 이에 준용된다.

② 어떠한 계약이 철회된 계약과 일정한 관련을 가지고 철회된 계약의 사업자가 실행하거나 제3자가 그와 철회된 계약의 사업자와의 약정에

rufenen Vertrags erbracht wird. Ein Darlehensvertrag ist auch dann ein zusammenhängender Vertrag, wenn das Darlehen, das ein Unternehmer einem Verbraucher gewährt, ausschließlich der Finanzierung des widerrufenen Vertrags dient und die Leistung des Unternehmers aus dem widerrufenen Vertrag in dem Darlehensvertrag genau angegeben ist.

§ 361　Weitere Ansprüche, abweichende Vereinbarungen und Beweislast

(1) Über die Vorschriften dieses Untertitels hinaus bestehen keine weiteren Ansprüche gegen den Verbraucher infolge des Widerrufs.

(2) Von den Vorschriften dieses Untertitels darf, soweit nicht ein anderes bestimmt ist, nicht zum Nachteil des Verbrauchers abgewichen werden. Die Vorschriften dieses Untertitels finden, soweit nichts anderes bestimmt ist, auch Anwendung, wenn sie durch anderweitige Gestaltungen umgangen werden.

(3) Ist der Beginn der Widerrufsfrist streitig, so trifft die Beweislast den Unternehmer.

Abschnitt 4　Erlöschen der Schuldverhältnisse

Titel 1　Erfüllung

§ 362　Erlöschen durch Leistung

(1) Das Schuldverhältnis erlischt, wenn die geschuldete Leistung an den Gläubiger bewirkt wird.

(2) Wird an einen Dritten zum Zwecke der Erfüllung geleistet, so finden die Vorschriften des § 185 Anwendung.

§ 363　Beweislast bei Annahme als Erfüllung

Hat der Gläubiger eine ihm als Erfüllung angebotene Leistung als Erfüllung angenommen, so trifft ihn die Beweislast, wenn er die Leistung deshalb nicht als Erfüllung gelten lassen will, weil sie eine andere als die geschuldete Leistung oder weil sie unvollständig gewesen sei.

§ 364　Annahme an Erfüllungs statt

기하여 실행하는 급부를 목적으로 하는 것인 경우에 관련계약이 인정된다. 사업자가 소비자에게 공여하는 대차금이 오로지 철회된 계약의 자금으로 제공되고 철회된 계약에서 정하여진 사업자의 급부가 소비대차계약에서 명확하게 지적되어 있는 경우에도 소비대차계약은 관련계약에 해당한다.

제361조 [기타의 請求權, 다른 約定 및 證明責任]

① 철회로 인한 소비자에 대한 기타의 청구권은 이 관이 정하는 바를 넘어서는 인정되지 아니한다.

② 달리 정하여지지 아니한 한, 소비자에게 불리하게 이 관의 규정들과 다른 약정을 할 수 없다. 이 관의 규정은 이를 다른 방법으로 회피한 경우에도 적용된다.

③ 철회기간의 개시가 다투어지는 때에는 사업자가 증명책임을 진다.

제 4 장 債權關係의 消滅

제 1 절 辨   濟

제362조 [給付에 의한 消滅]

① 채무의 목적인 급부가 채권자에 대하여 실행되면 채권관계는 소멸한다.

② 변제의 목적으로 제 3 자에 대하여 급부가 행하여진 경우에는 제185조가 적용된다.

제363조 [辨濟로서 受領한 경우의 證明責任]

채권자가 변제로서 제공된 급부를 변제로서 수령한 경우에, 그 급부가 채무의 목적과 다르다거나 불완전하다는 것을 이유로 하여 그 급부에 변제로서의 효력을 부인하려고 하는 때에는, 채권자가 증명책임을 진다.

제364조 [代物辨濟]

(1) Das Schuldverhältnis erlischt, wenn der Gläubiger eine andere als die geschuldete Leistung an Erfüllungs statt annimmt.

(2) Übernimmt der Schuldner zum Zwecke der Befriedigung des Gläubigers diesem gegenüber eine neue Verbindlichkeit, so ist im Zweifel nicht anzunehmen, dass er die Verbindlichkeit an Erfüllungs statt übernimmt.

§ 365 Gewährleistung bei Hingabe an Erfüllungs statt

Wird eine Sache, eine Forderung gegen einen Dritten oder ein anderes Recht an Erfüllungs statt gegeben, so hat der Schuldner wegen eines Mangels im Recht oder wegen eines Mangels der Sache in gleicher Weise wie ein Verkäufer Gewähr zu leisten.

§ 366 Anrechnung der Leistung auf mehrere Forderungen

(1) Ist der Schuldner dem Gläubiger aus mehreren Schuldverhältnissen zu gleichartigen Leistungen verpflichtet und reicht das von ihm Geleistete nicht zur Tilgung sämtlicher Schulden aus, so wird diejenige Schuld getilgt, welche er bei der Leistung bestimmt.

(2) Trifft der Schuldner keine Bestimmung, so wird zunächst die fällige Schuld, unter mehreren fälligen Schulden diejenige, welche dem Gläubiger geringere Sicherheit bietet, unter mehreren gleich sicheren die dem Schuldner lästigere, unter mehreren gleich lästigen die ältere Schuld und bei gleichem Alter jede Schuld verhältnismäßig getilgt.

§ 367 Anrechnung auf Zinsen und Kosten

(1) Hat der Schuldner außer der Hauptleistung Zinsen und Kosten zu entrichten, so wird eine zur Tilgung der ganzen Schuld nicht ausreichende Leistung zunächst auf die Kosten, dann auf die Zinsen undzuletzt auf die Hauptleistung angerechnet.

(2) Bestimmt der Schuldner eine andere Anrechnung, so kann der Gläubiger die Annahme der Leistung ablehnen.

§ 368 Quittung

Der Gläubiger hat gegen Empfang der Leistung auf Verlangen ein schriftliches Empfangsbekenntnis (Quittung) zu erteilen. Hat der Schuldner ein rechtliches Interesse, dass die Quittung in anderer Form erteilt wird, so kann er die Erteilung in dieser Form verlangen.

① 채권자가 채무의 목적인 급부와 다른 급부를 변제에 갈음하여 수령
한 때에는 채권관계는 소멸한다.

② 채무자가 채권자의 만족을 위하여 채권자에 대하여 새로운 채무를
부담한 때에는, 의심스러운 때에는, 채무자가 이를 변제에 갈음하여 부
담한 것으로 해석되지 아니한다.

제365조 [代物辨濟에서의 擔保責任]

물건, 제3자에 대한 채권 또는 다른 권리가 변제에 갈음하여 공여된 경
우에, 채무자는 권리의 하자 또는 물건의 하자에 대하여 매도인과 마찬
가지로 담보책임을 진다.

제366조 [數個의 債務에 대한 辨濟充當]

① 채무자가 채권자에 대하여 수개의 채권관계에 기하여 동종의 급부를
할 의무를 지는 경우에 채무자가 이행한 것이 모든 채무를 소멸시키기에
충분하지 아니한 때에는 그가 이행에 있어서 지정한 채무가 소멸한다.

② 채무자가 지정을 하지 아니한 경우에는, 우선 이행기가 도래한 채무
에, 이행기가 도래한 채무가 수개 있는 때에는 보다 담보가 적은 채무에,
담보가 동일한 채무가 수개 있는 때에는 채무자에게 보다 부담이 큰 채
무에, 채무자에게 동일하게 부담이 되는 채무가 수개 있는 때에는 보다
먼저 성립한 채무에 충당하고, 동시에 성립한 채무가 수개 있는 때에는
그 액에 비례하여 그 각각에 충당한다.

제367조 [利子 및 費用에의 充當]

① 채무자가 원본 외에 이자와 비용도 지급하여야 할 경우에 그 전부를
소멸시키기에 부족한 급부가 행하여진 때에는 우선 비용에, 이어서 이자
에, 그리고 최종적으로 원본에 충당된다.

② 채무자가 제1항과 다른 지정을 한 때에는, 채권자는 급부의 수령을
거절할 수 있다.

제368조 [領收證]

채권자는 청구가 있으면 급부의 수령과 상환으로 서면에 의한 수령증명
("영수증")을 교부하여야 한다. 채무자가 다른 방식의 영수증을 교부받을
법적 이해관계를 가지는 때에는, 그는 그 방식의 영수증을 청구할 수 있다.

§ 369　Kosten der Quittung

(1) Die Kosten der Quittung hat der Schuldner zu tragen und vorzuschießen, sofern nicht aus dem zwischen ihm und dem Gläubiger bestehenden Rechtsverhältnis sich ein anderes ergibt.

(2) Treten infolge einer Übertragung der Forderung oder im Wege der Erbfolge an die Stelle des ursprünglichen Gläubigers mehrere Gläubiger, so fallen die Mehrkosten den Gläubigern zur Last.

§ 370　Leistung an den Überbringer der Quittung

Der Überbringer einer Quittung gilt als ermächtigt, die Leistung zu empfangen, sofern nicht die dem Leistenden bekannten Umstände der Annahme einer solchen Ermächtigung entgegenstehen.

§ 371　Rückgabe des Schuldscheins

Ist über die Forderung ein Schuldschein ausgestellt worden, so kann der Schuldner neben der Quittung Rückgabe des Schuldscheins verlangen. Behauptet der Gläubiger, zur Rückgabe außerstande zu sein, so kann der Schuldner das öffentlich beglaubigte Anerkenntnis verlangen, dass die Schuld erloschen sei.

Titel 2　Hinterlegung

§ 372　Voraussetzungen

Geld, Wertpapiere und sonstige Urkunden sowie Kostbarkeiten kann der Schuldner bei einer dazu bestimmte öffentlichen Stelle für den Gläubiger hinterlegen, wenn der Gläubiger im Verzug der Annahme ist. Das Gleiche gilt, wenn der Schuldner aus einem anderen in der Person des Gläubigers liegenden Grund oder infolge einer nicht auf Fahrlässigkeit beruhenden Ungewißheit über die Person des Gläubigers seine Verbindlichkeit nicht oder nicht mit Sicherheit erfüllen kann.

§ 373　Zug-um-Zug-Leistung

Ist der Schuldner nur gegen eine Leistung des Gläubigers zu leisten verpflichtet, so kann er das Recht des Gläubigers zum Empfang der hinterlegten Sache von der Bewirkung der Gegenleistung abhängig machen.

제369조 [領收證의 費用]

① 영수증의 비용은, 채무자와 채권자 사이에 존재하는 법률관계로부터 달리 해석되지 아니하는 한, 채무자가 부담하여야 하고 미리 지급되어야 한다.

② 채권양도 또는 상속에 의하여 원래의 채권자에 갈음하여 수인의 채권자가 발생한 경우에는, 추가비용은 채권자가 부담한다.

제370조 [領收證의 所持者에 대한 辨濟]

영수증의 소지자는, 급부자가 알고 있는 사정에 비추어 그러한 수권이 부인되지 아니하는 한, 급부를 수령한 권한이 있는 것으로 본다.

제371조 [債務證書의 返還]

채권에 관하여 채무증서가 발행된 경우에, 채무자는 영수증과 아울러 채무증서의 반환을 청구할 수 있다. 채권자가 반환할 수 없음을 주장하는 때에는 채무자는 채무가 소멸하였다는 내용의 공적으로 인증된 승인서를 청구할 수 있다.

제 2 절　供　託

제372조 [要件]

채권자가 수령지체 중인 때에는, 채무자는 금전, 유가증권 및 기타의 문서나 고가품을 채권자를 위하여 공적 기관에 공탁할 수 있다. 채무자가 채권자의 신상에 관한 다른 사유로 인하여 또는 채무자의 과실 없이 채권자를 확지할 수 없음으로 말미암아 그의 채무를 이행할 수 없거나 확실하게 이행할 수 없는 경우에도 또한 같다.

제373조 [同時履行給付]

채무자가 채권자의 급부와 상환으로만 급부할 의무를 지는 경우에는, 그는 공탁물을 수령할 채권자의 권리를 반대급부의 실행에 걸리도록 할 수 있다.

§ 374 Hinterlegungsort; Anzeigepflicht

(1) Die Hinterlegung hat bei der Hinterlegungsstelle des Leistungsorts zu erfolgen; hinterlegt der Schuldner bei einer anderen Stelle, so hat er dem Gläubiger den daraus entstehenden Schaden zu ersetzen.

(2) Der Schuldner hat dem Gläubiger die Hinterlegung unverzüglich anzuzeigen; im Falle der Unterlassung ist er zum Schadensersatz verpflichtet. Die Anzeige darf unterbleiben, wenn sie untunlich ist.

§ 375 Rückwirkung bei Postübersendung

Ist die hinterlegte Sache der Hinterlegungsstelle durch die Post übersendet worden, so wirkt die Hinterlegung auf die Zeit der Aufgabe der Sache zur Post zurück.

§ 376 Rücknahmerecht

(1) Der Schuldner hat das Recht, die hinterlegte Sache zurückzunehmen.

(2) Die Rücknahme ist ausgeschlossen:

1. wenn der Schuldner der Hinterlegungsstelle erklärt, dass er auf das Recht zur Rücknahme verzichte,
2. wenn der Gläubiger der Hinterlegungsstelle die Annahme erklärt,
3. wenn der Hinterlegungsstelle ein zwischen dem Gläubiger und dem Schuldner ergangenes rechtskräftiges Urteil vorgelegt wird, das die Hinterlegung für rechtmäßig erklärt.

§ 377 Unpfändbarkeit des Rücknahmerechts

(1) Das Recht zur Rücknahme ist der Pfändung nicht unterworfen.

(2) Wird über das Vermögen des Schuldners das Insolvenzverfahren eröffnet, so kann während des Insolvenzverfahrens das Recht zur Rücknahme auch nicht von dem Schuldner ausgeübt werden.

§ 378 Wirkung der Hinterlegung bei ausgeschlossener Rücknahme

Ist die Rücknahme der hinterlegten Sache ausgeschlossen, so wird der Schuldner durch die Hinterlegung von seiner Verbindlichkeit in gleicher Weise befreit, wie wenn er zur Zeit der Hinterlegung an den Gläubiger geleistet hätte.

§ 379 Wirkung der Hinterlegung bei nicht ausgeschlossener Rücknahme

(1) Ist die Rücknahme der hinterlegten Sache nicht ausgeschlossen, so kann der Schuldner den Gläubiger auf die hinterlegte Sache verweisen.

제374조 [供託地; 通知義務]

① 공탁은 급부지의 공탁소에서 행하여야 한다; 채무자가 다른 공탁소에 공탁한 때에는 그는 이로 인하여 발생하는 손해를 채권자에게 배상하여야 한다.

② 채무자는 채권자에 대하여 지체없이 공탁을 통지하여야 한다; 이를 하지 아니한 때에는 그는 손해배상의 의무를 진다. 통지를 할 수 없는 경우에는 이를 하지 아니하여도 된다.

제375조 [郵便供託에서의 遡及效]

공탁물이 우편으로 공탁소에 송부된 경우에는, 공탁은 그 물건을 우체국에 교부한 때로 소급하여 효력을 가진다.

제376조 [回收權]

① 채무자는 공탁물을 회수할 권리가 있다.

② 다음 각 호의 경우에는 회수는 배제된다:

  1. 채무자가 공탁소에 대하여 회수권을 포기한다는 의사를 표시한 때,

  2. 채권자가 공탁소에 대하여 수령의 의사표시를 한 때,

  3. 채권자와 채무자 사이에 내려진, 공탁이 적법함을 선언하는 확정판결이 공탁소에 제출된 때.

제377조 [回收權의 押留禁止]

① 회수권은 압류할 수 없다.

② 채무자의 재산에 대하여 도산절차가 개시된 경우에, 도산절차가 진행되는 동안에는 채무자도 회수권을 행사할 수 없다.

제378조 [回收가 排除된 경우 供託의 效力]

공탁물의 회수가 배제되면, 채무자는 공탁시에 채권자에게 급부를 행한 것과 마찬가지로 공탁에 의하여 채무를 면한다.

제379조 [回收權 存續 중 供託의 效力]

① 공탁물의 회수가 배제되지 아니하고 있는 때에도, 채무자는 채권자에 대하여 공탁물을 원용할 수 있다.

(2) Solange die Sache hinterlegt ist, trägt der Gläubiger die Gefahr und ist der Schuldner nicht verpflichtet, Zinsen zu zahlen oder Ersatz für nicht gezogene Nutzungen zu leisten.

(3) Nimmt der Schuldner die hinterlegte Sache zurück, so gilt die Hinterlegung als nicht erfolgt.

§ 380　Nachweis der Empfangsberechtigung

Soweit nach den für die Hinterlegungsstelle geltenden Bestimmungen zum Nachweis der Empfangsberechtigung des Gläubigers eine diese Berechtigung anerkennende Erklärung des Schuldners erforderlich oder genügend ist, kann der Gläubiger von dem Schuldner die Abgabe der Erklärung unter denselben Voraussetzungen verlangen, unter denen er die Leistung zu fordern berechtigt sein würde, wenn die Hinterlegung nicht erfolgt wäre.

§ 381　Kosten der Hinterlegung

Die Kosten der Hinterlegung fallen dem Gläubiger zur Last, sofern nicht der Schuldner die hinterlegte Sache zurücknimmt.

§ 382　Erlöschen des Gläubigerrechts

Das Recht des Gläubigers auf den hinterlegten Betrag erlischt mit dem Ablauf von 30 Jahren nach dem Empfang der Anzeige von der Hinterlegung, wenn nicht der Gläubiger sich vorher bei der Hinterlegungsstelle meldet; der Schuldner ist zur Rücknahme berechtigt, auch wenn er auf das Recht zur Rücknahme verzichtet hat.

§ 383　Versteigerung hinterlegungsunfähiger Sachen

(1) Ist die geschuldete bewegliche Sache zur Hinterlegung nicht geeignet, so kann der Schuldner sie im Falle des Verzugs des Gläubigers am Leistungsort versteigern lassen und den Erlös hinterlegen. Das Gleiche gilt in den Fällen des § 372 Satz 2, wenn der Verderb der Sache zu besorgen oder die Aufbewahrung mit unverhältnismäßigen Kosten verbunden ist.

(2) Ist von der Versteigerung am Leistungsort ein angemessener Erfolg nicht zu erwarten, so ist die Sache an einem geeigneten anderen Orte zu versteigern.

(3) Die Versteigerung hat durch einen für den Versteigerungsort bestellten Gerichtsvollzieher oder zu Versteigerungen befugten anderen Beamten oder öffentlich angestellten Versteigerer öffentlich zu erfolgen (öffentliche Versteigerung). Zeit und Ort der Versteigerung sind unter allgemeiner Bezeichnung der Sache öffentlich bekannt zu machen.

② 물건이 공탁된 경우에는, 채권자가 위험을 부담하며, 채무자는 이자를 지급하거나 수취하지 아니한 수익에 대하여 상환을 할 의무를 지지 아니한다.

③ 채무자가 공탁물을 회수하면, 공탁은 행하여지지 아니한 것으로 본다.

제380조 [受領權限의 證明]

공탁소에 적용되는 규정상 채권자의 수령권한의 증명으로 그 권한을 승인하는 채무자의 의사표시가 요구되거나 그것으로 충분한 경우에, 채권자는 공탁이 없었다면 급부를 청구할 수 있는 요건과 동일한 요건 아래서 채무자에 대하여 그 의사표시를 할 것을 청구할 수 있다.

제381조 [供託費用]

공탁비용은, 채무자가 공탁물을 회수하지 아니하는 한, 채권자가 부담한다.

제382조 [債權者의 權利의 消滅]

공탁된 금액에 대한 채권자의 권리는 채권자가 공탁통지를 수령한 때로부터 30년 이내에 이를 공탁소에 신고하지 아니하면 소멸한다; 이 경우 채무자는 전에 회수권을 포기하였던 때에도 회수할 권리를 가진다.

제383조 [供託할 수 없는 物件의 賣却]

① 채무의 목적인 동산이 공탁에 적합하지 아니한 경우에, 채권자지체가 발생하면, 채무자는 급부지에서 그것을 경매하도록 하여 그 매득금을 공탁할 수 있다. 제327조 제 2 문에서 정하는 경우에, 물건이 변질될 우려가 있거나 보관에 과도한 비용을 요하는 때에도 또한 같다.

② 급부지에서의 경매가 적정한 결과를 얻을 전망이 없는 경우에는, 물건을 다른 적절한 곳에서 경매할 수 있다.

③ 경매는 경매지의 집행관이나 경매권한 있는 다른 공무원 또는 공적으로 선임된 경매인에 의하여 공개로 행하여져야 한다("공경매"). 경매의 시기와 장소는 물건의 일반적 표시와 함께 공고되어야 한다.

(4) Die Vorschriften der Absätze 1 bis 3 gelten nicht für eingetragene Schiffe und Schiffsbauwerke.

§ 384 Androhung der Versteigerung

(1) Die Versteigerung ist erst zulässig, nachdem sie dem Gläubiger angedroht worden ist; die Androhung darf unterbleiben, wenn die Sache dem Verderb ausgesetzt und mit dem Aufschub der Versteigerung Gefahr verbunden ist.

(2) Der Schuldner hat den Gläubiger von der Versteigerung unverzüglich zu benachrichtigen; im Falle der Unterlassung ist er zum Schadensersatz verpflichtet.

(3) Die Androhung und die Benachrichtigung dürfen unterbleiben, wenn sie untunlich sind.

§ 385 Freihändiger Verkauf

Hat die Sache einen Börsen- oder Marktpreis, so kann der Schuldner den Verkauf aus freier Hand durch einen zu solchen Verkäufen öffentlich ermächtigten Handelsmakler oder durch eine zur öffentlichen Versteigerung befugte Person zum laufenden Preis bewirken.

§ 386 Kosten der Versteigerung

Die Kosten der Versteigerung oder des nach § 385 erfolgten Verkaufs fallen dem Gläubiger zur Last, sofern nicht der Schuldner den hinterlegten Erlös zurücknimmt.

Titel 3   Aufrechnung

§ 387 Voraussetzungen

Schulden zwei Personen einander Leistungen, die ihrem Gegenstand nach gleichartig sind, so kann jeder Teil seine Forderung gegen die Forderung des anderen Teils aufrechnen, sobald er die ihm gebührende Leistung fordern und die ihm obliegende Leistung bewirken kann.

§ 388 Erklärung der Aufrechnung

Die Aufrechnung erfolgt durch Erklärung gegenüber dem anderen Teil. Die Erklärung ist unwirksam, wenn sie unter einer Bedingung oder einer Zeitbestimmung abgegeben wird.

④ 제1항 내지 제3항은 등기된 선박이나 건조중의 선박에는 적용되지 아니한다.

제384조 [競賣의 豫告]

① 경매는 이를 채권자에게 예고한 후에 비로소 할 수 있다; 물건이 변질될 우려가 있고 또 경매를 늦추는 것에 위험이 따르는 경우에는, 예고하지 아니할 수 있다.

② 채무자는 채권자에게 지체없이 경매에 대하여 통지하여야 한다; 이를 하지 아니한 때에는 그는 손해배상의 의무를 진다.

③ 예고와 통지는 이를 할 수 없는 경우에는 하지 아니하여도 된다.

제385조 [自由賣却]

물건이 거래소가격이나 시장가격이 있는 것인 경우에 채무자는 이러한 매각에 관하여 공적으로 권한을 부여받은 상사중개인 또는 공경매의 권한이 있는 사람으로 하여금 현재의 시세로 자유매각을 하도록 할 수 있다.

제386조 [競賣費用]

경매비용 또는 제385조에 의한 매각의 비용은, 채무자가 공탁물을 회수하지 아니한 한, 채권자가 부담한다.

제 3 절 相 計

제387조 [要件]

두 사람이 상호간에 그 목적물이 동종인 급부에 관하여 채무를 지는 경우에, 각자는, 상대방에 의무 있는 급부를 청구할 수 있고 자신에 의무 있는 급부를 실행할 수 있는 때에는, 자신의 채권을 상대방의 채권과 상계할 수 있다.

제388조 [相計의 意思表示]

상계는 상대방에 대한 의사표시로써 한다. 그 의사표시는 조건부 또는 기한부로 행하여진 때에는 효력이 없다.

§ 389　Wirkung der Aufrechnung

Die Aufrechnung bewirkt, dass die Forderungen, soweit sie sich decken, als in dem Zeitpunkt erloschen gelten, in welchem sie zur Aufrechnung geeignet einander gegenübergetreten sind.

§ 390　Keine Aufrechnung mit einredebehafteter Forderung

Eine Forderung, der eine Einrede entgegensteht, kann nicht aufgerechnet werden.

§ 391　Aufrechnung bei Verschiedenheit der Leistungsorte

(1) Die Aufrechnung wird nicht dadurch ausgeschlossen, dass für die Forderungen verschiedene Leistungs- oder Ablieferungsorte bestehen. Der aufrechnende Teil hat jedoch den Schaden zu ersetzen, den der andere Teil dadurch erleidet, dass er infolge der Aufrechnung die Leistung nicht an dem bestimmten Orte erhält oder bewirken kann.

(2) Ist vereinbart, dass die Leistung zu einer bestimmten Zeit an einem bestimmten Orte erfolgen soll, so ist im Zweifel anzunehmen, dass die Aufrechnung einer Forderung, für die ein anderer Leistungsort besteht, ausgeschlossen sein soll.

§ 392　Aufrechnung gegen beschlagnahmte Forderung

Durch die Beschlagnahme einer Forderung wird die Aufrechnung einer dem Schuldner gegen den Gläubiger zustehenden Forderung nur dann ausgeschlossen, wenn der Schuldner seine Forderung nach der Beschlagnahme erworben hat oder wenn seine Forderung erst nach der Beschlagnahme und später als die in Beschlag genommene Forderung fällig geworden ist.

§ 393　Keine Aufrechnung gegen Forderung aus unerlaubter Handlung

Gegen eine Forderung aus einer vorsätzlich begangenen unerlaubten Handlung ist die Aufrechnung nicht zulässig.

§ 394　Keine Aufrechnung gegen unpfändbare Forderung

Soweit eine Forderung der Pfändung nicht unterworfen ist, findet die Aufrechnung gegen die Forderung nicht statt. Gegen die aus Kranken-, Hilfs- oder Sterbekassen, insbesondere aus Knappschaftskassen und Kassen der Knappschaftsvereine, zu beziehenden Hebungen können jedoch geschuldete Beiträge aufgerechnet werden.

§ 395　Aufrechnung gegen Forderungen öffentlich-rechtlicher Körperschaften

Gegen eine Forderung des Bundes order eines Landes sowie gegen eine

제389조 [相計의 效力]

상계는 쌍방의 채무가 상계에 적합하게 서로 대립하는 시점에 소급하여 대등액에서 소멸하는 것으로 하는 효력이 있다.

제390조 [抗辯權의 對象인 債權으로 하는 相計의 禁止]

항변권의 대항을 받는 채권으로는 상계할 수 없다.

제391조 [給付地가 相異한 경우의 相計]

① 상계는 쌍방의 채권에 관하여 급부지 또는 인도지가 다르다는 사정에 의하여 배제되지 아니한다. 그러나 상계를 하는 사람은 상대방이 상계로 말미암아 일정한 장소에서 급부를 얻지 못하거나 실행할 수 없게 됨으로 인하여 받는 손해를 배상하여야 한다.

② 급부가 일정한 시기에 일정한 장소에서 행하여진다는 약정이 있는 경우에는, 의심스러운 때에는, 다른 급부지를 가지는 채권으로는 상계를 할 수 없다.

제392조 [支給禁止된 債權에 의한 相計]

채권의 지급금지로 말미암아 채무자가 채권자에 대하여 가지는 채권으로 상계를 할 수 없는 것은 채무자가 자신의 채권을 지급금지 후에 취득한 경우 또는 그 채권의 이행기가 지급금지 후에 비로소 또한 지급금지된 채권보다 나중에 도래한 경우에 한한다.

제393조 [不法行爲로 인한 債權에 대한 相計의 禁止]

고의로 행하여진 불법행위로 인한 채권과는 상계할 수 없다.

제394조 [押留禁止의 債權에 대한 相計의 禁止]

채권이 압류할 수 없는 것인 경우에는 그 한도에서 그 채권과는 상계할 수 없다. 그러나 건강보험기금, 공제조합 또는 장례보험기금, 특히 광부공제조합 및 광부조합공제기금으로부터 지급받을 급여금에 대하여는 의무를 지는 출자금으로써 상계할 수 있다.

제395조 [公法上 團體의 債權에 대한 相計의 禁止]

연방 또는 주의 채권 및 기초지방자치체 또는 다른 지방자치체의 채권에

Forderung einer Gemeinde oder eines anderen Kommunalverbands ist die Aufrechnung nur zulässig, wenn die Leistung an dieselbe Kasse zu erfolgen hat, aus der die Forderung des Aufrechnenden zu berichtigen ist.

§ 396 Mehrheit von Forderungen

(1) Hat der eine oder der andere Teil mehrere zur Aufrechnung geeignete Forderungen, so kann der aufrechnende Teil die Forderungen bestimmen, die gegeneinander aufgerechnet werden sollen. Wird die Aufrechnung ohne eine solche Bestimmung erklärt oder widerspricht der andere Teil unverzüglich, so findet die Vorschrift des § 366 Abs. 2 entsprechende Anwendung.

(2) Schuldet der aufrechnende Teil dem anderen Teil außer der Hauptleistung Zinsen und Kosten, so finden die Vorschriften des § 367 entsprechende Anwendung.

Titel 4 Erlass

§ 397 Erlassvertrag, negatives Schuldanerkenntnis

(1) Das Schuldverhältnis erlischt, wenn der Gläubiger dem Schuldner durch Vertrag die Schuld erlässt.

(2) Das Gleiche gilt, wenn der Gläubiger durch Vertrag mit dem Schuldner anerkennt, dass das Schuldverhältnis nicht bestehe.

Abschnitt 5 Übertragung einer Forderung

§ 398 Abtretung

Eine Forderung kann von dem Gläubiger durch Vertrag mit einem anderen auf diesen übertragen werden (Abtretung). Mit dem Abschluss des Vertrags tritt der neue Gläubiger an die Stelle des bisherigen Gläubigers.

§ 399 Ausschluss der Abtretung bei Inhaltsänderung oder Vereinbarung

Eine Forderung kann nicht abgetreten werden, wenn die Leistung an einen

대하여는, 그 채무자의 급부가 상계자의 채권이 지급을 받을 기관과 동일한 기관에 대하여 행하여져야 하는 것인 경우에 한하여 상계할 수 있다.

제396조 [數個의 債權]

① 당사자 일방이 상계에 적합한 수개의 채권을 가지는 경우에는, 상계자는 상계될 채권을 지정할 수 있다. 지정을 하지 아니하고 상계의 의사를 표시하거나 상대방이 지체없이 이의하는 경우에는, 제366조 제 2 항이 준용된다.

② 상계자가 상대방에 대하여 원본 외에 이자 및 비용을 부담하는 경우에는, 제367조가 준용된다.

제 4 절　免　　除

제397조 [免除契約; 消極的 債務承認]

① 채권자가 계약으로 채무자에 대하여 채무를 면제한 때에는 채권관계는 소멸한다.

② 채권자가 채무자와의 계약으로 채권관계가 존재하지 아니함을 승인하는 때에도 또한 같다.

제 5 장　債權의 讓渡

제398조 [債權讓渡]

채권은 다른 사람과의 계약에 의하여 채권자로부터 그 사람에게 양도될 수 있다("채권양도"). 계약의 체결로써 양수인은 종전의 채권자에 갈음한다.

제399조 [內容變更 또는 合意로 인한 讓渡禁止]

채권은 내용을 변경하지 아니하고는 원래의 채권자 이외의 자에게 급부

anderen als den ursprünglichen Gläubiger nicht ohne Veränderung ihres Inhalts erfolgen kann oder wenn die Abtretung durch Vereinbarung mit dem Schuldner ausgeschlossen ist.

§ 400 Ausschluss bei unpfändbaren Forderungen

Eine Forderung kann nicht abgetreten werden, soweit sie der Pfändung nicht unterworfen ist.

§ 401 Übergang der Neben- und Vorzugsrechte

(1) Mit der abgetretenen Forderung gehen die Hypotheken, Schiffshypotheken oder Pfandrechte, die für sie bestehen, sowie die Rechte aus einer für sie bestellten Bürgschaft auf den neuen Gläubiger über.

(2) Ein mit der Forderung für den Fall der Zwangsvollstreckung oder des Insolvenzverfahrens verbundenes Vorzugsrecht kann auch der neue Gläubiger geltend machen.

§ 402 Auskunftspflicht; Urkundenauslieferung

Der bisherige Gläubiger ist verpflichtet, dem neuen Gläubiger die zur Geltendmachung der Forderung nötige Auskunft zu erteilen und ihm die zum Beweis der Forderung dienenden Urkunden, soweit sie sich in seinem Besitz befinden, auszuliefern.

§ 403 Pflicht zur Beurkundung

Der bisherige Gläubiger hat dem neuen Gläubiger auf Verlangen eine öffentlich beglaubigte Urkunde über die Abtretung auszustellen. Die Kosten hat der neue Gläubiger zu tragen und vorzuschießen.

§ 404 Einwendungen des Schuldners

Der Schuldner kann dem neuen Gläubiger die Einwendungen entgegensetzen, die zur Zeit der Abtretung der Forderung gegen den bisherigen Gläubiger begründet waren.

§ 405 Abtretung unter Urkundenvorlegung

Hat der Schuldner eine Urkunde über die Schuld ausgestellt, so kann er sich, wenn die Forderung unter Vorlegung der Urkunde abgetreten wird, dem neuen Gläubiger gegenüber nicht darauf berufen, dass die Eingehung oder Anerkennung des Schuldverhältnisses nur zum Schein erfolgt oder dass die Abtretung durch Vereinbarung mit dem ursprünglichen Gläubiger ausgeschlossen sei, es sei denn, dass der neue Gläubiger bei der Abtretung den Sachverhalt kannte oder kennen musste.

를 할 수 없는 경우 또는 채무자와의 약정에 의하여 양도가 금지된 경우에는 이를 양도할 수 없다.

제400조 [押留할 수 없는 債權의 讓渡禁止]

채권은 이를 압류할 수 없는 한 양도할 수 없다.

제401조 [附從的 權利 또는 優先權의 移轉]

① 양도채권과 함께, 그 채권을 위한 저당권, 선박저당권이나 질권 및 그 채권을 위하여 설정된 보증에 기한 권리도 양수인에게 이전된다.

② 양수인도 강제집행 또는 도산절차에 관하여 채권과 결합되어 있는 우선권을 행사할 수 있다.

제402조 [情報提供義務; 證書의 交付]

양도인은 양수인이 채권을 행사함에 필요한 정보를 양수인에게 전달하고 또 채권의 증명에 도움이 되는 증서로서 자신이 점유하고 있는 것을 양수인에게 교부할 의무를 진다.

제403조 [證書作成義務]

양도인은 양수인의 청구가 있으면 공적으로 인증된 양도에 관한 증서를 교부하여야 한다. 그 비용은 양수인이 부담하여야 하고 미리 지급되어야 한다.

제404조 [債務者의 對抗事由]

채무자는 채권양도 당시 양도인에 대하여 성립하고 있던 대항사유를 양수인에게 대항할 수 있다.

제405조 [證書提示를 隨伴한 債權讓渡]

채무자가 채무에 관한 증서를 교부하였던 경우에 채권양도가 그 증서를 제시하여 행하여진 때에는, 채무자는 채무의 부담 또는 승인이 가장으로 행하여졌음을 또는 양도인과의 약정에 의하여 양도가 금지되었음을 양수인에 대하여 대항할 수 없다. 그러나 양수인이 양도 당시 그 사실을 알았거나 알아야 했던 때에는 그러하지 아니하다.

§ 406 Aufrechnung gegenüber dem neuen Gläubiger

Der Schuldner kann eine ihm gegen den bisherigen Gläubiger zustehende Forderung auch dem neuen Gläubiger gegenüber aufrechnen, es sei denn, dass er bei dem Erwerb der Forderung von der Abtretung Kenntnis hatte oder dass die Forderung erst nach der Erlangung der Kenntnis und später als die abgetretene Forderung fällig geworden ist.

§ 407 Rechtshandlungen gegenüber dem bisherigen Gläubiger

(1) Der neue Gläubiger muss eine Leistung, die der Schuldner nach der Abtretung an den bisherigen Gläubiger bewirkt, sowie jedes Rechtsgeschäft, das nach der Abtretung zwischen dem Schuldner und dem bisherigen Gläubiger in Ansehung der Forderung vorgenommen wird, gegen sich gelten lassen, es sei denn, dass der Schuldner die Abtretung bei der Leistung oder der Vornahme des Rechtsgeschäfts kennt.

(2) Ist in einem nach der Abtretung zwischen dem Schuldner und dem bisherigen Gläubiger anhängig gewordenen Rechtsstreit ein rechtskräftiges Urteil über die Forderung ergangen, so muss der neue Gläubiger das Urteil gegen sich gelten lassen, es sei denn, dass der Schuldner die Abtretung bei dem Eintritt der Rechtshängigkeit gekannt hat.

§ 408 Mehrfache Abtretung

(1) Wird eine abgetretene Forderung von dem bisherigen Gläubiger nochmals an einen Dritten abgetreten, so finden, wenn der Schuldner an den Dritten leistet oder wenn zwischen dem Schuldner und dem Dritten ein Rechtsgeschäft vorgenommen oder ein Rechtsstreit anhängig wird, zugunsten des Schuldners die Vorschriften des § 407 dem früheren Erwerber gegenüber entsprechende Anwendung.

(2) Das Gleiche gilt, wenn die bereits abgetretene Forderung durch gerichtlichen Beschluss einem Dritten überwiesen wird oder wenn der bisherige Gläubiger dem Dritten gegenüber anerkennt, dass die bereits abgetretene Forderung kraft Gesetzes auf den Dritten übergegangen sei.

§ 409 Abtretungsanzeige

(1) Zeigt der Gläubiger dem Schuldner an, dass er die Forderung abgetreten habe, so muss er dem Schuldner gegenüber die angezeigte Abtretung gegen sich gelten lassen, auch wenn sie nicht erfolgt oder nicht wirksam ist. Der Anzeige steht es gleich, wenn der Gläubiger eine Urkunde über die Abtretung dem in der Urkunde bezeichneten neuen Gläubiger ausgestellt hat und dieser sie dem Schuldner vorlegt.

제406조 [讓受人에 대한 相計]

채무자는 양도인에 대하여 가지는 채권으로 양수인에 대하여도 상계할 수 있다, 그러나 채무자가 자신의 채권을 취득할 때 양도를 알았던 경우 또는 그 채권의 이행기가 이를 안 후에 비로소 또한 양도채권보다 나중에 도래한 경우에는 그러하지 아니하다.

제407조 [讓渡人에 대한 法的行爲]

① 양수인은 채무자가 양도 후에 양도인에 대하여 실행한 급부 및 양도 후에 채무자와 양도인 사이에 행하여진 채권에 관한 모든 법률행위를 자신에게 효력 있는 것으로 하여야 한다, 그러나 채무자가 급부 또는 법률행위의 당시 양도사실을 알았던 때에는 그러하지 아니하다.

② 양도 후에 채무자와 양도인 사이에 계속된 소송에서 채권에 관한 확정판결이 있은 때에는, 양수인은 그 판결을 자신에게 효력 있는 것으로 하여야 한다, 그러나 채무자가 소송계속 당시 양도사실을 알았던 때에는 그러하지 아니하다.

제408조 [二重讓渡]

① 양도인이 양도채권을 다시 제 3 자에게 양도한 경우에 채무자가 제 3 자에게 급부하거나 채무자와 제 3 자 사이에 법률행위가 행하여지거나 소송이 계속된 때에는, 채무자를 위하여 제 1 의 양수인에 대하여도 제407조가 준용된다.

② 이미 양도된 채권이 법원의 결정에 의하여 제 3 자에게 전부된 경우 또는 양도인이 이미 양도된 채권이 법률에 의하여 제 3 자에게 이전되었음을 제 3 자에 대하여 승인한 경우에도 또한 같다.

제409조 [讓渡의 通知]

① 채권자가 채무자에 대하여 채권양도를 통지한 경우에는, 채권양도가 행하여지지 아니하였거나 효력이 없는 때에도, 채권자는 채무자에 대하여 그 통지된 양도를 자신에게 효력 있는 것으로 하여야 한다. 채권자가 양도증서를 그 증서상에 표시된 양수인에게 발행하였고 양수인이 그 증서를 채무자에게 제시한 때에는, 이는 통지와 동시된다.

(2) Die Anzeige kann nur mit Zustimmung desjenigen zurückgenommen werden, welcher als der neue Gläubiger bezeichnet worden ist.

§ 410 Aushändigung der Abtretungsurkunde

(1) Der Schuldner ist dem neuen Gläubiger gegenüber zur Leistung nur gegen Aushändigung einer von dem bisherigen Gläubiger über die Abtretung ausgestellten Urkunde verpflichtet. Eine Kündigung oder eine Mahnung des neuen Gläubigers ist unwirksam, wenn sie ohne Vorlegung einer solchen Urkunde erfolgt und der Schuldner sie aus diesem Grunde unverzüglich zurückweist.

(2) Diese Vorschriften finden keine Anwendung, wenn der bisherige Gläubiger dem Schuldner die Abtretung schriftlich angezeigt hat.

§ 411 Gehaltsabtretung

Tritt eine Militärperson, ein Beamter, ein Geistlicher oder ein Lehrer an einer öffentlichen Unterrichtsanstalt den übertragbaren Teil des Diensteinkommens, des Wartegelds oder des Ruhegehalts ab, so ist die auszahlende Kasse durch Aushändigung einer von dem bisherigen Gläubiger ausgestellten, öffentlich oder amtlich beglaubigten Urkunde von der Abtretung zu benachrichtigen. Bis zur Benachrichtigung gilt die Abtretung als der Kasse nicht bekannt.

§ 412 Gesetzlicher Forderungsübergang

Auf die Übertragung einer Forderung kraft Gesetzes finden die Vorschriften der §§ 399 bis 404, 406 bis 410 entsprechende Anwendung.

§ 413 Übertragung anderer Rechte

Die Vorschriften über die Übertragung von Forderungen finden auf die Übertragung anderer Rechte entsprechende Anwendung, soweit nicht das Gesetz ein anderes vorschreibt.

② 통지는 양수인으로 표시된 자의 동의가 있는 때에만 이를 철회할 수 있다.

제410조 [讓渡證書의 交付]

① 채무자는 양도인이 발행한 양도증서의 교부와 상환으로만 양수인에게 급부할 의무를 진다. 양도증서를 제시하지 아니하고 한 양수인의 청구 또는 최고는 채무자가 이를 이유로 지체없이 이의한 때에는 효력이 없다.

② 제1항은 양도인이 채무자에 대하여 서면으로 양도를 통지한 때에는 적용되지 아니한다.

제411조 [給料債權의 債權讓渡]

군인, 공무원, 성직자나 공공 교육기관의 교사가 급료, 휴직급이나 퇴직연금의 양도가능한 부분을 양도하는 때에는, 이를 지급하는 기관에 대하여, 양도인이 발행한 공적으로 또는 직무상 인증된 양도증서의 교부에 의하여 양도사실이 고지되어야 한다. 이 고지가 있기까지는 그 기관은 양도사실을 알지 못한 것으로 본다.

제412조 [債權의 法定讓渡]

법률에 의한 채권양도에 대하여는 제399조 내지 제404조, 제406조 내지 제410조가 준용된다.

제413조 [다른 權利의 讓渡]

채권의 양도에 관한 규정은 법률에 다른 정함이 없는 한 다른 권리의 양도에 준용된다.

Abschnitt 6　Schuldübernahme

§ 414　Vertrag zwischen Gläubiger und Übernehmer

Eine Schuld kann von einem Dritten durch Vertrag mit dem Gläubiger in der Weise übernommen werden, dass der Dritte an die Stelle des bisherigen Schuldners tritt.

§ 415　Vertrag zwischen Schuldner und Übernehmer

(1) Wird die Schuldübernahme von dem Dritten mit dem Schuldner vereinbart, so hängt ihre Wirksamkeit von der Genehmigung des Gläubigers ab. Die Genehmigung kann erst erfolgen, wenn der Schuldner oder der Dritte dem Gläubiger die Schuldübernahme mitgeteilt hat. Bis zur Genehmigung können die Parteien den Vertrag ändern oder aufheben.

(2) Wird die Genehmigung verweigert, so gilt die Schuldübernahme als nicht erfolgt. Fordert der Schuldner oder der Dritte den Gläubiger unter Bestimmung einer Frist zur Erklärung über die Genehmigung auf, so kann die Genehmigung nur bis zum Ablauf der Frist erklärt werden; wird sie nicht erklärt, so gilt sie als verweigert.

(3) Solange nicht der Gläubiger die Genehmigung erteilt hat, ist im Zweifel der Übernehmer dem Schuldner gegenüber verpflichtet, den Gläubiger rechtzeitig zu befriedigen. Das Gleiche gilt, wenn der Gläubiger die Genehmigung verweigert.

§ 416　Übernahme einer Hypothekenschuld

(1) Übernimmt der Erwerber eines Grundstücks durch Vertrag mit dem Veräußerer eine Schuld des Veräußerers, für die eine Hypothek an dem Grundstück besteht, so kann der Gläubiger die Schuldübernahme nur genehmigen, wenn der Veräußerer sie ihm mitteilt. Sind seit dem Empfang der Mitteilung sechs Monate verstrichen, so gilt die Genehmigung als erteilt, wenn nicht der Gläubiger sie dem Veräußerer gegenüber vorher verweigert hat; die Vorschrift des § 415 Abs. 2 Satz 2 findet keine Anwendung.

(2) Die Mitteilung des Veräußerers kann erst erfolgen, wenn der Erwerber als Eigentümer im Grundbuch eingetragen ist. Sie muss schriftlich geschehen und den Hinweis enthalten, dass der Übernehmer an die Stelle des bisherigen Schuldners tritt, wenn nicht der Gläubiger die Verweigerung innerhalb der sechs Monate erklärt.

제 6 장　債務引受

제414조 [債權者와 引受人의 契約]

제 3 자는 채권자와의 계약에 의하여 채무를 인수하여 종전의 채무자에
갈음할 수 있다.

제415조 [債務者와 引受人의 契約]

① 제 3 자가 채무자와 채무인수에 합의한 경우에는, 그 효력유무는 채권
자의 추인에 달려 있다. 추인은 채무자 또는 제 3 자가 채권자에게 채무
인수를 통지한 때에 비로소 할 수 있다. 추인이 있기까지 당사자들은 계
약을 변경하거나 실효시킬 수 있다.

② 추인이 거절되면, 채무인수는 행하여지지 아니한 것으로 본다. 채무
자 또는 제 3 자가 채권자에게 기간을 정하여 추인 여부의 의사표시를 최
고한 경우에, 추인의 의사표시는 그 기간 내에만 할 수 있다; 추인의 의
사표시가 없으면, 이를 거절한 것으로 본다.

③ 채권자가 추인을 하지 아니한 동안에는, 의심스러운 때에는, 인수인
은 채무자에 대하여 채권자를 적시에 만족시킬 의무를 진다. 채권자가
추인을 거절한 때에도 또한 같다.

제416조 [抵當債務의 引受]

① 부동산의 양수인이 양도인과의 계약에 의하여 부동산상의 저당권에
의하여 담보되는 양도인의 채무를 인수하는 경우에, 채권자는 양도인이
채무인수를 통지하는 때에 한하여 채무인수를 승낙할 수 있다. 채권자가
통지를 수령한 후 6개월 내에 양도인에 대하여 승낙을 거절하지 아니한
경우에는, 이를 승낙한 것으로 본다; 제415조 제 2 항 제 2 문은 이에 적용
되지 아니한다.

② 양도인의 통지는 양수인이 부동산등기부에 소유자로 등기되어 있는
경우에 비로소 할 수 있다. 통지는 서면으로 하여야 하며, 채권자가 6 월
이내에 거절의 의사표시를 하지 아니하면 인수인이 채무자에 갈음한다
는 뜻을 포함하여야 한다.

(3) Der Veräußerer hat auf Verlangen des Erwerbers dem Gläubiger die Schuldübernahme mitzuteilen. Sobald die Erteilung oder Verweigerung der Genehmigung feststeht, hat der Veräußerer den Erwerber zu benachrichtigen.

§ 417 Einwendungen des Übernehmers

(1) Der Übernehmer kann dem Gläubiger die Einwendungen entgegensetzen, welche sich aus dem Rechtsverhältnis zwischen dem Gläubiger und dem bisherigen Schuldner ergeben. Eine dem bisherigen Schuldner zustehende Forderung kann er nicht aufrechnen.

(2) Aus dem der Schuldübernahme zugrunde liegenden Rechtsverhältnis zwischen dem Übernehmer und dem bisherigen Schuldner kann der Übernehmer dem Gläubiger gegenüber Einwendungen nicht herleiten.

§ 418 Erlöschen von Sicherungs- und Vorzugsrechten

(1) Infolge der Schuldübernahme erlöschen die für die Forderung bestellten Bürgschaften und Pfandrechte. Besteht für die Forderung eine Hypothek oder eine Schiffshypothek, so tritt das Gleiche ein, wie wenn der Gläubiger auf die Hypothek oder die Schiffshypothek verzichtet. Diese Vorschriften finden keine Anwendung, wenn der Bürge oder derjenige, welchem der verhaftete Gegenstand zur Zeit der Schuldübernahme gehört, in diese einwilligt.

(2) Ein mit der Forderung für den Fall des Insolvenzverfahrens verbundenes Vorzugsrecht kann nicht im Insolvenzverfahren über das Vermögen des Übernehmers geltend gemacht werden.

§ 419 (weggefallen)

Abschnitt 7   Mehrheit von Schuldnern und Gläubigern

§ 420 Teilbare Leistung

Schulden mehrere eine teilbare Leistung oder haben mehrere eine teilbare Leistung zu fordern, so ist im Zweifel jeder Schuldner nur zu einem gleichen Anteil verpflichtet, jeder Gläubiger nur zu einem gleichen Anteil berechtigt.

③ 양도인은 양수인의 청구가 있으면 채권자에게 채무인수를 통지하여야 한다. 승낙 또는 거절이 확정되는 때에는 양도인은 즉시 양수인에게 이를 알려야 한다.

제417조 [引受人의 對抗事由]

① 인수인은 채권자와 종전 채무자 사이의 법률관계로부터 발생하는 대항사유로 채권자에게 대항할 수 있다. 인수인은 종전 채무자가 가지는 채권으로 상계할 수 없다.

② 인수인은 채무인수의 기초를 이루는 인수인과 종전 채무자 사이의 법률관계로부터 채권자에 대한 대항사유를 도출할 수 없다.

제418조 [擔保權과 優先權의 消滅]

① 채권을 위하여 설정된 보증 및 담보권은 채무인수로 인하여 소멸한다. 채권을 위한 저당권 또는 선박저당권이 있는 때에는, 채권자가 저당권 또는 선박저당권을 포기하는 것과 같은 효과가 발생한다. 이들 규정은 보증인 또는 채무인수 당시 담보목적물을 보유하는 사람이 채무인수에 동의하는 경우에는 적용되지 아니한다.

② 도산절차에 관하여 채권과 결합된 우선권은 인수인의 재산에 대한 파산절차에서 행사될 수 없다.

제419조 [삭제]

제 7 장   數人의 債權者 및 債務者

제420조 [可分給付]

수인이 가분급부에 대하여 채무를 부담하거나 또는 수인이 가분급부를 청구할 수 있는 경우에, 의심스러운 때에는, 각 채무자는 균등한 비율로 의무를 지며 각 채권자는 균등한 비율로 권리를 가진다.

§ 421　Gesamtschuldner

Schulden mehrere eine Leistung in der Weise, dass jeder die ganze Leistung zu bewirken verpflichtet, der Gläubiger aber die Leistung nur einmal zu fordern berechtigt ist (Gesamtschuldner), so kann der Gläubiger die Leistung nach seinem Belieben von jedem der Schuldner ganz oder zu einem Teil fordern. Bis zur Bewirkung der ganzen Leistung bleiben sämtliche Schuldner verpflichtet.

§ 422　Wirkung der Erfüllung

(1) Die Erfüllung durch einen Gesamtschuldner wirkt auch für die übrigen Schuldner. Das Gleiche gilt von der Leistung an Erfüllungs statt, der Hinterlegung und der Aufrechnung.

(2) Eine Forderung, die einem Gesamtschuldner zusteht, kann nicht von den übrigen Schuldnern aufgerechnet werden.

§ 423　Wirkung des Erlasses

Ein zwischen dem Gläubiger und einem Gesamtschuldner vereinbarter Erlass wirkt auch für die übrigen Schuldner, wenn die Vertragschließenden das ganze Schuldverhältnis aufheben wollten.

§ 424　Wirkung des Gläubigerverzugs

Der Verzug des Gläubigers gegenüber einem Gesamtschuldner wirkt auch für die übrigen Schuldner.

§ 425　Wirkung anderer Tatsachen

(1) Andere als die in den §§ 422 bis 424 bezeichneten Tatsachen wirken, soweit sich nicht aus dem Schuldverhältnis ein anderes ergibt, nur für und gegen den Gesamtschuldner, in dessen Person sie eintreten.

(2) Dies gilt insbesondere von der Kündigung, dem Verzug, dem Verschulden, von der Unmöglichkeit der Leistung in der Person eines Gesamtschuldners, von der Verjährung, deren Neubeginn, Hemmung und Ablaufhemmung, von der Vereinigung der Forderung mit der Schuld und von dem rechtskräftigen Urteil.

§ 426　Ausgleichungspflicht, Forderungsübergang

(1) Die Gesamtschuldner sind im Verhältnis zueinander zu gleichen Anteilen verpflichtet, soweit nicht ein anderes bestimmt ist. Kann von einem Gesamtschuldner der auf ihn entfallende Beitrag nicht erlangt werden, so ist der Ausfall von den übrigen zur Ausgleichung verpflichteten Schuldnern zu tragen.

제421조 [連帶債務者]

수인이 부담하는 동일한 급부를 할 채무에 관하여 각 채무자가 급부 전부를 실행할 의무를 지되 채권자는 1회의 급부만을 청구할 수 있는 경우에("연대채무자"), 채권자는 임의로 각 채무자로부터 전부 또는 일부의 급부를 청구할 수 있다. 급부 전부가 실행되기까지는 채무자 전원의 채무가 존속한다.

제422조 [辨濟의 效力]

① 연대채무자 중 1인이 한 변제는 다른 채무자에게도 효력을 가진다. 대물변제, 공탁 및 상계도 또한 같다.

② 연대채무자 중 1인이 가지는 채권으로 다른 채무자가 상계할 수 없다.

제423조 [免除의 效力]

연대채무자 중 1인과 채권자 사이에 약정된 면제는 계약당사자들이 채권관계 전부의 소멸을 원하였던 경우에는 다른 채무자에게도 효력을 가진다.

제424조 [債權者遲滯의 效力]

연대채무자 중 1인에 대한 채권자의 지체는 다른 채무자에게도 효력을 가진다.

제425조 [기타 事實의 效力]

① 제422조 내지 제424조에 정하여진 것 이외의 사실은, 채권관계로부터 달리 해석되지 아니하는 한, 그 사실이 발생한 연대채무자에 대하여만 효력을 가진다.

② 제 1 항은 특히 해지, 이행지체, 과책 및 연대채무자 중 1인에 관한 급부불능, 소멸시효의 완성과 그 갱신, 정지 및 완성유예, 채권채무의 혼동, 그리고 확정판결에 대하여 적용된다.

제426조 [求償債務; 債權移轉]

① 연대채무자 상호간에는 다른 정함이 없는 한 균등한 비율로 의무를 진다. 연대채무자 중 1인의 부담부분이 실현될 수 없는 때에 그 부족액은 구상의무 있는 다른 채무자가 부담한다.

(2) Soweit ein Gesamtschuldner den Gläubiger befriedigt und von den übrigen Schuldnern Ausgleichung verlangen kann, geht die Forderung des Gläubigers gegen die übrigen Schuldner auf ihn über. Der Übergang kann nicht zum Nachteil des Gläubigers geltend gemacht werden.

§ 427 Gemeinschaftliche vertragliche Verpflichtung

Verpflichten sich mehrere durch Vertrag gemeinschaftlich zu einer teilbaren Leistung, so haften sie im Zweifel als Gesamtschuldner.

§ 428 Gesamtgläubiger

Sind mehrere eine Leistung in der Weise zu fordern berechtigt, dass jeder die ganze Leistung fordern kann, der Schuldner aber die Leistung nur einmal zu bewirken verpflichtet ist (Gesamtgläubiger), so kann der Schuldner nach seinem Belieben an jeden der Gläubiger leisten. Dies gilt auch dann, wenn einer der Gläubiger bereits Klage auf die Leistung erhoben hat.

§ 429 Wirkung von Veränderungen

(1) Der Verzug eines Gesamtgläubigers wirkt auch gegen die übrigen Gläubiger.

(2) Vereinigen sich Forderung und Schuld in der Person eines Gesamtgläubigers, so erlöschen die Rechte der übrigen Gläubiger gegen den Schuldner.

(3) Im übrigen finden die Vorschriften der §§ 422, 423, 425 entsprechende Anwendung. Insbesondere bleiben, wenn ein Gesamtgläubiger seine Forderung auf einen anderen überträgt, die Rechte der übrigen Gläubiger unberührt.

§ 430 Ausgleichungspflicht der Gesamtgläubiger

Die Gesamtgläubiger sind im Verhältnis zueinander zu gleichen Anteilen berechtigt, soweit nicht ein anderes bestimmt ist.

§ 431 Mehrere Schuldner einer unteilbaren Leistung

Schulden mehrere eine unteilbare Leistung, so haften sie als Gesamtschuldner.

§ 432 Mehrere Gläubiger einer unteilbaren Leistung

(1) Haben mehrere eine unteilbare Leistung zu fordern, so kann, sofern sie nicht Gesamtgläubiger sind, der Schuldner nur an alle gemeinschaftlich leisten und jeder Gläubiger nur die Leistung an alle fordern. Jeder Gläubiger kann verlangen, dass der Schuldner die geschuldete Sache für alle Gläubiger hinter-

② 연대채무자 중 1인이 채권자를 만족시키고 그가 다른 채무자에 대하여 구상할 수 있는 경우에는 채권자의 다른 채무자에 대한 채권은 그 범위에서 그에게 이전한다. 그 이전은 채권자의 불이익으로 이를 주장할 수 없다.

제427조 [共同의 契約上 義務]

수인이 계약에 의하여 공동으로 가분급부의 의무를 지는 경우에, 의심스러운 때에는, 그들은 연대채무자로서 책임을 진다.

제428조 [連帶債權者]

수인이 가지는 동일한 급부를 청구할 권리에 관하여 각 채권자가 급부 전부를 청구할 수 있으되 채무자는 1회의 급부만을 실행할 의무를 지는 경우에("연대채권자"), 채무자는 임의로 채권자 중 1인에게 급부할 수 있다. 채권자 중 1인이 이미 그 급부를 청구하는 소를 제기한 때에도 또한 같다.

제429조 [變動事項의 效力]

① 연대채권자 중 1인의 지체는 다른 채권자에게도 효력을 가진다.

② 연대채권자 중 1인에게 채권과 채무가 혼동한 경우에는 채무자에 대한 다른 채권자의 권리도 소멸한다.

③ 그 외에 제422조, 제423조 및 제425조가 준용된다. 특히 연대채권자 중 1인이 그의 채권을 타인에게 양도한 때에도 다른 채권자의 권리는 영향을 받지 아니한다.

제430조 [連帶債權者의 求償義務]

연대채권자 상호간에는 다른 정함이 없는 한 균등한 비율로 권리가 있다.

제431조 [不可分給付에 대한 數人의 債務者]

수인이 하나의 불가분급부에 대하여 채무를 부담하는 때에는 그들은 연대채무자로서 책임을 진다.

제432조 [不可分給付에 대한 數人의 債權者]

① 수인이 하나의 불가분급부를 청구할 수 있는 경우에는, 이들이 연대채권자가 아닌 한, 채무자는 전원에 대하여 공동으로만 급부할 수 있으며, 또 각 채권자는 전원에 대한 급부만을 청구할 수 있다. 각 채권자는

legt oder, wenn sie sich nicht zur Hinterlegung eignet, an einen gerichtlich zu bestellenden Verwahrer abliefert.

(2) Im übrigen wirkt eine Tatsache, die nur in der Person eines der Gläubiger eintritt, nicht für und gegen die übrigen Gläubiger.

Abschnitt 8   Einzelne Schuldverhältnisse

Titel 1   Kauf, Tausch

Untertitel 1   Allgemeine Vorschriften

§ 433   Vertragstypische Pflichten beim Kaufvertrag

(1) Durch den Kaufvertrag wird der Verkäufer einer Sache verpflichtet, dem Käufer die Sache zu übergeben und das Eigentum an der Sache zu verschaffen. Der Verkäufer hat dem Käufer die Sache frei von Sach- und Rechtsmängeln zu verschaffen.

(2) Der Käufer ist verpflichtet, dem Verkäufer den vereinbarten Kaufpreis zu zahlen und die gekaufte Sache abzunehmen.

§ 434   Sachmangel

(1) Die Sache ist frei von Sachmängeln, wenn sie bei Gefahrübergang den subjektiven Anforderungen, den objektiven Anforderungen und den Montageanforderungen dieser Vorschrift entspricht.

(2) Die Sache entspricht den subjektiven Anforderungen, wenn sie

1. die vereinbarte Beschaffenheit hat,

2. sich für die nach dem Vertrag vorausgesetzte Verwendung eignet und

3. mit dem vereinbarten Zubehör und den vereinbarten Anleitungen, einschließlich Montage- und Installationsanleitungen, übergeben wird.

Zu der Beschaffenheit nach Satz 1 Nummer 1 gehören Art, Menge, Qualität, Funktionalität, Kompatibilität, Interoperabilität und sonstige Merkmale der Sa-

채무자가 채무의 목적물을 채권자 전원을 위하여 공탁할 것을, 또는 그 물건이 공탁에 적합하지 아니한 때에는 법원에 의하여 선임된 보관자에게 교부할 것을 청구할 수 있다.

② 그 외에 채권자 중 1인에게 발생한 사항은 다른 채권자에 대하여 효력이 없다.

제 8 장　個別的 債權關係

제 1 절　賣買 · 交換

제 1 관　一般規定

제433조 [賣買契約에서의 典型的 義務]

① 매매계약에 기하여 물건의 매도인은 매수인에게 그 물건을 인도하고 또한 그 물건에 대한 소유권을 이전할 의무를 진다. 매도인은 매수인에게 물건하자 및 권리하자 없는 물건을 공여하여야 한다.

② 매수인은 매도인에게 약정한 대금을 지급하고 또한 매매물건을 수취할 의무를 진다.

제434조 [物件瑕疵]

① 물건은 위험의 이전 시에 이 규정에서 정하는 주관적 요구사항, 객관적 요구사항 및 조립상의 요구사항을 충족하는 경우에는 물건하자가 없다.

② 물건은 다음의 경우에 주관적 요구사항을 충족한다,

　1. 약정된 성상을 갖추고,

　2. 계약상 전제된 용도에 적합하고, 또한

　3. 약정된 부속물, 그리고 조립설명서 및 설치설명서를 포함하여 약정된 설명서가 교부된 때.

제 1 문 제 1 호에 따른 성상에는 종류, 수량, 품질, 기능성, 호환성, 상호

che, für die die Parteien Anforderungen vereinbart haben.

(3) Soweit nicht wirksam etwas anderes vereinbart wurde, entspricht die Sache den objektiven Anforderungen, wenn sie

1. sich für die gewöhnliche Verwendung eignet,

2. eine Beschaffenheit aufweist, die bei Sachen derselben Art üblich ist und die der Käufer erwarten kann unter Berücksichtigung

   a) der Art der Sache und

   b) der öffentlichen Äußerungen, die von dem Verkäufer oder einem anderen Glied der Vertragskette oder in deren Auftrag, insbesondere in der Werbung oder auf dem Etikett, abgegeben wurden,

3. der Beschaffenheit einer Probe oder eines Musters entspricht, die oder das der Verkäufer dem Käufer vor Vertragsschluss zur Verfügung gestellt hat, und

4. mit dem Zubehör einschließlich der Verpackung, der Montage- oder Installationsanleitung sowie anderen Anleitungen übergeben wird, deren Erhalt der Käufer erwarten kann.

Zu der üblichen Beschaffenheit nach Satz 1 Nummer 2 gehören Menge, Qualität und sonstige Merkmale der Sache, einschließlich ihrer Haltbarkeit, Funktionalität, Kompatibilität und Sicherheit. Der Verkäufer ist durch die in Satz 1 Nummer 2 Buchstabe b genannten öffentlichen Äußerungen nicht gebunden, wenn er sie nicht kannte und auch nicht kennen konnte, wenn die Äußerung im Zeitpunkt des Vertragsschlusses in derselben oder in gleichwertiger Weise berichtigt war oder wenn die Äußerung die Kaufentscheidung nicht beeinflussen konnte.

(4) Soweit eine Montage durchzuführen ist, entspricht die Sache den Montageanforderungen, wenn die Montage

1. sachgemäß durchgeführt worden ist oder

2. zwar unsachgemäß durchgeführt worden ist, dies jedoch weder auf einer unsachgemäßen Montage durch den Verkäufer noch auf einem Mangel in der vom Verkäufer übergebenen Anleitung beruht.

(5) Einem Sachmangel steht es gleich, wenn der Verkäufer eine andere Sache als die vertraglich geschuldete Sache liefert.

§ 435 Rechtsmangel

Die Sache ist frei von Rechtsmängeln, wenn Dritte in Bezug auf die Sache keine oder nur die im Kaufvertrag übernommenen Rechte gegen den Käufer geltend machen können. Einem Rechtsmangel steht es gleich, wenn im Grundbuch ein Recht eingetragen ist, das nicht besteht.

운용성 및 당사자들이 요구사항으로 약정한 물건의 그 밖의 특성이 포함
된다.
③ 달리 유효하게 약정되지 아니한 한, 물건은 다음의 경우에 객관적 요
구사항을 충족한다,
 1. 통상의 용도에 적합하고,
 2. 동일한 종류의 물건에서 통상적이며 또한 다음의 사항을 고려할 때
    매수인이 물건에 기대할 수 있는 성상을 갖추고,
    a) 물건의 종류 및
    b) 매도인 또는 계약망의 다른 구성원이 행한 또는 이들의 위탁으로
       행하여진, 특히 광고 또는 라벨에서 행하여진 공개적 언명,
 3. 매도인이 계약 체결 전에 매수인에게 공급하였던 시용품 또는 견본
    의 성상에 상응하고, 또한
 4. 포장, 조립설명서 또는 설치설명서 및 매수인이 받을 것으로 기대할
    수 있는 그 밖의 설명서를 포함하여 부속물이 교부된 때.
제 1 문 제 2 호에 따른 통상적인 성상에는 수량, 품질, 그리고 내구성, 기
능성, 호환성 및 안정성을 포함하여 물건의 그 밖의 특성이 포함된다. 매
도인은 그 언명이 계약 체결시에 그와 동일하거나 유사한 방법으로 정
정된 경우 또는 그 언명이 구매 결정에 영향을 미칠 수 없었던 경우에는
제 1 문 제 2 호 b목에서 정하여진 공개적 언명에 구속되지 아니한다.
④ 물건은 다음의 경우에 조립상의 요구사항을 충족한다,
 1. 조립이 적절하게 행하여졌던 때 또는
 2. 조립이 부적절하게 행하여졌으나, 그것이 매도인에 의한 부적절한
    조립 또는 매도인이 공급한 설명서의 하자로 인한 것이 아닌 때.
⑤ 사업자가 계약상 의무가 있는 물건과 다른 물건을 공급한 경우, 이는
물건하자와 동일시된다.

제435조 [權利瑕疵]
제 3 자가 물건에 관하여 매수인에게 행사할 수 있는 권리가 없거나 매매
계약에서 인수된 권리만을 그에게 행사할 수 있는 때에는 물건에 권리하
자가 없는 것이다. 존재하지 아니하는 권리가 부동산등기부에 등기된 경
우는 권리하자와 동시된다.

§ 436　Öffentliche Lasten von Grundstücken

(1) Soweit nicht anders vereinbart, ist der Verkäufer eines Grundstücks verpflichtet, Erschließungsbeiträge und sonstige Anliegerbeiträge für die Maßnahmen zu tragen, die bis zum Tage des Vertragsschlusses bautechnisch begonnen sind, unabhängig vom Zeitpunkt des Entstehens der Beitragsschuld.

(2) Der Verkäufer eines Grundstücks haftet nicht für die Freiheit des Grundstücks von anderen öffentlichen Abgaben und von anderen öffentlichen Lasten, die zur Eintragung in das Grundbuch nicht geeignet sind.

§ 437　Rechte des Käufers bei Mängeln

Ist die Sache mangelhaft, kann der Käufer, wenn die Voraussetzungen der folgenden Vorschriften vorliegen und soweit nicht ein anderes bestimmt ist,

1. nach § 439 Nacherfüllung verlangen,
2. nach den §§ 440, 323 und 326 Abs. 5 von dem Vertrag zurücktreten oder nach § 441 den Kaufpreis mindern und
3. nach den §§ 440, 280, 281, 283 und 311a Schadensersatz oder nach § 284 Ersatz vergeblicher Aufwendungen verlangen.

§ 438　Verjährung der Mängelansprüche

(1) Die in § 437 Nr. 1 und 3 bezeichneten Ansprüche verjähren

1. in 30 Jahren, wenn der Mangel
    a) in einem dinglichen Recht eines Dritten, auf Grund dessen Herausgabe der Kaufsache verlangt werden kann, oder
    b) in einem sonstigen Recht, das im Grundbuch eingetragen ist,
    besteht,
2. in fünf Jahren
    a) bei einem Bauwerk und
    b) bei einer Sache, die entsprechend ihrer üblichen Verwendungsweise für ein Bauwerk verwendet worden ist und dessen Mangelhaftigkeit verursacht hat, und
3. im Übrigen in zwei Jahren.

(2) Die Verjährung beginnt bei Grundstücken mit der Übergabe, im Übrigen mit der Ablieferung der Sache.

(3) Abweichend von Absatz 1 Nr. 2 und 3 und Absatz 2 verjähren die Ansprüche in der regelmäßigen Verjährungsfrist, wenn der Verkäufer den Mangel arglistig verschwiegen hat. Im Falle des Absatzes 1 Nr. 2 tritt die Verjährung

제436조 [不動産의 公的負擔]

① 다른 약정이 없으면, 부동산의 매도인은 건축기술적으로 계약체결일까지 개시된 조치에 대한 개발분담금 및 기타의 수익자분담금을 그 분담금납부의무의 성립시기를 불문하고 부담할 의무를 진다.

② 부동산의 매도인은 그 부동산에 등기에 적합하지 아니한 공과금 및 기타의 공적 부담이 없음에 대하여 책임을 지지 아니한다.

제437조 [瑕疵 있는 경우 買受人의 權利]

물건에 하자가 있는 경우에 다른 정함이 없으면 매수인은 다음의 각 규정의 요건이 충족되는 한 다음의 권리를 가진다,

　1. 제439조에 따라 추완을 청구할 권리,

　2. 제440조와 제323조, 제326조 제 5 항에 따라 계약을 해제하거나 제441조에 따라 매매대금을 감액할 권리,

　3. 제440조, 제280조, 제281조, 제311조의a에 따라 손해배상을 청구하거나 제284조에 따라 무익하게 지출된 비용의 상환을 청구할 권리.

제438조 [瑕疵로 인한 請求權의 消滅時效]

① 제437조 제 1 호 및 제 3 호의 청구권은 다음의 소멸시효에 걸린다,

　1. 다음의 하자에서는 30년,

　　a) 제 3 자가 물건의 반환을 청구할 수 있는 물권을 가지는 때, 또는

　　b) 부동산등기부에 등기되어 있는 그 외의 권리가 존재하는 때,

　2. 다음에서는 5년,

　　a) 건축물의 경우, 또는

　　b) 물건이 그 통상적인 용도에 따라 건축물에 사용되어 그에 하자를 일으킨 경우,

　3. 기타의 경우는 2년.

② 소멸시효는 부동산에 있어서는 인도시로부터, 기타에 있어서는 물건의 교부시로부터 진행한다.

③ 매도인이 하자를 알면서 밝히지 아니한 경우에는, 제 1 항 제 1 호, 제 2 호 및 제 2 항에서 정하는 바와 달리, 청구권은 일반소멸시효기간의

jedoch nicht vor Ablauf der dort bestimmten Frist ein.

(4) Für das in § 437 bezeichnete Rücktrittsrecht gilt § 218. Der Käufer kann trotz einer Unwirksamkeit des Rücktritts nach § 218 Abs. 1 die Zahlung des Kaufpreises insoweit verweigern, als er auf Grund des Rücktritts dazu berechtigt sein würde. Macht er von diesem Recht Gebrauch, kann der Verkäufer vom Vertrag zurücktreten.

(5) Auf das in § 437 bezeichnete Minderungsrecht finden § 218 und Absatz 4 Satz 2 entsprechende Anwendung.

§ 439 Nacherfüllung

(1) Der Käufer kann als Nacherfüllung nach seiner Wahl die Beseitigung des Mangels oder die Lieferung einer mangelfreien Sache verlangen.

(2) Der Verkäufer hat die zum Zwecke der Nacherfüllung erforderlichen Aufwendungen, insbesondere Transport-, Wege-, Arbeits- und Materialkosten zu tragen.

(3) Hat der Käufer die mangelhafte Sache gemäß ihrer Art und ihrem Verwendungszweck in eine andere Sache eingebaut oder an eine andere Sache angebracht, bevor der Mangel offenbar wurde, ist der Verkäufer im Rahmen der Nacherfüllung verpflichtet, dem Käufer die erforderlichen Aufwendungen für das Entfernen der mangelhaften und den Einbau oder das Anbringen der nachgebesserten oder gelieferten mangelfreien Sache zu ersetzen.

(4) Der Verkäufer kann die vom Käufer gewählte Art der Nacherfüllung unbeschadet des § 275 Abs. 2 und 3 verweigern, wenn sie nur mit unverhältnismäßigen Kosten möglich ist. Dabei sind insbesondere der Wert der Sache in mangelfreiem Zustand, die Bedeutung des Mangels und die Frage zu berücksichtigen, ob auf die andere Art der Nacherfüllung ohne erhebliche Nachteile für den Käufer zurückgegriffen werden könnte. Der Anspruch des Käufers beschränkt sich in diesem Fall auf die andere Art der Nacherfüllung; das Recht des Verkäufers, auch diese unter den Voraussetzungen des Satzes 1 zu verweigern, bleibt unberührt.

(5) Der Käufer hat dem Verkäufer die Sache zum Zweck der Nacherfüllung zur Verfügung zu stellen.

(6) Liefert der Verkäufer zum Zwecke der Nacherfüllung eine mangelfreie Sache, so kann er vom Käufer Rückgewähr der mangelhaften Sache nach Maßgabe der §§ 346 bis 348 verlangen. Der Verkäufer hat die ersetzte Sache auf seine Kosten zurückzunehmen.

소멸시효에 걸린다. 그러나 제 1 항 제 2 호의 경우에는 거기서 정하여진 기간의 경과 전에는 소멸시효가 완성되지 아니한다.

④ 제437조의 해제권에 대하여는 제218조가 적용된다. 매수인은 제218조 제 1 항에 의하여 해제가 효력 없는 경우에도, 해제가 유효라면 이를 이유로 지급을 거절할 수 있을 매매대금의 한도에서 그 지급을 거절할 수 있다. 매수인이 이 권리를 행사하면 매도인은 계약을 해제할 수 있다.

⑤ 제437조에 규정된 대금감액권에 대하여는 제218조와 본조 제 4 항 제 2 문이 준용된다.

제439조 [追完履行]

① 추완이행으로서 매수인은 자신의 선택에 좇아 하자의 제거나 하자 없는 물건의 인도를 청구할 수 있다.

② 매도인은 추완이행에 필요한 비용, 특히 운송비, 도로비, 노무비 및 재료비를 부담하여야 한다.

③ 매수인이 하자 있는 물건을 하자가 드러나기 전에 그 종류와 용도에 맞게 다른 물건에 편입하거나 장착한 경우에 매도인은 추완이행의 범위에서 매수인에게 하자 있는 물건의 제거 및 추후 개선된 물건 또는 인도된 하자 없는 물건의 편입 또는 장착을 위하여 필요한 비용을 배상할 의무를 진다.

④ 매수인이 선택한 추완이행의 방식이 과도한 비용으로만 가능한 경우에는, 매도인은, 제275조 제 2 항 및 제 3 항과는 별도로, 그 방식을 거절할 수 있다. 그에 있어서는 특히 하자가 없는 상태에서의 물건의 가액, 하자의 중요성, 그리고 매수인에 현저한 불이익을 가함이 없이 다른 추완이행방식에 의할 수 있는지 여부를 고려하여야 한다. 이 경우에 매수인의 청구권은 그 다른 추완이행방식으로 제한된다; 제 1 문의 요건 아래서 이 또한 거절할 매도인의 권리는 영향을 받지 아니한다.

⑤ 매수인은 추완이행을 위하여 매도인에게 물건을 제공하여야 한다.

⑥ 매도인이 추완이행을 위하여 하자 없는 물건을 인도한 경우에 그는 매수인에 대하여 제346조 내지 제348조의 정함에 따라 하자 있는 물건의 반환을 청구할 수 있다. 매도인은 원래의 물건을 그 비용으로 반환받아야 한다.

§ 440 Besondere Bestimmungen für Rücktritt und Schadensersatz

Außer in den Fällen des § 281 Absatz 2 und des § 323 Absatz 2 bedarf es der Fristsetzung auch dann nicht, wenn der Verkäufer beide Arten der Nacherfüllung gemäß § 439 Absatz 4 verweigert oder wenn die dem Käufer zustehende Art der Nacherfüllung fehlgeschlagen oder ihm unzumutbar ist. Eine Nachbesserung gilt nach dem erfolglosen zweiten Versuch als fehlgeschlagen, wenn sich nicht insbesondere aus der Art der Sache oder des Mangels oder den sonstigen Umständen etwas anderes ergibt.

§ 441 Minderung

(1) Statt zurückzutreten, kann der Käufer den Kaufpreis durch Erklärung gegenüber dem Verkäufer mindern. Der Ausschlussgrund des § 323 Abs. 5 Satz 2 findet keine Anwendung.

(2) Sind auf der Seite des Käufers oder auf der Seite des Verkäufers mehrere beteiligt, so kann die Minderung nur von allen oder gegen alle erklärt werden.

(3) Bei der Minderung ist der Kaufpreis in dem Verhältnis herabzusetzen, in welchem zur Zeit des Vertragsschlusses der Wert der Sache in mangelfreiem Zustand zu dem wirklichen Wert gestanden haben würde. Die Minderung ist, soweit erforderlich, durch Schätzung zu ermitteln.

(4) Hat der Käufer mehr als den geminderten Kaufpreis gezahlt, so ist der Mehrbetrag vom Verkäufer zu erstatten. § 346 Abs. 1 und § 347 Abs. 1 finden entsprechende Anwendung.

§ 442 Kenntnis des Käufers

(1) Die Rechte des Käufers wegen eines Mangels sind ausgeschlossen, wenn er bei Vertragsschluss den Mangel kennt. Ist dem Käufer ein Mangel infolge grober Fahrlässigkeit unbekannt geblieben, kann der Käufer Rechte wegen dieses Mangels nur geltend machen, wenn der Verkäufer den Mangel arglistig verschwiegen oder eine Garantie für die Beschaffenheit der Sache übernommen hat.

(2) Ein im Grundbuch eingetragenes Recht hat der Verkäufer zu beseitigen, auch wenn es der Käufer kennt.

§ 443 Garantie

(1) Geht der Verkäufer, der Hersteller oder ein sonstiger Dritter in einer Erklärung oder einschlägigen Werbung, die vor oder bei Abschluss des Kaufvertrags verfügbar war, zusätzlich zu der gesetzlichen Mängelhaftung insbe-

제440조 [解除와 損害賠償에 관한 特則]

제281조 제 2 항 및 제323조 제 2 항의 경우 외에 매도인이 제439조 제 4 항에 좇은 추완이행의 두 방법을 거부한 경우 또는 매수인에게 권리 있는 추완이행의 방법이 달성되지 아니하거나 매수인에게 기대할 수 없는 경우에는 기간설정이 요구되지 아니한다. 특히 물건이나 하자의 성질 또는 기타의 사정에 비추어 달리 인정되지 아니하는 한, 추완은 그 제 2 차의 시도가 성공하지 못한 때에는 달성되지 아니한 것으로 본다.

제441조 [代金減額]

① 해제에 갈음하여 매수인은 매도인에 대한 의사표시로써 매매대금을 감액할 수 있다. 제323조 제 5 항 제 2 문의 배제사유는 적용되지 아니한다.

② 매수인 또는 매도인이 수인인 경우에는 감액의 의사표시는 전원에 의하여 또는 전원에 대하여 행하여져야 한다.

③ 감액의 경우에 매매대금은 계약체결시에 하자 없는 상태의 물건의 가치와 실제의 가치 사이에 성립하는 비율에 따라 감축된다. 감액은 필요한 한에서 가액사정價額査定에 의하여 정하여진다.

④ 매수인이 감액된 매매대금보다 많은 금액을 지급하였을 경우에는 매도인은 초과액을 반환하여야 한다. 제346조 제 1 항 및 제347조 제 1 항은 이에 준용된다.

제442조 [買受人의 惡意]

① 매수인이 계약 체결시에 하자를 안 경우에는 그는 하자로 인한 권리를 가지지 못한다. 매수인이 중대한 과실로 하자를 알지 못한 경우에는 그는 매도인이 하자를 알면서 밝히지 아니하거나 물건의 성상에 대한 보장을 인수한 때에 한하여 그 하자로 인한 권리를 행사할 수 있다.

② 부동산등기부에 등기된 권리는 매수인이 이를 안 때에도 매도인이 이를 제거하여야 한다.

제443조 [保障]

① 매도인, 제조자 또는 기타의 제 3 자가 매매계약의 체결 전에 또는 체결에 있어서 행한 의사표시나 관련 광고에서, 하자로 인한 법정의 책임

sondere die Verpflichtung ein, den Kaufpreis zu erstatten, die Sache auszu-
tauschen, nachzubessern oder in ihrem Zusammenhang Dienstleistungen zu erbringen, falls die Sache nicht diejenige Beschaffenheit aufweist oder andere
als die Mängelfreiheit betreffende Anforderungen nicht erfüllt, die in der Erklärung oder einschlägigen Werbung beschrieben sind (Garantie), stehen dem
Käufer im Garantiefall unbeschadet der gesetzlichen Ansprüche die Rechte aus
der Garantie gegenüber demjenigen zu, der die Garantie gegeben hat (Garantiegeber).

(2) Soweit der Garantiegeber eine Garantie dafür übernommen hat, dass die
Sache für eine bestimmte Dauer eine bestimmte Beschaffenheit behält (Haltbarkeitsgarantie), wird vermutet, dass ein während ihrer Geltungsdauer auftre-
tender Sachmangel die Rechte aus der Garantie begründet.

§ 444　Haftungsausschluss

Auf eine Vereinbarung, durch welche die Rechte des Käufers wegen eines
Mangels ausgeschlossen oder beschränkt werden, kann sich der Verkäufer
nicht berufen, soweit er den Mangel arglistig verschwiegen oder eine Garantie
für die Beschaffenheit der Sache übernommen hat.

§ 445　Haftungsbegrenzung bei öffentlichen Versteigerungen

Wird eine Sache auf Grund eines Pfandrechts in einer öffentlichen Versteigerung unter der Bezeichnung als Pfand verkauft, so stehen dem Käufer
Rechte wegen eines Mangels nur zu, wenn der Verkäufer den Mangel arglistig
verschwiegen oder eine Garantie für die Beschaffenheit der Sache übernommen
hat.

§ 445a　Rückgriff des Verkäufers

(1) Der Verkäufer kann beim Verkauf einer neu hergestellten Sache von dem
Verkäufer, der ihm die Sache verkauft hatte (Lieferant), Ersatz der Aufwendungen verlangen, die er im Verhältnis zum Käufer nach § 439 Absatz 2, 3
und 6 sowie nach § 475 Absatz 4 zu tragen hatte, wenn der vom Käufer geltend
gemachte Mangel bereits beim Übergang der Gefahr auf den Verkäufer
vorhanden war oder auf einer Verletzung der Aktualisierungspflicht gemäß
§ 475b Absatz 4 beruht.

(2) Für die in § 437 bezeichneten Rechte des Verkäufers gegen seinen
Lieferanten bedarf es wegen des vom Käufer geltend gemachten Mangels der
sonst erforderlichen Fristsetzung nicht, wenn der Verkäufer die verkaufte neu hergestellte Sache als Folge ihrer Mangelhaftigkeit zurücknehmen musste oder der
Käufer den Kaufpreis gemindert hat.

외에도 특히 물건이 그 의사표시 또는 관련 광고에서 서술된 성상을 갖
추지 못하거나 무하자와 관련되는 다른 요청들을 충족하지 못하면 매매
대금을 반환하거나 물건을 교환 또는 추완하거나 이와 관련되는 용역
급부를 행할 의무를 지기로 한 경우에는("보장"), 매수인은 보장에 해당
하는 때에는 법정의 청구권과는 별도로 그 보장을 행한 사람("보장제공
자")에 대하여 그 보장에 기한 권리를 가진다.

② 보장제공자가 물건이 일정한 성상을 일정 기간 동안 보유하는 것에
대한 보장("내구성보장")을 인수한 경우에는, 보장의 유효기간 내에 나
타난 물건하자는 그 보장에 기한 권리를 발생시키는 것으로 추정된다.

제444조 [責任排除約定]

매도인이 하자를 알면서 밝히지 아니한 경우 또는 물건의 성상에 대한
보장을 인수한 경우에는, 그는 그 한도에서 하자로 인한 매수인의 권리
를 배제 또는 제한하는 내용의 약정을 원용할 수 없다.

제445조 [公競賣에서의 責任制限]

물건이 담보권에 기하여 공경매에서 담보물로 표시되어 매각되는 때에
는 매수인은 매도인이 하자를 알고도 밝히지 아니하였거나 물건의 성상
에 대한 보장을 인수한 경우에 한하여 하자로 인한 권리를 가진다.

제445조의a [賣渡人의 遡求]

① 신규제조품의 매도에 있어서 매수인이 주장하는 하자가 매도인에게
위험이 이전될 당시 이미 존재하였던 경우 또는 제475조의b 제 4 항 소정
의 업데이트의무의 위반으로 인한 것인 경우에는 매도인은 자신에게 그
물건을 매도한 사람("공급자")에게 자신이 매수인에 대한 관계에서 제
439조 제 2 항, 제 3 항, 제 6 항 및 제475조 제 4 항에 따라 부담하여야 하
는 비용의 상환을 청구할 수 있다.

② 매도인이 매매의 목적이 된 신규제조품을 매수인이 주장하는 하자로
인하여 회수하여야 하거나 매수인이 매매대금을 감액한 경우에는 매도
인이 그 하자를 이유로 하여 제437조에 기하여 공급자에 대하여 가지는
권리에 관하여 다른 경우와는 달리 기간설정이 요구되지 아니한다.

(3) Die Absätze 1 und 2 finden auf die Ansprüche des Lieferanten und der übrigen Käufer in der Lieferkette gegen die jeweiligen Verkäufer entsprechende Anwendung, wenn die Schuldner Unternehmer sind.

(4) § 377 des Handelsgesetzbuchs bleibt unberührt.

§ 445b Verjährung von Rückgriffsansprüchen

(1) Die in § 445a Absatz 1 bestimmten Aufwendungsersatzansprüche verjähren in zwei Jahren ab Ablieferung der Sache.

(2) Die Verjährung der in den §§ 437 und 445a Absatz 1 bestimmten Ansprüche des Verkäufers gegen seinen Lieferanten wegen des Mangels einer verkauften neu hergestellten Sache tritt frühestens zwei Monate nach dem Zeitpunkt ein, in dem der Verkäufer die Ansprüche des Käufers erfüllt hat.

(3) Die Absätze 1 und 2 finden auf die Ansprüche des Lieferanten und der übrigen Käufer in der Lieferkette gegen die jeweiligen Verkäufer entsprechende Anwendung, wenn die Schuldner Unternehmer sind.

§ 445c Rückgriff bei Verträgen über digitale Produkte

Ist der letzte Vertrag in der Lieferkette ein Verbrauchervertrag über die Bereitstellung digitaler Produkte nach den §§ 327 und 327a, so sind die §§ 445a, 445b und 478 nicht anzuwenden. An die Stelle der nach Satz 1 nicht anzuwendenden Vorschriften treten die Vorschriften des Abschnitts 3 Titel 2a Untertitel 2.

§ 446 Gefahr- und Lastenübergang

Mit der Übergabe der verkauften Sache geht die Gefahr des zufälligen Untergangs und der zufälligen Verschlechterung auf den Käufer über. Von der Übergabe an gebühren dem Käufer die Nutzungen und trägt er die Lasten der Sache. Der Übergabe steht es gleich, wenn der Käufer im Verzug der Annahme ist.

§ 447 Gefahrübergang beim Versendungskauf

(1) Versendet der Verkäufer auf Verlangen des Käufers die verkaufte Sache nach einem anderen Ort als dem Erfüllungsort, so geht die Gefahr auf den Käufer über, sobald der Verkäufer die Sache dem Spediteur, dem Frachtführer oder der sonst zur Ausführung der Versendung bestimmten Person oder Anstalt ausgeliefert hat.

③ 제 1 항 및 제 2 항은 공급자 및 연쇄공급과정상의 그 밖의 매수인이 각기 그의 매도인에 대하여 청구권을 가지는 경우에 그 채무자가 사업자인 때에는 그 청구권에 준용된다.

④ 상법 제377조는 영향을 받지 아니한다.

제445조의b [遡求請求權의 消滅時效]

① 제445조의a 제 1 항에서 정하는 비용상환청구권은 물건의 인도시부터 2년의 소멸시효에 걸린다.

② 소비자에게 매도된 신규제조품의 하자로 인하여 사업자가 그의 공급자에 대하여 가지는 제437조 및 제445조의a 제 1 항에서 정하는 청구권은 사업자가 소비자의 청구권을 만족시킨 후 적어도 2개월이 경과하여야 소멸시효가 완성된다.

③ 제 1 항 및 제 2 항은 공급자 및 연쇄공급과정상의 그 밖의 매수인이 각기 그의 매도인에 대하여 청구권을 가지는 경우에 그 채무자가 사업자인 때에는 그 청구권에 준용된다.

제445조의c [디지털제품에 관한 契約에서의 遡求]

연쇄공급에서 최종의 계약이 제327조 및 제327조의a 소정의 디지털제품의 공급에 관한 소비자계약인 경우에는 제445조의a, 제445조의b 및 제478조는 적용되지 아니한다. 제 1 문에 따라 적용되지 아니하는 규정에 갈음하여 제 3 장 제 2 절의a 제 2 관의 규정이 적용된다.

제446조 [危險移轉 및 負擔移轉]

우연적 멸실 또는 우연적 훼손의 위험은 매매목적물이 인도된 때로부터 매수인에게 이전한다. 인도시부터 매매목적물의 수익은 매수인에게 귀속되고 또한 그 때부터 매수인은 물건의 부담을 진다. 매수인의 수령지체는 인도와 동시된다.

제447조 [送付賣買에서의 危險移轉]

① 매도인이 매수인의 청구에 의하여 매매목적물을 이행지 이외의 장소에 송부하는 경우에는 매도인이 운송주선인이나 운송인, 기타 운송의 실행을 맡은 사람 또는 시설에 물건을 인도한 때로부터 위험이 매수인에게 이전한다.

(2) Hat der Käufer eine besondere Anweisung über die Art der Versendung erteilt und weicht der Verkäufer ohne dringenden Grund von der Anweisung ab, so ist der Verkäufer dem Käufer für den daraus entstehenden Schaden verantwortlich.

§ 448 Kosten der Übergabe und vergleichbare Kosten

(1) Der Verkäufer trägt die Kosten der Übergabe der Sache, der Käufer die Kosten der Abnahme und der Versendung der Sache nach einem anderen Ort als dem Erfüllungsort.

(2) Der Käufer eines Grundstücks trägt die Kosten der Beurkundung des Kaufvertrags und der Auflassung, der Eintragung ins Grundbuch und der zu der Eintragung erforderlichen Erklärungen.

§ 449 Eigentumsvorbehalt

(1) Hat sich der Verkäufer einer beweglichen Sache das Eigentum bis zur Zahlung des Kaufpreises vorbehalten, so ist im Zweifel anzunehmen, dass das Eigentum unter der aufschiebenden Bedingung vollständiger Zahlung des Kaufpreises übertragen wird (Eigentumsvorbehalt).

(2) Auf Grund des Eigentumsvorbehalts kann der Verkäufer die Sache nur herausverlangen, wenn er vom Vertrag zurückgetreten ist.

(3) Die Vereinbarung eines Eigentumsvorbehalts ist nichtig, soweit der Eigentumsübergang davon abhängig gemacht wird, dass der Käufer Forderungen eines Dritten, insbesondere eines mit dem Verkäufer verbundenen Unternehmens, erfüllt.

§ 450 Ausgeschlossene Käufer bei bestimmten Verkäufen

(1) Bei einem Verkauf im Wege der Zwangsvollstreckung dürfen der mit der Vornahme oder Leitung des Verkaufs Beauftragte und die von ihm zugezogenen Gehilfen einschließlich des Protokollführers den zu verkaufenden Gegenstand weder für sich persönlich oder durch einen anderen noch als Vertreter eines anderen kaufen.

(2) Absatz 1 gilt auch bei einem Verkauf außerhalb der Zwangsvollstreckung, wenn der Auftrag zu dem Verkauf auf Grund einer gesetzlichen Vorschrift erteilt worden ist, die den Auftraggeber ermächtigt, den Gegenstand für Rechnung eines anderen verkaufen zu lassen, insbesondere in den Fällen des Pfandverkaufs und des in den §§ 383 und 385 zugelassenen Verkaufs, sowie bei einem Verkauf aus einer Insolvenzmasse.

§ 451 Kauf durch ausgeschlossenen Käufer

(1) Die Wirksamkeit eines dem § 450 zuwider erfolgten Kaufs und der Über-

② 매수인이 송부의 방법에 관하여 특별한 지시를 한 경우에 매도인이 급박한 이유 없이 그 지시를 위반한 때에는 매도인은 이로 인하여 발생하는 매수인의 손해에 대하여 책임을 진다.

제448조 [引渡費用 및 유사한 費用]

① 매도인은 물건의 인도비용을 부담하고, 매수인은 수취비용 및 물건을 이행지 이외의 장소로 송부하는 비용을 부담한다.

② 부동산의 매도인은 매매계약서의 작성, 부동산소유권양도합의, 부동산등기부에의 등기 및 등기에 필요한 의사표시의 비용을 부담한다.

제449조 [所有權留保]

① 동산의 매도인이 대금이 지급될 때까지 소유권을 유보한 경우에는, 의심스러운 때에는, 소유권은 대금의 완납을 정지조건으로 하여 이전한다("소유권유보").

② 매도인은 계약이 해제된 때에 한하여 소유권유보에 기하여 물건의 반환을 청구할 수 있다.

③ 소유권의 이전을, 매수인이 제3자의 채권, 특히 매도인과 결합된 사업자가 가지는 채권을 이행하는 것에 걸리게 하는 소유권유보의 약정은 무효이다.

제450조 [一定한 賣買에서의 買受不適格]

① 강제집행에 의한 매각에서 매각의 실행 또는 지휘를 위임받은 사람, 그리고 조서작성자를 포함하여 그로부터 일을 맡은 보조자는, 자신을 위하여 스스로 혹은 타인을 통하여 매각목적물을 매수할 수 없고, 또한 타인의 대리인으로서 매수할 수도 없다.

② 제1항은, 강제집행에 의하지 아니한 매각이라도, 목적물을 타인의 계산으로 매각하게 하는 권한을 위임인에게 부여하는 법률의 규정에 의하여 매각이 위임된 경우, 특히 질물매각과 제383조 및 제385조에서 허용된 매각 및 도산재단에 속하는 재산의 매각의 경우에 적용된다.

제451조 [不適格買受人에 의한 賣買]

① 제450조에 위반하여 행하여진 매매의 효력 및 매매목적물 이전의 효

tragung des gekauften Gegenstandes hängt von der Zustimmung der bei dem Verkauf als Schuldner, Eigentümer oder Gläubiger Beteiligten ab. Fordert der Käufer einen Beteiligten zur Erklärung über die Genehmigung auf, so findet § 177 Abs. 2 entsprechende Anwendung.

(2) Wird infolge der Verweigerung der Genehmigung ein neuer Verkauf vorgenommen, so hat der frühere Käufer für die Kosten des neuen Verkaufs sowie für einen Mindererlös aufzukommen.

§ 452 Schiffskauf

Die Vorschriften dieses Untertitels über den Kauf von Grundstücken finden auf den Kauf von eingetragenen Schiffen und Schiffsbauwerken entsprechende Anwendung.

§ 453 Rechtskauf; Verbrauchervertrag über den Kauf digitaler Inhalte

(1) Die Vorschriften über den Kauf von Sachen finden auf den Kauf von Rechten und sonstigen Gegenständen entsprechende Anwendung. Auf einen Verbrauchervertrag über den Verkauf digitaler Inhalte durch einen Unternehmer sind die folgenden Vorschriften nicht anzuwenden:

1. § 433 Absatz 1 Satz 1 und § 475 Absatz 1 über die Übergabe der Kaufsache und die Leistungszeit sowie

2. § 433 Absatz 1 Satz 2, die §§ 434 bis 442, 475 Absatz 3 Satz 1, Absatz 4 bis 6 und die §§ 476 und 477 über die Rechte bei Mängeln.

An die Stelle der nach Satz 1 nicht anzuwendenden Vorschriften treten die Vorschriften des Abschnitts 3 Titel 2a Untertitel 1.

(2) Der Verkäufer trägt die Kosten der Begründung und Übertragung des Rechts.

(3) Ist ein Recht verkauft, das zum Besitz einer Sache berechtigt, so ist der Verkäufer verpflichtet, dem Käufer die Sache frei von Sach- und Rechtsmängeln zu übergeben.

Untertitel 2   Besondere Arten des Kaufs

Kapitel 1   Kauf auf Probe

§ 454 Zustandekommen des Kaufvertrags

(1) Bei einem Kauf auf Probe oder auf Besicht steht die Billigung des

력의 유무는 채무자 또는 소유자, 채권자로서 매매에 관여한 사람들의 동의에 달려 있다. 매수인이 관여인에게 추인 여부의 의사표시를 최고하는 때에는 제177조 제 2 항이 준용된다.

② 추인의 거절로 인하여 새로운 매각이 실행되는 때에는 종전의 매수인은 그 새로운 매각의 비용과 매득금의 감소액을 보전하여야 한다.

제452조 [船舶의 賣買]

부동산매매에 관한 이 관의 규정은 등기된 선박 및 건조중의 선박의 매매에 대하여 이를 준용한다.

제453조 [權利의 賣買; 디지탈자료의 賣買에 관한 消費者契約]

① 물건의 매매에 관한 규정은 권리 및 기타 목적물의 매매에 준용된다. 사업자의 디지털자료 매도에 관한 소비자계약에 대하여는 다음의 규정은 적용되지 아니한다:

1. 매매목적물의 인도와 이행시기에 관한 제433조 제 1 항 제 1 문 및 제475조 제 1 항, 그리고

2. 하자 있는 경우의 권리에 관한 제433조 제 1 항 제 2 문, 제434조 내지 제442조, 제475조 제 3 항 제 1 문, 제 4 항 내지 제 6 항 및 제476조, 제477조.

제 2 문에 따라 적용되지 아니하는 규정에 갈음하여 제 3 장 제 2 절의a 제 1 관의 규정이 적용된다.

② 매도인은 권리의 설정 및 이전의 비용을 부담한다.

③ 물건에 대하여 점유할 권한을 부여하는 권리가 매도된 경우에, 매도인은 매수인에게 물건하자와 권리하자 없는 물건을 인도할 의무를 진다.

제 2 관　特別한 種類의 賣買

제 1 항　試驗賣買

제454조 [賣買契約의 成立]

① 시험매매 또는 점검매매에서 매매목적물의 시인是認은 매수인이 임

gekauften Gegenstandes im Belieben des Käufers. Der Kauf ist im Zweifel unter der aufschiebenden Bedingung der Billigung geschlossen.

(2) Der Verkäufer ist verpflichtet, dem Käufer die Untersuchung des Gegenstandes zu gestatten.

§ 455 Billigungsfrist

Die Billigung eines auf Probe oder auf Besicht gekauften Gegenstandes kann nur innerhalb der vereinbarten Frist und in Ermangelung einer solchen nur bis zum Ablauf einer dem Käufer von dem Verkäufer bestimmten angemessenen Frist erklärt werden. War die Sache dem Käufer zum Zwecke der Probe oder der Besichtigung übergeben, so gilt sein Schweigen als Billigung.

Kapitel 2   Wiederkauf

§ 456 Zustandekommen des Wiederkaufs

(1) Hat sich der Verkäufer in dem Kauftvertrag das Recht des Wiederkaufs vorbehalten, so kommt der Wiederkauf mit der Erklärung des Verkäufers gegenüber dem Käufer, dass er das Wiederkaufsrecht ausübe, zustande. Die Erklärung bedarf nicht der für den Kaufvertrag bestimmten Form.

(2) Der Preis, zu welchem verkauft worden ist, gilt im Zweifel auch für den Wiederkauf.

§ 457 Haftung des Wiederverkäufers

(1) Der Wiederverkäufer ist verpflichtet, dem Wiederkäufer den gekauften Gegenstand nebst Zubehör herauszugeben.

(2) Hat der Wiederverkäufer vor der Ausübung des Wiederkaufsrechts eine Verschlechterung, den Untergang oder eine aus einem anderen Grund eingetretene Unmöglichkeit der Herausgabe des gekauften Gegenstandes verschuldet oder den Gegenstand wesentlich verändert, so ist er für den daraus entstehenden Schaden verantwortlich. Ist der Gegenstand ohne Verschulden des Wiederverkäufers verschlechtert oder ist er nur unwesentlich verändert, so kann der Wiederkäufer Minderung des Kaufpreises nicht verlangen.

§ 458 Beseitigung von Rechten Dritter

Hat der Wiederverkäufer vor der Ausübung des Wiederkaufsrechts über den gekauften Gegenstand verfügt, so ist er verpflichtet, die dadurch begründeten Rechte Dritter zu beseitigen. Einer Verfügung des Wiederverkäufers steht eine Verfügung gleich, die im Wege der Zwangsvollstreckung oder der Arrestvollziehung oder durch den Insolvenzverwalter erfolgt.

의로 이를 한다. 매매는 의심스러운 때에는 시인을 정지조건으로 하여
체결된다.

② 매도인은 매수인에게 목적물의 검사를 허용할 의무를 진다.

제455조 [是認期間]

시험매매 또는 점검매매의 목적물의 시인은 약정된 기간 내에만 할 수
있으며, 그러한 기간이 없는 때에는 매도인이 매수인에 대하여 지정한
상당한 기간 내에만 이를 할 수 있다. 시험 또는 점검의 목적으로 물건을
매수인에게 인도한 때에는, 매수인의 침묵은 시인으로 본다.

제 2 항 還 買

제456조 [還買의 成立]

① 매도인이 매매계약에서 환매의 권리를 유보한 경우에 환매는 매도인
이 매수인에 대하여 환매권 행사의 의사표시를 함으로써 성립한다. 이
의사표시에는 매매계약에 대하여 정하여진 방식을 요하지 아니한다.

② 매매에 대하여 정한 대금은 의심스러운 때에는 환매에 관하여도 효
력을 가진다.

제457조 [還賣人의 責任]

① 환매인還賣人은 환매인還買人에 대하여 매매목적물을 종물과 함께 인
도할 의무를 진다.

② 환매인還賣人이 환매권의 행사 전에 훼손, 멸실 또는 기타의 사유로
발생한 매매목적물의 인도불능에 대하여 과책이 있거나 그 목적물을 본
질적으로 변경한 경우에는, 그는 이로 인하여 발생하는 손해에 대하여
책임을 진다. 목적물이 그의 과책 없이 훼손되었거나 경미하게 변경된
경우에는, 환매인還買人은 대금의 감액을 청구할 수 없다.

제458조 [第三者의 權利의 除去]

환매인還賣人이 환매권 행사 전에 매매목적물을 처분한 때에는 그는 이
로 인하여 발생한 제 3 자의 권리를 제거할 의무를 진다. 강제집행이나
가압류에 의하여 행하여진 처분이나 도산관재인이 행한 처분은 환매인
의 처분과 동시된다.

§ 459 Ersatz von Verwendungen

Der Wiederverkäufer kann für Verwendungen, die er auf den gekauften Gegenstand vor dem Wiederkauf gemacht hat, insoweit Ersatz verlangen, als der Wert des Gegenstandes durch die Verwendungen erhöht ist. Eine Einrichtung, mit der er die herauszugebende Sache versehen hat, kann er wegnehmen.

§ 460 Wiederkauf zum Schätzungswert

Ist als Wiederkaufpreis der Schätzungswert vereinbart, den der gekaufte Gegenstand zur Zeit des Wiederkaufs hat, so ist der Wiederverkäufer für eine Verschlechterung, den Untergang oder die aus einem anderen Grund eingetretene Unmöglichkeit der Herausgabe des Gegenstandes nicht verantwortlich, der Wiederkäufer zum Ersatz von Verwendungen nicht verpflichtet.

§ 461 Mehrere Wiederkaufsberechtigte

Steht das Wiederkaufsrecht mehreren gemeinschaftlich zu, so kann es nur im ganzen ausgeübt werden. Ist es für einen der Berechtigten erloschen oder übt einer von ihnen sein Recht nicht aus, so sind die übrigen berechtigt, das Wiederkaufsrecht im Ganzen auszuüben.

§ 462 Ausschlussfrist

Das Wiederkaufsrecht kann bei Grundstücken nur bis zum Ablauf von 30, bei anderen Gegenständen nur bis zum Ablauf von drei Jahren nach der Vereinbarung des Vorbehalts ausgeübt werden. Ist für die Ausübung eine Frist bestimmt, so tritt diese an die Stelle der gesetzlichen Frist.

Kapitel 3   Vorkauf

§ 463 Voraussetzung der Ausübung

Wer in Ansehung eines Gegenstandes zum Vorkauf berechtigt ist, kann das Vorkaufsrecht ausüben, sobald der Verpflichtete mit einem Dritten einen Kaufvertrag über den Gegenstand geschlossen hat.

§ 464 Ausübung des Vorkaufsrechts

(1) Die Ausübung des Vorkaufsrechts erfolgt durch Erklärung gegenüber dem Verpflichteten. Die Erklärung bedarf nicht der für den Kaufvertrag bestimmten Form.

(2) Mit der Ausübung des Vorkaufsrechts kommt der Kauf zwischen dem Berechtigten und dem Verpflichteten unter den Bestimmungen zustande, welche der Verpflichtete mit dem Dritten vereinbart hat.

제459조 [費用償還]

환매인還賣人은 환매 전에 매매목적물에 지출한 비용에 의하여 목적물의 가액이 증가된 한도에서 그 비용의 배상을 청구할 수 있다. 그는 그가 인도할 물건에 부속시킨 설비를 수거할 수 있다.

제460조 [評價額에 의한 還買]

매매목적물이 환매 당시에 가지는 평가액을 환매대금으로 약정한 때에는, 환매인還賣人은 훼손, 멸실 또는 기타의 사유로 발생한 목적물의 인도 불능에 관하여 책임을 지지 아니하며, 환매인還買人은 비용을 상환할 의무를 지지 아니한다.

제461조 [數人의 還買權者]

수인이 환매권을 공동으로 가지는 때에는 전체로서만 이를 행사할 수 있다. 환매권이 권리자 중의 1인에 대하여 소멸하거나 권리자 중의 1인이 자신의 권리를 행사하지 아니하는 때에는, 나머지 권리자는 환매권을 전체로서 행사할 수 있다.

제462조 [除斥期間]

환매권은 그 유보의 약정 후 부동산의 경우에는 30년 이내, 기타의 목적물은 3년 이내에만 행사할 수 있다. 환매권의 행사에 관하여 기간의 정함이 있는 때에는, 이 기간이 법정기간에 갈음한다.

제 3 항　先　　買

제463조 [行使의 要件]

어떠한 목적물에 관하여 선매권이 있는 사람은 의무자가 제3자와 목적물에 대하여 매매계약을 체결하면 즉시 선매권을 행사할 수 있다.

제464조 [先買權의 行使]

① 선매권의 행사는 의무자에 대한 의사표시로써 한다. 그 의사표시에는 매매계약에 대하여 정하여진 방식을 요하지 아니한다.
② 선매권의 행사에 의하여 권리자와 의무자 사이에 매매가 의무자가 제3자와 약정한 내용대로 성립한다.

§ 465 Unwirksame Vereinbarungen

Eine Vereinbarung des Verpflichteten mit dem Dritten, durch welche der Kauf von der Nichtausübung des Vorkaufsrechts abhängig gemacht oder dem Verpflichteten für den Fall der Ausübung des Vorkaufsrechts der Rücktritt vorbehalten wird, ist dem Vorkaufsberechtigten gegenüber unwirksam.

§ 466 Nebenleistungen

Hat sich der Dritte in dem Vertrag zu einer Nebenleistung verpflichtet, die der Vorkaufsberechtigte zu bewirken außerstande ist, so hat der Vorkaufs-berechtigte statt der Nebenleistung ihren Wert zu entrichten. Lässt sich die Neben-leistung nicht in Geld schätzen, so ist die Ausübung des Vorkaufsrechts aus-geschlossen; die Vereinbarung der Nebenleistung kommt jedoch nicht in Be-tracht, wenn der Vertrag mit dem Dritten auch ohne sie geschlossen sein würde.

§ 467 Gesamtpreis

Hat der Dritte den Gegenstand, auf den sich das Vorkaufsrecht bezieht, mit anderen Gegenständen zu einem Gesamtpreis gekauft, so hat der Vorkaufs-berechtigte einen verhältnismäßigen Teil des Gesamtpreises zu entrichten. Der Verpflichtete kann verlangen, dass der Vorkauf auf alle Sachen erstreckt wird, die nicht ohne Nachteil für ihn getrennt werden können.

§ 468 Stundung des Kaufpreises

(1) Ist dem Dritten in dem Vertrag der Kaufpreis gestundet worden, so kann der Vorkaufsberechtigte die Stundung nur in Anspruch nehmen, wenn er für den gestundeten Betrag Sicherheit leistet.

(2) Ist ein Grundstück Gegenstand des Vorkaufs, so bedarf es der Sicherheits-leistung insoweit nicht, als für den gestundeten Kaufpreis die Bestellung einer Hypothek an dem Grundstück vereinbart oder in Anrechnung auf den Kaufpreis eine Schuld, für die eine Hypothek an dem Grundstück besteht, übernommen worden ist. Entsprechendes gilt, wenn ein eingetragenes Schiff oder Schiffs-bauwerk Gegenstand des Vorkaufs ist.

§ 469 Mitteilungspflicht, Ausübungsfrist

(1) Der Verpflichtete hat dem Vorkaufsberechtigten den Inhalt des mit dem Dritten geschlossenen Vertrags unverzüglich mitzuteilen. Die Mitteilung des Verpflichteten wird durch die Mitteilung des Dritten ersetzt.

(2) Das Vorkaufsrecht kann bei Grundstücken nur bis zum Ablauf von zwei Monaten, bei anderen Gegenständen nur bis zum Ablauf einer Woche nach dem

제465조 [效力 없는 約定]

매매를 선매권이 행사되지 아니함을 조건으로 하거나 선매권이 행사되는 경우에 대하여 의무자에게 해제를 유보하기로 하는 의무자와 제 3 자 사이의 약정은 선매권자에 대하여 효력이 없다.

제466조 [附隨的 給付]

제 3 자가 계약에서 선매권자가 실행할 수 없는 부수적 급부를 할 의무를 진 때에는, 선매권자는 부수적 급부에 갈음하여 그 가액을 지급하여야 한다. 부수적 급부가 금전으로 평가될 수 없는 때에는 선매권의 행사를 할 수 없다; 제 3 자와의 계약이 부수적 급부의 약정 없이도 체결되었을 것인 경우에는 부수적 급부의 약정은 고려되지 아니한다.

제467조 [一括代金]

제 3 자가 선매권의 대상인 목적물을 다른 목적물과 함께 일괄대금으로 매수한 때에는 선매권자는 일괄대금 중 이에 비례하는 부분을 지급하여야 한다. 의무자는 자신에의 불이익 없이는 분리될 수 없는 물건 전부에 선매가 확장될 것을 청구할 수 있다.

제468조 [賣買代金의 支給猶豫]

① 계약에서 제 3 자에 대하여 매매대금의 지급이 유예된 때에는, 선매권자는 유예액에 대하여 담보를 제공하는 경우에 한하여 그 유예를 청구할 수 있다.

② 부동산이 선매의 목적물인 때에는, 유예된 매매대금에 관하여 그 부동산에 저당권의 설정을 약정하였거나 또는 그 부동산에 존재하는 저당권의 피담보채무를 매매대금에 산입하여 인수한 범위에서는, 담보제공을 요하지 아니한다. 등기된 선박 또는 건조중의 선박이 선매의 목적물인 때에도 또한 같다.

제469조 [通知義務; 行使期間]

① 의무자는 선매권자에 대하여 제 3 자와 체결한 계약의 내용을 지체없이 통지하여야 한다. 의무자의 통지는 제 3 자의 통지에 의하여 갈음될 수 있다.

② 선매권은 통지를 받은 후 부동산의 경우에는 2월 이내, 다른 목적물

Empfang der Mitteilung ausgeübt werden. Ist für die Ausübung eine Frist bestimmt, so tritt diese an die Stelle der gesetzlichen Frist.

§ 470 Verkauf an gesetzlichen Erben

Das Vorkaufsrecht erstreckt sich im Zweifel nicht auf einen Verkauf, der mit Rücksicht auf ein künftiges Erbrecht an einen gesetzlichen Erben erfolgt.

§ 471 Verkauf bei Zwangsvollstreckung oder Insolvenz

Das Vorkaufsrecht ist ausgeschlossen, wenn der Verkauf im Wege der Zwangsvollstreckung oder aus einer Insolvenzmasse erfolgt.

§ 472 Mehrere Vorkaufsberechtigte

Steht das Vorkaufsrecht mehreren gemeinschaftlich zu, so kann es nur im ganzen ausgeübt werden. Ist es für einen der Berechtigten erloschen oder übt einer von ihnen sein Recht nicht aus, so sind die übrigen berechtigt, das Vorkaufsrecht im Ganzen auszuüben.

§ 473 Unübertragbarkeit

Das Vorkaufsrecht ist nicht übertragbar und geht nicht auf die Erben des Berechtigten über, sofern nicht ein anderes bestimmt ist. Ist das Recht auf eine bestimmte Zeit beschränkt, so ist es im Zweifel vererblich.

Untertitel 3   Verbrauchsgüterkauf

§ 474 Verbrauchsgüterkauf

(1) Verbrauchsgüterkäufe sind Verträge, durch die ein Verbraucher von einem Unternehmer eine Ware (§ 241a Absatz 1) kauft. Um einen Verbrauchsgüterkauf handelt es sich auch bei einem Vertrag, der neben dem Verkauf einer Ware die Erbringung einer Dienstleistung durch den Unternehmer zum Gegenstand hat.

(2) Für den Verbrauchsgüterkauf gelten ergänzend die folgenden Vorschriften dieses Untertitels. Für gebrauchte Waren, die in einer öffentlich zugänglichen Versteigerung (§ 312g Absatz 2 Nummer 10) verkauft werden, gilt dies nicht, wenn dem Verbraucher klare und umfassende Informationen darüber, dass die Vorschriften dieses Untertitels nicht gelten, leicht verfügbar gemacht wurden.

§ 475 Anwendbare Vorschriften

의 경우에는 1주 이내에만 행사할 수 있다. 선매권의 행사에 관하여 기간
의 정함이 있는 때에는 이 기간이 법정기간에 갈음한다.

제470조 [法定相續人에의 賣渡]

선매권은, 의심스러운 때에는, 장래의 상속권을 고려하여 법정상속인에
대하여 하는 매도에는 미치지 아니한다.

제471조 [强制執行 또는 倒産에서의 賣渡]

매매가 강제집행의 방법으로 또는 도산재단에 속하는 재산에 대하여 행
하여지는 경우에는 선매권은 배제된다.

제472조 [多數의 先買權者]

수인이 선매권을 공동으로 가지는 때에는 전체로서만 이를 행사할 수 있
다. 선매권이 권리자 중의 1인에 대하여 소멸하거나 또는 권리자 중의 1
인이 자신의 권리를 행사하지 아니하는 때에는, 나머지 권리자는 선매권
을 전체로서 행사할 수 있다.

제473조 [不可讓渡性]

선매권은 다른 정함이 없는 한 양도할 수 없으며 권리자의 상속인에게
이전하지 아니한다. 선매권이 일정한 기간에 제한되는 경우에는, 의심스
러운 때에는, 이는 상속될 수 있다.

제 3 관   消費財賣買

제474조 [消費財賣買]

① 소비재매매라 함은 소비자가 사업자로부터 물품(제241조의a 제 1 항)
을 매수하는 계약을 말한다. 물품의 매도와 함께 사업자에 의한 용역의
제공을 내용으로 하는 계약도 역시 소비재매매에 해당한다.

② 소비재매매에 대하여는 이 관의 아래 규정들이 보충적으로 적용된
다. 공개경매(제312조의g 제 2 항 제10호)에서 매도되는 중고품에 있어서
는, 이 관의 규정들이 적용되지 아니함에 대하여 명료하고 포괄적인 정
보가 용이하게 접근할 수 있도록 소비자에게 제공된 때에는 그러하지 아
니하다.

제475조 [適用規定]

(1) Ist eine Zeit für die nach § 433 zu erbringenden Leistungen weder bestimmt noch aus den Umständen zu entnehmen, so kann der Gläubiger diese Leistungen abweichend von § 271 Absatz 1 nur unverzüglich verlangen. Der Unternehmer muss die Ware in diesem Fall spätestens 30 Tage nach Vertragsschluss übergeben. Die Vertragsparteien können die Leistungen sofort bewirken.

(2) § 447 Absatz 1 gilt mit der Maßgabe, dass die Gefahr des zufälligen Untergangs und der zufälligen Verschlechterung nur dann auf den Käufer übergeht, wenn der Käufer den Spediteur, den Frachtführer oder die sonst zur Ausführung der Versendung bestimmte Person oder Anstalt mit der Ausführung beauftragt hat und der Unternehmer dem Käufer diese Person oder Anstalt nicht zuvor benannt hat.

(3) § 439 Absatz 6 ist mit der Maßgabe anzuwenden, dass Nutzungen nicht herauszugeben oder durch ihren Wert zu ersetzen sind. Die §§ 442, 445 und 447 Absatz 2 sind nicht anzuwenden.

(4) Der Verbraucher kann von dem Unternehmer für Aufwendungen, die ihm im Rahmen der Nacherfüllung gemäß § 439 Absatz 2 und 3 entstehen und die vom Unternehmer zu tragen sind, Vorschuss verlangen.

(5) Der Unternehmer hat die Nacherfüllung innerhalb einer angemessenen Frist ab dem Zeitpunkt, zu dem der Verbraucher ihn über den Mangel unterrichtet hat, und ohne erhebliche Unannehmlichkeiten für den Verbraucher durchzuführen, wobei die Art der Ware sowie der Zweck, für den der Verbraucher die Ware benötigt, zu berücksichtigen sind.

(6) Im Fall des Rücktritts oder des Schadensersatzes statt der ganzen Leistung wegen eines Mangels der Ware ist § 346 mit der Maßgabe anzuwenden, dass der Unternehmer die Kosten der Rückgabe der Ware trägt. § 348 ist mit der Maßgabe anzuwenden, dass der Nachweis des Verbrauchers über die Rücksendung der Rückgewähr der Ware gleichsteht.

§ 475a Verbrauchsgüterkaufvertrag über digitale Produkte

(1) Auf einen Verbrauchsgüterkaufvertrag, welcher einen körperlichen Datenträger zum Gegenstand hat, der ausschließlich als Träger digitaler Inhalte dient, sind § 433 Absatz 1 Satz 2, die §§ 434 bis 442, 475 Absatz 3 Satz 1, Absatz 4 bis 6, die §§ 475b bis 475e und die §§ 476 und 477 über die Rechte bei Mängeln nicht anzuwenden. An die Stelle der nach Satz 1 nicht anzuwendenden Vorschriften treten die Vorschriften des Abschnitts 3 Titel 2a Untertitel 1.

① 제433조에 따라 실행되어야 하는 급부에 있어서 그 시기가 정하여지지 아니하고 제반 사정으로부터도 이를 추단할 수 없는 경우에는 채권자는 제271조 제 1 항과는 달리 지체 없이 급부를 청구하여야 한다. 이 경우에 사업자는 늦어도 계약 체결 후 30일 후에 물품을 인도하여야 한다. 계약당사자들은 급부를 즉시 실행할 수 있다.

② 제447조 제 1 항은, 매수인이 운송주선인, 운송인 기타 운송의 실행을 맡는 사람이나 시설에 그 실행을 위탁하였는데 사업자가 미리 매수인에 대하여 그 사람이나 시설을 지적하지 아니하였던 때에만 우연한 멸실 및 우연한 훼손의 위험이 매수인에게 이전하는 것으로 하여 적용된다.

③ 제439조 제 6 항은 수익收益이 반환되지 아니하고 또는 그 가액도 상환되지 아니하는 것으로 하여 적용된다. 제442조, 제445조 및 제447조 제 2 항은 적용되지 아니한다.

④ 소비자는 제439조 제 2 항 및 제 3 항에 의한 추완이행의 범위 내에서 그에게 발생한 비용으로서 사업자가 부담하여야 하는 것에 대하여 사업자에 대하여 선지급을 요구할 수 있다.

⑤ 사업자는 소비자가 하자를 그에게 알린 때로부터 상당한 기간 내에 소비자에 대하여 중대한 불편을 끼침이 없이 물품의 종류 및 소비자가 물품을 필요로 하는 목적을 고려하여 추완이행을 하여야 한다.

⑥ 물품의 하자를 이유로 해제, 또는 전부 급부에 갈음하는 손해배상이 행하여지는 경우에는 사업자가 물품 반환의 비용을 부담하는 것으로 하여 제346조가 적용된다. 제348조는 소비자의 반환송부 증명을 물품의 반환과 동시하는 것으로 하여 적용된다.

제475조의a [디지털제품에 관한 消費財賣買契約]

① 디지털자료의 저장수단으로만 기능하는 유체적 자료저장장치를 목적물로 하는 소비재매매계약에 대하여는 하자로 인한 권리에 관한 제433조 제 1 항 제 2 문, 제434조 내지 제442조, 제475조 제 3 항 제 1 문, 제 4 항 내지 제 6 항, 제475조의b 내지 제475조의e 및 제476조와 제477조는 적용되지 아니한다. 제 1 문에 따라 적용되지 아니하는 규정에 갈음하여 제 3 장 제 2 절의a 제 1 관의 규정이 적용된다.

(2) Auf einen Verbrauchsgüterkaufvertrag über eine Ware, die in einer Weise digitale Produkte enthält oder mit digitalen Produkten verbunden ist, dass die Ware ihre Funktionen auch ohne diese digitalen Produkte erfüllen kann, sind im Hinblick auf diejenigen Bestandteile des Vertrags, welche die digitalen Produkte betreffen, die folgenden Vorschriften nicht anzuwenden:

1. § 433 Absatz 1 Satz 1 und § 475 Absatz 1 über die Übergabe der Kaufsache und die Leistungszeit sowie

2. § 433 Absatz 1 Satz 2, die §§ 434 bis 442, 475 Absatz 3 Satz 1, Absatz 4 bis 6, die §§ 475b bis 475e und die §§ 476 und 477 über die Rechte bei Mängeln.

An die Stelle der nach Satz 1 nicht anzuwendenden Vorschriften treten die Vorschriften des Abschnitts 3 Titel 2a Untertitel 1.

§ 475b　Sachmangel einer Ware mit digitalen Elementen

(1) Für den Kauf einer Ware mit digitalen Elementen (§ 327a Absatz 3 Satz 1), bei dem sich der Unternehmer verpflichtet, dass er oder ein Dritter die digitalen Elemente bereitstellt, gelten ergänzend die Regelungen dieser Vorschrift. Hinsichtlich der Frage, ob die Verpflichtung des Unternehmers die Bereitstellung der digitalen Inhalte oder digitalen Dienstleistungen umfasst, gilt § 327a Absatz 3 Satz 2.

(2) Eine Ware mit digitalen Elementen ist frei von Sachmängeln, wenn sie bei Gefahrübergang und in Bezug auf eine Aktualisierungspflicht auch während des Zeitraums nach Absatz 3 Nummer 2 und Absatz 4 Nummer 2 den subjektiven Anforderungen, den objektiven Anforderungen, den Montageanforderungen und den Installationsanforderungen entspricht.

(3) Eine Ware mit digitalen Elementen entspricht den subjektiven Anforderungen, wenn

1. sie den Anforderungen des § 434 Absatz 2 entspricht und

2. für die digitalen Elemente die im Kaufvertrag vereinbarten Aktualisierungen während des nach dem Vertrag maßgeblichen Zeitraums bereitgestellt werden.

(4) Eine Ware mit digitalen Elementen entspricht den objektiven Anforderungen, wenn

1. sie den Anforderungen des § 434 Absatz 3 entspricht und

2. dem Verbraucher während des Zeitraums, den er aufgrund der Art und des Zwecks der Ware und ihrer digitalen Elemente sowie unter Berücksichtigung

② 디지털제품을 포함하거나 디지털제품과 결합되어 있지만 그 디지털제품이 없더라도 그 기능을 충족할 수 있도록 되어 있는 물품에 관한 소비재매매계약에 대하여는 그 계약 중 디지털제품과 관련되는 부분에 관하여 다음의 규정이 적용되지 아니한다:

1. 매매목적물의 인도 및 이행시기에 관하여 제433조 제 1 항 제 1 문 및 제475조 제 1 항, 그리고
2. 하자 있는 경우의 권리에 관하여 제433조 제 1 항 제 2 문, 제433조 내지 제442조, 제475조 제 3 항 제 1 문, 제 4 항 내지 제 6 항, 제475조의b 내지 제475조의e 및 제475조와 제476조.

제 1 문에 따라 적용되지 아니하는 규정에 갈음하여 제 3 장 제 2 절의a 제 1 관의 규정이 적용된다.

제475조의b [디지털요소 있는 物品의 物件瑕疵]

① 디지털요소 있는 물품의 매매(제327조의a 제 3 항 제 1 문)에서 사업자가 그 또는 제3자가 디지털요소를 공급하는 의무를 지는 경우에 대하여는, 보충적으로 이 목의 규정이 적용된다. 사업자의 의무에 디지털요소 또는 디지털서비스를 포함하는지의 문제에 대하여는 제327조의a 제 3 항 제 2 문이 적용된다.

② 디지털 요소가 있는 물건이 위험 이전의 시점에서 또한 제 3 항 제 2 호 및 제 4 항 제 2 호에서 정하여진 기간 동안의 업데이트의무와 관련하여서 주관적 요구사항, 객관적 요구사항, 조립상의 요구사항 및 설치상의 요구사항을 충족하는 경우에는 그 물건에는 물건하자가 없는 것이다.

③ 디지털요소가 있는 물건은 다음의 경우에 주관적 요구사항을 충족한다,

1. 제434조 제 2 항의 요구사항을 충족하고, 그리고
2. 디지털요소에 대하여 매매계약에서 약정된 업데이트가 계약상 기준이 되는 시기 동안에도 공급되는 때.

④ 디지털요소가 있는 물건은 다음의 경우에 객관적 요구사항을 충족한다,

1. 제434조 제 3 항의 요구사항을 충족하고, 그리고
2. 소비자에게 물건의 계약적합성 유지를 위하여 필요한 업데이트가 그가 물품 및 그 중 디지털요소의 종류와 목적에 기하여서 또한 제

der Umstände und der Art des Vertrags erwarten kann, Aktualisierungen bereitgestellt werden, die für den Erhalt der Vertragsmäßigkeit der Ware erforderlich sind, und der Verbraucher über diese Aktualisierungen informiert wird.

(5) Unterlässt es der Verbraucher, eine Aktualisierung, die ihm gemäß Absatz 4 bereitgestellt worden ist, innerhalb einer angemessenen Frist zu installieren, so haftet der Unternehmer nicht für einen Sachmangel, der allein auf das Fehlen dieser Aktualisierung zurückzuführen ist, wenn

1. der Unternehmer den Verbraucher über die Verfügbarkeit der Aktualisierung und die Folgen einer unterlassenen Installation informiert hat und

2. die Tatsache, dass der Verbraucher die Aktualisierung nicht oder unsachgemäß installiert hat, nicht auf eine dem Verbraucher bereitgestellte mangelhafte Installationsanleitung zurückzuführen ist.

(6) Soweit eine Montage oder eine Installation durchzuführen ist, entspricht eine Ware mit digitalen Elementen

1. den Montageanforderungen, wenn sie den Anforderungen des § 434 Absatz 4 entspricht, und

2. den Installationsanforderungen, wenn die Installation

a) der digitalen Elemente sachgemäß durchgeführt worden ist oder

b) zwar unsachgemäß durchgeführt worden ist, dies jedoch weder auf einer unsachgemäßen Installation durch den Unternehmer noch auf einem Mangel der Anleitung beruht, die der Unternehmer oder derjenige übergeben hat, der die digitalen Elemente bereitgestellt hat.

§ 475c Sachmangel einer Ware mit digitalen Elementen bei dauerhafter Bereitstellung der digitalen Elemente

(1) Ist beim Kauf einer Ware mit digitalen Elementen eine dauerhafte Bereitstellung für die digitalen Elemente vereinbart, so gelten ergänzend die Regelungen dieser Vorschrift. Haben die Parteien nicht bestimmt, wie lange die Bereitstellung andauern soll, so ist § 475b Absatz 4 Nummer 2 entsprechend anzuwenden.

(2) Der Unternehmer haftet über die §§ 434 und 475b hinaus auch dafür, dass die digitalen Elemente während des Bereitstellungszeitraums, mindestens aber für einen Zeitraum von zwei Jahren ab der Ablieferung der Ware, den Anforderungen des § 475b Absatz 2 entsprechen.

§ 475d Sonderbestimmungen für Rücktritt und Schadensersatz

반 사정 및 계약의 성질을 고려하면 기대할 수 있는 기간 동안 공급되고, 또한 소비자에게 이러한 업데이트에 관한 정보가 공급되는 때.

⑤ 소비자가 제 4 항에 좇아 그에게 공급된 업데이트를 상당한 기간 내에 설치하지 아니한 경우에, 사업자는 오로지 그 업데이트가 없음에 원인이 있는 물건하자에 대하여는 다음의 경우 책임을 지지 아니한다,

1. 사업자가 소비자에게 업데이트가 설치될 수 있게 되었다는 것 및 이를 설치하지 아니함으로 인한 결과를 알렸고, 또한

2. 소비자가 업데이트를 설치하지 아니하였거나 부적절하게 설치한 것이 소비자에게 공급된 하자 있는 설치설명서에 원인이 있는 것이 아닌 때.

⑥ 조립 또는 설치가 행하여진 경우에 디지털요소가 있는 물건은

1. 제434조 제 4 항의 요구사항을 충족하면 조립상의 요구사항을 충족하고, 또한

2. 설치가 다음에 해당하면 설치상 요구사항을 충족한다.

   a) 디지털요소가 적절하게 실행된 때, 또는

   b) 부적절하게 실행되기는 하였으나, 그것이 사업자에 의한 부적절한 설치나 사업자 또는 디지털요소를 공급하는 이가 공급한 설명서의 하자로 인한 것이 아닌 때.

제475조의c [디지털요소의 持續的 供給의 경우 디지털요소 있는 物品의 物件瑕疵]

① 디지털요소 있는 물품의 매매에서 디지털요소의 지속적 공급이 약정된 경우에 대하여는 이 규정이 정하는 바가 보충적으로 적용된다. 당사자들이 공급이 지속되는 기간을 정하지 아니한 때에는 제475조의b 제 4 항 제 2 문이 준용된다.

② 사업자는 제434조 및 제475조의b에서 정하는 바를 넘어서 디지털요소가 공급기간 동안, 적어도 물품의 인도로부터 2년의 기간 동안 제475조의b 제 2 문의 요구사항을 충족한다는 것에 대하여도 책임을 진다.

제475조의d [解題 및 損害賠償에 관한 特別規定]

(1) Für einen Rücktritt wegen eines Mangels der Ware bedarf es der in § 323 Absatz 1 bestimmten Fristsetzung zur Nacherfüllung abweichend von § 323 Absatz 2 und § 440 nicht, wenn

1. der Unternehmer die Nacherfüllung trotz Ablaufs einer angemessenen Frist ab dem Zeitpunkt, zu dem der Verbraucher ihn über den Mangel unterrichtet hat, nicht vorgenommen hat,

2. sich trotz der vom Unternehmer versuchten Nacherfüllung ein Mangel zeigt,

3. der Mangel derart schwerwiegend ist, dass der sofortige Rücktritt gerechtfertigt ist,

4. der Unternehmer die gemäß § 439 Absatz 1 oder 2 oder § 475 Absatz 5 ordnungsgemäße Nacherfüllung verweigert hat oder

5. es nach den Umständen offensichtlich ist, dass der Unternehmer nicht gemäß § 439 Absatz 1 oder 2 oder § 475 Absatz 5 ordnungsgemäß nacherfüllen wird.

(2) Für einen Anspruch auf Schadensersatz wegen eines Mangels der Ware bedarf es der in § 281 Absatz 1 bestimmten Fristsetzung in den in Absatz 1 bestimmten Fällen nicht. § 281 Absatz 2 und § 440 sind nicht anzuwenden.

§ 475e Sonderbestimmungen für die Verjährung

(1) Im Fall der dauerhaften Bereitstellung digitaler Elemente nach § 475c Absatz 1 Satz 1 verjähren Ansprüche wegen eines Mangels an den digitalen Elementen nicht vor dem Ablauf von zwölf Monaten nach dem Ende des Bereitstellungszeitraums.

(2) Ansprüche wegen einer Verletzung der Aktualisierungspflicht nach § 475b Absatz 3 oder 4 verjähren nicht vor dem Ablauf von zwölf Monaten nach dem Ende des Zeitraums der Aktualisierungspflicht.

(3) Hat sich ein Mangel innerhalb der Verjährungsfrist gezeigt, so tritt die Verjährung nicht vor dem Ablauf von vier Monaten nach dem Zeitpunkt ein, in dem sich der Mangel erstmals gezeigt hat.

(4) Hat der Verbraucher zur Nacherfüllung oder zur Erfüllung von Ansprüchen aus einer Garantie die Ware dem Unternehmer oder auf Veranlassung des Unternehmers einem Dritten übergeben, so tritt die Verjährung von Ansprüchen wegen des geltend gemachten Mangels nicht vor dem Ablauf von zwei Monaten nach dem Zeitpunkt ein, in dem die nachgebesserte oder ersetzte Ware dem Verbraucher übergeben wurde.

§ 476 Abweichende Vereinbarungen

① 물품의 하자를 이유로 하는 해제에 대하여는 다음의 경우에는 제323조 제 2 항 및 제440조와는 달리 제323조 제 1 항에서 정하여진 추완이행 기간의 설정을 요하지 아니한다,

1. 사업자가 소비자가 그에게 하자를 지적한 때로부터 상당한 기간이 경과하도록 추완이행을 하지 아니한 때,

2. 사업자가 추완이행을 시도하였으나 여전히 하자가 나타나는 때,

3. 하자가 중대하여 즉시의 해제가 정당화되는 때,

4. 사업자가 제439조 제 1 항이나 제 2 항 또는 제475조 제 5 항에 좇은 제대로 된 추완이행을 거절한 때, 또는

5. 사업자가 제439조 제 1 항이나 제 2 항 또는 제475조 제 5 항에 좇아 제대로 추완이행을 하지 아니할 것임이 제반 사정에 비추어 명백한 때.

② 물품의 하자로 인한 손해배상청구권에 대하여는 제 1 항에서 정하여진 경우에는 제281조 제 1 항에 정하여진 기간 설정이 요구되지 아니한다. 제281조 제 1 항 및 제440조는 이에 적용되지 아니한다

제475조의e [消滅時效에 관한 特則]

① 제475조의c 제 1 항 제 1 문에 정하여진 디지털요소의 지속적 공급의 경우에 디지털요소의 하자로 인한 청구권은 공급기간의 종료 후 12개월이 경과하기 전에는 소멸시효가 완성되지 아니한다.

② 제475조의b 제 3 항 또는 제 4 항에 정하여진 업데이트의무의 위반으로 인한 청구권은 업데이트의무 기간의 종료 후 12개월이 경과하기 전에는 소멸시효가 완성되지 아니한다.

③ 하자가 시효기간 내에 드러나는 경우에는 하자가 처음 드러난 때로부터 4개월이 경과하기 전에는 소멸시효가 완성되지 아니한다.

④ 소비자가 추완이행을 위하여 또는 보장으로부터 발생하는 청구권의 이행을 위하여 물품을 사업자에게 또는 그의 지시에 기하여 제 3 자에게 인도한 경우에는 주장된 하자로 인한 청구권은 추완된 또는 교체된 물품이 소비자에게 인도된 시점으로부터 12개월이 경과하기 전에는 소멸시효가 완성되지 아니한다.

제476조 [다른 約定]

(1) Auf eine vor Mitteilung eines Mangels an den Unternehmer getroffene Vereinbarung, die zum Nachteil des Verbrauchers von den §§ 433 bis 435, 437, 439 bis 441 und 443 sowie von den Vorschriften dieses Untertitels abweicht, kann der Unternehmer sich nicht berufen. Von den Anforderungen nach § 434 Absatz 3 oder § 475b Absatz 4 kann vor Mitteilung eines Mangels an den Unternehmer durch Vertrag abgewichen werden, wenn

1. der Verbraucher vor der Abgabe seiner Vertragserklärung eigens davon in Kenntnis gesetzt wurde, dass ein bestimmtes Merkmal der Ware von den objektiven Anforderungen abweicht, und

2. die Abweichung im Sinne der Nummer 1 im Vertrag ausdrücklich und gesondert vereinbart wurde.

(2) Die Verjährung der in § 437 bezeichneten Ansprüche kann vor Mitteilung eines Mangels an den Unternehmer nicht durch Rechtsgeschäft erleichtert werden, wenn die Vereinbarung zu einer Verjährungsfrist ab dem gesetzlichen Verjährungsbeginn von weniger als zwei Jahren, bei gebrauchten Waren von weniger als einem Jahr führt. Die Vereinbarung ist nur wirksam, wenn

1. der Verbraucher vor der Abgabe seiner Vertragserklärung von der Verkürzung der Verjährungsfrist eigens in Kenntnis gesetzt wurde und

2. die Verkürzung der Verjährungsfrist im Vertrag ausdrücklich und gesondert vereinbart wurde.

(3) Die Absätze 1 und 2 gelten unbeschadet der §§ 307 bis 309 nicht für den Ausschluss oder die Beschränkung des Anspruchs auf Schadensersatz.

(4) Die Regelungen der Absätze 1 und 2 sind auch anzuwenden, wenn sie durch anderweitige Gestaltungen umgangen werden.

§ 477 Beweislastumkehr

(1) Zeigt sich innerhalb eines Jahres seit Gefahrübergang ein von den Anforderungen nach § 434 oder § 475b abweichender Zustand der Ware, so wird vermutet, dass die Ware bereits bei Gefahrübergang mangelhaft war, es sei denn, diese Vermutung ist mit der Art der Ware oder des mangelhaften Zustands unvereinbar. Beim Kauf eines lebenden Tieres gilt diese Vermutung für einen Zeitraum von sechs Monaten seit Gefahrübergang.

(2) Ist bei Waren mit digitalen Elementen die dauerhafte Bereitstellung der digitalen Elemente im Kaufvertrag vereinbart und zeigt sich ein von den vertraglichen Anforderungen nach § 434 oder § 475b abweichender Zustand der

① 사업자는 자신에 대한 하자의 통지 전에 행하여진 것으로서 제433조 내지 제435조, 제437조, 제439조 내지 제441조 및 제443조 및 이 관의 규정과 다른 내용을 소비자에게 불리하게 정하는 약정을 주장할 수 없다. 제434조 제3항 또는 제475조의b 제4항과 다른 약정은 다음의 경우에 사업자에 대한 하자의 통지 전에 행하여질 수 있다,

1. 소비자가 계약 체결의 의사표시를 하기 전에 물품의 특정한 특성이 객관적 요구사항에 미치지 못한다는 점을 분명히 알고 있었고, 또한

2. 제1호의 의미에서의 불충분이 계약에서 명시적이고 개별적으로 합의된 때.

② 제437조 소정의 청구권의 소멸시효를 법률행위에 기하여 완화하는 합의가 소멸시효기간을 법정의 시효기산점으로부터 2년보다, 중고물품의 경우에는 1년보다 더 짧은 것으로 만드는 경우에는 사업자에게 하자가 통지되기 전에 이를 할 수 없다. 그 합의는 다음의 경우에 한하여 효력이 있다,

1. 소비자가 그러한 계약상 의사표시를 하기 전에 소멸시효기간의 단축에 관하여 분명히 알고 있었고, 또한

2. 소멸시효기간의 단축이 계약에서 명시적이고 개별적으로 합의된 때.

③ 제1항 및 제2항은 손해배상청구권의 배제 또는 제한에 대하여는 적용되지 아니하되, 제307조 내지 제309조는 영향을 받지 아니한다.

④ 제1항 및 제2항은 다른 방식으로 회피되는 경우에도 적용된다.

제477조 [證明責任의 轉換]

① 제434조 및 제475조의b에 정하여진 요구사항을 충족하지 못하는 물품의 상태가 위험 이전으로부터 1년 내에 드러난 경우에는 물품이 이미 위험 이전시에 하자 있었음이 추정된다, 그러나 이러한 추정이 물품의 종류 또는 하자 있는 상태와 어울리지 아니하는 경우에는 그러하지 아니하다. 살아 있는 동물의 매매에서는 이러한 추정은 위험 이전으로부터 6개월 동안 인정된다.

② 디지털요소를 가진 물품에서 디지털요소의 지속적 공급이 합의된 매매계약에서 제434조 또는 제475조의b에서 정하여진 요구사항을 충족하

digitalen Elemente während der Dauer der Bereitstellung oder innerhalb eines Zeitraums von zwei Jahren seit Gefahrübergang, so wird vermutet, dass die digitalen Elemente während der bisherigen Dauer der Bereitstellung mangelhaft waren.

§ 478 Sonderbestimmungen für den Rückgriff des Unternehmers

(1) Ist der letzte Vertrag in der Lieferkette ein Verbrauchsgüterkauf (§ 474), findet § 477 in den Fällen des § 445a Absatz 1 und 2 mit der Maßgabe Anwendung, dass die Frist mit dem Übergang der Gefahr auf den Verbraucher beginnt.

(2) Auf eine vor Mitteilung eines Mangels an den Lieferanten getroffene Vereinbarung, die zum Nachteil des Unternehmers von Absatz 1 sowie von den §§ 433 bis 435, 437, 439 bis 443, 445a Absatz 1 und 2 sowie den § 445b, 475b und 475c abweicht, kann sich der Lieferant nicht berufen, wenn dem Rückgriffsgläubiger kein gleichwertiger Ausgleich eingeräumt wird. Satz 1 gilt unbeschadet des § 307 nicht für den Ausschluss oder die Beschränkung des Anspruchs auf Scha densersatz. Die in Satz 1 bezeichneten Vorschriften finden auch Anwendung, wenn sie durch anderweitige Gestaltungen umgangen werden.

(3) Die Absätze 1 und 2 finden auf die Ansprüche des Lieferanten und der übrigen Käufer in der Lieferkette gegen die jeweiligen Verkäufer entsprechende Anwendung, wenn die Schuldner Unternehmer sind.

§ 479 Sonderbestimmungen für Garantien

(1) Eine Garantieerklärung (§ 443) muss einfach und verständlich abgefasst sein. Sie muss Folgendes enthalten:
1. den Hinweis auf die gesetzlichen Rechte des Verbrauchers bei Mängeln, darauf, dass die Inanspruchnahme dieser Rechte unentgeltlich ist sowie darauf, dass diese Rechte durch die Garantie nicht eingeschränkt werden,
2. den Namen und die Anschrift des Garantiegebers,
3. das vom Verbraucher einzuhaltende Verfahren für die Geltendmachung der Garantie,
4. die Nennung der Ware, auf die sich die Garantie bezieht, und
5. die Bestimmungen der Garantie, insbesondere die Dauer und den räumlichen Geltungsbereich des Garantieschutzes.

(2) Die Garantieerklärung ist dem Verbraucher spätestens zum Zeitpunkt der

지 아니하는 디지털요소의 상태가 공급기간 동안 또는 위험 이전으로부터 2년 내에 드러난 경우에는 디지털요소는 그때까지의 공급기간 동안 하자 있었던 것으로 추정된다.

제478조 [事業者의 遡求에 관한 特別規定]

① 연쇄공급과정상의 최종 계약이 제474조 소정의 소비재매매인 때에는 제445조의a 제1항 및 제2항의 경우에 대하여 제477조가 그 기간이 위험이 소비자에게 이전됨으로써 개시되는 것으로 하여 적용된다.

② 공급자에 대한 하자의 통지 전에 행하여진 약정 중 제1항, 제433조 내지 제435조, 제437조, 제439조 내지 제443조, 제445조의a 제1항, 제2항, 제445조의b, 제475조의b 및 제475조의c와 다른 내용으로서 사업자에게 불리한 것은, 소구채권자에게 동가치의 보상이 주어지지 아니하는 한, 공급자가 그 적용을 주장할 수 없다. 제1문은 손해배상청구권의 배제 또는 제한에 대하여는 적용되지 아니하나, 제307조의 적용은 별도이다. 제1문에 정하여진 규정들은 다른 방법으로 이를 회피한 경우에도 적용된다.

③ 제1항 및 제2항은 공급자 및 연쇄공급과정상의 다른 매수인이 각기 그의 매도인에 대하여 청구권을 가지는 경우에 그 채무자가 사업자인 때에는 그 청구권에 준용된다.

제479조 [保障에 관한 特別規定]

① 보장의 의사표시(제443조)는 단순하고 이해될 수 있게 행하여져야 한다. 이는 다음을 포함하여야 한다:

1. 하자가 있는 경우에 소비자가 가지는 법정의 권리들, 이들 권리의 행사는 무상이라는 것 및 이들 권리는 보장에 의하여 제한을 받지 아니한다는 것,
2. 보장자의 이름과 주소,
3. 보장에 기한 권리를 행사하기 위하여 소비자가 지켜야 할 절차,
4. 보장의 대상이 되는 물품의 호칭 및
5. 보장의 구체적 내용, 특히 보장보호의 기간 및 공간적 적용범위.

② 보장의 의사표시는 소비자에게 늦어도 물품이 교부되는 시점에 지속

Lieferung der Ware auf einem dauerhaften Datenträger zur Verfügung zu stellen.

(3) Hat der Hersteller gegenüber dem Verbraucher eine Haltbarkeitsgarantie übernommen, so hat der Verbraucher gegen den Hersteller während des Zeitraums der Garantie mindestens einen Anspruch auf Nacherfüllung gemäß § 439 Absatz 2, 3, 5 und 6 Satz 2 und § 475 Absatz 3 Satz 1 und Absatz 5.

(4) Die Wirksamkeit der Garantieverpflichtung wird nicht dadurch berührt, dass eine der vorstehenden Anforderungen nicht erfüllt wird.

Untertitel 4   Tausch

§ 480 Tausch
Auf den Tausch finden die Vorschriften über den Kauf entsprechende Anwendung.

Titel 2   Teilzeit-Wohnrechteverträge, Verträge über langfristige Urlaubsprodukte, Vermittlungsverträge und Tauschsystemverträge

§ 481 Teilzeit-Wohnrechtevertrag
(1) Ein Teilzeit-Wohnrechtevertrag ist ein Vertrag, durch den ein Unternehmer einem Verbraucher gegen Zahlung eines Gesamtpreises das Recht verschafft oder zu verschaffen verspricht, für die Dauer von mehr als einem Jahr ein Wohngebäude mehrfach für einen bestimmten oder zu bestimmenden Zeitraum zu Übernachtungszwecken zu nutzen. Bei der Berechnung der Vertragsdauer sind sämtliche im Vertrag vorgesehenen Verlängerungsmöglichkeiten zu berücksichtigen.

(2) Das Recht kann ein dingliches oder anderes Recht sein und insbesondere auch durch eine Mitgliedschaft in einem Verein oder einen Anteil an einer Gesellschaft eingeräumt werden. Das Recht kann auch darin bestehen, aus einem Bestand von Wohngebäuden ein Wohngebäude zur Nutzung zu wählen.

(3) Einem Wohngebäude steht ein Teil eines Wohngebäudes gleich, ebenso eine bewegliche, als Übernachtungsunterkunft gedachte Sache oder ein Teil derselben.

적 자료저장장치상으로 소비자에게 공급되어야 한다.

③ 제조자가 소비자에 대하여 지속가능성의 보장을 인수한 경우에는 소비자는 제조자에 대하여 보장의 존속기간 동안 최소한 제439조 제 2 항, 제 3 항, 제 5 항, 제 6 항 제 2 문, 제475조 제 3 항 제 1 문 및 제 5 항에 따른 추완이행의 청구권을 가진다.

④ 보장 의사표시의 유효성은 이상과 같은 요건이 충족되지 아니한다는 것에 의하여 영향을 받지 아니한다.

제 4 관   交   換

제480조 [交換]

교환에 대하여는 매매에 관한 규정이 준용된다.

제 2 절   一時居住權契約, 長期의 休暇優待商品에 관한 契約, 斡旋契約 및 交換시스템契約

제481조 [一時居住權契約]

① 일시거주권계약이라 함은, 사업자가 소비자에 대하여 전체대금의 지급과 상환으로, 1년 이상의 기간에 걸쳐 하나의 주거용 건물을 특정된 또는 특정되어야 하는 시기에 숙박의 목적으로 사용할 권리를 부여하는 것 또는 부여할 의무를 지는 것을 내용으로 하는 계약을 말한다. 계약기간의 산정에 있어서는 계약에서 정하여진 모든 연장가능성을 고려하여야 한다.

② 그 권리는 물권적 권리이거나 다른 권리일 수 있고, 특히 사단의 사원권 또는 조합의 지분으로 제공될 수도 있다. 그 권리는 일군의 주거용 건물 중에서 하나를 선택하여 사용하는 것일 수도 있다.

③ 주거용 건물의 일부, 나아가 숙박시설로 여겨지는 동산이나 그 일부는 하나의 주거용 건물과 동시된다.

§ 481a Vertrag über ein langfristiges Urlaubsprodukt

Ein Vertrag über ein langfristiges Urlaubsprodukt ist ein Vertrag für die Dauer von mehr als einem Jahr, durch den ein Unternehmer einem Verbraucher gegen Zahlung eines Gesamtpreises das Recht verschafft oder zu verschaffen verspricht, Preisnachlässe oder sonstige Vergünstigungen in Bezug auf eine Unterkunft zu erwerben. § 481 Absatz 1 Satz 2 gilt entsprechend.

§ 481b Vermittlungsvertrag, Tauschsystemvertrag

(1) Ein Vermittlungsvertrag ist ein Vertrag, durch den sich ein Unternehmer von einem Verbraucher ein Entgelt versprechen lässt für den Nachweis der Gelegenheit zum Abschluss eines Vertrags oder für die Vermittlung eines Vertrags, durch den die Rechte des Verbrauchers aus einem Teilzeit-Wohnrechtevertrag oder einem Vertrag über ein langfristiges Urlaubsprodukt erworben oder veräußert werden sollen.

(2) Ein Tauschsystemvertrag ist ein Vertrag, durch den sich ein Unternehmer von einem Verbraucher ein Entgelt versprechen lässt für den Nachweis der Gelegenheit zum Abschluss eines Vertrags oder für die Vermittlung eines Vertrags, durch den einzelne Rechte des Verbrauchers aus einem Teilzeit-Wohnrechtevertrag oder einem Vertrag über ein langfristiges Urlaubsprodukt getauscht oder auf andere Weise erworben oder veräußert werden sollen.

§ 482 Vorvertragliche Informationen, Werbung und Verbot des Verkaufs als Geldanlage

(1) Der Unternehmer hat dem Verbraucher rechtzeitig vor Abgabe von dessen Vertragserklärung zum Abschluss eines Teilzeit-Wohnrechtevertrags, eines Vertrags über ein langfristiges Urlaubsprodukt, eines Vermittlungsvertrags oder eines Tauschsystemvertrags vorvertragliche Informationen nach Artikel 242 § 1 des Einführungsgesetzes zum Bürgerlichen Gesetzbuche in Textform zur Verfügung zu stellen. Diese müssen klar und verständlich sein.

(2) In jeder Werbung für solche Verträge ist anzugeben, dass vorvertragliche Informationen erhältlich sind und wo diese angefordert werden können. Der Unternehmer hat bei der Einladung zu Werbe- oder Verkaufsveranstaltungen deutlich auf den gewerblichen Charakter der Veranstaltung hinzuweisen. Dem Verbraucher sind auf solchen Veranstaltungen die vorvertraglichen Informationen jederzeit zugänglich zu machen.

(3) Ein Teilzeit-Wohnrecht oder ein Recht aus einem Vertrag über ein langfristiges Urlaubsprodukt darf nicht als Geldanlage beworben oder verkauft werden.

제481조의a [長期의 休暇優待商品에 관한 契約]

장기의 휴가우대상품에 관한 계약이라 함은 사업자가 소비자에 대하여 전체대금의 지급과 상환으로 숙박에 관하여 대금 할인 또는 기타의 우대를 받는 권리를 부여하는 것 또는 부여할 의무를 지는 것을 내용으로 하는 계약으로서 1년 이상의 기간으로 체결된 것을 말한다. 제481조 제 1 항 제 2 문이 이에 준용된다.

제481조의b [斡旋契約·交換시스템契約]

① 알선계약이라 함은 사업자가 일시주거권계약 또는 장기의 휴가우대상품에 관한 계약으로부터 발생하는 소비자의 권리들이 취득되거나 양도되는 계약을 체결하는 기회를 알선하는 것 또는 그러한 계약을 중개하는 것에 대하여 소비자가 대가의 지급을 약속하는 계약을 말한다.

② 교환시스템계약이라 함은 사업자가 일시주거권계약 또는 장기의 휴가우대상품에 관한 계약으로부터 발생하는 소비자의 개별적인 권리가 교환 또는 다른 방법으로 취득되거나 양도되는 계약을 체결하는 기회를 알선하는 것 또는 그러한 계약을 중개하는 것에 대하여 소비자가 대가의 지급을 약속하는 계약을 말한다.

제482조 [契約前 情報, 廣告 그리고 投資로서의 販賣 禁止]

① 사업자는 소비자가 일시거주권계약, 장기의 휴가우대상품에 관한 계약, 알선계약 또는 교환시스템계약의 체결에 관한 계약상 의사표시를 하기 전에 민법시행법 제242조 §1에 의한 계약 전 정보를 문면방식으로 소비자에게 제공하여야 한다. 이들 정보는 명료하고 이해될 수 있어야 한다.

② 그러한 계약을 위한 모든 광고에는 계약 전 정보를 얻을 수 있다는 것 및 이를 요구할 수 있는 곳을 밝혀야 한다. 사업자는 선전행사 및 판매행사에 초청함에 있어서는 그 행사의 영업적 성격을 명확하게 지적하여야 한다. 그러한 행사에서는 소비자가 계약 전 정보를 언제라도 얻을 수 있도록 하여야 한다.

③ 일시거주권 또는 장기의 휴가우대상품에 관한 계약상의 권리는 투자로 취득되거나 판매되어서는 안 된다.

§ 482a Widerrufsbelehrung

Der Unternehmer muss den Verbraucher vor Vertragsschluss in Textform auf das Widerrufsrecht einschließlich der Widerrufsfrist sowie auf das Anzahlungsverbot nach § 486 hinweisen. Der Erhalt der entsprechenden Vertragsbestimmungen ist vom Verbraucher schriftlich zu bestätigen. Die Einzelheiten sind in Artikel 242 § 2 des Einführungsgesetzes zum Bürgerlichen Gesetzbuche geregelt.

§ 483 Sprache des Vertrags und der vorvertraglichen Informationen

(1) Der Teilzeit-Wohnrechtevertrag, der Vertrag über ein langfristiges Urlaubsprodukt, der Vermittlungsvertrag oder der Tauschsystemvertrag ist in der Amtssprache oder, wenn es dort mehrere Amtssprachen gibt, in der vom Verbraucher gewählten Amtssprache des Mitgliedstaats der Europäischen Union oder des Vertragsstaats des Abkommens über den Europäischen Wirtschaftsraum abzufassen, in dem der Verbraucher seinen Wohnsitz hat. Ist der Verbraucher Angehöriger eines anderen Mitgliedstaats, so kann er statt der Sprache seines Wohnsitzstaats auch die oder eine der Amtssprachen des Staats, dem er angehört, wählen. Die Sätze 1 und 2 gelten auch für die vorvertraglichen Informationen und für die Widerrufsbelehrung.

(2) Ist der Vertrag von einem deutschen Notar zu beurkunden, so gelten die §§ 5 und 16 des Beurkundungsgesetzes mit der Maßgabe, dass dem Verbraucher eine beglaubigte Übersetzung des Vertrags in der von ihm nach Absatz 1 gewählten Sprache auszuhändigen ist.

(3) Verträge, die Absatz 1 Satz 1 und 2 oder Absatz 2 nicht entsprechen, sind nichtig.

§ 484 Form und Inhalt des Vertrags

(1) Der Teilzeit-Wohnrechtevertrag, der Vertrag über ein langfristiges Urlaubsprodukt, der Vermittlungsvertrag oder der Tauschsystemvertrag bedarf der schriftlichen Form, soweit nicht in anderen Vorschriften eine strengere Form vorgeschrieben ist.

(2) Die dem Verbraucher nach § 482 Absatz 1 zur Verfügung gestellten vorvertraglichen Informationen werden Inhalt des Vertrags, soweit sie nicht einvernehmlich oder einseitig durch den Unternehmer geändert wurden. Der Unternehmer darf die vorvertraglichen Informationen nur einseitig ändern, um sie an Veränderungen anzupassen, die durch höhere Gewalt verursacht wurden. Die Änderungen nach Satz 1 müssen dem Verbraucher vor Abschluss des Vertrags in Textform mitgeteilt werden. Sie werden nur wirksam, wenn sie in die

제482조의a [撤回可能性에 관한 告知]

사업자는 계약 체결 전에 소비자에게 철회기간을 포함한 철회권 및 제486조에 의한 선금 금지에 대하여 지적하여야 한다. 소비자가 이들에 상응하는 계약조항을 얻었다는 것은 소비자로부터 서면으로 확인을 받아야 한다. 구체적인 것은 민법시행법 제242조 §2에서 규정된다.

제483조 [契約 및 契約前 情報의 言語]

① 일시거주권계약, 장기의 휴가우대상품에 관한 계약, 알선계약 또는 교환시스템계약은 공용어로, 공용어가 여럿인 경우에는 소비자가 주소를 두는 유럽연합 회원국 또는 유럽경제공동체협약 체약국의 공용어 중에서 소비자가 선택한 것으로 작성되어야 한다. 소비자가 그와 다른 회원국의 국민인 경우에는, 그 주소국의 언어가 아니라 그 국적국의 공용어를 또는 공용어의 하나를 선택할 수 있다. 제1문 및 제2문은 계약 전 정보 및 철회가능성에 관한 고지에도 적용된다.

② 계약서가 독일 공증인에 의하여 작성된 경우에는, 공증법 제5조 및 제16조가 제1항에 따라 소비자가 선택한 언어로 인증번역된 계약서가 그에게 교부되는 것으로 하여 적용된다.

③ 제1항 제1문, 제2문 또는 제2항에 반하는 계약은 무효이다.

제484조 [契約의 方式과 內容]

① 일시거주권계약, 장기의 휴가우대상품에 관한 계약, 알선계약 또는 교환시스템계약은 다른 규정에서 보다 엄격한 방식이 정하여지지 아니한 한 서면방식을 요한다.

② 제482조 제1항에 좇아 소비자에게 제공된 계약 전 정보는, 합의에 기하여 또는 사업자에 의하여 일방적으로 변경되지 아니한 한, 계약의 내용이 된다. 사업자는 계약 전 정보를 불가항력으로 야기된 사정변경에 적절한 것이 되도록 하기 위하여서만 이를 일방적으로 변경할 수 있다. 제1문에서 정하여진 변경은 계약 체결 전에 문면방식으로 소비자에게 통지되어야 한다. 그것은 그것이 제482조 제1항에 따라 제공된 계약 전 정보와 다르다는 지적과 함께 계약서면에 포함된 경우에만 효력이 있다.

Vertragsdokumente mit dem Hinweis aufgenommen werden, dass sie von den nach § 482 Absatz 1 zur Verfügung gestellten vorvertraglichen Informationen abweichen. In die Vertragsdokumente sind aufzunehmen:

1. die vorvertraglichen Informationen nach § 482 Absatz 1 unbeschadet ihrer Geltung nach Satz 1,
2. die Namen und ladungsfähigen Anschriften beider Parteien sowie
3. Datum und Ort der Abgabe der darin enthaltenen Vertragserklärungen.

(3) Der Unternehmer hat dem Verbraucher die Vertragsurkunde oder eine Abschrift des Vertrags zu überlassen. Bei einem Teilzeit-Wohnrechtevertrag hat er, wenn die Vertragssprache und die Amtssprache des Mitgliedstaats der Europäischen Union oder des Vertragsstaats des Abkommens über den Europäischen Wirtschaftsraum, in dem sich das Wohngebäude befindet, verschieden sind, eine beglaubigte Übersetzung des Vertrags in einer Amtssprache des Staats beizufügen, in dem sich das Wohngebäude befindet. Die Pflicht zur Beifügung einer beglaubigten Übersetzung entfällt, wenn sich der Teilzeit Wohnrechtevertrag auf einen Bestand von Wohngebäuden bezieht, die sich in verschiedenen Staaten befinden.

§ 485 Widerrufsrecht

Dem Verbraucher steht bei einem Teilzeit-Wohnrechtevertrag, einem Vertrag über ein langfristiges Urlaubsprodukt, einem Vermittlungsvertrag oder einem Tauschsystemvertrag ein Widerrufsrecht nach § 355 zu.

§ 486 Anzahlungsverbot

(1) Der Unternehmer darf Zahlungen des Verbrauchers vor Ablauf der Widerrufsfrist nicht fordern oder annehmen.

(2) Es dürfen keine Zahlungen des Verbrauchers im Zusammenhang mit einem Vermittlungsvertrag gefordert oder angenommen werden, bis der Unternehmer seine Pflichten aus dem Vermittlungsvertrag erfüllt hat oder diese Vertragsbeziehung beendet ist.

§ 486a Besondere Vorschriften für Verträge über langfristige Urlaubsprodukte

(1) Bei einem Vertrag über ein langfristiges Urlaubsprodukt enthält das in Artikel 242 § 1 Absatz 2 des Einführungsgesetzes zum Bürgerlichen Gesetzbuche bezeichnete Formblatt einen Ratenzahlungsplan. Der Unternehmer darf von den dort genannten Zahlungsmodalitäten nicht abweichen. Er darf den laut Formblatt fälligen jährlichen Teilbetrag vom Verbraucher nur fordern oder annehmen, wenn er den Verbraucher zuvor in Textform zur Zahlung dieses

계약서면에는 다음의 사항이 포함되어야 한다:

1. 제 1 문에 따른 효력과는 별도로, 제482조 제 1 항에 의한 계약 전 정보,

2. 양 당사자의 이름 및 소환가능한 주소, 그리고

3. 그에 이루어진 계약상 의사표시가 행하여진 일시와 장소.

③ 사업자는 소비자에게 계약서 또는 그 등본을 교부하여야 한다. 일시주거권계약에서 계약언어와 주거용 건물이 소재하는 유럽연합 회원국 또는 유럽경제공동체협약 체약국의 공용어가 서로 다른 경우에는, 그는 그 건물이 소재하는 국가의 공용어로 인증번역된 계약서를 첨부하여야 한다. 인증번역된 계약서를 첨부할 의무는 일시주거권계약이 여러 나라에 소재하는 일련의 주거용 건물을 목적으로 하는 경우에는 발생하지 아니한다.

제485조 [撤回權]

일시거주권계약, 장기의 휴가우대상품에 관한 계약, 알선계약 또는 교환시스템계약에서 소비자는 제355조에 의한 철회권을 가진다.

제486조 [先金의 禁止]

① 사업자는 철회기간이 경과하기 전에 소비자에 대하여 지급을 청구하거나 이를 수령하여서는 아니된다.

② 알선계약에서 사업자가 그 계약상의 의무를 이행하거나 그 계약관계가 종료할 때까지는 그 계약과 관련하여 소비자의 지급을 청구할 수 없다.

제486조의a [長期의 休暇優待商品에 관한 契約에 대한 特別規定]

① 장기의 휴가우대상품에 관한 계약에서 민법시행법 제242조 § 1 제 2 항에 정하여진 서식은 분할지급계획을 포함한다. 사업자는 거기서 정하여진 지급방법과 달리 정할 수 없다. 그는 그 서식에서 정하여진 이행기 도래의 1년 단위 분할금의 지급을 미리 소비자에게 문면방식으로 청구하지 아니하면 이를 청구하거나 수령할 수 없다. 그 지급청구는 늦

Teilbetrags aufgefordert hat. Die Zahlungsaufforderung muss dem Verbraucher mindestens zwei Wochen vor Fälligkeit des jährlichen Teilbetrags zugehen.

(2) Ab dem Zeitpunkt, der nach Absatz 1 für die Zahlung des zweiten Teilbetrags vorgesehen ist, kann der Verbraucher den Vertrag innerhalb von zwei Wochen ab Zugang der Zahlungsaufforderung zum Fälligkeitstermin gemäß Absatz 1 kündigen.

§ 487 **Abweichende Vereinbarungen**
Von den Vorschriften dieses Titels darf nicht zum Nachteil des Verbrauchers abgewichen werden. Die Vorschriften dieses Titels finden, soweit nicht ein anderes bestimmt ist, auch Anwendung, wenn sie durch anderweitige Gestaltungen umgangen werden.

Titel 3　Darlehensvertrag; Finanzierungshilfen und Ratenlieferungsverträge zwischen einem Unternehmer und einem Verbraucher

Untertitel 1　Darlehensvertrag

Kapitel 1　Allgemeine Vorschriften

§ 488 **Vertragstypische Pflichten beim Darlehensvertrag**
(1) Durch den Darlehensvertrag wird der Darlehensgeber verpflichtet, dem Darlehensnehmer einen Geldbetrag in der vereinbarten Höhe zur Verfügung zu stellen. Der Darlehensnehmer ist verpflichtet, einen geschuldeten Zins zu zahlen und bei Fälligkeit das zur Verfügung gestellte Darlehen zurückzuerstatten.

(2) Die vereinbarten Zinsen sind, soweit nicht ein anderes bestimmt ist, nach dem Ablauf je eines Jahres und, wenn das Darlehen vor dem Ablauf eines Jahres zurückzuerstatten ist, bei der Rückerstattung zu entrichten.

(3) Ist für die Rückerstattung des Darlehens eine Zeit nicht bestimmt, so hängt die Fälligkeit davon ab, dass der Darlehensgeber oder der Darlehensnehmer kündigt. Die Kündigungsfrist beträgt drei Monate. Sind Zinsen nicht geschuldet, so ist der Darlehensnehmer auch ohne Kündigung zur Rückerstattung berechtigt.

§ 489 **Ordentliches Kündigungsrecht des Darlehensnehmers**

어도 1 년 단위 분할금의 변제기로부터 2 주 전에 소비자에게 도달하여야
한다.

② 소비자는 제 2 분할금의 지급에 관하여 제 1 항에 따라 정하여진 시점
이후로서 제 1 항에 의한 변제기에 맞추어 행하여진 지급청구의 도달시
로부터 2 주 내에 계약을 해지할 수 있다.

제487조 [다른 約定]

이 절의 규정과 다른 내용으로 소비자에 불리하게 약정할 수 없다. 이 절
의 규정은 달리 정하여지지 아니한 한 이를 다른 방법으로 회피한 경우
에도 적용된다.

제 3 절   消費貸借契約; 事業者와 消費者 사이의 資金融通援助 및 分割供給契約

제 1 관   消費貸借契約

제 1 항   一般規定

제488조 [消費貸借契約에서의 典型的 義務]

① 소비대차계약에 기하여 대주는 차주에게 약정한 액의 금전을 제공할
의무가 있다. 차주는 약정한 이자를 지급할 의무 및 제공받은 대차금을
이행기에 반환할 의무가 있다.

② 약정된 이자는 다른 정함이 없는 한 1년의 경과 후마다, 그리고 1년의
경과 전에 대차금을 반환하여야 하는 경우에는 그 반환시에 이를 지급하
여야 한다.

③ 대차금의 반환에 대하여 시기의 정함이 없는 경우에는 이행기는 대
주 또는 차주의 해지에 달려 있다. 해지기간은 3개월이다. 이자의 약정이
없는 경우에는 차주는 해지하지 아니하고도 반환할 수 있다.

제489조 [借主의 通常解止權]

(1) Der Darlehensnehmer kann einen Darlehensvertrag mit gebundenem Sollzinssatz ganz oder teilweise kündigen,

1. wenn die Sollzinsbindung vor der für die Rückzahlung bestimmten Zeit endet und keine neue Vereinbarung über den Sollzinssatz getroffen ist, unter Einhaltung einer Kündigungsfrist von einem Monat frühestens für den Ablauf des Tages, an dem die Sollzinsbindung endet; ist eine Anpassung des Sollzinssatzes in bestimmten Zeiträumen bis zu einem Jahr vereinbart, so kann der Darlehensnehmer jeweils nur für den Ablauf des Tages, an dem die Sollzinsbindung endet, kündigen;

2. in jedem Fall nach Ablauf von zehn Jahren nach dem vollständigen Empfang unter Einhaltung einer Kündigungsfrist von sechs Monaten; wird nach dem Empfang des Darlehens eine neue Vereinbarung über die Zeit der Rückzahlung oder den Sollzinssatz getroffen, so tritt der Zeitpunkt dieser Vereinbarung an die Stelle des Zeitpunkts des Empfangs.

(2) Der Darlehensnehmer kann einen Darlehensvertrag mit veränderlichem Zinssatz jederzeit unter Einhaltung einer Kündigungsfrist von drei Monaten kündigen.

(3) Eine Kündigung des Darlehensnehmers gilt als nicht erfolgt, wenn er den geschuldeten Betrag nicht binnen zwei Wochen nach Wirksamwerden der Kündigung zurückzahlt.

(4) Das Kündigungsrecht des Darlehensnehmers nach den Absätzen 1 und 2 kann nicht durch Vertrag ausgeschlossen oder erschwert werden. Dies gilt nicht bei Darlehen an den Bund, ein Sondervermögen des Bundes, ein Land, eine Gemeinde, einen Gemeindeverband, die Europäischen Gemeinschaften oder ausländische Gebietskörperschaften.

(5) Sollzinssatz ist der gebundene oder veränderliche periodische Prozentsatz, der pro Jahr auf das in Anspruch genommene Darlehen angewendet wird. Der Sollzinssatz ist gebunden, wenn für die gesamte Vertragslaufzeit ein Sollzinssatz oder mehrere Sollzinssätze vereinbart sind, die als feststehende Prozentzahl ausgedrückt werden. Ist für die gesamte Vertragslaufzeit keine Sollzinsbindung vereinbart, gilt der Sollzinssatz nur für diejenigen Zeiträume als gebunden, für die er durch eine feste Prozentzahl bestimmt ist.

§ 490 **Außerordentliches Kündigungsrecht**

(1) Wenn in den Vermögensverhältnissen des Darlehensnehmers oder in der Werthaltigkeit einer für das Darlehen gestellten Sicherheit eine wesentliche Verschlechterung eintritt oder einzutreten droht, durch die die Rückerstattung

① 차주는 고정된 대차이율이 있는 소비대차계약을 다음 각 호와 같이 전부 또는 일부 해지할 수 있다,

1. 그 이자를 지급할 의무가 정하여진 반환시기 전에 종료하는데 이율에 관한 새로운 합의가 행하여지지 아니하는 때에는, 1개월의 해지기간을 두어 빨라도 그 이자 지급의 의무가 종료하는 날의 경과로 효력이 발생하는 해지를 할 수 있다; 1년 이내의 일정 기간 안에 이율을 변경하기로 하는 약정이 있는 때에는 차주는 그 각 이자 지급의 의무가 종료하는 날의 경과로 효력이 발생하는 해지만을 할 수 있다;

2. 어떠한 경우에라도 대차금 전부의 수령으로부터 10년이 경과한 후에는 6개월의 해지기간을 두어 해지할 수 있다; 대차금의 수령 후 반환시기 또는 이율에 관하여 새로운 약정을 한 때에는 그 약정시를 수령시에 갈음한다.

② 차주는 이율이 변동하는 소비대차계약을 언제든지 3개월의 해지기간을 두어 해지할 수 있다.

③ 차주가 채무액을 해지의 효력 발생 후 2주 이내에 반환하지 아니한 때에는 차주의 해지는 행하여지지 아니한 것으로 본다.

④ 제1항 및 제2항에 의한 차주의 해지권은 계약에 의하여 배제되거나 제한될 수 없다. 연방, 연방의 특별재산, 주, 기초지방자치체 또는 기초지방자치체연합, 유럽공동체 또는 외국의 지역단체에 대한 소비대차의 경우에는 그러하지 아니하다.

⑤ 대차이율이라 함은 문제되는 소비대차에 관하여 연 단위로 그 기간에 적용되는 고정되거나 기간별로 유동하는 이율을 말한다. 계약기간 전체에 대하여 하나의 대차이율 또는 일정한 백분율로 표현된 다수의 대차이율이 약정된 경우에 대차이율은 고정된다. 계약기간 전체에 대하여 아무런 대차이율도 약정되지 아니한 경우에는 대차이율은 그것이 확정된 백분율로 정하여진 기간에 대하여만 고정된 것으로 적용된다.

제490조 [特別解止權]

① 차주의 재산상태 또는 대차금을 위하여 설정된 담보의 가치가 현저히 악화하였거나 악화할 우려가 있고 그로 인하여 담보를 실행하더라도

des Darlehens, auch unter Verwertung der Sicherheit, gefährdet wird, kann der Darlehensgeber den Darlehensvertrag vor Auszahlung des Darlehens im Zweifel stets, nach Auszahlung nur in der Regel fristlos kündigen.

(2) Der Darlehensnehmer kann einen Darlehensvertrag, bei dem für einen bestimmten Zeitraum ein fester Zinssatz vereinbart und das Darlehen durch ein Grund- oder Schiffspfandrecht gesichert ist, unter Einhaltung der Fristen des § 489 Abs. 1 Nr. 2 vorzeitig kündigen, wenn seine berechtigten Interessen dies gebieten. Ein solches Interesse liegt insbesondere vor, wenn der Darlehensnehmer ein Bedürfnis nach einer anderweitigen Verwertung der zur Sicherung des Darlehens beliehenen Sache hat. Der Darlehensnehmer hat dem Darlehensgeber denjenigen Schaden zu ersetzen, der diesem aus der vorzeitigen Kündigung entsteht (Vorfälligkeitsentschädigung).

(3) Die Vorschriften der §§ 313 und 314 bleiben unberührt.

Kapitel 2　Besondere Vorschriften für Verbraucherdarlehensverträge

§ 491　Verbraucherdarlehensvertrag

(1) Die Vorschriften dieses Kapitels gelten für Verbraucherdarlehensverträge, soweit nichts anderes bestimmt ist. Verbraucherdarlehensverträge sind Allgemein-Verbraucherdarlehensverträge und Immobiliar-Verbraucherdarlehensverträge.

(2) Allgemein-Verbraucherdarlehensverträge sind entgeltliche Darlehensverträge zwischen einem Unternehmer als Darlehensgeber und einem Verbraucher als Darlehensnehmer. Keine Allgemein-Verbraucherdarlehensverträge sind Verträge,

1. bei denen der Nettodarlehensbetrag (Artikel 247 § 3 Abs. 2 des Einführungsgesetzes zum Bürgerlichen Gesetzbuche) weniger als 200 Euro beträgt,

2. bei denen sich die Haftung des Darlehensnehmers auf eine dem Darlehensgeber zum Pfand übergebene Sache beschränkt,

3. bei denen der Darlehensnehmer das Darlehen binnen drei Monaten zurückzuzahlen hat und nur geringe Kosten vereinbart sind,

4. die von Arbeitgebern mit ihren Arbeitnehmern als Nebenleistung zum Arbeitsvertrag zu einem niedrigeren als dem marktüblichen effektiven Jahreszins (§ 16 der Preisangabenverordnung) abgeschlossen werden und anderen Personen nicht angeboten werden,

5. die nur mit einem begrenzten Personenkreis auf Grund von Rechtsvorschriften in öffentlichem Interesse abgeschlossen werden, wenn im Vertrag für den Darlehensnehmer günstigere als marktübliche Bedingungen und

대차금의 반환이 위태롭게 되는 때에는, 대주는 대차금의 지급 전에는
의심스러운 때에는 언제나, 그 지급 후에는 통례적으로만 소비대차계약
을 즉시해지할 수 있다.

② 차주는, 일정한 기간에 대하여 확정이율이 약정되고 대차금이 부동
산담보권이나 선박저당권에 의하여 담보되어 있는 소비대차계약을, 그
의 정당한 이익이 이를 요청하는 때에는, 반환기한 전에 제489조의h
제 1 항 제 2 호의 기간을 두고 해지할 수 있다. 그러한 이익은 특히 차주
가 대차금의 담보로 제공한 물건을 달리 이용할 필요가 있을 경우에 인
정된다. 차주는 기한전 해지로 인하여 대주에게 발생한 손해를 배상하여
야 한다("기한 전 변제로 인한 손해배상").

③ 제313조와 제314조의 규정은 영향을 받지 아니한다.

제 2 항 消費者消費貸借契約에 관한 特別規定

제491조 [消費者消費貸借契約]

① 이 항의 규정은 달리 정하여지지 아니한 한 소비자소비대차계약에
적용된다. 소비자소비대차계약이라 함은 일반소비자소비대차계약과 부
동산소비자소비대차계약을 말한다.

② 일반소비자소비대차계약이라 함은 사업자를 대주로 하고 소비자를
차주로 하는 유상의 소비대차계약을 말한다. 다음의 계약은 일반소비자
소비대차계약에 해당하지 아니한다,

1. 민법시행법 제247조 §3 제 2 항 소정의 순소비대차액이 200유로 미만인
   경우,
2. 차주의 책임이 담보를 위하여 대주에 인도된 물건에 제한되는 경우,
3. 차주가 대차금을 3개월 내에 반환하여야 하고 또한 사소한 비용만이
   약정된 경우,
4. 사용자가 근로계약에 따른 부수적 급부로서 시장통상적 실질연이자
   (가격표시법 제16조)보다 적은 이자로 근로자와의 사이에 체결한
   것으로서 다른 사람에게는 제공되지 아니하는 경우,
5. 계약에서 시장통상적인 계약내용보다 차주에게 유리하고 또한 많아
   도 시장통상적인 이율이 약정된 경우에, 제한된 인적 범위의 사람과

höchstens der marktübliche Sollzinssatz vereinbart sind,

6. bei denen es sich um Immobiliar-Verbraucherdarlehensverträge oder Immobilienverzehrkreditverträge gemäß Absatz 3 handelt.

(3) Immobiliar-Verbraucherdarlehensverträge sind entgeltliche Darlehensverträge zwischen einem Unternehmer als Darlehensgeber und einem Verbraucher als Darlehensnehmer, die

1. durch ein Grundpfandrecht oder eine Reallast besichert sind oder

2. für den Erwerb oder die Erhaltung des Eigentumsrechts an Grundstücken, an bestehenden oder zu errichtenden Gebäuden oder für den Erwerb oder die Erhaltung von grundstücksgleichen Rechten bestimmt sind.

Keine Immobiliar-Verbraucherdarlehensverträge sind Verträge gemäß Absatz 2 Satz 2 Nummer 4. Auf Immobiliar-Verbraucherdarlehensverträge gemäß Absatz 2 Satz 2 Nummer 5 ist nur § 491a Absatz 4 anwendbar. Keine Immobiliar-Verbraucherdarlehensverträge sind Immobilienverzehrkreditverträge, bei denen der Kreditgeber

1. pauschale oder regelmäßige Zahlungen leistet oder andere Formen der Kreditauszahlung vornimmt und im Gegenzug nur einen Betrag aus dem künftigen Erlös des Verkaufs einer Wohnimmobilie erhält oder ein Recht an einer Wohnimmobilie erwirbt und

2. erst nach dem Tod des Verbrauchers eine Rückzahlung fordert, außer der Verbraucher verstößt gegen die Vertragsbestimmungen, was dem Kreditgeber erlaubt, den Vertrag zu kündigen.

(4) § 358 Abs. 2 und 4 sowie die §§ 491a bis 495 und 505a bis 505e sind nicht auf Darlehensverträge anzuwenden, die in ein nach den Vorschriften der Zivilprozessordnung errichtetes gerichtliches Protokoll aufgenommen oder durch einen gerichtlichen Beschluss über das Zustandekommen und den Inhalt eines zwischen den Parteien geschlossenen Vergleichs festgestellt sind, wenn in das Protokoll oder den Beschluss der Sollzinssatz, die bei Abschluss des Vertrags in Rechnung gestellten Kosten des Darlehens sowie die Voraussetzungen aufgenommen worden sind, unter denen der Sollzinssatz oder die Kosten angepasst werden können.

§ 491a Vorvertragliche Informationspflichten bei Verbraucherdarlehensverträgen

(1) Der Darlehensgeber ist verpflichtet, den Darlehensnehmer nach Maßgabe des Artikels 247 des Einführungsgesetzes zum Bürgerlichen Gesetzbuche zu informieren.

사이에서만 공적 이익을 위하여 법규정에 기하여 체결된 경우,

6. 제 3 항 소정의 부동산소비자소비대차계약 또는 역逆부동산담보대출계약인 경우.

③ 부동산소비자소비대차계약이라 함은 사업자를 대주로 하고 소비자를 차주로 하는 유상의 소비대차계약으로서 다음 각 호 중 하나에 해당하는 것을 말한다,

1. 부동산담보권 또는 물적부담에 의하여 담보되는 것, 또는

2. 부동산 또는 현존하거나 신축될 건물에 대한 소유권을 취득하거나 보유할 목적으로 또는 부동산과 동시되는 권리를 취득하거나 보유할 목적으로 행하여지는 것.

제 2 항 제 2 문 제 4 호에서 정하는 계약은 부동산소비자소비대차계약에 해당하지 아니한다. 제 2 항 제 2 문 제 5 호에서 정하는 부동산소비자소비대차계약에 대하여는 제491조의a 제 4 항만이 적용된다. 다음의 부동산담보대출계약은 부동산소비자소비대차계약에 해당하지 아니한다,

1. 신용제공자가 금전을 일괄적 또는 정기적으로 지급하거나 다른 형태의 신용자료 제공을 행하고, 그 반대급부로 주거건조물의 매도로 인한 장래의 취득금에서 일정한 금액만을 받거나 주거건조물에 대한 권리를 취득하며, 또한

2. 신용제공자로 하여금 계약을 해지할 수 있게 하는 소비자의 계약조항 위반의 경우를 제외하고는, 신용제공자가 소비자의 사망 후에야 비로소 반환을 청구하기로 하는 것.

④ 민사소송법의 규정에 따라 작성된 법원 기록에 기재된 소비대차계약 또는 당사자들 사이에 행하여진 화해의 성립과 내용에 관한 법원의 결정에 의하여 확정된 소비대차계약에 대하여는, 그 기록 또는 결정에 이율, 계약 체결에서 고려된 소비대차의 비용 및 그 이율이나 비용이 변경될 수 있는 조건이 기재된 경우에는, 제358조 제 2 항, 제 4 항, 제491조의a 내지 제495조 및 제505조의a 내지 제505조의c는 적용되지 아니한다.

제491조의a [消費者消費貸借契約에서의 契約前 情報提供義務]

① 대주는 차주에게 민법시행법 제247조에 따라 정보를 제공할 의무를 진다.

(2) Der Darlehensnehmer kann vom Darlehensgeber einen Entwurf des Verbraucherdarlehensvertrags verlangen. Dies gilt nicht, solange der Darlehensgeber
zum Vertragsabschluss nicht bereit ist. Unterbreitet der Darlehensgeber bei
einem Immobiliar-Verbraucherdarlehensvertrag dem Darlehensnehmer ein
Angebot oder einen bindenden Vorschlag für bestimmte Vertragsbestimmungen,
so muss er dem Darlehensnehmer anbieten, einen Vertragsentwurf auszuhändigen oder zu übermitteln; besteht kein Widerrufsrecht nach § 495, ist der
Darlehensgeber dazu verpflichtet, dem Darlehensnehmer einen Vertragsentwurf
auszuhändigen oder zu übermitteln.

(3) Der Darlehensgeber ist verpflichtet, dem Darlehensnehmer vor Abschluss
eines Verbraucherdarlehensvertrags angemessene Erläuterungen zu geben, damit
der Darlehensnehmer in die Lage versetzt wird, zu beurteilen, ob der Vertrag
dem von ihm verfolgten Zweck und seinen Vermögensverhältnissen gerecht
wird. Hierzu sind gegebenenfalls die vorvertraglichen Informationen gemäß
Absatz 1, die Hauptmerkmale der vom Darlehensgeber angebotenen Verträge
sowie ihre vertragstypischen Auswirkungen auf den Darlehensnehmer, einschließlich der Folgen bei Zahlungsverzug, zu erläutern. Werden mit einem
Immobiliar-Verbraucherdarlehensvertrag Finanzprodukte oder -dienstleistungen
im Paket angeboten, so muss dem Darlehensnehmer erläutert werden, ob sie gesondert gekündigt werden können und welche Folgen die Kündigung hat.

(4) Bei einem Immobiliar-Verbraucherdarlehensvertrag entsprechend § 491
Absatz 2 Satz 2 Nummer 5 ist der Darlehensgeber verpflichtet, den Darlehens-
nehmer rechtzeitig vor Abgabe von dessen Vertragserklärung auf einem
dauerhaften Datenträger über die Merkmale gemäß den Abschnitten 3, 4 und 13
des in Artikel 247 § 1 Absatz 2 Satz 2 des Einführungsgesetzes zum
Bürgerlichen Gesetzbuche genannten Musters zu informieren. Artikel 247 § 1
Absatz 2 Satz 6 des Einführungsgesetzes zum Bürgerlichen Gesetzbuche findet
Anwendung.

§ 492 Schriftform, Vertragsinhalt

(1) Verbraucherdarlehensverträge sind, soweit nicht eine strengere Form
vorgeschrieben ist, schriftlich abzuschließen. Der Schriftform ist genügt, wenn
Antrag und Annahme durch die Vertragsparteien jeweils getrennt schriftlich
erklärt werden. Die Erklärung des Darlehensgebers bedarf keiner Unterzeichnung, wenn sie mit Hilfe einer automatischen Einrichtung erstellt wird.

(2) Der Vertrag muss die für den Verbraucherdarlehensvertrag vorgeschriebenen
Angaben nach Artikel 247 §§ 6 bis 13 des Einführungsgesetzes zum Bürgerlichen Gesetzbuche enthalten.

② 차주는 대주에 대하여 소비자소비대차계약의 초안을 요구할 수 있다. 대주가 아직 계약을 체결할 용의가 없는 경우에는 그러하지 아니하다. 부동산소비자소비대차계약에서 대주가 차주에게 청약을 하거나 일정한 계약조항에 관하여 구속력 있는 제안을 한 경우에는 그는 차주에게 계약 초안을 교부하거나 전달하는 것을 제의하여야 한다; 제495조 소정의 철회권이 성립하지 아니하는 경우에는, 대주는 차주에게 계약 초안을 교부 또는 전달할 의무를 진다.

③ 대주는 소비자소비대차계약의 체결 전에 차주가 계약이 그가 추구하는 목적과 그의 재산상태에 적합한지를 판단할 수 있도록 차주에게 적절한 설명을 할 의무를 진다. 이를 위하여 사정에 따라서는 제 1 항에 따른 계약 전 정보사항, 대주가 제안한 계약의 주요 사항, 그리고 반환 지체의 귀결을 포함하여 그 제안 내용이 차주에게 미치는 전형적인 효과를 설명하여야 한다. 부동산소비자소비대차계약과 함께 금융상품 또는 금융서비스가 세트로 제안된 때에는, 그것들이 각각 별개로 해지될 수 있는지 여부 및 그 해지가 어떠한 효과를 가지는지가 차주에게 설명되어야 한다.

④ 제491조 제 2 항 제 2 문 제 5 호에 상응하는 부동산소비자소비대차계약에서 대주는 차주에게 그의 계약상 의사표시 전에 민법시행법 제247조 § 1 제 2 항 제 2 문에 정하여진 모범계약서의 제 3 절, 제 4 절 및 제13절 소정의 사항에 대하여 지속적 자료저장장치상으로 정보를 제공할 의무를 진다. 민법시행법 제247조 § 1 제 1 항 제 6 문이 이에 적용된다.

제492조 [書面方式; 契約內容]

① 소비자소비대차계약은 보다 엄격한 다른 방식이 규정되지 아니한 한 서면으로 체결되어야 한다. 청약과 승낙이 계약당사자들에 의하여 각각 별도로 서면으로 표시된 경우에는 서면방식은 충족된다. 대주의 의사표시는 그것이 자동장치에 의하여 행하여진 경우에는 서명을 요하지 아니한다.

② 계약에는 민법시행법 제247조 § 6 내지 § 13에서 소비자소비대차계약에 관하여 정하고 있는 사항이 포함되어야 한다.

(3) Nach Vertragsschluss stellt der Darlehensgeber dem Darlehensnehmer eine Abschrift des Vertrags zur Verfügung. Ist ein Zeitpunkt für die Rückzahlung des Darlehens bestimmt, kann der Darlehensnehmer vom Darlehensgeber jederzeit einen Tilgungsplan nach Artikel 247 § 14 des Einführungsgesetzes zum Bürgerlichen Gesetzbuche verlangen.

(4) Die Absätze 1 und 2 gelten auch für die Vollmacht, die ein Darlehensnehmer zum Abschluss eines Verbraucherdarlehensvertrags erteilt. Satz 1 gilt nicht für die Prozessvollmacht und eine Vollmacht, die notariell beurkundet ist.

(5) Erklärungen des Darlehensgebers, die dem Darlehensnehmer gegenüber nach Vertragsabschluss abzugeben sind, müssen auf einem dauerhaften Datenträger erfolgen.

(6) Enthält der Vertrag die Angaben nach Absatz 2 nicht oder nicht vollständig, können sie nach wirksamem Vertragsschluss oder in den Fällen des § 494 Absatz 2 Satz 1 nach Gültigwerden des Vertrags auf einem dauerhaften Datenträger nachgeholt werden. Hat das Fehlen von Angaben nach Absatz 2 zu Änderungen der Vertragsbedingungen gemäß § 494 Absatz 2 Satz 2 bis Absatz 6 geführt, kann die Nachholung der Angaben nur dadurch erfolgen, dass der Darlehensnehmer die nach § 494 Absatz 7 erforderliche Abschrift des Vertrags erhält. In den sonstigen Fällen muss der Darlehensnehmer spätestens im Zeitpunkt der Nachholung der Angaben eine der in § 356b Absatz 1 genannten Unterlagen erhalten. Mit der Nachholung der Angaben nach Absatz 2 ist der Darlehensnehmer auf einem dauerhaften Datenträger darauf hinzuweisen, dass die Widerrufsfrist von einem Monat nach Erhalt der nachgeholten Angaben beginnt.

(7) Die Vereinbarung eines veränderlichen Sollzinssatzes, der sich nach einem Index oder Referenzzinssatz richtet, ist nur wirksam, wenn der Index oder Referenzzinssatz objektiv, eindeutig bestimmt und für Darlehensgeber und Darlehensnehmer verfügbar und überprüfbar ist.

§ 492a Kopplungsgeschäfte bei Immobiliar-Verbraucherdarlehensverträgen

(1) Der Darlehensgeber darf den Abschluss eines Immobiliar-Verbraucherdarlehenvertrags unbeschadet des § 492b nicht davon abhängig machen, dass der Darlehensnehmer oder ein Dritter weitere Finanzprodukte oder -dienstleistungen erwirbt (Kopplungsgeschäft). Ist der Darlehensgeber zum Abschluss des Immobiliar-Verbraucherdarlehensvertrags bereit, ohne dass der Verbraucher

③ 계약이 체결된 후에 대주는 차주에게 계약서의 등본을 교부하여야 한다. 대차금의 반환에 관한 시기가 정하여진 때에는 차주는 언제라도 대주에 대하여 민법시행법 제247조 §14에 따른 상각계획서를 청구할 수 있다.

④ 제 1 항 및 제 2 항은 차주가 소비자소비대차계약의 체결에 관하여 수여한 임의대리권의 수여에 대하여도 적용된다. 제 1 문은 소송대리권 및 공정증서로 작성된 임의대리권의 수여에는 적용되지 아니한다.

⑤ 계약 체결 후에 대주가 차주에 대하여 하는 의사표시는 지속적 자료저장장치상으로 행하여져야 한다.

⑥ 계약이 제 2 항에서 정하는 사항을 포함하지 아니하거나 완전하게 포함하지 아니하는 경우에, 이는 유효한 계약 체결 후에 또는 제494조 제 2 항 제 1 문의 경우에는 계약이 유효하게 된 후에 지속적 자료저장장치상으로 추완될 수 있다. 제 2 항에서 정하는 포함사항의 흠결이 제494조 제 2 항 제 2 문 내지 제 6 항에 따른 계약내용의 변경을 초래하는 경우에는 그 추완은 차주가 제474조 제 7 항에 따라 요구되는 계약의 등본을 얻는 것에 의하여서만 행하여질 수 있다. 기타의 경우에는 차주는 늦어도 포함사항이 추완되는 때에 제356조의b 제 1 항에서 정하는 서면을 얻어야 한다. 제 2 항에서 정하는 포함사항이 추완되는 때에는 차주에 대하여 철회기간이 추완된 사항을 얻을 때로부터 1개월이 경과함으로써 개시된다는 것이 지속적 자료저장장치상으로 지적되어야 한다.

⑦ 지수 또는 참고지표이율에 따르기로 하는 변동대차이율의 약정은 그 지수 또는 참고지표이율이 객관적이고 명확하게 정하여지고 또 대주 및 차주에게 감내할 수 있고 검증될 수 있는 경우에 한하여 효력이 있다.

제492조의a [不動産消費者消費貸借契約에서의 結合行爲]

① 대주는 부동산소비자소비대차계약의 체결 여부를 차주 또는 제 3 자가 다른 금융상품 또는 금융서비스를 취득하는 것("결합행위")에 걸리게 하여서는 아니되나, 제492조의b는 영향을 받지 아니한다. 대주가 소비자가 다른 금융상품 또는 금융서비스를 취득하지 아니하더라도 부동산소비자소비대차계약을 체결할 용의가 있는 경우에는, 부동산소비자소비대

weitere Finanzprodukte oder -dienstleistungen erwirbt, liegt ein Kopplungsgeschäft auch dann nicht vor, wenn die Bedingungen für den Immobiliar-
Verbraucherdarlehensvertrag von denen abweichen, zu denen er zusammen mit
den weiteren Finanzprodukten oder -dienstleistungen angeboten wird.

(2) Soweit ein Kopplungsgeschäft unzulässig ist, sind die mit dem Immobiliar-
Verbraucherdarlehensvertrag gekoppelten Geschäfte nichtig; die Wirksamkeit
des Immobiliar-Verbraucherdarlehensvertrags bleibt davon unberührt.

§ 492b Zulässige Kopplungsgeschäfte

(1) Ein Kopplungsgeschäft ist zulässig, wenn der Darlehensgeber den Abschluss eines Immobiliar-Verbraucherdarlehensvertrags davon abhängig macht,
dass der Darlehensnehmer, ein Familienangehöriger des Darlehensnehmers oder
beide zusammen

1. ein Zahlungs- oder ein Sparkonto eröffnen, dessen einziger Zweck die
   Ansammlung von Kapital ist, um

   a) das Immobiliar-Verbraucherdarlehen zurückzuzahlen oder zu bedienen,

   b) die erforderlichen Mittel für die Gewährung des Darlehens bereitzustellen
      oder

   c) als zusätzliche Sicherheit für den Darlehensgeber für den Fall eines
      Zahlungsausfalls zu dienen;

2. ein Anlageprodukt oder ein privates Rentenprodukt erwerben oder behalten,
   das

   a) in erster Linie als Ruhestandseinkommen dient und

   b) bei Zahlungsausfall als zusätzliche Sicherheit für den Darlehensgeber
      dient oder das der Ansammlung von Kapital dient, um damit das
      Immobiliar-Verbraucherdarlehen zurückzuzahlen oder zu bedienen oder
      um damit die erforderlichen Mittel für die Gewährung des Darlehens
      bereitzustellen;

3. einen weiteren Darlehensvertrag abschließen, bei dem das zurückzuzahlende
   Kapital auf einem vertraglich festgelegten Prozentsatz des Werts der Immo-
   bilie beruht, die diese zum Zeitpunkt der Rückzahlung oder Rückzahlungen
   des Kapitals (Darlehensvertrag mit Wertbeteiligung) hat.

(2) Ein Kopplungsgeschäft ist zulässig, wenn der Darlehensgeber den
Abschluss eines Immobiliar-Verbraucherdarlehensvertrags davon abhängig
macht, dass der Darlehensnehmer im Zusammenhang mit dem Immobiliar-
Verbraucherdarlehensvertrag eine einschlägige Versicherung abschließt und dem

차계약의 제반 조건이 그 계약이 다른 금융상품이나 금융서비스와 함께
제안되는 경우의 그것과 다르다고 하더라도, 결합행위에 해당하지 아니
한다.

② 결합행위가 허용되지 아니하는 경우에는 부동산소비자소비대차계약
과 결합된 행위는 무효이다; 부동산소비자소비대차계약의 유효성은 그
에 영향을 받지 아니한다.

제492조의b [許容되는 結合行爲]

① 대주가 부동산소비자소비대차계약의 체결 여부를 차주나 그의 가족
구성원이 또는 양자가 공동으로 다음 각 호의 행위를 하는 것에 걸리게
하는 경우에는 결합행위는 허용된다,

 1. 다음을 위한 자금을 축적하는 것을 유일한 목적으로 지급계좌 또는
    저축계좌를 개설하는 것,
    a) 부동산소비자소비대차금을 반환하거나 공여하는 것,
    b) 대차금의 반환에 필요한 자금을 마련하는 것, 또는
    c) 반환이 지체되는 경우에 대비하여 대주를 위하여 추가적인 담보
       로 제공하는 것;

 2. 다음 각 목에 해당하는 투자상품이나 사적私的 연금상품을 취득하거
    나 보유하는 것,
    a) 일차적으로 은퇴 후의 수입 획득에 도움이 되고, 또한
    b) 반환이 지체되는 경우에 대비하여 대주를 위한 추가적인 담보로
       제공하는 것, 또는 부동산소비자소비대차금을 반환하거나 공여
       하거나 대차금의 반환에 필요한 자금을 마련하기 위하여 자본을
       축적하는 데 기여하는 것;

 3. 반환되어야 할 원본이 원본의 일괄 반환시 또는 분할 반환시에 가지
    는 부동산 가액에 대한 계약상 확정된 백분비율로 정하여지는 다른
    소비대차계약("가액 분할을 수반하는 소비대차계약")을 체결하는 것.

② 결합행위는, 대주가 부동산소비자소비대차계약의 체결 여부를 차주
가 부동산소비자소비대차계약에 있어서 그에 관련되는 보험계약을 체결
하고 그에 있어서 그 보험계약을 대주가 선호하는 보험자와 다른 보험자

Darlehensnehmer gestattet ist, diese Versicherung auch bei einem anderen als bei dem vom Darlehensgeber bevorzugten Anbieter abzuschließen.

(3) Ein Kopplungsgeschäft ist zulässig, wenn die für den Darlehensgeber zuständige Aufsichtsbehörde die weiteren Finanzprodukte oder -dienstleistungen sowie deren Kopplung mit dem Immobiliar-Verbraucherdarlehensvertrag nach § 18a Absatz 8a des Kreditwesengesetzes genehmigt hat.

§ 493 Informationen während des Vertragsverhältnisses

(1) Ist in einem Verbraucherdarlehensvertrag der Sollzinssatz gebunden und endet die Sollzinsbindung vor der für die Rückzahlung bestimmten Zeit, unterrichtet der Darlehensgeber den Darlehensnehmer spätestens drei Monate vor Ende der Sollzinsbindung darüber, ob er zu einer neuen Sollzinsbindungsabrede bereit ist. Erklärt sich der Darlehensgeber hierzu bereit, muss die Unterrichtung den zum Zeitpunkt der Unterrichtung vom Darlehensgeber angebotenen Sollzinssatz enthalten.

(2) Der Darlehensgeber unterrichtet den Darlehensnehmer spätestens drei Monate vor Beendigung eines Verbraucherdarlehensvertrags darüber, ob er zur Fortführung des Darlehensverhältnisses bereit ist. Erklärt sich der Darlehensgeber zur Fortführung bereit, muss die Unterrichtung die zum Zeitpunkt der Unterrichtung gültigen Pflichtangaben gemäß § 491a Abs. 1 enthalten.

(3) Die Anpassung des Sollzinssatzes eines Verbraucherdarlehensvertrags mit veränderlichem Sollzinssatz wird erst wirksam, nachdem der Darlehensgeber den Darlehensnehmer über die Einzelheiten unterrichtet hat, die sich aus Artikel 247 § 15 des Einführungsgesetzes zum Bürgerlichen Gesetzbuche ergeben. Abweichende Vereinbarungen über die Wirksamkeit sind im Rahmen des Artikels 247 § 15 Absatz 2 und 3 des Einführungsgesetzes zum Bürgerlichen Gesetzbuche zulässig.

(4) Bei einem Vertrag über ein Immobiliar-Verbraucherdarlehen in Fremdwährung gemäß § 503 Absatz 1 Satz 1, auch in Verbindung mit Satz 3, hat der Darlehensgeber den Darlehensnehmer unverzüglich zu informieren, wenn der Wert des noch zu zahlenden Restbetrags oder der Wert der regelmäßigen Raten in der Landeswährung des Darlehensnehmers um mehr als 20 Prozent gegenüber dem Wert steigt, der bei Zugrundelegung des Wechselkurses bei Vertragsabschluss gegeben wäre. Die Information
1. ist auf einem dauerhaften Datenträger zu übermitteln,
2. hat die Angabe über die Veränderung des Restbetrags in der Landeswährung des Darlehensnehmers zu enthalten,

와 사이에 체결하는 것이 차주에게 허용되는 것에 걸리게 하는 경우에는
허용된다.

③ 결합행위는 대주를 관할하는 감독관청이 다른 금융상품 또는 금융서
비스를 인가하고 그것을 부동산소비자소비대차계약과 결합하는 것을 금
융기관법 제18조의a 제 8 항의a에 의하여 허용하는 경우에는 허용된다.

제493조 [契約關係 存續 중의 情報]

① 소비자소비대차계약에서 이율이 정하여져 있고 그 이자지급의무가
대차금의 반환 약정 시기보다 먼저 종료하는 경우에, 대주는 늦어도 그
의무의 종료 3개월 전까지 차주에게 자신이 새로운 이자지급의무를 약정
할 용의가 있는지 여부를 알려야 한다. 대주가 그 용의가 있음을 표명하
는 경우에는 그 고지에는 고지시에 대주가 제시하는 이율이 포함되어야
한다.

② 대주는 늦어도 소비자소비대차계약의 종료 3개월 전까지 차주에게
소비대차관계를 지속할 용의가 있는지 여부를 알려야 한다. 대주가 그
용의가 있음을 표명하는 경우에는 그 고지에는 고지시에 적용되는 바의,
제491조의a 제 1 항에 따른 의무사항이 포함되어야 한다.

③ 유동적인 이율이 정하여진 소비자소비대차계약에서 이율의 조정은
대주가 차주에게 민법시행법 제247조 §15에서 정하여진 개별 사항에 관
하여 고지한 경우에 비로소 유효하게 된다. 그 유효성에 관한 다른 약정
은 민법시행법 제247조 §15 제 2 항 및 제 3 항의 범위에서 허용된다.

④ 제503조 제 1 항 제 1 문에 따라 또는 경우에 따라서는 그 규정과
제 3 문의 결합에 따라 외국통화로 하는 부동산소비자소비대차계약이 체
결된 경우에, 차주가 앞으로 지급하여야 할 잔액 또는 약정상 정하여진
분할반환금의 내국통화상 가치가 계약 체결시의 환율을 기준으로 하는
때보다 20% 이상 상승한 때에는, 대주는 이를 차주에게 지체 없이 고지
하여야 한다. 그 고지는

1. 지속적 자료저장장치상으로 행하여져야 하고,

2. 차주의 내국통화상으로 표시된 잔액 변동에 관한 사항을 포함하여
   야 하고,

3. hat den Hinweis auf die Möglichkeit einer Währungsumstellung aufgrund des § 503 und die hierfür geltenden Bedingungen und gegebenenfalls die Erläuterung weiterer Möglichkeiten zur Begrenzung des Wechselkursrisikos zu enthalten und

4. ist so lange in regelmäßigen Abständen zu erteilen, bis die Differenz von 20 Prozent wieder unterschritten wird.

Die Sätze 1 und 2 sind entsprechend anzuwenden, wenn ein Immobiliar-Verbraucherdarlehensvertrag in der Währung des Mitgliedstaats der Europäischen Union, in dem der Darlehensnehmer bei Vertragsschluss seinen Wohnsitz hat, geschlossen wurde und der Darlehensnehmer zum Zeitpunkt der maßgeblichen Kreditwürdigkeitsprüfung in einer anderen Währung überwiegend sein Einkommen bezieht oder Vermögenswerte hält, aus denen das Darlehen zurückgezahlt werden soll.

(5) Wenn der Darlehensnehmer eines Immobiliar-Verbraucherdarlehensvertrags dem Darlehensgeber mitteilt, dass er eine vorzeitige Rückzahlung des Darlehens beabsichtigt, ist der Darlehensgeber verpflichtet, ihm unverzüglich die für die Prüfung dieser Möglichkeit erforderlichen Informationen auf einem dauerhaften Datenträger zu übermitteln. Diese Informationen müssen insbesondere folgende Angaben enthalten:

1. Auskunft über die Zulässigkeit der vorzeitigen Rückzahlung,
2. im Fall der Zulässigkeit die Höhe des zurückzuzahlenden Betrags und
3. gegebenenfalls die Höhe einer Vorfälligkeitsentschädigung.

Soweit sich die Informationen auf Annahmen stützen, müssen diese nachvollziehbar und sachlich gerechtfertigt sein und als solche dem Darlehensnehmer gegenüber offengelegt werden.

(6) Wurden Forderungen aus dem Darlehensvertrag abgetreten, treffen die Pflichten aus den Absätzen 1 bis 5 auch den neuen Gläubiger, wenn nicht der bisherige Darlehensgeber mit dem neuen Gläubiger vereinbart hat, dass im Verhältnis zum Darlehensnehmer weiterhin allein der bisherige Darlehensgeber auftritt.

§ 494　Rechtsfolgen von Formmängeln

(1) Der Verbraucherdarlehensvertrag und die auf Abschluss eines solchen Vertrags vom Verbraucher erteilte Vollmacht sind nichtig, wenn die Schriftform insgesamt nicht eingehalten ist oder wenn eine der in Artikel 247 §§ 6 und 9 bis 13 des Einführungsgesetzes zum Bürgerlichen Gesetzbuche für den Verbraucherdarlehensvertrag vorgeschriebenen Angaben fehlt.

3. 제503조에 기한 통화 교체의 가능성 및 그에 적용되는 조건, 그리고
경우에 따라서는 환율 위험을 제한할 수 있는 다른 가능성에 대한
언급을 포함하여야 하며,

4. 그 차이가 20% 아래로 내려갈 때까지의 기간 동안 일정한 간격을 두
고 정기적으로 행하여져야 한다.

제 1 문 및 제 2 문은 부동산소비자소비대차계약이 차주가 계약 체결시에
주소를 둔 유럽연합 회원국의 통화로 체결되었으나 기준이 되는 신용평
가 당시 차주가 다른 통화로 수입을 얻거나 대차금 반환의 재원이 되는
재산가치를 보유하는 경우에 준용된다.

⑤ 부동산소비자소비대차계약의 차주가 대주에게 그가 대차금을 기한
전에 반환하고자 함을 알린 경우에는 대주는 그 가능성의 검토에 필요한
정보를 차주에게 지속적 자료저장장치상으로 지체 없이 제공하여야 한
다. 그 정보는 특히 다음의 사항을 포함하여야 한다:

1. 기한 전 반환이 허용되는지 여부에 관한 정보,

2. 허용되는 경우에는 반환되어야 할 금액 및

3. 사정에 따라 가능하다면 기한 전 이행으로 배상하여야 할 금액.

정보가 추측을 근거로 하는 경우에, 그 추측은 검증가능하고 내용적으
로 정당하여야 하며 또 추측에 기한 것이라고 차주에 대하여 개시開示되
어야 한다.

⑥ 소비대차계약상의 채권이 양도된 경우에는, 종전의 대주가 양수인과
사이에 차주에 대한 관계에서는 여전히 종전의 대주만이 당사자가 된다
는 약정을 하지 아니한 이상, 양수인도 제 1 항 내지 제 5 항에 기한 의무
를 진다.

제494조 [形式欠缺의 法律效果]

① 소비자소비대차계약 또는 그러한 계약의 체결에 있어서 행하여진 임
의대리권의 부여는 서면방식이 전체적으로 준수되지 아니한 때 또는 민
법시행법 제247조 §6, §9 내지 §13에서 소비자소비대차계약에 관하여
정하여진 기재사항이 포함되지 아니한 때에는 무효이다.

(2) Ungeachtet eines Mangels nach Absatz 1 wird der Verbraucherdarlehensvertrag gültig, soweit der Darlehensnehmer das Darlehen empfängt oder in
Anspruch nimmt. Jedoch ermäßigt sich der dem Verbraucherdarlehensvertrag
zugrunde gelegte Sollzinssatz auf den gesetzlichen Zinssatz, wenn die Angabe
des Sollzinssatzes, des effektiven Jahreszinses oder des Gesamtbetrags fehlt.

(3) Ist der effektive Jahreszins zu niedrig angegeben, so vermindert sich der
dem Verbraucherdarlehensvertrag zugrunde gelegte Sollzinssatz um den Prozentsatz, um den der effektive Jahreszins zu niedrig angegeben ist.

(4) Nicht angegebene Kosten werden vom Darlehensnehmer nicht geschuldet. Ist im Vertrag nicht angegeben, unter welchen Voraussetzungen Kosten
oder Zinsen angepasst werden können, so entfällt die Möglichkeit, diese zum
Nachteil des Darlehensnehmers anzupassen.

(5) Wurden Teilzahlungen vereinbart, ist deren Höhe vom Darlehensgeber
unter Berücksichtigung der verminderten Zinsen oder Kosten neu zu berechnen.

(6) Fehlen im Vertrag Angaben zur Laufzeit oder zum Kündigungsrecht, ist
der Darlehensnehmer jederzeit zur Kündigung berechtigt. Fehlen Angaben zu
Sicherheiten, so können Sicherheiten nicht gefordert werden; dies gilt nicht bei
Allgemein-Verbraucherdarlehensverträgen, wenn der Nettodarlehensbetrag
75 000 Euro übersteigt. Fehlen Angaben zum Umwandlungsrecht bei Immobiliar-
Verbraucherdarlehen in Fremdwährung, so kann das Umwandlungsrecht
jederzeit ausgeübt werden.

(7) Der Darlehensgeber stellt dem Darlehensnehmer eine Abschrift des Vertrags zur Verfügung, in der die Vertragsänderungen berücksichtigt sind, die sich
aus den Absätzen 2 bis 6 ergeben.

§ 495 Widerrufsrecht; Bedenkzeit

(1) Dem Darlehensnehmer steht bei einem Verbraucherdarlehensvertrag ein
Widerrufsrecht nach § 355 zu.

(2) Ein Widerrufsrecht besteht nicht bei Darlehensverträgen,

1. die einen Darlehensvertrag, zu dessen Kündigung der Darlehensgeber
   wegen Zahlungsverzugs des Darlehensnehmers berechtigt ist, durch Rück-
   zahlungsvereinbarungen ergänzen oder ersetzen, wenn dadurch ein gerichtliches Verfahren vermieden wird und wenn der Gesamtbetrag (Artikel 247
   § 3 des Einführungsgesetzes zum Bürgerlichen Gesetzbuche) geringer ist als
   die Restschuld des ursprünglichen Vertrags,

② 제 1 항 소정의 방식이 흠결되었어도 차주가 대차금을 수령하거나 이를 청구한 경우에는 소비자소비대차계약은 유효하게 된다. 그러나 소비자소비대차계약에서 약정된 이율, 실질 연이율 또는 전체 금액이 흠결된 경우에는 그 이율은 법정이율로 감축된다.

③ 실질 연이율이 실제보다 낮게 고지된 경우에는 소비자소비대차계약에서 약정된 이율은 실질 연이율이 낮게 고지된 비율만큼 감축된다.

④ 지적되지 아니한 비용에 대하여 차주는 채무를 지지 아니한다. 계약에서 어떠한 요건 아래서 비용 또는 이자가 변경되는지가 지적되지 아니한 경우에는 이를 차주에게 불이익하게 변경될 가능성은 인정되지 아니한다.

⑤ 분할상환이 약정된 경우에는 그 액은 대주가 이자 또는 비용의 감소를 고려하여 산정하여야 한다.

⑥ 계약에 존속기간이나 해지권이 정하여져 있지 아니한 경우에는 차주는 언제라도 해지할 수 있다. 담보에 관하여 언급이 없는 경우에는 이를 청구할 수 없다; 순대차금액이 75,000유로를 넘는 때에는, 이는 일반소비자소비대차계약에는 적용되지 아니한다. 외국통화로 하는 부동산소비자소비대차계약에서 변환권에 관한 지적이 없는 경우에는 변환권은 언제라도 행사될 수 있다.

⑦ 대주는 제 2 항 내지 제 6 항에 기하여 일어나는 계약의 변경이 고려된 계약서 등본을 교부하여야 한다.

제495조 [撤回權; 熟慮期間]

① 소비자소비대차계약의 차주는 제355조에서 정하여진 철회권을 가진다.

② 철회권은 다음의 소비대차계약에서는 인정되지 아니한다,

 1. 대주가 차주의 반환지체를 이유로 해지할 권리를 가지는 소비대차계약을 반환약정으로 보충하거나 대체하여 이로써 재판절차가 회피되고 또한 민법시행법 제247조 §3 소정의 총액이 원래 계약상의 잔존채무액보다 적은 계약,

2. die notariell zu beurkunden sind, wenn der Notar bestätigt, dass die Rechte des Darlehensnehmers aus den §§ 491a und 492 gewahrt sind, oder

3. die § 504 Abs. 2 oder § 505 entsprechen.

(3) Bei Immobiliar-Verbraucherdarlehensverträgen ist dem Darlehensnehmer in den Fällen des Absatzes 2 vor Vertragsschluss eine Bedenkzeit von zumindest sieben Tagen einzuräumen. Während des Laufs der Frist ist der Darlehensgeber an sein Angebot gebunden. Die Bedenkzeit beginnt mit der Aushändigung des Vertragsangebots an den Darlehensnehmer.

§ 496　Einwendungsverzicht, Wechsel- und Scheckverbot

(1) Eine Vereinbarung, durch die der Darlehensnehmer auf das Recht verzichtet, Einwendungen, die ihm gegenüber dem Darlehensgeber zustehen, gemäß § 404 einem Abtretungsgläubiger entgegenzusetzen oder eine ihm gegen den Darlehensgeber zustehende Forderung gemäß § 406 auch dem Abtretungsgläubiger gegenüber aufzurechnen, ist unwirksam.

(2) Wird eine Forderung des Darlehensgebers aus einem Verbraucherdarlehensvertrag an einen Dritten abgetreten oder findet in der Person des Darlehensgebers ein Wechsel statt, ist der Darlehensnehmer unverzüglich darüber sowie über die Kontaktdaten des neuen Gläubigers nach Artikel 246b § 1 Absatz 1 Nummer 1, 3 und 4 des Einführungsgesetzes zum Bürgerlichen Gesetzbuche zu unterrichten. Die Unterrichtung ist bei Abtretungen entbehrlich, wenn der bisherige Darlehensgeber mit dem neuen Gläubiger vereinbart hat, dass im Verhältnis zum Darlehensnehmer weiterhin allein der bisherige Darlehensgeber auftritt. Fallen die Voraussetzungen des Satzes 2 fort, ist die Unterrichtung unverzüglich nachzuholen.

(3) Der Darlehensnehmer darf nicht verpflichtet werden, für die Ansprüche des Darlehensgebers aus dem Verbraucherdarlehensvertrag eine Wechselverbindlichkeit einzugehen. Der Darlehensgeber darf vom Darlehensnehmer zur Sicherung seiner Ansprüche aus dem Verbraucherdarlehensvertrag einen Scheck nicht entgegennehmen. Der Darlehensnehmer kann vom Darlehensgeber jederzeit die Herausgabe eines Wechsels oder Schecks, der entgegen Satz 1 oder 2 begeben worden ist, verlangen. Der Darlehensgeber haftet für jeden Schaden, der dem Darlehensnehmer aus einer solchen Wechsel- oder Scheckbegebung entsteht.

§ 497　Verzug des Darlehensnehmers

(1) Soweit der Darlehensnehmer mit Zahlungen, die er auf Grund des Ver-

2. 공정증서로 작성된 것으로서 공증인이 제491조의a 및 제492조에 정
하여진 차주의 권리가 확보되는 것을 확인한 계약, 또는

3. 제504조 제 2 항 또는 제505조에 부합하는 계약.

③ 부동산소비자소비대차계약에서는 제 2 항 소정의 각 경우에 차주에
게 계약의 체결 전에 적어도 7일의 숙려기간이 부여되어야 한다. 그 기간
중에 대주는 그의 제안에 구속된다. 숙려기간은 차주에게 계약제안서를
교부한 때로부터 진행된다.

제496조 [對抗事由의 抛棄; 어음 및 手票의 禁止]

① 대주에 대하여 가지는 대항사유를 제404조에 의하여 채권양수인에게
주장할 수 있는 권리 또는 대주에 대하여 가지는 채권으로써 제406조에
의하여 채권양수인에 대하여도 상계할 수 있는 권리를 차주가 포기하는
약정은 효력이 없다.

② 소비자소비대차계약에 기한 대주의 채권이 제 3 자에게 양도되거나
대주가 어음을 소지하는 경우에는, 차주에게 그 사실 및 민법시행법 제
246조의b §1 제 1 항 제 1 호, 제 3 호 및 제 4 호에서 정하는 새로운 채권
자의 인적 사항을 지체 없이 알려주어야 한다. 채권이 양도된 경우에, 종
전의 대주가 채권의 양수인과의 사이에 종전의 대주만이 차주에 대한 관
계에서 계속 당사자가 된다는 것을 약정한 때에는, 그 고지는 요구되지
아니한다. 제 2 문의 요건이 유지되지 못하게 된 때에는 고지가 지체 없
이 추완되어야 한다.

③ 차주는 소비자소비대차계약에 기한 대주의 청구권을 위하여 어음상
의 채무를 부담할 의무를 져서는 아니된다. 대주는 소비자소비대차계약
에 기한 그의 청구권을 담보하기 위하여 차주로부터 수표를 수령하여서
는 아니된다. 차주는 대주에 대하여 제 1 문 또는 제 2 문에 반하여 교부
된 어음 또는 수표의 반환을 언제든지 청구할 수 있다. 대주는 그러한 어
음 또는 수표의 교부로 인하여 차주에게 발생한 모든 손해에 대하여 책
임을 진다.

제497조 [借主의 返還遲滯]

① 차주가 소비자소비대차계약에 기하여 채무를 지는 금전지급을 지체

braucherdarlehensvertrags schuldet, in Verzug kommt, hat er den geschuldeten Betrag nach § 288 Abs. 1 zu verzinsen. Im Einzelfall kann der Darlehensgeber einen höheren oder der Darlehensnehmer einen niedrigeren Schaden nachweisen.

(2) Die nach Eintritt des Verzugs anfallenden Zinsen sind auf einem gesonderten Konto zu verbuchen und dürfen nicht in ein Kontokorrent mit dem geschuldeten Betrag oder anderen Forderungen des Darlehensgebers eingestellt werden. Hinsichtlich dieser Zinsen gilt § 289 Satz 2 mit der Maßgabe, dass der Darlehensgeber Schadensersatz nur bis zur Höhe des gesetzlichen Zinssatzes (§ 246) verlangen kann.

(3) Zahlungen des Darlehensnehmers, die zur Tilgung der gesamten fälligen Schuld nicht ausreichen, werden abweichend von § 367 Abs. 1 zunächst auf die Kosten der Rechtsverfolgung, dann auf den übrigen geschuldeten Betrag (Absatz 1) und zuletzt auf die Zinsen (Absatz 2) angerechnet. Der Darlehensgeber darf Teilzahlungen nicht zurückweisen. Die Verjährung der Ansprüche auf Darlehensrückzahlung und Zinsen ist vom Eintritt des Verzugs nach Absatz 1 an bis zu ihrer Feststellung in einer in § 197 Abs. 1 Nr. 3 bis 5 bezeichneten Art gehemmt, jedoch nicht länger als zehn Jahre von ihrer Entstehung an. Auf die Ansprüche auf Zinsen findet § 197 Abs. 2 keine Anwendung. Die Sätze 1 bis 4 finden keine Anwendung, soweit Zahlungen auf Vollstreckungstitel geleistet werden, deren Hauptforderung auf Zinsen lautet.

(4) Bei Immobiliar-Verbraucherdarlehensverträgen beträgt der Verzugszinssatz abweichend von Absatz 1 für das Jahr 2,5 Prozentpunkte über dem Basiszinssatz. Die Absätze 2 und 3 Satz 1, 2, 4 und 5 sind auf Immobiliar-Verbraucherdarlehensverträge nicht anzuwenden.

§ 498 Gesamtfälligstellung bei Teilzahlungsdarlehen

(1) Der Darlehensgeber kann den Verbraucherdarlehensvertrag bei einem Darlehen, das in Teilzahlungen zu tilgen ist, wegen Zahlungsverzugs des Darlehensnehmers nur dann kündigen, wenn

1. der Darlehensnehmer

   a) mit mindestens zwei aufeinander folgenden Teilzahlungen ganz oder teilweise in Verzug ist,

   b) bei einer Vertragslaufzeit bis zu drei Jahren mit mindestens 10 Prozent oder bei einer Vertragslaufzeit von mehr als drei Jahren mit mindestens 5 Prozent des Nennbetrags des Darlehens in Verzug ist und

한 경우에는 그는 채무액에 대하여 제288조 제 1 항에 따라 지연이자를
붙여야 한다. 구체적인 사안에서 대주는 더 많은 손해를, 차주는 더 적은
손해를 입증할 수 있다.

② 지체에 빠짐으로써 발생하는 이자는 별도의 계좌에 기장되어야 하
고, 채무원액 또는 대주의 다른 채권과 동일한 장부에 기입되어서는 안
된다. 이 이자에 대하여는 제289조 제 2 문이 대주가 법정이율(제246조)
의 한도까지만 손해배상을 청구할 수 있는 것으로 하여 적용된다.

③ 차주가 변제기에 있는 채무 전부를 소멸시키기에 충분하지 아니한
지급을 한 경우에는 제367조 제 1 항에서 정하는 바와는 달리 먼저 권리
실행의 비용에, 이어서 남아 있는 채무액에(제 1 항), 마지막으로 이자에
(제 2 항) 충당된다. 대주는 일부변제의 수령을 거절하여서는 아니된다.
대차액 반환 및 이자 지급의 청구권은 제 1 항에 의한 지체의 발생시로부
터 제197조 제 1 항 제 3 호 내지 제 5 호에서 정하여진 방법으로 그 청구
권이 확정될 때까지 정지된다, 그러나 그 성립으로부터 10년 이상 정지
될 수는 없다. 이자청구권에 대하여는 제197조 제 2 항은 적용되지 아니
한다. 제 1 문 내지 제 4 문은 지급이 그 주채권이 이자인 집행권원에 기
하여 행하여진 경우에는 적용되지 아니한다.

④ 부동산소비자소비대차계약에서 지연이자는 제 1 항과는 달리 기본이
율에 2.5%를 가한 것으로 한다. 제 2 항, 제 3 항 제 1 문, 제 2 문, 제 4 문
및 제 5 문은 부동산소비자소비대차계약에는 적용하지 아니한다.

제498조 [割賦返還貸借에서 全額 履行期 到來]

① 할부로 대차금을 반환하여야 하는 소비자소비대차계약에 있어서 대
주가 차주의 반환지체를 이유로 하여 그 계약을 해지할 수 있는 것은 다
음의 경우에 한한다,

 1. 차주가
    a) 할부금 반환을 적어도 2번 연속하여 전부 또는 일부 지체하고,
    b) 계약의 존속기간이 3년 이하의 경우에는 명목대차금액의 적어도
       1할, 그 존속기간이 3년을 넘는 경우에는 적어도 그 5%를 지체하
       고, 또한

2. der Darlehensgeber dem Darlehensnehmer erfolglos eine zweiwöchige Frist zur Zahlung des rückständigen Betrags mit der Erklärung gesetzt hat, dass er bei Nichtzahlung innerhalb der Frist die gesamte Restschuld verlange. Der Darlehensgeber soll dem Darlehensnehmer spätestens mit der Fristsetzung ein Gespräch über die Möglichkeiten einer einverständlichen Regelung anbieten.

(2) Bei einem Immobiliar-Verbraucherdarlehensvertrag muss der Darlehensnehmer abweichend von Absatz 1 Satz 1 Nummer 1 Buchstabe b mit mindestens 2,5 Prozent des Nennbetrags des Darlehens in Verzug sein.

§ 499　Kündigungsrecht des Darlehensgebers; Leistungsverweigerung

(1) In einem Allgemein-Verbraucherdarlehensvertrag ist eine Vereinbarung über ein Kündigungsrecht des Darlehensgebers unwirksam, wenn eine bestimmte Vertragslaufzeit vereinbart wurde oder die Kündigungsfrist zwei Monate unterschreitet.

(2) Der Darlehensgeber ist bei entsprechender Vereinbarung berechtigt, die Auszahlung eines Darlehens, bei dem eine Zeit für die Rückzahlung nicht bestimmt ist, aus einem sachlichen Grund zu verweigern. Beabsichtigt der Darlehensgeber dieses Recht auszuüben, hat er dies dem Darlehensnehmer unverzüglich mitzuteilen und ihn über die Gründe möglichst vor, spätestens jedoch unverzüglich nach der Rechtsausübung zu unterrichten. Die Unterrichtung über die Gründe unterbleibt, soweit hierdurch die öffentliche Sicherheit oder Ordnung gefährdet würde.

(3) Der Darlehensgeber kann einen Verbraucherdarlehensvertrag nicht allein deshalb kündigen, auf andere Weise beenden oder seine Änderung verlangen, weil die vom Darlehensnehmer vor Vertragsschluss gemachten Angaben unvollständig waren oder weil die Kreditwürdigkeitsprüfung des Darlehensnehmers nicht ordnungsgemäß durchgeführt wurde. Satz 1 findet keine Anwendung, soweit der Mangel der Kreditwürdigkeitsprüfung darauf beruht, dass der Darlehensnehmer dem Darlehensgeber für die Kreditwürdigkeitsprüfung relevante Informationen wissentlich vorenthalten oder diese gefälscht hat.

§ 500　Kündigungsrecht des Darlehensnehmers; vorzeitige Rückzahlung

(1) Der Darlehensnehmer kann einen Allgemein-Verbraucherdarlehensvertrag, bei dem eine Zeit für die Rückzahlung nicht bestimmt ist, ganz oder teilweise kündigen, ohne eine Frist einzuhalten. Eine Vereinbarung über eine Kündigungsfrist von mehr als einem Monat ist unwirksam.

2. 대주가 차주에게 지체 금액을 지급하도록 2주일의 기간을 부여하면
서 이를 그 기간 안에 불이행하는 경우에는 잔존채무 전부를 청구할
것임을 표시하는 때.
대주는 늦어도 그 기간 부여시까지는 차주에 대하여 합의에 의한 처리를
할 가능성에 관한 대화를 제안하여야 한다.
② 부동산소비자소비대차계약에서는 제 1 항 제 1 문 제 1 호 b목과 달리
차주가 적어도 명목대차금액의 2.5%를 지체하여야 한다.

제499조 [消費貸主의 解止權; 貸與拒絶]

① 일반소비자소비대차계약에서 대주의 해지권에 관한 약정은 특정한
계약존속기간이 약정되거나 해지기간이 2개월에 미치지 못하는 경우에
는 효력이 없다.
② 대차금의 반환시기가 약정되지 아니한 경우에 대주가 합리적인 근거
에 기하여 대주가 대차금의 지급을 거절할 수 있다는 약정이 있는 때에
는 대주는 이를 거절할 권리가 있다. 대주가 그 권리를 행사할 의사가 있
는 경우에는 차주에게 이를 지체없이 통지하여야 하고 차주에 대하여 그
이유를 가능하면 권리 행사 전에, 늦어도 권리 행사 후 지체없이 알려야
한다. 그 이유를 알림으로써 공공의 안전이나 질서가 위태롭게 된다면
이는 요구되지 아니한다.
③ 소비자소비대차계약의 대주는 차주가 계약 체결 전에 고지한 사항
이 불완전한 것 또는 차주의 신용평가가 적절하게 행하여지지 아니하였
다는 것만을 이유로 하여 그 계약을 해지하거나 다른 방법으로 종료하게
하거나 그 변경을 요구할 수 없다. 제 1 문은 신용평가의 흠이 차주가 대
주에게 신용평가와 관련된 정보를 의식적으로 제공하지 아니하거나 이
를 허위로 조작한 것에 기인한 경우에는 적용되지 아니한다.

제500조 [消費借主의 解止權; 期限前 返還]

① 차주는 반환시기가 약정되지 아니한 일반소비자소비대차계약을 기
간을 부여함이 없이 전부 또는 일부 해지할 수 있다. 1개월을 넘는 해지
기간을 정하는 약정은 효력이 없다.

(2) Der Darlehensnehmer kann seine Verbindlichkeiten aus einem Verbraucherdarlehensvertrag jederzeit ganz oder teilweise vorzeitig erfüllen. Abweichend von Satz 1 kann der Darlehensnehmer eines Immobiliar-Verbraucherdarlehensvertrags, für den ein gebundener Sollzinssatz vereinbart wurde, seine Verbindlichkeiten im Zeitraum der Sollzinsbindung nur dann ganz oder teilweise vorzeitig erfüllen, wenn hierfür ein berechtigtes Interesse des Darlehensnehmers besteht.

§ 501   Kostenermäßigung bei vorzeitiger Rückzahlung und bei Kündigung

(1) Soweit der Darlehensnehmer seine Verbindlichkeiten aus einem Verbraucherdarlehensvertrag nach § 500 Absatz 2 vorzeitig erfüllt, ermäßigen sich die Gesamtkosten des Kredits um die Zinsen und die Kosten entsprechend der verbleibenden Laufzeit des Vertrags.

(2) Soweit die Restschuld eines Verbraucherdarlehens vor der vereinbarten Zeit durch Kündigung fällig wird, ermäßigen sich die Gesamtkosten des Kredits um die Zinsen und die sonstigen laufzeitabhängigen Kosten, die bei gestaffelter Berechnung auf die Zeit nach der Fälligkeit entfallen.

§ 502   Vorfälligkeitsentschädigung

(1) Der Darlehensgeber kann im Fall der vorzeitigen Rückzahlung eine angemessene Vorfälligkeitsentschädigung für den unmittelbar mit der vorzeitigen Rückzahlung zusammenhängenden Schaden verlangen, wenn der Darlehensnehmer zum Zeitpunkt der Rückzahlung Zinsen zu einem gebundenen Sollzinssatz schuldet. Bei Allgemein-Verbraucherdarlehensverträgen gilt Satz 1 nur, wenn der gebundene Sollzinssatz bei Vertragsabschluss vereinbart wurde.

(2) Der Anspruch auf Vorfälligkeitsentschädigung ist ausgeschlossen, wenn

1. die Rückzahlung aus den Mitteln einer Versicherung bewirkt wird, die auf Grund einer entsprechenden Verpflichtung im Darlehensvertrag abgeschlossen wurde, um die Rückzahlung zu sichern, oder

2. im Vertrag die Angaben über die Laufzeit des Vertrags, das Kündigungsrecht des Darlehensnehmers oder die Berechnung der Vorfälligkeitsentschädigung unzureichend sind.

(3) Bei Allgemein-Verbraucherdarlehensverträgen darf die Vorfälligkeitsentschädigung folgende Beträge jeweils nicht überschreiten:

1. 1 Prozent des vorzeitig zurückgezahlten Betrags oder, wenn der Zeitraum zwischen der vorzeitigen und der vereinbarten Rückzahlung ein Jahr nicht überschreitet, 0,5 Prozent des vorzeitig zurückgezahlten Betrags,

② 차주는 언제라도 소비자소비대차계약상의 채무를 전부 또는 일부 미리 이행할 수 있다. 고정된 이율이 약정된 부동산소비자소비대차계약에서 차주는 제1문과는 달리 그 이자의 지급이 약정된 기간 동안에는 차주에게 그렇게 할 정당한 이익이 있는 경우에만 그 의무의 전부 또는 일부를 미리 이행할 수 있다.

제501조 [期限前 履行 및 解止에서의 費用減縮]

① 차주가 소비자소비대차계약상의 채무를 제500조 제2항에 따라 미리 이행한 경우에는 금융의 전체 비용은 계약의 잔존기간에 상응하여 이자 및 비용만큼 감축된다.

② 소비자소비대차계약의 잔존채무가 약정된 시기에 앞서 해지에 의하여 그 이행기가 도래한 경우에는, 금융의 전체 비용은 이행기 후의 기간에 맞추어 단계별로 산정하였으면 소멸하게 되는 이자 및 기간에 연동하는 비용만큼 감축된다.

제502조 [期限前 辨濟로 인한 損害賠償]

① 이행기 전에 대차금이 반환된 경우에 차주가 반환시점에서 계약 체결 당시 약정된 고정이율의 이자를 지급할 채무를 부담하는 때에는 대주는 그 반환과 직접 관련되는 손해에 대하여 적절한 기한 전 변제로 인한 배상을 청구할 수 있다. 일반소비자소비대차계약에서 제1문은 고정이율이 계약 체결시에 약정된 경우에만 적용된다.

② 기한 전 변제로 인한 손해배상의 청구권은 다음 각 호의 경우에는 배제된다,

1. 그에 상응하는 소비대차계약상의 의무로서 반환을 보장하기 위하여 체결된 보험의 급부에 의하여 반환이 실행된 때, 또는

2. 계약에서 계약의 존속기간, 차주의 해지기간 또는 기한 전 변제로 인한 손해배상의 산정에 관한 지적이 충분하지 아니한 때.

③ 일반소비자소비대차계약에서 기한 전 변제로 인한 손해배상은 다음 각각의 금액을 넘지 못한다,

1. 기한 전 반환된 액의 1%, 또는 기한 전 반환과 약정된 반환의 시차가 1년을 넘지 아니하는 경우에는 기한 전 반환된 액의 0.5%,

2. den Betrag der Sollzinsen, den der Darlehensnehmer in dem Zeitraum zwischen der vorzeitigen und der vereinbarten Rückzahlung entrichtet hätte.

§ 503　Umwandlung bei Immobiliar-Verbraucherdarlehen in Fremdwährung

(1) Bei einem nicht auf die Währung des Mitgliedstaats der Europäischen Union, in dem der Darlehensnehmer bei Vertragsschluss seinen Wohnsitz hat (Landeswährung des Darlehensnehmers), geschlossenen Immobiliar-Verbraucherdarlehensvertrag (Immobiliar-Verbraucherdarlehensvertrag in Fremdwährung) kann der Darlehensnehmer die Umwandlung des Darlehens in die Landeswährung des Darlehensnehmers verlangen. Das Recht auf Umwandlung besteht dann, wenn der Wert des ausstehenden Restbetrags oder der Wert der regelmäßigen Raten in der Landeswährung des Darlehensnehmers auf Grund der Änderung des Wechselkurses um mehr als 20 Prozent über dem Wert liegt, der bei Zugrundelegung des Wechselkurses bei Vertragsabschluss gegeben wäre. Im Darlehensvertrag kann abweichend von Satz 1 vereinbart werden, dass die Landeswährung des Darlehensnehmers ausschließlich oder ergänzend die Währung ist, in der er zum Zeitpunkt der maßgeblichen Kreditwürdigkeitsprüfung überwiegend sein Einkommen bezieht oder Vermögenswerte hält, aus denen das Darlehen zurückgezahlt werden soll.

(2) Die Umstellung des Darlehens hat zu dem Wechselkurs zu erfolgen, der dem am Tag des Antrags auf Umstellung geltenden Marktwechselkurs entspricht. Satz 1 gilt nur, wenn im Darlehensvertrag nicht etwas anderes vereinbart wurde.

§ 504　Eingeräumte Überziehungsmöglichkeit

(1) Ist ein Verbraucherdarlehen in der Weise gewährt, dass der Darlehensgeber in einem Vertragsverhältnis über ein laufendes Konto dem Darlehensnehmer das Recht einräumt, sein Konto in bestimmter Höhe zu überziehen (Überziehungsmöglichkeit), hat der Darlehensgeber den Darlehensnehmer in regelmäßigen Zeitabständen über die Angaben zu unterrichten, die sich aus Artikel 247 § 16 des Einführungsgesetzes zum Bürgerlichen Gesetzbuche ergeben. Ein Anspruch auf Vorfälligkeitsentschädigung aus § 502 ist ausgeschlossen. § 493 Abs. 3 ist nur bei einer Erhöhung des Sollzinssatzes anzuwenden und gilt entsprechend bei einer Erhöhung der vereinbarten sonstigen Kosten. § 499 Abs. 1 ist nicht anzuwenden.

(2) Ist in einer Überziehungsmöglichkeit in Form des Allgemein-Verbraucherdarlehensvertrags vereinbart, dass nach der Auszahlung die Laufzeit höchstens drei Monate beträgt oder der Darlehensgeber kündigen kann, ohne

2. 차주가 기한 전 반환과 약정된 반환 사이의 기간에 지급하였을 이자.

제503조 [外國通貨로 하는 不動産消費者消費貸借에서의 變換]

① 차주가 계약 체결시에 주소를 둔 유럽연합 회원국의 통화("차주의 내국통화")로 체결되지 아니한 부동산소비자소비대차계약("외국통화로 하는 부동산소비자소비대차계약")에서 차주는 대차금을 차주의 내국통화로 변환할 것을 청구할 수 있다. 변환권은 반환되지 아니한 잔액의 가치 또는 정기적 분할금의 가치가 차주의 내국통화상으로 환율의 변동으로 말미암아 계약 체결시의 환율을 기준으로 하였을 때보다 20%보다 더 많이 상승하였을 때에 성립한다. 제 1 문과는 달리 소비대차계약에서 기준이 되는 신용평가의 시점에서 차주가 그 주요한 수입을 그것으로 얻거나 대차금 반환의 재원이 되는 재산가치가 그것으로 산정되는 통화가 전적으로 또는 보충적으로 차주의 내국통화인 것으로 약정될 수 있다.

② 대차금의 변환은 변환을 청구하는 날의 시장외환시세에 상응하는 외환시세로 행하여져야 한다. 제 1 문은 소비대차계약에서 달리 약정되지 아니한 경우에만 적용된다.

제504조 [當座貸越의 許容]

① 소비자소비대차가 대주가 현재 유지되고 있는 계좌에 관한 계약관계에 있어서 차주에게 그의 계좌에서 일정한 액을 대월하는 권리를 인정하는 내용으로 행하여진 경우에는("당좌대월"), 대주는 일정한 간격을 두고 차주에게 민법시행법 제247조 §16에서 정하여진 사항을 알려주어야 한다. 제502조에 기한 기한 전 변제로 인한 손해배상청구권은 배제된다. 제493조 제 3 항은 대차이율이 인상되는 경우에만 적용되고, 약정된 기타 비용이 인상되는 경우에는 준용된다. 제499조 제 1 항은 적용되지 아니한다.

② 일반소비자소비대차계약의 형태로 행하여지는 당좌대월에 있어서 대차금 지급 후 존속기간이 최장 3개월이거나 대주가 기간 설정 없이 해지할 수 있음을 약정한 경우에는, 제491조의a 제 3 항, 제495조, 제499조

eine Frist einzuhalten, sind § 491a Abs. 3, die §§ 495, 499 Abs. 2 und § 500
Abs. 1 Satz 2 nicht anzuwenden. § 492 Abs. 1 ist nicht anzuwenden, wenn
außer den Sollzinsen keine weiteren laufenden Kosten vereinbart sind, die
Sollzinsen nicht in kürzeren Zeiträumen als drei Monaten fällig werden und der
Darlehensgeber dem Darlehensnehmer den Vertragsinhalt spätestens unverzüglich
nach Vertragsabschluss auf einem dauerhaften Datenträger mitteilt.

§ 504a Beratungspflicht bei Inanspruchnahme der Überziehungsmöglichkeit

(1) Der Darlehensgeber hat dem Darlehensnehmer eine Beratung gemäß
Absatz 2 anzubieten, wenn der Darlehensnehmer eine ihm eingeräumte Überzie-
hungsmöglichkeit ununterbrochen über einen Zeitraum von sechs Monaten und
durchschnittlich in Höhe eines Betrags in Anspruch genommen hat, der 75
Prozent des vereinbarten Höchstbetrags übersteigt. Wenn der Rechnungsabschluss für das laufende Konto vierteljährlich erfolgt, ist der maßgebliche
Zeitpunkt für das Vorliegen der Voraussetzungen nach Satz 1 der jeweilige
Rechnungsabschluss. Das Beratungsangebot ist dem Darlehensnehmer in
Textform auf dem Kommunikationsweg zu unterbreiten, der für den Kontakt mit
dem Darlehensnehmer üblicherweise genutzt wird. Das Beratungsangebot ist zu
dokumentieren.

(2) Nimmt der Darlehensnehmer das Angebot an, ist eine Beratung zu möglichen kostengünstigen Alternativen zur Inanspruchnahme der Überziehungsmöglichkeit und zu möglichen Konsequenzen einer weiteren Überziehung des
laufenden Kontos durchzuführen sowie gegebenenfalls auf geeignete Beratungs-
einrichtungen hinzuweisen. Die Beratung hat in Form eines persönlichen
Gesprächs zu erfolgen. Für dieses können auch Fernkommunikationsmittel
genutzt werden. Der Ort und die Zeit des Beratungsgesprächs sind zu dokumentieren.

(3) Nimmt der Darlehensnehmer das Beratungsangebot nicht an oder wird ein
Vertrag über ein geeignetes kostengünstigeres Finanzprodukt nicht geschlossen,
hat der Darlehensgeber das Beratungsangebot bei erneutem Vorliegen der
Voraussetzungen nach Absatz 1 zu wiederholen. Dies gilt nicht, wenn der
Darlehensnehmer ausdrücklich erklärt, keine weiteren entsprechenden Beratungs-
angebote erhalten zu wollen.

§ 505 Geduldete Überziehung

(1) Vereinbart ein Unternehmer in einem Vertrag mit einem Verbraucher
über ein laufendes Konto ohne eingeräumte Überziehungsmöglichkeit ein Entgelt

제 2 항 및 제500조 제 1 항 제 2 문은 적용되지 아니한다. 제492조 제 1 항은, 대차이자 외에 다른 발생 중의 비용이 약정되지 아니하고 대차이자는 3개월보다 더 단기의 기간 안에는 이행기가 도래하지 아니하며 대주가 차주에게 늦어도 계약 체결 후 지체없이 지속적 자료저장장치로 계약내용을 통지한 경우에는 적용되지 아니한다.

제504조의a [貸越可能性 利用에 있어서의 相談義務]

① 대주는 차주가 그에 인정된 대월가능성을 6개월이 넘는 기간 동안 계속 이용하고 또 평균 행사액이 약정된 최고액의 75%를 넘는 경우에는 차주에게 제 2 항에 따라 상담을 제안하여야 한다. 현재 유지되고 있는 계좌에서 그 결산이 4분기마다 행하여지는 경우에는 제 1 문 소정의 요건이 충족되는지 여부는 그 각각의 결산시기를 기준으로 한다. 상담의 제안은 차주와의 접촉을 위하여 통상적으로 이용되는 의사소통 경로를 통하여 문면방식으로 행하여져야 한다. 상담의 제안에 대하여는 기록이 작성되어야 한다.

② 차주가 그 제안을 수락한 경우에는, 상담은 대월가능성의 이용을 대체할 수 있는 비용저렴한 방도, 그리고 현재 유지되고 있는 계좌에서 계속 대월하는 경우에 발생할 수 있는 사태에 대하여 행하여져야 하고, 사정에 따라서는 적절한 상담시설이 지적되어야 한다. 상담은 대면 대화의 형식으로 행하여져야 한다. 이를 위하여 원격통신수단도 사용될 수 있다. 상담을 행하는 대화의 장소와 시간에 대하여는 기록이 작성되어야 한다.

③ 차주가 상담의 제안을 수락하지 아니하거나 비용이 더욱 저렴한 적절한 금융상품에 관한 계약을 체결하지 아니한 경우에는 대주는 제 1 항에서 정하는 요건이 갖추어지는 때마다 상담의 제안을 반복하여야 한다. 차주가 상응하는 다른 상담 제안을 받지 하지 아니한다는 뜻을 명시적으로 표시한 경우에는 그러하지 아니하다.

제505조 [忍容된 當座貸越]

① 사업자가 당좌대월이 인정되지 아니하는 현행의 계좌에 관한 소비자

für den Fall, dass er eine Überziehung des Kontos duldet, müssen in diesem
Vertrag die Angaben nach Artikel 247 § 17 Abs. 1 des Einführungsgesetzes
zum Bürgerlichen Gesetzbuche in Textform enthalten sein und dem Verbraucher
in regelmäßigen Zeitabständen auf einem dauerhaften Datenträger mitgeteilt
werden. Satz 1 gilt entsprechend, wenn ein Darlehensgeber mit einem Darlehensnehmer in einem Vertrag über ein laufendes Konto mit eingeräumter Überziehungsmöglichkeit ein Entgelt für den Fall vereinbart, dass er eine Überziehung
des Kontos über die vertraglich bestimmte Höhe hinaus duldet.

(2) Kommt es im Fall des Absatzes 1 zu einer erheblichen Überziehung von
mehr als einem Monat, unterrichtet der Darlehensgeber den Darlehensnehmer
unverzüglich auf einem dauerhaften Datenträger über die sich aus Artikel 247
§ 17 Abs. 2 des Einführungsgesetzes zum Bürgerlichen Gesetzbuche ergebenden Einzelheiten. Wenn es im Fall des Absatzes 1 zu einer ununterbrochenen
Überziehung von mehr als drei Monaten gekommen ist und der durchschnittliche
Überziehungsbetrag die Hälfte des durchschnittlichen monatlichen Geldeingangs
innerhalb der letzten drei Monate auf diesem Konto übersteigt, so gilt § 504a
entsprechend. Wenn der Rechnungsabschluss für das laufende Konto vierteljährlich erfolgt, ist der maßgebliche Zeitpunkt für das Vorliegen der Voraussetzungen nach Satz 1 der jeweilige Rechnungsabschluss.

(3) Verstößt der Unternehmer gegen Absatz 1 oder Absatz 2, kann der Darlehensgeber über die Rückzahlung des Darlehens hinaus Kosten und Zinsen
nicht verlangen.

(4) Die §§ 491a bis 496 und 499 bis 502 sind auf Verbraucherdarlehensverträge, die unter den in Absatz 1 genannten Voraussetzungen zustande kommen,
nicht anzuwenden.

§ 505a Pflicht zur Kreditwürdigkeitsprüfung bei Verbraucherdarle-
hensverträgen

(1) Der Darlehensgeber hat vor dem Abschluss eines Verbraucherdarlehensvertrags die Kreditwürdigkeit des Darlehensnehmers zu prüfen. Der
Darlehensgeber darf den Verbraucherdarlehensvertrag nur abschließen, wenn aus
der Kreditwürdigkeitsprüfung hervorgeht, dass bei einem Allgemein-Verbraucherdarlehensvertrag keine erheblichen Zweifel daran bestehen und dass es bei
einem Immobiliar-Verbraucherdarlehensvertrag wahrscheinlich ist, dass der
Darlehensnehmer seinen Verpflichtungen, die im Zusammenhang mit dem
Darlehensvertrag stehen, vertragsgemäß nachkommen wird.

(2) Wird der Nettodarlehensbetrag nach Abschluss des Darlehensvertrags

와의 계약에서 그가 그 계좌상의 당좌대월을 인용하면 대가를 수령하기
로 약정한 경우에는 그 계약에는 민법시행법 제247조 §17 제 1 항에서 정
하여진 사항이 문면방식으로 포함되어야 하고, 소비자에게 일정한 간격
을 두고 그 사항이 지속적 자료저장장치로 통지되어야 한다. 제 1 문은
대주가 당좌대월이 인정되는 현행의 계좌에 관한 계약에서 그가 그 계좌
상의 당좌대월을 계약에서 정하여진 액을 넘어서 인용하면 대가를 수령
하기로 약정한 경우에 대하여 준용된다.

② 제 1 항의 경우에 1개월을 넘는 기간 동안 현저한 당좌대월이 행하여
진 경우에는 대주는 차주에게 민법시행법 제247조 §17 제 2 항에서 정하
여진 개별 사항을 일정한 간격을 두고 지체없이 지속적 자료저장장치로
알려주어야 한다. 제 1 항의 경우에 3개월이 넘게 계속적으로 대월상태가
지속되고 평균적인 대월액이 최근 3개월 간의 그 계좌에의 평균 입금액
의 반을 넘는 경우에는 제504조의a가 적용된다. 현재 유지되고 있는 계
좌에서 그 정산이 4분기마다 행하여지는 경우에는 제 1 문 소정의 요건이
충족되는지 여부는 그 각각의 정산시를 기준으로 한다.

③ 사업자가 제 1 항 또는 제 2 항을 위반한 경우에는, 대주는 대차금의
반환을 넘어서 비용이나 이자를 청구할 수 없다.

④ 제491조의a 내지 제496조, 제499조 내지 제502조는 제 1 항에서 정하
는 요건을 갖추어 성립한 소비자소비대차계약에는 적용되지 아니한다.

제505조의a [消費者消費貸借契約에서의 信用評價義務]

① 대주는 소비자소비대차계약의 체결 전에 차주의 신용을 평가하여야
한다. 대주는 신용평가의 결과 일반소비자소비대차계약에서는 차주가
소비대차계약과 관련하여 부담하는 그의 의무를 계약대로 이행할 것이
라는 점에 현저한 의문이 없는 것으로, 부동산소비자소비대차계약에서
는 그 점에 개연성이 있는 것으로 밝혀진 경우에만 소비자소비대차계약
을 체결하여야 한다.

② 소비대차계약의 체결 후에 순대차액이 명백히 증가하는 경우에는 신
용평가는 이때를 기준으로 하는 기초자료에 기하여 새로 행하여져야 한

deutlich erhöht, so ist die Kreditwürdigkeit auf aktualisierter Grundlage neu zu prüfen, es sei denn, der Erhöhungsbetrag des Nettodarlehens wurde bereits in die ursprüngliche Kreditwürdigkeitsprüfung einbezogen.

(3) Bei Immobiliar-Verbraucherdarlehensverträgen, die

1. im Anschluss an einen zwischen den Vertragsparteien abgeschlossenen Darlehensvertrag ein neues Kapitalnutzungsrecht zur Erreichung des von dem Darlehensnehmer mit dem vorangegangenen Darlehensvertrag verfolgten Zweckes einräumen oder

2. einen anderen Darlehensvertrag zwischen den Vertragsparteien zur Vermeidung von Kündigungen wegen Zahlungsverzugs des Darlehensnehmers oder zur Vermeidung von Zwangsvollstreckungsmaßnahmen gegen den Darlehensnehmer ersetzen oder ergänzen,

bedarf es einer erneuten Kreditwürdigkeitsprüfung nur unter den Voraussetzungen des Absatzes 2. Ist danach keine Kreditwürdigkeitsprüfung erforderlich, darf der Darlehensgeber den neuen Immobiliar-Verbraucherdarlehensvertrag nicht abschließen, wenn ihm bereits bekannt ist, dass der Darlehensnehmer seinen Verpflichtungen, die im Zusammenhang mit diesem Darlehensvertrag stehen, dauerhaft nicht nachkommen kann. Bei Verstößen gilt § 505d entsprechend.

§ 505b Grundlage der Kreditwürdigkeitsprüfung bei Verbraucherdarlehensverträgen

(1) Bei Allgemein-Verbraucherdarlehensverträgen können Grundlage für die Kreditwürdigkeitsprüfung Auskünfte des Darlehensnehmers und erforderlichenfalls Auskünfte von Stellen sein, die geschäftsmäßig personenbezogene Daten, die zur Bewertung der Kreditwürdigkeit von Verbrauchern genutzt werden dürfen, zum Zweck der Übermittlung erheben, speichern, verändern oder nutzen.

(2) Bei Immobiliar-Verbraucherdarlehensverträgen hat der Darlehensgeber die Kreditwürdigkeit des Darlehensnehmers auf der Grundlage notwendiger, ausreichender und angemessener Informationen zu Einkommen, Ausgaben sowie anderen finanziellen und wirtschaftlichen Umständen des Darlehensnehmers eingehend zu prüfen. Dabei hat der Darlehensgeber die Faktoren angemessen zu berücksichtigen, die für die Einschätzung relevant sind, ob der Darlehensnehmer seinen Verpflichtungen aus dem Darlehensvertrag voraussichtlich nachkommen kann. Die Kreditwürdigkeitsprüfung darf sich nicht hauptsächlich darauf stützen, dass der Wert der Wohnimmobilie den Darlehensbetrag übersteigt, oder auf die Annahme, dass der Wert der Wohnimmobilie zunimmt, es sei denn, der Darlehens-

다, 다만 순대차액의 증가분이 애초의 신용평가에서 이미 고려되었던 때
에는 그러하지 아니하다.

③ 다음 각 호의 부동산소비자소비대차계약에서는 제2항 소정의 요건
아래서만 새로운 신용평가가 요구된다,

  1. 계약당사자들 사이에 체결된 소비대차계약에 이어서 차주가 종전의
     소비대차계약으로 추구하였던 목적의 달성을 위하여 새로운 자금이
     용권을 설정하는 계약, 또는

  2. 차주의 반환지체를 이유로 하는 해지권의 발생을 피하거나 차주에
     대한 강제집행을 피하기 위하여 계약당사자들 사이에서 다른 소비
     대차계약을 대체하거나 보충하는 계약.

그로 말미암아 신용평가가 요구되지 아니하는 때에는, 대주는 차주가 이
새로운 소비대차계약으로부터 발생하는 의무를 지속적으로 이행할 수
없음을 이미 알고 있는 경우에는 새로 부동산소비자소비대차계약을 체
결하여서는 아니된다. 이를 위반한 경우에 대하여는 제505조의d가 준용
된다.

제505조의b [消費者消費貸借契約에서 信用評價의 基礎資料]

① 일반소비자소비대차계약에서 차주가 제공하는 정보 및 필요한 경우
에는 소비자의 신용평가에 사용되는 것이 허용되는 인적 자료를 배포의
목적으로 영업적으로 수집·저장·변경 또는 이용하는 기관의 정보가 신
용평가의 기초자료가 될 수 있다.

② 부동산소비자소비대차계약에서 대주는 차주의 수입·지출 및 다른
재정적·경제적 사정에 관한 필요하고 충분하며 적절한 정보를 기초로
하여 그의 신용을 세밀하게 평가하여야 한다. 그에 있어서 대주는 차주
가 소비대차계약으로부터 발생하는 의무를 제대로 이행할 수 있을 것인
지를 판단하는 데 영향을 미치는 요소들을 적절히 고려하여야 한다. 신
용평가는 주거건조물의 가치가 대차금액을 상회한다는 사정이나 주거건
조물의 가치가 상승한다는 추단에만 주로 의거하여 행하여져서는 아니
된다, 다만 소비대차계약이 주거건조물의 건축이나 수선을 위하여 행하

vertrag dient zum Bau oder zur Renovierung der Wohnimmobilie.

(3) Der Darlehensgeber ermittelt die gemäß Absatz 2 erforderlichen Informationen aus einschlägigen internen oder externen Quellen, wozu auch Auskünfte des Darlehensnehmers gehören. Der Darlehensgeber berücksichtigt auch die Auskünfte, die einem Darlehensvermittler erteilt wurden. Der Darlehensgeber ist verpflichtet, die Informationen in angemessener Weise zu überprüfen, soweit erforderlich auch durch Einsichtnahme in unabhängig nachprüfbare Unterlagen.

(4) Bei Immobiliar-Verbraucherdarlehensverträgen ist der Darlehensgeber verpflichtet, die Verfahren und Angaben, auf die sich die Kreditwürdigkeitsprüfung stützt, festzulegen, zu dokumentieren und die Dokumentation aufzubewahren.

(5) Die Bestimmungen zum Schutz personenbezogener Daten bleiben unberührt.

§ 505c Weitere Pflichten bei grundpfandrechtlich oder durch Reallast besicherten Immobiliar-Verbraucherdarlehensverträgen

Darlehensgeber, die grundpfandrechtlich oder durch Reallast besicherte Immobiliar-Verbraucherdarlehen vergeben, haben

1. bei der Bewertung von Wohnimmobilien zuverlässige Standards anzuwenden und

2. sicherzustellen, dass interne und externe Gutachter, die Immobilienbewertungen für sie vornehmen, fachlich kompetent und so unabhängig vom Darlehensvergabeprozess sind, dass sie eine objektive Bewertung vornehmen können, und

3. Bewertungen für Immobilien, die als Sicherheit für Immobiliar-Verbraucherdarlehen dienen, auf einem dauerhaften Datenträger zu dokumentieren und aufzubewahren.

§ 505d Verstoß gegen die Pflicht zur Kreditwürdigkeitsprüfung

(1) Hat der Darlehensgeber gegen die Pflicht zur Kreditwürdigkeitsprüfung verstoßen, so ermäßigt sich

1. ein im Darlehensvertrag vereinbarter gebundener Sollzins auf den marktüblichen Zinssatz am Kapitalmarkt für Anlagen in Hypothekenpfandbriefe und öffentliche Pfandbriefe, deren Laufzeit derjenigen der Sollzinsbindung entspricht und

2. ein im Darlehensvertrag vereinbarter veränderlicher Sollzins auf den marktüblichen Zinssatz, zu dem europäische Banken einander Anleihen in Euro mit einer Laufzeit von drei Monaten gewähren.

여지는 경우에는 그러하지 아니하다.

③ 대주는 제 2 항에 따라 요구되는 정보사항을 차주가 제공하는 정보를 포함하여 관련되는 내적 또는 외적 정보원情報源에 기하여 탐색한다. 대주는 소비대차중개인에게서 얻어지는 정보도 고려하여야 한다. 대주는 정보를 적정한 방법으로 검토하여야 할 의무를, 필요한 한도에서는 독립적으로 검토할 수 있는 서류들에 의하여서도 이를 할 의무를 진다.

④ 부동산소비자소비대차계약에서 대주는 신용평가의 절차와 이를 뒷받침하는 정보사항들을 확정하며, 그에 관하여 기록하고 그 기록을 보존할 의무를 진다.

⑤ 개인정보의 보호에 관한 규정은 영향을 받지 아니한다.

제505조의c [不動産擔保權 또는 物的負擔으로 擔保된 不動産消費者消費貸借契約에서의 其他 義務]

부동산담보권 또는 물적부담으로 담보된 부동산소비자소비대차금을 공여한 대주는 다음의 의무를 진다,

1. 주거건조물의 평가에 있어서 신뢰할 만한 기준을 적용하는 것,

2. 자신을 위하여 부동산의 평가를 행하는 내부 및 외부의 감정인이 전문적인 능력이 있으며 또 객관적인 평가가 행하여질 수 있도록 소비대차 허여의 절차로부터 독립적임을 보장하는 것 및

3. 부동산소비자소비대차의 담보에 제공되는 부동산의 평가를 지속적 자료저장장치로 기록하고 보존하는 것.

제505조의d [信用評價에 있어서의 義務의 違反]

① 대주가 신용평가에 있어서의 의무를 위반한 때에는

1. 소비대차계약에서 고정이율이 약정된 경우에는 그 이율이 저당증권 및 공적 담보증권에의 투자를 행하는 자본시장에서 그 이자지급약정상의 기간에 있어서의 시장통상적 이율로 감축되고, 또한

2. 소비대차계약에서 변동이율이 약정된 경우에는 그 이율은 유럽의 은행이 3개월의 기간으로 유로화로 상호 대여하는 경우의 시장통상적인 이율로 감축된다.

Maßgeblicher Zeitpunkt für die Bestimmung des marktüblichen Zinssatzes gemäß Satz 1 ist der Zeitpunkt des Vertragsschlusses sowie gegebenenfalls jeweils der Zeitpunkt vertraglich vereinbarter Zinsanpassungen. Der Darlehensnehmer kann den Darlehensvertrag jederzeit fristlos kündigen; ein Anspruch auf eine Vorfälligkeitsentschädigung besteht nicht. Der Darlehensgeber stellt dem Darlehensnehmer eine Abschrift des Vertrags zur Verfügung, in der die Vertragsänderungen berücksichtigt sind, die sich aus den Sätzen 1 bis 3 ergeben. Die Sätze 1 bis 4 finden keine Anwendung, wenn bei einer ordnungsgemäßen Kreditwürdigkeitsprüfung der Darlehensvertrag hätte geschlossen werden dürfen.

(2) Kann der Darlehensnehmer Pflichten, die im Zusammenhang mit dem Darlehensvertrag stehen, nicht vertragsgemäß erfüllen, so kann der Darlehensgeber keine Ansprüche wegen Pflichtverletzung geltend machen, wenn die Pflichtverletzung auf einem Umstand beruht, der bei ordnungsgemäßer Kreditwürdigkeitsprüfung dazu geführt hätte, dass der Darlehensvertrag nicht hätte geschlossen werden dürfen.

(3) Die Absätze 1 und 2 finden keine Anwendung, soweit der Mangel der Kreditwürdigkeitsprüfung darauf beruht, dass der Darlehensnehmer dem Darlehensgeber vorsätzlich oder grob fahrlässig Informationen im Sinne des § 505b Absatz 1 bis 3 unrichtig erteilt oder vorenthalten hat.

§ 505e Verordnungsermächtigung

Das Bundesministerium der Finanzen und das Bundesministerium der Justiz und für Verbraucherschutz werden ermächtigt, durch gemeinsame Rechtsverordnung ohne Zustimmung des Bundesrates Leitlinien zu den Kriterien und Methoden der Kreditwürdigkeitsprüfung bei Immobiliar-Verbraucherdarlehensverträgen nach den §§ 505a und 505b Absatz 2 bis 4 festzulegen. Durch die Rechtsverordnung können insbesondere Leitlinien festgelegt werden

1. zu den Faktoren, die für die Einschätzung relevant sind, ob der Darlehensnehmer seinen Verpflichtungen aus dem Darlehensvertrag voraussichtlich nachkommen kann,

2. zu den anzuwendenden Verfahren und der Erhebung und Prüfung von Informationen.

제 1 문에서 정하는 시장통상적 이율을 정함에 있어서의 기준시점은 계약 체결시, 그리고 경우에 따라서는 계약상 약정된 이율 변동의 각 시점이다. 차주는 소비대차계약을 언제든지 기간을 두지 아니하고 해지할 수 있다; 기한 전 변제로 인한 손해배상청구권은 발생하지 아니한다. 대주는 제 1 문 내지 제 3 문의 규정에서 일어나는 계약의 변경이 반영된 계약서 사본을 차주에게 제공하여야 한다. 제 1 문 내지 제 4 문은 정상적인 신용평가가 행하여졌다면 그와 같은 소비대차계약이 체결되었을 것인 경우에는 적용되지 아니한다.

② 차주가 소비대차계약으로부터 발생하는 의무를 계약에 맞게 이행할 수 없는 경우에 그 의무 위반이 정상적인 신용평가가 행하여졌다면 그와 같은 소비대차계약이 체결되지 아니하였을 사정으로 인한 때에는 대주는 그 의무 위반으로 인한 청구권을 행사할 수 없다.

③ 제 1 항 및 제 2 항은 신용평가상의 흠이 차주가 대주에 대하여 제505조의b 제 1 항 내지 제 3 항의 의미에서의 정보를 고의 또는 중대한 과실로 부정확하게 제공하거나 제공하지 아니함으로 인한 것인 경우에는 적용되지 아니한다.

제505조의e [規則制定權限 委任]

연방재무부와 연방법무소비자보호부는 공동의 법규명령으로 연방상원의 동의 없이 제505조의a 및 제505조의b 제 2 항 내지 제 4 항에서 정하는 부동산소비자소비대차계약에서의 신용평가의 기준과 방법에 관한 지침을 정할 수 있다. 법규명령으로 특히 다음의 사항에 관한 지침이 정하여질 수 있다,

1. 차주가 소비대차계약상의 의무를 이행할 수 있을지를 미리 판단하는 것에 의미 있는 사정들,
2. 정보의 수집과 검토에 관하여 적용되는 절차.

Untertitel 2 Finanzierungshilfen zwischen einem Unternehmer und einem Verbraucher

§ 506 Zahlungsaufschub, sonstige Finanzierungshilfe

(1) Die für Allgemein-Verbraucherdarlehensverträge geltenden Vorschriften der §§ 358 bis 360 und 491a bis 502 sowie 505a bis 505e sind mit Ausnahme des § 492 Abs. 4 und vorbehaltlich der Absätze 3 und 4 auf Verträge entsprechend anzuwenden, durch die ein Unternehmer einem Verbraucher einen entgeltlichen Zahlungsaufschub oder eine sonstige entgeltliche Finanzierungshilfe gewährt. Bezieht sich der entgeltliche Zahlungsaufschub oder die sonstige entgeltliche Finanzierungshilfe auf den Erwerb oder die Erhaltung des Eigentumsrechts an Grundstücken, an bestehenden oder zu errichtenden Gebäuden oder auf den Erwerb oder die Erhaltung von grundstücksgleichen Rechten oder ist der Anspruch des Unternehmers durch ein Grundpfandrecht oder eine Reallast besichert, so sind die für Immobiliar-Verbraucherdarlehensverträge geltenden, in Satz 1 genannten Vorschriften sowie § 503 entsprechend anwendbar. Ein unentgeltlicher Zahlungsaufschub gilt als entgeltlicher Zahlungsaufschub gemäß Satz 2, wenn er davon abhängig gemacht wird, dass die Forderung durch ein Grundpfandrecht oder eine Reallast besichert wird.

(2) Verträge zwischen einem Unternehmer und einem Verbraucher über die entgeltliche Nutzung eines Gegenstandes gelten als entgeltliche Finanzierungshilfe, wenn vereinbart ist, dass

1. der Verbraucher zum Erwerb des Gegenstandes verpflichtet ist,
2. der Unternehmer vom Verbraucher den Erwerb des Gegenstandes verlangen kann oder
3. der Verbraucher bei Beendigung des Vertrags für einen bestimmten Wert des Gegenstandes einzustehen hat.

Auf Verträge gemäß Satz 1 Nr. 3 sind § 500 Abs. 2, § 501 Absatz 1 und § 502 nicht anzuwenden.

(3) Für Verträge, die die Lieferung einer bestimmten Sache oder die Erbringung einer bestimmten anderen Leistung gegen Teilzahlungen zum Gegenstand haben (Teilzahlungsgeschäfte), gelten vorbehaltlich des Absatzes 4 zusätzlich die in den §§ 507 und 508 geregelten Besonderheiten.

(4) Die Vorschriften dieses Untertitels sind in dem in § 491 Absatz 2 Satz 2 Nummer 1 bis 5, Absatz 3 Satz 2 und Absatz 4 bestimmten Umfang nicht anzuwenden. Soweit nach der Vertragsart ein Nettodarlehensbetrag (§ 491 Absatz 2

제 2 관   事業者와 消費者 사이의 資金融通援助

제506조 [支給猶豫; 기타의 **資金融通援助**]

① 일반소비자소비대차계약에 적용되는 제358조 내지 제360조, 제491
조의a 내지 제502조 및 제505조의a 내지 제505조의e의 규정은, 제492조
제 4 항을 제외하고 또한 아래 제 3 항 및 제 4 항의 경우를 유보하고, 사
업자가 소비자에게 유상의 지급유예 또는 기타의 자금융통원조를 제공
하는 계약에 준용된다. 유상의 반환시기 유예 또는 그 밖의 유상 자금융
통원조가 부동산 또는 현존하거나 신축될 건물에 대한 소유권의 취득 또
는 보유, 부동산과 동시되는 권리의 취득 또는 보유와 관련되는 경우 또
는 사업자의 청구권이 부동산담보권이나 물적부담으로 담보되어 있는
경우에는 부동산소비자소비대차계약에 적용되는 제 1 문에서 정하는 규
정들 및 제503조가 준용된다. 무상의 자금융통원조는 그것이 채권이 부
동산담보권이나 물적부담으로 담보되는 것에 달려 있는 경우에는 유상
의 자금융통원조로 본다.

② 어떠한 목적물의 유상 이용에 관한 사업자와 소비자 사이의 계약은
다음과 같은 약정이 있는 경우에는 유상의 자금융통원조로 본다,

 1. 소비자가 목적물을 취득할 의무를 지는 약정,
 2. 사업자가 소비자에게 목적물의 취득을 요구할 수 있도록 하는 약정,
    또는
 3. 계약 종료시 목적물에 일정한 가치가 있는 것을 보장하는 약정.

제 1 문 제 3 호에 정하여진 계약에는 제500조 제 2 항, 제501조 제 1 항 및
제502조가 적용되지 아니한다.

③ 할부금의 지급과 상환으로 특정물을 인도하거나 특정한 다른 급부를
실행하는 것을 내용으로 하는 계약("할부거래")에는 제 4 항의 경우를 유
보하고 그 외에 제507조 및 제508조에 따른 특별한 정함이 적용된다.

④ 이 관의 규정은 제491조 제 2 항 제 2 문 제 1 호 내지 제 5 호, 제 3 항
제 2 문 및 제 4 항에 정하여진 범위에서는 적용되지 아니한다. 계약의 종
류상 제491조 제 2 항 제 1 호 소정의 순수소비대차액이 존재하지 아니하

Satz 2 Nummer 1) nicht vorhanden ist, tritt an seine Stelle der Barzahlungspreis
oder, wenn der Unternehmer den Gegenstand für den Verbraucher erworben hat,
der Anschaffungspreis.

§ 507 Teilzahlungsgeschäfte

(1) § 494 Abs. 1 bis 3 und 6 Satz 2 zweiter Halbsatz ist auf Teilzahlungsgeschäfte nicht anzuwenden. Gibt der Verbraucher sein Angebot zum Vertragsabschluss im Fernabsatz auf Grund eines Verkaufsprospekts oder eines vergleichbaren elektronischen Mediums ab, aus dem der Barzahlungspreis, der Sollzinssatz, der effektive Jahreszins, ein Tilgungsplan anhand beispielhafter Gesamt-
beträge sowie die zu stellenden Sicherheiten und Versicherungen ersichtlich
sind, ist auch § 492 Abs. 1 nicht anzuwenden, wenn der Unternehmer dem
Verbraucher den Vertragsinhalt spätestens unverzüglich nach Vertragsabschluss
auf einem dauerhaften Datenträger mitteilt.

(2) Das Teilzahlungsgeschäft ist nichtig, wenn die vorgeschriebene Schriftform des § 492 Abs. 1 nicht eingehalten ist oder im Vertrag eine der in Artikel
247 §§ 6, 12 und 13 des Einführungsgesetzes zum Bürgerlichen Gesetzbuche
vorgeschriebenen Angaben fehlt. Ungeachtet eines Mangels nach Satz 1 wird
das Teilzahlungsgeschäft gültig, wenn dem Verbraucher die Sache übergeben
oder die Leistung erbracht wird. Jedoch ist der Barzahlungspreis höchstens mit
dem gesetzlichen Zinssatz zu verzinsen, wenn die Angabe des Gesamtbetrags
oder des effektiven Jahreszinses fehlt. Ist ein Barzahlungspreis nicht genannt, so
gilt im Zweifel der Marktpreis als Barzahlungspreis. Ist der effektive Jahreszins zu niedrig angegeben, so vermindert sich der Gesamtbetrag um den Prozentsatz, um den der effektive Jahreszins zu niedrig angegeben ist.

(3) Abweichend von den §§ 491a und 492 Abs. 2 dieses Gesetzes und von
Artikel 247 §§ 3, 6 und 12 des Einführungsgesetzes zum Bürgerlichen Ge-
setzbuche müssen in der vorvertraglichen Information und im Vertrag der Bar-
zahlungspreis und der effektive Jahreszins nicht angegeben werden, wenn der
Unternehmer nur gegen Teilzahlungen Sachen liefert oder Leistungen erbringt.
Im Fall des § 501 ist der Berechnung der Kostenermäßigung der gesetzliche
Zinssatz (§ 246) zugrunde zu legen. Ein Anspruch auf Vorfälligkeitsentschädi-
gung ist ausgeschlossen.

§ 508 Rücktritt bei Teilzahlungsgeschäften

Der Unternehmer kann von einem Teilzahlungsgeschäft wegen Zahlungsverzugs des Verbrauchers nur unter den in § 498 Absatz 1 Satz 1 bezeichneten

는 경우에는 현금가격 또는 사업자가 목적물을 소비자를 위하여 취득한
때에는 조달가격이 그에 갈음한다.

제507조 [割賦去來]

① 제494조 제 1 항 내지 제 3 항 및 제 6 항 제 2 문 후단은 할부거래에는
적용되지 아니한다. 소비자가 통신판매상의 계약 체결을 위한 청약을 판
매선전용 카탈로그 또는 그에 비견될 수 있는 전자매체로서 현금가격,
이율, 실질 연이율, 예시된 전체 금액에 따른 상환스케줄 및 설정되어야
하는 담보와 보험을 알 수 있는 것에 기하여 행하였다면, 사업자가 소비
자에게 늦어도 계약 체결 후 지체없이 계약내용을 지속적 자료저장장치
로 알려준 경우에는 제492조 제 1 항도 적용되지 아니한다.

② 할부거래는 제492조 제 1 항에서 정하여진 서면방식이 지켜지지 아니
하거나 계약에서 민법시행법 제247조 § 6, § 12 및 § 13에서 정하여진 기
재사항이 결여된 때에는 무효이다. 제 1 항의 하자에도 불구하고 소비자
에게 물건이 인도되거나 급부가 이행된 경우에는 유효하다. 그러나 전
체금액이나 실질 연이율이 결여된 경우에는 현금가격에 최대 법정이율
의 이자가 부가되어야 한다. 현금가격이 제시되지 아니하였으면 의심스
러운 경우에는 시장가격을 현금가격으로 한다. 실질 연이율이 너무 낮게
제시된 경우에는 전체가격은 실질 연이율이 너무 낮게 제시된 비율만큼
감축된다.

③ 이 법률 제491조의a 및 제492조 제 2 항, 그리고 민법시행법 제247조
§ 3, § 6 및 § 12와는 달리, 사업자가 분할지급만을 받고 물건을 인도하거
나 급부를 이행한 경우에는 계약 전 정보와 계약에는 현금가격과 실질
연이율이 제시되어서는 안 된다. 제501조의 경우에 비용감축의 산정은
법정이율(제246조)로 행하여진다. 기한 전 변제로 인한 손해배상의 청구
권은 배제된다.

제508조 [割賦去來에서의 解除]

사업자는 소비자의 지급지체를 이유로 하는 할부거래의 해제를 제498조
제 1 항 제 1 문에 정하여진 요건 아래서만 할 수 있다. 그 명목금액에는

Voraussetzungen zurücktreten. Dem Nennbetrag entspricht der Gesamtbetrag. Der Verbraucher hat dem Unternehmer auch die infolge des Vertrags gemachten Aufwendungen zu ersetzen. Bei der Bemessung der Vergütung von Nutzungen einer zurückzugewährenden Sache ist auf die inzwischen eingetretene Wertminderung Rücksicht zu nehmen. Nimmt der Unternehmer die auf Grund des Teilzahlungsgeschäfts gelieferte Sache wieder an sich, gilt dies als Ausübung des Rücktrittsrechts, es sei denn, der Unternehmer einigt sich mit dem Verbraucher, diesem den gewöhnlichen Verkaufswert der Sache im Zeitpunkt der Wegnahme zu vergüten. Satz 5 gilt entsprechend, wenn ein Vertrag über die Lieferung einer Sache mit einem Verbraucherdarlehensvertrag verbunden ist (§ 358 Absatz 3) und wenn der Darlehensgeber die Sache an sich nimmt; im Fall des Rücktritts bestimmt sich das Rechtsverhältnis zwischen dem Darlehensgeber und dem Verbraucher nach den Sätzen 3 und 4.

§ 509   (weggefallen)

Untertitel 3   Ratenlieferungsverträge zwischen einem Unternehmer und einem Verbraucher

§ 510   Ratenlieferungsverträge

(1) Der Vertrag zwischen einem Verbraucher und einem Unternehmer bedarf der schriftlichen Form, wenn der Vertrag
1. die Lieferung mehrerer als zusammengehörend verkaufter Sachen in Teilleistungen zum Gegenstand hat und das Entgelt für die Gesamtheit der Sachen in Teilzahlungen zu entrichten ist,
2. die regelmäßige Lieferung von Sachen gleicher Art zum Gegenstand hat oder
3. die Verpflichtung zum wiederkehrenden Erwerb oder Bezug von Sachen zum Gegenstand hat.

Dies gilt nicht, wenn dem Verbraucher die Möglichkeit verschafft wird, die Vertragsbestimmungen einschließlich der Allgemeinen Geschäftsbedingungen bei Vertragsschluss abzurufen und in wiedergabefähiger Form zu speichern. Der Unternehmer hat dem Verbraucher den Vertragsinhalt in Textform mitzuteilen.

(2) Dem Verbraucher steht vorbehaltlich des Absatzes 3 bei Verträgen nach Absatz 1, die weder im Fernabsatz noch außerhalb von Geschäftsräumen geschlossen werden, ein Widerrufsrecht nach § 355 zu.

(3) Das Widerrufsrecht nach Absatz 2 gilt nicht in dem in § 491 Absatz 2 Satz 2 Nummer 1 bis 5, Absatz 3 Satz 2 und Absatz 4 bestimmten Umfang.

전체금액이 상응한다. 소비자는 또한 사업자에게 계약으로 인하여 행하
여진 비용지출도 배상하여야 한다. 반환하여야 할 물건의 사용이익을 산
정함에 있어서는 그 사이에 일어난 가치감소도 고려되어야 한다. 사업자
가 할부거래에 기하여 인도된 물건을 회수한 경우에 이는 해제권을 행
사한 것으로 본다, 그러나 사업자가 소비자와의 사이에 소비자에게 회수
당시의 그 물건의 통상적인 판매가치를 보상할 것을 합의한 경우에는 그
러하지 아니하다. 제 5 문은 물건의 인도에 관한 계약이 소비자소비대차
계약과 결합되고(제358조 제 3 항) 그 대주가 물건을 회수한 경우에는 적
용되지 아니한다; 해제의 경우 대주와 소비자와의 법률관계는 제 3 문 및
제 4 문에 의하여 정하여진다.

제509조 [삭제]

제 3 관　事業者와 消費者 사이의 分割供給契約

제510조 [分割供給契約]

① 소비자와 사업자 사이의 계약은 그 계약이 다음 각 호에 해당하는 경
우에는 서면방식을 요한다,
  1. 일체一體로 매도된 다수의 물건을 분할급부로 인도할 것을 목적으로
     하고 물건 전체에 대하여 대가를 할부로 지급하기로 하는 것,
  2. 동종의 물건의 정기적 인도를 목적으로 하는 것, 또는
  3. 물건을 회귀적으로 취득하거나 구입할 의무를 발생시키는 것.
이는 제491조 제 2 항과 제 3 항에서 정하여진 범위에서는 적용되지 아니
한다. 최초로 가능한 해지의 시점까지 소비자가 지급하여야 할 모든 할
부금의 총액은 제491조 제 2 항 제 1 호에서 정하는 순수대차금액에 상응
한다.

② 제 1 항에 정하여진 계약으로서 통신판매가 아니고 또한 영업장소 밖
에서 체결되지 아니한 것에는, 제 3 항의 경우를 유보하고, 제355조에 의
한 철회권이 인정되지 아니한다.

③ 제 2 항 소정의 철회권은 제491조 제 2 항 제 2 문 제 1 호 내지 제 5 호

Dem in § 491 Absatz 2 Nummer 1 genannten Nettodarlehensbetrag entspricht die Summe aller vom Verbraucher bis zum frühestmöglichen Kündigungszeitpunkt zu entrichtenden Teilzahlungen.

Untertitel 4   Beratungsleistungen bei Immobiliar-Verbraucherdarlehensverträgen

§ 511   Beratungsleistungen bei Immobiliar-Verbraucherdarlehensverträgen

(1) Bevor der Darlehensgeber dem Darlehensnehmer individuelle Empfehlungen zu einem oder mehreren Geschäften erteilt, die im Zusammenhang mit einem Immobiliar-Verbraucherdarlehensvertrag stehen (Beratungsleistungen), hat er den Darlehensnehmer über die sich aus Artikel 247 § 18 des Einführungsgesetzes zum Bürgerlichen Gesetzbuche ergebenden Einzelheiten in der dort vorgesehenen Form zu informieren.

(2) Vor Erbringung der Beratungsleistung hat sich der Darlehensgeber über den Bedarf, die persönliche und finanzielle Situation sowie über die Präferenzen und Ziele des Darlehensnehmers zu informieren, soweit dies für eine passende Empfehlung eines Darlehensvertrags erforderlich ist. Auf Grundlage dieser aktuellen Informationen und unter Zugrundelegung realistischer Annahmen hinsichtlich der Risiken, die für den Darlehensnehmer während der Laufzeit des Darlehensvertrags zu erwarten sind, hat der Darlehensgeber eine ausreichende Zahl an Darlehensverträgen zumindest aus seiner Produktpalette auf ihre Geeignetheit zu prüfen.

(3) Der Darlehensgeber hat dem Darlehensnehmer auf Grund der Prüfung gemäß Absatz 2 ein geeignetes oder mehrere geeignete Produkte zu empfehlen oder ihn darauf hinzuweisen, dass er kein Produkt empfehlen kann. Die Empfehlung oder der Hinweis ist dem Darlehensnehmer auf einem dauerhaften Datenträger zur Verfügung zu stellen.

Untertitel 5   Unabdingbarkeit, Anwendung auf Existenzgründer

§ 512   Abweichende Vereinbarungen

Von den Vorschriften der §§ 491 bis 511, 514 und 515 darf, soweit nicht ein anderes bestimmt ist, nicht zum Nachteil des Verbrauchers abgewichen werden. Diese Vorschriften finden auch Anwendung, wenn sie durch anderweitige Gestaltungen umgangen werden.

및 제 3 항 제 2 문, 제 4 항에 정하여진 범위에서는 적용되지 아니한다.
소비자가 가장 빠른 해지가능성의 시점까지 지급되어야 할 할부금 전액
은 제491조 제 2 항 제 1 항에서 언급된 순수대차금액에 해당한다.

제 4 관   不動産消費者消費貸借契約에서의 相談서비스

제511조 [不動産消費者消費貸借契約에서의 相談서비스]

① 대주가 차주에게 부동산소비자소비대차계약과 관련이 있는 하나 또
는 여러 거래행위를 개별적으로 추천하기("상담서비스") 전에, 그는 차
주에게 민법시행법 제247조 §18에서 정하여진 개별 사항에 관하여 그 규
정에서 정하여진 방식으로 정보를 제공하여야 한다.

② 상담서비스를 행하기 전에 대주는 차주가 부족하여 필요로 하는 바,
차주의 개인적·재정적 상황 및 차주가 선호하는 바와 달성하고자 하는
바에 대하여 그것이 소비대차계약의 적절한 추천에 필요한 한도에서 정
보를 구하여야 한다. 이와 같이 하여 실제로 얻어진 정보 및 차주에게 소
비대차계약이 유지되는 동안에 예상될 수 있는 위험에 관하여 현실적으
로 인식된 바를 기초로 하여, 대주는 적어도 그의 상품목록으로부터 충
분한 수의 소비대차계약에 대하여 그 적절성 여부를 심사하여야 한다.

③ 대주는 제 2 항에서 정하여진 심사에 기하여 차주에게 하나의 적절한
상품 또는 여러 적절한 상품들을 추천하거나, 또는 그에게 추천할 만한
상품이 없음을 차주에게 고지하여야 한다. 그 추천 또는 고지는 지속적
자료저장장치상으로 차주에게 전달되어야 한다.

제 5 관   强行規定性; 生計創業準備者에의 適用

제512조 [다른 約定]

제491조 내지 제511조, 제514조 및 제515조의 규정과 다른 내용으로 소비
자에 불리하게 약정할 수 없다. 위의 규정들은 이를 다른 방법으로 회피
한 경우에도 적용된다.

§ 513 Anwendung auf Existenzgründer

Die §§ 491 bis 512 gelten auch für natürliche Personen, die sich ein Darlehen, einen Zahlungsaufschub oder eine sonstige Finanzierungshilfe für die Aufnahme einer gewerblichen oder selbständigen beruflichen Tätigkeit gewähren lassen oder zu diesem Zweck einen Ratenlieferungsvertrag schließen, es sei denn, der Nettodarlehensbetrag oder Barzahlungspreis übersteigt 75 000 Euro oder die Verordnung (EU) 2020/1503 des Europäischen Parlaments und des Rates vom 7. Oktober 2020 über Europäische Schwarmfinanzierungsdienstleister für Unternehmen und zur Änderung der Verordnung (EU) 2017/1129 und der Richtlinie (EU) 2019/1937 (ABl. L 347 vom 20.10.2020, S. 1) ist anwendbar.

Untertitel 6　Unentgeltliche Darlehensverträge und unentgeltliche Finanzierungshilfen zwischen einem Unternehmer und einem Verbraucher

§ 514 Unentgeltliche Darlehensverträge

(1) § 497 Absatz 1 und 3 sowie § 498 und die §§ 505a bis 505c sowie 505d Absatz 2 und 3 sowie § 505e sind entsprechend auf Verträge anzuwenden, durch die ein Unternehmer einem Verbraucher ein unentgeltliches Darlehen gewährt. Dies gilt nicht in dem in § 491 Absatz 2 Satz 2 Nummer 1 bestimmten Umfang.

(2) Bei unentgeltlichen Darlehensverträgen gemäß Absatz 1 steht dem Verbraucher ein Widerrufsrecht nach § 355 zu. Dies gilt nicht, wenn bereits ein Widerrufsrecht nach § 312g Absatz 1 besteht, und nicht bei Verträgen, die § 495 Absatz 2 Nummer 1 entsprechen. Der Unternehmer hat den Verbraucher rechtzeitig vor der Abgabe von dessen Willenserklärung gemäß Artikel 246 Absatz 3 des Einführungsgesetzes zum Bürgerlichen Gesetzbuche über sein Widerrufsrecht zu unterrichten. Der Unternehmer kann diese Pflicht dadurch erfüllen, dass er dem Verbraucher das in der Anlage 9 zum Einführungsgesetz zum Bürgerlichen Gesetzbuche vorgesehene Muster für die Widerrufsbelehrung ordnungsgemäß ausgefüllt in Textform übermittelt.

§ 515 Unentgeltliche Finanzierungshilfen

§ 514 sowie die §§ 358 bis 360 gelten entsprechend, wenn ein Unternehmer einem Verbraucher einen unentgeltlichen Zahlungsaufschub oder eine sonstige unentgeltliche Finanzierungshilfe gewährt.

제513조 [生計創業準備者에의 適用]

제491조 내지 제512조는 영업이나 독립적 직업활동을 개시하기 위하여 대차금, 지급유예 또는 기타의 자금융통원조를 제공받거나 이러한 목적을 위하여 분할공급계약을 체결한 자연인에게도 적용된다. 그러나 순수 대차금액 또는 현금가격이 7만 5천 유로를 초과하는 경우 또는 유럽의회 및 유럽평의회의 2020년 10월 7일자 「기업을 위한 집단금융서비스제공자에 관한, 그리고 유럽연합 제2017/1129호 규칙 및 제2019/1937호 지침의 각 개정을 위한 유럽연합 제2020/1503호 규칙」(2020년 10월 20일자 유럽연합관보 법령편 제347호, 1면)이 적용될 수 있는 경우에는 그러하지 아니하다.

제 6 관 事業者와 消費者 간의 無利子 消費貸借契約 및 無償 資金融通援助

제514조 [無利子 消費貸借契約]

① 사업자가 소비자에게 무이자의 소비대차를 제공하는 계약에 대하여는 제497조 제 1 항, 제 3 항, 제498조, 제505조의a 내지 제505조의c, 제505조의d 제 2 항, 제 3 항 및 제505조의e가 준용된다.

② 제 1 항의 무이자 소비대차계약에 있어서 소비자는 제355조 소정의 철회권을 가진다. 이미 제312조의g 제 1 항에 기하여 철회권이 성립한 경우 및 제495조 제 2 항 제 1 문 소정의 계약의 경우에는 그러하지 아니하다. 사업자는 소비자에게 민법시행법 제246조 제 3 항에 따라 소비자가 의사표시를 행하기 전의 적시에 그의 철회권에 대하여 알려주어야 한다. 사업자는 소비자에게 민법시행법 별표 제 9 에서 정하여진 철회권 고지에 관한 서식을 정상적으로 채워서 작성하여 문면방식으로 전달함으로써 이 의무를 이행할 수 있다.

제515조 [無償의 資金融通援助]

사업자가 소비자에게 무상의 반환기일 유예 또는 기타의 자금융통원조를 제공하는 경우에 대하여는 제514조 및 제358조 내지 제360조가 준용된다.

Titel 4　Schenkung

§ 516　Begriff der Schenkung

(1) Eine Zuwendung, durch die jemand aus seinem Vermögen einen anderen bereichert, ist Schenkung, wenn beide Teile darüber einig sind, dass die Zuwendung unentgeltlich erfolgt.

(2) Ist die Zuwendung ohne den Willen des anderen erfolgt, so kann ihn der Zuwendende unter Bestimmung einer angemessenen Frist zur Erklärung über die Annahme auffordern. Nach dem Ablauf der Frist gilt die Schenkung als angenommen, wenn nicht der andere sie vorher abgelehnt hat. Im Falle der Ablehnung kann die Herausgabe des Zugewendeten nach den Vorschriften über die Herausgabe einer ungerechtfertigten Bereicherung gefordert werden.

§ 516a　Verbrauchervertrag über die Schenkung digitaler Produkte

(1) Auf einen Verbrauchervertrag, bei dem der Unternehmer dem Verbraucher

1. digitale Produkte oder

2. einen körperlichen Datenträger, der ausschließlich als Träger digitaler Inhalte dient,

schenkt, und der Verbraucher dem Unternehmer personenbezogene Daten nach Maßgabe des § 327 Absatz 3 bereitstellt oder sich hierzu verpflichtet, sind die §§ 523 und 524 über die Haftung des Schenkers für Rechts- oder Sachmängel nicht anzuwenden. An die Stelle der nach Satz 1 nicht anzuwendenden Vorschriften treten die Vorschriften des Abschnitts 3 Titel 2a.

(2) Für einen Verbrauchervertrag, bei dem der Unternehmer dem Verbraucher eine Sache schenkt, die digitale Produkte enthält oder mit digitalen Produkten verbunden ist, gilt der Anwendungsausschluss nach Absatz 1 entsprechend für diejenigen Bestandteile des Vertrags, welche die digitalen Produkte betreffen.

§ 517　Unterlassen eines Vermögenserwerbs

Eine Schenkung liegt nicht vor, wenn jemand zum Vorteil eines anderen einen Vermögenserwerb unterlässt oder auf ein angefallenes, noch nicht endgültig erworbenes Recht verzichtet oder eine Erbschaft oder ein Vermächtnis ausschlägt.

§ 518　Form des Schenkungsversprechens

(1) Zur Gültigkeit eines Vertrags, durch den eine Leistung schenkweise versprochen wird, ist die notarielle Beurkundung des Versprechens erforderlich.

제 4 절 贈 與

제516조 [贈與의 槪念]

① 어떤 사람이 자신의 재산으로 타인에게 이득을 얻게 하는 출연出捐에 대하여 양 당사자가 그것이 무상으로 이루어지는 것으로 의사가 합치한 때에는, 그 출연은 증여이다.

② 상대방의 의사와 무관하게 출연이 행하여진 경우에, 출연자는 상대방에 대하여 상당한 기간을 정하여 승낙 여부의 의사표시를 최고할 수 있다. 상대방이 그 사이에 증여를 거절하지 아니하면, 이 기간이 경과함으로써 증여는 승낙된 것으로 본다. 거절한 경우에는 부당이득의 반환에 관한 규정에 따라 출연한 것의 반환을 청구할 수 있다.

제516조의a [디지털제품의 증여에 관한 消費者契約]

① 사업자가 소비자에게

1. 디지털제품 또는

2. 디지털자료의 저장수단으로만 기능하는 유체적 자료저장장치를

증여하고 또한 소비자가 제327조 제 3 항에 따라 사업자에게 인적 데이터를 공급하는 소비자계약 또는 공급할 의무를 지는 소비자계약에 대하여는, 권리하자 또는 물건하자에 대한 증여자의 책임에 관한 제523조 및 제524조는 적용되지 아니한다. 제 1 문에 따라 적용되지 아니하는 규정에 갈음하여 제 3 장 제 2 절의a의 규정이 적용된다.

② 사업자가 소비자에게 디지털제품이 포함되거나 디지털제품과 결합된 물건을 증여하는 소비자계약에 있어서 제 1 항에 정하여진 적용 배제는 계약 중 디지털제품과 관련된 부분에 대하여 적용된다.

제517조 [財産의 不取得]

어떤 사람이 타인의 이익을 위하여 재산을 취득하지 아니하거나, 자신에 귀속되나 아직 확정적으로 취득되지 아니한 권리를 포기하거나, 상속이나 유증을 포기하는 것은, 증여가 되지 아니한다.

제518조 [贈與約束의 方式]

① 급부를 증여로서 약속하는 계약이 유효하기 위하여는, 약속에 관하

Das Gleiche gilt, wenn ein Schuldversprechen oder ein Schuldanerkenntnis der in den §§ 780, 781 bezeichneten Art schenkweise erteilt wird, von dem Versprechen oder der Anerkennungserklärung.

(2) Der Mangel der Form wird durch die Bewirkung der versprochenen Leistung geheilt.

§ 519　Einrede des Notbedarfs

(1) Der Schenker ist berechtigt, die Erfüllung eines schenkweise erteilten Versprechens zu verweigern, soweit er bei Berücksichtigung seiner sonstigen Verpflichtungen außerstande ist, das Versprechen zu erfüllen, ohne dass sein angemessener Unterhalt oder die Erfüllung der ihm kraft Gesetzes obliegenden Unterhaltspflichten gefährdet wird.

(2) Treffen die Ansprüche mehrerer Beschenkten zusammen, so geht der früher entstandene Anspruch vor.

§ 520　Erlöschen eines Rentenversprechens

Verspricht der Schenker eine in wiederkehrenden Leistungen bestehende Unterstützung, so erlischt die Verbindlichkeit mit seinem Tode, sofern nicht aus dem Versprechen sich ein anderes ergibt.

§ 521　Haftung des Schenkers

Der Schenker hat nur Vorsatz und grobe Fahrlässigkeit zu vertreten.

§ 522　Keine Verzugszinsen

Zur Entrichtung von Verzugszinsen ist der Schenker nicht verpflichtet.

§ 523　Haftung für Rechtsmängel

(1) Verschweigt der Schenker arglistig einen Mangel im Recht, so ist er verpflichtet, dem Beschenkten den daraus entstehenden Schaden zu ersetzen.

(2) Hatte der Schenker die Leistung eines Gegenstandes versprochen, den er erst erwerben sollte, so kann der Beschenkte wegen eines Mangels im Recht Schadensersatz wegen Nichterfüllung verlangen, wenn der Mangel dem Schenker bei dem Erwerb der Sache bekannt gewesen oder infolge grober Fahrlässigkeit unbekannt geblieben ist. Die für die Haftung des Verkäufers für Rechtsmängel geltenden Vorschriften des § 433 Abs. 1 und der §§ 435, 436, 444, 452, 453 finden entsprechende Anwendung.

§ 524　Haftung für Sachmängel

(1) Verschweigt der Schenker arglistig einen Fehler der verschenkten Sache, so ist er verpflichtet, dem Beschenkten den daraus entstehenden Schaden zu

여 공정증서가 작성될 것을 요한다. 제780조, 제781조에 정하여진 채무약
속 또는 채무승인을 증여로서 행하는 경우에, 약속 또는 승인의 의사표
시에 대하여도 또한 같다.

② 방식의 흠결은 약속한 급부의 실행으로써 치유된다.

제519조 [困窮의 抗辯]

① 증여자의 그 외의 의무를 고려할 때 증여약속의 이행이 자신의 적절
한 생계 또는 법률에 의하여 부담하는 부양의무의 이행을 위태롭게 하는
경우에는, 증여자는 약속의 이행을 거절할 수 있다.

② 수인의 수증자의 청구권이 경합하는 때에는 먼저 발생한 청구권이
우선한다.

제520조 [定期金約束의 消滅]

증여자가 회귀적 급부를 내용으로 하는 부조扶助를 약속한 때에는, 그 약
속으로부터 달리 해석되지 아니하는 한, 채무는 증여자의 사망에 의하여
소멸한다.

제521조 [贈與者의 責任]

증여자는 고의 및 중대한 과실에 대하여만 책임이 있다.

제522조 [遲延利子의 不發生]

증여자는 지연이자를 지급할 의무가 없다.

제523조 [權利瑕疵에 대한 責任]

① 증여자가 권리의 하자를 알면서 밝히지 아니한 때에는 그는 수증자
에 대하여 이로 인하여 발생하는 손해를 배상할 의무를 진다.

② 증여자가 앞으로 취득할 목적물의 급부를 약속한 경우에, 증여자가
물건의 취득에 있어서 권리의 하자를 알았거나 또는 중과실로 알지 못한
때에는, 수증자는 그 하자를 이유로 불이행으로 인한 손해배상을 청구할
수 있다. 매도인의 권리하자에 대한 제433조 제 1 항, 제435조, 제436조,
제444조, 제452조, 제453조의 규정은 이에 준용된다.

제524조 [物件瑕疵에 대한 責任]

① 증여자가 증여물건의 결함을 알면서 밝히지 아니한 때에는 그는 수

ersetzen.

(2) Hatte der Schenker die Leistung einer nur der Gattung nach bestimmten Sache versprochen, die er erst erwerben sollte, so kann der Beschenkte, wenn die geleistete Sache fehlerhaft und der Mangel dem Schenker bei dem Erwerb der Sache bekannt gewesen oder infolge grober Fahrlässigkeit unbekannt geblieben ist, verlangen, dass ihm anstelle der fehlerhaften Sache eine fehlerfreie geliefert wird. Hat der Schenker den Fehler arglistig verschwiegen, so kann der Beschenkte statt der Lieferung einer fehlerfreien Sache Schadensersatz wegen Nichterfüllung verlangen. Auf diese Ansprüche finden die für die Gewährleistung wegen Fehler einer verkauften Sache geltenden Vorschriften entsprechend Anwendung.

§ 525　Schenkung unter Auflage

(1) Wer eine Schenkung unter einer Auflage macht, kann die Vollziehung der Auflage verlangen, wenn er seinerseits geleistet hat.

(2) Liegt die Vollziehung der Auflage im öffentlichen Interesse, so kann nach dem Tod des Schenkers auch die zuständige Behörde die Vollziehung verlangen.

§ 526　Verweigerung der Vollziehung der Auflage

Soweit infolge eines Mangels im Recht oder eines Mangels der verschenkten Sache der Wert der Zuwendung die Höhe der zur Vollziehung der Auflage erforderlichen Aufwendungen nicht erreicht, ist der Beschenkte berechtigt, die Vollziehung der Auflage zu verweigern, bis der durch den Mangel entstandene Fehlbetrag ausgeglichen wird. Vollzieht der Beschenkte die Auflage ohne Kenntnis des Mangels, so kann er von dem Schenker Ersatz der durch die Vollziehung verursachten Aufwendungen insoweit verlangen, als sie infolge des Mangels den Wert der Zuwendung übersteigen.

§ 527　Nichtvollziehung der Auflage

(1) Unterbleibt die Vollziehung der Auflage, so kann der Schenker die Herausgabe des Geschenkes unter den für das Rücktrittsrecht bei gegenseitigen Verträgen bestimmten Voraussetzungen nach den Vorschriften über die Herausgabe einer ungerechtfertigten Bereicherung insoweit fordern, als das Geschenk zur Vollziehung der Auflage hätte verwendet werden müssen.

(2) Der Anspruch ist ausgeschlossen, wenn ein Dritter berechtigt ist, die Vollziehung der Auflage zu verlangen.

§ 528　Rückforderung wegen Verarmung des Schenkers

증자에 대하여 이로 인하여 발생하는 손해를 배상할 의무를 진다.

② 증여자가 앞으로 취득할, 종류만으로 정하여진 물건의 급부를 약속
한 경우에, 급부된 물건에 결함이 있고 또 증여자가 물건의 취득에 있어
서 결함을 알았거나 또는 중과실로 알지 못한 때에는, 수증자는 결함 있
는 물건에 갈음하여 결함 없는 물건의 공여를 청구할 수 있다. 증여자가
결함을 알면서 밝히지 아니한 때에는 수증자는 결함 없는 물건의 공여에
갈음하여 불이행으로 인한 손해배상을 청구할 수 있다. 이들 청구권에
대하여는 매매물건의 결함으로 인한 담보책임에 관한 규정이 준용된다.

제525조 [負擔附 贈與]

① 부담부로 증여를 하는 사람은 자신이 급부한 때에 부담의 실행을 청
구할 수 있다.

② 부담의 실행이 공적 이익이 되는 것이면, 증여자의 사망 후에는 관할
관청도 그 실행을 청구할 수 있다.

제526조 [負擔實行의 拒絶]

권리의 하자 또는 증여물건의 하자로 인하여 출연의 가액이 부담의 실
행에 필요한 비용에 미달하는 때에는, 수증자는 하자로 인하여 생긴 부
족액이 전보될 때까지 부담의 실행을 거절할 수 있다. 수증자가 하자
를 알지 못하고 부담을 실행한 경우에는, 실행으로 발생한 비용이 하자
로 말미암아 출연의 가액을 넘게 된 한도에서 비용의 상환을 청구할 수
있다.

제527조 [負擔의 不實行]

① 부담이 실행되지 아니하는 때에는, 증여물이 부담의 실행을 위하여
사용되어야 했을 한도에서, 증여자는 쌍무계약의 해제에 관하여 정하여
진 요건 아래서 부당이득의 반환에 관한 규정에 따라 증여물의 반환을
청구할 수 있다.

② 제3자가 부담의 실행을 청구할 수 있는 때에는, 반환청구권은 배제
된다.

제528조 [贈與者의 財産關係 惡化로 인한 返還請求]

(1) Soweit der Schenker nach der Vollziehung der Schenkung außerstande ist, seinen angemessenen Unterhalt zu bestreiten und die ihm seinen Verwandten, seinem Ehegatten, seinem Lebenspartner oder seinem früheren Ehegatten oder Lebenspartner gegenüber gesetzlich obliegende Unterhaltspflicht zu erfüllen, kann er von dem Beschenkten die Herausgabe des Geschenkes nach den Vorschriften über die Herausgabe einer ungerechtfertigten Bereicherung fordern. Der Beschenkte kann die Herausgabe durch Zahlung des für den Unterhalt erforderlichen Betrags abwenden. Auf die Verpflichtung des Beschenkten finden die Vorschriften des § 760 sowie die für die Unterhaltspflicht der Verwandten geltende Vorschrift des § 1613 und im Falle des Todes des Schenkers auch die Vorschriften des § 1615 entsprechende Anwendung.

(2) Unter mehreren Beschenkten haftet der früher Beschenkte nur insoweit, als der später Beschenkte nicht verpflichtet ist.

§ 529 Ausschluss des Rückforderungsanspruchs

(1) Der Anspruch auf Herausgabe des Geschenkes ist ausgeschlossen, wenn der Schenker seine Bedürftigkeit vorsätzlich oder durch grobe Fahrlässigkeit herbeigeführt hat oder wenn zur Zeit des Eintritts seiner Bedürftigkeit seit der Leistung des geschenkten Gegenstandes zehn Jahre verstrichen sind.

(2) Das Gleiche gilt, soweit der Beschenkte bei Berücksichtigung seiner sonstigen Verpflichtungen außerstande ist, das Geschenk heauszugeben, ohne dass sein standesmäßiger Unterhalt oder die Erfüllung der ihm kraft Gesetzes obliegenden Unterhaltspflichten gefährdet wird.

§ 530 Widerruf der Schenkung

(1) Eine Schenkung kann widerrufen werden, wenn sich der Beschenkte durch eine schwere Verfehlung gegen den Schenker oder einen nahen Angehörigen des Schenkers groben Undankes schuldig macht.

(2) Dem Erben des Schenkers steht das Recht des Widerrufs nur zu, wenn der Beschenkte vorsätzlich und widerrechtlich den Schenker getötet oder am Widerruf gehindert hat.

§ 531 Widerrufserklärung

(1) Der Widerruf erfolgt durch Erklärung gegenüber dem Beschenkten.

(2) Ist die Schenkung widerrufen, so kann die Herausgabe des Geschenkes nach den Vorschriften über die Herausgabe einer ungerechtfertigten Bereicherung gefordert werden.

§ 532 Ausschluss des Widerrufs

① 증여자가 증여의 실행 후에 자신의 적절한 생계를 유지할 수 없고 또 혈족, 배우자, 생활동반자 또는 종전의 배우자나 생활동반자에 대하여 법률에 의하여 부담하는 부양의무를 이행할 수 없게 된 한도에서, 증여자는 수증자에게 부당이득의 반환에 관한 규정에 따라 증여물의 반환을 청구할 수 있다. 수증자는 생계 및 부양에 필요한 금액을 지급하여 반환의무를 면할 수 있다. 수증자의 의무에 대하여는 제760조 및 친족부양의무에 관한 제1613조가 준용되며, 또한 증여자가 사망한 경우에는 제1615조도 준용된다.

② 수증자가 수인 있는 때에는 시간적으로 앞선 수증자는 후의 수증자가 의무를 지지 아니하는 범위에서만 책임을 진다.

제529조 [返還請求權의 不發生]

① 증여자가 고의 또는 중과실에 의하여 곤궁을 초래하거나, 곤궁이 증여된 증여목적물의 급부로부터 10년이 경과한 후에 발생한 것인 때에는, 증여물의 반환청구권은 배제된다.

② 수증자의 그 외의 의무를 고려할 때 증여물의 반환이 자신의 적절한 생계 또는 법률에 의하여 부담하는 부양의무의 이행을 위태롭게 하는 경우에도 또한 같다.

제530조 [贈與의 撤回]

① 수증자가 증여자 또는 그의 근친에 대한 현저한 비행으로 인하여 중대한 배은背恩의 비난을 받아야 하는 때에는, 증여자는 증여를 철회할 수 있다.

② 증여자의 상속인은, 수증자가 고의로 위법하게 증여자를 살해하였거나 철회를 방해한 때에 한하여, 철회권을 가진다.

제531조 [撤回의 意思表示]

① 철회는 수증자에 대한 의사표시로써 한다.

② 증여가 철회된 때에는 부당이득의 반환에 관한 규정에 따라 증여물의 반환을 청구할 수 있다.

제532조 [撤回의 排除]

Der Widerruf ist ausgeschlossen, wenn der Schenker dem Beschenkten verziehen hat oder wenn seit dem Zeitpunkt, in welchem der Widerrufsberechtigte von dem Eintritt der Voraussetzungen seines Rechts Kenntnis erlangt hat, ein Jahr verstrichen ist. Nach dem Tode des Beschenkten ist der Widerruf nicht mehr zulässig.

§ 533 Verzicht auf Widerrufsrecht

Auf das Widerrufsrecht kann erst verzichtet werden, wenn der Undank dem Widerrufsberechtigten bekannt geworden ist.

§ 534 Pflicht- und Anstandsschenkungen

Schenkungen, durch die einer sittlichen Pflicht oder einer auf den Anstand zu nehmenden Rücksicht entsprochen wird, unterliegen nicht der Rückforderung und dem Widerruf.

Titel 5   Mietvertrag, Pachtvertrag

Untertitel 1   Allgemeine Vorschriften für Mietverhältnisse

§ 535 Inhalt und Hauptpflichten des Mietvertrags

(1) Durch den Mietvertrag wird der Vermieter verpflichtet, dem Mieter den Gebrauch der Mietsache während der Mietzeit zu gewähren. Der Vermieter hat die Mietsache dem Mieter in einem zum vertragsgemäßen Gebrauch geeigneten Zustand zu überlassen und sie während der Mietzeit in diesem Zustand zu erhalten. Er hat die auf der Mietsache ruhenden Lasten zu tragen.

(2) Der Mieter ist verpflichtet, dem Vermieter die vereinbarte Miete zu entrichten.

§ 536 Mietminderung bei Sach- und Rechtsmängeln

(1) Hat die Mietsache zur Zeit der Überlassung an den Mieter einen Mangel, der ihre Tauglichkeit zum vertragsgemäßen Gebrauch aufhebt, oder entsteht während der Mietzeit ein solcher Mangel, so ist der Mieter für die Zeit, in der die Tauglichkeit aufgehoben ist, von der Entrichtung der Miete befreit. Für die Zeit, während der die Tauglichkeit gemindert ist, hat er nur eine angemessen herabgesetzte Miete zu entrichten. Eine unerhebliche Minderung der Tauglichkeit bleibt außer Betracht.

(1a) Für die Dauer von drei Monaten bleibt eine Minderung der Tauglichkeit

증여자가 수증자를 용서한 경우 또는 철회권자가 그 권리의 요건 발생을
안 때로부터 1년이 경과한 경우에는, 철회는 배제된다. 수증자의 사망 후
에는 철회는 이제 허용되지 아니한다.

제533조 [撤回權의 抛棄]

철회권은 철회권자가 배은을 안 때에 비로소 이를 포기할 수 있다.

제534조 [義務上 贈與 및 禮儀上 贈與]

도의적 의무 또는 예의상의 고려에 좇아 행하여진 증여에 있어서는 반환
청구나 철회를 하지 못한다.

제 5 절 使用賃貸借契約·用益賃貸借契約

제 1 관 使用賃貸借關係에 관한 一般規定

제535조 [使用賃貸借契約의 內容 및 主義務]

① 사용임대차계약에 기하여 임대인은 임대기간 중 임차인에게 임대차
목적물의 사용을 허용할 의무를 진다. 임대인은 목적물을 계약에 좇은
사용에 적합한 상태로 임차인에게 인도하고, 임대차기간 동안 이를 그
상태로 유지하여야 한다. 그는 목적물에 대한 부담을 져야 한다.

② 임차인은 임대인에게 약정한 차임을 지급할 의무를 진다.

제536조 [物件瑕疵 또는 權利瑕疵가 있는 경우의 借賃減額]

① 임차인에의 인도시에 목적물에 계약에 좇은 사용에 대한 적합성을
소멸시키거나 감소시키는 결함이 있는 때 또는 임대차기간 중에 그러한
결함이 발생한 때에는, 임차인은 적합성이 소멸한 기간에 대하여는 차임
지급의 의무를 면한다. 적합성이 감소된 기간에 대하여는 적절하게 감액
된 차임만을 지급할 의무를 부담한다. 적합성의 경미한 감소는 고려되지
아니한다.

①의a 적합성의 감소가 제555조의b 제 1 호에 정하여진 에너지 관련 개

außer Betracht, soweit diese auf Grund einer Maßnahme eintritt, die einer energetischen Modernisierung nach § 555b Nummer 1 dient.

(2) Absatz 1 Satz 1 und 2 gilt auch, wenn eine zugesicherte Eigenschaft
fehlt oder später wegfällt.

(3) Wird dem Mieter der vertragsgemäße Gebrauch der Mietsache durch das
Recht eines Dritten ganz oder zum Teil entzogen, so gelten die Absätze 1 und 2
entsprechend.

(4) Bei einem Mietverhältnis über Wohnraum ist eine zum Nachteil des
Mieters abweichende Vereinbarung unwirksam.

§ 536a Schadens- und Aufwendungsersatzanspruch des Mieters wegen eines Mangels

(1) Ist ein Mangel im Sinne des § 536 bei Vertragsschluss vorhanden oder
entsteht ein solcher Mangel später wegen eines Umstands, den der Vermieter zu
vertreten hat, oder kommt der Vermieter mit der Beseitigung eines Mangels in
Verzug, so kann der Mieter unbeschadet der Rechte aus § 536 Schadensersatz
verlangen.

(2) Der Mieter kann den Mangel selbst beseitigen und Ersatz der erforderlichen Aufwendungen verlangen, wenn

1. der Vermieter mit der Beseitigung des Mangels in Verzug ist oder
2. die umgehende Beseitigung des Mangels zur Erhaltung oder Wiederherstellung des Bestands der Mietsache notwendig ist.

§ 536b Kenntnis des Mieters vom Mangel bei Vertragsschluss oder Annahme

Kennt der Mieter bei Vertragsschluss den Mangel der Mietsache, so stehen
ihm die Rechte aus den §§ 536 und 536a nicht zu. Ist ihm der Mangel infolge
grober Fahrlässigkeit unbekannt geblieben, so stehen ihm diese Rechte nur zu,
wenn der Vermieter den Mangel arglistig verschwiegen hat. Nimmt der Mieter
eine mangelhafte Sache an, obwohl er den Mangel kennt, so kann er die Rechte aus den §§ 536 und 536a nur geltend machen, wenn er sich seine Rechte bei
der Annahme vorbehält.

§ 536c Während der Mietzeit auftretende Mängel; Mängelanzeige durch den Mieter

(1) Zeigt sich im Laufe der Mietzeit ein Mangel der Mietsache oder wird eine
Maßnahme zum Schutz der Mietsache gegen eine nicht vorhergesehene Gefahr
erforderlich, so hat der Mieter dies dem Vermieter unverzüglich anzu-

량에 기여하는 조치로 인하여 발생한 경우에는 그 감소는 3개월의 기간
에 관하여는 고려되지 아니한다.

② 제1항 제1문 및 제2문은 보증한 성상이 결여되었거나 후에 없게
된 경우에도 적용된다.

③ 임차인이 제3자의 권리로 인하여 전적으로 또는 부분적으로 계약에
좇아 목적물을 사용할 수 없게 된 경우에는 제1항과 제2항이 준용된다.

④ 주거공간의 임대차에 있어서 이와 다른 약정으로서 사용임차인에게
불리한 것은 효력이 없다.

제536조의a [瑕疵로 인한 賃借人의 損害賠償請求權 및 費用償還請求權]

① 제536조의 의미에서의 하자가 계약체결시 존재하거나, 그러한 하자
가 나중에 임대인에게 책임 있는 사유로 발생하거나, 임대인이 하자의
제거에 관하여 지체에 빠진 때에는, 임차인은 제536조상의 권리와는 별
도로 손해배상을 청구할 수 있다.

② 다음의 경우에 임차인은 하자를 스스로 제거하고 그에 필요한 비용
의 상환을 요구할 수 있다,

  1. 임대인이 하자의 제거에 관하여 지체에 빠진 때, 또는

  2. 목적물의 상태를 유지 또는 회복하기 위하여 하자의 즉시의 제거가
     필요한 때.

제536조의b [契約締結時 또는 受取時 賃借人의 瑕疵에 대한 惡意]

임차인이 계약 체결시에 목적물의 하자를 안 때에는 제536조 및 제536조
의a상의 권리를 가지지 못한다. 그가 중과실로 하자를 알지 못하였던 경
우에는, 임대인이 그 하자를 알고도 밝히지 아니한 때에만 이들 권리를
가진다. 임차인이 하자 있는 물건을 그 하자 있음을 알면서도 수취한 경
우에는, 수취시에 이들 권리를 유보한 때에만, 이를 주장할 수 있다.

제536조의c [賃貸借期間 중에 드러난 瑕疵; 賃借人의 瑕疵通知]

① 목적물의 하자가 임대차기간 중에 드러난 때 또는 목적물을 예견되
지 아니한 위험으로부터 보호하기 위한 조치가 필요하게 된 때에는, 임
차인은 임대인에게 지체없이 이를 통지하여야 한다. 제3자가 목적물에

zeigen. Das Gleiche gilt, wenn ein Dritter sich ein Recht an der Sache anmaßt.

(2) Unterlässt der Mieter die Anzeige, so ist er dem Vermieter zum Ersatz des daraus entstehenden Schadens verpflichtet. Soweit der Vermieter infolge der Unterlassung der Anzeige nicht Abhilfe schaffen konnte, ist der Mieter nicht berechtigt,

1. die in § 536 bestimmten Rechte geltend zu machen,
2. nach § 536a Abs. 1 Schadensersatz zu verlangen oder
3. ohne Bestimmung einer angemessenen Frist zur Abhilfe nach § 543 Abs. 3 Satz 1 zu kündigen.

§ 536d Vertraglicher Ausschluss von Rechten des Mieters wegen eines Mangels

Auf eine Vereinbarung, durch die die Rechte des Mieters wegen eines Mangels der Mietsache ausgeschlossen oder beschränkt werden, kann sich der Vermieter nicht berufen, wenn er den Mangel arglistig verschwiegen hat.

§ 537 Entrichtung der Miete bei persönlicher Verhinderung des Mieters

(1) Der Mieter wird von der Entrichtung der Miete nicht dadurch befreit, dass er durch einen in seiner Person liegenden Grund an der Ausübung seines Gebrauchsrechts gehindert wird. Der Vermieter muss sich jedoch den Wert der ersparten Aufwendungen sowie derjenigen Vorteile anrechnen lassen, die er aus einer anderweitigen Verwertung des Gebrauchs erlangt.

(2) Solange der Vermieter infolge der Überlassung des Gebrauchs an einen Dritten außerstande ist, dem Mieter den Gebrauch zu gewähren, ist der Mieter zur Entrichtung der Miete nicht verpflichtet.

§ 538 Abnutzung der Mietsache durch vertragsgemäßen Gebrauch

Veränderungen oder Verschlechterungen der Mietsache, die durch den vertragsgemäßen Gebrauch herbeigeführt werden, hat der Mieter nicht zu vertreten.

§ 539 Ersatz sonstiger Aufwendungen und Wegnahmerecht des Mieters

(1) Der Mieter kann vom Vermieter Aufwendungen auf die Mietsache, die der Vermieter ihm nicht nach § 536a Abs. 2 zu ersetzen hat, nach den Vorschriften über die Geschäftsführung ohne Auftrag ersetzt verlangen.

(2) Der Mieter ist berechtigt, eine Einrichtung wegzunehmen, mit der er die Mietsache versehen hat.

대하여 권리를 주장하는 때에도 또한 같다.

② 임차인이 통지를 하지 아니한 경우에는, 그는 임대인에게 그로 인하여 발생한 손해를 배상할 의무를 진다. 통지가 행하여지지 아니함으로 인하여 임대인이 시정을 할 수 없었던 범위에서, 임차인은 다음을 할 권리를 가지지 못한다,

1. 제536조에서 정한 권리를 주장하는 것,
2. 제536조의a에 따라 손해배상을 청구하는 것, 또는
3. 시정에 필요한 상당한 기간을 정하지 아니하고 계약을 제543조 제3항에 따라 해지하는 것.

제536조의d [瑕疵로 인한 賃借人의 權利를 排除하는 約定]

목적물의 하자로 인한 임차인의 권리를 배제하거나 제한하는 약정은, 임대인이 그 하자를 알면서 밝히지 아니한 때에는, 임대인이 이를 원용할 수 없다.

제537조 [賃借人의 一身上 障碍와 借賃支給]

① 임차인은 일신상의 사유로 자신의 사용권한을 행사할 수 없음을 이유로 하여 차임의 지급을 면하지 못한다. 그러나 임대인은 지출을 면한 비용 및 사용을 다른 방법으로 환가함으로 취득한 이득이 공제되도록 하여야 한다.

② 임대인이 제3자에게 사용을 이전함으로써 임차인에게 사용을 허용할 수 없게 된 기간에 대하여는 임차인은 차임지급의 의무를 지지 아니한다.

제538조 [契約에 좇은 使用으로 인한 目的物의 磨損]

임차인은 계약에 좇은 사용으로 발생한 목적물의 변화 또는 훼손에 대하여 책임이 없다.

제539조 [其他 費用의 償還과 賃借人의 收去權]

① 임차인은, 제536조의a 제2항에 따라 임대인이 상환하여야 하는 비용이 아닌 경우에도, 사무관리에 관한 규정에 따라 임대인에게 목적물에 지출한 비용의 상환을 청구할 수 있다.

② 임차인은 그가 목적물에 부속시킨 설비를 수거할 수 있다.

§ 540 Gebrauchsüberlassung an Dritte

(1) Der Mieter ist ohne die Erlaubnis des Vermieters nicht berechtigt, den Gebrauch der Mietsache einem Dritten zu überlassen, insbesondere sie weiter zu vermieten. Verweigert der Vermieter die Erlaubnis, so kann der Mieter das Mietverhältnis außerordentlich mit der gesetzlichen Frist kündigen, sofern nicht in der Person des Dritten ein wichtiger Grund vorliegt.

(2) Überlässt der Mieter den Gebrauch einem Dritten, so hat er ein dem Dritten bei dem Gebrauch zur Last fallendes Verschulden zu vertreten, auch wenn der Vermieter die Erlaubnis zur Überlassung erteilt hat.

§ 541 Unterlassungsklage bei vertragswidrigem Gebrauch

Setzt der Mieter einen vertragswidrigen Gebrauch der Mietsache trotz einer Abmahnung des Vermieters fort, so kann dieser auf Unterlassung klagen.

§ 542 Ende des Mietverhältnisses

(1) Ist die Mietzeit nicht bestimmt, so kann jede Vertragspartei das Mietverhältnis nach den gesetzlichen Vorschriften kündigen.

(2) Ein Mietverhältnis, das auf bestimmte Zeit eingegangen ist, endet mit dem Ablauf dieser Zeit, sofern es nicht

1. in den gesetzlich zugelassenen Fällen außerordentlich gekündigt oder

2. verlängert wird.

§ 543 Außerordentliche fristlose Kündigung aus wichtigem Grund

(1) Jede Vertragspartei kann das Mietverhältnis aus wichtigem Grund außerordentlich fristlos kündigen. Ein wichtiger Grund liegt vor, wenn dem Kündigenden unter Berücksichtigung aller Umstände des Einzelfalls, insbesondere eines Verschuldens der Vertragsparteien, und unter Abwägung der beiderseitigen Interessen die Fortsetzung des Mietverhältnisses bis zum Ablauf der Kündigungsfrist oder bis zur sonstigen Beendigung des Mietverhältnisses nicht zugemutet werden kann.

(2) Ein wichtiger Grund liegt insbesondere vor, wenn

1. dem Mieter der vertragsgemäße Gebrauch der Mietsache ganz oder zum Teil nicht rechtzeitig gewährt oder wieder entzogen wird,

2. der Mieter die Rechte des Vermieters dadurch in erheblichem Maße verletzt, dass er die Mietsache durch Vernachlässigung der ihm obliegenden

제540조 [第三者에의 使用移轉]

① 임차인은 임대인의 승낙 없이 목적물의 사용을 제 3 자에게 이전할 수 없으며, 특히 목적물을 다시 사용임대할 수 없다. 임대인이 승낙을 거절하는 때에는, 임차인은, 제 3 자의 신상에 중대한 사유가 없는 한, 법정기간을 두고 특별해지를 할 수 있다.

② 임차인이 제 3 자에게 사용을 이전한 때에는, 임대인이 그 이전을 승낙한 경우에도, 임차인은 제 3 자가 사용에 있어서 범한 과책에 대하여 책임이 있다.

제541조 [契約違反의 使用과 不作爲의 訴]

임차인이 임대인의 戒告에도 불구하고 계약에 위반되는 목적물의 사용을 계속하는 때에는 임대인은 부작위를 소구할 수 있다.

제542조 [賃貸借關係의 終了]

① 임대차기간이 정하여지지 아니한 경우에는 각 당사자는 법률의 규정에 따라 임대차를 해지할 수 있다.

② 기간이 정하여진 임대차관계는 다음의 경우를 제외하고는 그 기간의 만료로 종료한다,

  1. 법률에서 허용하는 경우에 특별해지된 때, 또는

  2. 기간이 연장된 때.

제543조 [重大한 事由로 인한 特別卽時解止]

① 각 당사자는 중대한 사유를 이유로 임대차를 즉시 특별해지할 수 있다. 개별사안의 모든 사정, 특히 당사자들의 과책을 고려하고 쌍방의 이익을 형량할 때 해지자에게 해지기간의 경과시 또는 기타의 임대차 종료시까지 임대차관계가 계속되는 것을 기대할 수 없는 경우에는 중대한 사유가 존재한다.

② 특히 다음의 경우에는 중대한 사유가 존재하는 것이다,

  1. 계약에 좇은 목적물의 사용이 전부 또는 일부 임차인에게 적시에 허용되지 아니하거나 또는 후에 이를 할 수 없게 된 때,

  2. 임차인에 의무 있는 주의를 게을리하여 목적물을 현저히 위태롭게 하거나 권한 없이 제 3 자에게 목적물을 이전함으로써, 임대인의 권

Sorgfalt erheblich gefährdet oder sie unbefugt einem Dritten überlässt oder

3. der Mieter

a) für zwei aufeinander folgende Termine mit der Entrichtung der Miete oder eines nicht unerheblichen Teils der Miete in Verzug ist oder

b) in einem Zeitraum, der sich über mehr als zwei Termine erstreckt, mit der Entrichtung der Miete in Höhe eines Betrages in Verzug ist, der die Miete für zwei Monate erreicht.

Im Falle des Satzes 1 Nr. 3 ist die Kündigung ausgeschlossen, wenn der Vermieter vorher befriedigt wird. Sie wird unwirksam, wenn sich der Mieter von seiner Schuld durch Aufrechnung befreien konnte und unverzüglich nach der Kündigung die Aufrechnung erklärt.

(3) Besteht der wichtige Grund in der Verletzung einer Pflicht aus dem Mietvertrag, so ist die Kündigung erst nach erfolglosem Ablauf einer zur Abhilfe bestimmten angemessenen Frist oder nach erfolgloser Abmahnung zulässig. Dies gilt nicht, wenn

1. eine Frist oder Abmahnung offensichtlich keinen Erfolg verspricht,

2. die sofortige Kündigung aus besonderen Gründen unter Abwägung der beiderseitigen Interessen gerechtfertigt ist oder

3. der Mieter mit der Entrichtung der Miete im Sinne des Absatzes 2 Nr. 3 in Verzug ist.

(4) Auf das dem Mieter nach Absatz 2 Nr. 1 zustehende Kündigungsrecht sind die §§ 536b und 536d entsprechend anzuwenden. Ist streitig, ob der Vermieter den Gebrauch der Mietsache rechtzeitig gewährt oder die Abhilfe vor Ablauf der hierzu bestimmten Frist bewirkt hat, so trifft ihn die Beweislast.

§ 544 Vertrag über mehr als 30 Jahre
Wird ein Mietvertrag für eine längere Zeit als 30 Jahre geschlossen, so kann jede Vertragspartei nach Ablauf von 30 Jahren nach Überlassung der Mietsache das Mietverhältnis außerordentlich mit der gesetzlichen Frist kündigen. Die Kündigung ist unzulässig, wenn der Vertrag für die Lebenszeit des Vermieters oder des Mieters geschlossen worden ist.

§ 545 Stillschweigende Verlängerung des Mietverhältnisses
Setzt der Mieter nach Ablauf der Mietzeit den Gebrauch der Mietsache fort,

리를 현저히 침해한 때, 또는

3. 임차인이

　　a) 2기 연속하여 차임의 전부 또는 상당부분의 지급을 지체한 때, 또는

　　b) 2기가 넘는 기간 내에 2개월분의 차임에 해당하는 금액만큼 차임의 지급을 지체한 때.

제 1 문 제 3 호의 경우에 임대인이 해지하기 전에 만족을 얻은 때에는 해지를 할 수 없다. 임차인이 상계에 의하여 자신의 채무를 면할 수 있었던 경우에 그가 해지 후 지체없이 상계의 의사표시를 한 때에는 해지는 효력이 없게 된다.

③ 중대한 사유가 임대차계약상의 의무의 위반인 경우에는, 시정을 위하여 정한 상당한 기간이 도과하거나 계고戒告가 효과가 없었던 때에만 해지를 할 수 있다. 그러나 다음의 경우에는 그러하지 아니하다,

1. 기간설정이나 계고가 효과 없을 것임이 명백한 때,

2. 특별한 사유로 인하여 쌍방의 이익을 형량하면 즉시해지가 정당화되는 때, 또는

3. 임차인이 제 2 항 [제 1 문] 제 3 호에서 정한 대로 차임의 지급을 지체한 때.

④ 제 2 항 제 1 호에 의한 임차인의 해지권에 대하여는 제536조의b 및 제536조의d가 준용된다. 임대인이 목적물의 사용을 적시에 허용하였는지 또는 시정을 위하여 정한 기간의 경과 전에 시정이 행하여졌는지가 다투어지는 때에는, 임대인이 증명책임을 진다.

제544조 [30년을 넘는 契約]

임대차계약이 30년을 넘는 기간으로 체결된 경우에는 각 당사자는 목적물의 인도 후 30년이 경과한 뒤에 법정기간을 두고 임대차를 특별해지할 수 있다. 계약이 임대인 또는 임차인의 종신까지로 체결된 때에는 해지를 할 수 없다.

제545조 [賃貸借關係의 默示的 延長]

임대차기간의 경과 후에도 임차인이 목적물의 사용을 계속하는 때에는,

so verlängert sich das Mietverhältnis auf unbestimmte Zeit, sofern nicht eine Vertragspartei ihren entgegenstehenden Willen innerhalb von zwei Wochen dem anderen Teil erklärt. Die Frist beginnt
1. für den Mieter mit der Fortsetzung des Gebrauchs,
2. für den Vermieter mit dem Zeitpunkt, in dem er von der Fortsetzung Kenntnis erhält.

§ 546 Rückgabepflicht des Mieters
(1) Der Mieter ist verpflichtet, die Mietsache nach Beendigung des Mietverhältnisses zurückzugeben.

(2) Hat der Mieter den Gebrauch der Mietsache einem Dritten überlassen, so kann der Vermieter die Sache nach Beendigung des Mietverhältnisses auch von dem Dritten zurückfordern.

§ 546a Entschädigung des Vermieters bei verspäteter Rückgabe
(1) Gibt der Mieter die Mietsache nach Beendigung des Mietverhältnisses nicht zurück, so kann der Vermieter für die Dauer der Vorenthaltung als Entschädigung die vereinbarte Miete oder die Miete verlangen, die für vergleichbare Sachen ortsüblich ist.

(2) Die Geltendmachung eines weiteren Schadens ist nicht ausgeschlossen.

§ 547 Erstattung von im Voraus entrichteter Miete
(1) Ist die Miete für die Zeit nach Beendigung des Mietverhältnisses im Voraus entrichtet worden, so hat der Vermieter sie zurückzuerstatten und ab Empfang zu verzinsen. Hat der Vermieter die Beendigung des Mietverhältnisses nicht zu vertreten, so hat er das Erlangte nach den Vorschriften über die Herausgabe einer ungerechtfertigten Bereicherung zurückzuerstatten.

(2) Bei einem Mietverhältnis über Wohnraum ist eine zum Nachteil des Mieters abweichende Vereinbarung unwirksam.

§ 548 Verjährung der Ersatzansprüche und des Wegnahmerechts
(1) Die Ersatzansprüche des Vermieters wegen Veränderungen oder Verschlechterungen der Mietsache verjähren in sechs Monaten. Die Verjährung beginnt mit dem Zeitpunkt, in dem er die Mietsache zurückerhält. Mit der Verjährung des Anspruchs des Vermieters auf Rückgabe der Mietsache verjähren auch seine Ersatzansprüche.

(2) Ansprüche des Mieters auf Ersatz von Aufwendungen oder auf Gestattung der Wegnahme einer Einrichtung verjähren in sechs Monaten nach der Beendigung des Mietverhältnisses.

당사자 일방이 2주 내에 상대방에 대하여 반대의 의사표시를 하지 아니
하는 한, 임대차관계는 기간의 정함이 없이 연장된다. 그 기간은 다음의
시점으로부터 진행된다,

1. 임차인에 대하여는 사용을 계속하는 때,
2. 임대인에 대하여는 그 계속을 안 때.

제546조 [賃借人의 返還義務]

① 임차인은 임대차관계의 종료 후에 목적물을 반환할 의무를 진다.

② 임차인이 목적물의 사용을 제 3 자에게 이전한 때에는 임대인은 임대
차관계의 종료 후에 제 3 자에 대해서도 목적물의 반환을 청구할 수 있다.

제546조의a [返還遲延時 賃貸人의 損害塡補]

① 임차인이 임대차관계의 종료 후에 목적물을 반환하지 아니하는 때에
는, 그 억류의 기간에 대하여 임대인은 약정차임 또는 유사한 물건에 대
한 그 지역에 상례적인 차임을 손해배상으로 청구할 수 있다.

② 그 외의 손해의 주장은 배제되지 아니한다.

제547조 [미리 支給된 借賃의 返還]

① 임대차관계 종료 후의 시기에 대하여 차임이 미리 지급된 경우에는,
임대인은 이를 반환하고 수령시로부터 이자를 지급하여야 한다. 임대인
이 임대차관계의 종료에 대하여 책임 없는 때에는, 그는 취득한 것을 부
당이득의 반환에 관한 규정에 따라 반환하여야 한다.

② 거주공간의 임대차에서 이와 다른 약정으로서 임차인에 불리한 것은
효력이 없다.

제548조 [賠償請求權 및 收去權의 消滅時效]

① 목적물의 변경 또는 훼손으로 인한 임대인의 배상청구권은 6개월의
소멸시효에 걸린다. 소멸시효는 그가 물건의 반환을 받는 때로부터 진행
한다. 임대인의 목적물반환청구권에 대하여 소멸시효가 완성한 때에는,
임대인의 배상청구권에 대하여도 소멸시효가 완성한다.

② 임차인의 비용상환청구권 또는 설비수거인용청구권은 임대차관계의
종료시부터 6개월의 소멸시효에 걸린다.

§ 548a **Miete digitaler Produkte**

Die Vorschriften über die Miete von Sachen sind auf die Miete digitaler Produkte entsprechend anzuwenden.

Untertitel 2　Mietverhältnisse über Wohnraum

Kapitel 1　Allgemeine Vorschriften

§ 549 **Auf Wohnraummietverhältnisse anwendbare Vorschriften**

(1) Für Mietverhältnisse über Wohnraum gelten die §§ 535 bis 548, soweit sich nicht aus den §§ 549 bis 577a etwas anderes ergibt.

(2) Die Vorschriften über die Miethöhe bei Mietbeginn in Gebieten mit angespannten Wohnungsmärkten (§§ 556d bis 556g), über die Mieterhöhung (§§ 557 bis 561) und über den Mieterschutz bei Beendigung des Mietverhältnisses sowie bei der Begründung von Wohnungseigentum (§ 568 Abs. 2, §§ 573, 573a, 573d Abs. 1, §§ 574 bis 575, 575a Abs. 1 und §§ 577, 577a) gelten nicht für Mietverhältnisse über

1. Wohnraum, der nur zum vorübergehenden Gebrauch vermietet ist,

2. Wohnraum, der Teil der vom Vermieter selbst bewohnten Wohnung ist und den der Vermieter überwiegend mit Einrichtungsgegenständen auszustatten hat, sofern der Wohnraum dem Mieter nicht zum dauernden Gebrauch mit seiner Familie oder mit Personen überlassen ist, mit denen er einen auf Dauer angelegten gemeinsamen Haushalt führt,

3. Wohnraum, den eine juristische Person des öffentlichen Rechts oder ein anerkannter privater Träger der Wohlfahrtspflege angemietet hat, um ihn Personen mit dringendem Wohnungsbedarf zu überlassen, wenn sie den Mieter bei Vertragsschluss auf die Zweckbestimmung des Wohnraums und die Ausnahme von den genannten Vorschriften hingewiesen hat.

(3) Für Wohnraum in einem Studenten- oder Jugendwohnheim gelten die §§ 556d bis 561 sowie die §§ 573, 573a, 573d Abs. 1 und §§ 575, 575a Abs. 1, §§ 577, 577a nicht.

§ 550 **Form des Mietvertrags**

Wird der Mietvertrag für längere Zeit als ein Jahr nicht in schriftlicher Form

제548조의a [디지털제품의 使用賃貸借]

디지털제품의 임대차에 대하여는 물건의 임대차에 관한 규정이 준용된다.

제 2 관 住居空間의 使用賃貸借關係

제 1 항 一般規定

제549조 [住居空間使用賃貸借關係에 適用되는 規定]

① 주거공간의 임대차관계에는, 제549조 내지 제577조의a에서 달리 정하여지지 아니한 한, 제535조 내지 제548조가 적용된다.

② 주거시장 사정이 열악한 지역에서의 임대차 개시시의 차임액에 관한 규정(제556조의d 내지 제556조의g), 차임증액에 관한 규정(제557조 내지 제561조), 그리고 임대차관계의 종료 및 주거소유권의 설정에서의 임차인의 보호에 관한 규정(제568조 제 2 항, 제573조, 제573조의a, 제573조의d 제 1 항, 제574조 내지 제575조, 제575조의a 제 1 항, 제577조 및 제577조의a)은 다음의 목적물에 대한 임대차관계에는 적용되지 아니한다,

  1. 일시적 사용만을 위하여 임대되는 주거공간,
  2. 임대인이 직접 거주하는 주거의 일부로서, 주로 임대인이 설비물을 설치하여야 하고, 임차인에게 그의 가족과 함께 또는 그와 항구적인 것으로 의도된 동일세대를 이루는 사람과 함께 지속적으로 사용하도록 인도된 것이 아닌 주거공간,
  3. 공법인 또는 공인의 사설 복지시설이 주거를 급박하게 필요로 하는 사람들에게 제공할 목적으로 임대한 주거공간으로서, 계약체결시에 임차인에게 그 주거공간의 목적과 위에서 든 규정들이 적용되지 아니함을 지적한 것.

③ 학생기숙사 또는 청소년기숙사에 있는 주거공간에는 제556조의d 내지 제561조, 그리고 제573조, 제573조의a, 제573조의d 제 1 항, 제575조, 제575조의a 제 1 항, 제577조, 제577조의a가 적용되지 아니한다.

제550조 [賃貸借契約의 方式]

1년을 넘는 기간으로 체결되는 임대차계약으로서 서면방식에 의하지 아

geschlossen, so gilt er für unbestimmte Zeit. Die Kündigung ist jedoch frühestens zum Ablauf eines Jahres nach Überlassung des Wohnraums zulässig.

§ 551 Begrenzung und Anlage von Mietsicherheiten

(1) Hat der Mieter dem Vermieter für die Erfüllung seiner Pflichten Sicherheit zu leisten, so darf diese vorbehaltlich des Absatzes 3 Satz 4 höchstens das Dreifache der auf einen Monat entfallenden Miete ohne die als Pauschale oder als Vorauszahlung ausgewiesenen Betriebskosten betragen.

(2) Ist als Sicherheit eine Geldsumme bereitzustellen, so ist der Mieter zu drei gleichen monatlichen Teilzahlungen berechtigt. Die erste Teilzahlung ist zu Beginn des Mietverhältnisses fällig. Die weiteren Teilzahlungen werden zusammen mit den unmittelbar folgenden Mietzahlungen fällig.

(3) Der Vermieter hat eine ihm als Sicherheit überlassene Geldsumme bei einem Kreditinstitut zu dem für Spareinlagen mit dreimonatiger Kündigungsfrist üblichen Zinssatz anzulegen. Die Vertragsparteien können eine andere Anlageform vereinbaren. In beiden Fällen muss die Anlage vom Vermögen des Vermieters getrennt erfolgen und stehen die Erträge dem Mieter zu. Sie erhöhen die Sicherheit. Bei Wohnraum in einem Studenten- oder Jugendwohnheim besteht für den Vermieter keine Pflicht, die Sicherheitsleistung zu verzinsen.

(4) Eine zum Nachteil des Mieters abweichende Vereinbarung ist unwirksam.

§ 552 Abwendung des Wegnahmerechts des Mieters

(1) Der Vermieter kann die Ausübung des Wegnahmerechts (§ 539 Abs. 2) durch Zahlung einer angemessenen Entschädigung abwenden, wenn nicht der Mieter ein berechtigtes Interesse an der Wegnahme hat.

(2) Eine Vereinbarung, durch die das Wegnahmerecht ausgeschlossen wird, ist nur wirksam, wenn ein angemessener Ausgleich vorgesehen ist.

§ 553 Gestattung der Gebrauchsüberlassung an Dritte

(1) Entsteht für den Mieter nach Abschluss des Mietvertrags ein berechtigtes Interesse, einen Teil des Wohnraums einem Dritten zum Gebrauch zu überlassen, so kann er von dem Vermieter die Erlaubnis hierzu verlangen. Dies gilt nicht, wenn in der Person des Dritten ein wichtiger Grund vorliegt, der Wohnraum übermäßig belegt würde oder dem Vermieter die Überlassung aus son-

니한 것은 기간의 정함이 없는 것으로 본다. 그러나 해지는 주거공간이 인도된 후 적어도 1년이 경과되어야 할 수 있다.

제551조 [賃貸借擔保金의 制限 및 預託]

① 임차인이 자신의 의무이행에 관하여 임대인에게 담보를 제공하여야 하는 경우에, 그 담보는, 제3항 제4문의 경우를 유보하고, 일괄정액으로 또는 선급으로 지급되는 관리비를 제외한 1개월분 차임액의 3배를 넘지 못한다.

② 담보로서 일정금액이 제공되어야 하는 경우에는 임차인은 3차에 나누어 매달 균등한 액으로 지급할 수 있다. 제1회의 분할지급은 임대차관계의 시작으로 이행기가 도래한다. 기타의 분할지급은 바로 다음에 지급되어야 하는 차임과 동시에 이행기가 도래한다.

③ 임대인은 그에게 담보로서 인도된 금액을, 해지기간을 3개월로 한 저축예금에 통상적인 이율로 금융기관에 예치하여야 한다. 계약당사자들은 다른 예탁방식을 약정할 수 있다. 이 두 경우 모두에 있어서 예탁은 임대인의 재산과 분리하여 하여야 하고, 그 수익은 임차인에 귀속한다. 수익은 담보에 가산된다. 학생기숙사 또는 청소년기숙사에 있는 주거공간의 임대인은 담보에 이자를 지급할 의무가 없다.

④ 위와 다른 약정으로서 임차인에 불리한 것은 효력이 없다.

제552조 [賃借人의 收去權의 回避]

① 임차인이 수거에 대하여 정당한 이익이 없는 때에는 임대인은 적정한 보상을 지급함으로써 제539조 제2항에서 정하는 수거권의 행사를 면할 수 있다.

② 수거권을 배제하는 약정은 적절한 보상이 정하여진 경우에만 효력이 있다.

제553조 [第三者에 대한 使用移轉의 承諾]

① 임차인이 제3자에게 주거공간의 일부를 사용을 위하여 인도할 이익을 임대차계약의 체결 후에 가지게 된 때에는, 그는 임대인에 대하여 그에 대한 승낙을 청구할 수 있다. 제3자의 신상에 중대한 사유가 있거나 주거공간이 과도하게 사용될 우려가 있거나 또는 그 밖의 사유로 그 이

stigen Gründen nicht zugemutet werden kann.

(2) Ist dem Vermieter die Überlassung nur bei einer angemessenen Erhöhung der Miete zuzumuten, so kann er die Erlaubnis davon abhängig machen, dass der Mieter sich mit einer solchen Erhöhung einverstanden erklärt.

(3) Eine zum Nachteil des Mieters abweichende Vereinbarung ist unwirksam.

§ 554 Barrierereduzierung, E-Mobilität und Einbruchsschutz

(1) Der Mieter kann verlangen, dass ihm der Vermieter bauliche Veränderungen der Mietsache erlaubt, die dem Gebrauch durch Menschen mit Behinderungen, dem Laden elektrisch betriebener Fahrzeuge oder dem Einbruchsschutz dienen. Der Anspruch besteht nicht, wenn die bauliche Veränderung dem Vermieter auch unter Würdigung der Interessen des Mieters nicht zugemutet werden kann. Der Mieter kann sich im Zusammenhang mit der baulichen Veränderung zur Leistung einer besonderen Sicherheit verpflichten; § 551 Absatz 3 gilt entsprechend.

(2) Eine zum Nachteil des Mieters abweichende Vereinbarung ist unwirksam.

§ 555 Unwirksamkeit einer Vertragsstrafe

Eine Vereinbarung, durch die sich der Vermieter eine Vertragsstrafe vom Mieter versprechen lässt, ist unwirksam.

Kapitel 1a   Erhaltungs- und Modernisierungsmaßnahmen

§ 555a Erhaltungsmaßnahmen

(1) Der Mieter hat Maßnahmen zu dulden, die zur Instandhaltung oder Instandsetzung der Mietsache erforderlich sind (Erhaltungsmaßnahmen).

(2) Erhaltungsmaßnahmen sind dem Mieter rechtzeitig anzukündigen, es sei denn, sie sind nur mit einer unerheblichen Einwirkung auf die Mietsache verbunden oder ihre sofortige Durchführung ist zwingend erforderlich.

(3) Aufwendungen, die der Mieter infolge einer Erhaltungsmaßnahme machen muss, hat der Vermieter in angemessenem Umfang zu ersetzen. Auf Verlangen hat er Vorschuss zu leisten.

(4) Eine zum Nachteil des Mieters von Absatz 2 oder 3 abweichende Vereinbarung ist unwirksam.

전이 임대인에게 기대될 수 없는 경우에는 그러하지 아니하다.

② 차임을 적절하게 증액함으로써만 그 이전이 임대인에게 기대될 수 있는 경우에는, 임대인은 임차인이 그러한 차임증액에 동의하는 의사표시를 하는 것을 승낙의 조건으로 할 수 있다.

③ 이와 다른 약정으로서 임차인에게 불리한 것은 효력이 없다.

제554조 [障碍人의 移動便宜, 電動運送手段 및 侵入防止]

① 임차인은 임대인에 대하여 장애인에 의한 사용, 전동 운송수단의 적재 또는 침입 방지에 도움이 되도록 자신이 임대차목적물을 구조적으로 변경하는 것을 허용할 것을 청구할 수 있다. 그 구조적 변경이 임차인의 이익을 고려하더라도 임대인에게 기대될 수 없는 것인 경우에는 청구권은 인정되지 아니한다. 임차인은 그 구조적 변경과 관련하여 특별한 담보를 제공할 의무를 질 수 있다; 제551조 제 3 항은 이에 준용된다.

② 제 1 항과 다른 약정으로서 임차인에게 불리한 약정은 효력이 없다.

제555조 [違約金約定의 效力不發生]

임대인이 임차인으로부터 위약금을 받기로 하는 약정은 효력이 없다.

제 1 항의 a 保存措置 및 改良措置

제555조의a [保存措置]

① 임차인은 목적물을 사용할 수 있는 상태로 유지하거나 그러한 상태로 하는 데 필요한 조치("보존조치")를 수인하여야 한다.

② 보존조치는 임차인에게 적시에 고지되어야 한다, 그러나 그것이 목적물에 대한 경미한 영향을 내용으로 하거나 즉각적인 실행을 불가피하게 요구하는 경우에는 그러하지 아니하다.

③ 임대인은 보존조치로 말미암아 임차인이 지출하여야 하는 비용을 적절한 범위에서 상환하여야 한다. 청구가 있으면 그는 미리 지급하여야 한다.

④ 제 2 항 또는 제 3 항에 반하는 약정으로서 임차인에게 불리한 것은 효력이 없다.

§ 555b Modernisierungsmaßnahmen

Modernisierungsmaßnahmen sind bauliche Veränderungen,

1. durch die in Bezug auf die Mietsache Endenergie nachhaltig eingespart wird (energetische Modernisierung),

1a. durch die mittels Einbaus oder Aufstellung einer Heizungsanlage zum Zwecke der Inbetriebnahme in einem Gebäude die Anforderungen des § 71 des Gebäudeenergiegesetzes erfüllt werden,

2. durch die nicht erneuerbare Primärenergie nachhaltig eingespart oder das Klima nachhaltig geschützt wird, sofern nicht bereits eine energetische Modernisierung nach Nummer 1 vorliegt,

3. durch die der Wasserverbrauch nachhaltig reduziert wird,

4. durch die der Gebrauchswert der Mietsache nachhaltig erhöht wird,

4a. durch die die Mietsache erstmalig mittels Glasfaser an ein öffentliches Netz mit sehr hoher Kapazität im Sinne des § 3 Nummer 33 des Telekommunikationsgesetzes angeschlossen wird,

5. durch die die allgemeinen Wohnverhältnisse auf Dauer verbessert werden,

6. die auf Grund von Umständen durchgeführt werden, die der Vermieter nicht zu vertreten hat, und die keine Erhaltungsmaßnahmen nach § 555a sind, oder

7. durch die neuer Wohnraum geschaffen wird.

§ 555c Ankündigung von Modernisierungsmaßnahmen

(1) Der Vermieter hat dem Mieter eine Modernisierungsmaßnahme spätestens drei Monate vor ihrem Beginn in Textform anzukündigen (Modernisierungsankündigung). Die Modernisierungsankündigung muss Angaben enthalten über:

1. die Art und den voraussichtlichen Umfang der Modernisierungsmaßnahme in wesentlichen Zügen,

2. den voraussichtlichen Beginn und die voraussichtliche Dauer der Modernisierungsmaßnahme,

3. den Betrag der zu erwartenden Mieterhöhung, sofern eine Erhöhung nach § 559 oder § 559c verlangt werden soll, sowie die voraussichtlichen künftigen Betriebskosten.

(2) Der Vermieter soll den Mieter in der Modernisierungsankündigung auf die Form und die Frist des Härteeinwands nach § 555d Absatz 3 Satz 1 hinweisen.

(3) In der Modernisierungsankündigung für eine Modernisierungsmaßnahme

제555조의b [改良措置]

개량조치라 함은 다음과 같은 건축상의 변경을 말한다,

1. 목적물에 관하여 최종소비에너지를 지속적으로 절약되게 하는 것 ("에너지 개량"),

1의a. 난방장치를 가동을 위하여 건물에 내장하거나 설치함에 의하여 건물에너지법 제71조의 요구사항이 충족되는 것,

2. 그것이 제 1 호에서 정하는 에너지 개량에 해당하지 아니하는 경우라고 하더라도, 재생될 수 없는 제 1 차 에너지를 지속적으로 절약되게 하거나 환경을 지속적으로 보호되게 하는 것,

3. 물 소비를 지속적으로 적게 하는 것,

4. 목적물의 사용가치를 지속적으로 높이는 것,

4의a. 목적물이 전자통신법 제 3 조 제33호의 의미에서의 초고도의 공중망에 글래스파이버를 통하여 처음으로 연결되는 것,

5. 일반적인 주거사정이 영구적으로 개선되는 것,

6. 임대인에게 책임 없는 사정에 기하여 행하여지는 것으로서 제555조의a에서 정하는 보존조치에 해당하지 아니하는 것, 또는

7. 새로운 주거공간이 조성되게 하는 것.

제555조의c [改良措置의 告知]

① 임대인은 개량조치를 그 개시 3개월 전까지 문면방식으로 임차인에게 고지하여야 한다("개량고지"). 개량고지에는 다음 사항이 포함되어야 한다:

1. 그 주요한 특징에 있어서의 개량조치의 종류 및 예상되는 범위,

2. 개량조치의 예상되는 개시시기 및 예상되는 기간,

3. 제559조 또는 제559조의c에 따라 인상이 요구되는 한도에서 예측되는 차임 인상의 액 및 예상되는 장래의 관리비.

② 임대인은 개량고지에서 임차인에게 제555조의d 제 3 항 제 1 문 소정의 가혹주장을 하는 방식과 기간을 지적하여야 한다.

③ 제555조의b 제 1 호 및 제 2 호에서 정하는 개량조치에 대한 개량고지

nach § 555b Nummer 1 und 2 kann der Vermieter insbesondere hinsichtlich der energetischen Qualität von Bauteilen auf allgemein anerkannte Pauschalwerte Bezug nehmen.

(4) Die Absätze 1 bis 3 gelten nicht für Modernisierungsmaßnahmen, die nur mit einer unerheblichen Einwirkung auf die Mietsache verbunden sind und nur zu einer unerheblichen Mieterhöhung führen.

(5) Eine zum Nachteil des Mieters abweichende Vereinbarung ist unwirksam.

§ 555d　Duldung von Modernisierungsmaßnahmen, Ausschlussfrist

(1) Der Mieter hat eine Modernisierungsmaßnahme zu dulden.

(2) Eine Duldungspflicht nach Absatz 1 besteht nicht, wenn die Modernisierungsmaßnahme für den Mieter, seine Familie oder einen Angehörigen seines Haushalts eine Härte bedeuten würde, die auch unter Würdigung der berechtigten Interessen sowohl des Vermieters als auch anderer Mieter in dem Gebäude sowie von Belangen der Energieeinsparung und des Klimaschutzes nicht zu rechtfertigen ist. Die zu erwartende Mieterhöhung sowie die voraussichtlichen künftigen Betriebskosten bleiben bei der Abwägung im Rahmen der Duldungspflicht außer Betracht; sie sind nur nach § 559 Absatz 4 und 5 bei einer Mieterhöhung zu berücksichtigen.

(3) Der Mieter hat dem Vermieter Umstände, die eine Härte im Hinblick auf die Duldung oder die Mieterhöhung begründen, bis zum Ablauf des Monats, der auf den Zugang der Modernisierungsankündigung folgt, in Textform mitzuteilen. Der Lauf der Frist beginnt nur, wenn die Modernisierungsankündigung den Vorschriften des § 555c entspricht.

(4) Nach Ablauf der Frist sind Umstände, die eine Härte im Hinblick auf die Duldung oder die Mieterhöhung begründen, noch zu berücksichtigen, wenn der Mieter ohne Verschulden an der Einhaltung der Frist gehindert war und er dem Vermieter die Umstände sowie die Gründe der Verzögerung unverzüglich in Textform mitteilt. Umstände, die eine Härte im Hinblick auf die Mieterhöhung begründen, sind nur zu berücksichtigen, wenn sie spätestens bis zum Beginn der Modernisierungsmaßnahme mitgeteilt werden.

(5) Hat der Vermieter in der Modernisierungsankündigung nicht auf die Form und die Frist des Härteeinwands hingewiesen (§ 555c Absatz 2), so bedarf die Mitteilung des Mieters nach Absatz 3 Satz 1 nicht der dort bestimmten Form und Frist. Absatz 4 Satz 2 gilt entsprechend.

(6) § 555a Absatz 3 gilt entsprechend.

에서 임대인은 특히 건물부분의 에너지 소비에 관한 성질과 관련하여 일반적으로 인정되는 일괄가치에 언급할 수 있다.

④ 제 1 항 내지 제 3 항은 목적물의 경미한 영향만을 내용으로 하고 경미한 차임 인상만을 야기하는 개량조치에는 적용되지 아니한다.

⑤ 이와 다른 약정으로 임차인에게 불리한 것은 효력이 없다.

제555조의d [改良措置의 受忍; 除斥期間]

① 임차인은 개량조치를 수인하여야 한다.

② 개량공사가 임차인, 그 가족 또는 그 세대 구성원에 대하여 가혹하고, 그것이 임대인이나 건물의 다른 임차인의 정당한 이익을 고려하더라도 또한 에너지 절약과 환경 보호의 이익에 의하여서도 정당화되지 아니하는 경우에는, 제 1 항에서 정하는 수인의무는 성립하지 아니한다. 예측되는 차임 인상 및 예상되는 장래의 관리비는 수인의무에 관한 평가에 있어서는 고려되지 아니한다; 그러한 사정들은 제559조 제 4 항 및 제 5 항에 따라 차임 인상에 있어서만 참작되어야 한다.

③ 임차인은 수인의무 또는 차임 인상과 관련하여 가혹함이 인정되는 근거가 되는 사정들을 개량고지가 도달한 달이 경과할 때까지 문면방식으로 임대인에게 통지하여야 한다. 그 기간은 개량고지가 제555조의c의 규정에 좇아 행하여진 때에 비로소 기산된다.

④ 수인의무 또는 차임 인상과 관련하여 가혹함이 인정되는 근거가 되는 사정들은 임차인이 과책사유 없이 그 기간을 준수하지 못하였고 또한 그가 지체없이 문면방식으로 임대인에게 그 사정들 및 기간 불준수의 이유를 통지한 경우에는 여전히 고려되어야 한다. 차임의 인상에 관하여 가혹함이 인정되는 근거가 되는 사정들은 늦어도 개선조치가 개시되기까지 통지된 경우에만 고려되어야 한다.

⑤ 임대인이 개량고지함에 있어서 가혹 항변에 대하여 그 형식과 기간이 지적되지 아니한 경우(제555조의c 제 2 항)에는, 제 3 항 제 1 문에서 정하는 임차인의 통지는 그 규정에서 정하는 형식과 기간을 요하지 아니한다. 제 4 항 제 2 문은 이 경우에 준용된다.

⑥ 제555조의a 제 3 항은 이에 준용된다.

(7) Eine zum Nachteil des Mieters abweichende Vereinbarung ist unwirksam.

§ 555e Sonderkündigungsrecht des Mieters bei Modernisierungsmaßnahmen

(1) Nach Zugang der Modernisierungsankündigung kann der Mieter das Mietverhältnis außerordentlich zum Ablauf des übernächsten Monats kündigen. Die Kündigung muss bis zum Ablauf des Monats erfolgen, der auf den Zugang der Modernisierungsankündigung folgt.

(2) § 555c Absatz 4 gilt entsprechend.

(3) Eine zum Nachteil des Mieters abweichende Vereinbarung ist unwirksam.

§ 555f Vereinbarungen über Erhaltungs- oder Modernisierungsmaßnahmen

Die Vertragsparteien können nach Abschluss des Mietvertrags aus Anlass von Erhaltungs- oder Modernisierungsmaßnahmen Vereinbarungen treffen, insbesondere über die

1. zeitliche und technische Durchführung der Maßnahmen,
2. Gewährleistungsrechte und Aufwendungsersatzansprüche des Mieters,
3. künftige Höhe der Miete.

Kapitel 2　Die Miete

Unterkapitel 1　Vereinbarungen über die Miete

§ 556 Vereinbarungen über Betriebskosten

(1) Die Vertragsparteien können vereinbaren, dass der Mieter Betriebskosten trägt. Betriebskosten sind die Kosten, die dem Eigentümer oder Erbbauberechtigten durch das Eigentum oder das Erbbaurecht am Grundstück oder durch den bestimmumgsmäßigen Gebrauch des Gebäudes, der Nebengebäude, Anlagen, Einrichtungen und des Grundstücks laufend entstehen. Für die Aufstellung der Betriebskosten gilt die Betriebskostenverordnung vom 25. November 2003 (BGBl. I S. 2346, 2347) fort. Die Bundesregierung wird ermächtigt, durch Rechtsverordnung ohne Zustimmung des Bundesrates Vorschriften über die Aufstellung der Betriebskosten zu erlassen.

(2) Die Vertragsparteien können vorbehaltlich anderweitiger Vorschriften vereinbaren, dass Betriebskosten als Pauschale oder als Vorauszahlung ausgewiesen werden. Vorauszahlungen für Betriebskosten dürfen nur in angemessener Höhe vereinbart werden.

(3) Über die Vorauszahlungen für Betriebskosten ist jährlich abzurechnen;

⑦ 이와 다른 약정으로 임차인에게 불리한 것은 효력이 없다.

제555조의e [改良措置에 따른 賃借人의 特別解止權]

① 개량고지의 도달 후에 임차인은 특별히 그 다음다음 달의 경과로 효력이 발생하는 것으로 하여 임대차관계를 해지할 수 있다. 해지는 개량고지가 도달한 달이 경과할 때까지 행하여져야 한다.

② 제555조의c 제 4 항은 이에 준용된다.

③ 이와 다른 약정으로 임차인에게 불리한 것은 효력이 없다.

제555조의f [保存措置 또는 改良措置에 관한 約定]

계약당사자들은 임대차계약의 체결 후 보존조치 또는 개량조치를 계기로 특히 다음과 같은 사항에 관하여 약정을 할 수 있다,

1. 조치의 시간적 및 기술적 실행,
2. 임차인의 담보책임상 권리 및 비용상환청구권,
3. 장래의 차임액.

제 2 항 借 賃

제 1 목 借賃에 관한 約定

제556조 [管理費에 관한 約定]

① 계약당사자는 임차인이 관리비를 부담하는 것으로 약정할 수 있다. 관리비라 함은 토지에 대한 소유권 또는 지상권에 의하여 또는 건물, 부속건물, 시설, 설비 및 토지를 그 용법에 좇아 사용함에 의하여 소유자 또는 지상권자에게 계속적으로 발생하는 비용을 말한다. 관리비의 산정에 관하여는 2003년 11월 25일자 관리비령(연방법령관보 제 1 부, 2346면, 2347면)이 여전히 적용된다. 연방정부는 연방참의원의 동의 없이 관리비의 산정에 관한 규정을 법규명령에 의하여 제정할 권한이 있다.

② 다른 규정이 있는 경우를 유보하고, 계약당사자는 관리비를 일괄정액으로 또는 선급으로 지급할 것을 약정할 수 있다. 관리비의 선급약정은 상당한 액으로만 이를 할 수 있다.

③ 선급된 관리비는 매년 정산하여야 한다; 그에 있어서는 경제성의 원

dabei ist der Grundsatz der Wirtschaftlichkeit zu beachten. Die Abrechnung ist dem Mieter spätestens bis zum Ablauf des zwölften Monats nach Ende des Abrechnungszeitraums mitzuteilen. Nach Ablauf dieser Frist ist die Geltendmachung einer Nachforderung durch den Vermieter ausgeschlossen, es sei denn, der Vermieter hat die verspätete Geltendmachung nicht zu vertreten. Der Vermieter ist zu Teilabrechnungen nicht verpflichtet. Einwendungen gegen die Abrechnung hat der Mieter dem Vermieter spätestens bis zum Ablauf des zwölften Monats nach Zugang der Abrechnung mitzuteilen. Nach Ablauf dieser Frist kann der Mieter Einwendungen nicht mehr geltend machen, es sei denn, der Mieter hat die verspätete Geltendmachung nicht zu vertreten.

(3a) Ein Glasfaserbereitstellungsentgelt nach § 72 Absatz 1 des Telekommunikationsgesetzes hat der Mieter nur bei wirtschaftlicher Umsetzung der Maßnahme zu tragen. Handelt es sich um eine aufwändige Maßnahme im Sinne von § 72 Absatz 2 Satz 4 des Telekommunikationsgesetzes, hat der Mieter die Kosten nur dann zu tragen, wenn der Vermieter vor Vereinbarung der Glasfaserbereitstellung soweit möglich drei Angebote eingeholt und das wirtschaftlichste ausgewählt hat.

(4) Eine zum Nachteil des Mieters von Absatz 1, Absatz 2 Satz 2, Absatz 3 oder Absatz 3a abweichende Vereinbarung ist unwirksam.

§ 556a Abrechnungsmaßstab für Betriebskosten

(1) Haben die Vertragsparteien nichts anderes vereinbart, sind die Betriebskosten vorbehaltlich anderweitiger Vorschriften nach dem Anteil der Wohnfläche umzulegen. Betriebskosten, die von einem erfassten Verbrauch oder einer erfassten Verursachung durch die Mieter abhängen, sind nach einem Maßstab umzulegen, der dem unterschiedlichen Verbrauch oder der unterschiedlichen Verursachung Rechnung trägt.

(2) Haben die Vertragsparteien etwas anderes vereinbart, kann der Vermieter durch Erklärung in Textform bestimmen, dass die Betriebskosten zukünftig abweichend von der getroffenen Vereinbarung ganz oder teilweise nach einem Maßstab umgelegt werden dürfen, der dem erfassten unterschiedlichen Verbrauch oder der erfassten unterschiedlichen Verursachung Rechnung trägt. Die Erklärung ist nur vor Beginn eines Abrechnungszeitraums zulässig. Sind die Kosten bislang in der Miete enthalten, so ist diese entsprechend herabzusetzen.

(3) Ist Wohnungseigentum vermietet und haben die Vertragsparteien nichts anderes vereinbart, sind die Betriebskosten abweichend von Absatz 1 nach dem für die Verteilung zwischen den Wohnungseigentümern jeweils geltenden

칙이 준수되어야 한다. 정산의 결과는 늦어도 정산대상기간의 종료로부
터 12개월이 경과하기까지는 임차인에게 이를 통지하여야 한다. 임대인
은 이 기간의 경과 후에는 잔여채권을 행사할 수 없다, 그러나 임대인이
그 행사의 지연에 책임 없는 경우에는 그러하지 아니하다. 임대인은 일
부정산을 하여야 할 의무를 지지 아니한다. 정산에 대하여 대항사유가
있는 경우에는 임차인은 늦어도 정산 통지의 도달로부터 12개월 내에 임
대인에게 이를 통지하여야 한다. 임차인은 이 기간의 경과 후에는 대항
사유를 행사할 수 없다, 그러나 임차인이 그 행사의 지연에 책임 없는 경
우에는 그러하지 아니하다.

③의a 임차인은 전자통신법 제72조 제 1 항 소정의 글래스파이버 설치의
대가를 그 조치가 경제적으로 수행된 경우에만 부담할 의무를 진다. 전
자통신법 제72조 제 2 항 제 4 문의 의미에서의 고가의 조치인 경우에는
임차인은 임대인이 글래스파이버 설치의 약정 전에 가능한 한에서 3개의
제안을 받아보고 그 중에서 가장 경제적인 것을 선택한 때에만 그 비용
을 부담할 의무를 진다.

④ 제 1 항, 제 2 항 제 2 문, 제 3 항 및 제 3 항의a와 다른 약정으로서 임차
인에게 불리한 것은 효력이 없다.

제556조의a [管理費의 精算基準]

① 계약당사자 사이에 다른 약정이 없는 경우에는, 관리비는, 다른 규정
이 있는 경우를 유보하고, 주거면적의 비율에 따라 할당된다. 그 발생 여
부가 임차인에 의한 소비 또는 원인유발에 달려 있는 관리비는 그 사용
또는 원인유발의 차이를 고려한 기준에 좇아 할당되어야 한다.

② 계약당사자들이 다른 약정을 한 경우에는, 임대인은 그 약정과는 달
리 앞으로는 관리비의 전부 또는 일부가 실제의 사용 또는 원인유발의
차이를 고려한 기준에 좇아 할당될 수 있음을 문면방식에 의한 의사표시
로써 정할 수 있다. 그 의사표시는 정산대상기간의 개시 전에만 이를 할
수 있다. 그 때까지 관리비가 차임에 포함되었던 경우에는, 차임은 그만
큼 감액되어야 한다.

③ 주거소유권이 임대된 경우에 그 계약당사자들이 다른 약정을 하지

Maßstab umzulegen. Widerspricht der Maßstab billigem Ermessen, ist nach Absatz 1 umzulegen.

(4) Eine zum Nachteil des Mieters von Absatz 2 abweichende Vereinbarung ist unwirksam.

§ 556b　Fälligkeit der Miete, Aufrechnungs- und Zurückbehaltungsrecht

(1) Die Miete ist zu Beginn, spätestens bis zum dritten Werktag der einzelnen Zeitabschnitte zu entrichten, nach denen sie bemessen ist.

(2) Der Mieter kann entgegen einer vertraglichen Bestimmung gegen eine Mietforderung mit einer Forderung auf Grund der §§ 536a, 539 oder aus ungerechtfertigter Bereicherung wegen zu viel gezahlter Miete aufrechnen oder wegen einer solchen Forderung ein Zurückbehaltungsrecht ausüben, wenn er seine Absicht dem Vermieter mindestens einen Monat vor der Fälligkeit der Miete in Textform angezeigt hat. Eine zum Nachteil des Mieters abweichende Vereinbarung ist unwirksam.

§ 556c　Kosten der Wärmelieferung als Betriebskosten, Verordnungsermächtigung

(1) Hat der Mieter die Betriebskosten für Wärme oder Warmwasser zu tragen und stellt der Vermieter die Versorgung von der Eigenversorgung auf die eigenständig gewerbliche Lieferung durch einen Wärmelieferanten (Wärmelieferung) um, so hat der Mieter die Kosten der Wärmelieferung als Betriebskosten zu tragen, wenn

1. die Wärme mit verbesserter Effizienz entweder aus einer vom Wärmelieferanten errichteten neuen Anlage oder aus einem Wärmenetz geliefert wird und

2. die Kosten der Wärmelieferung die Betriebskosten für die bisherige Eigenversorgung mit Wärme oder Warmwasser nicht übersteigen.

Beträgt der Jahresnutzungsgrad der bestehenden Anlage vor der Umstellung mindestens 80 Prozent, kann sich der Wärmelieferant anstelle der Maßnahmen nach Nummer 1 auf die Verbesserung der Betriebsführung der Anlage beschränken.

(2) Der Vermieter hat die Umstellung spätestens drei Monate zuvor in Textform anzukündigen (Umstellungsankündigung).

(3) Die Bundesregierung wird ermächtigt, durch Rechtsverordnung ohne Zustimmung des Bundesrates Vorschriften für Wärmelieferverträge, die bei einer

아니한 때에는 관리비는 제 1 항과는 달리 그 분배에 관하여 주거소유권자들에게 적용되는 기준에 좇아 할당되어야 한다. 그 기준이 공평한 재량에 반하는 경우에는 제 1 항에 좇아 할당되어야 한다.

④ 제 2 항과 다른 약정으로서 임차인에게 불리한 것은 효력이 없다.

제556조의b [借賃의 支給時期; 相計權과 留置權]

① 차임은 그것이 산정되는 각 단위기간의 개시시에, 늦어도 그 제 3 노동일까지는 지급되어야 한다.

② 임차인이 차임지급시기의 적어도 1개월 전에 자신의 의도를 임대인에게 문면방식으로 알린 경우에는, 그는, 계약상의 정함에도 불구하고, 제536조의a, 제539조에 기한 채권 또는 차임의 과잉지급으로 인한 부당이득반환채권으로써 차임채권과 상계할 수 있고 또는 이러한 채권에 기하여 유치권을 행사할 수 있다. 이와 다른 약정으로서 임차인에게 불리한 것은 효력이 없다.

제556조의c [管理費에 包含되는 煖房費用; 規則制定權限 委任]

① 임차인이 난방 또는 온수에 대한 관리비를 부담하여야 하는 경우에 임대인이 그 공급을 자가공급에서 난방공급업자의 독립영업적 공급("난방공급")으로 전환한 때에는 임차인은 관리비에 포함되는 난방공급의 비용을 다음의 요건 아래서 부담한다,

 1. 보다 개선된 효율의 난방이 난방공급업자가 설치한 새로운 설비 또는 난방공급시스템으로부터 공급되고, 또한
 2. 난방공급의 비용이 종전의 난방 또는 온수 자가공급으로 인한 관리비를 넘지 아니하는 것.

현재 시설의 연간 이용율이 전환 전에 80% 이상인 경우에는 난방공급업자는 제 1 호에 정하여진 조치 대신에 당해 시설 운용의 개선으로 충분할 수 있다.

② 임대인은 그 전환을 늦어도 3개월 전에 문면방식으로 고지하여야 한다("전환고지").

③ 연방정부는 제 1 항에서 정하는 전환에 있어서 체결된 난방공급계약 또는 제 1 항 및 제 2 항에서 정하여진 요건들에 관한 규정을 연방상원의

Umstellung nach Absatz 1 geschlossen werden, sowie für die Anforderungen nach den Absätzen 1 und 2 zu erlassen. Hierbei sind die Belange von Vermietern, Mietern und Wärmelieferanten angemessen zu berücksichtigen.

(4) Eine zum Nachteil des Mieters abweichende Vereinbarung ist unwirksam.

Unterkapitel 1a   Vereinbarungen über die Miethöhe bei Mietbeginn in Gebieten mit angespannten Wohnungsmärkten

§ 556d   Zulässige Miethöhe bei Mietbeginn; Verordnungsermächtigung

(1) Wird ein Mietvertrag über Wohnraum abgeschlossen, der in einem durch Rechtsverordnung nach Absatz 2 bestimmten Gebiet mit einem angespannten Wohnungsmarkt liegt, so darf die Miete zu Beginn des Mietverhältnisses die ortsübliche Vergleichsmiete (§ 558 Absatz 2) höchstens um 10 Prozent übersteigen.

(2) Die Landesregierungen werden ermächtigt, Gebiete mit angespannten Wohnungsmärkten durch Rechtsverordnung für die Dauer von jeweils höchstens fünf Jahren zu bestimmen. Gebiete mit angespannten Wohnungsmärkten liegen vor, wenn die ausreichende Versorgung der Bevölkerung mit Mietwohnungen in einer Gemeinde oder einem Teil der Gemeinde zu angemessenen Bedingungen besonders gefährdet ist. Dies kann insbesondere dann der Fall sein, wenn
1. die Mieten deutlich stärker steigen als im bundesweiten Durchschnitt,
2. die durchschnittliche Mietbelastung der Haushalte den bundesweiten Durchschnitt deutlich übersteigt,
3. die Wohnbevölkerung wächst, ohne dass durch Neubautätigkeit insoweit erforderlicher Wohnraum geschaffen wird, oder
4. geringer Leerstand bei großer Nachfrage besteht.
Eine Rechtsverordnung nach Satz 1 muss spätestens mit Ablauf des 31. Dezember 2025 außer Kraft treten. Sie muss begründet werden. Aus der Begründung muss sich ergeben, auf Grund welcher Tatsachen ein Gebiet mit einem angespannten Wohnungsmarkt im Einzelfall vorliegt. Ferner muss sich aus der Begründung ergeben, welche Maßnahmen die Landesregierung in dem nach Satz 1 durch die Rechtsverordnung jeweils bestimmten Gebiet und Zeitraum ergreifen wird, um Abhilfe zu schaffen.

§ 556e   Berücksichtigung der Vormiete oder einer durchgeführten Modernisierung

동의 없이 법규명령으로 제정할 권한을 가진다. 그에 있어서는 임대인, 임차인 및 난방공급업자의 이익을 적절하게 고려하여야 한다.

④ 이와 다른 약정으로 임차인에게 불리한 것은 효력이 없다.

제 1 목의 a 住居市場 事情이 劣惡한 地域에서의 賃貸借 開始時의 借賃에 관한 約定

제556조의d [賃貸借 開始時에 許容되는 借賃額; 規則制定權限 委任]

① 제 2 항 소정의 법규명령에 의하여 정하여지는 주거시장 사정이 열악한 지역 안에 있는 주거공간에 관하여 임대차계약이 체결되는 경우에는 임대차관계의 개시시의 차임은 제558조 제 2 항에 따른 지역상례적 비교차임을 최대한 10퍼센트까지만 상회할 수 있다.

② 주 정부는 주거시장 사정이 열악한 지역을 각 최장 5년의 기간에 대하여 결정할 권한을 가진다. 주거시장 사정이 열악한 지역은 주민이 어느 기본지방자치체 또는 그 일부에서 적정한 조건으로 임대차주거를 충분히 공급받는 것이 현저히 위태롭게 되는 경우에 인정된다. 특히 다음과 같은 경우에 그러하다;

1. 차임이 연방 범위에서의 평균보다 명백히 높게 상승한 경우,
2. 가구의 평균적인 차임 부담이 연방 범위에서의 평균을 명백히 초과하는 경우,
3. 인구가 증가하였으나 그로써 요구되는 주거공간이 신축에 의하여 공급되지 아니하는 경우, 또는
4. 수요가 많음에도 빈 집이 별로 없는 경우.

제 1 문 소정의 법규명령은 늦어도 2025년 12월 31일의 경과로 폐지되어야 한다. 법규명령에는 이유가 제시되어야 한다. 그 이유에서는 어떠한 사정에 기하여 개별적으로 주거시장 사정이 열악한 지역으로 인정되는지가 밝혀져야 한다. 나아가 그 이유에서는 주 정부가 제 1 문에 따라 법규명령에 의하여 정하여진 지역 및 기간에 대하여 문제의 해결을 위하여 어떠한 조치가 취하여질 것인지가 언급되어야 한다.

제556조의e [前借賃 또는 實行된 改良措置의 考慮]

(1) Ist die Miete, die der vorherige Mieter zuletzt schuldete (Vormiete), höher als die nach § 556d Absatz 1 zulässige Miete, so darf eine Miete bis zur Höhe der Vormiete vereinbart werden. Bei der Ermittlung der Vormiete unberücksichtigt bleiben Mietminderungen sowie solche Mieterhöhungen, die mit dem vorherigen Mieter innerhalb des letzten Jahres vor Beendigung des Mietverhältnisses vereinbart worden sind.

(2) Hat der Vermieter in den letzten drei Jahren vor Beginn des Mietverhältnisses Modernisierungsmaßnahmen im Sinne des § 555b durchgeführt, so darf die nach § 556d Absatz 1 zulässige Miete um den Betrag überschritten werden, der sich bei einer Mieterhöhung nach § 559 Absatz 1 bis 3a und § 559a Absatz 1 bis 4 ergäbe. Bei der Berechnung nach Satz 1 ist von der ortsüblichen Vergleichsmiete (§ 558 Absatz 2) auszugehen, die bei Beginn des Mietverhältnisses ohne Berücksichtigung der Modernisierung anzusetzen wäre.

§ 556f Ausnahmen

§ 556d ist nicht anzuwenden auf eine Wohnung, die nach dem 1. Oktober 2014 erstmals genutzt und vermietet wird. Die §§ 556d und 556e sind nicht anzuwenden auf die erste Vermietung nach umfassender Modernisierung.

§ 556g Rechtsfolgen; Auskunft über die Miete

(1) Eine zum Nachteil des Mieters von den Vorschriften dieses Unterkapitels abweichende Vereinbarung ist unwirksam. Für Vereinbarungen über die Miethöhe bei Mietbeginn gilt dies nur, soweit die zulässige Miete überschritten wird. Der Vermieter hat dem Mieter zu viel gezahlte Miete nach den Vorschriften über die Herausgabe einer ungerechtfertigten Bereicherung herauszugeben. Die §§ 814 und 817 Satz 2 sind nicht anzuwenden.

(1a) Soweit die Zulässigkeit der Miete auf § 556e oder § 556f beruht, ist der Vermieter verpflichtet, dem Mieter vor dessen Abgabe der Vertragserklärung über Folgendes unaufgefordert Auskunft zu erteilen:
1. im Fall des § 556e Absatz 1 darüber, wie hoch die Vormiete war,
2. im Fall des § 556e Absatz 2 darüber, dass in den letzten drei Jahren vor Beginn des Mietverhältnisses Modernisierungsmaßnahmen durchgeführt wurden,
3. im Fall des § 556f Satz 1 darüber, dass die Wohnung nach dem 1. Oktober 2014 erstmals genutzt und vermietet wurde,

① 전 임차인이 최종적으로 의무를 부담하는 차임("전 차임")이 제556조의d 제 1 항에서 허용되는 차임액을 넘는 경우에는 차임은 전 차임의 액까지로 약정될 수 있다. 전 차임을 사정함에 있어서는 임대차관계 종료 전의 최종년에 전 임차인과 합의된 차임 감액 및 차임 증액은 고려되지 아니한다.

② 임대인이 임대차관계의 개시 전 3년 안에 제555조의b에서 정하는 개량조치를 실행한 경우에는 제556조의d 제 1 항에서 허용되는 차임액은 제559조 제 1 항 내지 제 3 항의a 및 제559조의a 제 1 항 내지 제 4 항에 정하여진 차임 인상액만큼 증가될 수 있다. 제 1 문에서 정하여진 차임 산정에 있어서는, 개량조치의 고려가 없었다면 임대차관계의 개시시에 정하여졌을 지역상례적 비교차임(제558조 제 2 항)이 기준이 된다.

제556조의f [例外]

제556조의d는 2014년 10월 1일 다음에 사용이 개시되고 또 임대된 주거에는 적용되지 아니한다. 제556조의d 및 제556조의e는 포괄적인 개량조치 후 처음으로 하는 임대에는 적용되지 아니한다.

제556조의g [法律效果; 借賃에 관한 情報]

① 이 목의 규정에 반하는 약정으로서 임차인에게 불리한 것은 효력이 없다. 임대차 개시시의 차임에 관한 약정에 대하여 이는 허용된 차임액이 초과된 한도에서만 적용된다. 임대인은 과잉 지급된 차임을 부당이득의 반환에 관한 규정에 좇아 반환하여야 한다. 제814조 및 제817조 제 2 문은 이에 적용되지 아니한다.

①의a 차임의 허용 여부가 제556조의e 또는 제556조의f에 따라 정하여지는 한도에서 임대인은 임차인으로부터의 요구가 없어도 그가 계약상 의사표시를 하기 전에 그에게 다음 각 호의 사항에 대하여 정보를 제공할 의무를 진다:

1. 제556조의e 제 1 항의 경우에는 전 차임의 액,
2. 제556조의e 제 2 항의 경우에는 임대차관계의 개시 전 최근 3년 동안에 개량조치가 행하여졌는지,
3. 제556조의f 제 1 문의 경우에는 주거가 2014년 10월 1일이 지난 후에 처음으로 사용되고 임대되었는지,

4. im Fall des § 556f Satz 2 darüber, dass es sich um die erste Vermietung nach umfassender Modernisierung handelt.

Soweit der Vermieter die Auskunft nicht erteilt hat, kann er sich nicht auf eine nach § 556e oder § 556f zulässige Miete berufen. Hat der Vermieter die Auskunft nicht erteilt und hat er diese in der vorgeschriebenen Form nachgeholt, kann er sich erst zwei Jahre nach Nachholung der Auskunft auf eine nach § 556e oder § 556f zulässige Miete berufen. Hat der Vermieter die Auskunft nicht in der vorgeschriebenen Form erteilt, so kann er sich auf eine nach § 556e oder § 556f zulässige Miete erst dann berufen, wenn er die Auskunft in der vorgeschriebenen Form nachgeholt hat.

(2) Der Mieter kann von dem Vermieter eine nach den §§ 556d und 556e nicht geschuldete Miete nur zurückverlangen, wenn er einen Verstoß gegen die Vorschriften dieses Unterkapitels gerügt hat. Hat der Vermieter eine Auskunft nach Absatz 1a Satz 1 erteilt, so muss die Rüge sich auf diese Auskunft beziehen. Rügt der Mieter den Verstoß mehr als 30 Monate nach Beginn des Mietverhältnisses oder war das Mietverhältnis bei Zugang der Rüge bereits beendet, kann er nur die nach Zugang der Rüge fällig gewordene Miete zurück-verlangen.

(3) Der Vermieter ist auf Verlangen des Mieters verpflichtet, Auskunft über diejenigen Tatsachen zu erteilen, die für die Zulässigkeit der vereinbarten Miete nach den Vorschriften dieses Unterkapitels maßgeblich sind, soweit diese Tatsachen nicht allgemein zugänglich sind und der Vermieter hierüber unschwer Auskunft geben kann. Für die Auskunft über Modernisierungsmaßnahmen (§ 556e Absatz 2) gilt § 559b Absatz 1 Satz 2 und 3 entsprechend.

(4) Sämtliche Erklärungen nach den Absätzen 1a bis 3 bedürfen der Textform.

Unterkapitel 2　Regelungen über die Miethöhe

§ 557　Mieterhöhungen nach Vereinbarung oder Gesetz

(1) Während des Mietverhältnisses können die Parteien eine Erhöhung der

4. 제556조의f 제 2 문의 경우에는 포괄적 개량조치가 행하여진 후에 처
   음으로 임대되는 것인지.

임대인이 그 정보를 제공하지 아니하는 한도에서 제556조의e 또는 제
556조의f에 따라 허용되는 차임을 주장할 수 없다. 임대인이 그 정보를
제공하지 아니하였으나 이를 정하여진 방식으로 추완한 경우에는 그는
정보의 추완으로부터 2년이 경과한 후에 비로소 제556조의e 또는 제556
조의f에 따라 허용되는 차임을 주장할 수 있다. 임대인이 정하여진 방식
으로 정보를 제공하지 아니한 경우에는 그는 정하여진 방식으로 정보를
추완한 때에 비로소 제556조의e 또는 제556조의f에 따라 허용되는 차임
을 주장할 수 있다.

② 임차인은 제556조의d 및 제556조의e에 좇아 의무를 지지 아니하는 차
임에 대하여 그가 이 목의 규정들에 반한다는 점을 들어 이의를 제기한
경우에만 그 반환을 청구할 수 있다. 임대인이 제 1 항의a 제 1 문에 따라
정보를 제공한 경우에는 이의는 그 정보를 지적하여야 한다. 임차인이
임대차관계가 개시되고 30개월이 경과한 후에 비로소 이의를 제기한 경
우 또는 임대차관계가 그 이의의 도달시에 이미 종료한 경우에는 임차인
은 이의의 도달 후에 이행기에 도달한 차임의 반환만을 청구할 수 있다.

③ 임대인은 임차인의 요청이 있으면 약정된 차임이 이 목의 규정들에
비추어 허용되는지를 판단할 수 있게 하는 사실들에 대한 정보에 대하여
그 사실이 일반적으로 접근할 수 있는 것이 아니고 임대인이 그에 관한
정보를 어려움 없이 제공할 수 있는 한 이를 제공할 의무를 진다. 제556
조의e에서 정하는 개량조치에 관한 정보에 관하여는 제559조의b 제 1 항
제 2 문 및 제 3 문이 준용된다.

④ 제 1 항의a 내지 제 3 항에 정하여진 표시행위는 모두 문면방식을 요
한다.

제 2 목   借賃額에 관한 規律

제557조 [契約 또는 法律에 기한 借賃引上]
① 임대차관계가 존속하는 동안 당사자는 차임의 인상에 대한 합의를

Miete vereinbaren.

(2) Künftige Änderungen der Miethöhe können die Vertragsparteien als Staffelmiete nach § 557a oder als Indexmiete nach § 557b vereinbaren.

(3) Im Übrigen kann der Vermieter Mieterhöhungen nur nach Maßgabe der §§ 558 bis 560 verlangen, soweit nicht eine Erhöhung durch Vereinbarung ausgeschlossen ist oder sich der Ausschluss aus den Umständen ergibt.

(4) Eine zum Nachteil des Mieters abweichende Vereinbarung ist unwirksam.

§ 557a Staffelmiete

(1) Die Miete kann für bestimmte Zeiträume in unterschiedlicher Höhe schriftlich vereinbart werden; in der Vereinbarung ist die jeweilige Miete oder die jeweilige Erhöhung in einem Geldbetrag auszuweisen (Staffelmiete).

(2) Die Miete muss jeweils mindestens ein Jahr unverändert bleiben. Während der Laufzeit einer Staffelmiete ist eine Erhöhung nach den §§ 558 bis 559b ausgeschlossen.

(3) Das Kündigungsrecht des Mieters kann für höchstens vier Jahre seit Abschluss der Staffelmietvereinbarung ausgeschlossen werden. Die Kündigung ist frühestens zum Ablauf dieses Zeitraums zulässig.

(4) Die §§ 556d bis 556g sind auf jede Mietstaffel anzuwenden. Maßgeblich für die Berechnung der nach § 556d Absatz 1 zulässigen Höhe der zweiten und aller weiteren Mietstaffeln ist statt des Beginns des Mietverhältnisses der Zeitpunkt, zu dem die erste Miete der jeweiligen Mietstaffel fällig wird. Die in einer vorangegangenen Mietstaffel wirksam begründete Miethöhe bleibt erhalten.

(5) Eine zum Nachteil des Mieters abweichende Vereinbarung ist unwirksam.

§ 557b Indexmiete

(1) Die Vertragsparteien können schriftlich vereinbaren, dass die Miete durch den vom Statistischen Bundesamt ermittelten Preisindex für die Lebenshaltung aller privaten Haushalte in Deutschland bestimmt wird (Indexmiete).

(2) Während der Geltung einer Indexmiete muss die Miete, von Erhöhungen nach den §§ 559 bis 560 abgesehen, jeweils mindestens ein Jahr unverändert bleiben. Eine Erhöhung nach § 559 oder § 559e kann nur verlangt werden, soweit

할 수 있다.

② 장래의 차임변경에 대하여 계약당사자는 제557조의a에서 정하는 단
계식 차임 또는 제557조의b에서 정하는 지수식 차임으로 이를 약정할 수
있다.

③ 그 외에 임대인은, 약정에 의하여 인상이 배제되거나 제반 사정에 비
추어 그 배제가 인정되는 경우가 아닌 한에서, 제558조 내지 제560조에
따른 차임인상만을 요구할 수 있다.

④ 이와 다른 약정으로서 임차인에게 불리한 것은 효력이 없다.

제557조의a [段階式 借賃]

① 차임은 서면으로 일정한 기간에 대하여 각각 달리 약정될 수 있다;
그 약정에는 각 기간에 대한 차임 또는 각 기간의 인상분이 금액으로 표
시되어야 한다("단계식 차임").

② 각 차임은 적어도 1년간 변동 없이 동일한 것이어야 한다. 단계식 차
임이 적용되는 기간에 대하여는 제558조 내지 제559조의b에 의한 인상
은 배제된다.

③ 임차인의 해지권은 단계식 차임의 약정이 있은 후 최장 4년까지 배제
될 수 있다. 해지는 빨라도 이 기간이 경과한 후에야 허용된다.

④ 제556조의d 내지 제556조의g는 모든 차임 단계에 적용된다. 제556조
의d 제 1 항에 따라 허용되는 제 2 차 단계 또는 그 이후의 모든 단계의
차임을 산정함에 있어서는 임대차관계의 개시시가 아니라 각 차임 단계
의 처음 차임이 변제기가 되는 시점이 기준이 된다. 앞서는 차임 단계에
서 유효하게 정하여진 차임액은 변경되지 아니하고 유지된다.

⑤ 이와 다른 약정으로서 임차인에게 불리한 것은 효력이 없다.

제557조의b [指數式 借賃]

① 계약당사자는 서면으로 차임이 연방통계청이 사정査定한 국내의 가
계물가지수에 의하여 정하여지는 것으로 약정할 수 있다("지수식 차임").

② 지수식 차임이 적용되는 기간에 대하여는, 제559조 내지 제560조에
의한 인상을 제외하고는, 각 차임은 적어도 1년간 변동 없이 동일한 것

der Vermieter bauliche Maßnahmen auf Grund von Umständen durchgeführt hat, die er nicht zu vertreten hat, es sei denn, es wurde eine Modernisierungsmaßnahme nach § 555b Nummer 1a durchgeführt. Eine Erhöhung nach § 558 ist ausgeschlossen.

(3) Eine Änderung der Miete nach Absatz 1 muss durch Erklärung in Textform geltend gemacht werden. Dabei sind die eingetretene Änderung des Preisindexes sowie die jeweilige Miete oder die Erhöhung in einem Geldbetrag anzugeben. Die geänderte Miete ist mit Beginn des übernächsten Monats nach dem Zugang der Erklärung zu entrichten.

(4) Die §§ 556d bis 556g sind nur auf die Ausgangsmiete einer Indexmietvereinbarung anzuwenden.

(5) Eine zum Nachteil des Mieters abweichende Vereinbarung ist unwirksam.

§ 558 Mieterhöhung bis zur ortsüblichen Vergleichsmiete

(1) Der Vermieter kann die Zustimmung zu einer Erhöhung der Miete bis zur ortsüblichen Vergleichsmiete verlangen, wenn die Miete in dem Zeitpunkt, zu dem die Erhöhung eintreten soll, seit 15 Monaten unverändert ist. Das Mieterhöhungsverlangen kann frühestens ein Jahr nach der letzten Mieterhöhung geltend gemacht werden. Erhöhungen nach den §§ 559 bis 560 werden nicht berücksichtigt.

(2) Die ortsübliche Vergleichsmiete wird gebildet aus den üblichen Entgelten, die in der Gemeinde oder einer vergleichbaren Gemeinde für Wohnraum vergleichbarer Art, Größe, Ausstattung, Beschaffenheit und Lage einschließlich der energetischen Ausstattung und Beschaffenheit in den letzten sechs Jahren vereinbart oder, von Erhöhungen nach § 560 abgesehen, geändert worden sind. Ausgenommen ist Wohnraum, bei dem die Miethöhe durch Gesetz oder im Zusammenhang mit einer Förderzusage festgelegt worden ist.

(3) Bei Erhöhungen nach Absatz 1 darf sich die Miete innerhalb von drei Jahren, von Erhöhungen nach den §§ 559 bis 560 abgesehen, nicht um mehr als 20 vom Hundert erhöhen (Kappungsgrenze). Der Prozentsatz nach Satz 1 beträgt 15 vom Hundert, wenn die ausreichende Versorgung der Bevölkerung mit Mietwohnungen zu angemessenen Bedingungen in einer Gemeinde oder einem Teil einer Gemeinde besonders gefährdet ist und diese Gebiete nach Satz 3 bestimmt sind. Die Landesregierungen werden ermächtigt, diese Gebiete durch Rechtsverordnung für die Dauer von jeweils höchstens fünf Jahren zu

이어야 한다. 제559조 또는 제559조의e에 의한 인상은 임대인이 그에게 책임 없는 사유에 기하여 건축상의 조치를 행한 경우에 한하여 이를 청구할 수 있다, 그러나 제555조의b 제 1 호의a에 따른 개량조치가 행하여진 때에는 그러하지 아니하다. 제558조에 의한 인상은 배제된다.

③ 제 1 항에 의한 차임의 변경은 문면방식의 의사표시로써 이를 하여야 한다. 그에 있어서는 물가지수의 변경사실과 함께 각각의 차임 또는 인상분이 금액으로 기재되어야 한다. 변경된 차임은 의사표시가 도달한 후 다음다음달이 시작될 때에 이를 지급하여야 한다.

④ 제556조의d 내지 제556조의g는 지수식 차임에 관한 약정상의 첫 차임에 대하여만 적용된다.

⑤ 이와 다른 약정으로서 임차인에게 불리한 것은 효력이 없다.

제558조 [地域常例的 比較借賃에의 引上]

① 차임이 인상되는 때로부터 거슬러 15개월간 차임이 변동되지 아니한 경우에는 임대인은 그 지역에 상례적인 비교차임까지 차임을 인상하는 것에 동의할 것을 청구할 수 있다. 이 차임인상청구는 최종의 차임인상이 있은 후 적어도 1년이 경과한 후에야 이를 할 수 있다. 제559조 내지 제560조에 의한 인상은 고려되지 아니한다.

② 지역상례적 비교차임은, 당해 기본지방자치체 또는 그에 유사한 기본지방자치체에서 에너지 소비에 관한 설비 및 성상을 포함하여 유사한 종류, 크기, 설비, 성상 및 위치의 주거공간에 대하여 지난 6년 동안 합의되었거나 또는, 제560조에 의한 인상은 별도로 하고, 변경된 상례의 대가에 좇아 정하여진다. 차임액이 법률에 의하여 또는 주거조성자금지원과 관련하여 고정되어 있는 주거공간은 이를 제외한다.

③ 제 1 항에 의한 인상에 있어서 차임은 3년 동안에, 제559조 내지 제560조에 의한 인상을 제외하고, 20%를 초과하여 인상하지 못한다("인상한계"). 어느 기초지방자치체 또는 그 일부에서 임대차주거 있는 주민들에 대하여 적정한 조건으로 충분하게 공급하는 것이 특히 위태롭게 되고 또한 그 지역이 제 3 문에 좇아 정하여지는 경우에는, 제 1 문에 정하여진 비율은 15%이다. 주 정부는 법규명령으로 각 최장 5년의 기간으로 그 지

bestimmen.

(4) Die Kappungsgrenze gilt nicht,

1. wenn eine Verpflichtung des Mieters zur Ausgleichszahlung nach den Vorschriften über den Abbau der Fehlsubventionierung im Wohnungswesen wegen des Wegfalls der öffentlichen Bindung erloschen ist und

2. soweit die Erhöhung den Betrag der zuletzt zu entrichtenden Ausgleichszahlung nicht übersteigt.

Der Vermieter kann vom Mieter frühestens vier Monate vor dem Wegfall der öffentlichen Bindung verlangen, ihm innerhalb eines Monats über die Verpflichtung zur Ausgleichszahlung und über deren Höhe Auskunft zu erteilen. Satz 1 gilt entsprechend, wenn die Verpflichtung des Mieters zur Leistung einer Ausgleichszahlung nach den §§ 34 bis 37 des Wohnraumförderungsgesetzes und den hierzu ergangenen landesrechtlichen Vorschriften wegen Wegfalls der Mietbindung erloschen ist.

(5) Von dem Jahresbetrag, der sich bei einer Erhöhung auf die ortsübliche Vergleichsmiete ergäbe, sind Drittmittel im Sinne des § 559a abzuziehen, im Falle des § 559a Absatz 1 mit 8 Prozent des Zuschusses.

(6) Eine zum Nachteil des Mieters abweichende Vereinbarung ist unwirksam.

§ 558a Form und Begründung der Mieterhöhung

(1) Das Mieterhöhungsverlangen nach § 558 ist dem Mieter in Textform zu erklären und zu begründen.

(2) Zur Begründung kann insbesondere Bezug genommen werden auf

1. einen Mietspiegel (§§ 558c, 558d),

2. eine Auskunft aus einer Mietdatenbank (§ 558e),

3. ein mit Gründen versehenes Gutachten eines öffentlich bestellten und vereidigten Sachverständigen,

4. entsprechende Entgelte für einzelne vergleichbare Wohnungen; hierbei genügt die Benennung von drei Wohnungen.

(3) Enthält ein qualifizierter Mietspiegel (§ 558d Abs. 1), bei dem die Vorschrift des § 558d Abs. 2 eingehalten ist, Angaben für die Wohnung, so hat der Vermieter in seinem Mieterhöhungsverlangen diese Angaben auch dann mitzuteilen, wenn er die Mieterhöhung auf ein anderes Begründungsmittel nach Absatz 2 stützt.

역을 정할 권한을 가진다.

④ 인상한계는 다음 각 호의 경우에는 적용되지 아니한다,

1. 공공주택임차인에 대한 간접적 보조의 폐지에 관한 법규정에 의한 임차인의 상환의무가 그 공적 보조관계의 종료로 인하여 소멸한 때, 그리고

2. 인상분이 최후에 이행되어야 할 상환금액을 넘지 아니하는 때.

임대인은 빨라도 공적 보조관계가 종료하기 4개월 전부터 임차인에 대하여 1개월 안에 상환의무의 존재 여부와 그 액을 자신에게 알려줄 것을 요구할 수 있다. 주택공급촉진법 제34조 내지 제37조 및 이에 기하여 공포된 주법 규정에 의한 임차인의 상환의무가 차임제한의 폐지로 소멸한 경우에는 제1문이 준용된다.

⑤ 제559조의a의 의미에서의 제3자자금은, 제559조의a 제1항의 경우에는 보조금의 8%를 포함하여, 지역상례적 비교차임으로 인상하였다면 받았을 연간 액수에서 공제되어야 한다.

⑥ 이와 다른 약정으로서 임차인에게 불리한 것은 효력이 없다.

제558조의a [借賃引上의 方式 및 理由提示]

① 제558조에 의한 차임인상청구는 임차인에 대하여 문면방식으로 그 의사가 표시되고 또 이유를 제시하여야 한다.

② 이유의 제시를 위하여는 특히 다음 각 호의 것이 인용될 수 있다,

1. 제558조의c, 제558조의d에서 정하는 차임일람표,

2. 제558조의e에서 정하는 차임데이터베이스로부터의 자료,

3. 공적으로 위촉받고 선서한 전문가가 이유를 붙여 작성한 감정서,

4. 개별 유사주택에 있어서 상응하는 대가; 이 경우에는 3개의 주거를 열거함으로써 충분하다.

③ 제558조의d 제2항에 따라서 작성된 특별차임일람표(제558조의d 제1항)에 주거에 대한 기재가 포함되어 있는 경우에는, 임대인은, 차임인상의 이유제시를 제2항에서 정하는 다른 자료에 의하여 하는 때에도, 차임인상청구에서 이 기재사항을 통지하여야 한다.

(4) Bei der Bezugnahme auf einen Mietspiegel, der Spannen enthält, reicht es aus, wenn die verlangte Miete innerhalb der Spanne liegt. Ist in dem Zeitpunkt, in dem der Vermieter seine Erklärung abgibt, kein Mietspiegel vorhanden, bei dem § 558c Abs. 3 oder § 558d Abs. 2 eingehalten ist, so kann auch ein anderer, insbesondere ein veralteter Mietspiegel oder ein Mietspiegel einer vergleichbaren Gemeinde verwendet werden.

(5) Eine zum Nachteil des Mieters abweichende Vereinbarung ist unwirksam.

§ 558b　Zustimmung zur Mieterhöhung

(1) Soweit der Mieter der Mieterhöhung zustimmt, schuldet er die erhöhte Miete mit Beginn des dritten Kalendermonats nach dem Zugang des Erhöhungsverlangens.

(2) Soweit der Mieter der Mieterhöhung nicht bis zum Ablauf des zweiten Kalendermonats nach dem Zugang des Verlangens zustimmt, kann der Vermieter auf Erteilung der Zustimmung klagen. Die Klage muss innerhalb von drei weiteren Monaten erhoben werden.

(3) Ist der Klage ein Erhöhungsverlangen vorausgegangen, das den Anforderungen des § 558a nicht entspricht, so kann es der Vermieter im Rechtsstreit nachholen oder die Mängel des Erhöhungsverlangens beheben. Dem Mieter steht auch in diesem Fall die Zustimmungsfrist nach Absatz 2 Satz 1 zu.

(4) Eine zum Nachteil des Mieters abweichende Vereinbarung ist unwirksam.

§ 558c　Mietspiegel; Verordnungsermächtigung

(1) Ein Mietspiegel ist eine Übersicht über die ortsübliche Vergleichsmiete, soweit die Übersicht von der nach Landesrecht zuständigen Behörde oder von Interessenvertretern der Vermieter und der Mieter gemeinsam erstellt oder anerkannt worden ist.

(2) Mietspiegel können für das Gebiet einer Gemeinde oder mehrerer Gemeinden oder für Teile von Gemeinden erstellt werden.

(3) Mietspiegel sollen im Abstand von zwei Jahren der Marktentwicklung angepasst werden.

(4) Die nach Landesrecht zuständigen Behörden sollen Mietspiegel erstellen, wenn hierfür ein Bedürfnis besteht und dies mit einem vertretbaren Aufwand möglich ist. Für Gemeinden mit mehr als 50 000 Einwohnern sind Mietspiegel zu erstellen. Die Mietspiegel und ihre Änderungen sind zu veröffentlichen.

④ 상하격차가 있는 차임일람표를 인용하는 경우에는 청구하는 차임이 그 격차 내에 있으면 충분하다. 임대인이 의사표시를 하는 시점에 제558조의c 제 3 항 또는 제558조의d 제 2 항에 좇아서 작성된 차임일람표가 없을 때에는 다른 차임일람표, 특히 과거의 차임일람표 또는 다른 유사한 기초지방자치체의 차임일람표를 사용할 수도 있다.

⑤ 이와 다른 약정으로서 임차인에게 불리한 것은 효력이 없다.

제558조의b [借賃引上에의 同意]

① 임차인이 차임인상에 동의하는 경우에는, 그는 인상청구의 도달 후 세번째 역월의 개시와 함께 인상된 차임에 대한 채무를 진다.

② 임차인이 그 청구의 도달 후 두번째 역월의 종료시까지 차임인상에 동의하지 아니하는 때에는, 임대인은 동의를 할 것을 소구할 수 있다. 그 소는 그 후 3개월 안에 제기되어야 한다.

③ 소의 제기에 앞서 인상청구가 행하여졌으나 그 청구가 제558조의a의 요건을 갖추지 못한 때에는, 임대인은 그 소송 중에 제대로 된 인상청구를 다시 하거나 인상청구의 하자를 제거할 수 있다. 이 경우에도 임차인에게는 제 2 항 제 1 문에서 정한 동의기간이 인정된다.

④ 이와 다른 약정으로서 임차인에게 불리한 것은 효력이 없다.

제558조의c [借賃一覽表]

① 차임일람표라 함은 주법에 의하여 관할권 있는 기관이 또는 임대인 및 임차인의 이익대표가 공동으로 작성하거나 승인한 지역상례적 비교차임에 대한 일람표를 말한다.

② 차임일람표는 하나의 또는 수 개의 기초지방자치체의 관할구역에 대하여도, 기초지방자치체의 일부에 대하여도 작성될 수 있다.

③ 차임일람표는 2년 간격으로 시장의 변화에 맞추어 조정되어야 한다.

④ 주법에 의하여 관할권 있는 기관은 차임일람표에 대한 수요가 존재하고 또 상당한 비용으로 차임일람표를 작성할 수 있는 때에는, 이를 작성하여야 한다. 5만 명을 넘는 주민이 있는 기초지방자치체는 차임일람표를 작성하여야 한다. 차임일람표와 그 변경은 공개되어야 한다.

(5) Die Bundesregierung wird ermächtigt, durch Rechtsverordnung mit Zustimmung des Bundesrates Vorschriften zu erlassen über den näheren Inhalt von Mietspiegeln und das Verfahren zu deren Erstellung und Anpassung einschließlich Dokumentation und Veröffentlichung.

§ 558d Qualifizierter Mietspiegel

(1) Ein qualifizierter Mietspiegel ist ein Mietspiegel, der nach anerkannten wissenschaftlichen Grundsätzen erstellt und von der nach Landesrecht zuständigen Behörde oder von Interessenvertretern der Vermieter und der Mieter anerkannt worden ist. Entspricht ein Mietspiegel den Anforderungen, die eine nach § 558c Absatz 5 erlassene Rechtsverordnung an qualifizierte Mietspiegel richtet, wird vermutet, dass er nach anerkannten wissenschaftlichen Grundsätzen erstellt wurde. Haben die nach Landesrecht zuständige Behörde und Interessenvertreter der Vermieter und der Mieter den Mietspiegel als qualifizierten Mietspiegel anerkannt, so wird vermutet, dass der Mietspiegel anerkannten wissenschaftlichen Grundsätzen entspricht.

(2) Der qualifizierte Mietspiegel ist im Abstand von zwei Jahren der Marktentwicklung anzupassen. Dabei kann eine Stichprobe oder die Entwicklung des vom Statistischen Bundesamt ermittelten Preisindexes für die Lebenshaltung aller privaten Haushalte in Deutschland zugrunde gelegt werden. Nach vier Jahren ist der qualifizierte Mietspiegel neu zu erstellen. Maßgeblicher Zeitpunkt für die Anpassung nach Satz 1 und für die Neuerstellung nach Satz 3 ist der Stichtag, zu dem die Daten für den Mietspiegel erhoben wurden. Satz 4 gilt entsprechend für die Veröffentlichung des Mietspiegels.

(3) Ist die Vorschrift des Absatzes 2 eingehalten, so wird vermutet, dass die im qualifizierten Mietspiegel bezeichneten Entgelte die ortsübliche Vergleichsmiete wiedergeben.

§ 558e Mietdatenbank

Eine Mietdatenbank ist eine zur Ermittlung der ortsüblichen Vergleichsmiete fortlaufend geführte Sammlung von Mieten, die von der Gemeinde oder von Interessenvertretern der Vermieter und der Mieter gemeinsam geführt oder anerkannt wird und aus der Auskünfte gegeben werden, die für einzelne Wohnungen einen Schluss auf die ortsübliche Vergleichsmiete zulassen.

§ 559 Mieterhöhung nach Modernisierungsmaßnahmen

⑤ 연방정부는 연방상원의 동의를 얻어 법규명령으로써 차임일람표의 보다 상세한 내용, 그리고 자료 수집과 공개를 포함하여 차임일람표의 작성 및 조정의 절차에 관하여 규정을 제정할 권한을 가진다.

제558조의d [特別借賃一覽表]

① 특별차임일람표라 함은 일반적으로 승인된 전문적 원칙에 따라 작성되고 주법에 의하여 관할권 있는 기관 또는 임대인과 임차인의 이익대표가 승인한 차임일람표를 말한다. 차임일람표가 제558조의c 제 5 항에 따라 공포된 법규명령이 특별차임일람표에 관하여 정하는 사항을 충족하는 경우에는 그것이 일반적으로 인정된 학문적 기준에 좇아 작성되었음이 추정된다. 주법에 의하여 관할권 있는 기관 또는 임대인과 임차인의 이익대표가 차임일람표를 특별차임일람표로 인정한 경우에는 그것이 일반적으로 인정된 학문적 기준에 좇아 작성되었음이 추정된다.

② 특별차임일람표는 2년의 간격으로 시장의 변화에 맞추어 조정되어야 한다. 그에 있어서는 무작위표본조사가 또는 연방통계청이 조사한 국내가계물가지수의 변동이 그 기초가 될 수 있다. 4년 후에는 특별차임일람표가 새로이 작성되어야 한다. 제 1 문에서 정하는 조정 및 제 3 문에서 정하는 신규 작성의 기준이 되는 시점은 차임일람표를 위한 자료가 수집되기로 예정된 날이다. 제 4 문은 차임일람표의 공표에 준용된다.

③ 제 2 항의 규정이 준수된 경우에는 특별차임일람표에 제시된 대가는 지역상례적 비교차임을 가리키는 것으로 추정한다.

제558조의e [借賃데이터베이스]

차임데이터베이스라 함은, 지역상례적 비교차임을 조사하기 위하여 지속적으로 수집된 차임정보의 집합으로서, 임대인과 임차인의 이익대표가 공동으로 또는 지방자치체가 이를 수집하거나 승인하고 또한 그로부터 개별 주거에 대하여 그 지역상례적 비교차임을 추단할 수 있는 정보를 제공하는 것을 말한다.

제559조 [改良措置로 인한 借賃引上]

(1) Hat der Vermieter Modernisierungsmaßnahmen im Sinne des § 555b Nummer 1, 3, 4, 5 oder 6 durchgeführt, so kann er die jährliche Miete um 8 Prozent der für die Wohnung aufgewendeten Kosten erhöhen. Im Fall des § 555b Nummer 4a ist die Erhöhung nur zulässig, wenn der Mieter seinen Anbieter von öffentlich zugänglichen Telekommunikationsdiensten über den errichteten Anschluss frei wählen kann und der Vermieter kein Bereitstellungsentgelt gemäß § 72 des Telekommunikationsgesetzes als Betriebskosten umlegt oder umgelegt hat.

(2) Kosten, die für Erhaltungsmaßnahmen erforderlich gewesen wären, gehören nicht zu den aufgewendeten Kosten nach Absatz 1; sie sind, soweit erforderlich, durch Schätzung zu ermitteln. Dabei ist der Abnutzungsgrad der Bauteile und Einrichtungen, die von einer modernisierenden Erneuerung erfasst werden, angemessen zu berücksichtigen.

(3) Werden Modernisierungsmaßnahmen für mehrere Wohnungen durchgeführt, so sind die Kosten angemessen auf die einzelnen Wohnungen aufzuteilen.

(3a) Bei Erhöhungen der jährlichen Miete nach Absatz 1 darf sich die monatliche Miete innerhalb von sechs Jahren, von Erhöhungen nach § 558 oder § 560 abgesehen, nicht um mehr als 3 Euro je Quadratmeter Wohnfläche erhöhen. Beträgt die monatliche Miete vor der Mieterhöhung weniger als 7 Euro pro Quadratmeter Wohnfläche, so darf sie sich abweichend von Satz 1 nicht um mehr als 2 Euro je Quadratmeter Wohnfläche erhöhen. Sind bei einer Modernisierungsmaßnahme, die mittels Einbaus oder Aufstellung einer Heizungsanlage zum Zwecke der Inbetriebnahme in einem Gebäude durchgeführt wird und die zu einer Erhöhung der jährlichen Miete nach Absatz 1 berechtigt, zugleich die Voraussetzungen des § 555b Nummer 1 oder Nummer 1a erfüllt, so darf sich die monatliche Miete insoweit um nicht mehr als 0,50 Euro je Quadratmeter Wohnfläche innerhalb von sechs Jahren erhöhen; die Sätze 1 und 2 bleiben unberührt.

(4) Die Mieterhöhung ist ausgeschlossen, soweit sie auch unter Berücksichtigung der voraussichtlichen künftigen Betriebskosten für den Mieter eine Härte bedeuten würde, die auch unter Würdigung der berechtigten Interessen des Vermieters nicht zu rechtfertigen ist. Eine Abwägung nach Satz 1 findet nicht statt, wenn

① 임대인이 제555조의b 제 1 호, 제 3 호, 제 4 호, 제 5 호 또는 제 6 호에서 정하는 개량조치를 행한 경우에 그는 연 차임을 주거를 위하여 지출된 비용의 8%만큼 인상할 수 있다. 제555조의b 제 4 호의a의 경우에는, 임차인이 공개적으로 설치된 망을 통하여 접근할 수 있는 전자통신서비스의 제공자를 자유로 선택할 수 있고 또한 임대인이 전자통신법 제72조에 좇은 그 설치의 대가를 관리비용으로 전가하지 아니하였고 또 전가하지 아니하는 때에만 인상이 허용된다.

② 보존조치를 위하여 필요하였을 비용은 제 1 항에서 정하는 지출비용에 해당하지 아니한다; 그 비용은 필요한 한에서 가액사정에 의하여 정하여진다. 그에 있어서는 개량을 일으키는 교체에 포함되는 건물 부분및 설비들이 감손되는 정도가 적절하게 고려되어야 한다.

③ 개량조치가 여러 개의 주거에 행하여진 경우에는 비용은 각각의 주거에 적절하게 배분되어야 한다.

③의a   제 1 항에 따라 연 차임을 인상함에 있어서는, 제558조 또는 제560조에 따른 인상을 제외하고는, 월 차임은 6년 동안 주거면적 1평방미터당 3유로를 넘어서지 아니하는 범위에서 인상할 수 있다. 월 차임이 차임 인상 전에 주거면적 1평당미터당 7유로 미만인 경우에는 제 1 문과는 달리 주거면적 1평방미터당 2유로를 넘어서지 아니하는 범위에서 인상할 수 있다. 난방장치를 가동을 위하여 건물에 내장하거나 설치함에 의하여 행하여지고 제 1 항 소정의 연 차임 증액을 정당화하면서 동시에 제555조의b 제 1 호 또는 제 1 호의a의 요건을 충족하는 개량조치의 경우에는, 월 차임을 6년 내의 기간 동안 주거면적 1평방미터당 0.5유로를 넘지 아니하는 범위에서 인상할 수 있다; 제 1 문 및 제 2 문은 이에 영향을 받지 아니한다.

④ 예상되는 장래의 관리비를 고려한다면 차임 인상이 임차인에게 가혹한 것이고 임대인의 정당한 이익을 참작하더라도 그것이 정당화되지 아니하는 경우에는 차임 인상은 인정되지 아니한다. 제 1 문에서 정하는 이익형량은 다음 각 호의 경우에는 인정되지 아니한다,

1. die Mietsache lediglich in einen Zustand versetzt wurde, der allgemein
   üblich ist, oder
2. die Modernisierungsmaßnahme auf Grund von Umständen durchgeführt
   wurde, die der Vermieter nicht zu vertreten hatte, es sei denn, die Modernisierungsmaßnahme erfüllt auch die Voraussetzungen des § 555b Nummer 1
   oder Nummer 1a und wurde mittels Einbaus oder Aufstellung einer
   Heizungsanlage zum Zwecke der Inbetriebnahme in einem Gebäude durchgeführt.

(5) Umstände, die eine Härte nach Absatz 4 Satz 1 begründen, sind nur zu
berücksichtigen, wenn sie nach § 555d Absatz 3 bis 5 rechtzeitig mitgeteilt
worden sind. Die Bestimmungen über die Ausschlussfrist nach Satz 1 sind
nicht anzuwenden, wenn die tatsächliche Mieterhöhung die angekündigte um
mehr als 10 Prozent übersteigt.

(6) Eine zum Nachteil des Mieters abweichende Vereinbarung ist unwirksam.

§ 559a Anrechnung von Drittmitteln

(1) Kosten, die vom Mieter oder für diesen von einem Dritten übernommen
oder die mit Zuschüssen aus öffentlichen Haushalten gedeckt werden, gehören
nicht zu den aufgewendeten Kosten im Sinne des § 559.

(2) Werden die Kosten für die baulichen Maßnahmen ganz oder teilweise
durch zinsverbilligte oder zinslose Darlehen aus öffentlichen Haushalten gedeckt, so verringert sich der Erhöhungsbetrag nach § 559 um den Jahresbetrag
der Zinsermäßigung. Dieser wird errechnet aus dem Unterschied zwischen dem
ermäßigten Zinssatz und dem marktüblichen Zinssatz für den Ursprungsbetrag
des Darlehens. Maßgebend ist der marktübliche Zinssatz für erstrangige Hypotheken zum Zeitpunkt der Beendigung der Maßnahmen. Werden Zuschüsse
oder Darlehen zur Deckung von laufenden Aufwendungen gewährt, so verringert sich der Erhöhungsbetrag um den Jahresbetrag des Zuschusses oder
Darlehens.

(3) Ein Mieterdarlehen, eine Mietvorauszahlung oder eine von einem Dritten
für den Mieter erbrachte Leistung für die baulichen Maßnahmen stehen einem
Darlehen aus öffentlichen Haushalten gleich. Mittel der Finanzierungsinstitute
des Bundes oder eines Landes gelten als Mittel aus öffentlichen Haushalten.

(4) Kann nicht festgestellt werden, in welcher Höhe Zuschüsse oder Darlehen für die einzelnen Wohnungen gewährt worden sind, so sind sie nach
dem Verhältnis der für die einzelnen Wohnungen aufgewendeten Kosten aufzuteilen.

1. 목적물이 일반적으로 통례인 상태에 놓이게 되는 때, 또는
2. 개량조치가 임대인에게 책임 없는 사정으로 말미암아 행하여진 때, 그러나 개량조치가 제555조의b 제 1 호 또는 제 1 호의 요건을 아울러 충족하고 또한 난방장치를 가동을 위하여 건물에 내장하거나 설치함에 의하여 행하여진 때에는 그러하지 아니하다.

⑤ 제 4 항 제 1 문에서 정하는 가혹함이 인정되는 근거가 되는 사정들은 그것이 제555조의d 제 3 항 내지 제 5 항에 따라 적시에 통지된 경우에만 고려된다. 제 1 문상의 배제기간과 관련한 규정들은 실제의 차임 인상액이 통지된 것보다 10%를 넘는 경우에는 적용되지 아니한다.

⑥ 이와 다른 약정으로 임차인에게 불리한 것은 효력이 없다.

제559조의a [第三者資金의 計上]

① 임차인이 또는 그를 위하여 제 3 자가 부담하였거나 공공예산으로부터 보조를 받아 충당한 비용은, 제559조의 의미에서의 지출된 비용에 포함되지 아니한다.

② 건축상의 조치를 위하여 지출한 비용의 전부 또는 일부를 공공예산으로부터 저리 또는 무이자로 대출을 받아 충당한 경우에는, 제559조에 정하여진 인상액은 그 이자할인분의 연간액만큼 감축된다. 이는 대출원금에 대한 할인된 이율과 시장상례적 이율의 차이에 의하여 산출된다. 그 조치가 종료하는 시점에서의 제 1 순위 저당권에 대한 시장상례적 이율이 기준이 된다. 계속적으로 지출되는 비용에 충당하기 위하여 보조 또는 대출을 받은 경우에는, 그 인상액은 그 보조금 또는 대출금의 연간액만큼 감축된다.

③ 건축상의 조치를 위하여 행하여진 임차인대출, 차임선급 또는 제 3 자의 임차인에 대한 급부는 공공예산에서 대출을 받은 것과 동시된다. 연방 또는 주의 금융기관의 자금은 공공예산으로부터의 자금으로 본다.

④ 보조금 또는 대출금이 개별 주택에 대하여 각각 얼마인지 확정할 수 없는 경우에는, 이는 각 개별 주택에 지출된 비용의 비율에 따라 배분하여야 한다.

(5) Eine zum Nachteil des Mieters abweichende Vereinbarung ist unwirksam.

§ 559b　Geltendmachung der Erhöhung, Wirkung der Erhöhungserklärung

(1) Die Mieterhöhung nach § 559 ist dem Mieter in Textform zu erklären. Die Erklärung ist nur wirksam, wenn in ihr die Erhöhung auf Grund der entstandenen Kosten berechnet und entsprechend den Voraussetzungen der §§ 559 und 559a erläutert wird. § 555c Absatz 3 gilt entsprechend.

(2) Der Mieter schuldet die erhöhte Miete mit Beginn des dritten Monats nach dem Zugang der Erklärung. Die Frist verlängert sich um sechs Monate, wenn

1. der Vermieter dem Mieter die Modernisierungsmaßnahme nicht nach den Vorschriften des § 555c Absatz 1 und 3 bis 5 angekündigt hat oder

2. die tatsächliche Mieterhöhung die angekündigte um mehr als 10 Prozent übersteigt.

(3) Eine zum Nachteil des Mieters abweichende Vereinbarung ist unwirksam.

§ 559c　Vereinfachtes Verfahren

(1) Übersteigen die für die Modernisierungsmaßnahme geltend gemachten Kosten für die Wohnung vor Abzug der Pauschale nach Satz 2 10 000 Euro nicht, so kann der Vermieter die Mieterhöhung nach einem vereinfachten Verfahren berechnen. Als Kosten, die für Erhaltungsmaßnahmen erforderlich gewesen wären (§ 559 Absatz 2), werden pauschal 30 Prozent der nach Satz 1 geltend gemachten Kosten abgezogen. § 559 Absatz 4 und § 559a Absatz 2 Satz 1 bis 3 finden keine Anwendung; dies gilt im Hinblick auf § 559 Absatz 4 nicht, wenn die Modernisierungsmaßnahme auch die Voraussetzungen des § 555b Nummer 1 oder Nummer 1a erfüllt und mittels Einbaus oder Aufstellung einer Heizungsanlage zum Zwecke der Inbetriebnahme in einem Gebäude durchgeführt wurde.

(2) Hat der Vermieter die Miete in den letzten fünf Jahren bereits nach Absatz 1 oder nach § 559 oder § 559e erhöht, so mindern sich die Kosten, die nach Absatz 1 Satz 1 für die weitere Modernisierungsmaßnahme geltend gemacht werden können, um die Kosten, die in diesen früheren Verfahren für Modernisierungsmaßnahmen geltend gemacht wurden.

(3) § 559b gilt für das vereinfachte Verfahren entsprechend. Der Vermieter muss in der Mieterhöhungserklärung angeben, dass er die Mieterhöhung nach

⑤ 이상과 다른 약정으로서 임차인에게 불리한 것은 효력이 없다.

제559조의b [引上의 實行; 引上意思表示의 效力]

① 제559조에 의한 차임인상은 임차인에게 문면방식으로 표시되어야 한다. 그 의사표시는 그 안에서 인상액을 발생한 비용에 기하여 제시하고 또한 제559조 및 제559조의a의 요건에 대응하여 설명이 행하여진 경우에만 효력이 있다. 제555조의c 제 3 항은 이에 준용된다.

② 임차인은 그 의사표시의 도달 후 세번째 달의 개시와 함께 인상된 차임에 대한 채무를 진다. 그 기간은 다음의 경우에는 6개월 연장된다,

  1. 임대인이 임차인에게 개량조치를 제555조의c 제 1 항 및 제 3 항 내지 제 5 항에 따라 고지하지 아니한 때, 또는

  2. 실제의 인상액이 고지된 인상액보다 10% 넘게 많은 때.

③ 이와 다른 약정으로서 임차인에게 불리한 것은 효력이 없다.

제559조의c [簡素化된 節次]

① 주거의 개량조치를 위하여 지출된 것으로 주장되는 비용이 [제 2 문에서 정하는] 일괄공제 전에 1만 유로를 넘지 아니하는 경우에는 임대인은 간소화된 절차로 차임 인상액을 산정할 수 있다. 보존조치를 위하여 필요하였을 비용(제559조 제 2 항)으로 제 1 문에 따라 주장되는 비용의 30%가 일괄하여 공제된다. 제559조 제 4 항 및 제559조의a 제 2 항 제 1 문 내지 제 3 문은 이에 적용되지 아니한다; 개량조치가 제555조의b 제 1 호 또는 제 1 호의a의 요건을 아울러 충족하고 또한 난방장치를 가동을 위하여 건물에 내장하거나 설치함에 의하여 행하여진 때에는 제559조 제 4 항에 관하여는 그러하지 아니하다.

② 임대인이 최근 5년 사이에 제 1 항 또는 제559조 또는 제559조의e에 따라 차임을 이미 인상한 경우에는, 제 1 항 제 1 문에 따라 차후의 개량조치에 대하여 주장될 수 있는 비용은 종전의 절차에서 개량조치에 관하여 주장되었던 비용만큼 감축된다.

③ 제559조의b는 간소화된 절차에 준용된다. 임대인은 차임 인상의 의사표시에서 차임 인상액을 간소화된 절차로 산정하였음을 지적하여야

dem vereinfachten Verfahren berechnet hat.

(4) Hat der Vermieter eine Mieterhöhung im vereinfachten Verfahren geltend gemacht, so kann er innerhalb von fünf Jahren nach Zugang der Mieterhöhungserklärung beim Mieter keine Mieterhöhungen nach § 559 oder § 559e geltend machen. Dies gilt nicht,

1. soweit der Vermieter in diesem Zeitraum Modernisierungsmaßnahmen auf Grund einer gesetzlichen Verpflichtung durchzuführen hat und er diese Verpflichtung bei Geltendmachung der Mieterhöhung im vereinfachten Verfahren nicht kannte oder kennen musste,

2. sofern eine Modernisierungsmaßnahme auf Grund eines Beschlusses von Wohnungseigentümern durchgeführt wird, der frühestens zwei Jahre nach Zugang der Mieterhöhungserklärung beim Mieter gefasst wurde.

(5) Für die Modernisierungsankündigung, die zu einer Mieterhöhung nach dem vereinfachten Verfahren führen soll, gilt § 555c mit den Maßgaben, dass

1. der Vermieter in der Modernisierungsankündigung angeben muss, dass er von dem vereinfachten Verfahren Gebrauch macht,

2. es der Angabe der voraussichtlichen künftigen Betriebskosten nach § 555c Absatz 1 Satz 2 Nummer 3 nicht bedarf.

§ 559d Pflichtverletzungen bei Ankündigung oder Durchführung einer baulichen Veränderung

Es wird vermutet, dass der Vermieter seine Pflichten aus dem Schuldverhältnis verletzt hat, wenn

1. mit der baulichen Veränderung nicht innerhalb von zwölf Monaten nach deren angekündigtem Beginn oder, wenn Angaben hierzu nicht erfolgt sind, nach Zugang der Ankündigung der baulichen Veränderung begonnen wird,

2. in der Ankündigung nach § 555c Absatz 1 ein Betrag für die zu erwartende Mieterhöhung angegeben wird, durch den die monatliche Miete mindestens verdoppelt würde,

3. die bauliche Veränderung in einer Weise durchgeführt wird, die geeignet ist, zu erheblichen, objektiv nicht notwendigen Belastungen des Mieters zu führen, oder

4. die Arbeiten nach Beginn der baulichen Veränderung mehr als zwölf Monate ruhen.

Diese Vermutung gilt nicht, wenn der Vermieter darlegt, dass für das Verhalten im Einzelfall ein nachvollziehbarer objektiver Grund vorliegt.

한다.

④ 임대인이 차임 인상을 간소화된 절차로 행한 경우에는 차임 인상의 의사표시가 임차인에게 도달한 후 5년 동안 제559조 또는 제559조의e에 따른 차임 인상을 주장할 수 없다. 이는 다음의 경우에는 그러하지 아니하다,

1. 임대인이 그 기간 동안 법률상 의무에 기하여 개량조치를 시행하였고 그가 간소화된 절차로 차임 인상을 행함에 있어서 그 의무를 알지 못하였고 알았어야 할 것이 아닌 때,
2. 개량조치가 차임 인상의 의사표시가 임차인에게 도달한 후 2년 이상 후에 행하여진 주거소유자들의 결의에 기하여 시행된 때.

⑤ 간소화된 절차에 따라 행하여지는 차임 인상으로 연결될 터의 개량 고지에 대하여는 제555조의c가 다음과 같은 내용으로 적용된다,

1. 임대인이 개량고지에서 간소화된 절차에 의하는 것임을 지적하여야 하는 것,
2. 제555조의c 제 1 항 제 2 문 제 3 호에 따라 예상되는 장래의 관리비를 지적할 필요가 없는 것.

제559조의d [建築上 變更의 告知 또는 實行에서의 義務 違反]

다음 각 호의 경우에는 임대인은 채권관계상의 의무를 위반한 것으로 추정된다,

1. 고지된 개시시기 후로부터 12개월 내에, 또는 그 고지가 행하여지지 아니하였으면 건축상 변경의 고지가 도달한 후로부터 12개월 내에 건축상 변경이 개시되지 아니한 때,
2. 제555조의c 제 1 항에 따른 고지에서 예상되는 차임 인상액이 지적되었으나 그 액이 월 차임이 갑절 이상으로 되는 것인 때,
3. 건축상 변경이 임차인에게 객관적으로 필요하지 아니하면서 현저한 부담을 주기에 적절한 방식으로 시행되는 때, 또는
4. 작업이 건축상 변경의 개시 후 12개월 이상 휴지하는 때.

임대인이 그 행태에 대하여 구체적인 사안에서 검증가능한 객관적 사유가 존재하는 것을 소명한 경우에는 이러한 추정은 적용되지 아니한다.

§ 559e Mieterhöhung nach Einbau oder Aufstellung einer Heizungsanlage

(1) Hat der Vermieter Modernisierungsmaßnahmen nach § 555b Nummer 1a durchgeführt, welche die Voraussetzungen für Zuschüsse aus öffentlichen Haushalten dem Grunde nach erfüllen, und dabei Drittmittel nach § 559a in Anspruch genommen, so kann er die jährliche Miete um 10 Prozent der für die Wohnung aufgewendeten Kosten abzüglich der in Anspruch genommenen Drittmittel erhöhen. Wenn eine Förderung nicht erfolgt, obwohl die Voraussetzungen für eine Förderung dem Grunde nach erfüllt sind, kann der Vermieter die jährliche Miete nach Maßgabe des § 559 erhöhen.

(2) § 559 Absatz 2 Satz 1 ist mit der Maßgabe anwendbar, dass Kosten, die für Erhaltungsmaßnahmen erforderlich gewesen wären, pauschal in Höhe von 15 Prozent nicht zu den aufgewendeten Kosten gehören.

(3) § 559 Absatz 3a Satz 1 ist mit der Maßgabe anwendbar, dass sich im Hinblick auf eine Modernisierungsmaßnahme nach § 555b Nummer 1a die monatliche Miete um nicht mehr als 0,50 Euro je Quadratmeter Wohnfläche innerhalb von sechs Jahren erhöhen darf. Ist der Vermieter daneben zu Mieterhöhungen nach § 559 Absatz 1 berechtigt, so dürfen die in § 559 Absatz 3a Satz 1 und 2 genannten Grenzen nicht überschritten werden.

(4) § 559 Absatz 3, 4 und 5 sowie die §§ 559b bis 559d gelten entsprechend.

(5) Eine zum Nachteil des Mieters abweichende Vereinbarung ist unwirksam.

§ 560 Veränderungen von Betriebskosten

(1) Bei einer Betriebskostenpauschale ist der Vermieter berechtigt, Erhöhungen der Betriebskosten durch Erklärung in Textform anteilig auf den Mieter umzulegen, soweit dies im Mietvertrag vereinbart ist. Die Erklärung ist nur wirksam, wenn in ihr der Grund für die Umlage bezeichnet und erläutert wird.

(2) Der Mieter schuldet den auf ihn entfallenden Teil der Umlage mit Beginn des auf die Erklärung folgenden übernächsten Monats. Soweit die Erklärung darauf beruht, dass sich die Betriebskosten rückwirkend erhöht haben, wirkt sie auf den Zeitpunkt der Erhöhung der Betriebskosten, höchstens jedoch auf den Beginn des der Erklärung vorausgehenden Kalenderjahres zurück, sofern der Vermieter die Erklärung innerhalb von drei Monaten nach Kenntnis von der Erhöhung abgibt.

(3) Ermäßigen sich die Betriebskosten, so ist eine Betriebskostenpauschale

제559조의e [暖房裝置의 內裝 또는 設置에 따른 借賃引上]

① 임대인이 제555조의b 소정의 개량조치를 행하였는데 그것이 그 사유에 있어서 공공예산에 기한 보조금의 요건을 충족하고 또한 그에 있어서 제559조의a에 정하여진 제 3 자자금을 필요로 하는 경우에는 그는 연 차임을 주거를 위하여 지출된 비용의 10퍼센트에서 요청된 공공예산의 액을 뺀 만큼 인상할 수 있다. 그 보조금 지원의 요건이 그 사유상 구비되었음에도 불구하고 지원이 행하여지지 아니한 경우에는 임대인은 연 차임을 제559조에서 정하여진 바에 따라 인상할 수 있다.

② 제559조 제 2 항 제 1 문은 보존조치와 관련하여 필요하였을 비용은 포괄적으로 지출된 비용의 15퍼센트를 넘지 아니하는 것으로 하여 적용될 수 있다.

③ 제559조 제 3 항의a 제 1 문은 제555조의b 제 1 호의a 소정의 개량조치와 관련하여 월 차임을 6년 내의 기간 동안 주거면적 1평방미터당 0.5유로를 넘지 아니하는 범위에서 인상할 수 있는 것으로 하여 적용될 수 있다. 임대인이 그 외에 제559조 제 1 항에 따라 차임을 인상할 권한을 가지는 경우에는, 제559조 제 3 항의a 제 1 문 및 제 2 문에서 정하여진 제한을 넘어서는 아니된다.

④ 제559조 제 3 항, 제 4 항 및 제 5 항 그리고 제559조의b 내지 제559조의d는 이에 준용된다.

⑤ 이와 다른 약정으로서 임차인에게 불리한 것은 효력이 없다.

제560조 [管理費의 變更]

① 관리비를 일괄정액으로 정한 경우에, 임대차계약에서 그와 같이 약정되어 있다면, 임대인은 관리비용의 증가분을 문면방식으로 하는 의사표시로써 임차인에게 비율적으로 할당할 수 있다. 그 의사표시는 할당의 근거에 대한 지적과 설명이 포함된 경우에만 효력이 있다.

② 임차인은 그 의사표시가 있은 후 다음다음달의 개시와 함께 자신에의 할당분에 대한 채무를 진다. 의사표시가 관리비용이 그 전부터 증가하였다는 것을 이유로 하는 경우에는 임대인이 그 증가를 안 때로부터 3개월 안에 의사표시를 한 때에 한하여 그 의사표시는 그 표시에 선행하는 역년의 개시시를 한도로 관리비용 증가의 시점에 소급하여 효력이 발생한다.

vom Zeitpunkt der Ermäßigung an entsprechend herabzusetzen. Die Ermäßigung ist dem Mieter unverzüglich mitzuteilen.

(4) Sind Betriebskostenvorauszahlungen vereinbart worden, so kann jede Vertragspartei nach einer Abrechnung durch Erklärung in Textform eine Anpassung auf eine angemessene Höhe vornehmen.

(5) Bei Veränderungen von Betriebskosten ist der Grundsatz der Wirtschaftlichkeit zu beachten.

(6) Eine zum Nachteil des Mieters abweichende Vereinbarung ist unwirksam.

§ 561 Sonderkündigungsrecht des Mieters nach Mieterhöhung

(1) Macht der Vermieter eine Mieterhöhung nach § 558 oder § 559 geltend, so kann der Mieter bis zum Ablauf des zweiten Monats nach dem Zugang der Erklärung des Vermieters das Mietverhältnis außerordentlich zum Ablauf des übernächsten Monats kündigen. Kündigt der Mieter, so tritt die Mieterhöhung nicht ein.

(2) Eine zum Nachteil des Mieters abweichende Vereinbarung ist unwirksam.

Kapitel 3   Pfandrecht des Vermieters

§ 562 Umfang des Vermieterpfandrechts

(1) Der Vermieter hat für seine Forderungen aus dem Mietverhältnis ein Pfandrecht an den eingebrachten Sachen des Mieters. Es erstreckt sich nicht auf die Sachen, die der Pfändung nicht unterliegen.

(2) Für künftige Entschädigungsforderungen und für die Miete für eine spätere Zeit als das laufende und das folgende Mietjahr kann das Pfandrecht nicht geltend gemacht werden.

§ 562a Erlöschen des Vermieterpfandrechts

Das Pfandrecht des Vermieters erlischt mit der Entfernung der Sachen von dem Grundstück, außer wenn diese ohne Wissen oder unter Widerspruch des Vermieters erfolgt. Der Vermieter kann nicht widersprechen, wenn sie den gewöhnlichen Lebensverhältnissen entspricht oder wenn die zurückbleibenden Sachen zur Sicherung des Vermieters offenbar ausreichen.

§ 562b Selbsthilferecht, Herausgabeanspruch

(1) Der Vermieter darf die Entfernung der Sachen, die seinem Pfandrecht unterliegen, auch ohne Anrufen des Gerichts verhindern, soweit er berechtigt

③ 관리비용이 감소한 경우에는 관리비 일괄정액은 그 감소시부터 그 감소분에 상응하여 감축된다. 그 감소는 지체없이 임차인에게 통지되어야 한다.

④ 관리비의 선급이 약정된 경우에는, 각 당사자는 정산 후에 문면방식으로 하는 의사표시로써 적절한 액으로 조절할 수 있다.

⑤ 관리비의 변경에서는 경제성의 원칙이 준수되어야 한다.

⑥ 이와 다른 약정으로서 임차인에게 불리한 것은 효력이 없다.

제561조 [借賃引上 후의 賃借人의 特別解止權]

① 임대인이 제558조 내지 제559조에 의한 차임인상을 행한 경우에는, 임차인은 임대인의 의사표시의 도달 후 다음다음달이 경과할 때까지 임대차를 특별해지할 수 있고, 이 해지는 다음다음달의 경과로 효력을 발생한다. 임차인이 해지하면, 차임인상은 일어나지 아니한다.

② 이와 다른 약정으로서 임차인에게 불리한 것은 효력이 없다.

제 3 항 賃貸人의 質權

제562조 [賃貸人質權의 範圍]

① 임대차관계로부터 발생하는 채권을 위하여 임대인은 반입된 임차인의 물건에 질권을 가진다. 질권은 압류할 수 없는 물건에는 미치지 아니한다.

② 장래의 손해배상청구권과 당해 임대년賃貸年 및 다음 임대년이 지난 후의 기간에 대한 차임을 위하여는 질권을 주장할 수 없다.

제562조의a [賃貸人質權의 消滅]

임대인의 질권은 그 물건이 토지로부터 반출한 때에 소멸한다, 그러나 임대인의 부지 중에 또는 그의 이의異議 하에 반출된 때에는 그러하지 아니하다. 반출이 통상의 생활관계에 상응하는 것인 경우 또는 잔존물이 임대인의 담보로서 충분함이 명백한 경우에는, 임대인은 반출에 대하여 이의할 수 없다.

제562조의b [自力救濟權; 返還請求權]

① 임대인이 그의 질권의 대상인 물건을 반출하는 것에 대하여 이의할

ist, der Entfernung zu widersprechen. Wenn der Mieter auszieht, darf der Vermieter diese Sachen in seinen Besitz nehmen.

(2) Sind die Sachen ohne Wissen oder unter Widerspruch des Vermieters entfernt worden, so kann er die Herausgabe zum Zwecke der Zurückschaffung auf das Grundstück und, wenn der Mieter ausgezogen ist, die Überlassung des Besitzes verlangen. Das Pfandrecht erlischt mit dem Ablauf eines Monats, nachdem der Vermieter von der Entfernung der Sachen Kenntnis erlangt hat, wenn er diesen Anspruch nicht vorher gerichtlich geltend gemacht hat.

§ 562c Abwendung des Pfandrechts durch Sicherheitsleistung

Der Mieter kann die Geltendmachung des Pfandrechts des Vermieters durch Sicherheitsleistung abwenden. Er kann jede einzelne Sache dadurch von dem Pfandrecht befreien, dass er in Höhe ihres Wertes Sicherheit leistet.

§ 562d Pfändung durch Dritte

Wird eine Sache, die dem Pfandrecht des Vermieters unterliegt, für einen anderen Gläubiger gepfändet, so kann diesem gegenüber das Pfandrecht nicht wegen der Miete für eine frühere Zeit als das letzte Jahr vor der Pfändung geltend gemacht werden.

Kapitel 4   Wechsel der Vertragsparteien

§ 563 Eintrittsrecht bei Tod des Mieters

(1) Der Ehegatte oder Lebenspartner, der mit dem Mieter einen gemeinsamen Haushalt führt, tritt mit dem Tod des Mieters in das Mietverhältnis ein. Dasselbe gilt für den Lebenspartner.

(2) Leben in dem gemeinsamen Haushalt Kinder des Mieters, treten diese mit dem Tod des Mieters in das Mietverhältnis ein, wenn nicht der Ehegatte oder Lebenspartner eintritt. Andere Familienangehörige, die mit dem Mieter einen gemeinsamen Haushalt führen, treten mit dem Tod des Mieters in das Mietverhältnis ein, wenn nicht der Ehegatte oder der Lebenspartner eintritt. Dasselbe gilt für Personen, die mit dem Mieter einen auf Dauer angelegten gemeinsamen Haushalt führen.

(3) Erklären eingetretene Personen im Sinne des Absatzes 1 oder 2 innerhalb eines Monats, nachdem sie vom Tod des Mieters Kenntnis erlangt haben, dem Vermieter, dass sie das Mietverhältnis nicht fortsetzen wollen, gilt der Eintritt als nicht erfolgt. Für geschäftsunfähige oder in der Geschäftsfähigkeit be-

권리를 가지는 한, 그는 법원에의 요청 없이도 반출을 저지할 수 있다. 임차인이 퇴거한 때에는 그 물건을 자신의 점유 아래 둘 수 있다.

② 물건이 임대인의 부지 중에 또는 임대인의 이의 하에 반출된 경우에는, 임대인은 이를 토지에 다시 현출시키기 위하여 반환을 청구할 수 있고, 또한 임차인이 퇴출한 때에는 점유의 이전을 청구할 수 있다. 질권은, 임대인이 이를 미리 재판상 행사하지 아니한 경우에는, 임대인이 물건의 반출을 안 후 1월이 경과함으로써 소멸한다.

제562조의c [擔保提供에 의한 質權의 回避]

임차인은 담보를 제공함으로써 임대인의 질권의 행사를 면할 수 있다. 그는 개별 물건에 대하여 그 가액에 상당한 담보를 제공함으로써 각각을 질권으로부터 벗어나게 할 수 있다.

제562조의d [第三者의 押留]

임대인의 질권의 대상인 물건이 다른 채권자를 위하여 압류된 때에는, 그 압류 전 마지막 1년보다 앞선 기간에 대한 차임에 기하여서는 그 채권자에 대하여 질권을 주장할 수 없다.

제 4 항   契約當事者의 變更

제563조 [賃借人이 死亡한 경우의 承繼權]

① 임차인과 동일세대를 이루고 있는 배우자 또는 생활동반자는 임차인의 사망과 동시에 임대차관계를 승계한다.

② 임차인의 자녀가 동일세대 안에 살고 있는 경우에, 배우자 또는 생활동반자가 승계하지 아니하는 때에는 그들이 임차인의 사망과 동시에 임대차관계를 승계한다. 배우자 또는 생활동반자가 승계하지 아니한 때에는, 임차인과 동일세대를 이루고 있는 다른 가족구성원이 임차인의 사망과 동시에 임대차관계를 승계한다. 이는 임차인과 항구적인 것으로 의도된 동일세대를 이루고 있는 사람에 대하여도 또한 같다.

③ 제1항 또는 제2항의 의미에서의 승계인이 임차인의 사망을 안 때로부터 1개월 안에 임대인에 대하여 임대차관계를 계속하지 아니할 뜻을 표시한 때에는, 승계는 일어나지 아니한다. 행위무능력자 또는 제한행위

schränkte Personen gilt § 210 entsprechend. Sind mehrere Personen in das Mietverhältnis eingetreten, so kann jeder die Erklärung für sich abgeben.

(4) Der Vermieter kann das Mietverhältnis innerhalb eines Monats, nachdem er von dem endgültigen Eintritt in das Mietverhältnis Kenntnis erlangt hat, außerordentlich mit der gesetzlichen Frist kündigen, wenn in der Person des Eingetretenen ein wichtiger Grund vorliegt.

(5) Eine abweichende Vereinbarung zum Nachteil des Mieters oder solcher Personen, die nach Absatz 1 oder 2 eintrittsberechtigt sind, ist unwirksam.

§ 563a Fortsetzung mit überlebenden Mietern

(1) Sind mehrere Personen im Sinne des § 563 gemeinsam Mieter, so wird das Mietverhältnis beim Tod eines Mieters mit den überlebenden Mietern fortgesetzt.

(2) Die überlebenden Mieter können das Mietverhältnis innerhalb eines Monats, nachdem sie vom Tod des Mieters Kenntnis erlangt haben, außerordentlich mit der gesetzlichen Frist kündigen.

(3) Eine abweichende Vereinbarung zum Nachteil der Mieter ist unwirksam.

§ 563b Haftung bei Eintritt oder Fortsetzung

(1) Die Personen, die nach § 563 in das Mietverhältnis eingetreten sind oder mit denen es nach § 563a fortgesetzt wird, haften neben dem Erben für die bis zum Tod des Mieters entstandenen Verbindlichkeiten als Gesamtschuldner. Im Verhältnis zu diesen Personen haftet der Erbe allein, soweit nichts anderes bestimmt ist.

(2) Hat der Mieter die Miete für einen nach seinem Tod liegenden Zeitraum im Voraus entrichtet, sind die Personen, die nach § 563 in das Mietverhältnis eingetreten sind oder mit denen es nach § 563a fortgesetzt wird, verpflichtet, dem Erben dasjenige herauszugeben, was sie infolge der Vorausentrichtung der Miete ersparen oder erlangen.

(3) Der Vermieter kann, falls der verstorbene Mieter keine Sicherheit geleistet hat, von den Personen, die nach § 563 in das Mietverhältnis eingetreten sind oder mit denen es nach § 563a fortgesetzt wird, nach Maßgabe des § 551 eine Sicherheitsleistung verlangen.

§ 564 Fortsetzung des Mietverhältnisses mit dem Erben, außerordentliche Kündigung

Treten beim Tod des Mieters keine Personen im Sinne des § 563 in das

능력자에 대하여는 제210조가 준용된다. 다수인이 임대차관계를 승계한
경우에는 각자가 자신에 관하여 그 의사표시를 할 수 있다.

④ 승계인의 신상에 중대한 사유가 있는 경우에는 임대인은 임대차관계
의 종국적인 승계를 안 때로부터 1개월 안에 임대차를 법정기간을 두어
특별해지할 수 있다.

⑤ 이와 다른 약정으로서 임차인 또는 제 1 항 또는 제 2 항에 의하여 승
계의 권리를 가지는 사람에게 불리한 약정은 효력이 없다.

제563조의a [殘存賃借人과의 繼續]

① 제563조에 정하여진 다수의 사람이 공동으로 임차인인 경우에, 1인의
임차인이 사망하면, 임대차관계는 나머지 임차인과 사이에 계속된다.

② 잔존임차인은 임차인의 사망을 안 때로부터 1개월 내에 임대차를 법
정기간을 두어 특별해지할 수 있다.

③ 이와 다른 약정으로서 임차인에게 불리한 것은 효력이 없다.

제563조의b [承繼 또는 繼續에서의 責任]

① 제563조에 의하여 임대차관계를 승계하거나 제563조의a에 의하여 계
속되는 임대차관계에 남는 사람은 임차인의 사망 전에 발생한 채무에 관
하여 상속인과 함께 연대채무자로서 책임을 진다. 이들 사람에 대한 관
계에서는 달리 정하여지지 아니한 한 상속인만이 책임을 진다.

② 임차인이 그의 사망 후의 기간에 대한 차임을 미리 지급한 경우에 제
563조에 의하여 임대차관계를 승계하거나 제563조의a에 의하여 계속되
는 임대차관계에 남는 사람은 차임의 선급으로 인하여 절약하거나 취득
하는 것을 상속인에게 인도할 의무를 진다.

③ 사망한 임차인이 담보를 제공하지 아니한 때에는 임대인은 제563조
에 의하여 임대차관계를 승계하거나 제563조의a에 의하여 계속되는 임
대차관계에 남는 사람에 대하여 제551조의 정함에 따른 담보제공을 요구
할 수 있다.

제564조 [相續人과의 賃貸借關係 繼續; 特別解止]

임차인이 사망하여도 제563조에 의하여 임대차관계를 승계하는 사람이

Mietverhältnis ein oder wird es nicht mit ihnen nach § 563a fortgesetzt, so wird es mit dem Erben fortgesetzt. In diesem Fall ist sowohl der Erbe als auch der Vermieter berechtigt, das Mietverhältnis innerhalb eines Monats außerordentlich mit der gesetzlichen Frist zu kündigen, nachdem sie vom Tod des Mieters und davon Kenntnis erlangt haben, dass ein Eintritt in das Mietverhältnis oder dessen Fortsetzung nicht erfolgt sind.

§ 565 Gewerbliche Weitervermietung

(1) Soll der Mieter nach dem Mietvertrag den gemieteten Wohnraum gewerblich einem Dritten zu Wohnzwecken weitervermieten, so tritt der Vermieter bei der Beendigung des Mietverhältnisses in die Rechte und Pflichten aus dem Mietverhältnis zwischen dem Mieter und dem Dritten ein. Schließt der Vermieter erneut einen Mietvertrag zur gewerblichen Weitervermietung ab, so tritt der Mieter anstelle der bisherigen Vertragspartei in die Rechte und Pflichten aus dem Mietverhältnis mit dem Dritten ein.

(2) Die §§ 566a bis 566e gelten entsprechend.

(3) Eine zum Nachteil des Dritten abweichende Vereinbarung ist unwirksam.

§ 566 Kauf bricht nicht Miete

(1) Wird der vermietete Wohnraum nach der Überlassung an den Mieter von dem Vermieter an einen Dritten veräußert, so tritt der Erwerber anstelle des Vermieters in die sich während der Dauer seines Eigentums aus dem Mietverhältnis ergebenden Rechte und Pflichten ein.

(2) Erfüllt der Erwerber die Pflichten nicht, so haftet der Vermieter für den von dem Erwerber zu ersetzenden Schaden wie ein Bürge, der auf die Einrede der Vorausklage verzichtet hat. Erlangt der Mieter von dem Übergang des Eigentums durch Mitteilung des Vermieters Kenntnis, so wird der Vermieter von der Haftung befreit, wenn nicht der Mieter das Mietverhältnis zum ersten Termin kündigt, zu dem die Kündigung zulässig ist.

§ 566a Mietsicherheit

Hat der Mieter des veräußerten Wohnraums dem Vermieter für die Erfüllung seiner Pflichten Sicherheit geleistet, so tritt der Erwerber in die dadurch begründeten Rechte und Pflichten ein. Kann bei Beendigung des Mietverhältnisses der Mieter die Sicherheit von dem Erwerber nicht erlangen, so ist der Vermieter weiterhin zur Rückgewähr verpflichtet.

없거나 제563조의a에 의하여 계속되는 임대차관계에 남는 사람이 없는 경우에는 임대차관계는 상속인에 의하여 계속된다. 이 경우에 상속인 및 임대인은 각기, 임차인이 사망하였음과 임대차관계의 승계 또는 계속이 일어나지 아니함을 안 때로부터 1개월 내에 임대차를 법정기간을 두어 특별해지할 권리를 가진다.

제565조 [營業的 轉貸借]

① 임차인이 임차거주공간을 임대차계약에 따라 영업적으로 제3자에게 주거목적으로 전대한 경우에는, 임대인은 임대차계약의 종료에 있어서 임차인과 제3자 사이의 임대차관계로부터 발생하는 권리의무를 승계한다. 임대인이 영업적 전대차의 목적으로 새로 임대차계약을 체결한 때에는, 그 임차인은 종전의 계약당사자에 갈음하여 제3자와의 사용임대차계약상의 권리의무를 승계한다.

② 제566조의a 내지 제566조의e는 이에 준용된다.

③ 이와 다른 약정으로서 임차인에게 불리한 것은 효력이 없다.

제566조 [讓渡는 賃貸借를 깨뜨리지 아니한다]

① 임대인이 임대한 주거공간을 임차인에게 인도한 후 이를 제3자에게 양도한 때에는, 양수인은 그가 소유권을 가지는 기간에 대하여 임대차관계로부터 발생하는 권리의무를 임대인에 갈음하여 승계한다.

② 양수인이 그 의무를 이행하지 아니하면, 임대인은 양수인이 배상하여야 할 손해에 대하여, 선소先訴의 항변권을 포기한 보증인과 같은 책임을 진다. 임차인이 임대인의 통지에 의하여 소유권의 이전을 안 경우에, 임차인이 해지를 할 수 있는 최초의 기한에 해지를 하지 아니한 때에는, 임대인은 그 책임을 면한다.

제566조의a [賃借人의 擔保提供]

양도된 주거공간의 임차인이 임대인에게 그 의무의 이행에 관하여 담보를 제공하였던 때에는, 양수인은 이에 의하여 발생한 권리와 의무를 승계한다. 임대차관계의 종료시에 임차인이 양수인으로부터 담보를 반환받을 수 없는 경우에는 임대인도 이를 반환할 의무를 진다.

§ 566b Vorausverfügung über die Miete

(1) Hat der Vermieter vor dem Übergang des Eigentums über die Miete verfügt, die auf die Zeit der Berechtigung des Erwerbers entfällt, so ist die Verfügung wirksam, soweit sie sich auf die Miete für den zur Zeit des Eigentumsübergangs laufenden Kalendermonat bezieht. Geht das Eigentum nach dem 15. Tag des Monats über, so ist die Verfügung auch wirksam, soweit sie sich auf die Miete für den folgenden Kalendermonat bezieht.

(2) Eine Verfügung über die Miete für eine spätere Zeit muss der Erwerber gegen sich gelten lassen, wenn er sie zur Zeit des Übergangs des Eigentums kennt.

§ 566c Vereinbarung zwischen Mieter und Vermieter über die Miete

Ein Rechtsgeschäft, das zwischen dem Mieter und dem Vermieter über die Mietforderung vorgenommen wird, insbesondere die Entrichtung der Miete, ist dem Erwerber gegenüber wirksam, soweit es sich nicht auf die Miete für eine spätere Zeit als den Kalendermonat bezieht, in welchem der Mieter von dem Übergang des Eigentums Kenntnis erlangt. Erlangt der Mieter die Kenntnis nach dem 15. Tag des Monats, so ist das Rechtsgeschäft auch wirksam, soweit es sich auf die Miete für den folgenden Kalendermonat bezieht. Ein Rechtsgeschäft, das nach dem Übergang des Eigentums vorgenommen wird, ist jedoch unwirksam, wenn der Mieter bei der Vornahme des Rechtsgeschäfts von dem Übergang des Eigentums Kenntnis hat.

§ 566d Aufrechnung durch den Mieter

Soweit die Entrichtung der Miete an den Vermieter nach § 566c dem Erwerber gegenüber wirksam ist, kann der Mieter gegen die Mietforderung des Erwerbers eine ihm gegen den Vermieter zustehende Forderung aufrechnen. Die Aufrechnung ist ausgeschlossen, wenn der Mieter die Gegenforderung erworben hat, nachdem er von dem Übergang des Eigentums Kenntnis erlangt hat, oder wenn die Gegenforderung erst nach der Erlangung der Kenntnis und später als die Miete fällig geworden ist.

§ 566e Mitteilung des Eigentumsübergangs durch den Vermieter

(1) Teilt der Vermieter dem Mieter mit, dass er das Eigentum an dem vermieteten Wohnraum auf einen Dritten übertragen hat, so muss er in Ansehung der Mietforderung dem Mieter gegenüber die mitgeteilte Übertragung gegen sich gelten lassen, auch wenn sie nicht erfolgt oder nicht wirksam ist.

(2) Die Mitteilung kann nur mit Zustimmung desjenigen zurückgenommen werden, der als der neue Eigentümer bezeichnet worden ist.

제566조의b [借賃에 관한 事前處分]

① 임대인이 양수인이 권리를 가지는 기간에 대한 차임에 관하여 소유권의 이전 전에 처분을 한 때에는, 그 처분은 소유권 이전의 당해 역월曆月에 대한 차임에 한하여 효력이 있다. 소유권이 어느 달의 16일 이후에 이전한 경우에는 그 처분은 다음 역월에 대한 차임에 대하여도 효력이 있다.

② 양수인이 소유권 취득시 그 후의 기간에 대한 차임의 처분을 안 때에는, 그는 그 처분을 자신에게 효력 있는 것으로 하여야 한다.

제566조의c [借賃에 관한 賃借人과 賃貸人의 約定]

차임채권, 특히 차임의 지급에 관하여 임차인과 임대인이 행한 법률행위는, 임차인이 소유권 이전을 알게 된 역월 다음의 기간에 대한 차임에 관한 것이 아닌 한, 양수인에 대하여 효력이 있다. 임차인이 어느 달의 16일 이후에 이를 알게 된 때에는 그 법률행위는 다음 역월에 대한 차임에 관하여도 효력이 있다. 그러나 소유권 이전 후에 행하여진 법률행위는 임차인이 법률행위시에 소유권의 이전을 안 때에는 효력이 없다.

제566조의d [賃借人에 의한 相計]

임대인에 대한 차임의 지급이 제566조의c에 의하여 양수인에 대하여 유효한 한, 임차인은 임대인에 대하여 가지는 채권으로써 양수인의 차임채권에 대하여 상계할 수 있다. 임차인이 소유권의 이전을 안 후에 비로소 반대채권을 취득한 경우 또는 반대채권의 이행기가 그와 같이 소유권의 이전을 안 후에 또 차임채권보다 늦게 도달한 경우에는 상계할 수 없다.

제566조의e [賃貸人에 의한 所有權移轉通知]

① 임대인이 임대주거공간의 소유권을 제 3 자에게 양도하였음을 임차인에게 통지한 경우에는, 그 양도가 행하여지지 아니하거나 효력이 없는 때에도, 임대인은 차임채권에 관하여 임차인에 대하여는 그 통지된 양도가 자신에게 효력 있는 것으로 하여야 한다.

② 그 통지는 새로운 소유자로 표시된 사람의 동의가 있는 경우에 한하여 철회할 수 있다.

§ 567 Belastung des Wohnraums durch den Vermieter

Wird der vermietete Wohnraum nach der Überlassung an den Mieter von dem Vermieter mit dem Recht eines Dritten belastet, so sind die §§ 566 bis 566e entsprechend anzuwenden, wenn durch die Ausübung des Rechts dem Mieter der vertragsgemäße Gebrauch entzogen wird. Wird der Mieter durch die Ausübung des Rechts in dem vertragsgemäßen Gebrauch beschränkt, so ist der Dritte dem Mieter gegenüber verpflichtet, die Ausübung zu unterlassen, soweit sie den vertragsgemäßen Gebrauch beeinträchtigen würde.

§ 567a Veräußerung oder Belastung vor der Überlassung des Wohnraums

Hat vor der Überlassung des vermieteten Wohnraums an den Mieter der Vermieter den Wohnraum an einen Dritten veräußert oder mit einem Recht belastet, durch dessen Ausübung der vertragsgemäße Gebrauch dem Mieter entzogen oder beschränkt wird, so gilt das Gleiche wie in den Fällen des § 566 Abs. 1 und des § 567, wenn der Erwerber dem Vermieter gegenüber die Erfüllung der sich aus dem Mietverhältnis ergebenden Pflichten übernommen hat.

§ 567b Weiterveräußerung oder Belastung durch Erwerber

Wird der vermietete Wohnraum von dem Erwerber weiterveräußert oder belastet, so sind § 566 Abs. 1 und die §§ 566a bis 567a entsprechend anzuwenden. Erfüllt der neue Erwerber die sich aus dem Mietverhältnis ergebenden Pflichten nicht, so haftet der Vermieter dem Mieter nach § 566 Abs. 2.

Kapitel 5 Beendigung des Mietverhältnisses

Unterkapitel 1 Allgemeine Vorschriften

§ 568 Form und Inhalt der Kündigung

(1) Die Kündigung des Mietverhältnisses bedarf der schriftlichen Form.

(2) Der Vermieter soll den Mieter auf die Möglichkeit, die Form und die Frist des Widerspruchs nach den §§ 574 bis 574b rechtzeitig hinweisen.

§ 569 Außerordentliche fristlose Kündigung aus wichtigem Grund

(1) Ein wichtiger Grund im Sinne des § 543 Abs. 1 liegt für den Mieter auch vor, wenn der gemietete Wohnraum so beschaffen ist, dass seine Benut-

제567조 [賃貸人에 의한 住居空間에의 負擔設定]

임대인이 임대주거공간을 임차인에게 인도한 후에 그에 제 3 자의 권리
를 설정한 경우에 그 권리의 행사로 인하여 임차인이 계약에 좇은 사용
을 하지 못하게 되는 때에는 제566조 내지 제566조의e가 준용된다. 그 권
리의 행사로 임차인의 계약에 좇은 사용이 제한되는 때에는, 제 3 자는
그의 권리행사가 임차인의 계약에 좇은 사용을 해하게 되는 한에서 임차
인에 대하여 그 행사를 하지 아니할 의무를 진다.

제567조의a [住居空間의 引渡 前의 讓渡 또는 負擔設定]

임대인이 임대주거공간을 임차인에게 인도하기 전에 제 3 자에게 양도
한 경우 또는 그 행사로 임차인의 계약에 좇은 사용을 못하게 하거나 제
한할 수 있는 권리를 이에 설정한 경우에, 새로운 권리자가 임대인에 대
하여 임대차관계로부터 발생하는 의무의 이행을 인수한 때에는, 제566조
제 1 항 및 제567조의 경우에서와 같이 규율된다.

제567조의b [讓受人의 再讓渡 또는 負擔設定]

양수인이 임대주거공간을 다시 양도하거나 또는 이에 부담설정한 경우
에는 제566조 제 1 항 및 제566조의a 내지 제567조의a가 준용된다. 새로운
권리자가 임대차관계로부터 발생하는 의무를 이행하지 아니하는 때에는
임대인은 임차인에 대하여 제566조 제 2 항에 따라 책임을 진다.

제 5 항 使用賃貸借關係의 終了

제 1 목 一般規定

제568조 [解止의 方式과 內容]

① 임대차관계의 해지에는 서면방식을 요한다.
② 임대인은 임차인에게 제574조 내지 제574조의b에 따라 이의할 수 있
다는 것과 이의의 방식 및 기간을 적시에 지적하여야 한다.

제569조 [重大한 事由로 인한 特別卽時解止]

① 임차인에 있어서 제543조 제 1 항의 의미에서의 중대한 사유는 임차
한 거주공간이 이를 이용함으로써 건강에 현저한 위험이 초래되는 성상

zung mit einer erheblichen Gefährdung der Gesundheit verbunden ist. Dies gilt auch, wenn der Mieter die Gefahr bringende Beschaffenheit bei Vertrags- schluss gekannt oder darauf verzichtet hat, die ihm wegen dieser Beschaffen- heit zustehenden Rechte geltend zu machen.

(2) Ein wichtiger Grund im Sinne des § 543 Abs. 1 liegt ferner vor, wenn eine Vertragspartei den Hausfrieden nachhaltig stört, so dass dem Kündigenden unter Berücksichtigung aller Umstände des Einzelfalls, insbesondere eines Ver- schuldens der Vertragsparteien, und unter Abwägung der beiderseitigen Inter- essen die Fortsetzung des Mietverhältnisses bis zum Ablauf der Kündigungs- frist oder bis zur sonstigen Beendigung des Mietverhältnisses nicht zugemutet werden kann.

(2a) Ein wichtiger Grund im Sinne des § 543 Absatz 1 liegt ferner vor, wenn der Mieter mit einer Sicherheitsleistung nach § 551 in Höhe eines Betrages im Verzug ist, der der zweifachen Monatsmiete entspricht. Die als Pauschale oder als Vorauszahlung ausgewiesenen Betriebskosten sind bei der Berechnung der Monatsmiete nach Satz 1 nicht zu berücksichtigen. Einer Abhilfefrist oder einer Abmahnung nach § 543 Absatz 3 Satz 1 bedarf es nicht. Absatz 3 Nummer 2 Satz 1 sowie § 543 Absatz 2 Satz 2 sind entsprechend anzuwenden.

(3) Ergänzend zu § 543 Abs. 2 Satz 1 Nr. 3 gilt:

1. Im Falle des § 543 Abs. 2 Satz 1 Nr. 3 Buchstabe a ist der rückständige Teil der Miete nur dann als nicht unerheblich anzusehen, wenn er die Miete für einen Monat übersteigt. Dies gilt nicht, wenn der Wohnraum nur zum vorübergehenden Gebrauch vermietet ist.
2. Die Kündigung wird auch dann unwirksam, wenn der Vermieter spätestens bis zum Ablauf von zwei Monaten nach Eintritt der Rechtshängigkeit des Räumungsanspruchs hinsichtlich der fälligen Miete und der fälligen Entschä- digung nach § 546a Abs. 1 befriedigt wird oder sich eine öffentliche Stelle zur Befriedigung verpflichtet. Dies gilt nicht, wenn der Kündigung vor nicht länger als zwei Jahren bereits eine nach Satz 1 unwirksam gewordene Kündigung vorausgegangen ist.
3. Ist der Mieter rechtskräftig zur Zahlung einer erhöhten Miete nach den §§ 558 bis 560 verurteilt worden, so kann der Vermieter das Mietverhältnis wegen Zahlungsverzugs des Mieters nicht vor Ablauf von zwei Monaten nach rechtskräftiger Verurteilung kündigen, wenn nicht die Voraussetzungen der außerordentlichen fristlosen Kündigung schon wegen der bisher geschul- deten Miete erfüllt sind.

을 가지는 경우에도 인정된다. 이는 임차인이 계약체결 당시 위험을 발생시키는 성질을 알았거나 또는 그가 그 성상을 이유로 가지게 되는 권리의 주장을 포기한 때에도 마찬가지이다.

② 또한 제543조 제 1 항의 의미에서의 중대한 사유는, 당사자 일방이 거주공간의 평온을 지속적으로 방해하여, 개별 사안의 모든 사정, 특히 당사자들의 과책을 고려하고 쌍방 당사자의 이익을 형량할 때 임대차관계를 해지기간의 경과시까지 또는 기타의 임대차관계의 종료시까지 유지하는 것이 해지자에게 기대될 수 없는 경우에도 인정된다.

②의a　또한 제543조 제 1 항의 의미에서의 중대한 사유는 임차인이 제551조에 따른 담보제공을 월 차임액의 2배만큼 지체한 경우에도 인정된다. 일괄정액으로 또는 선급으로 정하여진 관리비는 제 1 문상의 월 차임액의 산정에서 고려되지 아니한다. 제543조 제 3 항 제 1 문에 따른 시정기간 또는 계고기간은 요구되지 아니한다. 아래 제 3 항 제 2 호 제 1 문 및 제543조 제 2 항 제 2 문은 이에 준용된다.

③ 제543조 제 2 항 제 1 문 제 3 호를 보충하여 다음의 규정이 적용된다;

1. 제543조 제 2 항 제 1 문 제 3 호 a목의 경우에 지체된 차임부분이 1개월분의 차임액을 초과하는 때에만 상당한 것으로 본다. 주거공간이 일시적 사용만을 위하여 임대된 경우에는 그러하지 아니하다.

2. 명도청구권에 기한 소송계속의 발생 후 2개월이 경과하기 이전에 임대인이 변제기가 도래한 차임 및 변제기가 도래한 제546조의a 제 1 항에 의한 손해배상에 관하여 만족을 얻거나 공기관이 그 만족을 시킬 의무를 지는 경우에도 해지는 효력이 없게 된다. 해지 전 2년 이내에, 제 1 문에 의하여 효력이 없게 되는 해지가 이미 행하여졌던 경우에는, 그러하지 아니하다.

3. 임차인이 제558조 내지 제560조에 의하여 인상된 차임의 지급을 명하는 기판력 있는 판결을 받은 경우에 이미 종전의 차임지급의무에 기하여 특별즉시해지의 요건이 충족되지 아니한 때에는 임대인은 기판력 있는 판결 후 2개월이 경과하기 전에는 임차인의 지급지체를 이유로 하여 임대차를 해지할 수 없다.

(4) Der zur Kündigung führende wichtige Grund ist in dem Kündigungs-schreiben anzugeben.

(5) Eine Vereinbarung, die zum Nachteil des Mieters von den Absätzen 1 bis 3 dieser Vorschrift oder von § 543 abweicht, ist unwirksam. Ferner ist eine Vereinbarung unwirksam, nach der der Vermieter berechtigt sein soll, aus anderen als den im Gesetz zugelassenen Gründen außerordentlich fristlos zu kündigen.

§ 570 **Ausschluss des Zurückbehaltungsrechts**
Dem Mieter steht kein Zurückbehaltungsrecht gegen den Rückgabeanspruch des Vermieters zu.

§ 571 **Weiterer Schadensersatz bei verspäteter Rückgabe von Wohnraum**
(1) Gibt der Mieter den gemieteten Wohnraum nach Beendigung des Miet-verhältnisses nicht zurück, so kann der Vermieter einen weiteren Schaden im Sinne des § 546a Abs. 2 nur geltend machen, wenn die Rückgabe infolge von Umständen unterblieben ist, die der Mieter zu vertreten hat. Der Schaden ist nur insoweit zu ersetzen, als die Billigkeit eine Schadloshaltung erfordert. Dies gilt nicht, wenn der Mieter gekündigt hat.

(2) Wird dem Mieter nach § 721 oder § 794a der Zivilprozessordnung eine Räumungsfrist gewährt, so ist er für die Zeit von der Beendigung des Miet-verhältnisses bis zum Ablauf der Räumungsfrist zum Ersatz eines weiteren Schadens nicht verpflichtet.

(3) Eine zum Nachteil des Mieters abweichende Vereinbarung ist unwirksam.

§ 572 **Vereinbartes Rücktrittsrecht; Mietverhältnis unter auflösender Bedingung**
(1) Auf eine Vereinbarung, nach der der Vermieter berechtigt sein soll, nach Überlassung des Wohnraums an den Mieter vom Vertrag zurückzutreten, kann der Vermieter sich nicht berufen.

(2) Ferner kann der Vermieter sich nicht auf eine Vereinbarung berufen, nach der das Mietverhältnis zum Nachteil des Mieters auflösend bedingt ist.

Unterkapitel 2   Mietverhältnisse auf unbestimmte Zeit

§ 573 **Ordentliche Kündigung des Vermieters**
(1) Der Vermieter kann nur kündigen, wenn er ein berechtigtes Interesse an der Beendigung des Mietverhältnisses hat. Die Kündigung zum Zwecke der Mieterhöhung ist ausgeschlossen.

④ 해지의 원인이 되는 중대한 사유는 해지서면에 기재되어야 한다.

⑤ 본조 제1항 내지 제3항 또는 제543조와 다른 약정으로서 임차인에게 불리한 것은 효력이 없다. 또한 임대인에게 법률상 인정된 것 이외의 사유에 기하여 특별즉시해지를 할 수 있는 권리를 부여하는 약정은 효력이 없다.

제570조 [留置權의 排除]

임차인은 임대인의 반환청구권을 거절하는 유치권을 가지지 못한다.

제571조 [住居空間 返還의 遲滯로 인한 其他의 損害賠償]

① 임차인이 임대차관계의 종료 후에 임차주거공간을 반환하지 아니하는 경우에, 그것이 임차인에 책임 있는 사유로 인한 것인 때에 한하여, 임대인은 제546조의a 제2항의 의미에서의 그 외의 손해를 주장할 수 있다. 손해는 형평상 손해전보가 요구되는 범위에서만 배상되어야 한다. 임차인이 해지한 경우에는 그러하지 아니하다.

② 민사소송법 제721조 또는 제794조의a에 의하여 임차인에게 명도기간이 부여된 때에는, 임차인은 임대차관계의 종료시부터 명도기간의 경과까지의 기간에 대하여 그 외의 손해를 배상할 의무를 지지 아니한다.

③ 이와 다른 약정으로서 임차인에게 불리한 것은 효력이 없다.

제572조 [約定解除權; 解除條件附 賃貸借]

① 임대인은 그에게 주거공간이 임차인에게 인도된 후에 계약을 해제할 권리를 부여하는 약정을 원용할 수 없다.

② 또한 임대인은 임대차를 임차인에게 불리하게 해제조건부로 하는 약정을 원용할 수 없다.

제 2 목 期間의 정함이 없는 使用賃貸借關係

제573조 [賃貸人의 通常解止]

① 임대인은 임대차관계의 종료에 정당한 이익을 가지는 때에만 해지를 할 수 있다. 차임을 인상하기 위한 해지는 배제된다.

(2) Ein berechtigtes Interesse des Vermieters an der Beendigung des Mietverhältnisses liegt insbesondere vor, wenn

1. der Mieter seine vertraglichen Pflichten schuldhaft nicht unerheblich verletzt hat,
2. der Vermieter die Räume als Wohnung für sich, seine Familienangehörigen oder Angehörige seines Haushalts benötigt oder
3. der Vermieter durch die Fortsetzung des Mietverhältnisses an einer angemessenen wirtschaftlichen Verwertung des Grundstücks gehindert und dadurch erhebliche Nachteile erleiden würde; die Möglichkeit, durch eine anderweitige Vermietung als Wohnraum eine höhere Miete zu erzielen, bleibt außer Betracht; der Vermieter kann sich auch nicht darauf berufen, dass er die Mieträume im Zusammenhang mit einer beabsichtigten oder nach Überlassung an den Mieter erfolgten Begründung von Wohnungseigentum veräußern will.

(3) Die Gründe für ein berechtigtes Interesse des Vermieters sind in dem Kündigungsschreiben anzugeben. Andere Gründe werden nur berücksichtigt, soweit sie nachträglich entstanden sind.

(4) Eine zum Nachteil des Mieters abweichende Vereinbarung ist unwirksam.

§ 573a　Erleichterte Kündigung des Vermieters

(1) Ein Mietverhältnis über eine Wohnung in einem vom Vermieter selbst bewohnten Gebäude mit nicht mehr als zwei Wohnungen kann der Vermieter auch kündigen, ohne dass es eines berechtigten Interesses im Sinne des § 573 bedarf. Die Kündigungsfrist verlängert sich in diesem Fall um drei Monate.

(2) Absatz 1 gilt entsprechend für Wohnraum innerhalb der vom Vermieter selbst bewohnten Wohnung, sofern der Wohnraum nicht nach § 549 Abs. 2 Nr. 2 vom Mieterschutz ausgenommen ist.

(3) In dem Kündigungsschreiben ist anzugeben, dass die Kündigung auf die Voraussetzungen des Absatzes 1 oder 2 gestützt wird.

(4) Eine zum Nachteil des Mieters abweichende Vereinbarung ist unwirksam.

§ 573b　Teilkündigung des Vermieters

(1) Der Vermieter kann nicht zum Wohnen bestimmte Nebenräume oder

② 임대차관계의 종료에 대한 임대인의 정당한 이익은 특히 다음 각 호의 경우에 인정된다,

1. 임차인이 유책하게 계약상 의무를 상당한 정도로 위반하였을 때,
2. 임대인이 그 공간을 자신, 그의 가족구성원 또는 그의 세대에 속하는 사람의 주거로 필요로 하는 때, 또는
3. 임대인이 임대차관계의 연장으로 토지를 적절하게 경제적으로 이용하는 데 장애를 받고, 그로 인하여 현저한 불이익을 입을 것인 때; 주거공간 이외의 것으로 임대하면 더 많은 차임을 받을 수 있는 가능성은 고려되지 아니한다; 또한 임대인은, 계획하고 있는 주거소유권의 설정 또는 임차인에게 인도된 뒤에 행하여진 주거소유권의 설정과 관련하여 임대공간을 양도하고자 한다는 사정을 원용할 수 없다.

③ 임대인의 정당한 이익의 근거사유는 해지서면에 기재되어야 한다. 그에 기재되지 아니한 사유는 그것이 사후에 발생한 경우에만 고려된다.

④ 이와 다른 약정으로 임차인에게 불리한 것은 효력이 없다.

제573조의a [賃貸人의 解止要件의 緩和]

① 임대인이 둘 이하의 주거로 되어 있는 건물에 스스로 거주하면서 그중 하나의 주거를 임대한 경우에, 임대인은 제573조의 의미에서의 정당한 이익이 없는 때에도 그 임대차를 해지할 수 있다. 이 경우에 해지기간은 3개월 연장된다.

② 제1항은 임대인이 스스로 거주하는 주거 안에 있는 주거공간이 임대된 경우에 그 거주공간이 제549조 제2항 제2호에 의하여 임차인보호로부터 제외되지 아니하는 한 준용된다.

③ 해지서면에는 해지가 제1항 또는 제2항의 요건에 기하여 행하여짐을 기재하여야 한다.

④ 이와 다른 약정으로 임차인에게 불리한 것은 효력이 없다.

제573조의b [賃貸人의 一部解止]

① 해지가 주거용이 아닌 부속공간 또는 토지부분에 한정되고 임대인이

Teile eines Grundstücks ohne ein berechtigtes Interesse im Sinne des § 573 kündigen, wenn er die Kündigung auf diese Räume oder Grundstücksteile beschränkt und sie dazu verwenden will,

1. Wohnraum zum Zwecke der Vermietung zu schaffen oder

2. den neu zu schaffenden und den vorhandenen Wohnraum mit Nebenräumen oder Grundstücksteilen auszustatten.

(2) Die Kündigung ist spätestens am dritten Werktag eines Kalendermonats zum Ablauf des übernächsten Monats zulässig.

(3) Verzögert sich der Beginn der Bauarbeiten, so kann der Mieter eine Verlängerung des Mietverhältnisses um einen entsprechenden Zeitraum verlangen.

(4) Der Mieter kann eine angemessene Senkung der Miete verlangen.

(5) Eine zum Nachteil des Mieters abweichende Vereinbarung ist unwirksam.

§ 573c Fristen der ordentlichen Kündigung

(1) Die Kündigung ist spätestens am dritten Werktag eines Kalendermonats zum Ablauf des übernächsten Monats zulässig. Die Kündigungsfrist für den Vermieter verlängert sich nach fünf und acht Jahren seit der Überlassung des Wohnraums um jeweils drei Monate.

(2) Bei Wohnraum, der nur zum vorübergehenden Gebrauch vermietet worden ist, kann eine kürzere Kündigungsfrist vereinbart werden.

(3) Bei Wohnraum nach § 549 Abs. 2 Nr. 2 ist die Kündigung spätestens am 15. eines Monats zum Ablauf dieses Monats zulässig.

(4) Eine zum Nachteil des Mieters von Absatz 1 oder 3 abweichende Vereinbarung ist unwirksam.

§ 573d Außerordentliche Kündigung mit gesetzlicher Frist

(1) Kann ein Mietverhältnis außerordentlich mit der gesetzlichen Frist gekündigt werden, so gelten mit Ausnahme der Kündigung gegenüber Erben des Mieters nach § 564 die §§ 573 und 573a entsprechend.

(2) Die Kündigung ist spätestens am dritten Werktag eines Kalendermonats zum Ablauf des übernächsten Monats zulässig, bei Wohnraum nach § 549 Abs. 2 Nr. 2 spätestens am 15. eines Monats zum Ablauf dieses Monats (gesetzliche

이를 다음 각 호의 목적으로 사용하려고 하는 경우에는, 임대인은 제573
조의 의미에서의 정당한 이익이 없어도 그 공간 또는 토지부분에 대하여
해지를 할 수 있다,

1. 임대의 목적으로 주거공간을 조성하려는 것, 또는
2. 새로 만들어지는 주거공간 및 현존하는 주거공간에 부속공간 및 토
   지부분을 덧붙이려는 것.

② 해지가 역월의 제 3 노동일까지 행하여지면 이는 그 다음다음달의 말
일로 효력을 발생한다.

③ 건축공사의 개시가 지연되는 때에는, 임차인은 상응하는 기간 동안
임대차관계의 연장을 청구할 수 있다.

④ 임차인은 차임의 적절한 감액을 청구할 수 있다.

⑤ 이와 다른 약정으로서 임차인에게 불리한 것은 효력이 없다.

제573조의c [通常解止期間]

① 해지가 역월曆月의 제 3 노동일까지 행하여지면 이는 그 다음다음달
의 말일로 효력을 발생한다. 임대인이 하는 해지의 해지기간은 주거공간
의 인도 후 5년 및 8년이 경과함으로써 각각 3개월씩 연장된다.

② 일시적 사용만을 위하여 임대된 주거공간에 있어서는 보다 단기의
해지기간이 약정될 수 있다.

③ 제549조 제 2 항 제 2 호에서 정한 주거공간에 있어서 해지가 어느 달
의 15일까지 행하여지면 이는 그 달의 만료로써 효력을 발생한다.

④ 제 1 항 또는 제 3 항과 다른 약정으로서 임차인에게 불리한 것은 효력
이 없다.

제573조의d [法定期間을 두고 하는 特別解止]

① 임대차관계를 법정기간을 두고 특별해지할 수 있는 경우에 대하여는
제564조에 따라 임차인의 상속인에 대하여 하는 해지를 제외하고는 제
573조 및 제573조의a가 준용된다.

② 해지가 역월의 제 3 노동일까지 행하여지면 이는 다음다음달의 말일
로 효력을 발생하고, 제549조 제 2 항 제 2 호에서 정한 주거공간에 있어
서는 해지가 달의 15일까지 행하여지면 이는 그 달의 만료로써 효력을

Frist). § 573a Abs. 1 Satz 2 findet keine Anwendung.

(3) Eine zum Nachteil des Mieters abweichende Vereinbarung ist unwirksam.

§ 574　Widerspruch des Mieters gegen die Kündigung

(1) Der Mieter kann der Kündigung des Vermieters widersprechen und von ihm die Fortsetzung des Mietverhältnisses verlangen, wenn die Beendigung des Mietverhältnisses für den Mieter, seine Familie oder einen anderen Angehörigen seines Haushalts eine Härte bedeuten würde, die auch unter Würdigung der berechtigten Interessen des Vermieters nicht zu rechtfertigen ist. Dies gilt nicht, wenn ein Grund vorliegt, der den Vermieter zur außerordentlichen fristlosen Kündigung berechtigt.

(2) Eine Härte liegt auch vor, wenn angemessener Ersatzwohnraum zu zumutbaren Bedingungen nicht beschafft werden kann.

(3) Bei der Würdigung der berechtigten Interessen des Vermieters werden nur die in dem Kündigungsschreiben nach § 573 Abs. 3 angegebenen Gründe berücksichtigt, außer wenn die Gründe nachträglich entstanden sind.

(4) Eine zum Nachteil des Mieters abweichende Vereinbarung ist unwirksam.

§ 574a　Fortsetzung des Mietverhältnisses nach Widerspruch

(1) Im Falle des § 574 kann der Mieter verlangen, dass das Mietverhältnis so lange fortgesetzt wird, wie dies unter Berücksichtigung aller Umstände angemessen ist. Ist dem Vermieter nicht zuzumuten, das Mietverhältnis zu den bisherigen Vertragsbedingungen fortzusetzen, so kann der Mieter nur verlangen, dass es unter einer angemessenen Änderung der Bedingungen fortgesetzt wird.

(2) Kommt keine Einigung zustande, so werden die Fortsetzung des Mietverhältnisses, deren Dauer sowie die Bedingungen, zu denen es fortgesetzt wird, durch Urteil bestimmt. Ist ungewiss, wann voraussichtlich die Umstände wegfallen, auf Grund deren die Beendigung des Mietverhältnisses eine Härte bedeutet, so kann bestimmt werden, dass das Mietverhältnis auf unbestimmte Zeit fortgesetzt wird.

(3) Eine zum Nachteil des Mieters abweichende Vereinbarung ist unwirksam.

§ 574b　Form und Frist des Widerspruchs

(1) Der Widerspruch des Mieters gegen die Kündigung ist schriftlich zu erklären. Auf Verlangen des Vermieters soll der Mieter über die Gründe des

발생한다("법정기간"). 제573조의a 제 1 항 제 2 문은 적용되지 아니한다.

③ 이와 다른 약정으로 임차인에게 불리한 것은 효력이 없다.

제574조 [解止에 대한 賃借人의 異議]

① 임대차관계의 종료가 임차인, 그의 가족 또는 그의 세대의 다른 구성원에게 가혹한 것으로서 임대인의 정당한 이익을 형량하더라도 정당화되지 아니할 경우에는, 임차인은 해지에 대하여 이의하고 임대인에게 임대차관계의 계속을 청구할 수 있다. 임대인이 특별즉시해지를 할 수 있게 하는 사유가 존재하는 경우에는 그러하지 아니하다.

② 적절한 대체주거공간이 기대가능한 조건으로 마련될 수 없을 때에도 가혹함이 인정된다.

③ 임대인의 정당한 이익을 형량함에 있어서는, 그 사유가 사후적으로 발생한 것이 아닌 한, 제573조 제 3 항에서 정하는 해지서면에서 지적된 사유만을 고려하여야 한다.

④ 이와 다른 약정으로 임차인에게 불리한 것은 효력이 없다.

제574조의a [異議 後 賃貸借關係의 繼續]

① 제574조의 경우에 임차인은 모든 사정을 고려할 때 적절하다고 인정되는 기간 동안 임대차관계를 계속할 것을 청구할 수 있다. 종전과 같은 조건으로 임대차관계를 계속하는 것이 임대인에 있어서 기대될 수 없는 때에는, 임차인은 계약조건의 적절한 변경 하에 임대차관계를 계속할 것만을 청구할 수 있다.

② 합의가 성립하지 아니하는 때에는 임대차관계의 연장 여부, 그 기간 및 계속되는 임대차관계의 조건은 판결로써 정한다. 임대차관계의 종료를 임차인 또는 그의 가족에 대하여 가혹한 것으로 만드는 사유가 언제 소멸될 것인지가 확실하지 아니한 때에는, 임대차관계를 기간의 정함이 없이 계속하는 것으로 정할 수 있다.

③ 이와 다른 약정으로 임차인에게 불리한 것은 효력이 없다.

제574조의b [異議의 方式과 期間]

① 임차인의 해지에 대한 이의는 서면으로 표시되어야 한다. 임대인의

Widerspruchs unverzüglich Auskunft erteilen.

(2) Der Vermieter kann die Fortsetzung des Mietverhältnisses ablehnen, wenn der Mieter ihm den Widerspruch nicht spätestens zwei Monate vor der Beendigung des Mietverhältnisses erklärt hat. Hat der Vermieter nicht recht-zeitig vor Ablauf der Widerspruchsfrist auf die Möglichkeit des Widerspruchs sowie auf dessen Form und Frist hingewiesen, so kann der Mieter den Wider-spruch noch im ersten Termin des Räumungsrechtsstreits erklären.

(3) Eine zum Nachteil des Mieters abweichende Vereinbarung ist unwirksam.

§ 574c Weitere Fortsetzung des Mietverhältnisses bei unvorhergesehenen Umständen

(1) Ist auf Grund der §§ 574 bis 574b durch Einigung oder Urteil bestimmt worden, dass das Mietverhältnis auf bestimmte Zeit fortgesetzt wird, so kann der Mieter dessen weitere Fortsetzung nur verlangen, wenn dies durch eine wesentliche Änderung der Umstände gerechtfertigt ist oder wenn Umstände nicht eingetreten sind, deren vorgesehener Eintritt für die Zeitdauer der Fort-setzung bestimmend gewesen war.

(2) Kündigt der Vermieter ein Mietverhältnis, dessen Fortsetzung auf un-bestimmte Zeit durch Urteil bestimmt worden ist, so kann der Mieter der Kün-digung widersprechen und vom Vermieter verlangen, das Mietverhältnis auf unbestimmte Zeit fortzusetzen. Haben sich die Umstände verändert, die für die Fortsetzung bestimmend gewesen waren, so kann der Mieter eine Fortsetzung des Mietverhältnisses nur nach § 574 verlangen; unerhebliche Veränderungen bleiben außer Betracht.

(3) Eine zum Nachteil des Mieters abweichende Vereinbarung ist unwirksam.

Unterkapitel 3　Mietverhältnisse auf bestimmte Zeit

§ 575 Zeitmietvertrag

(1) Ein Mietverhältnis kann auf bestimmte Zeit eingegangen werden, wenn der Vermieter nach Ablauf der Mietzeit

1. die Räume als Wohnung für sich, seine Familienangehörigen oder Ange-hörige seines Haushalts nutzen will,

2. in zulässiger Weise die Räume beseitigen oder so wesentlich verändern oder instand setzen will, dass die Maßnahmen durch eine Fortsetzung des

요구가 있는 때에는 임차인은 이의의 이유를 지체없이 알려 주어야 한다.

② 늦어도 임대차관계가 종료하기 2개월 전에 임차인이 임대인에 대하여 이의를 표시하지 아니한 때에는 임대인은 임대차관계의 계속을 거절할 수 있다. 임대인이 이의기간 경과 전의 적시에, 이의를 할 수 있다는 것 및 이의의 방식과 시기를 지적하지 아니한 때에는, 임차인은 명도쟁송의 최초의 기일에 여전히 이의를 할 수 있다.

③ 이와 다른 약정으로 임차인에게 불리한 것은 효력이 없다.

제574조의c [豫測하지 못한 事情 있는 경우 賃貸借關係의 再次의 繼續]

① 제574조 내지 제574조의b에 의하여 합의 또는 판결로써 임대차관계가 일정한 기간 계속하는 것으로 정하여진 경우에, 임차인은 제반 사정의 본질적 변경으로 재차의 계속이 요구되는 때 또는 계속의 기간을 정함에 있어 중요한 고려사항이었던 발생이 예측된 사정이 발생하지 아니한 경우에 한하여, 그 재차의 계속을 청구할 수 있다.

② 임대인이 판결에 의하여 기간의 정함이 없이 계속되는 것으로 정하여진 임대차관계를 해지하는 경우에, 임차인은 해지에 이의하고 임대인에 대하여 임대차관계를 기간의 정함이 없이 계속할 것을 청구할 수 있다. 계속에 있어서 중요한 고려사항이었던 사정이 변경된 경우에는 임차인은 제574조에 의하여서만 임대차관계의 계속을 청구할 수 있다; 경미한 변경은 고려되지 아니한다.

③ 이와 다른 약정으로 임차인에게 불리한 것은 효력이 없다.

제 3 목   期間의 정함이 있는 使用賃貸借關係

제575조 [有期賃貸借契約]

① 임대인이 임대차기간의 만료 후에 다음 각 호의 행위를 하려고 하는 경우에 그가 계약 체결시에 임차인에게 기간을 정하는 이유를 서면으로 통지한 때에는 기간의 정함이 있는 임대차관계가 설정될 수 있다,

  1. 그 공간을 자신, 그의 가족구성원 또는 그의 세대에 속하는 사람을 위한 주거로 사용하는 것,

  2. 적정한 방법으로 그 공간을 제거하거나, 임대차관계가 계속되면 그

Mietverhältnisses erheblich erschwert würden, oder

3. die Räume an einen zur Dienstleistung Verpflichteten vermieten will

und er dem Mieter den Grund der Befristung bei Vertragsschluss schriftlich mitteilt. Anderenfalls gilt das Mietverhältnis als auf unbestimmte Zeit abgeschlossen.

(2) Der Mieter kann vom Vermieter frühestens vier Monate vor Ablauf der Befristung verlangen, dass dieser ihm binnen eines Monats mitteilt, ob der Befristungsgrund noch besteht. Erfolgt die Mitteilung später, so kann der Mieter eine Verlängerung des Mietverhältnisses um den Zeitraum der Verspätung verlangen.

(3) Tritt der Grund der Befristung erst später ein, so kann der Mieter eine Verlängerung des Mietverhältnisses um einen entsprechenden Zeitraum verlangen. Entfällt der Grund, so kann der Mieter eine Verlängerung auf unbestimmte Zeit verlangen. Die Beweislast für den Eintritt des Befristungsgrundes und die Dauer der Verzögerung trifft den Vermieter.

(4) Eine zum Nachteil des Mieters abweichende Vereinbarung ist unwirksam.

§ 575a Außerordentliche Kündigung mit gesetzlicher Frist

(1) Kann ein Mietverhältnis, das auf bestimmte Zeit eingegangen ist, außerordentlich mit der gesetzlichen Frist gekündigt werden, so gelten mit Ausnahme der Kündigung gegenüber Erben des Mieters nach § 564 die §§ 573 und 573a entsprechend.

(2) Die §§ 574 bis 574c gelten entsprechend mit der Maßgabe, dass die Fortsetzung des Mietverhältnisses höchstens bis zum vertraglich bestimmten Zeitpunkt der Beendigung verlangt werden kann.

(3) Die Kündigung ist spätestens am dritten Werktag eines Kalendermonats zum Ablauf des übernächsten Monats zulässig, bei Wohnraum nach § 549 Abs. 2 Nr. 2 spätestens am 15. eines Monats zum Ablauf dieses Monats (gesetzliche Frist). § 573a Abs. 1 Satz 2 findet keine Anwendung.

(4) Eine zum Nachteil des Mieters abweichende Vereinbarung ist unwirksam.

작업이 현저히 곤란해질 만큼 중대한 변경이나 수리를 가하는 것, 또는

3. 그 공간을 노무의무자에게 임대하는 것.

그 외에는 임대차관계는 기한의 정함이 없이 체결된 것으로 본다.

② 임차인은 그 기간이 경과하기 4개월 전부터 임대인에 대하여 임대인이 자신에게 기간특정의 이유가 여전히 존재하는지를 1개월 안에 통지할 것을 요구할 수 있다. 그 통지가 지연되어 행하여진 경우에는 임차인은 그 지연된 기간만큼 임대차관계를 연장할 것을 청구할 수 있다.

③ 기간을 정하는 사유가 나중에 비로소 발생한 경우에는 임차인은 그에 상응하는 기간만큼 임대차관계를 연장할 것을 청구할 수 있다. 그 사유가 소멸한 경우에는, 임차인은 기한의 정함이 없는 연장을 청구할 수 있다. 기간을 정하는 사유의 발생 및 그 지연의 지속에 대한 증명책임은 임대인이 이를 부담한다.

④ 이와 다른 약정으로 임차인에게 불리한 것은 효력이 없다.

제575조의a [法定期間을 두고 하는 特別解止]

① 기한의 정함이 있는 임대차관계가 법정기간을 두어 특별해지될 수 있는 경우에는, 제564조에 따라 임차인의 상속인에 대하여 하는 해지를 제외하고는, 제573조 및 제573조의a가 그에 준용된다.

② 제574조 내지 제574조의c는, 임대차관계가 최대한 계약상 정하여진 종료시점까지 계속되는 것을 청구할 수 있는 것으로 하여 준용된다.

③ 해지가 역월의 제 3 노동일까지 행하여지면 이는 다음다음달의 말일로 효력을 발생하고, 제549조 제 2 항 제 2 호에서 정한 주거공간에 있어서는 해지가 어느 달의 15일까지 행하여지면 이는 그 달의 만료로써 효력을 발생한다("법정기간"). 제573조의a 제 1 항 제 2 문은 이에 적용되지 아니한다.

④ 이와 다른 약정으로 임차인에게 불리한 것은 효력이 없다.

Unterkapitel 4　Werkwohnungen

§ 576　Fristen der ordentlichen Kündigung bei Werkmietwohnungen

(1) Ist Wohnraum mit Rücksicht auf das Bestehen eines Dienstverhältnisses vermietet, so kann der Vermieter nach Beendigung des Dienstverhältnisses abweichend von § 573c Abs. 1 Satz 2 ist mit folgenden Fristen kündigen:

1. bei Wohnraum, der dem Mieter weniger als zehn Jahre überlassen war, spätestens am dritten Werktag eines Kalendermonats zum Ablauf des übernächsten Monats, wenn der Wohnraum für einen anderen zur Dienstleistung Verpflichteten benötigt wird;

2. spätestens am dritten Werktag eines Kalendermonats zum Ablauf dieses Monats, wenn das Dienstverhältnis seiner Art nach die Überlassung von Wohnraum erfordert hat, der in unmittelbarer Beziehung oder Nähe zur Arbeitsstätte steht, und der Wohnraum aus dem gleichen Grund für einen anderen zur Dienstleistung Verpflichteten benötigt wird.

(2) Eine zum Nachteil des Mieters abweichende Vereinbarung ist unwirksam.

§ 576a　Besonderheiten des Widerspruchsrechts bei Werkmietwohnungen

(1) Bei der Anwendung der §§ 574 bis 574c auf Werkmietwohnungen sind auch die Belange des Dienstberechtigten zu berücksichtigen.

(2) Die §§ 574 bis 574c gelten nicht, wenn

1. der Vermieter nach § 576 Abs. 1 Nr. 2 gekündigt hat;

2. der Mieter das Dienstverhältnis gelöst hat, ohne dass ihm von dem Dienstberechtigten gesetzlich begründeter Anlass dazu gegeben war, oder der Mieter durch sein Verhalten dem Dienstberechtigten gesetzlich begründeten Anlass zur Auflösung des Dienstverhältnisses gegeben hat.

(3) Eine zum Nachteil des Mieters abweichende Vereinbarung ist unwirksam.

§ 576b　Entsprechende Geltung des Mietrechts bei Werkdienstwohnungen

(1) Ist Wohnraum im Rahmen eines Dienstverhältnisses überlassen, so gelten für die Beendigung des Rechtsverhältnisses hinsichtlich des Wohnraums die Vorschriften über Mietverhältnisse entsprechend, wenn der zur Dienstleistung Verpflichtete den Wohnraum überwiegend mit Einrichtungsgegenständen ausgestattet hat oder in dem Wohnraum mit seiner Familie oder Personen lebt, mit

제 4 목   勞務者用 住居

제576조 [勞務者用 賃貸住居의 通常解止期間]

① 고용관계의 존재를 고려하여 주거공간이 임대된 경우에는, 고용관계의 종료 후 임대인은 제573조의c 제 1 항 제 2 문과는 달리 다음의 기간을 두어 효력이 발생하는 해지를 할 수 있다,

1. 주거공간이 임차인에게 인도된 후 10년이 경과하지 아니한 경우에 그 주거공간이 다른 노무의무자에게 필요한 때에는 역월의 제 3 노동일까지 행하여진 해지는 다음다음달의 경과로 효력이 발생하고;

2. 노무제공장소와 직접적으로 관련이 있거나 그 장소에 근접한 주거공간을 인도하는 것이 고용관계의 성질상 필요하였고, 같은 이유로 그 주거공간이 다른 노무의무자를 위하여 필요한 때에는, 역월의 제 3 노동일까지 행하여진 해지는 그 달의 경과로 효력이 발생한다.

② 이와 다른 약정으로 임차인에게 불리한 것은 효력이 없다.

제576조의a [勞務者用 賃貸住居에서 異議權에 대한 特則]

① 제574조 내지 제574조의c를 노무자용 임대주거에 적용함에 있어서는 노무청구권자의 이익도 고려하여야 한다.

② 제574조 내지 제574조의c는 다음의 경우에는 적용되지 아니한다,

1. 임대인이 제576조 제 1 항 제 2 호에 의하여 해지하고;

2. 노무청구권자가 임차인에 대하여 법률상 근거 있는 원인을 제공하지 아니하였는데도 임차인이 고용관계를 해소한 때, 또는 임차인이 자신의 행태에 의하여 노무청구권자가 고용관계를 해소할 수 있는 법률상 근거 있는 원인을 제공한 때.

③ 이와 다른 약정으로 임차인에게 불리한 것은 효력이 없다.

제576조의b [勞務者住宅에 대한 賃貸借規定의 準用]

① 고용관계의 범위 내에서 주거공간이 인도된 경우에, 주로 노무의무자가 주거공간의 설비물을 설치하였거나 또는 그 주거공간에서 가족과 함께 또는 임차인과 항구적인 것으로 의도된 동일세대를 이루는 사람과 함께 살고 있는 때에는, 주거공간에 대한 법률관계의 종료에 대하여는

denen er einen auf Dauer angelegten gemeinsamen Haushalt führt.

(2) Eine zum Nachteil des Mieters abweichende Vereinbarung ist unwirksam.

Kapitel 6　Besonderheiten bei der Bildung von Wohnungseigentum an vermieteten Wohnungen

§ 577　Vorkaufsrecht des Mieters

(1) Werden vermietete Wohnräume, an denen nach der Überlassung an den Mieter Wohnungseigentum begründet worden ist oder begründet werden soll, an einen Dritten verkauft, so ist der Mieter zum Vorkauf berechtigt. Dies gilt nicht, wenn der Vermieter die Wohnräume an einen Familienangehörigen oder an einen Angehörigen seines Haushalts verkauft. Soweit sich nicht aus den nachfolgenden Absätzen etwas anderes ergibt, finden auf das Vorkaufsrecht die Vorschriften über den Vorkauf Anwendung.

(2) Die Mitteilung des Verkäufers oder des Dritten über den Inhalt des Kaufvertrags ist mit einer Unterrichtung des Mieters über sein Vorkaufsrecht zu verbinden.

(3) Die Ausübung des Vorkaufsrechts erfolgt durch schriftliche Erklärung des Mieters gegenüber dem Verkäufer.

(4) Stirbt der Mieter, so geht das Vorkaufsrecht auf diejenigen über, die in das Mietverhältnis nach § 563 Abs. 1 oder 2 eintreten.

(5) Eine zum Nachteil des Mieters abweichende Vereinbarung ist unwirksam.

§ 577a　Kündigungsbeschränkung bei Wohnungsumwandlung

(1) Ist an vermieteten Wohnräumen nach der Überlassung an den Mieter Wohnungseigentum begründet und das Wohnungseigentum veräußert worden, so kann sich ein Erwerber auf berechtigte Interessen im Sinne des § 573 Abs. 2 Nr. 2 oder 3 erst nach Ablauf von drei Jahren seit der Veräußerung berufen.

(1a) Die Kündigungsbeschränkung nach Absatz 1 gilt entsprechend, wenn vermieteter Wohnraum nach der Überlassung an den Mieter

1. an eine Personengesellschaft oder an mehrere Erwerber veräußert worden ist oder

2. zu Gunsten einer Personengesellschaft oder mehrerer Erwerber mit einem Recht belastet worden ist, durch dessen Ausübung dem Mieter der vertragsgemäße Gebrauch entzogen wird.

임대차에 관한 규정이 준용된다.

② 이와 다른 약정으로 임차인에게 불리한 것은 효력이 없다.

제 6 항 賃貸住宅에 住居所有權을 設定하는 境遇의 特則

제577조 [賃借人의 先買權]

① 임차인에의 인도 후에 주거소유권이 설정되었거나 설정될 주거공간의 임대차에서 그 주거공간이 제 3 자에게 매도되는 때에는 임차인은 선매할 권리를 가진다. 임대인이 주거공간을 가족구성원이나 자신의 세대에 속하는 사람에게 매도하는 경우에는 그러하지 아니하다. 이하의 항들에서 다른 정함이 없는 한 선매권에 대하여는 선매에 관한 규정이 적용된다.

② 매도인 또는 제 3 자가 매매계약의 내용을 임차인에게 통지함에 있어서는 임차인의 선매권에 대한 지적도 함께 하여야 한다.

③ 선매권의 행사는 임차인의 임대인에 대한 서면의 의사표시로써 한다.

④ 임차인이 사망하면, 선매권은 제563조 제 1 항 또는 제 2 항에 의하여 임대차관계를 승계하는 사람에게 이전한다.

⑤ 이와 다른 약정으로서 임차인에 불리한 것은 효력이 없다.

제577조의a [住居所有權이 移轉된 경우의 解止制限]

① 임대주거공간이 임차인에 인도된 후 주거소유권이 설정되고 그 주거소유권이 양도된 때에는, 양수인은 양수 후 3년이 경과한 후에야 비로소 제573조 제 2 항 제 2 호 또는 제 3 호의 의미에서의 정당한 이익을 원용할 수 있다.

①의a 제 1 항에 의한 해지의 제한은 임대된 주거공간이 임차인에게 인도된 후에 다음 각 호의 일이 일어난 경우에 준용된다,

 1. 주거공간이 인적 회사 또는 수인의 취득자에게 양도된 것, 또는

 2. 인적 회사 또는 수인의 취득자를 위하여 그 행사로 말미암아 임차인이 계약에 좇은 사용을 할 수 없게 되는 권리가 주거공간에 설정된 것.

Satz 1 ist nicht anzuwenden, wenn die Gesellschafter oder Erwerber derselben Familie oder demselben Haushalt angehören oder vor Überlassung des Wohnraums an den Mieter Wohnungseigentum begründet worden ist.

(2) Die Frist nach Absatz 1 oder nach Absatz 1a beträgt bis zu zehn Jahre, wenn die ausreichende Versorgung der Bevölkerung mit Mietwohnungen zu angemessenen Bedingungen in einer Gemeinde oder einem Teil einer Gemeinde besonders gefährdet ist und diese Gebiete nach Satz 2 bestimmt sind. Die Landesregierungen werden ermächtigt, diese Gebiete und die Frist nach Satz 1 durch Rechtsverordnung für die Dauer von jeweils höchstens zehn Jahren zu bestimmen.

(2a) Wird nach einer Veräußerung oder Belastung im Sinne des Absatzes 1a Wohnungseigentum begründet, so beginnt die Frist, innerhalb der eine Kündigung nach § 573 Absatz 2 Nummer 2 oder 3 ausgeschlossen ist, bereits mit der Veräußerung oder Belastung nach Absatz 1a.

(3) Eine zum Nachteil des Mieters abweichende Vereinbarung ist unwirksam.

Untertitel 3　Mietverhältnisse über andere Sachen und digitale Produkte

§ 578　Mietverhältnisse über Grundstücke und Räume

(1) Auf Mietverhältnisse über Grundstücke sind die Vorschriften der §§ 550, 554, 562 bis 562d, 566 bis 567b sowie 570 entsprechend anzuwenden.

(2) Auf Mietverhältnisse über Räume, die keine Wohnräume sind, sind die in Absatz 1 genannten Vorschriften sowie § 552 Abs. 1, § 555a Absatz 1 bis 3, §§ 555b, 555c Absatz 1 bis 4, § 555d Absatz 1 bis 6, § 555e Absatz 1 und 2, § 555f und § 569 Abs. 2 entsprechend anzuwenden. § 556c Absatz 1 und 2 sowie die auf Grund des § 556c Absatz 3 erlassene Rechtsverordnung sind entsprechend anzuwenden, abweichende Vereinbarungen sind zulässig. Sind die Räume zum Aufenthalt von Menschen bestimmt, so gilt außerdem § 569 Abs. 1 entsprechend.

(3) Auf Verträge über die Anmietung von Räumen durch eine juristische Person des öffentlichen Rechts oder einen anerkannten privaten Träger der Wohlfahrtspflege, die geschlossen werden, um die Räume Personen mit dringendem Wohnungsbedarf zum Wohnen zu überlassen, sind die in den

제 1 문은 [인적 회사의] 사원들 또는 취득자들이 동일한 가족 또는 세대에 속하거나 주거공간의 인도 전에 임차인에게 주거소유권이 설정된 경우에는 적용되지 아니한다.

② 기초지방자치체 또는 그 일부에서 적절한 조건으로 그 주민에게 임차주거를 충분히 공급하는 것이 위태로운 때에는, 제 1 항 또는 제 1 항의 a에서의 기간은 10년까지로 연장된다. 주정부는 법규명령에 의하여 그 지역 및 최장 10년의 기간으로 제 1 문의 기간을 정할 권한을 가진다.

②의a 제 1 항의a에서 정하여진 양도 또는 권리설정 후에 주거소유권이 성립한 경우에는 제573조 제 2 항 제 2 호 또는 제 3 호에 의한 해지가 행하여지는 기간은 이미 제 1 항의a에서의 양도 또는 권리설정의 시기부터 기산된다.

③ 이와 다른 약정으로 임차인에게 불리한 것은 효력이 없다.

제 3 관 기타의 物件 및 디지털제품에 관한 使用賃貸借關係

제578조 [土地 또는 空間의 賃貸借]

① 토지의 임대차에 대하여는 제550조, 제554조, 제562조 내지 제562조의 d, 제566조 내지 제567조의b, 그리고 제570조가 준용된다.

② 주거공간이 아닌 공간의 임대차에 대하여는 제 1 항에서 정한 규정, 제552조 제 1 항, 제555조의a 제 1 항 내지 제 3 항, 제555조의b, 제555조의c 제 1 항 내지 제 4 항, 제555조의d 제 1 항 내지 제 6 항, 제555조의e 제 1 항, 제 2 항, 제555조의f 및 제569조 제 2 항이 준용된다. 제556조의c 제 1 항, 제 2 항, 그리고 제556조의c 제 3 항에 기하여 공포된 법규명령이 준용되나, 그와 다른 약정은 허용된다. 그 공간의 용도가 사람의 체류인 경우에는 그 외에 제569조 제 1 항이 준용된다.

③ 공법인이나 공공복리 도모를 위한 공인公認의 사적 기관이 급박한 주거수요를 가진 사람에게 공간을 제공하기 위하여 체결한 공간 임대의 계약에 대하여는 제 1 항 및 제 2 항에서 정한 규정 및 제557조, 제557조의a

Absätzen 1 und 2 genannten Vorschriften sowie die §§ 557, 557a Absatz 1 bis 3 und 5, § 557b Absatz 1 bis 3 und 5, die §§ 558 bis 559d, 561, 568 Absatz 1, § 569 Absatz 3 bis 5, die §§ 573 bis 573d, 575, 575a Absatz 1, 3 und 4, die §§ 577 und 577a entsprechend anzuwenden. Solche Verträge können zusätzlich zu den in § 575 Absatz 1 Satz 1 genannten Gründen auch dann auf bestimmte Zeit geschlossen werden, wenn der Vermieter die Räume nach Ablauf der Mietzeit für ihm obliegende oder ihm übertragene öffentliche Aufgaben nutzen will.

§ 578a Mietverhältnisse über eingetragene Schiffe

(1) Die Vorschriften der §§ 566, 566a, 566e bis 567b gelten im Falle der Veräußerung oder Belastung eines im Schiffsregister eingetragenen Schiffs entsprechend.

(2) Eine Verfügung, die der Vermieter vor dem Übergang des Eigentums über die Miete getroffen hat, die auf die Zeit der Berechtigung des Erwerbers entfällt, ist dem Erwerber gegenüber wirksam. Das Gleiche gilt für ein Rechtsgeschäft, das zwischen dem Mieter und dem Vermieter über die Mietforderung vorgenommen wird, insbesondere die Entrichtung der Miete; ein Rechtsgeschäft, das nach dem Übergang des Eigentums vorgenommen wird, ist jedoch unwirksam, wenn der Mieter bei der Vornahme des Rechtsgeschäfts von dem Übergang des Eigentums Kenntnis hat. § 566d gilt entsprechend.

§ 578b Verträge über die Miete digitaler Produkte

(1) Auf einen Verbrauchervertrag, bei dem der Unternehmer sich verpflichtet, dem Verbraucher digitale Produkte zu vermieten, sind die folgenden Vorschriften nicht anzuwenden:

1. § 535 Absatz 1 Satz 2 und die §§ 536 bis 536d über die Rechte bei Mängeln und

2. § 543 Absatz 2 Satz 1 Nummer 1 und Absatz 4 über die Rechte bei unterbliebener Bereitstellung.

An die Stelle der nach Satz 1 nicht anzuwendenden Vorschriften treten die Vorschriften des Abschnitts 3 Titel 2a. Der Anwendungsausschluss nach Satz 1 Nummer 2 gilt nicht, wenn der Vertrag die Bereitstellung eines körperlichen Datenträgers zum Gegenstand hat, der ausschließlich als Träger digitaler Inhalte dient.

(2) Wenn der Verbraucher einen Verbrauchervertrag nach Absatz 1 wegen unterbliebener Bereitstellung (§ 327c), Mangelhaftigkeit (§ 327m) oder Ände-

제 1 항 내지 제 3 항, 제 5 항, 제557조의b 제 1 항 내지 제 3 항, 제 5 항, 제 558조 내지 제559조의d, 제561조, 제568조 제 1 항, 제569조 제 3 항 내지 제 5 항, 제573조 내지 제573조의d, 제575조, 제575조의a 제 1 항, 제 3 항, 제 4 항, 제577조 및 제577조의a가 준용된다. 나아가 그러한 계약은 제575 조 제 1 항 제 1 문에서 정하는 이유에 추가하여 임대인이 임대차기간의 종료 후에 그에게 의무가 있거나 그에게 부과된 공적 임무에 그 공간을 이용하려고 하는 경우에도 일정한 기간을 정하여 체결될 수 있다.

제578조의a [登記船舶의 賃貸借]

① 제566조, 제566조의a, 제566조의e 내지 제567조의b는 선박등기부에 등기된 선박이 양도되거나 그에 부담이 설정된 경우에 준용된다.

② 임대인이 양수인이 권리를 가지는 기간에 대한 차임에 관하여 소유 권의 이전 전에 한 처분은 양수인에 대하여 효력이 있다. 차임채권에 관 하여 임차인과 임대인 사이에 행하여진 법률행위, 특히 차임의 지급도 또한 같다; 그러나 소유권의 이전 후에 행하여진 법률행위는 임차인이 법률행위 당시에 소유권의 이전을 안 때에는 효력이 없다. 이에는 제566 조의d가 준용된다.

제578조의b [디지털제품의 使用賃貸借契約]

① 사업자가 소비자에게 디지털제품을 임대할 의무를 지는 소비자계약 에 대하여는 다음의 규정은 적용되지 아니한다,

1. 하자 있는 경우의 권리에 관한 제535조 제 1 항 제 2 문 및 제536조 내 지 제536조의d, 그리고
2. 공급이 행하지 아니한 경우에 관한 제543조 제 2 항 제 1 항 제 1 문 및 제 4 항.

제 1 문에 따라 적용되지 아니하는 규정에 갈음하여 제 3 장 제 2 절의a의 규정이 적용된다. 제 1 문 제 2 호에 정하여진 적용 배제는 계약이 디지털 자료의 저장수단으로만 작용하는 유체적 자료저장장치의 공급을 내용으 로 하는 때에는 적용되지 아니한다.

② 소비자가 디지털제품의 공급이 행하여지지 아니한 것(제327조의m),

rung (§ 327r Absatz 3 und 4) des digitalen Produkts beendet, sind die §§ 546 bis 548 nicht anzuwenden. An die Stelle der nach Satz 1 nicht anzuwendenden Vorschriften treten die Vorschriften des Abschnitts 3 Titel 2a.

(3) Für einen Verbrauchervertrag, bei dem der Unternehmer sich verpflichtet, dem Verbraucher eine Sache zu vermieten, die ein digitales Produkt enthält oder mit ihm verbunden ist, gelten die Anwendungsausschlüsse nach den Absätzen 1 und 2 entsprechend für diejenigen Bestandteile des Vertrags, die das digitale Produkt betreffen.

(4) Auf einen Vertrag zwischen Unternehmern, der der Bereitstellung digitaler Produkte gemäß eines Verbrauchervertrags nach Absatz 1 oder Absatz 3 dient, ist § 536a Absatz 2 über den Anspruch des Unternehmers gegen den Vertriebspartner auf Ersatz von denjenigen Aufwendungen nicht anzuwenden, die er im Verhältnis zum Verbraucher nach § 327l zu tragen hatte. An die Stelle des nach Satz 1 nicht anzuwendenden § 536a Absatz 2 treten die Vorschriften des Abschnitts 3 Titel 2a Untertitel 2.

§ 579 Fälligkeit der Miete

(1) Die Miete für ein Grundstück und für bewegliche Sachen ist am Ende der Mietzeit zu entrichten. Ist die Miete nach Zeitabschnitten bemessen, so ist sie nach Ablauf der einzelnen Zeitabschnitte zu entrichten. Die Miete für ein Grundstück ist, sofern sie nicht nach kürzeren Zeitabschnitten bemessen ist, jeweils nach Ablauf eines Kalendervierteljahrs am ersten Werktag des folgenden Monats zu entrichten.

(2) Für Mietverhältnisse über Räume gilt § 556b Abs. 1 entsprechend.

§ 580 Außerordentliche Kündigung bei Tod des Mieters

Stirbt der Mieter, so ist sowohl der Erbe als auch der Vermieter berechtigt, das Mietverhältnis innerhalb eines Monats, nachdem sie vom Tod des Mieters Kenntnis erlangt haben, außerordentlich mit der gesetzlichen Frist zu kündigen.

§ 580a Kündigungsfristen

(1) Bei einem Mietverhältnis über Grundstücke, über Räume, die keine Geschäftsräume sind, ist die ordentliche Kündigung zulässig,

1. wenn die Miete nach Tagen bemessen ist, an jedem Tag zum Ablauf des folgenden Tages;

디지털제품의 하자(제327조의m) 또는 변경(제327조의r 제 3 항 및 제 4 항)을 이유로 제 1 항에 좇아 소비자계약을 종료시키는 경우에는 제546조 내지 제548조는 적용되지 아니한다. 제 1 문에 따라 적용되지 아니하는 규정에 갈음하여 제 3 장 제 2 절의a의 규정이 적용된다.

③ 사업자가 소비자에게 디지털제품을 포함하거나 그와 결합된 물건을 임대할 의무를 지는 소비자계약에 대하여는 제 1 항 및 제 2 항에서 정하여진 적용 배제는 계약 중 디지털제품과 관련된 부분에 대하여 적용된다.

④ 제 1 항 또는 제 3 항에 따라 소비자계약에 좇은 디지털제품의 공급에 도움을 주는 사업자 사이의 계약에 대하여는, 사업자가 소비자에 대한 관계에서 제327조의l에 따라 부담하여야 하는 지출 비용에 관하여 구매 상대방에 대하여 가지는 배상청구권을 정하는 제536조의a 제 2 항은 적용되지 아니한다. 제 1 문에 따라 적용되지 아니하는 제536조의a 제 2 항에 갈음하여 제 3 장 제 2 절의a 제 2 관의 규정이 적용된다.

제579조 [借賃의 履行期]

① 토지 및 동산에 대한 차임은 임대차기간의 종료시에 지급되어야 한다. 차임이 단위기간에 따라 정하여진 경우에는 차임은 각 단위기간이 경과한 후에 지급되어야 한다. 토지에 대한 차임은, 그것이 보다 짧은 단위기간에 따라 정하여지지 아니한 한, 각각 사분역년四分曆年의 경과 후 그 다음달의 제 1 노동일에 지급되어야 한다.

② 공간의 임대차관계에 대하여는 제556조의b 제 1 항이 준용된다.

제580조 [賃借人의 死亡時의 特別解止]

임차인이 사망한 경우에는, 그 상속인 및 임대인은 임차인의 사망을 안 후 1개월 안에 임대차를 법정기간을 두어 특별해지할 권리를 가진다.

제580조의a [解止期間]

① 토지의 임대차 및 영업장소가 아닌 공간의 임대차에서는 다음 각 호와 같이 통상해지할 수 있다,

 1. 차임이 일日을 단위기간으로 정하여진 때에는, 그 다음날의 경과로 효력이 발생하는 해지를 할 수 있다;

2. wenn die Miete nach Wochen bemessen ist, spätestens am ersten Werktag einer Woche zum Ablauf des folgenden Sonnabends;

3. wenn die Miete nach Monaten oder längeren Zeitabschnitten bemessen ist, spätestens am dritten Werktag eines Kalendermonats zum Ablauf des übernächsten Monats, bei einem Mietverhältnis über gewerblich genutzte unbebaute Grundstücke oder im Schiffsregister eingetragene Schiffe jedoch nur zum Ablauf eines Kalendervierteljahrs.

(2) Bei einem Mietverhältnis über Geschäftsräume ist die ordentliche Kündigung spätestens am dritten Werktag eines Kalendervierteljahres zum Ablauf des nächsten Kalendervierteljahrs zulässig.

(3) Bei einem Mietverhältnis über bewegliche Sachen oder digitale Produkte ist die ordentliche Kündigung zulässig,

1. wenn die Miete nach Tagen bemessen ist, an jedem Tag zum Ablauf des folgenden Tages;

2. wenn die Miete nach längeren Zeitabschnitten bemessen ist, spätestens am dritten Tag vor dem Tag, mit dessen Ablauf das Mietverhältnis enden soll.

Die Vorschriften über die Beendigung von Verbraucherverträgen über digitale Produkte bleiben unberührt.

(4) Absatz 1 Nr. 3, Absatz 2 und 3 Nr. 2 sind auch anzuwenden, wenn ein Mietverhältnis außerordentlich mit der gesetzlichen Frist gekündigt werden kann.

Untertitel 4   Pachtvertrag

§ 581 Vertragstypische Pflichten beim Pachtvertrag

(1) Durch den Pachtvertrag wird der Verpächter verpflichtet, dem Pächter den Gebrauch des verpachteten Gegenstands und den Genuss der Früchte, soweit sie nach den Regeln einer ordnungsmäßigen Wirtschaft als Ertrag anzusehen sind, während der Pachtzeit zu gewähren. Der Pächter ist verpflichtet, dem Verpächter die vereinbarte Pacht zu entrichten.

(2) Auf den Pachtvertrag mit Ausnahme des Landpachtvertrags sind, soweit sich nicht aus den §§ 582 bis 584b etwas anderes ergibt, die Vorschriften über den Mietvertrag entsprechend anzuwenden.

2. 차임이 주를 단위기간으로 정하여진 때에는, 주의 제 1 노동일까지 행하여지면 그 주 토요일의 경과로 효력이 발생하는 해지를 할 수 있다;

3. 차임이 월 또는 그 이상의 단위기간으로 정해지는 때에는, 역월의 제 3 노동일까지 행하여지면 그 다음다음달의 말일로, 또 영업용으로 이용되는 나대지 또는 선박등기부에 등기된 선박의 임대차에서는 사분역년의 경과로 효력이 발생하는 해지를 할 수 있다.

② 영업공간의 임대차에서는 통상해지가 사분역년의 제 3 노동일까지 행하여지면, 이는 다음 사분역년의 경과로 효력이 발생한다.

③ 동산 또는 디지털제품의 임대차에서는 다음 각 호와 같이 통상해지할 수 있다,

1. 차임이 일을 단위기간으로 정하여진 때에는, 그 다음날의 경과로 효력이 발생하는 해지를 할 수 있다;

2. 차임이 그 이상의 기간을 단위로 정하여진 때에는, 그 경과로 해지의 효력이 발생하는 날의 3일 전까지 해지가 행하여져야 한다.

디지털제품에 관한 소비자계약의 종료에 대한 규정은 영향을 받지 아니한다.

④ 제 1 항 제 3 호, 제 2 항 및 제 3 항 제 2 호는 임대차를 법정기간을 두어 특별해지할 수 있는 경우에도 적용된다.

제 4 관 用益賃貸借契約

제581조 [用益賃貸借契約에서의 典型的 義務]

① 용익임대차계약에 기하여 용익임대인은 임대차기간 중 용익임차인에게 임대된 물건의 사용을, 그리고 정상적인 경영의 규칙에 따라 수익으로 인정되는 한도에서 과실의 수취를 허용할 의무를 진다. 용익임차인은 용익임대인에게 약정된 차임을 지급할 의무를 진다.

② 농지용익임대차계약을 제외한 용익임대차계약에 대하여는, 제582조 내지 제584조의b에 다른 정함이 없는 한, 사용임대차계약에 관한 규정이 준용된다.

§ 582　Erhaltung des Inventars

(1) Wird ein Grundstück mit Inventar verpachtet, so obliegt dem Pächter die Erhaltung der einzelnen Inventarstücke.

(2) Der Verpächter ist verpflichtet, Inventarstücke zu ersetzen, die infolge eines vom Pächter nicht zu vertretenden Umstands in Abgang kommen. Der Pächter hat jedoch den gewöhnlichen Abgang der zum Inventar gehörenden Tiere insoweit zu ersetzen, als dies einer ordnungsmäßigen Wirtschaft entspricht.

§ 582a　Inventarübernahme zum Schätzwert

(1) Übernimmt der Pächter eines Grundstücks das Inventar zum Schätzwert mit der Verpflichtung, es bei Beendigung des Pachtverhältnisses zum Schätzwert zurückzugewähren, so trägt er die Gefahr des zufälligen Untergangs und der zufälligen Verschlechterung des Inventars. Innerhalb der Grenzen einer ordnungsmäßigen Wirtschaft kann er über die einzelnen Inventarstücke verfügen.

(2) Der Pächter hat das Inventar in dem Zustand zu erhalten und in dem Umfang laufend zu ersetzen, der den Regeln einer ordnungsmäßigen Wirtschaft entspricht. Die von ihm angeschafften Stücke werden mit der Einverleibung in das Inventar Eigentum des Verpächters.

(3) Bei Beendigung des Pachtverhältnisses hat der Pächter das vorhandene Inventar dem Verpächter zurückzugewähren. Der Verpächter kann die Übernahme derjenigen von dem Pächter angeschafften Inventarstücke ablehnen, welche nach den Regeln einer ordnungsmäßigen Wirtschaft für das Grundstück überflüssig oder zu wertvoll sind; mit der Ablehnung geht das Eigentum an den abgelehnten Stücken auf den Pächter über. Besteht zwischen dem Gesamtschätzwert des übernommenen und dem des zurückzugewährenden Inventars ein Unterschied, so ist dieser in Geld auszugleichen. Den Schätzwerten sind die Preise im Zeitpunkt der Beendigung des Pachtverhältnisses zugrunde zu legen.

§ 583　Pächterpfandrecht am Inventar

(1) Dem Pächter eines Grundstücks steht für die Forderungen gegen den Verpächter, die sich auf das mitgepachtete Inventar beziehen, ein Pfandrecht an den in seinen Besitz gelangten Inventarstücken zu.

(2) Der Verpächter kann die Geltendmachung des Pfandrechts des Pächters durch Sicherheitsleistung abwenden. Er kann jedes einzelne Inventarstück dadurch von dem Pfandrecht befreien, dass er in Höhe des Wertes Sicherheit leistet.

제582조 [屬具의 保存]

① 속구부 토지가 임대된 경우에 임차인은 각개의 속구물을 보존할 책무가 있다.

② 임대인은 임차인에 책임 없는 사유로 사용할 수 없게 된 속구물을 보충할 의무를 진다. 그러나 속구에 속하는 동물의 통상의 감손에 대하여는, 그 보충이 정상적인 경영에 부합하는 한, 임차인이 이를 보충하여야 한다.

제582조의a [評價額을 정한 屬具引受]

① 토지의 임차인이 임대차관계의 종료시에 속구를 평가액으로 반환할 의무 아래 평가액을 정하여 속구를 인수한 경우에는 임차인이 속구의 우연적 멸실 및 우연적 훼손의 위험을 부담한다. 임차인은 정상적인 경영의 범위 내에서 각개의 속구물을 처분할 수 있다.

② 임차인은 속구를 정상적인 경영의 규칙에 부합하는 상태로 보존하고 또 그러한 범위에서 계속 보충하여야 한다. 임차인이 조달한 물건은 속구에 편입됨으로써 임대인의 소유가 된다.

③ 임대차관계의 종료시에 임차인은 현존하는 속구를 임대인에게 반환하여야 한다. 임차인이 조달한 속구물이 정상적인 경영의 규칙에 비추어 토지에 대하여 과잉한 것이거나 지나치게 고액인 때에는 임대인은 그 인수를 거절할 수 있다; 거절과 동시에 거절된 속구물에 대한 소유권은 임차인에게 이전된다. 인수한 속구의 총가액과 반환되는 속구의 총가액에 차이가 있는 경우에는, 이를 금전으로 상환하여야 한다. 평가에 있어서는 임대차 종료시의 가격이 기준이 된다.

제583조 [屬具에 대한 賃借人의 質權]

① 토지의 임차인은 토지와 함께 임차한 속구에 관하여 임대인에 대하여 가지는 채권을 위하여, 자신이 점유하게 된 속구물에 질권을 가진다.

② 임대인은 담보를 제공함으로써 임차인의 질권의 행사를 면할 수 있다. 그는 개별 속구물에 대하여 가액에 상당한 담보를 제공함으로써 각각을 질권으로부터 벗어나게 할 수 있다.

§ 583a Verfügungsbeschränkungen bei Inventar

Vertragsbestimmungen, die den Pächter eines Betriebs verpflichten, nicht oder nicht ohne Einwilligung des Verpächters über Inventarstücke zu verfügen oder Inventar an den Verpächter zu veräußern, sind nur wirksam, wenn sich der Verpächter verpflichtet, das Inventar bei der Beendigung des Pachtverhältnisses zum Schätzwert zu erwerben.

§ 584 Kündigungsfrist

(1) Ist bei dem Pachtverhältnis über ein Grundstück oder ein Recht die Pachtzeit nicht bestimmt, so ist die Kündigung nur für den Schluss eines Pachtjahrs zulässig; sie hat spätestens am dritten Werktag des halben Jahres zu erfolgen, mit dessen Ablauf die Pacht enden soll.

(2) Dies gilt auch, wenn das Pachtverhältnis außerordentlich mit der gesetzlichen Frist gekündigt werden kann.

§ 584a Ausschluss bestimmter mietrechtlicher Kündigungsrechte

(1) Dem Pächter steht das in § 540 Abs. 1 bestimmte Kündigungsrecht nicht zu.

(2) Der Verpächter ist nicht berechtigt, das Pachtverhältnis nach § 580 zu kündigen.

§ 584b Verspätete Rückgabe

Gibt der Pächter den gepachteten Gegenstand nach der Beendigung des Pachtverhältnisses nicht zurück, so kann der Verpächter für die Dauer der Vorenthaltung als Entschädigung die vereinbarte Pacht nach dem Verhältnis verlangen, in dem die Nutzungen, die der Pächter während dieser Zeit gezogen hat oder hätte ziehen können, zu den Nutzungen des ganzen Pachtjahrs stehen. Die Geltendmachung eines weiteren Schadens ist nicht ausgeschlossen.

Untertitel 5   Landpachtvertrag

§ 585 Begriff des Landpachtvertrags

(1) Durch den Landpachtvertrag wird ein Grundstück mit den seiner Bewirtschaftung dienenden Wohn- oder Wirtschaftsgebäuden (Betrieb) oder ein Grundstück ohne solche Gebäude überwiegend zur Landwirtschaft verpachtet. Landwirtschaft sind die Bodenbewirtschaftung und die mit der Bodennutzung verbundene Tierhaltung, um pflanzliche oder tierische Erzeugnisse zu gewinnen,

제583조의a [屬具의 處分制限]

영업의 임차인이 속구물을 처분하지 못하거나 임대인의 동의 없이는 처분하지 못하는 것 또는 속구를 임대인에게 양도하는 것을 내용으로 하는 약정은, 임대인이 임대차관계의 종료시에 속구를 평가액으로 취득할 의무를 부담하는 경우에 한하여 효력이 있다.

제584조 [解止期間]

① 부동산 또는 권리의 임대차에서 임대차기간의 정함이 없는 때에는, 임대년賃貸年의 만료로 효력이 발생하는 해지만을 할 수 있다; 반년의 경과로써 임대차가 종료하려면, 해지는 그 반년의 제3 노동일까지 행하여져야 한다.

② 제1항은 그 임대차가 법정기간을 두고 특별해지될 수 있는 경우에도 적용된다.

제584조의a [일정한 使用賃貸借解止權의 排除]

① 임차인은 제540조 제1항에 정하여진 해지권을 가지지 못한다.

② 임대인은 제580조에 따라 임대차를 해지할 권리가 없다.

제584조의b [返還의 遲延]

임차인이 임대차관계의 종료 후에 임대차목적물을 반환하지 아니하는 때에는, 그 억류의 기간에 대하여 임대인은 약정된 차임을 임차인이 그 기간 동안 수취하였거나 수취할 수 있었던 수익의 임대년 전체의 수익에 대한 비율에 따라 손해배상으로 청구할 수 있다. 그 외의 손해의 주장은 배제되지 아니한다.

제5관　農地用益賃貸借契約

제585조 [農地用益賃貸借의 槪念]

① 농지용익임대차계약에 기하여, 토지의 경작에 사용되는 주거용 또는 사업용 건물을 수반하는 토지("농장")가, 또는 그러한 건물이 수반됨이 없이 토지가 주로 농업의 영위를 위하여 용익임대차될 수 있다. 여기서 농업이라 함은 농산물 또는 축산물을 획득하기 위하여 하는 토지경작,

sowie die gartenbauliche Erzeugung.

(2) Für Landpachtverträge gelten § 581 Abs. 1 und die §§ 582 bis 583a sowie die nachfolgenden besonderen Vorschriften.

(3) Die Vorschriften über Landpachtverträge gelten auch für Pachtverhältnisse über forstwirtschaftliche Grundstücke, wenn die Grundstücke zur Nutzung in einem überwiegend landwirtschaftlichen Betrieb verpachtet werden.

§ 585a Form des Landpachtvertrags

Wird der Landpachtvertrag für längere Zeit als zwei Jahre nicht in schriftlicher Form geschlossen, so gilt er für unbestimmte Zeit.

§ 585b Beschreibung der Pachtsache

(1) Der Verpächter und der Pächter sollen bei Beginn des Pachtverhältnisses gemeinsam eine Beschreibung der Pachtsache anfertigen, in der ihr Umfang sowie der Zustand, in dem sie sich bei der Überlassung befindet, festgestellt werden. Dies gilt für die Beendigung des Pachtverhältnisses entsprechend. Die Beschreibung soll mit der Angabe des Tages der Anfertigung versehen werden und ist von beiden Teilen zu unterschreiben.

(2) Weigert sich ein Vertragsteil, bei der Anfertigung einer Beschreibung mitzuwirken, oder ergeben sich bei der Anfertigung Meinungsverschiedenheiten tatsächlicher Art, so kann jeder Vertragsteil verlangen, dass eine Beschreibung durch einen Sachverständigen angefertigt wird, es sei denn, dass seit der Überlassung der Pachtsache mehr als neun Monate oder seit der Beendigung des Pachtverhältnisses mehr als drei Monate verstrichen sind; der Sachverständige wird auf Antrag durch das Landwirtschaftsgericht ernannt. Die insoweit entstehenden Kosten trägt jeder Vertragsteil zur Hälfte.

(3) Ist eine Beschreibung der genannten Art angefertigt, so wird im Verhältnis der Vertragsteile zueinander vermutet, dass sie richtig ist.

§ 586 Vertragstypische Pflichten beim Landpachtvertrag

(1) Der Verpächter hat die Pachtsache dem Pächter in einem zu der vertragsmäßigen Nutzung geeigneten Zustand zu überlassen und sie während der Pachtzeit in diesem Zustand zu erhalten. Der Pächter hat jedoch die gewöhnlichen Ausbesserungen der Pachtsache, insbesondere die der Wohn- und Wirtschaftsgebäude, der Wege, Gräben, Dränungen und Einfriedigungen, auf seine Kosten durchzuführen. Er ist zur ordnungsmäßigen Bewirtschaftung der Pacht-

또는 토지이용이 수반되는 동물사육, 그리고 원예생산을 말한다.

② 농지용익임대차에는 제581조 제 1 항 및 제582조 내지 제583조의a, 그리고 이하의 특별규정이 적용된다.

③ 임업용지가 주로 농업용인 농장 내에서의 이용을 위하여 용익임대되는 경우에는 그 임업용지의 용익임대차에 대하여도 농지용익임대차에 관한 규정이 적용된다.

제585조의a [農地用益賃貸借契約의 方式]

2년을 넘는 기간으로 체결되는 농지임대차계약이 서면방식으로 체결되지 아니한 때에는, 그 계약은 기간의 정함이 없이 체결된 것으로 본다.

제585조의b [目的物의 現況書]

① 임대인과 임차인은 임대차관계가 시작될 때에 공동으로 목적물의 범위 및 목적물을 인도한 당시의 그 상태를 명시한 임대차목적물의 설명서를 작성하여야 한다. 이는 임대차 종료시에도 준용된다. 그 서면에는 작성일자를 기재하고 쌍방 당사자가 서명하여야 한다.

② 당사자의 일방이 그 서면의 작성에 대하여 협력을 거부한 경우 또는 작성에 있어서 사실에 관하여 서로 의견이 상이한 경우에는, 각 당사자는 감정인에 의하여 서면을 작성할 것을 청구할 수 있다, 그러나 목적물이 인도된 때로부터 9개월이 경과하거나 임대차관계가 종료한 때로부터 3개월이 경과한 때에는 그러하지 아니하다; 감정인은 신청에 의하여 농업법원에 의하여 선임된다. 이로 인하여 발생한 비용은 각 당사자가 반분하여 부담한다.

③ 제 1 항, 제 2 항의 서면이 작성된 때에는 당사자 상호간의 관계에 있어서 그 내용이 사실에 부합하는 것으로 추정된다.

제586조 [農地用益賃貸借契約에서의 典型的 義務]

① 임대인은 목적물을 계약에 좇은 사용에 적합한 상태로 임차인에게 인도하고, 임대차기간 동안 이를 그 상태로 유지하여야 한다. 그러나 임차인은 자신의 비용으로 목적물에 대한 통상의 수선, 특히 거주용 및 사업용의 건물, 도로, 도랑, 배수시설 및 담의 통상의 수선을 행하여야 한

sache verpflichtet.

(2) Für die Haftung des Verpächters für Sach- und Rechtsmängel der Pachtsache sowie für die Rechte und Pflichten des Pächters wegen solcher Mängel gelten die Vorschriften des § 536 Abs. 1 bis 3 und der §§ 536a bis 536d entsprechend.

§ 586a Lasten der Pachtsache
Der Verpächter hat die auf der Pachtsache ruhenden Lasten zu tragen.

§ 587 Fälligkeit der Pacht; Entrichtung der Pacht bei persönlicher Verhinderung des Pächters
(1) Die Pacht ist am Ende der Pachtzeit zu entrichten. Ist die Pacht nach Zeitabschnitten bemessen, so ist sie am ersten Werktag nach dem Ablauf der einzelnen Zeitabschnitte zu entrichten.

(2) Der Pächter wird von der Entrichtung der Pacht nicht dadurch befreit, dass er durch einen in seiner Person liegenden Grund an der Ausübung des ihm zustehenden Nutzungsrechts verhindert ist. § 537 Abs. 1 Satz 2 und Abs. 2 gilt entsprechend.

§ 588 Maßnahmen zur Erhaltung oder Verbesserung
(1) Der Pächter hat Einwirkungen auf die Pachtsache zu dulden, die zu ihrer Erhaltung erforderlich sind.

(2) Maßnahmen zur Verbesserung der Pachtsache hat der Pächter zu dulden, es sei denn, dass die Maßnahme für ihn eine Härte bedeuten würde, die auch unter Würdigung der berechtigten Interessen des Verpächters nicht zu rechtfertigen ist. Der Verpächter hat die dem Pächter durch die Maßnahme entstandenen Aufwendungen und entgangenen Erträge in einem den Umständen nach angemessenen Umfang zu ersetzen. Auf Verlangen hat der Verpächter Vorschuss zu leisten.

(3) Soweit der Pächter infolge von Maßnahmen nach Absatz 2 Satz 1 höhere Erträge erzielt oder bei ordnungsmäßiger Bewirtschaftung erzielen könnte, kann der Verpächter verlangen, dass der Pächter in eine angemessene Erhöhung der Pacht einwilligt, es sei denn, dass dem Pächter eine Erhöhung der Pacht nach den Verhältnissen des Betriebs nicht zugemutet werden kann.

(4) Über Streitigkeiten nach den Absätzen 1 und 2 entscheidet auf Antrag das Landwirtschaftsgericht. Verweigert der Pächter in den Fällen des Absatzes 3

다. 그는 목적물을 정상적으로 경작할 의무를 진다.

② 목적물에 존재하는 물건 또는 권리의 하자에 대한 임대인의 책임 및 그러한 하자로 인한 임차인의 권리와 의무에 대하여는 제536조 제 1 항 내지 제 3 항 및 제536조의a 내지 제536조의d가 준용된다.

제586조의a [目的物의 負擔]

임대인은 목적물에 관한 부담을 진다.

제587조 [借賃의 履行期; 賃借人의 一身上 障碍와 借賃支給]

① 차임은 임대차기간의 종료시에 지급하여야 한다. 차임이 일정한 기간 단위로 정하여진 때에는, 차임은 각 단위기간이 경과한 후 최초의 노동일에 지급하여야 한다.

② 임차인은 일신상의 사유로 자신의 용익권을 행사할 수 없음을 이유로 하여 차임의 지급을 면하지 못한다. 제537조 제 1 항 제 2 문, 제 2 항이 이에 준용된다.

제588조 [保存 또는 改良을 위한 措置]

① 임차인은 목적물의 보존에 필요하여 행하여지는 목적물에 대한 간섭을 인용忍容하여야 한다.

② 임차인은 목적물의 개량을 위한 조치를 인용하여야 한다, 그러나 그 조치가 임차인에게 가혹한 것으로서 임대인의 정당한 이익을 형량하더라도 정당화되지 아니할 경우에는 그러하지 아니하다. 임대인은 이러한 조치로 인하여 임차인에게 발생한 비용과 일실한 수득을 제반 사정에 비추어 적절한 범위에서 임차인에게 상환하여야 한다. 청구가 있으면 임대인은 이를 미리 지급하여야 한다.

③ 임차인이 제 2 항 제 1 문에 정하여진 조치에 의하여 보다 많은 수익을 얻었거나 정상적인 경작을 하였더라면 얻을 수 있었던 경우에는, 임대인은 임차인이 적절한 차임인상에 동의할 것을 청구할 수 있다, 그러나 임차인에 있어서 차임인상이 농장의 제반 상태에 비추어 기대될 수 없는 경우에는 그러하지 아니하다.

④ 제 1 항 및 제 2 항에 관한 분쟁은 청구에 의하여 농업법원이 재판한

seine Einwilligung, so kann sie das Landwirtschaftsgericht auf Antrag des Verpächters ersetzen.

§ 589 Nutzungsüberlassung an Dritte

(1) Der Pächter ist ohne Erlaubnis des Verpächters nicht berechtigt,

1. die Nutzung der Pachtsache einem Dritten zu überlassen, insbesondere die Sache weiter zu verpachten,

2. die Pachtsache ganz oder teilweise einem landwirtschaftlichen Zusammenschluss zum Zwecke der gemeinsamen Nutzung zu überlassen.

(2) Überlässt der Pächter die Nutzung der Pachtsache einem Dritten, so hat er ein Verschulden, dass dem Dritten bei der Nutzung zur Last fällt, zu vertreten, auch wenn der Verpächter die Erlaubnis zur Überlassung erteilt hat.

§ 590 Änderung der landwirtschaftlichen Bestimmung oder der bisherigen Nutzung

(1) Der Pächter darf die landwirtschaftliche Bestimmung der Pachtsache nur mit vorheriger Erlaubnis des Verpächters ändern.

(2) Zur Änderung der bisherigen Nutzung der Pachtsache ist die vorherige Erlaubnis des Verpächters nur dann erforderlich, wenn durch die Änderung die Art der Nutzung über die Pachtzeit hinaus beeinflusst wird. Der Pächter darf Gebäude nur mit vorheriger Erlaubnis des Verpächters errichten. Verweigert der Verpächter die Erlaubnis, so kann sie auf Antrag des Pächters durch das Landwirtschaftsgericht ersetzt werden, soweit die Änderung zur Erhaltung oder nachhaltigen Verbesserung der Rentabilität des Betriebs geeignet erscheint und dem Verpächter bei Berücksichtigung seiner berechtigten Interessen zugemutet werden kann. Dies gilt nicht, wenn der Pachtvertrag gekündigt ist oder das Pachtverhältnis in weniger als drei Jahren endet. Das Landwirtschaftsgericht kann die Erlaubnis unter Bedingungen und Auflagen ersetzen, insbesondere eine Sicherheitsleistung anordnen sowie Art und Umfang der Sicherheit bestimmen. Ist die Veranlassung für die Sicherheitsleistung weggefallen, so entscheidet auf Antrag das Landwirtschaftsgericht über die Rückgabe der Sicherheit; § 109 der Zivilprozessordnung gilt entsprechend.

(3) Hat der Pächter das nach § 582a zum Schätzwert übernommene Inventar im Zusammenhang mit einer Änderung der Nutzung der Pachtsache wesentlich vermindert, so kann der Verpächter schon während der Pachtzeit einen Geldausgleich in entsprechender Anwendung des § 582a Abs. 3 verlangen, es sei

다. 제 3 항의 경우에 임차인이 동의를 거절하는 때에는 농업법원이 임대
인의 청구에 의하여 이를 대체할 수 있다.

제589조 [第三者에의 用益移轉]

① 임차인은 임대인의 승낙 없이는 다음 각 호의 행위를 할 수 없다,

 1. 목적물의 용익을 제 3 자에게 이전하는 것, 특히 물건을 다시 용익임
   대하는 것,

 2. 공동용익의 목적으로 목적물의 전부 또는 일부를 농업연합체에 넘
   기는 것.

② 임차인이 제 3 자에게 목적물의 용익을 이전한 때에는, 임대인이 그
이전을 승낙한 경우에도, 임차인은 제 3 자가 용익에 있어서 범한 과책에
대하여 책임이 있다.

제590조 [農業用途 또는 從前用益의 變更]

① 임차인은 임대인의 사전 허락이 있는 때에만 목적물의 농업용도를
변경할 수 있다.

② 목적물의 종전 용익을 변경하는 것이 임대차기간을 넘어서 용익의
성질에 영향을 미치는 경우에 한하여 그 변경에 임대인의 사전 승낙이
요구된다. 임차인은 임대인의 사전 허락이 있는 때에만 건물을 건축할
수 있다. 임대인이 허락을 거절하는 경우에, 그 변경이 농장의 수익성의
지속 또는 계속적 개선을 위하여 적절한 것으로 여겨지고 또한 임대인의
정당한 이익을 고려할 때 그에게 그 변경이 기대될 수 있는 때에는, 농업
법원은 임차인의 청구에 의하여 임대인에 갈음하여 이를 허락할 수 있
다. 임대차가 해지되거나 임대차관계가 3년 이내에 종료하는 경우에는
그러하지 아니하다. 농업법원은 조건부 또는 부담부로 허락할 수 있으
며, 특히 담보의 제공을 그 종류와 범위를 정하여 명할 수 있다. 담보를
제공할 필요가 없게 된 경우에는, 농업법원이 청구에 의하여 담보의 반
환에 대하여 결정한다; 민사소송법 제109조는 이에 준용된다.

③ 임차인이 제582조의a에 의하여 평가액을 정하여 인수한 속구를 목적
물의 용익의 변경과 관련하여 현저히 감소시킨 때에는 임대인은 임대차
관계가 존속하는 중이라도 제582조의a 제 3 항을 준용하여 금전에 의한

denn, dass der Erlös der veräußerten Inventarstücke zu einer zur Höhe des Erlöses in angemessenem Verhältnis stehenden Verbesserung der Pachtsache nach § 591 verwendet worden ist.

§ 590a   Vertragswidriger Gebrauch

Macht der Pächter von der Pachtsache einen vertragswidrigen Gebrauch und setzt er den Gebrauch ungeachtet einer Abmahnung des Verpächters fort, so kann der Verpächter auf Unterlassung klagen.

§ 590b   Notwendige Verwendungen

Der Verpächter ist verpflichtet, dem Pächter die notwendigen Verwendungen auf die Pachtsache zu ersetzen.

§ 591   Wertverbessernde Verwendungen

(1) Andere als notwendige Verwendungen, denen der Verpächter zugestimmt hat, hat er dem Pächter bei Beendigung des Pachtverhältnisses zu ersetzen, soweit die Verwendungen den Wert der Pachtsache über die Pachtzeit hinaus erhöhen (Mehrwert).

(2) Weigert sich der Verpächter, den Verwendungen zuzustimmen, so kann die Zustimmung auf Antrag des Pächters durch das Landwirtschaftsgericht ersetzt werden, soweit die Verwendungen zur Erhaltung oder nachhaltigen Verbesserung der Rentabilität des Betriebs geeignet sind und dem Verpächter bei Berücksichtigung seiner berechtigten Interessen zugemutet werden können. Dies gilt nicht, wenn der Pachtvertrag gekündigt ist oder das Pachtverhältnis in weniger als drei Jahren endet. Das Landwirtschaftsgericht kann die Zustimmung unter Bedingungen und Auflagen ersetzen.

(3) Das Landwirtschaftsgericht kann auf Antrag auch über den Mehrwert Bestimmungen treffen und ihn festsetzen. Es kann bestimmen, dass der Verpächter den Mehrwert nur in Teilbeträgen zu ersetzen hat, und kann Bedingungen für die Bewilligung solcher Teilzahlungen festsetzen. Ist dem Verpächter ein Ersatz des Mehrwerts bei Beendigung des Pachtverhältnisses auch in Teilbeträgen nicht zuzumuten, so kann der Pächter nur verlangen, dass das Pachtverhältnis zu den bisherigen Bedingungen so lange fortgesetzt wird, bis der Mehrwert der Pachtsache abgegolten ist. Kommt keine Einigung zustande, so entscheidet auf Antrag das Landwirtschaftsgericht über eine Fortsetzung des Pachtverhältnisses.

상환을 청구할 수 있다, 그러나 양도된 속구물의 대가를 제591조에 의하여 그 금액에 상당하는 목적물의 개량에 사용한 때에는 그러하지 아니하다.

제590조의a [契約에 반하는 使用]

임차인이 목적물을 계약에 반하여 사용하고 임대인의 계고에도 불구하고 이를 계속하는 때에는, 임대인은 부작위를 소구할 수 있다.

제590조의b [必要費]

임대인은 임차인에 대하여 목적물에 지출한 필요비를 상환할 의무를 진다.

제591조 [有益費]

① 필요비 이외의 비용으로서 임대인이 그 지출에 동의하였고 또한 그것이 목적물의 가치를 임대차기간을 넘어서 증가시키는 경우에는("증가가치"), 임대인은 임대차관계의 종료시에 이를 임차인에게 상환하여야 한다.

② 임대인이 비용지출에 대한 동의를 거절하는 경우에, 그 지출이 농장의 수익성의 지속 또는 계속적 개선을 위하여 적절하고 또한 임대인의 정당한 이익을 고려할 때 그에게 그 지출이 기대될 수 있는 때에는, 농업법원은 임차인의 청구에 의하여 임대인에 갈음하여 이에 동의할 수 있다. 임대차가 해지되는 경우 또는 임대차관계가 3년 이내에 종료하는 경우에는 그러하지 아니하다. 농업법원은 조건부 또는 부담부로 동의할 수 있다.

③ 농업법원은 청구에 의하여 증가가치에 관하여도 결정을 하고 그 액을 확정할 수 있다. 농업법원은 임대인이 증가가치를 분할하여 상환할 것을 결정할 수 있고, 또 그러한 분할지급을 허용하기 위한 조건을 확정할 수 있다. 임대인에 있어서 임대차관계의 종료시에 분할지급으로라도 증가가치를 상환하는 것이 기대될 수 없는 때에는, 임차인은 목적물의 증가가치가 상환될 때까지 종전과 같은 조건으로 임대차관계를 연장하는 것만을 청구할 수 있다. 합의가 성립하지 아니하는 경우에는, 농업법원이 청구에 의하여 임대차관계의 연장에 관하여 결정한다.

§ 591a Wegnahme von Einrichtungen

Der Pächter ist berechtigt, eine Einrichtung, mit der er die Sache versehen hat, wegzunehmen. Der Verpächter kann die Ausübung des Wegnahmerechts durch Zahlung einer angemessenen Entschädigung abwenden, es sei denn, dass der Pächter ein berechtigtes Interesse an der Wegnahme hat. Eine Vereinbarung, durch die das Wegnahmerecht des Pächters ausgeschlossen wird, ist nur wirksam, wenn ein angemessener Ausgleich vorgesehen ist.

§ 591b Verjährung von Ersatzansprüchen

(1) Die Ersatzansprüche des Verpächters wegen Veränderung oder Verschlechterung der verpachteten Sache sowie die Ansprüche des Pächters auf Ersatz von Verwendungen oder auf Gestattung der Wegnahme einer Einrichtung verjähren in sechs Monaten.

(2) Die Verjährung der Ersatzansprüche des Verpächters beginnt mit dem Zeitpunkt, in welchem er die Sache zurückerhält. Die Verjährung der Ansprüche des Pächters beginnt mit der Beendigung des Pachtverhältnisses.

(3) Mit der Verjährung des Anspruchs des Verpächters auf Rückgabe der Sache verjähren auch die Ersatzansprüche des Verpächters.

§ 592 Verpächterpfandrecht

Der Verpächter hat für seine Forderungen aus dem Pachtverhältnis ein Pfandrecht an den eingebrachten Sachen des Pächters sowie an den Früchten der Pachtsache. Für künftige Entschädigungsforderungen kann das Pfandrecht nicht geltend gemacht werden. Das Pfandrecht erstreckt sich nur auf Sachen, die der Pfändung unterliegen; betreibt der Pächter Landwirtschaft, erstreckt sich das Pfandrecht auch auf Sachen im Sinne des § 811 Absatz 1 Nummer 1 Buchstabe b und Tiere im Sinne des § 811 Absatz 1 Nummer 8 Buchstabe b der Zivilprozessordnung. Die Vorschriften der §§ 562a bis 562c gelten entsprechend.

§ 593 Änderung von Landpachtverträgen

(1) Haben sich nach Abschluss des Pachtvertrags die Verhältnisse, die für die Festsetzung der Vertragsleistungen maßgebend waren, nachhaltig so geändert, dass die gegenseitigen Verpflichtungen in ein grobes Missverhältnis zueinander geraten sind, so kann jeder Vertragsteil eine Änderung des Vertrags mit Ausnahme der Pachtdauer verlangen. Verbessert oder verschlechtert sich infolge der Bewirtschaftung der Pachtsache durch den Pächter deren Ertrag, so kann, soweit nichts anderes vereinbart ist, eine Änderung der Pacht nicht

제591조의a [設備의 收去]

임차인은 그가 목적물에 부속시킨 설비를 수거할 수 있다. 임대인은 적절한 보상을 지급함으로써 수거권의 행사를 면할 수 있다, 그러나 임차인이 수거에 대하여 정당한 이익이 있는 때에는 그러하지 아니하다. 임차인의 수거권을 배제하는 약정은 적절한 보상이 정하여진 경우에만 효력이 있다.

제591조의b [賠償請求權의 消滅時效]

① 목적물의 변경 또는 훼손으로 인한 임대인의 배상청구권과 임차인의 비용상환청구권 또는 설비수거인용청구권은 6개월의 소멸시효에 걸린다.

② 임대인의 배상청구권의 소멸시효는 물건을 반환받는 때로부터 진행된다. 임차인의 청구권의 소멸시효는 임대차관계의 종료시로부터 진행된다.

③ 임대인의 목적물반환청구권에 대하여 소멸시효가 완성한 때에는, 임대인의 배상청구권에 대하여도 소멸시효가 완성한다.

제592조 [賃貸人質權]

임대인은 임대차관계로부터 발생하는 채권을 위하여, 반입된 임차인의 물건에, 그리고 목적물의 과실에 질권을 가진다. 장래의 손해배상청구권을 위하여는 질권을 행사할 수 없다. 그 질권은 압류의 대상이 되는 물건에만 확장되어 미친다; 임차인이 농업을 영위하는 경우에는 질권은 민사소송법 제811조 제 1 항 제 1 호 b목 소정의 물건 그리고 동법 제811조 제 1 항 제 8 호 b목 소정의 동물에도 미친다. 제562조의a 내지 제562조의c 는 이에 준용된다.

제593조 [農地用益賃貸借契約의 變更]

① 임대차계약의 체결 후에 계약상 급부의 결정에 기준이 되었던 제반사정이 영속적으로 변경되어 쌍방의 의무가 현저히 불균형하게 된 때에는 각 계약당사자는 존속기간을 제외하고 계약의 변경을 청구할 수 있다. 임차인에 의한 목적물의 경작으로 말미암아 그 수득이 증가하거나

verlangt werden.

(2) Eine Änderung kann frühestens zwei Jahre nach Beginn des Pachtverhältnisses oder nach dem Wirksamwerden der letzten Änderung der Vertragsleistungen verlangt werden. Dies gilt nicht, wenn verwüstende Naturereignisse,
gegen die ein Versicherungsschutz nicht üblich ist, das Verhältnis der Vertragsleistungen grundlegend und nachhaltig verändert haben.

(3) Die Änderung kann nicht für eine frühere Zeit als für das Pachtjahr
verlangt werden, in dem das Änderungsverlangen erklärt wird.

(4) Weigert sich ein Vertragsteil, in eine Änderung des Vertrags einzuwilligen,
so kann der andere Teil die Entscheidung des Landwirtschaftsgerichts beantragen.

(5) Auf das Recht, eine Änderung des Vertrags nach den Absätzen 1 bis 4 zu
verlangen, kann nicht verzichtet werden. Eine Vereinbarung, dass einem
Vertragsteil besondere Nachteile oder Vorteile erwachsen sollen, wenn er die
Rechte nach den Absätzen 1 bis 4 ausübt oder nicht ausübt, ist unwirksam.

§ 593a Betriebsübergabe

Wird bei der Übergabe eines Betriebs im Wege der vorweggenommenen
Erbfolge ein zugepachtetes Grundstück, das der Landwirtschaft dient, mit übergeben, so tritt der Übernehmer anstelle des Pächters in den Pachtvertrag ein.
Der Verpächter ist von der Betriebsübergabe jedoch unverzüglich zu benachrichtigen. Ist die ordnungsmäßige Bewirtschaftung der Pachtsache durch den
Übernehmer nicht gewährleistet, so ist der Verpächter berechtigt, da Pachtverhältnis außerordentlich mit der gesetzlichen Frist zu kündigen.

§ 593b Veräußerung oder Belastung des verpachteten Grundstücks

Wird das verpachtete Grundstück veräußert oder mit dem Recht eines Dritten belastet, so gelten die §§ 566 bis 567b entsprechend.

§ 594 Ende und Verlängerung des Pachtverhältnisses

Das Pachtverhältnis endet mit dem Ablauf der Zeit, für die es eingegangen ist.
ist. Es verlängert sich bei Pachtverträgen, die auf mindestens drei Jahre
geschlossen worden sind, auf unbestimmte Zeit, wenn auf die Anfrage eines
Vertragsteils, ob der andere Teil zur Fortsetzung des Pachtverhältnisses bereit
ist, dieser nicht binnen einer Frist von drei Monaten die Fortsetzung ablehnt.

감소한 때에는 달리 약정되지 아니한 한 차임의 변경을 청구할 수 없다.
② 임대차가 개시된 후 또는 계약상 급부의 최종의 변경이 효력이 발생
한 후 2년이 경과하지 아니하면 변경은 행하여질 수 없다. 보험에 의한
보호가 통상적으로는 인정되지 아니하는 파멸적 자연현상으로 인하여
계약상 급부의 관계가 근본적이고 영속적으로 변경된 때에는 그러하지
아니하다.
③ 변경은 그 청구가 표시된 임대년에 앞선 시기에 대하여는 청구될 수
없다.
④ 계약당사자 일방이 계약 변경에의 동의를 거절한 때에는, 상대방은
농업법원의 재판을 신청할 수 있다.
⑤ 제1항 내지 제4항에 의하여 계약의 변경을 청구하는 권리는 포기할
수 없다. 계약당사자 일방이 제1항 내지 제4항의 권리를 행사하거나
행사하지 아니하면 그에게 특별한 불이익 또는 이익을 주기로 하는 약정
은 효력이 없다.

제593조의a [農場讓渡]

사전상속으로 농장을 양도함에 있어서 농업에 기여하는 용익임차토지
를 같이 양도하는 경우에는, 농장양수인은 그 용익임차인의 임대차계약
상의 지위를 승계한다. 그러나 용익임대인에 대하여 지체없이 농장양도
의 통지가 행하여져야 한다. 양수인이 임대차목적물을 정상적으로 경작
하는 것이 담보되지 아니하는 때에는, 임대인은 법정의 해지기간을 두어
임대차를 해지할 수 있다.

제593조의b [賃貸借土地에 대한 負擔의 移轉]

임대토지가 양도되거나 제3자의 권리가 그에 설정된 때에는 제566조 내
지 제567조의b가 준용된다.

제594조 [賃貸借關係의 終了와 延長]

임대차관계는 임대약정기간의 경과로 종료한다. 3년 이상의 기간으로 행
하여진 임대차계약은 계약당사자 일방이 상대방에 대하여 임대차관계를
연장할 의사가 있는가를 문의한 데 대하여 상대방이 3개월의 기간 내에

Die Anfrage und die Ablehnung bedürfen der schriftlichen Form. Die Anfrage ist ohne Wirkung, wenn in ihr nicht auf die Folge der Nichtbeachtung ausdrücklich hingewiesen wird und wenn sie nicht innerhalb des drittletzten Pachtjahrs gestellt wird.

§ 594a Kündigungsfristen

(1) Ist die Pachtzeit nicht bestimmt, so kann jeder Vertragsteil das Pachtverhältnis spätestens am dritten Werktag eines Pachtjahrs für den Schluss des nächsten Pachtjahrs kündigen. Im Zweifel gilt das Kalenderjahr als Pachtjahr. Die Vereinbarung einer kürzeren Frist bedarf der Schriftform.

(2) Für die Fälle, in denen das Pachtverhältnis außerordentlich mit der gesetzlichen Frist vorzeitig gekündigt werden kann, ist die Kündigung nur für den Schluss eines Pachtjahrs zulässig; sie hat spätestens am dritten Werktag des halben Jahres zu erfolgen, mit dessen Ablauf die Pacht enden soll.

§ 594b Vertrag über mehr als 30 Jahre

Wird ein Pachtvertrag für eine längere Zeit als 30 Jahre geschlossen, so kann nach 30 Jahren jeder Vertragsteil das Pachtverhältnis spätestens am dritten Werktag eines Pachtjahrs für den Schluss des nächsten Pachtjahrs kündigen. Die Kündigung ist nicht zulässig, wenn der Vertrag für die Lebenszeit des Verpächters oder des Pächters geschlossen ist.

§ 594c Kündigung bei Berufsunfähigkeit des Pächters

Ist der Pächter berufsunfähig im Sinne der Vorschriften der gesetzlichen Rentenversicherung geworden, so kann er das Pachtverhältnis außerordentlich mit der gesetzlichen Frist kündigen, wenn der Verpächter der Überlassung der Pachtsache zur Nutzung an einen Dritten, der eine ordnungsmäßige Bewirtschaftung gewährleistet, widerspricht. Eine abweichende Vereinbarung ist unwirksam.

§ 594d Tod des Pächters

(1) Stirbt der Pächter, so sind sowohl seine Erben als auch der Verpächter innerhalb eines Monats, nachdem sie vom Tod des Pächters Kenntnis erlangt haben, berechtigt, das Pachtverhältnis mit einer Frist von sechs Monaten zum Ende eines Kalendervierteljahrs zu kündigen.

(2) Die Erben können der Kündigung des Verpächters widersprechen und die

그 연장을 거절하지 아니한 때에는 기간의 정함이 없이 연장된다. 문의
와 거절은 서면방식을 요한다. 문의가 이에 답하지 아니하는 경우의 결
과를 명확하게 지적하지 아니한 때 또 종료시로부터 소급하여 3년째의
임대년 중에 행하여지지 아니한 때에는, 그 문의는 효력이 없다.

제594조의a [解止期間]

① 임대차기간의 정함이 없는 때에는 각 계약당사자는 임대년의 제 3 노
동일까지 해지함으로써 그 다음 임대년의 만료로 효력이 발생하는 해지
를 할 권리가 있다. 의심스러운 때에는 역년을 임대년으로 한다. 보다 짧
은 해지기간을 약정함에는 서면방식을 요한다.

② 임대차가 기한 전에 법정기간을 두어 해지될 수 있는 경우에 대하여
는, 임대년의 만료로 효력이 발생하는 해지만을 할 수 있다; 그 해지는,
반년의 경과로써 임대차가 종료되려면, 그 반년의 제 3 노동일까지 행하
여져야 한다.

제594조의b [30년을 넘는 契約]

임대차계약이 30년을 넘는 기간으로 체결된 경우에, 각 계약당사자는, 30
년이 경과한 후에는, 임대년의 제 3 노동일까지 해지하면 다음 임대년의
만료로 효력이 발생하는 임대차의 해지를 할 수 있다. 계약이 임대인 또
는 임차인의 종신까지로 체결된 때에는 해지를 할 수 없다.

제594조의c [賃借人의 業務遂行不能時의 解止]

임차인이 법정의 연금보험에 관한 규정의 의미에서 업무수행불능이 된
경우에, 임대인이 목적물을 정상적인 경작이 보장되는 제 3 자에게 용익
을 위하여 인도하는 것에 이의하는 때에는, 임차인은 임대차를 법정의
해지기간을 두어 해지할 수 있다. 이와 다른 약정은 효력이 없다.

제594조의d [賃借人의 死亡]

① 임차인이 사망한 경우에 상속인 및 임대인은 임차인의 사망을 안 때
로부터 1개월 안에 6개월의 해지기간을 두어 사분역년四分曆年의 종료시
에 효력이 발생하는 해지를 할 권리가 있다.

② 상속인 또는 그의 위임을 받은 공동상속인이나 제 3 자가 목적물을

Fortsetzung des Pachtverhältnisses verlangen, wenn die ordnungsmäßige Bewirtschaftung der Pachtsache durch sie oder durch einen von ihnen beauftragten Miterben oder Dritten gewährleistet erscheint. Der Verpächter kann die Fortsetzung des Pachtverhältnisses ablehnen, wenn die Erben den Widerspruch nicht spätestens drei Monate vor Ablauf des Pachtverhältnisses erklärt und die Umstände mitgeteilt haben, nach denen die weitere ordnungsmäßige Bewirtschaftung der Pachtsache gewährleistet erscheint. Die Widerspruchserklärung und die Mitteilung bedürfen der schriftlichen Form. Kommt keine Einigung zustande, so entscheidet auf Antrag das Landwirtschaftsgericht.

(3) Gegenüber einer Kündigung des Verpächters nach Absatz 1 ist ein Fortsetzungsverlangen des Erben nach § 595 ausgeschlossen.

§ 594e Außerordentliche fristlose Kündigung aus wichtigem Grund

(1) Die außerordentliche fristlose Kündigung des Pachtverhältnisses ist in entsprechender Anwendung der §§ 543, 569 Abs. 1 und 2 zulässig.

(2) Abweichend von § 543 Abs. 2 Nr. 3 Buchstabe a und b liegt ein wichtiger Grund insbesondere vor, wenn der Pächter mit der Entrichtung der Pacht oder eines nicht unerheblichen Teils der Pacht länger als drei Monate in Verzug ist. Ist die Pacht nach Zeitabschnitten von weniger als einem Jahr bemessen, so ist die Kündigung erst zulässig, wenn der Pächter für zwei aufeinander folgende Termine mit der Entrichtung der Pacht oder eines nicht unerheblichen Teils der Pacht in Verzug ist.

§ 594f Schriftform der Kündigung

Die Kündigung bedarf der schriftlichen Form.

§ 595 Fortsetzung des Pachtverhältnisses

(1) Der Pächter kann vom Verpächter die Fortsetzung des Pachtverhältnisses verlangen, wenn

1. bei einem Betriebspachtverhältnis der Betrieb seine wirtschaftliche Lebensgrundlage bildet,

2. bei dem Pachtverhältnis über ein Grundstück der Pächter auf dieses Grundstück zur Aufrechterhaltung seines Betriebs, der seine wirtschaftliche Lebensgrundlage bildet, angewiesen ist

und die vertragsmäßige Beendigung des Pachtverhältnisses für den Pächter oder seine Familie eine Härte bedeuten würde, die auch unter Würdigung der berechtigten Interessen des Verpächters nicht zu rechtfertigen ist. Die Fortsetzung kann unter diesen Voraussetzungen wiederholt verlangt werden.

정상적으로 경작하는 것이 보장된다고 여겨지는 경우에는, 상속인은 임대인의 해지에 이의하고 임대차관계의 계속을 청구할 수 있다. 상속인이 임대차관계가 종료되기 3개월 전까지 이의하지 아니하였고 또한 목적물의 정상적 경작이 보장된다고 여겨지게 하는 제반 사정을 그 때까지 통지하지 아니한 때에는, 임대인은 임대차관계의 계속을 거절할 수 있다. 이의의 의사표시와 통지는 서면방식을 요한다. 당사자가 합의에 이르지 못하는 경우에는, 청구에 의하여 농업법원이 결정한다.

③ 제 1 항에 의한 임대인의 해지에 대하여 상속인은 제595조에 의한 계속청구를 할 수 없다.

제594조의e [重大한 事由에 기한 特別卽時解止]

① 임대차관계의 특별즉시해지는 제543조, 제569조 제 1 항 및 제 2 항을 준용하여 이를 할 수 있다.

② 제543조 제 2 항 제 3 호 a목 및 b목과는 달리, 특히 임차인이 차임 또는 상당한 부분의 차임의 지급을 3개월 이상 지체한 때에는 중대한 사유가 인정된다. 차임이 1년보다 짧은 단위기간으로 정하여진 경우에는, 임차인이 2기에 연속하여 차임 또는 상당한 부분의 차임의 지급을 지체한 때에 비로소 해지할 수 있다.

제594조의f [解止의 書面方式]

해지는 서면방식을 요한다.

제595조 [賃貸借關係의 繼續]

① 임차인은, 다음 각 호의 사정이 있고, 임대차관계가 계약대로 종료하는 것이 임차인이나 그 가족에게 가혹한 것으로서 임대인의 정당한 이익을 형량하더라도 정당화되지 아니할 경우에는, 임대인에 대하여 임대차관계의 계속을 청구할 수 있다,

  1. 농장임대차에서 그 농장이 그의 경제적 생활기초를 이루고 있는 것,
  2. 토지임대차에서 임대인이 그의 경제적 생활기초를 이루고 있는 농장을 유지하기 위하여 그 토지에 의존하고 있는 것.

임대차관계의 계속은 이러한 요건 아래서 반복적으로 청구될 수 있다.

(2) Im Falle des Absatzes 1 kann der Pächter verlangen, dass das Pachtverhältnis so lange fortgesetzt wird, wie dies unter Berücksichtigung aller Umstände angemessen ist. Ist dem Verpächter nicht zuzumuten, das Pachtverhältnis nach den bisher geltenden Vertragsbedingungen fortzusetzen, so kann der Pächter nur verlangen, dass es unter einer angemessenen Änderung der Bedingungen fortgesetzt wird.

(3) Der Pächter kann die Fortsetzung des Pachtverhältnisses nicht verlangen, wenn

1. er das Pachtverhältnis gekündigt hat,

2. der Verpächter zur außerordentlichen fristlosen Kündigung oder im Falle des § 593a zur außerordentlichen Kündigung mit der gesetzlichen Frist berechtigt ist,

3. die Laufzeit des Vertrags bei einem Pachtverhältnis über einen Betrieb, der Zupachtung von Grundstücken, durch die ein Betrieb entsteht, oder bei einem Pachtverhältnis über Moor- und Odland, das vom Pächter kultiviert worden ist, auf mindestens 18 Jahre, bei der Pacht anderer Grundstücke auf mindestens zwölf Jahre vereinbart ist,

4. der Verpächter die nur vorübergehend verpachtete Sache in eigene Nutzung nehmen oder zur Erfüllung gesetzlicher oder sonstiger öffentlicher Aufgaben verwenden will.

(4) Die Erklärung des Pächters, mit der er die Fortsetzung des Pachtverhältnisses verlangt, bedarf der schriftlichen Form. Auf Verlangen des Verpächters soll der Pächter über die Gründe des Fortsetzungsverlangens unverzüglich Auskunft erteilen.

(5) Der Verpächter kann die Fortsetzung des Pachtverhältnisses ablehnen, wenn der Pächter die Fortsetzung nicht mindestens ein Jahr vor Beendigung des Pachtverhältnisses vom Verpächter verlangt oder auf eine Anfrage des Verpächters nach § 594 die Fortsetzung abgelehnt hat. Ist eine zwölfmonatige oder kürzere Kündigungsfrist vereinbart, so genügt es, wenn das Verlangen innerhalb eines Monats nach Zugang der Kündigung erklärt wird.

(6) Kommt eine Einigung zustande, so entscheidet auf Antrag das Landwirtschaftsgericht über eine Fortsetzung und über die Dauer des Pachtverhältnisses sowie über die Bedingungen, zu denen es fortgesetzt wird. Das Gericht kann die Fortsetzung des Pachtverhältnisses jedoch nur bis zu einem Zeitpunkt anordnen, der die in Absatz 3 Nr. 3 genannten Fristen, ausgehend vom Beginn

② 제 1 항의 경우에 임차인은 모든 사정을 고려할 때 적절하다고 인정되는 기간 동안 임대차관계를 계속할 것을 청구할 수 있다. 종전과 같은 조건으로 임대차관계를 계속하는 것이 임대인에 있어서 기대될 수 없는 경우에는, 임차인은 계약조건의 적절한 변경 하에 임대차관계를 계속할 것만을 청구할 수 있다.

③ 다음 각 호의 경우에는 임차인은 임대차관계의 계속을 청구할 수 없다,

1. 임차인이 임대차를 해지한 때,
2. 임대인이 특별즉시해지를 할 권리를 가지거나, 제593조의a의 경우에는 기한전에 법정기간을 두어 특별해지할 권리를 가지는 때,
3. 임대차기간이 농장임대차, 그 임대차에 의하여 농장이 성립한 토지임대차 또는 임차인이 개간한 습지나 황무지의 임대차에서는 최소 18년으로 정하여지고, 다른 토지의 임대차에서는 최소 12년으로 정하여진 때,
4. 임대인이 일시적으로 임대한 물건을 스스로 용익하기 위하여 환수하고자 하거나, 법률에 정하여진 또는 기타의 공적인 임무의 이행을 위하여 이를 이용하고자 하는 때.

④ 임대차관계의 계속을 청구하는 임차인의 의사표시는 서면방식을 요한다. 임대인의 요구가 있는 때에는 임차인은 계속청구의 이유를 지체없이 알려 주어야 한다.

⑤ 늦어도 임대차관계가 종료하기 1년 전에 임차인이 임대인에 대하여 계속을 요구하지 아니하거나 제594조에 의한 임대인의 문의에 대하여 계속을 거절한 때에는 임대인은 임대차관계의 계속을 거절할 수 있다. 12개월 또는 그보다 단기의 해지기간이 약정된 경우에, 계속청구의 의사는 해지가 도달된 후 1개월 이내에 표시됨으로써 족하다.

⑥ 당사자가 합의에 이르지 못하는 경우에는, 청구에 의하여 농업법원이 임대차관계의 계속 여부와 그 기간 및 조건에 대하여 결정한다. 법원은 현재의 임대차관계의 개시시로부터 기산하여 제 3 항 제 3 문에 정하여진 기간을 넘지 아니하는 기간까지의 계속만을 정할 수 있다. 계속은

des laufenden Pachtverhältnisses, nicht übersteigt. Die Fortsetzung kann auch auf einen Teil der Pachtsache beschränkt werden.

(7) Der Pächter hat den Antrag auf gerichtliche Entscheidung spätestens neun Monate vor Beendigung des Pachtverhältnisses und im Falle einer zwölfmonatigen oder kürzeren Kündigungsfrist zwei Monate nach Zugang der Kündigung bei dem Landwirtschaftsgericht zu stellen. Das Gericht kann den Antrag nachträglich zulassen, wenn es zur Vermeidung einer unbilligen Härte geboten erscheint und der Pachtvertrag noch nicht abgelaufen ist.

(8) Auf das Recht, die Verlängerung eines Pachtverhältnisses nach den Absätzen 1 bis 7 zu verlangen, kann nur verzichtet werden, wenn der Verzicht zur Beilegung eines Pachtstreits vor Gericht oder vor einer berufsständischen Pachtschlichtungsstelle erklärt wird. Eine Vereinbarung, dass einem Vertragsteil besondere Nachteile oder besondere Vorteile erwachsen sollen, wenn er die Rechte nach den Absätzen 1 bis 7 ausübt oder nicht ausübt, ist unwirksam.

§ 595a Vorzeitige Kündigung von Landpachtverträgen

(1) Soweit die Vertragsteile zur außerordentliche Kündigung eines Landpachtverhältnisses mit der gesetzlichen Frist berechtigt sind, steht ihnen dieses Recht auch nach Verlängerung des Landpachtverhältnisses oder Änderung des Landpachtvertrags zu.

(2) Auf Antrag eines Vertragsteils kann das Landwirtschaftsgericht Anordnungen über die Abwicklung eines vorzeitig beendeten oder eines teilweise beendeten Landpachtvertrags treffen. Wird die Verlängerung eines Landpachtvertrags auf einen Teil der Pachtsache beschränkt, kann das Landwirtschaftsgericht die Pacht für diesen Teil festsetzen.

(3) Der Inhalt von Anordnungen des Landwirtschaftsgerichts gilt unter den Vertragsteilen als Vertragsinhalt. Über Streitigkeiten, die diesen Vertragsinhalt betreffen, entscheidet auf Antrag das Landwirtschaftsgericht.

§ 596 Rückgabe der Pachtsache

(1) Der Pächter ist verpflichtet, die Pachtsache nach Beendigung des Pachtverhältnisses in dem Zustand zurückzugeben, der einer bis zur Rückgabe fortgesetzten ordnungsmäßigen Bewirtschaftung entspricht.

(2) Dem Pächter steht wegen seiner Ansprüche gegen den Verpächter ein Zurückbehaltungsrecht am Grundstück nicht zu.

(3) Hat der Pächter die Nutzung der Pachtsache einem Dritten überlassen, so

임대차목적물의 일부에 한정될 수도 있다.

⑦ 임차인은 늦어도 임대차관계의 종료 9개월 전까지, 또 12개월 이하의 해지기간이 정하여진 경우에는 해지의 의사표시가 도달한 후 2개월 이내에 법원의 결정을 구하는 청구를 농업법원에 제기하여야 한다. 법원은 부당한 가혹함을 피하기 위하여 필요하다고 판단되고 또한 아직 임대차계약이 진행 중인 경우에는 그 후에도 청구를 허가할 수 있다.

⑧ 제1항 내지 제7항에 따라 임대차관계의 계속을 청구할 권리의 포기는 그것이 임대차분쟁을 해결하기 위하여 법원 또는 직업단체가 구성한 임대차중재기관에 대하여 표시되는 경우에 한하여 할 수 있다. 계약당사자 일방이 제1항 내지 제7항의 권리를 행사하거나 행사하지 아니하면 그에게 특별한 불이익 또는 특별한 이익을 주기로 하는 약정은 효력이 없다.

제595조의a [農地賃貸借의 期限前 解止]

① 계약당사자가 농지임대차계약을 기한전에 해지할 권리를 가지는 경우에, 이 권리는 농지임대차관계의 연장 또는 농지임대차계약의 변경 후에도 그에게 귀속한다.

② 계약당사자 일방의 청구에 의하여 농업법원은 기한전에 종료되거나 부분적으로 종료된 농지임대차계약의 그 후의 청산에 대하여 결정을 할 수 있다. 농지임대차계약의 연장이 임대차목적물의 일부에 한정되는 경우에는, 농업법원은 이 부분에 대한 차임을 정할 수 있다.

③ 농업법원의 결정의 내용은 계약당사자 사이에서 계약내용으로서의 효력을 가진다. 이 계약내용에 관한 분쟁에 대하여는 청구에 의하여 농업법원이 결정한다.

제596조 [賃貸借目的物의 返還]

① 임대차관계의 종료 후에 임차인은 임대차목적물을 반환시까지 계속되는 정상적인 경작에 상응하는 상태로 반환할 의무를 진다.

② 임차인은 임대인에 대한 청구권에 기하여 토지에 대한 유치권을 가지지 못한다.

③ 임차인이 임대차목적물의 용익을 제3자에게 이전한 때에는, 임대인

kann der Verpächter die Sache nach Beendigung des Pachtverhältnisses auch von dem Dritten zurückfordern.

§ 596a Ersatzpflicht bei vorzeitigem Pachtende

(1) Endet das Pachtverhältnis im Laufe eines Pachtjahrs, so hat der Verpächter dem Pächter den Wert der noch nicht getrennten, jedoch nach den Regeln einer ordnungsmäßigen Bewirtschaftung vor dem Ende des Pachtjahrs zu trennenden Früchte zu ersetzen. Dabei ist das Ernterisiko angemessen zu berücksichtigen.

(2) Lässt sich der in Absatz 1 bezeichnete Wert aus jahreszeitlich bedingten Gründen nicht feststellen, so hat der Verpächter dem Pächter die Aufwendungen auf diese Früchte insoweit zu ersetzen, als sie einer ordnungsmäßigen Bewirtschaftung entsprechen.

(3) Absatz 1 gilt auch für das zum Einschlag vorgesehene, aber noch nicht eingeschlagene Holz. Hat der Pächter mehr Holz eingeschlagen, als bei ordnungsmäßiger Nutzung zulässig war, so hat er dem Verpächter den Wert der die normale Nutzung übersteigenden Holzmenge zu ersetzen. Die Geltendmachung eines weiteren Schadens ist nicht ausgeschlossen.

§ 596b Rücklassungspflicht

(1) Der Pächter eines Betriebs hat von den bei Beendigung des Pachtverhältnisses vorhandenen landwirtschaftlichen Erzeugnissen so viel zurückzulassen, wie zur Fortführung der Wirtschaft bis zur nächsten Ernte nötig ist, auch wenn er bei Beginn des Pachtverhältnisses solche Erzeugnisse nicht übernommen hat.

(2) Soweit der Pächter nach Absatz 1 Erzeugnisse in größerer Menge oder besserer Beschaffenheit zurückzulassen verpflichtet ist, als er bei Beginn des Pachtverhältnisses übernommen hat, kann er vom Verpächter Ersatz des Wertes verlangen.

§ 597 Verspätete Rückgabe

Gibt der Pächter die Pachtsache nach Beendigung des Pachtverhältnisses nicht zurück, so kann der Verpächter für die Dauer der Vorenthaltung als Entschädigung die vereinbarte Pacht verlangen. Die Geltendmachung eines weiteren Schadens ist nicht ausgeschlossen.

은 임대차관계의 종료 후에 제 3 자에 대하여도 물건의 반환을 청구할 수
있다.

제596조의a [期限前 賃貸借終了時의 補償義務]

① 임대차관계가 임대년 중에 종료한 때에는, 임대인은 아직 분리되지
아니하였으나 정상적 경작의 규칙에 의하면 임대년의 경과 전에 분리되
었을 과실의 가액을 임차인에게 보상하여야 한다. 그에 있어서는 수확위
험이 적절하게 고려되어야 한다.

② 제 1 항에 정하여진 가액이 계절적 이유로 확정될 수 없는 경우에는,
임대인은 그 과실에 대하여 지출된 비용이 정상적 경작에 상응하는 한
이를 임차인에게 보상하여야 한다.

③ 제 1 항은 벌채가 예정되었으나 아직 벌채되지 아니한 목재에도 적용
된다. 임차인이 목재를 정상적 용익에서 허용되는 것보다 더 많이 벌채
한 경우에는, 그는 임대인에게 통상의 용익을 넘는 목재량의 가액을 보
상하여야 한다. 그 외의 손해의 주장은 배제되지 아니한다.

제596조의b [殘留義務]

① 농장의 임차인은 임대차관계의 종료시에 현존하는 농업산출물을, 임
대차의 개시에 있어서 그러한 산출물을 인수하지 아니하였던 경우에도,
다음 수확 때까지 경작을 계속하기 위하여 필요한 범위에서 남겨 두어야
한다.

② 제 1 항에 의하여 임차인이 임대차 개시시에 인수한 것보다 많은 양
또는 더 좋은 성상의 산출물을 남겨 둘 의무를 지는 경우에는, 그는 임대
인에 대하여 그 가액의 보상을 청구할 수 있다.

제597조 [返還의 遲延]

임차인이 임대차관계의 종료 후에 목적물을 반환하지 아니하는 때에는
그 억류의 기간에 대하여 임대인은 약정된 차임을 손해배상으로 청구할
수 있다. 그 외의 손해의 주장은 배제되지 아니한다.

Titel 6　Leihe

§ 598　Vertragstypische Pflichten bei der Leihe

Durch den Leihvertrag wird der Verleiher einer Sache verpflichtet, dem Entleiher den Gebrauch der Sache unentgeltlich zu gestatten.

§ 599　Haftung des Verleihers

Der Verleiher hat nur Vorsatz und grobe Fahrlässigkeit zu vertreten.

§ 600　Mängelhaftung

Verschweigt der Verleiher arglistig einen Mangel im Recht oder einen Fehler der verliehenen Sache, so ist er verpflichtet, dem Entleiher den daraus entstehenden Schaden zu ersetzen.

§ 601　Verwendungsersatz

(1) Der Entleiher hat die gewöhnlichen Kosten der Erhaltung der geliehenen Sache, bei der Leihe eines Tieres insbesondere die Fütterungskosten, zu tragen.

(2) Die Verpflichtung des Verleihers zum Ersatz anderer Verwendungen bestimmt sich nach den Vorschriften über die Geschäftsführung ohne Auftrag. Der Entleiher ist berechtigt, eine Einrichtung, mit der er die Sache versehen hat, wegzunehmen.

§ 602　Abnutzung der Sache

Veränderungen oder Verschlechterungen der geliehenen Sache, die durch den vertragsmäßigen Gebrauch herbeigeführt werden, hat der Entleiher nicht zu vertreten.

§ 603　Vertragsmäßiger Gebrauch

Der Entleiher darf von der geliehenen Sache keinen anderen als den vertragsmäßigen Gebrauch machen. Er ist ohne die Erlaubnis des Verleihers nicht berechtigt, den Gebrauch der Sache einem Dritten zu überlassen.

§ 604　Rückgabepflicht

(1) Der Entleiher ist verpflichtet, die geliehene Sache nach dem Ablauf der für die Leihe bestimmten Zeit zurückzugeben.

(2) Ist eine Zeit nicht bestimmt, so ist die Sache zurückzugeben, nachdem der Entleiher den sich aus dem Zweck der Leihe ergebenden Gebrauch gemacht hat. Der Verleiher kann die Sache schon vorher zurückfordern, wenn so viel Zeit

제 6 절　使用貸借

제598조 [使用貸借에서의 典型的 義務]

사용·대차계약에 기하여 물건의 대주는 무상으로 물건의 사용을 차주에게 허용할 의무를 진다.

제599조 [貸主의 責任]

대주는 고의 및 중과실에 대하여만 책임이 있다.

제600조 [瑕疵擔保責任]

대주가 권리의 하자 또는 대여물건의 결함을 알면서 밝히지 아니한 때에는 이로 인하여 발생하는 손해를 차주에게 배상할 의무를 진다.

제601조 [費用償還]

① 차주는 차용물의 통상의 보존비를, 동물의 사용대차에서는 특히 사육비를 부담하여야 한다.

② 대주는 기타의 비용을 사무관리에 관한 규정에 따라서 상환하여야 한다. 차주는 차용물에 부속시킨 설비를 수거할 수 있다.

제602조 [物件의 磨損]

차주는 계약에 좇은 사용으로 인하여 발생한 차용물의 변경 또는 훼손에 대하여 책임이 없다.

제603조 [契約에 좇은 使用]

차주는 차용물에 대하여 계약에 정하여진 사용과 다른 사용을 할 수 없다. 차주는 대주의 허락이 없으면 그 물건의 사용을 제 3 자에게 이전하지 못한다.

제604조 [返還義務]

① 차주는 사용대차에 관하여 정하여진 기간의 경과 후 차용물을 반환할 의무를 진다.

② 기간이 정하여지지 아니한 때에는, 차주가 사용대차의 목적에 적합한 사용을 한 후에 목적물을 반환하여야 한다. 그 전이라도, 차주가 그러한 사용을 할 수 있었을 시간이 경과한 때에는, 대주는 목적물의 반환을

verstrichen ist, dass der Entleiher den Gebrauch hätte machen können.

(3) Ist die Dauer der Leihe weder bestimmt noch aus dem Zweck zu entnehmen, so kann der Verleiher die Sache jederzeit zurückfordern.

(4) Überlässt der Entleiher den Gebrauch der Sache einem Dritten, so kann
der Verleiher sie nach der Beendigung der Leihe auch von dem Dritten zurückfordern.

(5) Die Verjährung des Anspruchs auf Rückgabe der Sache beginnt mit der
Beendigung der Leihe.

§ 605 Kündigungsrecht

Der Verleiher kann die Leihe kündigen:

1. wenn er infolge eines nicht vorhergesehenen Umstandes der verliehenen
Sache bedarf,
2. wenn der Entleiher einen vertragswidrigen Gebrauch von der Sache macht,
insbesondere unbefugt den Gebrauch einem Dritten überlässt, oder die Sache
durch Vernachlässigung der ihm obliegenden Sorgfalt erheblich gefährdet,
3. wenn der Entleiher stirbt.

§ 606 Kurze Verjährung

Die Ersatzansprüche des Verleihers wegen Veränderungen oder Verschlechterungen der verliehenen Sache sowie die Ansprüche des Entleihers auf Ersatz
von Verwendungen oder auf Gestattung der Wegnahme einer Einrichtung verjähren in sechs Monaten. Die Vorschriften des § 548 Abs. 1 Satz 2 und 3, Abs.
2 finden entsprechende Anwendung.

Titel 7   Sachdarlehensvertrag

§ 607 Vertragstypische Pflichten beim Sachdarlehensvertrag

(1) Durch den Sachdarlehensvertrag wird der Darlehensgeber verpflichtet,
dem Darlehensnehmer eine vereinbarte vertretbare Sache zu überlassen. Der
Darlehensnehmer ist zur Zahlung eines Darlehensentgelts und bei Fälligkeit zur
Rückerstattung von Sachen gleicher Art, Güte und Menge verpflichtet.

(2) Die Vorschriften dieses Titels finden keine Anwendung auf die Überlassung von Geld.

§ 608 Kündigung

청구할 수 있다.

③ 기간이 정하여지지 아니하고 그 목적으로부터도 이를 추단할 수 없
는 때에는, 대주는 언제든지 목적물의 반환을 청구할 수 있다.

④ 차주가 목적물의 사용을 제 3 자에게 이전한 때에는 대주는 사용대차
의 종료 후에 제 3 자에 대하여도 물건의 반환을 청구할 수 있다

⑤ 물건의 반환청구권의 소멸시효는 사용대차가 종료된 때로부터 진행
한다.

제605조 [解止權]

다음 각 호의 경우에는 대주는 사용대차를 해지할 수 있다:

1. 대주가 예견되지 아니하였던 사정으로 인하여 목적물이 필요하게
   된 때,
2. 차주가 물건을 계약에 반하여 사용하고, 특히 권한 없이 제 3 자에게
   사용을 이전한 경우 또는 차주가 하여야 할 주의를 게을리함으로써
   물건을 현저히 위태롭게 한 때,
3. 차주가 사망한 때.

제606조 [短期의 消滅時效]

목적물의 변경 또는 훼손으로 인한 대주의 배상청구권과 차주의 비용상
환청구권 또는 설비수거인용청구권은 6개월의 소멸시효에 걸린다. 제
548조 제 1 항 제 2 문, 제 3 문 및 제 2 항은 이에 준용된다.

제 7 절   物件消費貸借契約

제607조 [物件消費貸借에서의 典型的 義務]

① 물건소비대차계약에 기하여 대주는 약정된 대체물을 차주에게 인도
할 의무를 진다. 차주는 차용대가를 지급할 의무와 이행기에 동종, 동질,
동량의 물건을 대주에게 반환할 의무를 진다.

② 이 절의 규정은 금전의 인도에는 적용되지 아니한다.

제608조 [解止]

(1) Ist für die Rückerstattung der überlassenen Sache eine Zeit nicht bestimmt, hängt die Fälligkeit davon ab, dass der Darlehensgeber oder der Darlehensnehmer kündigt.

(2) Ein auf unbestimmte Zeit abgeschlossener Sachdarlehensvertrag kann, soweit nicht ein anderes vereinbart ist, jederzeit vom Darlehensgeber oder Darlehensnehmer ganz oder teilweise gekündigt werden.

§ 609 **Entgelt**

Ein Entgelt hat der Darlehensnehmer spätestens bei Rückerstattung der überlassenen Sache zu bezahlen.

§ 610 (weggefallen)

Titel 8   Dienstvertrag und ähnliche Verträge

Untertitel 1   Dienstvertrag

§ 611 **Vertragstypische Pflichten beim Dienstvertrag**

(1) Durch den Dienstvertrag wird derjenige, welcher Dienste zusagt, zur Leistung der versprochenen Dienste, der andere Teil zur Gewährung der vereinbarten Vergütung verpflichtet.

(2) Gegenstand des Dienstvertrags können Dienste jeder Art sein.

§ 611a **Arbeitsvertrag**

(1) Durch den Arbeitsvertrag wird der Arbeitnehmer im Dienste eines anderen zur Leistung weisungsgebundener, fremdbestimmter Arbeit in persönlicher Abhängigkeit verpflichtet. Das Weisungsrecht kann Inhalt, Durchführung, Zeit und Ort der Tätigkeit betreffen. Weisungsgebunden ist, wer nicht im Wesentlichen frei seine Tätigkeit gestalten und seine Arbeitszeit bestimmen kann. Der Grad der persönlichen Abhängigkeit hängt dabei auch von der Eigenart der jeweiligen Tätigkeit ab. Für die Feststellung, ob ein Arbeitsvertrag vorliegt, ist eine Gesamtbetrachtung aller Umstände vorzunehmen. Zeigt die tatsächliche Durchführung des Vertragsverhältnisses, dass es sich um ein Arbeitsverhältnis handelt, kommt es auf die Bezeichnung im Vertrag nicht an.

(2) Der Arbeitgeber ist zur Zahlung der vereinbarten Vergütung verpflichtet.

§ 611b (weggefallen)

① 인도된 물건의 반환에 관하여 기한의 정함이 없는 때에는, 채권자나 채무자의 해지에 의하여 이행기가 도래한다.

② 불확정의 기한으로 체결된 물건소비대차계약은 다른 약정이 없는 한 대주 또는 차주가 언제라도 이를 전부 또는 일부 해지할 수 있다.

제609조 [借用代價]

차주는 늦어도 인도된 물건을 반환하는 때까지는 차용대가를 지급하여야 한다.

제610조 [삭제]

제 8 절 雇傭 및 이에 類似한 契約

제 1 관 雇 傭

제611조 [雇傭契約에서의 典型的 義務]

① 고용계약에 기하여, 노무를 약속한 사람은 약정한 노무를 급부할 의무를 지고, 상대방은 약정한 보수를 공여할 의무를 진다.

② 모든 종류의 노무가 고용계약의 목적이 될 수 있다.

제611조의a [勤勞契約]

① 근로계약에 기하여, 근로자는 지시에 구속되어 외부에서 정하는 근로를 인적인 의존관계에서 타인을 위하여 제공할 의무를 진다. 지시권은 일의 내용, 실행, 시간 및 공간에 대한 것일 수 있다. 지시에 구속된다고 함은 본질적으로 자유롭게 그의 일을 형성하거나 그의 근로시간을 정하지 못함을 말한다. 그에 있어서 인적 의존의 정도는 일마다의 특성에 따라 정하여질 수 있다. 근로계약의 인정 여부는 모든 사정을 전체적으로 고려하여 정하여져야 한다. 계약관계가 사실적으로 근로관계로서 실행되는 경우에는 그 계약의 칭호는 문제되지 아니한다.

② 사용자는 약정된 임금을 지급할 의무를 진다.

제611조의b [삭제]

§ 612　Vergütung

(1) Eine Vergütung gilt als stillschweigend vereinbart, wenn die Dienstleistung den Umständen nach nur gegen eine Vergütung zu erwarten ist.

(2) Ist die Höhe der Vergütung nicht bestimmt, so ist bei dem Bestehen einer Taxe die taxmäßige Vergütung, in Ermangelung einer Taxe die übliche Vergütung als vereinbart anzusehen.

§ 612a　Maßregelungsverbot

Der Arbeitgeber darf einen Arbeitnehmer bei einer Vereinbarung oder einer Maßnahme nicht benachteiligen, weil der Arbeitnehmer in zulässiger Weise seine Rechte ausübt.

§ 613　Unübertragbarkeit

Der zur Dienstleistung Verpflichtete hat die Dienste im Zweifel in Person zu leisten. Der Anspruch auf die Dienste ist im Zweifel nicht übertragbar.

§ 613a　Rechte und Pflichten bei Betriebsübergang

(1) Geht ein Betrieb oder Betriebsteil durch Rechtsgeschäft auf einen anderen Inhaber über, so tritt dieser in die Rechte und Pflichten aus den im Zeitpunkt des Übergangs bestehenden Arbeitsverhältnissen ein. Sind diese Rechte und Pflichten durch Rechtsnormen eines Tarifvertrags oder durch eine Betriebsvereinbarung geregelt, so werden sie Inhalt des Arbeitsverhältnisses zwischen dem neuen Inhaber und dem Arbeitnehmer und dürfen nicht vor Ablauf eines Jahres nach dem Zeitpunkt des Übergangs zum Nachteil des Arbeitnehmers geändert werden. Satz 2 gilt nicht, wenn die Rechte und Pflichten bei, dem neuen Inhaber durch Rechtsnormen eines anderen Tarifvertrags oder durch eine andere Betriebsvereinbarung geregelt werden. Vor Ablauf der Frist nach Satz 2 können die Rechte und Pflichten geändert werden, wenn der Tarifvertrag oder die Betriebsvereinbarung nicht mehr gilt oder bei fehlender beiderseitiger Tarifgebundenheit im Geltungsbereich eines anderen Tarifvertrags dessen Anwendung zwischen dem neuen Inhaber und dem Arbeitnehmer vereinbart wird.

(2) Der bisherige Arbeitgeber haftet neben dem neuen Inhaber für Verpflichtungen nach Absatz 1, soweit sie vor dem Zeitpunkt des Übergangs entstanden sind und vor Ablauf von einem Jahr nach diesem Zeitpunkt fällig werden, als Gesamtschuldner. Werden solche Verpflichtungen nach dem Zeitpunkt des Übergangs fällig, so haftet der bisherige Arbeitgeber für sie jedoch nur in dem Umfang, der dem im Zeitpunkt des Übergangs abgelaufenen Teil ihres Bemessungszeitraums entspricht.

제612조 [報酬]

① 제반 사정에 비추어 보수를 지급하여서만 노무급부를 기대할 수 있는 때에는, 보수의 지급은 묵시적으로 약정된 것으로 본다.

② 보수액의 정함이 없는 때에는, 보수규정이 있으면 규정상의 보수가, 그 규정이 없으면 통상의 보수가 약정된 것으로 본다.

제612조의a [不利益處分 禁止]

사용자는 합의나 조치에 있어서 근로자가 허용된 방법으로 그의 권리를 행사하는 것을 이유로 근로자에게 불이익을 주어서는 아니된다.

제613조 [非讓渡性]

노무의무자는 의심스러운 때에는 스스로 노무를 급부하여야 한다. 노무에 대한 청구권은 의심스러운 때에는 양도할 수 없다.

제613조의a [事業讓渡에서의 權利義務]

① 사업 또는 사업부분이 법률행위에 의하여 다른 경영주에게 양도된 때에는, 양수인은 양도 당시 존재하는 근로관계상의 권리의무를 승계한다. 단체협약의 법규범 또는 경영협정에 의하여 규율되는 권리의무는, 새로운 경영주와 근로자 사이의 근로관계의 내용이 되며, 양도 후 1년이 경과하기 전에는 근로자에게 불리하게 변경될 수 없다. 권리의무가 새로운 경영주에 있어서 다른 단체협약의 법규범 또는 다른 경영협정에 의하여 규율되는 때에는, 제2문이 적용되지 아니한다. 단체협약이나 경영협정이 효력을 상실한 경우, 또는 쌍방이 원래의 단체협약에 구속되지 아니하는데 새로운 경영주와 근로자가 다른 단체협약의 적용범위 내에서 그것을 적용하기로 합의한 경우에는, 제2문의 기간이 경과되기 전에도 그 권리의무가 변경될 수 있다.

② 종전의 사용자는, 제1항에 정한 의무가 사업양도 전에 발생하고 또한 사업양도 후 1년이 경과하기 전에 이행기가 도래한 한도에서 이에 대하여 새로운 경영주와 함께 연대채무자로서 책임을 진다. 그 의무의 이행기가 사업양도 후에 도래한 경우에는, 종전의 사용자는 당해 산정기간 중 양도시에 이미 경과한 부분에 상응하는 범위에서만 책임을 진다.

(3) Absatz 2 gilt nicht, wenn eine juristische Person oder eine Personenhandelsgesellschaft durch Umwandlung erlischt.

(4) Die Kündigung des Arbeitsverhältnisses eines Arbeitnehmers durch den bisherigen Arbeitgeber oder durch den neuen Inhaber wegen des Übergang eines Betriebs oder eines Betriebsteils ist unwirksam. Das Recht zur Kündigung des Arbeitsverhältnisses aus anderen Gründen bleibt unberührt.

(5) Der bisherige Arbeitgeber oder der neue Inhaber hat die von einem Übergang betroffenen Arbeitnehmer vor dem Übergang in Textform zu unterrichten über:

1. den Zeitpunkt oder den geplanten Zeitpunkt des Übergangs,
2. den Grund für den Übergang,
3. die rechtlichen, wirtschaftlichen und sozialen Folgen des Übergangs für die Arbeitnehmer und
4. die hinsichtlich der Arbeitnehmer in Aussicht genommenen Maßnahmen.

(6) Der Arbeitnehmer kann dem Übergang des Arbeitsverhältnisses innerhalb eines Monats nach Zugang der Unterrichtung nach Absatz 5 schriftlich widersprechen. Der Widerspruch kann gegenüber dem bisherigen Arbeitgeber oder dem neuen Inhaber erklärt werden.

§ 614 Fälligkeit der Vergütung

Die Vergütung ist nach der Leistung der Dienste zu entrichten. Ist die Vergütung nach Zeitabschnitten bemessen, so ist sie nach dem Ablauf der einzelnen Zeitabschnitte zu entrichten.

§ 615 Vergütung bei Annahmeverzug und bei Betriebsrisiko

Kommt der Dienstberechtigte mit der Annahme der Dienste in Verzug, so kann der Verpflichtete für die infolge des Verzugs nicht geleisteten Dienste die vereinbarte Vergütung verlangen, ohne zur Nachleistung verpflichtet zu sein. Er muss sich jedoch den Wert desjenigen anrechnen lassen, was er infolge des Unterbleibens der Dienstleistung erspart oder durch anderweitige Verwendung seiner Dienste erwirbt oder zu erwerben böswillig unterlässt. Die Sätze 1 und 2 gelten entsprechend in den Fällen, in denen der Arbeitgeber das Risiko des Arbeitsausfalls trägt.

§ 616 Vorübergehende Verhinderung

Der zur Dienstleistung Verpflichtete wird des Anspruchs auf die Vergütung nicht dadurch verlustig, dass er für eine verhältnismäßig nicht erhebliche Zeit durch einen in seiner Person liegenden Grund ohne sein Verschulden an der

③ 제 2 항은 법인 또는 인적 상사회사가 조직변경에 의하여 소멸하는 경우에는 적용되지 아니한다.

④ 사업 또는 사업 부분의 양도를 이유로 종전의 사용자나 새로운 경영주가 하는 근로자의 근로관계의 해지는 효력이 없다. 다른 이유로 근로관계를 해지할 권리는 영향을 받지 아니한다.

⑤ 종전의 사용자 또는 새로운 경영주는 사업양도에 의하여 영향을 받는 근로자에게 양도 전에 문면방식으로 다음의 사항을 고지하여야 한다:

　1. 양도시기 또는 양도예정시기,

　2. 양도이유,

　3. 양도가 근로자에게 미치는 법적, 경제적, 사회적 영향, 그리고

　4. 근로자와 관련하여 예상되는 조치.

⑥ 근로자는 제 5 항에 따른 고지의 수령 후 1개월 내에 근로관계의 승계에 대하여 서면으로 이의할 수 있다. 이의는 종전의 사용자 또는 새로운 경영주에 대하여 표시될 수 있다.

제614조 [報酬의 支給時期]

보수는 노무급부 후에 이를 지급하여야 한다. 보수가 단위기간으로 정하여진 때에는 각 단위기간의 경과 후에 보수를 지급하여야 한다.

제615조 [受領遲滯時 및 經營危險時의 報酬]

노무청구권자가 노무의 수령을 지체한 때에는 의무자는 그 지체로 인하여 급부하지 못한 노무에 대하여 약정된 보수를 추후급부의 의무를 부담함이 없이 청구할 수 있다. 그러나 그가 노무급부를 하지 아니함으로 인하여 절약한 것 또는 자신의 노무를 달리 사용함으로써 취득하거나 고의적으로 취득하지 아니한 것의 가액은 공제되도록 하여야 한다. 제 1 문 및 제 2 문은 사용자가 근로결손의 위험을 부담하는 경우에 준용된다.

제616조 [一時的 障碍]

노무의무자는 그의 일신상 사유로 비교적 길지 아니한 기간 동안 그의 과책 없이 노무급부를 하지 못하게 된 것으로 인하여 보수청구권을 상실

Dienstleistung verhindert wird. Er muss sich jedoch den Betrag anrechnen lassen, welcher ihm für die Zeit der Verhinderung aus einer auf Grund gesetzlicher Verpflichtung bestehenden Kranken- oder Unfallversicherung zukommt.

§ 617 Pflicht zur Krankenfürsorge

(1) Ist bei einem dauernden Dienstverhältnis, welches die Erwerbstätigkeit des Verpflichteten vollständig oder hauptsächlich in Anspruch nimmt, der Verpflichtete in die häusliche Gemeinschaft aufgenommen, so hat der Dienstberechtigte ihm im Falle der Erkrankung die erforderliche Verpflegung und ärztliche Behandlung bis zur Dauer von sechs Wochen, jedoch nicht über die Beendigung des Dienstverhältnisses hinaus, zu gewähren, sofern nicht die Erkrankung von dem Verpflichteten vorsätzlich oder durch grobe Fahrlässigkeit herbeigeführt worden ist. Die Verpflegung und ärztliche Behandlung kann durch Aufnahme des Verpflichteten in eine Krankenanstalt gewährt werden. Die Kosten können auf die für die Zeit der Erkrankung geschuldete Vergütung angerechnet werden. Wird das Dienstverhältnis wegen der Erkrankung von dem Dienstberechtigten nach § 626 gekündigt, so bleibt die dadurch herbeigeführte Beendigung des Dienstverhältnisses außer Betracht.

(2) Die Verpflichtung des Dienstberechtigten tritt nicht ein, wenn für die Verpflegung und ärztliche Behandlung durch eine Versicherung oder durch eine Einrichtung der öffentlichen Krankenpflege Vorsorge getroffen ist.

§ 618 Pflicht zu Schutzmaßnahmen

(1) Der Dienstberechtigte hat Räume, Vorrichtungen oder Gerätschaften, die er zur Verrichtung der Dienste zu beschaffen hat, so einzurichten und zu unterhalten und Dienstleistungen, die unter seiner Anordnung oder seiner Leitung vorzunehmen sind, so zu regeln, dass der Verpflichtete gegen Gefahr für Leben und Gesundheit soweit geschützt ist, als die Natur der Dienstleistung es gestattet.

(2) Ist der Verpflichtete in die häusliche Gemeinschaft aufgenommen, so hat der Dienstberechtigte in Ansehung des Wohn- und Schlafraums, der Verpflegung sowie der Arbeits- und Erholungszeit diejenigen Einrichtungen und Anordnungen zu treffen, welche mit Rücksicht auf die Gesundheit, die Sittlichkeit und die Religion des Verpflichteten erforderlich sind.

(3) Erfüllt der Dienstberechtigte die ihm in Ansehung des Lebens und der Gesundheit des Verpflichteten obliegenden Verpflichtungen nicht, so finden auf seine Verpflichtung zum Schadensersatz die für unerlaubte Handlungen geltenden Vorschriften der §§ 842 bis 846 entsprechende Anwendung.

하지 아니한다. 그러나 그는 그 장애기간 동안 법률상 의무에 기하여 성
립한 질병보험 및 사고보험으로부터 취득한 금액을 공제되도록 하여야
한다.

제617조 [疾病扶助義務]

① 의무자의 생업활동의 전부 또는 주요부분을 요구하는 계속적 고용관
계에 있어서 의무자가 가정적 공동생활에 받아들여진 경우에, 의무자에
질병이 발생한 때에는, 노무청구권자는, 그것이 의무자의 고의 또는 중
과실에 기인한 것이 아닌 한, 필요한 간호와 의료를 6주까지 제공하여야
한다, 그러나 그 전에 고용관계가 종료된 때에는 그러하지 아니하다. 간
호와 의료는 의무자를 의료시설에 수용함으로써 제공될 수 있다. 비용은
질병기간 동안에 대하여 지급의무 있는 보수로부터 공제될 수 있다. 노
무청구권자가 제626조에 의하여 질병을 이유로 고용을 해지한 때라도,
이로 인하여 일어난 고용관계의 종료는 고려되지 아니한다.

② 간호 및 의료에 대하여 보험 또는 공공의료시설에 의하여 사전대비
가 마련되어 있는 때에는 노무청구권자의 의무는 발생하지 아니한다.

제618조 [保護措置義務]

① 노무청구권자는, 그가 노무의 실행을 위하여 제공하여야 하는 장소,
장비나 기구를 설치 및 유지하고 또 자신의 명령 또는 지시 하에 행하여
지는 노무급부를 지휘함에 있어서, 노무급부의 성질상 허용되는 한도에
서, 의무자가 생명과 건강에 대한 위험으로부터 보호되도록 이를 하여야
한다.

② 의무자가 가정적 공동생활에 받아들여진 때에는, 노무청구권자는 거
실과 침실, 식사 및 노동시간과 휴식시간에 관하여 의무자의 건강, 풍기
및 종교를 고려하여 필요한 시설과 규율을 행하여야 한다.

③ 노무청구권자가 의무자의 생명 및 건강에 관하여 부담하는 의무를
이행하지 아니하는 때에는, 그의 손해배상의무에 대하여 불법행위에 관
한 제842조 내지 제846조의 규정이 준용된다.

§ 619 Unabdingbarkeit der Fürsorgepflichten

Die dem Dienstberechtigten nach den §§ 617, 618 obliegenden Verpflichtungen können nicht im voraus durch Vertrag aufgehoben oder beschränkt werden.

§ 619a Beweislast bei Haftung des Arbeitnehmers

Abweichend von § 280 Abs. 1 hat der Arbeitnehmer dem Arbeitgeber Ersatz für den aus der Verletzung einer Pflicht aus dem Arbeitsverhältnis entstehenden Schaden nur zu leisten, wenn er die Pflichtverletzung zu vertreten hat.

§ 620 Beendigung des Dienstverhältnisses

(1) Das Dienstverhältnis endigt mit dem Ablauf der Zeit, für die es eingegangen ist.

(2) Ist die Dauer des Dienstverhältnisses weder bestimmt noch aus der Beschaffenheit oder dem Zwecke der Dienste zu entnehmen, so kann jeder Teil das Dienstverhältnis nach Maßgabe der §§ 621 bis 623 kündigen.

(3) Für Arbeitsverträge, die auf bestimmte Zeit abgeschlossen werden, gilt das Teilzeit- und Befristungsgesetz.

(4) Ein Verbrauchervertrag über eine digitale Dienstleistung kann auch nach Maßgabe der §§ 327c, 327m und 327r Absatz 3 und 4 beendet werden.

§ 621 Kündigungsfristen bei Dienstverhältnissen

Bei einem Dienstverhältnis, das kein Arbeitsverhältnis im Sinne des § 622 ist, ist die Kündigung zulässig,

1. wenn die Vergütung nach Tagen bemessen ist, an jedem Tag für den Ablauf des folgenden Tages;

2. wenn die Vergütung nach Wochen bemessen ist, spätestens am ersten Werktag einer Woche für den Ablauf des folgenden Sonnabends;

3. wenn die Vergütung nach Monaten bemessen ist, spätestens am fünfzehnten eines Monats für den Schluss des Kalendermonats;

4. wenn die Vergütung nach Vierteljahren oder längeren Zeitabschnitten bemessen ist, unter Einhaltung einer Kündigungsfrist von sechs Wochen für den Schluss eines Kalendervierteljahres;

5. wenn die Vergütung nicht nach Zeitabschnitten bemessen ist, jederzeit; bei einem die Erwerbstätigkeit des Verpflichteten vollständig oder hauptsäch-

제619조 [扶助義務의 强行性]

제617조 및 제618조에 의하여 노무청구권자가 부담하는 의무는 계약에 의하여 사전에 배제하거나 제한할 수 없다.

제619조의a [勤勞者의 責任에 관한 證明責任]

제280조 제 1 항에서 정하는 바와는 달리, 근로자는 근로관계상의 의무의 위반으로 인하여 발생한 손해에 대하여는 그가 그 의무위반에 대하여 책임 있는 경우에만 그 배상의 의무를 진다.

제620조 [雇傭關係의 終了]

① 고용관계는 정하여진 기간의 경과로 종료한다.

② 고용관계의 기간이 정하여지지 아니하고 노무의 성질이나 목적으로부터도 이를 추단할 수 없는 때에는, 각 당사자는 제621조 내지 제623조의 정함에 따라 고용관계를 해지할 수 있다.

③ 기간을 정하여 체결된 노무계약에 대하여는 「일시근로 및 기한의 정함이 있는 근로계약에 관한 법률」이 적용된다.

④ 디지털서비스에 관한 소비자계약은 제327조의c, 제327조의m 및 제327조의r 제 3 항, 제 4 항에 의하여서도 종료될 수 있다.

제621조 [雇傭關係에서의 解止期間]

제622조에 정하여진 근로관계가 아닌 고용관계는 다음 각 호와 같이 해지할 수 있다,

1. 보수가 일日을 단위기간으로 정하여진 때에는, 해지 다음날의 경과로 효력이 발생하는 해지를 할 수 있다;
2. 보수가 주를 단위기간으로 정하여진 때에는, 주의 제 1 노동일까지 행하여지면 그 주 토요일의 경과로 효력이 발생하는 해지를 할 수 있다;
3. 보수가 월을 단위기간으로 정하여진 때에는, 달의 15일까지 행하여지면 그 역월의 만료로 효력이 발생하는 해지를 할 수 있다;
4. 보수가 사분년 또는 그 이상의 단위기간으로 정하여진 때에는, 6주의 해지기간을 두어 사분역년의 만료로 효력이 발생하는 해지를 할 수 있다;
5. 보수가 단위기간으로 정하여진 것이 아닌 때에는, 언제든지 해지할

lich in Anspruch nehmenden Dienstverhältnis ist jedoch eine Kündigungsfrist von zwei Wochen einzuhalten.

§ 622 Kündigungsfristen bei Arbeitsverhältnissen

(1) Das Arbeitsverhältnis eines Arbeiters oder eines Angestellten (Arbeitnehmers) kann mit einer Frist von vier Wochen zum Fünfzehnten oder zum Ende eines Kalendermonats gekündigt werden.

(2) Für eine Kündigung durch den Arbeitgeber beträgt die Kündigungsfrist, wenn das Arbeitsverhältnis in dem Betrieb oder Unternehmen

1. zwei Jahre bestanden hat, einen Monat zum Ende eines Kalendermonats,
2. fünf Jahre bestanden hat, zwei Monate zum Ende eines Kalendermonats,
3. acht Jahre bestanden hat, drei Monate zum Ende eines Kalendermonats,
4. zehn Jahre bestanden hat, vier Monate zum Ende eines Kalendermonats,
5. zwölf Jahre bestanden hat, fünf Monate zum Ende eines Kalendermonats,
6. 15 Jahre bestanden hat, sechs Monate zum Ende eines Kalendermonats,
7. 20 Jahre bestanden hat, sieben Monate zum Ende eines Kalendermonats.

(3) Während einer vereinbarten Probezeit, längstens für die Dauer von sechs Monaten, kann das Arbeitsverhältnis mit einer Frist von zwei Wochen gekündigt werden.

(4) Von den Absätzen 1 bis 3 abweichende Regelungen können durch Tarifvertrag vereinbart werden. Im Geltungsbereich eines solchen Tarifvertrags gelten die abweichenden tarifvertraglichen Bestimmungen zwischen nicht tarifgebundenen Arbeitgebern und Arbeitnehmern, wenn ihre Anwendung zwischen ihnen vereinbart ist.

(5) Einzelvertraglich kann eine kürzere als die in Absatz 1 genannte Kündigungsfrist nur vereinbart werden,

1. wenn ein Arbeitnehmer zur vorübergehenden Aushilfe eingestellt ist; dies gilt nicht, wenn das Arbeitsverhältnis über die Zeit von drei Monaten hinaus fortgesetzt wird;
2. wenn der Arbeitgeber in der Regel nicht mehr als 20 Arbeitnehmer ausschließlich der zu ihrer Berufsbildung Beschäftigten beschäftigt und die Kündigungsfrist vier Wochen nicht unterschreitet.

Bei der Feststellung der Zahl der beschäftigten Arbeitnehmer sind teilzeitbeschäftigte Arbeitnehmer mit einer regelmäßigen wöchentlichen Arbeitszeit von nicht mehr als 20 Stunden mit 0,5 und nicht mehr als 30 Stunden mit 0,75 zu

수 있다; 의무자의 생업활동의 전부 또는 주요부분을 요구하는 고용
관계에서는 2주의 해지기간을 두어야 한다.

제622조 [勤勞關係에서의 解止期間]

① 단순근로자 또는 직원("근로자")의 근로관계에 대하여는 4주의 해지
기간을 두어 역월의 15일 또는 그 월말로 효력이 발생하는 해지를 할 수
있다.

② 사용자는, 그 경영체 또는 기업에서의 근로관계의 지속기간이

　1. 2년 이상인 경우에, 1개월의 해지기간을 두어 역월의 말일로,

　2. 5년 이상인 경우에, 2개월의 해지기간을 두어 역월의 말일로,

　3. 8년 이상인 경우에, 3개월의 해지기간을 두어 역월의 말일로,

　4. 10년 이상인 경우에, 4개월의 해지기간을 두어 역월의 말일로,

　5. 12년 이상인 경우에, 5개월의 해지기간을 두어 역월의 말일로,

　6. 15년 이상인 경우에, 6개월의 해지기간을 두어 역월의 말일로,

　7. 20년 이상인 경우에, 7개월의 해지기간을 두어 역월의 말일로

효력이 발생하는 해지를 할 수 있다.

③ 최장 6개월까지로 약정된 시험채용기간 중에는 근로관계는 2주의 해
지기간을 두어 해지될 수 있다.

④ 단체협약에 의하여 제1항 내지 제3항과 다른 내용이 약정될 수 있
다. 단체협약에 구속되지 아니하는 사용자와 근로자 사이에서 제1항 내
지 제3항과 다른 단체협약상의 정함의 적용이 합의된 때에는, 그러한
단체협약의 적용범위 내에서 그 정함이 적용된다.

⑤ 제1항에 정하여진 것보다 단기의 해지기간은 다음 각 호의 경우에
한하여 개별약정에 의하여 합의될 수 있다,

　1. 근로자가 일시적 보충을 위하여 고용된 때; 근로관계가 3개월 이상
　　계속된 때에는 그러하지 아니하다;

　2. 사용자가 직업훈련을 위한 재직자를 제외하고 상시 20인 이하의 근
　　로자를 사용하고 또한 해지기간이 4주보다 짧지 아니한 때.

재직근로자의 수를 확정함에 있어서는 단시간 근로자의 주당 정규근로
시간이 20시간 이하인 경우에는 0.5인으로, 그것이 30시간 이하인 경우

berücksichtigen. Die einzelvertragliche Vereinbarung längerer als der in den Absätzen 1 bis 3 genannten Kündigungsfristen bleibt hiervon unberührt.

(6) Für die Kündigung des Arbeitsverhältnisses durch den Arbeitnehmer darf keine längere Frist vereinbart werden als für die Kündigung durch den Arbeitgeber.

§ 623 Schriftform der Kündigung

Die Beendigung von Arbeitsverhältnissen durch Kündigung oder Auflösungsvertrag bedürfen zu ihrer Wirksamkeit der Schriftform; die elektronische Form ist ausgeschlossen.

§ 624 Kündigungsfrist bei Verträgen über mehr als fünf Jahre

Ist das Dienstverhältnis für die Lebenszeit einer Person oder für längere Zeit als fünf Jahre eingegangen, so kann es von dem Verpflichteten nach dem Ablauf von fünf Jahren gekündigt werden. Die Kündigungsfrist beträgt sechs Monate.

§ 625 Stillschweigende Verlängerung

Wird das Dienstverhältnis nach dem Ablauf der Dienstzeit von dem Verpflichteten mit Wissen des anderen Teiles fortgesetzt, so gilt es als auf unbestimmte Zeit verlängert, sofern nicht der andere Teil unverzüglich widerspricht.

§ 626 Fristlose Kündigung aus wichtigem Grund

(1) Das Dienstverhältnis kann von jedem Vertragsteil aus wichtigem Grund ohne Einhaltung einer Kündigungsfrist gekündigt werden, wenn Tatsachen vorliegen, auf Grund derer dem Kündigenden unter Berücksichtigung aller Umstände des Einzelfalles und unter Abwägung der Interessen beider Vertragsteile die Fortsetzung des Dienstverhältnisses bis zum Ablauf der Kündigungsfrist oder bis zu der vereinbarten Beendigung des Dienstverhältnisses nicht zugemutet werden kann.

(2) Die Kündigung kann nur innerhalb von zwei Wochen erfolgen. Die Frist beginnt mit dem Zeitpunkt, in dem der Kündigungsberechtigte von den für die Kündigung maßgebenden Tatsachen Kenntnis erlangt. Der Kündigende muss dem anderen Teil auf Verlangen den Kündigungsgrund unverzüglich schriftlich mitteilen.

§ 627 Fristlose Kündigung bei Vertrauensstellung

(1) Bei einem Dienstverhältnis, das kein Arbeitsverhältnis im Sinne des § 622 ist, ist die Kündigung auch ohne die im § 626 bezeichnete Voraussetzung zulässig, wenn der zur Dienstleistung Verpflichtete, ohne in einem dauernden

에는 0.75인으로 각 계산한다. 제 1 항 내지 제 3 항에 정하여진 것보다 장
기의 해지기간을 개별계약에 의하여 약정하는 것은 영향을 받지 아니한
다.

⑥ 근로자에 의한 근로계약의 해지에 관하여 사용자에 의한 해지에 관
한 해지기간보다 장기의 기간을 약정하여서는 아니된다.

제623조 [解止의 書面方式]

노무관계를 해지나 해소계약에 의하여 종료시키는 것이 유효하기 위하
여는 서면방식을 요한다; 전자방식은 배제된다.

제624조 [5년을 넘는 期間의 契約에서의 解止期間]

종신으로 또는 5년을 넘는 기간으로 고용관계가 정하여진 때에는 의무
자는 5년의 경과 후에 해지할 수 있다. 해지기간은 6개월로 한다.

제625조 [默示의 延長]

고용기간의 경과 후에 의무자가 고용관계를 계속하고 상대방이 이를 알
고 있는 때에는, 상대방이 지체없이 이의하지 아니하는 한, 고용관계는
기간의 정함이 없이 연장된 것으로 본다.

제626조 [重大事由에 기한 卽時解止]

① 개별사안의 모든 사정을 고려하고 계약당사자 쌍방의 이익을 형량할
때 해지기간의 경과시 또는 고용관계의 약정된 종료시까지 고용관계를
계속하는 것을 해지자에 있어서 기대할 수 없게 하는 사실이 존재하는
때에는, 각 계약당사자는 중대한 사유를 이유로 해지기간을 두지 아니하
고 고용관계를 해지할 수 있다.

② 제 1 항의 해지는 2주 이내에만 행할 수 있다. 그 기간은 해지권자가
해지의 기초를 이루는 사실을 안 때부터 기산한다. 해지자는 상대방의
청구가 있으면 해지사유를 지체없이 서면으로 통지하여야 한다.

제627조 [信賴關係에서의 卽時解止]

① 제622조에 정하여진 근로관계가 아닌 고용관계에 있어서 노무급부의
무자가 고정급여를 수반하는 계속적 고용관계에 있지 아니하고 일반적
으로 특별한 신뢰에 기하여 위탁되는 고급의 노무를 급부하여야 하는 경

Dienstverhältnis mit festen Bezügen zu stehen, Dienste höherer Art zu leisten hat, die auf Grund besonderen Vertrauens übertragen zu werden pflegen.

(2) Der Verpflichtete darf nur in der Art kündigen, dass sich der Dienstberechtigte die Dienste anderweit beschaffen kann, es sei denn, dass ein wichtiger Grund für die unzeitige Kündigung vorliegt. Kündigt er ohne solchen Grund zur Unzeit, so hat er dem Dienstberechtigten den daraus entstehenden Schaden zu ersetzen.

§ 628　Teilvergütung und Schadensersatz bei fristloser Kündigung

(1) Wird nach dem Beginn der Dienstleistung das Dienstverhältnis auf Grund des § 626 oder des § 627 gekündigt, so kann der Verpflichtete einen seinen bisherigen Leistungen entsprechenden Teil der Vergütung verlangen. Kündigt er, ohne durch vertragswidriges Verhalten des anderen Teiles dazu veranlasst zu sein, oder veranlasst er durch sein vertragswidriges Verhalten die Kündigung des anderen Teiles, so steht ihm ein Anspruch auf die Vergütung insoweit nicht zu, als seine bisherigen Leistungen infolge der Kündigung für den anderen Teil kein Interesse haben. Ist die Vergütung für eine spätere Zeit im voraus entrichtet, so hat der Verpflichtete sie nach Maßgabe des § 346 oder, wenn die Kündigung wegen eines Umstands erfolgt, den er nicht zu vertreten hat, nach den Vorschriften über die Herausgabe einer ungerechtfertigten Bereicherung zurückzuerstatten.

(2) Wird die Kündigung durch vertragswidriges Verhalten des anderen Teiles veranlasst, so ist dieser zum Ersatz des durch die Aufhebung des Dienstverhältnisses entstehenden Schadens verpflichtet.

§ 629　Freizeit zur Stellungssuche

Nach Der Kündigung eines dauernden Dienstverhältnisses hat der Dienstberechtigte dem Verpflichteten auf Verlangen angemessene Zeit zum Aufsuchen eines anderen Dienstverhältnisses zu gewähren.

§ 630　Pflicht zur Zeugniserteilung

Bei der Beendigung eines dauernden Dienstverhältnisses kann der Verpflichtete von dem anderen Teil ein schriftliches Zeugnis über das Dienstverhältnis und dessen Dauer fordern. Das Zeugnis ist auf Verlangen auf die Leistungen und die Führung im Dienst zu erstrecken. Die Erteilung des Zeugnisses in elektronischer Form ist ausgeschlossen. Wenn der Verpflichtete ein Arbeitnehmer ist, findet § 109 der Gewerbeordnung Anwendung.

우에는, 제626조의 요건이 충족되지 아니하여도 해지를 할 수 있다.

② 의무자는 노무청구권자가 달리 노무를 조달할 수 있는 때가 아니면 해지를 하여서는 아니된다, 그러나 불리한 시기에라도 해지를 하여야 할 중대한 사유가 있는 경우에는 그러하지 아니하다. 의무자가 그러한 사유 없이 불리한 시기에 해지를 한 때에는 그는 노무청구권자에 대하여 이로 인하여 발생한 손해를 배상하여야 한다.

제628조 [卽時解止에서의 一部報酬의 支給 및 損害賠償]

① 노무급부의 개시 후에 고용관계가 제626조 또는 제627조에 의하여 해지된 때에는, 의무자는 자신의 그 때까지의 급부에 상응하는 부분의 보수를 청구할 수 있다. 의무자가 계약에 반하는 상대방의 행위를 이유로 하지 아니하고 해지를 한 경우 또는 계약에 반하는 그의 행위를 이유로 상대방이 해지를 한 경우에는, 자신의 그 때까지의 급부가 해지로 인하여 상대방에 대하여 이익이 없게 된 한도에서 보수청구권을 가지지 못한다. 그 후의 시기에 대한 보수가 미리 지급된 경우에는 의무자는 제346조의 정함에 따라, 또는 의무자에 책임 없는 사유로 인하여 해지된 때에는 부당이득반환에 관한 규정에 따라 이를 반환하여야 한다.

② 해지가 계약에 반하는 상대방의 행위로 인하여 유발된 때에는 상대방은 고용관계의 해소로 인하여 발생하는 손해를 배상할 의무를 진다.

제629조 [求職을 위한 自由時間]

계속적 고용관계의 해지 후에 노무청구권자는 의무자의 청구가 있으면 다른 고용관계를 구하기 위하여 상당한 시간을 허용하여야 한다.

제630조 [證明書發給義務]

계속적 고용관계의 종료시에 의무자는 상대방에 대하여 고용관계의 존재와 그 존속기간에 대한 증명서를 청구할 수 있다. 그 증명서는 청구가 있으면 근무내용 및 근무태도를 포함할 수 있다. 증명서를 전자방식으로 발급하는 것은 배제된다. 의무자가 근로자인 경우에는 영업법 제109조가 적용된다.

Untertitel 2   Behandlungsvertrag

§ 630a   Vertragstypische Pflichten beim Behandlungsvertrag

(1) Durch den Behandlungsvertrag wird derjenige, welcher die medizinische Behandlung eines Patienten zusagt (Behandelnder), zur Leistung der versprochenen Behandlung, der andere Teil (Patient) zur Gewährung der vereinbarten Vergütung verpflichtet, soweit nicht ein Dritter zur Zahlung verpflichtet ist.

(2) Die Behandlung hat nach den zum Zeitpunkt der Behandlung bestehenden, allgemein anerkannten fachlichen Standards zu erfolgen, soweit nicht etwas anderes vereinbart ist.

§ 630b   Anwendbare Vorschriften

Auf das Behandlungsverhältnis sind die Vorschriften über das Dienstverhältnis, das kein Arbeitsverhältnis im Sinne des § 622 ist, anzuwenden, soweit nicht in diesem Untertitel etwas anderes bestimmt ist.

§ 630c   Mitwirkung der Vertragsparteien; Informationspflichten

(1) Behandelnder und Patient sollen zur Durchführung der Behandlung zusammenwirken.

(2) Der Behandelnde ist verpflichtet, dem Patienten in verständlicher Weise zu Beginn der Behandlung und, soweit erforderlich, in deren Verlauf sämtliche für die Behandlung wesentlichen Umstände zu erläutern, insbesondere die Diagnose, die voraussichtliche gesundheitliche Entwicklung, die Therapie und die zu und nach der Therapie zu ergreifenden Maßnahmen. Sind für den Behandelnden Umstände erkennbar, die die Annahme eines Behandlungsfehlers begründen, hat er den Patienten über diese auf Nachfrage oder zur Abwendung gesundheitlicher Gefahren zu informieren. Ist dem Behandelnden oder einem seiner in § 52 Absatz 1 der Strafprozessordnung bezeichneten Angehörigen ein Behandlungsfehler unterlaufen, darf die Information nach Satz 2 zu Beweiszwecken in einem gegen den Behandelnden oder gegen seinen Angehörigen geführten Straf- oder Bußgeldverfahren nur mit Zustimmung des Behandelnden verwendet werden.

(3) Weiß der Behandelnde, dass eine vollständige Übernahme der Behandlungskosten durch einen Dritten nicht gesichert ist oder ergeben sich nach den Umständen hierfür hinreichende Anhaltspunkte, muss er den Patienten vor Beginn der Behandlung über die voraussichtlichen Kosten der Behandlung in Textform informieren. Weitergehende Formanforderungen aus anderen Vorschriften bleiben unberührt.

제 2 관   診療契約

제630조의a [診療契約에서의 典型的 義務]

① 진료계약에 기하여, 환자의 의학적 진료를 약속한 사람("의료인")은 그 약정된 진료를 이행할 의무를, 상대방("환자")은 제 3 자가 그 지급을 할 의무를 지지 아니하는 한 약정된 대가를 공여할 의무를 진다.

② 진료는 달리 약정되지 아니한 한 진료시점에 존재하는 일반적으로 인정된 전문적 기준에 좇아 행하여져야 한다.

제630조의b [適用規定]

진료계약관계에 대하여는 제622조의 의미에서의 근로관계가 아닌 고용관계에 관한 규정이 이 관에서 달리 정하여지지 아니한 한 적용되어야 한다.

제630조의c [契約當事者의 協力; 情報提供義務]

① 의료인과 환자는 진료의 실행에 함께 협력하여야 한다.

② 의료인은 진료를 개시할 때 및 필요하다면 진료의 과정에서 그 진행에 관하여 본질적인 모든 사정, 특히 진단내용, 예상되는 건강상태의 추이, 치료법 및 치료 당시와 그 후 행하여지는 처치를 이해될 수 있는 방법으로 환자에게 설명할 의무를 진다. 의료인이 진료상 과오를 수긍하도록 하는 사정을 인식할 수 있었던 경우에는 그는 문의를 받아 또는 건강상 위험의 회피를 위하여 이를 환자에게 알려 주어야 한다. 의료인 또는 형사소송법 제52조 제 1 항에서 정하여진 그의 근친에게 진료상 과오가 있는 경우에는 제 2 문의 정보는 의료인의 동의를 얻어야만 의료인 또는 그의 근친에 대한 형사절차 또는 과태료절차에서 증명 목적으로 사용될 수 있다.

③ 의료인이 진료비용의 전적인 부담이 제 3 자에 의하여 담보되지 아니함을 알거나 제반 사정에 비추어 그와 같이 충분히 믿을 만한 경우에는 그는 진료의 개시 전에 환자에게 예상되는 진료비용을 문면방식으로 알려 주어야 한다. 다른 규정에서 정하는 그 이상의 방식 요구는 영향을 받지 아니한다.

(4) Der Information des Patienten bedarf es nicht, soweit diese ausnahmsweise aufgrund besonderer Umstände entbehrlich ist, insbesondere wenn die Behandlung unaufschiebbar ist oder der Patient auf die Information ausdrücklich verzichtet hat.

§ 630d Einwilligung

(1) Vor Durchführung einer medizinischen Maßnahme, insbesondere eines Eingriffs in den Körper oder die Gesundheit, ist der Behandelnde verpflichtet, die Einwilligung des Patienten einzuholen. Ist der Patient einwilligungsunfähig, ist die Einwilligung eines hierzu Berechtigten einzuholen, soweit nicht eine Patientenverfügung nach § 1827 Absatz 1 Satz 1 die Maßnahme gestattet oder untersagt. Weitergehende Anforderungen an die Einwilligung aus anderen Vorschriften bleiben unberührt. Kann eine Einwilligung für eine unaufschiebbare Maßnahme nicht rechtzeitig eingeholt werden, darf sie ohne Einwilligung durchgeführt werden, wenn sie dem mutmaßlichen Willen des Patienten entspricht.

(2) Die Wirksamkeit der Einwilligung setzt voraus, dass der Patient oder im Fall des Absatzes 1 Satz 2 der zur Einwilligung Berechtigte vor der Einwilligung nach Maßgabe von § 630e Absatz 1 bis 4 aufgeklärt worden ist.

(3) Die Einwilligung kann jederzeit und ohne Angabe von Gründen formlos widerrufen werden.

§ 630e Aufklärungspflichten

(1) Der Behandelnde ist verpflichtet, den Patienten über sämtliche für die Einwilligung wesentlichen Umstände aufzuklären. Dazu gehören insbesondere Art, Umfang, Durchführung, zu erwartende Folgen und Risiken der Maßnahme sowie ihre Notwendigkeit, Dringlichkeit, Eignung und Erfolgsaussichten im Hinblick auf die Diagnose oder die Therapie. Bei der Aufklärung ist auch auf Alternativen zur Maßnahme hinzuweisen, wenn mehrere medizinisch gleichermaßen indizierte und übliche Methoden zu wesentlich unterschiedlichen Belastungen, Risiken oder Heilungschancen führen können.

(2) Die Aufklärung muss

1. mündlich durch den Behandelnden oder durch eine Person erfolgen, die über die zur Durchführung der Maßnahme notwendige Ausbildung verfügt; ergänzend kann auch auf Unterlagen Bezug genommen werden, die der Patient in Textform erhält,

2. so rechtzeitig erfolgen, dass der Patient seine Entscheidung über die Ein-

④ 환자의 정보는 그것이 특별한 사정에 기하여 예외적으로 불필요한 경우, 특히 진료가 뒤로 미루어질 수 없거나 환자가 그 정보를 명시적으로 포기한 경우에는 요구되지 아니한다.

제630조의d [同意]

① 의료인은 어떠한 의료적 처치, 특히 신체나 건강에의 침습을 행하기 전에 환자의 동의를 얻을 의무를 진다. 환자에게 동의할 능력이 없는 경우에는, 제1827조 제 1 항 제 1 문에서 정하는 환자의 처분이 그 처치를 허용하거나 불허하지 아니하는 한, 동의권한을 가진 사람의 동의를 얻어야 한다. 다른 규정에서 정하는 그 이상의 동의 요구는 영향을 받지 아니한다. 뒤로 미루어질 수 없는 처치에 대하여 동의를 얻을 수 없는 경우에 그 처치가 환자의 추정적 의사에 합치하는 때에는 그 처치는 동의 없이 행하여질 수 있다.

② 동의는 환자 또는 제 1 항 제 2 문의 경우에는 동의권한 있는 사람이 동의 전에 제630조의e 제 1 항 내지 제 4 항에 좇아 설명을 들어야 효력이 있다.

③ 동의는 언제라도 그리고 이유를 제시함이 없이 방식을 갖추지 아니하고 철회될 수 있다.

제630조의e [說明義務]

① 의료인은 동의에 필수적인 모든 사정을 설명할 의무를 진다. 그에는 특히 처치의 종류, 범위, 기대되는 효과 및 위험, 나아가 진단 또는 치료법을 고려할 때 그 필요성, 긴급성, 적합성 및 성공가능성이 포함된다. 의학적으로 동등하게 고려될 수 있는 복수의 통상적인 처치방법이 현저히 다른 부담, 위험 또는 치유가능성의 결과를 낳을 수 있는 경우에는 다른 처치방법에 대하여도 언급하여야 한다.

② 설명은

1. 구두로 의료인 또는 처치의 실행에 필요한 전문교육을 받은 사람에 의하여 행하여져야 한다; 또한 환자가 문면방식으로 받은 서면이 보충적으로 원용될 수 있다,

2. 환자가 숙고한 다음 동의 여부의 결정을 할 수 있도록 적시에 행하

willigung wohlüberlegt treffen kann,

3. für den Patienten verständlich sein.

Dem Patienten sind Abschriften von Unterlagen, die er im Zusammenhang mit der Aufklärung oder Einwilligung unterzeichnet hat, auszuhändigen.

(3) Der Aufklärung des Patienten bedarf es nicht, soweit diese ausnahmsweise aufgrund besonderer Umstände entbehrlich ist, insbesondere wenn die Maßnahme unaufschiebbar ist oder der Patient auf die Aufklärung ausdrücklich verzichtet hat.

(4) Ist nach § 630d Absatz 1 Satz 2 die Einwilligung eines hierzu Berechtigten einzuholen, ist dieser nach Maßgabe der Absätze 1 bis 3 aufzuklären.

(5) Im Fall des § 630d Absatz 1 Satz 2 sind die wesentlichen Umstände nach Absatz 1 auch dem Patienten entsprechend seinem Verständnis zu erläutern, soweit dieser aufgrund seines Entwicklungsstandes und seiner Verständnismöglichkeiten in der Lage ist, die Erläuterung aufzunehmen, und soweit dies seinem Wohl nicht zuwiderläuft. Absatz 3 gilt entsprechend.

§ 630f Dokumentation der Behandlung

(1) Der Behandelnde ist verpflichtet, zum Zweck der Dokumentation in unmittelbarem zeitlichen Zusammenhang mit der Behandlung eine Patientenakte in Papierform oder elektronisch zu führen. Berichtigungen und Änderungen von Eintragungen in der Patientenakte sind nur zulässig, wenn neben dem ursprünglichen Inhalt erkennbar bleibt, wann sie vorgenommen worden sind. Dies ist auch für elektronisch geführte Patientenakten sicherzustellen.

(2) Der Behandelnde ist verpflichtet, in der Patientenakte sämtliche aus fachlicher Sicht für die derzeitige und künftige Behandlung wesentlichen Maßnahmen und deren Ergebnisse aufzuzeichnen, insbesondere die Anamnese, Diagnosen, Untersuchungen, Untersuchungsergebnisse, Befunde, Therapien und ihre Wirkungen, Eingriffe und ihre Wirkungen, Einwilligungen und Aufklärungen. Arztbriefe sind in die Patientenakte aufzunehmen.

(3) Der Behandelnde hat die Patientenakte für die Dauer von zehn Jahren nach Abschluss der Behandlung aufzubewahren, soweit nicht nach anderen Vorschriften andere Aufbewahrungsfristen bestehen.

§ 630g Einsichtnahme in die Patientenakte

(1) Dem Patienten ist auf Verlangen unverzüglich Einsicht in die vollstän-

여겨야 한다,

3. 환자가 이를 이해할 수 있어야 한다.

환자가 설명 또는 동의와 관련하여 서명한 서면은 그 부본이 환자에게 교부되어야 한다.

③ 환자에의 설명은 그것이 특별한 사정에 기하여 예외적으로 불필요한 경우, 특히 처치가 뒤로 미루어질 수 없거나 환자가 설명을 명시적으로 포기한 경우에는 요구되지 아니한다.

④ 제630조의d 제 1 항 제 2 문에 따라 동의가 그 권한 있는 사람에 의하여 행하여져야 하는 경우에는 그 사람이 제 1 항 내지 제 3 항에 의하여 설명을 받아야 한다.

⑤ 제630조의d 제 1 항 제 2 문의 경우에 제 1 항에서 정하는 필수적 사정들은 환자가 그 발육단계 및 이해가능성에 기하여 설명을 받아들일 수 있고 또한 그것이 그의 이익에 반하지 아니하는 경우에는 환자에게도 그의 이해력에 상응하게 설명되어야 한다.

제630조의f [診療에 관한 記錄]

① 의료인은 자료를 위하여 진료와 시간적으로 직접 관련되는 동안 진료기록부를 종이형태로 또는 전자적으로 편제하여야 한다. 진료기록부의 기록을 정정하거나 수정하는 것은 원래의 내용과 아울러 그 정정 등이 언제 행하여졌는지를 인식할 수 있는 경우에만 허용된다. 이는 전자적으로 편제된 진료기록부에 있어서도 보장되어야 한다.

② 의료인은 진료기록부에 전문적인 관점에서 진료에 본질적인 현재 및 장래의 조치들과 그 결과 전부, 특히 병력, 진단, 검사, 검사결과, 소견, 치료법 및 그 효과, 침습과 그 효과, 동의 및 설명을 기재할 의무를 진다. [의사 간의 의견교환을 위한] 소견서는 진료기록부에 편철되어야 한다.

③ 의료인은 다른 규정이 다른 보관기간을 정하지 아니하는 한 진료기록부를 진료가 종료된 때로부터 10년간 보관하여야 한다.

제630조의g [診療記錄에 대한 閱覽]

① 중대한 치료상 이유나 제 3 자의 다른 중대한 권리가 열람을 막는 것

dige, ihn betreffende Patientenakte zu gewähren, soweit der Einsichtnahme nicht erhebliche therapeutische Gründe oder sonstige erhebliche Rechte Dritter entgegenstehen. Die Ablehnung der Einsichtnahme ist zu begründen. § 811 ist entsprechend anzuwenden.

(2) Der Patient kann auch elektronische Abschriften von der Patientenakte verlangen. Er hat dem Behandelnden die entstandenen Kosten zu erstatten.

(3) Im Fall des Todes des Patienten stehen die Rechte aus den Absätzen 1 und 2 zur Wahrnehmung der vermögensrechtlichen Interessen seinen Erben zu. Gleiches gilt für die nächsten Angehörigen des Patienten, soweit sie immaterielle Interessen geltend machen. Die Rechte sind ausgeschlossen, soweit der Einsichtnahme der ausdrückliche oder mutmaßliche Wille des Patienten entgegensteht.

§ 630h　Beweislast bei Haftung für Behandlungs- und Aufklärungsfehler

(1) Ein Fehler des Behandelnden wird vermutet, wenn sich ein allgemeines Behandlungsrisiko verwirklicht hat, das für den Behandelnden voll beherrschbar war und das zur Verletzung des Lebens, des Körpers oder der Gesundheit des Patienten geführt hat.

(2) Der Behandelnde hat zu beweisen, dass er eine Einwilligung gemäß § 630d eingeholt und entsprechend den Anforderungen des § 630e aufgeklärt hat. Genügt die Aufklärung nicht den Anforderungen des § 630e, kann der Behandelnde sich darauf berufen, dass der Patient auch im Fall einer ordnungsgemäßen Aufklärung in die Maßnahme eingewilligt hätte.

(3) Hat der Behandelnde eine medizinisch gebotene wesentliche Maßnahme und ihr Ergebnis entgegen § 630f Absatz 1 oder Absatz 2 nicht in der Patientenakte aufgezeichnet oder hat er die Patientenakte entgegen § 630f Absatz 3 nicht aufbewahrt, wird vermutet, dass er diese Maßnahme nicht getroffen hat.

(4) War ein Behandelnder für die von ihm vorgenommene Behandlung nicht befähigt, wird vermutet, dass die mangelnde Befähigung für den Eintritt der Verletzung des Lebens, des Körpers oder der Gesundheit ursächlich war.

(5) Liegt ein grober Behandlungsfehler vor und ist dieser grundsätzlich geeignet, eine Verletzung des Lebens, des Körpers oder der Gesundheit der tatsächlich eingetretenen Art herbeizuführen, wird vermutet, dass der Behandlungsfehler für diese Verletzung ursächlich war. Dies gilt auch dann, wenn es der Behandelnde unterlassen hat, einen medizinisch gebotenen Befund

이 아닌 한, 환자에게는 요청이 있으면 지체없이 자신에 관한 진료기록 전부를 열람하는 것이 보장되어야 한다. 열람을 거부함에는 이유를 제시하여야 한다. 제811조는 이에 준용된다.

② 환자는 진료기록의 전자적 등본을 요구할 수 있다. 그는 의료인에게 발생한 비용을 상환하여야 한다.

③ 환자가 사망한 경우에 제 1 항 및 제 2 항에 기한 권리는 재산법적 이익을 위하여 그 상속인에게 귀속된다. 환자의 최근친자가 비재산적 이익을 주장하는 한에서 그에게도 같은 규정이 적용된다. 열람이 환자의 명시적 또는 추정적 의사에 반하는 경우에는 이들 권리는 배제된다.

제630조의h [診療上·說明上 過誤로 인한 責任에서의 證明責任]

① 의료인이 충분히 지배할 수 있었던 일반적인 진료위험이 환자의 생명, 신체 또는 건강의 침해를 일으켜서 그 위험이 현실화된 경우에는 의료인의 과오는 추정된다.

② 의료인은 그가 제630조의d에 따른 승낙을 얻었다는 것과 제630조의e에서 요구하는 바에 맞게 설명을 하였다는 것을 증명하여야 한다. 설명이 제630조의e에서 요구하는 바를 충족하지 못하는 경우에는, 의료인은 환자가 제대로 설명이 있었더라도 그 조치를 승낙하였을 것임을 주장할 수 있다.

③ 의료인이 의료적으로 요구되는 필수적 조치 및 그 결과를 제630조의f 제 1 항 또는 제 2 항에 반하여 진료기록부에 기재하지 아니하거나 제630조의f 제 3 항에 반하여 진료기록부를 보관하지 아니한 경우에는 그가 이들 조치를 하지 아니하였음이 추정된다.

④ 의료인이 그가 행한 진료를 할 기능을 갖추지 못한 경우에는 그 기능의 흠결이 생명, 신체 또는 건강 침해의 발생에 원인이 되었던 것으로 추정된다.

⑤ 중대한 진료과오가 존재하고 그것이 실제로 일어난 종류의 생명, 신체 또는 건강 침해에 원칙적으로 적절한 것인 경우에는 그 진료과오가 이 침해의 발생에 원인이 되었던 것으로 추정된다. 의료인이 의학적으로 요구되는 진단소견이 그 이상의 다른 처치를 행하였을 계기가 될 만한

rechtzeitig zu erheben oder zu sichern, soweit der Befund mit hinreichender Wahrscheinlichkeit ein Ergebnis erbracht hätte, das Anlass zu weiteren Maßnahmen gegeben hätte, und wenn das Unterlassen solcher Maßnahmen grob fehlerhaft gewesen wäre.

Titel 9 Werkvertrag und ähnliche Verträge

Untertitel 1 Werkvertrag

Kapitel 1 Allgemeine Vorschriften

§ 631 Vertragstypische Pflichten beim Werkvertrag

(1) Durch den Werkvertrag wird der Unternehmer zur Herstellung des versprochenen Werkes, der Besteller zur Entrichtung der vereinbarten Vergütung verpflichtet.

(2) Gegenstand des Werkvertrags kann sowohl die Herstellung oder Veränderung einer Sache als ein anderer durch Arbeit oder Dienstleistung herbeizuführender Erfolg sein.

§ 632 Vergütung

(1) Eine Vergütung gilt als stillschweigend vereinbart, wenn die Herstellung des Werkes den Umständen nach nur gegen eine Vergütung zu erwarten ist.

(2) Ist die Höhe der Vergütung nicht bestimmt, so ist bei dem Bestehen einer Taxe die taxmäßige Vergütung, in Ermangelung einer Taxe die übliche Vergütung als vereinbart anzusehen.

(3) Ein Kostenanschlag ist im Zweifel nicht zu vergüten.

§ 632a Abschlagszahlungen

(1) Der Unternehmer kann von dem Besteller eine Abschlagszahlung in Höhe des Wertes der von ihm erbrachten und nach dem Vertrag geschuldeten Leistungen verlangen. Sind die erbrachten Leistungen nicht vertragsgemäß, kann der Besteller die Zahlung eines angemessenen Teils des Abschlags verweigern. Die Beweislast für die vertragsgemäße Leistung verbleibt bis zur Abnahme beim Unternehmer. § 641 Abs. 3 gilt entsprechend. Die Leistungen sind durch eine Aufstellung nachzuweisen, die eine rasche und sichere Beurteilung der Leistungen ermöglichen muss. Die Sätze 1 bis 4 gelten auch für erforderliche Stoffe

효과를 일으킬 충분한 개연성이 있었음에도 이를 적시에 행하지 아니하거나 확보하지 아니하고, 또한 그와 같이 하지 아니한 것이 중대한 과오인 경우에도, 마찬가지이다.

제 9 절   都給 및 이에 類似한 契約

제 1 관   都   給

제 1 항   一般規定

제631조 [都給契約에서의 典型的 義務]

① 도급계약에 기하여 수급인은 약속한 일을 완성할 의무를 지고, 도급인은 약정된 보수를 지급할 의무를 진다.

② 도급계약의 목적은 물건의 제작이나 변경일 수도 있고, 노동이나 노무급부에 의하여 생기는 기타의 결과일 수도 있다.

제632조 [報酬]

① 제반 사정에 비추어 보수를 지급하여서만 일의 완성을 기대할 수 있는 때에는, 보수의 지급은 묵시적으로 합의된 것으로 본다.

② 보수액의 정함이 없는 때에는, 보수규정이 있으면 규정상의 보수가, 그 규정이 없으면 통상의 보수가 약정된 것으로 본다.

③ 비용견적에 대하여는 의심스러운 때에는 보수를 지급하지 아니한다.

제632조의a [報酬分割支給]

① 수급인은 도급인에 대하여 그가 실행한 급부 및 계약상으로 의무를 지는 급부의 가치 상당액에서 보수의 부분지급을 청구할 수 있다. 실행된 급부가 계약에 좇지 아니한 경우에는 도급인은 보수의 적절한 부분의 지급을 청구할 수 있다. 급부가 계약에 좇았음에 대한 증명책임은 수취 시까지는 수급인에게 있다. 제641조 제 3 항은 이에 준용된다. 급부는 급부에 대한 신속하고 보다 확실한 판단을 가능하게 하는 계산서에 의하여 증명되어야 한다. 제 1 문 내지 제 4 문은 수급인이 공급받거나 스스로 제

oder Bauteile, die angeliefert oder eigens angefertigt und bereitgestellt sind, wenn dem Besteller nach seiner Wahl Eigentum an den Stoffen oder Bauteilen übertragen oder entsprechende Sicherheit hierfür geleistet wird.

(2) Die Sicherheit nach Absatz 1 Satz 6 kann auch durch eine Garantie oder ein sonstiges Zahlungsversprechen eines im Geltungsbereich dieses Gesetzes zum Geschäftsbetrieb befugten Kreditinstituts oder Kreditversicherers geleistet werden.

§ 633 Sach- und Rechtsmangel

(1) Der Unternehmer hat dem Besteller das Werk frei von Sach- und Rechtsmängeln zu verschaffen.

(2) Das Werk ist frei von Sachmängeln, wenn es die vereinbarte Beschaffenheit hat. Soweit die Beschaffenheit nicht vereinbart ist, ist das Werk frei von Sachmängeln,

1. wenn es sich für die nach dem Vertrag vorausgesetzte, sonst

2. für die gewöhnliche Verwendung eignet und eine Beschaffenheit aufweist, die bei Werken der gleichen Art üblich ist und die der Besteller nach der Art des Werkes erwarten kann.

Einem Sachmangel steht es gleich, wenn der Unternehmer ein anderes als das bestellte Werk oder das Werk in zu geringer Menge herstellt.

(3) Das Werk ist frei von Rechtsmängeln, wenn Dritte in Bezug auf das Werk keine oder nur die im Vertrag übernommenen Rechte gegen den Besteller geltend machen können.

§ 634 Rechte des Bestellers bei Mängeln

Ist das Werk mangelhaft, kann der Besteller, wenn die Voraussetzungen der folgenden Vorschriften vorliegen und soweit nicht ein anderes bestimmt ist,

1. nach § 635 Nacherfüllung verlangen,

2. nach § 637 den Mangel selbst beseitigen und Ersatz der erforderlichen Aufwendungen verlangen,

3. nach den §§ 636, 323 und 326 Abs. 5 von dem Vertrag zurücktreten oder nach § 638 die Vergütung mindern und

4. nach den §§ 636, 280, 281, 283 und 311a Schadensersatz oder nach § 284 Ersatz vergeblicher Aufwendungen verlangen.

작하여 제공한 필요한 자재 또는 건축부품이 도급인의 선택에 좇아 도급
인에게 그 소유권이 양도되거나 그에 대한 상응의 담보가 제공된 경우에
는 자재 또는 건축부품에 대하여도 적용된다.

② 제1항 제6문에 의한 담보는 이 법률의 적용영역 내에서 영업할 권
한을 가지는 금융기관이나 신용보험자의 보증 또는 기타의 지급약속으
로도 제공될 수 있다.

제633조 [物件瑕疵 및 權利瑕疵]

① 수급인은 도급인에 대하여 물건하자 및 권리하자가 없도록 일을 완
성하여야 한다.

② [완성된] 일이 약정된 성상을 갖추면 그에는 물건하자가 없다. 성상
에 관한 약정이 없는 때에는, 다음의 경우에 그에 물건하자가 없다.

 1. 일이 계약에서 전제가 된 용도에 적합한 때, 또는

 2. 그러한 전제가 없으면, 일이 통상의 용도에 적합하고, 또 동종의 일
    에 상례적이고 도급인이 일의 성질상 기대할 수 있는 성상을 갖춘
    때.

수급인이 도급받은 일과 다른 일을 완성하거나 일을 과소하게 완성한 경
우는 물건하자와 동시된다.

③ 제3자가 일에 관하여 도급인에게 권리를 행사할 수 없거나 계약에서
인수된 권리만을 행사할 수 있는 때에는 일에 권리하자가 없는 것이다.

제634조 [瑕疵 있는 경우 都給人의 權利]

일에 하자가 있는 경우에 다른 정함이 없으면 도급인은 다음의 각 규정
의 요건이 충족되는 한 다음의 권리를 가진다,

 1. 제635조에 따라 추완을 청구할 권리,

 2. 제637조에 따라 하자를 스스로 제거하고 그에 필요한 비용의 상환을
    청구할 권리,

 3. 제636조, 제323조 및 제325조 제5항에 따라 계약을 해제하거나 제
    638조에 따라 보수를 감액할 권리, 그리고

 4. 제636조, 제280조, 제281조, 제283조 및 제311조의a에 따라 손해배상
    또는 제284조에 따라 무익한 비용지출의 상환을 청구할 권리.

§ 634a　Verjährung der Mängelansprüche

(1) Die in § 634 Nr. 1, 2 und 4 bezeichneten Ansprüche verjähren

1. vorbehaltlich der Nummer 2 in zwei Jahren bei einem Werk, dessen Erfolg in der Herstellung, Wartung oder Veränderung einer Sache oder in der Erbringung von Planungs- oder Überwachungsleistungen hierfür besteht,

2. in fünf Jahren bei einem Bauwerk und einem Werk, dessen Erfolg in der Erbringung von Planungs- oder Überwachungsleistungen hierfür besteht, und

3. im Übrigen in der regelmäßigen Verjährungsfrist.

(2) Die Verjährung beginnt in den Fällen des Absatzes 1 Nr. 1 und 2 mit der Abnahme.

(3) Abweichend von Absatz 1 Nr. 1 und 2 und Absatz 2 verjähren die Ansprüche in der regelmäßigen Verjährungsfrist, wenn der Unternehmer den Mangel arglistig verschwiegen hat. Im Falle des Absatzes 1 Nr. 2 tritt die Verjährung jedoch nicht vor Ablauf der dort bestimmten Frist ein.

(4) Für das in § 634 bezeichnete Rücktrittsrecht gilt § 218. Der Besteller kann trotz einer Unwirksamkeit des Rücktritts nach § 218 Abs. 1 die Zahlung der Vergütung insoweit verweigern, als er auf Grund des Rücktritts dazu berechtigt sein würde. Macht er von diesem Recht Gebrauch, kann der Unternehmer vom Vertrag zurücktreten.

(5) Auf das in § 634 bezeichnete Minderungsrecht finden § 218 und Absatz 4 Satz 2 entsprechende Anwendung.

§ 635　Nacherfüllung

(1) Verlangt der Besteller Nacherfüllung, so kann der Unternehmer nach seiner Wahl den Mangel beseitigen oder ein neues Werk herstellen.

(2) Der Unternehmer hat die zum Zwecke der Nacherfüllung erforderlichen Aufwendungen, insbesondere Transport-, Wege-, Arbeits- und Materialkosten zu tragen.

(3) Der Unternehmer kann die Nacherfüllung unbeschadet des § 275 Abs. 2 und 3 verweigern, wenn sie nur mit unverhältnismäßigen Kosten möglich ist.

(4) Stellt der Unternehmer ein neues Werk her, so kann er vom Besteller

제634조의a [瑕疵로 인한 請求權의 消滅時效]

① 제634조 제1호, 제2호 및 제4호의 청구권은 다음의 소멸시효에 걸린다,

1. 일의 결과가 물건의 제작, 정비 또는 변경이거나 그에 대한 계획 또는 감독의 급부를 실행하는 것인 경우에는 제2호에서 정하는 바를 제외하고는 2년,

2. 건축의 경우 또는 일의 결과가 건축에 관한 계획 또는 감독의 급부를 실행하는 것인 경우에는 5년,

3. 기타의 경우에는 일반소멸시효기간.

② 제1항 제1호 및 제2호의 경우에 소멸시효는 수취시로부터 진행한다.

③ 수급인이 하자를 알면서 밝히지 아니한 경우에는, 제1항 제1호, 제2호 및 제2항에서 정하는 바와는 달리, 청구권은 일반소멸시효기간의 소멸시효에 걸린다. 그러나 제1항 제2호의 경우에는 거기서 정하여진 기간의 경과 전에는 소멸시효가 완성되지 아니한다.

④ 제634조의 해제권에 대하여는 제218조가 적용된다. 도급인은 제218조 제1항에 의하여 해제가 효력 없는 경우에도, 해제가 유효이었다면 이를 이유로 지급을 거절할 수 있었을 보수의 한도에서 그 지급을 거절할 수 있다. 도급인이 이 권리를 행사한 경우에는 수급인은 계약을 해제할 수 있다.

⑤ 제634조에서 규정된 보수감액권에 대하여는 제218조 및 본조 제4항 제2문이 준용된다.

제635조 [追完履行]

① 도급인이 추완을 청구한 경우에는 수급인은 그의 선택에 좇아 하자를 제거하거나 또는 일을 새로이 완성할 수 있다.

② 수급인은 추완에 필요한 비용, 특히 운송비, 도로비, 노무비 및 재료비를 부담하여야 한다.

③ 추완이 과도한 비용으로만 가능한 경우에는, 수급인은 제275조 제2항 및 제3항과는 별도로 추완을 거절할 수 있다.

④ 수급인이 새로이 일을 완성한 경우에는 그는 제346조 내지 제348조의

Rückgewähr des mangelhaften Werkes nach Maßgabe der §§ 346 bis 348 verlangen.

§ 636　Besondere Bestimmungen für Rücktritt und Schadensersatz

Außer in den Fällen des § 281 Abs. 2 und des § 323 Abs. 2 bedarf es der Fristsetzung auch dann nicht, wenn der Unternehmer die Nacherfüllung gemäß § 635 Abs. 3 verweigert oder wenn die Nacherfüllung fehlgeschlagen oder dem Besteller unzumutbar ist.

§ 637　Selbstvornahme

(1) Der Besteller kann wegen eines Mangels des Werkes nach erfolglosem Ablauf einer von ihm zur Nacherfüllung bestimmten angemessenen Frist den Mangel selbst beseitigen und Ersatz der erforderlichen Aufwendungen verlangen, wenn nicht der Unternehmer die Nacherfüllung zu Recht verweigert.

(2) § 323 Abs. 2 findet entsprechende Anwendung. Der Bestimmung einer Frist bedarf es auch dann nicht, wenn die Nacherfüllung fehlgeschlagen oder dem Besteller unzumutbar ist.

(3) Der Besteller kann von dem Unternehmer für die zur Beseitigung des Mangels erforderlichen Aufwendungen Vorschuss verlangen.

§ 638　Minderung

(1) Statt zurückzutreten, kann der Besteller die Vergütung durch Erklärung gegenüber dem Unternehmer mindern. Der Ausschlussgrund des § 323 Abs. 5 Satz 2 findet keine Anwendung.

(2) Sind auf der Seite des Bestellers oder auf der Seite des Unternehmers mehrere beteiligt, so kann die Minderung nur von allen oder gegen alle erklärt werden.

(3) Bei der Minderung ist die Vergütung in dem Verhältnis herabzusetzen, in welchem zur Zeit des Vertragsschlusses der Wert des Werkes in mangelfreiem Zustand zu dem wirklichen Wert gestanden haben würde. Die Minderung ist, soweit erforderlich, durch Schätzung zu ermitteln.

(4) Hat der Besteller mehr als die geminderte Vergütung gezahlt, so ist der Mehrbetrag vom Unternehmer zu erstatten. § 346 Abs. 1 und § 347 Abs. 1 finden entsprechende Anwendung.

§ 639　Haftungsausschluss

Auf eine Vereinbarung, durch welche die Rechte des Bestellers wegen eines Mangels ausgeschlossen oder beschränkt werden, kann sich der Unternehmer

정함에 따라 하자 있는 일의 반환을 청구할 수 있다.

제636조 [解除 및 損害賠償에 관한 特則]

제281조 제 2 항 및 제323조 제 2 항의 경우 외에도, 수급인이 제635조 제 3 항에 따라 추완을 거절한 때 또는 추완이 달성되지 아니하거나 도급 인에게 이를 기대할 수 없는 때에는 기간설정이 요구되지 아니한다.

제637조 [都給人의 自救措置]

① 일에 하자가 있고 수급인이 적법하게 추완을 거절한 것이 아닌 경우 에는, 도급인은 추완을 위하여 정한 상당한 기간이 도과한 후에 하자를 스스로 제거하고 그에 필요한 비용의 상환을 청구할 수 있다.

② 제323조 제 2 항은 이에 준용된다. 추완이 달성되지 아니하거나 도급 인에게 이를 기대할 수 없는 때에는 기간설정은 요구되지 아니한다.

③ 도급인은 수급인에 대하여 하자의 제거를 위하여 필요한 비용을 미 리 지급할 것을 청구할 수 있다.

제638조 [報酬減額]

① 도급인은 해제에 갈음하여 수급인에 대한 의사표시로써 보수를 감액 할 수 있다. 제323조 제 5 항 제 2 문의 배제사유는 이에 적용되지 아니한 다.

② 도급인 또는 수급인이 수인數人인 경우에는 감액의 의사표시는 전원 에 의하여 전원에 대하여 행하여져야 한다.

③ 감액의 경우에 보수는 계약체결시에 하자 없는 상태의 일의 가치와 실제의 가치 사이에 성립하는 비율에 따라 감축된다. 감액은 필요한 한 에서 가액사정에 의하여 정하여진다.

④ 도급인이 감액된 보수보다 많은 보수를 지급하였을 경우에는 수급인 은 초과액을 반환하여야 한다. 제346조 제 1 항 및 제347조 제 1 항은 이에 준용된다.

제639조 [責任排除約定]

수급인이 하자를 알면서 밝히지 아니한 경우 또는 일의 성상에 대한 보 장을 인수한 경우에는, 그는 그 한도에서 하자로 인한 도급인의 권리를

nicht berufen, soweit er den Mangel arglistig verschwiegen oder eine Garantie für die Beschaffenheit des Werkes übernommen hat.

§ 640 Abnahme

(1) Der Besteller ist verpflichtet, das vertragsmäßig hergestellte Werk abzunehmen, sofern nicht nach der Beschaffenheit des Werkes die Abnahme ausgeschlossen ist. Wegen unwesentlicher Mängel kann die Abnahme nicht verweigert werden.

(2) Als abgenommen gilt ein Werk auch, wenn der Unternehmer dem Besteller nach Fertigstellung des Werks eine angemessene Frist zur Abnahme gesetzt hat und der Besteller die Abnahme nicht innerhalb dieser Frist unter Angabe mindestens eines Mangels verweigert hat. Ist der Besteller ein Verbraucher, so treten die Rechtsfolgen des Satzes 1 nur dann ein, wenn der Unternehmer den Besteller zusammen mit der Aufforderung zur Abnahme auf die Folgen einer nicht erklärten oder ohne Angabe von Mängeln verweigerten Abnahme hingewiesen hat; der Hinweis muss in Textform erfolgen.

(3) Nimmt der Besteller ein mangelhaftes Werk gemäß Absatz 1 Satz 1 ab, obschon er den Mangel kennt, so stehen ihm die in § 634 Nr. 1 bis 3 bezeichneten Rechte nur zu, wenn er sich seine Rechte wegen des Mangels bei der Abnahme vorbehält.

§ 641 Fälligkeit der Vergütung

(1) Die Vergütung ist bei der Abnahme des Werkes zu entrichten. Ist das Werk in Teilen abzunehmen und die Vergütung für die einzelnen Teile bestimmt, so ist die Vergütung für jeden Teil bei dessen Abnahme zu entrichten.

(2) Die Vergütung des Unternehmers für ein Werk, dessen Herstellung der Besteller einem Dritten versprochen hat, wird spätestens fällig,

1. soweit der Besteller von dem Dritten für das versprochene Werk wegen dessen Herstellung seine Vergütung oder Teile davon erhalten hat,
2. soweit das Werk des Bestellers von dem Dritten abgenommen worden ist oder als abgenommen gilt oder
3. wenn der Unternehmer dem Besteller erfolglos eine angemessene Frist zur Auskunft über die in den Nummern 1 und 2 bezeichneten Umstände bestimmt hat.

Hat der Besteller dem Dritten wegen möglicher Mängel des Werks Sicherheit geleistet, gilt Satz 1 nur, wenn der Unternehmer dem Besteller entsprechende

배제 또는 제한하는 내용의 약정을 원용할 수 없다.

제640조 [受取]

① 도급인은 일의 성질상 수취가 배제되는 경우가 아닌 한 계약에 좇아 완성된 일을 수취할 의무를 진다. 경미한 하자를 이유로 하여서는 수취를 거절할 수 없다.

② 수급인이 도급인에게 일의 완성 후에 수취를 위하여 적절한 기간을 설정하였는데 도급인이 그 기간 내에 적어도 하나의 하자를 들면서 수취를 거절하지 아니한 경우에도 일은 수취된 것으로 본다. 도급인이 소비자인 때에는 제1문의 법률효과는 수급인이 도급인에게 수취를 요구함과 함께 도급인에 대하여 수취의 의사를 표명하지 아니함으로 인한 또는 하자에 언급함이 없이 수취를 거절함으로 인한 효과를 지적한 경우에만 발생한다; 그 지적은 문면방식으로 행하여져야 한다.

③ 도급인이 하자를 알면서도 하자 있는 일을 제1항 제1문에 좇아 수취한 때에는, 그는 수취시에 하자로 인한 권리를 유보한 경우에 한하여 제634조 제1호 내지 제3호에 정하여진 청구권을 가진다.

제641조 [報酬의 履行期]

① 보수는 일의 수취시에 이를 지급하여야 한다. 일을 분할하여 수취하기로 하고 개개의 부분에 관하여 보수를 정한 때에는 개개의 부분의 수취시에 그에 대한 보수를 지급하여야 한다.

② 도급인이 제3자에게 그 완성을 약속한 일에 대한 수급인의 보수는 늦어도 다음 각 호와 같이 이행기가 도래한다,

 1. 도급인이 제3자로부터 그 약속한 일에 대하여 완성을 이유로 보수의 전부 또는 일부를 수령한 때,

 2. 도급인의 일이 제3자에 의하여 수취되었거나 수취된 것으로 보는 때, 또는

 3. 수급인이 제1호 및 제2호에서 정하는 사정에 관한 정보를 얻기 위하여 도급인에게 적정한 기간을 정하였으나 이를 얻지 못한 때.

도급인이 있을지 모르는 일의 하자로 인하여 제3자에게 담보를 제공한 경우에는 제1문은 수급인이 상응하는 담보를 도급인에게 제공한 때에

Sicherheit leistet.

(3) Kann der Besteller die Beseitigung eines Mangels verlangen, so kann er nach der Abnahme die Zahlung eines angemessenen Teils der Vergütung verweigern, mindestens in Höhe des Dreifachen der für die Beseitigung des Mangels erforderlichen Kosten.

(4) Eine in Geld festgesetzte Vergütung hat der Besteller von der Abnahme des Werkes an zu verzinsen, sofern nicht die Vergütung gestundet ist.

§ 641a (weggefallen)

§ 642 Mitwirkung des Bestellers

(1) Ist bei der Herstellung des Werkes eine Handlung des Bestellers erforderlich, so kann der Unternehmer, wenn der Besteller durch das Unterlassen der Handlung in Verzug der Annahme kommt, eine angemessene Entschädigung verlangen.

(2) Die Höhe der Entschädigung bestimmt sich einerseits nach der Dauer des Verzugs und der Höhe der vereinbarten Vergütung, andererseits nach demjenigen, was der Unternehmer infolge des Verzugs an Aufwendungen erspart oder durch anderweitige Verwendung seiner Arbeitskraft erwerben kann.

§ 643 Kündigung bei unterlassener Mitwirkung

Der Unternehmer ist im Falle des § 642 berechtigt, dem Besteller zur Nachholung der Handlung eine angemessene Frist mit der Erklärung zu bestimmen, dass er den Vertrag kündige, wenn die Handlung nicht bis zum Ablauf der Frist vorgenommen werde. Der Vertrag gilt als aufgehoben, wenn nicht die Nachholung bis zum Ablauf der Frist erfolgt.

§ 644 Gefahrtragung

(1) Der Unternehmer trägt die Gefahr bis zur Abnahme des Werkes. Kommt der Besteller in Verzug der Annahme, so geht die Gefahr auf ihn über. Für den zufälligen Untergang und eine zufällige Verschlechterung des von dem Besteller gelieferten Stoffes ist der Unternehmer nicht verantwortlich.

(2) Versendet der Unternehmer das Werk auf Verlangen des Bestellers nach einem anderen Ort als dem Erfüllungsort, so finden die für den Kauf geltenden Vorschriften des § 447 entsprechende Anwendung.

§ 645 Verantwortlichkeit des Bestellers

(1) Ist das Werk vor der Abnahme infolge eines Mangels des von dem Besteller gelieferten Stoffes oder infolge einer von dem Besteller für die Aus-

만 적용된다.

③ 도급인이 하자의 제거를 청구할 수 있는 경우에는, 그는 수취 후에 하자의 제거에 필요한 비용의 3배액을 최소한도로 하여 보수의 상당한 부분의 지급을 거절할 수 있다.

④ 금전으로 보수를 정한 때에는 그 지급이 유예되지 아니하는 한 도급인은 일의 수취시부터 이자를 지급하여야 한다.

제641조의a [삭제]

제642조 [都給人의 協力]

① 일의 완성에 도급인의 행위를 필요로 하는 경우에 도급인이 그 행위를 하지 아니함으로써 수령지체에 빠지는 때에는 수급인은 적절한 배상을 청구할 수 있다.

② 제 1 항의 배상액은 한편으로 지체기간과 약정된 보수액에 의하여, 다른 한편으로 수급인이 지체로 인하여 비용지출을 면한 것 또는 자신의 노동력을 달리 사용함으로써 취득할 수 있는 것에 의하여 정하여진다.

제643조 [不協力時의 解止]

수급인은 제642조의 경우에 도급인에 대하여 행위의 추완을 위한 상당한 기간을 지정하고 기간 내에 그 행위를 하지 아니하면 계약을 해지할 것임을 표시할 수 있다. 그 기간 내에 추완이 이루어지지 아니한 때에는 계약은 소멸한 것으로 본다.

제644조 [危險負擔]

① 수급인은 일의 수취시까지 위험을 부담한다. 도급인이 수령지체에 빠지는 때에는 위험은 도급인에게 이전한다. 도급인이 제공한 재료의 우연적 멸실 및 우연적 훼손에 대하여 수급인은 책임이 없다.

② 수급인이 도급인의 청구에 따라 일을 이행지 이외의 장소로 송부하는 경우에는 매매에 관한 제477조가 준용된다.

제645조 [都給人의 有責性]

① 일이 도급인이 제공한 재료의 하자로 인하여 또는 도급인이 일의 수

führung erteilten Anweisung untergegangen, verschlechtert oder unausführbar geworden, ohne dass ein Umstand mitgewirkt hat, den der Unternehmer zu vertreten hat, so kann der Unternehmer einen der geleisteten Arbeit entsprechenden Teil der Vergütung und Ersatz der in der Vergütung nicht inbegriffenen Auslagen verlangen. Das Gleiche gilt, wenn der Vertrag in Gemäßheit des § 643 aufgehoben wird.

(2) Eine weitergehende Haftung des Bestellers wegen Verschuldens bleibt unberührt.

§ 646 Vollendung statt Abnahme

Ist nach der Beschaffenheit des Werkes die Abnahme ausgeschlossen, so tritt in den Fällen der § 634a Abs. 2 und der §§ 641, 644 und 645 an die Stelle der Abnahme die Vollendung des Werkes.

§ 647 Unternehmerpfandrecht

Der Unternehmer hat für seine Forderungen aus dem Vertrag ein Pfandrecht an den von ihm hergestellten oder ausgebesserten beweglichen Sachen des Bestellers, wenn sie bei der Herstellung oder zum Zwecke der Ausbesserung in seinen Besitz gelangt sind.

§ 647a Sicherungshypothek des Inhabers einer Schiffswerft

Der Inhaber einer Schiffswerft kann für seine Forderungen aus dem Bau oder der Ausbesserung eines Schiffes die Einräumung einer Schiffshypothek an dem Schiffsbauwerk oder dem Schiff des Bestellers verlangen. Ist das Werk noch nicht vollendet, so kann er die Einräumung der Schiffshypothek für einen der geleisteten Arbeit entsprechenden Teil der Vergütung und für die in der Vergütung nicht inbegriffenen Auslagen verlangen. § 647 findet keine Anwendung.

§ 648 Kündigungsrecht des Bestellers

Der Besteller kann bis zur Vollendung des Werkes jederzeit den Vertrag kündigen. Kündigt der Besteller, so ist der Unternehmer berechtigt, die vereinbarte Vergütung zu verlangen; er muss sich jedoch dasjenige anrechnen lassen, was er infolge der Aufhebung des Vertrags an Aufwendungen erspart oder durch anderweitige Verwendung seiner Arbeitskraft erwirbt oder zu erwerben böswillig unterlässt.

§ 648a Kündigung aus wichtigem Grund

(1) Beide Vertragsparteien können den Vertrag aus wichtigem Grund ohne Einhaltung einer Kündigungsfrist kündigen. Ein wichtiger Grund liegt vor, wenn

행에 관하여 한 지시로 인하여 수급인에 책임 있는 사유의 관여 없이 그 수취 전에 멸실, 훼손되거나 수행할 수 없게 된 때에는, 수급인은 급부한 노동에 상당하는 부분의 보수 및 보수에 포함되지 아니한 비용의 상환을 청구할 수 있다. 계약이 제643조에 좇아 소멸된 때에도 또한 같다.

② 도급인의 과책으로 인한 기타의 책임은 영향을 받지 아니한다.

제646조 [受取 없는 完成]

일의 성질상 수취가 배제되는 경우에는, 제634조의a 제 2 항, 제641조, 제 644조 및 제645조에 관하여 일의 완성이 수취에 갈음한다.

제647조 [受給人質權]

수급인이 그가 제작하거나 수선한 도급인의 동산을 제작에 있어서 또는 수선의 목적으로 점유하게 된 때에는, 그는 계약상의 채권을 위하여 그 에 대하여 질권을 가진다.

제647조의a [造船所 經營者를 위한 保全抵當權]

조선소 보유자는 선박의 건조 또는 수선으로 인한 채권을 위하여 도급인 의 선박 또는 건조 중의 선박에 대한 선박저당권의 설정을 청구할 수 있 다. 일이 아직 완료되지 아니한 경우에는 그는 보수 중 이미 행하여진 노 무에 상응하는 부분 및 보수에 포함되지 아니한 지출비용을 위한 선박저 당권의 설정을 청구할 수 있다. 제647조는 적용되지 아니한다.

제648조 [都給人의 解止權]

도급인은 일의 완성시까지 언제든지 계약을 해지할 수 있다. 도급인이 해지한 때에는 수급인은 약정된 보수를 청구할 수 있다; 그러나 수급인 은 계약의 해소로 인하여 비용지출을 면한 것 또는 자신의 노동력을 달 리 사용함으로써 취득하거나 악의적으로 취득하지 아니한 것을 공제되 도록 하여야 한다.

제648조의a [重大한 事由로 인한 解止]

① 계약당사자는 쌍방 모두 중대한 사유를 이유로 하여 해지기간을 두 지 아니하고 계약을 해지할 수 있다. 개별적인 경우의 모든 사정을 고려

dem kündigenden Teil unter Berücksichtigung aller Umstände des Einzelfalls und unter Abwägung der beiderseitigen Interessen die Fortsetzung des Vertragsverhältnisses bis zur Fertigstellung des Werks nicht zugemutet werden kann.

(2) Eine Teilkündigung ist möglich; sie muss sich auf einen abgrenzbaren Teil des geschuldeten Werks beziehen.

(3) § 314 Absatz 2 und 3 gilt entsprechend.

(4) Nach der Kündigung kann jede Vertragspartei von der anderen verlangen, dass sie an einer gemeinsamen Feststellung des Leistungsstandes mitwirkt. Verweigert eine Vertragspartei die Mitwirkung oder bleibt sie einem vereinbarten oder einem von der anderen Vertragspartei innerhalb einer angemessenen Frist bestimmten Termin zur Leistungsstandfeststellung fern, trifft sie die Beweislast für den Leistungsstand zum Zeitpunkt der Kündigung. Dies gilt nicht, wenn die Vertragspartei infolge eines Umstands fernbleibt, den sie nicht zu vertreten hat und den sie der anderen Vertragspartei unverzüglich mitgeteilt hat.

(5) Kündigt eine Vertragspartei aus wichtigem Grund, ist der Unternehmer nur berechtigt, die Vergütung zu verlangen, die auf den bis zur Kündigung erbrachten Teil des Werks entfällt.

(6) Die Berechtigung, Schadensersatz zu verlangen, wird durch die Kündigung nicht ausgeschlossen.

§ 649 Kostenanschlag

(1) Ist dem Vertrag ein Kostenanschlag zugrunde gelegt worden, ohne dass der Unternehmer die Gewähr für die Richtigkeit des Anschlags übernommen hat, und ergibt sich, dass das Werk nicht ohne eine wesentliche Überschreitung des Anschlags ausführbar ist, so steht dem Unternehmer, wenn der Besteller den Vertrag aus diesem Grund kündigt, nur der im § 645 Abs. 1 bestimmte Anspruch zu.

(2) Ist eine solche Überschreitung des Anschlags zu erwarten, so hat der Unternehmer dem Besteller unverzüglich Anzeige zu machen.

§ 650 Werklieferungsvertrag; Verbrauchervertrag über die Herstellung digitaler Produkte

(1) Auf einen Vertrag, der die Lieferung herzustellender oder zu erzeugender beweglicher Sachen zum Gegenstand hat, finden die Vorschriften über den Kauf Anwendung. § 442 Abs. 1 Satz 1 findet bei diesen Verträgen auch Anwendung, wenn der Mangel auf den vom Besteller gelieferten Stoff zurückzu-

하고 양 당사자의 이익을 형량할 때 해지 당사자에 있어서 일의 완성시까지 계약관계의 존속이 기대될 수 없는 때에는 중대한 사유가 있는 것이다.

② 부분해지도 가능하다; 그것은 의무를 부담하는 일의 구분될 수 있는 부분에 관하여 행하여져야 한다.

③ 제314조 제 2 항 및 제 3 항은 이에 준용된다.

④ 해지 후 각 당사자는 상대방에 대하여 급부상태의 공동 확인에 참여할 것을 요구할 수 있다. 당사자 일방이 참여를 거부하거나 급부상태의 확인을 위하여 약정된 기일 또는 상대방이 적당한 기간 내에 정한 기일에 출석하지 아니한 경우에는 그가 해지시의 급부상태에 대하여 증명책임을 진다. 그가 자신에게 책임 없고 상대방에 대하여 지체 없이 통지한 사유로 인하여 출석하지 아니한 때에는 그러하지 아니하다.

⑤ 계약당사자 일방이 중대한 사유를 이유로 해지한 경우에 수급인은 해지시까지 행하여진 일의 부분에 해당하는 보수만을 청구할 권리를 가진다.

⑥ 손해배상을 청구할 권리는 해지에 의하여 배제되지 아니한다.

제649조 [費用見積]

① 계약이 수급인이 정확성을 보증하지 아니한 비용견적을 기초로 하여 체결된 경우에, 그 견적을 현저히 초과하지 아니하고는 일을 실행할 수 없는 것으로 밝혀지고 도급인이 이를 이유로 계약을 해지한 때에는, 수급인은 제645조 제 1 항에 정하여진 청구권만을 가진다.

② 제 1 항의 견적초과가 예상되는 때에는 수급인은 지체없이 도급인에게 이를 통지하여야 한다.

제650조 [製作物供給契約; 디지털제품의 製造에 관한 消費者契約]

① 제조 또는 생산되어야 할 동산의 인도를 목적으로 하는 계약에 대하여는 매매에 관한 규정이 적용된다. 제442조 제 1 항 제 1 문은 그 하자가 주문자가 공급한 재료에 원인이 있는 경우에도 그 계약에 적용된다. 제조 또는 생산되어야 할 동산이 비대체물인 경우에 대하여는, 제642조, 제643조, 제645조, 제648조 및 제649조도 이들 규정상의 수취를 제446조 및

führen ist. Soweit es sich bei den herzustellenden oder zu erzeugenden beweglichen Sachen um nicht vertretbare Sachen handelt, sind auch die §§ 642, 643, 645, 648 und 649 mit der Maßgabe anzuwenden, dass an die Stelle der Abnahme der nach den §§ 446 und 447 maßgebliche Zeitpunkt tritt.

(2) Auf einen Verbrauchervertrag, bei dem der Unternehmer sich verpflichtet,

1. digitale Inhalte herzustellen,
2. einen Erfolg durch eine digitale Dienstleistung herbeizuführen oder
3. einen körperlichen Datenträger herzustellen, der ausschließlich als Träger digitaler Inhalte dient,

sind die §§ 633 bis 639 über die Rechte bei Mängeln sowie § 640 über die Abnahme nicht anzuwenden. An die Stelle der nach Satz 1 nicht anzuwendenden Vorschriften treten die Vorschriften des Abschnitts 3 Titel 2a. Die §§ 641, 644 und 645 sind mit der Maßgabe anzuwenden, dass an die Stelle der Abnahme die Bereitstellung des digitalen Produkts (§ 327b Absatz 3 bis 5) tritt.

(3) Auf einen Verbrauchervertrag, bei dem der Unternehmer sich verpflichtet, einen herzustellenden körperlichen Datenträger zu liefern, der ausschließlich als Träger digitaler Inhalte dient, sind abweichend von Absatz 1 Satz 1 und 2 § 433 Absatz 1 Satz 2, die §§ 434 bis 442, 475 Absatz 3 Satz 1, Absatz 4 bis 6 und die §§ 476 und 477 über die Rechte bei Mängeln nicht anzuwenden. An die Stelle der nach Satz 1 nicht anzuwendenden Vorschriften treten die Vorschriften des Abschnitts 3 Titel 2a.

(4) Für einen Verbrauchervertrag, bei dem der Unternehmer sich verpflichtet, eine Sache herzustellen, die ein digitales Produkt enthält oder mit digitalen Produkten verbunden ist, gilt der Anwendungsausschluss nach Absatz 2 entsprechend für diejenigen Bestandteile des Vertrags, welche die digitalen Produkte betreffen. Für einen Verbrauchervertrag, bei dem der Unternehmer sich verpflichtet, eine herzustellende Sache zu liefern, die ein digitales Produkt enthält oder mit digitalen Produkten verbunden ist, gilt der Anwendungsausschluss nach Absatz 3 entsprechend für diejenigen Bestandteile des Vertrags, welche die digitalen Produkte betreffen.

Kapitel 2　Bauvertrag

§ 650a　Bauvertrag

(1) Ein Bauvertrag ist ein Vertrag über die Herstellung, die Wiederherstellung, die Beseitigung oder den Umbau eines Bauwerks, einer Außenanlage oder eines Teils davon. Für den Bauvertrag gelten ergänzend die folgenden Vorschriften

제447조에 정하여진 기준시점으로 수정하는 것으로 하여 적용된다.

② 사업자가 다음의 의무를 부담하는 소비자계약에 대하여는 하자로 인한 권리에 관한 제633조 내지 제639조 및 수취에 관한 제640조는 적용되지 아니한다:

1. 디지털자료 제작,
2. 디지털자료를 통한 결과의 산출 또는
3. 디지털자료를 저장하는 장치로서만 기능하는 유체적 자료처리장치의 제작.

제 1 문에 따라 적용되지 아니하는 규정에 갈음하여 제 3 장 제 2 절의a의 규정이 적용된다. 제641조, 제644조 및 제645조는 이들 규정상의 수취를 디지털제품의 공급(제327조의b 제 3 항 내지 제 5 항)으로 수정하는 것으로 하여 적용된다.

③ 사업자가 제작되는 유체적 자료처리장치를 교부할 의무를 지는 소비자계약에 대하여는 제 1 항 제 1 문 및 제 2 문과는 달리 하자로 인한 권리에 관한 제433조 제 1 항 제 2 문, 제434조 내지 제442조, 제475조 제 3 항 제 1 문, 제 4 항 내지 제 6 항 및 제476조, 제477조가 적용되지 아니한다. 제 1 문에 따라 적용되지 아니하는 규정들에 갈음하여 제 3 장 제 2 절의a의 규정이 적용된다.

④ 사업자가 디지털제품을 포함하거나 디지털제품과 결합된 물건을 제작할 의무를 지는 소비자계약에 있어서는 계약 중 그 디지털제품에 관한 부분에 대하여 제 2 항 소정의 적용 배제가 준용된다. 사업자가 디지털제품을 포함하거나 디지털제품과 결합된 물건을 제작하여 교부할 의무를 지는 소비자계약에 있어서는 계약 중 그 디지털제품에 관한 부분에 대하여 제 3 항 소정의 적용 배제가 준용된다.

제 2 항   建築契約

제650조의a [建築契約]

① 건축계약이라 함은 건축물이나 옥외 시설 또는 그 일부의 신축, 재축, 철거 또는 개축을 내용으로 하는 계약을 말한다. 건축계약에 대하여는 이 항의 다음 규정이 보충적으로 적용된다.

dieses Kapitels.

(2) Ein Vertrag über die Instandhaltung eines Bauwerks ist ein Bauvertrag, wenn das Werk für die Konstruktion, den Bestand oder den bestimmungsgemäßen Gebrauch von wesentlicher Bedeutung ist.

§ 650b　Änderung des Vertrags; Anordnungsrecht des Bestellers

(1) Begehrt der Besteller

1. eine Änderung des vereinbarten Werkerfolgs (§ 631 Absatz 2) oder

2. eine Änderung, die zur Erreichung des vereinbarten Werkerfolgs notwendig ist,

streben die Vertragsparteien Einvernehmen über die Änderung und die infolge der Änderung zu leistende Mehr- oder Mindervergütung an. Der Unternehmer ist verpflichtet, ein Angebot über die Mehr- oder Mindervergütung zu erstellen, im Falle einer Änderung nach Satz 1 Nummer 1 jedoch nur, wenn ihm die Ausführung der Änderung zumutbar ist. Macht der Unternehmer betriebsinterne Vorgänge für die Unzumutbarkeit einer Anordnung nach Absatz 1 Satz 1 Nummer 1 geltend, trifft ihn die Beweislast hierfür. Trägt der Besteller die Verantwortung für die Planung des Bauwerks oder der Außenanlage, ist der Unternehmer nur dann zur Erstellung eines Angebots über die Mehr- oder Mindervergütung verpflichtet, wenn der Besteller die für die Änderung erforderliche Planung vorgenommen und dem Unternehmer zur Verfügung gestellt hat. Begehrt der Besteller eine Änderung, für die dem Unternehmer nach § 650c Absatz 1 Satz 2 kein Anspruch auf Vergütung für vermehrten Aufwand zusteht, streben die Parteien nur Einvernehmen über die Änderung an; Satz 2 findet in diesem Fall keine Anwendung.

(2) Erzielen die Parteien binnen 30 Tagen nach Zugang des Änderungsbegehrens beim Unternehmer keine Einigung nach Absatz 1, kann der Besteller die Änderung in Textform anordnen. Der Unternehmer ist verpflichtet, der Anordnung des Bestellers nachzukommen, einer Anordnung nach Absatz 1 Satz 1 Nummer 1 jedoch nur, wenn ihm die Ausführung zumutbar ist. Absatz 1 Satz 3 gilt entsprechend.

§ 650c　Vergütungsanpassung bei Anordnungen nach § 650b Absatz 2

(1) Die Höhe des Vergütungsanspruchs für den infolge einer Anordnung des Bestellers nach § 650b Absatz 2 vermehrten oder verminderten Aufwand ist

② 건축물의 유지보수를 내용으로 하는 계약은 그 일이 그 구조나 존립 또는 용도적합적 사용에 본질적인 의미가 있는 경우에는 건축계약에 해당한다.

제650조의b [契約의 變更; 都給人의 指示權]

① 도급인이

1. 제631조 제 2 항에서 정하는 약정된 공사 결과의 변경 또는
2. 약정된 공사 결과를 달성하는 데 필요한 변경을

요구하는 경우에는 당사자들은 그 변경 및 그로 인하여 이행되어야 할 보수의 증액 또는 감액에 관하여 타협을 이루도록 노력하여야 한다. 수급인은 보수의 증액 또는 감액에 관한 제안을 할 의무를 지지만, 제 1 항 제 1 문 제 1 호의 변경의 경우에는 그 변경의 실행이 그에게 기대될 수 있는 때에만 그러하다. 수급인이 제 1 항 제 1 문 제 1 호에 따른 지시가 기대될 수 없다는 점에 관하여 영업내부적 사정을 주장하는 경우에는 그가 그에 대한 증명책임을 진다. 도급인이 건축물 또는 옥외 시설의 설계에 책임을 지는 경우에는 도급인이 그 변경에 필요한 설계를 행하거나 수급인에게 임의 조치될 수 있도록 한 때에만 보수의 증액 또는 감액에 관한 제안을 할 의무를 진다. 수급인이 제650조의c 제 1 항 제 2 문에 따라 증가된 지출에 대한 상환의 청구권을 가지지 못하는 변경을 도급인이 요구하는 경우에는 당사자들은 그 변경에 관하여서만 타협을 이루도록 노력한다; 이 경우에 제 2 문은 적용되지 아니한다.

② 변경 요구가 수급인에게 도달한 후 30일 내에 당사자들이 제 1 항에 따른 합의를 달성하지 못한 경우에 도급인은 변경을 문면방식으로 지시하여야 한다. 수급인은 도급인의 지시에 좇을 의무를 지지만, 제 1 항 제 1 문 제 1 호의 지시에 대하여는 그 실행이 그에게 기대될 수 있는 때에만 그러하다. 제 1 항 제 3 문은 이에 준용된다.

제650조의c [제650조의b 제 2 항에서 정하는 指示가 행하여진 경우의 報酬調整]

① 제650조의b 제 2 항에서 정하는 도급인의 지시로 인하여 증가하거나 감소한 비용 지출에 관한 보수청구권의 액은 일반적인 영업비용, 리스크

nach den tatsächlich erforderlichen Kosten mit angemessenen Zuschlägen für allgemeine Geschäftskosten, Wagnis und Gewinn zu ermitteln. Umfasst die Leistungspflicht des Unternehmers auch die Planung des Bauwerks oder der Außenanlage, steht diesem im Fall des § 650b Absatz 1 Satz 1 Nummer 2 kein Anspruch auf Vergütung für vermehrten Aufwand zu.

(2) Der Unternehmer kann zur Berechnung der Vergütung für den Nachtrag auf die Ansätze in einer vereinbarungsgemäß hinterlegten Urkalkulation zurückgreifen. Es wird vermutet, dass die auf Basis der Urkalkulation fortgeschriebene Vergütung der Vergütung nach Absatz 1 entspricht.

(3) Bei der Berechnung von vereinbarten oder gemäß § 632a geschuldeten Abschlagszahlungen kann der Unternehmer 80 Prozent einer in einem Angebot nach § 650b Absatz 1 Satz 2 genannten Mehrvergütung ansetzen, wenn sich die Parteien nicht über die Höhe geeinigt haben oder keine anderslautende gerichtliche Entscheidung ergeht. Wählt der Unternehmer diesen Weg und ergeht keine anderslautende gerichtliche Entscheidung, wird die nach den Absätzen 1 und 2 geschuldete Mehrvergütung erst nach der Abnahme des Werks fällig. Zahlungen nach Satz 1, die die nach den Absätzen 1 und 2 geschuldete Mehrvergütung übersteigen, sind dem Besteller zurückzugewähren und ab ihrem Eingang beim Unternehmer zu verzinsen. § 288 Absatz 1 Satz 2, Absatz 2 und § 289 Satz 1 gelten entsprechend.

§ 650d Einstweilige Verfügung

Zum Erlass einer einstweiligen Verfügung in Streitigkeiten über das Anordnungsrecht gemäß § 650b oder die Vergütungsanpassung gemäß § 650c ist es nach Beginn der Bauausführung nicht erforderlich, dass der Verfügungsgrund glaubhaft gemacht wird.

§ 650e Sicherungshypothek des Bauunternehmers

Der Unternehmer kann für seine Forderungen aus dem Vertrag die Einräumung einer Sicherungshypothek an dem Baugrundstück des Bestellers verlangen. Ist das Werk noch nicht vollendet, so kann er die Einräumung der Sicherungshypothek für einen der geleisteten Arbeit entsprechenden Teil der Vergütung und für die in der Vergütung nicht inbegriffenen Auslagen verlangen.

§ 650f Bauhandwerkersicherung

(1) Der Unternehmer kann vom Besteller Sicherheit für die auch in Zusatz-

및 이익에 관한 적절한 부가를 가하여 실제로 필요한 비용에 좇아 산정
되어야 한다. 수급인의 급부의무가 건축물 또는 옥외 시설의 설계도 포
함하는 때에는, 그는 제650조의b 제 1 항 제 1 문 제 2 호의 경우에 대하여
는 증가된 비용 지출에 관한 보수에 대한 청구권을 가지지 못한다.

② 추가 급부에 관한 보수의 산정을 위하여 수급인은 약정에 좇아 제시
된 원견적元見積에서의 자료를 원용할 수 있다. 원견적에 기초하여 행하
여진 보수액은 제 1 항에 따른 보수에 합치하는 것으로 추정된다.

③ 애초 약정되거나 제632조의a에 따라 의무를 지는 부분지급액의 산정
에 있어서, 당사자들이 그 액에 합의하거나 법원에 의한 다른 판단을 얻
지 아니하는 경우에는, 수급인은 이를 제650조의b 제 1 항 제 2 문에 따라
제안된 추가 보수의 80%로 정할 수 있다. 수급인이 이 방법을 선택하고
법원에 의한 다른 판단을 얻지 아니하는 때에는 제 1 항 및 제 2 항에 좇
아 의무를 부담하게 되는 추가 보수는 공사 결과의 인수 후에 비로소 그
이행기가 도래한다. 제 1 항 및 제 2 항에 좇아 의무를 부담하게 되는 추
가 보수액을 넘는 제 1 문에 따른 지급액은 도급인에게 반환되어야 하고,
수급인이 이를 수령한 때부터 이자가 가산되어야 한다. 제288조 제 1 항
제 2 문, 제 2 항 및 제289조 제 1 문은 이에 준용된다.

제650조의d [臨時的 處分]

건축이 실행에 착수된 후에는 제650조의b에 따른 지시권에 관한 분쟁 또
는 제650조의c에 따른 보수 조정에 관한 분쟁에서 임시적 처분을 행함에
있어서 그 처분의 원인이 소명되는 것이 요구되지 아니한다.

제650조의e [建築受給人의 保全抵當權]

수급인은 계약상 채권을 위하여 도급인의 건축 부지에 대하여 보전저당
권의 설정을 청구할 수 있다. 공사가 완료하지 아니한 동안에 그는 이미
행하여진 공사에 상응하는 보수 부분 그리고 보수에 가산되지 아니한 지
출비용을 위하여 보전저당권의 설정을 청구할 수 있다.

제650조의f [建築業者를 위한 擔保提供]

① 수급인은 담보가 제공되어야 할 보수청구권의 10%로 책정되는 종

aufträgen vereinbarte und noch nicht gezahlte Vergütung einschließlich dazugehöriger Nebenforderungen, die mit 10 Prozent des zu sichernden Vergütungsanspruchs anzusetzen sind, verlangen. Satz 1 gilt in demselben Umfang auch für Ansprüche, die an die Stelle der Vergütung treten. Der Anspruch des Unternehmers auf Sicherheit wird nicht dadurch ausgeschlossen, dass der Besteller Erfüllung verlangen kann oder das Werk abgenommen hat. Ansprüche, mit denen der Besteller gegen den Anspruch des Unternehmers auf Vergütung aufrechnen kann, bleiben bei der Berechnung der Vergütung unberücksichtigt, es sei denn, sie sind unstreitig oder rechtskräftig festgestellt. Die Sicherheit ist auch dann als ausreichend anzusehen, wenn sich der Sicherungsgeber das Recht vorbehält, sein Versprechen im Falle einer wesentlichen Verschlechterung der Vermögensverhältnisse des Bestellers mit Wirkung für Vergütungsansprüche aus Bauleistungen zu widerrufen, die der Unternehmer bei Zugang der Widerrufserklärung noch nicht erbracht hat.

(2) Die Sicherheit kann auch durch eine Garantie oder ein sonstiges Zahlungsversprechen eines im Geltungsbereich dieses Gesetzes zum Geschäftsbetrieb befugten Kreditinstituts oder Kreditversicherers geleistet werden. Das Kreditinstitut oder der Kreditversicherer darf Zahlungen an den Unternehmer nur leisten, soweit der Besteller den Vergütungsanspruch des Unternehmers anerkennt oder durch vorläufig vollstreckbares Urteil zur Zahlung der Vergütung verurteilt worden ist und die Voraussetzungen vorliegen, unter denen die Zwangsvollstreckung begonnen werden darf.

(3) Der Unternehmer hat dem Besteller die üblichen Kosten der Sicherheitsleistung bis zu einem Höchstsatz von 2 Prozent für das Jahr zu erstatten. Dies gilt nicht, soweit eine Sicherheit wegen Einwendungen des Bestellers gegen den Vergütungsanspruch des Unternehmers aufrechterhalten werden muss und die Einwendungen sich als unbegründet erweisen.

(4) Soweit der Unternehmer für seinen Vergütungsanspruch eine Sicherheit nach Absatz 1 oder 2 erlangt hat, ist der Anspruch auf Einräumung einer Sicherungshypothek nach § 650e ausgeschlossen.

(5) Hat der Unternehmer dem Besteller erfolglos eine angemessene Frist zur Leistung der Sicherheit nach Absatz 1 bestimmt, so kann der Unternehmer die Leistung verweigern oder den Vertrag kündigen. Kündigt er den Vertrag, ist der Unternehmer berechtigt, die vereinbarte Vergütung zu verlangen; er muss sich

된 채권을 포함하여 추가 발주에 있어서 약정되기는 하였으나 아직 지
급되지 아니한 보수에 관하여 도급인에 대하여 담보를 요구할 수 있다.
제 1 문은 보수에 갈음하는 청구권에 관하여도 동일한 범위에서 적용된
다. 수급인의 담보청구권은 도급인이 이행을 요구할 수 있다거나 공사
결과를 수취하였다는 것에 의하여 배제되지 아니한다. 도급인이 수급인
의 보수청구권에 대하여 상계할 수 있는 청구권을 가진다는 사정은 보수
의 산정에 있어서 고려되지 아니한다, 다만 그 청구권에 관하여 다툼이
없거나 그것이 기판력 있게 확정된 경우에는 그러하지 아니하다. 담보제
공자가 도급인의 재산상태가 현저히 악화하는 때에는 수급인이 철회의
의사표시가 도달하는 시점에서 아직 실행하지 아니한 건축급부에 관한
보수청구권에 대하여 효력이 미치는 것으로 하여 그의 [담보 제공] 약속
을 철회할 수 있는 권리를 가지는 경우에도 담보는 역시 충분한 것으로
평가된다.

② 담보는 이 법률의 적용영역 내에서 영업할 권한이 있는 금융기관 또
는 신용보험자의 보증 또는 기타의 지급약속으로도 제공될 수 있다. 금
융기관 또는 신용보험자는 도급인이 수급인의 보수청구권을 승인한 경
우 또는 보수를 지급하라는 가집행판결이 선고되고 또한 강제집행 개시
의 요건이 충족된 경우에만 수급인에 대하여 지급할 수 있다.

③ 수급인은 도급인에게 최고 연 2%의 비율로 담보 제공의 통상적인 비
용을 상환하여야 한다. 도급인이 수급인의 보수청구권에 대하여 대항할
사유가 있다고 주장함으로 인하여 담보가 계속 유지되어야 하는 경우에
그 대항사유가 이유 없는 것으로 판명된 때에는 그러하지 아니하다.

④ 수급인이 제 1 항 또는 제 2 항에 따라 자신의 보수청구권을 위하여 담
보를 취득한 경우에는 제650조의e에 의하여 보전저당권의 설정을 청구
할 권리는 배제된다.

⑤ 수급인이 도급인에게 제 1 항에 의한 담보의 제공에 적절한 기간을
설정하였으나 그 제공이 없는 경우에 수급인은 급부를 거절하거나 계약
을 해지할 수 있다. 수급인이 계약을 해지한 때에는 그는 약정된 보수를
청구할 권리가 있다; 그러나 그는 계약의 해소로 인하여 지출을 면한 것

jedoch dasjenige anrechnen lassen, was er infolge der Aufhebung des Vertrages an Aufwendungen erspart oder durch anderweitige Verwendung seiner Arbeitskraft erwirbt oder böswillig zu erwerben unterlässt. Es wird vermutet, dass danach dem Unternehmer 5 Prozent der auf den noch nicht erbrachten Teil der Werkleistung entfallenden vereinbarten Vergütung zustehen.

(6) Die Absätze 1 bis 5 finden keine Anwendung, wenn der Besteller

1. eine juristische Person des öffentlichen Rechts oder ein öffentlich-rechtliches Sondervermögen ist, über deren Vermögen ein Insolvenzverfahren unzulässig ist, oder

2. Verbraucher ist und es sich um einen Verbraucherbauvertrag nach § 650i oder um einen Bauträgervertrag nach § 650u handelt.

Satz 1 Nummer 2 gilt nicht bei Betreuung des Bauvorhabens durch einen zur Verfügung über die Finanzierungsmittel des Bestellers ermächtigten Baubetreuer.

(7) Eine von den Absätzen 1 bis 5 abweichende Vereinbarung ist unwirksam.

§ 650g　Zustandsfeststellung bei Verweigerung der Abnahme; Schlussrechnung

(1) Verweigert der Besteller die Abnahme unter Angabe von Mängeln, hat er auf Verlangen des Unternehmers an einer gemeinsamen Feststellung des Zustands des Werks mitzuwirken. Die gemeinsame Zustandsfeststellung soll mit der Angabe des Tages der Anfertigung versehen werden und ist von beiden Vertragsparteien zu unterschreiben.

(2) Bleibt der Besteller einem vereinbarten oder einem von dem Unternehmer innerhalb einer angemessenen Frist bestimmten Termin zur Zustandsfeststellung fern, so kann der Unternehmer die Zustandsfeststellung auch einseitig vornehmen. Dies gilt nicht, wenn der Besteller infolge eines Umstands fernbleibt, den er nicht zu vertreten hat und den er dem Unternehmer unverzüglich mitgeteilt hat. Der Unternehmer hat die einseitige Zustandsfeststellung mit der Angabe des Tages der Anfertigung zu versehen und sie zu unterschreiben sowie dem Besteller eine Abschrift der einseitigen Zustandsfeststellung zur Verfügung zu stellen.

(3) Ist das Werk dem Besteller verschafft worden und ist in der Zustandsfeststellung nach Absatz 1 oder 2 ein offenkundiger Mangel nicht angegeben, wird vermutet, dass dieser nach der Zustandsfeststellung entstanden und vom Besteller zu vertreten ist. Die Vermutung gilt nicht, wenn der Mangel nach

또는 그의 노동력을 달리 사용함으로써 취득하거나 고의로 취득하지 아
니한 것을 공제되도록 하여야 한다. 그렇게 한 후에 아직 행하여지지 아
니한 공사 부분에 해당하는 약정 보수액의 5%가 수급인에게 귀속되는
것으로 추정된다.

⑥ 제 1 항 내지 제 5 항은 다음 각 호의 경우에는 적용되지 아니한다,

  1. 도급인이 그 재산에 대하여 도산절차가 허용되지 아니하는 공법인
     이거나 공법상의 특별재산인 때, 또는

  2. 도급인이 소비자이고 제650조의i에서 정하는 소비자건축계약 또는
     제650조의u에서 정하는 건축분양계약인 때.

제 1 문 제 2 호는 도급인의 자금조달수단에 관한 처분의 권한을 수여받
은 건축수탁업자에게 건축계획의 실행이 위탁된 경우에는 적용이 없다.

⑦ 제 1 항 내지 제 5 항과 다른 약정은 효력이 없다.

제650조의g [受取가 拒否된 경우의 現狀確認; 最終計算]

① 도급인이 하자를 지적하면서 수취를 거부한 경우에는 그는 수급인의
요구가 있으면 공사의 현상을 공동으로 확인하는 데 협력하여야 한다.
공동의 현상확인서에는 작성의 일자를 기재하고 쌍방 당사자가 서명하
여야 한다.

② 도급인이 합의되거나 수급인이 적절한 기간 안에 정한 현상확인을
위한 기일에 출석하지 아니한 경우에는 수급인은 단독으로 현상확인을
행할 수 있다. 도급인이 자신에게 책임 없고 수급인에 대하여 지체없이
통지한 사정으로 출석하지 아니한 경우에는 그러하지 아니하다. 수급인
은 단독 작성의 현상확인서에 그 작성의 일자를 기재하고 서명하여야 하
며, 도급인에게 그 현상확인서의 등본을 교부하여야 한다.

③ 공사 결과가 도급인에게 넘어갔고 제 1 항 또는 제 2 항에 정하여진 현
상확인서에 명백한 하자가 기재되지 아니한 경우에는 그 하자가 현상확
인 후에 발생하였고 또 도급인에게 책임 있는 것으로 추정한다. 그 추정
은 하자가 그 성질상 도급인에 의하여 야기될 수 없는 것인 경우에는 적
용되지 아니한다.

seiner Art nicht vom Besteller verursacht worden sein kann.

(4) Die Vergütung ist zu entrichten, wenn

1. der Besteller das Werk abgenommen hat oder die Abnahme nach § 641 Absatz 2 entbehrlich ist und

2. der Unternehmer dem Besteller eine prüffähige Schlussrechnung erteilt hat.

Die Schlussrechnung ist prüffähig, wenn sie eine übersichtliche Aufstellung der erbrachten Leistungen enthält und für den Besteller nachvollziehbar ist. Sie gilt als prüffähig, wenn der Besteller nicht innerhalb von 30 Tagen nach Zugang der Schlussrechnung begründete Einwendungen gegen ihre Prüffähigkeit erhoben hat.

§ 650h Schriftform der Kündigung
Die Kündigung des Bauvertrags bedarf der schriftlichen Form.

Kapitel 3　Verbraucherbauvertrag

§ 650i Verbraucherbauvertrag
(1) Verbraucherbauverträge sind Verträge, durch die der Unternehmer von einem Verbraucher zum Bau eines neuen Gebäudes oder zu erheblichen Umbaumaßnahmen an einem bestehenden Gebäude verpflichtet wird.

(2) Der Verbraucherbauvertrag bedarf der Textform.

(3) Für Verbraucherbauverträge gelten ergänzend die folgenden Vorschriften dieses Kapitels.

§ 650j Baubeschreibung
Der Unternehmer hat den Verbraucher über die sich aus Artikel 249 des Einführungsgesetzes zum Bürgerlichen Gesetzbuche ergebenden Einzelheiten in der dort vorgesehenen Form zu unterrichten, es sei denn, der Verbraucher oder ein von ihm Beauftragter macht die wesentlichen Planungsvorgaben.

§ 650k Inhalt des Vertrags
(1) Die Angaben der vorvertraglich zur Verfügung gestellten Baubeschreibung in Bezug auf die Bauausführung werden Inhalt des Vertrags, es sei denn, die Vertragsparteien haben ausdrücklich etwas anderes vereinbart.

(2) Soweit die Baubeschreibung unvollständig oder unklar ist, ist der Vertrag unter Berücksichtigung sämtlicher vertragsbegleitender Umstände, insbesondere

④ 보수는 다음 각 호의 요건이 충족된 때에 지급되어야 한다,

　1. 도급인이 공사 결과를 수취하였거나 그 수취가 제641조 제 2 항에 의
하여 요구되지 아니하고, 또한

　2. 검증될 수 있는 최종결산서를 수급인이 도급인에게 교부한 때.

최종결산서가 검증될 수 있다고 함은 그것이 실행된 급부들의 일목요연
한 목록을 포함하고 도급인이 이를 사후 확인할 수 있는 것을 말한다. 도
급인이 최종결산서를 수령한 후 30일 내에 이유를 붙여서 그 검증가능성
에 대하여 이의를 제기하지 아니한 경우에는 그것은 검증될 수 있는 것
으로 본다.

제650조의h [解止의 書面方式]

　건축계약의 해지는 서면방식을 요한다.

제 3 항　消費者建築契約

제650조의i [消費者建築契約]

① 소비자건축계약이라 함은 수급인이 소비자에 대하여 새로운 건물의
건축 또는 기존 건물에 대한 중대한 개축의 의무를 지는 계약을 말한다.

② 소비자건축계약은 문면방식을 요한다.

③ 소비자건축계약에 대하여는 다음의 규정이 보충적으로 적용된다.

제650조의j [建築說明書]

　수급인은 민법시행법 제249조에 열거된 세부사항에 관하여 그 규정에서
정하여진 방식으로 도급인에게 고지하여야 한다, 그러나 소비자 또는 그
로부터 위탁을 받은 사람이 주요한 건축설계를 행한 경우에는 그러하지
아니하다.

제650조의k [契約의 內容]

① 계약 전에 교부된 건축의 실행에 관한 건축설명서의 기재는 계약의
내용이 된다, 그러나 계약당사자들이 명시적으로 달리 합의한 경우에는
그러하지 아니하다.

② 건축설명서가 불완전하거나 불명확한 경우에는 계약은 그에 수반하

des Komfort- und Qualitätsstandards nach der übrigen Leistungsbeschreibung, auszulegen. Zweifel bei der Auslegung des Vertrags bezüglich der vom Unternehmer geschuldeten Leistung gehen zu dessen Lasten.

(3) Der Bauvertrag muss verbindliche Angaben zum Zeitpunkt der Fertigstellung des Werks oder, wenn dieser Zeitpunkt zum Zeitpunkt des Abschlusses des Bauvertrags nicht angegeben werden kann, zur Dauer der Bauausführung enthalten. Enthält der Vertrag diese Angaben nicht, werden die vorvertraglich in der Baubeschreibung übermittelten Angaben zum Zeitpunkt der Fertigstellung des Werks oder zur Dauer der Bauausführung Inhalt des Vertrags.

§ 650l Widerrufsrecht

Dem Verbraucher steht ein Widerrufsrecht gemäß § 355 zu, es sei denn, der Vertrag wurde notariell beurkundet. Der Unternehmer ist verpflichtet, den Verbraucher nach Maßgabe des Artikels 249 § 3 des Einführungsgesetzes zum Bürgerlichen Gesetzbuche über sein Widerrufsrecht zu belehren.

§ 650m Abschlagszahlungen; Absicherung des Vergütungsanspruchs

(1) Verlangt der Unternehmer Abschlagszahlungen nach § 632a, darf der Gesamtbetrag der Abschlagszahlungen 90 Prozent der vereinbarten Gesamtvergütung einschließlich der Vergütung für Nachtragsleistungen nach § 650c nicht übersteigen.

(2) Dem Verbraucher ist bei der ersten Abschlagszahlung eine Sicherheit für die rechtzeitige Herstellung des Werks ohne wesentliche Mängel in Höhe von 5 Prozent der vereinbarten Gesamtvergütung zu leisten. Erhöht sich der Vergütungsanspruch infolge einer Anordnung des Verbrauchers nach den §§ 650b und 650c oder infolge sonstiger Änderungen oder Ergänzungen des Vertrags um mehr als 10 Prozent, ist dem Verbraucher bei der nächsten Abschlagszahlung eine weitere Sicherheit in Höhe von 5 Prozent des zusätzlichen Vergütungsanspruchs zu leisten. Auf Verlangen des Unternehmers ist die Sicherheitsleistung durch Einbehalt dergestalt zu erbringen, dass der Verbraucher die Abschlagszahlungen bis zu dem Gesamtbetrag der geschuldeten Sicherheit zurückhält.

(3) Sicherheiten nach Absatz 2 können auch durch eine Garantie oder ein sonstiges Zahlungsversprechen eines im Geltungsbereich dieses Gesetzes zum Geschäftsbetrieb befugten Kreditinstituts oder Kreditversicherers geleistet werden.

(4) Verlangt der Unternehmer Abschlagszahlungen nach § 632a, ist eine Vereinbarung unwirksam, die den Verbraucher zu einer Sicherheitsleistung für die

는 모든 사정, 특히 통상의 건축설명에 따른 쾌적성 표준 및 품질 표준에 좇아 해석되어야 한다. 수급인이 의무를 부담하는 급부에 관한 계약 해석상의 의문은 그의 불이익으로 돌아간다.

③ 건축계약은 공사의 완성 시점에 관한 언명, 또는 그 시점이 건축계약의 체결시에 언명될 수 없는 경우에는 건축시행의 기간에 대한 언명을 포함하여야 한다. 계약이 그러한 언명을 포함하지 아니하는 경우에는 계약 전에 건축설명서에서 제시된 공사의 완성 시점 또는 건축시행의 기간에 대한 언명이 계약의 내용이 된다.

제650조의l [撤回權]

소비자는 제355조에 정하여진 철회권을 가진다, 그러나 계약이 공정증서로 작성된 때에는 그러하지 아니하다. 수급인은 민법시행법 제249조 §3에 좇아 그의 철회권에 관하여 소비자에게 교시할 의무를 진다.

제650조의m [部分支給; 報酬請求權의 保障]

① 수급인이 제632조의a에 따라 부분지급을 청구하는 경우에는 부분지급액의 총액이 추가급부에 대한 보수를 포함하여 약정된 전체 보수액의 90%를 넘지 아니하여야 한다.

② 최초의 부분지급에 있어서는 공사가 중대한 하자 없이 적시에 시행된다는 것에 대한 담보가 약정된 전체 보수액의 5%만큼 제공되어야 한다. 보수청구권이 제650조의b 및 제650조의c에 따라서 또는 계약의 기타의 변경이나 보충으로 인하여 10% 이상 증액된 경우에는 그 후의 부분지급에 있어서 증액된 보수청구권의 5%만큼 다시 담보가 제공되어야 한다. 수급인의 요구가 있으면, 담보 제공은 소비자가 부분지급을 제공의무 있는 담보의 전액만큼 하지 아니할 수 있다는 유보 천명의 방법으로 행하여질 수 있다.

③ 제2항에서 정하는 담보는 이 법률의 적용영역 내에서 영업할 권한이 있는 금융기관 또는 신용보험자의 보증 또는 기타의 지급약속으로도 제공될 수 있다.

④ 수급인이 제632조의a에서 정하는 부분지급을 요청한 경우에는, 소비

vereinbarte Vergütung verpflichtet, die die nächste Abschlagszahlung oder 20 Prozent der vereinbarten Vergütung übersteigt. Gleiches gilt, wenn die Parteien Abschlagszahlungen vereinbart haben.

§ 650n Erstellung und Herausgabe von Unterlagen

(1) Rechtzeitig vor Beginn der Ausführung einer geschuldeten Leistung hat der Unternehmer diejenigen Planungsunterlagen zu erstellen und dem Verbraucher herauszugeben, die dieser benötigt, um gegenüber Behörden den Nachweis führen zu können, dass die Leistung unter Einhaltung der einschlägigen öffentlich-rechtlichen Vorschriften ausgeführt werden wird. Die Pflicht besteht nicht, soweit der Verbraucher oder ein von ihm Beauftragter die wesentlichen Planungsvorgaben erstellt.

(2) Spätestens mit der Fertigstellung des Werks hat der Unternehmer diejenigen Unterlagen zu erstellen und dem Verbraucher herauszugeben, die dieser benötigt, um gegenüber Behörden den Nachweis führen zu können, dass die Leistung unter Einhaltung der einschlägigen öffentlich-rechtlichen Vorschriften ausgeführt worden ist.

(3) Die Absätze 1 und 2 gelten entsprechend, wenn ein Dritter, etwa ein Darlehensgeber, Nachweise für die Einhaltung bestimmter Bedingungen verlangt und wenn der Unternehmer die berechtigte Erwartung des Verbrauchers geweckt hat, diese Bedingungen einzuhalten.

Kapitel 4   Unabdingbarkeit

§ 650o Abweichende Vereinbarungen

Von § 640 Absatz 2 Satz 2, den §§ 650i bis 650l und 650n kann nicht zum Nachteil des Verbrauchers abgewichen werden. Diese Vorschriften finden auch Anwendung, wenn sie durch anderweitige Gestaltungen umgangen werden.

Untertitel 2   Architektenvertrag und Ingenieurvertrag

§ 650p Vertragstypische Pflichten aus Architekten- und Ingenieurverträgen

(1) Durch einen Architekten- oder Ingenieurvertrag wird der Unternehmer verpflichtet, die Leistungen zu erbringen, die nach dem jeweiligen Stand der Planung und Ausführung des Bauwerks oder der Außenanlage erforderlich sind, um die zwischen den Parteien vereinbarten Planungs- und Überwachungsziele

자에게 다음의 부분지급액을 넘거나 약정된 보수액의 20%를 넘어서 약
정 보수액에 대한 담보를 제공할 의무를 지게 하는 약정은 효력이 없다.
당사자들이 부분지급을 약정하였던 때에도 마찬가지이다.

제650조의n [書面의 作成과 交付]

① 이행채무를 지는 급부가 실행되기 전의 적시에 수급인은 소비자가
관청에 대하여 그 급부가 관련 공법상 규정을 준수하여 실행된다는 것을
증명하는 데 필요한 건축설계서류를 작성하고 소비자에게 교부하여야
한다. 이 의무는 소비자 또는 그로부터 위탁을 받은 사람이 주요한 건축
설계를 행한 경우에는 성립하지 아니한다.

② 늦어도 공사의 완성과 동시에 수급인은 소비자가 관청에 대하여 그
급부가 관련 공법상 규정을 준수하여 실행되었음을 증명하는 데 필요한
건축설계서류를 작성하고 소비자에게 교부하여야 한다.

③ 제 1 항 및 제 2 항은 제 3 자, 예를 들면 소비대주가 일정한 조건의 준
수에 관한 증명을 요구하는 경우 및 수급인이 이러한 조건이 준수된다는
소비자의 정당한 기대를 야기한 경우에도 준용된다.

제 4 항 强行規定性

제650조의o [다른 約定]

제640조 제 2 항 제 2 문, 제650조의i 내지 제650조의l 및 제650조의n과 다
른 내용으로 소비자에게 불리하게 약정할 수 없다. 이들 규정은 다른 방
법으로 이를 회피한 경우에도 적용된다.

제 2 관 建築士契約 및 建築技士契約

제650조의p [建築士契約 및 建築技士契約에서의 典型的 義務]

① 건축사계약 또는 건축기사계약에 기하여 수급인은 당사자들 사이에
약정된 설계 목표 및 감리 목표에 도달하기 위하여 건축물 또는 옥외 시
설의 설계와 공사 실행의 그때그때의 상황에 좇아 요구되는 급부를 행할

zu erreichen.

(2) Soweit wesentliche Planungs- und Überwachungsziele noch nicht vereinbart sind, hat der Unternehmer zunächst eine Planungsgrundlage zur Ermittlung dieser Ziele zu erstellen. Er legt dem Besteller die Planungsgrundlage zusammen mit einer Kosteneinschätzung für das Vorhaben zur Zustimmung vor.

§ 650q Anwendbare Vorschriften

(1) Für Architekten- und Ingenieurverträge gelten die Vorschriften des Kapitels 1 des Untertitels 1 sowie die §§ 650b, 650e bis 650h entsprechend, soweit sich aus diesem Untertitel nichts anderes ergibt.

(2) Für die Vergütungsanpassung im Fall von Anordnungen nach § 650b Absatz 2 gelten die Entgeltberechnungsregeln der Honorarordnung für Architekten und Ingenieure in der jeweils geltenden Fassung, soweit infolge der Anordnung zu erbringende oder entfallende Leistungen vom Anwendungsbereich der Honorarordnung erfasst werden. Im Übrigen gilt § 650c entsprechend.

§ 650r Sonderkündigungsrecht

(1) Nach Vorlage von Unterlagen gemäß § 650p Absatz 2 kann der Besteller den Vertrag kündigen. Das Kündigungsrecht erlischt zwei Wochen nach Vorlage der Unterlagen, bei einem Verbraucher jedoch nur dann, wenn der Unternehmer ihn bei der Vorlage der Unterlagen in Textform über das Kündigungsrecht, die Frist, in der es ausgeübt werden kann, und die Rechtsfolgen der Kündigung unterrichtet hat.

(2) Der Unternehmer kann dem Besteller eine angemessene Frist für die Zustimmung nach § 650p Absatz 2 Satz 2 setzen. Er kann den Vertrag kündigen, wenn der Besteller die Zustimmung verweigert oder innerhalb der Frist nach Satz 1 keine Erklärung zu den Unterlagen abgibt.

(3) Wird der Vertrag nach Absatz 1 oder 2 gekündigt, ist der Unternehmer nur berechtigt, die Vergütung zu verlangen, die auf die bis zur Kündigung erbrachten Leistungen entfällt.

§ 650s Teilabnahme

Der Unternehmer kann ab der Abnahme der letzten Leistung des bauausführenden Unternehmers oder der bauausführenden Unternehmer eine Teilabnahme der von ihm bis dahin erbrachten Leistungen verlangen.

의무를 진다.

② 핵심적인 설계 목표 및 감리 목표가 아직 합의되지 아니한 경우에 수급인은 우선 이들 목표의 확정에 필요한 기초설계를 작성하여야 한다. 수급인은 도급인에게 기초설계를 동의 여부의 고려를 위한 예비 제안으로서의 비용 견적과 함께 제시하여야 한다.

제650조의q [適用規定]

① 건축사계약 및 건축기사계약에는 이 관에서 달리 정하여지지 아니한 한 제 1 관 제 1 항의 규정들 및 제650조의b, 제650조의e 내지 제650조의h 가 준용된다.

② 제650조의b 제 2 항에 따른 지시의 경우에 대하여는 건축사 및 건축기사의 보수에 관한 규칙상의 보수 산정 규정들이, 그 지시로 인하여 행하여지거나 제외되어야 하는 급부가 그 보수 규칙의 적용을 받는 한에서, 그 각각의 적용대상에 좇아 적용된다. 그 외에는 제650조의c가 준용된다.

제650조의r [特別解止權]

① 제650조의p 제 2 항에 좇아 서면이 제시된 후에 도급인은 계약을 해지할 수 있다. 해지권은 서면의 제시로부터 2주 후에 소멸하나, 소비자에 있어서는 수급인이 서면을 제시함에 있어서 소비자에게 문면방식으로 해지권의 존재, 그 권리가 행사되어야 하는 기간 및 해지의 법률효과를 교시한 경우에만 그러하다.

② 수급인은 제650조의p 제 2 항 제 2 문에 정하여진 동의를 위하여 적절한 기간을 설정할 수 있다. 도급인이 동의를 거절하거나 제 1 문상의 기간 내에 그 서면들에 대하여 아무런 의사표시를 하지 아니한 경우에는 수급인은 계약을 해지할 수 있다.

③ 계약이 제 1 항 또는 제 2 항에 따라 해지된 경우에는 수급인은 해지시까지 행하여진 급부에 상응하는 보수만을 청구할 권리를 가진다.

제650조의s [部分受取]

수급인은 공사를 실행하는 하나 또는 여럿의 사업자의 최종 급부의 수취시로부터 자신이 그때까지 행한 급부의 부분수취를 요구할 수 있다.

§ 650t Gesamtschuldnerische Haftung mit dem bauausführenden Unternehmer

Nimmt der Besteller den Unternehmer wegen eines Überwachungsfehlers in Anspruch, der zu einem Mangel an dem Bauwerk oder an der Außenanlage geführt hat, kann der Unternehmer die Leistung verweigern, wenn auch der ausführende Bauunternehmer für den Mangel haftet und der Besteller dem bauausführenden Unternehmer noch nicht erfolglos eine angemessene Frist zur Nacherfüllung bestimmt hat.

Untertitel 3 Bauträgervertrag

§ 650u Bauträgervertrag; anwendbare Vorschriften

(1) Ein Bauträgervertrag ist ein Vertrag, der die Errichtung oder den Umbau eines Hauses oder eines vergleichbaren Bauwerks zum Gegenstand hat und der zugleich die Verpflichtung des Unternehmers enthält, dem Besteller das Eigentum an dem Grundstück zu übertragen oder ein Erbbaurecht zu bestellen oder zu übertragen. Hinsichtlich der Errichtung oder des Umbaus finden die Vorschriften des Untertitels 1 Anwendung, soweit sich aus den nachfolgenden Vorschriften nichts anderes ergibt. Hinsichtlich des Anspruchs auf Übertragung des Eigentums an dem Grundstück oder auf Übertragung oder Bestellung des Erbbaurechts finden die Vorschriften über den Kauf Anwendung.

(2) Keine Anwendung finden die §§ 648, 648a, 650b bis 650e, 650k Absatz 1 sowie die §§ 650l und 650m Absatz 1.

§ 650v Abschlagszahlungen

Der Unternehmer kann von dem Besteller Abschlagszahlungen nur verlangen, soweit sie gemäß einer Verordnung auf Grund von Artikel 244 des Einführungsgesetzes zum Bürgerlichen Gesetzbuche vereinbart sind.

Untertitel 4 Pauschalreisevertrag, Reisevermittlung und Vermittlung verbundener Reiseleistungen

§ 651a Vertragstypische Pflichten beim Pauschalreisevertrag

(1) Durch den Pauschalreisevertrag wird der Unternehmer (Reiseveranstalter) verpflichtet, dem Reisenden eine Pauschalreise zu verschaffen. Der Reisende ist verpflichtet, dem Reiseveranstalter den vereinbarten Reisepreis zu zahlen.

제650조의t [工事實行의 事業者와의 連帶責任]

도급인이 수급인에 대하여 건축물 또는 외부 설비의 하자를 결과적으로 야기하는 감리상의 하자를 주장하는 경우에, 수급인은, 공사 실행의 건축사업자도 그 하자에 대하여 책임을 져야 하고 또한 도급인이 아직 공사 실행의 사업자에 대하여 추완이행을 위한 적절한 기간을 설정하였으나 그 사업자가 그 기간 내에 추완이행을 하지 아니하는 일이 일어나지 아니한 때에는 수급인은 급부를 거절할 수 있다.

제 3 관　住宅分讓契約

제650조의u [住宅分讓契約; 適用規定]

① 주택분양계약이라 함은 주택 또는 유사한 건축물의 신축 또는 개축을 내용으로 하면서 동시에 수급인이 도급인에게 그 부지에 대한 소유권을 양도하거나 지상권을 설정 또는 양도할 의무를 포함하는 계약을 말한다. 신축이나 개축에 관하여는 이하의 규정에서 달리 정하여지지 아니한 한 제 1 관의 규정이 적용된다. 부지 소유권의 양도 또는 지상권의 설정이나 양도에 관하여는 매매에 관한 규정이 적용된다.

② 제648조, 제648조의a, 제648조의b 내지 제648조의e, 제648조의k 제 1 항, 제648조의l 및 제648조의m 제 1 항은 이에 적용되지 아니한다.

제650조의v [部分支給]

수급인은 민법시행법 제244조에 기한 행정명령에 따라 그러한 합의가 있는 경우에만 보수의 부분지급을 청구할 수 있다.

제 4 관　包括旅行契約, 旅行仲介 및 結合旅行給付 仲介

제651조의a [包括旅行契約에서의 典型的 義務]

① 포괄여행계약에 기하여 사업자("여행주최자")는 여행자에게 포괄여행을 제공할 의무를 진다. 여행자는 여행주최자에게 약정한 여행대금을 지급할 의무를 진다.

(2) Eine Pauschalreise ist eine Gesamtheit von mindestens zwei verschiedenen Arten von Reiseleistungen für den Zweck derselben Reise. Eine Pauschalreise liegt auch dann vor, wenn

1. die von dem Vertrag umfassten Reiseleistungen auf Wunsch des Reisenden oder entsprechend seiner Auswahl zusammengestellt wurden oder

2. der Reiseveranstalter dem Reisenden in dem Vertrag das Recht einräumt, die Auswahl der Reiseleistungen aus seinem Angebot nach Vertragsschluss zu treffen.

(3) Reiseleistungen im Sinne dieses Gesetzes sind

1. die Beförderung von Personen,

2. die Beherbergung, außer wenn sie Wohnzwecken dient,

3. die Vermietung

   a) von vierrädrigen Kraftfahrzeugen gemäß § 3 Absatz 1 der EG-Fahrzeug-genehmigungsverordnung vom 3. Februar 2011 (BGBl. I S. 126), die zuletzt durch Artikel 7 der Verordnung vom 23. März 2017 (BGBl. I S. 522) geändert worden ist, und

   b) von Krafträdern der Fahrerlaubnisklasse A gemäß § 6 Absatz 1 der Fahrerlaubnis-Verordnung vom 13. Dezember 2010 (BGBl. I S. 1980), die zuletzt durch Artikel 4 der Verordnung vom 18. Mai 2017 (BGBl. I S. 1282) geändert worden ist,

4. jede touristische Leistung, die nicht Reiseleistung im Sinne der Nummern 1 bis 3 ist.

Nicht als Reiseleistungen nach Satz 1 gelten Reiseleistungen, die wesensmäßig Bestandteil einer anderen Reiseleistung sind.

(4) Keine Pauschalreise liegt vor, wenn nur eine Art von Reiseleistung im Sinne des Absatzes 3 Satz 1 Nummer 1 bis 3 mit einer oder mehreren touristischen Leistungen im Sinne des Absatzes 3 Satz 1 Nummer 4 zusammengestellt wird und die touristischen Leistungen

1. keinen erheblichen Anteil am Gesamtwert der Zusammenstellung ausmachen und weder ein wesentliches Merkmal der Zusammenstellung darstellen noch als solches beworben werden oder

2. erst nach Beginn der Erbringung einer Reiseleistung im Sinne des Absatzes 3 Satz 1 Nummer 1 bis 3 ausgewählt und vereinbart werden.

Touristische Leistungen machen im Sinne des Satzes 1 Nummer 1 keinen

② 포괄여행이라 함은 동일한 여행을 위하여 둘 이상의 다른 종류의 여행급부들의 총체를 말한다. 다음 각 호의 경우에도 포괄여행이 인정된다,

1. 계약에 포함되는 여행급부들이 여행자의 희망에 좇아 또는 그의 선택에 따라 결합하는 경우 또는

2. 여행주최자가 계약에서 여행자에게 자신이 제안하는 여행급부들을 계약 체결 후에 선택할 권리를 부여한 경우.

③ 이 법률에서 여행급부라고 함은 다음 각 호를 말한다,

1. 사람의 운송,

2. 거주 목적인 경우를 제외하고 숙박,

3. 다음의 임대,

    a) 2017년 3월 23일자 명령(연방법령관보 제 1 부, 522면) 제 7 조로 최종 개정된 2011년 2월 3일자 유럽연합차량허가령(연방법령관보 제 1 부, 126면) 제 3 조 제 1 항에 정하여진 사륜 차량,

    b) 2017년 5월 28일자 명령(연방법령관보 제 1 부, 1282면) 제 4 조로 최종 개정된 2010년 12월 13일자 운전허가령(연방법령관보 제 1 부, 1980면) 제 6 조 제 1 항에 정하여진 운전허가등급 A의 오토바이,

4. 제 1 호 내지 제 3 호에서 정하여진 여행급부에 해당하지 아니하는 관광급부 일체.

성질상 다른 여행급부의 구성부분을 이루는 여행급부는 제 1 문의 여행급부에 해당하지 아니한다.

④ 제 3 항 제 1 문 제 1 호 내지 제 3 호의 여행급부 중 한 종류가 제 3 항 제 1 문 제 4 호의 관광급부의 하나 또는 여럿과 결합하고 그 관광급부가 다음 각 호 중 하나인 경우는 포괄여행에 해당하지 아니한다,

1. 결합되는 급부들의 전체 가치의 상당 부분을 차지하지 아니하고, 그 급부들의 현저한 징표가 되지도, 그러한 것으로 취득되지도 아니하는 경우 또는

2. 제 3 항 제 1 문 제 1 호 내지 제 3 호에서 정하는 어느 하나의 여행급부가 시작된 후에 비로소 선택되고 합의된 경우.

관광급부가 결합하는 급부들의 전체 가치의 25% 미만이면 이는 제 1 문

erheblichen Anteil am Gesamtwert der Zusammenstellung aus, wenn auf sie weniger als 25 Prozent des Gesamtwertes entfallen.

(5) Die Vorschriften über Pauschalreiseverträge gelten nicht für Verträge über Reisen, die

1. nur gelegentlich, nicht zum Zwecke der Gewinnerzielung und nur einem begrenzten Personenkreis angeboten werden,

2. weniger als 24 Stunden dauern und keine Übernachtung umfassen (Tagesreisen) und deren Reisepreis 500 Euro nicht übersteigt oder

3. auf der Grundlage eines Rahmenvertrags für die Organisation von Geschäftsreisen mit einem Reisenden, der Unternehmer ist, für dessen unternehmerische Zwecke geschlossen werden.

§ 651b Abgrenzung zur Vermittlung

(1) Unbeschadet der §§ 651v und 651w gelten für die Vermittlung von Reiseleistungen die allgemeinen Vorschriften. Ein Unternehmer kann sich jedoch nicht darauf berufen, nur Verträge mit den Personen zu vermitteln, welche alle oder einzelne Reiseleistungen ausführen sollen (Leistungserbringer), wenn dem Reisenden mindestens zwei verschiedene Arten von Reiseleistungen für den Zweck derselben Reise erbracht werden sollen und

1. der Reisende die Reiseleistungen in einer einzigen Vertriebsstelle des Unternehmers im Rahmen desselben Buchungsvorgangs auswählt, bevor er sich zur Zahlung verpflichtet,

2. der Unternehmer die Reiseleistungen zu einem Gesamtpreis anbietet oder zu verschaffen verspricht oder in Rechnung stellt oder

3. der Unternehmer die Reiseleistungen unter der Bezeichnung „Pauschalreise" oder unter einer ähnlichen Bezeichnung bewirbt oder auf diese Weise zu verschaffen verspricht.

In diesen Fällen ist der Unternehmer Reiseveranstalter. Der Buchungsvorgang im Sinne des Satzes 2 Nummer 1 beginnt noch nicht, wenn der Reisende hinsichtlich seines Reisewunsches befragt wird und zu Reiseangeboten lediglich beraten wird.

(2) Vertriebsstellen im Sinne dieses Gesetzes sind

1. unbewegliche und bewegliche Gewerberäume,

2. Webseiten für den elektronischen Geschäftsverkehr und ähnliche Online-Verkaufsplattformen,

제 1 호에서 정하는 전체 가치의 상당 부분을 이루지 아니한다.

⑤ 포괄여행에 관한 규정은 다음 각 호 중 하나의 여행계약에는 적용되지 아니한다,

1. 이익 획득의 목적 없이 그때그때의 사정에 따라서 제한된 인적 범위에만 제공되는 것,

2. 24시간 미만으로 지속되고 밤을 넘기지 아니하며("당일 여행") 여행대금이 500유로를 초과하지 아니하는 것, 또는

3. 기본계약에 기하여 업무여행의 조직을 위하여 사업자인 여행자와의 사이에 그의 사업적 목적을 위하여 체결된 것.

제651조의b [仲介에 대한 境界 設定]

① 여행급부의 중개에는 일반규정이 적용되나, 제651조의v 및 제651조의w는 영향을 받지 아니한다. 여행자에게 둘 이상의 다른 종류의 여행급부가 하나의 여행을 위하여 제공되고 또한 다음 각 호의 하나에 해당하는 경우에는, 사업자는 여행급부 전부 또는 개별 여행급부를 실행하는 사람("급부실행자")과의 계약의 중개만을 한다는 것을 주장할 수 없다,

1. 여행자가 대금 지급의 의무를 지기 전에 사업자의 유일한 영업소에서 하나의 예약절차 안에서 여행급부를 선택하는 것,

2. 사업자가 여행급부의 계획을 일괄요금으로 제안하거나 그와 같이 여행급부를 제공한다고 약속하거나 그와 같은 내용으로 계산하는 것, 또는

3. 사업자가 여행급부를 '포괄여행' 또는 그와 유사한 표현으로 광고하거나 그러한 방식으로 제공한다고 약속하는 것.

이들 경우에는 사업자는 여행주최자가 된다. 제 2 문 제 1 호 소정의 예약절차는 여행자가 그의 여행 희망에 관하여 상담을 받고 여행계획에 대하여 조언을 듣는 것만으로는 아직 개시되지 아니한다.

② 이 법률에서의 '영업소'란 다음 각 호의 하나를 말한다,

1. 부동산 또는 동산의 영업공간,

2. 전자거래를 위한 웹사이트 또는 그와 유사한 온라인판매플랫폼,

3. Telefondienste.

Wird bei mehreren Webseiten und ähnlichen Online-Verkaufsplattformen nach Satz 1 Nummer 2 der Anschein eines einheitlichen Auftritts begründet, handelt es sich um eine Vertriebsstelle.

§ 651c　Verbundene Online-Buchungsverfahren

(1) Ein Unternehmer, der mittels eines Online-Buchungsverfahrens mit dem Reisenden einen Vertrag über eine Reiseleistung geschlossen hat oder ihm auf demselben Weg einen solchen Vertrag vermittelt hat, ist als Reiseveranstalter anzusehen, wenn

1. er dem Reisenden für den Zweck derselben Reise mindestens einen Vertrag über eine andere Art von Reiseleistung vermittelt, indem er den Zugriff auf das Online-Buchungsverfahren eines anderen Unternehmers ermöglicht,

2. er den Namen, die Zahlungsdaten und die E-Mail-Adresse des Reisenden an den anderen Unternehmer übermittelt und

3. der weitere Vertrag spätestens 24 Stunden nach der Bestätigung des Vertragsschlusses über die erste Reiseleistung geschlossen wird.

(2) Kommen nach Absatz 1 ein Vertrag über eine andere Art von Reiseleistung oder mehrere Verträge über mindestens eine andere Art von Reiseleistung zustande, gelten vorbehaltlich des § 651a Absatz 4 die vom Reisenden geschlossenen Verträge zusammen als ein Pauschalreisevertrag im Sinne des § 651a Absatz 1.

(3) § 651a Absatz 5 Nummer 2 ist unabhängig von der Höhe des Reisepreises anzuwenden.

§ 651d　Informationspflichten; Vertragsinhalt

(1) Der Reiseveranstalter ist verpflichtet, den Reisenden, bevor dieser seine Vertragserklärung abgibt, nach Maßgabe des Artikels 250 §§ 1 bis 3 des Einführungsgesetzes zum Bürgerlichen Gesetzbuche zu informieren. Er erfüllt damit zugleich die Verpflichtungen des Reisevermittlers aus § 651v Absatz 1 Satz 1.

(2) Dem Reisenden fallen zusätzliche Gebühren, Entgelte und sonstige Kosten nur dann zur Last, wenn er über diese vor Abgabe seiner Vertragserklärung gemäß Artikel 250 § 3 Nummer 3 des Einführungsgesetzes zum Bürgerlichen Gesetzbuche informiert worden ist.

3. 전화서비스.

제 1 문 제 2 문 소정의 웹사이트 또는 유사한 온라인판매플랫폼이 여럿 있고 그것들이 동일한 업체의 외관을 가지는 경우에는 이는 하나의 영업소로 다루어진다.

제651조의c [결합된 온라인豫約節次]

① 온라인예약절차를 이용하여 여행급부에 관한 계약을 여행자와 체결하거나 그에게 동일한 방법으로 그러한 계약을 중개한 사업자는 다음 각 호에 있어서는 여행주최자로 간주된다,

1. 그가 다른 사업자의 온라인예약절차를 이용할 수 있게 하면서 동일한 여행의 목적으로 다른 종류의 여행급부에 관한 계약을 하나 이상의 여행자에게 중개하는 경우,

2. 그가 여행자의 이름, 지급일자 및 이메일주소를 다른 사업자에게 전달하는 경우 및

3. 최초의 여행급부에 관한 계약 체결을 확인한 후 24시간 내에 다른 계약이 체결되는 경우.

② 제 1 항에 따라서 다른 종류의 여행급부에 관한 하나의 계약 또는 다른 종류 하나 이상의 여행급부에 관한 수개의 계약이 제 1 항에 따라서 성립한 경우에는 여행자에 의하여 체결된 계약들은 합하여 제651조의a 제 1 항에 정하여진 포괄여행계약으로 간주되나, 제651조의a 제 4 항은 유보한다.

③ 제651조의a 제 5 항 제 2 호는 여행대금액 여하를 불문하고 적용된다.

제651조의d [情報提供義務; 契約內容]

① 여행주최자는 여행자가 계약상 의사표시를 하기 전에 민법시행법 제250조 §1 내지 §3에 좇아 여행자에게 정보를 제공할 의무를 진다. 그는 그 정보제공으로써 제651조의v 제 1 항 제 1 문에 정하여진 여행중개인의 의무도 동시에 이행하는 것이 된다.

② 여행자가 계약상 의사표시를 하기 전에 추가적인 요금, 대가 및 기타의 비용에 관하여 민법시행법 제250조 §3 제 3 호에 좇아 정보를 제공받은 경우에 한하여 그는 이들 비용에 대하여 의무를 진다.

(3) Die gemäß Artikel 250 § 3 Nummer 1, 3 bis 5 und 7 des Einführungs-
gesetzes zum Bürgerlichen Gesetzbuche gemachten Angaben werden Inhalt des
Vertrags, es sei denn, die Vertragsparteien haben ausdrücklich etwas anderes
vereinbart. Der Reiseveranstalter hat dem Reisenden bei oder unverzüglich nach
Vertragsschluss nach Maßgabe des Artikels 250 § 6 des Einführungsgesetzes
zum Bürgerlichen Gesetzbuche eine Abschrift oder Bestätigung des Vertrags zur
Verfügung zu stellen. Er hat dem Reisenden rechtzeitig vor Reisebeginn gemäß
Artikel 250 § 7 des Einführungsgesetzes zum Bürgerlichen Gesetzbuche die
notwendigen Reiseunterlagen zu übermitteln.

(4) Der Reiseveranstalter trägt gegenüber dem Reisenden die Beweislast für
die Erfüllung seiner Informationspflichten.

(5) Bei Pauschalreiseverträgen nach § 651c gelten für den als Reiseveranstalter anzusehenden Unternehmer sowie für jeden anderen Unternehmer, dem
nach § 651c Absatz 1 Nummer 2 Daten übermittelt werden, die besonderen
Vorschriften des Artikels 250 §§ 4 und 8 des Einführungsgesetzes zum Bürgerlichen Gesetzbuche. Im Übrigen bleiben die vorstehenden Absätze unberührt.

§ 651e Vertragsübertragung

(1) Der Reisende kann innerhalb einer angemessenen Frist vor Reisebeginn
auf einem dauerhaften Datenträger erklären, dass statt seiner ein Dritter in die
Rechte und Pflichten aus dem Pauschalreisevertrag eintritt. Die Erklärung ist in
jedem Fall rechtzeitig, wenn sie dem Reiseveranstalter nicht später als sieben
Tage vor Reisebeginn zugeht.

(2) Der Reiseveranstalter kann dem Eintritt des Dritten widersprechen, wenn
dieser die vertraglichen Reiseerfordernisse nicht erfüllt.

(3) Tritt ein Dritter in den Vertrag ein, haften er und der Reisende dem Reiseveranstalter als Gesamtschuldner für den Reisepreis und die durch den Eintritt
des Dritten entstehenden Mehrkosten. Der Reiseveranstalter darf eine Erstattung
von Mehrkosten nur fordern, wenn und soweit diese angemessen und ihm
tatsächlich entstanden sind.

(4) Der Reiseveranstalter hat dem Reisenden einen Nachweis darüber zu
erteilen, in welcher Höhe durch den Eintritt des Dritten Mehrkosten entstanden
sind.

§ 651f Änderungsvorbehalte; Preissenkung

(1) Der Reiseveranstalter kann den Reisepreis einseitig nur erhöhen, wenn

③ 민법시행법 제250조 §3 제1호, 제3호 내지 제5호 및 제7호에 좇아 제공된 정보는 계약의 내용이 된다, 그러나 계약당사자들이 명시적으로 달리 약정한 경우에는 그러하지 아니하다. 여행주최자는 여행자에게 계약 체결에 있어서 또는 그 후 지체없이 민법시행법 제250조 §6에 좇아 여행계약서의 사본이나 계약확인서를 제공하여야 한다. 그는 여행자에게 필요한 여행자료를 여행 개시 전의 적시에 민법시행법 제250조 §7에 좇아 전달하여야 한다.

④ 여행주최자는 여행자에 대하여 정보제공의무의 이행에 관하여 증명책임을 진다.

⑤ 제651조의c에 정하여진 포괄여행계약에서, 여행주최자로 간주되는 사업자 및 제651조의c 제1항 제2호에 따라 자료를 전달받은 다른 사업자 전원에 대하여 민법시행법 제250조 §4 및 §8의 특별규정이 적용된다. 그 외에 본조의 다른 항들은 영향을 받지 아니한다.

제651조의e [契約移轉]

① 여행자는 여행 시작 전의 상당한 기간 내에 제3자가 자신에 갈음하여 포괄여행계약상의 권리의무를 승계한다는 것을 지속적 자료처리장치상으로 표시할 수 있다. 그 표시는 여행 개시 7일 전까지 여행주최자에게 도달하면 상당한 기간 내에 행하여진 것이다.

② 여행주최자는 제3자가 계약상의 여행요건을 충족하지 못하는 경우에는 그의 승계에 이의할 수 있다.

③ 제3자가 계약을 승계한 때에는 그와 여행자는 여행주최자에 대하여 여행대금과 제3자의 승계로 인하여 발생한 추가비용에 관하여 연대채무자로서 책임을 진다. 여행주최자는 추가비용이 적절하고 그에게 실제로 발생한 경우에 한하여 또 그 한도에서 그 비용의 상환을 청구할 수 있다.

④ 여행주최자는 제3자의 승계로 인하여 발생한 추가비용의 액에 관한 증거자료를 여행자에게 제공하여야 한다.

제651조의f [變更權限의 留保; 代金 引下]

① 여행주최자는 다음의 경우에만 여행대금을 일방적으로 인상할 수

1. der Vertrag diese Möglichkeit vorsieht und zudem einen Hinweis auf die Verpflichtung des Reiseveranstalters zur Senkung des Reisepreises nach Absatz 4 Satz 1 sowie die Angabe enthält, wie Änderungen des Reisepreises zu berechnen sind, und

2. die Erhöhung des Reisepreises sich unmittelbar ergibt aus einer nach Vertragsschluss erfolgten

   a) Erhöhung des Preises für die Beförderung von Personen aufgrund höherer Kosten für Treibstoff oder andere Energieträger,

   b) Erhöhung der Steuern und sonstigen Abgaben für vereinbarte Reiseleistungen, wie Touristenabgaben, Hafen- oder Flughafengebühren, oder

   c) Änderung der für die betreffende Pauschalreise geltenden Wechselkurse.

Der Reiseveranstalter hat den Reisenden auf einem dauerhaften Datenträger klar und verständlich über die Preiserhöhung und deren Gründe zu unterrichten und hierbei die Berechnung der Preiserhöhung mitzuteilen. Eine Preiserhöhung ist nur wirksam, wenn sie diesen Anforderungen entspricht und die Unterrichtung des Reisenden nicht später als 20 Tage vor Reisebeginn erfolgt.

(2) Andere Vertragsbedingungen als den Reisepreis kann der Reiseveranstalter einseitig nur ändern, wenn dies im Vertrag vorgesehen und die Änderung unerheblich ist. Der Reiseveranstalter hat den Reisenden auf einem dauerhaften Datenträger klar, verständlich und in hervorgehobener Weise über die Änderung zu unterrichten. Eine Änderung ist nur wirksam, wenn sie diesen Anforderungen entspricht und vor Reisebeginn erklärt wird.

(3) § 308 Nummer 4 und § 309 Nummer 1 sind auf Änderungsvorbehalte nach den Absätzen 1 und 2, die durch vorformulierte Vertragsbedingungen vereinbart werden, nicht anzuwenden.

(4) Sieht der Vertrag die Möglichkeit einer Erhöhung des Reisepreises vor, kann der Reisende eine Senkung des Reisepreises verlangen, wenn und soweit sich die in Absatz 1 Satz 1 Nummer 2 genannten Preise, Abgaben oder Wechselkurse nach Vertragsschluss und vor Reisebeginn geändert haben und dies zu niedrigeren Kosten für den Reiseveranstalter führt. Hat der Reisende mehr als den hiernach geschuldeten Betrag gezahlt, ist der Mehrbetrag vom Reiseveranstalter zu erstatten. Der Reiseveranstalter darf von dem zu erstat-

있다,

1. 계약에서 그 가능성이 정하여져 있고, 나아가 계약에 제 4 항 제 1 문에서 정하여진 여행주최자의 여행대금 인하 의무에 대한 지적 및 여행대금의 변경액을 산정하는 방법에 관한 언명이 포함되어 있는 것 및

2. 여행대금의 인상이 계약 체결 후에 일어난 다음과 같은 사태로부터 직접 유발되는 것,

   a) 연료 또는 그 밖의 에너지원료의 가격 상승으로 인하여 사람 운송의 비용이 증가한 것,

   b) 조세가 인상된 것 또는 약정된 여행급부에 대한 그 밖의 부담, 예를 들면 여객부담금, 항구이용요금이나 공항이용요금이 증가한 것, 또는

   c) 문제되는 포괄여행에 적용되는 환율이 변동한 것.

여행주최자는 대금의 인상 및 그 이유에 대하여 지속적 자료저장장치상으로 명료하고 이해될 수 있게 고지하여야 하고, 그에 있어서 대금 인상액의 구체적 산정내용을 알려야 한다. 대금 인상은 이상의 요건이 갖추어지고 여행 개시 20일 전까지 여행자에게 고지된 경우에만 효력이 있다.

② 여행대금 외의 계약내용은 그 변경에 관하여 미리 계약에 정함이 있고 그 변경이 사소한 경우에만 여행주최자가 이를 일방적으로 변경할 수 있다. 여행주최자는 여행자에게 그 변경을 지속적 자료저장장치상으로 명료하고 이해될 수 있게 또한 강조된 방식으로 고지하여야 한다. 변경은 이상의 요건이 갖추어지고 여행 개시 전에 여행객에게 표시된 경우에만 효력이 있다.

③ 제308조 제 4 호 및 제209조 제 1 호는 미리 작성된 계약약관을 통하여 약정된 제 1 항 및 제 2 항 소정의 변경유보에 대하여는 적용되지 아니한다.

④ 계약이 여행대금 인상의 가능성을 정하고 있는 경우에, 여행자는 제 1 항 제 1 문 제 2 호에 정하여진 가격, 부담 또는 환율이 계약 체결 후 여행 개시 전에 변경되고 그것이 여행주최자에게 비용의 저감을 결과하는 때에는 그 한도에서 여행대금의 감축을 청구할 수 있다. 여행자가 그

tenden Mehrbetrag die ihm tatsächlich entstandenen Verwaltungsausgaben abziehen. Er hat dem Reisenden auf dessen Verlangen nachzuweisen, in welcher Höhe Verwaltungsausgaben entstanden sind.

§ 651g Erhebliche Vertragsänderungen

(1) Übersteigt die im Vertrag nach § 651f Absatz 1 vorbehaltene Preiserhöhung 8 Prozent des Reisepreises, kann der Reiseveranstalter sie nicht einseitig vornehmen. Er kann dem Reisenden jedoch eine entsprechende Preiserhöhung anbieten und verlangen, dass der Reisende innerhalb einer vom Reiseveranstalter bestimmten Frist, die angemessen sein muss,

1. das Angebot zur Preiserhöhung annimmt oder
2. seinen Rücktritt vom Vertrag erklärt.

Satz 2 gilt für andere Vertragsänderungen als Preiserhöhungen entsprechend, wenn der Reiseveranstalter die Pauschalreise aus einem nach Vertragsschluss eingetretenen Umstand nur unter erheblicher Änderung einer der wesentlichen Eigenschaften der Reiseleistungen (Artikel 250 § 3 Nummer 1 des Einführungsgesetzes zum Bürgerlichen Gesetzbuche) oder nur unter Abweichung von besonderen Vorgaben des Reisenden, die Inhalt des Vertrags geworden sind, verschaffen kann. Das Angebot zu einer Preiserhöhung kann nicht später als 20 Tage vor Reisebeginn, das Angebot zu sonstigen Vertragsänderungen nicht nach Reisebeginn unterbreitet werden.

(2) Der Reiseveranstalter kann dem Reisenden in einem Angebot zu einer Preiserhöhung oder sonstigen Vertragsänderung nach Absatz 1 wahlweise auch die Teilnahme an einer anderen Pauschalreise (Ersatzreise) anbieten. Der Reiseveranstalter hat den Reisenden nach Maßgabe des Artikels 250 § 10 des Einführungsgesetzes zum Bürgerlichen Gesetzbuche zu informieren. Nach dem Ablauf der vom Reiseveranstalter bestimmten Frist gilt das Angebot zur Preiserhöhung oder sonstigen Vertragsänderung als angenommen.

(3) Tritt der Reisende vom Vertrag zurück, findet § 651h Absatz 1 Satz 2 und Absatz 5 entsprechende Anwendung; Ansprüche des Reisenden nach § 651i Absatz 3 Nummer 7 bleiben unberührt. Nimmt er das Angebot zur Vertragsänderung oder zur Teilnahme an einer Ersatzreise an und ist die Pauschalreise im Vergleich zur ursprünglich geschuldeten nicht von mindestens gleichwertiger Beschaffenheit, gilt § 651m entsprechend; ist sie von gleichwertiger Beschaffenheit, aber für den Reiseveranstalter mit geringeren Kosten verbunden, ist im Hinblick auf den Unterschiedsbetrag § 651m Absatz 2 entsprechend anzuwenden.

에 따라 정하여지는 금액 이상을 지급한 경우에는 여행주최자는 그 초과
금액을 반환하여야 한다. 여행주최자는 반환되어야 할 초과금액에서 그
에게 실제로 발생한 처리비용을 공제할 수 있다. 여행자의 청구가 있으
면 그는 처리비용의 구체적인 액을 입증하여야 한다.

제651조의g [顯著한 契約變更]

① 제651조의f 제 1 항에서 정하여진 대금 인상이 여행대금의 8%를 넘
는 경우에는 여행주최자는 일방적으로 그 인상을 할 수 없다. 그러나 그
는 상응하는 대금 인상을 여행자에게 제안하고 여행자가 여행주최자가
정하는 적당한 기간 내에 다음 각 호의 하나를 할 것을 요구할 수 있다,
 1. 대금 인상에의 제안을 승낙하는 것 또는
 2. 계약 해제의 의사표시를 하는 것.
제 2 문은 여행주최자가 계약 체결 후에 발생한 사정으로 인하여 여행급
부의 본질적인 성질을 현저하게 변경시키지 아니하고는(민법시행법 제
250조 §3 제 1 호) 또는 계약의 내용이 되는 여행자의 특별한 요청사항이
실현되지 아니하고는 포괄여행을 실행할 수 없는 경우에는 대금 인상 외
의 계약 변경에 대하여는 준용된다. 대금 인상의 제안은 여행 개시의 20일
전까지, 그 밖의 계약 변경의 제안은 여행 개시까지 행하여져야 한다.
② 여행주최자는 제 1 항에서 정하는 대금 인상 또는 그 밖의 계약 변경
의 제안에서 여행자에게 다른 포괄여행("대체여행")에의 참가를 선택적
으로 제안할 수 있다. 여행주최자는 민법시행법 제250조 §10에 좇아 여
행자에게 이를 알려야 한다. 여행주최자가 정하는 기간이 경과한 후에는
대금 인상 또는 그 밖의 계약 변경에 관한 제안은 승낙된 것으로 본다.
③ 여행자가 계약을 해제한 경우에는 제651조의h 제 1 항 제 2 문 및
제 5 항이 이에 준용된다; 제651조의i 제 3 항 제 7 호에서 정하는 청구권
은 영향을 받지 아니한다. 그가 계약 변경 또는 대체여행에의 참가를 승
낙하고 포괄여행이 애초에 정하여진 것과 적어도 동가치의 성상性狀을
가지지 아니하는 경우에는 제651조의m이 준용된다; 그것이 동가치의 성
상을 가지나 여행주최자에 있어서 보다 적은 지출을 요구하는 경우에는
그 차액에 대하여 제651조의m 제 2 항이 준용된다.

§ 651h Rücktritt vor Reisebeginn

(1) Vor Reisebeginn kann der Reisende jederzeit vom Vertrag zurücktreten. Tritt der Reisende vom Vertrag zurück, verliert der Reiseveranstalter den Anspruch auf den vereinbarten Reisepreis. Der Reiseveranstalter kann jedoch eine angemessene Entschädigung verlangen.

(2) Im Vertrag können, auch durch vorformulierte Vertragsbedingungen, angemessene Entschädigungspauschalen festgelegt werden, die sich nach Folgendem bemessen:

1. Zeitraum zwischen der Rücktrittserklärung und dem Reisebeginn,
2. zu erwartende Ersparnis von Aufwendungen des Reiseveranstalters und
3. zu erwartender Erwerb durch anderweitige Verwendung der Reiseleistungen.

Werden im Vertrag keine Entschädigungspauschalen festgelegt, bestimmt sich die Höhe der Entschädigung nach dem Reisepreis abzüglich des Werts der vom Reiseveranstalter ersparten Aufwendungen sowie abzüglich dessen, was er durch anderweitige Verwendung der Reiseleistungen erwirbt. Der Reiseveranstalter ist auf Verlangen des Reisenden verpflichtet, die Höhe der Entschädigung zu begründen.

(3) Abweichend von Absatz 1 Satz 3 kann der Reiseveranstalter keine Entschädigung verlangen, wenn am Bestimmungsort oder in dessen unmittelbarer Nähe unvermeidbare, außergewöhnliche Umstände auftreten, die die Durchführung der Pauschalreise oder die Beförderung von Personen an den Bestimmungsort erheblich beeinträchtigen. Umstände sind unvermeidbar und außergewöhnlich im Sinne dieses Untertitels, wenn sie nicht der Kontrolle der Partei unterliegen, die sich hierauf beruft, und sich ihre Folgen auch dann nicht hätten vermeiden lassen, wenn alle zumutbaren Vorkehrungen getroffen worden wären.

(4) Der Reiseveranstalter kann vor Reisebeginn in den folgenden Fällen vom Vertrag zurücktreten:

1. für die Pauschalreise haben sich weniger Personen als die im Vertrag angegebene Mindestteilnehmerzahl angemeldet; in diesem Fall hat der Reiseveranstalter den Rücktritt innerhalb der im Vertrag bestimmten Frist zu erklären, jedoch spätestens
   a) 20 Tage vor Reisebeginn bei einer Reisedauer von mehr als sechs Tagen,
   b) sieben Tage vor Reisebeginn bei einer Reisedauer von mindestens zwei und höchstens sechs Tagen,
   c) 48 Stunden vor Reisebeginn bei einer Reisedauer von weniger als zwei

제651조의h [旅行開始 전의 解除]

① 여행자는 여행 개시 전에는 언제라도 계약을 해제할 수 있다. 여행자가 계약을 해제하면, 여행주최자는 약정된 여행대금의 청구권을 상실한다. 그러나 여행주최자는 적정한 보상을 청구할 수 있다.

② 미리 작성된 계약약관에 의하는 경우를 포함하여, 계약에서 적정한 일괄보상액이 정하여질 수 있고, 그 적정액은 다음 각 호의 사정에 따라 산정되어야 한다:

　1. 해제 의사표시와 여행 개시 사이의 시간적 간격,

　2. 여행주최자가 기대할 수 있는 비용 절약액 및

　3. 여행급부를 다른 용도로 사용함으로써 기대할 수 있는 수익.

계약에서 일괄보상액이 정하여지지 아니한 경우에는 보상액은 여행대금에서 여행주최자가 절약한 비용의 가치와 여행급부를 다른 용도로 사용함으로써 얻은 수익액을 뺌으로써 산정된다. 여행자의 청구가 있으면 여행주최자는 보상액 산정의 근거를 제시할 의무를 진다.

③ 제1항 제3문과는 달리 여행주최자는 목적지 또는 그 직근의 장소에 불가피한 비상사태가 발생하여 포괄여행의 실행 또는 목적지로의 사람 운송이 현저하게 해를 입는 경우에는 보상액을 청구할 수 없다. 이 관에서 불가피한 비상사태라 함은 이를 주장하는 사람이 통제할 수 없고 그가 모든 기대가능한 예방조치를 취하였다고 하더라도 그 결과를 회피할 수 없는 사태를 말한다.

④ 여행주최자는 다음 각 호의 경우에는 여행 개시 전에 계약을 해제할 수 있다:

　1. 계약에서 정하여진 최소 인원보다 적은 수가 포괄여행을 신청한 경우; 이 경우에 여행주최자는 계약에서 정하여진 기간 안에 해제의 의사표시를 하여야 하고, 그때에도 이는 늦어도 다음의 기간 전에 행하여져야 한다,

　　a) 여행이 7일 이상 지속하는 경우에는 여행 개시 전 20일,

　　b) 2일부터 6일까지 지속하는 경우에는 여행 개시 전 7일,

　　c) 2일 미만의 기간 동안 지속하는 경우에는 여행 개시 전 48시간,

Tagen,

2. der Reiseveranstalter ist aufgrund unvermeidbarer, außergewöhnlicher Umstände an der Erfüllung des Vertrags gehindert; in diesem Fall hat er den Rücktritt unverzüglich nach Kenntnis von dem Rücktrittsgrund zu erklären. Tritt der Reiseveranstalter vom Vertrag zurück, verliert er den Anspruch auf den vereinbarten Reisepreis.

(5) Wenn der Reiseveranstalter infolge eines Rücktritts zur Rückerstattung des Reisepreises verpflichtet ist, hat er unverzüglich, auf jeden Fall aber innerhalb von 14 Tagen nach dem Rücktritt zu leisten.

§ 651i Rechte des Reisenden bei Reisemängeln

(1) Der Reiseveranstalter hat dem Reisenden die Pauschalreise frei von Reisemängeln zu verschaffen.

(2) Die Pauschalreise ist frei von Reisemängeln, wenn sie die vereinbarte Beschaffenheit hat. Soweit die Beschaffenheit nicht vereinbart ist, ist die Pauschalreise frei von Reisemängeln,

1. wenn sie sich für den nach dem Vertrag vorausgesetzten Nutzen eignet, ansonsten

2. wenn sie sich für den gewöhnlichen Nutzen eignet und eine Beschaffenheit aufweist, die bei Pauschalreisen der gleichen Art üblich ist und die der Reisende nach der Art der Pauschalreise erwarten kann.

Ein Reisemangel liegt auch vor, wenn der Reiseveranstalter Reiseleistungen nicht oder mit unangemessener Verspätung verschafft.

(3) Ist die Pauschalreise mangelhaft, kann der Reisende, wenn die Voraussetzungen der folgenden Vorschriften vorliegen und soweit nichts anderes bestimmt ist,

1. nach § 651k Absatz 1 Abhilfe verlangen,

2. nach § 651k Absatz 2 selbst Abhilfe schaffen und Ersatz der erforderlichen Aufwendungen verlangen,

3. nach § 651k Absatz 3 Abhilfe durch andere Reiseleistungen (Ersatzleistungen) verlangen,

4. nach § 651k Absatz 4 und 5 Kostentragung für eine notwendige Beherbergung verlangen,

2. 여행주최자가 불가피한 비상사태로 인하여 계약을 이행할 수 없게 되는 경우; 이 경우에 그는 해제사유를 안 후 지체없이 해제를 하여야 한다.

여행주최자가 계약을 해제하면 그는 약정된 여행대금의 청구권을 상실한다.

⑤ 해제로 인하여 여행주최자가 여행대금을 반환할 의무를 지는 경우에는 그는 이를 지체없이, 그러나 어떠한 경우에도 해제 후 14일 내에 이행하여야 한다.

제651조의i [旅行에 瑕疵가 있는 경우 旅行者의 權利]

① 여행주최자는 여행자에게 포괄여행을 하자 없이 실행하여야 한다.

② 포괄여행이 약정된 성상을 갖춘 경우에는 하자가 없는 것이다. 그 성상에 관한 약정이 없는 경우에는 포괄여행은 다음의 경우에는 하자가 없는 것이다,

1. 계약에서 전제되어 있는 효용을 달성하는 데 적합한 경우, 아니면
2. 통례적인 효용을 달성하는 데 적합하며, 나아가 동종의 포괄여행에서 통상적이고 여행자가 그러한 종류의 포괄여행에서 기대할 수 있는 성질을 가지는 경우.

여행주최자가 여행급부를 실행하지 아니하거나 부적절하게 지체하여 실행한 경우에도 하자는 존재하는 것이다.

③ 포괄여행에 하자가 있는 경우에 여행자는 다음 각 호에서 드는 규정에서 정하는 요건이 충족되는 때에는 달리 정하여지지 아니한 한 그 각호에서 정하는 바를 할 수 있다,

1. 제651조의k 제 1 항에 따라 시정을 청구하는 것,
2. 제651조의k 제 2 항에 따라 스스로 시정수단을 강구하고 그로써 필요하게 된 비용을 청구하는 것,
3. 제651조의k 제 3 항에 따라 다른 여행급부에 의한 시정("대체급부")를 청구하는 것,
4. 제651조의k 제 4 항과 제 5 항에 따라 필요한 숙박의 비용 부담을 청구하는 것,

5. den Vertrag nach § 651l kündigen,

6. die sich aus einer Minderung des Reisepreises (§ 651m) ergebenden Rechte geltend machen und

7. nach § 651n Schadensersatz oder nach § 284 Ersatz vergeblicher Aufwendungen verlangen.

§ 651j Verjährung

Die in § 651i Absatz 3 bezeichneten Ansprüche des Reisenden verjähren in zwei Jahren. Die Verjährungsfrist beginnt mit dem Tag, an dem die Pauschalreise dem Vertrag nach enden sollte.

§ 651k Abhilfe

(1) Verlangt der Reisende Abhilfe, hat der Reiseveranstalter den Reisemangel zu beseitigen. Er kann die Abhilfe nur verweigern, wenn sie

1. unmöglich ist oder

2. unter Berücksichtigung des Ausmaßes des Reisemangels und des Werts der betroffenen Reiseleistung mit unverhältnismäßigen Kosten verbunden ist.

(2) Leistet der Reiseveranstalter vorbehaltlich der Ausnahmen des Absatzes 1 Satz 2 nicht innerhalb einer vom Reisenden bestimmten angemessenen Frist Abhilfe, kann der Reisende selbst Abhilfe schaffen und Ersatz der erforderlichen Aufwendungen verlangen. Der Bestimmung einer Frist bedarf es nicht, wenn die Abhilfe vom Reiseveranstalter verweigert wird oder wenn sofortige Abhilfe notwendig ist.

(3) Kann der Reiseveranstalter die Beseitigung des Reisemangels nach Absatz 1 Satz 2 verweigern und betrifft der Reisemangel einen erheblichen Teil der Reiseleistungen, hat der Reiseveranstalter Abhilfe durch angemessene Ersatzleistungen anzubieten. Haben die Ersatzleistungen zur Folge, dass die Pauschalreise im Vergleich zur ursprünglich geschuldeten nicht von mindestens gleichwertiger Beschaffenheit ist, hat der Reiseveranstalter dem Reisenden eine angemessene Herabsetzung des Reisepreises zu gewähren; die Angemessenheit richtet sich nach § 651m Absatz 1 Satz 2. Sind die Ersatzleistungen nicht mit den im Vertrag vereinbarten Leistungen vergleichbar oder ist die vom Reiseveranstalter angebotene Herabsetzung des Reisepreises nicht angemessen, kann der Reisende die Ersatzleistungen ablehnen. In diesem Fall oder wenn der Reiseveranstalter

  5. 제651조의l에 따라 계약을 해지하는 것,

  6. 여행대금의 감액(제651조의m)으로 인하여 발생하는 권리를 행사하
    는 것 및

  7. 제651조의n에 따라 손해배상 또는 제284조에 따라 무익하게 지출된
    비용의 배상을 청구하는 것.

제651조의j [消滅時效]

제651조의i 제 3 항에 정하여진 여행자의 청구권은 2년의 소멸시효에 걸
린다. 시효기간은 포괄여행이 종료하는 것으로 계약상 정하여진 날로부
터 기산된다.

제651조의k [是正]

① 여행자가 시정을 요구한 경우에는 여행주최자는 하자를 제거하여야
한다. 그는 다음 각 호의 경우에만 시정을 거절할 수 있다,

  1. 그것이 불능인 경우 또는

  2. 그것이 하자의 정도 및 문제되는 여행급부의 가치를 고려할 때 과다
    한 비용을 요하는 경우.

② 제 1 항 제 2 문의 경우를 제외하고, 여행주최자가 여행자가 지정한
상당한 기간 내에 시정을 이행하지 아니한 경우에는 여행자는 스스로 시
정을 실행하고 그에 필요한 비용의 상환을 청구할 수 있다. 여행주최자
가 시정을 거절한 경우 또는 즉각적인 시정이 요구되는 경우에는 기간의
지정이 요구되지 아니한다.

③ 여행주최자가 하자의 제거를 제 1 항 제 2 문에 따라 거절할 수 있는
경우에 여행급부의 중요한 부분에 하자가 있는 때에는 여행주최자는 상
당한 대체급부로써 시정을 제공하여야 한다. 대체급부가 그 [새로운] 포
괄여행이 애초 의무 있었던 것에 비교하여 적어도 동가치의 성상을 가지
지 못하는 경우에는 여행주최자는 여행자에게 여행대금을 적정하게 감
액하여야 한다; 그 적정함은 제651조의m 제 1 항 제 2 문에 따라 정하여
진다. 대체급부가 계약에서 약정된 급부에 비견할 것이 못 되거나 여행
주최자가 제안한 여행대금의 감액이 적정하지 아니한 경우에는 여행자

außerstande ist, Ersatzleistungen anzubieten, ist § 651l Absatz 2 und 3 mit der Maßgabe anzuwenden, dass es auf eine Kündigung des Reisenden nicht ankommt.

(4) Ist die Beförderung des Reisenden an den Ort der Abreise oder an einen anderen Ort, auf den sich die Parteien geeinigt haben (Rückbeförderung), vom Vertrag umfasst und aufgrund unvermeidbarer, außergewöhnlicher Umstände nicht möglich, hat der Reiseveranstalter die Kosten für eine notwendige Beherbergung des Reisenden für einen höchstens drei Nächte umfassenden Zeitraum zu tragen, und zwar möglichst in einer Unterkunft, die der im Vertrag vereinbarten gleichwertig ist.

(5) Der Reiseveranstalter kann sich auf die Begrenzung des Zeitraums auf höchstens drei Nächte gemäß Absatz 4 in folgenden Fällen nicht berufen:

1. der Leistungserbringer hat nach unmittelbar anwendbaren Regelungen der Europäischen Union dem Reisenden die Beherbergung für einen längeren Zeitraum anzubieten oder die Kosten hierfür zu tragen,

2. der Reisende gehört zu einem der folgenden Personenkreise und der Reiseveranstalter wurde mindestens 48 Stunden vor Reisebeginn von den besonderen Bedürfnissen des Reisenden in Kenntnis gesetzt:

   a) Personen mit eingeschränkter Mobilität im Sinne des Artikels 2 Buchstabe a der Verordnung (EG) Nr. 1107/2006 des Europäischen Parlaments und des Rates vom 5. Juli 2006 über die Rechte von behinderten Flugreisenden und Flugreisenden mit eingeschränkter Mobilität (ABl. L 204 vom 26.7.2006, S. 1; L 26 vom 26.1.2013, S. 34) und deren Begleitpersonen,

   b) Schwangere,

   c) unbegleitete Minderjährige,

   d) Personen, die besondere medizinische Betreuung benötigen.

§ 651l Kündigung

(1) Wird die Pauschalreise durch den Reisemangel erheblich beeinträchtigt, kann der Reisende den Vertrag kündigen. Die Kündigung ist erst zulässig, wenn der Reiseveranstalter eine ihm vom Reisenden bestimmte angemessene Frist hat verstreichen lassen, ohne Abhilfe zu leisten; § 651k Absatz 2 Satz 2 gilt entsprechend.

는 대체급부를 거절할 수 있다. 이 경우 또는 여행주최자가 대체급부를 제공할 수 없는 경우에는 제651조의l 제 2 항 및 제 3 항이 여행자의 해지 여하에 관계 없는 것으로 하여 적용된다.

④ 여행자를 출발지로 또는 당사자들이 합의한 다른 장소로 운송하는 것("귀환운송")이 계약상 정하여져 있는데 그것이 불가피한 비상사태로 인하여 불가능한 경우에는 여행주최자는 여행자에게 필요한 숙박을 최장 3박의 기간 동안 계약에서 정하여진 것과 가능한 한 동가치의 숙소에서 하는 데 드는 비용을 부담하여야 한다.

⑤ 여행주최자는 다음의 경우에는 전항에서 정하는 최장 3박에의 제한을 주장할 수 없다:

1. 급부실행자가 직접 적용가능한 유럽연합의 규정에 따라 여행자에게 더 긴 기간의 숙박을 제공하여야 하거나 그에 대한 비용을 부담하여야 하고,

2. 여행자가 다음의 인적 사항에 해당되고 여행주최자가 여행 개시 전 적어도 48시간 전에 여행자의 특수한 필요를 인식한 것:

   a) 유럽의회와 유럽평의회의 2006년 7월 5일자「장애 있는 항공여행객 및 운동능력이 제한된 항공여행객의 권리에 관한 유럽연합 제1107/2006호 규칙」(유럽연방관보 법령편, 2006년 7월 26일의 제204호, 1면 및 2013년 1월 26일의 제26호, 34면)의 제 2 조 a목에서 정하여진 운동능력이 제한된 사람 및 그의 동반자,

   b) 임신부,

   c) 동반자 없는 미성년자,

   d) 특별한 간호를 필요로 하는 사람.

제651조의l [解止]

① 포괄여행이 하자로 인하여 현저히 해를 입는 경우에는 여행자는 계약을 해지할 수 있다. 해지는 여행주최자가 여행자가 지정한 상당한 기간을 시정을 행함이 없이 도과한 경우에 비로소 허용된다; 제651조의k 제 2 항 제 2 문은 이에 준용된다.

(2) Wird der Vertrag gekündigt, so behält der Reiseveranstalter hinsichtlich der erbrachten und nach Absatz 3 zur Beendigung der Pauschalreise noch zu erbringenden Reiseleistungen den Anspruch auf den vereinbarten Reisepreis; Ansprüche des Reisenden nach § 651i Absatz 3 Nummer 6 und 7 bleiben unberührt. Hinsichtlich der nicht mehr zu erbringenden Reiseleistungen entfällt der Anspruch des Reiseveranstalters auf den vereinbarten Reisepreis; insoweit bereits geleistete Zahlungen sind dem Reisenden vom Reiseveranstalter zu erstatten.

(3) Der Reiseveranstalter ist verpflichtet, die infolge der Aufhebung des Vertrags notwendigen Maßnahmen zu treffen, insbesondere, falls der Vertrag die Beförderung des Reisenden umfasste, unverzüglich für dessen Rückbeförderung zu sorgen; das hierfür eingesetzte Beförderungsmittel muss dem im Vertrag vereinbarten gleichwertig sein. Die Mehrkosten für die Rückbeförderung fallen dem Reiseveranstalter zur Last.

§ 651m Minderung

(1) Für die Dauer des Reisemangels mindert sich der Reisepreis. Bei der Minderung ist der Reisepreis in dem Verhältnis herabzusetzen, in welchem zur Zeit des Vertragsschlusses der Wert der Pauschalreise in mangelfreiem Zustand zu dem wirklichen Wert gestanden haben würde. Die Minderung ist, soweit erforderlich, durch Schätzung zu ermitteln.

(2) Hat der Reisende mehr als den geminderten Reisepreis gezahlt, so ist der Mehrbetrag vom Reiseveranstalter zu erstatten. § 346 Absatz 1 und § 347 Absatz 1 finden entsprechende Anwendung.

§ 651n Schadensersatz

(1) Der Reisende kann unbeschadet der Minderung oder der Kündigung Schadensersatz verlangen, es sei denn, der Reisemangel

1. ist vom Reisenden verschuldet,
2. ist von einem Dritten verschuldet, der weder Leistungserbringer ist noch in anderer Weise an der Erbringung der von dem Pauschalreisevertrag umfassten Reiseleistungen beteiligt ist, und war für den Reiseveranstalter nicht vorhersehbar oder nicht vermeidbar oder
3. wurde durch unvermeidbare, außergewöhnliche Umstände verursacht.

(2) Wird die Pauschalreise vereitelt oder erheblich beeinträchtigt, kann der

② 계약이 해지된 경우에는 여행주최자는 이행된 여행급부 및 제 3 항에 따라 포괄여행의 종료를 위하여 이행하여야 할 여행급부에 관하여 약정된 여행대금을 청구할 권리를 가진다; 제651조의i 제 3 항 제 6 호 및 제 7 호 소정의 여행자의 청구권은 영향을 받지 아니한다. 더 이상 이행하지 아니하는 여행급부에 관하여는 약정된 여행대금에 대한 여행주최자의 청구권은 소멸한다; 그 한도에서 이미 지급이 행하여진 금액은 여행주최자가 여행자에게 반환하여야 한다.

③ 여행주최자는 계약의 해소로 인하여 필요하게 된 조치를 행할 의무를 지고, 특히 계약이 여행자의 운송을 포함하는 경우에는 지체 없이 귀환운송을 도모할 의무를 진다; 이를 위하여 마련되는 운송수단은 계약에서 약정된 것과 동가치의 것이어야 한다. 그 귀환운송으로 인한 추가비용은 여행주최자가 부담한다.

제651조의m [代金減額]

① 하자가 존속하는 기간에 대하여는 여행대금이 감액된다. 그 감액에 있어서 여행대금은 계약 체결시에 포괄여행의 하자 없는 상태에서의 가치가 실제의 가치에 대하여 가졌을 비율에 따라 감축된다. 감액은 필요한 한에서 가액사정에 의하여 산정된다.

② 여행자가 여행대금을 감축된 액보다 더 많이 지급한 경우에는 여행주최자는 초과액을 반환하여야 한다. 제346조 제 1 항 및 제347조 제 1 항은 이에 준용된다.

제651조의n [損害賠償]

① 여행자는 대금 감액 또는 해지와는 별도로 손해배상을 청구할 수 있다, 그러나 다음 각 호의 경우에는 그러하지 아니하다,

 1. 하자에 대하여 여행자가 과책 있는 경우,
 2. 급부실행자가 아니고 또한 다른 방법으로 포괄여행계약에 포함되는 여행급부의 실행에 관여하지 아니하는 제 3 자가 하자에 대하여 과책 있고, 여행주최자가 이를 예상하거나 회피할 수 없는 경우, 또는
 3. 하자가 불가피한 비상사태에 의하여 야기된 경우.

② 포괄여행이 좌절되거나 현저하게 해를 입은 경우에는 여행자는 휴가

Reisende auch wegen nutzlos aufgewendeter Urlaubszeit eine angemessene Entschädigung in Geld verlangen.

(3) Wenn der Reiseveranstalter zum Schadensersatz verpflichtet ist, hat er unverzüglich zu leisten.

§ 651o Mängelanzeige durch den Reisenden

(1) Der Reisende hat dem Reiseveranstalter einen Reisemangel unverzüglich anzuzeigen.

(2) Soweit der Reiseveranstalter infolge einer schuldhaften Unterlassung der Anzeige nach Absatz 1 nicht Abhilfe schaffen konnte, ist der Reisende nicht berechtigt,

1. die in § 651m bestimmten Rechte geltend zu machen oder

2. nach § 651n Schadensersatz zu verlangen.

§ 651p Zulässige Haftungsbeschränkung; Anrechnung

(1) Der Reiseveranstalter kann durch Vereinbarung mit dem Reisenden seine Haftung für solche Schäden auf den dreifachen Reisepreis beschränken, die

1. keine Körperschäden sind und

2. nicht schuldhaft herbeigeführt werden.

(2) Gelten für eine Reiseleistung internationale Übereinkünfte oder auf solchen beruhende gesetzliche Vorschriften, nach denen ein Anspruch auf Schadensersatz gegen den Leistungserbringer nur unter bestimmten Voraussetzungen oder Beschränkungen entsteht oder geltend gemacht werden kann oder unter bestimmten Voraussetzungen ausgeschlossen ist, so kann sich auch der Reiseveranstalter gegenüber dem Reisenden hierauf berufen.

(3) Hat der Reisende gegen den Reiseveranstalter Anspruch auf Schadensersatz oder auf Erstattung eines infolge einer Minderung zu viel gezahlten Betrages, so muss sich der Reisende den Betrag anrechnen lassen, den er aufgrund desselben Ereignisses als Entschädigung oder als Erstattung infolge einer Minderung nach Maßgabe internationaler Übereinkünfte oder von auf solchen beruhenden gesetzlichen Vorschriften erhalten hat oder nach Maßgabe

1. der Verordnung (EG) Nr. 261/2004 des Europäischen Parlaments und des Rates vom 11. Februar 2004 über eine gemeinsame Regelung für Ausgleichs- und Unterstützungsleistungen für Fluggäste im Fall der Nichtbeförderung und

기간이 무익하게 소모된 것에 대하여도 금전에 의한 적절한 배상을 청구할 수 있다.

③ 여행주최자가 손해배상의무를 지는 경우에 그는 이를 지체 없이 이행하여야 한다.

제651조의o [旅行者에 의한 瑕疵 告知]

① 여행자는 여행주최자에게 지체없이 하자를 고지하여야 한다.

② 여행주최자가 제 1 항에 따른 고지가 유책하게 행하지 아니함으로써 시정을 실행할 수 없는 한에서 여행자는 다음을 할 권한이 없다,

  1. 제651조의m에서 정하여진 권리를 행사하는 것 또는
  2. 제651조의n에 따라 손해배상을 요구하는 것.

제651조의p [許容되는 責任制限; 充當]

① 여행주최자는 여행자와의 합의에 의하여 다음의 손해에 대하여 자신의 책임을 여행대금의 3배로 제한할 수 있다,

  1. 신체손해가 아니고,
  2. 유책하게 야기되지 아니한 것.

② 급부실행자에 대한 손해배상의 청구권을 일정한 요건 또는 제한 아래서만 발생 또는 행사할 수 있게 하거나 일정한 요건 아래서는 그것이 배제되는 국제협약이나 그에 기초로 둔 법률규정이 여행급부에 대하여 적용되는 경우에는 여행주최자는 여행자에 대하여 이들을 주장할 수도 있다.

③ 여행자가 여행주최자에 대하여 손해배상청구권 또는 대금 감액으로 인하여 과잉 지급된 금액의 반환청구권을 가지는 경우에는 여행자는 동일한 사태에 기하여 국제협약이나 그에 기초를 둔 법률규정 또는 다음 각 호의 규칙에 좇아 손해배상으로 또는 대금감액에 기한 반환으로 취득한 금액을 그 청구권에 충당하여야 한다,

  1. 유럽의회와 유럽평의회의 2004년 2월 11일자 「불운송 및 비행의 취소 또는 현저한 지연의 경우 비행기 승객의 피해전보급부과 지원급부의 공동 규율 및 유럽경제공동체규칙 제295/91호의 폐지에 관한

bei Annullierung oder großer Verspätung von Flügen und zur Aufhebung der Verordnung (EWG) Nr. 295/91 (ABl. L 46 vom 17.2.2004, S. 1),

2. der Verordnung (EG) Nr. 1371/2007 des Europäischen Parlaments und des Rates vom 23. Oktober 2007 über die Rechte und Pflichten der Fahrgäste im Eisenbahnverkehr (ABl. L 315 vom 3.12.2007, S. 14),

3. der Verordnung (EG) Nr. 392/2009 des Europäischen Parlaments und des Rates vom 23. April 2009 über die Unfallhaftung von Beförderern von Reisenden auf See (ABl. L 131 vom 28.5.2009, S. 24),

4. der Verordnung (EU) Nr. 1177/2010 des Europäischen Parlaments und des Rates vom 24. November 2010 über die Fahrgastrechte im See- und Binnenschiffsverkehr und zur Änderung der Verordnung (EG) Nr. 2006/2004 (ABl. L 334 vom 17.12.2010, S. 1) oder

5. der Verordnung (EU) Nr. 181/2011 des Europäischen Parlaments und des Rates vom 16. Februar 2011 über die Fahrgastrechte im Kraftomnibusverkehr und zur Änderung der Verordnung (EG) Nr. 2006/2004 (ABl. L 55 vom 28.2.2011, S. 1).

Hat der Reisende vom Reiseveranstalter bereits Schadensersatz erhalten oder ist ihm infolge einer Minderung vom Reiseveranstalter bereits ein Betrag erstattet worden, so muss er sich den erhaltenen Betrag auf dasjenige anrechnen lassen, was ihm aufgrund desselben Ereignisses als Entschädigung oder als Erstattung infolge einer Minderung nach Maßgabe internationaler Übereinkünfte oder von auf solchen beruhenden gesetzlichen Vorschriften oder nach Maßgabe der in Satz 1 genannten Verordnungen geschuldet ist.

§ 651q Beistandspflicht des Reiseveranstalters

(1) Befindet sich der Reisende im Fall des § 651k Absatz 4 oder aus anderen Gründen in Schwierigkeiten, hat der Reiseveranstalter ihm unverzüglich in angemessener Weise Beistand zu gewähren, insbesondere durch

1. Bereitstellung geeigneter Informationen über Gesundheitsdienste, Behörden vor Ort und konsularische Unterstützung,

2. Unterstützung bei der Herstellung von Fernkommunikationsverbindungen und

3. Unterstützung bei der Suche nach anderen Reisemöglichkeiten; § 651k Absatz 3 bleibt unberührt.

유럽공동체 제261/2004호 규칙」(2004년 2월 17일의 유럽연방관보 법
령편 제46호, 1면),

2. 유럽의회와 유럽평의회의 2007년 10월 23일자「철도교통에서의 승객
   의 권리와 의무에 관한 유럽공동체 제1371/2007호 규칙」(2007년 12월
   3일의 유럽연방관보 법령편 제315호, 14면),

3. 유럽의회와 유럽평의회의 2009년 4월 23일자「해상 여행자에 대한 운
   송인의 사고책임에 관한 유럽공동체 제392/2009호 규칙」(2009년 5월
   28일의 유럽연방관보 법령편 제131호, 24면),

4. 유럽의회와 유럽평의회의 2010년 11월 24일자「해상교통과 내륙수운
   에서의 승객의 권리 및 유럽공동체 규칙 제2006/2004호의 개정에 관
   한 유럽연방 제1177/2010호 규칙」(2010년 12월 17일의 유럽연방관보
   법령편 제334호, 1면), 또는

5. 유럽의회와 유럽평의회의 2011년 2월 16일자「버스운송에서의 승객
   의 권리 및 유럽공동체 규칙 제2006/2004호의 개정에 관한 유럽연방
   제181/2011호 규칙」(2011년 2월 28일의 유럽연방관보 법령편 제55호,
   1면).

여행자가 여행주최자로부터 이미 손해배상을 받았거나 대금감액에 기하
여 일정액을 이미 반환받은 경우에는 그는 그 취득한 금액을 동일한 사
태에 기하여 국제협약이나 그에 기초를 둔 법률규정 또는 제 1 문 소정의
규칙에 좇아 손해배상으로 또는 대금 감액에 기한 반환으로 의무를 부담
하는 금액에 충당하여야 한다.

제651조의q [旅行主催者의 援助義務]

① 여행자가 제651조의k 제 4 항의 경우 또는 다른 이유로 인하여 곤경에
처한 경우에 여행주최자는 그에게 지체 없이 적절한 방법으로, 특히 다
음 각 호의 방법으로 원조를 제공하여야 한다,

1. 의료서비스, 현장의 관청 및 영사업무에 관하여 적절한 정보를 제공
   하는 것,

2. 원격통신경로를 마련함에 있어서의 보조 및

3. 다른 여행가능성의 탐색에 있어서의 보조; 제651조의k 제 3 항은 영

(2) Hat der Reisende die den Beistand erfordernden Umstände schuldhaft selbst herbeigeführt, kann der Reiseveranstalter Ersatz seiner Aufwendungen verlangen, wenn und soweit diese angemessen und ihm tatsächlich entstanden sind.

§ 651r Insolvenzsicherung; Sicherungsschein

(1) Der Reiseveranstalter hat sicherzustellen, dass dem Reisenden der gezahlte Reisepreis erstattet wird, soweit im Fall der Zahlungsunfähigkeit des Reiseveranstalters

1. Reiseleistungen ausfallen oder

2. der Reisende im Hinblick auf erbrachte Reiseleistungen Zahlungsaufforderungen von Leistungserbringern nachkommt, deren Entgeltforderungen der Reiseveranstalter nicht erfüllt hat.

Umfasst der Vertrag auch die Beförderung des Reisenden, hat der Reiseveranstalter zudem die vereinbarte Rückbeförderung und die Beherbergung bis zum Zeitpunkt der Rückbeförderung sicherzustellen. Der Zahlungsunfähigkeit stehen die Eröffnung des Insolvenzverfahrens über das Vermögen des Reiseveranstalters und die Abweisung eines Eröffnungsantrags mangels Masse gleich.

(2) Die Verpflichtungen nach Absatz 1 kann der Reiseveranstalter vorbehaltlich des Satzes 2 ab dem 1. November 2021 nur durch einen Absicherungsvertrag mit einem nach dem Reisesicherungsfondsgesetz zum Geschäftsbetrieb befugten Reisesicherungsfonds erfüllen. Reiseveranstalter, die im letzten abgeschlossenen Geschäftsjahr einen Umsatz im Sinne des § 1 Nummer 2 Buchstabe a des Reisesicherungsfondsgesetzes von weniger als 10 Millionen Euro erzielt haben, können im jeweils darauffolgenden Geschäftsjahr die Verpflichtungen nach Absatz 1 auch erfüllen

1. durch eine Versicherung bei einem im Geltungsbereich dieses Gesetzes zum Geschäftsbetrieb befugten Versicherungsunternehmen oder

2. durch ein Zahlungsversprechen eines im Geltungsbereich dieses Gesetzes zum Geschäftsbetrieb befugten Kreditinstituts.

Der Reiseveranstalter muss die Verpflichtungen nach Absatz 1 ohne Rücksicht auf den Wohnsitz des Reisenden, den Ort der Abreise und den Ort des Vertragsschlusses erfüllen.

(3) Der Reisesicherungsfonds, der Versicherer oder das Kreditinstitut (Absicherer) kann dem Reisenden die Fortsetzung der Pauschalreise anbieten. Verlangt der Reisende eine Erstattung nach Absatz 1, hat der Absicherer diesen

향을 받지 아니한다.

② 여행자가 구호가 필요한 사태를 유책하게 스스로 초래한 경우에는 여행주최자는 그 비용 지출이 적절하고 실제로 일어난 한도에서 그 비용의 상환을 청구할 수 있다.

제651조의r [無資力擔保; 保障書面]

① 여행주최자는 다음 각 호의 경우에 그의 지급불능에 대비하여 지급받은 여행대금을 여행자에게 반환하는 것을 보장하여야 한다,

　1. 여행급부가 행하여지지 아니하는 경우 또는

　2. 실행된 여행급부에 관하여 여행주최자가 이행하지 아니한 급부실행자의 대가채권을 여행자가 급부실행자로부터의 청구에 응하여 만족시킨 경우.

계약이 여행자의 운송을 포함하는 경우에는 여행주최자는 나아가 약정된 귀환운송 및 그에 있어서의 숙박을 보장하여야 한다. 여행주최자의 재산에 대한 도산절차의 개시 및 책임재산의 부족으로 인한 그 절차 개시 신청의 기각은 지급불능과 동시된다.

② 여행주최자는 제1항에서 정하는 의무를 제2문의 유보 아래 2021년 11월 1일부터는 여행보장기금법에 기하여 영업할 권한을 가지는 여행보장기금과 체결한 보장계약으로써만 이행할 수 있다. 최종적으로 종결된 영업년에 여행보장기금법 제1조 제1호 a목 소정의 매출이 1천만 유로 미만인 여행주최자는 그에 이어지는 각 영업년에 제1항에서 정하는 의무를 다음 각 호의 방도에 의하여서도 이행할 수 있다,

　1. 이 법률의 적용영역 내에서 영업할 권한이 있는 보험업자의 보험에 가입하는 것, 또는

　2. 이 법률의 적용영역 내에서 영업할 권한이 있는 금융기관의 지급확약을 얻는 것.

여행주최자는 여행자의 주소, 출발지 및 계약체결지 여하에 상관없이 제1항에서 정하는 의무를 이행하여야 한다.

③ 여행보장보험, 보험자 또는 금융기관("보장자")은 여행자에게 포괄여행의 계속을 제공할 수 있다. 여행자가 제1항에 정하여진 지급

Anspruch unverzüglich zu erfüllen. Versicherer und Kreditinstitute können ihre aus Verträgen nach Absatz 2 Satz 2 Nummer 1 und 2 folgende Einstandspflicht für jede Insolvenz eines Reiseveranstalters, der im letzten abgeschlossenen Geschäftsjahr einen Umsatz im Sinne des § 1 Nummer 2 Buchstabe a des Reisesicherungsfondsgesetzes von weniger als 3 Millionen Euro erzielt hat, auf 1 Million Euro begrenzen. Übersteigen in diesem Fall die zu erbringenden Leistungen den vereinbarten Höchstbetrag, so verringern sich die einzelnen Leistungsansprüche der Reisenden in dem Verhältnis, in dem ihr Gesamtbetrag zum Höchstbetrag steht.

(4) Zur Erfüllung seiner Verpflichtungen nach Absatz 1 hat der Reiseveranstalter dem Reisenden einen unmittelbaren Anspruch gegen den Absicherer zu verschaffen und durch eine von diesem oder auf dessen Veranlassung gemäß Artikel 252 des Einführungsgesetzes zum Bürgerlichen Gesetzbuche ausgestellte Bestätigung (Sicherungsschein) nachzuweisen. Der im Vertrag gemäß Artikel 250 § 6 Absatz 2 Nummer 3 des Einführungsgesetzes zum Bürgerlichen Gesetzbuche genannte Absicherer kann sich gegenüber dem Reisenden weder auf Einwendungen aus dem Absicherungsvertrag noch auf dessen Beendigung berufen, wenn die Beendigung nach Abschluss des Pauschalreisevertrags erfolgt ist. In den Fällen des Satzes 2 geht der Anspruch des Reisenden gegen den Reiseveranstalter auf den Absicherer über, soweit dieser den Reisenden befriedigt.

§ 651s　Insolvenzsicherung der im Europäischen Wirtschaftsraum niedergelassenen Reiseveranstalter

Hat der Reiseveranstalter im Zeitpunkt des Vertragsschlusses seine Niederlassung im Sinne des § 4 Absatz 3 der Gewerbeordnung in einem anderen Mitgliedstaat der Europäischen Union oder in einem sonstigen Vertragsstaat des Abkommens über den Europäischen Wirtschaftsraum, so genügt er seiner Verpflichtung zur Insolvenzsicherung auch dann, wenn er dem Reisenden Sicherheit in Übereinstimmung mit den Vorschriften dieses anderen Staates zur Umsetzung des Artikels 17 der Richtlinie (EU) 2015/2302 des Europäischen Parlaments und des Rates vom 25. November 2015 über Pauschalreisen und verbundene Reiseleistungen, zur Änderung der Verordnung (EG) Nr. 2006/2004 und der Richtlinie 2011/83/EU des Europäischen Parlaments und des Rates sowie zur Aufhebung der Richtlinie 90/314/EWG des Rates (ABl. L 326 vom 11.12.2015, S. 1) leistet.

§ 651t　Rückbeförderung; Vorauszahlungen

을 청구하는 경우에는 보장자는 그 청구를 지체없이 이행하여야 한다. 보험자 및 금융기관은 최종적으로 종결된 영업년에 여행보장기금법 제 1 조 제 1 호 a목 소정의 매출이 3백만 유로 미만인 여행주최자의 도산에 대하여는 제 2 항 제 2 문 제 1 호 및 제 2 호에 좇은 계약으로부터 발생하는 보장의무를 1백만 유로로 제한할 수 있다. 이 경우에 이행하여야 할 급부가 약정된 최고액을 넘는 경우에는 여행자 각각의 급부청구권은 위 최고액의 이들 청구권 전체액에 대한 비율로 감축된다.

④ 제 1 항에서 정하는 의무를 이행하기 위하여 여행주최자는 여행자에게 보장자에 대한 직접청구권을 부여하여야 하고, 이를 보장자에 의하여 작성되거나 또는 그의 지시에 좇아 민법시행법 제252조에 따라 작성된 확인서면("보장서면")으로 증명하여야 한다. 민법시행법 제250조 §6 제 2 항 제 3 호에 따라 계약에서 지정된 보장자는 여행자에 대하여 고객금전보장계약에 기한 대항사유를 주장할 수 없고, 그 계약이 포괄여행계약 체결 후에 종료된 경우에는 그 종료를 주장할 수 없다. 제 2 문에서 정하는 경우들에서 여행자의 여행주최자에 대한 청구권은 보장자가 여행자를 만족시킨 한도에서 보장자에게 이전된다.

제651조의s [유럽경제지역에 營業所를 둔 旅行主催者의 無資力擔保]
여행주최자가 계약 체결시에 영업령 제 4 조 제 3 항에서 정하는 영업소를 유럽연합의 다른 회원국이나 유럽경제공동체협약의 다른 체약국에 둔 경우에는, 그가 여행자에 대하여 유럽의회와 유럽평의회의 2015년 11월 25일자 「유럽공동체 규칙 제2006/2004호와 유럽의회와 유럽평의회의 2011/83/EU 지침의 각 변경 및 유럽평의회의 90/314/EWG 지침의 폐지를 포함하는, 포괄여행 및 결합된 여행급부에 관한 유럽연합 제2015/2302호 지침」(2015년 12월 11일의 유럽연방관보 법령편 제326호, 1면)의 제17조의 수용을 위한 이들 다른 나라의 규정들에 따라서 담보를 제공한 때에는, 역시 담보 제공에의 의무를 충족한 것이다.

제651조의t [歸還旅行; 事前支給]

Der Reiseveranstalter darf eine Rückbeförderung des Reisenden nur vereinbaren und Zahlungen des Reisenden auf den Reisepreis vor Beendigung der
Pauschalreise nur fordern oder annehmen, wenn

1. ein wirksamer Absicherungsvertrag besteht oder, in den Fällen des § 651s, der
Reiseveranstalter nach § 651s Sicherheit leistet und

2. dem Reisenden klar, verständlich und in hervorgehobener Weise Name und
Kontaktdaten des Absicherers oder, in den Fällen des § 651s, Name und
Kontaktdaten der Einrichtung, die den Insolvenzschutz bietet, sowie gegebenenfalls der Name und die Kontaktdaten der von dem betreffenden Staat
benannten zuständigen Behörde zur Verfügung gestellt wurden.

§ 651u Gastschulaufenthalte

(1) Für einen Vertrag, der einen mindestens drei Monate andauernden und
mit dem geregelten Besuch einer Schule verbundenen Aufenthalt des Gastschülers bei einer Gastfamilie in einem anderen Staat (Aufnahmeland) zum
Gegenstand hat, gelten § 651a Absatz 1, 2 und 5, die §§ 651b, 651d Absatz 1
bis 4 und die §§ 651e bis 651t entsprechend sowie die nachfolgenden Absätze.
Für einen Vertrag, der einen kürzeren Gastschulaufenthalt (Satz 1) oder einen
mit der geregelten Durchführung eines Praktikums verbundenen Aufenthalt bei
einer Gastfamilie im Aufnahmeland zum Gegenstand hat, gelten diese Vorschriften nur, wenn dies vereinbart ist.

(2) Der Anbieter des Gastschulaufenthalts ist als Reiseveranstalter bei Mitwirkung des Gastschülers verpflichtet,

1. für eine nach den Verhältnissen des Aufnahmelands angemessene Unterkunft,
Beaufsichtigung und Betreuung des Gastschülers in einer Gastfamilie zu
sorgen und

2. die Voraussetzungen für einen geregelten Schulbesuch des Gastschülers im
Aufnahmeland zu schaffen.

(3) Tritt der Reisende vor Reisebeginn vom Vertrag zurück, findet § 651h
Absatz 1 Satz 3, Absatz 2 nur Anwendung, wenn der Reiseveranstalter den
Reisenden auf den Aufenthalt angemessen vorbereitet und spätestens zwei
Wochen vor Antritt der Reise jedenfalls über Folgendes informiert hat:

1. Name und Anschrift der für den Gastschüler nach Ankunft bestimmten
Gastfamilie und

여행주최자는 다음의 경우에만 포괄여행의 종료 전에 여행자의 여행대금 지급을 요구 또는 여행자의 귀환여행을 약정하거나 수령할 수 있다,

1. 유효한 보장계약이 성립하거나 제651조의s의 경우에는 여행주최자가 제651조의s에 따라 담보를 제공하고, 또한

2. 여행자에게 명료하고 이해될 수 있게 또한 강조된 방식으로 고객금전보장자의 이름과 연락가능일, 제651조의s의 경우에는 무자력담보를 제공하는 기관의 이름과 연락가능일, 또한 필요한 경우에는 문제되는 국가에 의하여 지정된 관할 기관의 이름과 연락가능일을 알려주는 것.

제651조의u [홈스테이通學契約]

① 학생이 규율에 좇아 학교에 통학하면서 다른 나라("영입국")의 영입가정에 최소한 3개월간 체류하는 것을 목적으로 하는 여행계약에 대하여는 제651조의a 제 1 항, 제 2 항, 제 5 항, 제651조의b, 제651조의d 제 1 항 내지 제 4 항, 제651조의e 내지 제651조의t가 준용되고, 나아가 다음의 항들이 적용된다. 제 1 문에서 정하는 홈스테이통학을 보다 단기로 하는 것 또는 규율에 좇아 실습을 하면서 영입국의 영입가정에 체류하는 것을 내용으로 하는 계약에 대하여는, 이들 규정을 적용하기로 약정한 경우에 한하여 이들이 적용된다.

② 홈스테이통학의 제공자는 학생의 협조 아래 여행주최자로서 다음의 의무를 진다,

1. 영입국의 제반 사정에 비추어 적절한 숙식, 감독 및 보호가 영입가정에서 학생에게 제공되도록 배려하는 것, 또한

2. 학생이 영입국에서 규율에 좇아 통학하기 위한 전제조건을 마련하는 것.

③ 여행자가 여행 개시 전에 계약을 철회한 경우에, 여행주최자가 늦어도 여행 시작 2주 전에 다음 각 호의 사항을 알리지 아니하고 또 체류를 적절하게 준비하고 하지 아니한 때에는, 제651조의h 제 1 항 제 3 문, 제 2 항은 적용되지 아니한다,

1. 도착 후 학생을 위하여 지정된 영입가정의 이름과 주소 및

2. Name und Erreichbarkeit eines Ansprechpartners im Aufnahmeland, bei dem auch Abhilfe verlangt werden kann.

(4) Der Reisende kann den Vertrag bis zur Beendigung der Reise jederzeit kündigen. Kündigt der Reisende, ist der Reiseveranstalter berechtigt, den vereinbarten Reisepreis abzüglich der ersparten Aufwendungen zu verlangen. Der Reiseveranstalter ist verpflichtet, die infolge der Kündigung notwendigen Maßnahmen zu treffen, insbesondere, falls der Vertrag die Beförderung des Gastschülers umfasste, für dessen Rückbeförderung zu sorgen. Die Mehrkosten fallen dem Reisenden zur Last. Die vorstehenden Sätze gelten nicht, wenn der Reisende nach § 651l kündigen kann.

§ 651v Reisevermittlung

(1) Ein Unternehmer, der einem Reisenden einen Pauschalreisevertrag vermittelt (Reisevermittler), ist verpflichtet, den Reisenden nach Maßgabe des Artikels 250 §§ 1 bis 3 des Einführungsgesetzes zum Bürgerlichen Gesetzbuche zu informieren. Er erfüllt damit zugleich die Verpflichtungen des Reiseveranstalters aus § 651d Absatz 1 Satz 1. Der Reisevermittler trägt gegenüber dem Reisenden die Beweislast für die Erfüllung seiner Informationspflichten.

(2) Für die Annahme von Zahlungen auf den Reisepreis durch den Reisevermittler gilt § 651t Nummer 2 entsprechend. Ein Reisevermittler gilt als vom Reiseveranstalter zur Annahme von Zahlungen auf den Reisepreis ermächtigt, wenn er dem Reisenden eine den Anforderungen des Artikels 250 § 6 des Einführungsgesetzes zum Bürgerlichen Gesetzbuche entsprechende Abschrift oder Bestätigung des Vertrags zur Verfügung stellt oder sonstige dem Reiseveranstalter zuzurechnende Umstände ergeben, dass er von diesem damit betraut ist, Pauschalreiseverträge für ihn zu vermitteln. Dies gilt nicht, wenn die Annahme von Zahlungen durch den Reisevermittler in hervorgehobener Form gegenüber dem Reisenden ausgeschlossen ist.

(3) Hat der Reiseveranstalter im Zeitpunkt des Vertragsschlusses seinen Sitz nicht in einem Mitgliedstaat der Europäischen Union oder einem anderen Vertragsstaat des Abkommens über den Europäischen Wirtschaftsraum, treffen den Reisevermittler die sich aus den §§ 651i bis 651t ergebenden Pflichten des Reiseveranstalters, es sei denn, der Reisevermittler weist nach, dass der Reiseveranstalter seine Pflichten nach diesen Vorschriften erfüllt.

(4) Der Reisevermittler gilt als vom Reiseveranstalter bevollmächtigt, Mängel-

　2. 영입국에서 상담하고 또 시정도 청구할 수 있는 상대방의 이름과 연
　　락방도.

④ 여행자는 여행의 종료 전에는 언제라도 계약을 해지할 수 있다. 여행
자가 해지하면, 여행주최자는 지출을 면한 비용을 공제한 나머지의 여행
대금을 청구할 권리가 있다. 그는 해지로 인하여 필요하게 된 조치를 취
할 의무, 특히 계약이 귀환운송을 포함하는 경우에는 학생을 귀환운송을
조치할 의무를 진다. 추가비용은 여행자의 부담으로 한다. 이 항의 이상
의 규정들은 여행자가 제651조의l에 의하여 해지할 수 있는 경우에는 적
용되지 아니한다.

제651조의v [旅行仲介]

① 여행자에게 포괄여행계약을 중개하는 사업자("여행중개인")는 여행
자에 대하여 민법시행법 제250조 §1 내지 §3에 좇아 정보를 제공할 의무
를 진다. 그 정보 제공으로써 그는 제651조의d 제 1 항 제 1 문에서 정하
는 여행주최자의 의무도 충족하는 것이 된다. 여행중개인은 여행자에 대
하여 자신의 정보제공의무의 이행에 대한 증명책임을 진다.

② 여행중개인이 여행대금을 수령하는 것에 대하여는 제651조의t
제 2 호가 준용된다. 여행중개인이 민법시행법 제250조 §6의 요구에 상
응하는 등본 또는 계약확인서를 여행자에게 제공한 경우 또는 여행주최
자에게 귀속시킬 수 있는 기타의 사정들로부터 그가 여행주최자로부터
포괄여행계약을 그를 위하여 중개할 것을 위탁받았음이 추인되는 경우
에는 여행주최자로부터 여행대금을 수령할 권한을 위임받은 것으로 본
다. 여행중개인이 여행대금을 수취하는 것이 여행자에게 뚜렷한 방식으
로 배제된 경우에는 그러하지 아니하다.

③ 여행주최자가 계약 체결시에 유럽연합 회원국 또는 유럽경제공동체
협약 체약국에 주소를 가지지 아니한 경우에는 여행중개인이 제651조의i
내지 제651조의t로부터 발생하는 여행주최자로서의 의무를 진다, 그러나
여행중개인이 여행주최자가 이들 규정상의 의무를 이행하였음을 입증한
경우에는 그러하지 아니하다.

④ 여행중개인은 여행자의 하자 고지 및 여행급부에 관한 다른 표시를

anzeigen sowie andere Erklärungen des Reisenden bezüglich der Erbringung der Reiseleistungen entgegenzunehmen. Der Reisevermittler hat den Reiseveranstalter unverzüglich von solchen Erklärungen des Reisenden in Kenntnis zu setzen.

§ 651w Vermittlung verbundener Reiseleistungen

(1) Ein Unternehmer ist Vermittler verbundener Reiseleistungen, wenn er für den Zweck derselben Reise, die keine Pauschalreise ist,

1. dem Reisenden anlässlich eines einzigen Besuchs in seiner Vertriebsstelle oder eines einzigen Kontakts mit seiner Vertriebsstelle Verträge mit anderen Unternehmern über mindestens zwei verschiedene Arten von Reiseleistungen vermittelt und der Reisende diese Leistungen getrennt auswählt und

a) getrennt bezahlt oder

b) sich bezüglich jeder Leistung getrennt zur Zahlung verpflichtet oder

2. dem Reisenden, mit dem er einen Vertrag über eine Reiseleistung geschlossen hat oder dem er einen solchen Vertrag vermittelt hat, in gezielter Weise mindestens einen Vertrag mit einem anderen Unternehmer über eine andere Art von Reiseleistung vermittelt und der weitere Vertrag spätestens 24 Stunden nach der Bestätigung des Vertragsschlusses über die erste Reiseleistung geschlossen wird.

Eine Vermittlung in gezielter Weise im Sinne des Satzes 1 Nummer 2 liegt insbesondere dann nicht vor, wenn der Unternehmer den Reisenden lediglich mit einem anderen Unternehmer in Kontakt bringt. Im Übrigen findet auf Satz 1 § 651a Absatz 4 Satz 1 Nummer 1, Satz 2 und Absatz 5 Nummer 1 und 3 entsprechende Anwendung. § 651a Absatz 5 Nummer 2 ist unabhängig von der Höhe des Reisepreises entsprechend anzuwenden.

(2) Der Vermittler verbundener Reiseleistungen ist verpflichtet, den Reisenden nach Maßgabe des Artikels 251 des Einführungsgesetzes zum Bürgerlichen Gesetzbuche zu informieren.

(3) Nimmt der Vermittler verbundener Reiseleistungen Zahlungen des Reisenden auf Vergütungen für Reiseleistungen entgegen, hat er sicherzustellen, dass diese dem Reisenden erstattet werden, soweit Reiseleistungen von dem Vermittler verbundener Reiseleistungen selbst zu erbringen sind oder Entgeltforderungen anderer Unternehmer im Sinne des Absatzes 1 Satz 1 noch zu erfüllen sind und im Fall der Zahlungsunfähigkeit des Vermittlers verbundener Reiseleistungen

수령할 권한을 여행주최자로부터 수여받은 것으로 본다. 여행중개인은
지체 없이 여행주최자에 대하여 여행자의 그러한 표시들을 알려야 한다.

제651조의w [結合旅行給付의 仲介]

① 사업자가 포괄여행이 아닌 하나의 여행을 위하여 다음 각 호의 행위
를 한 경우에 그는 결합여행급부의 중개인이다,

1. 여행자가 그의 영업소를 단 한 번 방문하거나 그의 영업소와 단 한
   번 접촉한 기회에 여행자에게 적어도 두 개의 다른 종류의 여행급부
   에 관하여 다른 사업자와의 계약을 중개하여, 여행자가 이들 급부를
   분리하여 선택하고, 나아가

   a) 그 대금을 분리하여 지급하거나

   b) 각 급부에 대하여 분리하여 지급의 의무를 지는 것, 또는

2. 그가 하나의 여행급부에 관한 계약을 체결하거나 그러한 계약을 중
   개한 여행자에게 의도적으로 다른 종류의 여행급부에 관하여 다른
   사업자의 계약을 하나 이상 중개하고, 그 다른 계약이 최초의 여행급
   부에 관한 계약 체결이 확인된 후 늦어도 24시간 내에 체결되는 것.

제 1 문 제 2 호에서 정하는 의도적 방법으로 하는 중개는 특히 사업자
가 단지 여행자를 다른 사업자와 접촉하도록 한 경우에는 인정되지 아
니한다. 그 외에 제 1 문에 대하여는 제651조의a 제 4 항 제 1 문 제 1 호,
제 2 문 및 제 5 항 제 1 호, 제 3 호가 준용된다. 제651조의a 제 5 항 제 2 호
는 여행대금의 과다를 불문하고 준용된다.

② 결합여행급부의 중개인은 여행자에게 민법시행법 제251조에 좇아 정
보를 제공할 의무를 진다.

③ 결합여행급부의 중개인이 여행자가 여행급부의 대가로서 지급하는
것을 수령한 경우에는, 여행급부가 결합여행급부의 중개인 자신에 의하
여 실행되거나 제 1 항 제 1 문 소정의 다른 사업자의 대가채권이 만족되
고, 또한 결합여행급부의 중개인이 지급불능에 처하여 다음 각 호의 사
정이 있는 때에는, 그 수령한 것이 여행자에게 반환되는 것을 보장하여
야 한다,

1. Reiseleistungen ausfallen oder

2. der Reisende im Hinblick auf erbrachte Reiseleistungen Zahlungsaufforderungen nicht befriedigter anderer Unternehmer im Sinne des Absatzes 1 Satz
   1 nachkommt.

Hat sich der Vermittler verbundener Reiseleistungen selbst zur Beförderung des
Reisenden verpflichtet, hat er zudem die vereinbarte Rückbeförderung und die
Beherbergung bis zum Zeitpunkt der Rückbeförderung sicherzustellen. Der
Zahlungsunfähigkeit stehen die Eröffnung des Insolvenzverfahrens über das
Vermögen des Vermittlers verbundener Reiseleistungen und die Abweisung
eines Eröffnungsantrags mangels Masse gleich. § 651r Absatz 2 bis 4 sowie die
§§ 651s und 651t sind entsprechend anzuwenden.

(4) Erfüllt der Vermittler verbundener Reiseleistungen seine Pflichten aus den
Absätzen 2 und 3 nicht, finden auf das Rechtsverhältnis zwischen ihm und dem
Reisenden § 312 Absatz 7 Satz 2 sowie die §§ 651e, 651h bis 651q und 651v
Absatz 4 entsprechende Anwendung.

(5) Kommen infolge der Vermittlung nach Absatz 1 ein oder mehrere Ver-
träge über Reiseleistungen mit dem Reisenden zustande, hat der jeweilige andere
Unternehmer den Vermittler verbundener Reiseleistungen über den Umstand des
Vertragsschlusses zu unterrichten. Die Pflicht nach Satz 1 besteht nicht, wenn
der Vermittler verbundener Reiseleistungen den Vertrag als Vertreter des anderen
Unternehmers geschlossen hat.

§ 651x   Haftung für Buchungsfehler

Der Reisende hat Anspruch auf Ersatz des Schadens,

1. der ihm durch einen technischen Fehler im Buchungssystem des Reiseveranstalters, Reisevermittlers, Vermittlers verbundener Reiseleistungen oder
   eines Leistungserbringers entsteht, es sei denn, der jeweilige Unternehmer
   hat den technischen Fehler nicht zu vertreten,

2. den einer der in Nummer 1 genannten Unternehmer durch einen Fehler
   während des Buchungsvorgangs verursacht hat, es sei denn, der Fehler ist
   vom Reisenden verschuldet oder wurde durch unvermeidbare, außergewöhnliche Umstände verursacht.

§ 651y   Abweichende Vereinbarungen

Von den Vorschriften dieses Untertitels darf, soweit nichts anderes bestimmt
ist, nicht zum Nachteil des Reisenden abgewichen werden. Die Vorschriften

1. 여행급부가 행하여지지 아니하는 것 또는

2. 여행자가 실행된 여행급부에 관하여 만족되지 아니한 다른 사업자의 대가청구에 응하여 이를 만족시키는 것.

결합여행급부의 중개인 자신이 여행자를 운송할 의무를 지는 경우에는 그는 나아가 약정된 귀환운송과 그때까지의 숙박을 보장하여야 한다. 결합여행급부의 중개인의 재산에 대한 도산절차의 개시 및 책임재산의 부족으로 인한 그 절차 개시 신청의 기각은 지급불능과 동시된다. 제651조의r 제 2 항 내지 제 4 항, 제651조의s 및 제651조의t는 이에 준용된다.

④ 결합여행급부의 중개인이 제 2 항 및 제 3 항 소정의 의무를 이행하지 아니하는 경우에는 그와 여행자 사이의 법률관계에 대하여는 제312조 제 7 항 제 2 문 및 제651조의e, 제651조의h 내지 제651조의q, 제651조의v 제 4 항이 준용된다.

⑤ 제 1 항 소정의 중개에 기하여 여행자와의 사이에 여행급부에 관한 하나 또는 여럿의 계약이 성립한 경우에는 그 각각의 다른 사업자는 결합여행급부의 중개인에게 계약 체결의 상황에 대하여 고지하여야 한다. 제 1 문에서 정하는 의무는 결합여행급부의 중개인이 그 다른 사업자의 대리인으로서 계약을 체결한 경우에는 발생하지 아니한다.

제651조의x [豫約缺陷에 대한 責任]

여행자는 다음 각 호의 손해에 대하여 배상청구권을 가진다,

1. 여행주최자, 여행중개인, 결합여행급부의 중개인 또는 급부실행자의 예약시스템상의 기술적 결함으로 인하여 발생한 손해, 그러나 그 각 사업자가 그 기술적 결함에 대하여 책임 없는 경우에는 그러하지 아니하다,

2. 제 1 호에 적은 사업자 중 하나가 예약처리절차 중에 결함으로 인하여 야기한 손해, 그러나 그 결함에 대하여 여행자에게 과책이 있거나 그것이 불가피한 비상사태로 인하여 발생한 경우에는 그러하지 아니하다.

제651조의y [다른 約定]

달리 정하여지지 아니한 한, 이 관의 규정들과 다른 내용으로 여행자에

dieses Untertitels finden, soweit nichts anderes bestimmt ist, auch Anwendung, wenn sie durch anderweitige Gestaltungen umgangen werden.

Titel 10   Maklervertrag

Untertitel 1   Allgemeine Vorschriften

§ 652   Entstehung des Lohnanspruchs

(1) Wer für den Nachweis der Gelegenheit zum Abschluss eines Vertrags oder für die Vermittelung eines Vertrags einen Maklerlohn verspricht, ist zur Entrichtung des Lohnes nur verpflichtet, wenn der Vertrag infolge des Nachweises oder infolge der Vermittelung des Maklers zustande kommt. Wird der Vertrag unter einer aufschiebenden Bedingung geschlossen, so kann der Maklerlohn erst verlangt werden, wenn die Bedingung eintritt.

(2) Aufwendungen sind dem Makler nur zu ersetzen, wenn es vereinbart ist. Dies gilt auch dann, wenn ein Vertrag nicht zustande kommt.

§ 653   Maklerlohn

(1) Ein Maklerlohn gilt als stillschweigend vereinbart, wenn die dem Makler übertragene Leistung den Umständen nach nur gegen eine Vergütung zu erwarten ist.

(2) Ist die Höhe der Vergütung nicht bestimmt, so ist bei dem Bestehen einer Taxe der taxmäßige Lohn, in Ermangelung einer Taxe der übliche Lohn als vereinbart anzusehen.

§ 654   Verwirkung des Lohnanspruchs

Der Anspruch auf den Maklerlohn und den Ersatz von Aufwendungen ist ausgeschlossen, wenn der Makler dem Inhalt des Vertrags zuwider auch für den anderen Teil tätig gewesen ist.

§ 655   Herabsetzung des Maklerlohns

Ist für den Nachweis der Gelegenheit zum Abschluss eines Dienstvertrags oder für die Vermittelung eines solchen Vertrags ein unverhältnismäßig hoher Maklerlohn vereinbart worden, so kann er auf Antrag des Schuldners durch Urteil auf den angemessenen Betrag herabgesetzt werden. Nach der Entrichtung des Lohnes ist die Herabsetzung ausgeschlossen.

게 불리하게 약정할 수 없다. 이 관의 규정들은 달리 정하여지지 아니한 한 다른 방법으로 회피한 경우에도 적용된다.

제10절 仲介契約

제 1 관 一般規定

제652조 [仲介料請求權의 發生]

① 계약 체결을 위한 기회의 알선 또는 계약의 중개에 대하여 중개료를 약속한 사람은 계약이 중개인의 알선 또는 중개로 인하여 성립한 경우에만 중개료를 지급할 의무를 진다. 계약이 정지조건부로 체결되는 때에는 조건이 성취한 때에만 중개료를 청구할 수 있다.

② 중개인이 지출한 비용은 특약이 있는 경우에만 상환을 청구할 수 있다. 이는 계약이 성립하지 아니하는 경우에도 또한 같다.

제653조 [仲介料]

① 제반 사정에 비추어 보수를 지급하여서만 중개인에게 위탁된 급부를 기대할 수 있는 때에는, 보수의 지급은 묵시적으로 합의된 것으로 본다.

② 보수액의 정함이 없는 때에는, 공정公定의 보수규정이 있으면 규정상의 보수가, 그 규정이 없으면 통상의 보수가 약정된 것으로 본다.

제654조 [仲介料請求權의 喪失]

중개인이 계약내용에 반하여 상대방을 위하여도 활동하는 때에는 중개료 및 비용상환의 청구권은 배제된다.

제655조 [仲介料의 減額]

고용계약 체결 기회의 알선 또는 그 계약의 중개에 대하여 과도하게 많은 중개료가 약정된 경우에는, 채무자의 청구가 있으면 판결에 의하여 이를 적정한 액으로 감축할 수 있다. 중개료가 지급된 후에는 감액을 할 수 없다.

Untertitel 2　Vermittlung von Verbraucherdarlehensverträgen und entgeltlichen Finanzierungshilfen

§ 655a　Darlehensvermittlungsvertrag

(1) Für einen Vertrag, nach dem es ein Unternehmer unternimmt, einem Verbraucher

1. gegen eine vom Verbraucher oder einem Dritten zu leistende Vergütung einen Verbraucherdarlehensvertrag oder eine entgeltliche Finanzierungshilfe zu vermitteln,

2. die Gelegenheit zum Abschluss eines Vertrags nach Nummer 1 nachzuweisen oder

3. auf andere Weise beim Abschluss eines Vertrags nach Nummer 1 behilflich zu sein,

gelten vorbehaltlich des Satzes 2 die folgenden Vorschriften dieses Untertitels. Bei entgeltlichen Finanzierungshilfen, die den Ausnahmen des § 491 Absatz 2 Satz 2 Nummer 1 bis 5 und Absatz 3 Satz 2 entsprechen, gelten die Vorschriften dieses Untertitels nicht.

(2) Der Darlehensvermittler ist verpflichtet, den Verbraucher nach Maßgabe des Artikels 247 § 13 Absatz 2 und § 13b Absatz 1 des Einführungsgesetzes zum Bürgerlichen Gesetzbuche zu informieren. Der Darlehensvermittler ist gegenüber dem Verbraucher zusätzlich wie ein Darlehensgeber gemäß § 491a verpflichtet. Satz 2 gilt nicht für Warenlieferanten oder Dienstleistungserbringer, die in lediglich untergeordneter Funktion als Darlehensvermittler von Allgemein-Verbraucherdarlehen oder von entsprechenden entgeltlichen Finanzierungshilfen tätig werden, etwa indem sie als Nebenleistung den Abschluss eines verbundenen Verbraucherdarlehensvertrags vermitteln.

(3) Bietet der Darlehensvermittler im Zusammenhang mit der Vermittlung eines Immobiliar-Verbraucherdarlehensvertrags oder entsprechender entgeltlicher Finanzierungshilfen Beratungsleistungen gemäß § 511 Absatz 1 an, so gilt § 511 entsprechend. § 511 Absatz 2 Satz 2 gilt entsprechend mit der Maßgabe, dass der Darlehensvermittler eine ausreichende Zahl von am Markt verfügbaren Darlehensverträgen zu prüfen hat. Ist der Darlehensvermittler nur im Namen und unter der unbeschränkten und vorbehaltlosen Verantwortung nur eines Darlehensgebers oder einer begrenzten Zahl von Darlehensgebern tätig, die am Markt keine Mehrheit darstellt, so braucht der Darlehensvermittler abweichend von Satz 2 nur Darlehensverträge aus der Produktpalette dieser Darlehensgeber

제 2 관   消費者消費貸借契約 및
有償 資金融通援助의 仲介

제655조의a [消費貸借仲介契約]

① 사업자가 소비자에 대하여 다음 각 호의 하나를 인수하는 계약에 대하여는 제 2 문의 규정을 유보하고 이 관의 다음 규정들이 적용된다,

  1. 소비자 또는 제 3 자가 제공하는 보수를 수령하고 소비자소비대차계약 또는 유상의 자금융통원조를 중개하는 것,

  2. 제 1 호에서 정하는 계약의 체결을 위한 기회를 알선하는 것, 또는

  3. 제 1 호에서 정하는 계약의 체결을 다른 방법으로 보조하는 것.

제491조 제 2 항 제 2 문 제 1 호 내지 제 5 호 및 제 3 항 제 2 문 소정의 예외들에 해당하는 유상의 자금융통원조에 대하여는 이 관의 규정이 적용되지 아니한다.

② 소비대차중개인은 민법시행법 제247조 §13 제 2 항 및 §13의b 제 1 항에 따라 소비자에게 정보를 제공할 의무를 진다. 소비대차중개인은 그 외에 소비자에게 소비대주와 같이 제491조의a에 따라 의무를 진다. 제 2 문은 [물품 판매 또는 서비스 제공과] 결합된 소비자소비대차계약을 부수적 급부로 중개하는 경우와 같이 단지 부차적 기능에 있어서만 일반소비자소비대차 또는 그에 상응하는 유상 자금융통원조의 소비대차중개인으로 활동하는 물품공급자 또는 서비스제공자에 대하여는 적용되지 아니한다.

③ 소비대차중개인이 부동산소비자소비대차계약이나 그에 상응하는 유상의 자금융통원조와 함께 제511조 제 1 항 소정의 상담서비스를 제공한 경우에는 제511조가 준용된다. 제511조 제 2 항 제 2 문은 소비대차중개인이 시장으로부터 얻을 수 있는 충분한 수의 소비대차계약을 심사하여야 하는 것으로 하여 준용된다. 소비대차중개인이 단지 한 명의 대주 또는 시장에서 다수를 이루지 못하는 일정한 수의 대주의 이름으로, 그리고 그 대주의 무제한·무유보의 책임 아래 활동하는 경우에는 소비대차중개

zu berücksichtigen.

§ 655b Schriftform bei einem Vertrag mit einem Verbraucher

(1) Der Darlehensvermittlungsvertrag mit einem Verbraucher bedarf der schriftlichen Form. Der Vertrag darf nicht mit dem Antrag auf Hingabe des Darlehens verbunden werden. Der Darlehensvermittler hat dem Verbraucher den Vertragsinhalt in Textform mitzuteilen.

(2) Ein Darlehensvermittlungsvertrag mit einem Verbraucher, der den Anforderungen des Absatzes 1 Satz 1 und 2 nicht genügt oder vor dessen Abschluss die Pflichten aus Artikel 247 § 13 Abs. 2 des Einführungsgesetzes zum Bürgerlichen Gesetzbuche nicht erfüllt worden sind, ist nichtig.

§ 655c Vergütung

Der Verbraucher ist zur Zahlung der Vergütung für die Tätigkeiten nach § 655a Absatz 1 nur verpflichtet, wenn infolge der Vermittlung, des Nachweises oder auf Grund der sonstigen Tätigkeit des Darlehensvermittlers das Darlehen an den Verbraucher geleistet wird und ein Widerruf des Verbrauchers nach § 355 nicht mehr möglich ist. Soweit der Verbraucherdarlehensvertrag mit Wissen des Darlehensvermittlers der vorzeitigen Ablösung eines anderen Darlehens (Umschuldung) dient, entsteht ein Anspruch auf die Vergütung nur, wenn sich der effektive Jahreszins nicht erhöht; bei der Berechnung des effektiven Jahreszinses für das abzulösende Darlehen bleiben etwaige Vermittlungskosten außer Betracht.

§ 655d Nebenentgelte

Der Darlehensvermittler darf für Leistungen, die mit der Vermittlung des Verbraucherdarlehensvertrags oder dem Nachweis der Gelegenheit zum Abschluss eines Verbraucherdarlehensvertrags zusammenhängen, außer der Vergütung nach § 655c Satz 1 sowie eines gegebenenfalls vereinbarten Entgelts für Beratungsleistungen ein Entgelt nicht vereinbaren. Jedoch kann vereinbart werden, dass dem Darlehensvermittler entstandene, erforderliche Auslagen zu erstatten sind. Dieser Anspruch darf die Höhe oder die Höchstbeträge, die der Darlehensvermittler dem Verbraucher gemäß Artikel 247 § 13 Absatz 2 Satz 1 Nummer 4 des Einführungsgesetzes zum Bürgerlichen Gesetzbuche mitgeteilt hat, nicht übersteigen.

§ 655e Abweichende Vereinbarungen, Anwendung auf Existenzgründer

(1) Von den Vorschriften dieses Untertitels darf nicht zum Nachteil des Ver-

인은 제 2 문의 정함과는 달리 그 대주의 상품목록상의 소비대차계약을 고려함으로써 족하다.

제655조의b [消費者와의 契約에서의 書面方式]

① 소비자와의 소비대차중개계약은 서면방식을 요한다. 그 계약은 소비대차의 청약과 결합되어서는 안 된다. 소비대차중개인은 소비자에게 계약내용을 문면방식으로 통지하여야 한다.

② 소비자와의 소비대차중개계약으로서 제 1 항 제 1 문 및 제 2 문의 요건을 충족하지 못하거나 그 체결 전에 민법시행법 제247조 §13 제 2 항의 의무가 이행되지 아니한 것은 무효이다.

제655조의c [報酬]

소비자는 소비대차중개인에 의한 중개, 알선 또는 기타의 활동으로 인하여 대차금이 그에게 지급되고 제355조에 의한 소비자의 철회가 더 이상 가능하지 아니하게 된 때에만 제655조의a 제 1 항에 따른 활동에 관하여 보수를 지급할 의무를 진다. 소비자소비대차계약이 다른 대차금의 기한 전 변제에 이용되는 것("대환")을 소비대차중개인이 알고 있었던 때에는, 보수청구권은 실질연이율이 인상되지 아니하는 경우에만 성립한다; 그 변제되는 [종전의] 대차금에 대한 실질금리를 산정함에 있어서는 중개비용은 고려되지 아니한다.

제655조의d [附隨的 報酬]

소비대차중개인은 제655조의c 제 1 항에서 정하는 보수 및 상담서비스에 관하여 약정된 보수를 제외하고는 소비자소비대차계약의 중개 또는 소비자소비대차계약 체결 기회의 알선과 관련되는 급부에 관하여 보수를 약정하여서는 아니된다. 소비대차중개인에게 발생한 필요적 체당금의 상환에 대하여는 약정을 할 수 있다. 이 청구권은 소비대차중개인이 민법시행법 제247조 §13 제 2 항 제 1 문 제 4 호에 좇아 소비자에게 통지한 액 또는 최고액을 넘지 못한다.

제655조의e [다른 約定; 生計創業準備者에의 適用]

① 이 관의 규정과 다른 내용으로 소비자에 불리하게 약정할 수 없다.

brauchers abgewichen werden. Die Vorschriften dieses Untertitels finden auch Anwendung, wenn sie durch anderweitige Gestaltungen umgangen werden.

(2) Existenzgründer im Sinne des § 513 stehen Verbrauchern in diesem Untertitel gleich.

Untertitel 3　Ehevermittlung

§ 656　Heiratsvermittlung

(1) Durch das Versprechen eines Lohnes für den Nachweis der Gelegenheit zur Eingehung einer Ehe oder für die Vermittelung des Zustandekommens einer Ehe wird eine Verbindlichkeit nicht begründet. Das auf Grund des Versprechens Geleistete kann nicht deshalb zurückgefordert werden, weil eine Verbindlichkeit nicht bestanden hat.

(2) Diese Vorschriften gelten auch für eine Vereinbarung, durch die der andere Teil zum Zwecke der Erfüllung des Versprechens dem Makler gegenüber eine Verbindlichkeit eingeht, insbesondere für ein Schuldanerkenntnis.

Untertitel 4　Vermittlung von Kaufverträgen über Wohnungen und Einfamilenhäuser

§ 656a　Textform

Ein Maklervertrag, der den Nachweis der Gelegenheit zum Abschluss eines Kaufvertrags über eine Wohnung oder ein Einfamilienhaus oder die Vermittlung eines solchen Vertrags zum Gegenstand hat, bedarf der Textform.

§ 656b　Persönlicher Anwendungsbereich der §§ 656c und 656d

Die §§ 656c und 656d gelten nur, wenn der Käufer ein Verbraucher ist.

§ 656c　Lohnanspruch bei Tätigkeit für beide Parteien

(1) Lässt sich der Makler von beiden Parteien des Kaufvertrags über eine Wohnung oder ein Einfamilienhaus einen Maklerlohn versprechen, so kann dies nur in der Weise erfolgen, dass sich die Parteien in gleicher Höhe verpflichten. Vereinbart der Makler mit einer Partei des Kaufvertrags, dass er für diese unentgeltlich tätig wird, kann er sich auch von der anderen Partei keinen Maklerlohn versprechen lassen. Ein Erlass wirkt auch zugunsten des jeweils anderen Vertragspartners des Maklers. Von Satz 3 kann durch Vertrag nicht

이 관의 규정은 이를 다른 방법으로 회피한 경우에도 적용된다.

② 제513조의 의미에서의 생계창업준비자는 이 관에서의 소비자와 동시된다.

제 3 관 婚姻仲介

제656조 [婚姻仲介]

① 혼인을 위한 기회의 알선 또는 혼인 성립의 중개에 대하여 보수를 약속하는 것에 의하여서는 채무가 발생하지 아니한다. 그 약속에 기하여 이미 급부된 것에 대하여는 채무가 존재하지 아니하였음을 이유로 그 반환을 청구할 수 없다.

② 제1항은 상대방이 그 약속을 이행할 목적으로 중개인에게 채무를 승인하는 내용의 약정, 특히 채무승인에 대하여도 적용된다.

제 4 관 住居 또는 單一世代住宅의 賣買契約의 仲介

제656조의a [文面方式]

주거 또는 단일세대주택의 매매계약의 체결을 위한 기회의 알선 또는 그러한 계약의 중개를 내용으로 하는 중개계약은 문면방식을 요한다.

제656조의b [제656조의c 및 제656조의d의 人的 適用範圍]

제656조의c 및 제656조의d는 매수인이 소비자인 경우에만 적용된다.

제656조의c [雙方 當事者를 위한 仲介에서의 仲介料請求權]

① 주거 또는 단일세대주택에 관한 매매계약의 당사자 쌍방이 중개인에 대하여 중개료를 약정하는 경우에 그 약정은 각 당사자가 동일한 액의 의무를 지는 것으로 하여서만 행하여질 수 있다. 중개인이 매매계약의 일방 당사자와의 사이에 그를 위하여 무상으로 일한다고 약정한 경우에는 그는 다른 당사자로부터도 중개료를 받는 것으로 약정할 수 없다. 면제는 중개인의 다른 계약상대방에게도 효력을 가진다. 계약에 의하여

abgewichen werden.

(2) Ein Maklervertrag, der von Absatz 1 Satz 1 und 2 abweicht, ist unwirksam. § 654 bleibt unberührt.

§ 656d Vereinbarungen über die Maklerkosten

(1) Hat nur eine Partei des Kaufvertrags über eine Wohnung oder ein Einfamilienhaus einen Maklervertrag abgeschlossen, ist eine Vereinbarung, die die andere Partei zur Zahlung oder Erstattung von Maklerlohn verpflichtet, nur wirksam, wenn die Partei, die den Maklervertrag abgeschlossen hat, zur Zahlung des Maklerlohns mindestens in gleicher Höhe verpflichtet bleibt. Der Anspruch gegen die andere Partei wird erst fällig, wenn die Partei, die den Maklervertrag abgeschlossen hat, ihrer Verpflichtung zur Zahlung des Maklerlohns nachgekommen ist und sie oder der Makler einen Nachweis hierüber erbringt.

(2) § 656c Absatz 1 Satz 3 und 4 gilt entsprechend.

Titel 11   Auslobung

§ 657 Bindendes Versprechen

Wer durch öffentliche Bekanntmachung eine Belohnung für die Vornahme einer Handlung, insbesondere für die Herbeiführung eines Erfolges, aussetzt, ist verpflichtet, die Belohnung demjenigen zu entrichten, welcher die Handlung vorgenommen hat, auch wenn dieser nicht mit Rücksicht auf die Auslobung gehandelt hat.

§ 658 Widerruf

(1) Die Auslobung kann bis zur Vornahme der Handlung widerrufen werden. Der Widerruf ist nur wirksam, wenn er in derselben Weise wie die Auslobung bekannt gemacht wird oder wenn er durch besondere Mitteilung erfolgt.

(2) Auf die Widerruflichkeit kann in der Auslobung verzichtet werden; ein Verzicht liegt im Zweifel in der Bestimmung einer Frist für die Vornahme der Handlung.

§ 659 Mehrfache Vornahme

(1) Ist die Handlung, für welche die Belohnung ausgesetzt ist, mehrmals vorgenommen worden, so gebührt die Belohnung demjenigen, welcher die Handlung zuerst vorgenommen hat.

제 3 문과 다른 약정을 할 수 없다.

② 제 1 항 제 2 문 및 제 3 문과 다른 중개계약은 효력이 없다. 제654조는 영향을 받지 아니한다.

제656조의d [仲介料에 관한 約定]

① 주거 또는 단일세대주택에 관한 매매계약의 당사자 일방만이 중개계약을 체결한 경우에, 상대방 당사자에게 중개료의 지급 또는 보전의 의무를 지게 하는 약정은 중개계약을 체결한 당사자가 최소한 동일한 액의 중개료지급의무를 지는 때에만 효력을 가진다. 상대방 당사자에 대한 청구권은 중개계약을 체결한 당사자가 중개료의 지급의무를 실행하고 또한 그 또는 중개인이 그 점에 관하여 증명을 한 경우에 비로소 이행기에 도달한다.

② 제656조의c 제 1 항의 제 3 문 및 제 4 문은 이에 준용된다.

제11절 懸賞廣告

제657조 [約束의 拘束力]

광고의 방법으로 어떠한 행위의 실행, 특히 어떠한 결과의 달성에 대하여 일정한 보수를 약속한 사람은 그 행위를 한 사람에게, 그가 현상광고를 고려하지 아니하고 행위한 경우에도, 보수를 지급할 의무를 진다.

제658조 [撤回]

① 행위가 행하여지기까지는 현상광고를 철회할 수 있다. 철회는 현상광고와 동일한 방법으로 광고하거나 개별적인 통지로 하는 경우에 한하여 효력이 있다.

② 현상광고에서 철회를 포기할 수 있고, 그 행위의 실행기간이 정하여진 경우에는 의심스러운 때에는 포기한 것으로 본다.

제659조 [數個의 實行]

① 보수가 약속된 행위가 다수 실행된 경우에는 최초에 행위를 한 사람이 보수를 받을 권리가 있다.

(2) Ist die Handlung von mehreren gleichzeitig vorgenommen worden, so gebührt jedem ein gleicher Teil der Belohnung. Lässt sich die Belohnung wegen ihrer Beschaffenheit nicht teilen oder soll nach dem Inhalt der Auslobung nur einer die Belohnung erhalten, so entscheidet das Los.

§ 660 Mitwirkung mehrerer

(1) Haben mehrere zu dem Erfolg mitgewirkt, für den die Belohnung ausgesetzt ist, so hat der Auslobende die Belohnung unter Berücksichtigung des Anteils eines jeden an dem Erfolg nach billigem Ermessen unter sie zu verteilen. Die Verteilung ist nicht verbindlich, wenn sie offenbar unbillig ist; sie erfolgt in einem solchen Fall durch Urteil.

(2) Wird die Verteilung des Auslobenden von einem der Beteiligten nicht als verbindlich anerkannt, so ist der Auslobende berechtigt, die Erfüllung zu verweigern, bis die Beteiligten den Streit über ihre Berechtigung unter sich ausgetragen haben; jeder von ihnen kann verlangen, dass die Belohnung für alle hinterlegt wird.

(3) Die Vorschrift des § 659 Abs. 2 Satz 2 findet Anwendung.

§ 661 Preisausschreiben

(1) Eine Auslobung, die eine Preisbewerbung zum Gegenstande hat, ist nur gültig, wenn in der Bekanntmachung eine Frist für die Bewerbung bestimmt wird.

(2) Die Entscheidung darüber, ob eine innerhalb der Frist erfolgte Bewerbung der Auslobung entspricht oder welche von mehreren Bewerbungen den Vorzug verdient, ist durch die in der Auslobung bezeichnete Person, in Ermangelung einer solchen durch den Auslobenden zu treffen. Die Entscheidung ist für die Beteiligten verbindlich.

(3) Bei Bewerbungen von gleicher Würdigkeit finden auf die Zuerteilung des Preises die Vorschriften des § 659 Abs. 2 Anwendung.

(4) Die Übertragung des Eigentums an dem Werk kann der Auslobende nur verlangen, wenn er in der Auslobung bestimmt hat, dass die Übertragung erfolgen soll.

§ 661a Gewinnzusagen

Ein Unternehmer, der Gewinnzusagen oder vergleichbare Mitteilungen an Verbraucher sendet und durch die Gestaltung dieser Zusendungen den Eindruck erweckt, dass der Verbraucher einen Preis gewonnen hat, hat dem Verbraucher diesen Preis zu leisten.

② 수인이 동시에 행위를 한 때에는 각각 균등한 비율로 보수를 받을 권리가 있다. 보수의 성질상 이를 분할할 수 없거나 현상광고의 내용에 비추어 1인만이 보수를 받아야 하는 때에는, 추첨으로 결정한다.

제660조 [數人의 協力]

① 보수가 약속된 결과의 달성에 수인이 공동으로 협력한 때에는 광고자는 결과에 대한 각자의 기여를 고려하여 공평한 재량으로 보수를 그들 사이에서 분배하여야 한다. 분배가 명백히 불공평한 때에는 구속력이 없다; 이 경우 분배는 판결에 의하여 행하여진다.

② 참여자 중 1인이 광고자의 분배를 구속력이 있다고 인정하지 아니하는 때에는 광고자는 그들이 각자의 권리에 관한 다툼을 종결지을 때까지 이행을 거절할 수 있다; 각 참여자는 광고자에 대하여 보수를 전원을 위하여 공탁할 것을 청구할 수 있다.

③ 제659조 제2항 제2문은 이에 적용된다.

제661조 [優秀懸賞廣告]

① 우수한 성취를 포상하는 내용의 현상광고는 광고에서 응모기간을 정한 때에만 유효하다.

② 기간 내에 한 응모가 현상광고에 상응하는지 또는 수개의 응모 중 어느 것이 우수한지에 대한 판정은 광고에서 표시된 사람이 하고, 그 표시가 없으면 광고자가 한다. 이 판정은 관계자에 대하여 구속력이 있다.

③ 수인의 응모가 동등하게 우수한 때에는, 포상의 분배에 관하여 제659조 제2항이 적용된다.

④ 성취물에 대한 소유권의 이전은 광고자가 광고에서 그 이전이 행하여짐을 정한 때에 한하여 청구할 수 있다.

제661조의a [當籤約束]

사업자가 소비자에게 당첨약속 또는 그와 유사한 통지를 보낸 경우에 그 통지가 소비자가 상품에 당첨하였다는 인상을 불러일으키도록 되어 있는 때에는 사업자는 소비자에 대하여 이 상품을 급부하여야 한다.

Titel 12   Auftrag und Geschäftsbesorgungsvertrag

Untertitel 1   Auftrag

§ 662   Vertragstypische Pflichten beim Auftrag

Durch die Annahme eines Auftrags verpflichtet sich der Beauftragte, ein ihm von dem Auftraggeber übertragenes Geschäft für diesen unentgeltlich zu besorgen.

§ 663   Anzeigepflicht bei Ablehnung

Wer zur Besorgung gewisser Geschäfte öffentlich bestellt ist oder sich öffentlich erboten hat, ist, wenn er einen auf solche Geschäfte gerichteten Auftrag nicht annimmt, verpflichtet, die Ablehnung dem Auftraggeber unverzüglich anzuzeigen. Das Gleiche gilt, wenn sich jemand dem Auftraggeber gegenüber zur Besorgung gewisser Geschäfte erboten hat.

§ 664   Unübertragbarkeit; Haftung für Gehilfen

(1) Der Beauftragte darf im Zweifel die Ausführung des Auftrags nicht einem Dritten übertragen. Ist die Übertragung gestattet, so hat er nur ein ihm bei der Übertragung zur Last fallendes Verschulden zu vertreten. Für das Verschulden eines Gehilfen ist er nach § 278 verantwortlich.

(2) Der Anspruch auf Ausführung des Auftrags ist im Zweifel nicht übertragbar.

§ 665   Abweichung von Weisungen

Der Beauftragte ist berechtigt, von den Weisungen des Auftraggebers abzuweichen, wenn er den Umständen nach annehmen darf, dass der Auftraggeber bei Kenntnis der Sachlage die Abweichung billigen würde. Der Beauftragte hat vor der Abweichung dem Auftraggeber Anzeige zu machen und dessen Entschließung abzuwarten, wenn nicht mit dem Aufschub Gefahr verbunden ist.

§ 666   Auskunfts- und Rechenschaftspflicht

Der Beauftragte ist verpflichtet, dem Auftraggeber die erforderlichen Nachrichten zu geben, auf Verlangen über den Stand des Geschäfts Auskunft zu erteilen und nach der Ausführung des Auftrags Rechenschaft abzulegen.

§ 667   Herausgabepflicht

제12절 委任 및 事務處理契約

제 1 관 委 任

제662조 [委任에서의 典型的 義務]

위임의 승낙에 기하여 수임인은 위임인으로부터 위탁된 사무를 위임인을 위하여 무상으로 처리할 의무를 진다.

제663조 [拒絶時의 通知義務]

일정한 사무의 처리를 위하여 공적으로 선임되거나 그 처리를 공적으로 지원한 사람은, 그러한 사무를 내용으로 하는 위임을 승낙하지 아니하는 때에는, 지체없이 위임인에게 거절을 통지할 의무를 진다. 위임인에 대하여 일정한 사무의 처리를 지원한 사람도 또한 같다.

제664조 [移轉不可; 補助者에 대한 責任]

① 수임인은 의심스러운 때에는 위임사무의 처리를 제 3 자에게 이전할 수 없다. 이전이 허용된 경우에는 수임인은 자신이 그 이전에 있어서 범한 과책에 대하여만 책임 있다. 보조자의 과책에 대하여 그는 제278조에 의하여 책임을 진다.

② 위임사무의 처리에 대한 청구권은 의심스러운 때에는 양도할 수 없다.

제665조 [指示違反]

위임인이 사태를 알았더라면 지시위반을 용인하였으리라고 수임인의 제반 사정에 비추어 인정할 수 있는 경우에는, 그는 위임인의 지시에 좇지 아니할 권리가 있다. 지연으로 위험이 발생할 우려가 없는 때에는, 수임인은 위반 전에 위임인에게 그 통지를 하여야 하고, 또한 그의 결정을 기다려야 한다.

제666조 [通知義務 및 報告義務]

수임인은 위임인에 대하여 필요한 통지를 할 의무를 지며, 청구가 있으면 사무처리의 현황을 또 위임사무의 처리 후에는 그 경과를 보고할 의무를 진다.

제667조 [引渡義務]

Der Beauftragte ist verpflichtet, dem Auftraggeber alles, was er zur Ausführung des Auftrags erhält und was er aus der Geschäftsbesorgung erlangt, herauszugeben.

§ 668 Verzinsung des verwendeten Geldes

Verwendet der Beauftragte Geld für sich, das er dem Auftraggeber herauszugeben oder für ihn zu verwenden hat, so ist er verpflichtet, es von der Zeit der Verwendung an zu verzinsen.

§ 669 Vorschusspflicht

Für die zur Ausführung des Auftrags erforderlichen Aufwendungen hat der Auftraggeber dem Beauftragten auf Verlangen Vorschuss zu leisten.

§ 670 Ersatz von Aufwendungen

Macht der Beauftragte zum Zwecke der Ausführung des Auftrags Aufwendungen, die er den Umständen nach für erforderlich halten darf, so ist der Auftraggeber zum Ersatz verpflichtet.

§ 671 Widerruf; Kündigung

(1) Der Auftrag kann von dem Auftraggeber jederzeit widerrufen, von dem Beauftragten jederzeit gekündigt werden.

(2) Der Beauftragte darf nur in der Art kündigen, dass der Auftraggeber für die Besorgung des Geschäfts anderweit Fürsorge treffen kann, es sei denn, dass ein wichtiger Grund für die unzeitige Kündigung vorliegt. Kündigt er ohne solchen Grund zur Unzeit, so hat er dem Auftraggeber den daraus entstehenden Schaden zu ersetzen.

(3) Liegt ein wichtiger Grund vor, so ist der Beauftragte zur Kündigung auch dann berechtigt, wenn er auf das Kündigungsrecht verzichtet hat.

§ 672 Tod oder Geschäftsunfähigkeit des Auftraggebers

Der Auftrag erlischt im Zweifel nicht durch den Tod oder den Eintritt der Geschäftsunfähigkeit des Auftraggebers. Erlischt der Auftrag, so hat der Beauftragte, wenn mit dem Aufschub Gefahr verbunden ist, die Besorgung des übertragenen Geschäfts fortzusetzen, bis der Erbe oder der gesetzliche Vertreter des Auftraggebers anderweit Fürsorge treffen kann; der Auftrag gilt insoweit als fortbestehend.

수임인은 위임사무의 처리를 위하여 받은 것과 사무처리에 의하여 취득한 것 전부를 위임인에게 인도할 의무를 진다.

제668조 [消費金錢에 대한 利子支給]

수임인이 위임인에게 인도하여야 하거나 위임인을 위하여 소비하여야 할 금전을 자신을 위하여 소비한 때에는, 그는 소비시로부터 이에 대한 이자를 지급할 의무를 진다.

제669조 [先給義務]

위임인은 수임인의 청구가 있는 때에는 수임인에게 위임사무의 처리에 필요한 비용을 미리 지급하여야 한다.

제670조 [費用의 償還]

수임인이 위임사무의 처리를 위하여 제반 사정에 비추어 필요하다고 인정할 수 있는 비용을 지출한 때에는 위임인은 이를 상환할 의무를 진다.

제671조 [撤回; 解止]

① 위임인은 언제든지 위임을 철회할 수 있고, 수임인은 언제든지 이를 해지할 수 있다.

② 수임인은 위임인이 사무의 처리에 대하여 달리 조치를 강구할 수 있는 때가 아니면 해지를 하여서는 아니된다, 그러나 불리한 시기에라도 해지를 하여야 할 중대한 사유가 있는 경우에는 그러하지 아니하다. 수임인이 그러한 사유 없이 불리한 시기에 해지를 한 때에는 그는 위임인에 대하여 이로 인하여 발생하는 손해를 배상하여야 한다.

③ 중대한 사유가 있으면 수임인은 해지권을 포기하였던 경우에도 해지를 할 수 있다.

제672조 [委任人의 死亡 또는 行爲無能力]

위임은 의심스러운 때에는 위임인의 사망 또는 행위능력 상실로 인하여 소멸하지 아니한다. 위임이 소멸된 경우에 지연으로 위험이 발생할 우려가 있는 때에는 수임인은 위임인의 상속인 또는 법정대리인이 다른 조치를 강구할 수 있을 때까지 위임사무의 처리를 계속하여야 한다; 위임은 이 한도에서 존속하는 것으로 본다.

§ 673 Tod des Beauftragten

Der Auftrag erlischt im Zweifel durch den Tod des Beauftragten. Erlischt der Auftrag, so hat der Erbe des Beauftragten den Tod dem Auftraggeber unverzüglich anzuzeigen und, wenn mit dem Aufschub Gefahr verbunden ist, die Besorgung des übertragenen Geschäfts fortzusetzen, bis der Auftraggeber anderweit Fürsorge treffen kann; der Auftrag gilt insoweit als fortbestehend.

§ 674 Fiktion des Fortbestehens

Erlischt der Auftrag in anderer Weise als durch Widerruf, so gilt er zugunsten des Beauftragten gleichwohl als fortbestehend, bis der Beauftragte von dem Erlöschen Kenntnis erlangt oder das Erlöschen kennen muss.

Untertitel 2   Geschäftsbesorgungsvertrag

§ 675 Entgeltliche Geschäftsbesorgung

(1) Auf einen Dienstvertrag oder einen Werkvertrag, der eine Geschäftsbesorgung zum Gegenstand hat, finden, soweit in diesem Untertitel nichts Abweichendes bestimmt wird, die Vorschriften der §§ 663, 665 bis 670, 672 bis 674 und, wenn dem Verpflichteten das Recht zusteht, ohne Einhaltung einer Kündigungsfrist zu kündigen, auch die Vorschriften des § 671 Abs. 2 entsprechende Anwendung.

(2) Wer einem anderen einen Rat oder eine Empfehlung erteilt, ist, unbeschadet der sich aus einem Vertragsverhätnis, einer unerlaubten Handlung oder einer sonstigen gesetzlichen Bestimmung ergebenden Verantwortlichkeit, zum Ersatz des aus der Befolgung des Rates oder Empfehlung entstehenden Schadens nicht verpflichtet.

(3) Ein Vertrag, durch den sich der eine Teil verpflichtet, die Anmeldung oder Registrierung des anderen Teils zur Teilnahme an Gewinnspielen zu bewirken, die von einem Dritten durchgeführt werden, bedarf der Textform.

§ 675a Informationspflichten

Wer zur Besorgung von Geschäften öffentlich bestellt ist oder sich dazu öffentlich erboten hat, stellt für regelmäßig anfallende standardisierte Geschäftsvorgänge (Standardgeschäfte) unentgeltlich Informationen über Entgelte und Auslagen der Geschäftsbesorgung in Textform zur Verfügung, soweit nicht eine Preisfestsetzung nach § 315 erfolgt oder die Entgelte und Auslagen

제673조 [受任人의 死亡]

위임은 의심스러운 때에는 수임인의 사망으로 인하여 소멸한다. 위임이
소멸하는 때에는 수임인의 상속인은 지체없이 그 사망을 위임인에게 통
지하고, 지연으로 위험이 발생할 우려가 있는 때에는 위임인이 다른 조
치를 강구할 수 있을 때까지 위탁된 사무의 처리를 계속하여야 한다; 위
임은 이 한도에서 존속하는 것으로 본다.

제674조 [存續의 擬制]

위임이 철회 이외의 방법으로 소멸하는 경우에는 수임인이 소멸을 알았거
나 알아야 했던 때까지 위임은 수임인을 위하여 존속하는 것으로 본다.

제 2 관 事務處理契約

제675조 [有償의 事務處理]

① 사무처리를 내용으로 하는 고용계약 또는 도급계약에 대하여는, 이
관에서 다른 정함이 없는 한, 제663조, 제665조 내지 제670조, 제672조 내
지 제674조가 준용되고, 의무자에게 해지기간을 두지 아니하고 해지할
권리가 있는 때에는 제671조 제 2 항도 준용된다.

② 타인에게 조언이나 추천을 하는 사람은 그 조언이나 추천에 따름으
로써 발생하는 손해를 배상할 의무가 없으되, 계약관계, 불법행위 또는
다른 법률규정에 기하여 발생하는 책임에는 영향이 없다.

③ 당사자 일방이 상대방을 당첨행위에의 참여를 위하여 신고 또는 등
록되도록 할 의무를 부담하는 계약은 문면형식을 요한다.

제675조의a [情報提供義務]

사무의 처리를 위하여 공적으로 선임되거나 사무의 처리를 공적으로 지
원한 사람은 정규적으로 발생하는 표준화된 처리사무("표준사무")에 대
하여, 대가가 제315조에 따라 정하여지는 경우 또는 보수와 비용이 법률
에 의하여 구속력 있게 정하여지는 경우가 아닌 한, 사무처리의 보수와

gesetzlich verbindlich geregelt sind.

§ 675b Aufträge zur Übertragung von Wertpapieren in Systemen

Der Teilnehmer an Wertpapierlieferungs- und Abrechnungssystemen kann einen Auftrag, der die Übertragung von Wertpapieren oder Ansprüchen auf Herausgabe von Wertpapieren im Wege der Verbuchung oder auf sonstige Weise zum Gegenstand hat, von dem in den Regeln des Systems bestimmten Zeitpunkt an nicht mehr widerrufen.

Untertitel 3   Zahlungsdienste

Kapitel 1   Allgemeine Vorschriften

§ 675c Zahlungsdienste und E-Geld

(1) Auf einen Geschäftsbesorgungsvertrag, der die Erbringung von Zahlungsdiensten zum Gegenstand hat, sind die §§ 663, 665 bis 670 und 672 bis 674 entsprechend anzuwenden, soweit in diesem Untertitel nichts Abweichendes bestimmt ist.

(2) Die Vorschriften dieses Untertitels sind auch auf einen Vertrag über die Ausgabe und Nutzung von E-Geld anzuwenden.

(3) Die Begriffsbestimmungen des Kreditwesengesetzes und des Zahlungsdiensteaufsichtsgesetzes sind anzuwenden.

(4) Die Vorschriften dieses Untertitels sind mit Ausnahme von § 675d Absatz 2 Satz 2 sowie Absatz 3 nicht auf einen Vertrag über die Erbringung von Kontoinformationsdiensten anzuwenden.

§ 675d Unterrichtung bei Zahlungsdiensten

(1) Zahlungsdienstleister haben Zahlungsdienstnutzer bei der Erbringung von Zahlungsdiensten über die in Artikel 248 §§ 1 bis 12, 13 Absatz 1, 3 bis 5 und §§ 14 bis 16 des Einführungsgesetzes zum Bürgerlichen Gesetzbuche bestimmten Umstände in der dort vorgesehenen Form zu unterrichten.

(2) Zahlungsauslösedienstleister haben Zahler ausschließlich über die in Artikel 248 § 13 Absatz 1 bis 3 und § 13a des Einführungsgesetzes zum Bürgerlichen Gesetzbuche bestimmten Umstände in der Form zu unterrichten, die in Artikel 248 §§ 2 und 12 des Einführungsgesetzes zum Bürgerlichen Gesetzbuche vorgesehen ist. Kontoinformationsdienstleister haben Zahlungsdienstnutzer entsprechend den Anforderungen des Artikels 248 §§ 4 und 13 Absatz 1 und 3 des

비용에 관한 정보를 문면방식으로 무상제공하여야 한다.

제675조의b [有價證券 讓渡의 委任]

유가증권 예탁 또는 어음 교환의 제도에의 참여자는 장부기입 또는 기타의 방법으로 유가증권 또는 유가증권인도청구권을 양도하는 것을 내용으로 하는 위임을 그 제도상의 규정에서 정하여진 시점부터는 이를 철회할 수 없다.

제 3 관 支給事務

제 1 항 一般規定

제675조의c [支給事務와 電子貨幣]

① 지급사무의 수행을 내용으로 하는 사무처리계약에 대하여는 이 관에서 다른 정함이 없는 한 제663조, 제665조 내지 제670조, 제672조 내지 제674조가 준용된다.

② 이 관의 규정들은 전자화폐의 발행 및 이용에 관한 계약에도 적용된다.

③ 금융제도법 및 지급사무감독법상의 개념규정들은 이에 적용된다.

④ 이 관의 규정은 제675조의d 제 2 항 제 2 문 및 제 3 항을 제외하고 계좌정보서비스의 제공에 관한 계약에는 적용되지 아니한다.

제675조의d [支給事務에서의 告知義務]

① 지급사무처리자는 지급사무의 수행에 있어서 지급사무이용자에게 민법시행법 제248조 § 1 내지 § 12, § 13 제 1 항, 제 3 항 내지 제 5 항, § 14 내지 § 16에서 정하여진 사항을 그 규정에서 정하여진 방식으로 고지하여야 한다.

② 지급청구서비스제공자는 지급인에게 민법시행법 제248조 § 13 제 1 항 내지 제 3 항 및 § 13a에서 정하여진 사항에 대하여만 동법 제248조 § 2 및 § 12에서 정하여진 방식으로 고지하여야 한다. 계좌정보서비스제공자는 지급사무이용자에게 민법시행법 제248조 § 4 및 § 13 제 1 항 및

Einführungsgesetzes zum Bürgerlichen Gesetzbuche zu unterrichten; sie können die Form und den Zeitpunkt der Unterrichtung mit dem Zahlungsdienstnutzer vereinbaren.

(3) Ist die ordnungsgemäße Unterrichtung streitig, so trifft die Beweislast den Zahlungsdienstleister.

(4) Für die Unterrichtung darf der Zahlungsdienstleister mit dem Zahlungsdienstnutzer nur dann ein Entgelt vereinbaren, wenn die Information auf Verlangen des Zahlungsdienstnutzers erbracht wird und der Zahlungsdienstleister

1. diese Information häufiger erbringt, als in Artikel 248 §§ 1 bis 16 des Einführungsgesetzes zum Bürgerlichen Gesetzbuche vorgesehen,

2. eine Information erbringt, die über die in Artikel 248 §§ 1 bis 16 des Einführungsgesetzes zum Bürgerlichen Gesetzbuche vorgeschriebenen hinausgeht, oder

3. diese Information mithilfe anderer als der im Zahlungsdiensterahmenvertrag vereinbarten Kommunikationsmittel erbringt.

Das Entgelt muss angemessen und an den tatsächlichen Kosten des Zahlungsdienstleisters ausgerichtet sein.

(5) Zahlungsempfänger, Dienstleister, die Bargeldabhebungsdienste erbringen, und Dritte unterrichten über die in Artikel 248 §§ 17 bis 18 des Einführungsgesetzes zum Bürgerlichen Gesetzbuche bestimmten Umstände. Der Zahler ist nur dann verpflichtet, die Entgelte gemäß Artikel 248 § 17 Absatz 2 und § 18 des Einführungsgesetzes zum Bürgerlichen Gesetzbuche zu entrichten, wenn deren volle Höhe vor der Auslösung des Zahlungsvorgangs bekannt gemacht wurde.

(6) Die Absätze 1 bis 5 sind nicht anzuwenden auf

1. die Bestandteile eines Zahlungsvorgangs, die außerhalb des Europäischen Wirtschaftsraums getätigt werden, wenn

   a) der Zahlungsvorgang in der Währung eines Staates außerhalb des Europäischen Wirtschaftsraums erfolgt und sowohl der Zahlungsdienstleister des Zahlers als auch der Zahlungsdienstleister des Zahlungsempfängers innerhalb des Europäischen Wirtschaftsraums belegen ist oder

   b) bei Beteiligung mehrerer Zahlungsdienstleister an dem Zahlungsvorgang von diesen Zahlungsdienstleistern mindestens einer innerhalb und mindestens einer außerhalb des Europäischen Wirtschaftsraums belegen

제3항에서 정하여진 바에 좇아 고지하여야 한다; 그는 고지의 방식과 시기에 관하여 지급사무이용자와 약정할 수 있다.

③ 적절한 고지가 행하여졌는지가 다투어지는 때에는 지급사무처리자가 증명책임을 진다.

④ 그 고지에 대하여 지급사무처리자는 그 정보가 지급사무이용자의 요청으로 제공되고 또한 지급사무처리자가 다음의 요건을 갖춘 경우에만 그 이용자와의 사이에 보수를 약정할 수 있다,

 1. 정보를 민법시행법 제248조 §1 내지 §16에서 정하여진 것보다 더욱 빈번하게 제공하는 것,
 2. 민법시행법 제248조 §1 내지 §16에서 정하여진 것을 넘는 정보를 제공하는 것, 또는
 3. 그 정보를 지급사무처리기본계약에서 약정된 의사전달수단과 다른 수단을 통하여서 제공하는 것.

보수는 적절하여야 하고 또한 지급사무처리자의 실제 비용에 상응하는 것이어야 한다.

⑤ 지급수령인, 무현금추심서비스의 제공자 및 제3자는 민법시행법 제248조 §17 내지 §18에서 정하여진 사항을 고지하여야 한다. 지급인은 지급절차의 개시 전에 민법시행법 제248조 §17 제2항 및 §18에 따른 보수 전부의 금액을 알게 된 때에만 이를 지급할 의무를 진다.

⑥ 제1항 내지 제5항은 다음 각 호의 경우에는 적용되지 아니한다,

 1. 유럽경제공동체 밖에서 실행되는 지급절차의 구성부분을 이루는 것으로서,
    a) 그 지급절차가 유럽경제공동체에 속하지 아니하는 국가의 통화로 행하여지고 또한 지급인의 지급사무처리자와 지급수령인의 지급사무처리자가 공히 유럽경제공동체 안에 위치하는 경우, 또는
    b) 다수의 지급사무처리자가 지급절차에 참여하는 때에는 적어도 그 하나는 유럽경제공동체 안에, 적어도 하나는 그 밖에 위치하

ist;

2. Zahlungsvorgänge, bei denen keiner der beteiligten Zahlungsdienstleister innerhalb des Europäischen Wirtschaftsraums belegen ist.

In den Fällen des Satzes 1 Nummer 1 sind die Informationspflichten nach Artikel 248 § 4 Absatz 1 Nummer 2 Buchstabe e, § 6 Nummer 1 sowie § 13 Absatz 1 Satz 1 Nummer 2 des Einführungsgesetzes zum Bürgerlichen Gesetzbuche auch auf die innerhalb des Europäischen Wirtschaftsraums getätigten Bestandteile des Zahlungsvorgangs nicht anzuwenden. Gleiches gilt im Fall des Satzes 1 Nummer 1 Buchstabe b für die Informationspflicht nach Artikel 248 § 4 Absatz 1 Nummer 5 Buchstabe g des Einführungsgesetzes zum Bürgerlichen Gesetzbuche.

§ 675e Abweichende Vereinbarungen

(1) Soweit nichts anderes bestimmt ist, darf von den Vorschriften dieses Untertitels nicht zum Nachteil des Zahlungsdienstnutzers abgewichen werden.

(2) In den Fällen des § 675d Absatz 6 Satz 1 Nummer 1 und 2

1. sind § 675s Absatz 1, § 675t Absatz 2, § 675x Absatz 1, § 675y Absatz 1 bis 4 sowie § 675z Satz 3 nicht anzuwenden;

2. darf im Übrigen zum Nachteil des Zahlungsdienstnutzers von den Vorschriften dieses Untertitels abgewichen werden.

(3) Für Zahlungsvorgänge, die nicht in Euro erfolgen, können der Zahlungsdienstnutzer und sein Zahlungsdienstleister vereinbaren, dass § 675t Abs. 1 Satz 3 und Abs. 2 ganz oder teilweise nicht anzuwenden ist.

(4) Handelt es sich bei dem Zahlungsdienstnutzer nicht um einen Verbraucher, so können die Parteien vereinbaren, dass § 675d Absatz 1 bis 5, § 675f Absatz 5 Satz 2, die §§ 675g, 675h, 675j Absatz 2, die §§ 675p sowie 675v bis 676 ganz oder teilweise nicht anzuwenden sind; sie können auch andere als die in § 676b Absatz 2 und 4 vorgesehenen Fristen vereinbaren.

Kapitel 2   Zahlungsdienstevertrag

§ 675f Zahlungsdienstevertrag

(1) Durch einen Einzelzahlungsvertrag wird der Zahlungsdienstleister ver-

는 경우;

2. 참여하는 지급사무처리자 중 누구도 유럽경제공동체 안에 위치하고 있지 아니하는 지급절차.

제 1 문 제 1 호의 경우에는 민법시행법 제248조 §4 제 1 항 제 2 호 e목, §6 제 1 호 및 §13 제 1 항 제 1 문 제 2 호는 유럽경제공동체 안에서 행하여지는 지급절차에도 적용되지 아니한다. 제 1 문 제 1 호 b목의 경우에는 민법시행법 제248조 §4 제 1 항 제 5 호 g목에서 정하는 정보제공의무에 관하여도 같다.

제675조의e [다른 約定]

① 달리 정하여지지 아니한 한, 이 관의 규정과 다른 내용으로 지급사무이용자에게 불이익하게 약정할 수 없다.

② 제675조의d 제 6 항 제 1 문 제 1 호 및 제 2 호의 경우에는

1. 제675조의s 제 1 항, 제675조의t 제 2 항, 제675조의x 제 1 항, 제675조의 y 제 1 항 내지 제 4 항 및 제675조의z 제 3 문은 적용되지 아니한다;

2. 나아가 지급사무이용자의 불이익으로 이 관의 규정과 다른 약정을 할 수 있다.

③ 유로화로 행하여지지 아니하는 지급절차에 관하여 지급사무이용자와 그 제공자는 제675조의t 제 1 항 제 3 문 및 제 2 항이 전부 또는 일부 적용되지 아니하는 것으로 약정할 수 있다.

④ 지급사무이용자가 소비자가 아닌 때에는 당사자들은 제675조의d 제 1 항 내지 제 5 항, 제675조의f 제 5 항 제 2 문, 제675조의g, 제675조의 h, 제675조의j 제 2 항, 제675조의p 및 제675조의v 내지 제676조가 전부 또는 일부 적용되지 아니하는 것으로 약정할 수 있다; 또한 그들은 제 675조의b 제 2 항 및 제 4 항에 정하여진 기한과 다른 기한을 약정할 수도 있다.

제 2 항 支給事務處理契約

제676조의f [支給事務處理契約]

① 개별지급계약에 의하여 지급사무처리자는 지급인이나 지급수령인으

pflichtet, für die Person, die einen Zahlungsdienst als Zahler, Zahlungsempfänger oder in beiden Eigenschaften in Anspruch nimmt (Zahlungsdienstnutzer), einen Zahlungsvorgang auszuführen.

(2) Durch einen Zahlungsdiensterahmenvertrag wird der Zahlungsdienstleister
verpflichtet, für den Zahlungsdienstnutzer einzelne und aufeinander folgende Zahlungsvorgänge auszuführen sowie gegebenenfalls für den Zahlungsdienstnutzer ein auf dessen Namen oder die Namen mehrerer Zahlungsdienstnutzer lautendes Zahlungskonto zu führen. Ein Zahlungsdiensterahmenvertrag
kann auch Bestandteil eines sonstigen Vertrags sein oder mit einem anderen
Vertrag zusammenhängen.

(3) Der Zahlungsdienstnutzer ist berechtigt, einen Zahlungsauslösedienst oder
einen Kontoinformationsdienst zu nutzen, es sei denn, das Zahlungskonto des
Zahlungsdienstnutzers ist für diesen nicht online zugänglich. Der kontoführende
Zahlungsdienstleister darf die Nutzung dieser Dienste durch den Zahlungsdienstnutzer nicht davon abhängig machen, dass der Zahlungsauslösedienstleister oder
der Kontoinformationsdienstleister zu diesem Zweck einen Vertrag mit dem
kontoführenden Zahlungsdienstleister abschließt.

(4) Zahlungsvorgang ist jede Bereitstellung, Übermittlung oder Abhebung
eines Geldbetrags, unabhängig von der zugrunde liegenden Rechtsbeziehung
zwischen Zahler und Zahlungsempfänger. Zahlungsauftrag ist jeder Auftrag, den
ein Zahler seinem Zahlungsdienstleister zur Ausführung eines Zahlungsvorgangs
entweder unmittelbar oder mittelbar über einen Zahlungsauslösedienstleister oder
den Zahlungsempfänger erteilt.

(5) Der Zahlungsdienstnutzer ist verpflichtet, dem Zahlungsdienstleister das
für die Erbringung eines Zahlungsdienstes vereinbarte Entgelt zu entrichten.
Für die Erfüllung von Nebenpflichten nach diesem Untertitel hat der Zahlungsdienstleister nur dann einen Anspruch auf ein Entgelt, sofern dies zuge-
lassen und zwischen dem Zahlungsdienstnutzer und dem Zahlungsdienstleister
vereinbart worden ist; dieses Entgelt muss angemessen und an den tatsächlichen Kosten des Zahlungsdienstleisters ausgerichtet sein.

(6) In einem Zahlungsdiensterahmenvertrag zwischen dem Zahlungsempfänger
und seinem Zahlungsdienstleister darf das Recht des Zahlungsempfängers, dem
Zahler für die Nutzung eines bestimmten Zahlungsinstruments eine Ermäßigung
oder einen anderweitigen Anreiz anzubieten, nicht ausgeschlossen werden.

로서 또는 이 두 자격 모두에서 지급사무를 요청하는 사람("지급사무이용자")을 위하여 지급절차를 수행할 의무를 진다.

② 지급사무처리기본계약에 의하여 지급사무처리자는 지급사무이용자를 위하여 개별적인 지급절차 및 연속적으로 이어지는 지급절차를 실행할 의무, 또한 경우에 따라서는 지급사무이용자를 위하여 그의 이름으로 또는 여러 명의 지급사무이용자의 이름으로 유지되는 지급계좌를 운용할 의무를 진다. 지급사무처리기본계약은 다른 계약의 구성부분일 수도 있고, 또는 다른 계약과 결합할 수도 있다.

③ 지급사무이용자는 지급청구서비스와 계좌정보서비스를 이용할 권한이 있다, 그러나 그가 자신의 지급계좌에 온라인으로 접근할 수 없는 경우에는 그러하지 아니하다. 계좌를 운용하는 지급사무처리자는 지급사무이용자의 그 서비스 이용을 지급청구서비스제공자 또는 계좌정보서비스제공자가 계좌를 가지고 있는 지급사무처리자와 사이에 그러한 목적으로 계약을 체결하는 것에 달리게 하여서는 아니된다.

④ 지급절차라 함은 그 원인이 되는 지급인과 지급수령인 사이의 법적 관계와는 무관하게 어떠한 금액을 조달·전달 또는 인출하는 모든 양태를 말한다. 지급위탁이라 함은 지급인이 그의 지급사무처리자에게 지급절차를 직접 또는 간접으로 지급청구서비스제공자 또는 지급수령인에 대하여 실행할 것을 맡기는 모든 양태의 위탁을 말한다.

⑤ 지급사무이용자는 지급사무처리자에게 지급사무의 수행에 관하여 약정한 대가를 지급할 의무를 진다. 이 관에서 정하는 부수의무의 이행에 관하여 지급사무처리자는 그것이 허용되고 또한 지급사무이용자와 지급사무처리자 사이에 합의된 경우에 한하여 그 대가에 대한 청구권을 가진다; 이 대가는 적절하여야 하고 또한 지급사무처리자의 실제 비용에 상응하는 것이어야 한다.

⑥ 지급수령인과 지급사무처리자 사이의 지급사무처리기본계약에 있어서는 [신용카드와 같은] 일정한 지급수단의 이용에 대하여 지급인에게 할인 또는 그 밖의 유인誘因을 부여하는 지급수령인의 권리가 배제되어서는 아니된다.

§ 675g Änderung des Zahlungsdiensterahmenvertrags

(1) Eine Änderung des Zahlungsdiensterahmenvertrags auf Veranlassung des Zahlungsdienstleisters setzt voraus, dass dieser die beabsichtigte Änderung spätestens zwei Monate vor dem vorgeschlagenen Zeitpunkt ihres Wirksamwerdens dem Zahlungsdienstnutzer in der in Artikel 248 §§ 2 und 3 des Einführungsgesetzes zum Bürgerlichen Gesetzbuche vorgesehenen Form anbietet.

(2) Der Zahlungsdienstleister und der Zahlungsdienstnutzer können vereinbaren, dass die Zustimmung des Zahlungsdienstnutzers zu einer Änderung nach Absatz 1 als erteilt gilt, wenn dieser dem Zahlungsdienstleister seine Ablehnung nicht vor dem vorgeschlagenen Zeitpunkt des Wirksamwerdens der Änderung angezeigt hat. Im Fall einer solchen Vereinbarung ist der Zahlungsdienstnutzer auch berechtigt, den Zahlungsdiensterahmenvertrag vor dem vorgeschlagenen Zeitpunkt des Wirksamwerdens der Änderung fristlos zu kündigen. Der Zahlungsdienstleister ist verpflichtet, den Zahlungsdienstnutzer mit dem Angebot zur Vertragsänderung auf die Folgen seines Schweigens sowie auf das Recht zur kostenfreien und fristlosen Kündigung hinzuweisen.

(3) Änderungen von Zinssätzen oder Wechselkursen werden unmittelbar und ohne vorherige Benachrichtigung wirksam, soweit dies im Zahlungsdiensterahmenvertrag vereinbart wurde und die Änderungen auf den dort vereinbarten Referenzzinssätzen oder Referenzwechselkursen beruhen. Referenzzinssatz ist der Zinssatz, der bei der Zinsberechnung zugrunde gelegt wird und aus einer öffentlich zugänglichen und für beide Parteien eines Zahlungsdienstevertrags überprüfbaren Quelle stammt. Referenzwechselkurs ist der Wechselkurs, der bei jedem Währungsumtausch zugrunde gelegt und vom Zahlungsdienstleister zugänglich gemacht wird oder aus einer öffentlich zugänglichen Quelle stammt.

(4) Der Zahlungsdienstnutzer darf durch Vereinbarungen zur Berechnung nach Absatz 3 nicht benachteiligt werden.

§ 675h Ordentliche Kündigung eines Zahlungsdiensterahmenvertrags

(1) Der Zahlungsdienstnutzer kann den Zahlungsdiensterahmenvertrag, auch wenn dieser für einen bestimmten Zeitraum geschlossen ist, jederzeit ohne Einhaltung einer Kündigungsfrist kündigen, sofern nicht eine Kündigungsfrist vereinbart wurde. Die Vereinbarung einer Kündigungsfrist von mehr als einem Monat ist unwirksam.

제675조의g [支給事務處理基本契約의 變更]

① 지급사무처리자의 발의로 지급사무처리기본계약이 변경되는 것은 그가 그 의도하는 변경을 그 효력 발생시로 제안하는 시기로부터 늦어도 2개월 전에 지급사무이용자에게 민법시행법 제248조 §2 및 §3에서 정하여진 방식으로 제의하는 것을 요건으로 한다.

② 지급사무처리자와 지급사무이용자는 지급사무이용자가 그 변경이 효력을 발생하는 것으로 제안된 시기 전에 그의 거부를 표시하지 아니한 경우에는 제1항에서 정하는 변경에 대하여 지급사무이용자가 동의한 것으로 간주된다고 약정할 수 있다. 그러한 약정이 있는 경우에는 지급사무이용자는 또한 지급사무처리기본계약을 그 제안된 효력 발생 시기 전에 즉시해지할 권한을 가진다. 지급사무처리자는 계약 변경을 제의하면서 그와 함께 지급사무이용자에게 그의 침묵의 법적 결과 및 비용을 들이지 아니하고 즉시해지할 수 있는 권리에 대하여 지적하여야 한다.

③ 이율 및 외환시세의 변동은 지급사무처리기본계약에 그러한 내용의 약정이 있고 또한 그 변동이 그 계약에서 약정된 지표이율 또는 지표환율에 기한 경우에는 사전의 통지 없이 바로 효력이 있다. 지표이율이라 함은 이자 산정의 기초가 되는 이율로서 공개적으로 접근가능하고 지급사무처리계약의 양 당사자가 검증할 수 있는 출처에서 연원한 것을 말한다. 지표환율이라 함은 모든 통화교환거래에서 기초가 되는 외환시세로서 지급사무처리자가 접근할 수 있는 것 또는 공개적으로 접근가능한 출처에서 연원한 것을 말한다.

④ 지급사무이용자는 약정에 의하여 제3항에서 정하는 산정에 있어서 불이익을 입어서는 아니된다.

제675조의h [支給事務處理基本契約의 通常解止]

① 지급사무이용자는 지급사무처리기본계약을 그것이 일정한 기간에 대하여 체결된 것이라도 언제든지 해지기간 없이 해지할 수 있다, 다만 해지기간이 약정된 경우에는 그러하지 아니하다. 1개월을 넘는 해지기간의 약정은 효력이 없다.

(2) Der Zahlungsdienstleister kann den Zahlungsdiensterahmenvertrag nur kündigen, wenn der Vertrag auf unbestimmte Zeit geschlossen wurde und das Kündigungsrecht vereinbart wurde. Die Kündigungsfrist darf zwei Monate nicht unterschreiten. Die Kündigung ist in der in Artikel 248 §§ 2 und 3 des Einführungsgesetzes zum Bürgerlichen Gesetzbuche vorgesehenen Form zu erklären.

(3) Im Fall der Kündigung sind regelmäßig erhobene Entgelte nur anteilig bis zum Zeitpunkt der Beendigung des Vertrags zu entrichten. Im Voraus gezahlte Entgelte, die auf die Zeit nach Beendigung des Vertrags fallen, sind anteilig zu erstatten.

(4) Der Zahlungsdienstleister darf mit dem Zahlungsdienstnutzer für die Kündigung des Zahlungsdiensterahmenvertrags kein Entgelt vereinbaren.

§ 675i Ausnahmen für Kleinbetragsinstrumente und E-Geld

(1) Ein Zahlungsdienstevertrag kann die Überlassung eines Kleinbetragsinstruments an den Zahlungsdienstnutzer vorsehen. Ein Kleinbetragsinstrument ist ein Mittel,

1. mit dem nur einzelne Zahlungsvorgänge bis höchstens 30 Euro ausgelöst werden können,

2. das eine Ausgabenobergrenze von 150 Euro hat oder

3. das Geldbeträge speichert, die zu keiner Zeit 150 Euro übersteigen.

In den Fällen der Nummern 2 und 3 erhöht sich die Betragsgrenze auf 200 Euro, wenn das Kleinbetragsinstrument nur für inländische Zahlungsvorgänge genutzt werden kann.

(2) Im Fall des Absatzes 1 können die Parteien vereinbaren, dass

1. der Zahlungsdienstleister Änderungen der Vertragsbedingungen nicht in der in § 675g Abs. 1 vorgesehenen Form anbieten muss,

2. § 675l Absatz 1 Satz 2, § 675m Absatz 1 Satz 1 Nummer 3 und 5 sowie Satz 2 und § 675v Absatz 5 nicht anzuwenden sind, wenn das Kleinbetragsinstrument nicht gesperrt oder eine weitere Nutzung nicht verhindert werden kann,

3. die §§ 675u, 675v Abs. 1 bis 3 und 5, die §§ 675w und 676 nicht anzuwenden sind, wenn die Nutzung des Kleinbetragsinstruments keinem

② 지급사무처리자는 지급사무처리기본계약이 기한의 정함 없이 체결
되고 또한 해지권이 약정된 경우에 한하여 그 계약을 해지할 수 있다. 해
지기간은 2개월 이상이어야 한다. 해지의 의사표시는 민법시행법 제248
조 §2 및 §3에서 정하여진 방식으로 행하여져야 한다.

③ 해지의 경우에 정기적으로 수취되는 대가는 계약 종료의 시기까지의
기간에 대하여 비율적으로 지급되어야 한다. 계약 종료 후의 기간에 관
하여 미리 지급된 대가는 그 기간의 비율대로 반환되어야 한다.

④ 지급사무처리자는 지급사무이용자와의 사이에, 지급사무처리기본계
약이 해지되는 경우에 대하여 보수가 지급되어야 한다는 약정을 하여서
는 아니된다.

제675조의i [少額支給手段 및 電子貨幣에 관한 例外]

① 지급사무처리계약은 지급사무이용자에게 소액지급수단을 인도하는
것을 정할 수 있다. 소액지급수단이라 함은 다음의 지급수단을 말한다,

1. 개별적인 지급절차에서 30유로를 넘는 액을 결제할 수 없는 것,
2. 1회 인출의 최대한도가 150유로인 것, 또는
3. 어느 경우에도 150유로를 넘지 아니하는 금액이 자료입력장치에 들
   어 있는 것.

제2호 및 제3호의 경우에 소액지급수단이 국내에서만 사용될 수 있는
것이면 금액 한도는 200유로로 높여진다.

② 제1항의 경우에 당사자들은 다음을 약정할 수 있다,

1. 지급사무처리자가 계약내용의 변경을 제675조의g 제1항에서 정하
   여진 방식으로 제의하지 아니하여도 된다는 것,
2. 소액지급수단이 지급정지되지 아니하거나 그 후의 사용이 저지되지
   아니하는 경우에는 제675조의l 제1항 제2문, 제675조의m 제1항
   제1문 제3호, 제5호, 제1문 및 제675조의v 제3항은 적용되지 아
   니한다는 것,
3. 소액지급수단의 이용이 지급사무이용자에게 귀책될 수 없는 경우
   또는 지급절차가 그 수행권한에 기하여 이루어졌다는 사실을 지급

Zahlungsdienstnutzer zugeordnet werden kann oder der Zahlungsdienstleister aus anderen Gründen, die in dem Kleinbetragsinstrument selbst angelegt sind, nicht nachweisen kann, dass ein Zahlungsvorgang autorisiert war,

4. der Zahlungsdienstleister abweichend von § 675o Abs. 1 nicht verpflichtet ist, den Zahlungsdienstnutzer von einer Ablehnung des Zahlungsauftrags zu unterrichten, wenn die Nichtausführung aus dem Zusammenhang hervorgeht,

5. der Zahler abweichend von § 675p den Zahlungsauftrag nach dessen Übermittlung oder nachdem er dem Zahlungsempfänger seine Zustimmung zum Zahlungsauftrag erteilt hat, nicht widerrufen kann, oder

6. andere als die in § 675s bestimmten Ausführungsfristen gelten.

(3) Die §§ 675u und 675v sind für E-Geld nicht anzuwenden, wenn der Zahlungsdienstleister des Zahlers nicht die Möglichkeit hat, das Zahlungskonto, auf dem das E-Geld gespeichert ist, oder das Kleinbetragsinstrument zu sperren. Satz 1 gilt nur für Zahlungskonten, auf dem das E-Geld gespeichert ist, oder Kleinbetragsinstrumente mit einem Wert von höchstens 200 Euro.

Kapitel 3   Erbringung und Nutzung von Zahlungsdiensten

Unterkapitel 1   Autorisierung von Zahlungsvorgängen; Zahlungsinstrumente

§ 675j Zustimmung und Widerruf der Zustimmung

(1) Ein Zahlungsvorgang ist gegenüber dem Zahler nur wirksam, wenn er diesem zugestimmt hat (Autorisierung). Die Zustimmung kann entweder als Einwilligung oder, sofern zwischen dem Zahler und seinem Zahlungsdienstleister zuvor vereinbart, als Genehmigung erteilt werden. Art und Weise der Zustimmung sind zwischen dem Zahler und seinem Zahlungsdienstleister zu vereinbaren. Insbesondere kann vereinbart werden, dass die Zustimmung mittels eines bestimmten Zahlungsinstruments erteilt werden kann.

(2) Die Zustimmung kann vom Zahler durch Erklärung gegenüber dem Zahlungsdienstleister so lange widerrufen werden, wie der Zahlungsauftrag widerruflich ist (§ 675p). Auch die Zustimmung zur Ausführung mehrerer Zahlungsvorgänge kann mit der Folge widerrufen werden, dass jeder nachfolgende Zahlungsvorgang nicht mehr autorisiert ist.

사무처리자가 소액지급수단 자체에 내재하는 다른 이유로 말미암아 입증할 수 없는 경우에는 제675조의u, 제675조의v 제1항 내지 제3항, 제5항, 제675조의w 및 제676조는 적용되지 아니한다는 것,

4. 제675조의o 제1항의 정함과는 달리, 제반 사정에 비추어 지급사무처리자의 불이행이 예상되는 경우에는 지급사무처리자가 지급사무이용자에게 지급위탁의 거절을 통지할 의무를 지지 아니한다는 것,

5. 제675조의p의 정함과는 달리, 지급인이 지급위탁이 전달되거나 지급수령인에게 지급위탁에의 동의를 표시한 다음에는 지급위탁을 철회할 수 없다는 것, 또는

6. 제675조의s에서 정하여진 것과는 다른 실행기간을 적용하는 것.

③ 지급인의 지급사무처리자가 전자화폐가 저장되어 있는 지급계좌 또는 소액지급수단을 지급정지시킬 가능성이 없는 경우에는 제675조의u 및 제675조의v는 전자화폐에는 적용되지 아니한다. 제1문은 전자화폐가 저장되어 있는 지급계좌 또는 소액지급수단으로서 그 가액이 200유로를 넘지 아니하는 경우에만 효력을 가진다.

제3항 支給事務의 遂行 및 利用

제1목 支給節次 遂行權限의 授與; 支給手段

제675조의j [同意 및 그 撤回]

① 지급절차는 지급인이 이에 동의한 경우("수행권한 수여")에만 그에 대하여 효력이 있다. 동의는 사전에, 또는 지급인과 지급사무처리자 사이에 미리 약정이 있는 때에는 사후에 행하여질 수 있다. 수행권한 수여의 종류와 방법은 지급인과 지급사무처리자 사이에 약정되어야 한다. 특히 동의가 특정한 지급수단을 통하여 행하여질 수 있음을 약정할 수 있다.

② 지급인은 제675조의p에 따라 지급위탁이 철회가능한 동안에는 지급사무처리자에 대하여 동의를 철회할 수 있다. 여러 지급절차의 수행에 대한 동의에 대하여는 후행의 지급절차가 이제 모두 더 이상 권한수여되지 아니한 결과가 되는 것으로 하여 철회될 수 있다.

§ 675k　Begrenzung der Nutzung eines Zahlungsinstruments; Verweigerung des Zugangs zum Zahlungskonto

(1) In Fällen, in denen die Zustimmung mittels eines Zahlungsinstruments erteilt wird, können der Zahler und der Zahlungsdienstleister Betragsobergrenzenfür die Nutzung dieses Zahlungsinstruments vereinbaren.

(2) Zahler und Zahlungsdienstleister können vereinbaren, dass der Zahlungsdienstleister das Recht hat, ein Zahlungsinstrument zu sperren, wenn

1. sachliche Gründe im Zusammenhang mit der Sicherheit des Zahlungsinstruments dies rechtfertigen,

2. der Verdacht einer nicht autorisierten oder einer betrügerischen Verwendung des Zahlungsinstruments besteht oder

3. bei einem Zahlungsinstrument mit Kreditgewährung ein wesentlich erhöhtes Risiko besteht, dass der Zahler seiner Zahlungspflicht nicht nachkommen kann.

In diesem Fall ist der Zahlungsdienstleister verpflichtet, den Zahler über die Sperrung des Zahlungsinstruments möglichst vor, spätestens jedoch unverzüglich nach der Sperrung zu unterrichten. In der Unterrichtung sind die Gründe für die Sperrung anzugeben. Die Angabe von Gründen darf unterbleiben, soweit der Zahlungsdienstleister hierdurch gegen gesetzliche Verpflichtungen verstoßen würde. Der Zahlungsdienstleister ist verpflichtet, das Zahlungsinstrument zu entsperren oder dieses durch ein neues Zahlungsinstrument zu ersetzen, wenn die Gründe für die Sperrung nicht mehr gegeben sind. Der Zahlungsdienstnutzer ist über eine Entsperrung unverzüglich zu unterrichten.

(3) Hat der kontoführende Zahlungsdienstleister einem Zahlungsauslöse- oder Kontoinformationsdienstleister den Zugang zum Zahlungskonto des Zahlungsdienstnutzers verweigert, ist er verpflichtet, den Zahlungsdienstnutzer in einer im Zahlungsdiensterahmenvertrag zu vereinbarenden Form über die Gründe zu unterrichten. Die Unterrichtung muss möglichst vor, spätestens jedoch unverzüglich nach der Verweigerung des Zugangs erfolgen. Die Angabe von Gründen darf unterbleiben, soweit der kontoführende Zahlungsdienstleister hierdurch gegen gesetzliche Verpflichtungen verstoßen würde.

§ 675l　Pflichten des Zahlungsdienstnutzers in Bezug auf Zahlungsinstrumente

(1) Der Zahlungsdienstnutzer ist verpflichtet, unmittelbar nach Erhalt eines Zahlungsinstruments alle zumutbaren Vorkehrungen zu treffen, um die person-

제675조의k [支給手段의 利用制限; 支給計座에의 接近拒否]

① 동의가 지급수단을 통하여 행하여진 경우에는 지급인과 지급사무처리자는 그 지급수단 이용의 최대한도액을 약정할 수 있다.

② 지급인과 지급사무처리자는 다음 각 호의 경우에는 지급사무처리자가 지급수단에 대하여 지급정지를 할 권리를 가지는 것으로 약정할 수 있다,

1. 지급수단의 안전과 관련되는 실질적 이유가 이를 정당화하는 때,
2. 권한 없이 또는 사기적으로 지급수단이 사용되고 있다는 혐의가 성립하는 때, 또는
3. 신용공여를 동반하는 지급수단에 있어서 지급인이 그 지급의무를 제대로 이행하지 못할 위험이 현저히 증가한 때.

이 경우에 지급사무처리자는 가능한 한 지급정지조치 전에, 늦어도 그 후 지체 없이 지급인에게 그 조치에 관하여 고지할 의무를 진다. 이유의 제시는 지급사무처리자가 그로 인하여 법률상의 의무를 위반하게 될 것인 경우에는 하지 아니하여도 된다. 지급사무처리자는 지급정지의 이유가 더 이상 존재하지 아니하는 경우에는 지급수단에 대한 지급정지조치를 해소하거나 이를 새로운 지급수단으로 대체하여 줄 의무를 진다. 지급사무이용자에 대하여는 그 해소가 지체 없이 고지되어야 한다.

③ 계좌를 운용하는 지급사무처리자가 지급청구서비스제공자 또는 계좌정보서비스제공자에게 지급사무이용자의 지급계좌에의 접근을 거부한 경우에, 그는 지급사무이용자에게 지급사무처리기본계약에서 약정된 방식으로 그 이유에 대하여 고지할 의무를 진다. 고지는 가능한 한 접근거부 전에, 늦어도 그 후 지체 없이 행하여야 한다. 이유의 제시는 계좌를 운용하는 지급사무처리자가 그로 인하여 법률상의 의무를 위반하게 될 것인 경우에는 하지 아니하여도 된다.

제675조의l [支給手段에 관한 支給事務利用者의 義務]

① 지급사무이용자는 개인화된 보안징표를 권한 없는 침입으로부터 보호하기 위하여 지급수단을 수령한 바로 후에 모든 기대가능한 사전조치

alisierten Sicherheitsmerkmale vor unbefugtem Zugriff zu schützen. Er hat dem Zahlungsdienstleister oder einer von diesem benannten Stelle den Verlust, den Diebstahl, die missbräuchliche Verwendung oder die sonstige nicht autorisierte Nutzung eines Zahlungsinstruments unverzüglich anzuzeigen, nachdem er hiervon Kenntnis erlangt hat. Für den Ersatz eines verlorenen, gestohlenen, missbräuchlich verwendeten oder sonst nicht autorisiert genutzten Zahlungsinstruments darf der Zahlungsdienstleister mit dem Zahlungsdienstnutzer ein Entgelt vereinbaren, das allenfalls die ausschließlich und unmittelbar mit dem Ersatz verbundenen Kosten abdeckt.

(2) Eine Vereinbarung, durch die sich der Zahlungsdienstnutzer gegenüber dem Zahlungsdienstleister verpflichtet, Bedingungen für die Ausgabe und Nutzung eines Zahlungsinstruments einzuhalten, ist nur insoweit wirksam, als diese Bedingungen sachlich, verhältnismäßig und nicht benachteiligend sind.

§ 675m **Pflichten des Zahlungsdienstleisters in Bezug auf Zahlungsauthentifizierungsinstrumente; Risiko der Versendung**

(1) Der Zahlungsdienstleister, der ein Zahlungsinstrument ausgibt, ist verpflichtet,

1. unbeschadet der Pflichten des Zahlungsdienstnutzers gemäß § 675l Absatz 1 sicherzustellen, dass die personalisierten Sicherheitsmerkmale des Zahlungsinstruments nur der zur Nutzung berechtigten Person zugänglich sind, Zahlungsdienstnutzer ausgegebenes Zahlungsinstrument muss ersetzt werden,

2. die unaufgeforderte Zusendung von Zahlungsauthentifizierungsinstrumenten an den Zahlungsdienstnutzer zu unterlassen, es sei denn, ein bereits an den Zahlungsdienstnutzer ausgegebenes Zahlungsauthentifizierungsinstrument muss ersetzt werden,

3. sicherzustellen, dass der Zahlungsdienstnutzer durch geeignete Mittel jederzeit die Möglichkeit hat, eine Anzeige gemäß § 675l Absatz 1 Satz 2 vorzunehmen oder die Aufhebung der Sperrung gemäß § 675k Absatz 2 Satz 5 zu verlangen,

4. dem Zahlungsdienstnutzer eine Anzeige gemäß § 675l Absatz 1 Satz 2 kostenfrei zu ermöglichen und

5. jede Nutzung des Zahlungsinstruments zu verhindern, sobald eine Anzeige gemäß § 675l Absatz 1 Satz 2 erfolgt ist.

Hat der Zahlungsdienstnutzer den Verlust, den Diebstahl, die missbräuchliche Verwendung oder die sonstige nicht autorisierte Nutzung eines Zahlungsinstruments angezeigt, stellt sein Zahlungsdienstleister ihm auf Anfrage bis

를 취할 의무를 진다. 지급인은 지급수단의 유실·도난·남용 또는 기타 권한 없는 이용을 알게 된 경우에는 이를 지체 없이 지급사무처리자 또는 그가 지명한 기관에 통지하여야 한다. 유실, 도난 또는 남용되거나 기타 권한 없이 이용된 지급수단의 대체에 관하여 지급사무처리자는 지급사무이용자 사이에 그 대체의 대가를 약정할 수 있으되, 이는 그 대체로부터 직접 발생하는 비용만을 전보하는 것이어야 한다.

② 지급사무이용자가 지급사무처리자에 대하여 지급수단의 교부와 그 이용을 위한 조건을 충족하여야 할 의무를 지는 합의는 그 조건이 사태에 적합하고 균형이 맞으며 손실을 주는 것이 아닌 한도에서만 효력이 있다.

제675조의m [支給認證手段에 관한 支給事務處理者의 義務; 送付危險]

① 지급수단을 발행한 지급사무처리자는 다음 각 호의 의무를 진다,

1. 제675조의l 제 1 항에서 정하는 지급사무이용자의 의무와는 별도로, 이용권한 있는 사람만이 지급수단의 개인화된 보안징표에 접근할 수 있음을 확보하는 것,

2. 요구를 받음이 없이 지급인증수단을 지급사무이용자에게 송부하는 일을 하지 아니하는 것, 다만 지급사무이용자에게 이미 발행된 지급인증수단이 대체되어야 하는 경우에는 그러하지 아니하다,

3. 지급사무이용자가 제675조의l 제 1 항 제 2 문에 따라 통지를 하거나 제675조의k 제 2 항 제 5 문에 따라 지급정지의 해소를 요청할 가능성을 적절한 수단에 의하여 언제라도 확보하는 것,

4. 지급사무이용자에게 제675조의l 제 1 항 제 2 문에 따른 통지를 비용 없이 가능하게 하는 것, 또한

5. 제675조의l 제 1 항 제 2 문에 따라 통지가 행하여지는 즉시 지급수단의 모든 이용을 저지하는 것.

지급사무이용자가 지급수단의 유실·도난·남용 또는 기타의 권한 없는 이용을 통지한 경우에 요청이 있는 때에는 그의 지급사무처리자는 지급사무이용자가 그 통지가 행하여졌음을 증명할 수 있는 방법을 그 통지

mindestens 18 Monate nach dieser Anzeige die Mittel zur Verfügung, mit denen der Zahlungsdienstnutzer beweisen kann, dass eine Anzeige erfolgt ist.

(2) Die Gefahr der Versendung eines Zahlungsinstruments und der Versendung personalisierter Sicherheitsmerkmale des Zahlungsinstruments an den Zahlungsdienstnutzer trägt der Zahlungsdienstleister.

(3) Hat ein Zahlungsdienstleister, der kartengebundene Zahlungsinstrumente ausgibt, den kontoführenden Zahlungsdienstleister des Zahlers um Bestätigung ersucht, dass ein für die Ausführung eines kartengebundenen Zahlungsvorgangs erforderlicher Betrag auf dem Zahlungskonto verfügbar ist, so kann der Zahler von seinem kontoführenden Zahlungsdienstleister verlangen, ihm die Identifizierungsdaten dieses Zahlungsdienstleisters und die erteilte Antwort mitzuteilen.

Unterkapitel 2　Ausführung von Zahlungsvorgängen

§ 675n　Zugang von Zahlungsaufträgen

(1) Ein Zahlungsauftrag wird wirksam, wenn er dem Zahlungsdienstleister des Zahlers zugeht. Fällt der Zeitpunkt des Zugangs nicht auf einen Geschäftstag des Zahlungsdienstleisters des Zahlers, gilt der Zahlungsauftrag als am darauf folgenden Geschäftstag zugegangen. Der Zahlungsdienstleister kann festlegen, dass Zahlungsaufträge, die nach einem bestimmten Zeitpunkt nahe am Ende eines Geschäftstags zugehen, für die Zwecke des § 675s Abs. 1 als am darauf folgenden Geschäftstag zugegangen gelten. Geschäftstag ist jeder Tag, an dem der an der Ausführung eines Zahlungsvorgangs beteiligte Zahlungsdienstleister den für die Ausführung von Zahlungsvorgängen erforderlichen Geschäftsbetrieb unterhält.

(2) Vereinbaren der Zahlungsdienstnutzer, der einen Zahlungsvorgang auslöst oder über den ein Zahlungsvorgang ausgelöst wird, und sein Zahlungsdienstleister, dass die Ausführung des Zahlungsauftrags an einem bestimmten Tag oder am Ende eines bestimmten Zeitraums oder an dem Tag, an dem der Zahler dem Zahlungsdienstleister den zur Ausführung erforderlichen Geldbetrag zur Verfügung gestellt hat, beginnen soll, so gilt der vereinbarte Termin für die Zwecke des § 675s Abs. 1 als Zeitpunkt des Zugangs. Fällt der vereinbarte Termin nicht auf einen Geschäftstag des Zahlungsdienstleisters des Zahlers, so gilt für die Zwecke des § 675s Abs. 1 der darauf folgende Geschäftstag als Zeitpunkt des Zugangs.

§ 675o　Ablehnung von Zahlungsaufträgen

후 적어도 18개월 동안 강구·유지하여야 한다.

② 지급수단 및 지급수단의 개인화된 보안징표를 지급인에게 송부하는 것에 관한 위험은 지급사무처리자가 부담한다.

③ 카드와 결합된 지급수단을 발행·교부한 지급사무처리자가, 지급인의 지급사무처리자로서 계좌를 운용하는 자에게 카드와 결합된 지급절차의 실행을 위하여 필요한 금액이 지급계좌에 남아 있는지의 확인을 요구하는 경우에, 지급인은 계좌를 운용하는 자신의 지급사무처리자에 대하여 그 지급사무처리자의 인적 사항 및 그 요구에 대한 답변을 자신에게 알려줄 것을 청구할 수 있다.

제 2 목 支給節次의 實行

제675조의n [支給委託의 到達]

① 지급위탁은 그것이 지급인의 지급사무처리자에게 도달한 때에 효력이 생긴다. 그 도달한 날이 지급인의 지급사무처리자의 영업일이 아닌 경우에는 그에 이어지는 영업일에 도달한 것으로 본다. 지급사무처리자는 영업일이 종료하는 즈음에 도달한 지급위탁이 제675조의s 제 1 항의 목적상 그에 이어지는 영업일에 도달하였다고 간주하는 것으로 정할 수 있다. 영업일이라 함은 지급절차의 실행에 참여하는 지급사무처리자가 지급절차의 실행에 필요한 영업활동을 하는 모든 날을 말한다.

② 지급절차를 작동시키거나 지급절차가 그를 위하여 작동된 지급사무이용자와 그의 지급사무처리자가 지급위탁의 실행이 일정한 날에 또는 일정한 시기의 종료시에 또는 지급인이 지급사무처리자에게 그 실행에 필요한 금액을 처리하도록 맡긴 날에 개시되도록 약정한 경우에는, 그 약정된 기한을 제675조의s 제 1 항의 목적을 위하여 그 도달의 시점으로 본다. 그 약정된 기한이 지급인의 지급사무처리자의 영업일이 아닌 경우에는 제675조의s 제 1 항의 목적을 위하여 그에 이어지는 영업일을 그 도달시로 본다.

제675조의o [支給委託의 拒絶]

(1) Lehnt der Zahlungsdienstleister die Ausführung oder Auslösung eines Zahlungsauftrags ab, ist er verpflichtet, den Zahlungsdienstnutzer hierüber unverzüglich, auf jeden Fall aber innerhalb der Fristen gemäß § 675s Abs. 1 zu unterrichten. In der Unterrichtung sind, soweit möglich, die Gründe für die Ablehnung sowie die Möglichkeiten anzugeben, wie Fehler, die zur Ablehnung geführt haben, berichtigt werden können. Die Angabe von Gründen darf unterbleiben, soweit sie gegen sonstige Rechtsvorschriften verstoßen würde. Der Zahlungsdienstleister darf mit dem Zahlungsdienstnutzer im Zahlungsdiensterahmenvertrag ein Entgelt für den Fall vereinbaren, dass er die Ausführung eines Zahlungsauftrags berechtigterweise ablehnt.

(2) Der Zahlungsdienstleister des Zahlers ist nicht berechtigt, die Ausführung eines autorisierten Zahlungsauftrags abzulehnen, wenn die im Zahlungsdiensterahmenvertrag festgelegten Ausführungsbedingungen erfüllt sind und die Ausführung nicht gegen sonstige Rechtsvorschriften verstößt.

(3) Für die Zwecke der §§ 675s, 675y und 675z gilt ein Zahlungsauftrag, dessen Ausführung berechtigterweise abgelehnt wurde, als nicht zugegangen.

§ 675p Unwiderruflichkeit eines Zahlungsauftrags

(1) Der Zahlungsdienstnutzer kann einen Zahlungsauftrag vorbehaltlich der Absätze 2 bis 4 nach dessen Zugang beim Zahlungsdienstleister des Zahlers nicht mehr widerrufen.

(2) Wurde der Zahlungsvorgang über einen Zahlungsauslösedienstleister, vom Zahlungsempfänger oder über diesen ausgelöst, so kann der Zahler den Zahlungsauftrag nicht mehr widerrufen, nachdem er dem Zahlungsauslösedienstleister die Zustimmung zur Auslösung des ahlungsvorgangs oder dem Zahlungsempfänger die Zustimmung zur Ausführung des Zahlungsvorgangs erteilt hat. Im Fall einer Lastschrift kann der Zahler den Zahlungsauftrag jedoch unbeschadet seiner Rechte gemäß § 675x bis zum Ende des Geschäftstags vor dem vereinbarten Fälligkeitstag widerrufen.

(3) Ist zwischen dem Zahlungsdienstnutzer und seinem Zahlungsdienstleister ein bestimmter Termin für die Ausführung eines Zahlungsauftrags (§ 675n Abs. 2) vereinbart worden, kann der Zahlungsdienstnutzer den Zahlungsauftrag bis zum Ende des Geschäftstags vor dem vereinbarten Tag widerrufen.

① 지급사무처리자가 지급위탁의 실행 또는 개시를 거절한 경우에 그는 지급사무이용자에게 이에 대하여 지체 없이, 그러나 어떠한 경우에도 제675조의s 제 1 항에 따른 기간 안에 통지할 의무를 진다. 통지에는 가능한 범위에서 거절의 이유 및 거절에 이르게 한 흠이 어떻게 교정될 수 있는지 그 가능성을 제시하여야 한다. 이유의 제시는 지급사무처리자가 그로 인하여 기타의 법규정을 위반하게 될 것인 경우에는 하지 아니하여도 된다. 지급사무처리자는 지급사무이용자와의 사이에 그가 지급위탁의 처리를 정당하게 거절하는 경우에 지급받을 보수를 지급사무처리기본계약에서 약정할 수 있다.

② 지급인의 지급사무처리자는 지급사무처리기본계약에서 정하여진 실행요건이 충족되고 실행이 다른 법규정에 위반하지 아니하는 경우에는 수행권한이 부여된 지급위탁의 실행을 거절할 권리를 가지지 못한다.

③ 실행이 정당하게 거절된 지급위탁은 제675조의s, 제675조의y 및 제675조의z의 목적을 위하여는 도달하지 아니한 것으로 본다.

제675조의p [支給委託의 撤回不可]

① 지급사무이용자는, 제 2 항 내지 제 4 항이 정하는 바는 이를 유보하고, 지급위탁이 지급인의 지급사무처리자에게 도달한 후에는 이를 철회할 수 없다.

② 지급절차가 지급청구서비스제공자를 통하여, 지급수령인에 의하여 또는 그를 통하여 개시된 경우에, 지급인이 지급청구서비스제공자에게 지급절차의 개시에 대한 동의를 표시하거나 지급수령인에게 지급절차의 실행에 대한 동의를 표시한 후에는 지급인은 이제 지급위탁을 철회할 수 없다. 그러나 차변기장의 경우에는 지급인은, 제675조의x에 따른 그의 권리와는 별도로, 이행기로 약정된 날에 앞서는 영업일의 종료시까지 지급위탁을 철회할 수 있다.

③ 지급사무이용자와 그의 지급사무처리자 사이에 지급위탁의 실행을 위하여 특정한 기한이 약정된 경우에는(제675조의n 제 2 항), 지급사무이용자는 그 약정된 날에 앞서는 영업일의 종료시까지 지급위탁을 철회할 수 있다.

(4) Nach den in den Absätzen 1 bis 3 genannten Zeitpunkten kann der Zahlungsauftrag nur widerrufen werden, wenn der Zahlungsdienstnutzer und der jeweilige Zahlungsdienstleister dies vereinbart haben. In den Fällen des Absatzes 2 ist zudem die Zustimmung des Zahlungsempfängers zum Widerruf erforderlich. Der Zahlungsdienstleister darf mit dem Zahlungsdienstnutzer im Zahlungsdiensterahmenvertrag für die Bearbeitung eines solchen Widerrufs ein Entgelt vereinbaren.

(5) Der Teilnehmer an Zahlungsverkehrssystemen kann einen Auftrag zugunsten eines anderen Teilnehmers von dem in den Regeln des Systems bestimmten Zeitpunkt an nicht mehr widerrufen.

§ 675q Entgelte bei Zahlungsvorgängen

(1) Der Zahlungsdienstleister des Zahlers sowie sämtliche an dem Zahlungsvorgang beteiligte zwischengeschaltete Stellen sind verpflichtet, den Betrag, der Gegenstand des Zahlungsvorgangs ist (Zahlungsbetrag), ungekürzt an den Zahlungsdienstleister des Zahlungsempfängers zu übermitteln.

(2) Der Zahlungsdienstleister des Zahlungsempfängers darf ihm zustehende Entgelte vor Erteilung der Gutschrift nur dann von dem übermittelten Betrag abziehen, wenn dies mit dem Zahlungsempfänger vereinbart wurde. In diesem Fall sind der vollständige Betrag des Zahlungsvorgangs und die Entgelte in den Informationen gemäß Artikel 248 §§ 8 und 15 des Einführungsgesetzes zum Bürgerlichen Gesetzbuche für den Zahlungsempfänger getrennt auszuweisen.

(3) Zahlungsempfänger und Zahler tragen jeweils die von ihrem Zahlungsdienstleister erhobenen Entgelte, wenn sowohl der Zahlungsdienstleister des Zahlers als auch der Zahlungsdienstleister des Zahlungsempfängers innerhalb des Europäischen Wirtschaftsraums belegen ist.

(4) Wenn einer der Fälle des § 675d Absatz 6 Satz 1 Nummer 1 vorliegt,

1. ist § 675q Absatz 1 auf die innerhalb des Europäischen Wirtschaftsraums getätigten Bestandteile des Zahlungsvorgangs nicht anzuwenden und

2. kann von § 675q Absatz 2 für die innerhalb des Europäischen Wirtschaftsraums getätigten Bestandteile des Zahlungsvorgangs abgewichen werden.

§ 675r Ausführung eines Zahlungsvorgangs anhand von Kundenkennungen

(1) Die beteiligten Zahlungsdienstleister sind berechtigt, einen Zahlungs-

④ 지급위탁은 제1항 내지 제3항에서 정하여진 시점 후에는 지급사무 이용자와 그에 대응하는 지급사무처리자가 이를 약정한 경우에만 철회될 수 있다. 제2항의 경우에는 그 외에 철회에 대한 지급수령인의 동의가 요구된다. 지급사무처리자는 지급사무이용자와의 사이에 지급사무처리기본계약에서 그러한 철회사무의 처리에 대한 보수를 약정할 수 있다.
⑤ 지급거래제도에의 참여자는 다른 참여자를 위한 위탁을 그 제도에 관한 규정에서 정하여진 시점 후에는 철회할 수 없다.

제675조의q [支給節次上의 報酬]

① 지급인의 지급사무처리자 및 지급절차에 참여한 모든 중간개입의 기관은 지급절차의 목적물인 금액("지급금액")을 지급수령인의 지급사무처리자에게 차감 없이 전달할 의무를 진다.
② 지급수령인의 지급사무처리자는 지급수령인과의 사이에 그러한 약정이 있는 경우에만 그가 받아야 할 보수를 전달되어야 할 금액으로부터 대변기장 전에 차감할 수 있다. 이 경우에는 지급절차의 금액 전부 및 보수를 민법시행법 제248조 §8 및 §15에 따라 제공되는 정보에서 각각 구분하여 밝혀야 한다.
③ 지급수령인과 지급인은 그의 각 지급사무처리자 모두가 유럽경제공동체 안에 위치하는 경우에는 각자 그 지급사무처리자가 요구하는 보수를 부담한다.
④ 제675조의d 제6항 제1문 제1호가 정하는 경우 중 하나가 발생한 때에는,
  1. 제675조의q 제1항은 지급절차 중 유럽경제공동체 내에서 행하여지는 부분에는 적용되지 아니하고, 또한
  2. 지급절차 중 유럽경제공동체 내에서 행하여지는 부분에 대하여 제675조의q 제2항과 다른 약정을 할 수 없다.

제675조의r [顧客識別標識에 좇은 支給節次의 實行]

① 지급절차에 참여하는 지급사무처리자는 지급사무이용자가 제시한 고객식별표지에 좇아서만 지급절차를 실행할 권리가 있다. 지급위탁

vorgang ausschließlich anhand der von dem Zahlungsdienstnutzer angegebenen Kundenkennung auszuführen. Wird ein Zahlungsauftrag in Übereinstimmung mit dieser Kundenkennung ausgeführt, so gilt er im Hinblick auf den durch die Kundenkennung bezeichneten Zahlungsempfänger als ordnungsgemäß ausgeführt.

(2) Eine Kundenkennung ist eine Abfolge aus Buchstaben, Zahlen oder Symbolen, die dem Zahlungsdienstnutzer vom Zahlungsdienstleister mitgeteilt wird und die der Zahlungsdienstnutzer angeben muss, damit ein anderer am Zahlungsvorgang beteiligter Zahlungsdienstnutzer oder dessen Zahlungskonto für einen Zahlungsvorgang zweifelsfrei ermittelt werden kann.

(3) Ist eine vom Zahler angegebene Kundenkennung für den Zahlungsdienstleister des Zahlers erkennbar keinem Zahlungsempfänger oder keinem Zahlungskonto zuzuordnen, ist dieser verpflichtet, den Zahler unverzüglich hierüber zu unterrichten und ihm gegebenenfalls den Zahlungsbetrag wieder herauszugeben.

§ 675s Ausführungsfrist für Zahlungsvorgänge

(1) Der Zahlungsdienstleister des Zahlers ist verpflichtet sicherzustellen, dass der Zahlungsbetrag spätestens am Ende des auf den Zugangszeitpunkt des Zahlungsauftrags folgenden Geschäftstags beim Zahlungsdienstleister des Zahlungsempfängers eingeht. Für Zahlungsvorgänge innerhalb des Europäischen Wirtschaftsraums, die nicht in Euro erfolgen, können ein Zahler und sein Zahlungsdienstleister eine Frist von maximal vier Geschäftstagen vereinbaren. Für in Papierform ausgelöste Zahlungsvorgänge können die Fristen nach Satz 1 um einen weiteren Geschäftstag verlängert werden.

(2) Bei einem vom oder über den Zahlungsempfänger ausgelösten Zahlungsvorgang ist der Zahlungsdienstleister des Zahlungsempfängers verpflichtet, den Zahlungsauftrag dem Zahlungsdienstleister des Zahlers innerhalb der zwischen dem Zahlungsempfänger und seinem Zahlungsdienstleister vereinbarten Fristen zu übermitteln. Im Fall einer Lastschrift ist der Zahlungsauftrag so rechtzeitig zu übermitteln, dass die Verrechnung an dem vom Zahlungsempfänger mitgeteilten Fälligkeitstag ermöglicht wird.

(3) Wenn einer der Fälle des § 675d Absatz 6 Satz 1 Nummer 1 vorliegt, ist § 675s Absatz 1 Satz 1 und 3 auf die innerhalb des Europäischen Wirtschaftsraums getätigten Bestandteile des Zahlungsvorgangs nicht anzuwenden. Wenn ein Fall des § 675d Absatz 6 Satz 1 Nummer 1 Buchstabe a vorliegt,

이 그 고객식별표지에 합치되게 실행된 경우에는 지급위탁은 고객식별
표지로써 표시된 지급수령인과 관련하여서는 적절하게 실행된 것으로
본다.

② 고객식별표지라 함은 지급사무처리자로부터 지급사무이용자에게
전달되는 일련의 문자, 숫자 또는 상징으로서 지급절차에 참여하는 다
른 지급사무이용자 또는 지급절차를 위한 그의 지급계좌를 명확하게 확
인할 수 있기 위하여 지급사무이용자가 제시하여야 하는 것을 말한다.

③ 지급인이 제시한 고객식별표지가 지급수령인 또는 지급계좌에 관련
되는 것이 아님이 지급인의 지급사무처리자에 있어서 인식될 수 있는 경
우에는 지급사무처리자는 지급인에게 지체 없이 이에 대하여 통지하고
사정에 따라서는 지급인에게 지급금액을 반환할 의무를 진다.

제675조의s [支給節次의 實行期間]

① 지급인의 지급사무처리자는 지급금액이 늦어도 지급위탁의 도달시
점에 이어지는 영업일이 종료할 때까지는 지급수령인의 지급사무처리자
에게 입금되는 것을 확보할 의무를 진다. 유로화로 행하여지지 아니하는
유럽경제공동체 안에서의 지급절차에 대하여 지급인과 그의 지급사무처
리자는 최장 4영업일의 기간을 약정할 수 있다. 종이방식으로 행하여지
는 지급절차에 대하여는 제1문의 기간이 다시 1영업일 연장될 수 있다.

② 지급수령인에 의하여 또는 그를 통하여 개시된 지급절차에 있어서
지급수령인의 지급사무처리자는 지급위탁을 지급수령인과 그의 지급사
무처리자 사이에 약정된 기간 안에 지급인의 지급사무처리자에게 전달
할 의무를 진다. 차변기장의 경우에 지급위탁은 그 장부결제가 지급수령
인으로부터 전달받은 이행기의 날에 이루어질 수 있도록 적시에 전달되
어야 한다.

③ 제675조의d 제6항 제1문 제1호에서 정하는 경우 중 하나가 발생한
때에는, 제675조의s 제1항 제1문 및 제3문은 지급절차 중 유럽경제공
동체 내에서 행하여지는 부분에 대하여는 적용되지 아니한다. 제675조의
d 제6항 제1문 제1호 a목에서 정하는 경우가 발생한 때에는,

1. ist auch § 675s Absatz 1 Satz 2 auf die innerhalb des Europäischen Wirtschaftsraums getätigten Bestandteile des Zahlungsvorgangs nicht anzuwenden und

2. kann von § 675s Absatz 2 für die innerhalb des Europäischen Wirtschaftsraums getätigten Bestandteile des Zahlungsvorgangs abgewichen werden.

§ 675t Wertstellungsdatum und Verfügbarkeit von Geldbeträgen; Sperrung eines verfügbaren Geldbetrags

(1) Der Zahlungsdienstleister des Zahlungsempfängers ist verpflichtet, dem Zahlungsempfänger den Zahlungsbetrag unverzüglich verfügbar zu machen, nachdem der Betrag auf dem Konto des Zahlungsdienstleisters eingegangen ist, wenn dieser

1. keine Währungsumrechnung vornehmen muss oder

2. nur eine Währungsumrechnung zwischen dem Euro und einer Währung eines Vertragsstaates des Abkommens über den Europäischen Wirtschaftsraum oder zwischen den Währungen zweier Vertragsstaaten des Abkommens über den Europäischen Wirtschaftsraum vornehmen muss.

Sofern der Zahlungsbetrag auf einem Zahlungskonto des Zahlungsempfängers gutgeschrieben werden soll, ist die Gutschrift, auch wenn sie nachträglich erfolgt, so vorzunehmen, dass der Zeitpunkt, den der Zahlungsdienstleister für die Berechnung der Zinsen bei Gutschrift oder Belastung eines Betrags auf einem Zahlungskonto zugrunde legt (Wertstellungsdatum), spätestens der Geschäftstag ist, an dem der Zahlungsbetrag auf dem Konto des Zahlungsdienstleisters des Zahlungsempfängers eingegangen ist. Satz 1 gilt auch dann, wenn der Zahlungsempfänger kein Zahlungskonto unterhält.

(2) Zahlt ein Verbraucher Bargeld auf ein Zahlungskonto bei einem Zahlungsdienstleister in der Währung des betreffenden Zahlungskontos ein, so stellt dieser Zahlungsdienstleister sicher, dass der Betrag dem Zahlungsempfänger unverzüglich nach dem Zeitpunkt der Entgegennahme verfügbar gemacht und wertgestellt wird. Ist der Zahlungsdienstnutzer kein Verbraucher, so muss dem Zahlungsempfänger der Geldbetrag spätestens an dem auf die Entgegennahme folgenden Geschäftstag verfügbar gemacht und wertgestellt werden.

(3) Eine Belastung auf dem Zahlungskonto des Zahlers ist so vorzunehmen, dass das Wertstellungsdatum frühestens der Zeitpunkt ist, an dem dieses Zahlungskonto mit dem Zahlungsbetrag belastet wird. Das Zahlungskonto des Zahlers darf nicht belastet werden, bevor der Zahlungsauftrag seinem Zahlungs-

1. 제675조의s 제 1 항 제 2 문도 지급절차 중 유럽경제공동체 내에서 행하여지는 부분에 대하여는 적용되지 아니하고, 또한

2. 지급절차 중 유럽경제공동체 내에서 행하여지는 부분에 관하여 제 675조의s 제 2 항과 다른 약정을 할 수 없다.

제675조의t [記帳基準日 및 金額의 處分可能性; 處分可能한 金額의 支給 停止]

① 지급수령인의 지급사무처리자는 지급금액이 그 지급사무처리자의 계좌에 입금된 경우에 다음 각 호의 요건이 충족되면 그 입금 후 지체 없이 지급수령인에게 지급금액이 처분가능하도록 할 의무를 진다,

1. 지급수령인이 통화를 다른 통화로 환산하여야 할 필요가 없고, 또는

2. 그 환산을 유로화와 유럽경제공동체협약 체약국의 통화 사이에서만, 또는 유럽경제공동체협약 체약국의 통화들 사이에만 하여야 하는 때.

지급금액이 지급수령인의 지급계좌에 대변기장되어야 하는 경우에 그 대변기장은, 비록 그것이 사후적으로 실행되는 때라도, 늦어도 지급금액이 지급수령자의 지급사무처리자의 계좌에 입금되는 영업일이 지급사무처리자가 대변기장에서 이자 산정의 기준 또는 지급계좌상 차변기장의 기준으로 삼는 시점("기장기준일")이 되도록 행하여져야 한다. 제 1 문은 지급수령인이 지급계좌를 가지지 아니하는 경우에도 마찬가지로 적용된다.

② 소비자가 지급사무처리자의 지급계좌에 당해 지급계좌의 통화로 현금을 입금한 경우에는 그 지급사무처리자는 그 금액이 수령 후 지체 없이 지급수령인에게 처분가능하게 되는 것 또 제대로 기장되는 것이 확보되도록 하여야 한다. 지급사무이용자가 소비자가 아닌 경우에는 그 금액이 늦어도 수령에 이어지는 영업일에 지급수령인에게 처분가능하게 되고 또 제대로 기장되어야 한다.

③ 지급인의 지급계좌에의 차변기장은 빨라도 그 지급계좌에서 지급금액이 차변기장되는 날이 기장기준일이 되도록 행하여져야 한다. 지급위탁이 그의 지급사무처리자에게 도달하기 전에 지급인의 지급계좌에 차

dienstleister zugegangen ist.

(4) Unbeschadet sonstiger gesetzlicher oder vertraglicher Rechte ist der Zahlungsdienstleister des Zahlers im Fall eines kartengebundenen Zahlungsvorgangs berechtigt, einen verfügbaren Geldbetrag auf dem Zahlungskonto des Zahlers zu sperren, wenn

1. der Zahlungsvorgang vom oder über den Zahlungsempfänger ausgelöst worden ist und

2. der Zahler auch der genauen Höhe des zu sperrenden Geldbetrags zugestimmt hat.

Den gesperrten Geldbetrag gibt der Zahlungsdienstleister des Zahlers unbeschadet sonstiger gesetzlicher oder vertraglicher Rechte unverzüglich frei, nachdem ihm entweder der genaue Zahlungsbetrag mitgeteilt worden oder der Zahlungsauftrag zugegangen ist.

(5) Wenn ein Fall des § 675d Absatz 6 Satz 1 Nummer 1 Buchstabe a vorliegt,

1. kann von § 675t Absatz 1 Satz 3 für die innerhalb des Europäischen Wirtschaftsraums getätigten Bestandteile des Zahlungsvorgangs abgewichen werden und

2. ist § 675t Absatz 2 auf die innerhalb des Europäischen Wirtschaftsraums getätigten Bestandteile des Zahlungsvorgangs nicht anzuwenden.

Unterkapitel 3　Haftung

§ 675u　Haftung des Zahlungsdienstleisters für nicht autorisierte Zahlungsvorgänge

Im Fall eines nicht autorisierten Zahlungsvorgangs hat der Zahlungsdienstleister des Zahlers gegen diesen keinen Anspruch auf Erstattung seiner Aufwendungen. Er ist verpflichtet, dem Zahler den Zahlungsbetrag unverzüglich zu erstatten und, sofern der Betrag einem Zahlungskonto belastet worden ist, dieses Zahlungskonto wieder auf den Stand zu bringen, auf dem es sich ohne die Belastung durch den nicht autorisierten Zahlungsvorgang befunden hätte. Diese Verpflichtung ist unverzüglich, spätestens jedoch bis zum Ende des Geschäftstags zu erfüllen, der auf den Tag folgt, an welchem dem Zahlungsdienstleister angezeigt wurde, dass der Zahlungsvorgang nicht autorisiert ist, oder er auf andere Weise davon Kenntnis erhalten hat. Hat der Zahlungsdienstleister einer zuständigen Behörde berechtigte Gründe für den Verdacht, dass ein

변기장이 되어서는 아니 된다.

④ 지급인의 지급사무처리자는 카드와 결합된 지급절차에 있어서 다음의 경우에는 지급인의 지급계좌에서 처분가능한 금액을 지급정지시킬 권한을 가지되, 다른 법령상 또는 계약상 권리에는 영향을 받지 아니한다,

1. 지급절차가 지급수령인에 의하여 또는 그를 통하여 개시되었고, 또한

2. 지급인이 지급정지될 금액의 정확한 액수에 대하여 동의한 때.

지급인의 지급사무처리자는 그에게 정확한 액수가 통지되거나 지급위탁이 도달한 후에는 지급정지된 금액을 지체 없이 풀어주되, 다른 법령상 또는 계약상 권리에는 영향을 받지 아니한다.

⑤ 제675조의d 제 6 항 제 1 문 제 1 호 a목에서 정하는 경우가 발생한 때에는,

1. 지급절차 중 유럽경제공동체 내에서 행하여지는 부분에 대하여 제675조의t 제 1 항 제 3 문과 다른 약정을 할 수 있고, 또한

2. 제675조의t 제 2 항은 지급절차 중 유럽경제공동체 내에서 행하여지는 부분에 대하여는 적용되지 아니한다.

제 3 목 責 任

제675조의u [遂行權限 없는 支給節次에 대한 支給事務處理者의 責任]

수행권한의 수여 없이 행하여진 지급절차의 경우에는 지급인의 지급사무처리자는 지급인에 대하여 그 비용의 상환청구권을 가지지 못한다. 그는 지급인에게 지급금액을 지체 없이 상환하여야 하고, 지급계좌에 그 금액이 차변기장된 경우에는 그 지급계좌는 수행권한 없는 지급절차에 의한 차변기장이 행하여지지 아니하였다면 있었을 상태로 회복되어야 한다. 이 의무는 지체 없이, 늦어도 지급사무처리자에게 지급절차에 대하여 수행권한이 없음이 고지되거나 다른 방법으로 그가 이를 알게 된 날에 이어지는 영업일의 종료시까지는 이행되어야 한다. 지급사무처리자가 지급인에게 사기적 행태가 있다는 혐의에 대한 정당한 근거를 관할

betrügerisches Verhalten des Zahlers vorliegt, schriftlich mitgeteilt, hat der Zahlungsdienstleister seine Verpflichtung aus Satz 2 unverzüglich zu prüfen und zu erfüllen, wenn sich der Betrugsverdacht nicht bestätigt. Wurde der Zahlungsvorgang über einen Zahlungsauslösedienstleister ausgelöst, so treffen die Pflichten aus den Sätzen 2 bis 4 den kontoführenden Zahlungsdienstleister.

§ 675v Haftung des Zahlers bei missbräuchlicher Nutzung eines Zahlungsinstruments

(1) Beruhen nicht autorisierte Zahlungsvorgänge auf der Nutzung eines verloren gegangenen, gestohlenen oder sonst abhandengekommenen Zahlungsinstruments oder auf der sonstigen missbräuchlichen Verwendung eines Zahlungsinstruments, so kann der Zahlungsdienstleister des Zahlers von diesem den Ersatz des hierdurch entstandenen Schadens bis zu einem Betrag von 50 Euro verlangen.

(2) Der Zahler haftet nicht nach Absatz 1, wenn

1. es ihm nicht möglich gewesen ist, den Verlust, den Diebstahl, das Abhandenkommen oder eine sonstige missbräuchliche Verwendung des Zahlungsinstruments vor dem nicht autorisierten Zahlungsvorgang zu bemerken, oder

2. der Verlust des Zahlungsinstruments durch einen Angestellten, einen Agenten, eine Zweigniederlassung eines Zahlungsdienstleisters oder eine sonstige Stelle, an die Tätigkeiten des Zahlungsdienstleisters ausgelagert wurden, verursacht worden ist.

(3) Abweichend von den Absätzen 1 und 2 ist der Zahler seinem Zahlungsdienstleister zum Ersatz des gesamten Schadens verpflichtet, der infolge eines nicht autorisierten Zahlungsvorgangs entstanden ist, wenn der Zahler

1. in betrügerischer Absicht gehandelt hat oder

2. den Schaden herbeigeführt hat durch vorsätzliche oder grob fahrlässige Verletzung

   a) einer oder mehrerer Pflichten gemäß § 675l Absatz 1 oder

   b) einer oder mehrerer vereinbarter Bedingungen für die Ausgabe und Nutzung des Zahlungsinstruments.

(4) Abweichend von den Absätzen 1 und 3 ist der Zahler seinem Zahlungsdienstleister nicht zum Schadensersatz verpflichtet, wenn

1. der Zahlungsdienstleister des Zahlers eine starke Kundenauthentifizierung im Sinne des § 1 Absatz 24 des Zahlungsdiensteaufsichtsgesetzes nicht verlangt

관청에 서면으로 제시하였던 경우에, 사기 혐의가 확인되지 아니하는 때에는, 지급사무처리자는 제2문 소정의 의무를 지체 없이 검토하고 이행하여야 한다. 지급절차가 지급청구서비스제공자를 통하여 개시된 경우에는, 제2문 내지 제4문에서 정하는 의무는 계좌를 운용하는 지급사무처리자가 부담한다.

제675조의v [支給手段의 濫用에서의 支給人의 責任]

① 수행권한 없이 행하여진 지급절차가 유실, 도난 기타 점유이탈된 지급수단을 이용하거나 그 밖에 지급수단을 남용한 것에 기인한 경우에는 지급인의 지급사무처리자는 지급인에 대하여 그로 인하여 발생한 손해의 배상을 50유로까지 청구할 수 있다.

② 지급인은 다음 각 호의 경우에는 제1항의 책임을 지지 아니한다,

 1. 그가 지급수단의 유실, 도난, 점유이탈 또는 그 밖의 남용을 지급절차가 권한 없이 행하여지기 전에 인지할 수 없었던 경우, 또는

 2. 지급수단의 유실이 지급사무처리자의 피용자, 대리인, 지점 또는 지급사무처리자의 업무를 그의 외부에서 행하도록 위탁된 다른 기관에 의하여 야기된 경우.

③ 제1항 및 제2항과는 달리, 지급인은 다음 각 호의 경우에는 그의 지급사무처리자에 대하여 지급절차가 권한 없이 행하여짐으로 말미암아 발생한 손해 전부를 배상할 의무를 진다,

 1. 지급인이 사기적 의도로 행위한 경우, 또는

 2. 지급인이 다음을 고의 또는 중대한 과실로 위반함으로써 그 손해가 야기된 경우,

  a) 제675조의l 제1항에서 정하는 의무의 하나 또는 다수, 또는

  b) 지급수단의 발행 또는 이용에 관하여 약정된 조건의 하나 또는 다수.

④ 제1항 및 제3항과는 달리 지급인은 다음 각 호의 경우에는 그의 지급사무처리자에게 손해배상의 의무를 지지 아니한다,

 1. 지급인의 지급사무처리자가 지급사무감독법 제1조 제24항의 의미

oder

2. der Zahlungsempfänger oder sein Zahlungsdienstleister eine starke Kundenauthentifizierung im Sinne des § 1 Absatz 24 des Zahlungsdiensteaufsichtsge
   setzes nicht akzeptiert.

Satz 1 gilt nicht, wenn der Zahler in betrügerischer Absicht gehandelt hat. Im
Fall von Satz 1 Nummer 2 ist derjenige, der eine starke undenauthentifizierung
nicht akzeptiert, verpflichtet, dem Zahlungsdienstleister des Zahlers den daraus
entstehenden Schaden zu ersetzen.

(5) Abweichend von den Absätzen 1 und 3 ist der Zahler nicht zum Ersatz
von Schäden verpflichtet, die aus der Nutzung eines nach der Anzeige gemäß
§ 675l Absatz 1 Satz 2 verwendeten Zahlungsinstruments entstanden sind. Der
Zahler ist auch nicht zum Ersatz von Schäden im Sinne des Absatzes 1
verpflichtet, wenn der Zahlungsdienstleister seiner Pflicht gemäß § 675m Abs. 1
Nr. 3 nicht nachgekommen ist. Die Sätze 1 und 2 sind nicht anzuwenden, wenn
der Zahler in betrügerischer Absicht gehandelt hat.

§ 675w Nachweis der Authentifizierung

Ist die Autorisierung eines ausgeführten Zahlungsvorgangs streitig, hat der
Zahlungsdienstleister nachzuweisen, dass eine Authentifizierung erfolgt ist und
der Zahlungsvorgang ordnungsgemäß aufgezeichnet, verbucht sowie nicht
durch eine Störung beeinträchtigt wurde. Eine Authentifizierung ist erfolgt,
wenn der Zahlungsdienstleister die Nutzung eines bestimmten Zahlungsinstruments, einschließlich seiner personalisierten Sicherheitsmerkmale, mit
Hilfe eines Verfahrens überprüft hat. Wurde der Zahlungsvorgang mittels eines
Zahlungsinstruments ausgelöst, reicht die Aufzeichnung der Nutzung des Zahlungsinstruments einschließlich der Authentifizierung durch den Zahlungsdienstleister und gegebenenfalls einen Zahlungsauslösedienstleister allein nicht not-
wendigerweise aus, um nachzuweisen, dass der Zahler

1. den Zahlungsvorgang autorisiert,

2. in betrügerischer Absicht gehandelt,

3. eine oder mehrere Pflichten gemäß § 675l Absatz 1 verletzt oder

4. vorsätzlich oder grob fahrlässig gegen eine oder mehrere Bedingungen für
   die Ausgabe und Nutzung des Zahlungsinstruments verstoßen

hat. Der Zahlungsdienstleister muss unterstützende Beweismittel vorlegen, um

에서의 고도의 고객진정성증명을 요구하지 아니한 경우, 또는

2. 지급수령인 또는 그의 지급사무처리자가 지급사무감독법 제 1 조 제24
항의 의미에서의 고도의 고객진정성증명을 받아들이지 아니한 경우.

제 1 문은 지급인이 사기적 의도로 행위한 경우에는 적용되지 아니한다.
제 1 문 제 2 호의 경우에는 고도의 고객진정성증명을 받아들이지 아니한
사람이 지급인의 지급사무처리자에게 그로 인하여 발생하는 손해를 배
상할 의무를 진다.

⑤ 제 1 항 및 제 3 항의 정함과는 달리, 지급인은 제675조의l 제 1 항
제 2 문에서 정하여진 통지 후에 사용된 지급수단의 사용으로 발생한 손
해는 이를 배상할 의무를 지지 아니한다. 또한 지급인은 지급사무처리자
가 제675조의m 제 1 항 제 3 문에 의한 그의 의무를 이행하지 아니한 경
우에는 제 1 항의 의미에서의 손해배상의무를 지지 아니한다. 제 1 문 및
제 2 문은 지급인이 사기적 의도로 행위한 경우에는 적용되지 아니한다.

제675조의w [眞正性證明의 立證]

실행된 지급절차의 수행권한이 다투어지는 경우에는 지급사무처리자는
진정성증명이 행하여진 것 및 지급절차가 적정하게 기록·기장되었고 방
해요소에 의하여 저해되지 아니한 것을 입증하여야 한다. 지급사무처리
자가 그의 개인화된 보안징표를 포함하여 특정한 지급수단의 사용을 일
정한 절차에 의하여 검토한 경우에는 진정성증명은 행하여진 것이다. 지
급절차가 지급수단에 의하여 개시된 경우에는 지급인이 다음의 행위를
하였음을 입증함에 있어서는 지급사무처리자 또는 사정에 따라서는 지
급청구서비스제공자가 진정성증명을 포함하여 지급수단의 사용을 기록
한 것만으로 반드시 충분한 것은 아니다,

1. 지급절차의 수행권한을 수여한 것,
2. 사기적 의도로 행위한 것,
3. 제675조의l 제 1 항 소정의 하나 또는 복수의 의무를 위반한 것, 또는
4. 지급수단의 발행과 사용에 관하여 약정된 하나 또는 복수의 조건을
고의 또는 중대한 과실로 위반한 것.

지급사무처리자는 지급사무이용자의 사기, 고의 또는 중대한 과실의 입

Betrug, Vorsatz oder grobe Fahrlässigkeit des Zahlungsdienstnutzers nachzuweisen.

§ 675x Erstattungsanspruch bei einem vom oder über den Zahlungsempfänger ausgelösten autorisierten Zahlungsvorgang

(1) Der Zahler hat gegen seinen Zahlungsdienstleister einen Anspruch auf Erstattung eines belasteten Zahlungsbetrags, der auf einem autorisierten, vom oder über den Zahlungsempfänger ausgelösten Zahlungsvorgang beruht, wenn

1. bei der Autorisierung der genaue Betrag nicht angegeben wurde und

2. der Zahlungsbetrag den Betrag übersteigt, den der Zahler entsprechend seinem bisherigen Ausgabeverhalten, den Bedingungen des Zahlungsdiensterahmenvertrags und den jeweiligen Umständen des Einzelfalls hätte erwarten können; mit einem etwaigen Währungsumtausch zusammenhängende Gründe bleiben außer Betracht, wenn der zwischen den Parteien vereinbarte Referenzwechselkurs zugrunde gelegt wurde.

Ist der Zahlungsbetrag einem Zahlungskonto belastet worden, so ist die Gutschrift des Zahlungsbetrags auf diesem Zahlungskonto so vorzunehmen, dass das Wertstellungsdatum spätestens der Geschäftstag der Belastung ist. Auf Verlangen seines Zahlungsdienstleisters hat der Zahler nachzuweisen, dass die Voraussetzungen des Satzes 1 Nummer 1 und 2 erfüllt sind.

(2) Unbeschadet des Absatzes 3 hat der Zahler bei SEPA-Basislastschriften und SEPAFirmenlastschriften ohne Angabe von Gründen auch dann einen Anspruch auf Erstattung gegen seinen Zahlungsdienstleister, wenn die Voraussetzungen für eine Erstattung nach Absatz 1 nicht erfüllt sind.

(3) Der Zahler kann mit seinem Zahlungsdienstleister vereinbaren, dass er keinen Anspruch auf Erstattung hat, wenn er seine Zustimmung zur Ausführung des Zahlungsvorgangs direkt seinem Zahlungsdienstleister erteilt hat und er, sofern vereinbart, über den anstehenden Zahlungsvorgang mindestens vier Wochen vor dem Fälligkeitstermin vom Zahlungsdienstleister oder vom Zahlungsempfänger unterrichtet wurde.

(4) Ein Anspruch des Zahlers auf Erstattung ist ausgeschlossen, wenn er ihn nicht innerhalb von acht Wochen ab dem Zeitpunkt der Belastung des betreffenden Zahlungsbetrags gegenüber seinem Zahlungsdienstleister geltend macht.

(5) Der Zahlungsdienstleister ist verpflichtet, innerhalb von zehn Geschäfts-

증을 뒷받침하는 증거자료를 제시하여야 한다.

제675조의x [支給受領人에 의하여 또는 그를 통하여 開始된 遂行權限 있는 支給節次에서의 償還請求權]

① 지급인은 다음의 경우에는 지급수령인에 의하여 또는 그를 통하여 개시된 수행권한 있는 지급절차에 기하여 부담하게 된 지급금액의 상환을 청구할 권리를 가진다,

  1. 수행권한 수여에 있어서 정확한 금액을 고지하지 아니하였고, 또한

  2. 지급금액이 지급인이 종전의 지급행태, 지급사무처리기본계약의 내용 및 개별 사안의 구체적인 사정에 상응하여 기대할 수 있었던 금액을 넘은 때; 사정에 따라 있을 수 있는 통화교환거래와 관련되는 사정들은 당사자 사이에서 약정된 지표환율이 기준이 된 경우에는 고려되지 아니한다.

지급금액이 지급계좌에 차변기입된 경우에 그 지급계좌에서 그 금액을 대변기입하는 것은 늦어도 차변기입의 영업일이 이자기산일이 되도록 행하여져야 한다.

② 유럽단일통화기본차변기입 및 유럽단일통화기업차변기입에 의한 지급인은 제1항에서 정하는 상환청구권의 요건이 충족되지 아니하는 때에도 이유를 제시할 필요 없이 그의 지급사무처리자에 대하여 상환청구권을 가지되, 제3항은 영향을 받지 아니한다.

③ 지급인은 그의 지급사무처리자와의 사이에, 그가 지급사무의 실행에 대한 동의를 그의 지급사무처리자에게 직접 표시하였고 또한 약정된 대로 그가 최소한 이행기한 4주 전에 지급사무처리자 또는 지급수령인으로부터 실행될 것인 지급절차에 관하여 통지를 받은 경우에는 상환청구권을 가지지 아니하는 것으로 약정할 수 있다.

④ 지급인의 상환청구권은 그가 당해 지급금액의 부담을 안게 된 때부터 8주 안에 그의 지급사무처리자에 대하여 이를 행사하지 아니한 때에는 배제된다.

⑤ 지급사무처리자는 상환청구의 도달 후 10영업일 내에 지급절차의 금

tagen nach Zugang eines Erstattungsverlangens entweder den vollständigen Betrag des Zahlungsvorgangs zu erstatten oder dem Zahler die Gründe für die Ablehnung der Erstattung mitzuteilen. Im Fall der Ablehnung hat der Zahlungsdienstleister auf die Beschwerdemöglichkeit gemäß §§ 60 bis 62 des Zahlungsdiensteaufsichtsgesetzes und auf die Möglichkeit, eine Schlichtungsstelle gemäß § 14 des Unterlassungsklagengesetzes anzurufen, hinzuweisen. Das Recht des Zahlungsdienstleisters, eine innerhalb der Frist nach Absatz 4 geltend gemachte Erstattung abzulehnen, erstreckt sich nicht auf den Fall nach Absatz 2.

(6) Wenn ein Fall des § 675d Absatz 6 Satz 1 Nummer 1 Buchstabe b vorliegt,

1. ist § 675x Absatz 1 auf die innerhalb des Europäischen Wirtschaftsraums getätigten Bestandteile des Zahlungsvorgangs nicht anzuwenden und

2. kann von § 675x Absatz 2 bis 5 für die innerhalb des Europäischen Wirtschaftsraums getätigten Bestandteile des Zahlungsvorgangs abgewichen werden.

§ 675y Haftung der Zahlungsdienstleister bei nicht erfolgter, fehlerhafter oder verspäteter Ausführung eines Zahlungsauftrags; Nachforschungspflicht

(1) Wird ein Zahlungsvorgang vom Zahler ausgelöst, kann dieser von seinem Zahlungsdienstleister im Fall einer nicht erfolgten oder fehlerhaften Ausführung des Zahlungsauftrags die unverzügliche und ungekürzte Erstattung des Zahlungsbetrags verlangen. Wurde der Betrag einem Zahlungskonto des Zahlers belastet, ist dieses Zahlungskonto wieder auf den Stand zu bringen, auf dem es sich ohne den fehlerhaft ausgeführten Zahlungsvorgang befunden hätte. Wird ein Zahlungsvorgang vom Zahler über einen Zahlungsauslösedienstleister ausgelöst, so treffen die Pflichten aus den Sätzen 1 und 2 den kontoführenden Zahlungsdienstleister. Soweit vom Zahlungsbetrag entgegen § 675q Abs. 1 Entgelte abgezogen wurden, hat der Zahlungsdienstleister des Zahlers den abgezogenen Betrag dem Zahlungsempfänger unverzüglich zu übermitteln. Weist der Zahlungsdienstleister des Zahlers nach, dass der Zahlungsbetrag ungekürzt beim Zahlungsdienstleister des Zahlungsempfängers eingegangen ist, entfällt die Haftung nach diesem Absatz.

(2) Wird ein Zahlungsvorgang vom oder über den Zahlungsempfänger ausgelöst, kann dieser im Fall einer nicht erfolgten oder fehlerhaften Ausführung

액 전부를 상환하거나 아니면 상환 거절의 이유를 지급인에게 알려줄 의
무를 진다. 그 거절의 경우에는 지급사무처리자는 지급사무감독법 제60
조 내지 제62조에서 정하여진 이의제기의 가능성 및 부작위소송법 제14
조에서 정하여진 조정기관調停機關에 호소할 수 있는 가능성을 고지하여
야 한다. 제 4 항의 기간 안에 주장된 상환을 거절할 지급사무처리자의
권리는 제 2 항에서 정하여진 경우에 확장되지 아니한다.

⑥ 제675조의d 제 6 항 제 1 문 제 1 호 b목에서 정하는 경우가 발생한 때
에는,

1. 제675조의x 제 1 항은 지급절차 중 유럽경제공동체 내에서 행하여진
   부분에 대하여는 적용되지 아니하고,

2. 지급절차 중 유럽경제공동체 내에서 행하여진 부분에 대하여는 제
   675조의x 제 2 항 내지 제 5 항과 다른 약정을 할 수 있다.

제675조의y [支給委託의 不實行, 不完全實行 또는 遲延實行의 경우 支給
事務處理者의 責任; 調査義務]

① 지급인에 의하여 개시된 지급절차에 있어서 지급위탁이 실행되지 아
니하거나 불완전하게 실행되었던 경우에 지급인은 그의 지급사무처리자
에게 지급금액을 지체 없이 그리고 감축 없이 상환할 것을 청구할 수 있
다. 그 금액이 지급인의 지급계좌에서 차변기장된 때에는 그 지급계좌는
불완전하게 실행된 지급절차가 행하여지지 아니하였다면 있었을 상태로
회복되어야 한다. 지급절차가 지급인에 의하여 지급청구서비스제공자를
통하여 개시된 경우에는 제 1 문 및 제 2 문에 정하여진 의무는 계좌를 운
용하는 지급사무처리자가 이를 부담한다. 제675조의q 제 1 항에 반하여
지급금액으로부터 보수가 차감된 경우에는 지급인의 지급사무처리자는
그 차감된 금액을 지급수령인에게 지체 없이 전달하여야 한다. 지급인의
지급사무처리자가 지급금액이 감축 없이 지급수령인의 지급사무처리자
에게 입금되었음을 입증한 경우에는 이 항에서 정하는 책임은 발생하지
아니한다.

② 지급수령인에 의하여 또는 그를 통하여 개시된 지급절차에 있어서

des Zahlungsauftrags verlangen, dass sein Zahlungsdienstleister diesen Zahlungsauftrag unverzüglich, gegebenenfalls erneut, an den Zahlungsdienstleister
des Zahlers übermittelt. Weist der Zahlungsdienstleister des Zahlungsempfängers nach, dass er die ihm bei der Ausführung des Zahlungsvorgangs obliegenden Pflichten erfüllt hat, hat der Zahlungsdienstleister des Zahlers dem
Zahler gegebenenfalls unverzüglich den ungekürzten Zahlungsbetrag entsprechend Absatz 1 Satz 1 und 2 zu erstatten. Soweit vom Zahlungsbetrag entgegen
§ 675q Abs. 1 und 2 Entgelte abgezogen wurden, hat der Zahlungsdienstleister
des Zahlungsempfängers den abgezogenen Betrag dem Zahlungsempfänger
unverzüglich verfügbar zu machen.

(3) Wird ein Zahlungsvorgang vom Zahler ausgelöst, kann dieser im Fall
einer verspäteten Ausführung des Zahlungsauftrags verlangen, dass sein
Zahlungsdienstleister gegen den Zahlungsdienstleister des Zahlungsempfängers
den Anspruch nach Satz 2 geltend macht. Der Zahlungsdienstleister des Zahlers
kann vom Zahlungsdienstleister des Zahlungsempfängers verlangen, die Gutschrift des Zahlungsbetrags auf dem Zahlungskonto des Zahlungsempfängers so
vorzunehmen, als sei der Zahlungsvorgang ordnungsgemäß ausgeführt worden.
Wird ein Zahlungsvorgang vom Zahler über einen Zahlungsauslösedienstleister
ausgelöst, so trifft die Pflicht aus Satz 1 den kontoführenden Zahlungsdienstleister. Weist der Zahlungsdienstleister des Zahlers nach, dass der Zahlungsbetrag rechtzeitig beim ahlungsdienstleister des Zahlungsempfängers eingegangen
ist, entfällt die Haftung nach diesem Absatz.

(4) Wird ein Zahlungsvorgang vom oder über den Zahlungsempfänger ausgelöst, kann dieser im Fall einer verspäteten Übermittlung des Zahlungsauftrags
verlangen, dass sein Zahlungsdienstleister die Gutschrift des Zahlungsbetrags
auf dem Zahlungskonto des Zahlungsempfängers so vornimmt, als sei der
Zahlungsvorgang ordnungsgemäß ausgeführt worden. Weist der Zahlungsdienstleister des Zahlungsempfängers nach, dass er den Zahlungsauftrag rechtzeitig an
den Zahlungsdienstleister des Zahlers übermittelt hat, ist der Zahlungsdienstleister des Zahlers verpflichtet, dem Zahler gegebenenfalls unverzüglich den
ungekürzten Zahlungsbetrag nach Absatz 1 Satz 1 und 2 zu erstatten. Dies gilt
nicht, wenn der Zahlungsdienstleister des Zahlers nachweist, dass der Zahlungsbetrag lediglich verspätet beim Zahlungsdienstleister des Zahlungsempfängers
eingegangen ist. In diesem Fall ist der Zahlungsdienstleister des Zahlungs-

지급위탁이 실행되지 아니하거나 불완전하게 실행되었던 경우에 지급
수령인은 그의 지급사무처리자에게 그 지급금액을 지체 없이, 그리고 사
정에 따라서는 다시금 지급인의 지급사무처리자에게 전달할 것을 청구
할 수 있다. 지급수령인의 지급사무처리자가 그가 지급절차의 실행에 있
어서 부담하는 의무를 이행하였음을 입증한 경우에는 지급인의 지급사
무처리자는 지급인에게 감축되지 아니한 지급금액을 제1항 제1문 및
제2문에 따라 사정에 따라서는 지체 없이 지급인에게 상환하여야 한다.
제675조의q 제1항 및 제2항에 반하여 지급금액으로부터 보수가 차감
된 경우에는 지급수령인의 지급사무처리자는 그 차감된 금액을 지급수
령인에게 지체 없이 처분가능하도록 하여야 한다.

③ 지급절차가 지급인에 의하여 개시된 경우에 지급위탁의 실행이 지연
된 때에는 지급인은 그의 지급사무처리자가 지급수령인의 지급사무처리
자에 대하여 제2문에 따라 청구권을 행사할 것을 요구할 수 있다. 지급
인의 지급사무처리자는 지급수령인의 지급사무처리자에 대하여 지급절
차가 제대로 이행되는 것과 같이 지급수령인의 지급계좌에 지급금액의
대변기재를 할 것을 요구할 수 있다. 지급절차가 지급인에 의하여 지급
청구서비스제공자를 통하여 개시된 경우에 제1문 소정의 의무는 계좌
를 운용하는 지급사무처리자가 이를 부담한다. 지급인의 지급사무처리
자가 지급금액이 적시에 지급수령인의 지급사무처리자에게 입금되었음
을 증명한 경우에는 이 항 소정의 책임은 발생하지 아니한다.

④ 지급절차가 지급수령인에 의하여 또는 그를 통하여 개시된 경우에
지급위탁의 전달이 지연된 때에는 지급수령인은 그의 지급사무처리자
가 지급절차가 제대로 이행되는 것과 같이 지급수령인의 지급계좌에 지
급금액의 대변기재를 할 것을 요구할 수 있다. 지급수령인의 지급사무처
리자가 지급위탁이 적시에 지급인의 지급사무처리자에게 전달되었음을
증명한 경우에는, 지급인의 지급사무처리자는 사정이 허락하는 한 지체
없이 지급인에게 제1항 제1문 및 제2문에 따라 지급금액을 감축 없이
지급인에게 상환할 의무를 진다. 지급인의 지급사무처리자가 지급금액
이 지급수령인의 지급사무처리자에게 입금되었음을 증명하는 경우에는

empfängers verpflichtet, den Zahlungsbetrag entsprechend Satz 1 auf dem Zahlungskonto des Zahlungsempfängers gutzuschreiben.

(5) Ansprüche des Zahlungsdienstnutzers gegen seinen Zahlungsdienstleister nach Absatz 1 Satz 1 und 2 sowie Absatz 2 Satz 2 bestehen nicht, soweit der Zahlungsauftrag in Übereinstimmung mit der vom Zahlungsdienstnutzer angegebenen fehlerhaften Kundenkennung ausgeführt wurde. In diesem Fall kann der Zahler von seinem Zahlungsdienstleister jedoch verlangen, dass dieser sich im Rahmen seiner Möglichkeiten darum bemüht, den Zahlungsbetrag wiederzuerlangen. Der Zahlungsdienstleister des Zahlungsempfängers ist verpflichtet, dem Zahlungsdienstleister des Zahlers alle für die Wiedererlangung des Zahlungsbetrags erforderlichen Informationen mitzuteilen. Ist die Wiedererlangung des Zahlungsbetrags nach den Sätzen 2 und 3 nicht möglich, so ist der Zahlungsdienstleister des Zahlers verpflichtet, dem Zahler auf schriftlichen Antrag alle verfügbaren Informationen mitzuteilen, damit der Zahler einen Anspruch auf Erstattung des Zahlungsbetrags geltend machen kann. Der Zahlungsdienstleister kann mit dem Zahlungsdienstnutzer im Zahlungsdiensterahmenvertrag ein Entgelt für Tätigkeiten nach den Sätzen 2 bis 4 vereinbaren.

(6) Ein Zahlungsdienstnutzer kann von seinem Zahlungsdienstleister über die Ansprüche nach den Absätzen 1 und 2 hinaus die Erstattung der Entgelte und Zinsen verlangen, die der Zahlungsdienstleister ihm im Zusammenhang mit der nicht erfolgten oder fehlerhaften Ausführung des Zahlungsvorgangs in Rechnung gestellt oder mit denen er dessen Zahlungskonto belastet hat.

(7) Wurde ein Zahlungsauftrag nicht oder fehlerhaft ausgeführt, hat der Zahlungsdienstleister desjenigen Zahlungsdienstnutzers, der einen Zahlungsvorgang ausgelöst hat oder über den ein Zahlungsvorgang ausgelöst wurde, auf Verlangen seines Zahlungsdienstnutzers den Zahlungsvorgang nachzuvollziehen und seinen Zahlungsdienstnutzer über das Ergebnis zu unterrichten.

(8) Wenn ein Fall des § 675d Absatz 6 Satz 1 Nummer 1 Buchstabe b vorliegt, ist § 675y Absatz 1 bis 4 auf die innerhalb des Europäischen Wirtschaftsraums getätigten Bestandteile des Zahlungsvorgangs nicht anzuwenden.

§ 675z Sonstige Ansprüche bei nicht erfolgter, fehlerhafter oder verspäteter Ausführung eines Zahlungsauftrags oder bei einem nicht autorisierten Zahlungsvorgang

그러하지 아니하다. 이 경우에 지급수령인의 지급사무처리자는 제 1 문에 상응하여 지급수령인의 지급계좌에 대변기입할 의무를 진다.

⑤ 지급위탁이 지급사무이용자가 고지한 흠 있는 고객식별표지에 일치하게 실행된 경우에는 제 1 항 제 1 문, 제 2 문 및 제 2 항 제 2 문에 의한 지급사무 이용자의 그 지급사무처리자에 대한 청구권은 성립하지 아니한다. 그러나 그 경우에 지급인은 그의 지급사무처리자에 대하여 가능한 한도에서 지급금액을 다시 취득하도록 노력할 것을 청구할 수 있다. 지급수령인의 지급사무처리자는 지급인의 지급사무처리자에 대하여 지급금액의 재취득을 위하여 필요한 모든 정보를 제공할 의무를 진다. 제 2 문 및 제 3 문에 따른 지급금액의 재취득이 불가능한 경우에, 지급인의 지급사무처리자는 지급인에게 그가 지급금액의 이행을 청구할 권리를 행사하는 데 필요한 모든 가능한 정보를 서면으로 제공하여야 한다. 지급사무처리자는 지급사무이용자와의 사이에 지급사무처리기본계약에서 제 2 문 내지 제 4 문에서 정하여진 활동에 대하여 보수를 약정할 수 있다.

⑥ 지급사무이용자는 제 1 항 및 제 2 항에서 정하여진 청구권을 넘어서 그의 지급사무처리자가 실행되지 아니하거나 불완전하게 실행된 지급절차와 관련 아래 자신에게 부담시키거나 자신의 지급계좌에서 차변기장한 보수 및 이자의 상환을 청구할 수 있다.

⑦ 지급위탁이 실행되지 아니하거나 불완전하게 실행된 경우에는 지급절차를 개시하거나 그를 통하여 지급절차가 개시된 지급사무이용자의 지급사무처리자는 그의 지급사무이용자의 청구가 있으면 지급절차를 추후적으로 실행하고 그의 지급사무이용자에게 그 결과를 통지하여야 한다.

⑧ 제675조의d 제 6 항 제 1 문 제 1 호 b목에서 정하여진 경우가 발생한 때에는 제675조의y 제 1 항 내지 제 4 항은 지급사무 중 유럽경제공동체 내에서 행하여진 부분에 대하여는 적용되지 아니한다.

제675조의z [支給委託의 不實行, 不完全實行 또는 遲延實行이나 遂行權限 없는 支給節次에서의 다른 請求權]

Die §§ 675u und 675y sind hinsichtlich der dort geregelten Ansprüche eines Zahlungsdienstnutzers abschließend. Die Haftung eines Zahlungsdienstleisters gegenüber seinem Zahlungsdienstnutzer für einen wegen nicht erfolgter, fehlerhafter oder verspäteter Ausführung eines Zahlungsauftrags entstandenen Schaden, der nicht bereits von § 675y erfasst ist, kann auf 12 500 Euro begrenzt werden; dies gilt nicht für Vorsatz und grobe Fahrlässigkeit, den Zinsschaden und für Gefahren, die der Zahlungsdienstleister besonders übernommen hat. Zahlungsdienstleister haben hierbei ein Verschulden, das einer zwischengeschalteten Stelle zur Last fällt, wie eigenes Verschulden zu vertreten, es sei denn, dass die wesentliche Ursache bei einer zwischengeschalteten Stelle liegt, die der Zahlungsdienstnutzer vorgegeben hat. In den Fällen von Satz 3 zweiter Halbsatz haftet die von dem Zahlungsdienstnutzer vorgegebene zwischengeschaltete Stelle anstelle des Zahlungsdienstleisters des Zahlungsdienstnutzers. § 675y Abs. 3 Satz 1 ist auf die Haftung eines Zahlungsdienstleisters nach den Sätzen 2 bis 4 entsprechend anzuwenden. Wenn ein Fall des § 675d Absatz 6 Satz 1 Nummer 1 Buchstabe b vorliegt, ist § 675z Satz 3 auf die innerhalb des Europäischen Wirtschaftsraums getätigten Bestandteile des Zahlungsvorgangs nicht anzuwenden.

§ 676 Nachweis der Ausführung von Zahlungsvorgängen

Ist zwischen dem Zahlungsdienstnutzer und seinem Zahlungsdienstleister streitig, ob der Zahlungsvorgang ordnungsgemäß ausgeführt wurde, muss der Zahlungsdienstleister nachweisen, dass der Zahlungsvorgang ordnungsgemäß aufgezeichnet und verbucht sowie nicht durch eine Störung beeinträchtigt wurde.

§ 676a Ausgleichsanspruch

(1) Liegt die Ursache für die Haftung eines Zahlungsdienstleisters gemäß den §§ 675u, 675y und 675z im Verantwortungsbereich eines anderen Zahlungsdienstleisters, eines Zahlungsauslösedienstleisters oder einer zwischengeschalteten Stelle, so kann der Zahlungsdienstleister von dem anderen Zahlungsdienstleister, dem Zahlungsauslösedienstleister oder der zwischengeschalteten Stelle den Ersatz des Schadens verlangen, der ihm aus der Erfüllung der Ansprüche eines Zahlungsdienstnutzers gemäß den §§ 675u, 675y und 675z entsteht.

제675조의u 및 제675조의y는 그 규정에서 정하여진 지급사무이용자의
청구권에 관하여 종국적인 규율을 한다. 지급위탁이 실행되지 아니하거
나 불완전하게 또는 지연되어 실행됨으로써 발생한 것으로서 제675조의
y에 의하여 전보되지 아니하는 손해에 관하여 지급사무처리자의 그 지
급사무이용자에 대한 책임은 12,500유로로 제한될 수 있다; 이는 고의 또
는 중대한 과실의 경우, 이자손해 및 지급사무처리자가 특별히 인수한
위험에 대하여는 적용되지 아니한다. 그에 있어서 지급사무처리자는 중
간개입의 기관에게 돌아가는 과책사유에 대하여 그 자신의 것과 같이 책
임 있다, 그러나 그 본질적인 원인이 지급사무이용자가 지정한 중간개
입의 기관에 있는 경우에는 그러하지 아니하다. 제3문 단서의 경우에는
지급사무이용자가 지정한 중간개입의 기관이 지급사무이용자의 지급사
무처리자에 갈음하여 책임을 진다. 제675조의y 제5항 제1문은 제2문
내지 제4문에서 정하여진 지급사무처리자의 책임에 준용된다. 제675조
의d 제6항 제1문 제1호 b목에서 정하여진 경우가 발생한 때에는 제
675조의z 제3문은 지급절차 중 유럽경제공동체 내에서 행하여진 부분
에 대하여는 적용되지 아니한다.

제676조 [支給節次 實行의 立證]

지급사무이용자와 지급사무처리자 사이에서 지급절차가 적절하게 실행
되었는지가 다투어지는 때에는 지급사무처리자가 지급절차가 적정하게
기록·기장되었고 방해요소에 의하여 저해되지 아니한 것을 입증하여야
한다.

제676조의a [償還請求權]

① 제675조의u, 제675조의y 및 제675조의z에 의한 지급사무처리자의 책
임에 관하여 그 원인이 다른 지급사무처리자, 지급청구서비스제공자 또
는 중간 개입의 기관의 책임영역에 있는 경우에, 지급사무처리자는 다른
지급사무처리자, 지급청구서비스제공자 또는 중간 개입의 기관에 대하
여 제675조의u, 제675조의y 및 제675조의z에 좇아 지급사무이용자의 청구
권을 이행함으로 말미암아 그에게 발생한 손해의 배상을 청구할 수 있다.
② 지급인의 지급사무처리자로서 계좌를 운용하는 자와 지급청구서비

(2) Ist zwischen dem kontoführenden Zahlungsdienstleister des Zahlers und einem Zahlungsauslösedienstleister streitig, ob ein ausgeführter Zahlungsvorgang autorisiert wurde, muss der Zahlungsauslösedienstleister nachweisen, dass in seinem Verantwortungsbereich eine Authentifizierung erfolgt ist und der Zahlungsvorgang ordnungsgemäß aufgezeichnet sowie nicht durch eine Störung beeinträchtigt wurde.

(3) Ist zwischen dem kontoführenden Zahlungsdienstleister des Zahlers und einem Zahlungsauslösedienstleister streitig, ob ein Zahlungsvorgang ordnungsgemäß ausgeführt wurde, muss der Zahlungsauslösedienstleister nachweisen, dass

1. der Zahlungsauftrag dem kontoführenden Zahlungsdienstleister gemäß § 675n zugegangen ist und

2. der Zahlungsvorgang im Verantwortungsbereich des Zahlungsauslösedienstleisters ordnungsgemäß aufgezeichnet sowie nicht durch eine Störung beeinträchtigt wurde.

§ 676b Anzeige nicht autorisierter oder fehlerhaft ausgeführter Zahlungsvorgänge

(1) Der Zahlungsdienstnutzer hat seinen Zahlungsdienstleister unverzüglich nach Feststellung eines nicht autorisierten oder fehlerhaft ausgeführten Zahlungsvorgangs zu unterrichten.

(2) Ansprüche und Einwendungen des Zahlungsdienstnutzers gegen den Zahlungsdienstleister nach diesem Unterkapitel sind ausgeschlossen, wenn dieser seinen Zahlungsdienstleister nicht spätestens 13 Monate nach dem Tag der Belastung mit einem nicht autorisierten oder fehlerhaft ausgeführten Zahlungsvorgang hiervon unterrichtet hat. Der Lauf der Frist beginnt nur, wenn der Zahlungsdienstleister den Zahlungsdienstnutzer über die den Zahlungsvorgang betreffenden Angaben gemäß Artikel 248 §§ 7, 10 oder § 14 des Einführungsgesetzes zum Bürgerlichen Gesetzbuche unterrichtet hat; anderenfalls ist für den Fristbeginn der Tag der Unterrichtung maßgeblich.

(3) Für andere als die in § 675z Satz 1 genannten Ansprüche des Zahlungsdienstnutzers gegen seinen Zahlungsdienstleister wegen eines nicht autorisierten oder fehlerhaft ausgeführten Zahlungsvorgangs gilt Absatz 2 mit der Maßgabe, dass der Zahlungsdienstnutzer diese Ansprüche auch nach Ablauf der Frist geltend machen kann, wenn er ohne Verschulden an der Einhaltung der

스제공자 사이에 지급절차가 적법한 권한에 기하여 실행되었는지에 관하여 다툼이 있는 경우에는, 지급청구서비스제공자가 그의 책임범위 안에서 권한부여가 행하여졌으며 또한 지급절차가 적절하게 기록되고 장애요소에 의하여 방해받지 아니하였음을 입증하여야 한다.

③ 지급인의 지급사무처리자로서 계좌를 운용하는 자와 지급청구서비스제공자 사이에 지급절차가 정상적으로 실행되었는지에 관하여 다툼이 있는 경우에는, 지급청구서비스제공자가 다음을 입증하여야 한다,

1. 지급위탁이 계좌를 운용하는 지급사무처리자에게 제675조의n에 좇아 도달하였고, 또한

2. 지급절차가 지급청구서비스제공자의 책임범위 안에서 적절하게 기록되고 장애요소에 의하여 방해받지 아니하였다는 것.

제676조의b [遂行權限 없거나 不完全하게 實行된 支給節次의 告知]

① 지급사무이용자가 지급절차가 수행권한 없이 행하여지거나 불완전하게 실행된 것을 확인한 경우에 그는 그 후 지체 없이 이를 그의 지급사무처리자에게 통지하여야 한다.

② 이 목에서 정하는 지급사무이용자의 지급사무처리자에 대한 청구권과 대항사유는 그가 수행권한 없이 행하여지거나 불완전하게 실행된 지급절차로 인하여 부담을 안게 된 때로부터 13개월 안에 그의 지급사무처리자에게 이를 통지하지 아니한 경우에는 배제된다. 그 기간은 지급사무처리자가 민법시행법 제248조 §7, §10 또는 §14에 의하여 지급절차에 관한 사항에 대하여 지급사무이용자에게 통지한 때로부터 기산된다; 그 이외의 경우에는 통지일이 기간 기산의 기준이 된다.

③ 수행권한 없거나 불완전하게 실행된 지급절차로 인하여 제675조의z 제1문에 의하여 지급사무이용자가 그 지급사무처리자에 대하여 가지는 청구권 이외의 청구권에 대하여는 지급사무이용자가 과책사유 없이 기간을 준수하지 못한 경우에는 그 청구권을 기간의 경과 후에도 행사할 수 있는 것으로 하여 제2항이 적용된다.

④ 지급절차가 지급청구서비스제공자에 의하여 개시된 경우에, 지급사

Frist verhindert war.

(4) Wurde der Zahlungsvorgang über einen Zahlungsauslösedienstleister ausgelöst, sind Ansprüche und Einwendungen des Zahlungsdienstnutzers gegen seinen kontoführenden Zahlungsdienstleister ausgeschlossen, wenn der Zahlungsdienstnutzer den kontoführenden Zahlungsdienstleister nicht spätestens 13 Monate nach dem Tag der Belastung mit einem nicht autorisierten oder fehlerhaften Zahlungsvorgang hiervon unterrichtet hat. Der Lauf der Frist beginnt nur, wenn der kontoführende Zahlungsdienstleister den Zahlungsdienstnutzer über die den Zahlungsvorgang betreffenden Angaben gemäß Artikel 248 §§ 7, 10 oder § 14 des Einführungsgesetzes zum Bürgerlichen Gesetzbuche unterrichtet hat; anderenfalls ist für den Fristbeginn der Tag der Unterrichtung durch den kontoführenden Zahlungsdienstleister maßgeblich.

(5) Für andere als die in § 675z Satz 1 genannten Ansprüche des Zahlungsdienstnutzers gegen seinen kontoführenden Zahlungsdienstleister oder gegen den Zahlungsauslösedienstleister wegen eines nicht autorisierten oder fehlerhaft ausgeführten Zahlungsvorgangs gilt Absatz 4 mit der Maßgabe, dass

1. die Anzeige an den kontoführenden Zahlungsdienstleister auch zur Erhaltung von Ansprüchen und Einwendungen des Zahlungsdienstnutzers gegen den Zahlungsauslösedienstleister genügt und

2. der Zahlungsdienstnutzer seine Ansprüche gegen den kontoführenden Zahlungsdienstleister oder gegen den Zahlungsauslösedienstleister auch nach Ablauf der Frist geltend machen kann, wenn er ohne Verschulden an der Einhaltung der Frist verhindert war.

§ 676c Haftungsausschluss

Ansprüche nach diesem Kapitel sind ausgeschlossen, wenn die einen Anspruch begründenden Umstände

1. auf einem ungewöhnlichen und unvorhersehbaren Ereignis beruhen, auf das diejenige Partei, die sich auf dieses Ereignis beruft, keinen Einfluss hat, und dessen Folgen trotz Anwendung der gebotenen Sorgfalt nicht hätten vermieden werden können, oder

2. vom Zahlungsdienstleister auf Grund einer gesetzlichen Verpflichtung herbeigeführt wurden.

무이용자가 계좌를 운용하는 그의 지급사무처리자에 대하여 가지는 청구권 및 대항사유는 지급사무이용자가 권한 없거나 흠 있는 지급절차에서 행하여진 차변기입이 있은 날로부터 늦어도 13개월 안에 계좌를 운용하는 지급사무처리자에게 이를 알리지 아니한 경우에는 배제된다. 그 기간은 계좌를 운용하는 지급사무처리자가 민법시행법 제248조 §7, §10 또는 §14에 좇아 그 지급절차에 관한 사항들을 지급사무처리자에게 알린 때부터 비로소 진행한다; 그렇게 하지 아니한 경우에는 기간의 진행은 계좌를 운용하는 지급사무처리자가 고지한 날이 기준이 된다.

⑤ 지급사무이용자가 계좌를 운용하는 그의 지급사무처리자 또는 지급청구서비스제공자에 대하여 권한 없거나 흠 있는 지급절차의 실행을 이유로 하여 제675조의z 제1문에 기하여 가지는 청구권이 아닌 청구권에 대하여는 제4항이 다음과 같이 하는 것으로 하여 적용된다,

1. 지급사무이용자의 지급청구서비스제공자에 대한 청구권과 대항사유를 유지하는 데에는 계좌를 운용하는 지급사무처리자에 대한 고지만으로 족하다는 것, 또한

2. 지급사무이용자는 그의 과책 없이 그 기간의 준수를 방해당한 때에는 계좌를 운용하는 지급사무처리자 또는 지급청구서비스제공자에 대한 청구권을 그 기간의 경과 후에도 행사할 수 있다는 것.

제676조의c [責任排除]

이 항에서 정하여진 청구권은 그 발생원인이 된 사정들이 다음과 같은 것인 경우에는 배제된다,

1. 예측할 수 없는 비상한 사태에 기한 것으로서 그 사태를 원용하는 당사자가 아무런 영향을 미칠 수 없고, 또한 그 결과를 요구되는 주의를 하더라도 회피할 수 없었던 것, 또는

2. 지급사무처리자가 법정의 의무에 기하여 초래한 것.

Titel 13　Geschäftsführung ohne Auftrag

§ 677　Pflichten des Geschäftsführers

Wer ein Geschäft für einen anderen besorgt, ohne von ihm beauftragt oder ihm gegenüber sonst dazu berechtigt zu sein, hat das Geschäft so zu führen, wie das Interesse des Geschäftsherrn mit Rücksicht auf dessen wirklichen oder mutmaßlichen Willen es erfordert.

§ 678　Geschäftsführung gegen den Willen des Geschäftsherrn

Steht die Übernahme der Geschäftsführung mit dem wirklichen oder dem mutmaßlichen Willen des Geschäftsherrn in Widerspruch und musste der Geschäftsführer dies erkennen, so ist er dem Geschäftsherrn zum Ersatz des aus der Geschäftsführung entstehenden Schadens auch dann verpflichtet, wenn ihm ein sonstiges Verschulden nicht zur Last fällt.

§ 679　Unbeachtlichkeit des entgegenstehenden Willens des Geschäftsherrn

Ein der Geschäftsführung entgegenstehender Wille des Geschäftsherrn kommt nicht in Betracht, wenn ohne die Geschäftsführung eine Pflicht des Geschäftsherrn, deren Erfüllung im öffentlichen Interesse liegt, oder eine gesetzliche Unterhaltspflicht des Geschäftsherrn nicht rechtzeitig erfüllt werden würde.

§ 680　Geschäftsführung zur Gefahrenabwehr

Bezweckt die Geschäftsführung die Abwendung einer dem Geschäftsherrn drohenden dringenden Gefahr, so hat der Geschäftsführer nur Vorsatz und grobe Fahrlässigkeit zu vertreten.

§ 681　Nebenpflichten des Geschäftsführers

Der Geschäftsführer hat die Übernahme der Geschäftsführung, sobald es tunlich ist, dem Geschäftsherrn anzuzeigen und, wenn nicht mit dem Aufschub Gefahr verbunden ist, dessen Entschließung abzuwarten. Im übrigen finden auf die Verpflichtungen des Geschäftsführers die für einen Beauftragten geltenden Vorschriften der §§ 666 bis 668 entsprechende Anwendung.

§ 682　Fehlende Geschäftsfähigkeit des Geschäftsführers

Ist der Geschäftsführer geschäftsunfähig oder in der Geschäftsfähigkeit beschränkt, so ist er nur nach den Vorschriften über den Schadensersatz wegen unerlaubter Handlungen und über die Herausgabe einer ungerechtfertigten

제13절 事務管理

제677조 [事務管理者의 義務]

타인으로부터 위임을 받지 아니하거나 기타 타인에 대하여 그 권한 없이 타인을 위하여 사무를 처리하는 사람은, 본인의 실제의 또는 추정적 의사를 고려하여 그의 이익이 요구하는 대로 사무를 관리하여야 한다.

제678조 [本人의 意思에 반하는 事務管理]

사무관리의 인수가 본인의 실제의 또는 추정적 의사에 반하고 또 사무관리자가 이를 알아야 했던 경우에는, 사무관리자는 다른 과책이 없는 때에도 본인에 대하여 사무관리로 인하여 발생하는 손해를 배상할 의무를 진다.

제679조 [本人의 反對意思의 不考慮]

그 이행이 공적 이익이 되는 본인의 의무 또는 본인의 법률상의 부양의무가 사무관리를 하지 아니하면 적시에 이행되지 아니하는 때에는, 사무관리에 반하는 본인의 의사는 고려되지 아니한다.

제680조 [危險防止를 위한 事務管理]

사무관리가 본인에 대한 급박한 위험의 방지를 목적으로 행하여지는 때에는, 사무관리자는 고의 및 중과실에 대하여만 책임이 있다.

제681조 [事務管理者의 附隨義務]

사무관리자는 가능하게 되는 즉시로 본인에게 사무관리의 인수를 통지하고, 지연으로 위험이 발생할 우려가 없는 경우에는 본인의 결정을 기다려야 한다. 그 외에 사무관리자의 의무에 대하여는 수임인에 관한 제666조 내지 제668조의 규정이 준용된다.

제682조 [事務管理者의 無能力]

사무관리자가 행위무능력자이거나 제한행위능력자인 때에는 사무관리자는 불법행위로 인한 손해배상에 관한 규정 및 부당이득의 반환에 관한

Bereicherung verantwortlich.

§ 683 Ersatz von Aufwendungen

Entspricht die Übernahme der Geschäftsführung dem Interesse und dem wirklichen oder dem mutmaßlichen Willen des Geschäftsherrn, so kann der Geschäftsführer wie ein Beauftragter Ersatz seiner Aufwendungen verlangen. In den Fällen des § 679 steht dieser Anspruch dem Geschäftsführer zu, auch wenn die Übernahme der Geschäftsführung mit dem Willen des Geschäftsherrn in Widerspruch steht.

§ 684 Herausgabe der Bereicherung

Liegen die Voraussetzungen des § 683 nicht vor, so ist der Geschäftsherr verpflichtet, dem Geschäftsführer alles, was er durch die Geschäftsführung erlangt, nach den Vorschriften über die Herausgabe einer ungerechtfertigten Bereicherung herauszugeben. Genehmigt der Geschäftsherr die Geschäftsführung, so steht dem Geschäftsführer der im § 683 bestimmte Anspruch zu.

§ 685 Schenkungsabsicht

(1) Dem Geschäftsführer steht ein Anspruch nicht zu, wenn er nicht die Absicht hatte, von dem Geschäftsherrn Ersatz zu verlangen.

(2) Gewähren Eltern oder Voreltern ihren Abkömmlingen oder diese jenen Unterhalt, so ist im Zweifel anzunehmen, dass die Absicht fehlt, von dem Empfänger Ersatz zu verlangen.

§ 686 Irrtum über Person des Geschäftsherrn

Ist der Geschäftsführer über die Person des Geschäftsherrn im Irrtum, so wird der wirkliche Geschäftsherr aus der Geschäftsführung berechtigt und verpflichtet.

§ 687 Unechte Geschäftsführung

(1) Die Vorschriften der §§ 677 bis 686 finden keine Anwendung, wenn jemand ein fremdes Geschäft in der Meinung besorgt, dass es sein eigenes sei.

(2) Behandelt jemand ein fremdes Geschäft als sein eigenes, obwohl er weiß, dass er nicht dazu berechtigt ist, so kann der Geschäftsherr die sich aus den §§ 677, 678, 681, 682 ergebenden Ansprüche geltend machen. Macht er sie geltend, so ist er dem Geschäftsführer nach § 68l Satz l verpflichtet.

규정에 따라서만 책임을 진다.

제683조 [費用의 償還]

사무관리의 인수가 본인의 이익 및 본인의 실제적 또는 추정적 의사와 일치하는 때에는 사무관리자는 수임인에 준하여 비용의 상환을 청구할 수 있다. 제679조의 경우에는 사무관리의 인수가 본인의 의사에 반하는 때에도 사무관리자는 그 청구권을 가진다.

제684조 [利得의 返還]

제683조의 요건이 충족되지 아니하는 때에는 본인은 사무관리로 인하여 취득한 모든 것을 부당이익의 반환에 관한 규정에 따라서 사무관리자에게 반환할 의무를 진다. 본인이 사무관리를 추인하는 때에는 사무관리자는 제683조에 정하여진 청구권을 가진다.

제685조 [贈與意圖]

① 사무관리자가 본인에 대하여 상환을 청구할 의도가 없었던 경우에는 그는 청구권이 없다.

② 부모나 직계존속이 그 비속을 또는 비속이 그 부모나 직계존속을 부양하는 경우에는, 의심스러운 때에는, 수령자에 대하여 상환을 청구할 의도가 없는 것으로 한다.

제686조 [本人의 同一性에 관한 錯誤]

사무관리자가 본인의 동일성에 관하여 착오에 빠진 때에는 진정한 사무본인이 사무관리로 인하여 권리를 취득하고 의무를 진다.

제687조 [不眞正事務管理]

① 타인의 사무를 자기의 사무라고 생각하고 처리하는 때에는 제677조 내지 제686조는 적용되지 아니한다.

② 자기가 사무처리에 관한 권한이 없음을 알면서 타인의 사무를 자기의 사무로서 처리하는 때에는 본인은 제677조, 제678조, 제681조, 제682조에 정하여진 청구권을 주장할 수 있다. 본인이 이를 주장하는 때에는 본인은 사무관리자에 대하여 제684조 제 1 문에 의하여 의무를 진다.

Titel 14   Verwahrung

§ 688 Vertragstypische Pflichten bei der Verwahrung
Durch den Verwahrungsvertrag wird der Verwahrer verpflichtet, eine ihm von dem Hinterleger übergebene bewegliche Sache aufzubewahren.

§ 689 Vergütung
Eine Vergütung für die Aufbewahrung gilt als stillschweigend vereinbart, wenn die Aufbewahrung den Umständen nach nur gegen eine Vergütung zu erwarten ist.

§ 690 Haftung bei unentgeltlicher Verwahrung
Wird die Aufbewahrung unentgeltlich übernommen, so hat der Verwahrer nur für diejenige Sorgfalt einzustehen, welche er in eigenen Angelegenheiten anzuwenden pflegt.

§ 691 Hinterlegung bei Dritten
Der Verwahrer ist im Zweifel nicht berechtigt, die hinterlegte Sache bei einem Dritten zu hinterlegen. Ist die Hinterlegung bei einem Dritten gestattet, so hat der Verwahrer nur ein ihm bei dieser Hinterlegung zur Last fallendes Verschulden zu vertreten. Für das Verschulden eines Gehilfen ist er nach § 278 verantwortlich.

§ 692 Änderung der Aufbewahrung
Der Verwahrer ist berechtigt, die vereinbarte Art der Aufbewahrung zu ändern, wenn er den Umständen nach annehmen darf, dass der Hinterleger bei Kenntnis der Sachlage die Änderung billigen würde. Der Verwahrer hat vor der Änderung dem Hinterleger Anzeige zu machen und dessen Entschließung abzuwarten, wenn nicht mit dem Aufschub Gefahr verbunden ist.

§ 693 Ersatz von Aufwendungen
Macht der Verwahrer zum Zwecke der Aufbewahrung Aufwendungen, die er den Umständen nach für erforderlich halten darf, so ist der Hinterleger zum Ersatz verpflichtet.

§ 694 Schadensersatzpflicht des Hinterlegers
Der Hinterleger hat den durch die Beschaffenheit der hinterlegten Sache dem Verwahrer entstehenden Schaden zu ersetzen, es sei denn, dass er die

제14절 任 置

제688조 [任置에서의 典型的 義務]

임치계약에 기하여 수치인은 임치인으로부터 인도받은 동산을 보관할 의무를 진다.

제689조 [報酬]

제반 사정에 비추어 보수를 지급하여서만 보관을 기대할 수 있는 때에는, 보관에 대한 보수는 묵시적으로 합의된 것으로 본다.

제690조 [無償任置에서의 責任]

보관이 무상으로 인수된 때에는 수치인은 자신의 사무에 관하여 통상 행하여지는 주의에 대하여만 책임진다.

제691조 [第三者에 대한 任置]

수치인은 의심스러운 때에는 임치물을 제3자에게 임치할 권리가 없다. 제3자에의 임치가 허용된 경우에는, 수치인은 자신이 그 임치에 있어서 범한 과책에 대하여만 책임 있다. 보조자의 과책에 대하여 그는 제278조에 의하여 책임을 진다.

제692조 [保管의 變更]

임치인이 사태를 알았더라면 변경을 용인하였으리라고 수치인이 제반 사정에 비추어 인정할 수 있는 경우에는, 그는 약정된 보관방법을 변경할 권리가 있다. 지연으로 위험이 발생할 우려가 없는 때에는 수치인은 변경 전에 임치인에게 그 통지를 하여야 하고, 또한 그의 결정을 기다려야 한다.

제693조 [費用의 償還]

수치인이 보관을 위하여 제반 사정에 비추어 필요하다고 인정할 수 있는 비용을 지출한 때에는 임치인은 이를 상환할 의무를 진다.

제694조 [任置人의 損害賠償義務]

임치인은 임치물의 성상으로 인하여 수치인에게 발생하는 손해를 배상하여야 한다, 그러나 임치인이 임치시에 위험을 일으키는 물건의 성상을

gefahrdrohende Beschaffenheit der Sache bei der Hinterlegung weder kennt noch kennen muss oder dass er sie dem Verwahrer angezeigt oder dieser sie ohne Anzeige gekannt hat.

§ 695　Rückforderungsrecht des Hinterlegers

Der Hinterleger kann die hinterlegte Sache jederzeit zurückfordern, auch wenn für die Aufbewahrung eine Zeit bestimmt ist. Die Verjährung des Anspruchs auf Rückgabe der Sache beginnt mit der Rückforderung.

§ 696　Rücknahmeanspruch des Verwahrers

Der Verwahrer kann, wenn eine Zeit für die Aufbewahrung nicht bestimmt ist, jederzeit die Rücknahme der hinterlegten Sache verlangen. Ist eine Zeit bestimmt, so kann er die vorzeitige Rücknahme nur verlangen, wenn ein wichtiger Grund vorliegt. Die Verjährung des Anspruchs beginnt mit dem Verlangen auf Rücknahme.

§ 697　Rückgabeort

Die Rückgabe der hinterlegten Sache hat an dem Ort zu erfolgen, an welchem die Sache aufzubewahren war; der Verwahrer ist nicht verpflichtet, die Sache dem Hinterleger zu bringen.

§ 698　Verzinsung des verwendeten Geldes

Verwendet der Verwahrer hinterlegtes Geld für sich, so ist er verpflichtet, es von der Zeit der Verwendung an zu verzinsen.

§ 699　Fälligkeit der Vergütung

(1) Der Hinterleger hat die vereinbarte Vergütung bei der Beendigung der Aufbewahrung zu entrichten. Ist die Vergütung nach Zeitabschnitten bemessen, so ist sie nach dem Ablauf der einzelnen Zeitabschnitte zu entrichten.

(2) Endigt die Aufbewahrung vor dem Ablauf der für sie bestimmten Zeit, so kann der Verwahrer einen seinen bisherigen Leistungen entsprechenden Teil der Vergütung verlangen, sofern nicht aus der Vereinbarung über die Vergütung sich ein anderes ergibt.

§ 700　Unregelmäßiger Verwahrungsvertrag

(1) Werden vertretbare Sachen in der Art hinterlegt, dass das Eigentum auf den Verwahrer übergehen und dieser verpflichtet sein soll, Sachen von gleicher Art, Güte und Menge zurückzugewähren, so finden bei Geld die Vorschriften

알지 못하였고 또 알 수 없었던 경우 또는 임치인이 이를 수치인에게 통
지하였거나 수치인이 통지 없이도 이를 알았던 경우에는 그러하지 아니
하다.

제695조 [任置人의 返還請求權]

보관기간의 정함이 있는 경우에도 임치인은 언제든지 임치물의 반환을
청구할 수 있다. 목적물의 반환청구권의 소멸시효는 반환청구가 있는 때
로부터 진행한다.

제696조 [受置人의 回收請求權]

보관기간의 정함이 없는 경우에는 수치인은 언제든지 임치물의 회수를
청구할 수 있다. 보관기간의 정함이 있는 경우에는 수치인은 중대한 사
유가 있는 때에 한하여 기간 경과 전에 회수를 청구할 수 있다. 그 청구
권의 소멸시효는 회수청구가 있는 때로부터 진행한다.

제697조 [返還場所]

임치물의 반환은 물건을 보관하기로 정하여졌던 장소에서 하여야 한다;
수치인은 물건을 임치인에게 지참할 의무가 없다.

제698조 [消費金錢의 利子支給]

수치인이 임치받은 금전을 자신을 위하여 소비한 때에는, 그는 그 소비
시부터 이에 대한 이자를 지급할 의무를 진다.

제699조 [報酬의 支給時期]

① 수치인은 보관의 종료시에 약정된 보수를 지급하여야 한다. 보수가
단위기간으로 정하여진 때에는 각 단위기간의 경과 후에 보수를 지급하
여야 한다.
② 약정한 보관기간의 경과 전에 보관이 종료하는 때에는, 보수약정으
로부터 달리 해석되지 아니하는 한, 수치인은 자신의 그 때까지의 급부
에 상당하는 부분의 보수를 청구할 수 있다.

제700조 [不規則任置契約]

① 대체물의 임치에 있어서 그 소유권이 수치인에게 이전되고 수치인이
동종, 동질 및 동량의 물건을 반환할 의무를 지기로 약정하는 때에는 금

über den Darlehensvertrag, bei anderen Sachen die Vorschriften über den Sachdarlehensvertrag Anwendung. Gestattet der Hinterleger dem Verwahrer, hinterlegte vertretbare Sachen zu verbrauchen, so finden bei Geld die Vorschriften über den Darlehensvertrag, bei anderen Sachen die Vorschriften über den Sachdarlehensvertrag von dem Zeitpunkt an Anwendung, in welchem der Verwahrer sich die Sachen aneignet. In beiden Fällen bestimmen sich jedoch Zeit und Ort der Rückgabe im Zweifel nach den Vorschriften über den Verwahrungsvertrag.

(2) Bei der Hinterlegung von Wertpapieren ist eine Vereinbarung der im Absatz 1 bezeichneten Art nur gültig, wenn sie ausdrücklich getroffen wird.

Titel 15　Einbringung von Sachen bei Gastwirten

§ 701 **Haftung des Gastwirts**

(1) Ein Gastwirt, der gewerbsmäßig Fremde zur Beherbergung aufnimmt, hat den Schaden zu ersetzen, der durch den Verlust, die Zerstörung oder die Beschädigung von Sachen entsteht, die ein im Betrieb dieses Gewerbes aufgenommener Gast eingebracht hat.

(2) Als eingebracht gelten

1. Sachen, welche in der Zeit, in der der Gast zur Beherbergung aufgenommen ist, in die Gastwirtschaft oder an einen von dem Gastwirt oder dessen Leuten angewiesenen oder von dem Gastwirt allgemein hierzu bestimmten Ort außerhalb der Gastwirtschaft gebracht oder sonst außerhalb der Gastwirtschaft von dem Gastwirt oder dessen Leuten in Obhut genommen sind,

2. Sachen, welche innerhalb einer angemessenen Frist vor oder nach der Zeit, in der der Gast zur Beherbergung aufgenommen war, von dem Gastwirt oder seinen Leuten in Obhut genommen sind.

Im Falle einer Anweisung oder einer Übernahme der Obhut durch Leute des Gastwirts gilt dies jedoch nur, wenn sie dazu bestellt oder nach den Umständen als dazu bestellt anzusehen waren.

(3) Die Ersatzpflicht tritt nicht ein, wenn der Verlust, die Zerstörung oder die Beschädigung von dem Gast, einem Begleiter des Gastes oder einer Person, die der Gast bei sich aufgenommen hat, oder durch die Beschaffenheit der Sachen oder durch höhere Gewalt verursacht wird.

전의 경우에는 소비대차계약에 관한 규정이, 기타의 물건의 경우에는 물건소비대차계약에 관한 규정이 적용된다. 임치인이 임치한 대체물의 소비를 수치인에게 허용하는 경우에는 수치인이 물건을 취득하는 때로부터, 금전의 경우에는 소비대차계약에 관한 규정이, 기타의 물건의 경우에는 물건소비대차계약에 관한 규정이 적용된다. 그러나 이들 경우에 반환의 시기와 장소는 임치계약에 관한 규정에 따라 정하여진다.

② 유가증권의 임치의 경우에 제1항에 정하여진 합의는 명시적으로 행하여진 경우에 한하여 유효하다.

제15절 宿泊業所에서의 物件의 搬入

제701조 [宿泊業者의 責任]

① 영업으로 숙박을 위하여 고객을 받는 숙박업자는 그 영업상 받아들인 고객이 반입한 물건의 분실, 멸실 또는 훼손으로 인하여 발생하는 손해를 배상하여야 한다.

② 다음 각 호의 물건은 반입된 것으로 본다,

1. 고객을 숙박을 위하여 받아들이고 있는 동안에, 고객이 숙박업소 또는 숙박업자나 그 사용인이 지시한 숙박업소 밖의 장소 또는 숙박업자가 일반적으로 그 용도로 지정한 숙박업소 밖의 장소로 들여온 물건 또는 숙박업소 밖에서 숙박업자 또는 그 사용인이 예수預受한 물건,

2. 고객을 숙박을 위하여 받아들였던 시기 전후의 상당한 기간 동안 숙박업자 또는 그 사용인이 예수한 물건.

그러나 숙박업자의 사용인에 의한 지시나 예수의 경우에는 그가 이를 위하여 선임되었거나 제반 사정에 비추어 이를 위하여 선임된 것으로 인정될 수 있었던 때에만 그러하다.

③ 고객, 그의 동반자 또는 고객이 받아들인 사람에 의하여 또는 물건의 성상 또는 불가항력으로 인하여 그 분실, 멸실 또는 훼손이 야기된 경우에는 손해배상의무가 발생하지 아니한다.

(4) Die Ersatzpflicht erstreckt sich nicht auf Fahrzeuge, auf Sachen, die in einem Fahrzeug belassen worden sind, und auf lebende Tiere.

§ 702 Beschränkung der Haftung; Wertsachen

(1) Der Gastwirt haftet auf Grund des § 701 nur bis zu einem Betrag, der dem Hundertfachen des Beherbergungspreises für einen Tag entspricht, jedoch mindestens bis zu dem Betrag von 600 Euro und höchstens bis zu dem Betrag von 3 500 Euro; für Geld, Wertpapiere und Kostbarkeiten tritt an die Stelle von 3 500 Euro der Betrag von 800 Euro.

(2) Die Haftung des Gastwirts ist unbeschränkt,

1. wenn der Verlust, die Zerstörung oder die Beschädigung von ihm oder seinen Leuten verschuldet ist,

2. wenn es sich um eingebrachte Sachen handelt, die er zur Aufbewahrung übernommen oder deren Übernahme zur Aufbewahrung er entgegen der Vorschrift des Absatzes 3 abgelehnt hat.

(3) Der Gastwirt ist verpflichtet, Geld, Wertpapiere, Kostbarkeiten und andere Wertsachen zur Aufbewahrung zu übernehmen, es sei denn, dass sie im Hinblick auf die Größe oder den Rang der Gastwirtschaft von übermäßigem Wert oder Umfang oder dass sie gefährlich sind. Er kann verlangen, dass sie in einem verschlossenen oder versiegelten Behältnis übergeben werden.

§ 702a Erlass der Haftung

(1) Die Haftung des Gastwirts kann im voraus nur erlassen werden, soweit sie den nach § 702 Abs. 1 maßgeblichen Höchstbetrag übersteigt. Auch insoweit kann sie nicht erlassen werden für den Fall, dass der Verlust, die Zerstörung oder die Beschädigung von dem Gastwirt oder von Leuten des Gastwirts vorsätzlich oder grob fahrlässig verursacht wird oder dass es sich um Sachen handelt, deren Übernahme zur Aufbewahrung der Gastwirt entgegen der Vorschrift des § 702 Abs. 3 abgelehnt hat.

(2) Der Erlass ist nur wirksam, wenn die Erklärung des Gastes schriftlich erteilt ist und wenn sie keine anderen Bestimmungen enthält.

§ 703 Erlöschen des Schadensersatzanspruchs

Der dem Gast auf Grund der §§ 701, 702 zustehende Anspruch erlischt, wenn nicht der Gast unverzüglich, nachdem er von dem Verlust, der Zerstörung oder der Beschädigung Kenntnis erlangt hat, dem Gastwirt Anzeige

④ 운송수단, 운송수단 안에 놓아 둔 물건 및 살아 있는 동물에 대하여는 손해배상의무가 미치지 아니한다.

제702조 [責任制限; 高價物]

① 숙박업자는 제701조에 의하여 1일 숙박비의 100배액의 한도 내에서만 책임을 진다, 그러나 그 한도액은 최저 600유로이며, 또 최고 3,500유로를 넘지 못한다; 화폐, 유가증권 또는 귀중품인 경우에는 그 최고한도액을 3,500유로가 아니라 800유로로 한다.

② 다음 각 호의 경우에는 숙박업자의 책임은 제한되지 아니한다,

1. 숙박업자나 그 사용인의 과책으로 인하여 물건이 분실, 멸실 또는 훼손된 때,

2. 피해물이 숙박업자가 보관을 위하여 인수한 반입물 또는 제 3 항에 반하여 보관을 위한 인수를 거부한 반입물인 때.

③ 숙박업자는 화폐, 유가증권, 귀중품 및 기타의 고가물을 보관을 위하여 인수할 책임이 있다, 그러나 숙박업소의 규모와 등급에 비추어 과도한 가치 또는 부피를 가지는 것이거나 위험한 것인 때에는 그러하지 아니하다. 숙박업자는 이를 밀폐되거나 봉함된 용기에 넣어 인도할 것을 청구할 수 있다.

제702조의a [責任의 免除]

① 숙박업자의 책임은 제702조 제 1 항에 정하여진 최고액을 넘는 한도에서만 미리 면제될 수 있다. 그러나 물건이 숙박업자나 그 사용인의 고의 또는 중과실로 인하여 분실, 멸실 또는 훼손된 때 또는 제702조 제 3 항에 반하여 보관을 위한 인수가 거부된 것인 때에는 그러하지 아니하다.

② 책임의 면제는 고객이 그 의사를 서면으로 표시하고 또한 그 의사표시가 다른 정함을 포함하지 아니하는 경우에만 효력이 있다.

제703조 [損害賠償請求權의 消滅]

제701조 및 제702조에 의한 고객의 청구권은 고객이 물건의 분실, 멸실 또는 훼손을 안 후 지체없이 이를 숙박업자에게 통지하지 아니한 경우에

macht. Dies gilt nicht, wenn die Sachen von dem Gastwirt zur Aufbewahrung übernommen waren oder wenn der Verlust, die Zerstörung oder die Beschädigung von ihm oder seinen Leuten verschuldet ist.

§ 704 Pfandrecht des Gastwirts

Der Gastwirt hat für seine Forderungen für Wohnung und andere dem Gast zur Befriedigung seiner Bedürfnisse gewährte Leistungen, mit Einschluss der Auslagen, ein Pfandrecht an den eingebrachten Sachen des Gastes. Die für das Pfandrecht des Vermieters geltenden Vorschriften des § 562 Abs. 1 Satz 2 und der §§ 562a bis 562d finden entsprechende Anwendung.

Titel 16　Gesellschaft

Untertitel 1　Allgemeine Bestimmungen

§ 705 Rechtsnatur der Gesellschaft

(1) Die Gesellschaft wird durch den Abschluss des Gesellschaftsvertrags errichtet, in dem sich die Gesellschafter verpflichten, die Erreichung eines gemeinsamen Zwecks in der durch den Vertrag bestimmten Weise zu fördern.

(2) Die Gesellschaft kann entweder selbst Rechte erwerben und Verbindlichkeiten eingehen, wenn sie nach dem gemeinsamen Willen der Gesellschafter am Rechtsverkehr teilnehmen soll (rechtsfähige Gesellschaft), oder sie kann den Gesellschaftern zur Ausgestaltung ihres Rechtsverhältnisses untereinander dienen (nicht rechtsfähige Gesellschaft).

(3) Ist der Gegenstand der Gesellschaft der Betrieb eines Unternehmens unter gemeinschaftlichem Namen, so wird vermutet, dass die Gesellschaft nach dem gemeinsamen Willen der Gesellschafter am Rechtsverkehr teilnimmt.

Untertitel 2　Rechtsfähige Gesellschaft

Kapitel 1　Sitz; Registrierung

§ 706 Sitz der Gesellschaft

Sitz der Gesellschaft ist der Ort, an dem deren Geschäfte tatsächlich geführt werden (Verwaltungssitz). Ist die Gesellschaft im Gesellschaftsregister eingetra-

는 소멸한다. 그러나 숙박업자가 보관을 위하여 물건을 인수하였거나 물건이 숙박업자 또는 그 사용인의 과책으로 인하여 분실, 멸실 또는 훼손된 때에는 그러하지 아니하다.

제704조 [宿泊業者의 質權]

숙박업자는 숙박 및 기타 고객의 필요를 충족시키기 위하여 체당금을 포함하여 그에게 제공된 급부로 인한 채권을 위하여 고객이 반입한 물건에 대하여 질권을 가진다. 숙박업자의 질권에 대하여는 사용대주의 질권에 관한 제562조 제 1 항 제 2 문 및 제562조의a 내지 제562조의d가 준용된다.

제16절　組　　合

제 1 관　一般規定

제705조 [組合의 法的性質]

① 조합은 조합원들이 계약에 정하여진 방법으로 공동의 목적을 달성하도록 노력할 의무를 지는 조합계약의 체결에 의하여 성립한다.

② 조합은 조합원들의 공동의 의사에 따라 법적 거래에 참여하는 경우에는 스스로 권리를 취득하고 채무를 부담할 수 있으며("권리능력 있는 조합"), 또는 조합은 조합원들이 그들 사이의 법률관계를 형성하는 데 기여할 수 있다("권리능력 없는 조합").

③ 조합이 조합원들 공동의 이름으로 기업을 운영하는 것을 내용으로 하는 경우에는, 조합은 조합원들의 공동의 의사에 따라 법적 거래에 참여하는 것으로 추정된다.

제 2 관　權利能力 있는 組合

제 1 항　住所; 登記

제706조 [組合의 住所]

조합의 업무가 실제로 수행되는 곳("업무주소")이 조합의 주소가 된다. 조합이 조합등기부에 등기되고 또한 조합원들이 국내의 어느 장소를 주

gen und haben die Gesellschafter einen Ort im Inland als Sitz vereinbart (Vertragssitz), so ist abweichend von Satz 1 dieser Ort Sitz der Gesellschaft.

§ 707 Anmeldung zum Gesellschaftsregister

(1) Die Gesellschafter können die Gesellschaft bei dem Gericht, in dessen Bezirk sie ihren Sitz hat, zur Eintragung in das Gesellschaftsregister anmelden.

(2) Die Anmeldung muss enthalten:

1. folgende Angaben zur Gesellschaft:

a) den Namen,

b) den Sitz und

c) die Anschrift, in einem Mitgliedstaat der Europäischen Union;

2. folgende Angaben zu jedem Gesellschafter:

a) wenn der Gesellschafter eine natürliche Person ist: dessen Namen, Vornamen, Geburtsdatum und Wohnort;

b) wenn der Gesellschafter eine juristische Person oder rechtsfähige Personengesellschaft ist: deren Firma oder Namen, Rechtsform, Sitz und, soweit gesetzlich vorgesehen, zuständiges Register und Registernummer;

3. die Angabe der Vertretungsbefugnis der Gesellschafter;

4. die Versicherung, dass die Gesellschaft nicht bereits im Handels- oder im Partnerschaftsregister eingetragen ist.

(3) Wird der Name der im Gesellschaftsregister eingetragenen Gesellschaft geändert, der Sitz an einen anderen Ort verlegt oder die Anschrift geändert oder ändert sich die Vertretungsbefugnis eines Gesellschafters, ist dies zur Eintragung in das Gesellschaftsregister anzumelden. Ist die Gesellschaft im Gesellschaftsregister eingetragen, so sind auch das Ausscheiden eines Gesellschafters und der Eintritt eines neuen Gesellschafters zur Eintragung in das Gesellschaftsregister anzumelden.

(4) Anmeldungen sind vorbehaltlich der Sätze 2 und 3 von sämtlichen Gesellschaftern zu bewirken. Scheidet ein Gesellschafter durch Tod aus, kann die Anmeldung ohne Mitwirkung der Erben erfolgen, sofern einer solchen Mitwirkung besondere Hindernisse entgegenstehen. Ändert sich nur die Anschrift der Gesellschaft, ist die Anmeldung von der Gesellschaft zu bewirken.

소로 합의한 경우에는("약정주소"), 제1문과는 달리 이 장소가 조합의
주소가 된다.

제707조 [組合登記의 申請]

① 조합은 그의 주소가 자리하는 행정구역을 관할하는 법원에 조합등기
부에의 등기를 신청할 수 있다.

② 그 신청에는 다음이 포함되어야 한다:

  1. 조합의 다음 사항:

    a) 이름,

    b) 주소 및

    c) 유럽연합 회원국 안의 소재지;

  2. 조합원의 다음 사항:

    a) 조합원이 자연인인 경우, 그 성과 이름, 생년월일 및 현주소;

    b) 조합원이 법인이거나 권리능력 있는 인적 회사인 경우, 그 상호
    또는 명칭, 법적 형식, 주소, 그리고 법적으로 정하여져 있는 한, 관
    할권 있는 등기 및 등기번호;

  3. 조합원의 대리권에 관한 언명;

  4. 조합이 이미 상업등기부 또는 동업회사등기부에 수록되어 있지 아
    니하다는 보증.

③ 조합등기부에 등기된 조합의 명칭이 변경되거나 주소가 다른 곳으로
이전하거나 소재지 또는 어느 조합원의 대리권가 변경된 경우에는 그것
을 조합등기부에 등기하는 것이 신청되어야 한다. 조합이 조합등기부에
등기된 경우에는 어느 조합원이 탈퇴 및 새로운 조합원의 가입도 조합등
기부에의 등기가 신청되어야 한다.

④ 제2문 및 제3문의 경우를 제외하고 신청은 조합원 전원에 의하여
행하여져야 한다. 어느 조합원이 사망으로 인하여 탈퇴한 경우에는 상속
인의 협력에 특별한 장애사유가 있는 때에는 그의 협력 없이 행하여질
수 있다. 조합의 소재지만이 변경된 경우에는 신청은 조합에 의하여 행
하여질 수 있다.

§ 707a Inhalt und Wirkungen der Eintragung im Gesellschaftsregister

(1) Die Eintragung im Gesellschaftsregister hat die in § 707 Absatz 2 Nummer 1 bis 3 genannten Angaben zu enthalten. Eine Gesellschaft soll als Gesellschafter nur eingetragen werden, wenn sie im Gesellschaftsregister eingetragen ist.

(2) Mit der Eintragung ist die Gesellschaft verpflichtet, als Namenszusatz die Bezeichnungen „eingetragene Gesellschaft bürgerlichen Rechts" oder „eGbR" zu führen. Wenn in einer eingetragenen Gesellschaft keine natürliche Person als Gesellschafter haftet, muss der Name eine Bezeichnung enthalten, welche die Haftungsbeschränkung kennzeichnet.

(3) Die Eintragung bewirkt, dass § 15 des Handelsgesetzbuchs mit der Maßgabe entsprechend anzuwenden ist, dass das Fehlen der Kaufmannseigenschaft nicht an der Publizität des Gesellschaftsregisters teilnimmt. Die Eintragung lässt die Pflicht, die Gesellschaft zur Eintragung in das Handelsregister anzumelden (§ 106 Absatz 1 des Handelsgesetzbuchs), unberührt.

(4) Nach Eintragung der Gesellschaft findet die Löschung der Gesellschaft nur nach den allgemeinen Vorschriften statt.

§ 707b Entsprechend anwendbare Vorschriften des Handelsgesetzbuchs

Folgende Vorschriften des Handelsgesetzbuchs sind auf eingetragene Gesellschaften entsprechend anzuwenden:

1. auf die Auswahl und den Schutz des Namens der Gesellschaft: die §§ 18, 21 bis 24, 30 und 37,
2. auf die registerrechtliche Behandlung der Gesellschaft und die Führung des Gesellschaftsregisters: die §§ 8, 8a Absatz 1, § 9 Absatz 1 Satz 1 und Absatz 3 bis 6, die §§ 10 bis 12, 13h, 14, 16 und 32 und
3. auf die registerrechtliche Behandlung der Zweigniederlassung einer Gesellschaft: die §§ 13 und 13d mit der Maßgabe, dass eine Verpflichtung zur Anmeldung der Zweigniederlassung nicht besteht.

§ 707c Statuswechsel

(1) Die Anmeldung zur Eintragung einer bereits in einem Register eingetragenen Gesellschaft unter einer anderen Rechtsform einer rechtsfähigen Personengesellschaft in ein anderes Register (Statuswechsel) kann nur bei dem Gericht erfolgen, das das Register führt, in dem die Gesellschaft eingetragen ist.

(2) Wird ein Statuswechsel angemeldet, trägt das Gericht die Rechtsform ein,

제707조의a [組合登記簿 登記의 內容과 效力]

① 조합등기부의 등기는 제707조 제 2 항 제 1 호 내지 제 3 호 소정의 사항을 포함하여야 한다. 조합은 그것이 조합등기부에 등기된 경우에만 조합원으로서 등기될 수 있다.

② 등기를 함으로써 조합은 그 명칭에 '민법상 등기조합(eingetragene Gesellschaft bürgerlichen Rechts)' 또는 'eGbR'이라는 표시를 부가할 의무를 진다. 등기된 조합에서 조합원으로서 책임을 지는 자연인이 없는 경우에는, 그 명칭은 책임 제한을 나타내는 표시를 포함하여야 한다.

③ 등기가 행하여진 경우에는 상법 제15조가 상인성의 결여가 조합등기부로써 공시되는 효력을 가지지 아니하는 것으로 하여 이에 준용된다. 그 등기는 조합을 상사등기부에 등기하도록 신청할 의무(상법 제106조 제 1 항)에는 영향을 미치지 아니한다.

④ 조합이 등기된 후에는 조합의 소멸은 일반규정에 좇아서만 행하여진다.

제707조의b [商法規定의 準用]

다음의 상법 규정은 등기된 조합에 준용된다:

1. 조합 명칭의 선정 및 보호에 대하여: 제18조, 제21조 내지 제24조, 제30조 및 제37조;
2. 조합의 등기법적 처리와 조합등기부의 편성에 대하여: 제 8 조, 제 8 조의a 제 1 항, 제 9 조 제 1 항 제 1 문 및 제 3 항 내지 제 6 항, 제10조 내지 제12조, 제13조의h, 제14조, 제16조 및 제32조, 그리고
3. 조합 지점의 등기법적 처리에 대하여: 제13조 및 제13조의d, 다만 지점의 등기신청의무는 인정되지 아니한다.

제707조의c [地位變更]

① 이미 등기된 조합을 권리능력 있는 인적 회사의 다른 법적 형식으로 다른 등기부에 등기하는 것("지위변경")의 신청은 그 조합이 등기되어 있는 등기를 행하는 법원에 의하여서만 행하여질 수 있다.

② 지위 변경이 신청된 경우에 법원은 조합이 다른 등기부상으로 계속

in der die Gesellschaft in dem anderen Register fortgesetzt wird (Statuswechsel-vermerk). Diese Eintragung ist mit dem Vermerk zu versehen, dass die Eintragung erst mit der Eintragung der Gesellschaft in dem anderen Register wirksam wird, sofern die Eintragungen in den beteiligten Registern nicht am selben Tag erfolgen. Sodann gibt das Gericht das Verfahren von Amts wegen an das für die Führung des anderen Registers zuständige Gericht ab. Nach Vollzug des Status-wechsels trägt das Gericht den Tag ein, an dem die Gesellschaft in dem anderen Register eingetragen worden ist. Ist die Eintragung der Gesellschaft in dem anderen Register rechtskräftig abgelehnt worden oder wird die Anmeldung zurückgenommen, wird der Statuswechselvermerk von Amts wegen gelöscht.

(3) Das Gericht soll eine Gesellschaft, die bereits im Handels- oder im Part-nerschaftsregister eingetragen ist, in das Gesellschaftsregister nur eintragen, wenn

1. der Statuswechsel zu dem anderen Register angemeldet wurde,

2. der Statuswechselvermerk in das andere Register eingetragen wurde und

3. das für die Führung des anderen Registers zuständige Gericht das Verfahren an das für die Führung des Gesellschaftsregisters zuständige Gericht abgege-ben hat.

§ 707　Absatz 2 bleibt unberührt.

(4) Die Eintragung der Gesellschaft hat die Angabe des für die Führung des Handels- oder des Partnerschaftsregisters zuständigen Gerichts, die Firma oder den Namen und die Registernummer, unter der die Gesellschaft bislang eingetragen ist, zu enthalten. Das Gericht teilt dem Gericht, das das Verfahren abgegeben hat, von Amts wegen den Tag der Eintragung der Gesellschaft in das Gesellschaftsregister und die neue Registernummer mit. Die Ablehnung der Eintragung teilt das Gericht ebenfalls von Amts wegen dem Gericht, das das Verfahren abgegeben hat, mit, sobald die Entscheidung rechtskräftig geworden ist.

(5) Wird ein Gesellschafter Kommanditist, ist für die Begrenzung seiner Haf-tung für die zum Zeitpunkt seiner Eintragung im Handelsregister begründeten Verbindlichkeiten § 728b entsprechend anzuwenden. Dies gilt auch, wenn er in der Gesellschaft oder einem ihr als Gesellschafter angehörenden Unternehmen geschäftsführend tätig wird. Seine Haftung als Kommanditist bleibt unberührt.

§ 707d　Verordnungsermächtigung

(1) Die Landesregierungen werden ermächtigt, durch Rechtsverordnung

되는 그 법형식을 등기한다("지위변경표시"). 이 등기에는 그 등기가 조합이 다른 등기부에 등기됨으로써 비로소 유효하게 된다는 것을, 관련 등기부에의 이들 등기가 같은 날에 행하여진 것이 아닌 한, 표시하여야 한다. 그리고 법원은 직권으로 그 절차를 다른 등기부의 편성을 관할하는 법원에 위탁한다. 지위변경이 완료된 후에 법원은 조합이 다른 등기부에 등기된 날짜를 등기한다. 다른 등기부에 조합을 등기하는 것이 확정력 있게 거부되거나 신청이 반려된 경우에는 지위변경표시는 직권으로 말소된다.

③ 법원은 이미 상업등기부 또는 동업회사등기부에 등기되어 있는 조합을 다음의 경우에만 조합등기부에 등기할 수 있다,

 1. 지위변경이 다른 등기부에 신청된 때,

 2. 지위변경표시가 다른 등기부에 등기된 때, 그리고

 3. 다른 등기부의 운영에 관할권 있는 법원이 조합등기부의 편성에 관할권 있는 법원에 그 절차를 위탁한 때.

제704조 제 2 항은 영향을 받지 아니한다.

④ 조합의 등기는 상업등기부 또는 동업회사등기부의 편성에 관할권 있는 법원의 지시, 명칭 또는 성명, 조합이 지금까지 등기되어 있던 등기번호를 포함하여야 한다. 법원은 그 절차를 위탁한 법원에 직권으로 조합이 조합등기부에 등기된 날짜 및 새로운 등기번호를 통지하여야 한다. 법원은 그 절차를 위탁하였던 법원에 등기의 거절 또한 그 결정이 확정력을 가지게 되면 바로 통지하여야 한다.

⑤ 조합원이 합자회사의 유한책임사원인 경우에는 그가 상업등기부에 등기된 시점에서 발생한 채무에 대한 책임의 제한에 관하여 제728조의b 가 준용된다. 이는 그가 조합에서 또는 그가 조합원으로서 속하는 기업에서 업무를 수행하는 지위에 있는 경우에도 적용된다. 그의 유한책임사원으로서의 책임은 영향을 받지 아니한다.

제707조의d [規則制定權限 委任]

① 주정부는 연방법무부에 의하여, 그리고 소비자 보호에 대하여는 「가

nähere Bestimmungen über die elektronische Führung des Gesellschaftsregisters, die elektronische Anmeldung, die elektronische Einreichung von Dokumenten sowie deren Aufbewahrung zu treffen, soweit nicht durch das Bundesministerium der Justiz und für Verbraucherschutz nach § 387 Absatz 2 des Gesetzes über das Verfahren in Familiensachen und in den Angelegenheiten der freiwilligen Gerichtsbarkeit entsprechende Vorschriften erlassen werden. Dabei können sie auch Einzelheiten der Datenübermittlung regeln sowie die Form zu übermittelnder elektronischer Dokumente festlegen, um die Eignung für die Bearbeitung durch das Gericht sicherzustellen. Die Landesregierungen können die Ermächtigung durch Rechtsverordnung auf die Landesjustizverwaltungen übertragen.

(2) Die Landesjustizverwaltungen bestimmen das elektronische Informations- und Kommunikationssystem, über das die Daten aus den Gesellschaftsregistern abrufbar sind, und sind für die Abwicklung des elektronischen Abrufverfahrens zuständig. Die Landesregierung kann die Zuständigkeit durch Rechtsverordnung abweichend regeln; sie kann diese Ermächtigung durch Rechtsverordnung auf die Landesjustizverwaltung übertragen. Die Länder können ein länderübergreifendes, zentrales elektronisches Informations- und Kommunikationssystem bestimmen. Sie können auch eine Übertragung der Abwicklungsaufgaben auf die zuständige Stelle eines anderen Landes sowie mit dem Betreiber des Unternehmensregisters eine Übertragung der Abwicklungsaufgaben auf das Unternehmensregister vereinbaren.

Kapitel 2   Rechtsverhältnis der Gesellschafter untereinander und der Gesellschafter zur Gesellschaft

§ 708 Gestaltungsfreiheit

Von den Vorschriften dieses Kapitels kann durch den Gesellschaftsvertrag abgewichen werden, soweit im Gesetz nichts anderes bestimmt ist.

§ 709 Beiträge; Stimmkraft; Anteil an Gewinn und Verlust

(1) Der Beitrag eines Gesellschafters kann in jeder Förderung des gemeinsamen Zwecks, auch in der Leistung von Diensten, bestehen.

(2) Im Zweifel sind die Gesellschafter zu gleichen Beiträgen verpflichtet.

(3) Die Stimmkraft und der Anteil an Gewinn und Verlust richten sich vorrangig nach den vereinbarten Beteiligungsverhältnissen. Sind keine Beteiligungsverhältnisse vereinbart worden, richten sie sich nach dem Verhältnis der vereinbarten Werte der Beiträge. Sind auch Werte der Beiträge nicht vereinbart

사사건 및 비송사건의 절차에 관한 법률」 제387조 제 2 항에 좇아 대응하
는 규정이 공포되지 아니한 한 법규명령으로 조합등기부의 전자적 편성,
전자 신청, 기록의 전자 제출 및 그 보존에 관하여 보다 상세한 규정을
둘 권한을 가진다. 그에 있어서 주 정부는 자료 전달의 세부 사항을 규율
할 수 있고, 법원의 작업에 적절하게 하기 위하여 전달할 전자기록의 형
식을 확정할 수 있다. 주정부는 법규명령에 의하여 주 사법행정 당국에
권한을 위임할 수 있다.

② 주 사법행정 당국은 조합등기부로부터 자료를 인출하는 전자적 정
보시스템 및 의사전달시스템을 정하며, 전자적 인출절차의 전개에 관하
여 관할권을 가진다. 주 정부는 그 관할을 법규명령에 의하여 달리 정할
수 있다; 주 정부는 이 권한 위임을 법규명령으로 주 사법행정 당국에 맡
길 수 있다. 주들은 여러 주를 포괄하는 중앙 전자정보시스템 및 의사소
통시스템을 정할 수 있다. 또한 그들은 인출업무를 다른 주의 관할 있는
부서에 위임할 수 있고, 기업등기부의 운영자와 인출업무를 그 운영자에
위임하는 것을 약정할 수 있다.

제 2 항　組合員 相互間의 法律關係 및 組合員의 組合에 대한 法律關係

제708조 [內容形成의 自由]

법률에서 달리 정하여지지 아니한 한, 조합계약에 의하여 이 항의 규정
과 다르게 정하여질 수 있다.

제709조 [出資; 議決權限; 損益에 대한 持分]

① 조합원의 출자는 노무의 급부를 포함하여 공동 목적의 달성을 촉진
하는 일체의 형태로 이를 할 수 있다.

② 의심스러운 경우에는 조합원은 균등한 출자의무가 있다.

③ 의결권한 및 이익과 손실에 대한 지분은 약정된 자본참여관계를 우
선적으로 기준으로 한다. 자본참여관계에 대하여 약정된 바가 없는 경우
에는, 약정된 출자의 가액 비율이 기준이 된다. 출자의 가액 또한 약정되

worden, hat jeder Gesellschafter ohne Rücksicht auf den Wert seines Beitrags die gleiche Stimmkraft und einen gleichen Anteil am Gewinn und Verlust.

§ 710 Mehrbelastungsverbot
Zur Erhöhung seines Beitrags kann ein Gesellschafter nicht ohne seine Zustimmung verpflichtet werden. Die §§ 728a und 737 bleiben unberührt.

§ 711 Übertragung und Übergang von Gesellschaftsanteilen
(1) Die Übertragung eines Gesellschaftsanteils bedarf der Zustimmung der anderen Gesellschafter. Die Gesellschaft kann eigene Anteile nicht erwerben.

(2) Ist im Gesellschaftsvertrag vereinbart, dass im Fall des Todes eines Gesellschafters die Gesellschaft mit seinem Erben fortgesetzt werden soll, geht der Anteil auf den Erben über. Sind mehrere Erben vorhanden, fällt der Gesellschaftsanteil kraft Gesetzes jedem Erben entsprechend der Erbquote zu. Die Vorschriften über die Erbengemeinschaft finden insoweit keine Anwendung.

§ 711a Eingeschränkte Übertragbarkeit von Gesellschafterrechten
Die Rechte der Gesellschafter aus dem Gesellschaftsverhältnis sind nicht übertragbar. Hiervon ausgenommen sind Ansprüche, die einem Gesellschafter aus seiner Geschäftsbesorgung für die Gesellschaft zustehen, soweit deren Befriedigung außerhalb der Liquidation verlangt werden kann, sowie Ansprüche eines Gesellschafters auf einen Gewinnanteil oder auf dasjenige, was ihm im Fall der Liquidation zukommt.

§ 712 Ausscheiden eines Gesellschafters; Eintritt eines neuen Gesellschafters
(1) Scheidet ein Gesellschafter aus der Gesellschaft aus, so wächst sein Anteil an der Gesellschaft den übrigen Gesellschaftern im Zweifel im Verhältnis ihrer Anteile zu.

(2) Tritt ein neuer Gesellschafter in die Gesellschaft ein, so mindern sich die Anteile der anderen Gesellschafter an der Gesellschaft im Zweifel im Umfang des dem neuen Gesellschafter zuwachsenden Anteils und in dem Verhältnis ihrer bisherigen Anteile.

§ 712a Ausscheiden des vorletzten Gesellschafters
(1) Verbleibt nur noch ein Gesellschafter, so erlischt die Gesellschaft ohne Liquidation. Das Gesellschaftsvermögen geht zum Zeitpunkt des Ausscheidens des vorletzten Gesellschafters im Wege der Gesamtrechtsnachfolge auf den verbleibenden Gesellschafter über.

어 있지 아니한 때에는, 각 조합원은 그들의 출자의 가액을 불문하고 균등한 의결권한 및 이익과 손실에 대하여 균등한 지분을 가진다.

제710조 [追加負擔의 禁止]

조합원의 동의 없이 그는 출자를 증액할 의무를 지지 못한다. 제728조의 a 및 제737조는 영향을 받지 아니한다.

제711조 [組合持分의 讓渡와 移轉]

① 조합지분의 양도에는 다른 조합원의 동의를 요한다. 조합 자신이 지분을 취득할 수는 없다.

② 조합계약에서 어느 조합원이 사망한 경우에 조합은 그의 상속인과 함께 존속한다고 약정되어 있는 경우에는, 그 지분은 상속인에게 이전한다. 상속인이 여럿인 때에는 조합지분은 법률의 힘으로 각 상속인에게 그 상속분에 좇아 귀속한다. 그 한도에서 공동상속관계에 관한 규정은 이에 적용되지 아니한다.

제711조의a [組合員權利의 讓渡性 制限]

조합관계에 기한 조합원의 권리는 양도될 수 없다. 조합을 위한 조합원의 업무 처리로 인하여 그에게 성립하는 것으로서 청산절차 외에서 청구될 수 있는 청구권 및 이익지분 또는 청산의 경우에 그에게 귀속되는 것에 대한 조합원의 청구권은 이로부터 제외된다.

제712조 [組合員의 脫退; 새로운 組合員의 加入]

① 조합원이 조합에서 탈퇴한 경우에는, 조합에 대한 그의 지분은 의심스러운 때에는 남은 조합원들에게 각 지분에 비례하여 귀속한다.

② 새로운 조합원이 조합에 가입하는 경우에 조합에 대한 다른 조합원들의 지분은 의심스러운 때에는 새로운 조합원에게 귀속되는 지분의 범위에서 그들의 당시 지분의 비율에 따라 감축된다.

제712조의a [最後에서 두번째 組合員의 脫退]

① 하나의 조합원만이 남게 되면, 조합은 청산 없이 소멸한다. 조합재산은 최후에서 두번째 조합원이 탈퇴하는 시점에서 남는 조합원에게 포괄승계로써 이전한다.

(2) In Bezug auf die Rechte und Pflichten des vorletzten Gesellschafters sind anlässlich seines Ausscheidens die §§ 728 bis 728b entsprechend anzuwenden.

§ 713 Gesellschaftsvermögen

Die Beiträge der Gesellschafter sowie die für oder durch die Gesellschaft erworbenen Rechte und die gegen sie begründeten Verbindlichkeiten sind Vermögen der Gesellschaft.

§ 714 Beschlussfassung

Gesellschafterbeschlüsse bedürfen der Zustimmung aller stimmberechtigten Gesellschafter.

§ 715 Geschäftsführungsbefugnis

(1) Zur Führung der Geschäfte der Gesellschaft sind alle Gesellschafter berechtigt und verpflichtet.

(2) Die Befugnis zur Geschäftsführung erstreckt sich auf alle Geschäfte, die die Teilnahme der Gesellschaft am Rechtsverkehr gewöhnlich mit sich bringt. Zur Vornahme von Geschäften, die darüber hinausgehen, ist ein Beschluss aller Gesellschafter erforderlich.

(3) Die Geschäftsführung steht allen Gesellschaftern in der Art zu, dass sie nur gemeinsam zu handeln berechtigt sind, es sei denn, dass mit dem Aufschub eines Geschäfts Gefahr für die Gesellschaft oder das Gesellschaftsvermögen verbunden ist. Dies gilt im Zweifel entsprechend, wenn nach dem Gesellschaftsvertrag die Geschäftsführung mehreren Gesellschaftern zusteht.

(4) Steht nach dem Gesellschaftsvertrag die Geschäftsführung allen oder mehreren Gesellschaftern in der Art zu, dass jeder allein zu handeln berechtigt ist, kann jeder andere geschäftsführungsbefugte Gesellschafter der Vornahme des Geschäfts widersprechen. Im Fall des Widerspruchs muss das Geschäft unterbleiben.

(5) Die Befugnis zur Geschäftsführung kann einem Gesellschafter durch Beschluss der anderen Gesellschafter ganz oder teilweise entzogen werden, wenn ein wichtiger Grund vorliegt. Ein wichtiger Grund ist insbesondere eine grobe Pflichtverletzung des Gesellschafters oder die Unfähigkeit des Gesellschafters zur ordnungsgemäßen Geschäftsführung.

(6) Der Gesellschafter kann seinerseits die Geschäftsführung ganz oder teilweise kündigen, wenn ein wichtiger Grund vorliegt. § 671 Absatz 2 und 3 ist entsprechend anzuwenden.

§ 715a Notgeschäftsführungsbefugnis

② 최후에서 두번째 조합원이 그의 탈퇴로 인하여 가지는 권리과 의무에 대하여는 제728조 내지 제728조b가 준용된다.

제713조 [組合財産]

조합원의 출자, 그리고 조합을 위하여 또는 조합에 의하여 취득된 권리 및 조합에 대하여 성립한 채무가 조합의 재산을 이룬다.

제714조 [組合決議]

조합 결의에는 투표권 있는 조합원 전원의 동의를 요한다.

제715조 [業務執行權限]

① 모든 조합원은 조합의 업무 집행에 대하여 권한이 있고 의무를 진다.

② 업무 집행의 권한은 조합의 법적 거래 참여에 통상적으로 수반하는 모든 업무에 미친다. 이를 넘어서는 업무를 행함에는 조합원 전원의 결의를 요한다.

③ 업무 집행은 조합원들이 이를 공동으로만 행위할 권한을 가지는 것으로 조합원 전원에게 귀속한다, 그러나 그 지연으로 인하여 조합 또는 조합재산에 대한 위험이 발생할 우려가 있는 때에는 각 조합원이 업무를 집행할 수 있다. 이는 업무 집행의 권한이 조합계약상 수인의 조합원에게 속하는 경우에 대하여 의심스러운 때에는 준용된다.

④ 조합계약에서 업무 집행이 조합원 전원 또는 수인의 조합원에게 속하되 그들 각자가 단독으로 행위할 수 있다고 정하여진 경우에는 각자는 다른 조합원의 업무 집행에 대하여 이의할 수 있다. 이의가 제기된 때에는 업무를 중지하여야 한다.

⑤ 업무집행권한은 중대한 사유가 있는 경우에는 다른 조합원들의 의결로 전부 또는 부분적으로 박탈될 수 있다. 중대한 사유라 함은 특히 조합원의 중대한 의무 위반 또는 조합원의 통상적인 업무집행능력의 결여가 이에 해당한다.

⑥ 중대한 사유가 있는 때에는 조합원은 스스로 업무 집행의 전부 또는 일부를 해지할 수 있다. 제671조 제 2 항과 제 3 항은 이에 준용된다.

제715조의a [緊急 業務執行權限]

Sind alle geschäftsführungsbefugten Gesellschafter verhindert, nach Maßgabe von § 715 Absatz 3 Satz 3 bei einem Geschäft mitzuwirken, kann jeder Gesellschafter das Geschäft vornehmen, wenn mit dem Aufschub Gefahr für die Gesellschaft oder das Gesellschaftsvermögen verbunden ist. Eine Vereinbarung im Gesellschafts- vertrag, welche dieses Recht ausschließt, ist unwirksam.

§ 715b Gesellschafterklage

(1) Jeder Gesellschafter ist befugt, einen auf dem Gesellschaftsverhältnis beruhenden Anspruch der Gesellschaft gegen einen anderen Gesellschafter im eigenen Namen gerichtlich geltend zu machen, wenn der dazu berufene geschäftsführungsbefugte Gesellschafter dies pflichtwidrig unterlässt. Die Befugnis nach Satz 1 erstreckt sich auch auf einen Anspruch der Gesellschaft gegen einen Dritten, wenn dieser an dem pflichtwidrigen Unterlassen mitwirkte oder es kannte.

(2) Eine Vereinbarung im Gesellschaftsvertrag, welche das Klagerecht ausschließt oder dieser Vorschrift zuwider beschränkt, ist unwirksam.

(3) Der klagende Gesellschafter hat die Gesellschaft unverzüglich über die Erhebung der Klage und die Lage des Rechtsstreits zu unterrichten. Ferner hat er das Gericht über die erfolgte Unterrichtung in Kenntnis zu setzen. Das Gericht hat auf eine unverzügliche Unterrichtung der Gesellschaft hinzuwirken.

(4) Soweit über den Anspruch durch rechtskräftiges Urteil entschieden worden ist, wirkt die Entscheidung für und gegen die Gesellschaft.

§ 716 Ersatz von Aufwendungen und Verlusten; Vorschusspflicht; Herausgabepflicht; Verzinsungspflicht

(1) Macht ein Gesellschafter zum Zwecke der Geschäftsbesorgung für die Gesellschaft Aufwendungen, die er den Umständen nach für erforderlich halten darf, oder erleidet er unmittelbar infolge der Geschäftsbesorgung Verluste, ist ihm die Gesellschaft zum Ersatz verpflichtet.

(2) Für die erforderlichen Aufwendungen hat die Gesellschaft dem Gesellschafter auf dessen Verlangen Vorschuss zu leisten.

(3) Der Gesellschafter ist verpflichtet, der Gesellschaft dasjenige, was er selbst aus der Geschäftsbesorgung erlangt, herauszugeben.

(4) Verwendet der Gesellschafter Geld für sich, das er der Gesellschaft nach Absatz 3 herauszugeben hat, ist er verpflichtet, es von der Zeit der Verwendung an zu verzinsen. Satz 1 gilt entsprechend für die Verzinsung des Anspruchs des Gesellschafters auf ersatzfähige Aufwendungen oder Verluste.

업무집행권한 있는 모든 조합원들이 제715조 제3항 제3문의 정함에 따
라 조합에 협력하는 것을 방해받는 경우에, 그 지연으로 인하여 조합 또는
조합재산에 위험이 발생할 우려가 있는 때에는, 각 조합원은 업무를 집행
할 수 있다. 이러한 권리를 배제하는 조합계약상의 약정은 효력이 없다.

제715조의b [組合員의 訴]

① 각 조합원은 조합관계에 기인하여 발생한 다른 조합원에 대한 조합의
청구권을, 이를 위하여 지정된 업무집행권한 있는 조합원이 의무에 반하
여 이를 하지 아니하는 경우에는, 자신의 이름으로 재판상 행사할 수 있
다. 제3자가 이러한 의무 위반의 부작위에 관여하였거나 이를 알았던 경
우에는, 제1문의 권한은 그 제3자에 대한 조합의 청구권에도 미친다.

② 소구권을 배제하거나 위의 규정에 반하여 제한하는 조합계약에서의
약정은 효력이 없다.

③ 소를 제기하는 조합원은 조합에 대하여 지체 없이 소의 제기와 소송
상황에 대하여 통지하여야 한다. 나아가 그는 그러한 통지를 법원에 알
려야 한다. 법원은 조합이 지체 없이 통지에 대하여 협력하여야 한다.

④ 청구권에 관하여 확정판결이 있었던 한, 그 재판은 조합의 이익으로
또한 불이익으로 효력을 가진다.

제716조 [費用과 損失의 賠償; 先給義務; 引渡義務; 利子支給義務]

① 조합원이 제반 사정에 비추어 필요하다고 인정할 수 있는 비용을 업
무 처리를 위한 목적으로 지출한 경우 또는 그가 업무 처리의 직접적인
결과로 손해를 입은 경우에는, 조합은 그에게 배상할 의무가 있다.

② 필요한 비용에 대하여 조합은 조합원의 청구가 있는 때에는 그에게
미리 지급하여야 한다.

③ 조합원은 그가 업무 처리로 인하여 스스로 취득한 것을 조합에 인도
할 의무를 진다.

④ 조합원이 제3항에 따라 조합에 인도하여야 하는 금전을 자신을 위
하여 소비한 경우에, 그는 소비한 때로부터 이에 대한 이자를 지급할 의
무를 진다. 제1문은 배상받을 수 있는 비용 또는 손해에 관한 조합원의
청구권에 붙이는 이자의 경우에 대하여도 준용된다.

§ 717 Informationsrechte und -pflichten

(1) Jeder Gesellschafter hat gegenüber der Gesellschaft das Recht, die Unterlagen der Gesellschaft einzusehen und sich aus ihnen Auszüge anzufertigen. Ergänzend kann er von der Gesellschaft Auskunft über die Gesellschaftsangelegenheiten verlangen. Eine Vereinbarung im Gesellschaftsvertrag, welche diese Rechte ausschließt oder dieser Vorschrift zuwider beschränkt, steht ihrer Geltendmachung nicht entgegen, soweit dies zur Wahrnehmung eigener Mitgliedschaftsrechte erforderlich ist, insbesondere, wenn Grund zur Annahme unredlicher Geschäftsführung besteht.

(2) Die geschäftsführungsbefugten Gesellschafter haben der Gesellschaft von sich aus die erforderlichen Nachrichten zu geben, auf Verlangen über die Gesellschaftsangelegenheiten Auskunft zu erteilen und nach Beendigung der Geschäftsführertätigkeit Rechenschaft abzulegen. Eine Vereinbarung im Gesellschaftsvertrag, welche diese Verpflichtungen ausschließt, ist unwirksam.

§ 718 Rechnungsabschluss und Gewinnverteilung

Der Rechnungsabschluss und die Gewinnverteilung haben im Zweifel zum Schluss jedes Kalenderjahrs zu erfolgen.

Kapitel 3　Rechtsverhältnis der Gesellschaft zu Dritten

§ 719 Entstehung der Gesellschaft im Verhältnis zu Dritten

(1) Im Verhältnis zu Dritten entsteht die Gesellschaft, sobald sie mit Zustimmung sämtlicher Gesellschafter am Rechtsverkehr teilnimmt, spätestens aber mit ihrer Eintragung im Gesellschaftsregister.

(2) Eine Vereinbarung, dass die Gesellschaft erst zu einem späteren Zeitpunkt entstehen soll, ist Dritten gegenüber unwirksam.

§ 720 Vertretung der Gesellschaft

(1) Zur Vertretung der Gesellschaft sind alle Gesellschafter gemeinsam befugt, es sei denn, der Gesellschaftsvertrag bestimmt etwas anderes.

(2) Die zur Gesamtvertretung nach Absatz 1 bcfugten Gesellschafter können einzelne von ihnen zur Vornahme bestimmter Geschäfte oder bestimmter Arten von Geschäften ermächtigen.

(3) Die Vertretungsbefugnis der Gesellschafter erstreckt sich auf alle Geschäfte der Gesellschaft. Eine Beschränkung des Umfangs der Vertretungsbefugnis ist Dritten gegenüber unwirksam. Dies gilt insbesondere für die Beschränkung, dass sich die Vertretung nur auf bestimmte Geschäfte oder Arten von Geschäften

제717조 [情報權과 情報義務]

① 각 조합원은 조합에 대하여 조합의 서류를 열람하고 그로부터 요약을 작성할 권리가 있다. 이에 더하여 그는 조합으로부터 조합 업무에 대한 정보를 청구할 수 있다. 이러한 권리의 행사가 각각의 조합원 지위를 향수하는 데 필요한 한에서는, 특히 불성실한 업무 집행이라고 인정할 만한 사유가 있는 때에는, 이들 권리를 배제하거나 이 규정에 반하여 제한하는 조합계약에서의 약정을 그 권리 행사에 대항할 수 없다.

② 업무 집행의 권한이 있는 조합원은 자발적으로 조합에 대하여 필요한 통지를 행하고, 청구가 있으면 조합 관련 사항에 대한 정보를 제공하며, 업무집행자로서의 사무를 종료한 후에는 경과를 보고하여야 한다. 이러한 의무들을 배제하는 조합계약상의 약정은 효력이 없다.

제718조 [決算과 利益分配]

결산과 이익 분배는 의심스러운 때에는 각 역년의 말에 행하여져야 한다.

제 3 항　組合의 제 3 자에 대한 法律關係

제719조 [제 3 자에 대한 關係에서 組合의 成立]

① 제 3 자에 대한 관계에서 조합은 그가 조합원 전원의 동의 아래 법적 거래에 참여함으로써 바로, 늦더라도 조합등기부에의 등기와 함께 성립한다.

② 조합이 더 늦은 시점에 성립한다는 약정은 제 3 자에 대하여 효력이 없다.

제720조 [組合의 代理]

① 조합의 대리에는 모든 조합원이 공동으로 권한이 있다, 그러나 조합계약에서 달리 정하여진 경우에는 그러하지 아니하다.

② 제 1 항에 따라 공동대리의 권한이 있는 조합원들은 그들 중 각각에게 특정한 업무 또는 특정한 종류의 업무를 수행할 권한을 수여할 수 있다.

③ 조합원의 대리권한은 조합의 모든 업무에 미친다. 대리권한의 범위를 제한하는 것은 제 3 자에 대하여 효력이 없다. 이는 특히 그 대리가 특정한 업무이나 특정한 종류의 업무에만 미친다는 제한이나 그 대리가 일

erstreckt oder dass sie nur unter gewissen Umständen oder für eine gewisse Zeit oder an einzelnen Orten stattfinden soll.

(4) Die Vertretungsbefugnis kann einem Gesellschafter in entsprechender Anwendung von § 715 Absatz 5 ganz oder teilweise entzogen werden.

(5) Ist der Gesellschaft gegenüber eine Willenserklärung abzugeben, genügt die Abgabe gegenüber einem vertretungsbefugten Gesellschafter.

§ 721 Persönliche Haftung der Gesellschafter

Die Gesellschafter haften für die Verbindlichkeiten der Gesellschaft den Gläubigern als Gesamtschuldner persönlich. Eine entgegenstehende Vereinbarung ist Dritten gegenüber unwirksam.

§ 721a Haftung des eintretenden Gesellschafters

Wer in eine bestehende Gesellschaft eintritt, haftet gleich den anderen Gesellschaftern nach Maßgabe der §§ 721 und 721b für die vor seinem Eintritt begründeten Verbindlichkeiten der Gesellschaft. Eine entgegenstehende Vereinbarung ist Dritten gegenüber unwirksam.

§ 721b Einwendungen und Einreden des Gesellschafters

(1) Wird ein Gesellschafter wegen einer Verbindlichkeit der Gesellschaft in Anspruch genommen, kann er Einwendungen und Einreden, die nicht in seiner Person begründet sind, insoweit geltend machen, als sie von der Gesellschaft erhoben werden können.

(2) Der Gesellschafter kann die Befriedigung des Gläubigers verweigern, solange der Gesellschaft in Ansehung der Verbindlichkeit das Recht zur Anfechtung oder Aufrechnung oder ein anderes Gestaltungsrecht, dessen Ausübung die Gesellschaft ihrerseits zur Leistungsverweigerung berechtigen würde, zusteht.

§ 722 Zwangsvollstreckung gegen die Gesellschaft oder gegen ihre Gesellschafter

(1) Zur Zwangsvollstreckung in das Vermögen der Gesellschaft ist ein gegen die Gesellschaft gerichteter Vollstreckungstitel erforderlich.

(2) Aus einem gegen die Gesellschaft gerichteten Vollstreckungstitel findet die Zwangsvollstreckung gegen die Gesellschafter nicht statt.

Kapitel 4 Ausscheiden eines Gesellschafters

§ 723 Gründe für das Ausscheiden; Zeitpunkt des Ausscheidens

정한 사정 아래서만 또는 일정한 시기 동안만 또는 개별적인 장소에서만
일어난다는 제한에 대하여 그러하다.

④ 대리권한은 어느 조합원으로부터 제715조 제5항을 전적으로 또는
제한적으로 준용하여 이를 박탈될 수 있다.

⑤ 의사표시가 조합에 대하여 행하여지는 경우에는 대리권한 있는 조합
원에 이를 함으로써 족하다.

제721조 [組合員의 個人的 責任]

조합원은 조합의 채무에 관하여 채권자에 대하여 연대채무자로서 개인
적으로 책임을 진다. 이에 반하는 약정은 제3자에 대하여 효력이 없다.

제721조의a [加入組合員의 責任]

이미 성립되어 있는 조합에 새로 가입한 이는 그 가입 전에 성립한 조합
의 채무에 대하여 제721조 및 제721조의b에 좇아 다른 조합원과 동일한
책임을 진다. 이에 반하는 약정은 제3자에 대하여 효력이 없다.

제721조의b [組合員의 對抗事由와 抗辯]

① 조합원이 조합의 채무로 인하여 청구를 받는 경우에는 그는 그의 신
상에 관한 것이 아닌 대항사유와 항변사유를 조합이 그것을 취득할 수
있는 한에서 주장할 수 있다.

② 조합원은 조합이 그 채무와 관련하여 취소권 또는 상계권을 가지거
나 그것이 행사되면 조합이 이행을 거절할 권리를 가지게 되는 다른 형
성권을 가지는 경우에는 채권자를 만족시키는 것을 거절할 수 있다.

제722조 [組合 또는 組合員에 대한 强制執行]

① 조합의 재산에 대한 강제집행에는 조합을 상대방으로 하는 집행권원
을 요한다.

② 조합을 상대방으로 하는 집행권원으로써는 조합원에 대한 강제집행
은 행하여지지 아니한다.

제4항 組合員의 脫退

제723조 [脫退事由; 脫退時點]

(1) Folgende Gründe führen zum Ausscheiden eines Gesellschafters aus der Gesellschaft, sofern der Gesellschaftsvertrag für diese Fälle nicht die Auflösung der Gesellschaft vorsieht:

1. Tod des Gesellschafters;
2. Kündigung der Mitgliedschaft durch den Gesellschafter;
3. Eröffnung des Insolvenzverfahrens über das Vermögen des Gesellschafters;
4. Kündigung der Mitgliedschaft durch einen Privatgläubiger des Gesellschafters;
5. Ausschließung des Gesellschafters aus wichtigem Grund.

(2) Im Gesellschaftsvertrag können weitere Gründe für das Ausscheiden eines Gesellschafters vereinbart werden.

(3) Der Gesellschafter scheidet mit Eintritt des ihn betreffenden Ausscheidensgrundes aus, im Fall der Kündigung der Mitgliedschaft aber nicht vor Ablauf der Kündigungsfrist und im Fall der Ausschließung aus wichtigem Grund nicht vor Mitteilung des betreffenden Beschlusses an den auszuschließenden Gesellschafter.

§ 724 Fortsetzung mit dem Erben; Ausscheiden des Erben

(1) Geht der Anteil eines verstorbenen Gesellschafters auf seine Erben über und erfüllt die Gesellschaft die Voraussetzungen nach § 107 Absatz 1 des Handelsgesetzbuchs, um in das Handelsregister eingetragen zu werden, so kann jeder Erbe gegenüber den anderen Gesellschaftern antragen, dass ihm die Stellung eines Kommanditisten eingeräumt und der auf ihn entfallende Anteil des Erblassers als seine Kommanditeinlage anerkannt wird.

(2) Nehmen die anderen Gesellschafter einen Antrag nach Absatz 1 nicht an oder ist eine Fortführung der Gesellschaft als Kommanditgesellschaft nicht möglich, ist der Erbe befugt, seine Mitgliedschaft in der Gesellschaft ohne Einhaltung einer Kündigungsfrist zu kündigen.

(3) Die Rechte nach den Absätzen 1 bis 2 können von dem Erben nur innerhalb von drei Monaten nach dem Zeitpunkt, zu dem er von dem Anfall der Erbschaft Kenntnis erlangt hat, geltend gemacht werden. Auf den Lauf der Frist ist § 210 entsprechend anzuwenden. Ist bei Ablauf der drei Monate das Recht zur Ausschlagung der Erbschaft noch nicht verloren, endet die Frist nicht vor dem Ablauf der Ausschlagungsfrist.

(4) Scheidet innerhalb der Frist des Absatzes 3 der Erbe aus der Gesellschaft aus oder wird innerhalb der Frist die Gesellschaft aufgelöst oder dem Erben die Stellung eines Kommanditisten eingeräumt, so haftet er für die bis dahin

① 아래에서 정하는 사유는, 조합계약에서 그 사유가 있는 경우 조합이 해산된다고 정하지 아니한 한, 조합원은 조합으로부터 탈퇴한다:

  1. 조합원의 사망;

  2. 조합원에 의한 조합원 지위의 해지;

  3. 조합원의 재산에 대한 도산절차의 개시;

  4. 조합원의 개인채권자에 의한 조합원 지위의 해지;

  5. 중대한 사유로 인한 조합원의 배제

② 조합계약에서 조합원 탈퇴의 다른 사유들이 약정될 수 있다.

③ 조합원은 그에 대한 탈퇴사유가 발생함으로써 탈퇴하나, 조합원 지위의 해지의 경우에는 해지기간이 지나기 전에는, 중대한 사유로 인한 제명의 경우에는 해당 결의가 그 제명되는 조합원에게 통지되기 전에는 그러하지 아니하다.

제724조 [相續人에 의한 繼續; 相續人의 脫退]

① 사망한 조합원의 지분이 그의 상속인에게 이전되고 또한 조합이 상업등기부에 등기되기 위하여 상법 제107조 제 1 항에 정하여진 조건을 충족하는 경우에, 상속인은 누구나 다른 조합원에게 그에게 유한책임사원의 지위를 부여할 것 및 그에게 귀속하는 피상속인 지분을 그의 유한책임사원 출자로 인정할 것을 신청할 수 있다.

② 다른 조합원이 제 1 항에 정하여진 신청을 받아들이지 아니한 경우 또는 조합이 합자회사로서 계속하는 것이 불가능한 경우에는, 상속인은 조합에서의 자신의 조합원 지위를 해지기간을 설정함이 없이 해지할 수 있다.

③ 제 1 항과 제 2 문에 따른 권리는 상속인이 그가 상속을 받았음을 안 때로부터 3개월 내에 행사할 수 있다. 그 기간의 경과에 대하여는 제210조가 준용된다. 그 3개월이 경과하는 때에 아직 상속 포기의 권리가 상실되지 아니한 때에는 그 기간은 포기기간의 경과로써 종료한다.

④ 제 3 항의 기간 내에 상속인이 조합으로부터 탈퇴하거나 그 기간 내에 조합이 해산되거나 상속인에게 유한책임사원으로서의 지위가 부여되는 경우에, 그때까지 발생한 조합의 채무에 대하여 그는 상속채무에 대

entstandenen Gesellschaftsverbindlichkeiten nur nach Maßgabe der Vorschriften, welche die Haftung des Erben für die Nachlassverbindlichkeiten betreffen.

§ 725 Kündigung der Mitgliedschaft durch den Gesellschafter

(1) Ist das Gesellschaftsverhältnis auf unbestimmte Zeit eingegangen, kann ein Gesellschafter seine Mitgliedschaft unter Einhaltung einer Frist von drei Monaten zum Ablauf des Kalenderjahres gegenüber der Gesellschaft kündigen, es sei denn, aus dem Gesellschaftsvertrag oder aus dem Zweck der Gesellschaft ergibt sich etwas anderes.

(2) Ist für das Gesellschaftsverhältnis eine Zeitdauer vereinbart, ist die Kündigung der Mitgliedschaft durch einen Gesellschafter vor dem Ablauf dieser Zeit zulässig, wenn ein wichtiger Grund vorliegt. Ein wichtiger Grund liegt insbesondere vor, wenn ein anderer Gesellschafter eine ihm nach dem Gesellschaftsvertrag obliegende wesentliche Verpflichtung vorsätzlich oder grob fahrlässig verletzt hat oder wenn die Erfüllung einer solchen Verpflichtung unmöglich wird.

(3) Liegt ein wichtiger Grund im Sinne von Absatz 2 Satz 2 vor, so ist eine Kündigung der Mitgliedschaft durch einen Gesellschafter stets ohne Einhaltung einer Kündigungsfrist zulässig.

(4) Ein Gesellschafter kann seine Mitgliedschaft auch kündigen, wenn er volljährig geworden ist. Das Kündigungsrecht besteht nicht, wenn der Gesellschafter bezüglich des Gegenstands der Gesellschaft zum selbständigen Betrieb eines Erwerbsgeschäfts gemäß § 112 ermächtigt war oder der Zweck der Gesellschaft allein der Befriedigung seiner persönlichen Bedürfnisse diente. Der volljährig Gewordene kann die Kündigung nur binnen drei Monaten von dem Zeitpunkt an erklären, in welchem er von seiner Gesellschafterstellung Kenntnis hatte oder haben musste.

(5) Die Kündigung darf nicht zur Unzeit geschehen, es sei denn, dass ein wichtiger Grund für die unzeitige Kündigung vorliegt. Kündigt ein Gesellschafter seine Mitgliedschaft ohne solchen Grund zur Unzeit, hat er der Gesellschaft den daraus entstehenden Schaden zu ersetzen.

(6) Eine Vereinbarung im Gesellschaftsvertrag, welche das Kündigungsrecht nach den Absätzen 2 und 4 ausschließt oder diesen Vorschriften zuwider beschränkt, ist unwirksam.

§ 726 Kündigung der Mitgliedschaft durch einen Privatgläubiger des Gesellschafters

Hat ein Privatgläubiger eines Gesellschafters, nachdem innerhalb der letzten

한 상속인의 책임에 관한 규정들에 좇아서만 책임을 진다.

제725조 [組合員에 의한 組合員地位의 解止]

① 조합관계에 기간의 정함이 없는 경우, 조합원은 3개월의 기간을 두어 자신의 조합원 지위를 역년의 경과로 효력이 발생하는 것으로 하여 조합에 대하여 해지할 수 있다, 그러나 조합계약으로부터 또는 조합의 목적으로부터 달리 해석되는 경우에는 그러하지 아니하다.

② 조합관계에 기간의 정함이 있는 경우, 조합원에 의한 조합원 지위를 그 기간의 경과 전에 해지하는 것은 중대한 사유가 있으면 할 수 있다. 특히 다른 조합원이 조합계약상 그에게 부과된 본질적인 의무를 고의적으로 또는 중대한 과실로 위반한 경우 또는 그러한 의무의 이행이 불능인 경우에는 중대한 사유가 인정된다.

③ 제2항 제2문의 의미에서의 중대한 사유가 존재하는 경우에는, 조합원에 의한 조합원 해지는 언제나 해지기간을 두지 아니하더라도 할 수 있다.

④ 조합원은 그가 성년이 된 때에도 자신의 조합원 지위를 해지할 수 있다. 그 조합원이 조합의 목적사업에 관하여 제112조에 좇아 영업을 독립적으로 영위할 수 있는 권한을 부여받은 경우 또는 조합이 오로지 그의 개인적 필요의 만족에 기여하는 것을 목적으로 하는 경우에는 해지권은 인정되지 아니한다. 성년이 된 사람은 자신이 조합원임을 알았거나 알았어야 하였던 때로부터 3개월 내에만 해지의 의사표시를 할 수 있다.

⑤ 해지는, 불리한 시기에라도 해지를 하여야 할 중대한 사유가 있는 경우가 아닌 한, 불리한 시기에 이를 할 수 없다. 조합원이 그의 조합원 지위를 그러한 사유 없이 불리한 시기에 해지한 경우에 그는 그로 발생한 손해를 조합에 배상하여야 한다.

⑥ 제2항과 제4항에 따른 해지권을 배제하거나 이들 규정에 반하여 제한하는 조합계약상의 약정은 효력이 없다.

제726조 [組合員의 個人債權者에 의한 組合員地位의 解止]

어느 조합원의 개인채권자가 지난 6개월 동안 그 조합원의 동산에 대하

sechs Monate eine Zwangsvollstreckung in das bewegliche Vermögen des Gesellschafters ohne Erfolg versucht wurde, aufgrund eines nicht bloß vorläufig
vollstreckbaren Schuldtitels die Pfändung des Anteils des Gesellschafters an der
Gesellschaft erwirkt, kann er dessen Mitgliedschaft gegenüber der Gesellschaft
unter Einhaltung einer Frist von drei Monaten zum Ablauf des Kalenderjahrs
kündigen.

§ 727 Ausschließung aus wichtigem Grund

Tritt in der Person eines Gesellschafters ein wichtiger Grund ein, kann er
durch Beschluss der anderen Gesellschafter aus der Gesellschaft ausgeschlossen
werden. Ein wichtiger Grund liegt insbesondere vor, wenn der Gesellschafter
eine ihm nach dem Gesellschaftsvertrag obliegende wesentliche Verpflichtung
vorsätzlich oder grob fahrlässig verletzt hat oder wenn ihm die Erfüllung einer
solchen Verpflichtung unmöglich wird. Dem Beschluss steht nicht entgegen,
dass nach der Ausschließung nur ein Gesellschafter verbleibt.

§ 728 Ansprüche des ausgeschiedenen Gesellschafters

(1) Sofern im Gesellschaftsvertrag nichts anderes vereinbart ist, ist die Gesellschaft verpflichtet, den ausgeschiedenen Gesellschafter von der Haftung für die
Verbindlichkeiten der Gesellschaft zu befreien und ihm eine dem Wert seines
Anteils angemessene Abfindung zu zahlen. Sind Verbindlichkeiten der Gesellschaft noch nicht fällig, kann die Gesellschaft dem Ausgeschiedenen Sicherheit
leisten, statt ihn von der Haftung nach § 721 zu befreien.

(2) Der Wert des Gesellschaftsanteils ist, soweit erforderlich, im Wege der
Schätzung zu ermitteln.

§ 728a Haftung des ausgeschiedenen Gesellschafters für Fehlbetrag

Reicht der Wert des Gesellschaftsvermögens zur Deckung der Verbindlichkeiten
der Gesellschaft nicht aus, hat der ausgeschiedene Gesellschafter der Gesellschaft
für den Fehlbetrag nach dem Verhältnis seines Anteils am Gewinn und Verlust
aufzukommen.

§ 728b Nachhaftung des ausgeschiedenen Gesellschafters

(1) Scheidet ein Gesellschafter aus der Gesellschaft aus, so haftet er für deren
bis dahin begründete Verbindlichkeiten, wenn sie vor Ablauf von fünf Jahren
nach seinem Ausscheiden fällig sind und

여 강제집행을 시도하였으나 소득이 없었던 후에 단지 임시의 집행력만을 가지는 것이 아닌 집행권원을 기반으로 조합원의 조합에 대한 조합원 지분을 압류한 경우에는, 그는 3개월의 기간을 두어 그 조합원의 조합원 지위를 역년이 경과함으로써 효력을 가지는 것으로 하여 조합에 대하여 해지할 수 있다.

제727조 [重大한 事由로 인한 除名]

조합원의 신원에 중대한 사유가 발생한 경우에, 그는 다른 조합원의 결의에 의하여 조합에서 제명될 수 있다. 특히 조합원이 조합계약상 그에게 부과된 본질적인 의무를 고의적으로 또는 중대한 과실로 위반한 경우 또는 그러한 의무의 이행이 불능인 경우에는 중대한 사유가 인정된다. 제명으로 단지 한 사람의 조합원만이 남게 된다는 사실은 이러한 결의를 방해하지 아니한다.

제728조 [脫退한 組合員의 請求權]

① 조합계약에서 달리 약정되지 아니한 한, 조합은 탈퇴한 조합원을 조합의 채무에 대한 책임으로부터 면책시키고 또한 그의 지분의 가액에 상당한 보상을 그에게 지급하여야 할 의무를 진다. 조합의 채무가 아직 이행기에 달하지 아니한 때에는, 조합은 그를 제721조에 따른 책임으로부터 면책하는 것에 갈음하여 그에게 담보를 제공할 수 있다.

② 조합 지분의 가액은 필요한 한에서 가액사정의 방법으로 산정되어야 한다.

제728조의a [不足額에 대한 脫退한 組合員의 責任]

조합재산의 가액이 조합 채무의 전보에 충분하지 아니한 때에는, 탈퇴한 조합원은 조합에 대하여 그의 이익과 손실에 대한 비율에 따라 그 부족액을 보전하여야 한다.

제728조의b [脫退한 組合員의 事後責任]

① 조합원이 조합에서 탈퇴하는 경우에, 채무가 그의 탈퇴 후 5년이 경과하기 전에 이행기가 도래하고 또한 다음에 해당하는 때에는 그는 그때까지 성립한 조합의 채무에 대하여 책임을 진다,

1. daraus Ansprüche gegen ihn in einer in § 197 Absatz 1 Nummer 3 bis 5 bezeichneten Art festgestellt sind oder

2. eine gerichtliche oder behördliche Vollstreckungshandlung vorgenommen oder beantragt wird; bei öffentlich-rechtlichen Verbindlichkeiten genügt der Erlass eines Verwaltungsakts.

Ist die Verbindlichkeit auf Schadensersatz gerichtet, haftet der ausgeschiedene Gesellschafter nach Satz 1 nur, wenn auch die zum Schadensersatz führende Verletzung vertraglicher oder gesetzlicher Pflichten vor dem Ausscheiden des Gesellschafters eingetreten ist. Die Frist beginnt, sobald der Gläubiger von dem Ausscheiden des Gesellschafters Kenntnis erlangt hat oder das Ausscheiden des Gesellschafters im Gesellschaftsregister eingetragen worden ist. Die §§ 204, 206, 210, 211 und 212 Absatz 2 und 3 sind entsprechend anzuwenden.

(2) Einer Feststellung in einer in § 197 Absatz 1 Nummer 3 bis 5 bezeichneten Art bedarf es nicht, soweit der Gesellschafter den Anspruch schriftlich anerkannt hat.

Kapitel 5　Auflösung der Gesellschaft

§ 729　Auflösungsgründe

(1) Die Gesellschaft wird aufgelöst durch:

1. Ablauf der Zeit, für welche sie eingegangen wurde;

2. Eröffnung des Insolvenzverfahrens über das Vermögen der Gesellschaft;

3. Kündigung der Gesellschaft;

4. Auflösungsbeschluss.

(2) Die Gesellschaft wird ferner aufgelöst, wenn der Zweck, zu dem sie errichtet wurde, erreicht oder seine Erreichung unmöglich geworden ist.

(3) Eine Gesellschaft, bei der kein persönlich haftender Gesellschafter eine natürliche Person ist, wird ferner aufgelöst:

1. mit der Rechtskraft des Beschlusses, durch den die Eröffnung des Insolvenz-verfahrens mangels Masse abgelehnt worden ist;

2. durch die Löschung wegen Vermögenslosigkeit nach § 394 des Gesetzes über das Verfahren in Familiensachen und in den Angelegenheiten der freiwilligen Gerichtsbarkeit.

Dies gilt nicht, wenn zu den persönlich haftenden Gesellschaftern eine andere rechtsfähige Personengesellschaft gehört, bei der mindestens ein persönlich haftender Gesellschafter eine natürliche Person ist.

1. 나아가 그에 대한 청구권이 제197조 제 1 항 제 3 호 내지 제 5 호에서 정하여진 방식으로 확정되고, 또는

2. 법원 또는 관청의 집행행위가 행하여지거나 신청되는 것; 공법상의 채무의 경우에는 행정행위의 실행으로 족하다.

손해배상을 목적으로 하는 채무에 대하여 탈퇴한 조합원은 손해배상을 야기하는 계약상 또는 법률상 의무의 위반이 그 조합원의 탈퇴 전에 발생하였던 경우에만 제 1 문에 의한 책임을 진다. 그 기간은 채권자가 조합원의 탈퇴를 알았던 때 또는 조합원의 탈퇴가 조합등기부에 등기된 때에 진행한다. 제204조, 제206조, 제210조, 제211조 및 제212조 제 2 항 및 제 3 항은 이에 준용된다.

② 조합원이 그 청구권을 서면으로 승인한 경우에는 제197조 제 1 항 제 3 호 내지 제 5 호에서 정하여진 확정은 요구되지 아니한다.

제 5 항   組合의 解散

제729조 [解散事由]

① 조합은 다음의 사유에 의하여 해산된다:

1. 정하여진 기간의 경과;

2. 조합의 재산에 대한 도산절차의 개시;

3. 조합의 해지;

4. 해산 결의

② 나아가 조합은 조합이 달성하려고 하였던 설립 목적이 달성되거나 또는 그 달성이 불능하게 된 때에는 해산된다.

③ 또한 인적으로 책임을 지는 자연인이 없는 조합도 다음에 의하여 해산될 수 있다:

1. 도산절차의 개시를 재산의 부족을 이유로 기각하는 기판력 있는 결정;

2. 「가사사건 및 비송사건의 절차에 관한 법률」 제395조에 따라 재산 부족을 이유로 한 해체.

이는 개인적으로 책임지는 조합원 중에, 개인적으로 책임지는 자연인인 조합원이 적어도 한 명은 존재하는 다른 권리능력 있는 인적 회사가 있

(4) Im Gesellschaftsvertrag können weitere Auflösungsgründe vereinbart werden.

§ 730　Auflösung bei Tod oder Insolvenz eines Gesellschafters

(1) Ist im Gesellschaftsvertrag vereinbart, dass die Gesellschaft durch den Tod eines Gesellschafters aufgelöst wird, hat der Erbe des verstorbenen Gesellschafters den anderen Gesellschaftern dessen Tod unverzüglich anzuzeigen. Wenn mit dem Aufschub Gefahr für die Gesellschaft oder das Gesellschaftsvermögen verbunden ist, hat der Erbe außerdem die laufenden Geschäfte fortzuführen, bis die anderen Gesellschafter in Gemeinschaft mit ihm anderweitig Fürsorge treffen können. Abweichend von § 736b Absatz 1 gilt für die einstweilige Fortführung der laufenden Geschäfte die dem Erblasser durch den Gesellschaftsvertrag übertragene Geschäftsführungs- und Vertretungsbefugnis als fortbestehend. Die anderen Gesellschafter sind in gleicher Weise zur einstweiligen Fortführung der laufenden Geschäfte berechtigt und verpflichtet.

(2) Absatz 1 Satz 4 gilt entsprechend, wenn im Gesellschaftsvertrag vereinbart ist, dass die Gesellschaft durch die Eröffnung des Insolvenzverfahrens über das Vermögen eines Gesellschafters aufgelöst wird.

§ 731　Kündigung der Gesellschaft

(1) Ein Gesellschafter kann die Gesellschaft jederzeit aus wichtigem Grund ohne Einhaltung einer Kündigungsfrist kündigen, wenn ihm die Fortsetzung der Gesellschaft nicht zuzumuten ist. Ein wichtiger Grund liegt insbesondere vor, wenn ein anderer Gesellschafter eine ihm nach dem Gesellschaftsvertrag obliegende wesentliche Verpflichtung vorsätzlich oder grob fahrlässig verletzt hat oder wenn die Erfüllung einer solchen Verpflichtung unmöglich wird.

(2) Eine Vereinbarung im Gesellschaftsvertrag, welche das Kündigungsrecht ausschließt oder dieser Vorschrift zuwider beschränkt, ist unwirksam.

§ 732　Auflösungsbeschluss

Hat nach dem Gesellschaftsvertrag die Mehrheit der Stimmen zu entscheiden, muss ein Beschluss, der die Auflösung der Gesellschaft zum Gegenstand hat, mit einer Mehrheit von mindestens drei Viertel der abgegebenen Stimmen gefasst werden.

§ 733　Anmeldung der Auflösung

(1) Ist die Gesellschaft im Gesellschaftsregister eingetragen, ist ihre Auflösung von sämtlichen Gesellschaftern zur Eintragung in das Gesellschaftsregister anzumelden. Dies gilt nicht in den Fällen der Eröffnung oder der Ablehnung

는 경우에는 적용되지 아니한다.

④ 조합계약에서 다른 해산사유가 약정될 수 있다.

제730조 [組合員의 死亡 또는 倒産으로 인한 解散]

① 조합계약에서 조합이 한 조합원의 사망으로 해산되는 것으로 약정된 경우에는, 사망한 조합원의 상속인은 다른 상속인에게 지체 없이 그 사망사실을 통지하여야 한다. 그 지연으로 인하여 조합이나 조합재산에 위험이 발생할 우려가 있는 때에는, 그 외에도 상속인은 진행 중인 업무를 다른 조합원이 그와 공동하여 다른 조치를 강구할 수 있을 때까지 속행하여야 한다. 제736조의b 제 1 항과는 달리, 진행 중인 업무의 임시적 속행에 관하여는 조합계약에 의하여 피상속인에게 위임된 업무 집행 및 대리의 권한은 존속하는 것으로 본다. 다른 조합원은 마찬가지로 진행 중인 업무를 임시적으로 속행할 권한이 있고 또 그 의무를 진다.

② 제 1 항 제 4 문은 조합계약에서 조합이 어느 조합원의 재산에 대한 도산절차의 개시에 의하여 해산된다고 약정된 경우에 준용된다.

제731조 [組合의 解止]

① 어느 조합원이 더 이상 조합의 계속을 기대할 수 없는 경우에는, 그는 중대한 사유를 이유로 해지기간을 두지 아니하고 언제든지 조합을 해지할 수 있다. 그러한 중요한 사유는 특히, 다른 조합원이 조합계약상 그에게 부과된 본질적 의무를 고의적으로 또는 중대한 과실로 위반한 경우 또는 그러한 의무의 이행이 불능인 경우에 인정된다.

② 그 해지권을 배제하거나 이 규정에 반하여 제한하는 조합계약에서의 약정은 효력이 없다.

제732조 [解散決議]

조합계약에 따라 다수결로 의결할 것이 정하여진 경우에, 조합의 해산을 내용으로 하는 결의는 투표수 4분의 3 이상의 찬성으로 행하여져야 한다.

제733조 [解散의 申請]

① 조합등기부에 등기되어 있는 조합에 있어서 조합의 해산은 조합원들 전원에 의하여 조합등기부에의 등기가 신청되어야 한다. 이는 조합의 재

der Eröffnung des Insolvenzverfahrens über das Vermögen der Gesellschaft (§ 729 Absatz 1 Nummer 2 und Absatz 3 Satz 1 Nummer 1); dann hat das Gericht die Auflösung und ihren Grund von Amts wegen einzutragen. Im Fall der Löschung der Gesellschaft (§ 729 Absatz 3 Satz 1 Nummer 2) entfällt die Eintragung der Auflösung.

(2) Ist aufgrund einer Vereinbarung im Gesellschaftsvertrag die Gesellschaft durch den Tod eines Gesellschafters aufgelöst, kann die Anmeldung der Auflösung der Gesellschaft ohne Mitwirkung der Erben erfolgen, sofern einer solchen Mitwirkung besondere Hindernisse entgegenstehen.

§ 734　Fortsetzung der Gesellschaft

(1) Die Gesellschafter können nach Auflösung der Gesellschaft deren Fortsetzung beschließen, sobald der Auflösungsgrund beseitigt ist.

(2) Hat nach dem Gesellschaftsvertrag die Mehrheit der Stimmen zu entscheiden, muss der Beschluss über die Fortsetzung der Gesellschaft mit einer Mehrheit von mindestens drei Viertel der abgegebenen Stimmen gefasst werden.

(3) War die Gesellschaft vor ihrer Auflösung im Gesellschaftsregister eingetragen, ist die Fortsetzung von sämtlichen Gesellschaftern zur Eintragung in das Gesellschaftsregister anzumelden.

Kapitel 6　Liquidation der Gesellschaft

§ 735　Notwendigkeit der Liquidation; anwendbare Vorschriften

(1) Nach Auflösung der Gesellschaft findet die Liquidation statt, sofern nicht über das Vermögen der Gesellschaft das Insolvenzverfahren eröffnet ist. Ist die Gesellschaft durch Löschung wegen Vermögenslosigkeit aufgelöst, findet eine Liquidation nur statt, wenn sich nach der Löschung herausstellt, dass noch Vermögen vorhanden ist, das der Verteilung unterliegt.

(2) Die Gesellschafter können anstelle der Liquidation eine andere Art der Abwicklung vereinbaren. Ist aufgrund einer Vereinbarung im Gesellschaftsvertrag die Gesellschaft durch die Kündigung eines Privatgläubigers eines Gesellschafters oder durch die Eröffnung des Insolvenzverfahrens über das Vermögen eines Gesellschafters aufgelöst, bedarf eine Vereinbarung über eine andere Art der Abwicklung der Zustimmung des Privatgläubigers oder des Insolvenzverwalters. Ist im Insolvenzverfahren Eigenverwaltung angeordnet, tritt an die Stelle der Zustimmung des Insolvenzverwalters die Zustimmung des Schuldners.

산에 대하여 도산절차가 개시된 경우 또는 그 개시가 거절된 경우에는
그러하지 아니하다(제729조 제 1 항 제 2 호 및 제 3 항 제 1 문 제 1 호);
이 경우에는 법원이 해산 및 그 이유를 직권으로 등기하여야 한다. 조합
이 해체된 경우(제729조 제 3 항 제 1 문 제 2 호)에는 해산의 등기는 행하
여지지 아니한다.

② 조합계약에서의 약정에 기하여 조합이 어느 조합원의 사망으로 인하
여 해산되는 경우에는, 조합 해산의 등기는 상속인이 그 신청에 조력하
지 아니하였어도 그러한 조력에 특별한 장애사유가 있다면 행하여질 수
있다.

제734조 [組合의 繼續]

① 조합원들은 조합의 해산 후에도 해산사유가 소멸하면 바로 조합의
계속을 결의할 수 있다.

② 조합계약에 따라 다수결로 의결할 것이 정하여진 경우에, 조합의 계
속에 관한 결의는 투표수 4분의 3 이상의 찬성으로 행하여진다.

③ 조합이 해산 전에 조합등기부에 등기되어 있었던 경우에, 그 계속은
조합원 전원에 의하여 조합등기부에 등기하기 위하여 신청되어야 한다.

제 6 항　組合의 淸算

제735조 [淸算의 必要性; 準用規定]

① 조합이 해산된 후에는, 조합의 재산에 대하여 도산절차가 개시되지
아니한 한, 청산이 행하여진다. 조합이 재산 부족으로 인한 해체에 의하
여 해산하였던 경우에는 해체 후에 아직 분배 대상이 되는 재산이 존재
한다고 밝혀진 때에만 청산이 행하여진다.

② 조합원들은 청산 대신에 다른 종류의 정리방식을 약정할 수 있다. 조
합계약에서의 약정에 기하여 조합이 어느 조합원에 대한 개인채권자의
해지 또는 어느 조합원의 재산에 대한 도산절차의 개시에 의하여 해산되
는 경우에는, 다른 방식의 정리를 약정함에는 개인채권자 또는 도산관리
인의 동의를 요한다. 파산절차에서 자기관리가 명하여진 경우에는, 채무
자의 동의가 파산관재인의 동의에 갈음한다.

(3) Die Liquidation erfolgt nach den folgenden Vorschriften dieses Kapitels, sofern sich nicht aus dem Gesellschaftsvertrag etwas anderes ergibt.

§ 736　Liquidatoren

(1) Zur Liquidation sind alle Gesellschafter berufen.

(2) Ist über das Vermögen eines Gesellschafters das Insolvenzverfahren eröffnet und ein Insolvenzverwalter bestellt worden, tritt dieser an die Stelle des Gesellschafters.

(3) Mehrere Erben eines Gesellschafters haben einen gemeinsamen Vertreter zu bestellen.

(4) Durch Vereinbarung im Gesellschaftsvertrag oder durch Beschluss der Gesellschafter können auch einzelne Gesellschafter oder andere Personen zu Liquidatoren berufen werden. Das Recht, einen solchen Liquidator nach § 736a Absatz 1 Satz 1 zu berufen, bleibt unberührt.

(5) Hat nach dem Gesellschaftsvertrag die Mehrheit der Stimmen zu entscheiden, gilt dies im Zweifel nicht für die Berufung und Abberufung eines Liquidators.

§ 736a　Gerichtliche Berufung und Abberufung von Liquidatoren

(1) Ist die Gesellschaft im Gesellschaftsregister eingetragen, kann auf Antrag eines Beteiligten ein Liquidator aus wichtigem Grund durch das Gericht, in dessen Bezirk die Gesellschaft ihren Sitz hat, berufen und abberufen werden. Eine Vereinbarung im Gesellschaftsvertrag, welche dieses Recht ausschließt, ist unwirksam.

(2) Beteiligte sind:

1. jeder Gesellschafter (§ 736 Absatz 1),
2. der Insolvenzverwalter über das Vermögen des Gesellschafters (§ 736 Absatz 2),
3. der gemeinsame Vertreter (§ 736 Absatz 3) und
4. der Privatgläubiger des Gesellschafters, durch den die zur Auflösung der Gesellschaft führende Kündigung erfolgt ist (§ 735 Absatz 2 Satz 2).

(3) Gehört der Liquidator nicht zu den Gesellschaftern, hat er Anspruch auf Ersatz der erforderlichen Aufwendungen und auf Vergütung für seine Tätigkeit. Einigen sich der Liquidator und die Gesellschaft hierüber nicht, setzt das Gericht die Aufwendungen und die Vergütung fest. Gegen die Entscheidung ist die Beschwerde zulässig; die Rechtsbeschwerde ist ausgeschlossen. Aus der

③ 청산은 조합계약에서 달리 정하여지지 아니한 한 이 항의 이하 규정에 따라 행하여진다.

제736조 [淸算人]

① 청산에는 모든 조합원이 임한다.

② 어느 조합원의 재산에 대하여 도산절차가 개시되고 도산관리인이 선임된 경우에는, 그가 그 조합원에 갈음한다.

③ 어느 조합원에 상속인이 여럿 있는 경우에 그들은 1인의 공동대리인을 선임하여야 한다.

④ 조합계약상의 약정 또는 조합원들의 결의에 의하여 개별적인 조합원이나 다른 사람도 청산인으로 정하여질 수 있다. 제736조의a 제 1 항 제 1 문에 따라 그러한 청산인을 정할 수 있는 권리는 영향을 받지 아니한다.

⑤ 조합계약에 따라 다수결로 의결할 것이 정하여진 경우에, 이는 의심스러운 때에는 청산인의 선임과 해임에는 적용되지 아니한다.

제736조의a [裁判上 淸算人의 先任과 解任]

① 조합이 조합등기부에 등기되어 있는 조합에 있어서 청산인은 중대한 사유가 있다면 관련자의 신청에 기하여 조합의 주소가 있는 행정구역을 관할하는 법원에 의하여 선임 또는 해임될 수 있다. 이러한 권리를 배제하는 조합계약상의 약정은 효력이 없다.

② 관련자라 함은 다음을 말한다:

 1. 각 조합원 (제736조 제 1 항),

 2. 조합원의 재산에 관한 도산관리인 (제736조 제 2 항),

 3. 공동대리인 (제736조 제 3 항) 및

 4. 조합의 해산을 일으키는 해지가 행하여지는, 조합원의 개인채권자 (제735조 제 2 항 제 2 문).

③ 청산인이 조합원에 속하지 아니하는 경우에, 그는 필요한 비용의 배상 및 자신의 업무에 대한 보수에 대하여 청구권을 가진다. 청산인과 조합이 이에 대하여 합의하지 못하는 때에는 법원이 그 비용과 보수를 정

rechtskräftigen Entscheidung findet die Zwangsvollstreckung nach der Zivilprozessordnung statt.

§ 736b Geschäftsführungs- und Vertretungsbefugnis der Liquidatoren

(1) Mit der Auflösung der Gesellschaft erlischt die einem Gesellschafter im Gesellschaftsvertrag übertragene Befugnis zur Geschäftsführung und Vertretung. Diese Befugnis steht von der Auflösung an allen Liquidatoren gemeinsam zu.

(2) Die bisherige Befugnis eines Gesellschafters zur Geschäftsführung und, sofern die Gesellschaft nicht im Gesellschaftsregister eingetragen ist, zur Vertretung gilt gleichwohl zu seinen Gunsten als fortbestehend, bis er von der Auflösung der Gesellschaft Kenntnis erlangt hat oder die Auflösung kennen muss.

§ 736c Anmeldung der Liquidatoren

(1) Ist die Gesellschaft im Gesellschaftsregister eingetragen, sind die Liquidatoren und ihre Vertretungsbefugnis von sämtlichen Gesellschaftern zur Eintragung in das Gesellschaftsregister anzumelden. Das Gleiche gilt für jede Änderung in der Person des Liquidators oder seiner Vertretungsbefugnis. Wenn im Fall des Todes eines Gesellschafters anzunehmen ist, dass die Anmeldung den Tatsachen entspricht, kann die Eintragung erfolgen, auch ohne dass die Erben bei der Anmeldung mitwirken, sofern einer solchen Mitwirkung besondere Hindernisse entgegenstehen.

(2) Die Eintragung gerichtlich berufener Liquidatoren sowie die Eintragung der gerichtlichen Abberufung von Liquidatoren geschieht von Amts wegen.

§ 736d Rechtstellung der Liquidatoren

(1) Die Liquidatoren haben, auch wenn sie vom Gericht berufen sind, den Weisungen Folge zu leisten, welche die Beteiligten in Bezug auf die Geschäftsführung beschließen. Hat nach dem Gesellschaftsvertrag die Mehrheit der Stimmen zu entscheiden, bedarf der Beschluss der Zustimmung der Beteiligten nach § 736a Absatz 2 Nummer 2 und 4.

(2) Die Liquidatoren haben die laufenden Geschäfte zu beendigen, die Forderungen der Gesellschaft einzuziehen und das übrige Vermögen in Geld umzusetzen. Zur Beendigung der laufenden Geschäfte können die Liquidatoren auch neue Geschäfte eingehen.

(3) Ist die Gesellschaft im Gesellschaftsregister eingetragen, haben die Liquidatoren bei Abgabe ihrer Unterschrift dem Namen der Gesellschaft einen

한다. 그 결정에 대하여는 이의도 허용된다; 법의 위반을 이유로 하는 항고는 배제된다. 기판력 있는 결정으로써 민사소송법에 따른 강제집행이 행하여진다.

제736조의b [淸算人의 業務執行權限 및 代理權限]

① 조합의 해산과 동시에 조합계약에 의하여 어느 조합원에게 위탁된 업무집행권한과 대리권한은 소멸한다. 이러한 권한은 해산시부터 청산인 전원에게 공동으로 귀속한다.

② 조합원의 종전의 업무집행권한, 그리고 조합이 조합등기부에 등기되어 있지 아니한 한, 그의 대리권은, 그가 해산의 사실을 알았거나 알았어야 하는 때까지 그를 위하여 여전히 존속하는 것으로 본다.

제736조의c [淸算人의 申請]

① 조합이 조합등기부에 등기된 경우에는 조합원 전원이 청산인 및 그 대리권한을 조합등기부에 등기하기 위하여 신청하여야 한다. 이는 청산인의 신원 또는 대리권한의 변경 전부에 관하여도 마찬가지이다. 어느 조합원이 사망한 경우에 그 신청이 사실에 부합하는 것으로 인정되는 때에는 등기는 상속인이 그 신청에 조력하지 아니하였어도 그러한 조력에 특별한 장애사유가 있다면 행하여질 수 있다.

② 재판상 선임된 청산인의 등기 및 재판상 해임된 청산인의 등기는 직권으로 행하여진다.

제736조의d [淸算人의 法的地位]

① 청산인은 그가 법원에 의하여 선임된 경우에도 관여자들이 업무 수행과 관련하여 결의한 지시에 따라야 한다. 조합계약에서 다수결로 결정하여야 하는 것으로 정하여진 경우에는 그 결의는 제736조의a 제 2 항 제 2 호 및 제 4 호에 따른 관여자들의 동의를 요한다.

② 청산인은 진행 중인 업무를 종료하고 조합의 채권을 추심하며 다른 재산을 금전으로 바꾸어야 한다. 진행 중인 업무의 종료를 위하여 청산인은 새로운 업무를 행할 수 있다.

③ 조합이 조합등기부에 등기된 경우에 청산인은 서명을 함에 있어서

Liquidationszusatz beizufügen.

(4) Aus dem Vermögen der Gesellschaft sind zunächst die Gläubiger der Gesellschaft zu befriedigen. Ist eine Verbindlichkeit noch nicht fällig oder ist sie streitig, ist das zur Berichtigung der Verbindlichkeit Erforderliche zurückzubehalten.

(5) Aus dem nach der Berichtigung der Verbindlichkeiten verbleibenden Gesellschaftsvermögen sind die geleisteten Beiträge zurückzuerstatten. Für Beiträge, die nicht in Geld bestanden haben, ist der Wert zu ersetzen, den sie zur Zeit der Einbringung gehabt haben. Für Beiträge, die in der Leistung von Diensten oder in der Überlassung der Benutzung eines Gegenstands bestanden haben, kann im Zweifel kein Ersatz verlangt werden.

(6) Das nach Berichtigung der Verbindlichkeiten und Rückerstattung der Beiträge verbleibende Vermögen der Gesellschaft ist unter den Gesellschaftern nach dem Verhältnis ihrer Anteile am Gewinn und Verlust zu verteilen.

§ 737　Haftung der Gesellschafter für Fehlbetrag

Reicht das Gesellschaftsvermögen zur Berichtigung der Verbindlichkeiten und zur Rückerstattung der Beiträge nicht aus, haben die Gesellschafter der Gesellschaft für den Fehlbetrag nach dem Verhältnis ihrer Anteile am Gewinn und Verlust aufzukommen. Kann von einem Gesellschafter der auf ihn entfallende Betrag nicht erlangt werden, haben die anderen Gesellschafter den Ausfall nach dem gleichen Verhältnis zu tragen.

§ 738　Anmeldung des Erlöschens

Ist die Gesellschaft im Gesellschaftsregister eingetragen, ist das Erlöschen der Gesellschaft von sämtlichen Liquidatoren zur Eintragung in das Gesellschaftsregister anzumelden, sobald die Liquidation beendigt ist.

§ 739　Verjährung von Ansprüchen aus der Gesellschafterhaftung

(1) Ist die Gesellschaft durch Liquidation oder auf andere Weise erloschen, verjähren Ansprüche gegen einen Gesellschafter aus Verbindlichkeiten der Gesellschaft in fünf Jahren, sofern nicht der Anspruch gegen die Gesellschaft einer kürzeren Verjährung unterliegt.

(2) Die Verjährung beginnt abweichend von § 199 Absatz 1, sobald der Gläubiger von dem Erlöschen der Gesellschaft Kenntnis erlangt hat oder das Erlöschen der Gesellschaft im Gesellschaftsregister eingetragen worden ist.

(3) Beginnt die Verjährung des Anspruchs gegen die Gesellschaft neu oder wird die Verjährung des Anspruchs gegenüber der Gesellschaft nach den

조합의 이름에 청산인이라는 부기를 달아야 한다.

④ 조합의 재산으로 먼저 조합의 채권자가 만족되어야 한다. 채무가 아직 이행기가 도래하지 아니하였거나 다툼이 있는 경우에는 채무의 만족을 위하여 필요한 것을 유보하여야 한다.

⑤ 채무를 만족시킨 후에 남는 조합재산으로는 이행된 출자가 반환되어야 한다. 금전으로 행하여지지 아니한 출자에 대하여는 회복 당시의 그 가치가 상환되어야 한다. 출자가 용역의 수행이나 목적물의 이용의 위탁이었던 경우에는 의심스러운 때에는 상환이 청구될 수 없다.

⑥ 채무의 만족 및 출자의 반환 후에 남은 조합의 재산은 조합원들에게 이익과 손실에 대한 그들의 비율에 따라 분배되어야 한다.

제737조 [不足分에 대한 組合員의 責任]

조합재산이 채무의 만족 및 출자의 반환에 충분하지 아니한 경우에 조합원은 조합에 대하여 이익과 손실에 대한 그들 지분의 비율에 따라 그 부족액을 보전하여야 한다. 어느 조합원으로부터 그에게 돌아가는 액을 얻지 못하는 때에는 다른 조합원이 그 부족분을 동일한 비율에 따라 부담하여야 한다.

제738조 [消滅의 申請]

조합이 조합등기부에 등기된 경우에는 청산이 종료하는 즉시 조합의 소멸이 청산인 전원에 의하여 조합등기부에의 등기를 위하여 신청되어야 한다.

제739조 [組合員責任으로 인한 請求權의 消滅時效]

① 조합이 청산 또는 다른 방법으로 소멸하는 경우에 조합의 채무로 인한, 조합원에 대한 청구권은, 조합에 대한 청구권이 보다 단기의 소멸기효에 걸리지 아니하는 한, 5년의 소멸시효에 걸린다,

② 소멸시효는 제199조 제 1 항과는 달리 조합의 소멸을 알았던 때 또는 조합의 소멸이 조합등기부에 등기된 때에 진행한다.

③ 조합에 대한 청구권의 소멸시효가 새로이 진행하거나 제203조, 제204조, 제205조 또는 제206조에 의하여 정지된 경우에는, 이는 조합이 소멸

§§ 203, 204, 205 oder 206 gehemmt, wirkt dies auch gegenüber den Gesellschaftern, die der Gesellschaft zur Zeit des Erlöschens angehört haben.

Untertitel 3   Nicht rechtsfähige Gesellschaft

§ 740   Fehlende Vermögensfähigkeit; anwendbare Vorschriften

(1) Eine nicht rechtsfähige Gesellschaft hat kein Vermögen.

(2) Auf das Rechtsverhältnis der Gesellschafter untereinander sind die §§ 708, 709, 710, 711, 711a, 712, die §§ 714, 715, 715a, 716, 717 Absatz 1 sowie § 718 entsprechend anzuwenden.

§ 740a   Beendigung der Gesellschaft

(1) Die nicht rechtsfähige Gesellschaft endet durch:

1. Ablauf der Zeit, für welche sie eingegangen wurde;
2. Auflösungsbeschluss;
3. Tod eines Gesellschafters;
4. Kündigung der Gesellschaft durch einen Gesellschafter;
5. Eröffnung des Insolvenzverfahrens über das Vermögen eines Gesellschafters;
6. Kündigung der Gesellschaft durch einen Privatgläubiger eines Gesellschafters.

(2) Die Gesellschaft endet ferner, wenn der vereinbarte Zweck erreicht oder seine Erreichung unmöglich geworden ist.

(3) Auf die Beendigung der Gesellschaft sind die §§ 725, 726, 730, 732 und 734 Absatz 1 und 2 entsprechend anzuwenden.

§ 740b   Auseinandersetzung

(1) Nach der Beendigung der nicht rechtsfähigen Gesellschaft findet die Auseinandersetzung unter den Gesellschaftern statt.

(2) Auf die Auseinandersetzung sind § 736d Absatz 2, 4, 5 und 6 und § 737 entsprechend anzuwenden.

§ 740c   Ausscheiden eines Gesellschafters

(1) Ist im Gesellschaftsvertrag vereinbart, dass abweichend von den in § 740a Absatz 1 Nummer 3 bis 6 genannten Beendigungsgründen die Gesellschaft fortbestehen soll, so tritt mangels abweichender Vereinbarung an die Stelle der Beendigung der Gesellschaft das Ausscheiden des Gesellschafters, in dessen

하는 당시에 그에 속하는 조합원에 대하여도 효력을 미친다.

제 3 관　權利能力 없는 組合

제740조 [財産能力의 缺如; 準用規定]

① 권리능력 없는 조합은 재산이 없다.

② 조합원 간의 법률관계에 대하여는 제708조, 제709조, 제710조, 제711조, 제711의a, 제712조, 제714조, 제715조, 제715조의a, 제716조, 제717조 제 1 항 및 제718조가 준용된다.

제740조의a [組合의 終了]

① 권리능력 없는 조합은 다음에 의하여 소멸한다:

1. 정하여진 기간의 경과;

2. 해산 결의;

3. 조합원의 사망;

4. 조합원에 의한 조합의 해지;

5. 조합원의 재산에 대한 도산절차의 개시;

6. 조합원의 개인채권자에 의한 조합의 해지.

② 또한 조합은 약정된 목적이 달성되거나 그 달성이 불가능하게 되는 때에도 종료한다.

③ 조합의 종료에 대하여는 제725조, 제726조, 제730조, 제732조 및 제734조 제 1 항 및 제 2 항이 준용된다.

제740조의b [組合의 分割]

① 권리능력 없는 조합이 종료한 후에는 조합원들 사이에서 청산이 행하여진다.

② 청산에 대하여는 제736조의a 제 2 항, 제 4 항, 제 5 항 및 제 6 항, 그리고 제737조가 준용된다.

제740조의c [組合員의 脫退]

① 조합계약에서 제740조의a 제 1 항 제 3 호 내지 제 6 호에 정하여진 종료사유들과 달리 조합이 계속 존속하는 것으로 약정된 경우에는, 다른

Person der Ausscheidensgrund eintritt.

(2) Auf das Ausscheiden eines Gesellschafters sind die §§ 727, 728 und 728a entsprechend anzuwenden.

Titel 17   Gemeinschaft

§ 741   Gemeinschaft nach Bruchteilen

Steht ein Recht mehreren gemeinschaftlich zu, so finden, sofern sich nicht aus dem Gesetz ein anderes ergibt, die Vorschriften der §§ 742 bis 758 Anwendung (Gemeinschaft nach Bruchteilen).

§ 742   Gleiche Anteile

Im Zweifel ist anzunehmen, dass den Teilhabern gleiche Anteile zustehen.

§ 743   Früchteanteil; Gebrauchsbefugnis

(1) Jedem Teilhaber gebührt ein seinem Anteil entsprechender Bruchteil der Früchte.

(2) Jeder Teilhaber ist zum Gebrauch des gemeinschaftlichen Gegenstands insoweit befugt, als nicht der Mitgebrauch der übrigen Teilhaber beeinträchtigt wird.

§ 744   Gemeinschaftliche Verwaltung

(1) Die Verwaltung des gemeinschaftlichen Gegenstands steht den Teilhabern gemeinschaftlich zu.

(2) Jeder Teilhaber ist berechtigt, die zur Erhaltung des Gegenstands notwendigen Maßregeln ohne Zustimmung der anderen Teilhaber zu treffen; er kann verlangen, dass diese ihre Einwilligung zu einer solchen Maßregel im voraus erteilen.

§ 745   Verwaltung und Benutzung durch Beschluss

(1) Durch Stimmenmehrheit kann eine der Beschaffenheit des gemeinschaftlichen Gegenstands entsprechende ordnungsmäßige Verwaltung und Benutzung beschlossen werden. Die Stimmenmehrheit ist nach der Größe der Anteile zu berechnen.

(2) Jeder Teilhaber kann, sofern nicht die Verwaltung und Benutzung durch Vereinbarung oder durch Mehrheitsbeschluss geregelt ist, eine dem Interesse aller Teilhaber nach billigem Ermessen entsprechende Verwaltung und Benutzung verlangen.

정함이 없는 한 탈퇴사유가 발생한 조합원의 탈퇴는 조합의 종료에 갈음
한다.

② 조합원의 탈퇴에 대하여는 제727조, 제728조 및 제728조의a가 준용된다.

제17절　共　　同

제741조 [持分的 共同]

권리가 수인에게 공동으로 귀속하는 때에는, 법률로부터 달리 해석되지
아니하는 한 제742조 내지 제758조가 적용된다("지분적 공동").

제742조 [持分의 均等]

지분권자의 지분은 의심스러운 때에는 균등한 것으로 한다.

제743조 [果實持分; 使用權]

① 각 지분권자는 각자의 지분에 상당하는 과실의 지분을 가진다.

② 각 지분권자는 다른 지분권자의 공동사용을 해하지 아니하는 한도에
서 공동의 목적물을 사용할 권리가 있다.

제744조 [共同의 管理]

① 공동의 목적물에 대한 관리는 지분권자에게 공동으로 귀속한다.

② 각 지분권자는 다른 지분권자의 동의 없이 목적물의 보존에 필요한
조치를 할 권리가 있다; 그는 다른 지분권자에 대하여 그러한 조치에 미
리 동의할 것을 청구할 수 있다.

제745조 [決議에 의한 管理와 利用]

① 다수결에 의하여 공동의 목적물의 성질에 상응하는 정상적인 관
리 및 이용에 대하여 정할 수 있다. 다수결은 지분의 비율에 따라 산정
한다.

② 관리 및 이용이 약정 또는 다수결에 의하여 정하여지지 아니한 한, 각
지분권자는 공평한 재량에 좇아 지분권자 전원의 이익에 상응하는 관리
와 이용을 청구할 수 있다.

(3) Eine wesentliche Veränderung des Gegenstands kann nicht beschlossen oder verlangt werden. Das Recht des einzelnen Teilhabers auf einen seinem Anteil entsprechenden Bruchteil der Nutzungen kann nicht ohne seine Zustimmung beeinträchtigt werden.

§ 746 Wirkung gegen Sondernachfolger

Haben die Teilhaber die Verwaltung und Benutzung des gemeinschaftlichen Gegenstands geregelt, so wirkt die getroffene Bestimmung auch für und gegen die Sondernachfolger.

§ 747 Verfügung über Anteil und gemeinschaftliche Gegenstände

Jeder Teilhaber kann über seinen Anteil verfügen. Über den gemeinschaftlichen Gegenstand im ganzen können die Teilhaber nur gemeinschaftlich verfügen.

§ 748 Lasten- und Kostentragung

Jeder Teilhaber ist den anderen Teilhabern gegenüber verpflichtet, die Lasten des gemeinschaftlichen Gegenstands sowie die Kosten der Erhaltung, der Verwaltung und einer gemeinschaftlichen Benutzung nach dem Verhältnis seines Anteils zu tragen.

§ 749 Aufhebungsanspruch

(1) Jeder Teilhaber kann jederzeit die Aufhebung der Gemeinschaft verlangen.

(2) Wird das Recht, die Aufhebung zu verlangen, durch Vereinbarung für immer oder auf Zeit ausgeschlossen, so kann die Aufhebung gleichwohl verlangt werden, wenn ein wichtiger Grund vorliegt. Unter der gleichen Voraussetzung kann, wenn eine Kündigungsfrist bestimmt wird, die Aufhebung ohne Einhaltung der Frist verlangt werden.

(3) Eine Vereinbarung, durch welche das Recht, die Aufhebung zu verlangen, diesen Vorschriften zuwider ausgeschlossen oder beschränkt wird, ist nichtig.

§ 750 Ausschluss der Aufhebung im Todesfall

Haben die Teilhaber das Recht, die Aufhebung der Gemeinschaft zu verlangen, auf Zeit ausgeschlossen, so tritt die Vereinbarung im Zweifel mit dem Tode eines Teilhabers außer Kraft.

§ 751 Ausschluss der Aufhebung und Sondernachfolger

Haben die Teilhaber das Recht, die Aufhebung der Gemeinschaft zu ver-

③ 목적물의 본질적인 변경은 이를 결의하거나 청구할 수 없다. 지분에 상응하는 수익 지분에 대한 각 지분권자의 권리는 이를 그의 동의 없이 해할 수 없다.

제746조 [特定承繼人에 대한 效力]

지분권자들이 공동의 목적물의 관리 및 이용에 대하여 정한 때에는, 그 정함은 특정승계인에 대하여 그의 이익으로도 불이익으로도 효력이 있 다.

제747조 [持分 및 共同의 目的物에 대한 處分]

각 지분권자는 자신의 지분을 처분할 수 있다. 공동의 목적물 전체에 대 한 처분은 지분권자가 공동으로만 이를 할 수 있다.

제748조 [負擔 및 費用]

지분권자는 다른 지분권자에 대하여 지분 비율에 따라 공동의 목적물 에 관한 부담을 지고 보존, 관리 및 공동이용의 비용을 지급할 의무를 진다.

제749조 [解消請求權]

① 각 지분권자는 언제라도 공동의 해소를 청구할 수 있다.

② 해소를 청구할 권리가 약정에 의하여 영구적으로 또는 일시적으로 배제된 경우에도 중대한 사유가 있는 때에는 해소를 청구할 수 있다. 해 지기간의 정함이 있는 경우에도 동일한 요건이 충족되는 때에는 그 기간 을 두지 아니하고 해소를 청구할 수 있다.

③ 해소를 청구할 권리를 제1항 및 제2항에 반하여 배제하거나 제한하 는 약정은 무효이다.

제750조 [死亡에 있어서의 解消의 排除]

지분권자들이 공동의 해소를 청구할 권리를 일시적으로 배제한 때에는 그 약정은 의심스러운 때에는 지분권자 1인의 사망에 의하여 효력을 상 실한다.

제751조 [解消의 排除와 特定承繼人]

지분권자들이 공동의 해소를 청구할 권리를 영구적으로 또는 일시적으

langen, für immer oder auf Zeit ausgeschlossen oder eine Kündigungsfrist bestimmt, so wirkt die Vereinbarung auch für und gegen die Sondernachfolger. Hat ein Gläubiger die Pfändung des Anteils eines Teilhabers erwirkt, so kann er ohne Rücksicht auf die Vereinbarung die Aufhebung der Gemeinschaft verlangen, sofern der Schuldtitel nicht bloß vorläufig vollstreckbar ist.

§ 752　Teilung in Natur

Die Aufhebung der Gemeinschaft erfolgt durch Teilung in Natur, wenn der gemeinschaftliche Gegenstand oder, falls mehrere Gegenstände gemeinschaftlich sind, diese sich ohne Verminderung des Wertes in gleichartige, den Anteilen der Teilhaber entsprechende Teile zerlegen lassen. Die Verteilung gleicher Teile unter die Teilhaber geschieht durch das Los.

§ 753　Teilung durch Verkauf

(1) Ist die Teilung in Natur ausgeschlossen, so erfolgt die Aufhebung der Gemeinschaft durch Verkauf des gemeinschaftlichen Gegenstands nach den Vorschriften über den Pfandverkauf, bei Grundstücken durch Zwangsversteigerung, und durch Teilung des Erlöses. Ist die Veräußerung an einen Dritten unstatthaft, so ist der Gegenstand unter den Teilhabern zu versteigern.

(2) Hat der Versuch, den Gegenstand zu verkaufen, keinen Erfolg, so kann jeder Teilhaber die Wiederholung verlangen; er hat jedoch die Kosten zu tragen, wenn der wiederholte Versuch misslingt.

§ 754　Verkauf gemeinschaftlicher Forderungen

Der Verkauf einer gemeinschaftlichen Forderung ist nur zulässig, wenn sie noch nicht eingezogen werden kann. Ist die Einziehung möglich, so kann jeder Teilhaber gemeinschaftliche Einziehung verlangen.

§ 755　Berichtigung einer Gesamtschuld

(1) Haften die Teilhaber als Gesamtschuldner für eine Verbindlichkeit, die sie in Gemäßheit des § 748 nach dem Verhältnis ihrer Anteile zu erfüllen haben oder die sie zum Zwecke der Erfüllung einer solchen Verbindlichkeit eingegangen sind, so kann jeder Teilhaber bei der Aufhebung der Gemeinschaft verlangen, dass die Schuld aus dem gemeinschaftlichen Gegenstand berichtigt wird.

(2) Der Anspruch kann auch gegen die Sondernachfolger geltend gemacht werden.

(3) Soweit zur Berichtigung der Schuld der Verkauf des gemeinschaftlichen Gegenstands erforderlich ist, hat der Verkauf nach § 753 zu erfolgen.

로 배제하였거나 해지기간을 정한 때에는 그 약정은 특정승계인에 대하여 그의 이익으로도 불이익으로도 효력이 있다. 채권자가 지분권자의 지분을 압류한 경우에는, 채무명의가 임시의 집행력만을 가지는 것이 아닌 한, 그 채권자는 약정에 불구하고 공동의 해소를 청구할 수 있다.

제752조 [現物分割]

공동의 해소는, 공동의 목적물이, 또는 수개가 공동의 목적물인 경우에는 이들 목적물이 가치가 감소됨이 없이 지분권자의 지분에 상응하는 동종의 부분으로 분할될 수 있는 때에는, 현물분할에 의한다. 지분권자 사이에서 동일한 부분을 분배하는 것은 추첨으로 결정한다.

제753조 [賣却에 의한 分割]

① 현물분할을 할 수 없는 때에는, 공동의 해소는 공동의 목적물을 질물매각에 관한 규정에 따라 매각하고, 또 부동산의 경우에는 강제경매에 의하여 매각하고, 그 매득금을 분할함으로써 한다. 제3자에의 양도가 허용되지 아니하는 때에는 목적물을 지분권자 사이에서 경매하여야 한다.

② 목적물을 매도하려는 시도가 성공하지 못한 때에는, 각 지분권자는 그 반복을 청구할 수 있다; 그러나 재차의 시도가 성공하지 못하면 청구자는 그 비용을 부담하여야 한다.

제754조 [共同債權의 賣渡]

공동채권은 아직 이를 추심할 수 없는 때에만 매도할 수 있다. 추심할 수 있는 때에는 각 지분권자는 공동의 추심을 청구할 수 있다.

제755조 [連帶債務의 履行]

① 지분권자들이 제748조에 좇아 지분의 비율로 이행하여야 하는 채무 또는 그러한 채무를 이행하기 위하여 부담한 채무에 대하여 그들이 연대채무자로서 책임을 지는 때에는 각 지분권자는 공동의 해소에 있어서 그 채무를 공동의 목적물로써 결제할 것을 청구할 수 있다.

② 제1항의 청구권은 특정승계인에 대하여도 주장할 수 있다.

③ 채무의 이행을 위하여 공동의 목적물을 매각할 필요가 있는 경우에, 그 매각은 제753조에 따라 행하여져야 한다.

§ 756 **Berichtigung einer Teilhaberschuld**

Hat ein Teilhaber gegen einen anderen Teilhaber eine Forderung, die sich auf die Gemeinschaft gründet, so kann er bei der Aufhebung der Gemeinschaft die Berichtigung seiner Forderung aus dem auf den Schuldner entfallenden Teil des gemeinschaftlichen Gegenstands verlangen. Die Vorschriften des § 755 Abs. 2, 3 finden Anwendung.

§ 757 **Gewährleistung bei Zuteilung an einen Teilhaber**

Wird bei der Aufhebung der Gemeinschaft ein gemeinschaftlicher Gegenstand einem der Teilhaber zugeteilt, so hat wegen eines Mangels im Recht oder wegen eines Mangels der Sache jeder der übrigen Teilhaber zu seinem Anteil in gleicher Weise wie ein Verkäufer Gewähr zu leisten.

§ 758 **Unverjährbarkeit des Aufhebungsanspruchs**

Der Anspruch auf Aufhebung der Gemeinschaft unterliegt nicht der Verjährung.

Titel 18   Leibrente

§ 759 **Dauer und Betrag der Rente**

(1) Wer zur Gewährung einer Leibrente verpflichtet ist, hat die Rente im Zweifel für die Lebensdauer des Gläubigers zu entrichten.

(2) Der für die Rente bestimmte Betrag ist im Zweifel der Jahresbeitrag der Rente.

§ 760 **Vorauszahlung**

(1) Die Leibrente ist im voraus zu entrichten.

(2) Eine Geldrente ist für drei Monate vorauszuzahlen; bei einer anderen Rente bestimmt sich der Zeitabschnitt, für den sie im voraus zu entrichten ist, nach der Beschaffenheit und dem Zwecke der Rente.

(3) Hat der Gläubiger den Beginn des Zeitabschnitts erlebt, für den die Rente im voraus zu entrichten ist, so gebührt ihm der volle auf den Zeitabschnitt entfallende Betrag.

§ 761 **Form des Leibrentenversprechens**

Zur Gültigkeit eines Vertrags, durch den eine Leibrente versprochen wird, ist, soweit nicht eine andere Form vorgeschrieben ist, schriftliche Erteilung des Versprechens erforderlich. Die Erteilung des Leibrentenversprechens in elek-

제756조 [持分權者의 債務의 履行]

지분권자가 다른 지분권자에 대하여 공동으로 인하여 채권을 가지는 경우에는 채권자는 공동의 해소에 있어서 공동의 목적물에서 채무자에 귀속하는 부분으로써 자신의 채권을 만족시킬 것을 청구할 수 있다. 제755조 제 2 항, 제 3 항은 이에 적용된다.

제757조 [持分權者에의 分配에 있어서의 擔保責任]

공동의 해소에 있어서 공동의 목적물이 지분권자 중 1인에게 분배되는 때에는 다른 지분권자는 권리의 하자 또는 물건의 하자에 대하여 그의 지분에 따라 매도인과 같이 담보책임을 진다.

제758조 [解消請求權과 消滅時效]

공동의 해소를 청구할 권리는 소멸시효에 걸리지 아니한다.

제18절　終身定期金

제759조 [定期金의 期間과 額]

① 종신정기금을 지급할 의무를 지는 사람은 의심스러운 때에는 채권자가 생존하는 동안 이를 지급하여야 한다.

② 정기금으로 정하여진 금액은 의심스러운 때에는 정기금의 연액年額이다.

제760조 [先給]

① 종신정기금은 이를 미리 지급하여야 한다.

② 금전에 의한 정기금은 3 개월분을 미리 지급하여야 한다; 다른 정기금의 경우에 그 선급이 행하여져야 할 단위기간은 정기금의 성질과 목적에 따라 정하여진다.

③ 채권자가 정기금이 선급되어야 할 단위기간의 개시시에 생존한 때에는 그 단위기간에 해당하는 전액이 그에게 귀속된다.

제761조 [終身定期金約束의 方式]

종신정기금의 약속이 내용을 이루는 계약이 유효하기 위하여는, 다른 방식이 정하여지지 아니한 한, 그 약속이 서면으로 행하여질 것을 요한다.

tronischer Form ist ausgeschlossen, soweit das Versprechen der Gewährung familienrechtlichen Unterhalts dient.

Titel 19   Unvollkommene Verbindlichkeiten

§ 762 Spiel, Wette

(1) Durch Spiel oder durch Wette wird eine Verbindlichkeit nicht begründet. Das auf Grund des Spieles oder der Wette Geleistete kann nicht deshalb zurückgefordert werden, weil eine Verbindlichkeit nicht bestanden hat.

(2) Diese Vorschriften gelten auch für eine Vereinbarung, durch die der verlierende Teil zum Zwecke der Erfüllung einer Spiel- oder einer Wettschuld dem gewinnenden Teil gegenüber eine Verbindlichkeit eingeht, insbesondere für ein Schuldanerkenntnis.

§ 763 Lotterie- und Ausspielvertrag

Ein Lotterievertrag oder ein Ausspielvertrag ist verbindlich, wenn die Lotterie oder die Ausspielung staatlich genehmigt ist. Anderenfalls finden die Vorschriften des § 762 Anwendung.

§ 764 (weggefallen)

Titel 20   Bürgschaft

§ 765 Vertragstypische Pflichten bei der Bürgschaft

(1) Durch den Bürgschaftsvertrag verpflichtet sich der Bürge gegenüber dem Gläubiger eines Dritten, für die Erfüllung der Verbindlichkeit des Dritten einzustehen.

(2) Die Bürgschaft kann auch für eine künftige oder eine bedingte Verbindlichkeit übernommen werden.

§ 766 Schriftform der Bürgschaftserklärung

Zur Gültigkeit des Bürgschaftsvertrags ist schriftliche Erteilung der Bürgschaftserklärung erforderlich. Die Erteilung der Bürgschaftserklärung in elektronischer Form ist ausgeschlossen. Soweit der Bürge die Hauptverbindlichkeit erfüllt, wird der Mangel der Form geheilt.

종신정기금약속을 전자방식으로 하는 것은 그 약속이 친족법상의 부양의 제공에 기여하는 것인 경우에는 배제된다.

제19절 不完全債務

제762조 [노름; 내기]

① 노름 또는 내기에 의하여서는 채무가 발생하지 아니한다. 노름 또는 내기에 기하여 이미 급부된 것에 대하여는 채무의 불성립을 이유로 그 반환을 청구할 수 없다.

② 제1항은 패자가 노름채무 또는 내기채무를 이행할 목적으로 승자에게 채무를 승인하는 내용의 약정, 특히 채무승인에 대하여도 적용된다.

제763조 [福券契約 및 當籤契約]

복권계약 또는 당첨계약은 복권 또는 당첨이 국가의 인가를 얻은 경우에는 구속력이 있다. 그 외의 경우에는 제762조가 적용된다.

제764조 [삭제]

제20절 保 證

제765조 [保證에서의 典型的 義務]

① 보증계약에 기하여 보증인은 제3자의 채권자에 대하여 제3자의 채무의 이행을 책임질 의무를 진다.

② 보증은 장래의 채무 또는 조건부 채무에 대하여도 이를 인수할 수 있다.

제766조 [保證意思表示의 書面方式]

보증계약이 유효하기 위하여는 보증의 의사표시가 서면으로 행하여질 것을 요한다. 보증의 의사표시를 전자방식으로 하는 것은 배제된다. 보증인이 주채무를 이행한 한도에서 방식의 하자는 치유된다.

§ 767 Umfang der Bürgschaftsschuld

(1) Für die Verpflichtung des Bürgen ist der jeweilige Bestand der Hauptverbindlichkeit maßgebend. Dies gilt insbesondere auch, wenn die Hauptverbindlichkeit durch Verschulden oder Verzug des Hauptschuldners geändert wird. Durch ein Rechtsgeschäft, das der Hauptschuldner nach der Übernahme der Bürgschaft vornimmt, wird die Verpflichtung des Bürgen nicht erweitert.

(2) Der Bürge haftet für die dem Gläubiger von dem Hauptschuldner zu ersetzenden Kosten der Kündigung und der Rechtsverfolgung.

§ 768 Einreden des Bürgen

(1) Der Bürge kann die dem Hauptschuldner zustehenden Einreden geltend machen. Stirbt der Hauptschuldner, so kann sich der Bürge nicht darauf berufen, dass der Erbe für die Verbindlichkeit nur beschränkt haftet.

(2) Der Bürge verliert eine Einrede nicht dadurch, dass der Hauptschuldner auf sie verzichtet.

§ 769 Mitbürgschaft

Verbürgen sich mehrere für dieselbe Verbindlichkeit, so haften sie als Gesamtschuldner, auch wenn sie die Bürgschaft nicht gemeinschaftlich übernehmen.

§ 770 Einreden der Anfechtbarkeit und der Aufrechenbarkeit

(1) Der Bürge kann die Befriedigung des Gläubigers verweigern, solange dem Hauptschuldner das Recht zusteht, das seiner Verbindlichkeit zugrunde liegende Rechtsgeschäft anzufechten.

(2) Die gleiche Befugnis hat der Bürge, solange sich der Gläubiger durch Aufrechnung gegen eine fällige Forderung des Hauptschuldners befriedigen kann.

§ 771 Einrede der Vorausklage

Der Bürge kann die Befriedigung des Gläubigers verweigern, solange nicht der Gläubiger eine Zwangsvollstreckung gegen den Hauptschuldner ohne Erfolg versucht hat (Einrede der Vorausklage). Erhebt der Bürge die Einrede der Vorausklage, ist die Verjährung des Anspruchs des Gläubigers gegen den Bürgen gehemmt, bis der Gläubiger eine Zwangsvollstreckung gegen den Hauptschuldner ohne Erfolg versucht hat.

§ 772 Vollstreckungs- und Verwertungspflicht des Gläubigers

제767조 [保證債務의 範圍]

① 보증인의 의무에 대하여는 주채무의 그때그때의 현상現狀이 기준이
된다. 특히 주채무가 주채무자의 과책 또는 지체로 인하여 변경된 때에
도 또한 그러하다. 주채무자가 보증의 인수 후에 한 법률행위에 의하여
보증인의 의무는 확장되지 아니한다.

② 보증인은 주채무자가 채권자에게 상환하여야 할 계약해지비용 및 권
리실행비용에 대하여도 책임을 진다.

제768조 [保證人의 抗辯]

① 보증인은 주채무자가 가지는 항변사유를 채권자에게 주장할 수 있
다. 주채무자가 사망한 때에는, 보증인은 상속인이 채무에 대하여 제한
적으로만 책임을 진다는 것을 원용할 수 없다.

② 주채무자가 항변사유를 포기하여도 보증인은 그에 의하여 항변사유
를 상실하지 아니한다.

제769조 [共同保證]

수인이 동일한 채무에 대하여 보증한 경우에는, 보증을 공동으로 인수하
지 아니한 때에도, 보증인들은 연대채무자로서 책임을 진다.

제770조 [取消權과 相計權의 抗辯]

① 주채무자가 그 채무를 발생시킨 법률행위를 취소할 권리를 가지는
동안에는 보증인은 채권자에 대하여 채권의 만족을 거절할 수 있다.

② 채권자가 이행기가 도래한 주채무자의 채권에 대하여 상계함으로써
채권의 만족을 얻을 수 있는 동안에도 보증인은 동일한 권한을 가진다.

제771조 [先訴의 抗辯權]

채권자가 주채무자에 대하여 강제집행을 시도하였으나 효과를 거두지
못하게 되기까지 보증인은 채권의 만족을 거절할 수 있다("선소의 항변
권"). 보증인이 선소의 항변을 한 경우에는, 채권자의 보증인에 대한 청
구권의 소멸시효는 채권자가 주채무자에 대하여 강제집행을 시도하였으
나 효과가 없었던 때까지 정지된다.

제772조 [債權者의 强制執行義務 및 換價義務]

(1) Besteht die Bürgschaft für eine Geldforderung, so muss die Zwangsvollstreckung in die beweglichen Sachen des Hauptschuldners an seinem Wohnsitz und, wenn der Hauptschuldner an einem anderen Orte eine gewerbliche Niederlassung hat, auch an diesem Orte, in Ermangelung eines Wohnsitzes und einer gewerblichen Niederlassung an seinem Aufenthaltsort versucht werden.

(2) Steht dem Gläubiger ein Pfandrecht oder ein Zurückbehaltungsrecht an einer beweglichen Sache des Hauptschuldners zu, so muss er auch aus dieser Sache Befriedigung suchen. Steht dem Gläubiger ein solches Recht an der Sache auch für eine andere Forderung zu, so gilt dies nur, wenn beide Forderungen durch den Wert der Sache gedeckt werden.

§ 773 Ausschluss der Einrede der Vorausklage

(1) Die Einrede der Vorausklage ist ausgeschlossen:

1. wenn der Bürge auf die Einrede verzichtet, insbesondere wenn er sich als Selbstschuldner verbürgt hat,

2. wenn die Rechtsverfolgung gegen den Hauptschuldner infolge einer nach der Übernahme der Bürgschaft eingetretenen Änderung des Wohnsitzes, der gewerblichen Niederlassung oder des Aufenthaltsorts des Hauptschuldners wesentlich erschwert ist,

3. wenn über das Vermögen des Hauptschuldners das Insolvenzverfahren eröffnet ist,

4. wenn anzunehmen ist, dass die Zwangsvollstreckung in das Vermögen des Hauptschuldners nicht zur Befriedigung des Gläubigers führen wird.

(2) In den Fällen der Nummern 3, 4 ist die Einrede insoweit zulässig, als sich der Gläubiger aus einer beweglichen Sache des Hauptschuldners befriedigen kann, an der er ein Pfandrecht oder ein Zurückbehaltungsrecht hat; die Vorschrift des § 772 Abs. 2 Satz 2 findet Anwendung.

§ 774 Gesetzlicher Forderungsübergang

(1) Soweit der Bürge den Gläubiger befriedigt, geht die Forderung des Gläubigers gegen den Hauptschuldner auf ihn über. Der Übergang kann nicht zum Nachteil des Gläubigers geltend gemacht werden. Einwendungen des Hauptschuldners aus einem zwischen ihm und dem Bürgen bestehenden Rechtsverhältnis bleiben unberührt.

(2) Mitbürgen haften einander nur nach § 426.

§ 775 Anspruch des Bürgen auf Befreiung

(1) Hat sich der Bürge im Auftrag des Hauptschuldners verbürgt oder stehen

① 보증이 금전채권에 대한 것인 때에는, 주채무자의 동산에 대한 강제집행이 우선 그의 주소에서 시도되어야 하고, 또 주채무자가 다른 장소에 영업소를 가지는 때에는 이 장소에서도 시도되어야 하며, 주소 및 영업소가 없는 때에는 그의 거소에서 시도되어야 한다.

② 채권자가 주채무자의 동산에 대하여 질권 또는 유치권을 가지는 때에는 채권자는 그 동산으로부터도 만족을 구하여야 한다. 채권자가 다른 채권을 위하여서도 그 물건에 그러한 권리를 가지는 경우에는 그 물건의 가액이 두 채권의 만족에 족한 때에만 그러하다.

제773조 [先訴의 抗辯權의 排除]

① 다음 각 호의 경우에는 선소의 항변권은 배제된다,

1. 보증인이 항변권을 포기한 때, 특히 연대보증인으로서 보증한 때,
2. 보증인수 후에 주채무자의 주소, 영업소 또는 현재지가 변경됨으로써 주채무자에 대한 소송추행이 현저히 곤란하게 된 때,
3. 주채무자의 재산에 대하여 도산절차가 개시된 때,
4. 주채무자의 재산에 대한 강제집행이 채권을 만족시키지 못할 것으로 인정되는 때.

② 제1항 제3호, 제4호의 경우에는, 채권자가 질권 또는 유치권을 가지는 주채무자의 동산으로부터 채권의 만족을 받을 수 있는 한도에서는 항변권이 허용된다; 제772조 제2항 제2문이 이에 적용된다.

제774조 [債權의 法定讓渡]

① 보증인이 채권을 만족시킨 한도에서 주채무자에 대한 채권자의 채권은 보증인에게 이전한다. 이전은 채권자의 불이익으로 주장될 수 없다. 주채무자와 보증인 간의 법률관계로부터 발생하는 주채무자의 대항사유는 영향을 받지 아니한다.

② 공동보증인은 서로에 대하여 제426조에 따라서만 책임을 진다.

제775조 [保證人의 免責請求]

① 주채무자의 위탁으로 보증인이 된 사람 또는 보증의 인수로 인하여

ihm nach den Vorschriften über die Geschäftsführung ohne Auftrag wegen der Übernahme der Bürgschaft die Rechte eines Beauftragten gegen den Hauptschuldner zu, so kann er von diesem Befreiung von der Bürgschaft verlangen:

1. wenn sich die Vermögensverhältnisse des Hauptschuldners wesentlich verschlechtert haben,
2. wenn die Rechtsverfolgung gegen den Hauptschuldner infolge einer nach der Übernahme der Bürgschaft eingetretenen Änderung des Wohnsitzes, der gewerblichen Niederlassung oder des Aufenthaltsorts des Hauptschuldners wesentlich erschwert ist,
3. wenn der Hauptschuldner mit der Erfüllung seiner Verbindlichkeit im Verzug ist,
4. wenn der Gläubiger gegen den Bürgen ein vollstreckbares Urteil auf Erfüllung erwirkt hat.

(2) Ist die Hauptverbindlichkeit noch nicht fällig, so kann der Hauptschuldner dem Bürgen, statt ihn zu befreien, Sicherheit leisten.

§ 776 Aufgabe einer Sicherheit

Gibt der Gläubiger ein mit der Forderung verbundenes Vorzugsrecht, eine für sie bestehende Hypothek oder Schiffshypothek, ein für sie bestehendes Pfandrecht oder das Recht gegen einen Mitbürgen auf, so wird der Bürge insoweit frei, als er aus dem aufgegebenen Recht nach § 774 hätte Ersatz erlangen können. Dies gilt auch dann, wenn das aufgegebene Recht erst nach der Übernahme der Bürgschaft entstanden ist.

§ 777 Bürgschaft auf Zeit

(1) Hat sich der Bürge für eine bestehende Verbindlichkeit auf bestimmte Zeit verbürgt, so wird er nach dem Ablauf der bestimmten Zeit frei, wenn nicht der Gläubiger die Einziehung der Forderung unverzüglich nach Maßgabe des § 772 betreibt, das Verfahren ohne wesentliche Verzögerung fortsetzt und unverzüglich nach der Beendigung des Verfahrens dem Bürgen anzeigt, dass er ihn in Anspruch nehme. Steht dem Bürgen die Einrede der Vorausklage nicht zu, so wird er nach dem Ablauf der bestimmten Zeit frei, wenn nicht der Gläubiger ihm unverzüglich diese Anzeige macht.

(2) Erfolgt die Anzeige rechtzeitig, so beschränkt sich die Haftung des Bürgen im Falle des Absatzes 1 Satz 1 auf den Umfang, den die Hauptverbindlichkeit zur Zeit der Beendigung des Verfahrens hat, im Falle des Absatzes 1 Satz 2 auf den Umfang, den die Hauptverbindlichkeit bei dem Ablauf der bestimmten Zeit hat.

주채무자에 대하여 사무관리에 관한 규정에 따라 수임인으로서의 권리를 가지는 사람은 다음 각 호의 경우에 주채무자에 대하여 보증채무의 면책을 청구할 수 있다,

1. 주채무자의 재산상태가 현저히 악화된 때,
2. 보증인수 후에 주채무자의 주소, 영업소 또는 현재지가 변경됨으로써 주채무자에 대한 소송추행이 현저히 곤란하게 된 때,
3. 주채무자가 채무의 이행을 지체한 때,
4. 채권자가 보증인에 대하여 집행력 있는 이행판결을 얻은 때.

② 주채무의 이행기가 도래하지 아니한 때에는 주채무자는 보증인의 면책에 갈음하여 그에게 담보를 제공할 수 있다.

제776조 [擔保의 抛棄]

채권자가 채권과 결합된 우선권, 채권을 위한 저당권 또는 선박저당권, 질권 또는 공동보증인에 대한 권리를 포기한 때에는, 보증인은 포기된 권리로부터 제774조에 의하여 상환을 받을 수 있었을 한도에서, 채무를 면한다. 포기된 권리가 보증의 인수 후에 성립한 때에도 또한 같다.

제777조 [期限附 保證]

① 보증인이 기존의 채무에 대하여 일정한 기간을 정하여 보증한 경우에, 채권자가 제772조의 정함에 따라 주채무자에 대하여 지체없이 채권의 추심에 착수하고 현저한 지연 없이 절차를 추행하며 절차의 종료 후 지체없이 보증인에 대하여 그에게 청구한다는 뜻을 통지하지 아니한 때에는, 보증인은 그 기간의 경과 후에는 채무를 면한다. 보증인이 선소의 항변권을 가지지 아니하는 경우에는, 채권자가 보증인에 대하여 지체없이 제1문에 정하여진 통지를 하지 아니한 때에는, 보증인은 그 기간의 경과 후에는 채무를 면한다.

② 통지가 적시에 이루어진 때에는, 보증인의 책임은 제1항 제1문의 경우에는 절차 종료 당시의 주채무의 범위에, 제1항 제2문의 경우에는 정하여진 기간이 경과할 당시의 주채무의 범위에 제한된다.

§ 778　Kreditauftrag

Wer einen anderen beauftragt, im eigenen Namen und auf eigene Rechnung einem Dritten ein Darlehen oder eine Finanzierungshilfe zu gewähren, haftet dem Beauftragten für die aus dem Darlehen oder der Finanzierungshilfe entstehende Verbindlichkeit des Dritten als Bürge.

Titel 21　Vergleich

§ 779　Begriff des Vergleichs, Irrtum über die Vergleichsgrundlage

(1) Ein Vertrag, durch den der Streit oder die Ungewißheit der Parteien über ein Rechtsverhältnis im Wege gegenseitigen Nachgebens beseitigt wird (Vergleich), ist unwirksam, wenn der nach dem Inhalt des Vertrags als feststehend zugrunde gelegte Sachverhalt der Wirklichkeit nicht entspricht und der Streit oder die Ungewißheit bei Kenntnis der Sachlage nicht entstanden sein würde.

(2) Der Ungewißheit über ein Rechtsverhältnis steht es gleich, wenn die Verwirklichung eines Anspruchs unsicher ist.

Titel 22　Schuldversprechen, Schuldanerkenntnis

§ 780　Schuldversprechen

Zur Gültigkeit eines Vertrags, durch den eine Leistung in der Weise versprochen wird, dass das Versprechen die Verpflichtung selbständig begründen soll (Schuldversprechen), ist, soweit nicht eine andere Form vorgeschrieben ist, schriftliche Erteilung des Versprechens erforderlich. Die Erteilung der Versprechens in elektronischer Form ist ausgeschlossen.

§ 781　Schuldanerkenntnis

Zur Gültigkeit eines Vertrags, durch den das Bestehen eines Schuldverhältnisses anerkannt wird (Schuldanerkenntnis), ist schriftliche Erteilung der Anerkennungserklärung erforderlich. Die Erteilung der Anerkennungserklärung in elektronischer Form ist ausgeschlossen. Ist für die Begründung des Schuldverhältnisses, dessen Bestehen anerkannt wird, eine andere Form vorgeschrieben, so bedarf der Anerkennungsvertrag dieser Form.

제778조 [信用委任]

타인에게 그의 이름으로 또한 그의 계산으로 제3자에게 금전을 대여하거나 자금융통원조를 하도록 위임한 사람은 금전대여 또는 자금융통원조로 인하여 발생하는 그 제3자의 채무에 관하여 수탁자에 대하여 보증인으로서 책임을 진다.

제21절 和 解

제779조 [和解의 槪念; 和解基礎에 관한 錯誤]

① 법률관계에 관한 당사자 사이의 다툼 또는 불명확을 상호의 양보에 의하여 제거하는 계약("화해")은, 계약의 내용에 비추어서 확정된 것으로 그 기초가 된 사정이 실제에 부합하지 아니하고 또한 이를 알았더라면 다툼 또는 불명확이 발생하지 아니하였을 것인 때에는, 효력이 없다.

② 청구권의 실현이 불확실함은 법률관계의 불명확과 동시된다.

제22절 債務約束・債務承認

제780조 [債務約束]

어떠한 급부를 약속하는 계약에서 그 약속이 독자적으로 의무를 발생시킨다는 내용인 경우에("채무약속"), 그 계약이 유효하기 위하여는, 다른 방식이 정하여지지 아니한 한, 약속의 의사표시가 서면으로 행하여질 것을 요한다. 그 약속을 전자방식으로 하는 것은 배제된다.

제781조 [債務承認]

채권관계의 존재를 승인하는 계약("채무승인")이 유효하기 위하여는 승인의 의사표시가 서면으로 행하여질 것을 요한다. 그 승인의 의사표시를 전자방식으로 하는 것은 배제된다. 존재가 승인되는 채권관계의 발생에 관하여 다른 방식이 정하여진 때에는, 승인계약은 그 방식을 요한다.

§ 782 Formfreiheit bei Vergleich

Wird ein Schuldversprechen oder ein Schuldanerkenntnis auf Grund einer Abrechnung oder im Wege des Vergleichs erteilt, so ist die Beobachtung der in den §§ 780, 781 vorgeschriebenen schriftlichen Form nicht erforderlich.

Titel 23 Anweisung

§ 783 Rechte aus der Anweisung

Händigt jemand eine Urkunde, in der er einen anderen anweist, Geld, Wertpapiere oder andere vertretbare Sachen an einen Dritten zu leisten, dem Dritten aus, so ist dieser ermächtigt, die Leistung bei dem Angewiesenen im eigenen Namen zu erheben; der Angewiesene ist ermächtigt, für Rechnung des Anweisenden an den Anweisungsempfänger zu leisten.

§ 784 Annahme der Anweisung

(1) Nimmt der Angewiesene die Anweisung an, so ist er dem Anweisungs- empfänger gegenüber zur Leistung verpflichtet; er kann ihm nur solche Ein- wendungen entgegensetzen, welche die Gültigkeit der Annahme betreffen oder sich aus dem Inhalt der Anweisung oder dem Inhalt der Annahme ergeben oder dem Angewiesenen unmittelbar gegen den Anweisungsempfänger zustehen.

(2) Die Annahme erfolgt durch einen schriftlichen Vermerk auf der Anwei- sung. Ist der Vermerk auf die Anweisung vor der Aushändigung an den Anwei- sungsempfänger gesetzt worden, so wird die Annahme diesem gegenüber erst mit der Aushändigung wirksam.

§ 785 Aushändigung der Anweisung

Der Angewiesene ist nur gegen Aushändigung der Anweisung zur Leistung verpflichtet.

§ 786 (weggefallen)

§ 787 Anweisung auf Schuld

(1) Im Falle einer Anweisung auf Schuld wird der Angewiesene durch die Leistung in deren Höhe von der Schuld befreit.

(2) Zur Annahme der Anweisung oder zur Leistung an den Anweisungs- empfänger ist der Angewiesene dem Anweisenden gegenüber nicht schon deshalb verpflichtet, weil er Schuldner des Anweisenden ist.

제782조 [和解에서의 方式自由]

채무약속 또는 채무승인이 어음교환에 기하거나 화해를 통하여 행하여지는 때에는, 제780조, 제781조에 정하여진 서면방식을 요하지 아니한다.

제23절 指 示

제783조 [指示에 기한 權利]

어떤 사람이 타인에게 금전, 유가증권 또는 기타의 대체물을 제3자에게 급부할 것을 지시하는 증서를 그 제3자에게 교부한 때에는 그 제3자는 피지시인으로부터 자신의 이름으로 급부를 추심할 권한이 있다; 피지시인은 지시인의 계산으로 지시수령인에게 급부할 권한이 있다.

제784조 [指示의 引受]

① 피지시인이 지시를 인수한 때에는, 그는 지시수령인에 대하여 급부의 의무를 진다; 피지시인은, 인수의 유효성에 관한 대항사유, 지시의 내용 또는 인수의 내용으로부터 발생하는 대항사유 또는 피지시인이 직접 지시수령인에 대하여 가지는 대항사유로써만 지시수령인에 대하여 대항할 수 있다.

② 지시의 인수는 지시증서에 기재함으로써 한다. 지시증서상의 기재가 지시수령인에 대한 교부 전에 이루어진 때에는, 지시의 인수는 지시수령인에 대하여는 교부시로부터 효력이 있게 된다.

제785조 [指示證書의 交付]

피지시인은 지시증서의 교부와 상환으로만 급부할 의무를 진다.

제786조 [삭제]

제787조 [債務에 기한 指示]

① 채무에 기한 지시의 경우에 피지시인은 급부에 의하여 그 액만큼 채무를 면한다.

② 피지시인이 지시인의 채무자라는 이유만으로 피지시인은 지시를 인수하거나 지시수령인에 대하여 급부할 의무를 지지 아니한다.

§ 788 Valutaverhältnis

Erteilt der Anweisende die Anweisung zu dem Zwecke, um seinerseits eine Leistung an den Anweisungsempfänger zu bewirken, so wird die Leistung, auch wenn der Angewiesene die Anweisung annimmt, erst mit der Leistung des Angewiesenen an den Anweisungsempfänger bewirkt.

§ 789 Anzeigepflicht des Anweisungsempfängers

Verweigert der Angewiesene vor dem Eintritt der Leistungszeit die Annahme der Anweisung oder verweigert er die Leistung, so hat der Anweisungsempfänger dem Anweisenden unverzüglich Anzeige zu machen. Das Gleiche gilt, wenn der Anweisungsempfänger die Anweisung nicht geltend machen kann oder will.

§ 790 Widerruf der Anweisung

Der Anweisende kann die Anweisung dem Angewiesenen gegenüber widerrufen, solange nicht der Angewiesene sie dem Anweisungsempfänger gegenüber angenommen oder die Leistung bewirkt hat. Dies gilt auch dann, wenn der Anweisende durch den Widerruf einer ihm gegen den Anweisungsempfänger obliegenden Verpflichtung zuwiderhandelt.

§ 791 Tod oder Geschäftsunfähigkeit eines Beteiligten

Die Anweisung erlischt nicht durch den Tod oder den Eintritt der Geschäftsunfähigkeit eines der Beteiligten.

§ 792 Übertragung der Anweisung

(1) Der Anweisungsempfänger kann die Anweisung durch Vertrag mit einem Dritten auf diesen übertragen, auch wenn sie noch nicht angenommen worden ist. Die Übertragungserklärung bedarf der schriftlichen Form. Zur Übertragung ist die Aushändigung der Anweisung an den Dritten erforderlich.

(2) Der Anweisende kann die Übertragung ausschließen. Die Ausschließung ist dem Angewiesenen gegenüber nur wirksam, wenn sie aus der Anweisung zu entnehmen ist oder wenn sie von dem Anweisenden dem Angewiesenen mitgeteilt wird, bevor dieser die Anweisung annimmt oder die Leistung bewirkt.

(3) Nimmt der Angewiesene die Anweisung dem Erwerber gegenüber an, so kann er aus einem zwischen ihm und dem Anweisungsempfänger bestehenden Rechtsverhältnis Einwendungen nicht herleiten. Im übrigen finden auf die Übertragung der Anweisung die für die Abtretung einer Forderung geltenden Vorschriften entsprechende Anwendung.

제788조 [對價關係]

지시인이 지시수령인에 대한 급부를 실행하기 위하여 지시를 한 경우에
는, 피지시인이 지시를 인수한 때라도, 그 급부는 피지시인이 지시수령
인에게 급부를 실행함으로써 비로소 실행된다.

제789조 [指示受領人의 通知義務]

피지시인이 이행의 시기가 도래하기 전에 지시의 인수를 거절하거나 급
부를 거절한 때에는 지시수령인은 지체없이 이를 지시인에게 통지하여
야 한다. 지시수령인이 지시를 행사할 수 없거나 행사할 의사가 없는 때
에도 또한 같다.

제790조 [指示의 撤回]

지시인은, 피지시인이 지시수령인에 대하여 지시를 인수하지 아니하거
나 급부를 실행하지 아니하고 있는 동안에는, 피지시인에 대하여 지시를
철회할 수 있다. 지시인이 지시수령인에 대하여 부담하는 의무를 그 철
회로 인하여 위반하게 되는 경우에도 또한 같다.

제791조 [當事者의 死亡 또는 行爲無能力]

지시는 당사자 중 1인의 사망 또는 행위능력 상실로 인하여 소멸하지 아
니한다.

제792조 [指示의 讓渡]

① 지시수령인은 지시가 인수되기 전이라도 제3자와의 계약에 의하여
지시를 그 제3자에게 양도할 수 있다. 양도의 의사표시는 서면으로 할
것을 요한다. 양도를 함에는 지시증서를 제3자에게 교부할 것을 요한다.
② 지시인은 양도를 금지할 수 있다. 양도의 금지는, 지시로부터 양도의
배제를 추단할 수 있는 경우 또는 피지시인이 지시를 인수하기 전이나
급부를 실행하기 전에 지시인이 피지시인에게 양도금지를 통지한 경우
에만, 효력이 있다.
③ 피지시인이 양수인에 대하여 지시를 인수한 때에는, 그는 자신과 지
시수령인 간의 법률관계로부터 대항사유를 도출할 수 없다. 그 외에 지
시의 양도에 대하여는 채권양도에 관한 규정이 준용된다.

Titel 24   Schuldverschreibung auf den Inhaber

§ 793   Rechte aus der Schuldverschreibung auf den Inhaber

(1) Hat jemand eine Urkunde ausgestellt. in der er dem Inhaber der Urkunde eine Leistung verspricht (Schuldverschreibung auf den Inhaber), so kann der Inhaber von ihm die Leistung nach Maßgabe des Versprechens verlangen, es sei denn, dass er zur Verfügung über die Urkunde nicht berechtigt ist. Der Aussteller wird jedoch auch durch die Leistung an einen nicht zur Verfügung berechtigten Inhaber befreit.

(2) Die Gültigkeit der Unterzeichnung kann durch eine in die Urkunde aufgenommene Bestimmung von der Beobachtung einer besonderen Form abhängig gemacht werden. Zur Unterzeichnung genügt eine im Wege der mechanischen Vervielfältigung hergestellte Namensunterschrift.

§ 794   Haftung des Ausstellers

(1) Der Aussteller wird aus einer Schuldverschreibung auf den Inhaber auch dann verpflichtet, wenn sie ihm gestohlen worden oder verlorengegangen oder wenn sie sonst ohne seinen Willen in den Verkehr gelangt ist.

(2) Auf die Wirksamkeit einer Schuldverschreibung auf den Inhaber ist es ohne Einfluss, wenn die Urkunde ausgegeben wird, nachdem der Aussteller gestorben oder geschäftsunfähig geworden ist.

§ 795   (weggefallen)

§ 796   Einwendungen des Ausstellers

Der Aussteller kann dem Inhaber der Schuldverschreibung nur solche Einwendungen entgegensetzen, welche die Gültigkeit der Ausstellung betreffen oder sich aus der Urkunde ergeben oder dem Aussteller unmittelbar gegen den Inhaber zustehen.

§ 797   Leistungspflicht nur gegen Aushändigung

Der Aussteller ist nur gegen Aushändigung der Schuldverschreibung zur Leistung verpflichtet. Mit der Aushändigung erwirbt er das Eigentum an der Urkunde, auch wenn der Inhaber zur Verfügung über sie nicht berechtigt ist.

§ 798   Ersatzurkunde

Ist eine Schuldverschreibung auf den Inhaber infolge einer Beschädigung

제24절 無記名債權證書

제793조 [無記名債權證書에 기한 權利]

① 어떤 사람이 증서의 소지인에게 급부를 약속하는 증서("무기명채권증서")를 발행한 때에는, 소지인은 발행인에 대하여 약속에 좇은 급부를 청구할 수 있다, 그러나 소지인이 문서를 처분할 권리를 가지지 아니하는 때에는 그러하지 아니하다. 그러나 발행인은 처분의 권리가 없는 소지인에 대한 급부에 의하여서도 채무를 면한다.

② 증서에 기재된 정함에 의하여 서명의 효력유무를 특별한 방식의 준수에 달리도록 할 수 있다. 서명은 기계적 복사의 방법으로 행하여진 기명으로 족하다.

제794조 [發行人의 責任]

① 무기명채권증서가 발행인으로부터 절취되거나 분실되거나 또는 기타의 사유로 발행인의 의사에 의하지 아니하고 유통되는 경우에도, 발행인은 그 증서에 기하여 의무를 진다.

② 발행인이 사망한 후에 또는 행위무능력이 된 후에 증서가 발행된 경우에도, 무기명채권증서의 효력은 영향을 받지 아니한다.

제795조 [삭제]

제796조 [發行人의 對抗事由]

발행인은 발행의 유효성에 관한 대항사유, 증서로부터 발생하는 대항사유 또는 발행인이 직접 소지인에 대하여 가지는 대항사유로써만 무기명채권증서의 소지인에 대하여 대항할 수 있다.

제797조 [證書交付와의 相換履行]

발행인은 무기명채권증서와 상환으로만 급부할 의무를 진다. 소지인이 증서를 처분할 권리를 가지지 아니하는 경우에도, 발행인은 교부를 받음으로써 증서의 소유권을 취득한다.

제798조 [代替證書]

무기명채권증서가 훼손 또는 변형으로 인하여 유통에 적합하지 아니하

oder einer Verunstaltung zum Umlauf nicht mehr geeignet, so kann der Inhaber, sofern ihr wesentlicher Inhalt und ihre Unterscheidungsmerkmale noch mit Sicherheit erkennbar sind, von dem Aussteller die Erteilung einer neuen Schuldverschreibung auf den Inhaber gegen Aushändigung der beschädigten oder verunstalteten verlangen. Die Kosten hat er zu tragen und vorzuschießen.

§ 799　Kraftloserklärung

(1) Eine abhanden gekommene oder vernichtete Schuldverschreibung auf den Inhaber kann, wenn nicht in der Urkunde das Gegenteil bestimmt ist, im Wege des Aufgebotsverfahrens für kraftlos erklärt werden. Ausgenommen sind Zins-, Renten- und Gewinnanteilscheine sowie die auf Sicht zahlbaren unverzinslichen Schuldverschreibungen.

(2) Der Aussteller ist verpflichtet, dem bisherigen Inhaber auf Verlangen die zur Erwirkung des Aufgebots oder der Zahlungssperre erforderliche Auskunft zu erteilen und die erforderlichen Zeugnisse auszustellen. Die Kosten der Zeugnisse hat der bisherige Inhaber zu tragen und vorzuschießen.

§ 800　Wirkung der Kraftloserklärung

Ist eine Schuldverschreibung auf den Inhaber für kraftlos erklärt, so kann derjenige, welcher das Ausschlussurteil erwirkt hat, von dem Aussteller, unbeschadet der Befugnis, den Anspruch aus der Urkunde geltend zu machen, die Erteilung einer neuen Schuldverschreibung auf den Inhaber anstelle der für kraftlos erklärten verlangen. Die Kosten hat er zu tragen und vorzuschießen.

§ 801　Erlöschen; Verjährung

(1) Der Anspruch aus einer Schuldverschreibung auf den Inhaber erlischt mit dem Ablauf von 30 Jahren nach dem Eintritt der für die Leistung bestimmten Zeit, wenn nicht die Urkunde vor dem Ablauf der 30 Jahre dem Aussteller zur Einlösung vorgelegt wird. Erfolgt die Vorlegung, so verjährt der Anspruch in zwei Jahren von dem Ende der Vorlegungsfrist an. Der Vorlegung steht die gerichtliche Geltendmachung des Anspruchs aus der Urkunde gleich.

(2) Bei Zins-, Renten- und Gewinnanteilscheinen beträgt die Vorlegungsfrist vier Jahre. Die Frist beginnt mit dem Schluss des Jahres, in welchem die für die Leistung bestimmte Zeit eintritt.

(3) Die Dauer und der Beginn der Vorlegungsfrist können von dem Aus-

게 된 때에는, 소지인은, 증서의 본질적 내용 및 식별특징이 아직 분명하게 인식될 수 있는 한, 발행인에 대하여 훼손 또는 변형된 증서와 상환으로 새로운 무기명채권증서를 교부할 것을 청구할 수 있다. 그 비용은 소지인이 이를 부담하여야 하고 또 미리 지급하여야 한다.

제799조 [失效宣言]

① 점유이탈하거나 파훼된 무기명채권증서에 대하여는, 증서에 다른 정함이 없는 한, 공시최고절차를 통하여 실효가 선언될 수 있다. 그러나 이자증권, 정기금증권, 이익배당증권 및 일람불무이자채무증서는 그러하지 아니하다.

② 발행인은 종전의 소지인에 대하여 청구가 있으면 공시최고 또는 지급정지를 실행함에 필요한 정보를 제공하고 또 필요한 증명서를 발행할 의무를 진다. 증명서의 비용은 종전의 소지인이 이를 부담하여야 하고 또 미리 지급하여야 한다.

제800조 [失效宣言의 效力]

무기명채권증서가 실효되었다고 선언된 때에는, 제권판결을 받은 사람은, 실효로 선언된 증서에 갈음하여 새로운 무기명채권증서의 교부를 청구할 수 있다, 그러나 증서상의 청구권을 행사할 권리에는 영향이 없다. 그 비용은 청구인이 부담하여야 하고 또 미리 지급하여야 한다.

제801조 [消滅; 消滅時效]

① 무기명채권증서에 기한 청구권은, 급부에 관하여 정하여진 시기가 도래한 후 30년의 경과 전에 지급을 위하여 발행인에게 제시되지 아니한 때에는, 그 30년이 경과함으로써 소멸한다. 증서의 제시가 있는 때에는, 청구권은 제시기간의 종료로부터 2년의 소멸시효에 걸린다. 증서상의 청구권의 재판상 행사는 제시와 동시된다.

② 이자증권, 정기금증권 및 이익배당증권에 있어서 제시기간은 4년으로 한다. 이 기간은 급부에 관하여 정하여진 시기가 도래한 해의 종료와 함께 기산한다.

③ 제시기간의 장단 및 그 기산에 대하여 발행인은 증서에 다른 정함을

steller in der Urkunde anders bestimmt werden.

§ 802　Zahlungssperre

Der Beginn und der Lauf der Vorlegungsfrist sowie der Verjährung werden durch die Zahlungssperre zugunsten des Antragstellers gehemmt. Die Hemmung beginnt mit der Stellung des Antrags auf Zahlungssperre; sie endigt mit der Erledigung des Aufgebotsverfahrens und, falls die Zahlungssperre vor der Einleitung des Verfahrens verfügt worden ist, auch dann, wenn seit der Beseitigung des der Einleitung entgegenstehenden Hindernisses sechs Monate verstrichen sind und nicht vorher die Einleitung beantragt worden ist. Auf diese Frist finden die Vorschriften der §§ 206, 210, 211 entsprechende Anwendung.

§ 803　Zinsscheine

(1) Werden für eine Schuldverschreibung auf den Inhaber Zinsscheine ausgegeben, so bleiben die Scheine, sofern sie nicht eine gegenteilige Bestimmung enthalten, in Kraft, auch wenn die Hauptforderung erlischt oder die Verpflichtung zur Verzinsung aufgehoben oder geändert wird.

(2) Werden solche Zinsscheine bei der Einlösung der Hauptschuldverschreibung nicht zurückgegeben, so ist der Aussteller berechtigt, den Betrag zurückzubehalten, den er nach Absatz 1 für die Scheine zu zahlen verpflichtet ist.

§ 804　Verlust von Zins- oder ähnlichen Scheinen

(1) Ist ein Zins-, Renten- oder Gewinnanteilschein abhanden gekommen oder vernichtet und hat der bisherige Inhaber den Verlust dem Aussteller vor dem Ablauf der Vorlegungsfrist angezeigt, so kann der bisherige Inhaber nach dem Ablauf der Frist die Leistung von dem Aussteller verlangen. Der Anspruch ist ausgeschlossen, wenn der abhanden gekommene Schein dem Aussteller zur Einlösung vorgelegt oder der Anspruch aus dem Schein gerichtlich geltend gemacht worden ist, es sei denn, dass die Vorlegung oder die gerichtliche Geltendmachung nach dem Ablauf der Frist erfolgt ist. Der Anspruch verjährt in vier Jahren.

(2) In dem Zins-, Renten- oder Gewinnanteilscheine kann der im Absatz 1 bestimmte Anspruch ausgeschlossen werden.

§ 805　Neue Zins- und Rentenscheine

Neue Zins- oder Rentenscheine für eine Schuldverschreibung auf den Inhaber dürfen an den Inhaber der zum Empfang der Scheine ermächtigenden

둘 수 있다.

제802조 [支給停止]

제시기간 및 소멸시효의 개시와 진행은 지급정지에 의하여 그 신청인을 위하여 정지한다. 정지는 지급정지의 신청시에 개시된다; 정지는 공시최고절차의 종결로 종료하며, 그 절차의 개시 전에 지급정지가 명하여진 경우에는 개시를 방해하는 사유가 제거된 후 6개월이 경과하고 또 그 경과 전에 개시의 신청이 없었던 때에도 역시 종료한다. 이 기간에 대하여는 제206조, 제210조, 제211조가 준용된다.

제803조 [利子證券]

① 무기명채권증서에 관하여 이자증권이 발행된 경우에는, 그 증권에 다른 정함이 없는 한, 주된 채권이 소멸한 때 또는 이자지급의무가 소멸하거나 변경된 때에도, 이자증권은 여전히 효력을 가진다.

② 제1항의 증권이 주된 채권증서의 지급시에 반환되지 아니하는 때에는, 발행인은, 제1항에 의하여 이자증권에 관하여 지급할 의무가 있는 금액을 유치할 권리를 가진다.

제804조 [利子證券 기타 類似한 證券의 喪失]

① 이자증권, 정기금증권 또는 이익배당증권이 점유이탈하거나 파훼된 경우에, 종전의 소지인이 그 상실을 제시기간의 경과 전에 발행인에게 통지한 때에는, 종전의 소지인은 제시기간의 경과 후에 발행인에 대하여 급부를 청구할 수 있다. 이 청구권은, 점유이탈한 증권이 지급을 위하여 발행인에게 제시된 경우 또는 증권상의 청구권이 재판상 행사된 경우에는 배제된다, 그러나 제시 또는 재판상 행사가 기간 경과 후에 있었던 때에는 그러하지 아니하다. 이 청구권은 4년의 소멸시효에 걸린다.

② 제1항에 정하여진 청구권은 이자증권, 정기금증권 또는 이익배당증권상의 기재에 의하여 배제될 수 있다.

제805조 [새로운 利子證券 또는 定期金證券]

무기명채권증서에 관한 새로운 이자증권 또는 정기금증권은, 무기명채권증서의 소지인이 그 발행에 대하여 이의한 때에는, 증권수령의 권한을

Urkunde (Erneuerungsschein) nicht ausgegeben werden, wenn der Inhaber der Schuldverschreibung der Ausgabe widersprochen hat. Die Scheine sind in diesem Falle dem Inhaber der Schuldverschreibung auszuhändigen, wenn er die Schuldverschreibung vorlegt.

§ 806 Umschreibung auf den Namen

Die Umschreibung einer auf den Inhaber lautenden Schuldverschreibung auf den Namen eines bestimmten Berechtigten kann nur durch den Aussteller erfolgen. Der Aussteller ist zur Umschreibung nicht verpflichtet.

§ 807 Inhaberkarten und -marken

Werden Karten, Marken oder ähnliche Urkunden, in denen ein Gläubiger nicht bezeichnet ist, von dem Aussteller unter Umständen ausgegeben, aus welchen sich ergibt, dass er dem Inhaber zu einer Leistung verpflichtet sein will, so finden die Vorschriften des § 793 Abs. 1 und der §§ 794, 796, 797 entsprechende Anwendung.

§ 808 Namenspapiere mit Inhaberklausel

(1) Wird eine Urkunde, in welcher der Gläubiger benannt ist, mit der Bestimmung ausgegeben, dass die in der Urkunde versprochene Leistung an jeden Inhaber bewirkt werden kann, so wird der Schuldner durch die Leistung an den Inhaber der Urkunde befreit. Der Inhaber ist nicht berechtigt, die Leistung zu verlangen.

(2) Der Schuldner ist nur gegen Aushändigung der Urkunde zur Leistung verpflichtet. Ist die Urkunde abhanden gekommen oder vernichtet, so kann sie, wenn nicht ein anderes bestimmt ist, im Wege des Aufgebotsverfahrens für kraftlos erklärt werden. Die im § 802 für die Verjährung gegebenen Vorschriften finden Anwendung.

Titel 25   Vorlegung von Sachen

§ 809 Besichtigung einer Sache

Wer gegen den Besitzer einer Sache einen Anspruch in Ansehung der Sache hat oder sich Gewißheit verschaffen will, ob ihm ein solcher Anspruch zusteht, kann, wenn die Besichtigung der Sache aus diesem Grunde für ihn von Interesse ist, verlangen, dass der Besitzer ihm die Sache zur Besichtigung vorlegt oder die Besichtigung gestattet.

부여하는 증서("갱신증서")의 소지인에게 이를 교부하여서는 아니된다. 이 경우에, 무기명채권증서의 소지인이 무기명채권증서를 제시하는 때에는, 증권은 그 증서의 소지인에게 교부되어야 한다.

제806조 [記名證書로의 改書]

무기명채권증서를 특정한 권리자의 명의로 개서하는 것은 발행인만이 이를 할 수 있다. 발행인은 개서의 의무를 지지 아니한다.

제807조 [無記名小券 또는 無記名小票]

채권자가 기재되어 있지 아니한 소권, 소표 또는 기타의 증서가 발행인이 소지인에게 급부할 의무를 질 의사가 있다고 인정되는 사정 아래서 발행된 때에는, 제793조 제 1 항, 제794조, 제796조 및 제797조가 준용된다.

제808조 [所持人出給條項이 있는 記名證券]

① 채권자가 지명되어 있는 증서가 증서에 약속된 급부를 소지인에게 할 수 있다는 정함과 함께 발행된 때에는, 채무자는 증서의 소지인에 대한 급부로써 채무를 면한다. 소지인은 급부를 청구할 권리를 가지지 아니한다.

② 채무자는 증서의 교부와 상환으로만 급부할 의무를 진다. 증서가 점유이탈하거나 파훼된 때에는, 다른 정함이 없는 한, 공시최고절차를 통하여 그 실효가 선언될 수 있다. 소멸시효에 관한 제802조의 규정은 이에 적용된다.

제25절　物件의 提示

제809조 [物件의 檢査]

물건에 관하여 청구권을 가진 사람 또는 자신이 그러한 청구권을 가지는지를 명확하게 하고자 하는 사람은, 물건의 검사가 이러한 이유로 자신에게 이익이 되는 때에는, 물건의 점유자에 대하여 검사를 위하여 물건을 자신에게 제시할 것 또는 검사를 허용할 것을 청구할 수 있다.

§ 810　Einsicht in Urkunden

Wer ein rechtliches Interesse daran hat, eine in fremdem Besitz befindliche Urkunde einzusehen, kann von dem Besitzer die Gestattung der Einsicht verlangen, wenn die Urkunde in seinem Interesse errichtet oder in der Urkunde ein zwischen ihm und einem anderen bestehendes Rechtsverhältnis beurkundet ist oder wenn die Urkunde Verhandlungen über ein Rechtsgeschäft enthält, die zwischen ihm und einem anderen oder zwischen einem von beiden und einem gemeinschaftlichen Vermittler gepflogen worden sind.

§ 811　Vorlegungsort, Gefahr und Kosten

(1) Die Vorlegung hat in den Fällen der §§ 809, 810 an dem Orte zu erfolgen, an welchem sich die vorzulegende Sache befindet. Jeder Teil kann die Vorlegung an einem anderen Orte verlangen, wenn ein wichtiger Grund vorliegt.

(2) Die Gefahr und die Kosten hat derjenige zu tragen, welcher die Vorlegung verlangt. Der Besitzer kann die Vorlegung verweigern, bis ihm der andere Teil die Kosten vorschießt und wegen der Gefahr Sicherheit leistet.

Titel 26　Ungerechtfertigte Bereicherung

§ 812　Herausgabeanspruch

(1) Wer durch die Leistung eines anderen oder in sonstiger Weise auf dessen Kosten etwas ohne rechtlichen Grund erlangt, ist ihm zur Herausgabe verpflichtet. Diese Verpflichtung besteht auch dann, wenn der rechtliche Grund später wegfällt oder der mit einer Leistung nach dem Inhalt des Rechtsgeschäfts bezweckte Erfolg nicht eintritt.

(2) Als Leistung gilt auch die durch Vertrag erfolgte Anerkennung des Bestehens oder des Nichtbestehens eines Schuldverhältnisses.

§ 813　Erfüllung trotz Einrede

(1) Das zum Zwecke der Erfüllung einer Verbindlichkeit Geleistete kann auch dann zurückgefordert werden, wenn dem Anspruch eine Einrede entgegenstand, durch welche die Geltendmachung des Anspruchs dauernd ausgeschlossen wurde. Die Vorschrift des § 214 Abs. 2 bleibt unberührt.

(2) Wird eine betagte Verbindlichkeit vorzeitig erfüllt, so ist die Rückforderung ausgeschlossen; die Erstattung von Zwischenzinsen kann nicht verlangt werden.

제810조 [證書의 閱覽]

타인이 점유하는 증서의 열람에 관하여 법적 이익이 있는 사람은, 증서가 자신의 이익을 위하여 작성된 때, 증서에 자신과 타인 사이에 존재하는 법률관계가 기재되어 있는 때 또는 증서가 자신과 타인 사이 또는 그 일방과 공동의 중개자와의 사이에 행하여진 법률행위의 교섭내용을 포함하는 때에는, 점유자에 대하여 열람의 허용을 청구할 수 있다.

제811조 [提示場所; 危險 및 費用]

① 제809조, 제810조의 경우에, 제시는 제시될 물건이 현존하는 장소에서 이를 하여야 한다. 중대한 사유가 있는 때에는, 각 당사자는 다른 장소에서의 제시를 청구할 수 있다.

② 위험과 비용은 제시를 청구한 사람이 이를 부담한다. 점유자는 상대방이 점유자에게 비용을 미리 지급하고 위험에 대하여 담보를 제공할 때까지 제시를 거절할 수 있다.

제26절 不當利得

제812조 [返還請求權]

① 타인의 급부로 인하여 또는 기타의 방법에 의하여 그의 손실로 법적 원인 없이 어떤 것을 취득한 사람은 그에 대하여 반환의 의무를 진다. 법적 원인이 후에 소멸한 때 또는 급부에 의하여 법률행위의 내용상 목적된 결과가 발생하지 아니한 때에도 이러한 의무가 성립한다.

② 계약에 의하여 행하여진 채권관계의 존재 또는 부존재의 승인도 이를 급부로 본다.

제813조 [抗辯權의 存在와 辨濟]

① 채무이행의 목적으로 급부된 것은 청구권에 대하여 그 행사를 영구히 배제하는 항변사유가 존재하는 경우에도 그 반환을 청구할 수 있다. 제214조 제 2 항은 영향을 받지 아니한다.

② 기한부의 채무를 기한 전에 변제한 때에는 반환청구를 할 수 없다; 중간이자는 그 상환을 청구할 수 없다.

§ 814 Kenntnis der Nichtschuld

Das zum Zwecke der Erfüllung einer Verbindlichkeit Geleistete kann nicht zurückgefordert werden, wenn der Leistende gewusst hat, dass er zur Leistung nicht verpflichtet war, oder wenn die Leistung einer sittlichen Pflicht oder einer auf den Anstand zu nehmenden Rücksicht entsprach.

§ 815 Nichteintritt des Erfolgs

Die Rückforderung wegen Nichteintritts des mit einer Leistung bezweckten Erfolgs ist ausgeschlossen, wenn der Eintritt des Erfolgs von Anfang an unmöglich war und der Leistende dies gewusst hat oder wenn der Leistende den Eintritt des Erfolgs wider Treu und Glauben verhindert hat.

§ 816 Verfügung eines Nichtberechtigten

(1) Trifft ein Nichtberechtigter über einen Gegenstand eine Verfügung, die dem Berechtigten gegenüber wirksam ist, so ist er dem Berechtigten zur Herausgabe des durch die Verfügung Erlangten verpflichtet. Erfolgt die Verfügung unentgeltlich, so trifft die gleiche Verpflichtung denjenigen, welcher auf Grund der Verfügung unmittelbar einen rechtlichen Vorteil erlangt.

(2) Wird an einen Nichtberechtigten eine Leistung bewirkt, die dem Berechtigten gegenüber wirksam ist, so ist der Nichtberechtigte dem Berechtigten zur Herausgabe des Geleisteten verpflichtet.

§ 817 Verstoß gegen Gesetz oder gute Sitten

War der Zweck einer Leistung in der Art bestimmt, dass der Empfänger durch die Annahme gegen ein gesetzliches Verbot oder gegen die guten Sitten verstoßen hat, so ist der Empfänger zur Herausgabe verpflichtet. Die Rückforderung ist ausgeschlossen, wenn dem Leistenden gleichfalls ein solcher Verstoß zur Last fällt, es sei denn, dass die Leistung in der Eingehung einer Verbindlichkeit bestand; das zur Erfüllung einer solchen Verbindlichkeit Geleistete kann nicht zurückgefordert werden.

§ 818 Umfang des Bereicherungsanspruchs

(1) Die Verpflichtung zur Herausgabe erstreckt sich auf die gezogenen Nutzungen sowie auf dasjenige, was der Empfänger auf Grund eines erlangten Rechts oder als Ersatz für die Zerstörung, Beschädigung oder Entziehung des erlangten Gegenstands erwirbt.

(2) Ist die Herausgabe wegen der Beschaffenheit des Erlangten nicht möglich oder ist der Empfänger aus einem anderen Grund zur Herausgabe außerstande,

제814조 [非債의 認識]

채무이행의 목적으로 급부된 것은, 급부자가 급부할 의무가 없음을 알고 있었던 때 또는 급부가 도의적 의무 또는 예의상의 고려에 좇아 행하여진 때에는, 그 반환을 청구할 수 없다.

제815조 [結果의 不發生]

급부에 의하여 목적된 결과가 발생하지 아니함으로 인한 반환청구는, 결과의 발생이 처음부터 불가능하였고 또 급부자가 이를 알고 있었던 때 또는 급부자가 결과의 발생을 신의성실에 반하여 방해하였을 때에는, 이를 할 수 없다.

제816조 [無權利者의 處分]

① 무권리자가 목적물에 관하여 권리자에 대하여 효력 있는 처분을 한 경우에는, 그는 권리자에게 처분으로 인하여 취득한 것을 반환할 의무를 진다. 처분이 무상으로 행하여진 때에는, 처분에 기하여 직접 법적 이익을 취득한 사람이 동일한 의무를 진다.

② 무권리자에게 실행된 급부가 권리자에 대하여 효력 있는 경우에는, 무권리자는 권리자에게 급부받은 것을 반환할 의무를 진다.

제817조 [法律違反 또는 善良한 風俗의 違反]

급부의 목적이 수령자가 이를 수령함으로써 법률상의 금지 또는 선량한 풍속에 반하게 되는 것인 때에는, 수령자는 반환의 의무를 진다. 급부자도 역시 이러한 위반을 범하게 되는 때에는 반환청구를 할 수 없다, 그러나 급부가 채무의 부담을 내용으로 하는 경우에는 그러하지 아니하다; 그러한 채무의 변제를 위하여 급부된 것은 그 반환을 청구할 수 없다.

제818조 [不當利得返還請求權의 範圍]

① 반환의무는 수취한 수익 및 수령자가 취득한 권리에 기하여 얻은 것 또는 취득한 목적물의 멸실, 훼손 또는 침탈에 대한 배상으로 얻은 것에도 미친다.

② 취득한 것의 성질로 인하여 반환이 가능하지 아니하거나 수령자가 기타의 이유로 반환을 할 수 없는 때에는, 수령자는 그 가액을 상환하여

so hat er den Wert zu ersetzen.

(3) Die Verpflichtung zur Herausgabe oder zum Ersatz des Wertes ist ausgeschlossen, soweit der Empfänger nicht mehr bereichert ist.

(4) Von dem Eintritt der Rechtshängigkeit an haftet der Empfänger nach den
allgemeinen Vorschriften.

§ 819　Verschärfte Haftung bei Bösgläubigkeit und bei Gesetzes-
oder Sittenverstoß

(1) Kennt der Empfänger den Mangel des rechtlichen Grundes bei dem
Empfang oder erfährt er ihn später, so ist er von dem Empfang oder der Erlangung der Kenntnis an zur Herausgabe verpflichtet, wie wenn der Anspruch
auf Herausgabe zu dieser Zeit rechtshängig geworden wäre.

(2) Verstößt der Empfänger durch die Annahme der Leistung gegen ein
gesetzliches Verbot oder gegen die guten Sitten, so ist er von dem Empfang der
Leistung an in der gleichen Weise verpflichtet.

§ 820　Verschärfte Haftung bei ungewissem Erfolgseintritt

(1) War mit der Leistung ein Erfolg bezweckt, dessen Eintritt nach dem
Inhalt des Rechtsgeschäfts als ungewiß angesehen wurde, so ist der Empfänger, falls der Erfolg nicht eintritt, zur Herausgabe so verpflichtet, wie wenn der
Anspruch auf Herausgabe zur Zeit des Empfangs rechtshängig geworden wäre.
Das Gleiche gilt, wenn die Leistung aus einem Rechtsgrund, dessen Wegfall
nach dem Inhalt des Rechtsgeschäfts als möglich angesehen wurde, erfolgt ist
und der Rechtsgrund wegfällt.

(2) Zinsen hat der Empfänger erst von dem Zeitpunkt an zu entrichten, in
welchem er erfährt, dass der Erfolg nicht eingetreten oder dass der Rechtsgrund
weggefallen ist; zur Herausgabe von Nutzungen ist er insoweit nicht verpflichtet, als er zu dieser Zeit nicht mehr bereichert ist.

§ 821　Einrede der Bereicherung

Wer ohne rechtlichen Grund eine Verbindlichkeit eingeht, kann die Erfüllung
auch dann verweigern, wenn der Anspruch auf Befreiung von der Verbindlichkeit verjährt ist.

§ 822　Herausgabepflicht Dritter

Wendet der Empfänger das Erlangte unentgeltlich einem Dritten zu, so ist,
soweit infolgedessen die Verpflichtung des Empfängers zur Herausgabe der

야 한다.

③ 반환 또는 가액상환의 의무는 수령자가 더 이상 이득하지 아니하는 한도에서 배제된다.

④ 소송계속시부터 수령자는 일반규정에 따라 책임을 진다.

제819조 [惡意의 경우 및 法律違反이나 良俗違反의 경우의 責任加重]

① 수령자가 수령시에 법적 원인의 흠결을 알았거나 후에 이를 안 때에는, 수령자는 수령시 또는 흠결을 안 때로부터, 반환청구권이 그 때에 소송계속된 경우에 준하여 반환의 의무를 진다.

② 수령자가 급부의 수령으로 인하여 법률상의 금지 또는 선량한 풍속에 위반하는 때에는, 수령자는 급부수령시로부터 동일한 내용의 의무를 진다.

제820조 [結果發生이 不確實한 경우의 責任加重]

① 법률행위의 내용에 비추어 발생이 불확실하다고 여겨지는 결과가 급부에 의하여 목적된 경우에, 그 결과가 발생하지 아니하는 때에는, 수령자는 반환청구권이 수령시에 소송계속된 경우에 준하여 반환의 의무를 진다. 법률행위의 내용에 비추어 소멸가능한 것으로 여겨지는 법적 원인에 기하여 급부가 행하여진 경우에 그 법적 원인이 소멸하는 때에도 또한 같다.

② 이자는 수령자가 결과의 불발생 또는 법적 원인의 소멸을 안 때로부터 이를 지급하여야 한다; 수익에 대하여는 수령자가 그 때에 더 이상 이득하지 아니하는 한도에서 수령자는 그 반환의 의무를 지지 아니한다.

제821조 [不當利得의 抗辯]

법적 원인 없이 채무를 부담하는 사람은 그 채무에 대한 면책청구권이 시효로 소멸한 때에도 이행을 거절할 수 있다.

제822조 [第三者의 返還義務]

수령자가 취득한 것을 무상으로 제 3 자에게 출연한 때에는, 이로 인하여 수령자의 부당이득반환의무가 배제되는 한도에서, 제 3 자는 부당이득

Bereicherung ausgeschlossen ist, der Dritte zur Herausgabe verpflichtet, wie wenn er die Zuwendung von dem Gläubiger ohne rechtlichen Grund erhalten hätte.

Titel 27　Unerlaubte Handlungen

§ 823　Schadensersatzpflicht

(1) Wer vorsätzlich oder fahrlässig das Leben, den Körper, die Gesundheit, die Freiheit, das Eigentum oder ein sonstiges Recht eines anderen widerrechtlich verletzt, ist dem anderen zum Ersatz des daraus entstehenden Schadens verpflichtet.

(2) Die gleiche Verpflichtung trifft denjenigen, welcher gegen ein den Schutz eines anderen bezweckendes Gesetz verstößt. Ist nach dem Inhalt des Gesetzes ein Verstoß gegen dieses auch ohne Verschulden möglich, so tritt die Ersatzpflicht nur im Falle des Verschuldens ein.

§ 824　Kreditgefährdung

(1) Wer der Wahrheit zuwider eine Tatsache behauptet oder verbreitet, die geeignet ist, den Kredit eines anderen zu gefährden oder sonstige Nachteile für dessen Erwerb oder Fortkommen herbeizuführen, hat dem anderen den daraus entstehenden Schaden auch dann zu ersetzen, wenn er die Unwahrheit zwar nicht kennt, aber kennen muss.

(2) Durch eine Mitteilung, deren Unwahrheit dem Mitteilenden unbekannt ist, wird dieser nicht zum Schadensersatz verpflichtet, wenn er oder der Empfänger der Mitteilung an ihr ein berechtigtes Interesse hat.

§ 825　Bestimmung zur sexuellen Handlungen

Wer einen anderen durch Hinterlist, Drohung oder Missbrauch eines Abhängigkeitsverhältnisses zur Vornahme oder Duldung sexueller Handlungen bestimmt, ist ihm zum Ersatz des daraus entstehenden Schadens verpflichtet.

§ 826　Sittenwidrige vorsätzliche Schädigung

Wer in einer gegen die guten Sitten verstoßenden Weise einem anderen vorsätzlich Schaden zufügt, ist dem anderen zum Ersatz des Schadens verpflichtet.

청구권자로부터 법적 원인 없이 출연을 받은 경우에 준하여 반환의 의무를 진다.

제27절 不法行爲

제823조 [損害賠償義務]

① 고의 또는 과실로 타인의 생명, 신체, 건강, 자유, 소유권 또는 기타의 권리를 위법하게 침해한 사람은, 그 타인에 대하여 이로 인하여 발생하는 손해를 배상할 의무를 진다.

② 타인의 보호를 목적으로 하는 법률에 위반한 사람도 동일한 의무를 진다. 그 법률에 과책 없이도 그에 위반하는 것이 가능한 것으로 정하여진 때에는, 과책 있는 경우에만 배상의무가 발생한다.

제824조 [信用危殆]

① 타인의 신용을 위태롭게 하거나 타인의 생계 또는 경제적 가능성에 대하여 기타의 불이익을 야기하기에 알맞는 사실을 진실에 반하여 주장하거나 유포한 사람은, 그가 진실에 반함을 알지 못하였더라도 이를 알아야 했던 때에는, 그 타인에 대하여 이로 인하여 발생하는 손해를 배상하여야 한다.

② 통지자가 그것이 진실에 반함을 알지 못하고 통지를 한 경우에, 통지자 또는 통지수령자가 통지에 대하여 정당한 이익을 가지는 때에는, 통지자는 이로 인하여 손해배상의 의무를 지지 아니한다.

제825조 [性的 行爲의 强要]

위계, 강박 또는 종속관계의 남용에 의하여 타인으로 하여금 성적 행위를 실행하거나 인용忍容할 의사를 가지도록 만든 사람은 그 타인에게 그로 인하여 발생한 손해를 배상할 의무를 진다.

제826조 [良俗違反의 故意的 加害]

선량한 풍속에 위반하여 타인에게 고의로 손해를 가한 사람은 그 타인에게 손해를 배상할 의무를 진다.

§ 827 Ausschluss und Minderung der Verantwortlichkeit

Wer im Zustand der Bewusstlosigkeit oder in einem die freie Willensbestimmung ausschließenden Zustand krankhafter Störung der Geistestätigkeit einem anderen Schaden zufügt, ist für den Schaden nicht verantwortlich. Hat er sich durch geistige Getränke oder ähnliche Mittel in einen vorübergehenden Zustand dieser Art versetzt, so ist er für einen Schaden, den er in diesem Zustand widerrechtlich verursacht, in gleicher Weise verantwortlich, wie wenn ihm Fahrlässigkeit zur Last fiele; die Verantwortlichkeit tritt nicht ein, wenn er ohne Verschulden in den Zustand geraten ist.

§ 828 Minderjährige

(1) Wer nicht das siebente Lebensjahr vollendet hat, ist für einen Schaden, den er einem anderen zufügt, nicht verantwortlich.

(2) Wer das siebente, aber nicht das zehnte Lebensjahr vollendet hat, ist für den Schaden, den er bei einem Unfall mit einem Kraftfahrzeug, einer Schienenbahn oder einer Schwebebahn einem anderen zufügt, nicht verantwortlich. Dies gilt nicht, wenn er die Verletzung vorsätzlich herbeigeführt hat.

(3) Wer das 18. Lebensjahr noch nicht vollendet hat, ist, sofern seine Verantwortlichkeit nicht nach den Absätzen 1 oder 2 ausgeschlossen ist, für einen Schaden, den er einem anderen zufügt, nicht verantwortlich, wenn er bei der Begehung der schädigenden Handlung nicht die zur Erkenntnis der Verantwortlichkeit erforderliche Einsicht hat.

§ 829 Ersatzpflicht aus Billigkeitsgründen

Wer in einem der in den §§ 823 bis 826 bezeichneten Fälle für einen von ihm verursachten Schaden auf Grund der §§ 827, 828 nicht verantwortlich ist, hat gleichwohl, sofern der Ersatz des Schadens nicht von einem aufsichtspflichtigen Dritten erlangt werden kann, den Schaden insoweit zu ersetzen, als die Billigkeit nach den Umständen, insbesondere nach den Verhältnissen der Beteiligten, eine Schadloshaltung erfordert und ihm nicht die Mittel entzogen werden, deren er zum angemessenen Unterhalt sowie zur Erfüllung seiner gesetzlichen Unterhaltspflichten bedarf.

§ 830 Mittäter und Beteiligte

(1) Haben mehrere durch eine gemeinschaftlich begangene unerlaubte Handlung einen Schaden verursacht, so ist jeder für den Schaden verantwortlich. Das Gleiche gilt, wenn sich nicht ermitteln lässt, wer von mehreren Beteiligten den

제827조 [責任의 排除와 減輕]

무의식상태 또는 자유로운 의사결정을 배제하는 정신활동의 병적 장해의 상태에서 타인에게 손해를 가한 사람은 그 손해에 대하여 책임을 지지 아니한다. 알코올음료 또는 유사한 물질로 일시적으로 이러한 상태에 빠진 때에는, 그 상태에서 위법하게 야기한 손해에 대하여, 과실을 범한 경우와 같은 책임을 진다; 그가 과책 없이 그 상태에 빠진 경우에는, 책임은 발생하지 아니한다.

제828조 [未成年者]

① 7세에 이르지 아니한 사람은 타인에게 가한 손해에 대하여 책임을 지지 아니한다.

② 7세 이상 10세 미만의 사람은 자동차, 궤도차 또는 현수차懸垂車의 사고에서 타인에게 가한 손해에 대하여 책임을 지지 아니한다. 그가 그 침해를 고의로 야기한 때에는 그러하지 아니하다.

③ 18세 미만의 사람이 제1항 또는 제2항에 의하여 책임이 배제되지 아니하는 경우에, 가해행위 당시에 책임을 변식함에 필요한 판단력을 가지지 못한 때에는, 그는 타인에게 가한 손해에 대하여 책임을 지지 아니한다.

제829조 [衡平上 理由에 기한 賠償責任]

제823조 내지 제826조에 정하여진 경우에 제827조, 제828조에 의하여 자신이 야기한 손해에 대하여 책임을 지지 아니하는 사람이라도, 감독의무 있는 제3자로부터 손해의 배상이 얻어질 수 없는 한, 형평이 제반 사정, 특히 당사자들의 재산관계에 비추어 손해의 전보를 요구하고 또 그의 적절한 생계 및 법률상의 부양의무의 이행에 필요한 자력이 박탈되지 아니하는 범위에서, 손해를 배상하여야 한다.

제830조 [共同行爲者와 關與者]

① 수인이 공동으로 범한 불법행위로 하나의 손해를 가한 때에는, 각자가 그 손해에 대하여 책임을 진다. 수인의 관여자 중 누구의 행위가 그 손해를 야기하였는지를 알 수 없는 때에도 또한 같다.

Schaden durch seine Handlung verursacht hat.

(2) Anstifter und Gehilfen stehen Mittätern gleich.

§ 831　Haftung für den Verrichtungsgehilfen

(1) Wer einen anderen zu einer Verrichtung bestellt, ist zum Ersatz des Schadens verpflichtet, den der andere in Ausführung der Verrichtung einem Dritten widerrechtlich zufügt. Die Ersatzpflicht tritt nicht ein, wenn der Geschäftsherr bei der Auswahl der bestellten Person und, sofern er Vorrichtungen oder Gerätschaften zu beschaffen oder die Ausführung der Verrichtung zu leiten hat, bei der Beschaffung oder der Leitung die im Verkehr erforderliche Sorgfalt beobachtet oder wenn der Schaden auch bei Anwendung dieser Sorgfalt entstanden sein würde.

(2) Die gleiche Verantwortlichkeit trifft denjenigen, welcher für den Geschäftsherrn die Besorgung eines der im Absatz 1 Satz 2 bezeichneten Geschäfte durch Vertrag übernimmt.

§ 832　Haftung des Aufsichtspflichtigen

(1) Wer kraft Gesetzes zur Führung der Aufsicht über eine Person verpflichtet ist, die wegen Minderjährigkeit oder wegen ihres geistigen oder körperlichen Zustands der Beaufsichtigung bedarf, ist zum Ersatz des Schadens verpflichtet, den diese Person einem Dritten widerrechtlich zufügt. Die Ersatzpflicht tritt nicht ein, wenn er seiner Aufsichtspflicht genügt oder wenn der Schaden auch bei gehöriger Aufsichtsführung entstanden sein würde.

(2) Die gleiche Verantwortlichkeit trifft denjenigen, welcher die Führung der Aufsicht durch Vertrag übernimmt.

§ 833　Haftung des Tierhalters

Wird durch ein Tier ein Mensch getötet oder der Körper oder die Gesundheit eines Menschen verletzt oder eine Sache beschädigt, so ist derjenige, welcher das Tier hält, verpflichtet, dem Verletzten den daraus entstehenden Schaden zu ersetzen. Die Ersatzpflicht tritt nicht ein, wenn der Schaden durch ein Haustier verursacht wird, das dem Beruf, der Erwerbstätigkeit oder dem Unterhalt des Tierhalters zu dienen bestimmt ist, und entweder der Tierhalter bei der Beaufsichtigung des Tieres die im Verkehr erforderliche Sorgfalt beobachtet oder der Schaden auch bei Anwendung dieser Sorgfalt entstanden sein würde.

§ 834　Haftung des Tieraufsehers

Wer für denjenigen, welcher ein Tier hält, die Führung der Aufsicht über

② 교사자와 방조자는 공동행위자와 동시된다.

제831조 [被用者에 대한 責任]

① 타인을 어느 사무에 사용하는 사람은, 그가 사무의 집행에 관하여
제3자에게 위법하게 가한 손해를 배상할 의무를 진다. 사용자가 피용자
의 선임에 있어서, 또 사용자가 장비나 기구를 조달하거나 또는 사무의
집행을 지휘하여야 하는 한도에서는 그 조달이나 지휘에 있어서, 거래상
요구되는 주의를 다한 때 또는 그러한 주의를 하였어도 손해가 발생하였
을 것인 때에는, 배상의무는 발생하지 아니한다.

② 계약에 의하여 사용자를 위하여 제1항 제2문에 정하여진 일의 처리
를 인수한 사람도 동일한 책임을 진다.

제832조 [監督義務者의 責任]

① 미성년으로 인하여 또는 정신적으로나 신체적인 상태로 인하여 감독
을 필요로 하는 사람을 감독할 의무를 법률에 의하여 부담하는 사람은
피감독자가 제3자에게 위법하게 가한 손해를 배상할 의무를 진다. 그가
감독의무를 다한 때 또는 적절한 감독수행을 하였어도 손해가 발생하였
을 것인 때에는, 배상의무가 발생하지 아니한다.

② 계약에 의하여 감독의 수행을 인수한 자도 동일한 책임이 있다.

제833조 [動物保有者의 責任]

동물로 인하여 사람이 사망에 이르거나 사람의 신체 또는 건강이 침해되
거나 또는 물건이 손괴된 경우에는, 동물을 보유하는 사람은 피해자에게
그로 인하여 발생하는 손해를 배상할 의무를 진다. 손해가 동물보유자의
직업, 영업활동 또는 생계에 도움을 주기 위한 가축에 의하여 야기되고
또한 동물의 감독에 거래상 요구되는 주의를 다하였거나 그러한 주의를
하였어도 손해가 발생하였을 것인 때에는, 배상의무는 발생하지 아니한
다.

제834조 [動物監督者의 責任]

계약으로 동물보유자를 위하여 동물에 대한 감독을 수행할 것을 인수한

802 債 權 제 8 장 個別的 債權關係 §§ 835 - 839

das Tier durch Vertrag übernimmt, ist für den Schaden verantwortlich, den das Tier einem Dritten in der im § 833 bezeichneten Weise zufügt. Die Verantwortlichkeit tritt nicht ein, wenn er bei der Führung der Aufsicht die im Verkehr erforderliche Sorgfalt beobachtet oder wenn der Schaden auch bei Anwendung dieser Sorgfalt entstanden sein würde.

§ 835 (weggefallen)

§ 836 Haftung des Grundstücksbesitzers

(1) Wird durch den Einsturz eines Gebäudes oder eines anderen mit einem Grundstück verbundenen Werkes oder durch die Ablösung von Teilen des Gebäudes oder des Werkes ein Mensch getötet, der Körper oder die Gesundheit eines Menschen verletzt oder eine Sache beschädigt, so ist der Besitzer des Grundstücks, sofern der Einsturz oder die Ablösung die Folge fehlerhafter Errichtung oder mangelhafter Unterhaltung ist, verpflichtet, dem Verletzten den daraus entstehenden Schaden zu ersetzen. Die Ersatzpflicht tritt nicht ein, wenn der Besitzer zum Zwecke der Abwendung der Gefahr die im Verkehr erforderliche Sorgfalt beobachtet hat.

(2) Ein früherer Besitzer des Grundstücks ist für den Schaden verantwortlich, wenn der Einsturz oder die Ablösung innerhalb eines Jahres nach der Beendigung seines Besitzes eintritt, es sei denn, dass er während seines Besitzes die im Verkehr erforderliche Sorgfalt beobachtet hat oder ein späterer Besitzer durch Beobachtung dieser Sorgfalt die Gefahr hätte abwenden können.

(3) Besitzer im Sinne dieser Vorschriften ist der Eigenbesitzer.

§ 837 Haftung des Gebäudebesitzers

Besitzt jemand auf einem fremden Grundstück in Ausübung eines Rechts ein Gebäude oder ein anderes Werk, so trifft ihn an Stelle des Besitzers des Grundstücks die im § 836 bestimmte Verantwortlichkeit.

§ 838 Haftung des Gebäudeunterhaltungspflichtigen

Wer die Unterhaltung eines Gebäudes oder eines mit einem Grundstück verbundenen Werkes für den Besitzer übernimmt oder das Gebäude oder das Werk vermöge eines ihm zustehenden Nutzungsrechts zu unterhalten hat, ist für den durch den Einsturz oder die Ablösung von Teilen verursachten Schaden in gleicher Weise verantwortlich wie der Besitzer.

§ 839 Haftung bei Amtspflichtverletzung

(1) Verletzt ein Beamter vorsätzlich oder fahrlässig die ihm einem Dritten

사람은, 그 동물이 제 3 자에게 제833조에 정하여진 방법으로 가한 손해에 대하여 책임을 진다. 감독자가 감독의 수행에 거래상 요구되는 주의를 다하였거나 그러한 주의를 하였어도 손해가 발생하였을 것인 때에는, 책임은 발생하지 아니한다.

제835조 [삭제]

제836조 [土地占有者의 責任]

① 건물 또는 기타 토지에 결합된 공작물의 붕괴로 인하여 또는 건물이나 공작물의 일부의 박리로 인하여 사람이 사망에 이르거나 사람의 신체 또는 건강이 침해되거나 또는 물건이 손괴되는 경우에는, 토지의 점유자는, 그 붕괴 또는 박리가 결함 있는 설치 또는 하자 있는 보존의 결과인 한, 피해자에게 그로 인하여 발생하는 손해를 배상할 의무를 진다. 점유자가 위험의 방지를 위하여 거래상 요구되는 주의를 다한 때에는 배상의무는 발생하지 아니한다.

② 토지의 종전 점유자는, 그 붕괴 또는 박리가 그의 점유종료 후 1년 이내에 발생한 때에는, 손해에 대하여 책임을 진다, 그러나 그가 그의 점유 중에 거래상 요구되는 주의를 다하였거나 또는 그 후의 점유자가 이러한 주의를 다함으로써 위험을 회피할 수 있었을 때에는 그러하지 아니하다.

③ 본조에서 점유자라 함은 자주점유자를 말한다.

제837조 [建物占有者의 責任]

권리의 행사로 타인의 토지 위에 건물 또는 기타의 공작물을 점유하는 사람은 토지의 점유자에 갈음하여 제836조에 정하여진 책임을 진다.

제838조 [建物保存義務者의 責任]

건물 또는 토지와 결합된 공작물의 보존을 점유자를 위하여 인수한 사람 또는 건물이나 그 공작물을 자신이 가지는 용익권으로 인하여 보존하여야 하는 사람은 붕괴 또는 부분의 박리로 인하여 야기된 손해에 대하여 점유자와 같은 책임을 진다.

제839조 [公務上 義務의 違反에 대한 責任]

① 공무원이 고의 또는 과실로 제 3 자에 대하여 부담하는 직무상 의무

gegenüber obliegende Amtspflicht, so hat er dem Dritten den daraus entstehenden Schaden zu ersetzen. Fällt dem Beamten nur Fahrlässigkeit zur Last, so kann er nur dann in Anspruch genommen werden, wenn der Verletzte nicht auf andere Weise Ersatz zu erlangen vermag.

(2) Verletzt ein Beamter bei dem Urteil in einer Rechtssache seine Amtspflicht, so ist er für den daraus entstehenden Schaden nur dann verantwortlich, wenn die Pflichtverletzung in einer Straftat besteht. Auf eine pflichtwidrige Verweigerung oder Verzögerung der Ausübung des Amts findet diese Vorschrift keine Anwendung.

(3) Die Ersatzpflicht tritt nicht ein, wenn der Verletzte vorsätzlich oder fahrlässig unterlassen hat, den Schaden durch Gebrauch eines Rechtsmittels abzuwenden.

§ 839a Haftung des gerichtlichen Sachverständigen

(1) Erstattet ein vom Gericht ernannter Sachverständiger vorsätzlich oder grob fahrlässig ein unrichtiges Gutachten, so ist er zum Ersatz des Schadens verpflichtet, der einem Verfahrensbeteiligten durch eine gerichtliche Entscheidung entsteht, die auf diesem Gutachten besteht.

(2) § 839 Abs. 3 ist entsprechend anzuwenden.

§ 840 Haftung mehrerer

(1) Sind für den aus einer unerlaubten Handlung entstehenden Schaden mehrere nebeneinander verantwortlich, so haften sie als Gesamtschuldner.

(2) Ist neben demjenigen, welcher nach den §§ 831, 832 zum Ersatz des von einem anderen verursachten Schadens verpflichtet ist, auch der andere für den Schaden verantwortlich, so ist in ihrem Verhältnis zueinander der andere allein, im Falle des § 829 der Aufsichtspflichtige allein verpflichtet.

(3) Ist neben demjenigen, welcher nach den §§ 833 bis 838 zum Ersatz des Schadens verpflichtet ist, ein Dritter für den Schaden verantwortlich, so ist in ihrem Verhältnis zueinander der Dritte allein verpflichtet.

§ 841 Ausgleichung bei Beamtenhaftung

Ist ein Beamter, der vermöge seiner Amtspflicht einen anderen zur Geschäftsführung für einen Dritten zu bestellen oder eine solche Geschäftsführung zu beaufsichtigen oder durch Genehmigung von Rechtsgeschäften bei ihr mitzuwirken hat, wegen Verletzung dieser Pflichten neben dem anderen für

에 위반한 때에는 그는 제 3 자에게 이로 인하여 발생하는 손해를 배상하
여야 한다. 공무원이 과실을 범한 데 그치는 경우에는, 피해자가 다른 방
법으로 배상을 받을 수 없는 때에만, 공무원에 대하여 배상이 청구될 수
있다.

② 공무원이 소송사건의 판결에 있어서 직무상 의무에 위반한 때에는,
그는, 그 의무위반이 범죄행위를 구성하는 경우에만, 이로 인하여 발생
하는 손해에 대하여 책임이 있다. 직무의 집행을 의무에 위반하여 거절
하거나 지연한 때에는, 제 1 문은 적용되지 아니한다.

③ 피해자가 고의 또는 과실로 법적 불복수단의 행사에 의하여 손해를
회피하지 아니한 때에는, 배상의무는 발생하지 아니한다.

제839조의a [法院鑑定人의 責任]

① 법원의 선임을 받은 감정인이 고의 또는 중대한 과실로 부정확한 감
정을 한 경우에는, 그는 그 감정에 기하여 행하여진 법원의 재판으로 인
하여 그 절차의 당사자에게 생긴 손해를 배상할 의무를 진다.

② 제839조 제 3 항은 이에 준용된다.

제840조 [數人의 責任]

① 하나의 불법행위로 발생하는 손해에 대하여 수인이 각자 책임을 지
는 때에는, 그들은 연대채무자로서 책임을 진다.

② 제831조, 제832조에 의하여 타인이 야기한 손해를 배상할 의무가 있
는 사람과 함께, 그 타인도 그 손해에 대하여 책임을 지는 때에는, 그들
상호간의 관계에서는 그 타인만이 의무를 지고, 제829조의 경우에는 감
독의무자만이 의무를 진다.

③ 제833조 내지 제838조에 의하여 손해를 배상할 의무가 있는 사람과
함께, 제 3 자가 그 손해에 대하여 책임을 지는 때에는, 그들 상호간의 관
계에서는 제 3 자만이 의무를 진다.

제841조 [公務員責任에서의 求償]

공무원이 직무상 의무에 기하여, 제 3 자를 위한 업무집행을 위하여 타인
을 선임하거나 그러한 업무집행을 감독하거나 또는 법률행위의 인가에

den von diesem verursachten Schaden verantwortlich, so ist in ihrem Verhältnis zueinander der andere allein verpflichtet.

§ 842 Umfang der Ersatzpflicht bei Verletzung einer Person

Die Verpflichtung zum Schadensersatz wegen einer gegen die Person gerichteten unerlaubten Handlung erstreckt sich auf die Nachteile, welche die Handlung für den Erwerb oder das Fortkommen des Verletzten herbeiführt.

§ 843 Geldrente oder Kapitalabfindung

(1) Wird infolge einer Verletzung des Körpers oder der Gesundheit die Erwerbsfähigkeit des Verletzten aufgehoben oder gemindert oder tritt eine Vermehrung seiner Bedürfnisse ein, so ist dem Verletzten durch Entrichtung einer Geldrente Schadensersatz zu leisten.

(2) Auf die Rente finden die Vorschriften des § 760 Anwendung. Ob, in welcher Art und für welchen Betrag der Ersatzpflichtige Sicherheit zu leisten hat, bestimmt sich nach den Umständen.

(3) Statt der Rente kann der Verletzte eine Abfindung in Kapital verlangen, wenn ein wichtiger Grund vorliegt.

(4) Der Anspruch wird nicht dadurch ausgeschlossen, dass ein anderer dem Verletzten Unterhalt zu gewähren hat.

§ 844 Ersatzansprüche Dritter bei Tötung

(1) Im Falle der Tötung hat der Ersatzpflichtige die Kosten der Beerdigung demjenigen zu ersetzen, welchem die Verpflichtung obliegt, diese Kosten zu tragen.

(2) Stand der Getötete zur Zeit der Verletzung zu einem Dritten in einem Verhältnis, vermöge dessen er diesem gegenüber kraft Gesetzes unterhaltspflichtig war oder unterhaltspflichtig werden konnte, und ist dem Dritten infolge der Tötung das Recht auf den Unterhalt entzogen, so hat der Ersatzpflichtige dem Dritten durch Entrichtung einer Geldrente insoweit Schadensersatz zu leisten, als der Getötete während der mutmaßlichen Dauer seines Lebens zur Gewährung des Unterhalts verpflichtet gewesen sein würde; die Vorschriften des § 843 Abs. 2 bis 4 finden entsprechende Anwendung. Die Ersatzpflicht tritt auch dann ein, wenn der Dritte zur Zeit der Verletzung gezeugt, aber noch nicht geboren war.

(3) Der Ersatzpflichtige hat dem Hinterbliebenen, der zur Zeit der Verletzung zu dem Getöteten in einem besonderen persönlichen Näheverhältnis stand,

의하여 업무집행에 관여하여야 하는 경우에, 이러한 의무의 위반으로 인하여 그 타인이 가한 손해에 대하여 그 타인과 함께 책임을 지는 때에는, 그들 상호간의 관계에서는 그 타인만이 의무를 진다.

제842조 [人身侵害에서의 賠償義務의 範圍]

사람에 대하여 가하여진 불법행위에 기한 손해배상의 의무는, 그 행위가 피해자의 영업 또는 생계에 야기한 불이익에도 미친다.

제843조 [定期金賠償 또는 一時金賠償]

① 신체 또는 건강의 침해로 인하여 피해자의 가동능력稼動能力이 소멸하거나 감소된 때 또는 그의 수요가 증대한 때에는, 피해자에 대하여 정기금의 지급으로 손해배상을 하여야 한다.

② 정기금에 대하여는 제760조가 적용된다. 배상의무자가 담보를 제공하여야 할 것인지, 어떠한 종류의 담보를 얼마의 금액에 대하여 제공하여야 할 것인지는 제반 사정에 따라 정하여진다.

③ 중대한 사유가 있는 때에는, 피해자는 정기금에 갈음하여 일시금을 지급할 것을 청구할 수 있다.

④ 타인이 피해자에게 부양의무를 지는 경우에도, 이로 인하여 청구권은 배제되지 아니한다.

제844조 [死亡의 경우 第三者의 賠償請求權]

① 사망의 경우에 배상의무자는 매장비용을 부담할 의무를 지는 사람에 대하여 그 비용을 배상하여야 한다.

② 사망자가 침해 당시 제3자에 대하여 법률에 기하여 부양의무를 지고 있거나 지게 될 수 있는 관계에 있었고 또 사망으로 인하여 그 제3자가 부양청구권을 상실한 때에는, 배상의무자는 그 제3자에 대하여, 사망자가 그의 추정 생존기간 중 부양의 의무를 부담하였을 한도에서, 정기금의 지급으로 손해를 배상하여야 한다; 제843조 제2항 내지 제4항은 이에 준용된다. 제3자가 침해 당시 포태되었으나 아직 출생하지 아니하였던 때에도, 배상의무는 발생한다.

③ 배상의무자는 침해 당시 사망자와 특별한 인적 근친관계에 있었던

für das dem Hinterbliebenen zugefügte seelische Leid eine angemessene Entschädigung in Geld zu leisten. Ein besonderes persönliches Näheverhältnis wird vermutet, wenn der Hinterbliebene der Ehegatte, der Lebenspartner, ein Elternteil oder ein Kind des Getöteten war.

§ 845 Ersatzansprüche wegen entgangener Dienste

Im Falle der Tötung, der Verletzung des Körpers oder der Gesundheit sowie im Falle der Freiheitsentziehung hat der Ersatzpflichtige, wenn der Verletzte kraft Gesetzes einem Dritten zur Leistung von Diensten in dessen Hauswesen oder Gewerbe verpflichtet war, dem Dritten für die entgehenden Dienste durch Entrichtung einer Geldrente Ersatz zu leisten. Die Vorschriften des § 843 Abs. 2 bis 4 finden entsprechende Anwendung.

§ 846 Mitverschulden des Verletzten

Hat in den Fällen der §§ 844, 845 bei der Entstehung des Schadens, den der Dritte erleidet, ein Verschulden des Verletzten mitgewirkt, so finden auf den Anspruch des Dritten die Vorschriften des § 254 Anwendung.

§ 847 (weggefallen)

§ 848 Haftung für Zufall bei Entziehung einer Sache

Wer zur Rückgabe einer Sache verpflichtet ist, die er einem anderen durch eine unerlaubte Handlung entzogen hat, ist auch für den zufälligen Untergang, eine aus einem anderen Grund eintretende zufällige Unmöglichkeit der Herausgabe oder eine zufällige Verschlechterung der Sache verantwortlich, es sei denn, dass der Untergang, die anderweitige Unmöglichkeit der Herausgabe oder die Verschlechterung auch ohne die Entziehung eingetreten sein würde.

§ 849 Verzinsung der Ersatzsumme

Ist wegen der Entziehung einer Sache der Wert oder wegen der Beschädigung einer Sache die Wertminderung zu ersetzen, so kann der Verletzte Zinsen des zu ersetzenden Betrags von dem Zeitpunkt an verlangen, welcher der Bestimmung des Wertes zugrunde gelegt wird.

§ 850 Ersatz von Verwendungen

Macht der zur Herausgabe einer entzogenen Sache Verpflichtete Verwendungen auf die Sache, so stehen ihm dem Verletzten gegenüber die Rechte zu, die der Besitzer dem Eigentümer gegenüber wegen Verwendungen hat.

유족에게 그에게 가하여진 정신적 고통에 대하여 적절한 금전배상을 하여야 한다. 유족이 사망자의 배우자, 생활동반자, 부모 또는 자인 경우에는 특별한 인적 근친관계가 추정된다.

제845조 [逸失勞務로 인한 賠償請求權]

사망, 신체 또는 건강의 침해 및 자유의 침탈의 경우에, 피해자가 법률에 기하여 제 3 자에 대하여 그의 가정에서 또는 그의 영업에서 노무를 제공할 의무를 지고 있었던 때에는, 배상의무자는 그 제 3 자에 대하여 정기금의 지급으로 일실된 노무에 대한 배상을 하여야 한다. 제843조 제 2 항 내지 제 4 항은 이에 준용된다.

제846조 [被害者의 共同過責]

제844조, 제845조의 경우에, 제 3 자가 입은 손해의 발생에 피해자의 과책이 공동으로 작용한 때에는, 그 제 3 자의 청구권에 대하여는 제254조가 적용된다.

제847조 [삭제]

제848조 [物件侵奪의 경우의 無過失責任]

불법행위에 의하여 타인으로부터 침탈한 물건을 반환할 의무를 지는 사람은, 물건의 우연적 멸실, 기타의 이유에 기한 우연적 반환불능 또는 우연적 훼손에 대하여도 책임을 진다. 그러나 멸실, 기타의 반환불능 또는 훼손이 침탈이 없어도 발생하였을 것인 때에는 그러하지 아니하다.

제849조 [賠償額에 대한 利子支給]

물건의 침탈로 인하여 그 가액이 또는 물건의 훼손으로 인하여 그 감소가액이 배상되어야 하는 때에는, 피해자는 배상될 금액에 대하여 가액결정의 기준이 되는 시기로부터 이자를 청구할 수 있다.

제850조 [費用의 償還]

침탈한 물건을 반환할 의무를 지는 사람이 물건에 비용을 지출한 때에는, 그는 피해자에 대하여, 점유자가 비용지출을 이유로 소유자에 대하여 가지는 것과 동일한 권리를 가진다.

§ 851　Ersatzleistung an Nichtberechtigten

Leistet der wegen der Entziehung oder Beschädigung einer beweglichen Sache zum Schadensersatz Verpflichtete den Ersatz an denjenigen in dessen Besitz sich die Sache zur Zeit der Entziehung oder der Beschädigung befunden hat, so wird er durch die Leistung auch dann befreit, wenn ein Dritter Eigentümer der Sache war oder ein sonstiges Recht an der Sache hatte, es sei denn, dass ihm das Recht des Dritten bekannt oder infolge grober Fahrlässigkeit unbekannt ist.

§ 852　Herausgabeanspruch nach Eintritt der Verjährung

Hat der Ersatzpflichtige durch eine unerlaubte Handlung auf Kosten des Verletzten etwas erlangt, so ist er auch nach Eintritt der Verjährung des Anspruchs auf Ersatz des aus einer unerlaubten Handlung entstandenen Schadens zur Herausgabe nach den Vorschriften über die Herausgabe einer ungerechtfertigten Bereicherung verpflichtet. Dieser Anspruch verjährt in zehn Jahren von seiner Entstehung an, ohne Rücksicht auf die Entstehung in 30 Jahren von der Begehung der Verletzungshandlung oder dem sonstigen, den Schaden auslösenden Ereignis an.

§ 853　Arglisteinrede

Erlangt jemand durch eine von ihm begangene unerlaubte Handlung eine Forderung gegen den Verletzten, so kann der Verletzte die Erfüllung auch dann verweigern, wenn der Anspruch auf Aufhebung der Forderung verjährt ist.

제851조 [無權利者에의 賠償]

 동산의 침탈 또는 훼손으로 인하여 손해배상의 의무를 지는 사람이 침
탈 또는 훼손 당시 물건을 점유하고 있던 사람에게 배상을 한 때에는,
제 3 자가 물건의 소유자이었거나 그 물건에 기타의 권리를 가지고 있
었던 때에도, 그 급부에 의하여 면책된다, 그러나 그가 제 3 자의 권리
를 알았거나 중대한 과실로 이를 알지 못하였던 때에는 그러하지 아니
하다.

제852조 [消滅時效 完成 후의 返還請求權]

 배상의무자가 불법행위로 인하여 피해자의 손실로 어떤 것을 취득한 때
에는 그는 불법행위로 인하여 발생한 손해의 배상청구권의 소멸시효가
성립한 후에도 부당이득의 반환에 관한 규정에 따라 반환의 의무를 진
다. 이 청구권은 그 성립으로부터 10년의 소멸시효에, 그 성립에 관계없
이 침해행위가 행하여진 때 또는 기타의 손해를 야기하는 사건이 있은
때로부터 30년의 소멸시효에 걸린다.

제853조 [惡意의 抗辯]

 어떤 사람이 그가 범한 불법행위에 의하여 피해자에 대하여 채권을 취득
한 경우에는, 채권소멸의 청구권이 시효로 소멸한 때에도, 피해자는 그
이행을 거절할 수 있다.

Buch 3   Sachenrecht

Abschnitt 1   Besitz

§ 854   Erwerb des Besitzes

(1) Der Besitz einer Sache wird durch die Erlangung der tatsächlichen Gewalt über die Sache erworben.

(2) Die Einigung des bisherigen Besitzers und des Erwerbers genügt zum Erwerb, wenn der Erwerber in der Lage ist, die Gewalt über die Sache auszuüben.

§ 855   Besitzdiener

Übt jemand die tatsächliche Gewalt über eine Sache für einen anderen in dessen Haushalt oder Erwerbsgeschäft oder in einem ähnlichen Verhältnis aus, vermöge dessen er den sich auf die Sache beziehenden Weisungen des anderen Folge zu leisten hat, so ist nur der andere Besitzer.

§ 856   Beendigung des Besitzes

(1) Der Besitz wird dadurch beendigt, dass der Besitzer die tatsächliche Gewalt über die Sache aufgibt oder in anderer Weise verliert.

(2) Durch eine ihrer Natur nach vorübergehende Verhinderung in der Ausübung der Gewalt wird der Besitz nicht beendigt.

§ 857   Vererblichkeit

Der Besitz geht auf den Erben über.

§ 858   Verbotene Eigenmacht

(1) Wer dem Besitzer ohne dessen Willen den Besitz entzieht oder ihn im Besitz stört, handelt, sofern nicht das Gesetz die Entziehung oder die Störung gestattet, widerrechtlich (verbotene Eigenmacht).

(2) Der durch verbotene Eigenmacht erlangte Besitz ist fehlerhaft. Die Fehlerhaftigkeit muss der Nachfolger im Besitz gegen sich gelten lassen, wenn er Erbe des Besitzers ist oder die Fehlerhaftigkeit des Besitzes seines Vor-

제3편 物權法

제1장 占 有

제854조 [占有의 取得]

① 물건의 점유는 물건에 대하여 사실상의 실력을 획득함으로써 취득된다.

② 점유취득자가 물건에 대하여 실력을 행사할 수 있는 때에는, 종전의 점유자와 점유취득자의 합의만에 의하여 점유를 취득할 수 있다.

제855조 [占有補助者]

어떤 사람이 타인의 가계나 영업에서 또는 유사한 관계에서 타인을 위하여 물건에 대하여 사실상의 실력을 행사하는 경우에, 그 관계로 말미암아 그가 물건에 관한 타인의 지시에 따라야 하는 때에는, 그 타인만이 점유자이다.

제856조 [占有의 終了]

① 점유는 점유자가 물건에 대한 사실상의 실력을 포기하거나 또는 기타의 방법으로 이를 상실함으로써 종료한다.

② 실력의 행사가 방해를 받더라도 그 방해가 성질상 일시적인 것인 때에는 점유는 이로 인하여 종료하지 아니한다.

제857조 [相續性]

점유는 상속인에게 이전한다.

제858조 [禁止된 私力]

① 점유자의 의사에 의하지 아니하고 그의 점유를 침탈하거나 방해하는 사람은, 법률이 침탈 또는 방해를 허용하지 아니한 한, 위법하게 행위하는 것이다("금지된 사력").

② 금지된 사력에 의하여 획득된 점유는 하자 있다. 점유의 승계인이 점유자의 상속인이거나 또는 점유 취득시에 전 점유자의 점유의 하자를 안

gängers bei dem Erwerb kennt.

§ 859 Selbsthilfe des Besitzers

(1) Der Besitzer darf sich verbotener Eigenmacht mit Gewalt erwehren.

(2) Wird eine bewegliche Sache dem Besitzer mittels verbotener Eigenmacht weggenommen, so darf er sie dem auf frischer Tat betroffenen oder verfolgten Täter mit Gewalt wieder abnehmen.

(3) Wird dem Besitzer eines Grundstücks der Besitz durch verbotene Eigenmacht entzogen, so darf er sofort nach der Entziehung sich des Besitzes durch Entsetzung des Täters wieder bemächtigen.

(4) Die gleichen Rechte stehen dem Besitzer gegen denjenigen zu, welcher nach § 858 Abs. 2 die Fehlerhaftigkeit des Besitzes gegen sich gelten lassen muss.

§ 860 Selbsthilfe des Besitzdieners

Zur Ausübung der dem Besitzer nach § 859 zustehenden Rechte ist auch derjenige befugt, welcher die tatsächliche Gewalt nach § 855 für den Besitzer ausübt.

§ 861 Anspruch wegen Besitzentziehung

(1) Wird der Besitz durch verbotene Eigenmacht dem Besitzer entzogen, so kann dieser die Wiedereinräumung des Besitzes von demjenigen verlangen, welcher ihm gegenüber fehlerhaft besitzt.

(2) Der Anspruch ist ausgeschlossen, wenn der entzogene Besitz dem gegenwärtigen Besitzer oder dessen Rechtsvorgänger gegenüber fehlerhaft war und in dem letzten Jahre vor der Entziehung erlangt worden ist.

§ 862 Anspruch wegen Besitzstörung

(1) Wird der Besitzer durch verbotene Eigenmacht im Besitz gestört, so kann er von dem Störer die Beseitigung der Störung verlangen. Sind weitere Störungen zu besorgen, so kann der Besitzer auf Unterlassung klagen.

(2) Der Anspruch ist ausgeschlossen, wenn der Besitzer dem Störer oder dessen Rechtsvorgänger gegenüber fehlerhaft besitzt und der Besitz in dem letzten Jahre vor der Störung erlangt worden ist.

§ 863 Einwendungen des Entziehers oder Störers

Gegenüber den in den §§ 861, 862 bestimmten Ansprüchen kann ein Recht zum Besitz oder zur Vornahme der störenden Handlung nur zur Begründung der Behauptung geltend gemacht werden, dass die Entziehung oder die Störung des

때에는, 그는 그 하자를 자신에 효력 있는 것으로 하여야 한다.

제859조 [占有者의 自力救濟]

① 점유자는 금지된 사력에 대하여 실력으로 방어할 수 있다.

② 점유자가 동산의 점유를 금지된 사력에 의하여 탈취당하는 때에는, 그는 현장에 있는 탈취자로부터 또는 탈취자를 추적하여 그로부터 실력으로 물건을 회수할 수 있다.

③ 점유자가 금지된 사력에 의하여 부동산의 점유를 침탈당하는 때에는, 그는 침탈 후 즉시 가해자를 배제하여 점유를 회복할 수 있다.

④ 점유자는 제858조 제 2 항에 의하여 점유의 하자를 자신에 효력 있는 것으로 하여야 하는 사람에 대하여도 동일한 권리를 가진다.

제860조 [占有補助者의 自力救濟]

제855조에 의하여 점유자를 위하여 사실상의 실력을 행사하는 사람은 점유자가 제859조에 의하여 가지는 권리를 행사할 수 있다.

제861조 [占有侵奪로 인한 請求權]

① 점유자가 금지된 사력에 의하여 점유를 침탈당한 때에는, 그는 그에 대하여 하자 있게 점유하는 사람에 대하여 점유의 회수를 청구할 수 있다.

② 침탈된 점유가 현재의 점유자 또는 그 전주前主에 대하여 하자 있는 것이고 또한 침탈 전 1년 이내에 취득된 것인 경우에는, 제 1 항의 청구권은 배제된다.

제862조 [占有妨害로 인한 請求權]

① 점유자가 금지된 사력에 의하여 점유를 방해받은 때에는 그는 방해자에 대하여 방해의 제거를 청구할 수 있다. 앞으로도 방해받을 우려가 있는 때에는 점유자는 부작위를 소구할 수 있다.

② 점유자의 점유가 방해자 또는 그 전주前主에 대하여 하자 있고 또한 방해 전 1년 이내에 취득된 것인 때에는, 제 1 항의 청구권은 배제된다.

제863조 [侵奪者 또는 妨害者의 對抗事由]

제861조, 제862조에 정하여진 청구권에 대하여, 점유할 권리 또는 방해 행위를 할 권리는 점유의 침탈 또는 방해가 금지된 사력이 아니라는 주

Besitzes nicht verbotene Eigenmacht sei.

§ 864　Erlöschen der Besitzansprüche

(1) Ein nach den §§ 861, 862 begründeter Anspruch erlischt mit dem Ablauf eines Jahres nach der Verübung der verbotenen Eigenmacht, wenn nicht vorher der Anspruch im Wege der Klage geltend gemacht wird.

(2) Das Erlöschen tritt auch dann ein, wenn nach der Verübung der verbotenen Eigenmacht durch rechtskräftiges Urteil festgestellt wird, dass dem Täter ein Recht an der Sache zusteht, vermöge dessen er die Herstellung eines seiner Handlungsweise entsprechenden Besitzstands verlangen kann.

§ 865　Teilbesitz

Die Vorschriften der §§ 858 bis 864 gelten auch zugunsten desjenigen, welcher nur einen Teil einer Sache, insbesondere abgesonderte Wohnräume oder andere Räume, besitzt.

§ 866　Mitbesitz

Besitzen mehrere eine Sache gemeinschaftlich, so findet in ihrem Verhältnis zueinander ein Besitzschutz insoweit nicht statt, als es sich um die Grenzen des den einzelnen zustehenden Gebrauchs handelt.

§ 867　Verfolgungsrecht des Besitzers

Ist eine Sache aus der Gewalt des Besitzers auf ein im Besitz eines anderen befindliches Grundstück gelangt, so hat ihm der Besitzer des Grundstücks die Aufsuchung und die Wegschaffung zu gestatten, sofern nicht die Sache inzwischen in Besitz genommen worden ist. Der Besitzer des Grundstücks kann Ersatz des durch die Aufsuchung und die Wegschaffung entstehenden Schadens verlangen. Er kann, wenn die Entstehung eines Schadens zu besorgen ist, die Gestattung verweigern, bis ihm Sicherheit geleistet wird; die Verweigerung ist unzulässig, wenn mit dem Aufschub Gefahr verbunden ist.

§ 868　Mittelbarer Besitz

Besitzt jemand eine Sache als Nießbraucher, Pfandgläubiger, Pächter, Mieter, Verwahrer oder in einem ähnlichen Verhältnis, vermöge dessen er einem anderen gegenüber auf Zeit zum Besitz berechtigt oder verpflichtet ist, so ist auch der andere Besitzer (mittelbarer Besitz).

§ 869　Ansprüche des mittelbaren Besitzers

Wird gegen den Besitzer verbotene Eigenmacht verübt, so stehen die in den

장을 뒷받침하기 위한 경우에 한하여 주장될 수 있다.

제864조 [占有保護請求權의 消滅]

① 제861조, 제862조에 기한 청구권은 금지된 사력이 행사된 때로부터 1년 이내에 소의 방법으로 행사되지 아니한 경우에는 소멸한다.

② 침해행위자가 물건에 대하여 그의 행위방식에 상응하는 점유상태를 창출할 것을 청구할 권리를 가짐이 금지된 사력의 행사 후에 확정판결에 의하여 확정된 경우에도, 그 청구권은 소멸한다.

제865조 [部分占有]

제858조 내지 제864조는 물건의 일부만을, 특히 분리된 주거공간 또는 다른 공간을 점유하는 사람을 위하여서도 적용된다.

제866조 [共同占有]

수인이 공동으로 하나의 물건을 점유하는 경우에 상호간의 관계에서는, 각자에 속하는 사용의 범위에 관한 한, 점유보호는 인정되지 아니한다.

제867조 [占有者의 追及權]

물건이 점유자의 지배를 이탈하여 타인이 점유하는 부동산 위에 있게 된 경우에는, 물건이 그 사이에 점유되지 아니한 한, 부동산의 점유자는 물건의 점유자에 대하여 수색 및 수거를 용인하여야 한다. 부동산의 점유자는 수색과 수거로 인하여 발생한 손해의 배상을 청구할 수 있다. 그는 손해발생의 우려가 있는 때에는 담보가 제공될 때까지 그 용인을 거절할 수 있다; 지연으로 위험이 발생할 우려가 있는 경우에는 거절할 수 없다.

제868조 [間接占有]

어떤 사람이 용익권자, 질권자, 용익임차인, 사용임차인, 수치인으로서 또는 이와 유사한 관계에서 물건을 점유하여, 이 관계에 기하여 그가 타인에 대하여 일시적으로 점유할 권리를 가지거나 의무를 지는 경우에는, 그 타인도 역시 점유자이다("간접점유").

제869조 [間接占有者의 請求權]

점유자에 대하여 금지된 사력이 행사된 때에는, 간접점유자도 제861조,

§§ 861, 862 bestimmten Ansprüche auch dem mittelbaren Besitzer zu. Im Falle der Entziehung des Besitzes ist der mittelbare Besitzer berechtigt, die Wiedereinräumung des Besitzes an den bisherigen Besitzer zu verlangen; kann oder will dieser den Besitz nicht wieder übernehmen, so kann der mittelbare Besitzer verlangen, dass ihm selbst der Besitz eingeräumt wird. Unter der gleichen Voraussetzung kann er im Falle des § 867 verlangen, dass ihm die Aufsuchung und Wegschaffung der Sache gestattet wird.

§ 870 Übertragung des mittelbaren Besitzes
Der mittelbare Besitz kann dadurch auf einen anderen übertragen werden, dass diesem der Anspruch auf Herausgabe der Sache abgetreten wird.

§ 871 Mehrstufiger mittelbarer Besitz
Steht der mittelbare Besitzer zu einem Dritten in einem Verhältnis der in § 868 bezeichneten Art, so ist auch der Dritte mittelbarer Besitzer.

§ 872 Eigenbesitz
Wer eine Sache als ihm gehörend besitzt, ist Eigenbesitzer.

Abschnitt 2　Allgemeine Vorschriften über Rechte an Grundstücken

§ 873 Erwerb durch Einigung und Eintragung
(1) Zur Übertragung des Eigentums an einem Grundstück, zur Belastung eines Grundstücks mit einem Recht sowie zur Übertragung oder Belastung eines solchen Rechts ist die Einigung des Berechtigten und des anderen Teils über den Eintritt der Rechtsänderung und die Eintragung der Rechtsänderung in das Grundbuch erforderlich, soweit nicht das Gesetz ein anderes vorschreibt.

(2) Vor der Eintragung sind die Beteiligten an die Einigung nur gebunden, wenn die Erklärungen notariell beurkundet oder vor dem Grundbuchamt abgegeben oder bei diesem eingereicht sind oder wenn der Berechtigte dem anderen Teil eine den Vorschriften der Grundbuchordnung entsprechende Eintragungsbewilligung ausgehändigt hat.

제862조에 정하여진 청구권을 가진다. 점유가 침탈된 경우에 간접점유자는, 종전의 점유자에게 점유를 회복할 것을 청구할 수 있다; 종전의 점유자가 점유를 인수할 수 없거나 인수할 의사가 없는 때에는, 간접점유자는 자신에게 점유를 이전할 것을 청구할 수 있다. 제867조의 경우에 간접점유자는 동일한 요건 하에 물건의 수색 및 수거의 용인을 청구할 수 있다.

제870조 [間接占有의 移轉]

간접점유는 물건의 인도청구권을 타인에게 양도함으로써 그 타인에게 이전될 수 있다.

제871조 [多重間接占有]

간접점유자가 제 3 자에 대하여 제868조에 정하여진 관계에 있는 때에는, 그 제 3 자도 역시 간접점유자이다.

제872조 [自主占有]

물건을 자신에 속하는 것으로 점유하는 사람은 자주점유자이다.

제 2 장 不動産物權에 관한 一般規定

제873조 [物權的合意와 登記에 의한 取得]

① 부동산의 소유권을 양도하거나 부동산에 권리를 설정하거나 또는 그 권리를 양도하거나 그 권리에 부담을 설정함에는, 법률에 다른 정함이 없는 한, 권리변동에 관한 권리자와 상대방의 합의 및 부동산등기부에의 권리변동의 등기를 요한다.

② 당사자는 등기 전에는, 의사표시가 공정증서로 작성되었거나 부동산등기소에서 행하여졌거나 거기에 제출된 때 또는 권리자가 부동산등기법의 규정에 좇은 등기승낙서를 상대방에게 교부한 때에 한하여, 제 1 항의 합의에 구속된다.

§ 874 Bezugnahme auf die Eintragungsbewilligung

Bei der Eintragung eines Rechts, mit dem ein Grundstück belastet wird, kann zur näheren Bezeichnung des Inhalts des Rechts auf die Eintragungsbewilligung Bezug genommen werden, soweit nicht das Gesetz ein anderes vorschreibt. Einer Bezugnahme auf die Eintragungsbewilligung steht die Bezugnahme auf die bisherige Eintragung nach § 44 Absatz 3 Satz 2 der Grundbuchordnung gleich.

§ 875 Aufhebung eines Rechts

(1) Zur Aufhebung eines Rechts an einem Grundstück ist, soweit nicht das Gesetz ein anderes vorschreibt, die Erklärung des Berechtigten, dass er das Recht aufgebe, und die Löschung des Rechts im Grundbuch erforderlich. Die Erklärung ist dem Grundbuchamt oder demjenigen gegenüber abzugeben, zu dessen Gunsten sie erfolgt.

(2) Vor der Löschung ist der Berechtigte an seine Erklärung nur gebunden, wenn er sie dem Grundbuchamt gegenüber abgegeben oder demjenigen, zu dessen Gunsten sie erfolgt, eine den Vorschriften der Grundbuchordnung entsprechende Löschungsbewilligung ausgehändigt hat.

§ 876 Aufhebung eines belasteten Rechts

Ist ein Recht an einem Grundstück mit dem Recht eines Dritten belastet, so ist zur Aufhebung des belasteten Rechts die Zustimmung des Dritten erforderlich. Steht das aufzuhebende Recht dem jeweiligen Eigentümer eines anderen Grundstücks zu, so ist, wenn dieses Grundstück mit dem Recht eines Dritten belastet ist, die Zustimmung des Dritten erforderlich, es sei denn, dass dessen Recht durch die Aufhebung nicht berührt wird. Die Zustimmung ist dem Grundbuchamt oder demjenigen gegenüber zu erklären, zu dessen Gunsten sie erfolgt; sie ist unwiderruflich.

§ 877 Rechtsänderungen

Die Vorschriften der §§ 873, 874, 876 finden auch auf Änderungen des Inhalts eines Rechts an einem Grundstück Anwendung.

§ 878 Nachträgliche Verfügungsbeschränkungen

Eine von dem Berechtigten in Gemäßheit der § 873, 875, 877 abgegebene Erklärung wird nicht dadurch unwirksam, dass der Berechtigte in der Ver-

제874조 [登記承諾書의 引用]

부동산에 설정되는 권리의 등기에 있어서는, 법률에 다른 정함이 없는한, 그 권리의 내용을 보다 상세하게 표시하기 위하여 등기승낙서를 인용할 수 있다. 부동산등기법 제44조 제3항 제2문에 정하여진 종전 등기의 인용은 등기승낙서의 인용과 동시된다.

제875조 [權利의 抛棄]

① 부동산에 대한 권리를 법률행위에 의하여 소멸시키려면, 법률에 다른 정함이 없는 한, 권리를 포기한다는 권리자의 의사표시 및 권리의 말소등기를 요한다. 그 의사표시는 부동산등기소에 대하여 또는 포기로 인하여 직접 이익을 받는 사람에 대하여 이를 하여야 한다.

② 권리자는 말소등기 전에는, 권리자가 의사표시를 부동산등기소에 대하여 한 때 또는 이로 인하여 직접 이익을 받는 사람에게 부동산등기법의 규정에 좇은 말소등기승낙서를 교부한 때에 한하여, 그의 의사표시에 구속된다.

제876조 [負擔設定된 物權의 抛棄]

부동산물권이 제3자의 권리의 목적인 경우에 부동산물권을 포기함에는 제3자의 동의를 요한다. 포기되는 권리가 다른 부동산의 소유자에게 속하는 경우에, 그 다른 부동산에 제3자의 권리가 설정되어 있는 때에는, 그 제3자의 동의를 요한다, 그러나 권리의 포기가 그 제3자의 권리에 영향을 미치지 아니하는 경우에는 그러하지 아니하다. 동의의 의사표시는 부동산등기소 또는 이로 인하여 직접 이익을 받는 사람에 대하여 하여야 한다; 이는 철회할 수 없다.

제877조 [權利變更]

제873조, 제874조, 제876조는 부동산물권의 내용의 변경에 대하여도 적용된다.

제878조 [事後的 處分制限]

권리자가 제873조, 제875조, 제877조에 좇아 한 의사표시는, 권리자가 처분의 제한을 받은 경우에도, 그 제한이 의사표시가 권리자에게 구속력을

fügung beschränkt wird, nachdem die Erklärung für ihn bindend geworden und der Antrag auf Eintragung bei dem Grundbuchamt gestellt worden ist.

§ 879 Rangverhältnis mehrerer Rechte

(1) Das Rangverhältnis unter mehreren Rechten, mit denen ein Grundstück belastet ist, bestimmt sich, wenn die Rechte in derselben Abteilung des Grundbuchs eingetragen sind, nach der Reihenfolge der Eintragungen. Sind die Rechte in verschiedenen Abteilungen eingetragen, so hat das unter Angab eines früheren Tages eingetragene Recht den Vorrang; Rechte, die unter Angabe desselben Tages eingetragen sind, haben gleichen Rang.

(2) Die Eintragung ist für das Rangverhältnis auch dann maßgebend, wenn die nach § 873 zum Erwerb des Rechts erforderliche Einigung erst nach der Eintragung zustande gekommen ist.

(3) Eine abweichende Bestimmung des Rangverhältnisses bedarf der Eintragung in das Grundbuch.

§ 880 Rangänderung

(1) Das Rangverhältnis kann nachträglich geändert werden.

(2) Zu der Rangänderung ist die Einigung des zurücktretenden und des vortretenden Berechtigten und die Eintragung der Änderung in das Grundbuch erforderlich; die Vorschriften des § 873 Abs. 2 und des § 878 finden Anwendung. Soll eine Hypothek, eine Grundschuld oder eine Rentenschuld zurücktreten, so ist außerdem die Zustimmung des Eigentümers erforderlich. Die Zustimmung ist dem Grundbuchamt oder einem der Beteiligten gegenüber zu erklären; sie ist unwiderruflich.

(3) Ist das zurücktretende Recht mit dem Recht eines Dritten belastet, so finden die Vorschriften des § 876 entsprechende Anwendung.

(4) Der dem vortretenden Recht eingeräumte Rang geht nicht dadurch verloren, dass das zurücktretende Recht durch Rechtsgeschäft aufgehoben wird.

(5) Rechte, die den Rang zwischen dem zurücktretenden und dem vortretenden Recht haben, werden durch die Rangänderung nicht berührt.

§ 881 Rangvorbehalt

(1) Der Eigentümer kann sich bei der Belastung des Grundstücks mit einem Recht die Befugnis vorbehalten, ein anderes, dem Umfang nach bestimmtes Recht mit dem Rang vor jenem Recht eintragen zu lassen.

가지게 되고 또 등기의 신청이 부동산등기소에 제출된 후에 행하여진 때
에는, 이로 인하여 효력 없게 되지 아니한다.

제879조 [多數의 權利의 順位]

① 동일한 부동산에 존재하는 수개의 권리의 순위는, 권리가 부동산등
기부의 동일한 구역에 등기된 때에는, 등기의 순서에 의하여 정하여진
다. 권리가 다른 구역에 등기된 때에는, 날짜에서 앞서 등기된 권리가 선
순위를 가진다; 같은 날짜로 등기된 권리는 동일한 순위를 가진다.

② 제873조에 의하여 권리취득에 필요한 합의가 등기 후에 비로소 행하
여진 경우에도, 순위는 등기를 기준으로 하여 정하여진다.

③ 순위에 관한 다른 정함은 부동산등기부에의 등기를 요한다.

제880조 [順位의 變更]

① 순위는 후에 이를 변경할 수 있다.

② 순위의 변경에는 순위가 하락하는 권리자와 순위가 상승하는 권리자
의 합의 및 부동산등기부에의 변경등기를 요한다; 제873조 제 2 항과 제
878조는 이에 적용된다. 저당권, 토지채무 또는 정기토지채무의 순위를
하락하게 함에는 그 외에 소유자의 동의를 요한다. 동의의 의사표시는
부동산등기소 또는 당사자의 일방에 대하여 하여야 한다; 이는 철회할
수 없다.

③ 하락하는 권리에 제 3 자의 권리가 설정되어 있는 경우에는, 제876조
가 준용된다.

④ 상승하는 권리에 인정된 순위는 하락하는 권리가 법률행위에 의하여
소멸하여도 이로 인하여 상실되지 아니한다.

⑤ 하락하는 권리와 상승하는 권리 사이에 순위를 가지는 권리는 순위
의 변경에 의하여 영향을 받지 아니한다.

제881조 [順位의 留保]

① 부동산소유자는 부동산에 권리를 설정하는 경우에 범위가 확정된 다
른 권리를 그 권리에 우선하는 순위로 등기하게 하는 권한을 유보할 수
있다.

(2) Der Vorbehalt bedarf der Eintragung in das Grundbuch; die Eintragung muss bei dem Recht erfolgen, das zurücktreten soll.

(3) Wird das Grundstück veräußert, so geht die vorbehaltene Befugnis auf den Erwerber über.

(4) Ist das Grundstück vor der Eintragung des Rechts, dem der Vorrang beigelegt ist, mit einem Recht ohne einen entsprechenden Vorbehalt belastet worden, so hat der Vorrang insoweit keine Wirkung, als das mit dem Vorbehalt eingetragene Recht infolge der inzwischen eingetretenen Belastung eine über den Vorbehalt hinausgehende Beeinträchtigung erleiden würde.

§ 882 Höchstbetrag des Wertersatzes

Wird ein Grundstück mit einem Recht belastet, für welches nach den für die Zwangsversteigerung geltenden Vorschriften dem Berechtigten im Falle des Erlöschens durch den Zuschlag der Wert aus dem Erlös zu ersetzen ist, so kann der Höchstbetrag des Ersatzes bestimmt werden. Die Bestimmung bedarf der Eintragung in das Grundbuch.

§ 883 Voraussetzungen und Wirkung der Vormerkung

(1) Zur Sicherung des Anspruchs auf Einräumung oder Aufhebung eines Rechts an einem Grundstück oder an einem das Grundstück belastenden Recht oder auf Änderung des Inhalts oder des Ranges eines solchen Rechts kann eine Vormerkung in das Grundbuch eingetragen werden. Die Eintragung einer Vormerkung ist auch zur Sicherung eines künftigen oder eines bedingten Anspruchs zulässig.

(2) Eine Verfügung, die nach der Eintragung der Vormerkung über das Grundstück oder das Recht getroffen wird, ist insoweit unwirksam, als sie den Anspruch vereiteln oder beeinträchtigen würde. Dies gilt auch, wenn die Verfügung im Wege der Zwangsvollstreckung oder der Arrestvollziehung oder durch den Insolvenzverwalter erfolgt.

(3) Der Rang des Rechts, auf dessen Einräumung der Anspruch gerichtet ist, bestimmt sich nach der Eintragung der Vormerkung.

§ 884 Wirkung gegenüber Erben

Soweit der Anspruch durch die Vormerkung gesichert ist, kann sich der Erbe des Verpflichteten nicht auf die Beschränkung seiner Haftung berufen.

② 제 1 항의 유보는 부동산등기부에의 등기를 요한다; 등기는 순위가
하락하게 되는 권리에 하여야 한다.

③ 부동산이 이전된 때에는, 유보된 권한은 취득자에게 이전한다.

④ 우선순위가 부여된 권리의 등기 전에 부동산에 그에 상응하는 유보
가 없는 물권이 설정된 경우에, 유보부로 등기된 권리가 그 사이에 등기
된 그 물권설정으로 인하여 유보의 범위를 넘어서 불이익을 입게 되는
때에는, 그 우선순위는 그 한도에서 효력을 가지지 아니한다.

제882조 [價額償還의 最高額]

부동산에 설정된 권리에 대하여, 강제경매에 관한 규정에 따라 권리자에
게 경락으로 인한 소멸의 경우에 매득금으로부터 가액을 상환하여야 하
는 때에는, 그 상환의 최고액을 정할 수 있다. 이 정함은 부동산등기부에
의 등기를 요한다.

제883조 [假登記의 要件과 效力]

① 부동산 또는 부동산에 설정된 권리에 대한 권리의 취득 또는 소멸을
목적으로 하는 청구권 또는 그러한 권리의 내용 또는 순위의 변경을 목
적으로 하는 청구권을 보전하기 위하여 부동산등기부에 가등기를 할 수
있다. 가등기는 장래의 청구권 또는 조건부 청구권의 보전을 위하여도
이를 할 수 있다.

② 가등기 후에 부동산 또는 권리에 대하여 행하여진 처분은 제 1 항의
청구권을 좌절시키거나 침해하는 한도에서 효력이 없다. 그 처분이 강제
집행 또는 가압류에 의하여 행하여지거나 도산관재인이 이를 행한 경우
에도 또한 같다.

③ 청구권이 권리의 취득을 목적으로 하는 때에는, 그 권리의 순위는 가
등기에 따라 정하여진다.

제884조 [相續人에 대한 效力]

청구권이 가등기에 의하여 보전되어 있는 한, 의무자의 상속인은 그의
책임의 제한을 원용할 수 없다.

§ 885 Voraussetzung für die Eintragung der Vormerkung

(1) Die Eintragung einer Vormerkung erfolgt auf Grund einer einstweiligen Verfügung oder auf Grund der Bewilligung desjenigen, dessen Grundstück oder dessen Recht von der Vormerkung betroffen wird. Zur Erlassung der einstweiligen Verfügung ist nicht erforderlich, dass eine Gefährdung des zu sichernden Anspruchs glaubhaft gemacht wird.

(2) Bei der Eintragung kann zur näheren Bezeichnung des zu sichernden Anspruchs auf die einstweilige Verfügung oder die Eintragungsbewilligung Bezug genommen werden.

§ 886 Beseitigungsanspruch

Steht demjenigen, dessen Grundstück oder dessen Recht von der Vormerkung betroffen wird, eine Einrede zu, durch welche die Geltendmachung des durch die Vormerkung gesicherten Anspruchs dauernd ausgeschlossen wird, so kann er von dem Gläubiger die Beseitigung der Vormerkung verlangen.

§ 887 Aufgebot des Vormerkungsgläubigers

Ist der Gläubiger, dessen Anspruch durch die Vormerkung gesichert ist, unbekannt, so kann er im Wege des Aufgebotsverfahrens mit seinem Recht ausgeschlossen werden, wenn die im § 1170 für die Ausschließung eines Hypothekengläubigers bestimmten Voraussetzungen vorliegen. Mit der Erlassung des Ausschlussurteils erlischt die Wirkung der Vormerkung.

§ 888 Anspruch des Vormerkungsberechtigten auf Zustimmung

(1) Soweit der Erwerb eines eingetragenen Rechts oder eines Rechts an einem solchen Recht gegenüber demjenigen, zu dessen Gunsten die Vormerkung besteht, unwirksam ist, kann dieser von dem Erwerber die Zustimmung zu der Eintragung oder der Löschung verlangen, die zur Verwirklichung des durch die Vormerkung gesicherten Anspruchs erforderlich ist.

(2) Das Gleiche gilt, wenn der Anspruch durch ein Veräußerungsverbot gesichert ist.

§ 889 Ausschluss der Konsolidation bei dinglichen Rechten

Ein Recht an einem fremden Grundstück erlischt nicht dadurch, dass der Eigentümer des Grundstücks das Recht oder der Berechtigte das Eigentum an dem Grundstück erwirbt.

§ 890 Vereinigung von Grundstücken; Zuschreibung

(1) Mehrere Grundstücke können dadurch zu einem Grundstück vereinigt werden, dass der Eigentümer sie als ein Grundstück in das Grundbuch ein-

제885조 [假登記의 登記要件]

① 가등기는 가처분에 기하여 또는 가등기가 행하여지는 부동산 또는 권리의 보유자의 승낙서에 기하여 행하여진다. 가처분을 명함에는 보전의 대상인 청구권이 위태롭다는 소명을 요하지 아니한다.

② 등기에 있어서는 보전되어야 할 청구권을 보다 상세하게 표시하기 위하여 가처분 또는 등기승낙서를 인용할 수 있다.

제886조 [除去請求權]

가등기의 대상인 부동산 또는 권리를 보유하는 사람이 가등기에 의하여 보전되는 청구권의 행사를 영구적으로 배제하는 항변사유를 가지는 때에는, 그는 채권자에 대하여 가등기의 제거를 청구할 수 있다.

제887조 [假登記債權者의 公示催告]

가등기에 의하여 보전된 청구권을 가지는 채권자를 알 수 없는 경우에, 저당권자의 제척에 관한 제1170조에 정하여진 요건이 충족되는 때에는, 공시최고절차에 의하여 그 채권자를 그의 권리와 함께 제척할 수 있다. 제권판결의 선고에 의하여 가등기의 효력은 소멸한다.

제888조 [假登記權利者의 同意請求權]

① 등기된 권리 또는 그러한 권리에 대한 권리의 취득이 가등기에 의하여 직접 이익을 받는 사람에 대하여 효력 없는 경우에는 그는 그 한도에서 취득자에 대하여 가등기에 의하여 보전된 청구권의 실현을 위하여 필요한 등기 또는 말소등기에 대한 동의를 청구할 수 있다.

② 청구권이 양도금지에 의하여 보전된 경우에도 또한 같다.

제889조 [物權에서의 混同排除]

타인의 부동산에 대한 권리는 부동산소유자가 그 권리를 취득하거나 또는 그 권리자가 부동산의 소유권을 취득하여도 이로 인하여 소멸하지 아니한다.

제890조 [不動産의 倂合; 合筆]

① 수개의 부동산은 소유자가 이들을 부동산등기부에 1필의 부동산으로 등기함에 의하여 1필의 부동산으로 병합될 수 있다.

tragen lässt.

(2) Ein Grundstück kann dadurch zum Bestandteil eines anderen Grundstücks gemacht werden, dass der Eigentümer es diesem im Grundbuch zuschreiben lässt.

§ 891 Gesetzliche Vermutung

(1) Ist im Grundbuch für jemand ein Recht eingetragen, so wird vermutet, dass ihm das Recht zustehe.

(2) Ist im Grundbuch ein eingetragenes Recht gelöscht, so wird vermutet, dass das Recht nicht bestehe.

§ 892 Öffentlicher Glaube des Grundbuchs

(1) Zugunsten desjenigen, welcher ein Recht an einem Grundstück oder ein Recht an einem solchen Recht durch Rechtsgeschäft erwirbt, gilt der Inhalt des Grundbuchs als richtig, es sei denn, dass ein Widerspruch gegen die Richtigkeit eingetragen oder die Unrichtigkeit dem Erwerber bekannt ist. Ist der Berechtigte in der Verfügung über ein im Grundbuch eingetragenes Recht zugunsten einer bestimmten Person beschränkt, so ist die Beschränkung dem Erwerber gegenüber nur wirksam, wenn sie aus dem Grundbuch ersichtlich oder dem Erwerber bekannt ist.

(2) Ist zu dem Erwerb des Rechts die Eintragung erforderlich, so ist für die Kenntnis des Erwerbers die Zeit der Stellung des Antrags auf Eintragung oder, wenn die nach § 873 erforderliche Einigung erst später zustande kommt, die Zeit der Einigung maßgebend.

§ 893 Rechtsgeschäft mit dem Eingetragenen

Die Vorschriften des § 892 finden entsprechende Anwendung, wenn an denjenigen, für welchen ein Recht im Grundbuch eingetragen ist, auf Grund dieses Rechts eine Leistung bewirkt oder wenn zwischen ihm und einem anderen in Ansehung dieses Rechts ein nicht unter die Vorschriften des § 892 fallendes Rechtsgeschäft vorgenommen wird, das eine Verfügung über das Recht enthält.

§ 894 Berichtigung des Grundbuchs

Steht der Inhalt des Grundbuchs in Ansehung eines Rechts an dem Grundstück, eines Rechts an einem solchen Recht oder einer Verfügungsbeschränkung der in § 892 Abs. 1 bezeichneten Art mit der wirklichen Rechtslage nicht im

② 부동산은 소유자가 이를 부동산등기부에서 다른 부동산에 합필함으로써 다른 부동산의 구성부분으로 할 수 있다.

제891조 [法律上 推定]

① 부동산등기부에 어떤 사람을 위하여 권리가 등기되어 있는 때에는, 그는 그 권리를 가지는 것으로 추정된다.

② 부동산등기부에서 등기된 권리가 말소된 때에는, 그 권리는 존재하지 아니하는 것으로 추정된다.

제892조 [不動産登記簿의 公信力]

① 부동산물권 또는 그러한 권리에 대한 권리를 법률행위에 의하여 취득한 사람을 위하여서 부동산등기부의 내용은 정당한 것으로 본다, 그러나 그 정당함에 대한 이의가 등기되어 있거나 또는 취득자가 그 정당하지 아니함을 알았을 경우에는 그러하지 아니하다. 권리자가 부동산등기부에 등기된 권리의 처분에 관하여 특정인을 위하여 제한을 받는 때에는, 그 제한은, 그것이 부동산등기부로부터 바로 인지될 수 있거나 취득자가 이를 알았던 때에 한하여, 그에 대하여 효력이 있다.

② 권리의 취득에 등기를 요하는 경우에 취득자가 제 1 항의 사실을 알았는지에 관하여는 등기의 신청을 한 때가, 또는 제873조에 의하여 권리취득에 필요한 합의가 등기 후에 비로소 행하여진 경우에는 합의를 한 때가 기준이 된다.

제893조 [登記名義人과의 法律行爲]

부동산등기부에 권리자로 등기되어 있는 사람에게 그 권리에 기하여 급부가 실행된 경우 또는 그와 다른 사람 간에 그 권리에 관하여 제892조에 정하여지지 아니한 법률행위가 행하여진 경우에 대하여는, 제892조가 준용된다.

제894조 [不動産登記簿의 訂正]

부동산등기부의 내용이 부동산물권, 그러한 권리에 대한 권리 또는 제892조 제 1 항에 정하여진 처분제한에 관하여 실제의 권리상태와 일치하지 아니하는 경우에는, 자신의 권리가 등기되어 있지 아니하거나 부실하

Einklang, so kann derjenige, dessen Recht nicht oder nicht richtig eingetragen oder durch die Eintragung einer nicht bestehenden Belastung oder Beschränkung beeinträchtigt ist, die Zustimmung zu der Berichtigung des Grundbuchs von demjenigen verlangen, dessen Recht durch die Berichtigung betroffen wird.

§ 895 Voreintragung des Verpflichteten

Kann die Berichtigung des Grundbuchs erst erfolgen, nachdem das Recht des nach § 894 Verpflichteten eingetragen worden ist, so hat dieser auf Verlangen sein Recht eintragen zu lassen.

§ 896 Vorlegung des Briefes

Ist zur Berichtigung des Grundbuchs die Vorlegung eines Hypotheken-, Grundschuld- oder Rentenschuldbriefs erforderlich, so kann derjenige, zu dessen Gunsten die Berichtigung erfolgen soll, von dem Besitzer des Briefes verlangen, dass der Brief dem Grundbuchamte vorgelegt wird.

§ 897 Kosten der Berichtigung

Die Kosten der Berichtigung des Grundbuchs und der dazu erforderlichen Erklärungen hat derjenige zu tragen, welcher die Berichtigung verlangt, sofern nicht aus einem zwischen ihm und dem Verpflichteten bestehenden Rechtsverhältnis sich ein anderes ergibt.

§ 898 Unverjährbarkeit der Berichtigungsansprüche

Die in den §§ 894 bis 896 bestimmten Ansprüche unterliegen nicht der Verjährung.

§ 899 Eintragung eines Widerspruchs

(1) In den Fällen des § 894 kann ein Widerspruch gegen die Richtigkeit des Grundbuchs eingetragen werden.

(2) Die Eintragung erfolgt auf Grund einer einstweiligen Verfügung oder auf Grund einer Bewilligung desjenigen, dessen Recht durch die Berichtigung des Grundbuchs betroffen wird. Zur Erlassung der einstweiligen Verfügung ist nicht erforderlich, dass eine Gefährdung des Rechts des Widersprechenden glaubhaft gemacht wird.

§ 900 Buchersitzung

(1) Wer als Eigentümer eines Grundstücks im Grundbuch eingetragen ist, ohne dass er das Eigentum erlangt hat, erwirbt das Eigentum, wenn die Eintragung 30 Jahre bestanden und er während dieser Zeit das Grundstück im Eigen-

게 등기되어 있는 사람 또는 존재하지 아니한 부담이나 제한의 등기로 인하여 불이익을 입고 있는 사람은 부동산등기부의 정정에 대한 동의를 그 정정에 의하여 자신의 권리에 직접 영향을 받는 사람에 대하여 청구할 수 있다.

제895조 [訂正義務者의 登記先行]

제894조에 의한 의무를 부담하는 사람의 권리가 등기된 후에야 비로소 부동산등기부의 정정이 행하여질 수 있는 때에는, 의무자는 청구가 있으면 그의 권리를 등기하여야 한다.

제896조 [證券의 提示]

부동산등기부의 정정에 저당증권, 토지채무증권 또는 정기토지채무증권의 제시를 요하는 때에는, 정정으로 직접 이익을 받는 사람은 증권의 점유자에 대하여 그 증권을 부동산등기소에 제시할 것을 청구할 수 있다.

제897조 [訂正의 費用]

부동산등기부의 정정 및 이에 필요한 의사표시의 비용은, 청구자와 의무자 간에 존재하는 법률관계로부터 달리 해석되지 아니한 한, 정정을 청구하는 사람이 이를 부담하여야 한다.

제898조 [訂正請求權의 時效消滅 不可]

제894조 내지 제896조에 정하여진 청구권은 소멸시효에 걸리지 아니한다.

제899조 [異議登記]

① 제894조의 경우에는 부동산등기부의 정당함에 대한 이의를 등기할 수 있다.

② 제 1 항의 등기는 가처분에 기하여 또는 부동산등기부의 정정에 의하여 자신의 권리에 직접 영향을 받는 사람의 승낙서에 기하여 행하여진다. 가처분을 명함에는 신청인의 권리가 위태롭다는 소명을 요하지 아니한다.

제900조 [登記簿取得時效]

① 부동산의 소유권을 취득함이 없이 부동산의 소유자로 부동산등기부에 등기되어 있는 사람은, 그 등기가 30년간 존속하고 또 그가 그 기간 동안 부동산을 자주점유한 때에는, 그 소유권을 취득한다. 30년의 기간

besitz gehabt hat. Die dreißigjährige Frist wird in derselben Weise berechnet wie die Frist für die Ersitzung einer beweglichen Sache. Der Lauf der Frist ist gehemmt, solange ein Widerspruch gegen die Richtigkeit der Eintragung im Grundbuch eingetragen ist.

(2) Diese Vorschriften finden entsprechende Anwendung, wenn für jemand ein ihm nicht zustehendes anderes Recht im Grundbuch eingetragen ist, das zum Besitz des Grundstücks berechtigt oder dessen Ausübung nach den für den Besitz geltenden Vorschriften geschützt ist. Für den Rang des Rechts ist die Eintragung maßgebend.

§ 901 Erlöschen nicht eingetragener Rechte

Ist ein Recht an einem fremden Grundstück im Grundbuch mit Unrecht gelöscht, so erlischt es, wenn der Anspruch des Berechtigten gegen den Eigentümer verjährt ist. Das Gleiche gilt, wenn ein kraft Gesetzes entstandenes Recht an einem fremden Grundstück nicht in das Grundbuch eingetragen worden ist.

§ 902 Unverjährbarkeit eingetragener Rechte

(1) Die Ansprüche aus eingetragenen Rechten unterliegen nicht der Verjährung. Dies gilt nicht für Ansprüche, die auf Rückstände wiederkehrender Leistungen oder auf Schadensersatz gerichtet sind.

(2) Ein Recht, wegen dessen ein Widerspruch gegen die Richtigkeit des Grundbuchs eingetragen ist, steht einem eingetragenen Recht gleich.

은 동산의 취득시효를 위한 기간과 같은 방법으로 산정된다. 시효기간의
진행은 등기의 정당함에 대한 이의가 부동산등기부에 등기되어 있는 동
안에는 정지된다.

② 소유권 이외의 권리가 부동산등기부에 권리자가 아닌 사람의 권리로
등기되어 있는 경우에, 그 권리가 부동산을 점유할 권리를 부여하는 것
인 때 또는 그 권리의 행사가 점유에 관한 규정에 의하여 보호되는 때에
는, 제 1 항이 준용된다. 권리의 순위에 관하여는 등기가 기준이 된다.

제901조 [未登記權利의 消滅]

타인의 부동산에 대한 권리가 부동산등기부에서 부당하게 말소된 경우
에, 그 권리자의 소유자에 대한 청구권에 대하여 소멸시효가 완성된 때
에는, 그 권리는 소멸한다. 법률에 의하여 타인의 부동산에 대하여 성
립하는 권리가 부동산등기부에 등기되어 있지 아니한 경우에도 또한
같다.

제902조 [登記된 權利의 時效消滅 不可]

① 등기된 권리에 기한 청구권은 소멸시효에 걸리지 아니한다. 회귀적
급부가 이행되지 아니함으로 인한 청구권 또는 손해배상을 목적으로 하
는 청구권은 그러하지 아니하다.

② 부동산등기부의 정당함에 대한 이의의 근거가 되는 권리는 등기된
권리와 동시된다.

Abschnitt 3 Eigentum

Titel 1 Inhalt des Eigentums

§ 903 Befugnisse des Eigentümers

Der Eigentümer einer Sache kann, soweit nicht das Gesetz oder Rechte Dritter entgegenstehen, mit der Sache nach Belieben verfahren und andere von jeder Einwirkung ausschließen. Der Eigentümer eines Tieres hat bei der Ausübung seiner Befugnisse die besonderen Vorschriften zum Schutz der Tiere zu beachten.

§ 904 Notstand

Der Eigentümer einer Sache ist nicht berechtigt, die Einwirkung eines anderen auf die Sache zu verbieten, wenn die Einwirkung zur Abwendung einer gegenwärtigen Gefahr notwendig und der drohende Schaden gegenüber dem aus der Einwirkung dem Eigentümer entstehenden Schaden unverhältnismäßig groß ist. Der Eigentümer kann Ersatz des ihm entstehenden Schadens verlangen.

§ 905 Begrenzung des Eigentums

Das Recht des Eigentümers eines Grundstücks erstreckt sich auf den Raum über der Oberfläche und auf den Erdkörper unter der Oberfläche. Der Eigentümer kann jedoch Einwirkungen nicht verbieten, die in solcher Höhe oder Tiefe vorgenommen werden, dass er an der Ausschließung kein Interesse hat.

§ 906 Zuführung unwägbarer Stoffe

(1) Der Eigentümer eines Grundstücks kann die Zuführung von Gasen, Dämpfen, Gerüchen, Rauch, Ruß, Wärme, Geräusch, Erschütterungen und ähnliche von einem anderen Grundstück ausgehende Einwirkungen insoweit nicht verbieten, als die Einwirkung die Benutzung seines Grundstücks nicht oder nur unwesentlich beeinträchtigt. Eine unwensentliche Beeinträchtigung liegt in der Regel vor, wenn die in Gesetzen oder Rechtsverordnungen festgelegten Grenz- oder Richtwerte von den nach diesen Vorschriften ermittelten und bewerteten Einwirkungen nicht Überschriften werden. Gleiches gilt für Werte in allgemeinen Verwaltungsvorschriften, die nach § 48 des Bundes-Immissionsschutzgesetzes erlassen worden sind und den Stand der Technik

제 3 장　所 有 權

제 1 절　所有權의 內容

제903조 [所有者의 權能]

물건의 소유자는, 법률 또는 제 3 자의 권리에 반하지 아니하는 한, 물건을 임의대로 처리할 수 있고 또 타인의 어떠한 간섭도 배제할 수 있다. 동물의 소유자는 그 권능의 행사에 있어서 동물의 보호를 위한 특별규정을 준수하여야 한다.

제904조 [緊急避難]

타인이 현재의 위험을 회피하기 위하여 물건에 간섭하는 것이 불가피하고 임박한 손해가 그 간섭으로 인하여 소유자에게 발생할 손해보다 과도하게 큰 경우에는, 물건의 소유자는 물건에 대한 간섭을 금지할 권리를 가지지 아니한다. 소유자는 그에게 발생하는 손해의 보상을 청구할 수 있다.

제905조 [所有權의 範圍]

토지소유자의 권리는 지표 위의 공간 및 지표 하의 지괴에 미친다. 그러나 소유자는 그 독점에 아무런 이익도 없는 높이의 지상 또는 그러한 깊이의 지하에서 행하여지는 간섭을 금지할 수 없다.

제906조 [不可量物의 流入]

① 토지의 소유자는 가스, 증기, 악취, 연기, 검댕, 열, 소음, 진동 및 다른 토지로부터 나오는 이와 유사한 간섭이 토지의 이용을 방해하지 아니하거나 또는 경미하게만 방해하는 경우에는 그 유입을 금지할 수 없다. 간섭이 법률 또는 법규명령에 정하여진 한계치 또는 기준치를 이들 법령의 규정에 따라 조사하고 평가한 결과 넘지 아니하는 경우에는 원칙적으로 경미한 방해만이 존재하는 것이다. 연방임미시온보호법 제48조에 기하여 제정되고 또 현재의 기술상태를 반영하는 일반행정규칙에 정하여진 수치에 대하여도 또한 같다.

wiedergeben.

(2) Das Gleiche gilt insoweit, als eine wesentliche Beeinträchtigung durch eine ortsübliche Benutzung des anderen Grundstücks herbeigeführt wird und nicht durch Maßnahmen verhindert werden kann, die Benutzern dieser Art wirtschaftlich zumutbar sind. Hat der Eigentümer hiernach eine Einwirkung zu dulden, so kann er von dem Benutzer des anderen Grundstücks einen angemessenen Ausgleich in Geld verlangen, wenn die Einwirkung eine ortsübliche Benutzung seines Grundstücks oder dessen Ertrag über das zumutbare Maß hinaus beeinträchtigt.

(3) Die Zuführung durch eine besondere Leitung ist unzulässig.

§ 907　Gefahr drohende Anlagen

(1) Der Eigentümer eines Grundstücks kann verlangen, dass auf den Nachbargrundstücken nicht Anlagen hergestellt oder gehalten werden, von denen mit Sicherheit vorauszusehen ist, dass ihr Bestand der ihre Benutzung eine unzulässige Einwirkung auf sein Grundstück zur Folge hat. Genügt eine Anlage den landesgesetzlichen Vorschriften, die einen bestimmten Abstand von der Grenze oder sonstige Schutzmaßregeln vorschreiben, so kann die Beseitigung der Anlage erst verlangt werden, wenn die unzulässige Einwirkung tatsächlich hervortritt.

(2) Bäume und Sträucher gehören nicht zu den Anlagen im Sinne dieser Vorschriften.

§ 908　Drohender Gebäudeeinsturz

Droht einem Grundstück die Gefahr, dass es durch den Einsturz eines Gebäudes oder eines anderen Werkes, das mit einem Nachbargrundstück verbunden ist, oder durch die Ablösung von Teilen des Gebäudes oder des Werkes beschädigt wird, so kann der Eigentümer von demjenigen, welcher nach dem § 836 Abs. 1 oder den §§ 837, 838 für den eintretenden Schaden verantwortlich sein würde, verlangen, dass er die zur Abwendung der Gefahr erforderlichen Vorkehrung trifft.

§ 909　Vertiefung

Ein Grundstück darf nicht in der Weise vertieft werden, dass der Boden des Nachbargrundstücks die erforderliche Stütze verliert, es sei denn, dass für eine genügende anderweitige Befestigung gesorgt ist.

§ 910　Überhang

(1) Der Eigentümer eines Grundstücks kann Wurzeln eines Baumes oder

② 본질적 방해가 다른 토지에 대한 그 지역에 상례적인 이용으로 인하여 일어나고 또 그 방해를 그러한 이용자에게 경제적으로 기대될 수 있는 조치에 의하여서는 막을 수 없는 경우에도 그 한도에서 또한 같다. 이에 따라 소유자가 방해를 수인受忍하여야 하는 경우에, 방해가 그의 토지에 대한 그 지역에 상례적인 이용 또는 토지의 수득을 기대할 수 있는 정도 이상으로 방해하는 때에는, 그 다른 토지의 이용자에 대하여 적절한 금전보상을 청구할 수 있다.

③ 별도의 도관導管에 의한 유입은 허용되지 아니한다.

제907조 [危險한 施設]

① 토지의 소유자는 이웃 토지의 시설의 현존 또는 이용이 자신의 토지에 대하여 허용되지 아니하는 간섭을 야기할 것이 확실하게 예견되는 경우에는 이웃 토지에 그 시설을 설치하지 아니하거나 또는 유지하지 아니할 것을 청구할 수 있다. 시설이 경계선으로부터 일정한 간격을 두도록 하거나 기타의 보호조치를 취할 것을 정한 주법을 준수한 경우에는, 시설의 제거는 허용되지 아니하는 간섭이 실제로 일어난 때에 비로소 이를 청구할 수 있다.

② 수목과 관목은 제1항에서 정하는 시설에 속하지 아니한다.

제908조 [建物崩壞의 臨迫한 危險]

이웃 토지에 부착되어 있는 건물 또는 기타의 공작물의 붕괴에 의하여 또는 건물이나 공작물의 일부의 박리에 의하여 토지에 손상을 입을 위험이 임박한 경우에는, 소유자는 제836조 제1항 또는 제837조, 제838조에 의하여 손해가 발생하면 책임을 지게 될 사람에 대하여 위험의 회피에 필요한 예방조치를 취할 것을 청구할 수 있다.

제909조 [深堀]

이웃 토지의 지반이 붕괴할 정도로 토지를 깊이 굴착하여서는 아니된다, 그러나 별도의 충분한 방어공사를 하는 경우는 그러하지 아니하다.

제910조 [나무의 境界侵犯]

① 토지의 소유자는 이웃 토지로부터 경계를 넘어 온 수목 또는 관목의

eines Strauches, die von einem Nachbargrundstück eingedrungen sind, abschneiden und behalten. Das Gleiche gilt von herüberragenden Zweigen, wenn der Eigentümer dem Besitzer des Nachbargrundstücks eine angemessene Frist zur Beseitigung bestimmt hat und die Beseitigung nicht innerhalb der Frist erfolgt.

(2) Dem Eigentümer steht dieses Recht nicht zu, wenn die Wurzeln oder die Zweige die Benutzung des Grundstücks nicht beeinträchtigen.

§ 911　Überfall

Früchte, die von einem Baume oder einem Strauche auf ein Nachbargrundstück hinüberfallen, gelten als Früchte dieses Grundstücks. Diese Vorschrift findet keine Anwendung, wenn das Nachbargrundstück dem öffentlichen Gebrauch dient.

§ 912　Überbau; Duldungspflicht

(1) Hat der Eigentümer eines Grundstücks bei der Errichtung eines Gebäudes über die Grenze gebaut, ohne dass ihm Vorsatz oder grobe Fahrlässigkeit zur Last fällt, so hat der Nachbar den Überbau zu dulden, es sei denn, dass er vor oder sofort nach der Grenzüberschreitung Widerspruch erhoben hat.

(2) Der Nachbar ist durch eine Geldrente zu entschädigen. Für die Höhe der Rente ist die Zeit der Grenzüberschreitung maßgebend.

§ 913　Zahlung der Überbaurente

(1) Die Rente für den Überbau ist dem jeweiligen Eigentümer des Nachbargrundstücks von dem jeweiligen Eigentümer des anderen Grundstücks zu entrichten.

(2) Die Rente ist jährlich im voraus zu entrichten.

§ 914　Rang, Eintragung und Erlöschen der Rente

(1) Das Recht auf die Rente geht allen Rechten an dem belasteten Grundstück, auch den älteren, vor. Es erlischt mit der Beseitigung des Überbaus.

(2) Das Recht wird nicht in das Grundbuch eingetragen. Zum Verzicht auf das Recht sowie zur Feststellung der Höhe der Rente durch Vertrag ist die Eintragung erforderlich.

(3) Im übrigen finden die Vorschriften Anwendung, die für eine zugunsten des jeweiligen Eigentümers eines Grundstücks bestehende Reallast gelten.

뿌리를 베어내서 보유할 수 있다. 소유자가 이웃 토지의 점유자에 대하여 경계를 넘어 온 나뭇가지를 제거하기 위한 상당한 기간을 지정하였으나 그 기간 내에 제거가 행하여지지 아니한 경우에도 또한 같다.

② 뿌리 또는 가지가 토지의 이용을 방해하지 아니하는 경우에는 소유자는 그 권리를 가지지 못한다.

제911조 [越境落下]

이웃 토지로 떨어진 수목 또는 관목의 과실은 이웃 토지의 과실로 본다. 제 1 문은 이웃 토지가 공공의 사용을 위한 것인 경우에는 적용되지 아니한다.

제912조 [越境建築; 受忍義務]

① 토지의 소유자가 고의 또는 중과실 없이 건물의 건축에 있어서 경계를 넘은 경우에, 이웃은 경계를 넘은 건물을 수인하여야 한다, 그러나 경계침범 이전 또는 그 후에 즉시 이의한 경우는 그러하지 아니하다.

② 이웃에 대하여는 금전정기금의 지급에 의하여 손실보상이 행하여져야 한다. 정기금의 액에 관하여는 경계침범시가 기준이 된다.

제913조 [越境建築地料의 支給]

① 경계를 넘은 건물에 대한 지료는 토지의 소유자가 이웃 토지의 소유자에게 각자의 소유기간에 대하여 이를 지급하여야 한다.

② 지료는 매년 미리 지급되어야 한다.

제914조 [越境建築地料의 順位・登記 및 消滅]

① 지료청구권은 부담을 지는 부동산에 대한 모든 권리에 우선하며, 그 청구권보다 먼저 발생한 권리에도 우선한다. 그 권리는 경계를 넘은 건물의 제거와 동시에 소멸한다.

② 제 1 항의 권리는 부동산등기부에 등기되지 아니한다. 권리의 포기 및 계약에 의한 지료액의 확정을 위하여는 등기를 요한다.

③ 그 외에 토지의 그때마다의 소유자를 위하여 존재하는 물적부담에 관한 규정이 적용된다.

§ 915 Abkauf

(1) Der Rentenberechtigte kann jederzeit verlangen, dass der Rentenpflichtige ihm gegen Übertragung des Eigentums an dem überbauten Teil des Grundstücks den Wert ersetzt, den dieser Teil zur Zeit der Grenzüberschreitung gehabt hat. Macht er von dieser Befugnis Gebrauch, so bestimmen sich die Rechte und Verpflichtungen beider Teile nach den Vorschriften über den Kauf.

(2) Für die Zeit bis zur Übertragung des Eigentums ist die Rente fortzuentrichten.

§ 916 Beeinträchtigung von Erbbaurecht oder Dienstbarkeit

Wird durch den Überbau ein Erbbaurecht oder eine Dienstbarkeit an dem Nachbargrundstück beeinträchtigt, so finden zugunsten des Berechtigten die Vorschriften der §§ 912 bis 914 entsprechende Anwendung.

§ 917 Notweg

(1) Fehlt einem Grundstück die zur ordnungsmäßigen Benutzung notwendige Verbindung mit einem öffentlichen Wege, so kann der Eigentümer von den Nachbarn verlangen, dass sie bis zur Hebung des Mangels die Benutzung ihrer Grundstücke zur Herstellung der erforderlichen Verbindung dulden. Die Richtung des Notwegs und der Umfang des Benutzungsrechts werden erforderlichenfalls durch Urteil bestimmt.

(2) Die Nachbarn, über deren Grundstücke der Notweg führt, sind durch eine Geldrente zu entschädigen. Die Vorschriften des § 912 Abs. 2 Satz 2 und der §§ 913, 914, 916 finden entsprechende Anwendung.

§ 918 Ausschluss des Notwegrechts

(1) Die Verpflichtung zur Duldung des Notwegs tritt nicht ein, wenn die bisherige Verbindung des Grundstücks mit dem öffentlichen Wege durch eine willkürliche Handlung des Eigentümers aufgehoben wird.

(2) Wird infolge der Veräußerung eines Teils des Grundstücks der veräußerte oder der zurückbehaltene Teil von der Verbindung mit dem öffentlichen Wege abgeschnitten, so hat der Eigentümer desjenigen Teils, über welchen die Verbindung bisher stattgefunden hat, den Notweg zu dulden. Der Veräußerung eines Teils steht die Veräußerung eines von mehreren demselben Eigentümer gehörenden Grundstücken gleich.

제915조 [買取]

① 정기금권리자는 언제라도 정기금의무자에 대하여 경계를 넘은 토지 부분의 소유권을 양도하는 것과 상환으로 그 부분의 경계침범시의 가액을 지급할 것을 청구할 수 있다. 정기금권리자가 그 권리를 행사한 경우에는 당사자 쌍방의 권리와 의무는 매매에 관한 규정에 따라 정하여진다.

② 소유권 양도까지의 기간에 대하여는 정기금이 계속 지급되어야 한다.

제916조 [地上權 또는 地役權의 妨害]

경계를 넘은 건물에 의하여 이웃 토지에 대한 지상권 또는 지역권이 방해를 받는 경우에 대하여는 그 권리자를 위하여 제912조 내지 제914조가 준용된다.

제917조 [周圍土地通行路]

① 토지의 정상적인 이용에 필요한, 공로에 이르는 통로가 없는 경우에 소유자는 이웃에 대하여 그 하자가 제거될 때까지 필요한 통행을 위하여 그의 부동산을 이용하는 것을 수인할 것을 청구할 수 있다. 주위토지통행로의 방향과 이용권의 범위는 필요한 경우에는 판결에 의하여 정하여진다.

② 주위토지통행로가 그의 토지를 통과하는 이웃에 대하여는 정기금의 지급에 의하여 손실보상이 행하여져야 한다. 제912조 제 2 항 제 2 문, 제913조, 제914조, 제916조는 이에 준용된다.

제918조 [周圍土地通行權의 排除]

① 토지에서 공로에 이르는 종전의 통로가 소유자의 임의적 행위에 의하여 폐쇄된 경우에는 주위토지통행로를 수인할 의무는 발생하지 아니한다.

② 부동산의 일부를 양도한 결과로 양도부분 또는 남아 있는 부분에 공로에의 통로가 차단된 경우에는 종전의 통로가 지나던 부분의 소유자는 주위토지통행로를 수인하여야 한다. 동일한 소유자에 속하는 여러 필의 토지 중 하나를 양도하는 것은 토지부분의 양도와 동시된다.

§ 919 Grenzabmarkung

(1) Der Eigentümer eines Grundstücks kann von dem Eigentümer eines Nachbargrundstücks verlangen, dass dieser zur Errichtung fester Grenzzeichen und, wenn ein Grenzzeichen verrückt oder unkenntlich geworden ist, zur Wiederherstellung mitwirkt.

(2) Die Art der Abmarkung und das Verfahren bestimmen sich nach den Landesgesetzen; enthalten diese keine Vorschriften, so entscheidet die Ortsüblichkeit.

(3) Die Kosten der Abmarkung sind von den Beteiligten zu gleichen Teilen zu tragen, sofern nicht aus einem zwischen ihnen bestehenden Rechtsverhältnis sich ein anderes ergibt.

§ 920 Grenzverwirrung

(1) Lässt sich im Falle einer Grenzverwirrung die richtige Grenze nicht ermitteln, so ist für die Abgrenzung der Besitzstand maßgebend. Kann der Besitzstand nicht festgestellt werden, so ist jedem der Grundstücke ein gleich großes Stück der streitigen Fläche zuzuteilen.

(2) Soweit eine diesen Vorschriften entsprechende Bestimmung der Grenze zu einem Ergebnis führt, das mit den ermittelten Umständen, insbesondere mit der feststehenden Größe der Grundstücke, nicht übereinstimmt, ist die Grenze so zu ziehen, wie es unter Berücksichtigung dieser Umstände der Billigkeit entspricht.

§ 921 Gemeinschaftliche Benutzung von Grenzanlagen

Werden zwei Grundstücke durch einen Zwischenraum, Rain, Winkel, einen Graben, eine Mauer, Hecke, Planke oder eine andere Einrichtung, die zum Vorteil beider Grundstücke dient, voneinander geschieden, so wird vermutet, dass die Eigentümer der Grundstücke zur Benutzung der Einrichtung gemeinschaftlich berechtigt seien, sofern nicht äußere Merkmale darauf hinweisen, dass die Einrichtung einem der Nachbarn allein gehört.

§ 922 Art der Benutzung und Unterhaltung

Sind die Nachbarn zur Benutzung einer der im § 921 bezeichneten Einrichtungen gemeinschaftlich berechtigt, so kann jeder sie zu dem Zwecke, der sich aus ihrer Beschaffenheit ergibt, insoweit benutzen, als nicht die Mitbenutzung des anderen beeinträchtigt wird. Die Unterhaltungskosten sind von den Nachbarn zu gleichen Teilen zu tragen. Solange einer der Nachbarn an dem Fortbestand der Einrichtung ein Interesse hat, darf sie nicht ohne seine Zustimmung beseitigt

제919조 [境界標識]

① 토지의 소유자는 이웃 토지의 소유자에 대하여 견고한 경계표를 설치하는 것에, 또 경계표가 이동하였거나 식별할 수 없게 된 경우에는 이를 다시 설치하는 것에 협력할 것을 청구할 수 있다.

② 경계표지의 방법과 절차는 주법에 따라 정하여진다; 주법에 규정이 없는 경우에는 그 지역의 상례에 따라 정하여진다.

③ 경계표지의 비용은, 당사자들 간의 법률관계로부터 달리 해석되지 아니하는 한, 당사자들이 균분하여 부담한다.

제920조 [境界의 混亂]

① 경계가 혼란하여 바른 경계를 알 수 없는 경우에는 점유상태가 경계 결정의 기준이 된다. 점유상태를 확정할 수 없는 때에는, 다투어지고 있는 지면을 각각의 토지에 균등하게 배분하여야 한다.

② 제 1 항에 따라 행하여지는 경계의 결정이 확증된 제반 사정, 특히 확정된 토지면적과 부합하지 아니한 결과를 가져오는 경우에는 그 한도에서 이러한 사정을 고려하여 형평에 맞게 경계를 결정하여야 한다.

제921조 [境界施設物의 共同利用]

두 토지가 중간지中間地, 이랑, 모퉁이, 도랑, 담, 울타리, 판벽 또는 두 토지의 이익으로 사용되는 다른 시설물에 의하여 서로 나누어져 있는 경우에는 소유자들은, 외부적 표지에 의하여 그 시설물이 그들 중 어느 일방에만 속한다고 지적되지 아니한 한, 그 시설물을 공동으로 이용할 권리를 가진다.

제922조 [利用과 保存의 方法]

상린자들이 제921조에 정하여진 시설물을 공동으로 이용할 권리를 가지는 경우에, 각자는 타인의 공동이용을 방해하지 아니한 범위에서 시설물의 성질에 비추어 인정되는 목적으로 이를 이용할 수 있다. 보존비용은 상린자들이 균분하여 부담한다. 상린자 중 어느 일방이 시설물의 존속에 이익을 가지고 있는 동안에는 그의 동의 없이 시설물을 제거하거나 변경할 수 없다. 그 외에 그들 간의 법률관계는 공동에 관한 규정에 따라 정

oder geändert werden. Im übrigen bestimmt sich das Rechtsverhältnis zwischen den Nachbarn nach den Vorschriften über die Gemeinschaft.

§ 923 Grenzbaum

(1) Steht auf der Grenze ein Baum, so gebühren die Früchte und, wenn der Baum gefällt wird, auch der Baum den Nachbarn zu gleichen Teilen.

(2) Jeder der Nachbarn kann die Beseitigung des Baumes verlangen. Die Kosten der Beseitigung fallen den Nachbarn zu gleichen Teilen zur Last. Der Nachbar, der die Beseitigung verlangt, hat jedoch die Kosten allein zu tragen, wenn der andere auf sein Recht an dem Baume verzichtet; er erwirbt in diesem Falle mit der Trennung das Alleineigentum. Der Anspruch auf die Beseitigung ist ausgeschlossen, wenn der Baum als Grenzzeichen dient und den Umständen nach nicht durch ein anderes zweckmäßiges Grenzzeichen ersetzt werden kann.

(3) Diese Vorschriften gelten auch für einen auf der Grenze stehenden Strauch.

§ 924 Unverjährbarkeit nachbarrechtlicher Ansprüche

Die Ansprüche, die sich aus den §§ 907 bis 909, 915, dem § 917 Abs. 1, dem § 918 Abs. 2, den §§ 919, 920 und dem § 923 Abs. 2 ergeben, unterliegen nicht der Verjährung.

Titel 2　Erwerb und Verlust des Eigentums an Grundstücken

§ 925 Auflassung

(1) Die zur Übertragung des Eigentums an einem Grundstück nach § 873 erforderliche Einigung des Veräußerers und des Erwerbers (Auflassung) muss bei gleichzeitiger Anwesenheit beider Teile vor einer zuständigen Stelle erklärt werden. Zur Entgegennahme der Auflassung ist, unbeschadet der Zuständigkeit weiterer Stellen, jeder Notar zuständig. Eine Auflassung kann auch in einem gerichtlichen Vergleich oder in einem rechtskräftig bestätigten Insolvenzplan oder Restrukturierungsplan erklärt werden.

(2) Eine Auflassung, die unter einer Bedingung oder einer Zeitbestimmung erfolgt, ist unwirksam.

하여진다.

제923조 [境界樹木]

① 경계선에 수목이 있는 경우에는 그 과실 및 벌채된 때의 목재는 상린자에게 균등하게 귀속한다.

② 각각의 상린자는 수목의 제거를 청구할 수 있다. 제거비용은 상린자가 균분하여 부담한다. 그러나 상린자의 다른 일방이 수목에 대한 권리를 포기한 경우에는 제거를 청구한 상린자만이 비용을 부담한다; 이 경우에 그는 제거와 동시에 단독소유권을 취득한다. 수목이 경계표로 사용되고 있고 또 제반 사정에 비추어 이를 다른 합당한 경계표로 대체할 수 없는 때에는 제거청구권은 배제된다.

③ 제1항, 제2항은 경계선에 있는 관목에 대하여도 적용된다.

제924조 [相隣關係에 기한 請求權의 時效消滅 不可]

제907조 내지 제909조, 제915조, 제917조 제1항, 제918조 제2항, 제919조, 제920조 및 제923조 제2항에 정하여진 청구권은 소멸시효에 걸리지 아니한다.

제 2 절   不動産所有權의 取得과 喪失

제925조 [不動産所有權讓渡合意]

① 제873조에 의하여 부동산소유권의 양도에 요구되는 양도인과 양수인 간의 합의("부동산소유권양도합의")는 두 당사자가 동시에 출석하여 관할기관 앞에서 표시하여야 한다. 공증인은 누구나 부동산소유권양도합의를 접수할 권한을 가지되, 다른 기관의 권한에는 영향이 없다. 부동산소유권양도합의는 재판상 화해 또는 기판력 있게 확정된 도산계획이나 갱생계획에서도 표시될 수 있다.

② 조건부로 또는 기한부로 행하여진 부동산소유권양도합의는 효력이 없다.

§ 925a Urkunde über Grundgeschäft

Die Erklärung einer Auflassung soll nur entgegengenommen werden, wenn die nach § 311b Abs. 1 Satz 1 erforderliche Urkunde über den Vertrag vorgelegt oder gleichzeitig errichtet wird.

§ 926 Zubehör des Grundstücks

(1) Sind der Veräußerer und der Erwerber darüber einig, dass sich die Veräußerung auf das Zubehör des Grundstücks erstrecken soll, so erlangt der Erwerber mit dem Eigentum an dem Grundstück auch das Eigentum an den zur Zeit des Erwerbs vorhandenen Zubehörstücken, soweit sie dem Veräußerer gehören. Im Zweifel ist anzunehmen, dass sich die Veräußerung auf das Zubehör erstrecken soll.

(2) Erlangt der Erwerber auf Grund der Veräußerung den Besitz von Zubehörstücken, die dem Veräußerer nicht gehören oder mit Rechten Dritter belastet sind, so finden die Vorschriften der §§ 932 bis 936 Anwendung; für den guten Glauben des Erwerbers ist die Zeit der Erlangung des Besitzes maßgebend.

§ 927 Aufgebotsverfahren

(1) Der Eigentümer eines Grundstücks kann, wenn das Grundstück seit 30 Jahren im Eigenbesitz eines anderen ist, im Wege des Aufgebotsverfahrens mit seinem Recht ausgeschlossen werden. Die Besitzzeit wird in gleicher Weise berechnet wie die Frist für die Ersitzung einer beweglichen Sache. Ist der Eigentumer im Grundbuch eingetragen, so ist das Aufgebotsverfahren nur zulässig, wenn er gestorben oder verschollen ist und eine Eintragung in das Grundbuch, die der Zustimmung des Eigentümers bedurfte, seit 30 Jahren nicht erfolgt ist.

(2) Derjenige, welcher das Ausschlussurteil erwirkt hat, erlangt das Eigentum dadurch, dass er sich als Eigentumer in das Grundbuch eintragen lässt.

(3) Ist vor der Erlassung des Ausschlussurteils ein Dritter als Eigentümer oder wegen des Eigentums eines Dritten ein Widerspruch gegen die Richtigkeit des Grundbuchs eingetragen worden, so wirkt das Urteil nicht gegen den Dritten.

§ 928 Aufgabe des Eigentums, Aneignung des Fiskus

(1) Das Eigentum an einem Grundstück kann dadurch aufgegeben werden, dass der Eigentümer den Verzicht dem Grundbuchamt gegenüber erklärt und der Verzicht in das Grundbuch eingetragen wird.

제925조의a [原因行爲에 관한 證書]

부동산소유권양도합의의 의사표시는 제311조의b 제 1 항 제 1 문에 의하여 요구되는 계약증서가 제출되거나 또는 그 증서가 동시에 작성되는 경우에만 접수될 수 있다.

제926조 [土地의 從物]

① 양도인과 양수인이 양도가 부동산의 종물에도 미친다는 합의를 한 경우에, 양수인은 부동산소유권과 함께 그 취득시에 현존하는 종물도 그것이 양도인의 소유인 한에서 그 소유권을 획득한다. 의심스러운 때에는 양도는 종물에도 미친다.

② 양도에 기하여 양수인이 양도인에 속하지 아니하거나 제 3 자의 권리의 목적인 종물을 점유한 경우에는 제932조 내지 제936조가 적용된다; 양수인의 선의에 관하여는 점유취득시가 기준이 된다.

제927조 [公示催告節次]

① 30년 전부터 타인이 부동산을 자주점유하고 있는 경우에는 공시최고절차에 의하여 부동산소유자를 그 권리와 함께 제척할 수 있다. 점유기간은 동산 취득시효를 위한 기간과 동일한 방법으로 산정된다. 부동산소유자가 등기부에 등기되어 있는 경우에는, 그가 사망하였거나 실종되었고 또한 등기부에 소유자의 동의를 필요로 하는 등기가 30년 전부터 행하여지지 아니한 때에만 공시최고절차가 허용된다.

② 제권판결을 얻은 사람은 등기부에 자신을 소유자로 등기함으로써 소유권을 취득한다.

③ 제권판결의 선고 전에 제 3 자가 소유자로 등기되어 있거나 또는 제 3 자의 소유권을 이유로 등기부의 정당함에 대한 이의가 등기되어 있는 경우에는 제권판결은 그 제 3 자에 대하여 효력을 가지지 아니한다.

제928조 [所有權의 抛棄; 國庫의 先占]

① 부동산소유권의 포기는 소유자가 등기관청에 대하여 포기의 의사를 표시하고 등기부에 포기가 등기됨으로써 이를 할 수 있다.

(2) Das Recht zur Aneignung des aufgegebenen Grundstücks steht dem Fiskus des Landes, in dem das Grundstück liegt. Der Fiskus erwirbt das Eigentum dadurch, dass er sich als Eigentümer in das Grundbuch eintragen lässt.

Titel 3　Erwerb und Verlust des Eigentums an beweglichen Sachen

Untertitel 1　Übertragung

§ 929　Einigung und Übergabe

Zur Übertragung des Eigentums an einer beweglichen Sache ist erforderlich, dass der Eigentümer die Sache dem Erwerber übergibt und beide darüber einig sind, dass das Eigentum übergeben soll. Ist der Erwerber im Besitz der Sache, so genügt die Einigung über den Übergang des Eigentums.

§ 929a　Einigung bei nicht eingetragenem Seeschiff

(1) Zur Übertragung des Eigentums an einem Seeschiff, das nicht im Schiffsregister eingetragen ist, oder an einem Anteil an einem solchen Schiff ist die Übergabe nicht erforderlich, wenn der Eigentümer und der Erwerber einig sind, dass das Eigentum sofort übergehen soll.

(2) Jeder Teil kann verlangen, dass ihm auf seine Kosten eine öffentlich beglaubigte Urkunde über die Veräußerung erteilt wird.

§ 930　Besitzkonstitut

Ist der Eigentümer im Besitz der Sache, so kann die Übergabe dadurch ersetzt werden, dass zwischen ihm und dem Erwerber ein Rechtsverhältnis vereinbart wird, vermöge dessen der Erwerber den mittelbaren Besitz erlangt.

§ 931　Abtretung des Herausgabeanspruchs

Ist ein Dritter im Besitz der Sache, so kann die Übergabe dadurch ersetzt werden, dass der Eigentümer dem Erwerber den Anspruch auf Herausgabe der Sache abtritt.

§ 932　Gutgläubiger Erwerb vom Nichtberechtigten

(1) Durch eine nach § 929 erfolgte Veräußerung wird der Erwerber auch dann Eigentümer, wenn die Sache nicht dem Veräußerer gehört, es sei denn, dass er zu der Zeit, zu der er nach diesen Vorschriften das Eigentum erwerben

② 포기된 부동산이 존재하는 주의 국고는 그 부동산을 선점할 권리를
가진다. 국고는 등기부에 자신를 소유자로 등기함으로써 소유권을 취득
한다.

제 3 절　動産所有權의 取得과 喪失

제 1 관　讓　渡

제929조 [物權的合意와 引渡]

동산소유권의 양도에는 소유자가 양수인에게 물건을 인도하고 또 쌍방
이 소유권의 이전에 합의하는 것을 요한다. 양수인이 물건을 점유하고
있는 경우에는 소유권 이전의 합의로 족하다.

제929조의a [未登記船舶에 대한 物權的合意]

① 선박등기부에 등기되지 아니한 선박의 소유권 또는 그러한 선박에
대한 지분의 양도에는 소유자와 양수인이 소유권이 즉시 이전된다는 것
에 합의한 경우에는 인도를 요하지 아니한다.

② 각 당사자는 자신의 비용부담으로 공적으로 인증된 양도증서를 자신
에게 교부할 것을 청구할 수 있다.

제930조 [占有改定]

소유자가 물건을 점유하고 있는 경우에는 그와 양수인 간에 양수인이 간
접점유를 취득하게 하는 법률관계를 합의함으로써 인도에 갈음할 수 있
다.

제931조 [返還請求權의 讓渡]

제 3 자가 물건을 점유하고 있는 경우에는 소유자가 양수인에 대하여 물
건의 반환청구권을 양도함으로써 인도에 갈음할 수 있다.

제932조 [無權利者로부터의 善意取得]

① 물건이 양도인에 속하지 아니한 경우에도, 양수인은 제929조에 따라
행하여진 양도에 의하여 소유자가 된다, 다만 그가 동조에 의하여 소유

würde, nicht in gutem Glauben ist. In dem Falle des § 929 Satz 2 gilt dies jedoch nur dann, wenn der Erwerber den Besitz von dem Veräußerer erlangt hatte.

(2) Der Erwerber ist nicht in gutem Glauben, wenn ihm bekannt oder infolge grober Fahrlässigkeit unbekannt ist, dass die Sache nicht dem Veräußerer gehört.

§ 932a Gutgläubiger Erwerb nicht eingetragener Seeschiffe

Gehört ein nach § 929a veräußertes Schiff nicht dem Veräußerer, so wird der Erwerber Eigentümer, wenn ihm das Schiff vom Veräußerer übergeben wird, es sei denn, dass er zu dieser Zeit nicht in gutem Glauben ist; ist ein Anteil an einem Schiff Gegenstand der Veräußerung, so tritt an die Stelle der Übergabe die Einräumung des Mitbesitzes an dem Schiff.

§ 933 Gutgläubiger Erwerb bei Besitzkonstitut

Gehört eine nach § 930 veräußerte Sache nicht dem Veräußerer, so wird der Erwerber Eigentümer, wenn ihm die Sache von dem Veräußerer übergeben wird, es sei denn, dass er zu dieser Zeit nicht in gutem Glauben ist.

§ 934 Gutgläubiger Erwerb bei Abtretung des Herausgabeanspruchs

Gehört eine nach § 931 veräußerte Sache nicht dem Veräußerer, so wird der Erwerber, wenn der Veräußerer mittelbarer Besitzer der Sache ist, mit der Abtretung des Anspruchs, anderenfalls dann Eigentümer, wenn er den Besitz der Sache von dem Dritten erlangt, es sei denn, dass er zur Zeit der Abtretung oder des Besitzerwerbes nicht in gutem Glauben ist.

§ 935 Kein gutgläubiger Erwerb von abhanden gekommenen Sachen

(1) Der Erwerb des Eigentums auf Grund der §§ 932 bis 934 tritt nicht ein, wenn die Sache dem Eigentümer gestohlen worden, verlorengegangen oder sonst abhanden gekommen war. Das Gleiche gilt, falls der Eigentümer nur mittelbarer Besitzer war, dann, wenn die Sache dem Besitzer abhanden gekommen war.

(2) Diese Vorschriften finden keine Anwendung auf Geld oder Inhaberpapiere sowie auf Sachen, die im Wege öffentlicher Versteigerung oder in einer Versteigerung nach § 979 Absatz 1a veräußert werden.

권을 취득하였을 시점에서 선의가 아닌 때에는 그러하지 아니하다. 그러나 이는 제929조 제 2 문의 경우에는 양수인이 양도인으로부터 점유를 취득하였을 때에만 적용된다.

② 물건이 양도인에 속하지 아니함을 알았거나 중과실로 인하여 알지 못한 때에는 양수인은 선의가 아니다.

제932조의a [未登記船舶의 善意取得]

제929조의a에 따라 양도된 선박이 양도인에 속하지 아니한 경우에 양수인은 선박이 양도인으로부터 양수인에게 인도된 때에 소유자가 된다, 그러나 그가 그 당시 선의가 아닌 경우에는 그러하지 아니하다; 선박의 지분이 양도의 목적물인 경우에는 선박에 대한 공동점유의 설정이 인도에 갈음한다.

제933조 [占有改定에서의 善意取得]

제930조에 따라 양도된 물건이 양도인에 속하지 아니한 경우에 양수인은 물건이 양도인으로부터 인도된 때에 소유자가 된다, 그러나 그가 그 당시 선의가 아닌 경우에는 그러하지 아니하다.

제934조 [返還請求權의 讓渡에서의 善意取得]

제931조에 따라 양도된 물건이 양도인에 속하지 아니한 경우에, 양수인은, 양도인이 물건의 간접점유자인 때에는 청구권의 양도와 동시에, 간접점유자가 아닌 때에는 그가 물건의 점유를 제 3 자로부터 취득한 때에 소유자가 된다, 그러나 그가 양도시 또는 점유취득시에 선의가 아닌 경우에는 그러하지 아니하다.

제935조 [占有離脫物과 善意取得]

① 물건이 소유자로부터 도난당하거나 유실되거나 그 밖에 점유이탈하였던 경우에는, 제932조 내지 제934조에 의한 소유권의 취득은 발생하지 아니한다. 소유자가 간접점유만을 가졌던 경우에는, 물건이 점유자로부터 점유이탈한 때에도 또한 같다.

② 제 1 항은 금전 또는 무기명증권 그리고 공경매 또는 제979조 제 1 항의a에 의한 경매로 양도된 물건에 대하여는 적용되지 아니한다.

§ 936 Erlöschen von Rechten Dritter

(1) Ist eine veräußerte Sache mit dem Recht eines Dritten belastet, so erlischt das Recht mit dem Erwerb des Eigentums. In dem Falle des § 929 Satz 2 gilt dies jedoch nur dann, wenn der Erwerber den Besitz von dem Veräußerer erlangt hatte. Erfolgt die Veräußerung nach § 929a oder § 930 oder war die nach § 931 veräußerte Sache nicht im mittelbaren Besitz des Veräußerers, so erlischt das Recht des Dritten erst dann, wenn der Erwerber auf Grund der Veräußerung den Besitz der Sache erlangt.

(2) Das Recht des Dritten erlischt nicht, wenn der Erwerber zu der nach Absatz 1 maßgebenden Zeit in Ansehung des Rechts nicht in gutem Glauben ist.

(3) Steht im Falle des § 931 das Recht dem dritten Besitzer zu, so erlischt es auch dem gutgläubigen Erwerber gegenüber nicht.

Untertitel 2　Ersitzung

§ 937 Voraussetzungen, Ausschluss bei Kenntnis

(1) Wer eine bewegliche Sache zehn Jahre im Eigenbesitz hat, erwirbt das Eigentum (Ersitzung),

(2) Die Ersitzung ist ausgeschlossen, wenn der Erwerber bei dem Erwerb des Eigenbesitzes nicht in gutem Glauben ist oder wenn er später erfährt, dass ihm das Eigentum nicht zusteht.

§ 938 Vermutung des Eigenbesitzes

Hat jemand eine Sache am Anfang und am Ende eines Zeitraums im Eigenbesitz gehabt, so wird vermutet, dass sein Eigenbesitz auch in der Zwischenzeit bestanden habe.

§ 939 Hemmung der Ersitzung

(1) Die Ersitzung ist gehemmt, wenn der Herausgabeanspruch gegen den Eigenbesitzer oder im Falle eines mittelbaren Eigenbesitzes gegen den Besitzer, der sein Recht zum Besitz von dem Eigenbesitzer ableitet, in einer nach den §§ 203 und 204 zur Hemmung der Verjährung geeigneten Weise geltend gemacht wird. Die Hemmung tritt jedoch nur zugunsten desjenigen ein, welcher sie herbeiführt.

제936조 [第三者의 權利의 消滅]

① 양도된 물건이 제3자의 권리의 목적인 경우에 그 권리는 소유권의 취득과 동시에 소멸한다. 그러나 이는 제929조 제2문의 경우에는 양수인이 양도인으로부터 점유를 취득하였을 때에만 그러하다. 양도가 제929조의a 또는 제930조에 따라 행하여진 경우 또는 양도인이 제931조에 따라 양도된 물건을 간접점유하지 아니하였던 경우에는, 제3자의 권리는 양수인이 양도에 기하여 물건의 점유를 취득한 때에 비로소 소멸한다.

② 양수인이 제1항에 의하여 기준이 되는 시점에서 제3자의 권리에 대하여 선의가 아니었던 경우에는, 그 권리는 소멸하지 아니한다.

③ 제931조의 경우에 권리가 제3자인 점유자에게 속하는 때에는 그 권리는 선의의 양수인에 대하여도 소멸하지 아니한다.

제 2 관　取得時效

제937조 [要件; 惡意時의 排除]

① 동산을 10년 동안 자주점유한 사람은 소유권을 취득한다("취득시효").

② 양수인이 자주점유 취득시에 선의가 아닌 경우 또는 나중에 자신에게 소유권이 없음을 알게 된 경우에는 취득시효는 배제된다.

제938조 [自主占有의 推定]

기간의 처음과 끝에 물건을 자주점유한 경우에는, 그의 자주점유는 그 사이의 기간에도 존속하였던 것으로 추정된다.

제939조 [取得時效의 停止]

① 자주점유자에 대한 반환청구권, 또는 간접자주점유의 경우에는 자신의 점유할 권리를 자주점유자로부터 도출한 점유자에 대한 반환청구권이 제203조 및 제204조에 따라 소멸시효의 정지에 적합한 방법으로 행사되는 경우에는 취득시효는 정지된다. 그러나 그 시효정지는 그 사유를 발생시킨 사람을 위하여서만 일어난다.

(2) Die Ersitzung ist ferner gehemmt, solange die Verjährung des Herausgabeanspruchs nach den §§ 205 bis 207 oder ihr Ablauf nach den §§ 210 und 211 gehemmt ist.

§ 940 Unterbrechung durch Besitzverlust

(1) Die Ersitzung wird durch den Verlust des Eigenbesitzes unterbrochen.

(2) Die Unterbrechung gilt als nicht erfolgt, wenn der Eigenbesitzer den Eigenbesitz ohne seinen Willen verloren und ihn binnen Jahresfrist oder mittels einer innerhalb dieser Frist erhobenen Klage wiedererlangt hat.

§ 941 Unterbrechung durch Vollstreckungshandlung

Die Ersitzung wird durch Vornahme oder Beantragung einer gerichtlichen oder behördlichen Vollstreckungshandlung unterbrochen. § 212 Abs. 2 und 3 gilt entsprechend.

§ 942 Wirkung der Unterbrechung

Wird die Ersitzung unterbrochen, so kommt die bis zur Unterbrechung verstrichene Zeit nicht in Betracht; eine neue Ersitzung kann erst nach der Beendigung der Unterbrechung beginnen.

§ 943 Ersitzung bei Rechtsnachfolge

Gelangt die Sache durch Rechtsnachfolge in den Eigenbesitz eines Dritten, so kommt die während des Besitzes des Rechtsvorgängers verstrichene Ersitzungszeit dem Dritten zustatten.

§ 944 Erbschaftsbesitzer

Die Ersitzungszeit, die zugunsten eines Erbschaftsbesitzers verstrichen ist, kommt dem Erben zustatten.

§ 945 Erlöschen von Rechten Dritter

Mit dem Erwerb des Eigentums durch Ersitzung erlöschen die an der Sache vor dem Erwerb des Eigenbesitzes begründeten Rechte Dritter, es sei denn, dass der Eigenbesitzer bei dem Erwerb des Eigenbesitzes in Ansehung dieser Rechte nicht in gutem Glauben ist oder ihr Bestehen später erfährt. Die Ersitzungsfrist muss auch in Ansehung des Rechts des Dritten verstrichen sein; die Vorschriften der §§ 939 bis 944 finden entsprechende Anwendung.

② 반환청구권의 소멸시효가 제205조 내지 제207조에 의하여 정지되거나 제210조, 제211조에 의하여 중지된 경우에도, 취득시효는 중지된다.

제940조 [占有喪失로 인한 時效中斷]

① 취득시효는 자주점유의 상실에 의하여 중단된다.

② 자주점유자가 그의 의사에 의하지 아니하고 자주점유를 상실하고 또 1년 이내에 점유를 다시 취득하거나 1년 내에 제기한 소에 의하여 다시 점유를 취득한 경우에는, 시효중단은 일어나지 아니한 것으로 본다.

제941조 [執行行爲로 인한 時效中斷]

법원 또는 관청의 집행행위가 실행되거나 이를 신청함으로써 취득시효는 중단된다. 제212조 제 2 항, 제 3 항은 이에 준용된다.

제942조 [時效中斷의 效果]

취득시효가 중단된 때에는 중단시까지 경과한 시간은 고려되지 아니하며, 새로운 취득시효는 중단이 종료한 때로부터 다시 진행한다.

제943조 [權利承繼時의 取得時效]

물권적 청구권이 성립한 물건을 권리승계에 의하여 제 3 자가 자주점유하게 된 경우에는 전주前主의 점유기간 중에 경과한 취득시효기간은 승계인에게 이익이 된다.

제944조 [相續財産占有者]

상속재산점유자의 이익으로 경과한 취득시효기간은 상속인에게 이익이 된다.

제945조 [第三者의 權利의 消滅]

자주점유의 취득 전에 물건 위에 성립한 제 3 자의 권리는 취득시효의 완성으로 인한 소유권의 취득과 동시에 소멸한다, 그러나 자주점유자가 자주점유 취득시에 그 권리에 대하여 선의가 아닌 경우 또는 나중에 그 존재를 알게 된 경우에는 그러하지 아니하다. 취득시효기간은 제 3 자의 권리에 관하여도 경과하여야 한다; 제939조 내지 제944조는 이에 준용된다.

Untertitel 3 Verbindung, Vermischung, Verarbeitung

§ 946 Verbindung mit einem Grundstück

Wird eine bewegliche Sache mit einem Grundstück dergestalt verbunden, dass sie wesentlicher Bestandteil des Grundstücks wird, so erstreckt sich das Eigentum an dem Grundstück auf diese Sache.

§ 947 Verbindung mit beweglichen Sachen

(1) Werden bewegliche Sachen miteinander dergestalt verbunden, dass sie wesentliche Bestandteile einer einheitlichen Sache werden, so werden die bisherigen Eigentümer Miteigentümer dieser Sache; die Anteile bestimmen sich nach dem Verhältnis des Wertes, den die Sachen zur Zeit der Verbindung haben.

(2) Ist eine der Sachen als die Hauptsache anzusehen, so erwirbt ihr Eigentümer das Alleineigentum.

§ 948 Vermischung

(1) Werden bewegliche Sachen miteinander untrennbar vermischt oder vermengt, so finden die Vorschriften des § 947 entsprechende Anwendung.

(2) Der Untrennbarkeit steht es gleich, wenn die Trennung der vermischten oder vermengten Sachen mit unverhältnismäßigen Kosten verbunden sein würde.

§ 949 Erlöschen von Rechten Dritter

Erlischt nach den §§ 946 bis 948 das Eigentum an einer Sache, so erlöschen auch die sonstigen an der Sache bestehenden Rechte. Erwirbt der Eigentümer der belasteten Sache Miteigentum, so bestehen die Rechte an dem Anteil fort, der an die Stelle der Sache tritt. Wird der Eigentümer der belasteten Sache Alleineigentümer, so erstrecken sich die Rechte auf die hinzutretende Sache.

§ 950 Verarbeitung

(1) Wer durch Verarbeitung oder Umbildung eines oder mehrerer Stoffe eine neue bewegliche Sache herstellt, erwirbt das Eigentum an der neuen Sache, sofern nicht der Wert der Verarbeitung oder der Umbildung erheblich geringer ist als der Wert des Stoffes. Als Verarbeitung gilt auch das Schreiben, Zeichnen, Malen, Drucken, Gravieren oder eine ähnliche Bearbeitung der Oberfläche.

(2) Mit dem Erwerb des Eigentums an der neuen Sache erlöschen die an dem

제 3 관　附合·混和·加工

제946조 [不動産에의 附合]

동산이 부동산에 부착하여 부동산의 본질적 구성부분이 된 경우에는, 부동산의 소유권은 이 물건에도 미친다.

제947조 [動産에의 附合]

① 동산과 동산이 서로 부착하여 하나의 단일한 물건의 본질적 구성부분이 된 경우에 종전의 소유자는 이 물건의 공유자가 된다; 지분은 부착시의 각 물건의 가액에 따라 정하여진다.

② 물건 중 하나가 주된 물건으로 인정될 수 있는 경우에는 그 소유자가 단독소유권을 취득한다.

제948조 [混和]

① 동산과 동산이 분리될 수 없게 혼합되거나 또는 융화한 경우에는 제947조가 준용된다.

② 혼합 또는 융화한 물건의 분리에 과도한 비용을 요하는 경우는 분리될 수 없는 것과 동시된다.

제949조 [第三者의 權利의 消滅]

제946조 내지 제948조에 의하여 물건의 소유권이 소멸하는 경우에는 그 물건 위에 존재하는 기타의 권리도 소멸한다. 제 3 자의 권리의 목적인 물건의 소유자가 공동소유권을 취득한 경우에는, 그 권리는 물건에 갈음하는 지분 위에 존속한다. 제 3 자의 권리의 목적인 물건의 소유자가 단독소유자가 된 경우에는 그 권리는 첨부물에도 미친다.

제950조 [加工]

① 하나 또는 수개의 재료를 가공 또는 개조하여 하나의 새로운 동산을 제조한 사람은 가공 또는 개조의 가액이 재료의 가액보다 현저히 적지 아니한 한 새로운 물건의 소유권을 취득한다. 문자표기, 기호표시, 채색, 인쇄, 조각 또는 이와 유사한 표면에 대한 작업도 가공으로 본다.

② 새로운 물건에 대한 소유권의 취득과 동시에 재료에 대하여 존재하

Stoffe bestehenden Rechte.

§ 951 Entschädigung für Rechtsverlust

(1) Wer infolge der Vorschriften der §§ 946 bis 950 einen Rechtsverlust erleidet, kann von demjenigen, zu dessen Gunsten die Rechtsänderung eintritt, Vergütung in Geld nach den Vorschriften über die Herausgabe einer ungerechtfertigten Bereicherung fordern. Die Wiederherstellung des früheren Zustands kann nicht verlangt werden.

(2) Die Vorschriften über die Verpflichtung zum Schadensersatz wegen unerlaubter Handlungen sowie die Vorschriften über den Ersatz von Verwendungen und über das Recht zur Wegnahme einer Einrichtung bleiben unberührt. In den Fällen der §§ 946, 947 ist die Wegnahme nach den für das Wegnahmerecht des Besitzers gegenüber dem Eigentümer geltenden Vorschriften auch dann zulässig, wenn die Verbindung nicht von dem Besitzer der Hauptsache bewirkt worden ist.

§ 952 Eigentum an Schuldurkunden

(1) Das Eigentum an dem über eine Forderung ausgestellten Schuldschein steht dem Gläubiger zu. Das Recht eines Dritten an der Forderung erstreckt sich auf den Schuldschein.

(2) Das Gleiche gilt für Urkunden über andere Rechte, kraft deren eine Leistung gefordert werden kann, insbesondere für Hypotheken-, Grundschuld- und Rentenschuldbriefe.

Untertitel 4   Erwerb von Erzeugnissen und sonstigen Bestandteilen einer Sache

§ 953 Eigentum an getrennten Erzeugnissen und Bestandteilen

Erzeugnisse und sonstige Bestandteile einer Sache gehören auch nach der Trennung dem Eigentümer der Sache, soweit sich nicht aus den §§ 954 bis 957 ein anderes ergibt.

§ 954 Erwerb durch dinglich Berechtigten

Wer vermöge eines Rechts an einer fremden Sache befugt ist, sich Erzeugnisse oder sonstige Bestandteile der Sache anzueignen, erwirbt das Eigentum an ihnen, unbeschadet der Vorschriften der §§ 955 bis 957, mit der Trennung.

던 권리는 소멸한다.

제951조 [權利喪失에 대한 損失補償]

① 제946조 내지 제950조에 의하여 권리를 상실한 사람은 권리변동으로 직접 이익을 얻은 사람에 대하여 부당이득의 반환에 관한 규정에 따라 금전보상을 청구할 수 있다. 원래 상태의 복구는 청구할 수 없다.

② 불법행위로 인한 손해배상의 의무에 관한 규정 및 지출비용의 상환에 관한 규정 그리고 설비의 수거권에 관한 규정은 제1항에 의하여 영향을 받지 아니한다. 제946조, 제947조의 경우에는 부착이 주물의 점유자에 의하여 행하여진 것이 아닌 때에도 소유자에 대한 점유자의 수거권에 관한 규정에 따라 수거를 할 수 있다.

제952조 [債務證書의 所有權]

① 채권에 대하여 발행된 채무증서의 소유권은 채권자에게 속한다. 채권에 대한 제3자의 권리는 채무증서에도 미친다.

② 제1항은 그 밖의 권리에 관한 증서로서 그에 의하여 급부를 청구할 수 있는 것, 특히 저당증권, 토지채무증권 및 정기토지채무증권에도 적용된다.

제4관　物件의 産出物 및 그 외의 構成部分의 取得

제953조 [分離된 産出物과 構成部分의 所有權]

물건의 산출물과 그 외의 구성부분은, 제954조 내지 제957조에 다른 정함이 없는 한, 분리 후에도 물건의 소유자에게 속한다.

제954조 [物權的 權利者에 의한 取得]

타인의 물건에 대한 권리에 기하여 그 물건의 산출물 또는 그 외의 구성부분을 수취할 권리가 있는 사람은 분리와 동시에 그 소유권을 취득한다, 그러나 제955조 내지 제957조에는 영향이 없다.

§ 955　Erwerb durch gutgläubigen Eigenbesitzer

(1) Wer eine Sache im Eigenbesitz hat, erwirbt das Eigentum an den Erzeugnissen und sonstigen zu den Früchten der Sache gehörenden Bestandteilen, unbeschadet der Vorschriften der §§ 956, 957, mit der Trennung. Der Erwerb ist ausgeschlossen, wenn der Eigenbesitzer nicht zum Eigenbesitz oder ein anderer vermöge eines Rechts an der Sache zum Fruchtbezug berechtigt ist und der Eigenbesitzer bei dem Erwerb des Eigenbesitzes nicht in gutem Glauben ist oder vor der Trennung den Rechtsmangel erfährt.

(2) Dem Eigenbesitzer steht derjenige gleich, welcher die Sache zum Zwecke der Ausübung eines Nutzungsrechts an ihr besitzt.

(3) Auf den Eigenbesitz und den ihm gleichgestellten Besitz findet die Vorschrift des § 940 Abs. 2 entsprechende Anwendung.

§ 956　Erwerb durch persönlich Berechtigten

(1) Gestattet der Eigentümer einem anderen, sich Erzeugnisse oder sonstige Bestandteile der Sache anzueignen, so erwirbt dieser das Eigentum an ihnen, wenn der Besitz der Sache ihm überlassen ist, mit der Trennung, anderenfalls mit der Besitzergreifung. Ist der Eigentümer zu der Gestattung verpflichtet, so kann er sie nicht widerrufen, solange sich der andere in dem ihm überlassenen Besitz der Sache befindet.

(2) Das Gleiche gilt, wenn die Gestattung nicht von dem Eigentümer, sondern von einem anderen ausgeht, dem Erzeugnisse oder sonstige Bestandteile einer Sache nach der Trennung gehören.

§ 957　Gestattung durch den Nichtberechtigten

Die Vorschriften des § 956 finden auch dann Anwendung, wenn derjenige, welcher die Aneignung einem anderen gestattet, hierzu nicht berechtigt ist, es sei denn, dass der andere, falls ihm der Besitz der Sache überlassen wird, bei der Überlassung, anderenfalls bei der Ergreifung des Besitzes der Erzeugnisse oder der sonstigen Bestandteile nicht in gutem Glauben ist oder vor der Trennung den Rechtsmangel erfährt.

제955조 [善意의 自主占有者에 의한 取得]

① 물건을 자주점유하는 사람은 산출물 및 물건의 과실에 속하는 그 외의 구성부분에 대한 소유권을 분리와 동시에 취득한다, 그러나 제956조, 제957조에는 영향이 없다. 자주점유자가 자주점유를 할 권리가 없거나 그 이외의 사람이 물건에 대한 권리에 기하여 과실수취권이 있고 또한 자주점유자가 자주점유의 취득시에 선의가 아니었거나 분리 전에 권리흠결을 알게 된 경우에는, 그 취득을 할 수 없다.

② 물건에 대한 수익권을 행사할 목적으로 물건을 점유하고 있는 사람은 자주점유자와 동시된다.

③ 제940조 제 2 항은 자주점유 및 그와 동시되는 점유에 준용된다.

제956조 [債權的 權利者에 의한 取得]

① 소유자가 타인에게 물건의 산출물 또는 그 외의 구성부분을 수취하도록 허용한 경우에, 그 타인은 물건의 점유가 그에게 이전된 때에는 분리와 동시에, 그렇지 아니한 때에는 점유의 취득과 동시에 그 소유권을 취득한다. 소유자가 그 수취를 허용할 의무를 지는 경우에 소유자는 그 타인이 자신에 이전된 물건의 점유를 가지는 동안에는 그 허용을 철회할 수 없다.

② 소유자가 아니라, 분리 후에 물건의 산출물 또는 그 외의 구성부분이 속하게 되는 사람이 이를 허용한 경우에도 또한 같다.

제957조 [無權利者의 收取許容]

타인의 수취를 허용한 사람에게 그 허용의 권리가 없는 경우에도 제956조가 적용된다, 그러나 그 타인이 그에게 물건의 점유가 이전된 때에는 그 이전시에, 그렇지 아니한 때에는 산출물 또는 그 외의 구성부분의 점유취득시에 선의가 아니었거나 분리 전에 권리흠결을 알게 된 경우에는 그러하지 아니하다.

Untertitel 5　Aneignung

§ 958　Eigentumserwerb an beweglichen herrenlosen Sachen

(1) Wer eine herrenlose bewegliche Sache in Eigenbesitz nimmt, erwirbt das Eigentum an der Sache.

(2) Das Eigentum wird nicht erworben, wenn die Aneignung gesetzlich verboten ist oder wenn durch die Besitzergreifung das Aneignungsrecht eines anderen verletzt wird.

§ 959　Aufgabe des Eigentums

Eine bewegliche Sache wird herrenlos, wenn der Eigentümer in der Absicht, auf das Eigentum zu verzichten, den Besitz der Sache aufgibt.

§ 960　Wilde Tiere

(1) Wilde Tiere sind herrenlos, solange sie sich in der Freiheit befinden. Wilde Tiere in Tiergärten und Fische in Teichen oder anderen geschlossenen Privatgewässern sind nicht herrenlos.

(2) Erlangt ein gefangenes wildes Tier die Freiheit wieder, so wird es herrenlos, wenn nicht der Eigentümer das Tier unverzüglich verfolgt oder wenn er die Verfolgung aufgibt.

(3) Ein gezähmtes Tier wird herrenlos, wenn es die Gewohnheit ablegt, an den ihm bestimmten Ort zurückzukehren.

§ 961　Eigentumsverlust bei Bienenschwärmen

Zieht ein Bienenschwarm aus, so wird er herrenlos, wenn nicht der Eigentümer ihn unverzüglich verfolgt oder wenn der Eigentümer die Verfolgung aufgibt.

§ 962　Verfolgungsrecht des Eigentümers

Der Eigentümer des Bienenschwarms darf bei der Verfolgung fremde Grundstücke betreten. Ist der Schwarm in eine fremde nicht besetzte Bienenwohnung eingezogen, so darf der Eigentümer des Schwarmes zum Zwecke des Einfangens die Wohnung öffnen und die Waben herausnehmen oder herausbrechen. Er hat den entstehenden Schaden zu ersetzen.

§ 963　Vereinigung von Bienenschwärmen

Vereinigen sich ausgezogene Bienenschwärme mehrerer Eigentümer, so

제 5 관   先   占

제958조 [無主動産에 대한 所有權取得]

① 무주의 동산을 자주점유한 사람은 물건의 소유권을 취득한다.

② 법률에 의하여 선점이 금지되는 경우 또는 점유취득으로 타인의 선점권이 침해되는 경우에는 소유권을 취득하지 못한다.

제959조 [所有權의 抛棄]

소유자가 소유권을 포기할 의사로 동산의 점유를 포기하면 물건은 무주가 된다.

제960조 [野生動物]

① 야생동물은 자연상태에 있는 동안에는 무주이다. 동물원에 있는 야생동물 및 양어장 기타 출입이 제한된 사수역私水域에 있는 어류는 무주가 아니다.

② 포획된 야생동물이 다시 자연상태를 회복한 경우에는 소유자가 지체없이 동물을 추적하지 아니하거나 추적을 포기한 때에 그 동물은 무주가 된다.

③ 사육된 동물이 그에게 정하여진 장소로 돌아오는 습관을 상실한 경우에는 무주가 된다.

제961조 [蜂群에 대한 所有權 喪失]

봉군이 원래의 벌집통으로부터 떠난 경우에는 소유자가 지체없이 이를 추적하지 아니한 때 또는 추적을 포기한 때에 무주가 된다.

제962조 [所有者의 追跡權]

봉군의 소유자는 추적에 있어서 타인의 부동산에 들어갈 수 있다. 봉군이 다른 봉군이 이미 들어 있지 아니한 타인의 벌집통에 들어간 경우 봉군의 소유자는 포획을 위하여 벌집통을 열고 벌집을 끄집어내거나 뽑아낼 수 있다. 그는 이로 인한 손해를 보상하여야 한다.

제963조 [蜂群의 結合]

원래의 벌집통에서 떠난 수인의 소유자의 봉군이 결합하여 한 무리가 된

werden die Eigentümer, welche ihre Schwärme verfolgt haben, Miteigentümer des eingefangenen Gesamtschwarms; die Anteile bestimmen sich nach der Zahl der verfolgten Schwärme.

§ 964　Vermischung von Bienenschwärmen

Ist ein Bienenschwarm in eine fremde besetzte Bienenwohnung eingezogen, so erstrecken sich das Eigentum und die sonstigen Rechte an den Bienen, mit denen die Wohnung besetzt war, auf den eingezogenen Schwarm. Das Eigentum und die sonstigen Rechte an dem eingezogenen Schwarme erlöschen.

Untertitel 6　Fund

§ 965　Anzeigepflicht des Finders

(1) Wer eine verlorene Sache findet und an sich nimmt, hat dem Verlierer oder dem Eigentümer oder einem sonstigen Empfangsberechtigten unverzüglich Anzeige zu machen.

(2) Kennt der Finder die Empfangsberechtigten nicht oder ist ihm ihr Aufenthalt unbekannt, so hat er den Fund und die Umstände, welche für die Ermittlung der Empfangsberechtigten erheblich sein können, unverzüglich der zuständigen Behörde anzuzeigen. Ist die Sache nicht mehr als zehn Euro wert, so bedarf es der Anzeige nicht.

§ 966　Verwahrungspflicht

(1) Der Finder ist zur Verwahrung der Sache verpflichtet.

(2) Ist der Verderb der Sache zu besorgen oder ist die Aufbewahrung mit unverhältnismäßigen Kosten verbunden, so hat der Finder die Sache öffentlich versteigern zu lassen. Vor der Versteigerung ist der zuständigen Behörde Anzeige zu machen. Der Erlös tritt an die Stelle der Sache.

§ 967　Ablieferungspflicht

Der Finder ist berechtigt und auf Anordnung der zuständigen Behörde verpflichtet, die Sache oder den Versteigerungserlös an die zuständige Behörde abzuliefern.

§ 968　Umfang der Haftung

Der Finder hat nur Vorsatz und grobe Fahrlässigkeit zu vertreten.

§ 969　Herausgabe an den Verlierer

Der Finder wird durch die Herausgabe der Sache an den Verlierer auch den

경우에는 봉군을 추적한 소유자는 포획한 전체 봉군의 공유자가 된다; 지분은 추적한 봉군의 수에 따라 정하여진다.

제964조 [蜂群의 混和]

봉군이 다른 봉군이 이미 들어 있는 타인의 벌집통으로 들어간 경우에는, 원래 벌집통에 있던 봉군에 대한 소유권과 그 밖의 권리는 들어온 봉군에도 미친다. 들어온 봉군에 대한 소유권과 그 밖의 권리는 소멸한다.

제 6 관　遺失物拾得

제965조 [拾得者의 申告義務]

① 유실물을 발견하여 습득한 사람은 유실자나 소유자 또는 그 밖의 수령권자에게 지체없이 통지하여야 한다.

② 습득자가 수령권자를 알지 못하거나 그 소재를 알지 못하는 경우에는 지체없이 습득사실 및 수령권자의 수색에 의미를 가질 수 있는 사정을 관할 관청에 신고하여야 한다. 물건의 가액이 10유로 이하인 경우에는 신고를 요하지 아니한다.

제966조 [保管義務]

① 습득자는 물건을 보관할 의무를 진다.

② 물건이 변질될 우려가 있거나 보관에 과도한 비용을 요하는 경우에는 습득자는 물건을 공경매에 부칠 수 있다. 경매 이전에 관할 관청에 통지하여야 한다. 매득금은 물건에 갈음한다.

제967조 [交付義務]

습득자는 물건 또는 경매대금을 관할 관청에 교부할 권리가 있으며, 관할 관청의 요구가 있으면 이를 교부할 의무를 진다.

제968조 [責任範圍]

습득자는 고의와 중과실에 대하여만 책임 있다.

제969조 [遺失者에의 返還]

습득자는 유실자에게 물건을 반환함으로써 기타의 수령권자에 대하여도

sonstigen Empfangsberechtigten gegenüber befreit.

§ 970 Ersatz von Aufwendungen

Macht der Finder zum Zwecke der Verwahrung oder Erhaltung der Sache oder zum Zwecke der Ermittelung eines Empfangsberechtigten Aufwendungen, die er den Umständen nach für erforderlich halten darf, so kann er von dem Empfangsberechtigten Ersatz verlangen.

§ 971 Finderlohn

(1) Der Finder kann von dem Empfangsberechtigten einen Finderlohn verlangen. Der Finderlohn beträgt von dem Wert der Sache bis zu 500 Euro fünf vom Hundert, von dem Mehrwert drei vom Hundert, bei Tieren drei vom Hundert. Hat die Sache nur für den Empfangsberechtigten einen Wert, so ist der Finderlohn nach billigem Ermessen zu bestimmen.

(2) Der Anspruch ist ausgeschlossen, wenn der Finder die Anzeigepflicht verletzt oder den Fund auf Nachfrage verheimlicht.

§ 972 Zurückbehaltungsrecht des Finders

Auf die in den §§ 970, 971 bestimmten Ansprüche finden die für die Ansprüche des Besitzers gegen den Eigentümer wegen Verwendungen geltenden Vorschriften der §§ 1000 bis 1002 entsprechende Anwendung.

§ 973 Eigentumserwerb des Finders

(1) Mit dem Ablauf von sechs Monaten nach der Anzeige des Fundes bei der zuständigen Behörde erwirbt der Finder das Eigentum an der Sache, es sei denn, dass vorher ein Empfangsberechtigter dem Finder bekannt geworden ist oder sein Recht bei der zuständigen Behörde angemeldet hat. Mit dem Erwerb des Eigentums erlöschen die sonstigen Rechte an der Sache.

(2) Ist die Sache nicht mehr als zehn Euro wert, so beginnt die sechsmonatige Frist mit dem Fund. Der Finder erwirbt das Eigentum nicht, wenn er den Fund auf Nachfrage verheimlicht. Die Anmeldung eines Rechts bei der zuständigen Behörde steht dem Erwerb des Eigentums nicht entgegen.

§ 974 Eigentumserwerb nach Verschweigung

Sind vor dem Ablauf der sechsmonatigen Frist Empfangsberechtigte dem Finder bekannt geworden oder haben sie bei einer Sache, die mehr als zehn Euro wert ist, ihre Rechte bei der zuständigen Behörde rechtzeitig angemeldet,

면책된다.

제970조 [費用의 償還]

물건의 보관 또는 보존을 위하여 또는 수령권자의 수색을 위하여 습득자
가 제반 사정에 비추어 필요하다고 인정할 수 있는 비용을 지출한 경우
에 그는 수령권자에 대하여 상환을 청구할 수 있다.

제971조 [拾得報償金]

① 습득자는 수령권자에게 보상금을 청구할 수 있다. 보상금은 물건의
가액이 500유로까지는 그 5%, 이를 넘으면 3%이며, 동물인 경우에는 그
3%로 한다. 물건이 수령권자에게만 가치가 있는 것인 경우에는 보상금
은 공평한 재량에 좇아 정하여진다.

② 습득자가 신고의무를 위반하거나 조회에 대하여 습득을 숨긴 경우에
는 제1항의 청구권은 배제된다.

제972조 [拾得者의 留置權]

제970조, 제971조에 정하여진 청구권에 대하여는 비용지출로 인한 점유
자의 소유자에 대한 청구권에 관한 제1000조 내지 제1002조의 규정이 준
용된다.

제973조 [拾得者의 所有權取得]

① 습득자는 습득물을 관할 관청에 신고한 후 6개월의 경과로 물건의
소유권을 취득한다, 그러나 습득자가 그 전에 수령권자를 알게 되었거나
수령권자가 관할 관청에 자신의 권리를 신고한 경우에는 그러하지 아니
하다. 물건에 대한 그 밖의 권리는 소유권 취득과 동시에 소멸한다.

② 물건의 가액이 10유로 이하인 경우에는 6개월의 기간은 습득과 동시
에 진행한다. 습득자가 조회에 대하여 습득을 숨긴 경우에는 그는 소유
권을 취득하지 못한다. 관할 관청에 대한 권리의 신고는 소유권의 취득
을 방해하지 아니한다.

제974조 [受領權者의 無應答으로 인한 所有權取得]

습득자가 6개월의 기간이 경과하기 전에 수령권자를 알게 된 경우 또는
가액이 10유로를 넘는 물건에 있어서 수령권자가 자신의 권리를 적시에

so kann der Finder die Empfangsberechtigten nach den Vorschriften des § 1003 zur Erklärung über die ihm nach den §§ 970 bis 972 zustehenden Ansprüche auffordern. Mit dem Ablauf der für die Erklärung bestimmten Frist erwirbt der Finder das Eigentum und erlöschen die sonstigen Rechte an der Sache, wenn nicht die Empfangsberechtigten sich rechtzeitig zu der Befriedigung der Ansprüche bereit erklären.

§ 975 Rechte des Finders nach Ablieferung

Durch die Ablieferung der Sache oder des Versteigerungserlöses an die zuständige Behörde werden die Rechte des Finders nicht berührt. Lässt die zuständige Behörde die Sache versteigern, so tritt der Erlös an die Stelle der Sache. Die zuständige Behörde darf die Sache oder den Erlös nur mit Zustimmung des Finders einem Empfangsberechtigten herausgeben.

§ 976 Eigentumserwerb der Gemeinde

(1) Verzichtet der Finder der zuständigen Behörde gegenüber auf das Recht zum Erwerb des Eigentums an der Sache, so geht sein Recht auf die Gemeinde des Fundorts über.

(2) Hat der Finder nach der Ablieferung der Sache oder des Versteigerungserlöses an die zuständige Behörde auf Grund der Vorschriften der §§ 973, 974 das Eigentum erworben, so geht es auf die Gemeinde des Fundorts über, wenn nicht der Finder vor dem Ablauf einer ihm von der zuständigen Behörde bestimmten Frist die Herausgabe verlangt.

§ 977 Bereicherungsanspruch

Wer infolge der Vorschriften der §§ 973, 974, 976 einen Rechtsverlust erleidet, kann in den Fällen der §§ 973, 974 von dem Finder, in den Fällen des § 976 von der Gemeinde des Fundorts die Herausgabe des durch die Rechtsänderung Erlangten nach den Vorschriften über die Herausgabe einer ungerechtfertigten Bereicherung fordern. Der Anspruch erlischt mit dem Ablauf von drei Jahren nach dem Übergang des Eigentums auf den Finder oder die Gemeinde, wenn nicht die gerichtliche Geltendmachung vorher erfolgt.

§ 978 Fund in öffentlicher Behörde oder Verkehrsanstalt

(1) Wer eine Sache in den Geschäftsräumen oder den Beförderungsmitteln einer öffentlichen Behörde oder einer dem öffentlichen Verkehr dienenden Verkehrsanstalt findet und an sich nimmt, hat die Sache unverzüglich an die Behörde oder die Verkehrsanstalt oder an einen ihrer Angestellten abzu-

관할 관청에 신고한 경우에, 습득자는 수령권자에 대하여 제970조 내지
제972조에 의하여 자신이 가지는 청구권에 관하여 의사표시를 할 것을
제1003조에 따라 최고할 수 있다. 수령권자가 채무를 이행할 용의가 있
음을 적시에 표시하지 아니한 때에는, 습득자는 의사표시를 위하여 정하
여진 기간이 경과함으로써 소유권을 취득하고 물건에 대한 그 밖의 권리
는 소멸한다.

제975조 [交付 後 拾得者의 權利]

습득자의 권리는 물건 또는 경매대금을 관할 관청에 교부하는 것에 의하
여 영향을 받지 아니한다. 관할 관청이 그 물건을 경매에 붙인 경우에는
그 매득금이 물건에 갈음한다. 관할 관청은 습득자의 동의가 있어야만
물건 또는 매득금을 수령권자에게 반환할 수 있다.

제976조 [基礎地方自治體의 所有權取得]

① 습득자가 물건의 소유권을 취득하는 권리를 관할 관청에 대하여 포
기한 경우에는 그 권리는 습득장소의 기초지방자치체에 이전된다.

② 습득자가 물건 또는 매득금을 관할 관청에 교부한 후에 제973조, 제
974조에 의하여 소유권을 취득한 경우에, 습득자가 관할 관청이 그에게
정하여 준 기간이 경과하기 전에 반환을 청구하지 아니한 때에는, 소유
권은 습득장소의 기초지방자치체에게 이전된다.

제977조 [不當利得返還請求權]

제973조, 제974조, 제976조에 의하여 권리를 상실한 사람은 부당이득의
반환에 관한 규정에 따라 제973조, 제974조의 경우에는 습득자에 대하여
제976조의 경우에는 습득장소의 기초지방자치체에 대하여 권리변동에
의하여 취득한 것의 반환을 청구할 수 있다. 그 청구권은 습득자 또는 기
초지방자치체에 소유권이 이전된 후 3년 이내에 재판상 행사되지 아니
하면 소멸한다.

제978조 [官廳 또는 交通施設에서의 拾得]

① 관청 또는 공공운송에 사용되는 교통영조물의 업무공간 또는 운송수
단 내에서 물건을 발견하여 습득한 사람은 그 관청이나 교통영조물 또는

liefern. Die Vorschriften der §§ 965 bis 967 und 969 bis 977 finden keine Anwendung.

(2) Ist die Sache nicht weniger als 50 Euro wert, so kann der Finder von dem Empfangsberechtigten einen Finderlohn verlangen. Der Finderlohn besteht in der Hälfte des Betrags, der sich bei Anwendung des § 971 Abs. 1 Satz 2, 3 ergeben würde. Der Anspruch ist ausgeschlossen, wenn der Finder Bediensteter der Behörde oder der Verkehrsanstalt ist oder der Finder die Ablieferungspflicht verletzt. Die für die Ansprüche des Besitzers gegen den Eigentümer wegen Verwendungen geltende Vorschrift des § 1001 findet auf den Finderlohnanspruch entsprechende Anwendung. Besteht ein Anspruch auf Finderlohn, so hat die Behörde oder die Verkehrsanstalt dem Finder die Herausgabe der Sache an einen Empfangsberechtigten anzuzeigen.

(3) Fällt der Versteigerungserlös oder gefundenes Geld an den nach § 981 Abs. 1 Berechtigten, so besteht ein Anspruch auf Finderlohn nach Absatz 2 Satz 1 bis 3 gegen diesen. Der Anspruch erlischt mit dem Ablauf von drei Jahren nach seiner Entstehung gegen den in Satz 1 bezeichneten Berechtigten.

§ 979 Verwertung; Verordnungsermächtigung

(1) Die Behörde oder die Verkehrsanstalt kann die an sie abgelieferte Sache öffentlich versteigern lassen. Die öffentlichen Behörden und die Verkehrsanstalten des *Reichs*, der *Bundesstaaten* und der Gemeinden können die Versteigerung durch einen ihrer Beamten vornehmen lassen.

(1a) Die Versteigerung kann nach Maßgabe der nachfolgenden Vorschriften auch als allgemein zugängliche Versteigerung im Internet erfolgen.

(1b) Die Bundesregierung wird ermächtigt, durch Rechtsverordnung ohne Zustimmung des Bundesrates für ihren Bereich Versteigerungsplattformen zur Versteigerung von Fundsachen zu bestimmen; sie kann diese Ermächtigung durch Rechtsverordnung auf die fachlich zuständigen obersten Bundesbehörden übertragen. Die Landesregierungen werden ermächtigt, durch Rechtsverordnung für ihren Bereich entsprechende Regelungen zu treffen; sie können die Ermächtigung auf die fachlich zuständigen obersten Landesbehörden übertragen. Die Länder können Versteigerungsplattformen bestimmen, die sie länderübergreifend nutzen. Sie können eine Übertragung von Abwicklungsaufgaben auf die zuständige Stelle eines anderen Landes vereinbaren.

(2) Der Erlös tritt an die Stelle der Sache.

그 직원에게 그 물건을 지체없이 교부하여야 한다. 제965조 내지 제967
조 및 제969조 내지 제977조는 적용되지 아니한다.

② 물건의 가액이 50유로 이상인 경우에는 습득자는 수령권자에게 보상
금을 청구할 수 있다. 보상금은 제971조 제 1 항 제 2 문, 제 3 문을 적용하
는 경우의 반으로 한다. 습득자가 그 관청 또는 교통영조물의 직원인 경
우 또는 습득자가 교부의무를 위반한 경우에는 이 청구권은 배제된다.
비용지출을 이유로 한 점유자의 소유자에 대한 청구권에 관한 제1001조
의 규정은 보상금청구권에 준용된다. 보상금청구권이 성립하는 경우에
그 관청 또는 교통영조물은 수령권자에의 물건의 반환을 습득자에 대하
여 통지하여야 한다.

③ 경매대금 또는 습득된 금전이 제981조 제 1 항에 의한 권리자에게 귀
속되는 경우에, 제 2 항 제 1 문 내지 제 3 문에 의한 보상금청구권은 그에
대하여 발생한다. 제 1 문에 정하여진 권리자에 대한 청구권은 그 성립
후 3년이 경과함으로써 소멸한다.

제979조 [換價; 規則制定權限 委任]

① 관청 또는 교통영조물은 자신에게 교부된 물건을 공경매에 부칠 수
있다. 연방, 주 및 기초지방자치체의 관청과 교통영조물은 그 관리로 하
여금 경매를 시행하게 할 수 있다.

①의a 경매는 다음 규정의 정함에 따라 또는 인터넷에서 일반적으로
접근할 수 있는 경매로 행하여질 수 있다.

①의b 연방정부는 법규명령으로 연방상원의 동의 없이 그 관할지역에
관하여 습득물의 경매제도를 정할 권한을 가진다; 연방정부는 이 권한
을 법규명령으로 전문적 관할을 가지는 연방관청에 위임할 수 있다. 주
정부는 법규명령으로 그 관할지역에 적용되는 규율을 행할 권한을 가진
다; 주 정부는 그 권한을 법규명령으로 전문적 관할을 가지는 주 관청에
위임할 수 있다. 주는 주 전체가 이용할 수 있는 경매제도를 정할 수 있
다. 주 정부는 다른 주의 관할기관에 절차 진행의 업무를 이양하는 것을
합의할 수 있다.

② 매득금은 물건에 갈음한다.

§ 980　Öffentliche Bekanntmachung des Fundes

(1) Die Versteigerung ist erst zulässig, nachdem die Empfangsberechtigten in einer öffentlichen Bekanntmachung des Fundes zur Anmeldung ihrer Rechte unter Bestimmung einer Frist aufgefordert worden sind und die Frist verstrichen ist; sie ist unzulässig, wenn eine Anmeldung rechtzeitig erfolgt ist.

(2) Die Bekanntmachung ist nicht erforderlich, wenn der Verderb der Sache zu besorgen oder die Aufbewahrung mit unverhältnismäßigen Kosten verbunden ist.

§ 981　Empfang des Versteigerungserlöses

(1) Sind seit dem Ablauf der in der öffentlichen Bekanntmachung bestimmten Frist drei Jahre verstrichen, so fällt der Versteigerungserlös, wenn nicht ein Empfangsberechtigter sein Recht angemeldet hat, bei *Reichs*behörden und *Reichs*anstalten an den *Reichs*fiskus, bei Landesbehörden und Landesanstalten an den Fiskus des *Bundesstaats*, bei Gemeindebehörden und Gemeindeanstalten an die Gemeinde, bei Verkehrsanstalten, die von einer Privatperson betrieben werden, an diese.

(2) Ist die Versteigerung ohne die öffentliche Bekanntmachung erfolgt, so beginnt die dreijährige Frist erst, nachdem die Empfangsberechtigten in einer öffentlichen Bekanntmachung des Fundes zur Anmeldung ihrer Rechte aufgefordert worden sind. Das Gleiche gilt, wenn gefundenes Geld abgeliefert worden ist.

(3) Die Kosten werden von dem herauszugebenden Betrag abgezogen.

§ 982　Ausführungsvorschriften

Die in den §§ 980, 981 vorgeschriebene Bekanntmachung erfolgt bei *Reichs*behörden und *Reichs*anstalten nach den von dem *Bundesrat*, in den übrigen Fällen nach den von der Zentralbehörde des *Bundesstaats* erlassenen Vorschriften.

§ 983　Unanbringbare Sachen bei Behörden

Ist eine öffentliche Behörde im Besitz einer Sache, zu deren Herausgabe sie verpflichtet ist, ohne dass die Verpflichtung auf Vertrag beruht, so finden, wenn der Behörde der Empfangsberechtigte oder dessen Aufenthalt unbekannt ist, die Vorschriften der §§ 979 bis 982 entsprechende Anwendung.

§ 984　Schatzfund

Wird eine Sache, die so lange verborgen gelegen hat, dass der Eigentümer

제980조 [拾得公告]

① 경매는 습득의 공고에서 수령권자에 대하여 일정한 기간을 정하여 그 기간 내에 권리를 신고할 것을 최고하고 그 기간이 경과한 때에 비로소 허용된다; 적시에 신고가 행하여진 때에는 경매는 허용되지 아니한다.

② 물건이 변질될 우려가 있거나 또는 보관에 과도한 비용을 요하는 경우에는 공고를 요하지 아니한다.

제981조 [競賣代金의 受領]

① 공고에서 정한 기간이 지난 후 3년이 경과하여도 수령권자가 자신의 권리를 신고하지 아니한 때에는, 경매대금은 연방관청과 연방영조물의 경우에는 연방의 국고에, 주관청과 주영조물의 경우에는 주의 국고에, 기초지방자치체의 관청과 영조물의 경우에는 기초지방자치체에, 사인이 운영하는 교통영조물의 경우는 그 사인에 귀속한다.

② 경매가 공고 없이 행하여진 경우에 제1항의 3년의 기간은 습득의 공고에서 수령권자에 대하여 자신의 권리를 신고할 것을 최고한 후에야 비로소 진행한다. 습득된 금전이 교부된 경우에도 또한 같다.

③ 비용은 반환할 금액에서 공제된다.

제982조 [施行規定]

제980조, 제981조에 정하여진 공고는 연방관청과 연방영조물인 경우에는 연방참의원이, 그 밖의 경우에는 주의 중앙관서가 제정한 규정에 따라 행한다.

제983조 [官廳의 引渡不可能한 物件]

관청이 계약에 기하지 아니하고 반환의무를 지고 있는 물건을 점유하고 있는 경우에 관청이 수령권자 또는 수령권자의 소재를 알지 못하는 때에는 제979조 내지 제982조가 준용된다.

제984조 [埋藏物發見]

장기간 매장되어 있어서 이제 소유자를 찾을 수 없게 된 물건("매장

nicht mehr zu ermitteln ist (Schatz), entdeckt und infolge der Entdeckung in Besitz genommen, so wird das Eigentum zur Hälfte von dem Entdecker, zur Hälfte von dem Eigentümer der Sache erworben, in welcher der Schatz verborgen war.

Titel 4　Ansprüche aus dem Eigentum

§ 985　Herausgabeanspruch
Der Eigentümer kann von dem Besitzer die Herausgabe der Sache verlangen.

§ 986　Einwendungen des Besitzers
(1) Der Besitzer kann die Herausgabe der Sache verweigern, wenn er oder der mittelbare Besitzer, von dem er sein Recht zum Besitz ableitet, dem Eigentümer gegenüber zum Besitze berechtigt ist. Ist der mittelbare Besitzer dem Eigentümer gegenüber zur Überlassung des Besitzes an den Besitzer nicht befugt, so kann der Eigentümer von dem Besitzer die Herausgabe der Sache an den mittelbaren Besitzer oder, wenn dieser den Besitz nicht wieder übernehmen kann oder will, an sich selbst verlangen.

(2) Der Besitzer einer Sache, die nach § 931 durch Abtretung des Anspruchs auf Herausgabe veräußert worden ist, kann dem neuen Eigentümer die Einwendungen entgegensetzen, welche ihm gegen den abgetretenen Anspruch zustehen.

§ 987　Nutzungen nach Rechtshängigkeit
(1) Der Besitzer hat dem Eigentümer die Nutzungen herauszugeben, die er nach dem Eintritt der Rechtshängigkeit zieht.

(2) Zieht der Besitzer nach dem Eintritt der Rechtshängigkeit Nutzungen nicht, die er nach den Regeln einer ordnungsmäßigen Wirtschaft ziehen könnte, so ist er dem Eigentümer zum Ersatz verpflichtet, soweit ihm ein Verschulden zur Last fällt.

§ 988　Nutzungen des unentgeltlichen Besitzers
Hat ein Besitzer, der die Sache als ihm gehörig oder zum Zwecke der Ausübung eines ihm in Wirklichkeit nicht zustehenden Nutzungs rechts an der Sache besitzt, den Besitz unentgeltlich erlangt, so ist er dem Eigentümer gegenüber zur Herausgabe der Nutzungen, die er vor dem Eintritt der Rechtshängigkeit zieht,

물")이 발견되고 그 발견의 결과로 이를 점유하기에 이른 경우에 그 물
건의 소유권은 발견자와 매장물이 묻혀 있던 물건의 소유자가 각각 반
분한다.

제 4 절　所有權에 기한 請求權

제985조 [所有物返還請求權]
소유자는 점유자에 대하여 물건의 반환을 청구할 수 있다.

제986조 [占有者의 對抗事由]
① 점유자는 그 또는 그가 점유할 권리를 도출한 간접점유자가 소유자
에 대하여 점유할 권리가 있는 경우에는 물건의 반환을 거절할 수 있다.
간접점유자가 소유자에 대한 관계에서 점유자에게 점유를 이전할 권한
이 없는 경우에는, 소유자는 점유자에게 물건을 간접점유자에게 반환할
것을 청구할 수 있고, 간접점유자가 점유를 인수할 수 없거나 인수할 의
사가 없는 때에는 자신에게 반환할 것을 청구할 수 있다.
② 제931조에 따라 반환청구권의 양도에 의하여 양도된 물건을 점유하
는 사람은 양도된 청구권에 관하여 자신이 가지는 대항사유로써 새로운
소유자에게 대항할 수 있다.

제987조 [訴訟係屬 후의 收益]
① 점유자는 소송계속 후에 수취한 수익을 소유자에게 반환하여야 한다.
② 점유자가 소송계속 후에 정상적인 경영의 규칙에 따라 수취할 수 있
었던 수익을 수취하지 아니한 경우에는, 그에게 과책이 있는 한, 소유자
에 대하여 상환의 의무를 진다.

제988조 [無償占有者의 收益]
물건을 자신에 속하는 것으로 점유하거나 또는 실제로 자신이 가지지 아
니한 물건의 수익권을 행사하기 위하여 물건을 점유하고 있는 점유자가
무상으로 그 점유를 취득하였던 경우에는, 그는 소유자에 대하여 소송계
속 전에 수취한 수익을 부당이득의 반환에 관한 규정에 따라 반환할 의

nach den Vorschriften über die Herausgabe einer ungerechtfertigten Bereicherung verpflichtet.

§ 989 Schadensersatz nach Rechtshängigkeit

Der Besitzer ist von dem Eintritt der Rechtshängigkeit an dem Eigentümer für den Schaden verantwortlich, der dadurch entsteht, dass infolge seines Verschuldens die Sache verschlechtert wird, untergeht oder aus einem anderen Grunde von ihm nicht herausgegeben werden kann.

§ 990 Haftung des Besitzers bei Kenntnis

(1) War der Besitzer bei dem Erwerb des Besitzes nicht in gutem Glauben, so haftet er dem Eigentümer von der Zeit des Erwerbs an nach den §§ 987, 989. Erfährt der Besitzer später, dass er zum Besitz nicht berechtigt ist, so haftet er in gleicher Weise von der Erlangung der Kenntnis an.

(2) Eine weitergehende Haftung des Besitzers wegen Verzugs bleibt unberührt.

§ 991 Haftung des Besitzmittlers

(1) Leitet der Besitzer das Recht zum Besitz von einem mittelbaren Besitzer ab, so finden die Vorschriften des § 990 in Ansehung der Nutzungen nur Anwendung, wenn die Voraussetzungen des § 990 auch bei dem mittelbaren Besitzer vorliegen oder diesem gegenüber die Rechtshängigkeit eingetreten ist.

(2) War der Besitzer bei dem Erwerb des Besitzes in gutem Glauben, so hat er gleichwohl von dem Erwerb an den im § 989 bezeichneten Schaden dem Eigentümer gegenüber insoweit zu vertreten, als er dem mittelbaren Besitzer verantwortlich ist.

§ 992 Haftung des deliktischen Besitzers

Hat sich der Besitzer durch verbotene Eigenmacht oder durch eine Straftat den Besitz verschafft, so haftet er dem Eigentümer nach den Vorschriften über den Schadensersatz wegen unerlaubter Handlungen.

§ 993 Haftung des redlichen Besitzers

(1) Liegen die in den §§ 987 bis 992 bezeichneten Voraussetzungen nicht vor, so hat der Besitzer die gezogenen Früchte, soweit sie nach den Regeln einer ordnungsmäßigen Wirtschaft nicht als Ertrag der Sache anzusehen sind, nach den Vorschriften über die Herausgabe einer ungerechtfertigten Bereicherung herauszugeben; im übrigen ist er weder zur Herausgabe von Nutzungen noch zum Schadensersatz verpflichtet.

무를 진다.

제989조 [訴訟係屬 후의 損害賠償]

점유자는 소송계속시로부터 자신의 과책으로 인하여 물건이 손상되거나 멸실하거나 또는 다른 이유로 물건을 반환할 수 없게 됨으로써 발생하는 손해에 관하여 소유자에 대하여 책임을 진다.

제990조 [惡意占有者의 責任]

① 점유자가 점유취득시에 선의가 아니었던 경우에는 그는 소유자에 대하여 점유취득시로부터 제987조, 제989조에 따라 책임을 진다. 점유자가 나중에 자신에게 점유할 권리가 없음을 알게 된 경우에는 안 때로부터 이와 동일한 책임을 진다.

② 지체로 인한 점유자의 그 밖의 책임은 영향을 받지 아니한다.

제991조 [占有媒介者의 責任]

① 점유자가 점유할 권리를 간접점유자로부터 도출한 경우에, 수익에 관하여는, 제990조의 요건이 간접점유자에 있어서도 충족된 때 또는 간접점유자에 대하여 소송계속이 발생한 때에 한하여, 제990조가 적용된다.

② 점유자가 점유취득시에 선의이었던 경우에도 그는 간접점유자에 대하여 책임을 지는 범위에서 점유취득시로부터 제989조에 정하여진 손해에 관하여 소유자에 대하여 책임이 있다.

제992조 [不法行爲占有者의 責任]

점유자가 금지된 사력 또는 범죄행위에 의하여 점유를 취득한 경우에는 그는 불법행위로 인한 손해배상에 관한 규정에 따라 소유자에 대하여 책임을 진다.

제993조 [善意占有者의 責任]

① 제987조 내지 제992조에 정하여진 요건이 충족되지 아니한 경우에는, 점유자는 수취한 과실을, 그것이 정상적인 경영의 규칙에 따라 물건의 수득으로 인정될 수 있는 것이 아닌 한, 부당이득의 반환에 관한 규정에 따라 반환하여야 한다; 그 외에 그는 수익반환이나 손해배상의 의무를 지지 아니한다.

(2) Für die Zeit, für welche dem Besitzer die Nutzungen verbleiben, finden auf ihn die Vorschriften des § 101 Anwendung.

§ 994 Notwendige Verwendungen

(1) Der Besitzer kann für die auf die Sache gemachten notwendigen Verwendungen von dem Eigentümer Ersatz verlangen. Die gewöhnlichen Erhaltungskosten sind ihm jedoch für die Zeit, für welche ihm die Nutzungen verbleiben, nicht zu ersetzen.

(2) Macht der Besitzer nach dem Eintritt der Rechtshängigkeit oder nach dem Beginn der im § 990 bestimmten Haftung notwendige Verwendungen, so bestimmt sich die Ersatzpflicht des Eigentümers nach den Vorschriften über die Geschäftsführung ohne Auftrag.

§ 995 Lasten

Zu den notwendigen Verwendungen im Sinne des § 994 gehören auch die Aufwendungen, die der Besitzer zur Bestreitung von Lasten der Sache macht. Für die Zeit, für welche dem Besitzer die Nutzungen verbleiben, sind ihm nur die Aufwendungen für solche außerordentliche Lasten zu ersetzen, die als auf den Stammwert der Sache gelegt anzusehen sind.

§ 996 Nützliche Verwendungen

Für andere als notwendige Verwendungen kann der Besitzer Ersatz nur insoweit verlangen, als sie vor dem Eintritt der Rechtshängigkeit und vor dem Beginn der im § 990 bestimmten Haftung gemacht werden und der Wert der Sache durch sie noch zu der Zeit erhöht ist, zu welcher der Eigentümer die Sache wiedererlangt.

§ 997 Wegnahmerecht

(1) Hat der Besitzer mit der Sache eine andere Sache als wesentlichen Bestandteil verbunden, so kann er sie abtrennen und sich aneignen. Die Vorschriften des § 258 finden Anwendung.

(2) Das Recht zur Abtrennung ist ausgeschlossen, wenn der Besitzer nach § 994 Abs. 1 Satz 2 für die Verwendung Ersatz nicht verlangen kann oder die Abtrennung für ihn keinen Nutzen hat oder ihm mindestens der Wert ersetzt wird, den der Bestandteil nach der Abtrennung für ihn haben würde.

§ 998 Bestellungskosten bei landwirtschaftlichem Grundstück

Ist ein landwirtschaftliches Grundstück herauszugeben, so hat der Eigen-

② 점유자가 수익을 취득하는 기간 동안에 대하여는 제101조가 점유자에게 적용된다.

제994조 [必要費]

① 점유자는 소유자에 대하여 물건에 지출한 필요비를 상환할 것을 청구할 수 있다. 그러나 점유자가 수익을 취득하는 기간 동안에 대하여는 통상의 보존비용은 상환되지 아니한다.

② 소송이 계속된 후 또는 제990조에 정하여진 책임이 발생한 후 점유자가 필요비를 지출한 경우에, 소유자의 상환의무는 사무관리에 관한 규정에 따라 정하여진다.

제995조 [負擔]

점유자가 물건에 대한 부담을 이행하기 위하여 지출한 비용도 제994조의 의미에서의 필요비에 속한다. 점유자가 수익을 취득하는 기간 동안에는, 물건의 원본가치에 과하여진 것으로 인정될 수 있는 특별한 부담에 대하여 지출된 비용만이 상환된다.

제996조 [有益費]

필요비 이외의 비용지출은, 이것이 소송계속 전에 또 제990조에 정하여진 책임이 발생하기 전에 행하여졌고 또한 소유자가 물건을 반환받는 시점에서 그 지출로 인한 물건가액의 증가가 현존하는 경우에 한하여, 점유자는 그 한도에서 상환을 청구할 수 있다.

제997조 [收去權]

① 점유자가 물건에 다른 물건을 부착하여 그 본질적 구성부분으로 한 경우에는, 그는 이를 분리하여 수거할 수 있다. 제258조는 이에 적용된다.

② 점유자가 제994조 제 1 항 제 2 문에 의하여 필요비의 상환을 청구할 수 없는 경우 또는 분리가 그에게 아무런 소용이 없거나 그가 적어도 그 구성부분이 분리 후 그에게 가지는 가액을 상환받은 경우에는, 분리의 권리는 배제된다.

제998조 [農地의 耕作費用]

농지가 반환의 목적인 경우에, 소유자는 점유자가 아직 분리되지 아니하

tümer die Kosten, die der Besitzer auf die noch nicht getrennten, jedoch nach den Regeln einer ordnungsmäßigen Wirtschaft vor dem Ende des Wirtschaftsjahrs zu trennenden Früchte verwendet hat, insoweit zu ersetzen, als sie einer ordnungsmäßigen Wirtschaft entsprechen und den Wert dieser Früchte nicht übersteigen.

§ 999　Ersatz von Verwendungen des Rechtsvorgängers

(1) Der Besitzer kann für die Verwendungen eines Vorbesitzers, dessen Rechtsnachfolger er geworden ist, in demselben Umfang Ersatz verlangen, in welchem ihn der Vorbesitzer fordern könnte, wenn er die Sache herauszugeben hätte.

(2) Die Verpflichtung des Eigentümers zum Ersatz von Verwendungen erstreckt sich auch auf die Verwendungen, die gemacht worden sind bevor er das Eigentum erworen hat.

§ 1000　Zurückbehaltungsrecht des Besitzers

Der Besitzer kann die Herausgabe der Sache verweigern, bis er wegen der ihm zu ersetzenden Verwendungen befriedigt wird. Das Zurückbehaltungsrecht steht ihm nicht zu, wenn er die Sache durch eine vorsätzlich begangene unerlaubte Handlung erlangt hat.

§ 1001　Klage auf Verwendungsersatz

Der Besitzer kann den Anspruch auf den Ersatz der Verwendungen nur geltend machen, wenn der Eigentümer die Sache wiedererlangt oder die Verwendungen genehmigt. Bis zur Genehmigung der Verwendungen kann sich der Eigentümer von dem Anspruch dadurch befreien, dass er die wiedererlangte Sache zurückgibt. Die Genehmigung gilt als erteilt, wenn der Eigentümer die ihm von dem Besitzer unter Vorbehalt des Anspruchs angebotene Sache annimmt.

§ 1002　Erlöschen des Verwendungsanspruchs

(1) Gibt der Besitzer die Sache dem Eigentümer heraus, so erlischt der Anspruch auf den Ersatz der Verwendungen mit dem Ablauf eines Monats, bei einem Grundstück mit dem Ablauf von sechs Monaten nach der Herausgabe, wenn nicht vorher die gerichtliche Geltendmachung erfolgt oder der Eigentümer die Verwendungen genehmigt.

(2) Auf diese Fristen finden die für die Verjährung geltenden Vorschriften der §§ 206, 210, 211 entsprechende Anwendung.

였으나 정상적인 경영의 규칙에 따른다면 경작연도의 종료 전에 분리할 과실에 지출한 비용을 그것이 정상적인 경영의 규칙에 상응하고 또 그 과실의 가액을 상회하지 아니한 한도에서 상환하여야 한다.

제999조 [前主의 支出費用의 償還]

① 점유자는 그가 권리를 승계한 전점유자가 지출한 비용에 관하여 전점유자가 물건을 반환하였다면 청구할 수 있었을 범위에서 상환을 청구할 수 있다.

② 소유자의 비용상환의무는 그가 소유권을 취득하기 전에 지출된 비용에도 미친다.

제1000조 [占有者의 留置權]

점유자는 상환받아야 할 비용이 결제될 때까지 물건의 반환을 거절할 수 있다. 점유자가 고의의 불법행위에 의하여 물건을 취득한 경우에는 그는 유치권을 가지지 못한다.

제1001조 [費用償還의 訴]

점유자는 소유자가 물건을 반환받거나 비용지출을 승인한 경우에만 비용상환의 청구권을 행사할 수 있다. 비용지출을 승인하기까지 소유자는 반환받은 물건을 다시 인도함으로써 청구권의 행사를 면할 수 있다. 소유자가 점유자가 청구권을 유보하여 제공하는 물건을 수령한 경우에는 승인이 행하여진 것으로 본다.

제1002조 [費用償還請求權의 消滅]

① 점유자가 물건을 소유자에게 반환한 경우에는, 비용상환청구권은 반환 후 1개월, 또는 부동산에 있어서는 6개월 이내에 재판상 행사되지 아니하거나 그 기간 내에 소유자가 내용지출을 승인하지 아니한 때에는 소멸한다.

② 제 1 항의 기간에 대해서는 소멸시효에 관한 제206조, 제210조, 제211조의 규정이 준용된다.

§ 1003 Befriedigungsrecht des Besitzers

(1) Der Besitzer kann den Eigentümer unter Angabe des als Ersatz verlangten Betrags auffordern, sich innerhalb einer von ihm bestimmten angemessenen Frist darüber zu erklären, ob er die Verwendungen genehmige. Nach dem Ablauf der Frist ist der Besitzer berechtigt, Befriedigung aus der Sache nach den Vorschriften über den Pfandverkauf, bei einem Grundstück nach den Vorschriften über die Zwangsvollstreckung in das unbewegliche Vermögen zu suchen, wenn nicht die Genehmigung rechtzeitig erfolgt.

(2) Bestreitet der Eigentümer den Anspruch vor dem Ablauf der Frist, so kann sich der Besitzer aus der Sache erst dann befriedigen, wenn er nach rechtskräftiger Feststellung des Betrags der Verwendungen den Eigentümer unter Bestimmung einer angemessenen Frist zur Erklärung aufgefordert hat und die Frist verstrichen ist; das Recht auf Befriedigung aus der Sache ist ausgeschlossen, wenn die Genehmigung rechtzeitig erfolgt.

§ 1004 Beseitigungs- und Unterlassungsanspruch

(1) Wird das Eigentum in anderer Weise als durch Entziehung oder Vorenthaltung des Besitzes beeinträchtigt, so kann der Eigentümer von dem Störer die Beseitigung der Beeinträchtigung verlangen. Sind weitere Beeinträchtigungen zu besorgen, so kann der Eigentümer auf Unterlassung klagen.

(2) Der Anspruch ist ausgeschlossen, wenn der Eigentümer zur Duldung verpflichtet ist.

§ 1005 Verfolgungsrecht

Befindet sich eine Sache auf einem Grundstück, das ein anderer als der Eigentümer der Sache besitzt, so steht diesem gegen den Besitzer des Grundstücks der im § 867 bestimmte Anspruch zu.

§ 1006 Eigentumsvermutung für Besitzer

(1) Zugunsten des Besitzers einer beweglichen Sache wird vermutet, dass er Eigentümer der Sache sei. Dies gilt jedoch nicht einem früheren Besitzer gegenüber, dem die Sache gestohlen worden, verloren gegangen oder sonst abhanden gekommen ist, es sei denn, dass es sich um Geld oder Inhaberpapiere handelt.

(2) Zugunsten eines früheren Besitzers wird vermutet, dass er während der Dauer seines Besitzes Eigentümer der Sache gewesen sei.

(3) Im Falle eines mittelbaren Besitzes gilt die Vermutung für den mittelbaren Besitzer.

제1003조 [占有者의 滿足權]

① 점유자는 소유자에 대하여, 점유자가 정한 상당한 기간 내에 비용지출을 승인하는지 여부에 대하여 의사표시할 것을 상환을 청구하는 액을 제시하여 최고할 수 있다. 적시에 승인이 행하여지지 아니한 경우에는, 점유자는 그 기간이 경과한 후에 동산의 경우에는 질물매각에 관한 규정에 따라, 부동산의 경우에는 부동산에 대한 강제집행에 관한 규정에 따라 물건으로부터 만족을 구할 권리가 있다.

② 제1항의 기간이 경과하기 전에 소유자가 청구권을 다투는 경우에는, 점유자는 확정판결로 비용지출액이 확정된 후에 상당한 기간을 정하여 소유자에 대하여 그 의사표시를 할 것을 최고하고 또 그 기간이 경과한 때에 비로소 물건으로부터 만족을 얻을 수 있다; 적시에 승인이 행하여진 경우에는 물건으로부터의 만족권은 배제된다.

제1004조 [妨害排除請求權 및 不作爲請求權]

① 소유권이 점유침탈 또는 점유억류 이외의 방법으로 방해받은 때에는 소유자는 방해자에 대하여 그 방해의 배제를 청구할 수 있다. 앞으로도 방해받을 우려가 있는 때에는 소유자는 부작위를 소구할 수 있다.

② 소유자가 수인受忍의 의무를 지는 경우에는 제1항의 청구권은 배제된다.

제1005조 [追及權]

물건이 타인이 점유하는 부동산 위에 있는 경우에는 물건의 소유자는 부동산점유자에 대하여 제867조에 정하여진 청구권을 가진다.

제1006조 [占有者의 所有權推定]

① 동산의 점유자는 그의 이익을 위하여 그 물건의 소유자로 추정된다. 그러나 물건이 그로부터 도난당하거나 유실되거나 그 밖에 점유이탈한 종전의 점유자와의 관계에서는 이는 적용되지 아니한다, 그러나 금전 또는 무기명증권의 경우에는 그러하지 아니하다.

② 종전의 점유자는 그의 이익을 위하여, 점유를 계속한 동안 그 물건의 소유자이었던 것으로 추정된다.

③ 간접점유의 경우에 추정은 간접점유자에 대하여 적용된다.

§ 1007 Ansprüche des früheren Besitzers, Ausschluss bei Kenntnis

(1) Wer eine bewegliche Sache im Besitz gehabt hat, kann von dem Besitzer die Herausgabe der Sache verlangen, wenn dieser bei dem Erwerb des Besitzes nicht in gutem Glauben war.

(2) Ist die Sache dem früheren Besitzer gestohlen worden, verloren gegangen oder sonst abhanden gekommen, so kann er die Herausgabe auch von einem gutgläubigen Besitzer verlangen, es sei denn, dass dieser Eigentümer der Sache ist oder die Sache ihm vor der Besitzzeit des früheren Besitzers abhanden gekommen war. Auf Geld und Inhaberpapiere findet diese Vorschrift keine Anwendung.

(3) Der Anspruch ist ausgeschlossen, wenn der frühere Besitzer bei dem Erwerb des Besitzes nicht in gutem Glauben war oder wenn er den Besitz aufgegeben hat. Im übrigen finden die Vorschriften der §§ 986 bis 1003 entsprechende Anwendung.

Titel 5 Miteigentum

§ 1008 Miteigentum nach Bruchteilen

Steht das Eigentum an einer Sache mehreren nach Bruchteilen zu, so gelten die Vorschriften der §§ 1009 bis 1011.

§ 1009 Belastung zugunsten eines Miteigentümers

(1) Die gemeinschaftliche Sache kann auch zugunsten eines Miteigentümers belastet werden.

(2) Die Belastung eines gemeinschaftlichen Grundstücks zugunsten des jeweiligen Eigentümers eines anderen Grundstücks sowie die Belastung eines anderen Grundstücks zugunsten der jeweiligen Eigentümer des gemeinschaftlichen Grundstücks wird nicht dadurch ausgeschlossen, dass das andere Grundstück einem Miteigentümer des gemeinschaftlichen Grundstücks gehört.

§ 1010 Sondernachfolger eines Miteigentümers

(1) Haben die Miteigentümer eines Grundstücks die Verwaltung und Benutzung geregelt oder das Recht, die Aufhebung der Gemeinschaft zu verlangen, für immer oder auf Zeit ausgeschlossen oder eine Kündigungsfrist bestimmt, so wirkt die getroffene Bestimmung gegen den Sondernachfolger eines Miteigen-

제1007조 [從前占有者의 請求權; 惡意時의 排除]

① 동산을 점유하였던 사람은 점유자가 점유취득시 선의가 아니었던 경우에는 그에 대하여 물건의 반환을 청구할 수 있다.

② 물건이 종전의 점유자로부터 도난당하거나 유실되거나 그 밖에 점유이탈한 경우에는 그는 선의의 점유자에 대하여도 반환을 청구할 수 있다, 그러나 점유자가 물건의 소유자인 때 또는 물건이 종전의 점유자의 점유기간 전에 점유자로부터 점유이탈하였던 것인 때에는 그러하지 아니하다. 제1문은 금전과 무기명증권에는 적용되지 아니한다.

③ 종전의 점유자가 점유취득시에 선의가 아니었던 경우 또는 그가 점유를 포기하였던 경우에는 반환청구권은 배제된다. 그 외에 제986조 내지 제1003조가 준용된다.

제 5 절　共　　有

제1008조 [持分에 의한 共有]

물건의 소유권이 수인에게 지분으로 속하는 경우에는 제1009조 내지 제1011조가 적용된다.

제1009조 [共有者를 위한 負擔設定]

① 공동소유의 물건은 공유자 1인을 위하여도 부담의 목적물이 될 수 있다.

② 공동소유의 부동산에 다른 부동산의 현재의 소유자를 위하여 물권을 설정하거나 다른 부동산에 공동소유의 부동산의 현재의 소유자를 위하여 물권을 설정하는 것은 그 다른 부동산이 공동소유의 부동산의 공유자 중 1인에 속하는 경우에도 배제되지 아니한다.

제1010조 [共有者의 特定承繼人]

① 부동산의 공유자들이 그 관리와 이용에 관하여 정하였거나 또는 공동의 종료를 청구할 권리를 영구적 또는 일시적으로 배제하였거나 또는 고지기간을 정한 경우에, 그 정함은 부동산등기부에 지분에 대한 부담설

tümers nur, wenn sie als Belastung des Anteils im Grundbuch eingetragen ist.

(2) Die in den §§ 755, 756 bestimmten Ansprüche können gegen den Sondernachfolger eines Miteigentümers nur geltend gemacht werden, wenn sie im Grundbuch eingetragen sind.

§ 1011 Ansprüche aus dem Miteigentum

Jeder Miteigentümer kann die Ansprüche aus dem Eigentume Dritten gegenüber in Ansehung der ganzen Sache geltend machen, den Anspruch auf Herausgabe jedoch nur in Gemäßheit des § 432.

§§ 1012 bis 1017 (weggefallen)

Abschnitt 4　Dienstbarkeiten

Titel 1　Grunddienstbarkeiten

§ 1018 Gesetzlicher Inhalt der Grunddienstbarkeit

Ein Grundstück kann zugunsten des jeweiligen Eigentümers eines anderen Grundstücks in der Weise belastet werden, dass dieser das Grundstück in einzelnen Beziehungen benutzen darf oder dass auf dem Grundstück gewisse Handlungen nicht vorgenommen werden dürfen oder dass die Ausübung eines Rechts ausgeschlossen ist, das sich aus dem Eigentum an dem belasteten Grundstück dem anderen Grundstück gegenüber ergibt (Grunddienstbarkeit).

§ 1019 Vorteil des herrschenden Grundstücks

Eine Grunddienstbarkeit kann nur in einer Belastung bestehen, die für die Benutzung des Grundstücks des Berechtigten Vorteil bietet. Über das sich hieraus ergebende Maß hinaus kann der Inhalt der Dienstbarkeit nicht erstreckt werden.

§ 1020 Schonende Ausübung

Bei der Ausübung einer Grunddienstbarkeit hat der Berechtigte das Interesse des Eigentümers des belasteten Grundstücks tunlichst zu schonen. Hält er zur Ausübung der Dienstbarkeit auf dem belasteten Grundstück eine Anlage, so

정으로서 등기된 때에만 공유자 1인의 특정승계인에 대하여 효력을 가
진다.

② 제755조, 제756조에 정하여진 청구권은 그것이 부동산등기부에 등기
된 때에만 공유자 1인의 특정승계인에 대하여 행사할 수 있다.

제1011조 [共有에 기한 請求權]

공유자 각각은 공유물 전부에 관하여 제 3 자에 대하여 소유권에 기한 청구
권을 행사할 수 있으나, 반환청구권은 제432조에 좇아서만 행사할 수 있다.

제1012조 내지 제1017조 [삭제]

제 4 장 役   權

제 1 절 地 役 權

제1018조 [地役權의 內容]

토지는, 다른 토지의 현재의 소유자가 개별적인 관계에 있어서 이를 이
용할 수 있도록 하거나 일정한 행위가 거기서 행하여지지 아니하도록 하
거나 소유권에 기하여 다른 토지에 대하여 발생하는 권리의 행사가 배제
되도록 하는, 다른 토지의 현재의 소유자를 위한 부담의 목적이 될 수 있
다("지역권").

제1019조 [要役地의 便益]

지역권에 의한 부담은 지역권자의 토지의 이용에 편익을 주는 것이어야
한다. 지역권의 내용은 이 성질로부터 인정되는 정도를 넘어서는 미칠
수 없다.

제1020조 [權利行使上의 配慮]

지역권자는 권리를 행사함에 있어서 가능한 한 승역지 소유자의 이익을
배려하여야 한다. 지역권자가 지역권의 행사를 위하여 승역지에 시설을

hat er sie in ordnungsmäßigem Zustand zu erhalten, soweit das Interesse des Eigentümers es erfordert.

§ 1021 Vereinbarte Unterhaltungspflicht

(1) Gehört zur Ausübung einer Grunddienstbarkeit eine Anlage auf dem belasteten Grundstück, so kann bestimmt werden, dass der Eigentümer dieses Grundstücks die Anlage zu unterhalten hat, soweit das Interesse des Berechtigten es erfordert. Steht dem Eigentümer das Recht zur Mitbenutzung der Anlage zu, so kann bestimmt werden, dass der Berechtigte die Anlage zu unterhalten hat, soweit es für das Benutzungsrecht des Eigentümers erforderlich ist.

(2) Auf eine solche Unterhaltungspflicht finden die Vorschriften über die Reallasten entsprechende Anwendung.

§ 1022 Anlagen auf baulichen Anlagen

Besteht die Grunddienstbarkeit in dem Recht, auf einer baulichen Anlage des belasteten Grundstücks eine bauliche Anlage zu halten, so hat, wenn nicht ein anderes bestimmt ist, der Eigentümer des belasteten Grundstücks seine Anlage zu unterhalten, soweit das Interesse des Berechtigten es erfordert. Die Vorschrift des § 1021 Abs. 2 gilt auch für diese Unterhaltungspflicht.

§ 1023 Verlegung der Ausübung

(1) Beschränkt sich die jeweilige Ausübung einer Grunddienstbarkeit auf einen Teil des belasteten Grundstücks, so kann der Eigentümer die Verlegung der Ausübung auf eine andere, für den Berechtigten ebenso geeignete Stelle verlangen, wenn die Ausübung an der bisherigen Stelle für ihn besonders beschwerlich ist; die Kosten der Verlegung hat er zu tragen und vorzuschießen. Dies gilt auch dann, wenn der Teil des Grundstücks, auf den sich die Ausübung beschränkt, durch Rechtsgeschäft bestimmt ist.

(2) Das Recht auf die Verlegung kann nicht durch Rechtsgeschäft ausgeschlossen oder beschränkt werden.

§ 1024 Zusammentreffen mehrerer Nutzungsrechte

Trifft eine Grunddienstbarkeit mit einer anderen Grunddienstbarkeit oder einem sonstigen Nutzungsrecht an dem Grundstück dergestalt zusammen, dass die Rechte nebeneinander nicht oder nicht vollständig ausgeübt werden können, und haben die Rechte gleichen Rang, so kann jeder Berechtigte eine den Interessen aller Berechtigten nach billigem Ermessen entsprechende Regelung der Ausübung verlangen.

보유하는 경우에 지역권자는 승역지 소유자의 이익이 요구하는 한에서
이를 정상적인 상태로 보존하여야 한다.

제1021조 [約定에 의한 保存義務]

① 승역지상의 시설이 지역권의 행사를 위하여 필요한 경우에는 승역지
소유자가 지역권자의 이익이 요구하는 한에서 그 시설을 보존할 의무를
부담할 것을 정할 수 있다. 승역지 소유자가 시설의 공동이용의 권리를
가지는 때에는 지역권자가 승역지 소유자의 이용권에 필요한 한도에서
시설을 보존할 의무를 부담할 것을 정할 수 있다.

② 제 1 항의 보존의무에 대하여는 물적부담에 관한 규정이 준용된다.

제1022조 [建築工作物上의 設備]

지역권이 승역지의 건축공작물 위에 건축공작물을 보유할 것을 내용으
로 하는 경우에는, 다른 정함이 없으면 승역지 소유자는 지역권자의 이
익이 요구하는 한에서 자신의 공작물을 보존하여야 한다. 이 보존의무에
대하여는 제1021조 제 2 항이 준용된다.

제1023조 [行使의 轉置]

① 지역권의 현재의 행사가 승역지의 일부에 제한되는 경우에, 종전의
장소에서의 권리행사가 승역지 소유자에게 특별히 불편한 때에는, 그는
권리의 행사를 지역권자에 있어서 종전과 다름없이 편이한 다른 장소로
전치할 것을 청구할 수 있다; 전치의 비용은 승역지 소유자가 부담하며,
미리 지급되어야 한다. 권리가 행사되는 토지부분이 법률행위에 의하여
정하여진 경우에도 또한 같다.

② 전치의 권리는 법률행위에 의하여 이를 배제하거나 제한할 수 없다.

제1024조 [數個의 用益權의 競合]

지역권이 다른 지역권 또는 그 밖의 토지에 대한 수익권과 경합하는 경
우에, 이들 권리가 동시에 행사될 수 없거나 동시에 완전하게 행사될 수
없고 또한 이들 권리의 순위가 동일한 때에는, 각 권리자는 공평한 재량
에 좇아 권리자 전원의 이익에 상응하는 권리행사의 방법을 정할 것을
청구할 수 있다.

§ 1025　Teilung des herrschenden Grundstücks

Wird das Grundstück des Berechtigten geteilt, so besteht die Grunddienst-barkeit für die einzelnen Teile fort; die Ausübung ist jedoch im Zweifel nur in der Weise zulässig, dass sie für den Eigentümer des belasteten Grundstücks nicht beschwerlicher wird. Gereicht die Dienstbarkeit nur einem der Teile zum Vorteil, so erlischt sie für die übrigen Teile.

§ 1026　Teilung des dienenden Grundstücks

Wird das belastete Grundstück geteilt, so werden, wenn die Ausübung der Grunddienstbarkeit auf einen bestimmten Teil des belasteten Grundstücks be-schränkt ist, die Teile, welche außerhalb des Bereichs der Ausübung liegen, von der Dienstbarkeit frei.

§ 1027　Beeinträchtigung der Grunddienstbarkeit

Wird eine Grunddienstbarkeit beeinträchtigt, so stehen dem Berechtigten die im § 1004 bestimmten Rechte zu.

§ 1028　Verjährung

(1) Ist auf dem belasteten Grundstück eine Anlage, durch welche die Grund-dienstbarkeit beeinträchtigt wird, errichtet worden, so unterliegt der Anspruch des Berechtigten auf Beseitigung der Beeinträchtigung der Verjährung, auch wenn die Dienstbarkeit im Grundbuch eingetragen ist. Mit der Verjährung des Anspruchs erlischt die Dienstbarkeit, soweit der Bestand der Anlage mit ihr in Widerspruch steht.

(2) Die Vorschriften des § 892 finden keine Anwendung.

§ 1029　Besitzschutz des Rechtsbesitzers

Wird der Besitzer eines Grundstücks in der Ausübung einer für den Eigen-tümer im Grundbuch eingetragenen Grunddienstbarkeit gestört, so finden die für den Besitzschutz geltenden Vorschriften entsprechende Anwendung, soweit die Dienstbarkeit innerhalb eines Jahres vor der Störung, sei es auch nur ein-mal, ausgeübt worden ist.

제1025조 [要役地의 分割]

지역권자의 토지가 분할되는 경우에 지역권은 각 분할부분을 위하여 존
속한다; 그러나 권리의 행사는 의심스러운 때에는 승역지 소유자에게
불편이 가중되지 아니하는 범위에서만 허용된다. 지역권이 하나의 분할
부분에만 편익을 주는 경우에는, 다른 부분에 대한 지역권은 소멸한다.

제1026조 [承役地의 分割]

승역지가 분할되는 경우에 지역권의 행사가 승역지의 일정부분에 제한
되는 때에는 그 행사의 범위를 벗어난 분할부분은 지역권의 부담을 면
한다.

제1027조 [地役權의 侵害]

지역권이 침해되는 경우에 권리자는 제1004조에 정하여진 권리를 가
진다.

제1028조 [消滅時效]

① 승역지에 시설이 설치됨으로써 지역권이 침해된 경우에는 지역권이
등기되어 있는 때에도 권리자의 방해배제청구권은 소멸시효에 걸린다.
청구권의 시효완성과 동시에 지역권은 시설의 존속과 양립할 수 없는 범
위에서 소멸한다.

② 제892조는 이에 적용되지 아니한다.

제1029조 [權原 있는 占有者의 占有保護]

토지의 점유자가 그 소유자를 위한 등기된 지역권의 행사를 방해당한 경
우에는 방해가 있기 전 1년 이내에 지역권이 한번이라도 행사되었던 한
에서 점유보호에 관한 규정이 준용된다.

Titel 2   Nießbrauch

Untertitel 1   Nießbrauch an Sachen

§ 1030   Gesetzlicher Inhalt des Nießbrauchs an Sachen

(1) Eine Sache kann in der Weise belastet werden, dass derjenige, zu dessen Gunsten die Belastung erfolgt, berechtigt ist, die Nutzungen der Sache zu ziehen (Nießbrauch).

(2) Der Nießbrauch kann durch den Ausschluss einzelner Nutzungen beschränkt werden.

§ 1031   Erstreckung auf Zubehör

Mit dem Nießbrauch an einem Grundstück erlangt der Nießbraucher den Nießbrauch an dem Zubehör nach den für den Erwerb des Eigentums geltenden Vorschriften des § 926.

§ 1032   Bestellung an beweglichen Sachen

Zur Bestellung des Nießbrauchs an einer beweglichen Sache ist erforderlich, dass der Eigentümer die Sache dem Erwerber übergibt und beide darüber einig sind, dass diesem Nießbrauch zustehen soll. Die Vorschriften des § 929 Satz 2, der §§ 930 bis 932 und der §§ 933 bis 936 finden entsprechende Anwendung; in den Fällen des § 936 tritt nur die Wirkung ein, dass der Nießbrauch dem Recht des Dritten vorgeht.

§ 1033   Erwerb durch Ersitzung

Der Nießbrauch an einer beweglichen Sache kann durch Ersitzung erworben werden. Die für den Erwerb des Eigentums durch Ersitzung geltenden Vorschriften finden entsprechende Anwendung.

§ 1034   Feststellung des Zustands

Der Nießbraucher kann den Zustand der Sache auf seine Kosten durch Sachverständige feststellen lassen. Das gleiche Recht steht dem Eigentümer zu.

§ 1035   Nießbrauch an Inbegriff von Sachen; Verzeichnis

Bei dem Nießbrauch an einem Inbegriff von Sachen sind der Nießbraucher und der Eigentümer einander verpflichtet, zur Aufnahme eines Verzeichnisses der Sachen mitzuwirken. Das Verzeichnis ist mit der Angabe des Tages der Aufnahme zu versehen und von beiden Teilen zu unterzeichnen; jeder Teil

제 2 절 用 益 權

제 1 관 物件用益權

제1030조 [物件用益權의 內容]

① 물건은 권리자가 그 물건의 수익을 수취할 권한을 가지는 부담의 목적이 될 수 있다("용익권").

② 용익권은 개별적인 수익을 배제함으로써 그 내용이 제한될 수 있다.

제1031조 [從物에 대한 效力]

토지의 용익권으로써 용익권자는 소유권 취득에 관한 제926조의 규정에 따라 그 종물에 대한 용익권을 취득한다.

제1032조 [動産用益權의 設定]

동산에 대한 용익권의 설정에는 소유자가 목적물을 취득자에게 인도하고 또 쌍방이 취득자의 용익권 취득에 합의하는 것을 요한다. 제929조 제 2 문, 제930조 내지 제932조 및 제933조 내지 제936조는 이에 준용된다; 제936조의 경우에는 용익권이 제 3 자의 권리에 우선하는 효력만이 발생한다.

제1033조 [時效取得]

동산용익권은 취득시효에 의하여 취득될 수 있다. 소유권의 취득시효에 관한 규정은 이에 준용된다.

제1034조 [現狀確認]

용익권자는 자신의 비용으로 감정인으로 하여금 목적물의 현상을 확인하게 할 수 있다. 소유자도 같은 권리를 가진다.

제1035조 [集合物에 대한 用益權; 目錄]

물건의 집합에 대한 용익권에 있어서 용익권자와 소유자는 서로 목적물의 목록의 작성에 협력할 의무를 진다. 목록에는 작성의 일자를 기재하고, 쌍방이 서명하여야 한다; 각 당사자는 서명을 공적으로 인증할 것을

kann verlangen, dass die Unterzeichnung öffentlich beglaubigt wird. Jeder Teil kann auch verlangen, dass das Verzeichnis durch die zuständige Behörde oder durch einen zuständigen Beamten oder Notar aufgenommen wird. Die Kosten hat derjenige zu tragen und vorzuschießen, welcher die Aufnahme oder die Beglaubigung verlangt.

§ 1036　Besitzrecht; Ausübung des Nießbrauchs

(1) Der Nießbraucher ist zum Besitz der Sache berechtigt.

(2) Er hat bei der Ausübung des Nutzungsrechts die bisherige wirtschaftliche Bestimmung der Sache aufrechtzuerhalten und nach den Regeln einer ordnungsmäßigen Wirtschaft zu verfahren.

§ 1037　Umgestaltung

(1) Der Nießbraucher ist nicht berechtigt, die Sache umzugestalten oder wesentlich zu verändern.

(2) Der Nießbraucher eines Grundstücks darf neue Anlagen zur Gewinnung von Steinen, Kies, Sand, Lehm, Ton, Mergel, Torf und sonstigen Bodenbestandteilen errichten, sofern nicht die wirtschaftliche Bestimmung des Grundstücks dadurch wesentlich verändert wird.

§ 1038　Wirtschaftsplan für Wald und Bergwerk

(1) Ist ein Wald Gegenstand des Nießbrauchs, so kann sowohl der Eigentümer als der Nießbraucher verlangen, dass das Maß der Nutzung und die Art der wirtschaftlichen Behandlung durch einen Wirtschaftsplan festgestellt werden. Tritt eine erhebliche Änderung der Umstände ein, so kann jeder Teil eine entsprechende Änderung des Wirtschaftsplans verlangen. Die Kosten hat jeder Teil zur Hälfte zu tragen.

(2) Das Gleiche gilt, wenn ein Bergwerk oder eine andere auf Gewinnung von Bodenbestandteilen gerichtete Anlage Gegenstand des Nießbrauchs ist.

§ 1039　Übermäßige Fruchtziehung

(1) Der Nießbraucher erwirbt das Eigentum auch an solchen Früchten, die er den Regeln einer ordnungsmäßigen Wirtschaft zuwider oder die er deshalb im Übermaß zieht, weil dies infolge eines besonderen Ereignisses notwendig geworden ist. Er ist jedoch, unbeschadet seiner Verantwortlichkeit für ein Verschulden, verpflichtet, den Wert der Früchte dem Eigentümer bei der Beendigung des Nießbrauchs zu ersetzen und für die Erfüllung dieser Verpflichtung Sicherheit zu leisten. Sowohl der Eigentümer als der Nießbraucher kann verlangen, dass der zu ersetzende Betrag zur Wiederherstellung der Sache

청구할 수 있다. 또한 각 당사자는 관할 관청이나 관할 공무원 또는 공증
인으로 하여금 목록을 작성할 것을 청구할 수 있다. 그 비용은 작성 또는
인증을 청구한 당사자가 부담하며, 미리 지급되어야 한다.

제1036조 [占有할 權利; 用益權의 行使]

① 용익권자는 목적물을 점유할 권리가 있다.

② 용익권자는 용익권의 행사에 있어서 목적물의 종래의 경제적 용도를
유지하여야 하고, 정상적인 경영의 규칙에 따라야 한다.

제1037조 [變形]

① 용익권자는 목적물을 변형하거나 본질적으로 변경할 권한이 없다.

② 부동산용익권자는 부동산의 경제적 용도가 본질적으로 변경되지 아
니하는 한도에서 암석, 자갈, 모래, 모래 섞인 진흙, 진흙, 이회토泥灰土,
이탄泥炭 및 기타 토지의 구성부분을 채취하기 위하여 새로운 시설을 설
치할 수 있다.

제1038조 [山林 및 鑛山의 經營計劃]

① 산림이 용익권의 목적인 경우에는, 소유자 및 용익권자는 수익의 정
도와 경영상 취급방도를 경영계획에 의하여 확정할 것을 청구할 수 있
다. 중대한 사정변경이 있는 때에는 각 당사자는 그에 상응한 경영계
획의 변경을 청구할 수 있다. 그 비용은 각 당사자가 반분하여 부담
한다.

② 광산 또는 기타 토지의 구성부분의 채취를 위하여 설치된 시설이 용
익권의 목적인 경우에도 또한 같다.

제1039조 [果實의 過剩收取]

① 용익권자는 정상적인 경영의 규칙에 반하여 수취한 과실이나 특별한
사건으로 인하여 부득이하게 과잉으로 수취한 과실에 대하여도 소유권
을 취득한다. 그러나 그는 용익권의 종료시에 그 과실의 가액을 소유자
에게 상환할 의무를 지며 이 의무의 이행을 위하여 담보를 제공할 의무
를 지되, 과책으로 인한 그의 책임에는 영향이 없다. 소유자 및 용익권자
는 상환할 가액을 정상적인 경영에 부합하는 한에서 목적물의 원상회복

insoweit verwendet wird, als es einer ordnungsmäßigen Wirtschaft entspricht.

(2) Wird die Verwendung zur Wiederherstellung der Sache nicht verlangt, so fällt die Ersatzpflicht weg, soweit durch den ordnungswidrigen oder den übermäßigen Fruchtbezug die dem Nießbraucher gebührenden Nutzungen beeinträchtigt werden.

§ 1040 Schatz

Das Recht des Nießbrauchers erstreckt sich nicht auf den Anteil des Eigentümers an einem Schatze, der in der Sache gefunden wird.

§ 1041 Erhaltung der Sache

Der Nießbraucher hat für die Erhaltung der Sache in ihrem wirtschaftlichen Bestand zu sorgen. Ausbesserungen und Erneuerungen liegen ihm nur insoweit ob, als sie zu der gewöhnlichen Unterhaltung der Sache gehören.

§ 1042 Anzeigepflicht des Nießbrauchers

Wird die Sache zerstört oder beschädigt oder wird eine außergewöhnliche Ausbesserung oder Erneuerung der Sache oder eine Vorkehrung zum Schutze der Sache gegen eine nicht vorhergesehene Gefahr erforderlich, so hat der Nießbraucher dem Eigentümer unverzüglich Anzeige zu machen. Das Gleiche gilt, wenn sich ein Dritter ein Recht an der Sache anmaßt.

§ 1043 Ausbesserung oder Erneuerung

Nimmt der Nießbraucher eines Grundstücks eine erforderlich gewordene außergewöhnliche Ausbesserung oder Erneuerung selbst vor, so darf er zu diesem Zwecke innerhalb der Grenzen einer ordnungsmäßigen Wirtschaft auch Bestandteile des Grundstücks verwenden, die nicht zu den ihm gebührenden Früchten gehören.

§ 1044 Duldung von Ausbesserungen

Nimmt der Nießbraucher eine erforderlich gewordene Ausbesserung oder Erneuerung der Sache nicht selbst vor, so hat er dem Eigentümer die Vornahme und, wenn ein Grundstück Gegenstand des Nießbrauchs ist, die Verwendung der im § 1043 bezeichneten Bestandteile des Grundstücks zu gestatten.

§ 1045 Versicherungspflicht des Nießbrauchers

(1) Der Nießbraucher hat die Sache für die Dauer des Nießbrauchs gegen Brandschaden und sonstige Unfälle auf seine Kosten unter Versicherung zu

을 위하여 사용할 것을 청구할 수 있다.

② 목적물의 원상회복을 위하여 사용할 것이 청구되지 아니한 경우에는, 용익권자에게 귀속되어야 할 수익이 비정상적인 또는 과잉의 과실수취로 인하여 침해된 한도에서 보상의무는 소멸한다.

제1040조 [埋藏物]

용익권자의 권리는 목적물에서 발견된 매장물에 대한 소유자의 지분에는 미치지 아니한다.

제1041조 [物件의 保存]

용익권자는 목적물의 경제적 현상이 유지될 수 있도록 배려하여야 한다. 용익권자는 그것이 목적물의 통상적 보존에 속하는 한도에서만 수선과 갱신의 의무를 진다.

제1042조 [用益權者의 通知義務]

목적물이 멸실 또는 훼손되거나 목적물에 대한 특별한 수선 또는 갱신이 필요하거나 목적물을 예견되지 아니하였던 위험으로부터 보호하기 위한 예방조치가 필요한 경우에는, 용익권자는 지체없이 소유자에 대하여 이를 통지하여야 한다. 제3자가 목적물에 대하여 권리를 주장하는 경우에도 또한 같다.

제1043조 [修繕 또는 更新]

필요하게 된 특별한 수선이나 갱신을 토지용익권자 자신이 하는 경우에는, 그는 그에게 귀속되어야 할 과실에 속하지 아니하는 토지구성부분도 정상적인 경영의 범위 내에서 이 목적을 위하여 지출할 수 있다.

제1044조 [修繕의 忍容]

용익권자 자신이 필요한 목적물의 수선이나 갱신을 하지 아니하는 경우에는 그는 소유자에 대하여 조치를 취하는 것을 허용하여야 하고, 또한 토지가 용익권의 목적인 때에는 제1043조에 정하여진 토지구성부분을 지출하도록 허용하여야 한다.

제1045조 [用益權者의 保險義務]

① 용익권자는 정상적인 경영에 부합하는 경우에는 자신의 비용으로 용

bringen, wenn die Versicherung einer ordnungsmäßigen Wirtschaft entspricht. Die Versicherung ist so zu nehmen, dass die Forderung gegen den Versicherer dem Eigentümer zusteht.

(2) Ist die Sache bereits versichert, so fallen die für die Versicherung zu leistenden Zahlungen dem Nießbraucher für die Dauer des Nießbrauchs zur Last, soweit er zur Versicherung verpflichtet sein würde.

§ 1046 Nießbrauch an der Versicherungsforderung

(1) An der Forderung gegen den Versicherer steht dem Nießbraucher der Nießbrauch nach den Vorschriften zu, die für den Nießbrauch an einer auf Zinsen ausstehenden Forderung gelten.

(2) Tritt ein unter die Versicherung fallender Schaden ein, so kann sowohl der Eigentümer als der Nießbraucher verlangen, dass die Versicherungssumme zur Wiederherstellung der Sache oder zur Beschaffung eines Ersatzes insoweit verwendet wird, als es einer ordnungsmäßigen Wirtschaft entspricht. Der Eigentümer kann die Verwendung selbst besorgen oder dem Nießbraucher überlassen.

§ 1047 Lastentragung

Der Nießbraucher ist dem Eigentümer gegenüber verpflichtet, für die Dauer des Nießbrauchs die auf der Sache ruhenden öffentlichen Lasten mit Ausschluss der außerordentlichen Lasten, die als auf den Stammwert der Sache gelegt anzusehen sind, sowie diejenigen privatrechtlichen Lasten zu tragen, welche schon zur Zeit der Bestellung des Nießbrauchs auf der Sache ruhten, insbesondere die Zinsen der Hypothekenforderungen und Grundschulden sowie die auf Grund einer Rentenschuld zu entrichtenden Leistungen.

§ 1048 Nießbrauch an Grundstück mit Inventar

(1) Ist ein Grundstück samt Inventar Gegenstand des Nießbrauchs, so kann der Nießbraucher über die einzelnen Stücke des Inventars innerhalb der Grenzen einer ordnungsmäßigen Wirtschaft verfügen. Er hat für den gewöhnlichen Abgang sowie für die nach den Regeln einer ordnungsmäßigen Wirtschaft ausscheidenden Stücke Ersatz zu beschaffen; die von ihm angeschafften Stücke werden mit der Einverleibung in das Inventar Eigentum desjenigen, welchem das Inventar gehört.

(2) Übernimmt der Nießbraucher das Inventar zum Schätzwert mit der Verpflichtung, es bei der Beendigung des Nießbrauchs zum Schätzwert zurückzugewähren, so finden die Vorschriften des § 582a entsprechende Anwendung.

익권이 존속하는 기간에 대하여 화재 및 기타의 사고에 관하여 목적물을
위하여 보험에 가입하여야 한다. 보험계약은 보험자에 대한 채권이 소유
자에게 귀속되는 것으로 하는 내용이어야 한다.

② 목적물이 이미 보험에 들어 있는 때에는 그 보험을 위하여 행하여야
하는 금전지급은 용익권의 존속기간에 대하여는 용익권자가 보험의무를
지는 한도에서 그의 부담이 된다.

제1046조 [保險金請求權에 대한 用益權]

① 용익권자는 이자부 채권에 대한 용익권에 관한 규정에 따라 보험자
에 대한 채권상에 용익권을 가진다.

② 보험사고가 발생한 경우에 소유자 및 용익권자는 정상적인 경영에
부합하는 한도에서 보험금을 목적물의 원상회복 또는 그 보충물의 조달
을 위하여 사용할 것을 청구할 수 있다. 소유자는 스스로 그 비용지출을
하거나 또는 용익권자에게 이를 위탁할 수 있다.

제1047조 [負擔引受]

용익권자는 소유자에 대하여, 용익권의 존속기간에 관한 목적물로 인한
공적 부담 및 용익권의 설정 당시 이미 목적물로 인하여 부과된 사법상
의 부담, 특히 저당채권과 토지채무의 이자 및 정기토지채무에 기하여
행하여야 할 급부를 인수할 의무를 진다, 다만 공적 부담 중 목적물의 원
본가치에 과하여진 것으로 인정될 수 있는 특별한 부담은 제외된다.

제1048조 [屬具 있는 土地의 用益權]

① 토지가 속구를 포함하여 용익권의 목적이 된 경우에 용익권자는 정
상적인 경영의 범위 내에서 각개의 속구물을 처분할 수 있다. 용익권자
는 [속구물의] 통상적인 감손에 대하여 또한 정상적인 경영의 규칙에 따
라 제거된 속구물에 대하여 보충을 행하여야 한다; 용익권자가 조달한
물건은 속구에 편입됨과 동시에 속구의 귀속주체의 소유가 된다.

② 용익권자가 속구를 용익권의 종료시에 평가액으로 반환할 의무 아
래 평가액을 정하여 속구를 인수한 경우에 대하여는, 제582조의a가 준용
된다.

§ 1049 Ersatz von Verwendungen

(1) Macht der Nießbraucher Verwendungen auf die Sache, zu denen er nicht verpflichtet ist, so bestimmt sich die Ersatzpflicht des Eigentümers nach den Vorschriften über die Geschäftsführung ohne Auftrag.

(2) Der Nießbraucher ist berechtigt, eine Einrichtung, mit der er die Sache versehen hat, wegzunehmen.

§ 1050 Abnutzung

Veränderungen oder Verschlechterungen der Sache, welche durch die ordnungsmäßige Ausübung des Nießbrauchs herbeigeführt werden, hat der Nießbraucher nicht zu vertreten.

§ 1051 Sicherheitsleistung

Wird durch das Verhalten des Nießbrauchers die Besorgnis einer erheblichen Verletzung der Rechte des Eigentümers begründet, so kann der Eigentümer Sicherheitsleistung verlangen.

§ 1052 Gerichtliche Verwaltung mangels Sicherheitsleistung

(1) Ist der Nießbraucher zur Sicherheitsleistung rechtskräftig verurteilt, so kann der Eigentümer statt der Sicherheitsleistung verlangen, dass die Ausübung des Nießbrauchs für Rechnung des Nießbrauchers einem von dem Gericht zu bestellenden Verwalter übertragen wird. Die Anordnung der Verwaltung ist nur zulässig, wenn dem Nießbraucher auf Antrag des Eigentümers von dem Gericht eine Frist zur Sicherheitsleistung bestimmt worden und die Frist verstrichen ist; sie ist unzulässig, wenn die Sicherheit vor dem Ablauf der Frist geleistet wird.

(2) Der Verwalter steht unter der Aufsicht des Gerichts wie ein für die Zwangsverwaltung eines Grundstücks bestellter Verwalter. Verwalter kann auch der Eigentümer sein.

(3) Die Verwaltung ist aufzuheben, wenn die Sicherheit nachträglich geleistet wird.

§ 1053 Unterlassungsklage bei unbefugtem Gebrauch

Macht der Nießbraucher einen Gebrauch von der Sache, zu dem er nicht befugt ist, und setzt er den Gebrauch ungeachtet einer Abmahnung des Eigentümers fort, so kann der Eigentümer auf Unterlassung klagen.

§ 1054 Gerichtliche Verwaltung wegen Pflichtverletzung

Verletzt der Nießbraucher die Rechte des Eigentümers in erheblichem Maße und setzt er das verletzende Verhalten ungeachtet einer Abmahnung des Eigentümers fort, so kann der Eigentümer die Anordnung einer Verwaltung nach

제1049조 [費用償還]

① 용익권자가 의무 없이 물건에 비용을 지출한 경우에 소유자의 상환의무는 사무관리에 관한 규정에 따라 정하여진다.

② 용익권자는 그가 목적물에 부속시킨 설비를 수거할 권리가 있다.

제1050조 [磨損]

용익권자는 용익권의 정상적인 행사로 야기된 물건의 변경 또는 훼손에 대하여 책임이 없다.

제1051조 [擔保提供]

용익권자의 행태로 인하여 소유자의 권리가 현저히 침해될 우려가 발생한 경우에 소유자는 담보제공을 청구할 수 있다.

제1052조 [擔保提供 없는 경우의 法院管理]

① 용익권자가 담보제공의 확정판결을 받은 경우에, 소유자는 담보제공에 갈음하여 용익권의 행사를 용익권자의 계산으로 법원이 선임한 관리인에게 이전할 것을 청구할 수 있다. 이 관리명령은 법원이 용익권자에 대하여 소유자의 신청에 의하여 담보제공의 기간을 지정하였고 또 그 기간이 도과된 경우에만 허용된다; 그 기간의 경과 전에 담보가 제공된 경우에는 관리명령을 할 수 없다.

② 관리인은 토지의 강제관리를 위하여 선임된 관리인에 준하여 법원의 감독을 받는다.

③ 담보가 사후적으로 제공된 경우에는 관리는 폐지되어야 한다.

제1053조 [權限 없는 使用과 不作爲의 訴]

용익권자가 물건에 대하여 권한 없는 사용을 하고 또한 소유자의 계고에 불구하고 그 사용을 계속하는 경우에는 소유자는 부작위를 소구할 수 있다.

제1054조 [義務違反으로 인한 法定管理]

용익권자가 소유자의 권리를 현저히 침해하고 또한 소유자의 계고에 불구하고 침해행위를 계속하는 경우에는 소유자는 제1052조에 의한 관리

§ 1052 verlangen.

§ 1055 Rückgabepflicht des Nießbrauchers

(1) Der Nießbraucher ist verpflichtet, die Sache nach der Beendigung des Nießbrauchs dem Eigentümer zurückzugeben.

(2) Bei dem Nießbrauch an einem landwirtschaftlichen Grundstück finden die Vorschriften des § 596 Abs. 1 und des 596a, bei dem Nießbrauch an einem Landgut finden die Vorschriften des § 596 Abs. 1 und der §§ 596a, 596b entsprechende Anwendung.

§ 1056 Miet- und Pachtverhältnisse bei Beendigung des Nießbrauchs

(1) Hat der Nießbraucher ein Grundstück über die Dauer des Nießbrauchs hinaus vermietet oder verpachtet, so finden nach der Beendigung des Nießbrauchs die für den Fall der Veräußerung von vermietetem Wohnraum geltenden Vorschriften der §§ 566, 566a, 566b Abs. 1 und der §§ 566c bis 566e, 567b entsprechende Anwendung.

(2) Der Eigentümer ist berechtigt, das Miet- oder Pachtverhältnis unter Einhaltung der gesetzlichen Kündigungsfrist zu kündigen. Verzichtet der Nießbraucher auf den Nießbrauch, so ist die Kündigung erst von der Zeit an zulässig, zu welcher der Nießbrauch ohne den Verzicht erlöschen würde.

(3) Der Mieter oder der Pächter ist berechtigt, den Eigentümer unter Bestimmung einer angemessenen Frist zur Erklärung darüber aufzufordern, ob er von dem Kündigungsrecht Gebrauch mache. Die Kündigung kann nur bis zum Ablauf der Frist erfolgen.

§ 1057 Verjährung der Ersatzansprüche

Die Ersatzansprüche des Eigentümers wegen Veränderungen oder Verschlechterungen der Sache sowie die Ansprüche des Nießbrauchers auf Ersatz von Verwendungen oder auf Gestattung der Wegnahme einer Einrichtung verjähren in sechs Monaten. Die Vorschrift des § 548 Abs. 1 Satz 2 und 3, Abs. 2 findet entsprechende Anwendung.

§ 1058 Besteller als Eigentümer

Im Verhältnis zwischen dem Nießbraucher und dem Eigentümer gilt zugunsten des Nießbrauchers der Besteller als Eigentümer, es sei denn, dass der Nießbraucher weiß, dass der Besteller nicht Eigentümer ist.

§ 1059 Unübertragbarkeit; Überlassung der Ausübung

Der Nießbrauch ist nicht übertragbar. Die Ausübung des Nießbrauchs kann einem anderen überlassen werden.

명령을 청구할 수 있다.

제1055조 [用益權者의 返還義務]

① 용익권자는 용익권의 종료 후 목적물을 소유자에게 반환할 의무를
진다.

② 농지의 용익권에 대하여는 제596조 제 1 항, 제596조의a가, 농장의 용
익권에 대하여는 제596조 제 1 항, 제596조의a, 제596조의b가 준용된다.

제1056조 [用益權 終了時의 使用賃貸借 및 用益賃貸借]

① 용익권자가 용익권의 존속기간을 넘어서 토지를 사용임대하거나 용
익임대한 경우에는 용익권 종료 후의 기간에 대하여 임대된 주거공간의
양도의 경우에 관한 제566조, 제566조의a, 제566조의b 제 1 항, 제566조의
c 내지 제566조의e 및 제567조의b가 준용된다.

② 소유자는 법정의 해지기간을 두어 그 사용임대차 또는 용익임대차를
해지할 수 있다. 용익권자가 용익권을 포기한 경우에는, 포기가 없었더
라면 용익권이 소멸하였을 시점부터 해지할 수 있다.

③ 사용임차인 또는 용익임차인은 소유자에 대하여 상당한 기간을 정하
여 해지권을 행사할 것인지 여부에 대한 의사표시를 할 것을 최고할 수
있다. 해지는 그 기간 내에만 할 수 있다.

제1057조 [賠償請求權의 消滅時效]

물건의 변경 또는 훼손을 이유로 하는 소유자의 배상청구권 및 용익권자
의 비용상환청구권 또는 부속물수거허용청구권은 6개월의 소멸시효에
걸린다. 제548조 제 1 항 제 2 문, 제 3 문 및 제 2 항은 이에 준용된다.

제1058조 [用益權設定者의 所有者擬制]

용익권자와 소유자 간의 관계에서는 용익권자의 이익을 위하여 설정자
를 소유자로 본다, 그러나 용익권자가 설정자가 소유자가 아님을 안 경
우에는 그러하지 아니하다.

제1059조 [非讓渡性; 行使의 移轉]

용익권은 양도할 수 없다. 용익권의 행사는 타인에게 이전할 수 있다.

§ 1059a Übertragbarkeit bei juristischer Person oder rechtsfähiger Personengesellschaft

(1) Steht ein Nießbrauch einer juristischen Person zu, so ist er nach Maßgabe der folgenden Vorschriften übertragbar:

1. Geht das Vermögen der juristischen Person auf dem Wege der Gesamtrechtsnachfolge auf einen anderen über, so geht auch der Nießbrauch auf den Rechtsnachfolger über, es sei denn, dass der Übergang ausdrücklich ausgeschlossen ist.

2. Wird sonst ein von einer juristischen Person betriebenes Unternehmen oder ein Teil eines solchen Unternehmens auf einen anderen übertragen, so kann auf den Erwerber auch ein Nießbrauch übertragen werden, sofern er den Zwecken des Unternehmens oder des Teils des Unternehmens zu dienen geeignet ist. Ob diese Voraussetzungen gegeben sind, wird durch eine Erklärung der zuständigen Landesbehörde festgestellt. Die Erklärung bindet die Gerichte und die Verwaltungsbehörden. Die Landesregierungen bestimmen durch Rechtsverordnung die zuständige Landesbehörde. Die Landesregierungen können die Ermächtigung durch Rechtsverordnung auf die Landesjustizverwaltungen übertragen.

(2) Einer juristischen Person steht eine rechtsfähige Personengesellschaft gleich.

§ 1059b Unpfändbarkeit

Ein Nießbrauch kann auf Grund der Vorschriften des § 1059a weder gepfändet noch verpfändet noch mit einem Nießbrauch belastet werden.

§ 1059c Übergang oder Übertragung des Nießbrauchs

(1) Im Falle des Übergangs oder der Übertragung des Nießbrauchs tritt der Erwerber an Stelle des bisherigen Berechtigten in die mit dem Nießbrauch verbundenen Rechte und Verpflichtungen gegenüber dem Eigentümer ein. Sind in Ansehung dieser Rechte und Verpflichtungen Vereinbarungen zwischen dem Eigentümer und dem Berechtigten getroffen worden, so wirken sie auch für und gegen den Erwerber.

(2) Durch den Übergang oder die Übertragung des Nießbrauchs wird ein Anspruch auf Entschädigung weder für den Eigentümer noch für sonstige dinglich Berechtigte begründet.

§ 1059d Miet- und Pachtverhältnisse bei Übertragung des Nießbrauchs

Hat der bisherige Berechtigte das mit dem Nießbrauch belastete Grundstück

제1059조의a [法人 또는 法人格 있는 人的會社의 경우의 讓渡性]

① 법인이 용익권을 가지는 경우에는 다음 각 호의 정함에 따라 양도할 수 있다:

　1. 법인의 재산이 포괄승계에 의하여 타인에게 이전하는 경우에는 용익권도 승계인에게 이전한다, 그러나 이전이 명시적으로 배제된 경우에는 그러하지 아니하다.

　2. 그 외에 법인에 의하여 운영되는 기업 또는 그러한 기업의 일부가 타인에게 양도되는 경우에 용익권이 기업 또는 기업 일부의 목적달성에 기여하기에 적합한 때에는 용익권도 양수인에게 양도될 수 있다. 이들 요건이 충족되는지 여부는 주의 관할 관청의 의견표명에 의하여 확인된다. 그 의견표명은 법원과 행정관청을 구속한다. 주 정부는 법규명령에 의하여 그 관할 관청을 지정한다. 주 정부는 법규명령에 의하여 그 지정을 주의 사법행정기관에 위임할 수 있다.

② 권리능력 있는 인적 회사는 법인과 동시된다.

제1059조의b [押留不可]

용익권은 제1059조의a를 근거로 하여 압류하거나 그에 담보 또는 다른 용익권을 설정할 수 없다.

제1059조의c [用益權의 移轉 또는 讓渡]

① 용익권이 이전되거나 양도된 때에는 취득자가 용익권과 결합되어 있는 소유자에 대한 권리의무에 관하여 종전의 권리자에 갈음한다. 소유자와 종전의 권리자 간에 이들 권리의무에 관하여 약정이 있는 경우에는 그 약정은 취득자에 대하여도 효력을 가진다.

② 소유자 또는 기타의 물권적 권리자는 용익권의 이전 또는 양도를 이유로 하여 배상청구권을 취득하지 아니한다.

제1059조의d [用益權 讓渡時의 使用賃貸借 및 用益賃貸借]

종전의 용익권자가 용익권의 목적인 토지를 용익권의 존속기간을 초과하여 사용임대 또는 용익임대한 경우에는, 용익권의 양도 후의 기간에

über die Dauer des Nießbrauchs hinaus vermietet oder verpachtet, so sind nach der Übertragung des Nießbrauchs die für den Fall der Veräußerung von vermietetem Wohnraum geltenden Vorschriften der §§ 566 bis 566e, 567a und 567b entsprechend anzuwenden.

§ 1059e Anspruch auf Einräumung des Nießbrauchs

Steht ein Anspruch auf Einräumung eines Nießbrauchs einer juristischen Person oder einer rechtsfähigen Personengesellschaft zu, so gelten die Vorschriften der §§ 1059a bis 1059d entsprechend.

§ 1060 Zusammentreffen mehrerer Nutzungsrechte

Trifft ein Nießbrauch mit einem anderen Nießbrauch oder mit einem sonstigen Nutzungsrecht an der Sache dergestalt zusammen, dass die Rechte nebeneinander nicht oder nicht vollständig ausgeübt werden können, und haben die Rechte gleichen Rang, so findet die Vorschrift des § 1024 Anwendung.

§ 1061 Tod des Nießbrauchers

Der Nießbrauch erlischt mit dem Tode des Nießbrauchers. Steht der Nießbrauch einer juristischen Person oder einer rechtsfähigen Personengesellschaft zu, so erlischt er mit dieser.

§ 1062 Erstreckung der Aufhebung auf das Zubehör

Wird der Nießbrauch an einem Grundstück durch Rechtsgeschäft aufgehoben, so erstreckt sich die Aufhebung im Zweifel auf den Nießbrauch an dem Zubehör.

§ 1063 Zusammentreffen mit dem Eigentum

(1) Der Nießbrauch an einer beweglichen Sache erlischt, wenn er mit dem Eigentum in derselben Person zusammentrifft.

(2) Der Nießbrauch gilt als nicht erloschen, soweit der Eigentümer ein rechtliches Interesse an dem Fortbestehen des Nießbrauchs hat.

§ 1064 Aufhebung des Nießbrauchs an beweglichen Sachen

Zur Aufhebung des Nießbrauchs an einer beweglichen Sache durch Rechtsgeschäft genügt die Erklärung des Nießbrauchers gegenüber dem Eigentümer oder dem Besteller, dass er den Nießbrauch aufgebe.

§ 1065 Beeinträchtigung des Nießbrauchsrechts

Wird das Recht des Nießbrauchers beeinträchtigt, so finden auf die Ansprüche des Nießbrauchers die für die Ansprüche aus dem Eigentum geltenden Vorschriften entsprechende Anwendung.

대하여는 임대된 주거공간의 양도의 경우에 관한 제566조 내지 제566조
의e, 제567조의a 및 제567조의b가 준용된다.

제1059조의e [用益權設定請求權]

법인 또는 법인격 있는 인적 회사가 용익권의 설정을 청구할 권리를 가
지는 경우에 대하여는 제1059조의a 내지 제1059조의d가 준용된다.

제1060조 [數個의 收益權의 競合]

용익권이 다른 용익권 또는 그 밖의 목적물에 대한 수익권과 경합하는
경우에 이들 권리가 동시에 행사될 수 없거나 동시에 완전하게 행사될
수 없고 또한 이들 권리의 순위가 동일한 때에 대하여는 제1024조가 적
용된다.

제1061조 [用益權者의 死亡]

용익권은 용익권자의 사망으로 소멸한다. 용익권이 법인 또는 법인격 있
는 인적 회사에 속하는 경우에는 용익권은 그의 소멸로 소멸한다.

제1062조 [用益權의 抛棄와 從物]

법률행위로 토지용익권을 포기한 경우에는 그 포기는 의심스러운 때에
는 종물에 대한 용익권에도 미친다.

제1063조 [所有權과의 混同]

① 동산용익권과 소유권이 동일인에게 귀속한 경우에는 용익권은 소멸
한다.
② 소유자가 용익권의 존속에 정당한 이익이 있는 한도에서 용익권은
소멸하지 아니한 것으로 본다.

제1064조 [動産用益權의 抛棄]

법률행위로 동산용익권을 포기함에는 용익권자가 소유자 또는 설정자에
대하여 용익권을 포기한다는 의사표시를 함으로써 족하다.

제1065조 [用益權의 侵害]

용익권자의 권리가 침해된 경우에 관한 그의 청구권에 대하여는 소유권
에 기한 청구권에 관한 규정이 준용된다.

§ 1066　Nießbrauch am Anteil eines Miteigentümers

(1) Besteht ein Nießbrauch an dem Anteil eines Miteigentümers, so übt der Nießbraucher die Rechte aus, die sich aus der Gemeinschaft der Miteigentümer in Ansehung der Verwaltung der Sache und der Art ihrer Benutzung ergeben.

(2) Die Aufhebung der Gemeinschaft kann nur von dem Miteigentümer und dem Nießbraucher gemeinschaftlich verlangt werden.

(3) Wird die Gemeinschaft aufgehoben, so gebührt dem Nießbraucher der Nießbrauch an den Gegenständen, welche an die Stelle des Anteils treten.

§ 1067　Nießbrauch an verbrauchbaren Sachen

(1) Sind verbrauchbare Sachen Gegenstand des Nießbrauchs, so wird der Nießbraucher Eigentümer der Sachen; nach der Beendigung des Nießbrauchs hat er dem Besteller den Wert zu ersetzen, den die Sachen zur Zeit der Bestellung hatten. Sowohl der Besteller als der Nießbraucher kann den Wert auf seine Kosten durch Sachverständige feststellen lassen.

(2) Der Besteller kann Sicherheitsleistung verlangen, wenn der Anspruch auf Ersatz des Wertes gefährdet ist.

Untertitel 2　Nießbrauch an Rechten

§ 1068　Gesetzlicher Inhalt des Nießbrauchs an Rechten

(1) Gegenstand des Nießbrauchs kann auch ein Recht sein.

(2) Auf den Nießbrauch an Rechten finden die Vorschriften über den Nießbrauch an Sachen entsprechende Anwendung, soweit sich nicht aus den §§ 1069 bis 1084 ein anderes ergibt.

§ 1069　Bestellung

(1) Die Bestellung des Nießbrauchs an einem Recht erfolgt nach den für die Übertragung des Rechts geltenden Vorschriften.

(2) An einem Recht, das nicht übertragbar ist, kann ein Nießbrauch nicht bestellt werden.

§ 1070　Nießbrauch an Recht auf Leistung

(1) Ist ein Recht, kraft dessen eine Leistung gefordert werden kann, Gegenstand des Nießbrauchs, so finden auf das Rechtsverhältnis zwischen dem Nieß-

제1066조 [共有持分에 대한 用益權]

① 공유자의 지분이 용익권의 목적인 경우에 용익권자는 공유자의 공동관계에 기하여 물건의 관리 및 이용방법에 관하여 발생하는 권리를 행사한다.

② 공동관계의 해소는 공유자와 용익권자가 공동하여서만 청구할 수 있다.

③ 공동관계가 해소된 경우에 용익권자는 지분에 갈음하는 목적물에 대하여 용익권을 취득한다.

제1067조 [消費物에 대한 用益權]

① 소비물이 용익권의 목적인 경우에 용익권자는 그 물건의 소유자가 된다; 용익권의 종료 후에 용익권자는 설정자에게 용익권 설정 당시의 물건가액을 상환하여야 한다. 설정자나 용익권자는 자신의 비용으로 감정인으로 하여금 그 가액을 확인하게 할 수 있다.

② 가액상환청구권이 침해될 우려가 있는 경우에 설정자는 담보제공을 청구할 수 있다.

제 2 관　權利用益權

제1068조 [權利用益權의 內容]

① 권리도 용익권의 목적이 될 수 있다.

② 권리용익권에 대하여는 제1069조 내지 제1084조에 다른 정함이 없는 한 물건용익권에 관한 규정이 준용된다.

제1069조 [設定]

① 권리용익권의 설정은 그 권리의 양도에 관한 규정에 따라 행하여진다.

② 양도할 수 없는 권리에는 용익권이 설정될 수 없다.

제1070조 [給付請求權에 대한 用益權]

① 급부를 청구할 수 있는 권리가 용익권의 목적인 경우에 용익권자와 의무자 간의 법률관계에 대하여는 권리양도의 경우에 양수인과 의무자

braucher und dem Verpflichteten die Vorschriften entsprechende Anwendung, welche im Falle der Übertragung des Rechts für das Rechtsverhältnis zwischen dem Erwerber und dem Verpflichteten gelten.

(2) Wird die Ausübung des Nießbrauchs nach § 1052 einem Verwalter übertragen, so ist die Übertragung dem Verpflichteten gegenüber erst wirksam, wenn er von der getroffenen Anordnung Kenntnis erlangt oder wenn ihm eine Mitteilung von der Anordnung zugestellt wird. Das Gleiche gilt von der Aufhebung der Verwaltung.

§ 1071　Aufhebung oder Änderung des belasteten Rechts

(1) Ein dem Nießbrauch unterliegendes Recht kann durch Rechtsgeschäft nur mit Zustimmung des Nießbrauchers aufgehoben werden. Die Zustimmung ist demjenigen gegenüber zu erklären, zu dessen Gunsten sie erfolgt; sie ist unwiderruflich. Die Vorschrift des § 876 Satz 3 bleibt unberührt.

(2) Das Gleiche gilt im Falle einer Änderung des Rechts, sofern sie den Nießbrauch beeinträchtigt.

§ 1072　Beendigung des Nießbrauchs

Die Beendigung des Nießbrauchs tritt nach den Vorschriften der §§ 1063, 1064 auch dann ein, wenn das dem Nießbrauch unterliegende Recht nicht ein Recht an einer beweglichen Sache ist.

§ 1073　Nießbrauch an einer Leibrente

Dem Nießbraucher einer Leibrente, eines Auszugs oder eines ähnlichen Rechts gebühren die einzelnen Leistungen, die auf Grund des Rechts gefordert werden können.

§ 1074　Nießbrauch an einer Forderung; Kündigung und Einziehung

Der Nießbraucher einer Forderung ist zur Einziehung der Forderung und, wenn die Fälligkeit von einer Kündigung des Gläubigers abhängt, zur Kündigung berechtigt. Er hat für die ordnungsmäßige Einziehung zu sorgen. Zu anderen Verfügungen über die Forderung ist er nicht berechtigt.

§ 1075　Wirkung der Leistung

(1) Mit der Leistung des Schuldners an den Nießbraucher erwirbt der Gläubiger den geleisteten Gegenstand und der Nießbraucher den Nießbrauch an dem Gegenstand.

(2) Werden verbrauchbare Sachen geleistet, so erwirbt der Nießbraucher das

간의 법률관계에 적용되는 규정이 준용된다.

② 제1052조에 의하여 용익권의 행사가 관리인에게 이전된 경우에, 그 이전은 채무자가 그 명령을 알았거나 그 명령에 관한 통지가 채무자에게 송달된 때에 비로소 채무자에 대하여 효력이 있다. 관리의 폐지에 대하여도 또한 같다.

제1071조 [負擔設定된 權利의 拋棄 또는 變更]

① 용익권의 목적이 된 권리는 용익권자의 동의를 얻어야 법률행위에 의하여 포기될 수 있다. 동의는 그로 인하여 직접 이익을 받는 사람에 대하여 표시되어야 한다; 이는 철회할 수 없다. 제876조 제 3 문은 영향을 받지 아니한다.

② 권리의 변경에 대하여도 그로 인하여 용익권이 침해되는 한에서 또한 같다.

제1072조 [用益權의 終了]

용익권의 목적이 된 권리가 동산에 대한 것이 아닌 경우에도 용익권은 제1063조, 제1064조에 의하여 종료한다.

제1073조 [終身定期金에 대한 用益權]

종신정기금, 은퇴농민의 부양료 또는 이와 유사한 권리에 대한 용익권의 경우에 그 권리에 기하여 청구할 수 있는 개별적인 급부는 용익권자의 권리에 속한다.

제1074조 [債權에 대한 用益權; 解止와 推尋]

채권용익권자는 채권을 추심할 권한이 있고, 또한 이행기가 채권자의 해지에 의하여 도래하는 경우에는 그는 해지의 권리를 가진다. 용익권자는 정상적인 추심을 위하여 배려하여야 한다. 채권에 대한 그 밖의 처분은 용익권자가 이를 할 수 없다.

제1075조 [給付의 效力]

① 채무자의 용익권자에 대한 급부로써 채권자는 급부된 목적물을, 용익권자는 그 목적물에 대한 용익권을 취득한다.

② 소비물이 급부된 경우에 용익권자는 그 소유권을 취득한다; 제1067조

Eigentum; die Vorschriften des § 1067 finden entsprechende Anwendung.

§ 1076 Nießbrauch an verzinslicher Forderung

Ist eine auf Zinsen ausstehende Forderung Gegenstand des Nießbrauchs, so gelten die Vorschriften der §§ 1077 bis 1079.

§ 1077 Kündigung und Zahlung

(1) Der Schuldner kann das Kapital nur an den Nießbraucher und den Gläubiger gemeinschaftlich zahlen. Jeder von beiden kann verlangen, dass an sie gemeinschaftlich gezahlt wird; jeder kann statt der Zahlung die Hinterlegung für beide fordern.

(2) Der Nießbraucher und der Gläubiger können nur gemeinschaftlich kündigen. Die Kündigung des Schuldners ist nur wirksam, wenn sie dem Nießbraucher und dem Gläubiger erklärt wird.

§ 1078 Mitwirkung zur Einziehung

Ist die Forderung fällig, so sind der Nießbraucher und der Gläubiger einander verpflichtet, zur Einziehung mitzuwirken. Hängt die Fälligkeit von einer Kündigung ab, so kann jeder Teil die Mitwirkung des anderen zur Kündigung verlangen, wenn die Einziehung der Forderung wegen Gefährdung ihrer Sicherheit nach den Regeln einer ordnungsmäßigen Vermögensverwaltung geboten ist.

§ 1079 Anlegung des Kapitals

Der Nießbraucher und der Gläubiger sind einander verpflichtet, dazu mitzuwirken, dass das eingezogene Kapital der Rechtsverordnung nach § 240a entsprechend verzinslich angelegt und gleichzeitig dem Nießbraucher der Nießbrauch bestellt wird. Die Art der Anlegung bestimmt der Nießbraucher.

§ 1080 Nießbrauch an Grund- oder Rentenschuld

Die Vorschriften über den Nießbrauch an einer Forderung gelten auch für den Nießbrauch an einer Grundschuld und an einer Rentenschuld.

§ 1081 Nießbrauch an Inhaber- oder Orderpapieren

(1) Ist ein Inhaberpapier oder ein Orderpapier, das mit Blankoindossament versehen ist, Gegenstand des Nießbrauchs, so steht der Besitz des Papiers und des zu dem Papier gehörenden Erneuerungsscheins dem Nießbraucher und dem Eigentümer gemeinschaftlich zu. Der Besitz der zu dem Papier gehörenden

는 이에 준용된다.

제1076조 [利子附 債權에 대한 用益權]

이자부 채권이 용익권의 목적인 경우에 대하여는 제1077조 내지 제1079조가 적용된다.

제1077조 [解止와 支給]

① 채무자는 원본을 용익권자와 채권자에게 공동으로만 지급할 수 있다. 용익권자와 채권자 각자는 그들에게 공동으로 지급할 것을 청구할 수 있다; 각자는 지급에 갈음하여 그들 모두를 위하여 공탁할 것을 청구할 수 있다.

② 용익권자와 채권자는 공동으로만 해지할 수 있다. 채무자의 해지는 용익권자와 채권자에게 표시된 경우에만 효력이 있다.

제1078조 [推尋協力]

채권의 이행기가 도래한 경우에 용익권자와 채권자는 서로에 대하여 추심에 협력할 의무를 진다. 해지에 의하여 변제기가 도래하는 경우에, 채권의 확보가 위태로움으로 인하여 정상적인 재산관리의 규칙에 비추어 채권의 추심이 요청되는 때에는, 각자는 상대방에 대하여 해지에 협력할 것을 청구할 수 있다.

제1079조 [推尋元本의 投資]

용익권자와 채권자는 추심한 원본이 제240조의a 소정의 법규명령에 좇아 이자부로 투자되도록 또한 동시에 용익권자에게 용익권이 설정되도록 협력할 의무를 서로에 대하여 진다. 투자의 방법은 용익권자가 이를 정한다.

제1080조 [土地債務 또는 定期土地債務에 대한 用益權]

채권용익권에 관한 규정은 토지채무와 정기토지채무에 대한 용익권에도 적용된다.

제1081조 [無記名證券 또는 指示證券에 대한 用益權]

① 무기명증권 또는 백지식으로 배서된 지시증권이 용익권의 목적인 때에는 증권 및 그 증권에 부속하는 갱신증권의 점유는 용익권자와 소유자

Zins-, Renten- oder Gewinnanteilscheine steht dem Nießbraucher zu.

(2) Zur Bestellung des Nießbrauchs genügt anstelle der Übergabe des Papiers die Einräumung des Mitbesitzes.

§ 1082　Hinterlegung

Das Papier ist nebst dem Erneuerungsschein auf Verlangen des Nießbrauchers oder des Eigentümers bei einer Hinterlegungsstelle mit der Bestimmung zu hinterlegen, dass die Herausgabe nur von dem Nießbraucher und dem Eigentümer gemeinschaftlich verlangt werden kann. Der Nießbraucher kann auch Hinterlegung bei der *Reichsbank*, bei der *Deutschen Zentralgenossenschaftskasse* oder bei der Deutschen Girozentrale (Deutschen Kommunalbank) verlangen.

§ 1083　Mitwirkung zur Einziehung

(1) Der Nießbraucher und der Eigentümer des Papiers sind einander verpflichtet, zur Einziehung des fälligen Kapitals, zur Beschaffungneuer Zins-, Renten- oder Gewinnanteilscheine sowie zu sonstigen Maßnahmen mitzuwirken, die zur ordnungsmäßigen Vermögensverwaltung erforderlich sind.

(2) Im Falle der Einlösung des Papiers finden die Vorschriften des § 1079 Anwendung. Eine bei der Einlösung gezahlte Prämie gilt als Teil des Kapitals.

§ 1084　Verbrauchbare Sachen

Gehört ein Inhaberpapier oder ein Orderpapier, das mit Blankoindossament versehen ist, nach § 92 zu den verbrauchbaren Sachen, so bewendet es bei den Vorschriften des § 1067.

Untertitel 3　Nießbrauch an einem Vermögen

§ 1085　Bestellung des Nießbrauchs an einem Vermögen

Der Nießbrauch an dem Vermögen einer Person kann nur in der Weise bestellt werden, dass der Nießbraucher den Nießbrauch an den einzelnen zu dem Vermögen gehörenden Gegenständen erlangt. Soweit der Nießbrauch bestellt ist, gelten die Vorschriften der §§ 1086 bis 1088.

§ 1086　Rechte der Gläubiger des Bestellers

Die Gläubiger des Bestellers können, soweit ihre Forderungen vor der Bestellung entstanden sind, ohne Rücksicht auf den Nießbrauch Befriedigung aus

에게 공동으로 속한다. 그 증권에 부속하는 이자증권, 정기금증권 또는
이익배당증권의 점유는 용익권자에게 속한다.

② 용익권의 설정에는 증권의 인도에 갈음하여 공동점유의 설정으로 족
하다.

제1082조 [供託]

제1081조의 증권은 용익권자 또는 소유자의 청구가 있으면 갱신증권과
함께, 용익권자와 소유자가 공동으로만 반환을 청구할 수 있음을 정하
여 공탁소에 공탁하여야 한다. 용익권자는 연방중앙은행, 독일신용협동
조합중앙금고 또는 독일중앙어음교환소(독일지방자치체은행)에 공탁할
것을 청구할 수도 있다.

제1083조 [推尋協力]

① 증권의 용익권자와 소유자는 서로 이행기가 도래한 원본의 추심 및
새로운 이자증권, 정기금증권 또는 이익배당증권의 발행 또한 기타 정상
적인 재산관리상 필요한 조치에 협력할 의무를 진다.

② 증권이 결제된 경우에 대하여는 제1079조가 적용된다. 그 결제시에
지급된 할인금은 원본의 일부로 본다.

제1084조 [消費物]

무기명증권 또는 백지식으로 배서된 지시증권이 제92조에 따라 소비물
에 속하는 경우에는, 제1067조에 의한다.

제 3 관　財産用益權

제1085조 [財産用益權의 設定]

재산에 대한 용익권은 용익권자가 재산에 속하는 개별적인 목적물에 대
하여 용익권을 취득하는 방법으로만 설정될 수 있다. 용익권이 설정된
한에서 제1086조 내지 제1088조가 적용된다.

제1086조 [設定者의 債權者의 權利]

설정자의 채권자는, 그 채권이 용익권 설정 전에 성립한 때에는, 용익권

den dem Nießbrauch unterliegenden Gegenständen verlangen. Hat der Nießbraucher das Eigentum an verbrauchbaren Sachen erlangt, so tritt an die Stelle der Sachen der Anspruch des Bestellers auf Ersatz des Wertes; der Nießbraucher ist den Gläubigern gegenüber zum sofortigen Ersatz verpflichtet.

§ 1087 Verhältnis zwischen Nießbraucher und Besteller

(1) Der Besteller kann, wenn eine vor der Bestellung entstandene Forderung fällig ist, von dem Nießbraucher Rückgabe der zur Befriedigung des Gläubigers erforderlichen Gegenstände verlangen. Die Auswahl steht ihm zu; er kann jedoch nur die vorzugsweise geeigneten Gegenstände auswählen. Soweit die zurückgegebenen Gegenstände ausreichen, ist der Besteller dem Nießbraucher gegenüber zur Befriedigung des Gläubigers verpflichtet.

(2) Der Nießbraucher kann die Verbindlichkeit durch Leistung des geschuldeten Gegenstands erfüllen. Gehört der geschuldete Gegenstand nicht zu dem Vermögen, das dem Nießbrauch unterliegt, so ist der Nießbraucher berechtigt, zum Zwecke der Befriedigung des Gläubigers einen zu dem Vermögen gehörenden Gegenstand zu veräußern, wenn die Befriedigung durch den Besteller nicht ohne Gefahr abgewartet werden kann. Er hat einen vorzugsweise geeigneten Gegenstand auszuwählen. Soweit er zum Ersatz des Wertes verbrauchbarer Sachen verpflichtet ist, darf er eine Veräußerung nicht vornehmen.

§ 1088 Haftung des Nießbrauchers

(1) Die Gläubiger des Bestellers, deren Forderungen schon zur Zeit der Bestellung verzinslich waren, können die Zinsen für die Dauer des Nießbrauchs auch von dem Nießbraucher verlangen. Das Gleiche gilt von anderen wiederkehrenden Leistungen, die bei ordnungsmäßiger Verwaltung aus den Einkünften des Vermögens bestritten werden, wenn die Forderung vor der Bestellung des Nießbrauchs entstanden ist.

(2) Die Haftung des Nießbrauchers kann nicht durch Vereinbarung zwischen ihm und dem Besteller ausgeschlossen oder beschränkt werden.

(3) Der Nießbraucher ist dem Besteller gegenüber zur Befriedigung der Gläubiger wegen der im Absatz 1 bezeichneten Ansprüche verpflichtet. Die Rückgabe von Gegenständen zum Zwecke der Befriedigung kann der Besteller nur verlangen, wenn der Nießbraucher mit der Erfüllung dieser Verbindlichkeit in Verzug kommt.

에 불구하고 용익권이 설정된 목적물로부터 만족을 청구할 수 있다. 용익권자가 소비물의 소유권을 취득한 경우에는 설정자의 가액상환청구권이 그 물건에 갈음한다; 용익권자는 채권자에 대하여 즉시 상환할 의무를 진다.

제1087조 [用益權者와 設定者의 關係]

① 용익권 설정 전에 성립한 채권의 이행기가 도래한 경우에, 설정자는 용익권자에 대하여 채권자의 만족에 필요한 목적물의 반환을 청구할 수 있다. 그 선택은 설정자가 행한다; 그러나 설정자는 보다 적절한 목적물만을 선택할 수 있다. 반환된 목적물로써 충분한 경우에는, 설정자는 용익권자에 대하여 채권자를 만족시킬 의무를 진다.

② 용익권자는 채무의 목적물을 급부함으로써 채무를 이행할 수 있다. 채무의 목적물이 용익권이 설정된 재산에 속하지 아니하는 경우에 설정자에 의한 만족이 위험 없이는 기대될 수 없는 때에는 용익권자는 그 재산에 속하는 목적물을 채권자의 만족을 위하여 양도할 수 있다. 용익권자는 보다 적합한 목적물만을 선택하여야 한다. 용익권자가 소비물의 가액을 상환할 의무를 부담하는 경우에는 그는 양도를 행하여서는 아니된다.

제1088조 [用益權者의 責任]

① 설정자의 채권자는 그의 채권이 용익권 설정 당시 이미 이자부이었던 경우에는 용익권이 존속하는 기간에 대하여 용익권자로부터도 이자를 청구할 수 있다. 그의 채권이 용익권 설정 전에 성립한 때에는, 정상적인 재산관리의 경우라면 그 재산의 수입에 의하여 이행될 기타의 회귀적 급부에 대하여도 또한 같다.

② 제 1 항의 용익권자의 책임은 용익권자와 설정자 간의 합의로 이를 배제하거나 제한할 수 없다.

③ 용익권자는 설정자에 대하여 채권자에게 제 1 항에 정하여진 청구권을 만족시킬 의무를 진다. 용익권자가 그 의무의 이행을 지체한 경우에 한하여 설정자는 만족을 위한 목적물 반환을 청구할 수 있다.

§ 1089　Nießbrauch an einer Erbschaft

Die Vorschriften der §§ 1085 bis 1088 finden auf den Nießbrauch an einer Erbschaft entsprechende Anwendung.

Titel 3　Beschränkte persönliche Dienstbarkeiten

§ 1090　Gesetzlicher Inhalt der beschränkten persönlichen Dienstbarkeit

(1) Ein Grundstück kann in der Weise belastet werden, dass derjenige, zu dessen Gunsten die Belastung erfolgt, berechtigt ist, das Grundstück in einzelnen Beziehungen zu benutzen, oder dass ihm eine sonstige Befugnis zusteht, die den Inhalt einer Grunddienstbarkeit bilden kann (beschränkte persönliche Dienstbarkeit).

(2) Die Vorschriften der §§ 1020 bis 1024, 1026 bis 1029, 1061 finden entsprechende Anwendung.

§ 1091　Umfang

Der Umfang einer beschränkten persönlichen Dienstbarkeit bestimmt sich im Zweifel nach dem persönlichen Bedürfnis des Berechtigten.

§ 1092　Unübertragbarkeit; Überlassung der Ausübung

(1) Eine beschränkte persönliche Dienstbarkeit ist nicht übertragbar. Die Ausübung der Dienstbarkeit kann einem anderen nur überlassen werden, wenn die Überlassung gestattet ist.

(2) Steht eine beschränkte persönliche Dienstbarkeit oder der Anspruch auf Einräumung einer beschränkten persönlichen Dienstbarkeit einer juristischen Person oder einer rechtsfähigen Personengesellschaft zu, so gelten die Vorschriften der §§ 1059a bis 1059d entsprechend.

(3) Steht einer juristischen Person oder einer rechtsfähigen Personengesellschaft eine beschränkte persönliche Dienstbarkeit zu, die dazu berechtigt, ein Grundstück für Anlagen zur Fortleitung von Elektrizität, Gas, Fernwärme, Wasser, Abwasser, Öl oder Rohstoffen einschließlich aller dazugehörigen Anlagen, die der Fortleitung unmittelbar dienen, für Telekommunikationsanlagen, für Anlagen zum Transport von Produkten zwischen Betriebsstätten eines oder mehrerer privater oder öffentlicher Unternehmen oder für Straßenbahn- oder Eisenbahnanlagen zu benutzen, so ist die Dienstbarkeit übertragbar. Die

제1089조 [相續財産에 대한 用益權]

제1085조 내지 제1088조는 상속재산에 대한 용익권에 준용된다.

제 3 절   制限的 人役權

제1090조 [制限的 人役權의 內容]

① 토지는 권리자가 개별적인 관계에 있어서 이를 이용할 수 있거나 그가 지역권의 내용이 될 수 있는 기타의 권능을 가지는 부담의 목적이 될 수 있다("제한적 인역권").

② 제1020조 내지 제1024조, 제1026조 내지 제1029조, 제1061조는 이에 준용된다.

제1091조 [範圍]

제한적 인역권의 범위는 의심스러운 때에는 권리자의 개인적인 필요에 의하여 정하여진다.

제1092조 [非讓渡性; 行使의 移轉]

① 제한적 인역권은 양도할 수 없다. 인역권의 행사는 그 이전이 허용된 경우에만 타인에게 이전될 수 있다.

② 제한적 인역권이 또는 제한적 인역권의 설정청구권이 법인 또는 권리능력 있는 인적회사에 속하는 경우에 대하여는 제1059조의a 내지 제1059조의d가 준용된다.

③ 전기, 가스, 지역난방, 물, 하수, 기름 또는 원료를 공급하기 위한 설비(그 공급을 직접 보조하는 모든 부속설비를 포함한다), 전자통신설비, 하나 또는 여럿의 사기업 또는 공기업의 영업소 간의 생산물 운송을 위한 설비 또는 전차나 철도의 설비를 위하여 어떠한 토지를 이용할 수 있는 제한적 인역권이 법인 또는 법인격 있는 인적 회사에 속하는 경우에는, 그 인역권은 양도할 수 있다. 양도가능성은 인역권을 그 권능

Übertragbarkeit umfasst nicht das Recht, die Dienstbarkeit nach ihren Befugnissen zu teilen. Steht ein Anspruch auf Einräumung einer solchen beschränkten persönlichen Dienstbarkeit einer der Satz 1 genannten Personen zu, so ist der Anspruch übertragbar. Die Vorschriften der §§ 1059b bis 1059d gelten entsprechend.

§ 1093 Wohnungsrecht

(1) Als beschränkte persönliche Dienstbarkeit kann auch das Recht bestellt werden, ein Gebäude oder einen Teil eines Gebäudes unter Ausschluss des Eigentümers als Wohnung zu benutzen. Auf dieses Recht finden die für den Nießbrauch geltenden Vorschriften der §§ 1031, 1034, 1036, des § 1037 Abs. 1 und der §§ 1041, 1042, 1044, 1049, 1050, 1057, 1062 entsprechende Anwendung.

(2) Der Berechtigte ist befugt, seine Familie sowie die zur standesmäßigen Bedienung und zur Pflege erforderlichen Personen in die Wohnung aufzunehmen.

(3) Ist das Recht auf einen Teil des Gebäudes beschränkt, so kann der Berechtigte die zum gemeinschaftlichen Gebrauch der Bewohner bestimmten Anlagen und Einrichtungen mitbenutzen.

Abschnitt 5   Vorkaufsrecht

§ 1094 Gesetzlicher Inhalt des dinglichen Vorkaufsrechts

(1) Ein Grundstück kann in der Weise belastet werden, dass derjenige, zu dessen Gunsten die Belastung erfolgt, dem Eigentümer gegenüber zum Vorkauf berechtigt ist.

(2) Das Vorkaufsrecht kann auch zugunsten des jeweiligen Eigentümers eines anderen Grundstücks bestellt werden.

§ 1095 Belastung eines Bruchteils

Ein Bruchteil eines Grundstücks kann mit dem Vorkaufsrecht nur belastet werden, wenn er in dem Anteil eines Miteigentümers besteht.

§ 1096 Erstreckung auf Zubehör

Das Vorkaufsrecht kann auf das Zubehör erstreckt werden, das mit dem

에 따라 분할하는 권리를 포함하지 아니한다. 그러한 제한적 인역권의 설정청구권이 제 1 문에 정하여진 사람에게 속하는 경우에는, 그 청구권은 양도할 수 있다. 제1059조의a 내지 제1059조의d는 이에 준용된다.

제1093조 [住居權]

① 건물 또는 건물의 일부를 소유자를 배제하여 주거로 이용하는 권리도 제한적 인역권으로 설정될 수 있다. 이 권리에 대하여는 용익권에 관한 제1031조, 제1034조, 제1036조, 제1037조 제 1 항, 제1041조, 제1042조, 제1044조, 제1049조, 제1050조, 제1057조, 제1062조의 규정이 준용된다.

② 권리자는 그의 가족 및 신분에 따른 시중을 위하여 또는 간호를 위하여 필요한 사람을 그 주거에 동거하게 할 수 있다.

③ 권리가 건물의 일부에 제한되는 경우에 권리자는 거주자의 공동사용을 위한 시설 및 설비를 공동이용할 수 있다.

제 5 장 先 買 權

제1094조 [物權的 先買權의 內容]

① 토지는 권리자가 소유자에 대하여 선매의 권리를 가지는 부담의 목적이 될 수 있다.

② 선매권은 다른 토지의 현재의 소유자를 위하여도 설정될 수 있다.

제1095조 [持分에 대한 設定]

토지의 지분은 그것이 공유자의 지분인 경우에 한하여 그에 대하여 선매권이 설정될 수 있다.

제1096조 [從物에 대한 效力]

선매권은 토지와 함께 매도되는 종물에 미칠 수 있다. 선매권은 의심스

Grundstück verkauft wird. Im Zweifel ist anzunehmen, dass sich das Vorkaufsrecht auf dieses Zubehör erstrecken soll.

§ 1097 Bestellung für einen oder mehrere Verkaufsfälle

Das Vorkaufsrecht beschränkt sich auf den Fall des Verkaufs durch den
Eigentümer, welchem das Grundstück zur Zeit der Bestellung gehört, oder
durch dessen Erben; es kann jedoch auch für mehrere oder für alle Verkaufsfälle
bestellt werden.

§ 1098 Wirkung des Vorkaufsrechts

(1) Das Rechtsverhältnis zwischen dem Berechtigten und dem Verpflichteten
bestimmt sich nach den Vorschriften der §§ 463 bis 473. Das Vorkaufsrecht
kann auch dann ausgeübt werden, wenn das Grundstück von dem Insolvenzverwalter aus freier Hand verkauft wird.

(2) Dritten gegenüber hat das Vorkaufsrecht die Wirkung einer Vormerkung
zur Sicherung des durch die Ausübung des Rechts entstehenden Anspruchs auf
Übertragung des Eigentums.

(3) Steht ein nach § 1094 Abs. 1 begründetes Vorkaufsrecht einer juristischen Person zu, so gelten, wenn seine Übertragbarkeit nicht vereinbart ist,
für die Übertragung des Rechts die Vorschriften der §§ 1059a bis 1059d entsprechend.

§ 1099 Mitteilungen

(1) Gelangt das Grundstück in das Eigentum eines Dritten, so kann dieser in
gleicher Weise wie der Verpflichtete dem Berechtigten den Inhalt des Kaufvertrags mit der im § 469 Abs. 2 bestimmten Wirkung mitteilen.

(2) Der Verpflichtete hat den neuen Eigentümer zu benachrichtigen, sobald
die Ausübung des Vorkaufsrechts erfolgt oder ausgeschlossen ist.

§ 1100 Rechte des Käufers

Der neue Eigentümer kann, wenn er der Käufer oder ein Rechtsnachfolger
des Käufers ist, die Zustimmung zur Eintragung des Berechtigten als Eigentümer und die Herausgabe des Grundstücks verweigern, bis ihm der zwischen
dem Verpflichteten und dem Käufer vereinbarte Kaufpreis, soweit er berichtigt
ist, erstattet wird. Erlangt der Berechtigte die Eintragung als Eigentümer, so
kann der bisherige Eigentümer von ihm die Erstattung des berichtigten Kaufpreises gegen Herausgabe des Grundstücks fordern.

러운 때에는 이 종물에 미치는 것으로 한다.

제1097조 [하나 또는 複數의 賣渡에 관한 先買權 設定]

선매권은 설정 당시의 토지소유자 또는 그의 상속인이 매도하는 경우에
제한된다; 그러나 수개의 매도 혹은 매도 전부의 경우에 대하여서도 선
매권을 설정할 수 있다.

제1098조 [先買權의 效力]

① 선매권자와 의무자 간의 법률관계는 제463조 내지 제473조에 따라
정하여진다. 선매권은 도산관재인이 토지를 자유매각하는 경우에도 행
사할 수 있다.

② 선매권은 제 3 자에 대하여는 그 권리의 행사로 성립하는 소유권이전
청구권의 보전을 위한 가등기의 효력을 가진다.

③ 법인이 제1094조 제 1 항에 의하여 성립한 선매권을 가지는 경우에
그 권리를 양도할 수 있다는 약정이 없는 때에는 그 권리의 양도에 대하
여 제1059조의a 내지 제1059조의d가 준용된다.

제1099조 [通知]

① 제 3 자가 토지의 소유권을 취득한 경우에 그는 의무자와 마찬가지의
방법으로 선매권자에 대하여 매매계약의 내용을 통지할 수 있다, 그 통
지는 제469조 제 2 항에 정하여진 효력을 가진다.

② 선매권이 행사되거나 그 행사가 제척된 경우에는 의무자는 즉시 이
를 새로운 소유자에게 통지하여야 한다.

제1100조 [買受人의 權利]

새로운 소유자가 매수인이거나 그 승계인인 경우에, 의무자와 매수인 간
에 약정된 매매대금이 이미 결제된 때에는, 그는 그 대금을 반환받을 때
까지 선매권자를 소유자로 등기하는 것에 대한 동의와 토지의 반환을 거
절할 수 있다. 선매권자가 소유자로서의 등기를 취득한 경우에는, 종전
의 소유자는 그에 대하여 토지의 반환과 상환으로 이미 결제된 매매대금
을 반환할 것을 청구할 수 있다.

§ 1101 Befreiung des Berechtigten

Soweit der Berechtigte nach § 1100 dem Käufer oder dessen Rechtsnach-folger den Kaufpreis zu erstatten hat, wird er von der Verpflichtung zur Zahlung des aus dem Vorkauf geschuldeten Kaufpreises frei.

§ 1102 Befreiung des Käufers

Verliert der Käufer oder sein Rechtsnachfolger infolge der Geltendmachung des Vorkaufsrechts das Eigentum, so wird der Käufer, soweit der von ihm ge-schuldete Kaufpreis noch nicht berichtigt ist, von seiner Verpflichtung frei; den berichtigten Kaufpreis kann er nicht zurückfordern.

§ 1103 Subjektiv-dingliches und subjektiv-persönliches Vorkaufsrecht

(1) Ein zugunsten des jeweiligen Eigentümers eines Grundstücks bestehen-des Vorkaufsrecht kann nicht von dem Eigentum an diesem Grundstück ge-trennt werden.

(2) Ein zugunsten einer bestimmten Person bestehendes Vorkaufsrecht kann nicht mit dem Eigentum an einem Grundstück verbunden werden.

§ 1104 Ausschluss unbekannter Berechtigter

(1) Ist der Berechtigte unbekannt, so kann er im Wege des Aufgebotsver-fahrens mit seinem Recht ausgeschlossen werden, wenn die im § 1170 für die Ausschließung eines Hypothekengläubigers bestimmten Voraussetzungen vorliegen. Mit der Erlassung des Ausschlussurteils erlischt das Vorkaufsrecht.

(2) Auf ein Vorkaufsrecht, das zugunsten des jeweiligen Eigentümers eines Grundstücks besteht, finden diese Vorschriften keine Anwendung.

Abschnitt 6   Reallasten

§ 1105 Gesetzlicher Inhalt der Reallast

(1) Ein Grundstück kann in der Weise belastet werden, dass an denjenigen, zu dessen Gunsten die Belastung erfolgt, wiederkehrende Leistungen aus dem Grundstück zu entrichten sind (Reallast). Als Inhalt der Reallast kann auch

제1101조 [先買權者의 免責]

선매권자가 제1100조에 의하여 매수인 또는 그의 승계인에게 매매대금을 반환하여야 하는 때에는 그는 그 한도에서 선매에 의하여 부담하는 매매대금의 지급의무를 면한다.

제1102조 [買受人의 免責]

매수인 또는 그의 승계인이 선매권의 행사로 인하여 소유권을 상실한 경우에는 매수인은 그가 의무를 지는 매매대금이 아직 결제되지 아니한 한에서 그 의무를 면한다; 결제된 매매대금에 대하여는 반환청구를 할 수 없다.

제1103조 [相對的·物的 先買權 및 相對的·人的 先買權]

① 토지의 그때그때의 소유자를 위하여 존재하는 선매권은 그 토지의 소유권과 분리될 수 없다.

② 특정인을 위하여 존재하는 선매권은 토지의 소유권과 결합될 수 없다.

제1104조 [不知의 先買權者의 除斥]

① 선매권자를 알 수 없는 경우에 제1170조에서 저당채권자의 제척에 관하여 정한 요건이 충족되는 때에는 공시최고절차에 의하여 선매권자를 제척할 수 있다. 선매권은 제권판결의 선고로 소멸한다.

② 토지의 현재의 소유자를 위하여 존재하는 선매권에 대하여는 제 1 항은 적용되지 아니한다.

제 6 장   物的負擔

제1105조 [物的負擔의 內容]

① 토지는 권리자가 그로부터 회귀적 급부를 취득할 수 있는 부담의 목적이 될 수 있다("물적부담"). 물적부담의 내용에 관하여는, 그 약정에서

vereinbart werden, dass die zu entrichtenden Leistungen sich ohne weiteres
an veränderte Verhältnisse anpassen, wenn anhand der in der Vereinbarung
festgelegten Voraussetzungen Art und Umfang der Belastung des Grundstücks
bestimmt werden können.

(2) Die Reallast kann auch zugunsten eines anderen Grundstücks bestellt
werden.

§ 1106 Belastung eines Bruchteils

Ein Bruchteil eines Grundstücks kann mit einer Reallast nur belastet werden,
wenn er in dem Anteil eines Miteigentümers besteht.

§ 1107 Einzelleistungen

Auf die einzelnen Leistungen finden die für die Zinsen einer Hypothekenforderung geltenden Vorschriften entsprechende Anwendung.

§ 1108 Persönliche Haftung des Eigentümers

(1) Der Eigentümer haftet für die während der Dauer seines Eigentums
fällig werdenden Leistungen auch persönlich, soweit nicht ein anderes bestimmt ist.

(2) Wird das Grundstück geteilt, so haften die Eigentümer der einzelnen
Teile als Gesamtschuldner.

§ 1109 Teilung des herrschenden Grundstücks

(1) Wird das Grundstück des Berechtigten geteilt, so besteht die Reallast für
die einzelnen Teile fort. Ist die Leistung teilbar, so bestimmen sich die Anteile
der Eigentümer nach dem Verhältnis der Größe der Teile; ist sie nicht teilbar,
so finden die Vorschriften des § 432 Anwendung. Die Ausübung des Rechts ist
im Zweifel nur in der Weise zulässig, dass sie für den Eigentümer des belasteten Grundstücks nicht beschwerlicher wird.

(2) Der Berechtigte kann bestimmen, dass das Recht nur mit einem der
Teile verbunden sein soll. Die Bestimmung hat dem Grundbuchamt gegenüber
zu erfolgen und bedarf der Eintragung in das Grundbuch; die Vorschriften der
§§ 876, 878 finden entsprechende Anwendung. Veräußert der Berechtigte einen
Teil des Grundstücks, ohne eine solche Bestimmung zu treffen, so bleibt das
Recht mit dem Teil verbunden, den er behält.

(3) Gereicht die Reallast nur einem der Teile zum Vorteil, so bleibt sie mit
diesem Teil allein verbunden.

확정된 요건에 좇아 토지에 대한 부담의 종류와 범위가 정하여질 수 있는 경우에는, 행하여질 급부가 변화된 제반 사정에 좇아 자동적으로 변경되는 것으로 약정될 수도 있다.

② 물적부담은 다른 토지의 현재의 소유자를 위하여도 설정될 수 있다.

제1106조 [持分에 대한 設定]

토지의 지분은 그것이 공유자의 지분인 경우에 한하여 그에 대하여 물적부담을 설정할 수 있다.

제1107조 [個別的 給付]

개별적 급부에 대하여는 저당채권의 이자에 관한 규정이 준용된다.

제1108조 [所有者의 人的責任]

① 다른 정함이 없으면 소유자는 소유권을 가지는 동안에 이행기가 도래하는 급부에 대하여 인적으로도 책임을 진다.

② 토지가 분할된 때에는 각 분할부분의 소유자는 연대채무자로서 책임을 진다.

제1109조 [權利者의 土地의 分割]

① 권리자의 토지가 분할된 때에는 물적부담은 각 분할부분을 위하여 존속한다. 급부가 가분인 경우에는 각 소유자의 지분은 토지부분의 면적 비율에 따라서 정하여진다; 급부가 불가분인 경우에 대하여는 제432조가 적용된다. 권리의 행사는 의심스러운 때에는 부담설정된 토지의 소유자에게 불편이 가중되지 아니하는 범위에서만 허용된다.

② 권리자는 권리가 하나의 분할부분에만 결합되는 것으로 지정할 수 있다. 지정은 부동산등기소에 대하여 행하여져야 하고, 등기를 요한다; 제876조, 제878조는 이에 준용된다. 권리자가 그와 같은 지정이 없이 토지의 일부분을 양도한 경우에는 권리는 권리자가 계속 보유하는 부분에 결합하여 존속한다.

③ 물적부담이 하나의 분할부분에만 편익을 주는 경우에는 권리는 그 부분에만 결합된다.

§ 1110 Subjektiv-dingliche Reallast

Eine zugunsten des jeweiligen Eigentümers eines Grundstücks bestehende Reallast kann nicht von dem Eigentum an diesem Grundstück getrennt werden.

§ 1111 Subjektiv-persönliche Reallast

(1) Eine zugunsten einer bestimmten Person bestehende Reallast kann nicht mit dem Eigentum an einem Grundstück verbunden werden.

(2) Ist der Anspruch auf die einzelne Leistung nicht übertragbar, so kann das Recht nicht veräußert oder belastet werden.

§ 1112 Ausschluss unbekannter Berechtigter

Ist der Berechtigte unbekannt, so finden auf die Ausschließung seines Rechts die Vorschriften des § 1104 entsprechende Anwendung.

Abschnitt 7   Hypothek, Grundschuld, Rentenschuld

Titel 1   Hypothek

§ 1113 Gesetzlicher Inhalt der Hypothek

(1) Ein Grundstück kann in der Weise belastet werden, dass an denjenigen, zu dessen Gunsten die Belastung erfolgt, eine bestimmte Geldsumme zur Befriedigung wegen einer ihm zustehender Forderung aus dem Grundstück zu zahlen ist (Hypothek).

(2) Die Hypothek kann auch für eine künftige oder eine bedingte Forderung bestellt werden.

§ 1114 Belastung eines Bruchteils

Ein Bruchteil eines Grundstücks kann außer in den in § 3 Abs. 6 der Grundbuchordnung bezeichneten Fällen mit einer Hypothek nur belastet werden, wenn er in dem Anteil eines Miteigentümers besteht.

제1110조 [相對的·物的 物的負擔]

토지의 그때그때의 소유자를 위하여 존재하는 물적부담은 그 토지의 소유권과 분리될 수 없다.

제1111조 [相對的·人的 物的負擔]

① 특정인을 위하여 존재하는 물적부담은 토지의 소유권과 결합될 수 없다.

② 개별적 급부에 대한 청구권이 양도할 수 없는 것인 경우에는, 권리를 양도하거나 그에 부담설정할 수 없다.

제1112조 [不知의 權利者의 除斥]

권리자를 알 수 없는 경우에 그의 권리의 제척에 대하여는 제1104조가 준용된다.

제 7 장 抵當權·土地債務·定期土地債務

제 1 절 抵 當 權

제1113조 [抵當權의 內容]

① 토지는 권리자에 대하여 그로부터 그의 채권의 만족을 위하여 일정한 금액이 지급되도록 하는 부담의 목적이 될 수 있다("저당권").

② 저당권은 장래의 채권 또는 조건부 채권을 위하여도 설정할 수 있다.

제1114조 [持分에 대한 設定]

토지의 지분은 부동산등기법 제 3 조 제 6 항에 정하여진 경우를 제외하고는 그것이 공유자의 지분인 경우에 한하여 그에 대하여 저당권이 설정될 수 있다.

§ 1115　Eintragung der Hypothek

(1) Bei der Eintragung der Hypothek müssen der Gläubiger, der Geldbetrag der Forderung und, wenn die Forderung verzinslich ist, der Zinssatz, wenn andere Nebenleistungen zu entrichten sind, ihr Geldbetrag im Grundbuch angegeben werden; im übrigen kann zur Bezeichnung der Forderung auf die Eintragungsbewilligung Bezug genommen werden.

(2) Bei der Eintragung der Hypothek für ein Darlehen einer Kreditanstalt, deren Satzung von der zuständigen Behörde öffentlich bekannt gemacht worden ist, genügt zur Bezeichnung der außer den Zinsen satzungsgemäß zu entrichtenden Nebenleistungen die Bezugnahme auf die Satzung.

§ 1116　Brief- und Buchhypothek

(1) Über die Hypothek wird ein Hypothekenbrief erteilt.

(2) Die Erteilung des Briefes kann ausgeschlossen werden. Die Ausschließung kann auch nachträglich erfolgen. Zu der Ausschließung ist die Einigung des Gläubigers und des Eigentümers sowie die Eintragung in das Grundbuch erforderlich, die Vorschriften des § 873 Abs. 2 und der §§ 876, 878 finden entsprechende Anwendung.

(3) Die Ausschließung der Erteilung des Briefes kann aufgehoben werden; die Aufhebung erfolgt in gleicher Weise wie die Ausschließung.

§ 1117　Erwerb der Briefhypothek

(1) Der Gläubiger erwirbt, sofern nicht die Erteilung des Hypothekenbriefs ausgeschlossen ist, die Hypothek erst, wenn ihm der Brief von dem Eigentümer des Grundstücks übergeben wird. Auf die Übergabe finden die Vorschriften des § 929 Satz 2 und der §§ 930, 931 Anwendung.

(2) Die Übergabe des Briefes kann durch die Vereinbarung ersetzt werden, dass der Gläubiger berechtigt sein soll, sich den Brief von dem Grundbuchamt aushändigen zu lassen.

(3) Ist der Gläubiger im Besitz des Briefes, so wird vermutet, dass die Übergabe erfolgt sei.

§ 1118　Haftung für Nebenforderungen

Kraft der Hypothek haftet das Grundstück auch für die gesetzlichen Zinsen der Forderung sowie für die Kosten der Kündigung und der die Befriedigung aus dem Grundstück bezweckenden Rechtsverfolgung.

제1115조 [抵當權의 登記]

① 저당권의 등기에 있어서는 채권자, 채권액 및 그 채권이 이자부인 경우에는 그 이율, 그 밖의 부수적 급부를 하여야 할 경우에는 그 금액을 부동산등기부에 기재하여야 한다; 그 외에 채권의 표시를 위하여 등기승낙서를 인용할 수 있다.

② 정관이 관할 관청에 의하여 공시된 금융기관의 소비대차를 위한 저당권의 등기에 있어서는, 이자 외에 정관에 따라서 이행하여야 할 부수적 급부의 표시를 위하여는 정관을 인용함으로써 족하다.

제1116조 [證券抵當과 登記簿抵當]

① 저당권에 대하여는 저당증권이 교부된다.

② 증권의 교부는 배제될 수 있다. 배제는 사후적으로도 할 수 있다. 배제에는 채권자와 소유자 간의 합의와 등기를 요한다; 제873조 제 2 항, 제876조, 제878조는 이에 준용된다.

③ 증권 교부의 배제는 철회할 수 있다; 철회는 배제와 동일한 방법으로 행하여진다.

제1117조 [證券抵當權의 取得]

① 저당증권의 교부가 배제되지 아니한 경우에 채권자는 증권이 토지의 소유자로부터 그에게 인도된 때에 비로소 저당권을 취득한다. 그 인도에 대하여는 제929조 제 2 문, 제930조, 제931조가 적용된다.

② 증권의 인도는 채권자가 부동산등기소로부터 증권을 교부받을 권리를 가진다는 약정으로써 이에 갈음할 수 있다.

③ 채권자가 증권을 점유하고 있는 경우에는 인도가 행하여진 것으로 추정한다.

제1118조 [從된 債權에 대한 責任]

토지는 저당권에 기하여 채권의 법정이자 및 해지의 비용과 토지로부터의 만족을 목적으로 하는 권리실행의 비용에 대하여도 책임을 진다.

§ 1119   Erweiterung der Haftung für Zinsen

(1) Ist die Forderung unverzinslich oder ist der Zinssatz niedriger als fünf vom Hundert, so kann die Hypothek ohne Zustimmung der im Range gleich- oder nachstehenden Berechtigten dahin erweitert werden, dass das Grundstück für Zinsen bis zu fünf vom Hundert haftet.

(2) Zu einer Änderung der Zahlungszeit und des Zahlungsorts ist die Zustimmung dieser Berechtigten gleichfalls nicht erforderlich.

§ 1120   Erstreckung auf Erzeugnisse, Bestandteile und Zubehör

Die Hypothek erstreckt sich auf die von dem Grundstück getrennten Erzeugnisse und sonstigen Bestandteile, soweit sie nicht mit der Trennung nach den §§ 954 bis 957 in das Eigentum eines anderen als des Eigentümers oder des Eigenbesitzers des Grundstücks gelangt sind, sowie auf das Zubehör des Grundstücks mit Ausnahme der Zubehörstücke, welche nicht in das Eigentum des Eigentümers des Grundstücks gelangt sind.

§ 1121   Enthaftung durch Veräußerung und Entfernung

(1) Erzeugnisse und sonstige Bestandteile des Grundstücks sowie Zubehörstücke werden von der Haftung frei, wenn sie veräußert und von dem Grundstück entfernt werden, bevor sie zugunsten des Gläubigers in Beschlag genommen worden sind.

(2) Erfolgt die Veräußerung vor der Entfernung, so kann sich der Erwerber dem Gläubiger gegenüber nicht darauf berufen, dass er in Ansehung der Hypothek in gutem Glauben gewesen sei. Entfernt der Erwerber die Sache von dem Grundstück, so ist eine vor der Entfernung erfolgte Beschlagnahme ihm gegenüber nur wirksam, wenn er bei der Entfernung in Ansehung der Beschlagnahme nicht in gutem Glauben ist.

§ 1122   Enthaftung ohne Veräußerung

(1) Sind die Erzeugnisse oder Bestandteile innerhalb der Grenzen einer ordnungsmäßigen Wirtschaft von dem Grundstück getrennt worden, so erlischt ihre Haftung auch ohne Veräußerung, wenn sie vor der Beschlagnahme von dem Grundstück entfernt werden, es sei denn, dass die Entfernung zu einem vorübergehenden Zwecke erfolgt.

(2) Zubehörstücke werden ohne Veräußerung von der Haftung frei, wenn die Zubehöreigenschaft innerhalb der Grenzen einer ordnungsmäßigen Wirtschaft vor der Beschlagnahme aufgehoben wird.

제1119조 [利子에 대한 責任擴張]

① 채권이 무이자이거나 이율이 5% 이하인 경우에는 저당권은 동순위 또는 후순위의 권리자의 동의가 없어도 토지가 이자에 대하여 5푼까지 책임을 지는 것으로 확장될 수 있다.

② 지급시기와 지급장소의 변경에 대하여도 제1항의 권리자의 동의를 요하지 아니한다.

제1120조 [産出物, 構成部分 및 從物에 대한 效力]

저당권은 토지로부터 분리된 산출물과 기타의 구성부분 그리고 토지의 종물에도 미친다, 그러나 산출물과 기타의 구성부분이 분리와 함께 제954조 내지 제957조에 따라 토지의 소유자나 자주점유자가 아닌 사람의 소유에 속하게 된 경우 및 종물이 토지소유자의 소유에 속하지 아니하게 된 경우는 그러하지 아니하다.

제1121조 [讓渡와 搬出로 인한 免責]

① 토지의 산출물과 기타의 구성부분 그리고 종물은 그것이 채권자를 위한 압류가 있기 전에 양도되어 토지로부터 반출된 경우에는 책임으로부터 벗어난다.

② 양도가 반출 전에 행하여진 경우에는 양수인은 채권자에 대하여 자신이 저당권에 관하여 선의이었음을 주장하지 못한다. 양수인이 물건을 토지로부터 반출한 경우에, 반출 전에 행하여진 압류는 양수인이 반출시에 압류에 관하여 선의가 아니었던 때에 한하여 그에 대하여 효력이 있다.

제1122조 [讓渡 없는 경우의 免責]

① 산출물 또는 구성부분이 정상적인 경영의 범위 내에서 토지로부터 분리된 경우에, 그것이 압류 전에 토지로부터 반출된 때에는, 그것들의 책임은 양도 없이도 소멸한다, 그러나 반출이 일시적 목적을 위하여 행하여진 경우에는 그러하지 아니하다.

② 종물은 종물성이 압류 전에 정상적인 경영의 범위 내에서 소멸한 경우에는 양도 없이도 책임으로부터 벗어난다.

§ 1123 Erstreckung auf Miet- oder Pachtforderung

(1) Ist das Grundstück vermietet oder verpachtet, so erstreckt sich die Hypothek auf die Miet- oder Pachtforderung.

(2) Soweit die Forderung fällig ist, wird sie mit dem Ablauf eines Jahres nach dem Eintritt der Fälligkeit von der Haftung frei, wenn nicht vorher die Beschlagnahme zugunsten des Hypothekengläubigers erfolgt. Ist die Miete oder Pacht im voraus zu entrichten, so erstreckt sich die Befreiung nicht auf die Miet oder Pacht für eine spätere Zeit als den zur Zeit der Beschlagnahme laufenden Kalendermonat; erfolgt die Beschlagnahme nach dem 15. Tage des Monats, so erstreckt sich die Befreiung auch auf die Miete oder Pacht für den folgenden Kalendermonat.

§ 1124 Vorausverfügung über Miete oder Pacht

(1) Wird die Miete oder Pacht eingezogen, bevor er zugunsten des Hypothekengläubigers in Beschlag genommen worden ist, oder wird vor der Beschlagnahme in anderer Weise über ihn verfügt, so ist die Verfügung dem Hypothekengläubiger gegenüber wirksam. Besteht die Verfügung in der Übertragung der Forderung auf einen Dritten, so erlischt die Haftung der Forderung; erlangt ein Dritter ein Recht an der Forderung, so geht es der Hypothek im Range vor.

(2) Die Verfügung ist dem Hypothekengläubiger gegenüber unwirksam, soweit sie sich auf die Miete oder Pacht für eine spätere Zeit als den zur Zeit der Beschlagnahme laufenden Kalendermonat bezieht; erfolgt die Beschlagnahme nach dem fünfzehnten Tage des Monats, so ist die Verfügung jedoch insoweit wirksam, als sie sich auf die Miete oder Pacht für den folgenden Kalendermonat bezieht.

(3) Der Übertragung der Forderung auf einen Dritten steht es gleich, wenn das Grundstück ohne die Forderung veräußert wird.

§ 1125 Aufrechnung gegen Miete oder Pacht

Soweit die Einziehung der Miete oder Pacht dem Hypothekengläubiger gegenüber unwirksam ist, kann der Mieter oder der Pächter nicht eine ihm gegen den Vermieter oder den Verpächter zustehende Forderung gegen den Hypothekengläubiger aufrechnen.

§ 1126 Erstreckung auf wiederkehrende Leistungen

Ist mit dem Eigentum an dem Grundstück ein Recht auf wiederkehrende Leistungen verbunden, so erstreckt sich die Hypothek auf die Ansprüche auf diese Leistungen. Die Vorschriften des § 1123 Abs. 2 Satz 1, des § 1124 Abs.

제1123조 [借賃債權에 대한 效力]

① 토지가 사용임대 또는 용익임대된 경우에는 저당권은 그 차임채권에도 미친다.

② 채권의 이행기가 도래한 경우에 이행기 도래 후 1년 이내에 저당채권자를 위한 압류가 없는 때에는 채권은 책임으로부터 벗어난다. 차임을 미리 지급하여야 하는 경우에는 면책은 압류 당시의 역월 후의 기간에 대한 차임에는 미치지 아니한다; 압류가 그 달의 16일 이후에 행하여진 때에는 면책은 그 다음의 역월에 대한 차임에도 미친다.

제1124조 [借賃의 事前處分]

① 사용임대차 또는 용익임대차의 차임이 저당채권자를 위하여 압류되기 전에 추심되거나 압류 전에 다른 방법으로 처분된 때에는 그 처분은 저당채권자에 대하여 효력이 있다. 처분이 제 3 자에게 채권을 양도하는 것인 경우에는 그 채권의 책임은 소멸한다; 제 3 자가 채권에 대하여 권리를 취득한 경우에는 그 권리는 저당권에 우선한다.

② 처분이 압류 당시의 역월 후의 기간에 대한 차임을 목적으로 한 것인 경우에는 그 처분은 저당채권자에 대하여 효력이 없다; 압류가 그 달의 16일 이후에 행하여진 때에는 처분은 그 다음의 역월에 대한 차임을 목적으로 한 것인 한도에서 효력이 있다.

③ 토지가 채권과 분리하여 양도되는 경우는 제 3 자에의 채권양도와 동시된다.

제1125조 [借賃에 대한 相計]

차임의 추심이 저당채권자에 대하여 효력이 없는 한에서 사용임차인 또는 용익임차인은 사용임대인 또는 용익임대인에 대한 자신의 채권으로써 저당채권자에 대하여 상계할 수 없다.

제1126조 [回歸的 給付에 대한 效力]

회귀적 급부에 대한 권리가 토지소유권에 결합되어 있는 경우에 저당권은 이 급부청구권에도 미친다. 제1123조 제 2 항 제 1 문, 제1124조 제 1

1, 3 und des § 1125 finden entsprechende Anwendung. Eine vor der Beschlagnahme erfolgte Verfügung über den Anspruch auf eine Leistung, die erst drei Monate nach der Beschlagnahme fällig wird, ist dem Hypothekengläubiger gegenüber unwirksam.

§ 1127　Erstreckung auf die Versicherungsforderung

(1) Sind Gegenstände, die der Hypothek unterliegen, für den Eigentümer oder den Eigenbesitzer des Grundstücks unter Versicherung gebracht, so erstreckt sich die Hypothek auf die Forderung gegen den Versicherer.

(2) Die Haftung der Forderung gegen den Versicherer erlischt, wenn der versicherte Gegenstand wiederhergestellt oder Ersatz für ihn beschafft ist.

§ 1128　Gebäudeversicherung

(1) Ist ein Gebäude versichert, so kann der Versicherer die Versicherungssumme mit Wirkung gegen den Hypothekengläubiger an den Versicherten erst zahlen, wenn er oder der Versicherte den Eintritt des Schadens dem Hypothekengläubiger angezeigt hat und seit dem Empfang der Anzeige ein Monat verstrichen ist. Der Hypothekengläubiger kann bis zum Ablauf der Frist dem Versicherer gegenüber der Zahlung widersprechen. Die Anzeige darf unterbleiben, wenn sie untunlich ist; in diesem Falle wird der Monat von dem Zeitpunkt an berechnet, in welchem die Versicherungssumme fällig wird.

(2) Hat der Hypothekengläubiger seine Hypothek dem Versicherer angemeldet, so kann der Versicherer mit Wirkung gegen den Hypothekengläubiger an den Versicherten nur zahlen, wenn der Hypothekengläubiger der Zahlung schriftlich zugestimmt hat.

(3) Im übrigen finden die für eine verpfändete Forderung geltenden Vorschriften Anwendung; der Versicherer kann sich jedoch nicht darauf berufen, dass er eine aus dem Grundbuch ersichtliche Hypothek nicht gekannt habe.

§ 1129　Sonstige Schadensversicherung

Ist ein anderer Gegenstand als ein Gebäude versichert, so bestimmt sich die Haftung der Forderung gegen den Versicherer nach den Vorschriften des § 1123 Abs. 2 Satz 1, und des § 1124 Abs. 1, 3.

§ 1130　Wiederherstellungsklausel

Ist der Versicherer nach den Versicherungsbestimmungen nur verpflichtet, die Versicherungssumme zur Wiederherstellung des versicherten Gegenstands zu

항, 제 3 항 및 제1125조는 이에 준용된다. 이행기가 압류가 있고 3개월이 경과한 후에 도래하는 급부청구권이 압류 전에 처분된 경우에는 그 처분은 저당채권자에 대하여 효력이 없다.

제1127조 [保險金債權에 대한 效力]

① 저당권의 목적물이 토지의 소유자 또는 자주점유자를 위한 보험의 목적이 된 경우에 저당권은 보험자에 대한 채권에도 미친다.

② 부보附保된 목적물이 원상회복되거나 그 대위물이 조달된 경우에는 보험자에 대한 채권의 책임은 소멸한다.

제1128조 [建物保險]

① 건물이 보험의 목적이 된 경우에, 보험자는 그 또는 피보험자가 보험사고의 발생을 저당채권자에게 통지하고 또한 그 통지의 수령으로부터 1개월이 경과한 때에 비로소 저당채권자에 대하여 유효하게 피보험자에게 보험금을 지급할 수 있다. 저당채권자는 그 기간 내에는 보험자에 대하여 지급에 이의할 수 있다. 통지를 할 수 없는 경우에는 이를 하지 아니하여도 된다; 이 경우 1개월의 기간은 보험금의 이행기가 도래한 때로부터 기산한다.

② 저당채권자가 보험자에 대하여 저당권을 신고한 경우에는 보험자는 저당채권자가 그 지급에 서면으로 동의한 때에만 저당채권자에 대하여 유효하게 피보험자에게 지급할 수 있다.

③ 그 외에 질권이 설정된 채권에 관한 규정이 적용된다; 그러나 보험자는 부동산등기부로부터 바로 인지될 수 있는 저당권에 대하여 이를 알지 못하였음을 주장하지 못한다.

제1129조 [기타의 損害保險]

건물 이외의 목적물이 보험의 목적이 된 경우에 보험자에 대한 채권의 책임은 제1123조 제 2 항 제 1 문, 제1124조 제 1 항, 제 3 항에 따라 정하여진다.

제1130조 [原狀回復條項]

보험계약상의 약정에 의하여 보험자가 부보된 목적물의 원상회복을 위

zahlen, so ist eine diesen Bestimmungen entsprechende Zahlung an den Versicherten dem Hypothekengläubiger gegenüber wirksam.

§ 1131 Zuschreibung eines Grundstücks

Wird ein Grundstück nach § 890 Abs. 2 einem anderen Grundstück im Grundbuch zugeschrieben, so erstrecken sich die an diesem Grundstücke bestehenden Hypotheken auf das zugeschriebene Grundstück. Rechte, mit denen das zugeschriebene Grundstück belastet ist, gehen diesen Hypotheken im Range vor.

§ 1132 Gesamthypothek

(1) Besteht für die Forderung eine Hypothek an mehreren Grundstücken (Gesamthypothek), so haftet jedes Grundstück für die ganze Forderung. Der Gläubiger kann die Befriedigung nach seinem Belieben aus jedem der Grundstücke ganz oder zu einem Teil suchen.

(2) Der Gläubiger ist berechtigt, den Betrag der Forderung auf die einzelnen Grundstücke in der Weise zu verteilen, dass jedes Grundstück nur für den zugeteilten Betrag haftet. Auf die Verteilung finden die Vorschriften der §§ 875, 876, 878 entsprechende Anwendung.

§ 1133 Gefährdung der Sicherheit der Hypothek

Ist infolge einer Verschlechterung des Grundstücks die Sicherheit der Hypothek gefährdet, so kann der Gläubiger dem Eigentümer eine angemessene Frist zur Beseitigung der Gefährdung bestimmen. Nach dem Ablauf der Frist ist der Gläubiger berechtigt, sofort Befriedigung aus dem Grundstück zu suchen, wenn nicht die Gefährdung durch Verbesserung des Grundstücks oder durch anderweitige Hypothekenbestellung beseitigt worden ist. Ist die Forderung unverzinslich und noch nicht fällig, so gebührt dem Gläubiger nur die Summe, welche mit Hinzurechnung der gesetzlichen Zinsen für die Zeit von der Zahlung bis zur Fälligkeit dem Betrag der Forderung gleichkommt.

§ 1134 Unterlassungsklage

(1) Wirkt der Eigentümer oder ein Dritter auf das Grundstück in solcher Weise ein, dass eine die Sicherheit der Hypothek gefährdende Verschlechterung des Grundstücks zu besorgen ist, so kann der Gläubiger auf Unterlassung klagen.

(2) Geht die Einwirkung von dem Eigentümer aus, so hat das Gericht auf Antrag des Gläubigers die zur Abwendung der Gefährdung erforderlichen Maßregeln anzuordnen. Das Gleiche gilt, wenn die Verschlechterung deshalb

하여서만 보험금을 지급할 의무를 부담하는 경우에, 이 약정에 좇아 행
하여진 피보험자에 대한 지급은 저당채권자에 대하여 효력이 있다.

제1131조 [土地의 合筆]

토지가 제890조 제2항에 따라 다른 토지에 등기부상 합필된 경우에는
다른 토지에 대한 저당권의 효력은 합필된 토지에 미친다. 합필된 토지
를 목적으로 하는 권리는 순위상 그 저당권에 앞선다.

제1132조 [共同抵當]

① 동일한 채권을 위하여 수개의 토지에 하나의 저당권이 성립한 경우
에("공동저당"), 각 토지는 채권 전부에 대하여 책임을 진다. 채권자는
임의대로 어느 토지로부터도 채권의 전부 또는 일부의 만족을 구할 수
있다.

② 채권자는 각 토지별로 채권액을 분담시켜 각 토지가 그 분할된 액에
대하여만 책임을 지는 것으로 정할 수 있는 권리를 가진다. 그 분담에 대
하여는 제875조, 제876조, 제878조가 준용된다.

제1133조 [抵當權의 擔保力의 危殆化]

토지의 훼손으로 인하여 저당권의 담보력이 위태롭게 되는 경우에 채권
자는 소유자에 대하여 그 위험의 제거를 위한 상당한 기간을 정할 수 있
다. 토지의 개량 또는 다른 저당권의 설정에 의하여 그 위험이 제거되지
아니한 때에는 채권자는 그 기간이 경과한 후에 즉시 토지로부터 만족을
구할 수 있다. 채권이 무이자이고 또한 아직 이행기가 도래하지 아니한
경우에는 채권자는 채권액에서 지급시부터 이행기까지의 기간에 대한
법정이자를 가산한 금액만을 취득할 수 있다.

제1134조 [不作爲의 訴]

① 소유자 또는 제3자가 토지에 간섭하여 저당권의 담보력을 위태롭게
하는 토지 훼손의 우려가 있는 경우에는 채권자는 부작위를 소구할 수
있다.

② 간섭이 소유자로부터 나오는 경우에 법원은 채권자의 신청에 의하여
그 위험의 방지를 위하여 필요한 조치를 명하여야 한다. 소유자가 제3

zu besorgen ist, weil der Eigentümer die erforderlichen Vorkehrungen gegen Einwirkungen Dritter oder gegen andere Beschädigungen unterlässt.

§ 1135　Verschlechterung des Zubehörs

Einer Verschlechterung des Grundstücks im Sinne der §§ 1133, 1134 steht es gleich, wenn Zubehörstücke, auf die sich die Hypothek erstreckt, verschlechtert oder den Regeln einer ordnungsmäßigen Wirtschaft zuwider von dem Grundstück entfernt werden.

§ 1136　Rechtsgeschäftliche Verfügungsbeschränkung

Eine Vereinbarung, durch die sich der Eigentümer dem Gläubiger gegenüber verpflichtet, das Grundstück nicht zu veräußern oder nicht weiter zu belasten, ist nichtig.

§ 1137　Einreden des Eigentümers

(1) Der Eigentümer kann gegen die Hypothek die dem persönlichen Schuldner gegen die Forderung sowie die nach § 770 einem Bürgen zustehenden Einreden geltend machen. Stirbt der persönliche Schuldner, so kann sich der Eigentümer nicht darauf berufen, dass der Erbe für die Schuld nur beschränkt haftet.

(2) Ist der Eigentümer nicht der persönliche Schuldner, so verliert er eine Einrede nicht dadurch, dass dieser auf sie verzichtet.

§ 1138　Öffentlicher Glaube des Grundbuchs

Die Vorschriften der §§ 891 bis 899 gelten für die Hypothek auch in Ansehung der Forderung und der dem Eigentümer nach § 1137 zustehenden Einreden.

§ 1139　Widerspruch bei Darlehensbuchhypothek

Ist bei der Bestellung einer Hypothek für ein Darlehen die Erteilung des Hypothekenbriefs ausgeschlossen worden, so genügt zur Eintragung eines Widerspruchs, der sich darauf gründet, dass die Hingabe des Darlehens unterblieben sei, der von dem Eigentümer an das Grundbuchamt gerichtete Antrag, sofern er vor dem Ablauf eines Monats nach der Eintragung der Hypothek gestellt wird. Wird der Widerspruch innerhalb des Monats eingetragen, so hat die Eintragung die gleiche Wirkung, wie wenn der Widerspruch zugleich mit der Hypothek eingetragen worden wäre.

§ 1140　Hypothekenbrief und Unrichtigkeit des Grundbuchs

Soweit die Unrichtigkeit des Grundbuchs aus dem Hypothekenbrief oder

자의 간섭 또는 그 밖의 가해에 대하여 필요한 예방조치를 행하지 아니함으로써 훼손의 우려가 발생한 경우에도 또한 같다.

제1135조 [從物의 毀損]

저당권의 효력이 미치는 종물이 훼손되거나 정상적인 경영의 규칙에 반하여 토지로부터 반출되는 경우는 제1133조, 제1134조의 의미에서의 토지 훼손과 동시된다.

제1136조 [法律行爲에 의한 處分制限]

소유자가 토지를 양도하지 아니하거나 다른 부담을 설정하지 아니할 의무를 채권자에 대하여 지는 약정은 무효이다.

제1137조 [所有者의 抗辯權]

① 소유자는 저당권에 대하여 인적 채무자가 채권에 대하여 가지는 항변사유 및 제770조에 의하여 보증인이 가지는 항변사유를 주장할 수 있다. 인적 채무자가 사망한 경우에, 소유자는 상속인이 채무에 대하여 제한적으로만 책임을 진다는 것을 원용할 수 없다.

② 소유자가 인적 채무자가 아닌 경우에는 인적 채무자의 항변사유 포기가 있더라도 소유자는 그에 의하여 항변사유를 상실하지 아니한다.

제1138조 [登記簿의 公信力]

제891조 내지 제899조는 채권과 제1137조에 의하여 소유자가 가지는 항변권에 관하여도 저당권에 적용된다.

제1139조 [消費貸借를 위한 登記簿抵當에서의 異議]

소비대차를 위한 저당권의 설정에 있어서 저당증권의 교부가 배제된 경우에, 대차물이 인도되지 아니한 것을 이유로 하는 이의의 등기에는 저당권등기 후 1개월이 경과하기 전에 소유자가 부동산등기소에 이를 신청함으로써 족하다. 이의가 그 1개월의 기간 내에 등기된 경우에는, 그 등기는 저당권과 동시에 등기된 것과 같은 효력을 가진다.

제1140조 [抵當證券과 登記簿의 不實]

저당증권 또는 그 증권의 기재로부터 부동산등기부의 부실이 판명되는

einem Vermerk auf dem Brief hervorgeht, ist die Berufung auf die Vorschriften der §§ 892, 893 ausgeschlossen. Ein Widerspruch gegen die Richtigkeit des Grundbuchs, der aus dem Brief oder einem Vermerk auf dem Brief hervorgeht, steht einem im Grundbuch eingetragenen Widerspruch gleich.

§ 1141 Kündigung der Hypothek

(1) Hängt die Fälligkeit der Forderung von einer Kündigung ab, so ist die Kündigung für die Hypothek nur wirksam, wenn sie von dem Gläubiger dem Eigentümer oder von dem Eigentümer dem Gläubiger erklärt wird. Zugunsten des Gläubigers gilt derjenige, welcher im Grundbuch als Eigentümer eingetragen ist, als der Eigentümer.

(2) Hat der Eigentümer keinen Wohnsitz im Inland oder liegen die Voraussetzungen des § 132 Abs. 2 vor, so hat auf Antrag des Gläubigers das Amtsgericht, in dessen Bezirk das Grundstück liegt, dem Eigentümer einen Vertreter zu bestellen, dem gegenüber die Kündigung des Gläubigers erfolgen kann.

§ 1142 Befriedigungsrecht des Eigentümers

(1) Der Eigentümer ist berechtigt, den Gläubiger zu befriedigen, wenn die Forderung ihm gegenüber fällig geworden oder wenn der persönliche Schuldner zur Leistung berechtigt ist.

(2) Die Befriedigung kann auch durch Hinterlegung oder durch Aufrechnung erfolgen.

§ 1143 Übergang der Forderung

(1) Ist der Eigentümer nicht der persönliche Schuldner, so geht, soweit er den Gläubiger befriedigt, die Forderung auf ihn über. Die für einen Bürgen geltenden Vorschriften des § 774 Abs. 1 finden entsprechende Anwendung.

(2) Besteht für die Forderung eine Gesamthypothek, so gelten für diese die Vorschriften des § 1173.

§ 1144 Aushändigung der Urkunden

Der Eigentümer kann gegen Befriedigung des Gläubigers die Aushändigung des Hypothekenbriefs und der sonstigen Urkunden verlangen, die zur Berichtigung des Grundbuchs oder zur Löschung der Hypothek erforderlich sind.

§ 1145 Teilweise Befriedigung

(1) Befriedigt der Eigentümer den Gläubiger nur teilweise, so kann er die Aushändigung des Hypothekenbriefs nicht verlangen. Der Gläubiger ist ver-

경우에는 제892조, 제893조는 이를 원용할 수 없다. 저당증권 또는 그 증권의 기재로부터 부동산등기부의 정당함에 대하여 이의가 있음이 판명되는 경우에는 그 이의는 부동산등기부에 등기된 이의와 동시된다.

제1141조 [抵當權의 解止]

① 해지에 의하여 채권의 이행기가 도래하는 경우에는 채권자가 소유자에 대하여 또는 소유자가 채권자에 대하여 해지를 한 때에 한하여 그 해지는 저당권에 대하여 효력이 있다. 부동산등기부에 소유자로 등기된 자는 채권자의 이익을 위하여 소유자로 본다.

② 소유자가 국내에 주소가 없거나 제132조 제 2 항의 요건이 충족되는 경우에, 토지 소재지를 관할하는 구법원은 채권자의 신청에 의하여 채권자의 해지 상대방이 될 수 있는 소유자의 대리인을 선임하여야 한다.

제1142조 [所有者의 滿足權]

① 채권이 소유자에 대하여 이행기가 도래한 경우 또는 인적 채무자가 급부할 권리를 가지는 경우에는 소유자는 채권자를 만족시킬 권리가 있다.

② 만족은 공탁 또는 상계로써도 할 수 있다.

제1143조 [債權의 移轉]

① 소유자가 인적 채무자가 아닌 경우에 소유자가 채권자를 만족시킨 때에는 그 한도에서 채권은 소유자에게 이전된다. 보증인에 관한 제774조 제 1 항의 규정은 이에 준용된다.

② 채권을 위하여 공동저당권이 존재하는 경우에는 이에 대하여 제1173조가 적용된다.

제1144조 [證書의 交付]

소유자는 채권자에 대한 만족과 상환으로 저당증권 및 기타 부동산등기부의 정정 또는 저당권의 말소에 필요한 증서의 교부를 청구할 수 있다.

제1145조 [一部辨濟]

① 소유자가 채권자를 부분적으로만 만족시킨 경우에는 저당증권의 교

pflichtet, die teilweise Befriedigung auf dem Brief zu vermerken und den Brief zum Zwecke der Berichtigung des Grundbuchs oder der Löschung dem Grundbuchamt oder zum Zwecke der Herstellung eines Teilhypothekenbriefs für den Eigentümer der zuständigen Behörde oder einem zuständigen Notar vorzulegen.

(2) Die Vorschrift des Absatzes 1 Satz 2 gilt für Zinsen und andere Nebenleistungen nur, wenn sie später als in dem Kalendervierteljahr, in welchem der Gläubiger befriedigt wird, oder dem folgenden Vierteljahr fällig werden. Auf Kosten, für die das Grundstück nach § 1118 haftet, findet die Vorschrift keine Anwendung.

§ 1146　Verzugszinsen

Liegen dem Eigentümer gegenüber die Voraussetzungen vor, unter denen ein Schuldner in Verzug kommt, so gebühren dem Gläubiger Verzugszinsen aus dem Grundstück.

§ 1147　Befriedigung durch Zwangsvollstreckung

Die Befriedigung des Gläubigers aus dem Grundstück und den Gegenständen, auf die sich die Hypothek erstreckt, erfolgt im Wege der Zwangsvollstreckung.

§ 1148　Eigentumsfiktion

Bei der Verfolgung des Rechts aus der Hypothek gilt zugunsten des Gläubigers derjenige, welcher im Grundbuch als Eigentümer eingetragen ist, als der Eigentümer. Das Recht des nicht eingetragenen Eigentümers, die ihm gegen die Hypothek zustehenden Einwendungen geltend zu machen, bleibt unberührt.

§ 1149　Unzulässige Befriedigungsabreden

Der Eigentümer kann, solange nicht die Forderung ihm gegenüber fällig geworden ist, dem Gläubiger nicht das Recht einräumen, zum Zwecke der Befriedigung die Übertragung des Eigentums an dem Grundstück zu verlangen oder die Veräußerung des Grundstücks auf andere Weise als im Wege der Zwangsvollstreckung zu bewirken.

§ 1150　Ablösungsrecht Dritter

Verlangt der Gläubiger Befriedigung aus dem Grundstück, so finden die Vorschriften der §§ 268, 1144, 1145 entsprechende Anwendung.

부를 청구할 수 없다. 채권자는 일부의 만족을 그 증서에 기재할 의무를
지고 또한 그 증서를 부동산등기부의 정정 또는 말소를 위하여 부동산등
기소에 제시하거나 소유자를 위한 부분저당증권의 작성을 위하여 관할
관청 또는 권한 있는 공증인에게 제시할 의무를 진다.

② 이자 및 그 밖의 부수적 급부에 대하여는 채권자가 만족을 얻은 사분
역년四分曆年 또는 그 다음의 사분년四分年 다음에 그 이행기가 도래하는
경우에 한하여 제 1 항 제 2 문이 적용된다. 제1118조에 의하여 토지가 책
임을 지는 비용에 대하여는 제 1 항이 적용되지 아니한다.

제1146조 [遲延利子]

소유자에 있어서 채무자의 이행지체에 관한 요건이 갖추어진 경우에는
채권자는 토지로부터 지연이자를 받을 권리가 있다.

제1147조 [强制執行에 의한 滿足]

토지 및 저당권이 미치는 목적물로부터 채권자를 만족시키는 것은 강제
집행의 방법으로 행하여진다.

제1148조 [所有權의 擬制]

저당권에 기한 권리실행에 있어서는 부동산등기부에 소유자로 등기된
자를 채권자의 이익을 위하여 소유자로 본다. 등기되지 아니한 소유자
가 저당권에 대하여 가지는 대항사유를 행사할 권리는 영향을 받지 아니
한다.

제1149조 [債權者의 滿足에 관한 合意의 禁止]

소유자는 자신에 대하여 피담보채권의 이행기가 도래하기 전에는 그 채
권자에 대하여 만족의 목적으로 토지소유권의 양도를 청구할 권리를 부
여하거나 강제집행 이외의 방법으로 토지의 이전을 실행할 권리를 부여
할 수 없다.

제1150조 [第三者의 辨濟權]

채권자가 토지로부터 만족을 청구한 경우에 대하여는 제268조, 제1144
조, 제1145조가 준용된다.

§ 1151 Rangänderung bei Teilhypotheken

Wird die Forderung geteilt, so ist zur Änderung des Rangverhältnisses der Teilhypotheken untereinander die Zustimmung des Eigentümers nicht erforderlich.

§ 1152 Teilhypothekenbrief

Im Falle einer Teilung der Forderung kann, sofern nicht die Erteilung des Hypothekenbriefs ausgeschlossen ist, für jeden Teil ein Teilhypothekenbrief hergestellt werden; die Zustimmung des Eigentümers des Grundstücks ist nicht erforderlich. Der Teilhypothekenbrief tritt für den Teil, auf den er sich bezieht, an die Stelle des bisherigen Briefes.

§ 1153 Übertragung von Hypothek und Forderung

(1) Mit der Übertragung der Forderung geht die Hypothek auf den neuen Gläubiger über.

(2) Die Forderung kann nicht ohne die Hypothek, die Hypothek kann nicht ohne die Forderung übertragen werden.

§ 1154 Abtretung der Forderung

(1) Zur Abtretung der Forderung ist Erteilung der Abtretungserklärung in schriftlicher Form und Übergabe des Hypothekenbriefs erforderlich; die Vorschriften des § 1117 finden Anwendung. Der bisherige Gläubiger hat auf Verlangen des neuen Gläubigers die Abtretungserklärung auf seine Kosten öffentlich beglaubigen zu lassen.

(2) Die schriftliche Form der Abtretungserklärung kann dadurch ersetzt werden, dass die Abtretung in das Grundbuch eingetragen wird.

(3) Ist die Erteilung des Hypothekenbriefs ausgeschlossen, so finden auf die Abtretung der Forderung die Vorschriften der §§ 873, 878 entsprechende Anwendung.

§ 1155 Öffentlicher Glaube beglaubigter Abtretungserklärungen

Ergibt sich das Gläubigerrecht des Besitzers des Hypothekenbriefs aus einer zusammenhängenden, auf einen eingetragenen Gläubiger zurückführenden Reihe von öffentlich beglaubigten Abtretungserklärungen, so finden die Vorschriften der §§ 891 bis 899 in gleicher Weise Anwendung, wie wenn der Besitzer des Briefes als Gläubiger im Grundbuch eingetragen wäre. Einer öffentlich beglaubigten Abtretungserklärung steht gleich ein gerichtlicher Überweisungsbeschluss und das öffentlich beglaubigte Anerkenntnis einer kraft Gesetzes erfolgten Übertragung der Forderung.

제1151조 [部分抵當權에서의 順位變更]

채권이 분할된 경우에 부분저당권 상호간의 순위를 변경함에는 소유자
의 동의를 요하지 아니한다.

제1152조 [部分抵當證券]

채권이 분할된 경우에는 저당증권의 교부가 배제되지 아니한 한 각 분할
부분에 대하여 부분저당증권이 작성될 수 있다; 이에는 토지소유자의 동
의를 요하지 아니한다. 부분저당증권은 그 목적부분에 관하여 종전의 증
권에 갈음한다.

제1153조 [抵當權과 債權의 讓渡]

① 채권의 양도와 함께 저당권은 새로운 채권자에게 이전한다.

② 채권은 저당권과 분리하여, 또한 저당권은 채권과 분리하여 양도할
수 없다.

제1154조 [債權의 讓渡]

① 채권의 양도에는 서면방식에 의한 양도의 의사표시와 저당증권의 인
도를 요한다; 제1117조는 이에 적용된다. 새로운 채권자의 청구가 있으
면 종전의 채권자는 양도의 의사표시를 자신의 비용으로 공적으로 인증
하여야 한다.

② 양도의 의사표시의 서면방식은 부동산등기부에 양도가 등기되는 것
으로써 갈음할 수 있다.

③ 저당증권의 교부가 배제된 경우에는 채권의 양도에 대하여 제873조,
제878조가 준용된다.

제1155조 [認證된 讓渡意思表示의 公信力]

저당증권 점유자의 채권자로서의 권리가 등기된 채권자에까지 소급되는
공적으로 인증된 양도 의사표시의 연속에 의하여 인정될 수 있는 경우에
는, 제891조 내지 제899조가 증권 점유자가 채권자로 등기된 것에 준하여
적용된다. 법원의 전부명령 및 법률에 의한 채권이전의 공적으로 인증된
승인은 공적으로 인증된 양도 의사표시와 동시된다.

§ 1156　Rechtsverhältnis zwischen Eigentümer und neuem Gläubiger

Die für die Übertragung der Forderung geltenden Vorschriften der §§ 406 bis 408 finden auf das Rechtsverhältnis zwischen dem Eigentümer und dem neuen Gläubiger in Ansehung der Hypothek keine Anwendung. Der neue Gläubiger muss jedoch eine dem bisherigen Gläubiger gegenüber erfolgte Kündigung des Eigentümers gegen sich gelten lassen, es sei denn, dass die Übertragung zur Zeit der Kündigung dem Eigentümer bekannt oder im Grundbuch eingetragen ist.

§ 1157　Fortbestehen der Einreden gegen die Hypothek

Eine Einrede, die dem Eigentümer auf Grund eines zwischen ihm und dem bisherigen Gläubiger bestehenden Rechtsverhältnisses gegen die Hypothek zusteht, kann auch dem neuen Gläubiger entgegengesetzt werden. Die Vorschriften der §§ 892, 894 bis 899, 1140 gelten auch für diese Einrede.

§ 1158　Künftige Nebenleistungen

Soweit die Forderung auf Zinsen oder andere Nebenleistungen gerichtet ist, die nicht später als in dem Kalendervierteljahr, in welchem der Eigentümer von der Übertragung Kenntnis erlangt, oder dem folgenden Vierteljahr fällig werden, finden auf das Rechtsverhältnis zwischen dem Eigentümer und dem neuen Gläubiger die Vorschriften der §§ 406 bis 408 Anwendung; der Gläubiger kann sich gegenüber den Einwendungen, welche dem Eigentümer nach den §§ 404, 406 bis 408, 1157 zustehen, nicht auf die Vorschriften des § 892 berufen.

§ 1159　Rückständige Nebenleistungen

(1) Soweit die Forderung auf Rückstände von Zinsen oder anderen Nebenleistungen gerichtet ist, bestimmt sich die Übertragung sowie das Rechtsverhältnis zwischen dem Eigentümer und dem neuen Gläubiger nach den für die Übertragung von Forderungen geltenden allgemeinen Vorschriften. Das Gleiche gilt für den Anspruch auf Erstattung von Kosten, für die das Grundstück nach § 1118 haftet.

(2) Die Vorschriften des § 892 finden auf die im Absatz 1 bezeichneten Ansprüche keine Anwendung.

§ 1160　Geltendmachung der Briefhypothek

(1) Der Geltendmachung der Hypothek kann, sofern nicht die Erteilung des Hypothekenbriefs ausgeschlossen ist, widersprochen werden, wenn der Gläubiger nicht den Brief vorlegt; ist der Gläubiger nicht im Grundbuch eingetragen,

제1156조 [所有者와 새로운 債權者 간의 法律關係]

　채권양도에 관하여 적용되는 제406조 내지 제408조의 규정은 저당권에 있어서 소유자와 새로운 채권자 간의 법률관계에 적용되지 아니한다. 새로운 채권자는 종전의 채권자에 대하여 행하여진 소유자의 해지를 자신에게 효력 있는 것으로 하여야 한다, 그러나 소유자가 해지 당시에 그 양도를 알았거나 양도가 부동산등기부에 등기된 경우에는 그러하지 아니하다.

제1157조 [抵當權에 대한 抗辯事由의 存續]

　소유자가 그와 종전의 채권자 간의 법률관계에 기하여 저당권에 대하여 가지는 항변사유는 새로운 채권자에게도 대항할 수 있다. 제892조, 제894조 내지 제899조, 제1140조는 이 항변사유에 대하여도 적용된다.

제1158조 [將來의 附隨的 給付]

　채권이 소유자가 그 양도를 알게 된 사분역년四分曆年 또는 그 다음의 사분년四分年 다음에 이행기가 도래하는 것이 아닌 이자 또는 그 밖의 부수적 급부를 목적으로 하는 경우에는, 소유자와 새로운 채권자 간의 법률관계에 대하여는 제406조 내지 제408조가 적용된다; 제404조, 제406조 내지 제408조, 제1157조에 의하여 소유자가 가지는 대항사유에 대하여 채권자는 제892조를 원용할 수 없다.

제1159조 [延滯된 附隨的 給付]

　① 채권이 연체된 이자 또는 그 밖의 부수적 급부를 목적으로 하는 경우에는, 그 양도 및 소유자와 새로운 채권자 간의 법률관계는 채권양도에 관한 일반규정에 따라 정하여진다. 제1118조에 의하여 토지가 책임을 지는 비용의 상환청구권에 대하여도 또한 같다.

　② 제892조는 제 1 항에 정하여진 청구권에 적용되지 아니한다.

제1160조 [抵當證券의 行使]

　① 저당증권의 교부가 배제되지 아니한 경우에, 채권자가 증권을 제시하지 아니하는 때에는 저당권의 행사에 대하여 이의할 수 있다; 채권자가 부동산등기부에 등기되어 있지 아니한 경우에는 제1155조에 정하여

so sind auch die im § 1155 bezeichneten Urkunden vorzulegen.

(2) Eine dem Eigentümer gegenüber erfolgte Kündigung oder Mahnung ist unwirksam, wenn der Gläubiger die nach Absatz 1 erforderlichen Urkunden nicht vorlegt und der Eigentümer die Kündigung oder die Mahnung aus diesem Grunde unverzüglich zurückweist.

(3) Diese Vorschriften gelten nicht für die im § 1159 bezeichneten Ansprüche.

§ 1161   Geltendmachung der Forderung

Ist der Eigentümer der persönliche Schuldner, so finden die Vorschriften des § 1160 auch auf die Geltendmachung der Forderung Anwendung.

§ 1162   Aufgebot des Hypothekenbriefs

Ist der Hypothekenbrief abhanden gekommen oder vernichtet, so kann er im Wege des Aufgebotsverfahrens für kraftlos erklärt werden.

§ 1163   Eigentümerhypothek

(1) Ist die Forderung, für welche die Hypothek bestellt ist, nicht zur Entstehung gelangt, so steht die Hypothek dem Eigentümer zu. Erlischt die Forderung, so erwirbt der Eigentümer die Hypothek.

(2) Eine Hypothek, für welche die Erteilung des Hypothekenbriefs nicht ausgeschlossen ist, steht bis zur Übergabe des Briefes an den Gläubiger dem Eigentümer zu.

§ 1164   Übergang der Hypothek auf den Schuldner

(1) Befriedigt der persönliche Schuldner den Gläubiger, so geht die Hypothek insoweit auf ihn über, als er von dem Eigentümer oder einem Rechtsvorgänger des Eigentümers Ersatz verlangen kann. Ist dem Schuldner nur teilweise Ersatz zu leisten, so kann der Eigentümer die Hypothek, soweit sie auf ihn übergegangen ist, nicht zum Nachteil der Hypothek des Schuldners geltend machen.

(2) Der Befriedigung des Gläubigers steht es gleich, wenn sich Forderung und Schuld in einer Person vereinigen.

§ 1165   Freiwerden des Schuldners

Verzichtet der Gläubiger auf die Hypothek oder hebt er sie nach § 1183 auf

진 증서도 제시되어야 한다.

② 소유자에 대하여 행하여진 해지 또는 최고는, 채권자가 제 1 항에 의하여 요구되는 증서를 제시하지 아니하고 또한 소유자가 이를 이유로 해지 또는 최고에 대하여 지체없이 이의한 경우에는, 효력이 없다.

③ 제 1 항, 제 2 항은 제1159조에 정하여진 청구권에 대하여는 적용되지 아니한다.

제1161조 [債權의 行使]

소유자가 인적 채무자인 경우에, 제1160조는 채권의 행사에 대하여도 적용된다.

제1162조 [抵當證券의 公示催告]

저당증권이 점유이탈하거나 파훼된 경우에는 저당증권은 공시최고절차를 통하여 그 실효가 선언될 수 있다.

제1163조 [所有者抵當權]

① 저당권으로 담보된 채권이 성립에 이르지 아니한 경우에는 소유자가 저당권을 가진다. 채권이 소멸한 경우에는 소유자가 저당권을 취득한다.

② 저당증권의 교부가 배제되지 아니한 저당권은 그 증권을 채권자에게 인도할 때까지 소유자가 이를 가진다.

제1164조 [債務者의 抵當權取得]

① 인적 채무자가 채권자를 만족시킨 경우에 채무자가 소유자 또는 소유자의 전주前主에 대하여 구상할 수 있는 때에는 그 한도에서 저당권은 인적 채무자에게 이전한다. 채무자가 일부만을 구상할 수 있는 경우에 저당권이 소유자에게 이전된 때에는 소유자는 이를 채무자의 저당권에 불이익하게 행사할 수 없다.

② 채권과 채무가 동일인에게 혼동한 경우는 채권자의 만족과 동시된다.

제1165조 [債務者의 免責]

채권자가 저당권을 포기하거나 제1183조에 따라 저당권을 소멸시키거나

oder räumt er einem anderen Recht den Vorrang ein, so wird der persönliche Schuldner insoweit frei, als er ohne diese Verfügung nach § 1164 aus der Hypothek hätte Ersatz erlangen können.

§ 1166　Benachrichtigung des Schuldners

Ist der persönliche Schuldner berechtigt, von dem Eigentümer Ersatz zu verlangen, falls er den Gläubiger befriedigt, so kann er, wenn der Gläubiger die Zwangsversteigerung des Grundstücks betreibt, ohne ihn unverzüglich zu benachrichtigen, die Befriedigung des Gläubigers wegen eines Ausfalls bei der Zwangsversteigerung insoweit verweigern, als er infolge der Unterlassung der Benachrichtigung einen Schaden erleidet. Die Benachrichtigung darf unterbleiben, wenn sie untunlich ist.

§ 1167　Aushändigung der Berichtigungsurkunden

Erwirbt der persönliche Schuldner, falls er den Gläubiger befriedigt, die Hypothek oder hat er im Falle der Befriedigung ein sonstiges rechtliches Interesse an der Berichtigung des Grundbuchs, so stehen ihm die in den §§ 1144, 1145 bestimmten Rechte zu.

§ 1168　Verzicht auf die Hypothek

(1) Verzichtet der Gläubiger auf die Hypothek, so erwirbt sie der Eigentümer.

(2) Der Verzicht ist dem Grundbuchamt oder dem Eigentümer gegenüber zu erklären und bedarf der Eintragung in das Grundbuch. Die Vorschriften des § 875 Abs. 2 und der §§ 876, 878 finden entsprechende Anwendung.

(3) Verzichtet der Gläubiger für einen Teil der Forderung auf die Hypothek, so stehen dem Eigentümer die im § 1145 bestimmten Rechte zu.

§ 1169　Rechtszerstörende Einrede

Steht dem Eigentümer eine Einrede zu, durch welche die Geltendmachung der Hypothek dauernd ausgeschlossen wird, so kann er verlangen, dass der Gläubiger auf die Hypothek verzichtet.

§ 1170　Ausschluss unbekannter Gläubiger

(1) Ist der Gläubiger unbekannt, so kann er im Wege des Aufgebotsverfahrens mit seinem Recht ausgeschlossen werden, wenn seit der letzten sich auf die Hypothek beziehenden Eintragung in das Grundbuch zehn Jahre verstrichen sind und das Recht des Gläubigers nicht innerhalb dieser Frist von dem

다른 권리에 선순위를 부여한 때에는 인적 채무자는 그러한 처분이 없었더라면 제1164조에 의하여 저당권으로부터 구상을 얻을 수 있었을 한도에서 면책된다.

제1166조 [債務者의 通知]

인적 채무자가 채권자를 만족시키면 소유자에 대하여 구상할 수 있는 권리를 가지는 경우에, 채권자가 토지의 강제경매를 추행하면서 지체없이 이를 채무자에게 통지하지 아니한 때에는, 채무자는 그가 통지의 해태로 인하여 손해를 입은 한도에서 채권자가 강제경매에서 만족을 얻지 못한 것에 대하여 그를 만족시키는 것을 거절할 수 있다. 통지를 할 수 없는 경우에는 이를 하지 아니하여도 된다.

제1167조 [證書交付請求權]

인적 채무자가 채권자를 만족시키면 저당권을 취득하는 때 또는 그가 만족의 경우에 부동산등기의 정정에 대하여 그 밖의 법적 이익을 가지는 때에, 그는 제1144조, 제1145조에 정하여진 권리를 가진다.

제1168조 [抵當權의 抛棄]

① 채권자가 저당권을 포기하면 소유자가 이를 취득한다.

② 포기는 부동산등기소 또는 소유자에 대하여 표시되어야 하며, 부동산등기부에의 등기를 요한다. 제875조 제 2 항, 제876조 및 제878조는 이에 준용된다.

③ 채권자가 채권의 일부에 관하여 저당권을 포기한 경우에, 소유자는 제1145조에 정하여진 권리를 가진다.

제1169조 [減權的 抗辯]

소유자가 저당권의 행사를 영구적으로 배제하는 항변사유를 가지는 경우에, 그는 채권자가 저당권을 포기할 것을 청구할 수 있다.

제1170조 [不知의 債權者의 排除]

① 채권자를 알 수 없는 경우에, 부동산등기부에 저당권에 관한 최후의 등기가 있는 때로부터 10년이 경과되고 또한 그 기간 중에 소유자가 제212조 제 1 항 제 1 문에 따라 소멸시효의 갱신에 적합한 방식으로 채권

Eigentümer in einer nach § 212 Abs. 1 Nr. 1 zum Neubeginn der Verjährung geeigneten Weise anerkannt worden ist. Besteht für die Forderung eine nach dem Kalender bestimmte Zahlungszeit, so beginnt die Frist nicht vor dem Ablauf des Zahlungstags.

(2) Mit der Erlassung des Ausschlussurteils erwirbt der Eigentümer die Hypothek. Der dem Gläubiger erteilte Hypothekenbrief wird kraftlos.

§ 1171　Ausschluss durch Hinterlegung

(1) Der unbekannte Gläubiger kann im Wege des Aufgebotsverfahrens mit seinem Recht auch dann ausgeschlossen werden, wenn der Eigentümer zur Befriedigung des Gläubigers oder zur Kündigung berechtigt ist und den Betrag der Forderung für den Gläubiger unter Verzicht auf das Recht zur Rücknahme hinterlegt. Die Hinterlegung von Zinsen ist nur erforderlich, wenn der Zinssatz im Grundbuch eingetragen ist; Zinsen für eine frühere Zeit als das vierte Kalenderjahr vor der Erlassung des Ausschlussurteils sind nicht zu hinterlegen.

(2) Mit der Erlassung des Ausschlussurteils gilt der Gläubiger als befriedigt, sofern nicht nach den Vorschriften über die Hinterlegung die Befriedigung schon vorher eingetreten ist. Der dem Gläubiger erteilte Hypothekenbrief wird kraftlos.

(3) Das Recht des Gläubigers auf den hinterlegten Betrag erlischt mit dem Ablauf von 30 Jahren nach der Erlassung des Ausschlussurteils, wenn nicht der Gläubiger sich vorher bei der Hinterlegungsstelle meldet; der Hinterleger ist zur Rücknahme berechtigt, auch wenn er auf das Recht zur Rücknahme verzichtet hat.

§ 1172　Eigentümergesamthypothek

(1) Eine Gesamthypothek steht in den Fällen des § 1163 den Eigentümern der belasteten Grundstücke gemeinschaftlich zu.

(2) Jeder Eigentümer kann, sofern nicht ein anderes vereinbart ist, verlangen, dass die Hypothek an seinem Grundstück auf den Teilbetrag, der dem Verhältnis des Wertes seines Grundstücks zu dem Werte der sämtlichen Grundstücke entspricht, nach § 1132 Abs. 2 beschränkt und in dieser Beschränkung ihm zugeteilt wird. Der Wert wird unter Abzug der Belastungen berechnet, die der Gesamthypothek im Range vorgehen.

자의 권리를 승인하지 아니한 때에는, 채권자는 공시최고절차를 통하여 그의 권리와 함께 배제될 수 있다. 채권에 관하여 역에 의하여 정하여진 지급시기가 있는 경우에는 그 지급기일이 경과하기 전에는 그 기간은 진행하지 아니한다.

② 제권판결의 선고로 소유자는 저당권을 취득한다. 채권자에게 교부된 저당증권은 실효된다.

제1171조 [供託에 의한 排除]

① 채권자를 알 수 없는 경우에, 소유자가 채권자를 만족시키는 권리 또는 해지의 권리를 가지고 또한 소유자가 회수권을 포기하여 채권자를 위하여 채권금액을 공탁한 때에도, 채권자는 공시최고절차를 통하여 그의 권리와 함께 배제될 수 있다. 이자의 공탁은 이율이 부동산등기부에 등기된 경우에 한하여 요구된다; 제권판결의 선고 전 제 4 역년보다 앞선 기간에 대한 이자는 공탁할 것을 요하지 아니한다.

② 채권자는, 공탁에 관한 규정에 의하여 그 전에 만족이 있었던 것이 아닌 한, 제권판결의 선고로 만족된 것으로 본다. 채권자에게 교부된 저당증권은 실효된다.

③ 공탁된 금액에 대한 채권자의 권리는 그가 제권판결의 선고 후 30년 이내에 이를 공탁소에 신고하지 아니하면 소멸한다; 이 경우 공탁자는 전에 회수권을 포기하였던 때에도 회수할 권리를 가진다.

제1172조 [所有者共同抵當權]

① 공동저당권은 제1163조의 경우에는 저당권의 목적인 토지의 소유자가 이를 공동으로 가진다.

② 다른 약정이 없는 경우에는 각 소유자는 제1132조 제 2 항에 따라 자신의 토지에 대한 저당권을 그 토지 가액의 전체 토지 가액에 대한 비율에 따른 부분금액에 한정하고 또한 그 한정된 범위에서 저당권을 자신에게 분배할 것을 청구할 수 있다. 가액은 공동저당권에 우선하는 부담을 공제하여 계산한다.

§ 1173 Befriedigung durch einen der Eigentümer

(1) Befriedigt der Eigentümer eines der mit einer Gesamthypothek belasteten Grundstücke den Gläubiger, so erwirbt er die Hypothek an seinem Grundstück; die Hypothek an den übrigen Grundstücken erlischt. Der Befriedigung des Gläubigers durch den Eigentümer steht es gleich, wenn das Gläubigerrecht auf den Eigentümer übertragen wird oder wenn sich Forderung und Schuld in der Person des Eigentümers vereinigen.

(2) Kann der Eigentümer, der den Gläubiger befriedigt, von dem Eigentümer eines der anderen Grundstücke oder einem Rechtsvorgänger dieses Eigentümers Ersatz verlangen, so geht in Höhe des Ersatzanspruchs auch die Hypothek an dem Grundstück dieses Eigentümers auf ihn über; sie bleibt mit der Hypothek an seinem eigenen Grundstück Gesamthypothek.

§ 1174 Befriedigung durch den persönlichen Schuldner

(1) Befriedigt der persönliche Schuldner den Gläubiger, dem eine Gesamthypothek zusteht, oder vereinigen sich bei einer Gesamthypothek Forderung und Schuld in einer Person, so geht, wenn der Schuldner nur von dem Eigentümer eines der Grundstücke oder von einem Rechtsvorgänger des Eigentümers Ersatz verlangen kann, die Hypothek an diesem Grundstück auf ihn über; die Hypothek an den übrigen Grundstücken erlischt.

(2) Ist dem Schuldner nur teilweise Ersatz zu leisten und geht deshalb die Hypothek nur zu einem Teilbetrag auf ihn über, so hat sich der Eigentümer diesen Betrag auf den ihm nach § 1172 gebührenden Teil des übrigbleibenden Betrags der Gesamthypothek anrechnen zu lassen.

§ 1175 Verzicht auf die Gesamthypothek

(1) Verzichtet der Gläubiger auf die Gesamthypothek, so fällt sie den Eigentümern der belasteten Grundstücke gemeinschaftlich zu; die Vorschriften des § 1172 Abs. 2 finden Anwendung. Verzichtet der Gläubiger auf die Hypothek an einem der Grundstücke, so erlischt die Hypothek an diesem.

(2) Das Gleiche gilt, wenn der Gläubiger nach § 1170 mit seinem Recht ausgeschlossen wird.

§ 1176 Eigentümerteilhypothek; Kollisionsklausel

Liegen die Voraussetzungen der §§ 1163, 1164, 1168, 1172 bis 1175 nur in Ansehung eines Teilbetrags der Hypothek vor, so kann die auf Grund dieser

제1173조 [所有者 중 一人에 의한 滿足]

① 공동저당권의 목적인 토지 중 하나의 소유자가 채권자를 만족시킨 경우에 그는 자신의 토지에 대한 저당권을 취득한다; 나머지 토지에 대한 저당권은 소멸한다. 채권자의 권리가 소유자에게 양도된 경우 또는 채권과 채무가 소유자에게 혼동한 경우도 소유자에 의한 만족과 동시된다.

② 채권자를 만족시킨 소유자가 다른 토지 중 하나의 소유자 또는 그 소유자의 전주前主에 대하여 구상할 수 있는 때에는 그 구상권의 범위에서 그 소유자의 토지에 대한 저당권도 그에게 이전한다; 그 저당권은 그의 토지에 대한 저당권과 함께 공동저당권으로 존속한다.

제1174조 [債務者에 의한 滿足]

① 인적 채무자가 공동저당권을 가지는 채권자를 만족시키거나 공동저당에 있어서 채권과 채무가 동일인에게 혼동한 경우에 채무자가 토지 중 하나의 소유자 또는 그 소유자의 전주前主에 대하여만 구상할 수 있는 때에는 그 토지에 대한 저당권은 채무자에게 이전한다; 나머지 토지에 대한 저당권은 소멸한다.

② 채무자가 부분적으로만 구상할 수 있고 그리하여 저당권도 그 일부금액에 대하여만 그에게 이전하는 경우에, 소유자는 그 금액을 제1172조에 의하여 그에게 귀속되어야 할 공동저당의 잔존금액에서 공제되도록 하여야 한다.

제1175조 [共同抵當權의 抛棄]

① 채권자가 공동저당권을 포기하면 이는 저당권의 목적인 토지의 소유자들에게 공동으로 귀속한다; 제1172조 제 2 항은 이에 적용된다. 채권자가 토지 중 하나에 대한 저당권을 포기한 경우에는 그에 대한 저당권은 소멸한다.

② 채권자가 제1170조에 의하여 그 채권과 함께 제척된 경우에도 또한 같다.

제1176조 [部分所有者抵當權; 抵觸規定]

저당권의 일부금액에 대하여만 제1163조, 제1164조, 제1168조, 제1172조

Vorschriften dem Eigentümer oder einem der Eigentümer oder dem persönlichen Schuldner zufallende Hypothek nicht zum Nachteil der dem Gläubiger
verbleibenden Hypothek geltend gemacht werden.

§ 1177　Eigentümergrundschuld, Eigentümerhypothek

(1) Vereinigt sich die Hypothek mit dem Eigentum in einer Person, ohne
dass dem Eigentümer auch die Forderung zusteht, so verwandelt sich die
Hypothek in eine Grundschuld. In Ansehung der Verzinslichkeit, des Zinssatzes,
der Zahlungszeit, der Kündigung und des Zahlungsorts bleiben die für die
Forderung getroffenen Bestimmungen maßgebend.

(2) Steht dem Eigentümer auch die Forderung zu, so bestimmen sich seine
Rechte aus der Hypothek, solange die Vereinigung besteht, nach den für eine
Grundschuld des Eigentümers geltenden Vorschriften.

§ 1178　Hypothek für Nebenleistungen und Kosten

(1) Die Hypothek für Rückstände von Zinsen und anderen Nebenleistungen
sowie für Kosten, die dem Gläubiger zu erstatten sind, erlischt, wenn sie sich
mit dem Eigentum in einer Person vereinigt. Das Erlöschen tritt nicht ein,
solange einem Dritten ein Recht an dem Anspruch auf eine solche Leistung
zusteht.

(2) Zum Verzicht auf die Hypothek für die im Absatz 1 bezeichneten Leistungen genügt die Erklärung des Gläubigers gegenüber dem Eigentümer.
Solange einem Dritten ein Recht an dem Anspruch auf eine solche Leistung
zusteht, ist die Zustimmung des Dritten erforderlich. Die Zustimmung ist
demjenigen gegenüber zu erklären, zu dessen Gunsten sie erfolgt; sie ist unwiderruflich.

§ 1179　Löschungsvormerkung

Verpflichtet sich der Eigentümer einem anderen gegenüber, die Hypothek
löschen zu lassen, wenn sie sich mit dem Eigentum in einer Person vereinigt, so
kann zur Sicherung des Anspruchs auf Löschung eine Vormerkung in das
Grundbuch eingetragen werden, wenn demjenigen, zu dessen Gunsten die
Eintragung vorgenommen werden soll,

1. ein anderes gleichrangiges oder nachrangiges Recht als eine Hypothek,
   Grundschuld oder Rentenschuld am Grundstück zusteht oder
2. ein Anspruch auf Einräumung eines solchen anderen Rechts oder auf Übertragung des Eigentums am Grundstück zusteht; der Anspruch kann auch ein

내지 제1175조의 요건이 충족되는 경우에는 이들 규정에 기하여 소유자 또는 소유자 중 일인 또는 인적 채무자에게 귀속한 저당권은 채권자에게 남아 있는 저당권에 불이익하게 행사될 수 없다.

제1177조 [所有者土地債務; 所有者抵當權]

① 저당권과 소유권이 동일인에게 혼동한 경우에 소유자가 채권을 가지지 아니하는 때에는 저당권은 토지채무로 변한다. 이자를 붙이는 것, 이율, 지급시기, 해지 및 지급장소에 대하여는 채권에 관한 정함이 여전히 기준이 된다.

② 소유자가 채권도 가지는 경우에는 제 1 항의 혼동이 존속하는 한 저당권에 기한 소유자의 권리는 소유자의 토지채무에 적용되는 규정에 따라 정하여진다.

제1178조 [附隨的 給付 및 費用을 위한 抵當權]

① 저당권과 소유권이 동일인에게 혼동한 경우에 저당권은 이자와 부수적 급부의 연체액 및 채권자에게 상환하여야 할 비용에 대하여는 소멸한다. 제 3 자가 그러한 급부에 대한 청구권을 가지는 한에는 소멸은 일어나지 아니한다.

② 제 1 항에 정하여진 급부에 대한 저당권을 포기함에는 채권자의 소유자에 대한 의사표시로 족하다. 제 3 자가 그러한 급부에 대한 청구권을 가지는 때에는 그 제 3 자의 동의를 요한다. 동의는 그로 인하여 직접 이익을 받는 사람에 대하여 표시되어야 한다; 이는 철회할 수 없다.

제1179조 [抹消假登記]

저당권이 소유권과 동일인에게 혼동하면 소유자가 타인에 대하여 그 저당권을 말소하여야 할 의무를 지는 경우에, 말소청구권의 보전을 위하여 부동산등기부에 가등기를 할 수 있는 것은 그 등기에 의하여 직접 이익을 받는 자에게 다음 각 호의 사유가 있는 때이다,

1. 그가 저당권, 토지채무 또는 정기토지채무 이외의 토지에 대한 동순위 또는 후순위의 권리를 가지는 것, 또는
2. 그가 제 1 호의 권리의 설정청구권 또는 토지소유권이전청구권을 가

künftiger oder bedingter sein.

§ 1179a Löschungsanspruch bei fremden Rechten

(1) Der Gläubiger einer Hypothek kann von dem Eigentümer verlangen, dass dieser eine vorrangige oder gleichrangige Hypothek löschen lässt, wenn sie im Zeitpunkt der Eintragung der Hypothek des Gläubigers mit dem Eigentum in einer Person vereinigt ist oder eine solche Vereinigung später eintritt. Ist das Eigentum nach der Eintragung der nach Satz 1 begünstigten Hypothek durch Sondernachfolge auf einen anderen übergegangen, so ist jeder Eigentümer wegen der zur Zeit seines Eigentums bestehenden Vereinigungen zur Löschung verpflichtet. Der Löschungsanspruch ist in gleicher Weise gesichert, als wenn zu seiner Sicherung gleichzeitig mit der begünstigten Hypothek eine Vormerkung in das Grundbuch eingetragen worden wäre.

(2) Die Löschung einer Hypothek, die nach § 1163 Abs. 1 Satz 1 mit dem Eigentum in einer Person vereinigt ist, kann nach Absatz 1 erst verlangt werden, wenn sich ergibt, dass die zu sichernde Forderung nicht mehr entstehen wird; der Löschungsanspruch besteht von diesem Zeitpunkt ab jedoch auch wegen der vorher bestehenden Vereinigungen. Durch die Vereinigung einer Hypothek mit dem Eigentum nach § 1163 Abs. 2 wird ein Anspruch nach Absatz 1 nicht begründet.

(3) Liegen bei der begünstigten Hypothek die Voraussetzungen des § 1163 vor, ohne dass das Recht für den Eigentümer oder seinen Rechtsnachfolger im Grundbuch eingetragen ist, so besteht der Löschungsanspruch für den eingetragenen Gläubiger oder seinen Rechtsnachfolger.

(4) Tritt eine Hypothek im Range zurück, so sind auf die Löschung der ihr infolge der Rangänderung vorgehenden oder gleichstehenden Hypothek die Absätze 1 bis 3 mit der Maßgabe entsprechend anzuwenden, dass an die Stelle des Zeitpunkts der Eintragung des zurückgetretenen Rechts der Zeitpunkt der Eintragung der Rangänderung tritt.

(5) Als Inhalt einer Hypothek, deren Gläubiger nach den vorstehenden Vorschriften ein Anspruch auf Löschung zusteht, kann der Ausschluss dieses Anspruchs vereinbart werden; der Ausschluss kann auf einen bestimmten Fall der Vereinigung beschränkt werden. Der Ausschluss ist unter Bezeichnung der Hypotheken, die dem Löschungsanspruch ganz oder teilweise nicht unterliegen, im Grundbuch anzugeben; ist der Ausschluss nicht für alle Fälle der Vereini-

지는 것; 이는 장래의 또는 조건부의 청구권이어도 무방하다.

제1179조의a [他人 權利에서의 抹消請求權]

① 저당채권자의 저당권등기가 행하여질 때에 선순위 또는 동순위의 저당권이 소유권과 혼동하고 있었거나 그 후에 그러한 혼동이 발생한 경우에 그 채권자는 소유자에 대하여 그 선순위 또는 동순위의 저당권의 말소를 청구할 수 있다. 제 1 문에 의하여 이익을 받는 저당권이 등기된 후에 소유권이 특별승계에 의하여 타인에게 이전된 경우에는 각 소유자는 자신이 소유자인 동안 발생한 혼동으로 인하여 그 말소의 의무를 진다. 말소청구권은, 그로 인하여 이익을 받는 저당권과 동시에 부동산등기부에 그 보전을 위하여 가등기가 행하여진 것에 준하여 보전된다.

② 제1163조 제 1 항 제 1 문에 의하여 소유권과 혼동한 저당권은 그 피보전채권이 성립하지 아니할 것임이 밝혀지는 때에 비로소 제 1 항에 의하여 그 말소를 청구할 수 있다; 혼동이 그 전에 발생하더라도 말소청구권은 그 시점부터 발생한다. 제1163조 제 2 항에 의한 저당권의 소유권과의 혼동에 의하여서는 제 1 항의 청구권이 발생하지 아니한다.

③ 이익을 받을 저당권에 관하여 제1163조의 요건이 충족되었으나 그 권리가 소유자 또는 그 승계인을 위하여 부동산등기부에 등기되어 있지 아니한 경우에는 말소청구권은 등기된 채권자 또는 그 승계인을 위하여 발생한다.

④ 어느 저당권의 순위가 후퇴하는 경우에, 그 순위변경으로 인하여 그 저당권에 대하여 선순위 또는 동순위가 되는 저당권의 말소에 대하여 제 1 항 내지 제 3 항은, 순위가 후퇴하는 권리의 등기시점에 갈음하여 순위변경의 등기시점을 기준으로 함을 내용으로 하여 준용된다.

⑤ 저당채권자가 제 1 항 내지 제 4 항에 의한다면 말소청구권을 가지게 되는 저당권에 있어서, 그 저당권의 내용으로 말소청구권을 배제할 것을 약정할 수 있다; 배제는 이를 혼동의 일정한 경우에 한정할 수 있다. 배제는 전적으로 또는 부분적으로 말소청구의 대상이 되지 아니하는 저당권을 표시하여 부동산등기부에 기재하여야 한다; 혼동의 모든 경우에

gung vereinbart, so kann zur näheren Bezeichnung der erfassten Fälle auf die Eintragungsbewilligung Bezug genommen werden. Wird der Ausschluss aufgehoben, so entstehen dadurch nicht Löschungsansprüche für Vereinigungen, die nur vor dieser Aufhebung bestanden haben.

§ 1179b Löschungsanspruch bei eigenem Recht

(1) Wer als Gläubiger einer Hypothek im Grundbuch eingetragen oder nach Maßgabe des § 1155 als Gläubiger ausgewiesen ist, kann von dem Eigentümer die Löschung dieser Hypothek verlangen, wenn sie im Zeitpunkt ihrer Eintragung mit dem Eigentum in einer Person vereinigt ist oder eine solche Vereinigung später eintritt.

(2) § 1179a Abs. 1 Satz 2, 3, Abs. 2, 5 ist entsprechend anzuwenden.

§ 1180 Auswechslung der Forderung

(1) An die Stelle der Forderung, für welche die Hypothek besteht, kann eine andere Forderung gesetzt werden. Zu der Änderung ist die Einigung des Gläubigers und des Eigentümers sowie die Eintragung in das Grundbuch erforderlich die Vorschriften des § 873 Abs. 2 und der §§ 876, 878 finden entsprechende Anwendung.

(2) Steht die Forderung, die an die Stelle der bisherigen Forderung treten soll, nicht dem bisherigen Hypothekengläubiger zu, so ist dessen Zustimmung erforderlich; die Zustimmung ist dem Grundbuchamt oder demjenigen gegenüber zu erklären, zu dessen Gunsten sie erfolgt. Die Vorschriften des § 875 Abs. 2 und des § 876 finden entsprechende Anwendung.

§ 1181 Erlöschen durch Befriedigung aus dem Grundstück

(1) Wird der Gläubiger aus dem Grundstück befriedigt, so erlischt die Hypothek.

(2) Erfolgt die Befriedigung des Gläubigers aus einem der mit einer Gesamthypothek belasteten Grundstücke, so werden auch die übrigen Grundstücke frei.

(3) Der Befriedigung aus dem Grundstück steht die Befriedigung aus den Gegenständen gleich, auf die sich die Hypothek erstreckt.

§ 1182 Übergang bei Befriedigung aus der Gesamthypothek

Soweit im Falle einer Gesamthypothek der Eigentümer des Grundstücks, aus dem der Gläubiger befriedigt wird, von dem Eigentümer eines der anderen Grundstücke oder einem Rechtsvorgänger dieses Eigentümers Ersatz verlangen

대하여 배제를 합의한 것이 아닌 경우에는 배제의 대상인 경우를 보다 상세하게 표시하기 위하여 등기승낙서를 인용할 수 있다. 그 배제가 효력을 상실한 경우에도 그 전에 발생한 혼동에 대하여는 말소청구권이 발생하지 아니한다.

제1179조의b [自己 權利에서의 抹消請求權]

① 부동산등기부에 저당채권자로 등기된 사람 또는 제1155조의 정함에 따라 채권자로 인정되는 사람은, 그 저당권이 등기되는 때에 그의 저당권이 소유권과 혼동하고 있었거나 그 후에 그러한 혼동이 발생한 경우에는, 소유자에 대하여 그의 저당권의 말소를 청구할 수 있다.

② 제1179조의a 제 1 항 제 2 문, 제 3 문, 제 2 항, 제 5 항은 이에 준용된다.

제1180조 [被擔保債權의 交替]

① 저당권 성립시에 담보의 목적이 된 채권은 이를 다른 채권으로 갈음할 수 있다. 그 변경에는 채권자와 소유자 간의 합의 및 부동산등기부에의 등기를 요한다; 제873조 제 2 항, 제876조, 제878조는 이에 준용된다.

② 원래의 채권에 갈음하는 채권이 원래의 저당채권자에게 속하지 아니하는 경우에는 그 저당채권자의 동의를 요한다; 동의는 부동산등기소 또는 그로 인하여 직접 이익을 받는 사람에 대하여 표시되어야 한다. 제875조 제 2 항과 제876조는 이에 준용된다.

제1181조 [土地로부터의 滿足에 의한 消滅]

① 채권자가 토지로부터 만족을 얻는 경우에는 저당권은 소멸한다.

② 채권자의 만족이 공동저당권의 목적인 토지 중 하나로부터 행하여진 경우에는 나머지 토지도 책임을 면한다.

③ 저당권이 미치는 목적물로부터의 만족은 토지로부터의 만족과 동시된다.

제1182조 [共同抵當에서의 滿足으로 인한 移轉]

공동저당의 경우에 채권자가 만족을 얻은 토지의 소유자가 나머지 토지 중 하나의 소유자 또는 그의 전주前主에 대하여 구상할 수 있는 때에는, 그 소유자의 토지에 대한 저당권은 그에게 이전한다. 그러나 채권자가

kann, geht die Hypothek an dem Grundstück dieses Eigentümers auf ihn über. Die Hypothek kann jedoch, wenn der Gläubiger nur teilweise befriedigt wird, nicht zum Nachteil der dem Gläubiger verbleibenden Hypothek und, wenn das Grundstück mit einem im Range gleich- oder nachstehenden Recht belastet ist, nicht zum Nachteil dieses Rechts geltend gemacht werden.

§ 1183　Aufhebung der Hypothek

Zur Aufhebung der Hypothek durch Rechtsgeschäft ist die Zustimmung des Eigentümers erforderlich. Die Zustimmung ist dem Grundbuchamt oder dem Gläubiger gegenüber zu erklären; sie ist unwiderruflich.

§ 1184　Sicherungshypothek

(1) Eine Hypothek kann in der Weise bestellt werden, dass das Recht des Gläubigers aus der Hypothek sich nur nach der Forderung bestimmt und der Gläubiger sich zum Beweis der Forderung nicht auf die Eintragung berufen kann (Sicherungshypothek).

(2) Die Hypothek muss im Grundbuch als Sicherungshypothek bezeichnet werden.

§ 1185　Buchhypothek; unanwendbare Vorschriften

(1) Bei der Sicherungshypothek ist die Erteilung des Hypothekenbriefs ausgeschlossen.

(2) Die Vorschriften der §§ 1138, 1139, 1141, 1156 finden keine Anwendung.

§ 1186　Zulässige Umwandlungen

Eine Sicherungshypothek kann in eine gewöhnliche Hypothek, eine gewöhnliche Hypothek kann in eine Sicherungshypothek umgewandelt werden. Die Zustimmung der im Range gleich- oder nachstehenden Berechtigten ist nicht erforderlich.

§ 1187　Sicherungshypothek für Inhaber- oder Orderpapiere

Für die Forderung aus einer Schuldverschreibung auf den Inhaber, aus einem Wechsel oder aus einem anderen Papier, das durch Indossament übertragen werden kann, kann nur eine Sicherungshypothek bestellt werden. Die Hypothek gilt als Sicherungshypothek, auch wenn sie im Grundbuch nicht als solche bezeichnet ist. Die Vorschrift des § 1154 Abs. 3 findet keine Anwendung. Ein Anspruch auf Löschung der Hypothek nach den §§ 1179a, 1179b besteht nicht.

부분적으로만 만족을 얻은 경우에 그 저당권은 채권자에게 남아 있는 저
당권에 불이익하게 행사될 수 없고, 또한 그 토지에 대하여 동순위 또는
후순위의 권리가 설정되어 있는 때에는 그 권리에 불이익하게 행사될 수
없다.

제1183조 [抵當權의 抛棄]

법률행위에 의한 저당권의 포기에는 소유자의 동의를 요한다. 동의는
부동산등기소 또는 채권자에 대하여 표시되어야 한다; 이는 철회할 수
없다.

제1184조 [保全抵當權]

① 저당권은 그에 기한 채권자의 권리가 채권만으로 정하여지고 또한
채권자는 채권의 증명을 위하여 등기를 원용할 수 없는 내용으로도 설정
될 수 있다("보전저당권").

② 그 저당권은 부동산등기부에 보전저당권이라고 표시되어야 한다.

제1185조 [登記簿抵當; 不適用規定]

① 보전저당권의 경우에는 저당증권의 교부가 배제된다.

② 제1138조, 제1139조, 제1141조, 제1156조는 이에 적용되지 아니
한다.

제1186조 [許容되는 變更]

보전저당권은 통상의 저당권으로, 통상의 저당권은 보전저당권으로 변
경할 수 있다. 동순위 또는 후순위의 권리자의 동의는 요구되지 아니
한다.

제1187조 [無記名證券 또는 指示證券을 위한 保全抵當權]

무기명채권증서, 어음 또는 기타 배서에 의하여 양도할 수 있는 증권에
기한 채권을 위하여는 보전저당권만이 설정될 수 있다. 그 저당권은 부
동산등기부에 그러한 표시가 없더라도 보전저당권으로 본다. 제1154조
제 3 항은 적용되지 아니한다. 제1179조의a, 제1179조의b에 의한 저당권
말소청구권은 발생하지 아니한다.

§ 1188　Sondervorschrift für Schuldverschreibungen auf den Inhaber

(1) Zur Bestellung einer Hypothek für die Forderung aus einer Schuldverschreibung auf den Inhaber genügt die Erklärung des Eigentümers gegenüber dem Grundbuchamt, dass er die Hypothek bestelle, und die Eintragung in das Grundbuch; die Vorschrift des § 878 findet Anwendung.

(2) Die Ausschließung des Gläubigers mit seinem Recht nach § 1170 ist nur zulässig, wenn die im § 801 bezeichnete Vorlegungsfrist verstrichen ist. Ist innerhalb der Frist die Schuldverschreibung vorgelegt oder der Anspruch aus der Urkunde gerichtlich geltend gemacht worden, so kann die Ausschließung erst erfolgen, wenn die Verjährung eingetreten ist.

§ 1189　Bestellung eines Grundbuchvertreters

(1) Bei einer Hypothek der im § 1187 bezeichneten Art kann für den jeweiligen Gläubiger ein Vertreter mit der Befugnis bestellt werden, mit Wirkung für und gegen jeden späteren Gläubiger bestimmte Verfügungen über die Hypothek zu treffen und den Gläubiger bei der Geltendmachung der Hypothek zu vertreten. Zur Bestellung des Vertreters ist die Eintragung in das Grundbuch erforderlich.

(2) Ist der Eigentümer berechtigt, von dem Gläubiger eine Verfügung zu verlangen, zu welcher der Vertreter befugt ist, so kann er die Vornahme der Verfügung von dem Vertreter verlangen.

§ 1190　Höchstbetragshypothek

(1) Eine Hypothek kann in der Weise bestellt werden, dass nur der Höchstbetrag, bis zu dem das Grundstück haften soll bestimmt, im übrigen die Feststellung der Forderung vorbehalten wird. Der Höchstbetrag muss in das Grundbuch eingetragen werden.

(2) Ist die Forderung verzinslich, so werden die Zinsen in den Höchstbetrag eingerechnet.

(3) Die Hypothek gilt als Sicherungshypothek, auch wenn sie im Grundbuch nicht als solche bezeichnet ist.

(4) Die Forderung kann nach den für die Übertragung von Forderungen geltenden allgemeinen Vorschriften übertragen werden. Wird sie nach diesen Vorschriften übertragen, so ist der Übergang der Hypothek ausgeschlossen.

제1188조 [無記名債權證書에 관한 特別規定]

① 무기명채권증서에 기한 채권을 위한 저당권의 설정에는 소유자가 부동산등기소에 대하여 하는 저당권을 설정한다는 의사표시와 부동산등기부에의 등기로 족하다; 제878조는 이에 적용된다.

② 제1170조에 의하여 채권자를 그 권리와 함께 제척하는 것은 제801조에 정하여진 제시기간이 경과한 경우에 한하여 허용된다. 그 기간 내에 채권증서가 제시되거나 그 증서에 기한 청구권을 재판상 행사한 경우에는 제척은 소멸시효가 완성된 때에 비로소 행하여진다.

제1189조 [登記簿代理人의 選任]

① 제1187조에 정하여진 종류의 저당권에 대하여는, 저당권에 관하여 그 후의 채권자 전원에 대하여 효력을 가지는 일정한 처분을 할 권한 및 저당권의 실행에 있어서 채권자를 대리할 권한을 가지는 대리인을 현재의 채권자를 위하여 선임할 수 있다.

② 소유자가 채권자에 대하여 대리인의 권한에 속하는 처분을 청구할 권리가 있는 경우에는 소유자는 대리인에 대하여 그 처분을 할 것을 청구할 수 있다.

제1190조 [最高額抵當權]

① 저당권은 토지가 책임을 지는 최고액만을 정하고 그 외에 채권의 확정은 유보하는 내용으로 설정할 수 있다. 최고액은 부동산등기부에 등기되어야 한다.

② 채권이 이자부인 경우에는 이자는 최고액에 산입한다.

③ 그 저당권은 부동산등기부에 그러한 표시가 없더라도 보전저당권으로 본다.

④ 채권은 채권양도에 관한 일반규정에 따라 양도할 수 있다. 채권이 이들 규정에 의하여 양도된 경우에는 저당권의 이전은 일어나지 아니한다.

Titel 2　Grundschuld, Rentenschuld

Untertitel 1　Grundschuld

§ 1191　Gesetzlicher Inhalt der Grundschuld

(1) Ein Grundstück kann in der Weise belastet werden, dass an denjenigen, zu dessen Gunsten die Belastung erfolgt, eine bestimmte Geldsumme aus dem Grundstück zu zahlen ist (Grundschuld).

(2) Die Belastung kann auch in der Weise erfolgen, dass Zinsen von der Geldsumme sowie andere Nebenleistungen aus dem Grundstück zu entrichten sind.

§ 1192　Anwendbare Vorschriften

(1) Auf die Grundschuld finden die Vorschriften über die Hypothek entsprechende Anwendung, soweit sich nicht daraus ein anderes ergibt, dass die Grundschuld nicht eine Forderung voraussetzt.

(1a) Ist die Grundschuld zur Sicherung eines Anspruchs verschafft worden (Sicherungsgrundschuld), können Einreden, die dem Eigentümer auf Grund des Sicherungsvertrags mit dem bisherigen Gläubiger gegen die Grundschuld zustehen oder sich aus dem Sicherungsvertrag ergeben, auch jedem Erwerber der Grundschuld entgegengesetzt werden; § 1157 Satz 2 findet insoweit keine Anwendung. Im Übrigen bleibt § 1157 unberührt.

(2) Für Zinsen der Grundschuld gelten die Vorschriften über die Zinsen einer Hypothekenforderung.

§ 1193　Kündigung

(1) Das Kapital der Grundschuld wird erst nach vorgängiger Kündigung fällig. Die Kündigung steht sowohl dem Eigentümer als dem Gläubiger zu. Die Kündigungsfrist beträgt sechs Monate.

(2) Abweichende Bestimmungen sind zulässig. Dient die Grundschuld der Sicherung einer Geldforderung, so ist eine von Absatz 1 abweichende Bestimmung nicht zulässig.

§ 1194　Zahlungsort

Die Zahlung des Kapitals sowie der Zinsen und anderen Nebenleistungen hat, soweit nicht ein anderes bestimmt ist, an dem Orte zu erfolgen, an dem das Grundbuchamt seinen Sitz hat.

제 2 절　土地債務·定期土地債務

제 1 관　土地債務

제1191조 [土地債務의 內容]

① 토지는 권리자에 대하여 그로부터 일정한 금액이 지급되는 부담의 목적이 될 수 있다("토지채무").

② 부담은 토지로부터 그 금액의 이자 및 기타의 부수적 급부가 지급되는 것을 내용으로 할 수도 있다.

제1192조 [適用規定]

① 토지채무가 채권을 전제로 하지 아니한다는 것으로부터 달리 해석되지 아니하는 한, 토지채무에는 저당권에 관한 규정이 준용된다.

①의a　토지채무가 어떤 청구권의 담보를 위하여 설정된 경우에는("담보를 위한 토지채무"), 소유자가 종전의 채권자와의 담보계약에 기하여 토지채무에 대하여 가지거나 담보계약으로부터 발생하는 대항사유는 토지채무를 취득한 모든 사람에 대하여 주장될 수 있다; 그 한도에서 제1157조 제 2 문은 적용되지 아니한다. 그 외에 제1157조는 영향을 받지 아니한다.

② 토지채무의 이자에 대하여는 저당채권의 이자에 관한 규정이 적용된다.

제1193조 [解止]

① 토지채무의 원본은 미리 해지가 행하여진 후에야 비로소 이행기가 도래한다. 해지는 소유자 및 채권자가 이를 할 수 있다. 해지기간은 6개월이다.

② 제 1 항과 다른 정함은 허용된다. 토지채무가 금전채권의 담보를 위한 것인 경우에는 제 1 항과 다른 정함은 허용되지 아니한다.

제1194조 [支給地]

원본 및 이자나 기타의 부수적 급부의 지급은 다른 정함이 없는 한 부동산등기소의 소재지에서 행하여야 한다.

§ 1195　Inhabergrundschuld

Eine Grundschuld kann in der Weise bestellt werden, dass der Grundschuld-brief auf den Inhaber ausgestellt wird. Auf einen solchen Brief finden die Vorschriften über Schuldverschreibungen auf den Inhaber entsprechende An-wendung.

§ 1196　Eigentümergrundschuld

(1) Eine Grundschuld kann auch für den Eigentümer bestellt werden.

(2) Zu der Bestellung ist die Erklärung des Eigentümers gegenüber dem Grundbuchamt, dass die Grundschuld für ihn in das Grundbuch eingetragen werden soll, und die Eintragung erforderlich; die Vorschrift des § 878 findet Anwendung.

(3) Ein Anspruch auf Löschung der Grundschuld nach § 1179a oder 1179b besteht nur wegen solcher Vereinigungen der Grundschuld mit dem Eigentum in einer Person, die eintreten, nachdem die Grundschuld einem anderen als dem Eigentümer zugestanden hat.

§ 1197　Abweichungen von der Fremdgrundschuld

(1) Ist der Eigentümer der Gläubiger, so kann er nicht die Zwangsvoll-streckung zum Zwecke seiner Befriedigung betreiben.

(2) Zinsen gebühren dem Eigentümer nur, wenn das Grundstück auf Antrag eines anderen zum Zwecke der Zwangsverwaltung in Beschlag genommen ist, und nur für die Dauer der Zwangsverwaltung.

§ 1198　Zulässige Umwandlungen

Eine Hypothek kann in eine Grundschuld, eine Grundschuld kann in eine Hypothek umgewandelt werden. Die Zustimmung der im Range gleich- oder nachstehenden Berechtigten ist nicht erforderlich.

Untertitel 2　Rentenschuld

§ 1199　Gesetzlicher Inhalt der Rentenschuld

(1) Eine Grundschuld kann in der Weise bestellt werden, dass in regelmäßig wiederkehrenden Terminen eine bestimmte Geldsumme aus dem Grundstück zu zahlen ist (Rentenschuld).

(2) Bei der Bestellung der Rentenschuld muss der Betrag bestimmt werden durch dessen Zahlung die Rentenschuld abgelöst werden kann. Die Ablösungs-summe muss im Grundbuch angegeben werden.

제1195조 [無記名土地債務]

토지채무는 무기명토지채무증서를 발행하는 방식으로 설정할 수 있다. 그 증권에 대하여는 무기명채권증서에 관한 규정이 준용된다.

제1196조 [所有者土地債務]

① 토지채무는 소유자를 위하여도 설정할 수 있다.

② 그 설정에는 소유자가 부동산등기소에 대하여 하는 자신을 위하여 토지채무를 등기한다는 의사표시와 등기를 요한다; 제878조는 이에 적용된다.

③ 제1179조의a 또는 제1179조의b에 의한 토지채무말소청구권은 토지채무의 소유권과의 혼동이 소유자 아닌 사람이 토지채무를 가지게 된 후에 발생한 경우에만 성립한다.

제1197조 [他人土地債務와의 差異]

① 소유자가 채권자인 경우에는 그는 자신을 만족시키기 위하여 강제집행을 실행할 수 없다.

② 소유자는 타인의 신청에 의하여 강제관리의 목적으로 토지가 압류된 경우에 한하여 또한 그 강제관리가 존속하는 기간 동안에 대하여만 이자를 취득할 수 있다.

제1198조 [許容되는 變更]

저당권은 토지채무로, 토지채무는 저당권으로 변경할 수 있다. 동순위 또는 후순위의 권리자의 동의는 요구되지 아니한다.

제 2 관 定期土地債務

제1199조 [定期土地債務의 內容]

① 토지채무는 토지로부터 정기적으로 일정한 금액이 지급되는 것을 내용으로 하여 설정될 수 있다("정기토지채무").

② 정기토지채무의 설정에 있어서는 그 지급에 의하여 정기토지채무가 상각되는 금액을 정하여야 한다. 상각금액은 부동산등기부에 기재되어야 한다.

§ 1200 Anwendbare Vorschriften

(1) Auf die einzelnen Leistungen finden die für Hypothekenzinsen, auf die Ablösungssumme finden die für ein Grundschuldkapital geltenden Vorschriften entsprechende Anwendung.

(2) Die Zahlung der Ablösungssumme an den Gläubiger hat die gleiche Wirkung wie die Zahlung des Kapitals einer Grundschuld.

§ 1201 Ablösungsrecht

(1) Das Recht zur Ablösung steht dem Eigentümer zu.

(2) Dem Gläubiger kann das Recht, die Ablösung zu verlangen, nicht eingeräumt werden. Im Falle des § 1133 Satz 2 ist der Gläubiger berechtigt, die Zahlung der Ablösungssumme aus dem Grundstück zu verlangen.

§ 1202 Kündigung

(1) Der Eigentümer kann das Ablösungsrecht erst nach vorgängiger Kündigung ausüben. Die Kündigungsfrist beträgt sechs Monate, wenn nicht ein anderes bestimmt ist.

(2) Eine Beschränkung des Kündigungsrechts ist nur soweit zulässig, dass der Eigentümer nach 30 Jahren unter Einhaltung der sechsmonatigen Frist kündigen kann.

(3) Hat der Eigentümer gekündigt, so kann der Gläubiger nach dem Ablauf der Kündigungsfrist die Zahlung der Ablösungssumme aus dem Grundstück verlangen.

§ 1203 Zulässige Umwandlungen

Eine Rentenschuld kann in eine gewöhnliche Grundschuld, eine gewöhnliche Grundschuld kann in eine Rentenschuld umgewandelt werden. Die Zustimmung der im Range gleich- oder nachstehenden Berechtigten ist nicht erforderlich.

제1200조 [適用規定]

① 개별적 급부에 대하여는 저당권의 이자에 관한 규정이, 상각금액에 대하여는 토지채무의 원본에 관한 규정이 준용된다.

② 채권자에 대한 상각금액의 지급은 토지채무의 원본의 지급과 동일한 효력을 가진다.

제1201조 [償却權]

① 상각권은 소유자가 이를 가진다.

② 상각을 청구할 권리를 채권자에 대하여 부여할 수 없다. 제1133조 제 2 문의 경우에 채권자는 토지로부터 상각금액의 지급을 청구할 권리를 가진다.

제1202조 [解止]

① 소유자는 미리 해지가 행하여진 후에야 비로소 상각권을 행사할 수 있다. 해지기간은 다른 정함이 없는 경우에는 6개월이다.

② 해지권의 제한은 소유자가 30년 후 6개월의 기간을 준수하여 해지할 수 있다는 범위에서만 가능하다.

③ 소유자가 해지한 경우에 채권자는 토지로부터 상각금액을 지급할 것을 해지기간의 경과 후에 청구할 수 있다.

제1203조 [許容되는 變更]

정기토지채무는 통상의 토지채무로, 통상의 토지채무는 정기토지채무로 변경할 수 있다. 동순위 또는 후순위의 권리자의 동의는 요구되지 아니한다.

Abschnitt 8　Pfandrecht an beweglichen Sachen und an Rechten

Titel 1　Pfandrecht an beweglichen Sachen

§ 1204　Gesetzlicher Inhalt des Pfandrechts an beweglichen Sachen

(1) Eine bewegliche Sache kann zur Sicherung einer Forderung in der Weise belastet werden, dass der Gläubiger berechtigt ist, Befriedigung aus der Sache zu suchen (Pfandrecht).

(2) Das Pfandrecht kann auch für eine künftige oder eine bedingte Forderung bestellt werden.

§ 1205　Bestellung

(1) Zur Bestellung des Pfandrechts ist erforderlich, dass der Eigentümer die Sache dem Gläubiger übergibt und beide darüber einig sind, dass dem Gläubiger das Pfandrecht zustehen soll. Ist der Gläubiger im Besitz der Sache, so genügt die Einigung über die Entstehung des Pfandrechts.

(2) Die Übergabe einer im mittelbaren Besitz des Eigentümers befindlichen Sache kann dadurch ersetzt werden, dass der Eigentümer den mittelbaren Besitz auf den Pfandgläubiger überträgt und die Verpfändung dem Besitzer anzeigt.

§ 1206　Übergabeersatz durch Einräumung des Mitbesitzes

Anstelle der Übergabe der Sache genügt die Einräumung des Mitbesitzes, wenn sich die Sache unter dem Mitverschluss des Gläubigers befindet oder, falls sie im Besitz eines Dritten ist, die Herausgabe nur an den Eigentümer und den Gläubiger gemeinschaftlich erfolgen kann.

§ 1207　Verpfändung durch Nichtberechtigten

Gehört die Sache nicht dem Verpfänder, so finden auf die Verpfändung die für den Erwerb des Eigentums geltenden Vorschriften der §§ 932, 934, 935 entsprechende Anwendung.

§ 1208　Gutgläubiger Erwerb des Vorrangs

Ist die Sache mit dem Recht eines Dritten belastet, so geht das Pfandrecht dem Recht vor, es sei denn, dass der Pfandgläubiger zur Zeit des Erwerbs des Pfandrechts in Ansehung des Rechts nicht in gutem Glauben ist. Die Vorschriften des § 932 Abs. 1 Satz 2, des § 935 und des § 936 Abs. 3 finden entspre-

제 8 장   動産質權 및 權利質權

제 1 절   動産質權

제1204조 [動産質權의 內容]

① 채권의 담보를 위하여 동산은 채권자가 물건으로부터 만족을 구할 권리를 가지는 부담의 목적이 될 수 있다("질권").

② 질권은 장래의 채권 또는 조건부 채권을 위하여도 설정할 수 있다.

제1205조 [設定]

① 질권의 설정에는 소유자가 채권자에게 물건을 인도하고 또한 쌍방이 채권자가 질권을 가짐에 합의할 것을 요한다. 채권자가 물건을 점유하고 있는 경우에는 질권의 성립에 관한 합의로 족하다.

② 소유자가 간접점유하고 있는 물건의 인도는, 소유자가 간접점유를 질권자에게 양도하고 또한 점유자에게 질권 설정을 통지하는 것으로 갈음할 수 있다.

제1206조 [共同占有의 設定에 의한 引渡]

물건이 채권자의 공동봉쇄의 상태에 있는 경우 또는 제 3 자가 물건을 점유하고 있는 때에 반환이 소유자와 채권자에게 공동으로만 행하여질 수 있는 경우에는 물건의 인도에 갈음하여 공동점유의 설정으로 족하다.

제1207조 [無權利者에 의한 入質]

물건이 질권설정자에 속하지 아니하는 경우의 질권 설정에 대하여는 소유권 취득에 관한 제932조, 제933조, 제935조의 규정이 준용된다.

제1208조 [優先的 地位의 善意取得]

물건이 제 3 자의 권리의 목적인 경우에 질권은 그 권리에 우선한다, 그러나 질권자가 질권 취득시에 그 권리에 관하여 선의가 아닌 경우에는 그러하지 아니하다. 제932조 제 1 항 제 2 문, 제935조, 제936조 제 3 항은

chende Anwendung.

§ 1209   Rang des Pfandrechts

Für den Rang des Pfandrechts ist die Zeit der Bestellung auch dann maßgebend, wenn es für eine künftige oder eine bedingte Forderung bestellt ist.

§ 1210   Umfang der Haftung des Pfandes

(1) Das Pfand haftet für die Forderung in deren jeweiligem Bestand, insbesondere auch für Zinsen und Vertragsstrafen. Ist der persönliche Schuldner nicht der Eigentümer des Pfandes, so wird durch ein Rechtsgeschäft, das der Schuldner nach der Verpfändung vornimmt, die Haftung nicht erweitert.

(2) Das Pfand haftet für die Ansprüche des Pfandgläubigers auf Ersatz von Verwendungen, für die dem Pfandgläubiger zu ersetzenden Kosten der Kündigung und der Rechtsverfolgung sowie für die Kosten des Pfandverkaufs.

§ 1211   Einreden des Verpfänders

(1) Der Verpfänder kann dem Pfandgläubiger gegenüber die dem persönlichen Schuldner gegen die Forderung sowie die nach § 770 einem Bürgen zustehenden Einreden geltend machen. Stirbt der persönliche Schuldner, so kann sich der Verpfänder nicht darauf berufen, dass der Erbe für die Schuld nur beschränkt haftet.

(2) Ist der Verpfänder nicht der persönliche Schuldner, so verliert er eine Einrede nicht dadurch, dass dieser auf sie verzichtet.

§ 1212   Erstreckung auf getrennte Erzeugnisse

Das Pfandrecht erstreckt sich auf die Erzeugnisse, die von dem Pfande getrennt werden.

§ 1213   Nutzungspfand

(1) Das Pfandrecht kann in der Weise bestellt werden, dass der Pfandgläubiger berechtigt ist, die Nutzungen des Pfandes zu ziehen.

(2) Ist eine von Natur fruchttragende Sache dem Pfandgläubiger zum Alleinbesitz übergeben, so ist im Zweifel anzunehmen, dass der Pfandgläubiger zum Fruchtbezug berechtigt sein soll.

§ 1214   Pflichten des nutzungsberechtigten Pfandgläubigers

(1) Steht dem Pfandgläubiger das Recht zu, die Nutzungen zu ziehen, so ist er verpflichtet, für die Gewinnung der Nutzungen zu sorgen und Rechenschaft abzulegen.

제 1 절 動産質權 **977**

이에 준용된다.

제1209조 [質權의 順位]

질권의 순위에 관하여는 질권이 장래의 채권 또는 조건부 채권을 위하여 설정된 경우에도 설정의 시점이 기준이 된다.

제1210조 [質物의 責任의 範圍]

① 질물은 현재의 상태에 있어서의 채권에 대하여, 특히 이자와 위약금에 대하여도 책임을 진다. 인적 채무자가 질물의 소유자가 아닌 경우에는 채무자가 질권 설정 후에 한 법률행위에 의하여 책임이 확장되지 아니한다.

② 질물은 질권자의 비용상환청구권, 해지와 권리실행의 비용으로 질권자에게 상환되어야 하는 것 및 질물매각의 비용에 대하여도 책임을 진다.

제1211조 [質權設定者의 抗辯]

① 질권설정자는 질권자에 대하여 인적 채무자가 채권에 대하여 가지는 항변사유 및 제770조에 의하여 보증인이 가지는 항변사유를 주장할 수 있다. 인적 채무자가 사망한 경우에, 질권설정자는 상속인이 채무에 대하여 제한적으로만 책임을 진다는 것을 원용할 수 없다.

② 질권설정자가 인적 채무자가 아닌 경우에는 인적 채무자의 항변사유 포기가 있더라도 질권설정자는 그로써 항변사유를 상실하지 아니한다.

제1212조 [分離된 産出物에 대한 效力]

질권은 질물로부터 분리된 산출물에 미친다.

제1213조 [收益質權]

① 질권은 질권자가 질물의 수익을 수취할 권리를 가지는 내용으로 설정할 수 있다.

② 성질상 과실을 산출하는 물건이 질권자에게 단독점유를 위하여 인도된 경우에는 의심스러운 때에는 질권자는 과실수취의 권리를 가진다.

제1214조 [收益受取權 있는 質權者의 義務]

① 질권자가 수익수취권을 가지는 경우에 그는 수익의 획득을 위하여 배려하고 그 경과를 보고할 의무를 진다.

(2) Der Reinertrag der Nutzungen wird auf die geschuldete Leistung und, wenn Kosten und Zinsen zu entrichten sind, zunächst auf diese angerechnet.

(3) Abweichende Bestimmungen sind zulässig.

§ 1215 Verwahrungspflicht

Der Pfandgläubiger ist zur Verwahrung des Pfandes verpflichtet.

§ 1216 Ersatz von Verwendungen

Macht der Pfandgläubiger Verwendungen auf das Pfand, so bestimmt sich die Ersatzpflicht des Verpfänders nach den Vorschriften über die Geschäftsführung ohne Auftrag. Der Pfandgläubiger ist berechtigt, eine Einrichtung, mit der er das Pfand versehen hat, wegzunehmen.

§ 1217 Rechtsverletzung durch den Pfandgläubiger

(1) Verletzt der Pfandgläubiger die Rechte des Verpfänders in erheblichem Maße und setzt er das verletzende Verhalten ungeachtet einer Abmahnung des Verpfänders fort, so kann der Verpfänder verlangen, dass das Pfand auf Kosten des Pfandgläubigers hinterlegt oder, wenn es sich nicht zur Hinterlegung eignet, an einen gerichtlich zu bestellenden Verwahrer abgeliefert wird.

(2) Statt der Hinterlegung oder der Ablieferung der Sache an einen Verwahrer kann der Verpfänder die Rückgabe des Pfandes gegen Befriedigung des Gläubigers verlangen. Ist die Forderung unverzinslich und noch nicht fällig, so gebührt dem Pfandgläubiger nur die Summe, welche mit Hinzurechnung der gesetzlichen Zinsen für die Zeit von der Zahlung bis zur Fälligkeit dem Betrag der Forderung gleichkommt.

§ 1218 Rechte des Verpfänders bei drohendem Verderb

(1) Ist der Verderb des Pfandes oder eine wesentliche Minderung des Wertes zu besorgen, so kann der Verpfänder die Rückgabe des Pfandes gegen anderweitige Sicherheitsleistung verlangen; die Sicherheitsleistung durch Bürgen ist ausgeschlossen.

(2) Der Pfandgläubiger hat dem Verpfänder von dem drohenden Verderb unverzüglich Anzeige zu machen, sofern nicht die Anzeige untunlich ist.

§ 1219 Rechte des Pfandgläubigers bei drohendem Verderb

(1) Wird durch den drohenden Verderb des Pfandes oder durch eine zu besorgende wesentliche Minderung des Wertes die Sicherheit des Pfandgläubigers gefährdet, so kann dieser das Pfand öffentlich versteigern lassen.

② 수익의 순수입은 채무의 목적인 급부에 충당하고, 또 비용과 이자를 지급하여야 하는 경우에는 우선 이에 충당한다.

③ 제1항, 제2항과 다른 정함은 허용된다.

제1215조 [保管義務]

질권자는 질물을 보관할 의무를 진다.

제1216조 [費用의 償還]

질권자가 질물에 비용을 지출한 경우에 질권설정자의 상환의무는 사무관리에 관한 규정에 따라 정하여진다. 질권자는 그가 질물에 부속시킨 물건을 수거할 권리를 가진다.

제1217조 [質權者에 의한 權利侵害]

① 질권자가 질권설정자의 권리를 현저히 침해하고 또한 질권설정자의 계고에도 불구하고 침해행위를 계속하는 경우에 질권설정자는 질권자의 비용으로 질물을 공탁하거나 또는 질물이 공탁에 적합하지 아니한 때에는 법원이 선임한 보관인에게 이를 교부할 것을 청구할 수 있다.

② 물건의 공탁 또는 보관인에의 교부에 갈음하여 질권설정자는 채권자의 만족과 상환으로 질물을 반환할 것을 청구할 수 있다. 채권이 무이자이고 또한 아직 이행기가 도래하지 아니한 경우에는 질권자는 채권액에서 지급시부터 이행기까지의 기간에 대한 법정이자를 공제한 금액만을 취득할 수 있다.

제1218조 [變質憂慮時 質權設定者의 權利]

① 질물이 변질되거나 그 가액이 현저히 감소할 우려가 있는 경우에 질권설정자는 다른 담보제공과 상환으로 질물을 반환할 것을 청구할 수 있다; 담보제공은 보증인으로써는 할 수 없다.

② 질권자는 통지를 할 수 없는 것이 아닌 한 질권설정자에게 변질이 임박하였음을 지체없이 통지하여야 한다.

제1219조 [變質憂慮時 質權者의 權利]

① 질물의 임박한 변질로 또는 현저한 가액감소의 우려로 질권자의 담보가 위태롭게 되는 경우에 질권자는 질물을 공경매에 부칠 수 있다.

(2) Der Erlös tritt an die Stelle des Pfandes. Auf Verlangen des Verpfänders ist der Erlös zu hinterlegen.

§ 1220 Androhung der Versteigerung

(1) Die Versteigerung des Pfandes ist erst zulässig, nachdem sie dem Verpfänder angedroht worden ist; die Androhung darf unterbleiben, wenn das Pfand dem Verderb ausgesetzt und mit dem Aufschub der Versteigerung Gefahr verbunden ist. Im Falle der Wertminderung ist außer der Androhung erforderlich, dass der Pfandgläubiger dem Verpfänder zur Leistung anderweitiger Sicherheit eine angemessene Frist bestimmt hat und diese verstrichen ist.

(2) Der Pfandgläubiger hat den Verpfänder von der Versteigerung unverzüglich zu benachrichtigen; im Falle der Unterlassung ist er zum Schadensersatz verpflichtet.

(3) Die Androhung, die Fristbestimmung und die Benachrichtigung dürfen unterbleiben, wenn sie untunlich sind.

§ 1221 Freihändiger Verkauf

Hat das Pfand einen Börsen- oder Marktpreis, so kann der Pfandgläubiger den Verkauf aus freier Hand durch einen zu solchen Verkäufen öffentlich ermächtigten Handelsmakler oder durch eine zur öffentlichen Versteigerung befugte Person zum laufenden Preis bewirken.

§ 1222 Pfandrecht an mehreren Sachen

Besteht das Pfandrecht an mehreren Sachen, so haftet jede für die ganze Forderung.

§ 1223 Rückgabepflicht; Einlösungsrecht

(1) Der Pfandgläubiger ist verpflichtet, das Pfand nach dem Erlöschen des Pfandrechts dem Verpfänder zurückzugeben.

(2) Der Verpfänder kann die Rückgabe des Pfandes gegen Befriedigung des Pfandgläubigers verlangen, sobald der Schuldner zur Leistung berechtigt ist.

§ 1224 Befriedigung durch Hinterlegung oder Aufrechnung

Die Befriedigung des Pfandgläubigers durch den Verpfänder kann auch durch Hinterlegung oder durch Aufrechnung erfolgen.

§ 1225 Forderungsübergang auf den Verpfänder

Ist der Verpfänder nicht der persönliche Schuldner, so geht, soweit er den Pfandgläubiger befriedigt, die Forderung auf ihn über. Die für einen Bürgen

② 매득금은 질물에 갈음한다. 질권설정자의 청구가 있으면 매득금을 공탁하여야 한다.

제1220조 [競賣의 豫告]

① 질물의 경매는 이를 질권설정자에게 예고한 후에 비로소 허용된다; 질물이 변질될 우려가 있고 또 경매의 늦추는 것에 위험이 따르는 경우에는 예고하지 아니하여도 된다. 가액감소의 경우에는 예고 외에도 질권자가 질권설정자에게 다른 담보의 제공을 위한 상당한 기간을 정하고 또한 그 기간이 경과할 것을 요한다.

② 질권자는 질권설정자에게 지체없이 경매에 대하여 통지하여야 한다; 이를 하지 아니한 때에는 그는 손해배상의 의무를 진다.

③ 경매의 예고, 기간설정 및 경매의 통지는 이를 할 수 없는 경우에는 하지 아니하여도 된다.

제1221조 [自由賣却]

질물이 거래소가격이나 시장가격이 있는 것인 경우에 질권자는 이러한 매각에 관하여 공적으로 권한을 부여받은 상사중개인 또는 공경매의 권한이 있는 사람으로 하여금 현재의 시세로 자유매각을 하도록 할 수 있다.

제1222조 [共同質權]

질권이 수개의 물건에 설정된 경우에 각 질물은 채권 전부에 대하여 책임을 진다.

제1223조 [返還義務; 辨濟權]

① 질권자는 질권이 소멸된 후 질물을 질권설정자에게 반환할 의무를 진다.

② 채무자가 급부할 권리를 가지는 경우에, 질권설정자는 질권자의 만족과 상환으로 질물을 반환할 것을 청구할 수 있다.

제1224조 [供託 또는 相計에 의한 滿足]

질권설정자에 의한 질권자의 만족은 공탁 또는 상계로써도 할 수 있다.

제1225조 [質權設定者에의 債權移轉]

질권설정자가 인적 채무자가 아닌 경우에 질권설정자가 질권자를 만족

geltenden Vorschriften des § 774 finden entsprechende Anwendung.

§ 1226　Verjährung der Ersatzansprüche

Die Ersatzansprüche des Verpfänders wegen Veränderungen oder Verschlechterungen des Pfandes sowie die Ansprüche des Pfandgläubigers auf Ersatz von Verwendungen oder auf Gestattung der Wegnahme einer Einrichtung verjähren in sechs Monaten. Die Vorschrift des § 548 Abs. 1 Satz 2 und 3, Abs. 2 findet entsprechende Anwendung.

§ 1227　Schutz des Pfandrechts

Wird das Recht des Pfandgläubigers beeinträchtigt, so finden auf die Ansprüche des Pfandgläubigers die für die Ansprüche aus dem Eigentum geltenden Vorschriften entsprechende Anwendung.

§ 1228　Befriedigung durch Pfandverkauf

(1) Die Befriedigung des Pfandgläubigers aus dem Pfand erfolgt durch Verkauf.

(2) Der Pfandgläubiger ist zum Verkauf berechtigt, sobald die Forderung ganz oder zum Teil fällig ist. Besteht der geschuldete Gegenstand nicht in Geld, so ist der Verkauf erst zulässig, wenn die Forderung in eine Geldforderung übergegangen ist.

§ 1229　Verbot der Verfallvereinbarung

Eine vor dem Eintritt der Verkaufsberechtigung getroffene Vereinbarung, nach welcher dem Pfandgläubiger, falls er nicht oder nicht rechtzeitig befriedigt wird, das Eigentum an der Sache zufallen oder übertragen werden soll, ist nichtig.

§ 1230　Auswahl unter mehreren Pfändern

Unter mehreren Pfändern kann der Pfandgläubiger, soweit nicht ein anderes bestimmt ist, diejenigen auswählen, welche verkauft werden sollen. Er kann nur so viele Pfänder zum Verkauf bringen, als zu seiner Befriedigung erforderlich sind.

§ 1231　Herausgabe des Pfandes zum Verkauf

Ist der Pfandgläubiger nicht im Alleinbesitz des Pfandes, so kann er nach dem Eintritt der Verkaufsberechtigung die Herausgabe des Pfandes zum Zwecke des Verkaufs fordern. Auf Verlangen des Verpfänders hat an Stelle der Herausgabe die Ablieferung an einen gemeinschaftlichen Verwahrer zu erfolgen; der Verwahrer hat sich bei der Ablieferung zu verpflichten, das Pfand zum Verkauf bereitzustellen.

시킨 때에는 그 한도에서 채권은 그에게 이전한다. 보증인에 관한 제774
조의 규정은 이에 준용된다.

제1226조 [賠償請求權의 消滅時效]

질물의 변경 또는 훼손으로 인한 질권설정자의 손해배상청구권 및 질권
자의 비용상환청구권 또는 부속물수거허용청구권은 6개월의 소멸시효
에 걸린다. 제548조 제 1 항 제 2 문, 제 3 문 및 제 2 항은 이에 준용된다.

제1227조 [質權의 保護]

질권자의 권리가 침해된 경우 질권자의 청구권에 대하여는 소유권에 기
한 청구권에 관한 규정이 준용된다.

제1228조 [質物賣却에 의한 滿足]

① 질물로부터 질권자를 만족시키는 것은 매각에 의하여 행하여진다.

② 채권의 전부 또는 일부가 이행기에 도달한 때에 질권자는 매각할 권
리를 가진다. 채무의 목적물이 금전이 아닌 경우에는 채권이 금전채권으
로 변한 때에 비로소 매각이 허용된다.

제1229조 [流質約定의 禁止]

질권자가 만족을 얻지 못하거나 적시에 만족을 얻지 못하면 그가 물건의
소유권을 취득하거나 양도받기로 하는 내용의 약정으로서 매각권한의
발생 전에 행하여진 것은 무효이다.

제1230조 [數個의 質物 중의 選擇]

질권자는 다른 정함이 없으면 수개의 질물 중 매각할 질물을 선택할 수
있다. 질권자는 그의 만족에 필요한 만큼의 질물만을 매각할 수 있다.

제1231조 [賣却을 위한 質物의 引渡]

질권자가 질물을 단독점유하지 아니하는 경우에 질권자는 매각권한의
발생 후에 매각의 목적으로 질물을 인도할 것을 청구할 수 있다. 질권설
정자의 청구가 있으면 인도에 갈음하여 공동의 보관자에의 교부가 행하
여질 수 있다; 교부가 있는 경우에 보관자는 질물을 매각이 제공할 의무
를 진다.

§ 1232　Nachstehende Pfandgläubiger

Der Pfandgläubiger ist nicht verpflichtet, einem ihm im Range nachstehenden Pfandgläubiger das Pfand zum Zwecke des Verkaufs herauszugeben. Ist er nicht im Besitze des Pfandes, so kann er, sofern er nicht selbst den Verkauf betreibt, dem Verkauf durch einen nachstehenden Pfandgläubiger nicht widersprechen.

§ 1233　Ausführung des Verkaufs

(1) Der Verkauf des Pfandes ist nach den Vorschriften der §§ 1234 bis 1240 zu bewirken.

(2) Hat der Pfandgläubiger für sein Recht zum Verkauf einen vollstreckbaren Titel gegen den Eigentümer erlangt, so kann er den Verkauf auch nach den für den Verkauf einer gepfändeten Sache geltenden Vorschriften bewirken lassen.

§ 1234　Verkaufsandrohung; Wartefrist

(1) Der Pfandgläubiger hat dem Eigentümer den Verkauf vorher anzudrohen und dabei den Geldbetrag zu bezeichnen, wegen dessen der Verkauf stattfinden soll. Die Androhung kann erst nach dem Eintritt der Verkaufsberechtigung erfolgen; sie darf unterbleiben, wenn sie untunlich ist.

(2) Der Verkauf darf nicht vor dem Ablauf eines Monats nach der Androhung erfolgen. Ist die Androhung untunlich, so wird der Monat von dem Eintritt der Verkaufsberechtigung an berechnet.

§ 1235　Öffentliche Versteigerung

(1) Der Verkauf des Pfandes ist im Wege öffentlicher Versteigerung zu bewirken.

(2) Hat das Pfand einen Börsen- oder Marktpreis, so findet die Vorschrift des § 1221 Anwendung.

§ 1236　Versteigerungsort

Die Versteigerung hat an dem Orte zu erfolgen, an dem das Pfand aufbewahrt wird. Ist von einer Versteigerung an dem Aufbewahrungsort ein angemessener Erfolg nicht zu erwarten, so ist das Pfand an einem geeigneten anderen Orte zu versteigern.

§ 1237　Öffentliche Bekanntmachung

Zeit und Ort der Versteigerung sind unter allgemeiner Bezeichnung des Pfandes öffentlich bekannt zu machen. Der Eigentümer und Dritte, denen

제1232조 [後順位質權者]

질권자는 후순위의 질권자에게 매각의 목적으로 질물을 인도할 의무
를 지지 아니한다. 질권자가 질물을 점유하지 아니하는 경우에는 스스
로 매각을 추행하지 아니하는 한 후순위질권자에 의한 매각에 이의할 수
없다.

제1233조 [賣却의 實行]

① 질물의 매각은 제1234조 내지 제1240조에 의하여 실행된다.

② 질권자가 그의 매각권을 위하여 소유자에 대하여 집행명의를 취득한
경우에는 그는 압류된 물건의 매각에 관한 규정에 의하여서도 매각이 실
행되도록 할 수 있다.

제1234조 [賣却의 豫告; 豫告期間]

① 질권자는 소유자에게 매각을 예고하여야 하며, 예고에 있어서는 매
각의 원인이 되는 채권금액을 표시하여야 한다. 예고는 매각권한의 발생
후에 비로소 할 수 있다; 예고를 할 수 없는 때에는 이를 하지 아니하여
도 된다.

② 매각은 예고 후 1개월이 경과하기 전에는 하여서는 아니된다. 예고를
할 수 없는 때에는 그 기간은 매각권한이 발생한 때로부터 진행한다.

제1235조 [公競賣]

① 질물의 매각은 공경매의 방법으로 실행한다.

② 질물이 거래소가격이나 시장가격을 가지는 것인 경우에는 제1221조
가 적용된다.

제1236조 [競賣地]

경매는 질물의 보관지에서 행하여야 한다. 보관지에서의 경매로 적정한
결과를 기대할 수 없는 경우에는 질물은 적당한 다른 곳에서 경매되어야
한다.

제1237조 [公示]

경매의 시기와 장소는 질물의 개요를 표시하여 공시하여야 한다. 소유자

Rechte an dem Pfande zustehen, sind besonders zu benachrichtigen; die Benachrichtigung darf unterbleiben, wenn sie untunlich ist.

§ 1238 Verkaufsbestimmungen

(1) Das Pfand darf nur mit der Bestimmung verkauft werden, dass der Käufer den Kaufpreis sofort bar zu entrichten hat und seiner Rechte verlustig sein soll, wenn dies nicht geschieht.

(2) Erfolgt der Verkauf ohne diese Bestimmung, so ist der Kaufpreis als von dem Pfandgläubiger empfangen anzusehen; die Rechte des Pfandgläubigers gegen den Ersteher bleiben unberührt. Unterbleibt die sofortige Entrichtung des Kaufpreises, so gilt das Gleiche, wenn nicht vor dem Schluss des Versteigerungstermins von dem Vorbehalt der Rechtsverwirkung Gebrauch gemacht wird.

§ 1239 Mitbieten durch Gläubiger und Eigentümer

(1) Der Pfandgläubiger und der Eigentümer können bei der Versteigerung mitbieten. Erhält der Pfandgläubiger den Zuschlag, so ist der Kaufpreis als von ihm empfangen anzusehen.

(2) Das Gebot des Eigentümers darf zurückgewiesen werden, wenn nicht der Betrag bar erlegt wird. Das Gleiche gilt von dem Gebot des Schuldners, wenn das Pfand für eine fremde Schuld haftet.

§ 1240 Gold- und Silbersachen

(1) Gold- und Silbersachen dürfen nicht unter dem Gold- oder Silberwert zugeschlagen werden.

(2) Wird ein genügendes Gebot nicht abgegeben, so kann der Verkauf durch eine zur öffentlichen Versteigerung befugte Person aus freier Hand zu einem den Gold- oder Silberwert erreichenden Preis erfolgen.

§ 1241 Benachrichtigung des Eigentümers

Der Pfandgläubiger hat den Eigentümer von dem Verkauf des Pfandes und dem Ergebnis unverzüglich zu benachrichtigen, sofern nicht die Benachrichtigung untunlich ist.

§ 1242 Wirkungen der rechtmäßigen Veräußerung

(1) Durch die rechtmäßige Veräußerung des Pfandes erlangt der Erwerber die gleichen Rechte, wie wenn er die Sache von dem Eigentümer erworben hätte. Dies gilt auch dann, wenn dem Pfandgläubiger der Zuschlag erteilt wird.

(2) Pfandrechte an der Sache erlöschen, auch wenn sie dem Erwerber bekannt waren. Das Gleiche gilt von einem Nießbrauch, es sei denn, dass er allen

및 질물에 대하여 권리를 가지는 제 3 자에게는 별도로 통지하여야 한다;
통지를 할 수 없는 때에는 이를 하지 아니하여도 된다.

제1238조 [賣却條件]

① 질물은, 매수인이 대금을 즉시 현금으로 지급하여야 하고 그렇지 아니
하면 그의 권리를 상실하게 된다는 정함을 포함하여서만 매각될 수 있다.
② 매각이 제 1 항의 정함이 없이 행하여진 경우에는 대금은 질권자가
이를 수령한 것으로 본다; 경락인에 대한 질권자의 권리는 영향을 받지
아니한다. 대금이 즉시 지급되지 아니한 경우에 경매기일의 종료 전에
권리상실의 유보가 행사되지 아니한 때에도 또한 같다.

제1239조 [債權者와 所有者의 競賣參加]

① 질권자와 소유자는 경매에 참가할 수 있다. 질권자가 경락을 받은 경
우에 대금은 그가 이를 수령한 것으로 본다.
② 소유자의 경매신청競買申請은 금액이 현금으로 납입되지 아니한 때에
는 이를 각하할 수 있다. 질물이 타인의 채무를 위하여 책임을 지는 경우
에 그 채무자의 경매신청에 대하여도 또한 같다.

제1240조 [金銀物]

① 금은물은 금은가액 이하로 경락되어서는 아니된다.
② 제 1 항의 요건을 충족하는 경매신청이 없는 경우에는 공경매의 권한
이 있는 사람이 금은가액에 달하는 가격으로 자유매각할 수 있다.

제1241조 [所有者에 대한 通知]

질권자는 통지를 할 수 없는 것이 아닌 한 소유자에게 질물의 매각과 그
결과를 지체없이 통지하여야 한다.

제1242조 [適法한 讓渡의 效力]

① 질물의 적법한 양도에 의하여 취득자는 물건을 소유자로부터 취득하
였을 경우와 동일한 권리를 취득한다. 질권자가 경락을 받은 경우에도
또한 같다.
② 물건에 대한 질권은 양수인이 이를 알았던 경우에도 소멸한다. 용익
권도 또한 같다, 그러나 용익권이 질권 전부에 대하여 선순위인 경우에

Pfandrechten im Range vorgeht.

§ 1243 Rechtswidrige Veräußerung

(1) Die Veräußerung des Pfandes ist nicht rechtmäßig, wenn gegen die Vorschriften des § 1228 Abs. 2, des § 1230 Satz 2, des § 1235, des § 1237 Satz 1 oder des § 1240 verstoßen wird.

(2) Verletzt der Pfandgläubiger eine andere für den Verkauf geltende Vorschrift, so ist er zum Schadensersatz verpflichtet, wenn ihm ein Verschulden zur Last fällt.

§ 1244 Gutgläubiger Erwerb

Wird eine Sache als Pfand veräußert, ohne dass dem Veräußerer ein Pfandrecht zusteht oder den Erfordernissen genügt wird, von denen die Rechtmäßigkeit der Veräußerung abhängt, so finden die Vorschriften der §§ 932 bis 934, 936 entsprechende Anwendung, wenn die Veräußerung nach § 1233 Abs. 2 erfolgt ist oder die Vorschriften des § 1235 oder des § 1240 Abs. 2 beobachtet worden sind.

§ 1245 Abweichende Vereinbarungen

(1) Der Eigentümer und der Pfandgläubiger können eine von den Vorschriften der §§ 1234 bis 1240 abweichende Art des Pfandverkaufs vereinbaren. Steht einem Dritten an dem Pfande ein Recht zu, das durch die Veräußerung erlischt, so ist die Zustimmung des Dritten erforderlich. Die Zustimmung ist demjenigen gegenüber zu erklären, zu dessen Gunsten sie erfolgt; sie ist unwiderruflich.

(2) Auf die Beobachtung der Vorschriften des § 1235, des § 1237 Satz 1 und des § 1240 kann nicht vor dem Eintritt der Verkaufsberechtigung verzichtet werden.

§ 1246 Abweichung aus Billigkeitsgründen

(1) Entspricht eine von den Vorschriften der §§ 1235 bis 1240 abweichende Art des Pfandverkaufs nach billigem Ermessen den Interessen der Beteiligten, so kann jeder von ihnen verlangen, dass der Verkauf in dieser Art erfolgt.

(2) Kommt eine Einigung nicht zustande, so entscheidet das Gericht.

§ 1247 Erlös aus dem Pfande

Soweit der Erlös aus dem Pfande dem Pfandgläubiger zu seiner Befriedigung gebührt, gilt die Forderung als von dem Eigentümer berichtigt. Im übrigen tritt der Erlös an die Stelle des Pfandes.

는 그러하지 아니하다.

제1243조 [違法한 讓渡]

① 제1228조 제 2 항, 제1230조 제 2 문, 제1235조, 제1237조 제 1 문 또는 제1240조에 반하는 질물의 양도는 적법하지 아니하다.

② 질권자가 질물매각에 관한 다른 규정을 위반한 경우에 그에게 과책이 있는 때에는 그는 손해배상의 의무를 진다.

제1244조 [善意取得]

양도인이 질권을 가지지 아니하거나 양도가 적법하기 위하여 필요한 요건이 충족되지 못하면서도 물건이 질물로서 양도된 경우에, 그 양도가 제1233조 제 2 항에 의하여 행하여지거나 제1235조 또는 제1240조 제 2 항이 준수된 때에는, 제932조 내지 제934조, 제936조가 준용된다.

제1245조 [다른 約定]

① 소유자와 질권자는 제1234조 내지 제1240조와 다른 질물매각의 방법을 약정할 수 있다. 제 3 자가 질물에 대하여 양도에 의하여 소멸하는 권리를 가지는 경우에는 그 제 3 자의 동의를 요한다. 동의는 그로 인하여 직접 이익을 얻는 자에 대하여 표시되어야 한다; 이는 철회할 수 없다.

② 제1235조, 제1237조 제 1 문, 제1240조의 준수는 매각권한의 발생 전에는 포기될 수 없다.

제1246조 [衡平上 理由로 인한 다른 賣却方法]

① 제1235조 내지 제1240조와 다른 질물매각의 방법이 공평한 재량에 좇을 때 당사자들의 이익에 부합하는 경우에는 각 당사자는 매각이 그 방법으로 행하여질 것을 청구할 수 있다.

② 제 1 항의 경우에 합의에 도달하지 아니하는 때에는 법원이 이를 정한다.

제1247조 [質物의 賣得金]

질물로부터의 매득금이 질권자의 만족을 위하여 그에게 귀속되는 범위에서 채권은 소유자에 의하여 결제된 것으로 본다. 그 외에 매득금은 질물에 갈음한다.

§ 1248 Eigentumsvermutung

Bei dem Verkauf des Pfandes gilt zugunsten des Pfandgläubigers der Verpfänder als der Eigentümer, es sei denn, dass der Pfandgläubiger weiß, dass der Verpfänder nicht der Eigentümer ist.

§ 1249 Ablösungsrecht

Wer durch die Veräußerung des Pfandes ein Recht an dem Pfande verlieren würde, kann den Pfandgläubiger befriedigen, sobald der Schuldner zur Leistung berechtigt ist. Die Vorschriften des § 268 Abs. 2, 3 finden entsprechende Anwendung.

§ 1250 Übertragung der Forderung

(1) Mit der Übertragung der Forderung geht das Pfandrecht auf den neuen Gläubiger über. Das Pfandrecht kann nicht ohne die Forderung übertragen werden.

(2) Wird bei der Übertragung der Forderung der Übergang des Pfandrechts ausgeschlossen, so erlischt das Pfandrecht.

§ 1251 Wirkung des Pfandrechtsübergangs

(1) Der neue Pfandgläubiger kann von dem bisherigen Pfandgläubiger die Herausgabe des Pfandes verlangen.

(2) Mit der Erlangung des Besitzes tritt der neue Pfandgläubiger an Stelle des bisherigen Pfandgläubigers in die mit dem Pfandrecht verbundenen Verpflichtungen gegen den Verpfänder ein. Erfüllt er die Verpflichtungen nicht, so haftet für den von ihm zu ersetzenden Schaden der bisherige Pfandgläubiger wie ein Bürge, der auf die Einrede der Vorausklage verzichtet hat. Die Haftung des bisherigen Pfandgläubigers tritt nicht ein, wenn die Forderung kraft Gesetzes auf den neuen Pfandgläubiger übergeht oder ihm auf Grund einer gesetzlichen Verpflichtung abgetreten wird.

§ 1252 Erlöschen mit der Forderung

Das Pfandrecht erlischt mit der Forderung, für die es besteht.

§ 1253 Erlöschen durch Rückgabe

(1) Das Pfandrecht erlischt, wenn der Pfandgläubiger das Pfand dem Verpfänder oder dem Eigentümer zurückgibt. Der Vorbehalt der Fortdauer des Pfandrechts ist unwirksam.

(2) Ist das Pfand im Besitz des Verpfänders oder des Eigentümers, so wird

제1248조 [所有權 擬制]

질물의 매각에 있어서는 질권설정자를 질권자의 이익을 위하여 소유자로 본다, 그러나 질권자가 질권설정자가 소유자가 아님을 안 경우에는 그러하지 아니하다.

제1249조 [辨濟權]

질물의 양도에 의하여 질물에 대한 권리를 상실하게 될 사람은 채무자가 급부할 권리를 가지는 때에는 질권자를 만족시킬 수 있다. 제268조 제 2 항, 제 3 항은 이에 준용된다.

제1250조 [債權의 讓渡]

① 채권의 양도와 동시에 질권은 새로운 채권자에게 이전한다. 질권은 채권과 별도로 양도할 수 없다.

② 채권의 양도에 있어서 질권의 이전이 배제된 경우에는 질권은 소멸한다.

제1251조 [質權移轉의 效力]

① 새로운 질권자는 종전의 질권자로부터 질물의 인도를 청구할 수 있다.

② 점유의 취득과 동시에 새로운 질권자는 질권에 결합된 질권설정자에 대한 의무에 관하여 종전의 질권자에 갈음한다. 새로운 질권자가 그 의무를 이행하지 아니하는 경우에, 그가 배상하여야 할 손해에 대하여 종전의 질권자는 선소의 항변권을 포기한 보증인과 같은 책임을 진다. 채권이 법률에 기하여 새로운 질권자에게 이전하거나 법률상의 의무에 기하여 새로운 질권자에게 양도된 경우에는 종전의 질권자의 책임은 발생하지 아니한다.

제1252조 [債權에 동반한 消滅]

질권은 그 담보하는 채권이 소멸함으로써 함께 소멸한다.

제1253조 [返還에 의한 消滅]

① 질권은 질권자가 질물을 질권설정자 또는 소유자에게 반환한 경우에는 소멸한다. 질권의 존속의 유보는 효력이 없다.

② 질권설정자 또는 소유자가 질물을 점유하는 경우에는 질물이 질권자

vermutet, dass das Pfand ihm von dem Pfandgläubiger zurückgegeben worden sei. Diese Vermutung gilt auch dann, wenn sich das Pfand im Besitz eines Dritten befindet, der den Besitz nach der Entstehung des Pfandrechts von dem Verpfänder oder dem Eigentümer erlangt hat.

§ 1254 Anspruch auf Rückgabe

Steht dem Pfandrecht eine Einrede entgegen, durch welche die Geltendmachung des Pfandrechts dauernd ausgeschlossen wird, so kann der Verpfänder die Rückgabe des Pfandes verlangen. Das gleiche Recht hat der Eigentümer.

§ 1255 Aufhebung des Pfandrechts

(1) Zur Aufhebung des Pfandrechts durch Rechtsgeschäft genügt die Erklärung des Pfandgläubigers gegenüber dem Verpfänder oder dem Eigentümer, dass er das Pfandrecht aufgebe.

(2) Ist das Pfandrecht mit dem Recht eines Dritten belastet, so ist die Zustimmung des Dritten erforderlich. Die Zustimmung ist demjenigen gegenüber zu erklären, zu dessen Gunsten sie erfolgt; sie ist unwiderruflich.

§ 1256 Zusammentreffen von Pfandrecht und Eigentum

(1) Das Pfandrecht erlischt, wenn es mit dem Eigentum in derselben Person zusammentrifft. Das Erlöschen tritt nicht ein, solange die Forderung, für welche das Pfandrecht besteht, mit dem Recht eines Dritten belastet ist.

(2) Das Pfandrecht gilt als nicht erloschen, soweit der Eigentümer ein rechtliches Interesse an dem Fortbestehen des Pfandrechts hat.

§ 1257 Gesetzliches Pfandrecht

Die Vorschriften über das durch Rechtsgeschäft bestellte Pfandrecht finden auf ein kraft Gesetzes entstandenes Pfandrecht entsprechende Anwendung.

§ 1258 Pfandrecht am Anteil eines Miteigentümers

(1) Besteht ein Pfandrecht an dem Anteil eines Miteigentümers, so übt der Pfandgläubiger die Rechte aus, die sich aus der Gemeinschaft der Miteigentümer in Ansehung der Verwaltung der Sache und der Art ihrer Benutzung ergeben.

(2) Die Aufhebung der Gemeinschaft kann vor dem Eintritt der Verkaufsberechtigung des Pfandgläubigers nur von dem Miteigentümer und dem Pfandgläubiger gemeinschaftlich verlangt werden. Nach dem Eintritt der Verkaufsberechtigung kann der Pfandgläubiger die Aufhebung der Gemeinschaft verlangen, ohne dass es der Zustimmung des Miteigentümers bedarf; er ist nicht an eine

로부터 그에게 반환된 것으로 추정한다. 질권의 성립 후에 질권설정자
또는 소유자로부터 점유를 취득한 제3자가 질물을 점유하는 경우에도
또한 같다.

제1254조 [返還請求權]

질권에 그 행사를 영구적으로 배제하는 항변사유가 부착된 경우에 질권
설정자는 질물의 반환을 청구할 수 있다. 소유자도 동일한 권리를 가진다.

제1255조 [質權의 消滅]

① 법률행위에 의한 질권의 소멸에는 질권자가 질권설정자 또는 소유자
에 대하여 하는 질권 포기의 의사표시로써 족하다.

② 질권이 제3자의 권리의 목적인 경우에는 그 제3자의 동의를 요한
다. 동의는 이로 인하여 직접 이익을 받는 사람에 대하여 표시되어야 한
다; 이는 철회할 수 없다.

제1256조 [質權과 所有權의 混同]

① 질권이 소유권과 동일인에 있어서 혼동한 경우에 질권은 소멸한다.
질권으로 담보되는 채권이 제3자의 권리의 목적인 경우에는 소멸은 일
어나지 아니한다.

② 소유자가 질권의 존속에 대하여 정당한 이익이 있는 경우에는 질권
은 소멸하지 아니한 것으로 본다.

제1257조 [法定質權]

법률에 기하여 성립한 질권에 대하여는 법률행위에 의하여 설정된 질권
에 관한 규정이 준용된다.

제1258조 [共有持分에 대한 質權]

① 공유자의 지분이 질권의 목적인 경우에 질권자는 공유자의 공동관
계에 기하여 물건의 관리 및 이용방법에 관하여 발생하는 권리를 행사
한다.

② 공동관계의 해소는 질권자의 매각권한 발생 전에는 공유자와 질권자
가 공동으로만 청구할 수 있다. 질권자는 매각권한의 발생 후에는 공유
자의 동의를 요하지 아니하고 공동관계의 해소를 청구할 수 있다; 공유

Vereinbarung gebunden, durch welche die Miteigentümer das Recht, die Aufhebung der Gemeinschaft zu verlangen, für immer oder auf Zeit ausgeschlossen oder eine Kündigungsfrist bestimmt haben.

(3) Wird die Gemeinschaft aufgehoben, so gebührt dem Pfandgläubiger das Pfandrecht an den Gegenständen, welche an die Stelle des Anteils treten.

(4) Das Recht des Pfandgläubigers zum Verkauf des Anteils bleibt unberührt.

§ 1259　Verwertung des gewerblichen Pfandes

Sind Eigentümer und Pfandgläubiger Unternehmer, juristische Personen des öffentlichen Rechts oder öffentlich- rechtliche Sondervermögen, können sie für die Verwertung des Pfandes, das einen Börsen- oder Marktpreis hat, schon bei der Verpfändung vereinbaren, dass der Pfandgläubiger den Verkauf aus freier Hand zum laufenden Preis selbst oder durch Dritte vornehmen kann oder dem Pfandgläubiger das Eigentum an der Sache bei Fälligkeit der Forderung zufallen soll. In diesem Fall gilt die Forderung in Höhe des am Tag der Fälligkeit geltenden Börsen- oder Marktpreises als von dem Eigentümer berichtigt. Die §§ 1229 und 1233 bis 1239 finden keine Anwendung.

§§ 1260 bis 1272　(weggefallen)

Titel 2　Pfandrecht an Rechten

§ 1273　Gesetzlicher Inhalt des Pfandrechts an Rechten

(1) Gegenstand des Pfandrechts kann auch ein Recht sein.

(2) Auf das Pfandrecht an Rechten finden die Vorschriften über das Pfandrecht an beweglichen Sachen entsprechende Anwendung, soweit sich nicht aus den §§ 1274 bis 1296 ein anderes ergibt. Die Anwendung der Vorschriften des § 1208 und des § 1213 Abs. 2 ist ausgeschlossen.

§ 1274　Bestellung

(1) Die Bestellung des Pfandrechts an einem Recht erfolgt nach den für die Übertragung des Rechts geltenden Vorschriften. Ist zur Übertragung des Rechtes die Übergabe einer Sache erforderlich, so finden die Vorschriften der §§ 1205, 1206 Anwendung.

자들이 공동관계의 해소를 청구할 권리를 영구히 또는 일시적으로 배제하는 약정 또는 해지기간을 정하는 약정을 하더라도 질권자는 이에 구속되지 아니한다.

③ 공동관계가 해소된 경우에 질권자는 지분에 갈음하는 목적물에 대하여 질권을 취득한다.

④ 질권자의 지분매각권은 영향을 받지 아니한다.

제1259조 [營業上 質物의 換價]

소유자와 질권자가 모두 사업자이거나 공법인이거나 공법상의 특별재산인 경우에, 질물이 거래소가격 또는 시장가격이 있는 것인 때에는, 그들은 질권설정을 할 때에 질권자가 스스로 또는 제 3 자에 의하여 현재의 시세로 자유매각을 할 수 있도록 하는 것으로 또는 피담보채권의 이행기가 도래하면 질물의 소유권이 질권자에게 귀속하는 것으로 합의할 수 있다. 후자의 경우에는 피담보채권은 소유자에 의하여 이행기가 도래한 날의 거래소가격 또는 시장가격으로 정정된 것으로 본다. 제1229조 및 제1233조 내지 제1239조는 적용되지 아니한다.

제1260조 내지 제1272조 [삭제]

제 2 절   權利質權

제1273조 [權利質權의 內容]

① 권리도 질권의 목적이 될 수 있다.

② 제1274조 내지 제1296조에 다른 정함이 없는 한, 동산질권에 관한 규정은 권리질권에 준용된다. 제1208조, 제1213조 제 2 항의 적용은 배제된다.

제1274조 [設定]

① 권리질권의 설정은 그 권리의 양도에 관한 규정에 따라 행하여진다. 권리의 양도에 물건의 인도를 요하는 경우에는 제1205조, 제1206조가 적용된다.

(2) Soweit ein Recht nicht übertragbar ist, kann ein Pfandrecht an dem Recht nicht bestellt werden.

§ 1275 Pfandrecht an Recht auf Leistung

Ist ein Recht, kraft dessen eine Leistung gefordert werden kann, Gegenstand des Pfandrechts, so finden auf das Rechtsverhältnis zwischen dem Pfandgläubiger und dem Verpflichteten die Vorschriften, welche im Falle der Übertragung des Rechts für das Rechtsverhältnis zwischen dem Erwerber und dem Verpflichteten gelten, und im Falle einer nach § 1217 Abs. 1 getroffenen gerichtlichen Anordnung die Vorschrift des § 1070 Abs. 2 entsprechende Anwendung.

§ 1276 Aufhebung oder Änderung des verpfändeten Rechts

(1) Ein verpfändetes Recht kann durch Rechtsgeschäft nur mit Zustimmung des Pfandgläubigers aufgehoben werden. Die Zustimmung ist demjenigen gegenüber zu erklären, zu dessen Gunsten sie erfolgt; sie ist unwiderruflich. Die Vorschrift des § 876 Satz 3 bleibt unberührt.

(2) Das Gleiche gilt im Falle einer Änderung des Rechts, sofern sie das Pfandrecht beeinträchtigt.

§ 1277 Befriedigung durch Zwangsvollstreckung

Der Pfandgläubiger kann seine Befriedigung aus dem Recht nur auf Grund eines vollstreckbaren Titels nach den für die Zwangsvollstreckung geltenden Vorschriften suchen, sofern nicht ein anderes bestimmt ist. Die Vorschriften des § 1229 und des § 1245 Abs. 2 bleiben unberührt.

§ 1278 Erlöschen durch Rückgabe

Ist ein Recht, zu dessen Verpfändung die Übergabe einer Sache erforderlich ist, Gegenstand des Pfandrechts, so finden auf das Erlöschen des Pfandrechts durch die Rückgabe der Sache die Vorschriften des § 1253 entsprechende Anwendung.

§ 1279 Pfandrecht an einer Forderung

Für das Pfandrecht an einer Forderung gelten die besonderen Vorschriften der §§ 1280 bis 1290. Soweit eine Forderung eined Börsen- oder Marktpreis hat, findet § 1259 entsprechende Anwendung.

§ 1280 Anzeige an den Schuldner

Die Verpfändung einer Forderung, zu deren Übertragung der Abtretungsvertrag genügt, ist nur wirksam, wenn der Gläubiger sie dem Schuldner anzeigt.

② 권리가 양도할 수 없는 것인 한도에서 그 권리에 대하여는 질권이 설정될 수 없다.

제1275조 [給付請求權에 대한 質權]

급부를 청구할 수 있는 권리가 질권의 목적인 경우에 질권자와 의무자 간의 법률관계에 대하여는 권리양도의 경우에 양수인과 의무자 간의 법률관계에 적용되는 규정이 준용되고, 제1217조 제 1 항에 의한 법원의 명령이 있는 경우에는 제1070조 제 2 항이 준용된다.

제1276조 [質權設定된 權利의 拋棄 또는 變更]

① 질권의 목적이 된 권리는 질권자의 동의를 얻어야 법률행위에 의하여 포기될 수 있다. 동의는 그로 인하여 직접 이익을 받는 사람에 대하여 표시되어야 한다; 이는 철회할 수 없다. 제876조 제 3 문은 영향을 받지 아니한다.

② 권리의 변경에 대하여 그로 인하여 질권이 침해되는 한에서 또한 같다.

제1277조 [强制執行에 의한 滿足]

질권자는 다른 정함이 없으면 권리로부터의 만족을 집행명의에 기하여 강제집행에 관한 규정에 의하여서만 구할 수 있다. 제1229조, 제1245조 제 2 항은 영향을 받지 아니한다.

제1278조 [返還에 의한 消滅]

질권 설정에 물건의 인도를 요하는 권리가 질권의 목적인 경우에 물건의 반환에 의한 질권의 소멸에 대하여는 제1253조가 준용된다.

제1279조 [債權質權]

채권에 대한 질권에 대하여는 제1280조 내지 제1290조의 특별규정이 적용된다. 채권이 거래소가격 또는 시장가격이 있는 것인 때에는 제1259조가 준용된다.

제1280조 [債務者에의 通知]

양도계약만으로 양도할 수 있는 채권에 대한 질권의 설정은 채권자가 질권설정을 채무자에게 통지한 때에만 효력이 있다.

§ 1281 Leistung vor Fälligkeit

Der Schuldner kann nur an den Pfandgläubiger und den Gläubiger gemeinschaftlich leisten. Jeder von beiden kann verlangen, dass an sie gemeinschaftlich geleistet wird; jeder kann statt der Leistung verlangen, dass die geschuldete Sache für beide hinterlegt oder, wenn sie sich nicht zur Hinterlegung eignet, an einen gerichtlich zu bestellenden Verwahrer abgeliefert wird.

§ 1282 Leistung nach Fälligkeit

(1) Sind die Voraussetzungen des § 1228 Abs. 2 eingetreten, so ist der Pfandgläubiger zur Einziehung der Forderung berechtigt und kann der Schuldner nur an ihn leisten. Die Einziehung einer Geldforderung steht dem Pfandgläubiger nur insoweit zu, als sie zu seiner Befriedigung erforderlich ist. Soweit er zur Einziehung berechtigt ist, kann er auch verlangen, dass ihm die Geldforderung an Zahlungsstatt abgetreten wird.

(2) Zu anderen Verfügungen über die Forderung ist der Pfandgläubiger nicht berechtigt; das Recht, die Befriedigung aus der Forderung nach § 1277 zu suchen, bleibt unberührt.

§ 1283 Kündigung

(1) Hängt die Fälligkeit der verpfändeten Forderung von einer Kündigung ab, so bedarf der Gläubiger zur Kündigung der Zustimmung des Pfandgläubigers nur, wenn dieser berechtigt ist, die Nutzungen zu ziehen.

(2) Die Kündigung des Schuldners ist nur wirksam, wenn sie dem Pfandgläubiger und dem Gläubiger erklärt wird.

(3) Sind die Voraussetzungen des § 1228 Abs. 2 eingetreten, so ist auch der Pfandgläubiger zur Kündigung berechtigt; für die Kündigung des Schuldners genügt die Erklärung gegenüber dem Pfandgläubiger.

§ 1284 Abweichende Vereinbarungen

Die Vorschriften der §§ 1281 bis 1283 finden keine Anwendung, soweit der Pfandgläubiger und der Gläubiger ein anderes vereinbaren.

§ 1285 Mitwirkung zur Einziehung

(1) Hat die Leistung an den Pfandgläubiger und den Gläubiger gemeinschaftlich zu erfolgen, so sind beide einander verpflichtet, zur Einziehung mitzuwirken, wenn die Forderung fällig ist.

제1281조 [履行期 전의 給付]

채무자는 질권자와 채권자에게 공동으로만 이행할 수 있다. 질권자 또는 채권자는 각자 그들에게 공동으로 이행할 것을 청구할 수 있다; 각자는 이행에 대신하여 채무의 목적물을 쌍방을 위하여 공탁하거나 또는 목적물이 공탁에 적합하지 아니한 경우에는 법원이 선임한 보관인에게 이를 교부할 것을 청구할 수 있다.

제1282조 [履行期 후의 給付]

① 제1228조 제 2 항의 요건이 충족되는 경우에 질권자는 채권을 추심할 권한을 가지며, 채무자는 그에게만 이행할 수 있다. 금전채권에 대하여 질권자는 그의 만족에 필요한 범위에서만 이를 추심할 수 있다. 질권자가 추심권한을 가지는 범위에서 그는 지급에 갈음하여 금전채권을 자신에게 양도할 것을 청구할 수도 있다.

② 질권자는 채권에 대하여 제 1 항 이외의 처분을 할 권한을 가지지 아니한다; 제1277조에 따라 채권으로부터 만족을 얻을 권리는 영향을 받지 아니한다.

제1283조 [解止]

① 질권의 목적이 된 채권의 이행기가 해지에 의하여 도래하는 경우에 채권자는 질권자가 수익을 수취할 권리가 있는 때에 한하여 그 해지를 함에 질권자의 동의를 요한다.

② 채무자의 해지는 질권자와 채권자에 대하여 표시된 경우에만 효력이 있다.

③ 제1228조 제 2 항의 요건이 충족되는 경우에는 질권자도 해지할 권한이 있다; 채무자의 해지는 질권자에 대한 의사표시로 족하다.

제1284조 [다른 約定]

질권자와 채권자가 다른 약정을 한 경우에는 제1281조 내지 제1283조는 적용되지 아니한다.

제1285조 [推尋에의 協力]

① 급부가 질권자와 채권자에 공동으로 행하여져야 하는 경우에 채권의

(2) Soweit der Pfandgläubiger berechtigt ist, die Forderung ohne Mitwirkung des Gläubigers einzuziehen, hat er für die ordnungsmäßige Einziehung zu sorgen. Von der Einziehung hat er den Gläubiger unverzüglich zu benachrichtigen, sofern nicht die Benachrichtigung untunlich ist.

§ 1286 Kündigungspflicht bei Gefährdung

Hängt die Fälligkeit der verpfändeten Forderung von einer Kündigung ab, so kann der Pfandgläubiger, sofern nicht das Kündigungsrecht ihm zusteht, von dem Gläubiger die Kündigung verlangen, wenn die Einziehung der Forderung wegen Gefährdung ihrer Sicherheit nach den Regeln einer ordnungsmäßigen Vermögensverwaltung geboten ist. Unter der gleichen Voraussetzung kann der Gläubiger von dem Pfandgläubiger die Zustimmung zur Kündigung verlangen, sofern die Zustimmung erforderlich ist.

§ 1287 Wirkung der Leistung

Leistet der Schuldner in Gemäßheit der §§ 1281, 1282, so erwirbt mit der Leistung der Gläubiger den geleisteten Gegenstand und der Pfandgläubiger ein Pfandrecht an dem Gegenstand. Besteht die Leistung in der Übertragung des Eigentums an einem Grundstück, so erwirbt der Pfandgläubiger eine Sicherungshypothek; besteht sie in der Übertragung des Eigentums an einem eingetragenen Schiff oder Schiffsbauwerk, so erwirbt der Pfandgläubiger eine Schiffshypothek.

§ 1288 Anlegung eingezogenen Geldes

(1) Wird eine Geldforderung in Gemäßheit des § 1281 eingezogen, so sind der Pfandgläubiger und der Gläubiger einander verpflichtet, dazu mitzuwirken, dass der eingezogene Betrag, soweit es ohne Beeinträchtigung des Interesses des Pfandgläubigers tunlich ist, der Rechtsverordnung nach § 240a entsprechend verzinslich angelegt und gleichzeitig dem Pfandgläubiger das Pfandrecht bestellt wird. Die Art der Anlegung bestimmt der Gläubiger.

(2) Erfolgt die Einziehung in Gemäßheit des § 1282, soso gilt die Forderung des Pfandgläubigers, soweit ihm der eingezogene Betrag zu seiner Befriedigung gebührt, als von dem Gläubiger berichtigt.

§ 1289 Erstreckung auf die Zinsen

Das Pfandrecht an einer Forderung erstreckt sich auf die Zinsen der Forderung. Die Vorschriften des § 1123 Abs. 2 und der §§ 1124, 1125 finden entsprechende Anwendung, an die Stelle der Beschlagnahme tritt die Anzeige

이행기가 도래한 때에는 쌍방은 서로 추심에 협력할 의무를 진다.

② 질권자가 채권자의 협력 없이 채권을 추심할 권리를 가지는 경우에 그는 정상적인 추심을 위하여 배려하여야 한다. 그는 통지를 할 수 없는 것이 아닌 한 채권자에게 지체없이 추심을 통지하여야 한다.

제1286조 [擔保危殆化의 경우의 解止義務]

질권의 목적이 된 채권의 이행기가 해지에 의하여 도래하는 경우에, 질권의 담보력이 위태롭게 됨으로 인하여 정상적인 재산관리의 규칙에 비추어 채권의 추심이 요청되는 때에는, 질권자는 그에게 해지권이 없으면 채권자에 대하여 해지할 것을 청구할 수 있다. 동일한 요건 아래서 채권자는 질권자의 동의가 필요한 한에서 질권자에 대하여 동의할 것을 청구할 수 있다.

제1287조 [履行의 效力]

채무자가 제1281조, 제1282조에 좇아 이행한 경우에 그 이행으로 채권자는 이행된 목적물을, 질권자는 그 목적물에 대한 질권을 취득한다. 급부가 토지소유권의 양도인 때에는 질권자는 보전저당권을 취득한다; 급부가 등기된 선박 또는 건조중의 선박의 소유권의 양도인 때에는 질권자는 선박저당권을 취득한다.

제1288조 [推尋金錢의 投資]

① 금전채권이 제1281조에 좇아 추심된 경우에 질권자와 채권자는 추심한 금액이 질권자의 이익을 침해함이 없이 가능한 범위에서 제240조의a 소정의 법규명령에 좇아 이자부로 투자되도록, 또한 동시에 질권자에게 질권이 설정되도록 협력할 의무를 서로에 대하여 진다. 예탁의 방법은 채권자가 이를 정한다.

② 추심이 제1282조에 좇아 행하여진 경우에 질권자의 채권은 추심한 금액이 그의 만족을 위하여 그에게 귀속되는 범위에서 채권자에 의하여 결제된 것으로 본다.

제1289조 [利子에 대한 效力]

채권질권은 채권의 이자에 미친다. 제1123조 제 2 항, 제1124조, 제1125조

des Pfandgläubigers an den Schuldner, dass er von dem Einziehungsrecht Gebrauch mache.

§ 1290 Einziehung bei mehrfacher Verpfändung

Bestehen mehrere Pfandrechte an einer Forderung, so ist zur Einziehung nur derjenige Pfandgläubiger berechtigt, dessen Pfandrecht den übrigen Pfandrechten vorgeht.

§ 1291 Pfandrecht an Grund- oder Rentenschuld

Die Vorschriften über das Pfandrecht an einer Forderung gelten auch für das Pfandrecht an einer Grundschuld und an einer Rentenschuld.

§ 1292 Verpfändung von Orderpapieren

Zur Verpfändung eines Wechsels oder eines anderen Papiers, das durch Indossament übertragen werden kann, genügt die Einigung des Gläubigers und des Pfandgläubigers und die Übergabe des indossierten Papiers.

§ 1293 Pfandrecht an Inhaberpapieren

Für das Pfandrecht an einem Inhaberpapier gelten die Vorschriften über das Pfandrecht an beweglichen Sachen.

§ 1294 Einziehung und Kündigung

Ist ein Wechsel, ein anderes Papier, das durch Indossament übertragen werden kann, oder ein Inhaberpapier Gegenstand des Pfandrechts, so ist, auch wenn die Voraussetzungen des § 1228 Abs. 2 noch nicht eingetreten sind, der Pfandgläubiger zur Einziehung und, falls Kündigung erforderlich ist, zur Kündigung berechtigt und kann der Schuldner nur an ihn leisten.

§ 1295 Freihändiger Verkauf von Orderpapieren

Hat ein verpfändetes Papier, das durch Indossament übertragen werden kann, einen Börsen- oder Marktpreis, so ist der Gläubiger nach dem Eintritt der Voraussetzungen des § 1228 Abs. 2 berechtigt, das Papier nach § 1221 verkaufen zu lassen. § 1259 findet entsprechende Anwendung.

§ 1296 Erstreckung auf Zinsscheine

Das pfandrecht an einem Wertpapier erstreckt sich auf die zu dem Papier gehörenden Zins-, Renten- oder Gewinnanteilscheine nur dann, wenn sie dem Pfandgläubiger übergeben sind. Der Verpfänder kann, sofern nicht ein anderes bestimmt ist, die Herausgabe der Scheine verlangen, soweit sie vor dem Eintritt der Voraussetzungen des § 1228 Abs. 2 fällig werden.

는 이에 준용된다; 자신이 추심권한을 행사한다는 질권자의 채무자에 대한 통지는 압류에 갈음한다.

제1290조 [質權競合의 경우의 推尋]

하나의 채권에 대하여 수개의 질권이 성립한 경우에는 나머지 질권에 우선하는 질권을 가지는 질권자만이 추심할 권한을 가진다.

제1291조 [土地債務 또는 定期土地債務에 대한 質權]

토지채무나 정기토지채무에 대한 질권에 대하여도 채권질권에 관한 규정이 적용된다.

제1292조 [指示證券에 대한 質權設定]

어음 또는 기타 배서에 의하여 양도할 수 있는 증권에 대하여 질권을 설정함에는 채권자와 질권자 간의 합의와 배서한 증권의 인도로 족하다.

제1293조 [無記名證券에 대한 質權設定]

무기명증권에 대한 질권에 대하여는 동산질권에 관한 규정이 적용된다.

제1294조 [推尋과 解止]

어음이나 배서에 의하여 양도할 수 있는 기타의 증권 또는 무기명증권이 질권의 목적인 경우에는 제1228조 제 2 항의 요건이 충족되지 아니하는 때에도 질권자는 추심할 권한이 있고 또 해지를 요하는 경우에는 해지할 권리를 가지며, 채무자는 그에게만 급부할 수 있다.

제1295조 [指示證券의 自由賣却]

배서에 의하여 양도할 수 있는 증권이 질권의 목적이 된 경우에 그 증권이 거래소가격이나 시장가격이 있는 것인 때에는 채권자는 제1228조 제 2 항의 요건이 충족된 후에 증권을 제1221조에 의하여 매각하도록 할 권리가 있다. 제1259조가 이에 준용된다.

제1296조 [利子證券에 대한 效力]

유가증권에 대한 질권은 그 증권에 속한 이자증권, 정기금증권 또는 이익배당증권이 질권자에게 인도된 경우에 한하여 그에도 미친다. 질권설정자는, 다른 정함이 없으면, 제1228조 제 2 항의 요건이 충족되기 전에 그 증권의 이행기가 도래하는 경우에는, 증권의 인도를 청구할 수 있다.

新舊條項 對照表(2002년판)
― 2002년 채권법쇄신법에 의한 개정에 따른 ―

[범   례]

1. 법률명의 표시가 없는 것은 독일민법전의 조항을 가리킨다.

2. 예를 들어 제311조의b 제 2 항 제 1 호는 311b Ⅱ (i)로, 제446조 제 3 문은 446 iii과 같이 표시하였다.

3. AGBG는 약관규제법(Gesetz zur Regelung des Rechts der Allgemeinen Geschäftsbedingungen. 1976년 12월 9일 제정), HaustürWG는 방문판매법 (Gesetz über den Widerruf von Haustürgeschäften und ähnlichen Geschäften. 1986년 1월 16일 제정), VerbrKrG는 소비자신용법(Verbraucherkreditgesetz. 1990년 12월 17일 제정), TzWrG는 주거용·건물일시거주권법(Gesetz über die Veräußerung von Teilzeitnutzungsrechten an Wohngebäuden. 1996년 12월 20일 제정)(이상 네 개의 법률은 모두 2000년 6월 29일 최종개정), FernAbsG는 통신판매법(Fernabsatzgesetz. 2000년 6월 27일 제정)을 가리킨다. 이상의 법률은 채권법쇄신법에 의하여 폐지되었다.

　　한편 UKlaG는 「부작위소송법(Gesetz über Unterlassungsklage bei Verbrauchers- und anderen Verstößen. 통상 Unterlassungsklagengesetz로 불린다)」을 가리키는 것으로, 이는 채권법쇄신법의 제 3 조에 의하여 새로이 제정되었다.

　　주지하는 대로 EGBGB는 민법시행법, HGB는 상법, ZPO는 민사소송법을 가리킨다.

4. 대조는 주로 문헌에 인용된 법조항을 찾아봄에 있어서의 편의를 위한 것으로서, 내용의 동일성을 의미하는 것은 물론 아니다.

舊條項 基準

舊條項	新條項	舊條項	新條項
195	195, 197	224	217
196	--	225	202
197	197 Ⅱ	279	276 Ⅰ
198	199, 200	280	281, 283
199	--	281	285
200	--	282	280 Ⅰ
201	199 Ⅰ	284	286
202	205	285	286 Ⅳ
203	206	286	280 Ⅱ, 281 Ⅰ
204	207	300	300
205	209	305	311 Ⅰ
206	210	306	311a Ⅰ
207	211	307	311a Ⅱ
208	212 Ⅱ (i)	308	2171 Ⅱ, Ⅲ
209	204, 212 Ⅰ (ii)	309	311 Ⅱ (i)
210	204 Ⅰ (xii), (xiii)	310	311b Ⅱ
211	204 Ⅱ	311	311b Ⅲ
212	--	312	311b Ⅳ, Ⅴ
212a	204 Ⅱ	313	311b Ⅰ
213	204 Ⅱ	314	311c
214	204 Ⅱ	323	326
215	204 Ⅱ	324	326 Ⅱ, 446 iii
216	212 Ⅱ, Ⅲ		
217	212 Ⅰ	325	283, 323, 326
218	197 Ⅰ (iii)-(v), Ⅱ	326	281, 323, 325
219	--	327	346
220	204 Ⅰ, Ⅱ	347	346, 347
221	198	350	346
222	214	351	323 Ⅵ
223	216	352	346 Ⅱ (ii)

舊條項	新條項	舊條項	新條項
353	346 Ⅱ (ii)	460	442
354	346 Ⅳ	461	--
355	350	462	437
356	351	463	437
357	352	464	--
358	--	465	441, 437 (ii)
359	353	466	350, 323
360	354	467	323, 346
361	323 Ⅱ (ii)	468	--
361a	355, 357	469	323 Ⅴ
361b	356, 357	470	323 Ⅴ
390 ii	215	471	441 Ⅲ
433	433, 453	472	441 Ⅲ, 638
434	433, 435	473	441 Ⅲ
437	--	474	441 Ⅱ
438	--	475	437 (ii)
439	442	476	444
440	437	476a	437 (i), 439 Ⅱ
441	437	477	202 Ⅱ, 204 Ⅰ (vii), 438
442	363		
443	444	478	438 Ⅳ
444	--	479	--
445	--	480 Ⅰ	437 (i), 439
448 Ⅱ	453	480 Ⅱ	--
449	448, 452	481–494	--
450	--	495	454
451	--	496	455
452–454	--	497	456
455	449	498	457
456	450 Ⅰ	499	458
457	450 Ⅱ	500	459
458	451	501	460
459	434, 437	502	461

舊條項	新條項	舊條項	新條項
503	462	AGBG 3	305c Ⅰ
504	463	AGBG 4	305b
505	464	AGBG 5	305c Ⅱ
506	465	AGBG 6	306
507	466	AGBG 7	306a
508	467	AGBG 8	307 Ⅲ
509	468	AGBG 9	307 Ⅰ, Ⅱ
510	469	AGBG 10	308
511	470	AGBG 11 (i)	309 (i)
512	471	AGBG 11 (ii)	309 (ii)
513	472	AGBG 11 (iii)	309 (iii)
514	473	AGBG 11 (iv)	309 (iv)
515	480	AGBG 11 (v)	309 (v)
607 Ⅰ	488 Ⅰ, 607	AGBG 11 (vi)	309 (vi)
607 Ⅱ	--	AGBG 11 (vii)	309 (vii)
608	488 Ⅱ, 609	AGBG 11 (viiia)	309 (viiia)
609	488 Ⅲ, 608	AGBG 11 (viiib)	--
609a	489	AGBG 11 (ix)	--
610	490	AGBG 11 (x)	309 (viiib)
633	633, 634, 635 Ⅰ, 637 Ⅰ	AGBG 11 (xi)	444
		AGBG 11 (xii)	309 (ix)
634	323, 437 (i), 636 637 Ⅱ, 638	AGBG 11 (xiii)	309 (x)
		AGBG 11 (xiv)	309 (xi)
635	634 (iv), 636	AGBG 11 (xv)	309 (xii)
636	323 Ⅰ, 325, 634	AGBG 11 (xvi)	309 (xiii)
637	639	AGBG 13 Ⅰ	UKlaG 1
638	634a, 202 Ⅱ	AGBG 13 Ⅱ, Ⅲ	UKlaG 3
639	203, 204 (vii), 634a	AGBG 13 Ⅳ	195, 199
786	--	AGBG 14	UKlaG 6
852	195, 199, 203, 852	AGBG 15 Ⅰ	UKlaG 5
		AGBG 15 Ⅱ	UKlaG 8 Ⅰ
AGBG 1	305 Ⅰ	AGBG 16	UKlaG 8 Ⅱ
AGBG 2	305 Ⅱ, Ⅲ	AGBG 17	UKlaG 9

舊條項	新條項	舊條項	新條項
AGBG 18	UKlaG 7	Ⅰ ⅲ	
AGBG 19	UKlaG 10	FernAbsG 2 Ⅱ	310c Ⅰ
AGBG 20	--	FernAbsG 2 Ⅲ	312c Ⅱ, Ⅲ
AGBG 21	UKlaG 11	FernAbsG 2 Ⅳ	312c Ⅳ
AGBG 22 Ⅰ	UKlaG 2 Ⅰ	FernAbsG 3	312d, 355 Ⅲ
AGBG 22 Ⅱ	UKlaG 2 Ⅱ	FernAbsG 4	358 Ⅰ, Ⅲ-Ⅴ
AGBG 22 Ⅲ	UKlaG 3	FernAbsG 5	312f
AGBG 22 Ⅳ	UKlaG 2 Ⅲ	HaustürWG 1	312
AGBG 22 Ⅴ	195, 199	HaustürWG 2	355 Ⅲ
AGBG 22 Ⅵ	UKlaG 2 Ⅰ, 12	HaustürWG 5 Ⅰ	312f
AGBG 22a	UKlaG 4	HaustürWG 5	
AGBG 23 Ⅰ	310 Ⅳ	Ⅱ, Ⅲ	312a
AGBG 23 Ⅱ (ⅰ)	305a (ⅰ)	HaustürWG 6	312 Ⅲ
AGBG 23 Ⅱ (ⅰa)	305a (ⅱ)	HaustürWG 7	ZPO 29c
AGBG 23 Ⅱ (ⅰb)	305a (ⅱ)	TzWrG 1	481
AGBG 23 Ⅱ (ⅱ)	310 Ⅱ	TzWrG 2	482, 483
AGBG 23 Ⅱ (ⅲ)	309 (ⅶ), (ⅷa)	TzWrG 3	483, 484
AGBG 23 Ⅱ (ⅳ)	309 (ⅶ)	TzWrG 4	482 Ⅱ
AGBG 23 Ⅱ (ⅴ)	308 (ⅴ),	TzWrG 5	485
	309 (ⅷb) ff	TzWrG 6	358
AGBG 23 Ⅱ (ⅵ)	309 (ⅸ)	TzWrG 7	486
AGBG 23 Ⅲ	--	TzWrG 9	487
AGBG 24	310 Ⅰ	VerbrkrG 1 Ⅰ	491, 655a
AGBG 24a	310 Ⅲ	VerbrkrG 1 Ⅱ	499
AGBG 27	EGBGB 243	VerbrkrG 1 Ⅲ	655a
AGBG 27a	EGBGB 244	VerbrkrG 2	505
AGBG 28	EGBGB 299 Ⅴ,	VerbrkrG 3 Ⅰ	491 Ⅱ, 499 Ⅰ
	Ⅵ	VerbrkrG 3 Ⅱ	491 Ⅲ, 500
AGBG 29	UKlaG 14	VerbrkrG 4 Ⅰ	492 Ⅰ, 499 Ⅱ,
AGBG 30	--		501, 502,
FernAbsG 1	312b		505 Ⅰ, Ⅱ
FernAbsG 2 Ⅰ	312c Ⅰ	VerbrKrG 4 Ⅱ	492 Ⅱ
FernAbsG 2	312c Ⅳ	VerbrKrG 4 Ⅲ	492 Ⅲ

舊條項	新條項	舊條項	新條項
VerbrKrG 5	493	VerbrKrG 9	358, 359
VerbrKrG 6 Ⅰ	494 Ⅰ, 502 Ⅲ	VerbrKrG 10	496
VerbrKrG 6 Ⅱ	494 Ⅱ	VerbrKrG 11	497
VerbrKrG 6 Ⅲ	502 Ⅲ	VerbrKrG 12	498
VerbrKrG 6 Ⅳ	494 Ⅲ, 502 Ⅲ	VerbrKrG 13	503 Ⅱ
VerbrKrG 7 Ⅰ	495 Ⅰ, 503 Ⅰ	VerbrKrG 14	504
VerbrKrG 7 Ⅱ	355 Ⅲ	VerbrKrG 15	655b
VerbrKrG 7 Ⅲ	495 Ⅱ	VerbrKrG 16	655c
VerbrKrG 7 Ⅳ	495 Ⅳ	VerbrKrG 17	655d
VerbrKrG 8 Ⅰ	502 Ⅱ	VerbrKrG 18	506, 655e
VerbrKrG 8 Ⅱ	358 Ⅱ		

新條項 基準

新條項	舊條項	新條項	舊條項
195	195	(vii)	477 Ⅱ
196	--	(viii), (ix)	--
197	195,	(x)	209 Ⅱ ii
Ⅰ (iii)-(v)	218	(xi)	220 Ⅰ
Ⅱ	217, 218	(xii), (xiii)	210
198	221	(xiv)	--
199	198, 201, 852	Ⅱ	211
Ⅴ	198 ii	205	202
200	198	206	203
201	--	207	204
202	--	208	--
Ⅱ	225	209	205
203	852, 639	210	206
204		211	207
Ⅰ (i)-(iv)	209 Ⅰ, Ⅱ (i)-(ib)	212	
(v), (vi)	209 Ⅱ (iii)-(iv)	Ⅰ (i)	208

新條項	舊條項	新條項	舊條項
(ii)	209 II (v)	305	
II, III	216	I	AGBG 1
213	--	II	AGBG 2 I
214	222	III	AGBG 2 II
215	390	305a	AGBG 23
216	223	305b	AGBG 4
217	224	305c	
218	--	I	AGBG 3
244	244	II	AGBG 5
247	Diskontsatz–	306	AGBG 6
	Überleitungs–	306a	AGBG 7
	Gesetz I i	307	
275		I, II	AGBG 9
I	275 I, II	III	AGBG 8
II–IV	--	308	AGBG 10
276	276, 279	309	AGBG 11
277	277	310	
278	278	I	AGBG 24
280		II	AGBG 23 II (ii)
I i	--	III	AGBG 24a
ii	282	IV	AGBG 23 I
II	286	311	
III	--	I	305
281	326	II, III	--
282	--	311a	
283	280, 325	I	306
284	--	II	307
285	281	311b	
286	284	I	313
IV	285	II	310
287	287	III	311
288	288	IV	312

新條項	舊條項	新條項	舊條項
311c	314	346	
312		I	346, 327
I	HaustürWG 1 I	II (i)	347 i, ii
II	--	(ii), (iii)	--
III	HaustürWG 6,	III (i)	352
	1 II	(ii)	--
312a	HaustürWG 5 II	(iii)	327
312b	FerbAbsG 1	IV	--
312c	FernAbsG 2	347	347 ii
312d	FernAbsG 3	350	355
312e	--	351	356
312f	FernAbsG 5,	352	357
	HaustürWG 5 I	353	359
313	--	354	360
314	--	355	361a
321		356	361b
I	321	357	361a, 361b
II	--	358	
323		I	FernAbsG 4 I
I	325, 326 I	II i	VerbrKrG 9 II,
II	--	IV	
(ii)	361	ii	VerbrKrG 8 II
III, IV	--	III	FernAbsG 4 II
V	325 I, 326 I iii	IV	FernAbsG 4 I iii,
VI	327, 351		VerbrKrG 9 II iv
324	--	V	VerbrKrG 9 II ii
325	325 I, 326 I ii	359	VerbrKrG 9 III
326		363	--
I	323 I	433	433
II	324	434	459
III, IV	323 II, III	III	HGB 378
V	--	435	434, 435

新條項	舊條項	新條項	舊條項
436		I	448
I	--	II	449 I
II	436	449	455
437	440	450	
(i)	480	I	456
(ii)	462	II	457
(iii)	463	451	458
438		452	449
I	477	453	
II, III	--	I	433 I ii
IV	478	II	448 II
V	--	III	433 I ii
439		454–473	495–514
I	480	474–479	--
II	476a	480	515
III	--	481	TzWrG 1
IV	480 I ii	482	TzWrG 2
440	--	483	
441		I	TzWrG 1 I ii–iv
I	465	II	TzWrG 3 II
II	474	III	TzWrG 3 I v,
III	472		II ii
IV	--	484	TzWrG 3 I, III,
442			IV
I	460	485	TzWrG 5
II	439 II	486	TzWrG 7
443	--	487	TzWrG 9
444	476, 443	488	
445	--	I	607 I
446	446	II	608
iii	324 II	III	609
447	447	489	609a
448		490	610

新條項	舊條項	新條項	舊條項
491		505	
I	VerbrKrG 1 I	I	VerbrKrG 2
II	VerbrKrG 3	II	VerbrKrG 4 I i,
492	VerbrKrG 4		ii, III
IV	--	506	VerbrKrG 18
493	VerbrKrG 5	507	--
494	VerbrKrG 6 I,	633	633 I
	II	634	
495	VerbrKrG 7	i	633 II
II	--	ii	633 III, 636 I i
496	VerbrKrG 10	iii	634 I, 636 I ii
497	VerbrKrG 11	iv	635
498	VerbrKrG 12	634a	638, 639
499		635	633 II
I	VerbrKrG 1 II	IV	--
II, III	--	636	634 II
500	VerbrKrG 3 II i	637	
501	--	I	633 III
502		II, III	--
I	VerbrKrG 4 I	638	634
	iv, v	III, IV	--
II	VerbrKrG 8 I	639	637
III	VerbrKrG 6 I,	655a	VerbrKrG 1 I,
	III, IV		III
503		655b	VerbrKrG 15
I	VerbrKrG 7 I	655c	VerbrKrG 16
II	VerbrKrG 13	655d	VerbrKrG 17
504	VerbrKrG 14	655e	VerbrKrG 18
		II	--

독일어 색인

우리말 색인

역자약력

서울대학교 법과대학 졸업
법학박사(서울대학교)
서울대학교 법과대학 교수
대법관
현재 서울대학교 명예교수

주요저술

(저)　民法硏究 제 1 권, 제 2 권(1991), 제 3 권(1995), 제 4 권(1997),
　　　　제 5 권(1999), 제 6 권(2001), 제 7 권(2003), 제 8 권(2005),
　　　　제 9 권(2007), 제10권(2019)
　　　민법 Ⅰ: 계약법, 제 3 판(2020)(공저)
　　　민법 Ⅱ: 권리의 변동과 구제, 제 5 판(2023)(공저)
　　　민법 Ⅲ: 권리의 보전과 담보, 제 5 판(2023)(공저)
　　　민법입문, 제 9 판(2023)
　　　民法散考(1998)
　　　민법산책(2006)
　　　노모스의 뜨락(2019)
　　　民法注解 제 1 권, 제 4 권, 제 5 권(1992), 제 9 권(1995),
　　　　제16권(1997), 제17권, 제19권(2005)(분담집필)
　　　註釋 債權各則(Ⅲ)(1986)(분담집필)
　　　민법전 재정자료 집성−총칙·물권·채권(2023)
(역)　라렌츠, 정당한 법의 원리(1986, 신장판 2022)
　　　츠바이게르트/쾨츠, 比較私法制度論(1991)
　　　포르탈리스, 民法典序論(2003)
　　　독일민법학논문선(2005)(편역)
　　　로슨, 大陸法入門(1994)(공역)
　　　존 로버트슨, 계몽−빛의 사상 입문(2023)

2024년판

독일민법전 — 총칙·채권·물권

초판 발행	1999년 1월 15일
2024년판 발행	2024년 1월 10일
역　자	양창수
펴낸이	안종만·안상준
편　집	김선민
기획/마케팅	조성호
표지디자인	이영경
제　작	고철민·조영환

펴낸곳　　　　(주)**박영사**
　　　　　　서울특별시 금천구 가산디지털2로 53, 210호
　　　　　　(가산동, 한라시그마밸리)
　　　　　　등록 1959. 3. 11. 제300-1959-1호(倫)

전　화	02)733-6771
f a x	02)736-4818
e-mail	pys@pybook.co.kr
homepage	www.pybook.co.kr
ISBN	979-11-303-4609-0　93360

copyright©양창수, 2024, Printed in Korea

＊파본은 구입하신 곳에서 교환해 드립니다. 본서의 무단복제행위를 금합니다.

정　가　　　　59,000원

[별 지]

독일민법전 2024년판 추보

I. 제493조 제 7 항 신설

1. 원문

(7) Der Darlehensgeber übermittelt dem Darlehensnehmer vor der Änderung der Bestimmungen des Verbraucherdarlehensvertrags die folgenden Informationen:
1. eine klare Beschreibung
   a) der vorgeschlagenen Änderungen,
   b) soweit zutreffend, der Notwendigkeit der Zustimmung des Darlehensnehmers zu den Änderungen nach Buchstabe a und
   c) soweit zutreffend, der gesetzlich eingeführten Änderungen, die den Änderungen nach Buchstabe a zugrunde liegen,
2. den zeitlichen Rahmen, der für die Umsetzung der Änderungen nach Nummer 1 Buchstabe a vorgesehen ist, und
3. die Möglichkeiten, die dem Darlehensnehmer zur Verfügung stehen, um gegen die Änderungen nach Nummer 1 Buchstabe a Beschwerde einzulegen, die Frist für die Einlegung der Beschwerde sowie die Bezeichnung und Anschrift der zuständigen Behörde, bei der die Beschwerde eingereicht werden kann.
§ 492 Absatz 5 ist nicht anzuwenden.

2. 역문

⑦ 대주는 소비자소비대차계약의 변경 전에 차주에게 다음의 정보를 제공하여야 한다:
 1. 다음 사항에 대한 명확한 서술,
   a) 제안된 변경,
   b) 적절한 한도에서, a목에 정하여진 변경에 대하여 차주의 동의가 필요하다는 점, 그리고
   c) 적절한 한도에서, a목에 정하여진 변경의 기초가 되는 법률상 요구되는 변경.

2. 제 1 호 a목에 따른 변경의 실행에 관하여 정하여진 시간적 범위, 그리고

3. 제 1 호 a목에 따른 변경에 대하여 이의를 제기하기 위하여 차주가 사용할 수 있는 방법들, 이의 제기의 기간 및 이의가 제기될 수 있는 관할 기관의 명칭과 주소.

제492조 제 5 항은 이에 적용되지 아니한다.

Ⅱ. 제504조 제 2 항 제 1 문에 일부 추가

1. 원문에서 "§ 491a Abs. 3," 다음에 "§ 493 Absatz 7," 추가
2. 역문에서 "제491조의a 제 3 항," 다음에 "제493조 제 7 항," 추가

Ⅲ. 제707조의d 제 1 항의 제 1 문 일부 삭제

1. 원문에서 "und für Verbraucherschutz" 삭제
2. 역문에서 ", 그리고 소비자 보호에 대하여는" 삭제

Ⅳ. 제715조의a 제 1 문 일부 삭제

1. 원문에서 "Satz 3" 삭제
2. 역문에서 "제 3 항 제 3 문의 정함에 따라"를 "제 3 항의 정함에 따라"로.